宝鸡文理学院 中国语言文学省级重点学科 / 关陇方言与民俗省级重点研究基地 建设专项经费资助

关中方言语法研究

GUANZHONG FANGYAN YUFA YANJIU

孙立新 著

中国社会科学出版社

图书在版编目（CIP）数据

关中方言语法研究／孙立新著．—北京：中国社会科学出版社，2013.6

ISBN 978－7－5161－2282－2

Ⅰ．①关…　Ⅱ．①孙…　Ⅲ．①西北方言－语法－研究－陕西省　Ⅳ．①H172.2

中国版本图书馆 CIP 数据核字（2013）第 055740 号

出 版 人　赵剑英
责任编辑　任　明
责任校对　安　然
责任印制　李　建

出　　版　中国社会科学出版社
社　　址　北京鼓楼西大街甲 158 号（邮编 100720）
网　　址　http://www.csspw.cn
　　　　　中文域名：中国社科网　　010－64070619
发 行 部　010－84083685
门 市 部　010－84029450
经　　销　新华书店及其他书店

印刷装订　环球印刷（北京）有限公司
版　　次　2013 年 6 月第 1 版
印　　次　2013 年 6 月第 1 次印刷

开　　本　710×1000　1/16
印　　张　63.5
插　　页　2
字　　数　1280 千字
定　　价　168.00 元

凡购买中国社会科学出版社图书，如有质量问题请与本社联系调换
电话：010－64009791
版权所有　侵权必究

序

这是我第三次给孙立新的专著写序。第一次是他 2001 年自费出版描写其母语的《户县方言研究》的时候，我对他在经济并不宽裕的情况下将经过认真研究所取得的成果呈现给学界的精神十分赞赏，呼吁有关部门或领导在可能的条件下给予尽可能的支持和帮助。第二次是 2010 年他的《关中方言代词研究》作为陕西省政府资助项目出版的时候，我在序中对该书把一个小课题做得比较大的实干精神，以及全书合理得当的结构布局、突出重点、突破难点以及丰富的资料性等都给予了一定的评价。不久，立新来信说，宝鸡文理学院聘请他为兼职教授，根据应聘合同，他选取了完成一部《关中方言语法研究》的专著并且在国家级出版社出版这一条件。同时将与邢向东、徐治堂等先生一起讨论过的提纲寄给我。我感到这个提纲很好，可以全面系统地对关中方言语法进行研究。随后，立新进行了长达两年多、几乎是夜以继日的艰苦研究历程。在这期间，既有对有关事实的复查检讨，又有对时彦成果的学习研究，还有对历史典籍的考据审视；为了寻求必要的文献印证，他专门阅读了“三言二拍”以及 200 多年前关中著名剧作家李芳桂的系列剧作等等。读着这部厚重的 100 多万字的专著，我便油然记起李荣先生生前对立新所评价的“其吃苦耐劳的实干精神令人敬佩”来，为他扎实认真的态度感动不已。

通读《关中方言语法研究》全书，我认为主要有以下几个特点。

一是全书对关中方言的语法现象进行了尽可能深入详尽的研究。如正文部分共八章，依次是：构词研究、语音的构词构句机制、动词研究、代词概说、副词研究、介词及相关句式、其他词类研究、语法化等问题。其中，第二章所讨论的关中方言语音的构词构句机制，是目前系统研究一定地域或一个地点方言语法的论著中很少见的，全章讨论了破读现象以及单音词的变调构词等，从所讨论的十几个问题来看，立新不但在材料上花了很大的气力，而且对许多问题都进行了有益的探索。如关中方言把“碰；训斥”等叫做[꜁tuei]，许多人搞不准这个[꜁tuei]就是“对”字由去声调变成了阳平调；再如，2.6 节“加缀形容词的名物化变调”之表 7 所报道的“长嘎嘎”一词，当“嘎嘎”读作 ꜀ka .ka 的时候为形容词，例句如“瓜蔓长 ꜀ka .ka

的”；读作 ˍka ka˺ 的时候为名词，即名物化的读法，例句如“这截路是个长 ˍka ka˺ ”。第四章是在已经出版的《关中方言代词研究》的基础上对代词大致情况的交代，同时又有不少新的发现和进一步的探索。

二是全书比较深入地揭示了关中方言的一系列语法现象。立新主要以邢福义先生所倡导的“普方古”大三角的研究方法来讨论关中方言的语法问题。一方面，关中方言是官话地区的一种很重要的方言，具有官话的一系列特征，同时又具有自己的个性特征，如关中方言的否定副词“不”在把字句、给字句里常常处在介词的后边，普通话的“不把他当回事”在关中方言里相应地作“把他不当回事”；关中方言的套合句式除了把字句与给字句、把字句与教字句的两套式以外，还有三套式，如“把、教、给”三种句式的套合例句“教他把他的学生给其他老师交待了”；再如动词兼介词“在”和“到”的分布特征有着明显的地域性，周至、兴平、乾县、武功及其以西基本上用“到”，户县、西安、咸阳、礼泉及其以东，多用“在”少用“到”；再如朱德熙先生 1982 由商务印书馆出版的《语法讲义》186 页指出：“其实跟‘把’字句关系最密切的不是‘主—动—宾’句式，而是受事主语句。”关中方言把字句里的动词既可以带动态助词“着、了”，也可以带动态助词“过”。“过”字的这种用法在关中方言里很普遍，如“我把这菜吃过丨我给过他钱/我把钱给过他/我把钱给他过丨把酒也戒过，把烟也戒过，都没戒成丨他还把他妈气昏过/他还气昏过他妈（呢）丨我跟他关系好，把他的娃也都用过”。另一方面，立新注意站在整个汉语方言的高度来看关中方言，把比较的重点放在关中周围的方言以及官话之中，同时也与南方方言进行比较。三方面，用历史比较的方法，努力把现代关中方言语法的源流搞清楚，如关中方言反复问句以“不、没”煞尾的特点，立新特别参考了孙锡信等先生的成果，又有自己的一些发现。四方面，立新经过对关中方言语法的研究，发现了不少的通语现象，如目前人民币面值的重叠形式“一块一块、五块五块、二十块二十块”等是一个全国性的重叠现象，普通话也有；这种现象研究普通话语法的好几代同仁似乎都没有注意过，看来，对普通话的一系列问题需要在调查的基础上进行更深入的研究。

三是全书以相当丰富的资料性，表现了立新多年来调查研究过程中难得的深度和广度。立新除了引用时彦的著述来支持自己的观点以外，全书中各个章节的资料都是相当丰富的，如讨论构词的一二章就达 30 多万字。立新曾经就重叠构词问题发表过很有见地的文章，但是，他没有停滞在已有成果的基础上，在完成此书的过程中，花费了很多精力，又搜寻到大量的材料，如关中方言的 ABA 重叠式是在 AB 的基础上再加上 A，多数用在歌谣里，比如富平歌谣《槐子槐》云：“槐子槐，搭戏台，他舅叫娃看戏来。

又没袜子又没鞋，精片片脚跑的来。”这种重叠式还有“棒槌棒、蚂蚁蚂、拐子拐、扁豆扁、椿股椿、槐股槐、六女六、丫头丫、梆子梆、纽子纽、正月正、韭菜韭、当中儿当、边头儿边”等等。

立新是一位很勤奋、很执着的中青年学者，用不着我在这里多赞扬他。我现在将他的新著《关中方言语法研究》推荐给研究方言和研究语法的朋友，是希望研究汉语方言、汉语语法，还有研究近代汉语等领域的学者，能够从这部著作里获取对各自研究领域多少有所帮助，有所启发的东西。

读过这部书稿以后，我还要特别感谢宝鸡文理学院及其有关领导。我曾有机会到过宝鸡文理学院，我去年 11 月 25～27 日应邀参加了在该院举行的中国关陇方言与民俗高层论坛，见到校长王志刚教授、副校长赵荣侠教授和文学与新闻传播学院院长赵德利教授等，他们办学的宏图大志，对学术和人才的忠诚追求，给我留下了极其深刻的印象。宝鸡文理学院聘立新为兼职教授，给了立新一个很好的平台。现在立新以《关中方言语法研究》一书回报，这应该是一段值得回忆的学界佳话。

立新来电话说，尽管该书下了很大的功夫，但是，肯定还会有错漏，他表示以后将在调查和思考的基础上写些小文章来加以补充。这是一种认真的态度。立新还说此书出版后，还将有更大的学术构想，我们期待着他更为厚重的成果问世！

是为序。

张振兴

2012 年 10 月 27 日

目　录

前　言

0.1　汉语方言语法研究的意义

大家知道，用现代化手段研究汉语方言，是在“五四新文化运动”大背景下搜集和研究民间歌谣期间应运而生的。目前情况下，由于整个社会政治、经济、文化的发展，语言研究包括方言研究在世界范围内都受到了普遍的重视。我们认为：在人类进入21世纪的今天，方言作为地域文化的重要组成部分，应当处于跟民俗文化和非物质文化遗产同等重要的地位；方言的存在是文化多样性的体现，方言研究可以丰富共同语的内涵。

国内外语言学界用现代化手段研究汉语方言的近九十年以来，尤其是改革开放以来，汉语方言研究事业的确是蓬蓬勃勃，成就斐然。这是基于赵元任先生、丁声树先生、李荣先生等前辈学者的筚路蓝缕、率先垂范，也基于大批后学的不懈努力、争先恐后。如陆俭明先生（2003）在戴昭铭先生主编的《汉语方言语法研究和探索》一书的序言里所说的：“现代意义上的方言研究，当以赵元任先生的《北京、苏州、常州语助词研究》(《清华学报》第三卷第二期，1926，北京）和《现代吴语研究》（清华学校研究院丛书第四种，1928，北京）问世为开端。应该说汉语方言研究一直被认为是汉语研究的重要组成部分。”

语言的三要素是语音、词汇和语法。按照系统论原则，要研究某种语言，必须对这种语言的语音、词汇和语法进行全面研究；事实上，研究现代汉语的学者都注意了对语音、词汇和语法进行比较全面的研究，研究古代汉语的学者亦然。这从许多《现代汉语》《古代汉语》教科书就可以看明白。“然而，长期以来汉语方言研究一直局限于方言语音、方言词汇的调查研究，尤其是方言语音的调查研究，很少顾及方言语法的调查研究。”（陆俭明 2003）

罗常培先生的《语言与文化》一书，其116～118页谈了方言研究的有关话题，如“对于现代方言的研究已往二十多年来太偏重语音一方面了……特别得着重词汇的搜集和研究……”。关于语法，罗先生指出：“关于语法的研究，以前的成绩也是不够好的。《马氏文通》的方法固然受到‘拉丁文法汉证’的讥评，可是一般研究国语文法的，除去一两部较好的著作，也还不免‘拉丁文法汉证’的缺陷。至于各地方言的语法研究，那简直还没起头儿呢！咱们现在应该严格使用描写语言学的方法来分析现代中国语的结构，必须一空依傍，完全拿人民大众的口语作根据，然后才能得到活语言的正确语法。”其中的“至于各地方言的语法研究，那简直还没起头儿呢”。请大家注意，罗先生是特意用了感叹号的。罗先生是较早认识方言语法研究意义的学界泰斗之一。

周祖谟先生 1979 年 11 月 6 日受湖北大学的邀请作了《研究现代汉语方言的重要意义》的报告（见《周祖谟语言文史论集》23～31 页）。周先生在讲了方言语音、词汇研究的重要意义以后指出：“语法是语言中最稳定的东西，可是在漫长的历史进程中语法也有改变，尽管很迟缓。现代方言的语法结构，可以说基本上都跟古代语法相近，而闽语和粤语保留的古汉语的文语成分更多一些，可以跟文言语法相印证。自《马氏文通》以来，学者对于古代文言语法的研究已经有了很大的成就，但是对于古代语体文字的语法研究还没有展开。例如唐、宋僧人的语录和程朱学派的语录，必然与口语比较接近，但有些句法、虚词、语助词等跟现代普通话就颇有不同；猜想在南方方言里不能没有遗迹可寻。因为我们知道，在某一时期之内表示同一意念时常有两种平行的不同语法形式，但经过一段时间的语法选择，一种行开了，另一种不用了，而在后代的方言中也许还有其遗迹。所以我们能广泛地研究现代方言的语法还是必要的，从中我们还会有许多新的发现。”周先生这些看法，在当时的确是难能可贵的。

李如龙先生在乔全生（2000）所著的《晋方言语法研究》序言里指出：“方言语法的研究起步较晚，北方方言如此大规模的方言语法专书至今还很少见。”现在来看李先生所说的“很少见”，其实，20 世纪末，第一部讨论晋语语法的专著是邢向东、张永胜的《内蒙古西部方言语法研究》(1997)，继《晋方言语法研究》出版的第二年，张一舟等先生的《成都方言语法研究》出版。这个格局比之于汪国胜《大冶方言语法研究》（1994）等研究南方方言语法专著（如陈小燕 2007《多族群语言的接触与交融——贺州本地话研究》偏重语法研究，还有以下的，按作者的姓名音序排列：丁加勇 2006《湘方言动词句式的配价研究——以隆回方言为例》、李如龙先生 2007《闽南方言语法研究》、卢小群 2004《湘南土话代词研究》、彭兰玉 2005《衡阳方言语法研究》、伍云姬先生 2006《湘方言动态助词的系统及其演变》、伍云姬先生 2009 主编的《湖南方言的副词》《湖南方言的代词》《湖南方言的介词》《湖南方言的语气词》《湖南方言的动态助词》、项梦冰 1997《连城客家话语法研究》、徐慧 2001《益阳方言语法研究》、徐烈炯、邵敬敏 1998《上海方言语法研究》等）的出版，虽然落后了些，但是，毕竟有了一个良好的开端。如今，我们能够看到的研究官话或晋语的语法专书渐渐多了起来。如陈淑梅 2001《鄂东方言语法研究》、2007《语法问题探究》、范慧琴 2007《定襄方言语法研究》、兰宾汉 2011《西安方言语法调查研究》、莫超 2004《白龙江流域汉语方言语法研究》、乔全生《晋方言语法研究》、孙立新 2010《关中方言代词研究》、王春玲 2011《西充方言语法研究》、辛永芬 2006《浚县方言语法研究》、邢向东、张永胜 1997《内蒙古西部方言语法》、邢向东 2006《陕北晋语语法比较研究》、张邱林 2009《“方-普”语法现象与句法机制的管控》、张一舟、张清源、邓英树先生 2001《成都方言语法研究》等，都不同程度对官话或晋语的语法进行了研究。还有黄伯荣先生 1996 主编《汉语方言语法类编》、张惠英先生 2001《汉语方言代词研究》、汪化云 2008《汉语方言代词论略》等，对官话或晋语语法都有一定的研究。

方言语音的调查研究应当是方言研究的最基础的工作。假如一定地域方言的语音都搞不清楚，那么，其词汇和语法往往也就难于研究；因此，方言语音的调查研究应当受到重视。许多学者认为，重视方言语音的调查研究是基于方言分区等问题的，这个看法有一定的偏颇。其实，重视方言语音的调查研究，跟 20 世纪五六十年代的推广普通话有关，如当时出版的若干本《方言与普通话集刊》，大致都是就一定地域的方言语音与普通话进行对比的；当时出版的若干本《怎样学习普通话》的册子，是为教师、干部、学生等社会群体学习普通话服务的。推广普通话的重点工作虽然主要是推广普通话的语音系统，但是，推广普通话的词汇和语法照样重要，因为普通话也是语音、词汇和语法三个要素的集合体。我们认为，汉语方言学界长期以来形成的重视语音研究的局面，跟推广普通话重在语音层面有着很大的关系。

其实，就方言词汇的研究来看，也远远没有语音研究那样受到应有的重视。假如没有 20 世纪 90 年代李荣等老一辈学者着手组织编纂 42 部方言词典，方言词汇研究的成果量比语音研究的成果量还要少得多。从目前来看，方言词汇研究比之于语音研究来，尚有差距。究其原因，诚如陆俭明先生（2003）所说的“长期来汉语方言研究一直局限于方言语音、方言词汇的调查研究，尤其是方言语音的调查研究”。

目前大家的普遍看法是，汉语方言语法调查的难度很大，这是汉语方言语法研究的难度很大的主要原因。如陆俭明先生指出：“一种方言语法之错综复杂和精细奥妙之处，难以为操非母方言者所体察，难以为操非母方言者所了解，难以为操母方言者所调查，不像调查语音或词汇那样，三问两问就问得出来的。而对于操该方言但又缺乏语法知识的人来说，习惯成自然，又觉察不到自己母方言在语法上的错综复杂和精细奥妙之处。”

还有长期以来形成的认识上的误区，如张振兴先生《〈方言〉与方言语法研究》（2003：1～8）一文指出：“现在大家都在讨论方言的语法研究，这的确非常令人高兴。但是，我们必须知道，在早期的汉语方言调查研究里，方言语法是不受重视的。主要问题是早期中国语言学的传统，根本就没有语法研究的地位。”“汉语方言语法研究出现这种相对滞后的状况，是多种因素造成的。其中有两个最主要的原因。一个是语法研究和方言研究脱节，研究语法的人很少关注方言的研究，尤其很少关注方言语法的研究；研究方言的人除了少数学者之外，很多人对语法研究不太熟悉，或者缺乏兴趣。另一个是对方言语法研究的重要性普遍认识不足，很多人以为汉语方言之间的差别主要表现在语音上，其次是表现在词汇上，而语法上的差别是不大的。在深层的意识里总是认为，通语的语法可以概括汉语的语法。总之是认识不足，重视不够，这是最主要的。”假如近九十年来汉语方言语音、词汇和语法的研究能够齐头并进，就不会形成“认识不足，重视不够”的情况；假如当初以赵元任先生 1926 年发表于《清华学报》第三卷第二期的《北京、苏州、常州语助词研究》为契机，将汉语方言语音、词汇和语法三个要素放在同等重要的地位来研究，那么，如今的局面将会更加令人满意。

陆俭明先生指出：“但真正重视汉语方言语法的调查研究，并逐步成为汉语语言学界的一种普遍观念，那是上个世纪 80 年代以后的事，而这跟朱德熙先生的大力提倡和推动有关。朱先生多次强调要重视汉语方言语法调查研究。”

应当看到，改革开放前汉语方言语法研究还是有一些成果，甚至还有一些标志性成果的。翻开聂建民、李琦编纂的《汉语方言研究文献目录》一书就可以看到一些。如赵元任先生《方言性变态语音三例》（《中央研究院历史语言所集刊》5 本 2 分，1935：215～253）、廖序东先生《城固“重言”记》（《国语周刊》1941 年 18 期第 2 页）、李荣先生《怎样记词汇和语法例句》（《中国语文》1957 年第 1 期 17～23）、夏锡俊先生《方言调查不应忽视词汇语法》（《中国语文》1958 年第 3 期 127～128）、范继淹先生《重庆方言名词的重叠和儿化》（《中国语文》1958 年第 3 期 127～128）《重庆方言表动量的“下儿”和表时量的“下儿”》（《中国语文》1965 年第 6 期 494）、张成材先生《商县方言的人称代词》（《中国语文》1960 年第 1 期 36～37）《商县方言动词完成体的内部屈折》（《中国语文》1962 年第 12 期 558～560），等等。1958 年，汉语方言学界并没有在李荣先生 1957 年《怎样记词汇和语法例句》以及夏锡俊先生 1958 年《方言调查不应忽视词汇语法》等文章的基础上把方言语法研究搞起来，这的确跟大力推广普通话、把推广普通话的语音系统当作重点有着很大的关系。

为什么要研究汉语方言语法呢？邢福义先生主编的《现代汉语》(2000：417～433)，谈到研究汉语方言语法的意义时有三点：一是对于普通话语法研究的意义，二是对于汉语语法史研究的意义，三是对于语言理论的形成和发展的意义。这些观点至今都具有指导意义。

综上所述，汉语方言语法研究是汉语方言研究这一系统工程中不可或缺的重要部分，既是汉语方言整体中不可或缺的一个部分，又是汉语语法系统中不可或缺的一个部分。

值得欣慰的是，改革开放使得我国的政治、经济、社会、文化全面进步，学术事业不断兴旺发达；汉语方言语法研究事业在这个大背景下得以长足的发展。许多专著和论文都不同程度地讨论了方言语法问题，目前已知的研究地点方言语法或一定地域方言语法的专著达到几十本，国际汉语方言语法学术讨论会已经举行过 6 届。我们从网上看到，许多学者（如陆俭明、彭兰玉、吴启主、邵敬敏、周芍、詹伯慧、邢向东、彭小川、林奕高等）都在就汉语方言语法调查研究的理论和方法等问题进行着认真的研究和深入的探讨，具体请参见 http://www.dic123.com/pd_10f28349-ca1a-48c7-9775-a2b126a16c65.html。

大家只要读一下陆俭明先生（2004：92～98）《关于汉语方言语法调查研究之管见》一文的摘要，就可以认识到我们目前最少应当做好哪些工作了：陆先生“强调进行汉语方言语法调查与研究需要一定的理论来支撑”；指出：“只要我们多调查，多研究，多总结，多交流，一定会迎来汉语方言语法调查研究的大发展，大突破。”

随着事业的发展，加上学界同仁的一致努力，汉语方言语法研究的前景将会更加乐观。

0.2　关中和关中方言区

0.2.1　关中

关中即陕西省中部地区。关中一般指四关之中：东至潼关，西抵大散关（在宝鸡市），南到武关（在丹凤县），北达萧关（在甘肃省环县）。有的学者认为东至潼关，西抵陇关（在陇县）。关于关中的界定，学术界还有其他观点。关中之内主要包括省会西安和渭南、铜川、咸阳、宝鸡 4 个地级市以及延安市南部、商州市东部。面积 76760 平方公里，根据 1986 年《陕西统计年鉴》，人口 1925 余万；根据 1990 年第四次人口普查资料，人口总数为 21488147 人。

关中，东临河南、山西，与河南省的卢氏、灵宝、山西省的芮城、运城、临猗、万荣、河津、乡宁接壤；南连陕南，以秦岭西段及商州市西部等地为界，与本省的留坝、佛坪、宁陕、镇安、山阳、商南等县相连；西部及西北部与甘肃省相毗连，两当、天水、清水、张家川回族自治县、华亭、泾川、灵台、宁县、正宁等县市与关中之地一般无太大的自然屏障；北依陕北晋语区的延长、延安、甘泉。

明洪武二年（1369 年）陕甘合为一省，称“陕西等处行中书省”，九年（1376）六月改称“陕西等处承宣布政使司”，辖地约为今陕甘宁 3 省区以及内蒙古、青海两省区的部分地区，治所设在西安府，领 8 府、2 直隶州、属州 21、属县 95。洪武二十六年（1393），陕西有户 294526，人口 2316569；万历六年（1578）有户 394423，人口 4502067。明代西安府领 14 县、6 州、州领 17 县：长安、咸宁、临潼、蓝田、渭南、咸阳、高陵、三原、泾阳、富平、兴平、醴泉（今礼泉）、鄠县（今户县）、盩厔（今周至）、华州（今华县，领华阴、蒲城）、商州［今商洛市商州区，领雒南（今洛南）等县］、同州［今大荔，领朝邑、郃阳（今合阳）、韩城、澄城、白水］、耀州［今铜川市耀州区，领同官（今铜川市王益区、印台区）］、乾州（今乾县，领永寿、武功）、邠州［今彬县，领淳化、三水（基本上为今旬邑）、长武］；凤翔府领 7 县 1 州：凤翔、岐山、扶风、郿县（今眉县）、宝鸡、麟游、汧阳（今千阳）、陇州（今陇县）；延安府领宜川等县及鄜州［今富县，领洛川、中部（基本上为今黄陵）、宜君］等州县。

西安府建制后几经改易，遂成为今西安、咸阳、渭南、铜川 4 市或者主体；凤翔府建制后也几经改易，遂成为今宝鸡市。1949 年 5 月 20 日成立宝鸡分区，凤县划归该分区；1958 年 12 月撤消朝邑县并入大荔县；1961 年在今宝鸡市南部成立太白县。如今，陕西省关中之内有西安、商洛、华阴、渭南、韩城、铜川、咸阳、兴平、宝鸡 10 市，蓝田、丹凤、洛南、华县、潼关、大荔、澄城、合阳、白水、宜川、黄龙、黄陵、洛川、宜君、蒲城、富平、高陵、三原、泾阳、旬邑、长武、彬县、永寿、淳化、乾县、礼泉、户县、周至、武功、眉县、太白、凤县、凤翔、岐山、扶风、麟游、千阳、陇县等县。

关中历史悠久，山川秀丽，物华天宝，人杰地灵。蓝田猿人、半坡遗址、教稼台、仓颉庙、兵马俑陪葬坑等名胜享誉海内外，西安碑林、陕西历史博物馆、太白积雪以及多处遗址、帝王陵寝吸引着中外朋友前来旅游观光。秦岭巍峨矗立，凝重深沉；华山断崖千尺，雄伟险峻，天下独绝。黄、渭、泾、洛等著名河流及以土地肥沃著称的八百里秦川关中，养育了淳朴善良、勤劳勇敢的关中人民，涌现出了司马迁、班固、杨震、柳公权、孙思邈、张载、王弘撰、王鼎、于右任、杨钟健、吴宓、习仲勋等中华民族的优秀人物。

0.2.2 关中方言区

根据陕西省境内汉语方言的特点可划分为陕北、关中、陕南 3 个方言区。刘育林先生（1988：257～269）《陕北方言略说》指出：延安、榆林两市所属的延安（今延安市宝塔区）、甘泉、延长、延川以北除定边以外 19 处为陕北方言区，陕北方言有入声且由北向南入声字渐次减少。根据李荣先生提出的以古入声字今调类划分汉语方言的思想［详见李荣先生发表在《方言》上的《官话方言的分区》（1985 年第 1 期）《关于汉语方言分区的几个问题》（1985 年 2～3 期）］，陕北方言属于晋语。邢向东《陕西省的汉语方言》（《方言》2007 年第 4 期）指出甘泉等处入声字达三四十个。孙立新《陕南方言略说》（《方言》1998 年第 2 期）指出：陕西省秦岭以南的汉中（今汉中市）、安康（今安康市）地区以及商洛地区（今商洛市）所属的商州、丹凤、洛南以外共 25 处为陕南方言区。根据古入声字的今调类，陕南方言区可以划分为西南官话、中原官话和江淮官话。另外，陕南方言区汉阴、石泉等县还存在着湘语；陕南地区还有赣语、粤语等南方方言。陕西省境内陕北、陕南两个方言区以外的方言就是关中方言区。

由于如今已经成为区的建制的临潼（西安市属）、耀州（铜川市属）两处方言具有相对独立性，所以，关中各方言点依孙立新《关中方言略说》（《方言》1997 年第 2 期）所罗列的 51 个为准，这 51 个方言点依次是：西安、临潼、蓝田、商州、丹凤、洛南、华县、华阴、潼关、大荔、渭南、澄城、合阳、韩城、黄龙、宜川、洛川、黄陵、宜君、铜川、耀州、蒲城、白水、富平、高陵、三原、泾阳、旬邑、长武、彬县、永寿、淳化、乾县、礼泉、咸阳、户县、兴平、武功、周至、眉县、太白、凤县、宝鸡、凤翔、岐山、扶风、麟游、千阳、陇县、富县、定边。关中方言语音、词汇和语法三个要素的大致特点，请参阅《关中方言略说》。

从语音特点来看，关中方言区 51 个方言点大致可以划分为东西两大块，西部除了今宝鸡市（眉县、扶风、麟游及其以西共 10 个方言点；本书在行文的过程中，所谓的“宝鸡一带”即指这 10 个方言点）外，还有富县、定边，共 12 个方言点；这 12 个方言点的特点是，北京前后鼻韵[ən：əŋ｜in：iŋ｜un：uŋ｜yn：yŋ]两组均并作[əŋ｜iŋ｜uŋ｜yŋ]一组，如“门=

蒙，金=经，屯=同，群=琼”。而其余39个方言点北京前后鼻韵[ən：əŋ｜in：iŋ｜un：uŋ｜yn：yŋ]两组是分的，铜川、宜川、临潼、潼关、丹凤、洛南等处把北京的[ən｜in｜un｜yn]分别读作[ei｜iei｜uei｜yei]。关中方言区北部的富县、定边、黄龙、宜川、洛川、黄陵等处，有受到陕北晋语影响的一定因素。就语法特征来看，本书所谓的“西安一带”，主要包括西安、户县、咸阳、蓝田等处；泾河以西、泾河下游地区如礼泉、乾县、兴平、武功大致特点一致，泾河以东的淳化、泾阳、三原、高陵、富平、耀州大致特点一致，咸阳市北部的长武、彬县、旬邑、永寿大致特点一致。本书所谓的“渭南一带”主要包括华县、华阴、潼关、蒲城、渭南等方言点；渭南市东部的大荔、澄城、合阳、韩城（中原官话汾河片）大致特点一致。商州、洛南、丹凤大致特点一致。

研究关中方言具有重要意义，诚如张振兴先生在孙立新所著《关中方言代词研究》的序言前边所论述的：“最近几年来，陕西省关中地区的汉语方言引起了海内外方言学家的广泛注意。这个地区具有特殊重要的历史和人文地位，是研究汉语方言互相接触，互相交流，进而研究方言发展演变的一个典型地带。”看来，做好关中方言的研究工作，笔者和同仁是责无旁贷的。

0.3 本书的研究方法和书写体例

0.3.1 本书的研究方法

本书拟尽量采用目前大家认同的研究方法，且论及笔者关于方言语法研究的一些思考。

其一，李如龙先生在乔全生（2000）所著的《晋方言语法研究》序言里所概括的乔全生研究方法：“方言的语法，哪怕是很特殊的，也总有许多规律和共同语是相似的……抓住方言语法的特点，逐项进行具体的考察，如实地说清楚各种语法意义和语法形式，考察这些语法成分在语用中的种种变异，先罗列事实、不急于设计框架；只说有、不说无；多说异、少说同；有话多说、无话少说……”

其二，我们从戴昭铭先生（2003）主编的《汉语方言语法研究和探索》一书里看到几位著名学者关于汉语方言语法研究行之有效的方法，摘录于此，作为笔者此书的重要研究方法。

陆俭明先生在《汉语方言语法研究和探索》一书的序言里指出：“在目前尚未有一份理想的方言语法调查表、尚未有一套行之有效的方言语法调查方法的情况下，对方言（不管是母方言或他方言）语法的调查研究，可以开阔思路，从多角度、多方面入手。”陆先生指出，应从七个方面进行汉语方言语法研究：1. 以表达范畴为纲开展调查研究，2. 以特殊的词语系统为纲开展调查研究，3. 以常用动词为纲开展动词论元结构及其变式的调查研究，语序的调查研究，4. 词语重叠情况的调查研究，5. 造词法调查研究，其中包括词语形态变化的调查研究，6. 特殊句法格式的调查研究，7. 特殊虚词的调查研究。

李小凡（9～13）《当前方言语法研究需要什么样的理论框架》一文关于“通用性”原则的论述很有见地：“贯彻适用性原则有利于揭示方言语法特点，揭示特点就是求异，求异常常会推动创新。新发现的语言特点可能难以用既定的框架来描写，这时就需要对既定框架加以补充和修正，必要时还需要创造新的概念、术语以至间架，甚至重建整个框架。从适用性原则出发，理应允许和欢迎这种与时俱进的理论创新，但同时也应对由此带来的体系和术语分歧日增的局面有清醒的、足够的估计，并适时地加以引导和规范。”

鲍厚星先生（31～36）《方言语法研究与田野调查》一文，在诠释李荣先生生前教导的基础上，加上了自己的调研经验：一，要“从记音开始”，不要绕过语音关；二，要注重调查，不要用印象代替调查；三，要“讲实地调查”，不要依赖二手材料；四，“要观察事实，不要先入为主”；五，要用正确的理论引导调查，不要被流行的理论所左右。

其三，马庆株先生在邢向东（2006）所著《陕北晋语语法比较研究》序里概括的邢向东研究方法：“作者视野开阔，很好地运用了语义功能语法理论……语义功能语法适用于方言比较。作者把横向的方言间的比较研究和纵向比较研究结合起来，把方言语法研究和历史比较语言学理论和语法化理论结合起来，作了有益的尝试，更好地展现了该地区方言的语法面貌。”

其四，邢福义先生在陈淑梅（2007）所著《语法问题探究》序言里所强调的研究方法和态度：“第一，文章要写自己熟悉的事实或现象。”“第二，文章要抓住有特色的事实或现象小题大做。”“第三，文章要有良好的学风。”

其五，笔者希望此书能够做到对关中方言语法类型的穷尽式的研究，关于方言语法研究的一些思考：一，李荣先生生前所谆谆教导我们的“摆事实讲道理”，要真正做到是不容易的，要做得很好，谈何容易！张振兴先生发表在《汉语学报》2012 年第 3 期的《说摆事实讲道理》，既很系统地阐发了汉语方言调查研究的本体论、方法论等问题，又特别强调了如何摆事实讲道理等问题。邢福义先生的名言“抬头是山，路在脚下”，对于做人做学问都有很深刻的启示！笔者估计，许多人都不会深刻理解荀子在《劝学篇》里的“积善成德，而神明自得，圣心备焉”等名句的。笔者常常说：一个人能够到达一定境界是很不容易的；大而言之，一个群体（一个家庭、一个团体、一个单位、一个省份、一个国家）假如能够到达一定境界实在是很不容易的。你可以用你的母语准确轻松地读出“崇高”二字的音，你未必能够真真正正理解这个词语的含义。二，运用“普方古”大三角的方法研究关中方言语法；邢福义先生提出的“普方古”大三角的方法，这是被许多学者的研究实践证明了的科学方法。这种方法的优点在于，不是孤立地去看“普方古”中的一个现象，而是把三者联系起来进行研究比较，你中有我我中有你，互相印证，彼此参照。处于我国版图中心（我国的大地原点在关中泾阳县永乐镇）和官话中心区域的关中方言区，其语法系统里既有许多与普通话一致的，也不乏独有的特点，也有汉语各个历史时期的影子。三，笔者在本书中将使用比较的方法，因为通过比较可以看出特色、看出联系以及其他问题来；这里一方面要就关中方言区内部的异同来做一定的比较研究，再方面要就着关中方言与周围的方言、整个汉语方言、少数民族语言等做一定的比较研究，大致上有一个由近及远的原则：如甘肃东部、宁夏南部、山西南部是最接近关中方言的，这是最应当与关中方言进行比较的，其次是陕北和陕南、河南、山西晋语、青海、山东、四川、河北、湖北、湖南等地，再向着更远的地域进行比较。四，对关中方言历史层次的分析方法也是很为重要的，目前，历史比较的方法受到普遍的重视，历史层次问题是我们认识汉语方言语音、词汇和语法问题的重要方面，因此，本书将尽可能使用历史比较语言学的方法。五，全书尽可能对关中方言语法系统里的每一个问题都能予以讨论，而且努力做到深入细致，这是基于系统论原则的做法；估计有的问题，由于调查的局限性，特别是笔者学术水平的限制，未必能很如意地做到深入细致；笔者也可能动辄以自己的家乡话户县方言来举例，这是由于最熟不过家乡话的缘故，在此一并祈请大家谅解。六，方言语音、词汇和语法这三个要素之间往往互有联系，讨论语法未必能离得开语音和词汇，因此，本书在讨论语法问题的时候，凡是牵涉到相关的语音和词汇问题，附带予以讨论或交代，看来，鲍厚星先生所强调的要“从记音开始”，不要绕过语音关，是非常重要的；我们看到有的方言语法著作，不太注意记音，导致别人参考的时候，搞不清究竟怎么样，其实，有时候罗嗦几句，未必是坏事。七，鉴于孙立新《关中方言代词研究》一书是关中方言代词系统研究的专书，本书设立“关中方言代词概说”一章，大致介绍关中方言人称代词、指示代词、疑问代词的主要特点；别的章节往往有“研究”的名头，考虑到系统性原则，而又不再过多地重复《关中方言代词研究》里的内容，这一章就以“概说”的形式对读者有所交待；把牵涉关中方言代词类型学等问题的内容作为重点放进去。八，有的问题在研究探讨的过程中牵涉许多相关的问题，这些相关问题一并纳入讨论；如讨论“了”字用作动态助词的时候，牵涉“了”可以表示假设，表示假设的“了”就一并纳入讨论。九，有的问题，前后难免有重复，因此，根据需要在材料的取舍上有所侧重。十，语言接触问题是一个非常重要的问题，与少数民族语言的比较也是重要的环节，长期以来，作为汉语地域方言的关中话，受到阿尔泰语系和其他少数民族语言影响的因素是有的，因此，本书以戴庆厦先生（2003:31～36）的《汉语方言研究与少数民族语言结合的一些理论方法问题》一文所倡导的研究方法来看待关中方言语法系统里受少数民族语法影响的有关问题。

0.3.2　本书的书写体例

其一，本书拟采取目前汉语方言学界普遍认同的书写体例；特殊情况下，部分章节又有相对独立的书写体例。本书根据实际，随文在一些地方加按语说明相关情况，讨论相关问题。

其二，本书目以下的正文用五号字，专门的注释用小五号字，随文的注释用六号字；用国际音标注音的时候，在硬括号“[]”里边的解释性文字也用六号字。“[]”也是中括号。

其三，本书所用特殊符号说明如下。

□　大方框表示待考的字。

-　短杠，有时候表示一个有关音节，如“上去、下去”等用“-去”表示。

＝　标示在字的右上角的等号表示用的是同音字，如“董⁼弄脏；闯乱子”表示“弄脏；闯乱子”意义的“董”不是本字。

≈　有个别字的左上角加上约等号，说明所用的是音近字，也不是本字。

＝　没有标示在字的右上角的等号，表示前后字音相同或前后句子的语义相同。

≠　不等号表示前后字音不同或前后句子的语义不同。

＞　数学上的大于符号用来表示语音变化，表示某音变作某音。

＜　数学上的小于符号也用来表示语音变化，表示前边的某音是由某音变来的。

/ 单斜线表示前后词语的意思或用法相同。

| 单竖线表示前后词语或句子具有相关性，一般是把例词或例句隔开。

|| 双竖线表示前后词语或句子也具有相关性，如有的表格之表头中出现“甲||乙”的形式，则表格里的项目中，双竖线前边的类型属于甲，后边的类型属于乙。

□□ 字下的直线，一方面表示合音，如“这一[tʂei55]”表示“这一”的合音读作[tʂei55]；另一方面是引文中古今人名的标志，如“杜甫”。

□ 注音下的浪线表示某个字的读音特殊，例如“威[uæ31]”表示“威”字的韵母读法特殊，“对[tuei24]碰”表示“碰”义的“对”字的声调特殊。

— 这是破折号的半拉子，偶尔也作为随文注释的标志。

～ 这个符号，一方面代替所讨论的那个字或词语，不论这个词语是几个音节，都以一个“～”来表示；一方面是所引用的有关文献的起止页码，或者某个学者的生卒年份。

() 括弧的作用除通常用法外，还表示括弧内的字是时有时无的，如“甜甜根（儿）白茅根”表示，白茅根作“甜甜根”，而“甜甜根”还可儿化或加儿尾；为节省篇幅，凡一问一答的句子也用到括号，如“（问）你干什么去？——（答）我上街去。”问答之间加破折号。

其四，本书通常的举例，包括语法例句、方言例词和方音的例子，凡无特殊说明的，都是举西安方言的例子。例句中，西安方言的“了$_1$”作“咧[.liɛ]”，阻断词作“覅[pau31]”。

其五，特别说明：本书原计划在前言部分就着全书写一个提要，鉴于全书篇幅较长，所以，在每章的前边有一段引言，其中就有该章的提要，请大家注意阅读。

0.4 笔者对关中方言语法的调查等情况

笔者1979年开始对关中方言进行调查和研究，三十多年来一直断断续续地进行着这一地域以及周围方言的调查和研究工作，调查过程中的 95%以上时间都是实地的田野调查的。所用调查表格如《方言调查字表》《方言调查词汇手册》《方言调查词汇表》等，使用参考过许多学者编制的调查表格；笔者也根据关中等地方言的特点，编制过一些调查表格。

长期以来，笔者在调查关中等地方言的过程中，对于发音人的物色是比较严格的。其一，发音人必须是土著居民，最少是在当地居住三代以上的居民，一生很少外出，没有在外地连续居住过半年以上。父母有一人是外地（包括邻县）人的，不能作为发音人。男女最好都有，女性所操方言可能跟男性有一定的差异，本书中就有对关中方言区女性居民所操方言特点的记述。比如西安一带文盲中老年妇女把“这”字读作[tʂɥɤ55]，这跟男性居民读作[tʂɤ55]是不同的；女性居民所操方言常常以“就是”作为倾诉的发语词，等等。最好同时有两个以上的居民作为发音人，这样可以达到及时补充和纠正的目的。其二，关于发音人的出生年份。笔者所接触的发音人，绝大多数是1950年以前出生的。我们认为，许多方言学著述交待发音人的年龄往往有失科学性。如这个年龄是指调查时发音人的年龄还是著述发表时发音人的年龄呢？往往没有交待，而有的著述常常是调查后几十年才发表的。其实，说明发音人的出生年是比较科学的。笔者比较反对在中等或高等学校的学生中调查方言，因为学生的方言往往失掉了应有的纯正。事实上，笔者也在学生中调查过方言，那最多是对个别问题的复查。其三，发音人应当是中等文化程度。语音一定要向着中等文化程度的土著居民调查，中等文化程度的土著居民一般是在本县完成中等文化学业的，其所操方言往往比较纯正；词汇可以向着文盲和半文盲调查；语法最好是向着有一定语文研究能力的居民调查，这些发音人的文化程度可以放宽些，如中小学教师、公务员、文化工作者。其四，发音人必须口齿清楚，不乱撇腔，语言行为不做作。发音人发音器官不能有任何问题，如牙齿脱落、松动、外龇者都不能作为发音人；甚至，感冒患者、因咳嗽导致的声音沙哑者，也不宜作为发音人。（亦请参阅孙达光《方言调查及方言志的编写》一文，见《中国地方志》1989年第2期41～44页）

笔者于1984年开始帮助省内外有关县（市、区）编纂地方志书中的《方言志》，后来为有关地级市编纂《方言志》，为《陕西省志》编纂《方言志》，业余工作中的《方言志》编纂工作经历在20年左右。曾经就地方志书中的《方言志》编纂问题发表过一些文章，批评过一些《方言志》里没有语法章节的错误做法。

笔者对于关中方言区51处的方言，调查得比较详细的方言点主要有西安、蓝田、洛南、华县、华阴、潼关、大荔、渭南、澄城、合阳、韩城、黄龙、黄陵、宜君、铜川、耀州、蒲城、白水、富平、高陵、三原、泾阳、旬邑、长武、彬县、永寿、淳化、乾县、礼泉、咸阳、户县、兴平、武功、周至、眉县、太白、凤县、宝鸡、凤翔、扶风、麟游、千阳、陇县，其中最详细的有户县、西安、华阴、大荔、澄城、铜川、蒲城、富平、高陵、咸阳、周至、凤县、宝鸡、凤翔、扶风等处，户县、西安等方言点，我们调查过每一个乡镇或绝大多数乡镇，对城关方言与乡下方言的许多不同点都调查过。

三十多年来，笔者也把发表方言学著述作为自觉行为，而真正把方言语法作为重要的研究对象则始于本世纪初。近十年来发表过十来篇关于关中方言语法的文章，但是，这十来篇文章还远远谈不上系统研究了关中方言语法；本书希图尽可能科学地、全面深入地对关中方言的语法系统进行研究讨论。

本书在写作过程中，除了使用笔者调查的第一手田野资料以外，还希望用到先贤时彦的研究成果。笔者认为，资料对于研究工作是很为重要的，尤其是占有大量的第一手资料；第二手资料也很重要，第二手资料既有可资对比的东西，也可以获取研究的方法。张振兴先生在孙立新《关中方言代词研究》序言里指出："汉语方言研究，一要实地调查，二要注意读书，二者不可偏废。这都是需要下大功夫，花大气力的。"

第一章　关中方言构词研究

1.0　引言

本章主要研究关中方言的一般构词问题，诸如重叠、词缀、逆序等，而第二章主要研究语音变化所导致的构词构句机制。关中不少方言点单音节名词有“AA/AA 子/AA 儿”重叠式，这种重叠式一般有小称作用，以“AA儿”式兼爱称，如把小桌子叫做“桌桌、桌桌子、桌桌儿”；关中方言还有“ABA”重叠式（如“当中”又作“当中当”，“回家回”是“回家”的意思，“颠倒颠”是“颠倒”的意思），“ABB”式如“光光净”与“BBA”式如“净净光”义同。关中方言的子尾、儿尾（化）、头尾多数跟普通话差不多，有的存在着明显差异。“圪”是晋语能产性很强的一个词缀，关中方言也有一定使用，如北部洛川、黄陵、铜川、宜川及东部富平等处“圪”的能产性就比较强。关中方言还有一定数量的逆序词，如“地土土地、菜菜蔬蔬各种蔬菜、找寻寻找、争竞竞争，争执、欢喜喜欢、齐整整齐”等，也有逆序构成的词组等，如“知不道不知道”。关中方言的叠加构词如“冷娃”和“半吊子”都指莽夫，可叠加为“冷娃半吊子”。关中方言对家禽和家畜的小称多数以后加“娃、娃儿、娃子”为标志。关中方言的使感结构如商州的“聒人哩”是“声音嘈杂令人心烦”的意思。

1.1　重叠构词

学术界重视对汉民族共同语以及方言重叠构词问题的研究由来已久，仅《方言》季刊就特别在 1987 年第 1、3 两期上发表了 6 位学者的 6 篇讨论西南官话重叠构词问题的文章；而 2000 年在武汉举行的汉语重叠问题国际研讨会则把有关问题的研究推向了一个新的高潮。

本书初稿接近尾声时，读到刘丹青发表在《方言》季刊 2012 年第 1 期 1～11 页的《原生重叠和次生重叠：重叠式历时来源的多样性》一文受到许多启发。刘文指出：“重叠是一种从共时平面界定的语言手段，主要用作形态手段或构词手段；重叠式是重叠手段的产物。”

汉语尤其是汉语方言的重叠问题可能因地域的不同而呈现出不同的复杂性，或者说，一定地域重叠构词的复杂性可能是其他地域所无法比拟的。

重叠是构词问题，构词问题属于语法范畴。本节对于口语中的重复现象也一并纳入讨论，虽然重复现象属于修辞范畴；研究汉语修辞的学者，可以根据本节有关内容进行讨论。

多年来，不少研究关中方言的著述都注意了对重叠构词的研究。如张成材先生《商县方言志》（1990：79）、孙立新《户县方言研究》（2001：30～40）《西安方言研究》（2007：165～172）、毋效智先生《扶风方言》（2005：311～315）、邢向东、蔡文婷《合阳方言调查研究》（2010：241～253）等专著；如孙立新《户县话重叠构词的几个问题》（2008：46～54；《汉语学报》）《关于户县方言重叠构词的几个问题》（2008：69～89；神户外国语大学《アジア言語論叢》7）、任永辉《咸阳方言的语法特点》（2005：75～77）等论文。

下文尽可能详尽讨论关中方言重叠构词的类型学问题，包括各个词类、各种词组等的重叠类型；鉴于重叠现象往往伴随着语流音变等问题，因此重叠构词的音变等一并纳入讨论。

1.1.1　名词的重叠

1.1.1.1　单音节名词“AA”式的小称作用

关中方言单音节名词“AA”式重叠有小称作用，西安、咸阳、兴平、武功、周至、户县、蓝田等处“AA”式名词儿化兼爱称，加“子”尾不表爱称；“AA 子”式常见于成年男子口语。如“罐”指大的罐子，“罐罐（子）”指小罐子，“罐罐儿”是对小罐子的爱称。西安等处“AA（子）”式里，A 是阳平调的第二个音节变作阴平，A 是阴平、上声、去声的，第二个音节变作轻声；“AA 儿”式第二个音节均变（读）作阳平，如西安方言：

小桌子：桌桌（子）pfɤ^{31} .pfɤ .tsɿ/桌桌儿 pfɤ^{31} pfər^{-24}

小盆子：盆盆（子）p^{h}ẽ^{24} p^{h}ẽ$^{24-31}$ .tsɿ/盆盆儿 p^{h}ẽ^{24} p^{h}ə̃r^{24}

纸屑：纸纸（子）tsɿ^{52} .tsɿ .tsɿ/纸纸儿 tsɿ^{52} tsər^{-24}

小罐子：罐罐（子）kuã^{55} .kuã .tsɿ/罐罐儿 kuã^{55} kuẽr^{-24}

西安、户县等处方言“AA 儿”式后音节的变调都是阳平，其趋同原则跟晋语浚县方言“AA 儿”式后音节均变作 35 调值很相似。（请参阅辛永芬《浚县方言语法研究》100 页）

西安等处能构成“AA/AA 子/AA 儿”式名词重叠的单音节词干主要有：碗、碟、盘、壶、盅、罈、罐、锅、瓢、瓶、盒、座、槽、渠、沟、坎、岸、头、尾、勺、缸、棍、棒、꜀桄短柱、꜁桄短棍、桄꜄较长的杆状物，短棍、箱、房、棚、蓬、镜、板、牌、条条状物、麵粉状物、块块状物、蛋圆形或块状物、串、吊、布、绳、线、丝、杆、秆、竿、穗、草、花指花布、车、管、刀、插、盖、皮、毛[꜀mau 文读，꜀mu 白读]、钉、剪、帮、꜀扇帽箍、扇꜄、刮用来刮土的农具叫做"刮刮"、筐、渣、影、网、股枝、框、把꜄柄、鼓、椽、轮、匣、水盐醋辣椒水，吃饺子等时用、驴、驹、刷、铲、褥、台、墙、路、毛、钵、环、架、褂、衫、袜、人、层、鞠、统、桶、洞、꜀筒、꜂筒、提打酒、醋、酱油的、蹄、秧、苗、身植物的躯干、叶、桥、桩、底、撑用来支撑的、毯、帽文章或故事的开头、垫、橛、楔、腿如桌子腿、椅子腿、口、包、洼、坑、塞如瓶塞、洼、峡[tɕʰia꜄]夹缝、缝、角、心、根、梢、嘴嘴状物、锤、槌、庄村庄、系、道房屋或院落间的小路、档、疤、络、夹、斗桌斗、兜、面如桌面、壑、泡、襻、꜁笼篮子、꜀笼、背如刀背、铡刀背、影、带、点，等。

西安方言的"壳"字也有文白二读，文读[tɕʰyɤ31]，跟普通话的[tɕʰiau51]相对；白读[kʰɤ31]，跟普通话的[kʰɤ35]相对，硬壳类的"壳"字读作[kʰɤ31]，软的一般读作[tɕʰyɤ31]。西安方言的"壳"字也可以构成"AA/AA 子/AA 儿"重叠形式，最典型的如，玉米穗外边的薄皮叫做"包谷壳[tɕʰyɤ31]壳/包谷壳壳子/包谷壳壳儿"，棉花壳叫做"棉花壳[kʰɤ31]壳/棉花壳壳子/棉花壳壳儿"，鸡蛋壳叫做"鸡蛋壳[kʰɤ31]壳/鸡蛋壳壳子/鸡蛋壳壳儿"。

小椅子在户县通常叫做"碎椅子"或"椅椅儿"，但无"椅椅、椅椅子"的说法；户县还把银柜右下角小开箱或类似的东西叫做"柜柜儿、柜柜子"，但无"柜柜"的说法。"柜柜"只有跟"箱箱"构成"箱箱柜柜"后才成词，而"箱箱"却可以独立成词。关中方言区其他方言点没有把"小椅子"叫做"椅椅儿"的，一般叫做"碎椅子"。小椅子在白水有"椅椅"的叫法；关中多数方言点无白水之"椅椅"和户县之"椅椅儿"的叫法。

户县方言有些单音节名词与 AA 式名词和表爱称的 AA 儿式名词可构成 AA（儿）B 式，AA(儿)B 式一是 A 表盛具，一是 A 起描写作用表形状；AA(儿)第二音节读轻声。例如：碗碗（儿）茶、盅盅（儿）烟烟土、盒盒（儿）饭、壶壶（儿）酒、蛋蛋（儿）肉、片片（儿）地、蛋蛋（儿）面汤面的一种，球状的，故名、面面（儿）药、片片（儿）药、丸丸（儿）药。

任永辉 2012 年 9 月 17 日来信指出：宝鸡一带有"块块煤、份份饭、斤斤糖、包包药、把把菜、分分钱、折折戏、张张纸、块块钱、分分地"等重叠形式，这种在名词之前加上重叠的量词，已不单独表示量词的含义，而主要表示物体的状态。

张成材先生（1990）《商县方言志》79～80 页指出商州方言指物的单音节名词包括量词可以构成"AA 子/AA 儿"的重叠形式，如"包包子"又作"包包儿"。例如商州方言的"AA 子"式词语：包包子、裙裙子、沫沫子、叶叶子、絮絮子、穗穗子、瓮瓮子、砣砣子、堆堆子、坟坟子、房房子、庙庙子、夹夹子、架架子、盆盆子、罐罐子、虫虫子、雀雀子、箱箱子、柜柜子、沙沙子、土土子、面面子、水水子、瓶瓶子、筒筒子、柴柴子、草草子、纸纸子、帽帽子、盖盖子、口口子、道道子小巷道；画的道儿、豁豁子、云云子、墙墙子、皮皮子、条条子、山山子、人人子、马马子、框框子、顶顶子、个个子、片片子、布布子、捆捆子、牛牛子小虫子、单单子、笼笼子、苗苗子，等等。

华阴方言的名词小称有两种形式，一是“AA”式，一是“AA 儿”式（小称兼爱称）。例词如：桌桌/桌桌儿、箱箱/箱箱儿、板板/板板儿、瓶瓶/瓶瓶儿、罐罐/罐罐儿、盆盆/盆盆儿、碗碗/碗碗儿、片片/片片儿。

高陵方言名词小称一般也是只有“AA”式重叠，例如：箱箱、瓶瓶、罐罐、桌桌、碟碟、门门、窗窗、碗碗、锣锣、鼓鼓、锅锅、车车、纸纸、布布碎布块，碎布条。

澄城方言名词小称一般也是只有“AA”式重叠，这种重叠式多数还有爱称作用。例如：虫虫、刀刀、盘盘、柜柜、勺勺、草草、线线、绳绳、芽芽、影影、车车，等等。其声调特点是，前 A 读作本调，后 A 读作轻声。澄城方言对小儿语的 AA 式，后字为非去声的，一律读作阳平调；后字为去声的不变调。例如：袜袜（小儿的袜子，例句如“我给我娃穿袜袜”）va^{21} va$^{21-24}$、肉肉（例句如“我给我娃喂肉肉”）zou^{21} zou$^{21-24}$、脸脸（小儿的脸部，例句如“洗脸脸”）liã^{42} liã$^{42-24}$、手手ʂou^{42} ʂou$^{42-24}$、麵麵（例句如“我娃吃麵麵”）miã^{55} miã^{55}。

邢向东、蔡文婷《合阳方言调查研究》242～243 页讨论了合阳方言的“AA”式名词，我们在此选取合阳方言典型的如：瓦瓦碎瓦、坡坡、钩钩水担钩子、绳绳、馍馍、车车纺车、奶奶乳房、乳汁、蝉蝉蝴蝶、锥锥、热热太阳、结结结巴、角角辫子、靴靴、雀雀鸟儿、□□[pɑ^{31}.pɑ]蒲团、蚂蚂蚂蚁、□□[niɑ^{55} .niɑ]赤子阴。当地还有“AA 子”式名词，如：棍棍子、兜兜子、钵钵子、皮皮子、瓤瓤子、壕壕子、片片子、埝埝子、影影子、道道子、豁豁子、拐拐子、盖盖子。两位作者进一步指出，“这种 AA 子式重叠词当为：AA＋子，因为其中所有的词都有 AA 式，但不是所有的词都有 A 子式，如‘埝埝、兜兜、道道、壕壕、片片’都是词，但‘埝子、兜子、道子、壕子、片子’不是词。”邢等指出：“合阳话 AA 式具有小称义，但表小色彩并不强烈……由于 AA 式表小色彩受到磨损，所以，人们就通过叠加‘子’缀来强化这种格式的表小色彩，因此，关中以及大多数西北之所以创造方言 AA 子式，当是处于表义的需要。在关中方言中，AA 子式是小称义最强烈的重叠名词。”

宝鸡一带的“AA”式重叠变调规律是：A是阴平调的，前A变作上声，后A变作轻声；A是阳平调的，前A变作阴平，后A变作上声；A是上声调的，前A变作去声，后A变作轻声；A是去声调的，前A不变调，后A变作轻声。例如：桌桌 tʂuo$^{31-52}$ .tʂuo、箱箱 siaŋ$^{31-52}$ .siaŋ、盆盆 p^{h}əŋ$^{24-31}$ p^{h}əŋ$^{-52}$、盒盒 xuo$^{24-31}$ xuo^{-52}、拐拐拐杖 kuæ$^{52-44}$ .kuæ、本本 pəŋ$^{52-44}$ .pəŋ、柜柜 k^{h}uei^{44} .k^{h}uei、罐罐 kuæ̃^{44} .kuæ̃。

毋效智先生《扶风方言》313～314页所报道的扶风“AA”式名词如：窝窝棉鞋、囊囊衣袋、褡褡布制的袋子、破破旧碎布、暴暴肚脐、疖疖疮、馍馍馒头、烙饼等的统称、点点主意，心计、粑粑发糕、鱼鱼一种面食、刮刮锅巴、水水盐、醋、辣椒等的混合物、笼笼用竹篾编的一种提东西的器具、耍耍玩具。扶风“AA子”式名词如：架架子夹背心或棉背心、褂褂子比棉袄薄一点的棉上衣、络络子妇女网络盘结在头后头发的网状物、帕帕子手帕、虫虫子小虫或狼、铲铲子挖草、挖菜用的一种小铲子、系系子器物上用手提的部分、搐搐子可以拉紧合上也可以撑开的袋子、蛋蛋子像球形的东西。毋著指出扶风方言几乎没有儿化词，普通话的儿化词扶风方言一般变成词根重叠式，或词根+词缀“子”式，或词根重叠+词缀“子”式。《扶风方言》314～315页就着普通话的“A儿”式与扶风方言的“AA、A子、AA子”进行了对比，现在选取扶风方言的“AA、AA子”式名词：把把/把把子、包包/包包子、本本/本本子、豆豆/豆豆子、盖盖/盖盖子、核核/核核子、末末/末末子、牌牌/牌牌子、盆盆/盆盆子、皮皮/皮皮子、铺铺/铺铺子、圈圈/圈圈子、瓤瓤/瓤瓤子、绳绳/绳绳子、刷刷/刷刷子、线线/线线子、芽芽/芽芽子、叶叶/叶叶子、印印/印印子、缨缨/缨缨子、影影/影影子、桌桌/桌桌子、花瓶瓶/花瓶瓶子、眼珠珠/眼珠珠子。

千阳的“AA”式重叠除了如上文商州、高陵、澄城“AA”式以外，还有当地特有的“AA”式词语，这些往往是宝鸡一带共有的。如“姐姐 tiɛ^{52} .tiɛ”指“姑娘，女儿”，“袄袄”指厚棉袄，“褂褂”指薄棉袄，“叉叉”指衣兜，“杈杈”指两股木杈，“雀雀”指鸟儿。

凤翔“仓仓 ts^{h}aŋ$^{31-52}$ .ts^{h}aŋ”指桌斗，把“柿子”叫做“柿柿”，西红柿叫做“洋柿柿”。

西安一带在表述很幼小的孩子仅仅几岁时把“几岁”说成“几岁岁”。例如：

娃也才几岁岁，你个大人嘿，跟娃计较啥呢？

都是只有几岁岁的娃娃，坐咧一车，三个老师把娃娃陪着呢。

我上一回见你，你也就是几岁岁，几十年不见，你的娃都镇这么大咧！

1.1.1.2　非小称名词的重叠

关于小称，西安一带方言名词小称的主要表达手段是不太含感情色彩的“AA/AA子”式以及兼有爱称意味的“AA儿”式；“AA”式是最通常的用法，“AA 子”式是多数男性成年人的用法，“AA 儿”式是女性以及少数男性成年人的用法。虽然“AA/AA 子/AA 儿”式是西安一带方言名词小称的主流，但是，西安一带方言有的“AA/AA 子/AA 儿”等重叠式名词无所谓小称，这些无所谓小称词语的大致情况可分别讨论如下。

其一，西安一带方言表示处所等的名词无所谓小称，这些非小称重叠名词主要有：边边/边边儿/边边子、沿沿/沿沿儿/沿沿子、岸岸/岸岸儿/岸岸子、底底/底底儿/底底子、尾尾/尾尾儿/尾尾子、帮帮/帮帮儿/帮帮子、面（麺）面粉状物/面面儿/面面子、褂褂/褂褂儿/褂褂子、提提打酒打醋等用的有长把柄的物件/提提儿/提提子、水水/水水儿/水水子吃饺子、包子等时用来蘸的汁。按：“面面[miã^{55} .miã]”指表面，例句如：你覅看他面面对你好，要看他内心到底咋样才对丨咱面面上把他个不讲理的应付过去就对咧。俗成语有“面面厮偎[miã^{55} .miã sɿ$^{31-24}$ uei^{31}]”，是“当着当事人的面不好意思”之义，例句如：我本来不同意他的事情，表决的时候他在当面呢，面面厮偎的，真不好意思。在读音方面：麺麺[miã^{55} miã^{55}]粉状物＝面面面面俱到；如“面面俱到”的“面面[miã^{55} miã^{55}]”＝对小儿语的“麺麺麺条”。

其二，有些东西本身就不大，因此西安一带方言还有一些“AA/AA 子/AA 儿”重叠式也无所谓小称，例如：尖尖/尖尖儿/尖尖子、芽芽/芽芽儿/芽芽子、截截/截截儿/截截子、毛毛/毛毛儿/毛毛子、汤汤/汤汤儿/汤汤子、心心处于中心的；花～：花蕊/心心儿/心心子、苗苗/苗苗儿/苗苗子、空$^{\supset}$空空隙，空子/空$^{\supset}$空儿/空$^{\supset}$空子。

其三，西安一带方言表示方位的名词词干重叠成为“AB 儿 B 儿”式后表示方位的极限，例如“里头儿头儿”指最里头，甚至还有“里头儿头儿里头儿头儿”表示最最里头的重叠式。例如：里头儿头儿、边头儿头儿、上头儿头儿、<u>底下</u>[tia^{52}]头儿头儿、东头儿头儿、西头儿头儿、南头儿头儿、北头儿头儿、东边儿边儿、西边儿边儿、南边儿边儿、北边儿边儿。

而其中的最当中，户县作“当中中儿[taŋ$^{31-35}$ tsuəŋ^{31} tsuɯ^{35}]请注意‘中 1’字不儿化/当当中儿[taŋ$^{31-35}$ taŋ^{31} tsuɯ^{35}]/中之中[tsuəŋ^{31} tsɿ$^{31-35}$ tsuəŋ^{31}]”。户县还有在如上“里头儿头儿、东头儿头儿、当中中儿”等基础上更加重叠的形式，如“里头儿头儿里头儿头儿最最最里边、东头儿头儿东头儿头儿最最最东头、当中中儿当中中儿最最最中间”等。更有甚者，还有“里头儿头儿里头儿头儿里头儿头儿里头儿头儿”等说法，这是处所词的极限；若伴以重音或声调延长，还有最最极限的形式“东头儿头儿 tʰəɯː^{35} 东头儿<u>头儿 tʰəɯː$^{35-55}$……</u>”，画线的“头儿”是在伴以重音基础上由本调阳平 35 变作去声 55，并且又特意延长。但是，“当中中儿”虽然可以又作“当当中儿”，而“当中中儿当中中儿”不能重叠为“当当中儿当当中儿”。

户县方言表示方位的名词有层级问题，若以“东头儿”为基本词，则有如下层级：

基本层级：东头儿

最高层级：东头儿头儿

极高层级：东头儿头儿东头儿头儿

极限层级：东头儿头儿 $t^hɘɯː^{35}$ 东头儿头儿 $t^hɘɯː^{35-55}$……

人类语言包括方言一般都是通过常式性表达以达到基本的交际目的的，但是，实际语用过程中似乎偶有特殊的表达方式。孙立新《关中方言代词研究》107 页提及了户县方言的“乃乃乃乃 $næ^{51}$ $næː^{35}$ $næ^{51}$ $næː^{35}$”表示远得不能再远，其实还有在“乃乃乃乃”叠加的基础上有关音节声调延长的形式“乃乃乃乃此处常常有所停顿乃乃乃乃 $næ^{51}$ $næː^{35}$ $næ^{51}$ $næː^{35-55}$ $næ^{51}$ $næː^{35}$ $næ^{51}$ $næː^{35-55}$……”。这种情形以及处所词的最最极限层级“东头儿头儿 $t^hɘɯː^{35}$ 东头儿头儿 $t^hɘɯː^{35-55}$……”虽然只是偶尔有之，也许对于我们去深入调查特殊的语言和方言现象会有启示。

户县方言有“后头儿头儿 $xɯ^{55}$/$xɤu^{55}$ $t^hɘɯ^{35}$ $t^hɘɯ^{35}$”的说法，还有“后岸岸儿 $xɤu^{55}$ $ŋã^{55}$ $ŋɘ^{55-51}$”的说法。请注意：“后头儿头儿”的“后”字一般为白读 $xɯ^{55}$，也可以是文读 $xɤu^{55}$，而“后岸岸儿”的“后”字必须是文读 $xɤu^{55}$。户县方言“后”还有一个白读音读如“户 xu^{55}”，王力先生《汉语音韵学》第 399 页引用顾炎武之说，“后”字古音“户”；户县方言“后”字读如“户”的适用语境如：“后头 xu^{55} $t^hɤu^{35-31}$”“背后 pi^{55} xu^{55-31}如城背后、墙背后、门背后”“背地后背后 pei^{55} ti^{33} xu^{55-31}”。还请您注意“城背后”的“背后”，两个字均为白读音；诚如韩城方言，“羊肉”二字，若要读出口，在文读背景下必须均读作文言音 $iaŋ^{24}$ $z̩ou^{31}$，在白读背景下必须均读作口语音 io^{24} zou^{31}。户县人口语“背后”一词似乎在早期不用，如共同语“当面一套，背后一套”户县方言作“人前头一套儿，背地后一套儿”。蓝田、蒲城把厕所叫做“后院[xu^{55} $yã^{55-31}$]”。我们在修改此书的过程中，去甘肃漳县调查方言，漳县把所有的“后”字都读如“户 xu^{55}”。估计“后”读如“户”是陕甘宁等地常见现象。

其四，西安一带有的 AAB 名词重叠式，实际上是 AB 式的扩展，AA 具有舒缓语气的作用；个别词语实质上是逆序词语 AB 的扩展，如“咪咪猫”就是“猫咪”的逆序形式“咪猫”的第一个音节重叠形成的；有个别词语是“AA 儿 B”式或“AAB 儿”。如下分为 A 是名词词干的、动词词干的、形容词词干的和 A 是象声词词干的四种，以户县方言为例。

A 是名词词干的：咪咪猫[①]、糁糁雪糁状的雪，霰、毛毛雨、毛毛草、毛毛虫、米米蒿黄花蒿，又作“米蒿蒿”、阳阳坡阳坡，又作“阳坡子”、娃娃哨儿用泥做的有戏剧角色等图案的哨子；西安叫做“泥叫叫”、娃娃儿书小人书、蛋蛋娃可爱的孩子；漂亮的孩子/倩（白读[tɕ^{h}iẽ^{31}]＝亲，此处限于白读；文读[tɕ^{h}iã^{55}]＝嵌）蛋蛋娃、蛋蛋馍跟核桃大小一样的馒头，改革开放以前年节时用来回赠亲友的礼物，上边点有花点/花花馍、蛋蛋笼儿较小的圆形竹篮、辣辣勺儿荠菜的一种，其叶子呈辣勺状，北乡叫做“弯弯勺儿”、马马[ma^{31}.ma]菜马齿苋，又作“马菊菜”、膘膘肉全是膘的肉、丝丝肉肉丝，丝状的瘦肉、筋筋肉肉筋、丸丸药丸状的药、片片（儿）药药的片剂、面面（儿）药药的散剂、分分钱以分为单位的钱，如人民币 1 分、2 分、5 分/分分洋特指硬币、毛毛钱以角为单位的钱、块块钱以元为单位的钱、月月娃儿婴儿、墩墩碗厚而小的碗、帽帽儿鸡头上有帽状羽毛的鸡、水水（儿）面浇提前和好了汁的面条/汤汤儿面、壶壶（儿）茶用壶盛的茶水、碗碗（儿）茶用碗盛的茶水、盅盅儿烟用酒盅盛的鸦片烟、蜗蜗牛儿[kua^{51}.kua niɯ^{35}]（按：关中中东部多数方言点“蜗”字文读如“寡”；“蜗”字《广韵》在见母平声麻韵，依例读如“瓜”，读如“寡”可能是避讳“瓜”的读音，因为“瓜”字在关中方言里是“傻”的意思）、边边塄儿最边上。

A 是动词词干的：塌塌井塌了的井、塌塌鼻儿塌着的鼻子，扁平的鼻子（按：旬邑作“塌塌鼻子”；歌谣云：“狮子娃，面貌恶，塌塌鼻子深眼窝。帽盖子发辫一揭臭虱臭虫窝，槌头子拳头就像二钵钵不太大的钵。”）、咧咧嘴、拱拱腰、拉拉腿腿向后拖着的人、压压馍蒸馍馍时被锅盖等压了的馍馍；当地民间忌讳给正在长个子的孩子吃这种馍馍、缠缠馍缠着油的馍馍/油缠缠、拉拉车马车、嘬嘬泥渭河滩里一种黄泥巴，人的脚一旦陷下去，就会越拔而陷得越深、冻冻肉冻肉、棒棒糖棒状的糖、当当中儿最当中、压压井建国后城乡常见的一种机制水井，一般家庭用，因有压杆，故名（按：有的地方叫做“鸭娃儿井”，因为这种井压杆的顶端像鸭子头，故名）、冒冒儿天天宇，天穹、龇[ts^{h}ɿ^{31}]龇牙牙齿外露，嘴唇包不住、咧咧嘴咧着的嘴，嘴唇歪向一边的、重重炮象棋棋局中的重炮、꜀反反手反着的手、包包（儿）蓝用纸包起来的蓝色染料，区别于散装蓝染料、包包（儿）黑用纸包起来的黑色染料，区别于散装黑染料[无“包包（儿）红”等说法]。

A 是形容词词干，不少是“AB”式里 A 的重叠，如“高山”作“高高山”：高高山②、荒荒地荒地（按：又指过去那些不纳粮的地）、臭臭脚臭脚、臭臭鞋臭鞋、臭臭棋臭棋、臭臭娃不究卫生的孩子、歪歪嘴、歪歪鼻儿、歪歪脖项歪脖子、扁[pia^{51}]白读扁□[sa^{35}]扁脑袋、齈齈鼻儿特指爱哭鼻子的人、齉齉鼻儿、濛濛雨、光光爷月亮③、暖暖坡阳坡、凉凉坡阴坡、湿湿虫潮虫/湿□[nau^{31}]虫、斑斑土观音土/斑斑土儿、灰灰菜/灰灰藋[t^{h}iau^{55}]（按：西安叫做“灰藋藋[xuei^{31} tiau^{24} tiau$^{24-31}$]”；“藋”字西安读作[tiau^{24}]，户县读作[t^{h}iau^{55}]）、独独蒜只有一个瓣的大蒜、小小娃儿[uə$^{-51}$]小孩子（按：通常叫做“꜁娃娃”，东乡叫做“娃꜄们”；又叫做“碎娃儿[uə$^{-51}$]”）、甜甜根（儿）白茅根、咬咬树紫荆树，因为紫荆树一旦被撞或搔动就会摆动，而、户县把痒叫做“咬”，故名、焦焦馍焦了的馍馍、花花心对异性的非分之想、花花轿花轿、花花肠子狡诈的心理、花花世界、烂烂汽车破烂汽车、烂烂汽灯破烂的汽灯、白白娃天生的皮肤过于白的孩子、瓜瓜娃傻孩子、慌慌鬼慌头慌脑的年轻人、滑滑鱼儿滑头、偏偏□[sa^{35}]偏着的脑袋、偏偏嵌儿偏着的东西，放偏了的，例句如“搁咧个偏偏嵌儿”、瞎瞎病无法治疗、危及生命的病症；也指性病、瞎瞎帐死帐、混混帐不清楚的帐目、呆[ŋæ^{35}]呆人呆板之人、空空膗[sa^{35}]贬称爱耍滑头、过于机灵者、空空世事骗人的世事，不应该看得太认真的世事、空空树年代久远，中间已经空了的树木（旬邑歌谣云《空空树》：“正月里，二月中，我到菜园去壅葱。菜园有棵空空树，空空树，树树空，空空树里一窝蜂。蜂蛰我，我遮蜂，蜂把我嚼得虚腾腾。”其中“树树空”可以视作“空空树”逆序形式的重叠，“空空树，树树空”亦即“空树，树空”。）

A 是象声词词干的：嘣嘣车、咕咕等斑鸠；蒲公英。

任永辉来信指出，宝鸡以及凤翔方言的 AAB 式重叠名词如：花花鞋、面面药、豁豁嘴、豁豁牙、温温水、把把香、眯眯眼、坛坛醋、蜗蜗牛、格格布、黏黏草茜草、盒盒粉、毛毛雨、嘣嘣车、蜜蜜杆、荠荠菜、麺麺土。这种重叠名词的结构为“AA＋B”，B 是中心语素，AA 对 B 起修饰作用。从表义方面看，这种 AAB 式重叠名词具有强烈的形象色彩和描写作用。

其五，ABB 式名词主要分为非派生词语和派生词语两种，以户县方言为例。

BB 为非派生的，具体分为 A 是名词词干的和 A 是动词或者形容词词干的。

A 是名词词干的：土雀雀一种飞鸟、猯猪猪（按：此乃“猪猯”逆序形式的重叠）、金巴巴一种飞行能力较强的金黄色金龟子（按：褐色的金龟子叫“蝎子他大舅”）、银巴巴银白色的金龟子、钉呱呱头上有“钉”的屎蜣螂/钉关关渭丰、丹池[꜁ts^{h}ɿ/꜁tʂ^{h}ʅ]池天井、盐菠菠适宜于在盐碱地里生长的一种野草、松塔塔松球、瘿瓜瓜大脖子、鸡房房鸡舍、葱白白葱白、路沿沿路沿、狗盆盆、猪食槽槽、包谷橛橛玉米穗/御麦棒棒北乡、油缠缠花卷的一种/油卷卷、油花花（儿）、蒜薹胡胡蒜薹顶端包着蒜籽的部分、啬痞痂痂吝啬鬼、棉[mia^{35}]白读花瓜瓜棉花的硬空壳、弹棉花弓弓、包谷面粑粑玉米面发糕/御麦面粑粑。其中 B 为阴平调并且 A 为单音节的，变调形式为[31＋31-35]，如“土雀雀[t^{h}ɤu^{51} tɕ^{h}yɤ^{31} tɕ^{h}yɤ$^{31-35}$]、金巴巴[tɕiẽ^{31} pa^{31} pa$^{31-35}$]、钉呱呱[tiŋ^{31} kua^{31} kua$^{31-35}$]、松塔塔[suəŋ^{31} t^{h}a^{31} t^{h}a$^{31-35}$]”；A 为多音节的，变调形式为[31＋轻声]，如“棉花瓜瓜[mia^{35} xua$^{31-35}$ kua^{31} .kua]”。

A 是动词或者形容词词干的：拉架架北乡指一种生长在麦地里的野菜，户县城关叫做“鸡肠子”、顽꜀扯扯茜草、鸹暴暴啄木鸟/鸹夺夺北乡④、臭蟠蟠臭蟠虫（按：通常叫做“臭蟠虫儿”）、单꜁甭⁼甭单个的，单独的、单灭灭很单薄的；离群体很远的、双连连两个连在一起的、重沓[t^{h}a^{35}]沓重复了的，重叠在一起的、老杠杠老的人或东西；通常叫作“老杠子”、厚꜁墩墩、臭蒿蒿臭蒿子、秕狭[tɕ^{h}ia^{31}]狭不饱满的、乾狭狭水分不多的/乾芊芊/乾秕秕、细꜁濛濛、嫽包包讨人喜欢的孩子、呆拓拓[ŋæ^{35} t^{h}a^{31} .t^{h}a]固定不变的模式。“秕狭狭、乾狭狭/乾芊芊”又用作形容词。

BB 为派生的，其中有的能产性很强，像“板板、鞦鞦、精精”。

板板板：柜～、案～、箱子～、桌子～、松木～、榆木～、槐木～、柏木～、核桃木～。

鞦鞦：鞋～、袜子～、高～、低～、长～、短～、油鞋～、靴子～。

精精女性做作者：做作～/人物～/拧舞～、忞翻个性强～（按：另外，“～客/～货/～客货”指女性做作者；宝鸡一带把户县的“人物精精”叫做“人物尖尖”）。

边边：海～、河～、湖～、沟～、地～、场～、～缘缘。

沿ᵓ沿：河～、涝子涝池～、茅子厕所～/茅房～。

岸岸：河～、湖～、沟～、干～、茅子～/茅房～。

鬼鬼鬼：穷～、碎～小鬼，小家伙、熟～相识的人。

蛋蛋：烂～破烂得不像样子的成块或呈球形的东西、金～金球、银～、线～缠起来的呈球状的线/线蛋儿、干～干的成块或呈球形的东西/干蛋儿。

窝窝 1 碓窝：辣子辣椒～、擂[tɕyɤ31]捣蒜～/蒜～。

窝窝 2 西安一带指棉鞋：布～、棉～、皮～、毛～、毡～、军用～。

窝窝 3 丛；扎堆儿的地方：人～、贼～、男人～、女人～、老汉～、老婆～、演员～、戏～、土匪～。但是，草丛不叫做“草窝窝”，而叫做“草草窝”。按：以上的“窝窝 1、窝窝 2、窝窝 3”均读作[uɤ31 .uɤ]，户县方言把猪一胎生下的个头最小的猪仔叫做“垫窝窝[tiã55 uɤ31 uɤ31-35]”，“窝 2”变作阳平调；“垫窝窝”又作“垫窝子”，亦用来詈称同胞兄弟姐妹中最小的。

畔畔[pã55 .pã 户县方言此字声母不送气]：地～、场～、沟～壕沟的边沿、月～月初、年～年初、三月个[kɤ31]～三月初、八月个～八月初、腊月个～腊月初、30 岁个～将近 30 岁。

框框（/筐筐）：竹～、木～、门～门的外框、窗子～窗户的外框、烂～破烂框子；破烂得不像样子的东西、条条～、编～编排人；捉弄人（按：编筐子还叫做“编筐子”，“编筐筐”指编排人）。

户县方言有的 ABB（子）式名词都是非小称；儿化以后兼有爱称，“B 儿”读作轻声一般还是非小称，B 儿”读作（或变作）阳平就成了小称，比较如下：

非小称	树苗苗	树身身树干	树梢梢	树根根
非小称	树苗苗子	树身身子	树梢梢子	树根根子
小　称	树苗. 苗儿	树身. 身儿	树梢. 梢儿	树根. 根儿
小称兼爱称	树苗 ⊆苗儿	树身 ⊆身儿	树梢 ⊆梢儿	树根 ⊆根儿
非小称	树叶叶	花瓣瓣	竹篨篨竹篾	鞋帮帮
非小称	树叶叶子	花瓣瓣子	竹篨篨子	鞋帮帮子
小　称	树叶. 叶儿	花瓣. 瓣儿	竹篨. 篨儿	鞋帮. 帮儿
小称兼爱称	树叶 ⊆叶儿	花瓣 ⊆瓣儿	竹篨 ⊆篨儿	鞋帮 ⊆帮儿
非小称	帽扇扇帽檐	袄儿撩撩上衣前襬	烟锅杆杆	
非小称	帽扇扇子	袄儿撩撩子	烟锅杆杆子	
小　称	帽扇. 扇儿	袄儿撩. 撩儿	烟锅杆. 杆儿	
小称兼爱称	帽扇 ⊆扇儿	袄儿撩 ⊆撩儿	烟锅杆 ⊆杆儿	

现在列举毋效智《扶风方言》一书311～312页所罗列的扶风方言ABB和AAB式名词：嫽暴暴非常漂亮的女人、翠货货打扮得很漂亮、引人注目的女人、威戛戛[uai^{31} tçiA$^{24-31}$ tçiA^{-42}]脾气大惹不起的小孩或女人、白货货没有知识的人、野路路野蛮、不讲理、横行霸道者、蛮蛋蛋长得非常可爱的小孩子、蛮串串对小孩子的亲昵的称呼/狗蛋蛋、心尖尖称最喜爱的人，多指儿女/肺把把、耍娃娃像小孩一样喜欢耍闹的人、精溜溜光身子/光溜溜、地蝼蝼蝼蛄、燕唧唧燕子、风趔趔一种类似螺旋桨的儿童玩具、棒唧唧除光叶子、折成截儿的高粱杆，小孩儿常用来玩、豁豁嘴豁嘴、豁豁牙缺门牙/漏漏齿、牵牵头抬不起的头、光光头光头、瘸瘸腿瘸腿、蜗蜗牛蜗牛、钻钻虫水蛭、装装虫一种昆虫，被触动时就装死不动、蹦蹦虫跳虫、芦芦杆白茅的根茎、蜜蜜杆高粱、玉米等的杆茎里的甜的，可以像准甘蔗一样地吃、刀刀菜豆角菜、勺勺菜叶子呈勺子状的荠菜、鼓鼓牛蒲公英、眯眯毛狗尾草、黏黏草茜草、花花泡一种野草的开花部分。

澄城方言把烂裆裤叫做“裆裆裤”，其中“裆”字白读如“多[tuo^{21}]”。

其六，AABB重叠形式

普通话有“盆盆罐罐”等重叠形式，看来这种重叠形式是官话所共有的。关中“盆盆罐罐”式要比普通话多些。例如：盆盆罐罐、坛坛罐罐、瓶瓶罐罐、碗碗盏盏、碟碟碗碗、菜菜蔬蔬、汤汤水水、刀刀叉叉、刀刀剪剪、刀刀枪枪、桌桌椅椅、箱箱柜柜、绳绳线线、棍棍 ⊂杖杖、棍棍棒棒、沟沟坎坎、沟沟岸岸/沟沟畔畔、沟沟渠渠、沟沟垴垴、坑坑洼洼（按：“坑坑洼洼”也像普通话那样用如形容词）、路路 ⊂道道、路路行行特指事情的因果关系/路路 ⊂数数（路 ⊂数办事的途径或相应的人际关系）、花花草草、根根梢梢/根根节节、东东西西各种物品、头头脑脑有关领导（但是，“脑脑儿/脑脑子”指“上边”）、节节毛[⊆mu]毛各个节日、病病灾灾/灾灾病病、七七载载/七七斋斋指人死后的纪念日，如户县以“三七、五七、百日”和三个“周年”忌日为最隆重。宝鸡一带还有“碟碟碗碗、水水点点”等。但是，关中方言“盆罐、坛罐、瓶罐、碗盏、盏盏、菜蔬、蔬蔬、刀叉、刀剪、箱柜、绳线、杖杖、棍杖、沟坎、沟岸、沟畔、沟渠、路道、路行、根梢、根节、节节、节毛、病灾、灾病、七七、载载”等却不能成立。

我们从贾平凹的《古炉》里找到了“人人马马、人人物物”两条AABB重叠形式。

儿子开门把跟后带进上屋，支书头扎着手巾坐在炕上。跟后问霸槽一伙在砸石狮子砸山门上的人人马马，又让各家交四旧，这是咋回事？（221）

她拿眼睛来照，照这个世上，照这个世上的各种人和猪呀牛呀狗呀的，甚至就坐在那一块石头上看着天上的云，看着谁家雨淋过的山墙，从云里和墙皮上看到更多更丰富的人人物物。（594）

有四点需要予以说明：一是上列$A_1A_1A_2A_2$式名词中，其在西安一带的变调规律是A_1A_1和A_2A_2的第二个音节除A是阳平调时变作阴平外，其余均变作轻声。上列词语中只有“棍棍杖杖”声调特殊，[kuẽ^{55} kuẽ^{24}

tʂaŋ³¹ .tʂaŋ]。二是上列有的AABB式里，AA或者BB不能单用，如“*盏盏、*蔬蔬、*杖杖、*棒棒、*道道、*花花、*节节、*脑脑”；“棒棒”在户县北乡大王镇一带读作阳平调时指玉米穗，“道道”在户县方言里单用时指小巷道或者走廊；“桌桌椅椅”在关中方言区通常都用。三是“路路道道”“菜菜蔬蔬”分别是“道路、蔬菜”的逆序形式“路道户县方言用、*菜蔬户县方言不用”的重叠式。四是AABB式“*书书本本/*本本书书、*窗窗门门/*门门窗窗”关中方言不能成立。

其七，如户县方言AA式重叠词完全可以看作是共同语双音节AB式词语中一个音节的重叠，分为两种情况。一种用前字，例词如：斑斑斑鸠、怀怀怀抱、气气气味、院院院落、台台台阶、高高高处：上高高、沿高高；用于开玩笑语境、胡胡胡琴、把⁼把把柄、秧秧秧苗，秧子、家家[tɕia³¹.tɕia]家庭（按：“每家”意义的“家家”读作[tɕia³¹⁻³⁵ tɕia³¹]，关于AA重叠式充当名词及量词的问题，请参阅本书表6；“家家[tɕia³¹.tɕia]家庭”的构词能力不强，限于“穷家家、富家家”）、亲亲戚、邻邻里。还有一种用后字的，例词如：圆圆桂圆、精精妖精、门门门道、面面表面、道道走廊（按：是从“走道子”取“道”字重叠成的）。另外，普通话的连绵词“蜘蛛”，户县以至于整个关中方言都作“蛛蛛”。

因为户县的“把⁼（欛）”有“最后”的意思（如“打把⁼排在最后”），所以，“把把”可组成这样的定中词组：把把娃老幺、把把饭剩饭、把把菜剩菜、把把席20世纪80年代以前，娶媳妇的家庭用婚宴上的剩菜来招待给新郎送画张等的孩子，这种席面叫做“把把席”、烂把⁼把剩饭或剩菜、把把尾儿最后，以上“把₂”读作轻声；“把₂”读作去声的只有一个词语：把把落儿[pa⁵⁵ pa⁵⁵ luə³¹⁻³⁵]最后。

户县方言“家家[tɕia³¹⁻³⁵ tɕia³¹]户户”的“家家”前字由阴平变作阳平调，“家家[tɕia³¹⁻³⁵ tɕia³¹]”指每个家庭，指家庭的“家家”后字变作轻声调。跟这个特点类似的还有以下两个。

天天[tʰiã³¹⁻³⁵ tʰiã³¹]例句如：他天天都来呢。｜天天[tʰiã³¹ .tʰiã]例句如：他给人做天天活呢（报酬按天计算）。

月月[yɛ³¹⁻³⁵ yɛ³¹]例句如：他月月都有工资。｜月月[yɛ³¹ .yɛ]例句如：他给人做月月活呢（报酬按月计算）。

另外，普通话后加式名词词干关中方言也常常重叠为AA式，例词如：沿沿沿儿：路沿沿（*沿儿）、芽芽芽子：嫩芽芽、条条条儿、牌牌牌子，牌儿、꜀圈圈圈儿、锤锤锤子、本本、场场场子。

其八，单音节形容词后加AA式的部分名词也无所谓小称，如：烂框框破了的框子；烂得不像样的东西、烂串串破烂得不像样子的成串的东西、烂片片破烂得不像样子的成片的东西、干拧拧干的呈拧状的东西。

其九，有些AA式专有名词在关中方言里也无所谓小称，普通话亦然。

户县例词如：星星、头头领导、花花骨牌、褂褂、豆豆豆类、（以下两条是动词词干重叠）刮刮晒干土时用来刮土的农具、拉拉用马尾巴的毛所做的可以捕捉鸽子等的工具。

其十，“当当”在关中方言里是“的时候”的意思，如“那个当当”指“那个时候”，例句如“我刚当局长那个当当，他才大学毕业分到我丨就是你当兵那个当当，他结的婚”。

其十一，关中方言把草或者麦草整成可以多抱的堆叫做“打稀稀”。《广韵》平声模韵博模切，“稀，刈禾治稀。”

其十二，西安一带的“眼眉眉[niã^{52} mi^{24} mi$^{24-31}$]”也是一条非小称重叠式，并不是“眉眼”逆序形式的重叠，“眼”与“眉”的AA重叠式“眉眉”之间是定中关系。“眼眉眉”一般指眼目下很紧迫的情况。例如：

事情都逼到眼眉眉咧，还不着急！

考试都到（咧）眼眉眉咧，还要呢！

你妈都死到眼眉眉咧，你咋还气你妈呢？！

1.1.1.3　亲属称谓词及人名的AA式重叠等形式

关中方言的亲属称谓以及人名的AA式重叠等形式，以户县方言为例来讨论说明，这个问题可以从三点来看。

其一，户县方言亲属称谓词多数可重叠为AA式的，白读中除A是去声前后A均读去声外，A是非去声的，后A变作或读作阳平调；白读中A是上声调前A变阴平外，A是阳平调时后字变阴平，A是阴平或去声时后字变轻声；个别白读及文读所指不同。比较如表1。

表1　户县方言亲属称谓词AA式重叠形式文白异读比较表

词语	文　读	白　读
哥哥	kɤ^{31} .kɤ	kɤ^{31} kɤ$^{-35}$
妈妈	ma^{31} .ma	ma^{31} ma^{-35} 白读音过去一般指伯母，今也指母亲
姑姑	ku^{31} .ku	ku^{31} ku^{-35}
伯伯	pei^{31} .pei	pei^{31} pei^{-35}
叔叔	sɤu^{31} .sɤu	sɤu^{31} sɤu^{-35} 指异族叔父，表叔父
爷爷	iɛ^{35} iɛ$^{35-31}$	iɛ^{55} iɛ^{55}
爸爸	pa^{35} pa$^{35-31}$	pa^{55} pa^{55} 旧指同族叔父，今指父亲
嫂嫂	sau$^{51-31}$ sau^{51}	sau^{51} sau$^{51-35}$
姐姐	tɕiẽ$^{51-31}$ tɕiẽ^{51}	tɕiẽ^{51} tɕiẽ$^{51-35}$
弟弟	ti^{55}.ti	ti^{55} ti^{55}
妹妹	mei^{55} .mei	mei^{55} mei^{55}
舅舅	tɕiɤu^{55} .tɕiɤu	tɕiɤu^{55} tɕiɤu^{55}

另外，户县方言其他几个AA式亲属称谓词只有白读，现在予以罗列：娘娘同族叔母 niaŋ^{35} niaŋ^{35}、嬷嬷异族伯母 mɤ^{51} mɤ$^{51-35}$、妗妗舅母 tɕiẽ^{55} tɕiẽ^{55}、婶婶异族叔母 ʂẽ^{51} ʂẽ$^{51-35}$、老老通称指曾祖父母，一般指曾祖母；"老"字读作阴平调 lau^{31} lau^{-35}（按：曾祖父母分别还可以叫"老老爷 lau^{31} .lau iɛ^{35}""老老婆 lau^{31} .lau pɤ^{35}"，曾祖父还有叫"老爷 lau^{31}/lau^{51} iɛ^{55}"的，"老爷"的"老"字有读上声调的）、太太通称指高祖父母，一般指高祖母 tʰæ^{55} tʰæ^{55}。另外，"姑姑"的书面语读法 ku^{31} .ku 除了指姑母（口语里有"姑姑侄女、姑姑侄儿"的说法，指一个家庭或家族里姑母与侄辈，例句如"王家的姑姑侄女都贤惠得很"）以外，还指尼姑、道姑。曾祖父母在关中方言里的重叠形式还有西安等处，下面罗列这些方言点的叫法，"曾祖父"与"曾祖母"之间用"‖"隔开；有的方言曾祖父母叫法中用到了"爸"字，"爸"字的声调比较特殊；华阴把祖父母分别叫"爷 iɛ^{55}、奶 næ^{42}/næ^{31}"。

西安　老老爷 lau^{31} .lau iɛ^{55} ‖太 tʰæ^{55} 城区/老老奶 lau^{31} .lau næ^{52} 鱼化寨

商州　爸爸 pa$^{21-53}$ pa^{21} ‖爸母 pa$^{21-53}$ mu$^{53-21}$

洛南　老爷 lao$^{53-21}$iɛ^{55}/老老爷 lao$^{53-21}$ lao^{53} iɛ^{55} ‖老婆 lao$^{53-21}$pʰuo^{35}/老老婆 lao$^{53-21}$ lao^{53} pʰuo^{35}

华县　老爷 lau^{42} iɛ^{55}/爸爸爷 pa^{42} .pa iɛ^{55}‖老奶 lau^{42} næ^{42}/爸爸奶 pa^{42} .pa næ^{42}

华阴　爷爷 iɛ^{35} .iɛ‖老奶 lau^{42} næ^{31}

大荔　老老 lao^{52} .lau ‖老老 lao^{52} .lau

澄城　老老爷 lɔ^{42} lɔ$^{42-24}$ iɛ^{24}‖老老娘 lɔ^{42} lɔ^{24} nyo^{24}/老老婆 lɔ^{42} lɔ^{24} pʰo^{24}

高陵　老爷 lau^{51} iɛ^{55}/老老爷 lau^{51} .lau iɛ^{55}‖老婆 lau^{51} pʰɤ^{35}/老老婆 lau^{51} .lau pʰɤ^{35}

泾阳　老爷 lau^{51} iɛ^{55}‖娘 nyɤ^{35}/娘娘 nyɤ^{35} nyɤ^{35}

三原　老爷 lau^{52} iɛ^{55}‖娘 nyɤ^{35}/娘娘 nyɤ^{35} nyɤ$^{35-31}$

永寿　爸爸爷 pa^{52} .pa iɛ^{44}‖爸爸婆 pa^{52} .pa pʰɤ^{35}

户县　老老爷 lau^{31} .lau iɛ^{55}/老爷 lau^{31} iɛ^{55}‖老老婆 lau^{31} .lau pʰɤ^{35}/老老 lau^{31} lau$^{31-35}$

兴平　老老爷 lau^{52} .lau iɛ^{55}‖老老婆 lau^{52} .lau pʰɤ^{55}

凤县　爸爷 pa^{31} .iɛ/爸爸爷 pa^{31} .pa .iɛ‖爸婆 pa^{31} .pʰo/爸爸婆 pa^{31} .pa .pʰo

凤翔　老爷 lau^{52} iɛ^{44}/老老爷 lau^{52} .lau iɛ^{44}‖老老婆 lau^{52} .lau pʰo^{24}

麟游　爸爷 pa^{31} iɛ$^{24-31}$/老老爷 lau^{31} .lau iɛ^{44}‖爸婆 pa^{31} pʰo$^{24-31}$/老老婆 lau^{31} .lau pʰo^{24}

华阴把高祖父母分别叫"老老爷 lau^{42} .lau iɛ^{55}""老老奶 lau^{42} .lau næ^{31}"；"爷"在华阴方言里多读作去声[iɛ^{55}]，只在"爷爷曾祖父"一词里读作阳平 iɛ^{35}。

兴平把高祖父母分别叫“老老爷 lau^{52} lau$^{52-35}$ iɛ^{55}”“老老婆 lau^{52} lau$^{52-35}$ pʰɤ^{55}”。按：兴平亲属称谓词常读作去声调，如“大 ta^{55} 父亲、妈 ma^{55}、爷 iɛ^{55} 祖父、婆 pʰɤ^{55}、伯 pei^{55} 伯父、姑 ku^{55}、姨 i^{55}、哥 kɤ^{55}”。兴平把祖母叫去声的“婆 pʰɤ^{55}”，户县把祖母叫阳平的“婆 pʰɤ^{35}”，把婆婆背称为去声的“婆 pʰɤ^{55}”，户县与兴平隔渭河相望，亲属称谓词去声调的“婆 pʰɤ^{55}”是一个理解上的障碍。孙立新《陕南方言亲属称谓词的异读别称》(《中国语文》1996 年第 3 期）一文报道了陕南方言因为对亲属称谓词读音的不同(包括韵母的不同、声调的不同）所指称的亲属不同的特点，关中方言亲属称谓词的异读别称很少，惟有户县的“婆”字有异读别称情况存在。

其二，人名用字可重叠成 AA 式，AA 式人名中，A 是阴平或上声调时后字变作阳平，A 是阳平时后字不变调或变作阴平，A 是去声时后字不变调或变作轻声；如西安一带“先先＝先贤、多多＝多夺、菊菊＝菊局；雨雨＝雨余、侣侣＝侣驴、磊磊＝磊雷”。

A 是阴平的[31　31-35]：先先 ɕiã ɕiã 月月 yɛ　yɛ 军军 tɕyẽ　tɕyẽ

A 是阳平的[35　35/35　02]：伦伦 luẽ　luẽ 云云 yẽ　yẽ 来来 læ læ

A 是上声的[51　31-35]：伍伍 u　u 显显 ɕiã　ɕiã 远远 yã yã 雨雨 y y

A 是去声的[55　55/55　02]：育育 y　y 院院　yã　yã 莉莉 li li

这类 AA 式人名常常可以儿化，例如：军军儿 tɕyẽ^{31} tɕyɯ$^{-35}$ 来来儿 læ^{35} lə^{35} 雨雨儿 y^{51} yɯ$^{-35}$ 院院儿 yã^{55} yə$^{-35}$。AA 式重叠式儿化后“A 儿”均为阳平调，这个特征是一种趋同，可比照辛永芬《浚县方言语法研究》100 页浚县方言形容词 AA 儿重叠式的“A 儿”均变作 35 的特征：高高儿 kau^{24} kor^{35} 斜斜儿 ɕiɛ^{42} ɕiər^{35} 好好儿 xau^{55} xor^{35} 赖赖儿 lai^{213} lor^{35}。

户县方言 AA 式人名是由爱称而来的，如“东来”可被称为“东东”或“来来”，“伍民”可被称为“伍伍”或“民民”。在称述或称谓实际中，有时前一个 A 可以省略，如：东哥[tuəŋ$^{31-35}$ kɤ^{31} 称述/tuəŋ$^{31-35}$ kɤ^{35} 面称]（＜东东哥[tuəŋ^{31} tuəŋ$^{31-35}$ kɤ^{35}])、民叔[miẽ^{35} sɤu^{31} 称述/miẽ^{35} sɤu^{35} 面称]、远爷[yã^{51} iɛ^{55} 称述/yã^{51} iɛ^{35} 面称]、定伯[tiŋ^{55} pei^{31} 称述/tiŋ^{55} pei^{35} 面称]。“远爷”在户县北乡叫如“元爷[yã^{35} iɛ^{35} 面称]”，这是因为“远远”读作[yã^{51} yã$^{51-35}$]以后，喊“远远爷[iɛ^{35}]”，一旦重叠式单音化，则常常取后字的读法的缘故。

其三，对小儿语或称小儿身体某部位的重叠词 AA 不儿化也不加子尾，A 是去声调时后字读原调，A 是阴平或上声调时后字变阳平，A 是阳平调时后字变阴平。例如：脚脚[tɕyɤ^{31} tɕyɤ$^{-35}$]、牛牛[niɤu^{35} niɤu$^{35-31}$]讳称赤子阴、脸脸[liã^{51} liã$^{-35}$]、饭饭[fã^{55} fã^{55}]。常见的 AA 式对小儿语或称小儿身体某部位的词语还有：嘴嘴、手手、肚肚腹部、尻尻[kuɤ^{31} kuɤ$^{-35}$]、娃娃[ua^{55} ua^{55}]布娃娃；画张的娃娃、袄儿袄儿[ŋə^{51} ŋə$^{-35}$]户县方言指小儿的上衣、裤儿裤儿[fəɯ^{51} fəɯ$^{-35}$]户县方言指小儿的裤子、鞋鞋[xæ^{35} xæ^{35}]、袜袜、药药、痨痨[nau^{55} nau^{55}]药、㞎[pa^{51} pa^{-35}]㞎脏东西、臭臭、窝窝[uɤ^{31} uɤ$^{-35}$]小儿的棉鞋（成年人的棉鞋读作[uɤ^{31} .uɤ]）、爷爷[yɛ^{55} yɛ^{55}]月亮（通常把月亮叫做“月亮爷”）、马马[ma^{51} ma^{-35}]马骡驴一类的牲口、唠唠[lau^{55} lau^{55}]猪（因为西安一带唤猪的时候喊“劳唠唠唠唠唠[lau^{35} lau^{55} lau^{55} lau^{55} lau^{55} lau^{55}]”，故名）、狗狗、咪咪[mi^{55} mi^{55}]猫、咕咕[ku^{35} ku^{35}/ku^{35} ku$^{35-31}$]、嘎嘎[ka^{35} ka^{35}]鸭子、咩儿咩儿[mə^{35} mə^{35}]户县方言指羊或牛（因为户县人唤羊或牛的时候喊“咩儿咩儿咩儿咩儿咩儿咩儿[mə^{35} mə^{55} mə^{55} mə^{55} mə^{55} mə^{55}]”，故名）、呜呜[u^{55} u^{55}]飞机、闭$^{=}$闭[pi^{55} pi^{55}]汽车、车车、碗碗、锅锅、筷筷、桌桌、油油雪花膏，等等。例句如户县方言：我[ŋɤ^{51}]给我娃[ŋæ^{31} ua^{55}]我的孩子洗手手，支桌桌饭桌，喂饭饭，我娃吃饱饱[pau^{51} pau^{-35}]，在门上儿[mə^{35}]门前铲土土。

对小儿语上文所列举的重叠式对小儿语，如“吃饱饱吃饱”是动宾词组，其中“饱”字是形容词，上文的“痨痨[nau^{55} nau^{55}]药”亦然。其他特殊的动宾词组还有“洗白白洗脸”“睡觉觉（按：‘睡觉觉’可以简称‘觉觉’）”等。

这里举户县一首儿歌《红鞋鞋，绿袜袜》，其中有对小儿语的“鞋鞋、袜袜、鸭鸭”：“红鞋鞋，绿袜袜，我在河[xuɤ$^{35-354}$]，吆赶鸭鸭。鸭鸭还没吆上岸，我妈叫我去吃饭。‘啥饭？’‘干饭。’一下一下子；一家伙吃咧八大碗。吃罢饭，没事干，跑到院里胡捣蛋。我大父亲叫我喂马呢，我跟孙猴儿胡耍呢。我妈叫我喂猫呢，我在院里胡跑呢。”其中，“河”字变调很特殊，由 35 变作 354 后指“河里”。

基于如上把猪叫做“唠唠[lau^{55} lau^{55}]”等特点，户县方言对小儿语还有“猪唠唠[lau^{55} lau^{55}/lau^{35} lau$^{35-31}$]此语境两种读法；以读作去声为最多”“鸡咕咕[ku^{35} ku$^{35-31}$]此语境只有一个读法”“猫咪咪[mi^{55} mi^{55}]”“羊咩儿咩儿[iaŋ^{35} mə^{35} mə^{35}]”和“牛咩儿咩儿[niɤu^{35} mə^{35} mə^{35}]”“马嘟儿嘟儿 ma^{51} təɯ^{35} təɯ^{35}”等词语；尤其以“猪唠唠”“鸡咕咕[ku^{35} ku$^{35-31}$]”为最常用；没有“鸭子嘎嘎[ka^{35} ka^{35}]”的叫法。“猪唠唠”“鸡咕咕”也可以是成人之间交际的词语。例句如：“你看你把自己董弄脏的，简直都成咧猪唠唠咧!”

《宝鸡老歌谣集锦》7～10 页的《摇篮曲》等，都有当地对小儿语的重叠式，如“睡觉觉、馍馍、空空树、编笼笼、摘枣枣、喂狗狗、追兔兔、剥皮皮、蒙鼓鼓、喂鸡鸡、噙水水、磨镰镰、割条条、编筛筛、蛮蛋蛋娃、金蹄蹄、银爪爪、花鹊鹊、红鞋鞋、绿袜袜、渣渣子、袜袜子、布布子、裤裤子、草草子、袄袄子”等。

1.1.1.4 双音节处所名词重叠成“AB（儿）B 儿”式后表极限

这种重叠式户县方言是常见的。户县方言“AB（儿）B 儿”式里，B 是去声时“B 儿”读作上声，B 是其他声调时“B 儿”读作阳平。例如：东边边儿 tuəŋ^{31} piã^{31} piə$^{-35}$ 最东边、西头头儿 ɕi^{31} t^hɤu^{35} t^həɯ^{35}/西头儿头儿 ɕi^{31}

t^{h}əɯ^{35} t^{h}əɯ^{35}最西头、上岸岸儿ʂaŋ^{55} ŋã^{55} ŋə$^{55-51}$。

户县方言常见的“AB（儿）B 儿”式处所名词有以下各条。

-头头儿/-头儿头儿：西～、东～、南～、北～、上～、下～/底下 tia^{51}/tiɛ^{51}、里～、后～（但“最前头”仍叫“最前头”或“顶头儿头儿 tiŋ^{31} t^{h}əɯ^{35} t^{h}əɯ^{35}”）。

-边边儿：西～、东～、南～、北～。

当中中儿最当中 taŋ$^{31-35}$ tsuəŋ^{31} tsuɯ$^{-35}$/当中儿中儿 taŋ$^{31-35}$ tsuɯ^{31} tsuɯ$^{-35}$。

跟前前儿最跟前 k^{h}ẽ^{31} tɕ^{h}iã$^{35-31}$ tɕ^{h}iə$^{-35}$/k^{h}ɯ^{31} tɕ^{h}iã$^{35-31}$ tɕ^{h}iə$^{-35}$。

在实际语言表达中，“AB（儿）B 儿”式还可以接连重叠，例如：

他睡在炕的当中儿中儿当中儿中儿。

他屋家在堡子村西头儿头儿西头儿头儿住着呢。

1.1.1.5　时间名词的“AA/AA(儿)A”式重叠

西安一带的时间名词即有 AA 式重叠，又有 AA(儿)A 式重叠，都是“每A”或“见 A”的意思：天天 t^{h}iã$^{31-24}$ t^{h}iã^{31}/天天天 t^{h}iã^{31} t^{h}iã$^{31-24}$ t^{h}iã^{31}/天天儿天 t^{h}iã^{31} t^{h}iẽr$^{31-24}$ t^{h}iã^{31}、月月 yɛ$^{31-24}$ yɛ^{31}/月月月 yɛ^{31} yɛ$^{31-24}$ yɛ^{31}/月月儿月 yɛ^{31} yɛr^{-24} yɛ^{31}、年年 niã^{24} niã$^{24-31}$/年年年 niã^{24} niã$^{24-31}$ niã^{24}/年年儿年 niã^{24} niẽr$^{31-24}$ niã^{24}。又，“天天”“月月”“时时”第二个音节可以儿化且儿化后语义不变，例如：天天儿 t^{h}iã$^{31-24}$ .t^{h}iẽr、月月儿 yɛ$^{31-24}$ .yɛr、时时[sɿ^{24} sɿ^{24}]/时时儿[sɿ^{24} sər^{24}]，但“时时（儿）”不作“时时（儿）时”。

关中方言的“成”字有“整”的意思，户县方言“成+AA 式重叠时间名词”不儿化，例如：成晌晌[tʂ^{h}əŋ^{35} ʂaŋ^{51} .ʂaŋ]整晌、成天天[tʂ^{h}əŋ^{35} t^{h}iã^{31} .t^{h}iã]整天、成月月[tʂ^{h}əŋ^{35} yɛ^{31}.yɛ]整月、成年年[tʂ^{h}əŋ^{35} niã^{35} . niã]整年、成辈辈[tʂ^{h}əŋ^{35} pei^{55} pei^{55}/pei^{55} .pei]一辈子。

在抱怨有人一再耽搁、浪费光阴时，“成 AA”可以重叠为“成 AA 成 AA”，由此还类化出“成半 A 成半 A”“成十 A 成十 A”等；这种重叠式一般是语义的叠加，如“成天天成天天”指“一天天地”，“成半年成半年”指“一年”，“成十天成十天”指“20 天”。例如：

你就成晌晌成晌晌地不动弹不干活！

你都成年年成年年不来把我老汉看嘎子看看！你都忙（些）啥呢？

他老王说十天就做好咧，成十天成十天都过去咧，还没个动静呢！

他答应半月交稿呢，都成半月成半月过去咧，连个字腿腿都没写呢！

1.1.2　动词或动词性词组的重叠

普通话的动词有“AA、A 一 A、ABAB”重叠形式，关中方言基本上没有这几种重叠形式，而具有其他的重叠形式，如关中方言口语不说“你来看看/教我看一看、大家都来找找/大家都来找一找”，等等⑤。关中方言个别单音节的动词重叠成为“AA”式以后，就名物化了，如户县方言词语“偎偎[uei^{31} .uei]”指用拳头朝人的后脖颈往上摩擦使人的头发疼痛：他欺负我呢，在我头上偎了十几个～，把我就疼匝咧极了；“刮刮”指给牲口圈晒干土的时候刮土的工具；“拉拉”指装有马尾巴毛的用来捕捉鸽子的东西；“戳戳”指戳箕。孙立新《户县方言研究》64～67页讨论户县方言动作持续态的五种重叠形式的时候，讨论了户县方言“说着说着”“头扬扬上扬着头”“操操心想着一直想方设法占人便宜”“一跛一跛一直跛着腿”“想想想想想一直苦思冥想”等形式。孙立新（2008）《關於戶縣方言重疊構詞的幾個問題》一文对户县方言的重叠构词进行了进一步讨论，特别是注意了动词重叠问题，但讨论得还嫌不彻底。下面讨论时尽可能穷尽已知的关中方言动词重叠式类型。

我们至今没有调查到关中方言系统的动词 ABAB 重叠式，这里举一个例子。我们于 2012 年 9 月 15 日在凤翔调查方言，笔者的学生鲁立（凤翔西街人）给笔者吟诵了当地的歌谣《咪咪猫》：“咪咪猫，上高窑，把你妹子妹妹给嫁给我哥。我哥嫌你有垢圿污垢，拧磨拧磨却走呀磨磨蹭蹭要走了。mi^{44} .mi mau^{24}，ʂaŋ^{55} kau^{31} iau^{24}，pa^{31} ni^{31} mei^{44} .tsɿ kei^{52} ŋau^{31} kau^{24}。ŋau^{31} kau^{24} ɕiæ̃^{24} ni^{52} iou^{52} kou^{52} tɕia^{31}，niŋ^{24} mo$^{24-31}$ niŋ^{24} mo$^{24-31}$ kʰau^{31} tsou^{52} ia^{31}。”其中的“拧磨拧磨”就是动词 ABAB 重叠式，估计关中方言里还有类似的重叠式。孙立新《关中方言区中东部地区一个千百年来的母题<咪咪猫>——从歌谣和方言等多角度考察<咪咪猫>的变体》一文（2009：171～176）因为没有调查到，所以，也就没有把西部凤翔的这首歌谣纳入讨论，估计，西部宝鸡一带还有类似于凤翔的歌谣《咪咪猫》。

1.1.2.1 动词的 AA 式和 AABB 式重叠

其一，部分单音动词的 AA 式重叠，词性变成名词，例如：锯—锯锯、盖—盖盖、夹—夹夹、包—包包、垫—垫垫、刷—刷刷、系—系系、卷（捲）—卷卷、塞—塞塞、摊—摊摊、印—印印、撑—撑撑、罩—罩罩套—套套。从语义特征上看，这类 AA 式名词的基式有的可以加子尾，如：盖子、垫子、摊子、夹子，表义上为统指或泛指，重叠后增加口语色彩，有的含有“小”义，如“盖盖、卷卷”。

其二，普通动词的 AABB 重叠式

关中方言普通动词的 AABB 重叠式比普通话要多些，除了“喊喊叫叫、拉拉扯扯、吃吃喝喝、敲敲打打、拍拍打打、哭哭啼啼、吹吹拍拍、磕磕碰碰、嘻嘻哈哈”等以外，还有以下词语，这些词语是西安一带居民口语里常用的，其语义特点近似于普通话的 ABAB 重叠式，有对基本动词（AB）语义加强的意味；请注意，有的 AABB 或 ABAB 重叠式没有相应的 AB 式，随文以在前面加星号为标志。例词如：商商量量多多商量、拥拥挡挡很热情地招呼客人吃用、 僦僦凑[tsʰɤu^{31}]凑好些人故意聚集在一起不干好事（*僦凑）、计计较较过分计较、 摔摔打打、打打刮刮痛打并且恶语欺辱（*打刮）、砸砸刮刮经常性地在背地里攻讦、 训训打打不断地训斥/哼哼搡搡/敦敦搡搡/威[uæ^{31}]威刮刮（*敦搡/*威刮）、欺欺搡搡不断地推搡欺侮/搡搡戳戳（*欺搡/搡戳）、指指戳戳对着人指手画脚的不礼貌行为/指指刮刮（*指刮）、拉拉扯扯/扽扽扯扯/拉拉刮刮（拉扯/*扽扯/*拉刮）、抡抡打打在抡着东西的过程中给人示威、推推搡搡/掀掀刮刮（*掀刮）、蹦[piɛ^{55}]蹦跳跳[piɛ^{55} .piɛ tʰiau^{55} tʰiau^{55}/piɛ^{55} piɛ$^{-24}$ tʰiau^{31} .tʰiau]蹦蹦跳跳（蹦跳[piɛ^{55} tʰiau^{31}]）、拾拾掇掇不断地收拾；不断地训斥、念念咯咯不断地念叨（念咯[niã^{55} kɤ^{31}]念叨）、说说咯[kɤ^{31}]咯不断地说；不断地数说、批评（*说咯）、诀诀刮刮骂骂咧咧（*诀刮）、碰碰磕磕/磕磕碰碰、绊绊磕磕/磕磕绊绊（*磕绊）、暮暮囊囊严重地耽搁时间、打打算算、想[ɕiaŋ^{55}]想端端想方设法，想尽一切办法、摸摸揣揣长久地在人身上乱摸（按：西安“摸揣”读作[mau^{31} pfʰæ$^{52-31}$]“摸摸揣揣”读作[mau^{31}.mau pfʰæ^{52} .pfʰæ]；“摸”读作[mau^{31}]系白读，“揣”在非重叠式里变作阴平，重叠式里“揣$_1$”读作本调上声）、忽忽弄弄经常性地欺骗、 肏肏戳戳经常性地搞不正当的男女关系。例如：

有啥事咱咱们商商量量着办。

你再覅成天把娃孩子威威刮刮的咧。

你在老师跟前指指戳戳的，像个学生吗？

像你这样暮暮囊囊的，时间咋能够用呢？

为点儿小事就计计较较的，划得来值得吗？

关中方言的普通动词基本上没有 ABAB 重叠式，只是礼貌用语“恭喜、多谢、再见”等也常常重叠为 ABAB 式。户县民俗：相对贫困的家庭给儿子完婚之日，无力招待乡亲，婚礼翌日早饭期间，男性乡亲成群结队到达娶了媳妇的家里，喊着“恭喜恭喜”，主人以简单饭菜招待，当地人称此仪为“道喜”；此俗 20 世纪 80 年代以后渐废。

其三，趋向动词的 AABB 和 ABAB 重叠式

趋向动词的 AABB 重叠式比较特殊，一般没有 BBAA 式，有的 AB 或 BA 式也不能成立：上上下下（*下下上上）、出出进进（*出进/*进出/*进进出出）、来来去去（*去去来来）/来来往往（*往往来来）、来来回回。这种重叠式是基于相反的趋向行为的交替反复，其构词的基础是成分基本趋向动词的两个有关字，这两个有关字应当是长期约定俗成的。

上来**下**去→上上下下

出来**进**去→出出进进

过来**过**去→来来去去

回**来回**去→来来回回

这几个 AABB 式在西安一带的声调特点是：A_2 为“上、出”字的时候

变作轻声，为“来”字的时候变作阴平；BB 均读作本调，如“下下[ɕiaᵓ ɕiaᵓ /xaᵓ xaᵓ]、回回[꜁xuei ꜁xuei]”。

关中方言的复合趋向动词“上来、上去、下来、下去、起来、起去、回来、回去、出来、出去、进来、进去”等也常常以 ABAB 式来表达，这种重叠式通常表示对听话人动作趋向的敦促，一般是长辈对晚辈、长着对幼者用的。这是典型的反复修辞格的运用。

其四，其他几个问题

一是个别双音节名词重叠为 AABB 式以后成为动词。例如：名词“模样”重叠为“模模样样”以后，是“故意给人脸色”的意思。“方窍”本来不能成立，其重叠式“方方窍窍”却可以成立，是“想方设法”的意思。例如：“你给谁模模样样呢？｜他方方窍窍哄人呢。”户县方言“样$_1$”读作上声或阴平调，复合词“模样”的“样”字只读作阴平调。

二是个别通常情况下用作形容词而可以用作动词的双音节词语重叠为 AABB 式以后仍然是动词；其 AABB 的动词用法限于把字句。例如：“瞀[꜁mu]乱”的本义是“心烦意乱”，用作动词（使动）时可以说“瞀乱人”，AABB 式用法如“几个外甥成天把他舅瞀瞀乱乱的”。“龌龊”一词在西安方言文读[uɤ^{31} pfʰɤ^{31}]，白读[u$^{31-24}$ su^{31}]（户县文读[uɤ^{31} tsʰuɤ^{31}]，白读[u$^{31-35}$ sɤu^{31}]），文读用作形容词，如“我拿你的黑钱还嫌龌龊”，重叠形式如“你的心里龌龌龊龊的，还装得正人君子一样的”；白读用作动词（使动）时可以说“龌龊[u$^{31-35}$ sɤu^{31}]人”，AABB 式用法如“你个小人把个君子龌龌龊龊得没办法咧”。“僫狭[tɕʰi^{31} tɕʰia^{31}]”本来是形容词，指地方窄小，又作“曲狭[tɕʰy^{31} tɕʰia^{31}]”“窄狭[tsei^{31} tɕʰia^{31}]”（“狭”字在“狭窄、狭小、狭隘、偏狭”等语境里读如“霞[꜁ɕia]”，在这个语境里读如“掐[꜀tɕʰia]”）。“僫僫狭狭”既可以用作形容词，指很拥挤（例句如：这个地方僫僫狭狭的，站不下几个人），又可以用作动词，指好些人故意聚集在一起不干好事（例句如：几个僫僫狭狭弄啥呢？）。“曲狭、窄狭”可以重叠为 AABB 式，而只能用作形容词。

三是个别双音节动词重叠为 AABB 式以后成为形容词。例如：由动词词素构成的“拧舞”是“做作”的意思，“拧拧舞舞”则是“很做作”的意思；又作“做做作作”。“彀曳”本来不能成立，其重叠式“彀彀曳曳”却可以成立，是“优柔寡断”的意思；“彀彀曳曳”还作儿化形式“彀儿彀儿的”，“这个人彀彀曳曳的＝这个人办事老是彀儿彀儿的”。

四是“嘻嘻哈哈”在西安一带还有作“嘻嘻嘻哈哈哈”的，“嘻嘻嘻哈哈”比“嘻嘻哈哈”的语义重。从口语习惯看，“嘻嘻嘻哈哈哈”的中间常常有停顿。例句如：“他的他们一伙在一个办公室上班呢，都爱说笑开玩笑，成天嘻嘻嘻哈哈哈/嘻嘻嘻、哈哈哈的。”

五是“喊喊叫叫”在户县又作“⊆号叫叫”，宝鸡一带还有“唠唠叨叨”。

我们从贾平凹的小说《古炉》336 页看到用 AABB 式“逮逮放放”表示动作交替状态的例子：“一只猫在逗老鼠，老鼠一跑，猫就扑上去逮住，老鼠不动了，猫用爪子拨，老鼠又一跑，猫再扑上去逮住，这么逮逮放放，一直到了中巷口……”

1.1.2.2　短时体的“AA 儿”式重叠

西安、户县一带的方言有一种能产性不强并且使用频率不太高的短时体“AA 儿”式重叠，一种不连带宾语，一种可以连带宾语。

其一，“AA 儿”式不连带宾语的，例如：走走儿、歇歇儿、吃吃儿、喝喝儿、写写儿、耍耍儿、谝聊天谝儿、干干儿、唱唱儿、歇歇儿、打打儿、诀骂诀儿、说说儿。许多单音节及物动词都可以构成“AA 儿”式表示短时体。这种短时体常常在句中是两两甚至多个使用的，两个或多个表示有关动作行为的先后或交替进行。例如：

他俩走走儿歇歇儿。

你俩娃吃吃儿喝喝儿耍耍儿再看书。

老汉写写儿耍耍儿唱唱儿，一天还写咧成百副对子呢。

其二，“AA 儿”式连带宾语的，还可以分为两种情况：一是相关的“AA 儿”式连带名词宾语并且词干 A 各不相同，举例句如下：

他成天没个事，就是下下儿棋，纳占纳儿方，也不给娃们帮忙。

这个老汉一辈子勤奋得很，一有闲时间就看看儿书，写写儿文章，没料想，他今年 80 岁咧，都出出版咧 3 本书咧。

我今儿今天没做啥，跟我老婆逛逛儿商店，跟个朋友谝谝儿闲传聊聊天儿，就这样把一天时间打发完咧。

二是“AA 儿”式连带的宾语一般是不定指代词或具有不定指特征的词语，举例句如下：

他尝尝儿这一[ᶜtʂ̩ei]个，尝尝儿兀一[ᶜuei]那个，一桌菜都教被他尝完咧。

他是个光食汉单身汉，成天连饭都不做，吃吃儿张家，吃吃儿王家，就这样打发日子呢。

其三，西安、户县一带方言这种短时体“AA 儿”重叠式可从《金瓶梅》里边找到根据：

昨日哥这里念经，连茶儿也不送，也不来走走儿，今日还来说人情！（第67回）

本等三叔往庄上去了，不在家，使人请去了，便来也，你们略坐坐儿。（第69回）

我在屋里正描鞋，你使小鸾来请我，我说且倘倘儿去。（第72回；按：

“倘”即“躺”）

杨姑娘和他大妗子丢在屋里冷清清的，没个人儿陪他，你每着两个进去陪他坐坐儿，我就来。（第73回）

你趁闲寻寻儿出来罢，等住回，你又不得闲。（第74回）

这是户县方言短时体“AA儿”重叠形式在近代汉语方言里的根据。事实上，近代汉语以来汉民族共同语短时体的基本重叠形式为AA。

1.1.2.3　动词的三叠式

关中方言很普遍地存在动词的三叠式现象：一是单音节动词的“AAA”式重叠，二是双音动词或动词性词组的“ABABAB”式重叠。

其一，单音节动词的AAA重叠式

单音节动词AAA重叠式多数用于祈使句里，如“走走走”可以解释为“走吧走吧”，“看看看”可以解释为“看吧看吧”，都有对单音节动词的强调作用，是语义的加强。基本上每一个单音节动词都能够重叠为AAA式。举有关例句如下：

叫他走走走！我就压根儿不想见他。

你看看看，我说的得是是不是事实？

你听听听，他却[k^{h}ɤ^{31}]又胡吹浪谝胡乱吹嘘呢！

你来来来，你嫑走咧，你就在这儿待几天再回去。

你过日子呢，成辈子就只知道在外头借借借！为啥不精打细算呢？

歌谣（颠倒歌）《走走走》云：走走走，走走走，没走来到十字口，碰见一个人咬狗。拾起狗，打砖头，没想砖头咬了手。把水渠撂到砖头里，溅了一身干塘土地里或者路上的尘土。这看那看没啥擦，夏布衫子上撕棉花，撕出一朵金莲花。

另外，趋向动词“出”的AAA式重叠在户县方言里是竞赛前“石头剪刀布”的决定先后，又作“猜吃蹦”或“猜猜猜”，“猜”字通常读作阴平，在此语境里读作上声。

其二，双音动词或动词性词组的ABABAB重叠式

双音动词或动词性词组的ABABAB重叠式一般表持续态，基本上每个双音节动词或动词性词组都可以重叠为这种形式。例如：

老咧糊涂咧，成天就是吃饭吃饭吃饭。

他一直都在分析分析分析，还是没分析出来。

你赶快回去回去回去，长短千万，无论如何嫑来咧。

俩娃就踅摸趁机设法得到东西踅摸踅摸，还是得手咧。

她就成天做活做活做活，硬是守着寡把三个娃拉扯大咧。

当教师嘿，哪一天在学校还不是上课上课上课？把课上好就对咧。

他就黑明昼夜夜以继日地研究研究研究，研究咧几十年，成咧大专家咧。

老早过去的农民嘤，一年三百六十天就是个劳动劳动劳动/做活做活做活，没个闲时间。

1.1.2.4 单音节动词的AAAAA重叠式

关中方言动词的“AAAAA”重叠即五叠式，通常表示动作行为的持续态。例句如下：

你赶快说说说说说！对听话人不满

我就寻寻寻寻寻，最后就寻来咧。

你来赶快看看看看看，看多热闹的！

你成黑咧把娃诀诀诀诀诀，把人能聒死了。

这个东西，你成天就是看看看看看，有啥看头呢？

我就走走走走走，走咧一晚夕，还是终于走到西安咧。

他在农村那几年，一有闲时间就写写写写写，就把自己写得有咧名气咧。

你成辈子就只会把国家的工作混混混混混，你要是不会舔尻子，早都饿死咧。

（老师给学生说）我给你布置的作业，你就认真去做做做做做！耍啥呢为什么贪玩？

但是，在祈使句里，动词的“AAAAA”式重叠往往不表示持续态。

咱的咱们赶快回回回回回！覅在这儿停咧。

你来来来来来！可能是对听话人很热情，让听话人“过来”

你去去去去去！对听话人不满，要求马上离开；你就算了吧！

你走走走走走！对听话人不满，要求马上离开/你滚滚滚滚滚极坏的语气！

1.1.2.5 两三个相关的多音节动词或动词性词组的重叠式

这种形式实际上是词组的重叠，这种形式在关中人口语里很常用。有关例句如下：

我妈在屋家就是做饭洗衣裳做饭洗衣裳，也没个闲工夫。

这个女人勤谨得很，成天织布纺线织布纺线，还是把日子过上去咧。

他爱写作，当教师呢，就成天上课写作上课写作，书也教好咧，文章也写成咧；既是特级教师，还在国家级报刊发过不少文章呢。

他爱耍得很，成天就是下棋搭方占方打扑克下棋搭方打扑克的，地里的、屋里的啥活都不做，都是老婆的；他老婆勤谨得很，一会儿都不闲。

1.1.2.6 “N＋VV＋上/下”式

这种模式表示人或者动物身体行为的持续态，其能产性很强，其中，“上、下”在关中方言里往往同义（下文专门还要讨论这个问题），这种模式在渭南一带常常以“N＋VV＋下”式出现，西安一带常常以“N＋VV＋上”式出现。下面以户县方言为例来说明。

如户县方言“头扬扬上/头扬扬下”指“扬着头”。这里只列举“N＋VV＋上”式如：头扬扬上、头闷闷上低着头/头簪⁼簪上/头潜潜上、头歪歪上、头拧拧上、脖项拧拧上；眼窝眼睛睁睁上、眼窝挤挤上、眼窝瞪瞪上、眼泪流流上、眼泪花花绷绷[pəŋ51]上噙着泪花、脸板[pʰã51]板上/模样板板上/模样训训上/模样□[tsʰua51]□上、鼻子翘[tsʰau55]翘上、鼻子歪歪上/鼻子绾绾上、鼻鼻涕流流上、嘴张张上、嘴撅撅上、嘴抿抿上、嘴歪歪上、嘴ᶜ弯弯上抿着嘴表现出将哭的样子、牙咬咬上、牙龇龇上、舌头吐吐上、脖项脖子拧拧上、脖项歪歪上、脖项臃臃上脖子很粗的样子、胛骨肩胛翘翘上、胛骨溜溜上如溜溜肩、胸挺挺上/胸（口）挺挺上、胳膊吊吊上胳膊下垂着、胳膊乍举乍上、手乍乍上、槌头握握上握着拳头/槌头攥攥上、肚子腆[tʰiɛ51]腆上、腰拧拧上、腰拱拱上、腰猫猫上、腰趴趴上因为腰部有病而猫着腰的样子、尻子屁股撅撅上、尻子拧拧上/尻子捩捩上、腿拉拖拉上、腿劈[pʰia51]劈上叉着腿的样子、腿吊吊上、二郎腿担担上、脚乍抬，举乍上、脚歪歪上/脚拧拧上。还有关于动物的，例如：驴耳朵乍乍上、驴尾巴撅撅上、牛尾巴摇摇上、狼尾巴拉拉上、鸡膀子煽煽上煽着翅膀、驴胜驴阴茎吊吊上。

另外还有两种类化形式，只有个别例子。其一，人的故意行为，例如：裤儿吊吊上｜肚子亮亮上｜纸烟咂叼咂上｜扇子摇摇上；其二，“AB上”式，例如：模样呵拉上涎着脸（按：因为户县话“涎”字白读[xa31]，所以其分音形式是“呵拉[xɯ31 la31]”）｜眼皮儿耷拉上。

1.1.2.7　“VVN”式重叠

这种重叠式实际上跟上文1.1.2.6部分所讨论的“N＋VV＋上/下”重叠式语义相同。但是，这种结构的能产性并不强。举例句或比较如下：

操操心想方设法占公家便宜。

拱拱腰往后退＝腰拱拱上往后退。

拉拉腿漾撒种子＝腿拉拉上漾种子。

操操手跛着走长路＝手操操上跛着走长路。

他板板脸跟人说话呢＝他脸板板上跟人说话呢。

上文1.1.2.6部分许多“N＋VV＋上”重叠式不能转化成为这种“VVN”重叠式。例如：*流流鼻、*挺挺胸、*摇摇尾巴、*吊吊胳膊、*咬咬牙、*乍乍手。但是，有的“VVN”重叠式虽然还在表示着持续状态，却早已名词化了，充当判断句的宾语。例如：

他是个溜溜肩。

这个娃是个吊吊裤子。

这个老汉是个趴趴腰。

这个齉齉鼻儿说话难听得很。

1.1.2.8　祈使句里趋向动词的重叠

如下所讨论的问题多限于户县老派方言。

其一，户县方言祈使句双音节趋向动词后一音节“去、来”两字可以重叠，比较如下：

上来来　下来来　进来来　出来来　回来来　起来来　过来来

上去去　下去去　进去去　出去去　回去去　起去去　过去去

“去去”语义中含有对听话人不满的因素，“来来”无不满语义。“去、来”两字处在第二个音节时由本调变作阴平(31 调值)。城关甘亭镇等广大地区“去去”读作[.tɕʰi tɕʰi$^{55-31}$]，“来来”读作[.læ læ$^{35-31}$]，北乡大王镇、渭丰乡一带分别读作[tɕʰi$^{55-31}$ tɕʰi^{55}][læ$^{35-31}$ læ^{35}]；相应地西安方言分别读作[.tɕʰi tɕʰi$^{55-31}$][læ$^{24-31}$ læ^{24}]。“去去”和“来来”的第一个音节语义轻，第二个音节语义重。“$V_{单}$＋去去/来来”的语法形式是对“$V_{单}$＋去/来”形式动作趋向结果的强调。“起来、起去”在户县方言里表通常语义的读法是“起来[tɕʰiɛ^{51}læ$^{35-31}$]起去[tɕʰiɛ^{51} tɕʰi$^{55-31}$]”表强调时“起来、起去”里边的“来、去”主要元音长化：起来[tɕʰiɛ^{51} læː$^{35-31}$]、起去[tɕʰiɛ^{51}tɕʰiː$^{55-31}$]。但是“来、去”两字主要元音长化无重叠式常用。听说双方互相可以看见时“来、去”方可重叠或主要元音长化，互相看不见时则不能长化。“去、来”的重叠式及主要元音长化一般用于长辈对晚辈。例如：

你赶快上去去。

小张，你先回来来。

娃，起来来，起来吃饭。

你先起去去，覅别赖着睡懒觉咧。

你长短千万再覅坐咧，放快起来来。

小王，起来来，咱俩逛街道走去吧。

你还不起去去，他都候等你一会好久咧。

小伙儿起来来，起来看电视来，这节目好得很。

这里抄录邢福义先生（2003：62～71）《“起去”的语法化与相关问题》一文对户县方言的“起去去”以及“起来来”等的讨论如下；引用时，邢先生文中的语法例句序号省去。

陕西户县方言中，“上来、上去、下来、下去、进来、进去、出来、出去、回来、回去、过来、过去”也好，“起来、起去”也好，都是常用的趋向动词。“起来、起去”的通常读法是：起来[tɕʰiɛ^{51} læ$^{35-31}$]、起去[tɕʰiɛ^{51} tɕʰi$^{55-31}$]。户县人说“起去[tɕʰiɛ^{51} tɕʰi$^{55-31}$]”，说话人或听话人都坐着或躺（睡）

着。如：你起去，起去做饭去。｜叫娃起去背书去。

户县方言中的“来”和“去”，可以复用为“来来”和“去去”。一般出于中老年人之口。“来来”和“去去”，第一个音节语义轻，第二个音节语义重；第一个音节多数地方轻读，第二个音节调值有变化，但各乡镇读法不尽相同。“去去”语义中含对听话人不满的因素，“来来”无不满语义。

“来来”和“去去”可以跟“上/下”类单音趋向动词组合，成为“Q 来来/Q 去去”。如：上来来｜上去去｜回来来｜回去去。“来来”和“去去”也可以跟一般单音节动词组合，成为“V 来来/V 去去”。如：（我把钱寻不来咧，你搭伙给我）寻来来｜（娃吃饭时间还不见，你去）寻去去｜（你想借钱，来寻你妗子）借来来｜（你没钱盖房，出去）借去去。

“起”属于“上/下”类单音趋向动词，它们也可以进入“Q 来来/Q 去去”的格式，即可以组合成为“起来来”和“起去去”。例如：

小王，起来来，咱俩逛街走（去吧）。

娃，起来来，起来吃饭！

你放快（赶快）起去去！

你还不起去去，他都候你一会咧（好久了）。

以上是方言学家孙立新先生给笔者提供的有关事实。孙先生是户县人，2001 年 9 月，他给笔者提供了一页纸手写的材料；2002 年 11 月，他又给笔者寄来约二千字的书面材料。实在感谢孙先生的帮助。他所提供的事实中有不少信息，涉及语音、语义和语法，涉及语表、语里和语值。特别值得注意的是：

第一，陕西户县话里有同“起来”相配的“起去”。二者在表示面移和背移的趋向上存在微妙差异。

第二，“起来”和“起去”的后边可以再出现“来”、“去”，说成“起来来”、“起去去”。后一个“来、去”，比前一个“来、去”语义要重。

第三，“起去”入句之后，由于受到特定的句管控，可以多方面帮助我们求证其趋向动词的身份：

首先，既然“你起去”可以说成“你起去去”，“你起来”可以说成“你起来来”，这就说明“起去”和“起来”在句法中有相同的活动能力，它们是等价的。

其次，既然有“起去去”的说法，而且前一个“去”语意较轻，这就说明其组合应该是“起去｜去”。由于后面出现另一个“去”，前面的“起去”明显成了一个趋向动词。

再次，同“起去去”的情况相类似，既然有“起去……去”的形式（起去背书去｜起去，起去做饭去），这就说明其组合应该是“起去｜…

去”。由于后面出现另一个“去”，前面的“起去”也明显成了一个趋向动词。

很明显，不仅作补语的“起去”可以看作一个趋向动词，独用的“起去”户县人也把它当作一个趋向动词来使用。

其二，一般单音节动词连带“去/来”，若要强调动作行为的结果时“去/来”也可重叠成为AA式。例句如。

街上有热闹，出去看去去。

你没钱盖房房子，出去先借去去。

娃到吃饭时间还不见的找不见，你去寻去去。

这些饭我吃不完，给你分一半儿，你吃去去。

我把给你的东西丢到屋放到家里，你回来拿来来。

我把钱寻不来找不着钱咧，你来搭伙给我寻来来。

(舅对外甥打电话说)你想借钱，来寻你妗子借来来。

我当组织部长，先给你个副科长，你先当去去隐含语义：因为对你印象不好，但鉴于你待我较好或你有一定能力等原因，先给你副科长当。

其中“V单＋去去”比“V单＋来来”的使用范围广。

其三，户县方言两意义相反的单纯趋向动词V_1V_2(限于“来—往、来—去、上—下、进—出”)可以构成$V_1V_1V_2V_2$重叠形式，其中第二个V_1读轻声，第二个V_2读本调，$V_1V_1V_2V_2$是指行为主体相关行为的交替。例句如。

他成辈辈[pei^{55} pei^{55}/pei^{55} .pei]成辈子在山上住，上上下下，对山上熟得很。

我泛常经常看你从堡子村子里头出出进进的，你这成天都忙（咧些）啥呢？

这几天我[ŋæ^{31}]我们单位就咋像过事过红白大事等一样热闹，来来去去来来往往尽（都）是人。

1.1.2.9　数动式的重叠

这个问题属于词组的重叠，以户县方言为例来讨论。户县方言的“数词＋动词”重叠形式的语法语义比较特殊，请先看下面3个例句：

他的腿有毛病呢，走路一跛一跛的。

她三缠绾纠缠，软磨硬泡两缠绾，把事缠绾成咧指通过软磨硬泡把事情办成功了。

“文化大革命”那阵儿，他说咧几句没啥意思的话，造反派一分析两分析，就把他打成现行反革命咧。

其中，“一跛一跛”指连续跛脚的情况，“一分析两分析”指很随便地、轻而易举地进行分析，“三缠绾两缠绾”指变本加历地纠缠，变本加历地软磨硬泡。户县方言这种“数词＋动词”的特殊结构，我们把它称作数动式。从在句子里的语法地位看，多数情况下，数动式的重叠形式充当谓语，也充当状语；在陈述句里一般连带“的（地）”字。下面讨论户县方言数动式的重叠问题。如上 3 个例句正好是三种形式，因此，下面主要从这 3 点进行讨论。

其一，户县方言的“一 V 一 V”重叠式。

“一 V 一 V”式表示动作行为的连续状态，下面从两小点来看。

V 是单音节动词；一般来看，表动作连续状态的动词才可构成“一 V 一 V”式。这些单音节动词绝大多数是关于手的动作行为的，其次是有关肢体、五官等的：摇、摆、拧、缠、拐、掐、捏、抠、揣摸、摸、翻、挤、撅、夹、勾、偎、乍举、碰、对[꜀tuei]碰、掀、拽、拉、扽、抡、搅、趔、搧、刷、踢、跛、擺指有的跛腿类型是一条腿朝后擺、跐蹭、跳、围坐在地上往前走、拱、晃、抵、顶、刮、逗、揄[tɤu^{55}]动、睁、张、嚼、咧、啃、吐、吃[꜀tɕiɛ]口吃，等。多数用来描述人的动作行为，也可以用来描述动物等的动作行为。例如：

他的嘴一咧一咧的。

红旗随着风一摆一摆的。

他的尻子屁股一拧一拧的。

娃把刚栽的树一摇一摇的。

他走路腿一拉向后拖一拉的。

他把娃的牛牛赤子阴一꜀揣摸一揣的。

他一急，说话就一吃[꜀tɕiɛ]口吃一吃的。

鸡膀子翅膀一搧一搧的，搧得土哄哄的尘土飞扬。

他闲得声唤呻吟呢指闲得无聊，把个石头一踢一踢的。

老王得了半身不遂，走得路咧走路的时候一条腿一擺一擺的。

他急得嘴一张一张的，递不上来话因为口才等原因而无法还击的别人语言进攻。

V 是双音节动词，这些双音节动词有两个类型：一是分音词，如孙立新《户县方言研究》25～26 页所列举的分音词“不来摆”“不楞抨，弹”“圪捞[kɯ$^{31\text{-}35}$ lau^{31}]搅，搅动”“胳搂勾，胳肢”。一是加前缀“圪”的动词，如《户县方言研究》475 页所列举的“圪拧拧”“圪偎动弹的很频繁；特指胖而低的人走路动作幅度太大的样子”“圪锯用刀子等割”“圪搅搅，搅动”。例如：

猫爪爪在桌子上一不楞一不楞的。

你看，他一圪偎一圪偎地过来咧。

他把娃一胳搂一胳搂的，惹逗娃笑呢。

猪的一个蹄子没绑住，一不来一不来的。

你看他走路一圪偎一圪偎的，难看死咧！

他打糨子呢，在糨子碗里头一圪捞一圪捞的/一圪搅一圪搅的。

其二，户县方言的“一V两V”重叠式。户县方言“一V两V”重叠式的语义特征是“很随便地、轻而易举地V”，从复词偏义的角度看，语义重心偏在了“一 V”上。几乎所有普通单音节、双音节动词都能处在重叠式“一V两V”里，且在句中充当谓语。举例句如下：

老汉一拔两拔，就把个树苗苗树苗拔下来咧。

这个事得放快办了，一拖两拖肯定就办不成咧。

他身上装咧200块钱，一掉丢两掉，掉得没一星儿咧没有一点了。

他指甲鑱锋利，给他婆祖母挠脊背呢，一挠两挠，把他婆脊背都挠烂咧。

他拿自行车子带面，面袋子烂着呢，一撒两撒，把一袋子面撒咧一半。

她身体本来就枵薄，一折腾两折腾，得咧一场大病，没把命要了都算好没有死掉都算幸运呢。

这个人暮囊行动迟缓，我去叫他跟我一搭儿一块上班儿去，他一暮囊此处指耽搁时间两暮囊，就把半个钟头儿暮囊过去咧。

其三，户县方言的“三V两V”重叠式。

户县方言“三V两V”重叠式的语义特征是：动词V的量不断增强、更加地 V、变本加厉地 V；从复词偏义的角度看，语义重心偏在“三 V”上。几乎所有普通单音节、双音节动词都能处在重叠式“三V两V”里，且在句中充当谓语。例如：

他把个绳子三拽两拽就拽断咧。

你三暮囊耽搁时间两暮囊，去咧就迟咧就去迟了。

他把个电视机三拾掇修理两拾掇，反倒拾掇日踏坏咧。

他工作几十年，三混两混，从乡镇的一般干部混到地委副书记咧。

他研究民间剪纸呢，三研究两研究，就成咧民间剪纸研究专家咧。

这个娃成天瞀乱麻烦他大父亲呢，三瞀乱两瞀乱，把他大瞀乱出病咧。

他三翻腾两翻腾，把多年的陈芝麻烂套子各种陈旧的东西都翻腾出来咧。

他爱耍钱赌博，他舅爱说批评他，三说两说，他见咧他舅跟仇人一样。

户县方言“一V两V”和“三V两V”两种重叠形式与古今汉语的复词偏义有点像，如“一V两V”偏在“一V”上，“三V两V”偏在“三V”上。“一V两V”式的语义是收敛性的，其程度比较轻微；“三V两V”式的语义是扩张性的，其程度比较强烈。

关于“一V一V”重叠式问题：一，这种重叠形式可能是官话以及晋语地区一种普遍的语法现象。如武汉作家叶大春的小小说《一颗图钉》，其中有重叠形式“一瘸一瘸”出现：“小米去意如盘，心已展翅，翻窗跳楼，背起简单的行囊，一瘸一瘸地乘上了夜行列车。”二，户县方言的“一V一V”重叠式从口语习惯看，一般要连带“的（地）”，上文所举叶大春《一颗图钉》里重叠形式“一瘸一瘸”也连带“的（地）”；而户县方言的“一V两V”和“三V两V”两种重叠式一般不连带“的（地）”。

我们还可以把这里所讨论的3种数动重叠式进行横向比较，如以单音节动词“敲”作为基本动词，可以看出下面3个句子的各自特点。

他拿个鼓槌在个烂桌子上一敲一敲指连续地敲的。

他拿个鼓槌在个烂桌子上一敲两敲指很随便地敲，就把桌子敲散伙散架咧。

他拿个鼓槌在个烂桌子上三敲两敲指程度不断加强地敲，就把桌子敲成稀巴烂咧。

其四，关中方言口语里还有一种常见的数动式重叠如“一挪一截子，一挪一截子”，这种格式及其类似形式，实际上也是对动作连续状态的描写。例如：

念书呢，不敢一混一学期，一混一学期，混到毕业咧，还咋混呀？

这个东西太重，我搬不动，就一掀一两米，一掀一两米，才掀过来咧。

你在单位上班去呢，一去一天，一去一天指每天都去，你都做咧些啥呢？

人家跟他连畔种地呢，他把人家的地一撵指侵吞几犁，一撵几犁，三年就撵进去咧一丈。

老汉病得早都走不成路咧，只好坐到地上望头磨[mɤ⁵⁵]蹭着走，一磨一截子，一磨一截子。

1.1.2.10　与普通话“V单一V单”等形式的比较

其一，关中方言无普通话的“V单一V单（/V单一下）”和“V双V双（/V双一下）”重叠形式，相应于普通话的“V单一V单（/V单一下）”和“V双V双（/V双一下）”动词重叠形式，西安一带分别是“V单嘎子/V单一下”和“V双嘎子/V双一下”；还有，相应于普通话“V单一V单（/V单一下）”和“V双V双（/V双一下）”式的句子往往是把字句。例如：

把这个看嘎子（/一下），把那个看嘎子（/一下）看看这个，看看那个。

书不见找不到咧也把书寻嘎子（/一下），咋就却[kʰɤ³¹]又买咧一本（子）呢？

他一赶早早晨起来就是诀骂人，把这个诀嘎子，把兀一[uei⁵²]个诀嘎子。

你把饭尝嘎子（/一下），看啥调货调料，调味恬淡啥调货重，不行咧就重调嘎子（/一下）。

这件事我的[ŋæ³¹ .ti]我们还得商量嘎子（/一下）/我的还得把这件事商量嘎子（/一下）。

其二，我们曾经系统调查过“看一看、尝一尝”在关中方言里的说法，大致看来，作“V嘎子”的方言点有西安、蓝田、商州、丹凤、华阴、潼关、澄城、耀州、富平、高陵、三原、泾阳、旬邑、彬县、永寿、淳化、礼泉、咸阳、户县、麟游 19 处，洛南作“V 嘎子”或“V 嘎”“V 嘎儿”，咸阳作“V 嘎子”，又作“V 子儿”；作“V 嘎”的方言点有长武、眉县、太白、凤县、宝鸡、岐山、凤翔、千阳、陇县 9 处；武功作“V 嘎儿”；作“V 干子”的方言点有临潼、渭南、扶风 3 处，华县作“V 干子”，又作“V 干”，蒲城作“V 干”，又作“V 圪下”；铜川、乾县、兴平、周至 4 处作“葛子”；大荔、黄龙、白水 3 处作“V 给下”；韩城作“V 给一下”，宜川作“V 给一下”，又作“V 一下”，宜君作“V 给可”；合阳作“V 谷下”；洛川、黄陵、富县作“V 一下”，西安、户县等处又作“V 一下”，“V 一下”肯定是晚起的用法；定边作“VV”。在这种语境里，户县方言一般主要说“嘎子”，也有说“嘎”的；假如要让别人让开（地方、道路），也有“让嘎儿”的说法。“尝”字在关中方言区除了西安、户县、定边 3 处读作[꜁tʂʰaŋ]以外，其余基本上都读作[꜁ʂaŋ]；韩城等汾河片方言点读音特殊（阳声阴化）：韩城读作[ʂuo^{24}]，合阳读作[ʂo^{24}]，宜川读作[ʂɤ^{24}]。

这个语境里的“嘎、干、葛、圪、谷”一般读作阴平调，乾县“葛”字读作上声调；武功的“嘎儿”变作阳平调；咸阳的“子儿”读作轻声调。咸阳“子儿”的来源待考，而其他多数方言点的“嘎、干、葛、给、谷”都跟“给”字有关。“嘎”是“给下”的合音字，“干”是“嘎”主要元音鼻化的读法，“葛、圪”是“嘎”元音高化的读法，“谷”是“圪[kɯ]”元音圆唇化的结果。表 2 比较几个语法例句。

表 2　关中有关方言点与普通话“VV/V 一 V/V 一下”句式比较表

北京	看看/看一看/看一下。	尝尝/尝一尝/尝一下。	研究一下/研究研究。	商量一下/商量商量。
西安	看嘎子/看一下。	尝嘎子/尝一下。	研究嘎子/研究一下。	商量嘎子/商量一下。
临潼	看干子。	尝干子。	研究干子。	商量干子。
洛南	看嘎子/看嘎/看嘎儿。	尝嘎子/尝嘎/尝嘎儿。	研究嘎子/研究嘎/研究嘎儿。	商量嘎子/商量嘎/商量嘎儿。
华县	看干/看干子。	尝干/尝干子。	研究干/研究干子。	商量干/商量干子。
大荔	看给下。	尝给下。	研究给下。	商量给下。
合阳	看谷下。	尝谷下。	研究谷下。	商量谷下。
洛川	看一下。	尝一下。	研究一下。	商量一下。
铜川	看葛子。	尝葛子。	研究葛子。	商量葛子。
宜君	看给可。	尝给可。	研究给可。	商量给可。
蒲城	看干/看圪下。	尝干/尝圪下。	研究干/研究圪下。	商量干/商量圪下。
韩城	看给一下。	尝给一下。	研究给一下。	商量给一下。

续表

咸阳	看嘎子/ 看子儿。	尝嘎子/ 尝子儿。	研究嘎子/ 研究子儿。	商量嘎子/ 商量子儿。
武功	看嘎儿[kar^{24}]。	尝[kar^{24}]。	研究[kar^{24}]。	商量[kar^{24}]。
宝鸡	看嘎。	尝嘎。	研究嘎。	商量嘎。
凤翔	看嘎/看嘎子。	尝嘎/尝嘎子。	研究嘎。	商量嘎。
定边	看看/ 摸 mau^{31} 摸。	尝尝。	研究一下/ 研究研究。	商量一下/ 商量商量。

定边属于“三边”地区，处在中原官话和晋语的过度地带（定边北乡话就是晋语）其语法特点有跟关中主体方言不一致的，如表 2 中的“看看/摸摸、尝尝、研究研究、商量商量”。

一般看来，西安一带的方言没有普通话所具有的“V 一 V”式，但是户县北乡的一首歌谣《咪咪猫》有“V_1 一 V_1，V_2 一 V_2”式，可能是受共同语影响的结果：“咪咪猫，上高桥。高桥有个高老汉，提个罐罐儿指小饭罐卖搅团关中的一种饭食。走一走，歇一歇，把老屎，捏一捏。”按照上述特点，“走一走，歇一歇……捏一捏”的通常说法应是“走走儿歇歇儿……捏嘎子”。

其三，如我们从贾平凹《古炉》394 页看到的“一 V_1 一 V_2，一 V_1 一 V_2”重叠式例句：“黑虎是八成家的狗，黑虎又扑过来咬跟后家的狗，一咬一退，一咬一退。”这种重叠式也可以以“一 V_1 一 V_2”的形式出现，但是，通常还是“一 V_1 一 V_2，一 V_1 一 V_2”。例句如。

老汉把一吊子肉一提一放，一提一放，是掂斤两呢。

他一走一停，一走一停，投走到等到达目的地，都吃晌午饭时间咧。

我实在太困累咧，就一走一歇一走一歇，就这样，撵赶开会也到咧。

娃逃学呢，他把娃一撖一打，一撖一打，就这样把娃打到学校去咧。

1.1.2.11 “不断地 V”语义的“AA”和“ABAB”式

如本小节开头所说的，普通话的动词有“AA、A 一 A、ABAB”重叠形式，关中方言基本上没有这几种重叠形式，如关中方言口语不说“你来看看/教我看一看、大家都来找找/大家都来找一找”等等；上文 1.1.2.10 部分就是对普通话动词“AA、A 一 A、ABAB”重叠形式在关中方言里的变体的具体报道。但是，关中老派居民口语里，单音节动词重叠成为“AA”式以及双音节动词重叠成为“ABAB”式以后便具有“不断地 V”的语义。从具体表达看，可以分为两个层级，基本层级为“AA”式中的 A_1 或“ABAB”式中的 B_1 没有任何语音变化，较高层级为 A_1 或 B_1 必须长化或者形成拖音。许多动词都可以处于这个语境里。从目前情况看，下列用法将会迅速淡出关中方言口语。

其一，关中老派居民口语里单音节动词重叠成为“AA”式的例句如：

娃犯咧一点儿错，他就把娃说批评说[ʂɤ$^{31-24}$ ʂɤ^{31} | ʂɤː$^{31-24}$ ʂɤ^{31}]的。

柿子都红开咧，红红[xuəŋ^{24} xuəŋ^{24} | xuəŋ^{24} əŋ$^{-55}$ xuəŋ^{24}]，就熟透咧。

你就顺顺着这条路走走[tsɤu^{52} tsɤu^{52} | tsɤu^{52} .ɤu tsɤu^{52}]，就把你挡住咧。

那个丑小鸭变变[piã^{55} piã^{55} | piãː^{55} piã^{55} | piã^{55} ã^{55} piã^{55}]，就变成天鹅咧。

其二，关中老派居民口语里双音节动词重叠为“ABAB”式的例句如：

他就研究研究，把自家研究成大专家咧。

你闲咧，就活动活动，一日一日一天天也就好咧。

只要你演习演习不断地练习，肯定时间长咧就熟练咧。

他几个把这个问题讨论讨论，讨论咧半年，才讨论出眉眼眉目咧。

我就搜腾搜腾，搜腾出来不少东西；谁料有的好东西还是新的呢！

1.1.3　形容词重叠

关中方言的形容词重叠最突出的特征包括单音节形容词的重叠、两相关单音节形容词的ABAB式重叠以及BA式形容词的BABA式重叠等形式。

1.1.3.1　单音节形容词的重叠

关中方言单音节形容词的重叠主要可以分为如下两种形式。

一种在西安、户县、蓝田、咸阳、周至、兴平等处为“AA儿”式，在宝鸡一带是“AA”式，西安等处“AA儿”式和宝鸡一带“AA”式的语义是“比较A”。西安等处“AA儿”式里，A是去声调时A儿变作上声调，A是其他声调时A儿读（变）作阳平调。宝鸡一带“AA”里A是去声调时AA不变调；A是其他声调时后A读（变）作阳平调。比较如表3。

表3　　西安、户县“AA儿”式形容词与宝鸡“AA”式变调规律比较表

	西　安	户　县	宝　鸡
A是阴平	黑黑儿 xei^{31} xer^{-24}	黑黑儿 xei^{31} xəɯ$^{-35}$	黑黑 xei^{31} xei^{-24}
A是阳平	白白儿 pei^{24} per^{24}	白白儿 pei^{35} pəɯ^{35}	白白 p^{h}ei^{24} p^{h}ei^{24}
A是上声	好好儿 xau^{52} xɔr^{-24}	好好儿 xau^{51} xə$^{-35}$	好好 xau^{52} xau^{-24}
A是去声	大大儿 ta^{55} tɐr^{-52}	大大儿 ta^{55} tə$^{-51}$	大大 ta^{44} ta^{44}

通常情况下，在表示人或事物的性质、状态等的时候，西安等处的“AA儿”式和宝鸡一带的“AA”式后边要连带“的”字。宝鸡一带后A常常还形成拖音，例如：黑黑的 xei^{31} xei^{-24} ei^{-24} .ti、白白的 p^{h}ei^{24} p^{h}ei^{24} ei^{-24} .ti、好好的 xau^{52} xau^{-24} au^{-24} .ti、大大的 ta^{44} ta^{44} a^{44} .ti。

西安一带口语用到的每一个单音节形容词都可以构成“AA儿”式。如孙立新《户县方言研究》第 36 页罗列了这些单音节形容词，主要有：黑、白、蓝、绿[꜀liɤu]、黄、红、灰、大、碎小/小（按：“碎”字口语最常用）、薄、厚、高、低、长、短、肥、胖、瘦、攮[꜂naŋ]又低又胖、倩[꜀tɕʰiẽ]漂亮/嬉（按：“倩”文读[tɕʰã꜄]，“倩”是通常意义的漂亮；而“嬉”除了在“嬉丑”连用时可以理解为漂亮以外，常常用在挖苦人的语境里，例如“看你长得嬉的”）、脏肮脏、净、平、直、端直（按：“直”常常指脾气耿直，“端”则指道路等直）、好（按：“好好儿”还有“好端端”的意思，如“好好儿的个事情”）、瞎坏、热、冷、酸、甜、苦/痨[nau꜄]、辣、哕[yɛ꜄]令人作呕、沤[ŋɤu꜄]有腥臭感、□[tsʰau꜄]味淡、咸味道咸、齁[꜂xɤu]有油焦味、香、爨[tsʰuã꜄]油香味、乾、面、龃[꜂tsa]如面食夹生难吃、生、熟、硬、软、浓[nuəŋ꜄]食物因久泡而难吃、酿[꜂ʐaŋ]面条等柔软而劲道、劲[꜀tɕiẽ]食物劲道、灵、瓜傻、傻、勇勇敢，有勇力、威[꜀uæ]恶，脾气坏、恶、快、慢、淹慢、忙、闲[꜁xã]、闲[kã꜄]闲得乏味、急、坦性子迟缓、稳、牢、轻、重、嫽好、善[꜂tʂʰã]好；友好、沉、慌、细、粗/奘、瓷瓷实、虚、严严格；严实（按：“严格”的“严”文读[꜁iã]，“严窝严实/严嗒”的“严”白读[꜁niã]）、松、宽、窄、朧小伙子块头大并且健壮、离[li꜄]该粘连的没有粘连或粘连得不到位、离[liɛ꜄]①该粘连的没有粘连或粘连得不到位；②关系不睦、犟、倔、撑[tsʰəŋ꜄]脾气倔、张[꜁tʂaŋ]狂妄、洋洋活，洋气、土土气；尘土很多的样子、漂[꜀pʰiau]轻浮、诈[tsa꜄]狂妄并且举止轻浮/[tsã꜄]、怪、拐[꜂kuæ]爱说脏话且在异性面前举止放肆但不一定越轨、央怪诞并且滑稽、碜、馋、鑱刀、剑、斧子、剪刀等锋利、躁[tsʰau꜄]、争莽撞，有勇力、闷脑子笨、巧、拙手笨、活、死呆板，不灵活、滞不灵活、辙[꜁tʂʅɛ]晚辈或幼者性情平和温顺、涩、俐伶俐、峻女性冷峻，不轻浮、㑩[tʂɤu꜄]指人过于古板，难以接近、□[꜂tiɛ]在困难或打击面前承认失败、瓤[꜁ʐaŋ]软、清、混、粘[꜁ʐã]、糨[tɕiaŋ꜄]粘；滞涩、水水分大，水气大、欠、缺、多、海、少、贵、贱、穷、富、湿、润湿润、明、黯、暗、亮、疼、蛰、咬痒、损又疼又蛰、木[mu꜄]麻木、茶[꜁niɛ/niɛ꜄]、柳[꜂liɤu]女性又苗条又麻利、辱[꜁suẽ]羞、饥、饿、渴、空[꜀kʰuəŋ]空虚、空[kʰuəŋ꜄]寂寞、刚[꜀kaŋ]老年人健康、乖小孩乖，小孩身体好、横[꜁ɕyɛ]此系白读音，蛮横、牛、犟、涎在别人批评甚至翻脸的情况下，不但不计较，反而还笑脸相迎、鬼机灵，奸诈/贼、野刁野，野蛮；（道路）遥远而空旷，走起来令人生畏；指人善于到处游玩、美好；孩子身体好令人高兴、老、嫩、脆、顽[꜁vã]不脆，不酥、酥、迟、早、仁仁义、圆、方、扁[꜂pia]（按：此系白读音，文读[꜂piã]）、乏、困乏，等。

意思为“比较 A”的西安等处的“AA 儿”式形容词以及宝鸡等处的“AA”式形容词的最通常用法是充当句子的谓语。举例句如下：

他身上的钱还多多儿的。

这个女子姑娘瘦瘦儿的、柳柳儿的，精干得很。

我看你的水平还高高儿的；怪不得你还牛牛儿的呢。

小伙子眉毛长长儿的、脸方方儿的，倜傥[tʰi^{31} tʰuəŋ^{31}]着呢。

这个娃胖胖儿的、瓜傻瓜儿的；那个娃瘦瘦儿的、灵聪明灵儿的。

麵里头有些辣子辣辣儿的，有些花椒粉麻麻儿的，吃起好着呢。

这是从来没有闻到过的气味，怪怪的，突然地飘来，有些像樟脑的，桃子腐败了的，鞋子，醋的，还有些像六六六药粉的。呃，就那么混合着，说不清的味。（贾平凹《古炉》P3）

你出身不好，你别散布谣言啊，乖乖的，别给我惹事。（《古炉》P8）

我没想到有人么，你从巷角过来脚步轻轻的。（《古炉》P390）

我们从《喻世明言》第二卷看到同时用到“AA”式和“AA 儿”式的例句。

“AA”式例句：把旧的脱将下来，用清水摆净，教婆子在邻舍家借个熨斗，吹些火来熨得直直的；有些磨坏的去处，再把些饭儿粘得硬硬的，墨儿涂得黑黑的。

“AA 儿”式的例句：这公子是假的，不是前夜的脸儿。前夜是胖胖儿的，黑黑儿的；如今是白白儿的，瘦瘦儿的。

西安等处“AA 儿”式形容词以及宝鸡等处的“AA”式形容词的次要用法是充当定语、状语或补语，其意思是“很 A”；但用作状语的“AA 儿”式形容词很少。例如：

其一，“AA 儿”式形容词充当补语。

他把娃举得高高儿的。

他老婆把面扯得长长儿的。

他把泡泡吹得大大儿的。

我娃将来长得高高的、胖胖儿的、灵灵儿的。

婆看了看中堂墙，墙用白土刷得白白的……（贾平凹《古炉》P3）

其二，“AA 儿”式形容词充当状语。

你没说为什么不早早儿来？

当学生就要好好儿学习呢。

他碎碎儿从很小的时候就爱哭。

美美儿的狠狠，一口气拉一阵子土。

他自小小儿从很小的时候就不吃羊奶。

你能把他顺顺儿很顺当地叫回来，肯定费神来来着。

明明儿不是我打烂的，你怪我的啥呢凭什么怪我？

有了面面条就饱饱儿咥[꜀tiɛ]大口吃，放开肚皮吃一顿。

你给他说：慢慢儿吃，覅急；时间还大充足，充裕着呢。

人家都来得早，咋就光光儿唯独，只有，仅仅你一个人迟到咧？

老汉就想热热儿趁很热的时候吃一碗豆腐脑儿呢，儿跟媳妇就是不给买。

粉碎咧“四人帮”兀一[uei^{52}]伙瞎种，我的[ŋæ^{31} .ti]我们才长长儿出咧一口气。

狗尿苔只能悄悄地给婆说，婆就害怕了……（贾平凹《古炉》P8）

这下心收回来了吧，吃了早早上炕！（《古炉》P71）

狗尿苔终于说：爷，鳖咋不动呢？支书说：它动啥呀？冷水里放进去，慢慢加热，它就不觉得烫着死了。（《古炉》P154）

霸槽说：解开了你就不是狗尿苔了！好好给我看门。（《古炉》P192）

狗尿苔叫道：啊你早早起来要拾东西呀！（《古炉》P514）

其三，“AA/AA 儿”式形容词作定语；“AA/AA 儿”式形容词作定语的句子不多。

大大儿的个人，轻的不担，重的不挑，像啥话吗？

红红儿的苹果，黑黑儿的桑杏儿，看着谁都想吃。

好好的欢喜，已经把一盆盆捞面吃了，却突然就死了，人命咋这么脆的！（《古炉》P194）

西安等处的“AA 儿”式“AA”式及宝鸡等处的“AA”式形容词充当定语、状语或补语，表示“很 A”的意思，古已有之。宝鸡等处保留了古汉语的“AA”式，西安等处的“AA 儿”式是在古汉语“AA”式的基础上加上了儿化。古汉语的“AA”式如唐代诗人孟郊《游子吟》云：“慈母手中线，游子身上衣。临行密密缝，意恐迟迟归。谁言寸草心，报得三春晖。”其中的“密密”指“很密”，“迟迟”指“很迟”。

东部华阴单音节形容词重叠成“AA”式儿化后再尾加“的”字即“AA 儿的”式。常见的“AA 儿的”式有：白白儿的、红红儿的、胖胖儿的、高高儿的、大大儿的、长长儿的、瞎瞎儿的比较坏、酸酸儿的、辣辣儿的、涩涩儿的、厚厚儿的、薄薄儿的、新新儿的、严严儿的比较严实。这种“AA 儿”必须尾加“的”字的，也是商州等处的特点。例句如：

她再一次检查着狗尿苔的鼻子，鼻子好好的呀，牛铃一天到黑鼻孔里都流着鼻涕，而狗尿苔的鼻孔里干干净净，这到底是怎样个鼻子啊！（贾平凹《古炉》P8）

咱到牛铃家去，去了乖乖的。（《古炉》P49）

顺便在此交待户县方言“单单儿”的用法。一是“单单儿”读作[tã^{31} tə$^{-35}$]，用作形容词，如用作补语，是“比较单薄”的意思：“我看他出门那阵儿衣裳穿得单单儿[tã^{31} tə$^{-35}$]的，就给他捎咧一件”；用作状语是“唯独，唯一”的意思：“这件事情单单儿[tã^{31} tə$^{-35}$]就他一个人不愿意”。二是“单单儿”读作[tã$^{31-35}$.tə]，用如副词状语，是“故意，专门”的意思：“是他[tã$^{31-35}$ .tə]要跟我作对呢”。另外，“单单儿[tã^{31} tə$^{-35}$]”还指单据，如“开个单单儿[tã^{31} tə$^{-35}$]”。

充当补语的西安等处的“AA 儿”式形容词以及宝鸡一带的“AA”式

形容词在句子里还可以分别重叠为“AA 儿 AA 儿”“AAAA”式，这种重叠表示语义的极强。例如：

这个娃变得瞎瞎儿瞎瞎儿坏到极点的咧。

他早都走得远远儿远远儿的咧，你嫑撵咧。

柿子都长得红红儿红红儿的很红很红咧、软软儿软软儿极软的咧，得吃很可以吃得很。

扶风方言的 AA 式形容词以及类似形式充当状语的情形见毋效智《扶风方言》279～283 页。如下的表 4 具体说明扶风方言 AA 式以及类似形式形容词充当状语的特点。

表 4　扶风方言 AA 式以及类似形式形容词充当状语特点的举例说明

例　词	例词的解释	语　法　例　句
定定□əŋ^{31}	不时地，经常	你咋么～的借人的钱呢？
持堂堂	长时间地，持续地	～坐到在兀搭那里
和和	轻轻	你把个～放下
扎齐齐	挨个儿，逐一	老师把题～讲了一遍
使劲	使劲	他把他娃～的捶了一顿丨他到馆子～的吃了一顿
孤蹑蹑	独自一个人静静地	个那人～的坐到兀搭不说话
乍喇喇	① 突然；② 初次。	① 这两 aŋ^{31}这几天热开了；② ～看个那人长的怪怪的。
端端□ æ̃^{42}	① 恰好；② 偏偏	① 我刚想去寻他，～他来了；② 我去看他，他～没到。

邢向东、蔡文婷《合阳方言调查研究》247 页讨论了合阳方言的“AA 儿”式形容词，其所举例词均为“AA 儿＋的”，如：高高儿的、热热儿的、大大儿的、碎碎儿的。例如：

天冷得太很，他把衣裳裹得紧紧儿的。

你把油漆匀匀儿的望上抹，家具才能油好哩。

这娃长的高高儿的，腰展展儿的，排场得太很英俊。

吃羊肉泡馍，你得把馍掰得碎碎儿的，才能煮进去味道哩。

第二种是单音节形容词重叠为“AA”式以后，其语义是“A 的”，如“大大”指“大的东西”，“白白”指白的东西；这类词语用如名词，一般多在句中充当判断句的宾语，也可以充当主语。现在罗列这些单音节形容词，以户县方言为例：大、碎小（按：没有“小小”的说法；户县方言把小孩子又叫“小小娃儿”，其中的“小小”后字变作轻声调，假如有“小小”的说法，后字则变作阳平）、高、低、长、短、胖、瘦、奘粗、细、瞎坏、好、软、硬、瓷、挼[zua^{55}]、老、嫩、顽[vã^{35}]不酥，不脆、薄、厚、新、旧、脏、净、干、湿、生、熟、反、正、浑、烂（按：不说“破破”）、香、臭、嘐、光、涩、轻、重、沉、死、活、方、圆、扁、偏、歪、弯、端直、真、假、错、对、秕、怪奇怪、黏、瓜傻、闷脑子笨、灵聪明、威[꜀uæ]恶、憋不恶；勇力差、犟、暮如受了委屈就好久想不通、浑、烂、光、黑、白、黄、红、蓝、绿、灰灰色、平、酸、辣、甜、油、爨如清油炒的蒜苗或菜籽苔等的香味、脆、痨[nau^{55}]苦（按：“痨痨”指药，限于对小儿语）、浓[nuəŋ^{55}]食物因久泡而变得过于松软难吃、赖善于赖账者，爱称那些个言行举止怪诞的孩子为“赖赖”，等。这类“AA”重叠式在句中常常是以反义对举的格局出现的。例如：

这个细细比那个奘奘好。

大大苹果没有碎碎苹果甜。

浑浑还没有烂烂吃起好好吃。

这堆子是大大，那堆子是碎碎。

这个娃是个瓜瓜，兀一[uei^{52}]那个娃是个灵灵。

这些柿子是软软，那些柿子是硬硬，都能吃。

我的蛐蛐是个威威，你的蛐蛐是个憋憋。

这个是个大大，兀个[uɤ^{55}]那个是个碎碎，你想要哪一个？

我要这个长长呢，我不要兀一[uei^{52}]那个短短，就嫌太短咧。

这类 AA 式在户县方言口语里的声（变）调规律是：A 为非去声调的，后字读作阳平调；A 为去声调的，后字仍然读作去声调。

A 为阴平调的[31 31-35]：高高 kau kau 黑黑 xei xei

A 为阳平调的[24 35]：白白 pei pei 红红 xuəŋ xuəŋ

A 为上声调的[51 51-35]：好好 xau xau 软软 zuã zuã

A 为去声调的[55 55]：大大 ta ta 怪怪 kuæ kuæ

这类 AA 式形容词在与有关名词构成定中结构以后，A_2 为非阳平调的，读作轻声调；A_2 为阳平调的，变作阴平调。这种定中结构的词组常见的如：高高山高山、胖胖娃胖娃娃、瞎瞎膏药本义指坏了的膏药，一般指那些善于煽阴风点鬼火的家伙、瓜瓜娃傻孩子、臭臭鞋臭鞋、臭臭娃不讲卫生的孩子/屉[꜂pa]屉娃、白白娃自幼浑身过于白的孩子、光光膗[꜁sa]光头；“膗”指脑袋、空空膗虚伪圆滑者、扁[꜂pia]扁膗扁脑袋、扁扁嘴如“鸭子～”、圆圆馍圆的饼子或馒头、黏[꜁zã]黏草茜草、粘粘核[꜁xu]儿如桃子、杏子、李子的核儿跟肉粘在一起的，区别于“离核儿”、歪歪嘴歪嘴巴、乾[꜀kã]乾馍乾馒头、油油馍油馍、痨[nau꜄]痨药苦药、浓[nuəŋ꜄]浓面久泡而难吃的面条、齉齉鼻儿齉鼻子、假假药假药、瞎瞎药坏了的药。

现在我们读到张邱林发表于《语言研究》2012 年第 1 期 82～84 页的《陕县方言形容词 Aa 重叠式的语义语法功用》一文，可以就着户县方言的类似问题跟陕县方言予以比较。

首先，就单音节形容词的重叠来看，因为陕县与户县比较近，所以，两者的共同点很多，同时又各自具有本身的特点。

其次，上述例句“我要这个长长呢……”以前所讨论的户县方言的“AA”式中的 A_2 没有弱化或半弱化（A 为阳平调的，A_2 变作阴平、没有变作轻声，即为“半弱化”），所以，户县方言的“高高、黑黑、白白、黏黏、假假、好好、对对、大大”是“AA”式，陕县方言“长长、空空”等的后字是弱化了的；张文记作“Aa”式是很有道理的。

事实上，户县方言也有“Aa”式，而且“Aa”式要比“AA”式的使用频率高，构词能力强得多。户县方言几乎所有的单音节形容词都可以构成“Aa”式。例如“小、斜、霉、横[≤ɕyɛ]、顺、麻、实、严、花”等，只可以构成“Aa”式，不可以构成“AA”式。

另外，“扁扁塄儿”指扁着或扁了的东西；“歪歪拱”指歪着或歪了的东西；“透透吃$^{=}$[tʰɤu^{55} tʰɤu^{55} tʂʰʅ^{31}]/透透罐[tʰɤu^{55} .tʰɤu kuã^{55}]”指洞孔类穿透了的东西，或者指穿透了的东西，“透透吃$^{=}$”的“透$_2$”读作本调去声，“透透罐”的“透$_2$”变作轻声。“扁扁塄儿”和“歪歪拱”之“扁$_2$、歪$_2$”变作轻声，跟上列“臭臭鞋、痨痨药、浓浓面、齉齉鼻儿”声调特点不同。

而真正构成词组能力最强的是“烂烂”，如：烂烂碗、烂烂锅、烂烂盆子、烂烂书、烂烂家具、烂烂窗台、烂烂差事、烂烂岗位、烂烂地方、烂烂汽灯、烂烂门帘子、烂烂自行车、烂烂铁勺子。还有一个比“烂烂”能产性更强的“烂脏[lã^{55} tsaŋ^{55}]”，但不是重叠形式，“烂脏”跟“烂烂”的语义部分重合，“烂脏”是指“破得令人讨厌的人或东西”。如：烂烂差事＝烂脏差事、烂烂岗位＝烂脏岗位、烂烂地方＝烂脏地方。但是，“烂烂碗、烂烂锅、烂烂盆子”分别指破烂了的碗、锅和盆子。“烂脏”几乎可以跟许多普通名词构成定中词组，如：烂脏人、烂脏领导、烂脏家具、烂脏单位、烂脏学校、烂脏文章、烂脏水平、烂脏小伙子。“烂烂”是指已经破了的东西，而“烂脏”则指说话人主观所认为的破的、不好的东西。“烂脏”的詈骂形式或曰“禁忌语”形式作“烂㞞/烂𡱂”，例如“烂㞞/烂𡱂领导”。

关于户县方言的单音节形容词重叠成为“AA”式的问题，孙立新《户县方言研究》37～38 页已经讨论了的，这里不再赘论。这里有必要讨论的是，户县方言的“AA”式形容词一般用如指物名词的有时也用如人品名词，而且一般用于男性，如：瞎瞎坏蛋、央央令人讨厌的家伙、慌慌慌头慌脑的人、瓜瓜傻子、淹淹行动迟缓者、生生二杆子，做事过于莽撞的人；詈词、黑黑皮肤黑的人、混混社会油子、呆[ŋæ^{35}]呆呆板的人、赖赖善于赖帐或者悔棋的人；言行怪诞并且可爱者、怪怪言行怪诞者、闷闷笨人；憨头憨脑者、臭臭不讲卫生者。这类词语还可以加上表示人品的准后缀“人、货含詈骂语义”构成“AA 人、AA 货”式。“AA、AA 人、AA 货”在具体语句里的地位也有避开重复的讲究。例句如：“这个人是个央央/这是个央央人/这是个央央货/*这个人是个央央人/*这个人是个央央货。”当地方言里，许多人小时候被爱称或谑称为“黑黑（或黑娃）、赖赖、怪怪、闷闷、臭臭”，以至于到老都被称呼或称述。

户县方言还有常常用在判断句里，与“瞎瞎”等类似但不用如人品而是名物化、充当宾语或者相当于补语的“浑浑[xuẽ^{35} xuẽ$^{35-31}$]、实实[ʂʅ^{35} ʂʅ$^{35-31}$]”。例如：

地里头的草是个浑浑杂草丛生。

他在屋家里把东西摆咧个浑浑摆得到处都是。

房子房间人是个实实指人挤得很满/房子人挤咧个实实。

澄城方言有一个“勤勤[tɕʰiɛ̃^{24} .tɕʰiɛ̃]”指勤劳，喜欢干活；当地谚语云：指亲亲亲戚，靠邻邻邻里，不如自家学～。

户县方言在如上“AA”式形容词重叠的基础上，部分词语还可以尾加“子”尾，“AA 子”名物化，一般指“A 的（东西）”。户县方言的“AA 子”式里，后 A 为阳平调的第二个音节读阴平；是其他声调的读轻声。一般只用作谓语，特别是用作判断句的谓语；非判断句里有时候“子”字不出现。“AA 子”式中的 A 一般限于表颜色、大小、薄厚、真假等的单音节形容词。如。黑黑子 xei^{31} .xei .tsɿ、黄黄子 xuaŋ^{35} xuaŋ$^{-31}$ .tsɿ、老老子 lau^{51} .lau .tsɿ、假假子 tɕia^{51} .tɕia .tsɿ、大大子 ta^{55} .ta .tsɿ、厚厚子 xɤu^{55} .xɤu .tsɿ。例如：

药是假假子，咋能治病呢？

几个碗都是烂烂子，没人端。

这些是黄黄子，那些是黑黑子。

把馍压成扁[ᶜpia̰]扁子咧/把馍压成扁扁咧。

一碗面面条都成咧黏黏子咧/一碗面都成咧黏黏咧。

高陵等处有一个“茶茶[niɛ^{55} niɛ^{55}]”指没精打采、萎靡不振者。

千阳把鼹鼠叫做“瞎瞎”，是描摹其眼睛从外观上基本上看不见。

邢向东、蔡文婷《合阳方言调查研究》246～247 页讨论了合阳方言的“AA”式形容词，例词如：斜斜、端端、顺顺、横横、歪歪、黑黑、正正、坏坏、瞎瞎。作者指出：“这类词尽管有的不是消极的意义，但仍有一定的表小色彩，这种色彩应当是由重叠格式带来的。其句法功能是充当补语、状语、定语，也可以在个别特定短语里作主语，如：晌午端端（主谓短语，其中‘端端’作谓语，指正午）、晌午斜斜（主谓短语，其中‘斜斜’作谓语，指下午）。”现在抄录该书中的几个例句：

这布是横横裁下的。（状语）

这是个瞎瞎锁子坏锁子。（定语）

你把书放端端正，不要放歪歪斜咧。（补语）

都晌午端端正午时分咧，你还在这搭这儿转游逛啥哩？（主语）

《合阳方言调查研究》243 页指出合阳有若干“AA 子”式形容词，如：斜斜子、歪歪子、反反子、坏坏子、瞎瞎子、黑黑子、正正子、端端子、横[꜁ɕyɛ]横子、长长子、顺顺子。

户县方言有一个如今口语不重叠的“憋憋”指植物籽粒饱满时读作[piɛ^{31} .piɛ]（“憋憋”指勇力差的人或物时读作[piɛ^{31} piɛ$^{-35}$]）。可以从一首歌谣里看出来，早期的户县方言“憋憋[piɛ^{31} .piɛ]”可以成立。请参阅孙立新《户县方言研究》227～228 页的《豆角儿豆角儿憋憋》。

1.1.3.2　形容词的“$A_1A_2A_1A_2$”式重叠

这种“$A_1A_2A_1A_2$”重叠式可能是汉语的一种通语现象。

与吕叔湘先生主编的《现代汉语八百词》（2002：735）“表四”所罗列的普通话“BABA”形容词重叠式不太相像。关中方言两相关单音节形容词 A_1A_2 可重叠成为“$A_1A_2A_1A_2$”式，$A_1A_2A_1A_2$ 是“又 A_1 又 A_2”的意思，其中个别可重叠为 $A_1A_1A_2A_2$ 式。可分为以下几类：

关于人或动物身体、品质等的：胖大胖大、攮如指人过于低胖奘攮奘、瘦碎瘦碎、白胖白胖/白白胖胖（谜语：一个娃白白胖胖，牛牛赤子阴的讳称朝上。谜底：茶壶。按：“白白胖胖”的使用频率比“白胖白胖”低得多）、黑胖黑胖、胖大胖大指人的块头大并且肥胖、黑瘦黑瘦、黄瘦黄瘦、瘦碎小瘦碎/碎瘦碎瘦、干瘦干瘦、黄胀黄胀、黑醜黑醜、白倩[꜀tɕʰiẽ]白倩、瘦高瘦高、细高细高又用来指植物（按：贾平凹《古炉》134 页有例句如“守灯细高细高的，斜着眼往牛圈棚那儿看……”）、碎指人瘦小柳特指女性动作麻利碎柳、瓜灵瓜灵字面意思是又傻又聪明，实际上指一些傻人在个人利益面前表现得过于自私刻薄、薄灵薄灵吝啬而又聪明、干指人身体消瘦站狂妄，猖獗；“诈”的白读音干站、瓜傻张[tʂaŋ^{35}]狂妄，猖獗瓜伥、瓜傻大瓜大例句如：他的嘴张得的瓜大瓜大的、淹行动迟缓拐在异性面前言语放肆而不一定行为过分淹拐、栽拐（孩子的）坏心眼多栽拐、攮如指人低而胖奘如指人太胖攮奘、贼鬼贼鬼、贼能贼能、奸懒惰而狡猾能奸能、臭硬臭硬[歇后语：茅子（厕所）岸岸的石头——臭硬臭硬的]、白嫩白嫩。共同语的“高高大大”关中方言也作“高高大大”，不作“高大高大”。

关于性状、色彩等：死沉死沉/死重死重（/死沉活沉/死重活重）、光亮光亮、白光白光、细长细长、白细白细、窄长窄长、宽大宽大、干硬干硬、黄亮黄亮、损白得难看白损白/煞[꜂ʂa]白煞白、乌黑乌黑、黑红黑红又黑又红，红得发黑、乌青乌青、圆大圆大又圆又大，例如“眼窝睁得圆大圆大的”又作“圆哈哈”；如敞开着门，例如“把门开得圆大圆大的”。

关于身体感觉的：瘆入骨髓的冷冷瘆冷、꜂熰（/熰꜄）热闷热熰热/꜂焪热焪热、燥火辣辣地热热燥热、乾[꜀kã]冷乾冷、酸疼酸疼、胀疼胀疼、损酸疼疼损疼、蜇疼蜇疼、烧疼烧疼有灼热感的疼痛。

关于嗅觉、味觉的：香爨[tsʰuã꜄]油香味香爨/爨香爨香、油香油香、乾[꜀kã]面乾面、酸甜酸甜、黏[꜁ʐã]甜黏甜、酸臭酸臭/臭酸臭酸（/酸巴烂臭）、咧[꜂liɛ]酸味不正酸咧酸、燥[tsau꜄]辣燥辣。我们还从贾平凹《古炉》248 页找到

“辣呛辣呛”：她深深地吸一口气，鼻里口里就像火燎，却也闻到了村口塄畔下那些包谷苗子和水田里秧苗正在生长着的清爽，这清爽是泥土，草木，鸡屎牛粪混合的味道，潮潮的，还辣呛辣呛。关中方言的“喷[p^{h}ẽ]香喷香”相当于普通话的“香喷喷”，关中亦作“香 ꜀喷喷”。

另外，户县方言的“穷忙穷忙”指“非常的穷忙”，还由“死沉死沉”类化出一个与“死沉死沉”意义相同的“死沉活沉”（张成材先生《商州方言词汇研究》引言第10页有“死缠活缠”一词，是“不顾一切地纠缠”的意思），还有一个“僵懒肉懒非常地懒惰”也是由$A_1A_2A_1A_2$式类化来的；户县方言说“高高大大”不说“高大高大”。还有，普通话的“BA”式如“笔直、瓦蓝、雪白”等关中方言口语不用，其重叠问题也就无从谈起。

1.1.3.3 与普通话形容词“A里AB”和“AABB”重叠式的比较

其一，与吕叔湘先生主编的《现代汉语八百词》（2002：730～735页之“表三”所罗列的普通话“AB”式形容词相比，普通话有的“AB”式形容词如“别扭、敦实、古怪、晃荡、娇气、结巴、老气、马虎、毛糙、迷糊、模糊”可重叠成“A里AB”式，西安一带方言则不能；普通话所具有的“AB”式形容词如“窝囊、邋遢、疲塌、龌龊”不可以重叠成“A里AB”式，西安一带方言却可以重叠成“A里AB”式；“迟疑、稠密、粗实、粗壮、肥大、敷衍、富裕、干巴、古怪、光溜、胡涂”在普通话里可重叠成“AABB”式，西安一带方言则不能。关中方言的“AB”式形容词“锛磕指言语结巴、暮囊行动迟缓”也可以重叠成为“AABB”式；“BA”式形容词“光净”也可以重叠成为“BBAA”式，我们从贾平凹的小说《古炉》413页看到这样的句子：“肯定红大刀的死的猪多，他们应该死得光光净净！”

其二，关中方言说话人所不愿接受的双音节形容词不但可以重叠成“AABB”式，而且可重叠成“A里AB”式，“AABB”式与“A里AB”式语义相同，“里”读作轻声；以下的“AABB”和“A里AB”式都含有贬义。有的“AABB”或“A里AB”式不能成立。例如：别里别窍很笨拙的/别别窍窍、暮里暮囊行动迟缓/暮暮囊囊、糊里糊涂（按：户县又作“稀里糊涂/胡里颠懂”）/*糊糊涂涂、窝里窝囊/窝窝囊囊、二里二思拿不定主意的样子/二二思思、顽里顽缠[vã^{35}.li vã^{35} tʂ^{h}ã^{31}]事情很难办，很费时间费人力物力/顽顽缠缠、麻里麻烦/麻麻烦烦/麻里麻缠[tʂ^{h}ã^{31}]/*麻麻缠缠、怪里怪拉令人感到某些人或事物很奇怪/*怪怪拉拉（*怪拉）、赖里赖哇指人很邋遢的样子（*赖哇）/*赖赖哇哇、枝枝蔓蔓/枝里枝蔓（枝蔓）、叵里叵烦非常的心烦意乱/*叵叵烦烦、圪里圪啦叽里咕噜/*圪圪啦啦、圪里圪囊指语言笨拙、啰嗦/圪圪囊囊、圪圪□□[nəŋ^{31} .nəŋ]吞吞吐吐、不能一吐为快的样子、圪圪拧拧[kɯ^{31} kɯ$^{-24}$ niŋ^{31} .niŋ]很别扭的样子（但是，“圪拧圪拧[kɯ$^{31-24}$ niŋ^{31} kɯ$^{31-24}$ niŋ^{31}]”却是动词重叠，指不断地动弹）、邋里邋遢/邋邋遢遢/邋里邋遢/邋邋遢遢、烂里烂耽过于邋遢；过于马大哈/*

烂烂耽耽、龌里龌龊[uɤ^{31} li^{-35} uɤ^{31} ts^{h}uɤ^{31} 文 | u^{35}.li u^{35} sɤu^{31} 白；户县读音]、麻里麻搭事情不好办，往往使人受麻烦/麻麻搭搭/麻里麻缠[tʂ^{h}ã^{31}]/*麻麻缠缠、脏里脏拉很不干净/*脏脏拉拉、慌里慌张/慌慌张张、冒冒失失/*冒里冒失、疲疲沓沓/疲不沓沓/*疲里疲沓（按：有一个“疲不沓沓”也是“很疲沓”的意思，可以成立）、黏黏糊糊/*黏里糊糊、啰里啰嗦/啰啰嗦嗦、神里神气/*神神气气、神神叨叨神里神气而又啰啰嗦嗦/*神里神叨、清清白白清清楚楚，明明白白/清里清白例句如“你这是～整我呢！”、二里二气傻乎乎的/*二二气气、疙里疙瘩/疙疙瘩瘩、吃[tɕiɛ^{31}]吃咯咯结结巴巴/*吃里吃咯、扑里扑 ⊂衍如端着太满的水等走路不断衍出的样子、荒里荒 ⊂郎与“扑里扑衍”义同；地上水很多的样子、慢慢腾腾/迟[ts^{h}ʅ^{31}]迟偎偎、急急火火/*急里急火/急急呼呼/*急里急呼/急呼呼例句如“你急呼呼做啥呀？ | 你咋急呼呼的？”（按：相应的俗成语作“急迫倒场[tɕi^{24} pei^{31} tau^{52} tʂ^{h}aŋ$^{52-31}$]/急头半脑”，惯用语作“急屄呼啦燥[tɕi^{24} p^{h}i^{31} xu^{31} la^{31} tsau^{55}]”）、做做作作/*做里做作/拧拧舞舞/*拧里舞舞、可可怜怜、擢里擢胯指有的人走路时腰身很不正的样子、混混搭搭指一味地混工作、混日子（*混搭）、央央闲[꜁ɕiã]闲不好好干活、不专心致志地干事情，总是想玩儿（*央闲）、影影忽忽影影绰绰、方方正正/四四方方（按：又作“四棱四正”）、摆里摆抖[pæ^{31} li^{-24} pæ^{31} tɤu$^{52-31}$]摇摆不定的样子（*摆抖）/摆抖摆抖（*摆摆抖抖）、黏黏系系[z̥ã^{24} z̥ã$^{24-31}$ ɕi^{55} .ɕi/z̥ã^{24} z̥ã^{24} ɕi^{31}.ɕi]黏黏糊糊；藕断丝连（黏系[z̥ã^{24} ɕi^{31}]）/黏里黏系[z̥ã^{24} .li z̥ã^{24} ɕi^{31}]、浓浓细细[nuəŋ^{55} .nuəŋ ɕi^{55} .ɕi/nuəŋ^{55} nuəŋ$^{55-24}$ ɕi^{31} .ɕi]指人的精神状态或意志品质不强（*浓细；*浓里浓细）、浓浓歹歹[nuəŋ^{55} .nuəŋ tæ^{52}.tæ/nuəŋ^{55} nuəŋ$^{55-24}$tæ^{31} .tæ]食物因为放得久了等原因而失去应有的柔韧和劲道、水水浆浆物件的水分和粘性都很大很大、烂里烂落[la^{31}]很破烂的样子（*烂落、*烂烂落落）。

如上有的“AABB”式和“A 里 AB”式在户县方言里有的字（如“囊”字、“圪”字）有时候声调有变化：暮里暮囊[mu^{55} .li mu^{55} naŋ^{31}]/暮暮囊囊[mu^{55} mu^{-35} naŋ^{31} .naŋ/mu^{55} .mu naŋ^{51} .naŋ]、圪里圪囊[kɯ^{31} li^{-35} kɯ^{31} naŋ^{31}]/圪圪囊囊[kɯ^{55} .kɯ naŋ^{51} .naŋ]、圪圪拧拧[kɯ^{55} .kɯ niŋ^{24} niŋ$^{-31}$/niŋ^{31} .niŋ]、圪圪能能[kɯ^{31}/kɯ^{55} kɯ$^{-35}$ nəŋ^{31}.nəŋ]。

有些“AABB”式或“A 里 AB”式形容词并不含贬义，往往还有褒义。如：热热闹闹、热热火火、暖暖活活、煎煎活活如面条热而可口（例句如“煎煎活活吃一碗热面”）；待人很热情、明明白白、细细详详很节俭；很仔细认真、实实在在、干干净净、干干鏁[sau^{31}]鏁所在环境没有潮湿的感觉、利利索索/利利气气/利里利气、稳稳当当/稳里稳当、稳稳气气很稳健/稳里稳气、安安宁宁/安里安宁、轻轻省省轻轻松松/轻里轻省、顺顺当当/倭倭傑傑/倭里倭傑（按：“倭傑”在西安方言里读作[uɤ^{24} iɛ^{31}]，是“顺当”的意思）、顺顺和和[xuɤ^{31} .xuɤ]/顺里顺和[xuɤ^{31}]/和和[xuɤ^{24} xuɤ$^{24-31}$]顺顺/*和里顺顺、清清楚楚、精精神神（按：“精神”特指中老年身体好）/精里精神、利利索索、利利朗朗很利索，很疏朗、煎煎火火特指天冷时饭菜的热火/煎里煎火、光光堂堂指事情办得顺顺当当/光里光堂、灵灵醒醒很聪明/灵里灵醒、花花拉拉间隔着的样子（往往令人满意），例句如“你花花拉拉放还好看”/花里花拉、花花哨哨/花里花哨、宽宽展展地方很宽绰/宽里宽展。有的“AABB/A 里 AB”式是中性的，如：零零碎碎/零里碎碎、零零星星星星点点。

以上都是“AB”的重叠形式，除了“和顺/和和顺顺、清楚/清清楚楚”以外，西安、户县一带方言“AB”中的 B 读作阴平调；“AABB”中的 B_1 读作阴平调，B_2 读作轻声调；“A 里 AB”中的 B 也读作阴平调。

邢向东、蔡文婷《合阳方言调查研究》247～248 页讨论了合阳方言“AABB”式形容词，当地典型的如：宁宁静静、痴痴瓜瓜形容女孩子爱笑、慢慢溜溜形容走路慢、踢踢踏踏走路不利索的样子（*踢踏）、圪圪嚷嚷嘀嘀咕咕的样子、咕咕嚷嚷小声说话的样子、圪圪拉拉形容小孩子说话。

合阳方言有的“AABB”式形容词的构词部件是从别的词类来的，整个关中亦然。如合阳方言的丙类（跌跌打打、跳跳打打、拍拍打打、吹吹打打）是从动词来的，丁类（坑坑洼洼、根根蔓蔓形容叙述事情很完整、桠桠枝枝东西很多而不整齐）是由名词来的。

户县方言双音节形容词“热闹、明白、光堂、灵醒”等的第二个音节由非阴平调变作阴平调，其重叠式“AABB”变调时 A_2 变作阳平调，B_1 读作阴平调，B_2 读作轻声调。例如：

热热闹闹[ʐʅɛ^{31} ʐʅɛ$^{-35}$ nau^{31} .nau]

明明白白[miŋ^{35} miŋ$^{-35}$ pei^{31} .pei]

光光堂堂[kuaŋ^{31} kuaŋ$^{-35}$ tʰaŋ^{31} .tʰaŋ]

灵灵醒醒[liŋ^{35} liŋ$^{-35}$ ɕiŋ$^{51-31}$.ɕiŋ]（＝零零星星）

其三，西安等处带有“圪[kɯ^{31}]、忽[xu^{31}]”等音节的形容词也常常重叠为“ABAB”式，如：圪嚷[kɯ^{31} ʐaŋ^{31}]圪嚷众多虫豸在一起乱动的样子、圪偎圪偎动弹得动作幅度很大；很胖而又很低矮的人走路的样子、圪夹圪夹充满眼眵的眼睛艰难地一睁一闭的样子、圪啦圪啦外地人说话很难懂、圪摇圪摇不住地摇动着、圪 ꜀拧圪拧、忽悠忽悠/忽噜忽噜（“忽噜忽噜”又用作象声词）。下文还要讨论这个问题。

1.1.3.4 “A 儿 A 儿”式重叠

这类重叠式很少，如户县例词：慢儿慢儿[mə$^{31-35}$ .mə]慢吞吞，很慢的、影儿影儿[iəɯ^{51} iəɯ^{51}]影影绰绰、似有似无；似乎记得似乎忘记（/影影忽忽）、彀儿彀儿[kəɯ$^{55-51}$ kəɯ$^{55-51}$]事情处于定局与不定局之间；优柔寡断、□儿□儿[nuɯ$^{31-35}$ nuɯ^{31}]病恹恹的样子；很不大方的样子。例如：

你看，他慢儿慢儿过来咧。

他走路老是慢儿慢儿的，不起性儿不带劲。

我影儿影儿/影影忽忽记得有<u>这一</u>[tʂei^{51}]回事。

有雾呢，看着那个东西影儿影儿/影影忽忽的。

我见咧小伙子家□儿□儿[nuɯ$^{31-35}$ nuɯ^{31}]的，气就上来咧！

都说咧几年咧，事情到这阵儿还彀儿彀儿的；有啥办法呢？

这个老婆成辈辈□儿□儿的，把药就吃咧个没断蔓指经常吃药。

户县方言“慢儿慢儿”这个词语新派口语已不用了。户县方言的“慢儿慢儿”跟“慢慢儿[mã^{55} mə$^{55-51}$]”的语法语义有所不同：“慢慢儿”可以用作形容词，充当补语时是“比较慢”的意思；还可以用作状语，是“很慢”的意思；“慢儿慢儿”只能用作谓语。例如：

我嫌你走得慢慢儿的，就拿车接你来咧。（“慢慢儿”是“比较慢”的意思，充当补语）

你慢慢儿吃，嫑急。（“慢慢儿”是“很慢”的意思，用作状语）

嫑急，日子慢慢儿（/*慢儿慢儿）就好咧。

你看他，走路慢儿慢儿的，说话蔫蔫儿的；本事大着呢！

“影儿影儿”还有一个意思是“因为知道了某些不利的情况而心神有些不定”。例如：

我那回在领导跟前就是态度不好，一直还影儿影儿的，怕领导报复我。

老汉那天看病去咧，见大夫跟娃说话有些神神秘秘的，心就影儿影儿的，当自己得下啥瞎瞎病如癌症等咧；回来连饭都不好好儿吃咧。

1.1.4　数量词等的重叠

1.1.4.1　关于量词等的重叠问题

其一，集合名量词的“AA/AA 子”式重叠

许多集合名量词可重叠成为“AA/AA 子”式。例如：捆捆/捆捆子、包包/包包子、件件/件件子、张张/张张子、沓沓/沓沓子、堆堆/堆堆子、片片/片片子、畛畛/畛畛子、块块/块块子、畦畦/畦畦子、窖窖成片的土地/窖窖子限于老派、行[xaŋ⁼]行/行行子、绺绺/绺绺子、蛋蛋蛋块状的/蛋蛋子、伙伙/伙伙子限于老派、双双/双双子、对对/对对子、⁼把把/把把子、撮撮/撮撮子、沓沓/沓沓子、串串/串串子、摞摞/摞摞子。例如：

把菜捆成捆捆子/把菜捆成捆捆。

把麻绑成撮撮子/把麻绑成撮撮。

这片地窖窖子大得很/这片地窖窖大得很。

片片子肉比蛋小块蛋子肉得吃有吃头儿/片片肉比蛋蛋肉得吃。

他堡子他们村一畛畛子地将近 300 亩呢/他堡子一畛畛地将近 300 亩呢。

但是，“副”字不作“副副/副副子”。

户县方言一些单音节量词重叠成“AA 儿”式后也成为小称名词，这些

单音节量词主要有：绺、畦、行[xaŋ˭]、˓把、撮、捆、沓、串、点、节、堆、摞、丸、对，等。

其二，“V＋AA”式，如表示买卖等的动词加上“AA”式量词重叠形式（V＋AA），有按A买卖的意思。例如：买斤斤、卖两两、称两两以两为单位买卖、志钱钱以钱为单位买卖、断堆堆一次卖断一大堆、趸车车趸整车、掀捆捆把一捆捆的东西便宜卖掉、拉拉运回回/拉趟趟、赁间间如以间为单位出租、租片片如租种成片的土地、租亩亩、逮对对如买小鸡时买一只公鸡和一只母鸡。例如：

（问）你这个指这些生姜卖斤斤咋卖，卖两两咋卖？（答）我这个生姜卖斤斤，五块钱一斤；卖两两，六毛钱一两。

任永辉来信补充宝鸡一带的类似例子如：称斤斤、数把把、论个个、数沓沓、切片片、垒层层、卖天天、卖根根。任永辉指出，此种构词方式的含义是：动词所支配的对象以某一量词为基本单位。

其三，普通话的“年、月、天”等时间词可以重叠成为“AA”式，“AA”式是“每A”的意思；户县方言可以重叠成为“AA/AA儿/AAA/AA儿A”式，如：年年/*年年儿/年年年/年年儿年、月月/月月儿/月月月/月月儿月、天天/天天儿/天天天/天天儿天、晌晌/晌晌晌/*晌晌儿/*晌晌儿晌、*时时/时时儿/*时时时/*时时儿时。例如：

他年年/*年年儿/年年年/年年儿年过年都给这个老师拜年呢。

这个老汉月月/月月儿/月月月/月月儿月都要在县上去把孙子看嘎子看看呢。

我天天/天天儿/天天天/天天儿天的半后晌半下午都在奶牛场去给孙子取奶呢。

户县中老派口语里，以“年、月、天”等时间词构成的“AA”等重叠式，还可以再行重叠成为“AA、AA/AAA、AAA/AA儿A、AA儿A”式，这种重叠式是对单纯的“AA”等重叠式语义的加强。例如：

他年年、年年/年年年、年年年/年年儿年、年年儿年都来拜年呢。

这个老汉月月、月月/月月儿、月月儿/月月月、月月月/月月儿月、月月儿月都要在县上去把孙子看嘎子呢。

其四，表示时间的量词也可以重叠成为“AA”式，“V＋AA”是“按A来V（如付酬）”的意思，如“做天天/做天天活”是指约定干一天活付一天工资，这一类“V＋AA”式还有“做年年、干月月、包天天、包晌晌”等。例如：

你这个活我几个人包天天给你做完，你看一天给多钱合适？

做天天活肯定比做月月活工资高，却[kʰɤ³¹]没有做月月活整端如不用每天都要去联系。

其五，数量词或时间词的“A达A”重叠式。

“A达A”是“（竟然）达到一A多的数量”的意思，这种重叠式如：百达百（竟然）达到一百多的数量、千达千（竟然）达到一千多的数量、万达万（竟然）达到一万多的数量、亿达亿（竟然）达到一亿多的数量，两达两（竟然）达到一两多的重量、斤达斤（竟然）达到一斤多的重量、亩达亩（竟然）达到一亩多的面积、顷达顷（竟然）达到一顷多的面积；年达年（竟然）达到一年多的时间、月达月（竟然）达到一月多的时间、天达天（竟然）达到一天多的时间、晌达晌（竟然）达到一晌多的时间。“A达A”重叠式在句中一般用作定语和状语。例如：

他工资并不高，今年都捐出去万达万元咧。

我都月达月的天气时间没见他咧，他最近忙得很。

你说这个贪污犯害怕可怕不害怕，竟然贪污咧亿达亿元！

他把自己承包的地，亩达亩都种成旱烟咧；他就爱吃个旱烟。

你咋天达天待到人家屋里头不回来呢，就不害怕人家讨厌吗？！

旧社会他抽大烟呢，把先人留下的金条，就两达两地抽咧大烟咧。

这种格式还可再重叠为“A达AA达A”，用作状语，其语义就更加强烈了。例如：

他最近一直万达万万达万地捐钱呢，真个是个大善人！

年轻人，千万不敢年达年年达年地混日子，能混到头吗？

他的一伙他们年达年年达年地在野外探矿呢，给国家的贡献大得很！

你晌达晌晌达晌不回来，外头有多好的，咱自家的日子还过不过呢？

其六，整数词“百、千、万”的“AA”重叠式“百百、千千、万万”可以带子尾成为“百百子、千千子、万万子”，“百百/百百子、千千/千千子、万万/万万子”分别是“以百为单位、以千为单位、以万为单位”的意思；这种重叠式还可以构成“百百千千/百百子千千子、千千万万/千千子万万子”，在句中一般用作宾语、定语和状语。例如：

我挣的钱是百百/百百子，你挣的钱是千千/千千子，他挣的钱是万万/万万子。

这个朋友经常给我借钱呢，百百/百百子、千千/千千子、万万/万万子都给我借过。

挣的百百/百百子钱装到身上花，挣的千千/千千子、万万/万万子搁到银行生利息。

你这阵儿供给娃念书，百百千千/百百子千千子给娃给呢；娃将来千千万万/千千子万万子给你给呢；我给你说，供给娃念书耍害怕花钱！

其七，普通话单音节量词还有名词重叠为AA式以后是“每A”的意思；关中方言不太以AA式表示“每A”的意思，日常口语里，可以重叠为AA式或AA儿等形式的主要是“时、晌、天、月、年、家、件”等。但是，关中方言毕竟属于官话，在表示“每 A”意思时，除了像普通话那样用到“每 A”以外，还以 AA 式表示“每 A”的意思；只不过，AA 式比“每 A”的使用频率低罢了。就是这个 AA 式也因为声调特点不同而词性不同，这个特点见表 5。

表 5　　西安方言 AA 式名词与量词声调特点比较表

	AA 式为名词	AA 式为量词	举　例
A 为阴平	31＋轻声	31-24＋31	家家[tçia^{31} .tçia]家庭丨[tçia$^{31-24}$ tçia^{31}]每家
A 为阳平	24＋24-31	24＋24-31/24＋24	回回[xuei^{24}xuei$^{24-31}$]回族；每次丨[xuei^{24} xuei^{24}]每次
A 为上声	52＋轻声	52-31＋52	种种[pfəŋ^{52} .pfəŋ]瞎种种（坏蛋）丨[pfəŋ$^{52-31}$ pfəŋ^{52}]每种，各种
A 为去声	55＋轻声	55＋55	件件[tçiã^{55} .tçiã]零件丨[tçiã^{55} tçiã^{55}]每件

于是，A 为阴平调的“家家、天天、月月、堆堆、斤斤、节节、筐筐”，若变调为“31＋轻声”则为名词；若变调为“31-24＋31”则为量词。A 为阳平调的，其 AA 式比较复杂，一种是如表 5 所概括的，A_2变作阴平为名词兼量词，这类词语只有“年年、回回”；一种是 A_2 变作阴平为名词而 AA 均不变调的时候为量词，这类词语只有“条条、门门”；一种没有名词的用法，只有量词用法，并且 AA 均不变调，如“时时、集集每一次集市”。A 为上声或去声的名词 A_2 变作轻声；A 为上声的量词，A_1 变作阴平；A 为去声的量词 AA 均不变调。这些 AA 式如“晌晌、种种、件件、面面（[miã^{55}.miã]表面，[miã^{55} miã^{55}]每面）、对对”。例如：

把粪在地里头下成堆堆[tuei^{31} .tuei]，堆堆[tuei$^{31-24}$ tuei^{31}]都要我望开漾撒呢。

就是这些家家[tçia^{31} .tçia]，家家[tçia$^{31-24}$ tçia^{31}]都把猪圈在门上儿[mə̃r^{24}]呢。

苹果都拿筐筐[k^{h}uaŋ^{31} .k^{h}uaŋ]装着呢，筐筐[k^{h}uaŋ$^{31-24}$ k^{h}uaŋ^{31}]都不一定全是大的；得大碎大小搭间[ta^{31} tçiã$^{55-31}$]搭配着装。

我有不少回回[xuei^{24}xuei$^{24-31}$]朋友丨工钱是按回回[xuei^{24}xuei$^{24-31}$]给呢，你拉的回[xuei^{24}xuei$^{24-31}$]越多，也就领得越多丨只要开会，他回回[xuei^{24} xuei^{24}/xuei^{24}xuei$^{24-31}$]都来呢。

千条条[t^{h}iau^{24} t^{h}iau$^{24-31}$]单词难记得很丨条条[t^{h}iau^{24} t^{h}iau^{24}]道路通北京。

他时时都可能来丨只要大王镇有集逢集，他集集都跟。

做晌晌[ʂaŋ^{52} .ʂaŋ]活、天天[t^{h}iã^{31} .t^{h}iã]活比做月月[yɛ^{31} .yɛ]活工钱大。

瞎门门[mẽ^{24} mẽ$^{24-31}$]坏门道，坏主意多丨门门[mẽ^{24} mẽ^{24}]课都学得好。

他晌晌[ʂaŋ$^{52-31}$ ʂaŋ^{52}]都来，天天[tʰiã$^{31-24}$ tʰiã^{31}]都来，来咧就是个混。

他三锤两梆子很快地就把个电视机拆成件件[tɕiã^{55}.tɕiã]咧丨你出门拿的这些东西，件件[tɕiã^{55} tɕiã^{55}]都没用处，干脆放到办公室嫑拿咧。

须要说明的是，表 5 中的 AA 式名词限于普通名词，若为人名的 AA 式爱称且牵涉到量词的，AA 式人名在口语里最常见的是 A 为阴平或上声的，A_2 变作阳平，也可以是 A_2 变作轻声；A 为阳平的，AA 均不变调，或者 A_2 变作阴平；A 为去声的无名词例词。比较如下；“‖”前的 AA 式为名词，后的 AA 式为量词，顺便举量词的例句。

周周　[tʂɤu^{31} tʂɤu$^{31-24}$/tʂɤu^{31} .tʂɤu]例句如：他叫个周周‖ [tʂɤu$^{31-24}$ tʂɤu^{31}]每星期，例句如：她周周都在西安来呢

月月　[yɛ^{31} yɛ$^{31-24}$/yɛ^{31} .yɛ]例句如：她就是那个叫月月的‖ [yɛ$^{31-24}$ yɛ^{31}]每月，例句如：他前几年月月都要在北京去呢

年年　[niã^{24} niã^{24}]例句如：他叫个年年‖ [niã^{24} niã^{24}/niã^{24} niã$^{24-31}$]每年，例句如：年年都一样

卯卯　[mau^{52} mau$^{52-24}$]例句如：他的小名叫个卯卯‖ [mau$^{52-31}$ mau^{52}]每次，例句如：几个朋友聚会，他卯卯都来呢

1.1.4.2　人民币面值的重叠

如在换钱、找钱等语境里，根据目前人民币的面值，有“一分一分、二分二分、五分五分、一毛一毛、两毛两毛、五毛五毛、一块一块、两块两块、五快五块、十块十块、二十块二十块、五十块五十块”的重叠说法，也可以说“一百块一百块”。例如：

单位退给他的房款，都是十块十块的。

他领咧两千多块钱工资，都是二十块二十块的。

他拿咧两麻袋一毛一毛的钱要换银行十块十块的钱呢。

（顾客向银行营业员说）同志，你把我这一百块钱换成一块一块的？——（营业员回答）我这儿没一块一块的，有两块两块的，你换不换？

过去还说“一文一文”等，因为过去的钱币有“文”这个单位。

另外，户县方言重叠式“一日一日[iɯ^{35} iɯ$^{35-31}$]”相当于普通话的“一天天”，例如：

他的病一日一日就好咧。

困难肯定一日一日就过去咧。

没料想，这个娃一日一日变瞎坏咧。

这种重叠形式是汉语的通语现象，2004 年 10 月在武汉华中师范大学举行的第二届汉语方言语法国际学术会议上笔者问过参加会议的学者，各地是否都有这种现象，得到普遍肯定。

1.1.4.3 数量词的AABB等重叠式

说明：本部分“其四、其五”所报道的数量关系中，有的在数量之间出现动词谓语。

其一，数词的AABB重叠式，最常见的如“千千万万成千上万/*万万千千”“百百千千成百上千/千千百百”，还有“千千万/万万千”跟“千千万万”义同，其中“万万千千”不能成立；还有“三三两两/*两两三三”，其中“两两三三”不能成立。例如：

人民的英雄千千万/万万千。

你看，他的他们一伙三三两两地都来咧。

他并不富，就是同情可怜人，招嘴动辄给可怜人百百千千地给呢。

你说，一个贪污犯把公家的钱千千万万地贪污还罢咧也就是那么回事了，几千万地整，简直（也太/也就太）无法无天咧！

其二，普通话的副词“千万”在西安一带常常作“长短”，在叮咛时口语里也有用到ABAB式“千万千万”的；“千万千万”的用法很明显是受了共同语影响的结果。例如：

他是个死狗无赖之徒，你不敢理他，千万千万！

你千万千万要把这些药给他捎回去，他急着吃呢。

吃饭得咧的时候你一定要来，千万千万要来，啊[a^{55}]/吃饭你一定要来，千万千万，啊！

其三，关中方言口语里的“数+量$_1$+一量$_2$”式还可以重叠，例如“五个一堆”在口语里还可以说成“五个一堆，五个一堆”。从语义上看，这种格式，可以分为两种。

一种如“五个一堆，五个一堆”式，是“以……为一个数量单位”的意思。例如：

银行里头的钱，都是一万元一沓子，一万元一沓子。

你的你们没事打扑克去，三个人一组三个人一组可以“挖坑”。

这些木头你的给咱抬走，俩人一个俩人一个，正好就能抬完。

刚出世的娃嘤，十天一个样儿，十天一个样儿，长得快得很！

进进货回来的绳，一百根一捆子，一百根一捆子，捆得整齐得很！

他把你开的药，一个月一个疗程，一个月一个疗程，吃咧两个疗程。

那个老婆卖鸡蛋呢，没秤，就大碎搭配着，十个一堆，十个一堆，谁看上哪堆卖哪堆。

有的瓶装酒是一斤一瓶子，一斤一瓶子；有的是半斤一瓶子，半斤一瓶子；还有的是二两一瓶子，二两一瓶子。一斤一瓶子的最多。

一种是“给每个人或单位等各一个数量单位”的意思，多用如状语。

例如：

工会给职工买的苹果，他就一人一箱子，一人一箱子，送咧几个人的。

老婆天天赶早早晨要给俩孙子吃鸡蛋呢，一个娃一个鸡蛋，一个娃一个鸡蛋，还要给俩孙子把皮剥了呢。

他能写得很很有写作能力，一本书一个样子，一本书一个样子；有的你能看懂，有的你连门隙都没有指丝毫都看不懂。

其四，跟上文“其三”类似，其数量关系中还有“一＋量$_1$＋数量”的重叠式。例如：

这些苹果你的一人三箱子一人三箱子自己拿走。

这些西瓜一个架子车装十个一个架子车装十个。

这几个学校一个学校来三个学生一个学校来三个学生。

给你的几家大单位一个单位两个指标一个单位两个指标。

你几个服务员一个人管十桌子一个人管十桌子肯定能管过来。

他把两千多万都捐给国家咧，最后给三个儿女一人三万一人三万。

如上例句中的“一人”也可说成“每人”，只不过，在土著的关中人看来，“每人”的普通话因素要强得多；“一个”可被口语化程度更高的“一各[i^{31} $tɕia^{55}$]（＝一架）”所取代，但“一各”的构句功能跟“一个”不同，因此，如上例句中的用到“一个”的可以是如下形式。

这些西瓜一个架子车一各装十个一各装十个。

这几个学校一各来三个学生一各来三个学生。

给你的几家大单位一各两个指标一各两个指标。

其五，官话常见的如“一个一个”关中方言也说，但是，关中方言还有数量词的ABAB式重叠，从语义特点看，这种数量词的ABAB重叠式是以AB为一个单位的；在构句过程中有的直接以ABAB式出现，有的在ABAB式的基础上再加一个ABAB。例如：

老婆卖鸡蛋没拿秤，十个十个一堆，十个十个一堆，一堆十块钱。

我搬砖得咧的时候，十个十个一搬十个十个一搬，你看他，俩俩一提。

你两个两个拿/俩俩拿，好拿——你两个两个拿两个两个拿/俩俩拿俩俩拿，好拿。

你一伙三个三个一组，“挖坑”去——你一伙三个三个一组三个三个一组，“挖坑”去。

他拉苹果呢，一回拉100箱子，就这下这样100箱100箱地，把3万箱子苹果拉完咧。

估计，跟上文1.1.4.2部分所报道的人民币面值的重叠一样，本部分所报道的，可能多数也是汉语其他方言所具有的。

1.1.5 代词的重叠

关中方言代词也可以重叠，最典型的是表处所指代词重叠后表确指和疑问代词的重叠。

1.1.5.1 表处所指代词重叠后表确指

户县方言表处所指代词在表确指时往往要重叠，如“这儿[tʂə^{31}]”重叠成“这儿这儿[tʂə^{31} .tʂə]”后，指“这个具体地方”。关中方言区还有这类现象，我们可以拿已知的岐山、陇县方言两处所代词表确指的情形与户县方言进行对比。以下非确指代词与重叠式表确指的指代词之间用短杠“—”隔开，近指与远指之间用“‖”隔开。

户县 这儿 tʂə^{31}—这儿这儿 tʂə^{31} .tʂə | 这搭儿 tʂʅ^{55}.tə—这搭儿搭儿 tʂʅ^{55}tə^{31}.tə | 这搭儿 tʂei^{55}.tə—这搭儿搭儿 tʂei^{55} tə^{31}.tə | 这 tʂei^{51}—这这 tʂei^{51} tʂei$^{51-35}$ ‖ 兀儿 uə^{31}—兀儿兀儿 uə^{31} .uə | 兀一搭儿 uei^{55} .tə—兀一搭儿搭儿 uei^{55} tə^{31}.tə | 那搭儿 næ^{55}.tə—那搭儿搭儿 næ^{55}tə^{31}.tə | 那 næ^{51}—那那 næ^{51} næ$^{51-35}$

岐山 这搭 tʂa^{52}—这搭这搭 tʂa^{52} .tʂa‖兀搭 ua^{52}—兀搭兀搭 ua^{52} .ua

陇县 这搭 tʂʅ^{44}ta^{31}—这搭搭 tʂʅ^{44}ta^{31}.ta‖兀搭 u^{44}ta^{31}—兀搭搭 u^{44}ta^{31}.ta

还是出于语用的目的，是特殊语境中的表达方式，跟本书“1.1.1.2”部分所讨论的“东头儿”一词有“极高层级”“极限层级”“最最极限层级”等的情形相似，户县方言还有表示处所指示代词的“极高层级”等，这些层级往往靠有关音节的重叠来表示。下边以户县方言的近指代词“这一[tʂei^{55}]头儿”为基本层级来说明；远指第一层次“兀一[uei^{55}]头儿”和远指第二层次“那[næ^{55}]头儿”为基本层级的例子从略。

基本层级：这一[tʂei^{55}]头儿

很高层级：这一[tʂei^{55}]头儿头儿

极高层级：这一[tʂei^{55}]头儿头儿这一[tʂei^{55}]头儿头儿

极限层级：这一[tʂei^{55}]头儿头儿 tʰəɯː^{35} 这一[tʂei^{55}]头儿头儿 tʰəɯː$^{35-55}$……

1.1.5.2 疑问代词的重叠问题

关中方言疑问代词的重叠问题从六小点来看；以户县方言为例来说明。

其一，户县方言的“啥”可以重叠成“啥啥[sa^{55}sa^{55}]/啥啥儿[sa^{55} sə$^{-51}$]”，“啥啥/啥啥儿”指任何东西、所有的东西，“啥啥儿”限于用在“连”字句，例如：

他屋家啥啥都有，财东得很。

我刚嫁到他屋家那阵儿，他屋可怜指穷得连个啥啥儿都没有。

其二，户县方言“谁[sei^{35}]”字重叠成为“谁谁[sei^{35} sei^{35}]”以后是“某某”的意思，重叠成为“谁谁谁[sei^{35} sei$^{35-31}$ sei^{35}]”以后是“某某某”的意思，不便说出单名或者不提姓氏只提双名时就说成“谁谁”，例如周磊和军虎都可能被称作“谁谁”；再如不便说出孙立新的名字时，就说成“谁谁谁”。我们可以举几个例子：谁谁的文章｜谁谁家的老婆｜谁谁给你说的那个我你他都知道的事你办得咋相咧怎么样了？｜谁谁谁的工作态度｜我知道你是谁谁谁（因为不想让站在你我当面的第三者知道或者其它原因，所以，不愿意直接把你的名字说出来）。

我们从贾平凹《古炉》335 页找到“谁谁”的用例，从 83 页找到“谁谁谁”的用例。

白天还罢了，一到天黑，他一个人在巷道里走，老远看见有人影就怀疑那是不是鬼，身贴在墙上或藏在树后盯着看，等那人影到跟前了，发现是村里人，才放了心。刚走几步又疑惑：这谁谁谁是不是鬼装扮的呢？（83）

到了饭时，家家有人端了饭碗往巷道里瞅，一旦瞅着有人了，便凑过去。人都是长舌妇长舌男，相互打探：谁谁退呀？谁谁咋还没退？东倒吃羊头，西倒吃狗肉，嘁嘁啾啾。（335）

其三，通常情况下，户县方言用单音词“咋[tsa^{51}]”表疑问，但是，女性在表示对听话人极其不满时常用“咋咋咋[tsa^{51}tsa^{51}tsa^{51}]”甚至“咋咋咋咋咋[tsa^{51} tsa^{51}tsa^{51} tsa^{51}tsa^{51}]”。例如一般语句的“你咋咧你怎么了？”如果出于一个非常愤怒的妇女之口，往往是“你咋咋咋！”更有甚者以至于愤怒到了极点的时候就成了“你咋咋咋咋咋！”

其四，“咋＋动词或动词性词组”的重叠，“咋”字在这种结构里是“如何”的意思；表示强调。一种是“咋＋单音节动词”，如：咋办咋办、咋记咋记、咋说咋说、咋寻咋寻、咋看咋看、咋吃咋吃、咋挪咋挪、咋开咋开、咋哄咋哄；一种是“咋＋双音节动词”，如：咋研究咋研究、咋概括咋概括、咋叮咛咋叮咛、咋进行咋进行；一种是“咋+动词性词组”，如：咋吃饭咋吃饭、咋跟他说咋跟他说、咋开锁子咋开锁子、咋拉关系咋拉关系，这种形式还可以变作“饭咋吃饭咋吃、跟他咋说跟他咋说、关系咋拉关系咋拉、生意咋做生意咋做”等。

其五，“动词、动词性词组或介词＋谁”的重叠式，跟上文之“其四”类似，这类重叠也用于叮咛等语境表强调。西安方言例句如：

你只给我说有谁有谁、没谁没谁就对咧。

你就直接交待不给谁不给谁，他就按你的意思办咧。

我教他在几时去在几时去/几时去几时去，他竟然忘咧！

你去见咧他，他就会给你夸他兀个[uɤ^{52}]地方都有啥（都）有啥呢。

我妈一再给我说，教我寻她这个同学去，朝啥地方寻朝啥地方寻。

他知道你有多少钱有多少钱，你不一定知道他有多少东西有多少东西。

老师给我叮咛咧几遍，张三在哪塌儿在哪塌儿，李四在哪塌儿在哪塌儿；我敢嫌啰嗦吗？

其六，疑问代词“谁、啥、咋”的间接重叠。这里要讨论的“谁、啥、咋”的间接重叠形象可能是官方方言区共有的。从3点来看。

一是“谁”字的间接重叠大致可以归纳为如下4组，如下的“谁”所指是一个概念。

甲：谁见谁爱丨谁见谁夸丨谁吃谁发胖丨谁管谁生气丨谁惹谁不得安宁丨谁劝说谁捱打

乙：谁爱了归谁丨谁看上谁拿走丨谁想要谁装去丨谁要谁装去丨谁认可谁谈去

丙：谁拿归谁丨谁要了给谁丨谁申请了批给谁

丁：谁说批判跟谁急丨谁理谁倒霉丨谁管谁拉不离手谁染指谁就无法撒手

二是“啥”字的间接重叠常见的如“要啥有啥丨想啥来啥丨拿啥吃啥丨干啥工作领啥钱丨当啥官管啥事丨到啥地方说啥话丨给啥角色操啥心”。

三是“咋”字的间接重叠形式，举例句如下：

你去看着办，咋好咋来。

他不听话，你就咋严重咋整！

这个娃咋看咋心疼，兀个咋看咋难看。

你咋说我咋来你怎么安排我怎么执行。

你写的文章咱看你咋别扭，他写的文章咋看咋流畅。

我回来一想，咋想咋觉得答应不成这个事情不能答应这个事情。

1.1.6 “圪A圪A”等重叠式

张成材先生《商州方言“圪”类字、合音词和分音词》（邢向东主编2004：240～250）一文在讨论商州方言以“圪”字充当前缀的意义时，列举了“圪[kɯ²¹]A圪A、坷[kʰɯ²¹]A坷A、呵[xɯ²¹]A呵A、骨[ku²¹]A骨A、忽[xu²¹]A忽A”等的重叠形式。下边分别讨论。

1.1.6.1 “圪A圪A”重叠式

其一，“圪A圪A”式动词

下面列举商州方言的“圪A圪A”式动词。

圪摇[kɯ²¹ .iao]圪摇　反复摇曳、摆动：风把树吹的～的。

圪点[kɯ²¹ .tɕian]圪点　例句如：他是跛子，走起路来，～的。

圪捞[kɯ^{21} .lao]圪捞　用棒儿将粘在瓶子或罐子底部的物品搅动掏出：红糖粘到罐罐儿底子上（=脏）啦，拿个棒棒儿～就下来啦。

圪晃[kɯ^{21} .xuaŋ]圪晃　连续反复晃动：凳子没放稳，～的。

其二，“圪A圪A”式形容词

首先列举商州方言的“圪A圪A”式形容词如下。

圪攘[kɯ^{21} .ʐaŋ]圪攘：多指小虫子挤在一起蠕动，有时也指很多人在一起挤来挤去。例句如：蛆秧子在茅坑里～挽蛋子哩。

圪委[kɯ^{21} .vei]圪委：矮胖人走路的样子。例句如：那人是个矬子，又粗又胖，走起路来～的，简直走不动。

圪呆[kɯ^{21} .tai]圪呆：生气时说话的样子。例句如：尧娘后娘见不得先头娃，给先头娃嘀唠～的。

圪怯[kɯ^{21} .tɕʰiɛ]圪怯：腿有病或负重行走的样子。例句如：他拿的太重啦，～的走不动。

圪伢[kɯ^{21} .nia]圪伢：小脚走路的样子。例句如：老人是小脚，走路嘀唠～的。

圪摆[kɯ^{21} .pai]圪摆：物体反复摆动的样子。例句如：房檐挂的干菜笼子，风一吹～的。

圪拐[kɯ^{21} .kuai]圪拐：走路一瘸一拐的样子。例句如：他腿上有病，走起路来～的。

圪噌[kɯ^{21} .zəŋ]圪噌：肚子或伤口阵痛。例句如：我吃唠些啥不合适，肚子～地疼哩。

其三，“圪A圪A”式象声词

首先是“圪A圪A”式象声词，例词如：圪叭圪叭、圪啦圪啦叽里咕噜(/圪里圪啦)、圪扎圪扎、圪夹圪夹、圪嗒圪嗒、圪压圪压、圪吱圪吱、圪当圪当、圪嘣圪嘣、圪噔圪噔、圪铮圪铮。个别也可以重叠为“圪圪AA”式（如：圪圪叭叭、圪圪啦啦、圪圪扎扎、圪圪压压）。西安一带“圪叭圪叭、圪圪叭叭”等的声调模式分别是31 31-24 31 31、31 31-24 31 02。例句如：

雷声圪扎圪扎的。

炮圪叭圪叭地响。

把肉煮得圪当圪当地响。

猪把西瓜皮咬得圪铮圪铮的。

老汉把炒的包谷豆儿咬的圪嘣圪嘣的。

他是个广东人，说话圪啦圪啦/圪里圪啦/圪圪啦啦的，我听不懂。

西安方言母鸡下蛋或公鸡受惊后的叫声是“咯大咯大[kɯ^{31} ta^{55} kɯ^{31} ta^{55}]”，商州方言是“咯蛋咯蛋[kɯ^{21} tan^{55} kɯ^{21} tan^{55}]”。

其次是“圪 AA”式象声词。关中方言常见的“圪（也可以写作‘咯’）AA”式象声词如：圪叭叭、圪扎扎、圪夹夹、圪压压、圪吱吱、圪当当、圪嘣嘣、圪噔噔、圪铮铮。

这个类型的声调模式是：阴平圪+阴平 A_1+轻声 A_2；特殊情况下如韵文里 A_2 读作去声，“圪”字相应地变作阳平。如“圪吱吱”通常读作[kɯ³¹ tsɿ³¹ .tsɿ]，在一首歌谣里有两个极言山西鱼骨寺之高的句子云：“山西有个鱼骨寺，把天摩得圪吱吱。”西安读作[sã³¹ ɕi³¹ iɤu⁵² kɤ³¹ y²⁴ ku³¹ sɿ⁵⁵，pa³¹⁻²⁴ tʰiã³¹ mɤ²⁴ .ti kɯ³¹⁻²⁴ tsɿ³¹ tsɿ⁻⁵⁵]。下边再举两首关中民间歌谣里的例子。

《九九歌》云：“头九暖，二九冻破脸。三九三，冻破砖。四九四，把地冻得格吱吱[kɯ³¹⁻²⁴ tsɿ³¹ tsɿ⁻⁵⁵]。六九半，冰消散。七九八九，沿河看柳。九九八十一，老汉顺墙立。就是不冷咧，只害肚子饥。”

关中地区有一种传统的叫做“抓蛋儿”的儿童游艺活动，是用磨制精巧的小砖块若干来玩儿的。兴平把“抓蛋儿”叫做“掠卯”，是用 7 个“卯”来玩儿的；户县叫做“抓陀螺儿[tʰə³⁵]（＜tʰuə³⁵）”，户县的“陀螺儿”一副为 5 个或 7 个（不用 6 个一副的，这是对“四六”的忌讳；旧时新生儿因为患“四六风”丧生者极为普遍，故，关中人在日常生活中很普遍地忌讳“四六”），6 岁以前的女童用一副 5 个的来玩，10 岁以前的女童用一副 7 个的来玩。兴平的《掠卯歌》云：“七扬麦扬，麦子上场。二要二要，风吹雨潲。金三娃，要钱娃，石榴树，抱娃娃。四月四，圪吱吱[kɯ³¹⁻³⁵ tsɿ³¹ tsɿ⁻⁵⁵]，麦瓶花米瓦罐草，写万字。五月五，姑姑等，娘叫女子过十五。六豆六割，织布丢梭。大头大宝，身穿花袄。挑，老。”“抓蛋儿”的游戏 20 世纪六七十年代以前在关中很流行，是学龄儿童的主要游戏，西安叫做“抓猫老虎”，旧时县城乡男女孩子都玩这种游戏；如今已经淡出。

跟“圪吱吱[kɯ³¹⁻³⁵ tsɿ³¹ tsɿ⁻⁵⁵]”“吱 ₂”变调模式相似，户县一首詈骂过路孩子的歌谣里有一个“不啦啦”的“啦 ₂”也因与押韵字的声调一致性的需要变作去声调：“谁家娃[ua⁵⁵]？”“马家娃[ua⁵⁵]。”吃个豳豆儿酱制大豆屉不下[xa⁵⁵]，拿个棍棍儿一戳不啦啦[pu³¹⁻⁵¹ la³¹ la⁻⁵⁵]。

鞭炮的响声“圪叭叭”，西安读作[kɯ³¹ pa³¹ .pa]，合阳读作[kɯ³¹ pia³¹ .pia]。这个类型也可以重叠为“圪 AA 圪 AA”式，进而加强语义特征。例如：

响雷呢，雷声圪扎扎的，把娃吓得蛮直哭。

炮响得圪叭叭圪叭叭的，是给娃认干大义父呢。

老汉都九十多岁咧，牙好得很，把炒的包谷豆儿咬的圪嘣嘣的。

猪把西瓜皮咬得圪铮铮圪铮铮的，一阵子就把个大西瓜的皮咥光咧。

1.1.6.2　“坷 A 坷 A”重叠式

这类重叠式可能只有象声词，这类词语很少。西安方言例词如：坷嚓$[k^{h}ɯ^{31}\ ts^{h}a^{31}]$坷嚓、坷腾$[k^{h}ɯ^{31}\ t^{h}əŋ^{31}]$坷腾。商州方言的“坷嚓坷嚓”指脚踩冰碴子或锅中煮东西的声音，西安方言的“坷嚓坷嚓”指咀嚼生脆水果等的声音；西安方言的“坷腾坷腾”如指车轴里的珠子烂了以后、车子走动时的声音。商州方言的水沸声作“坷郎坷郎$[k^{h}ɯ^{21}\ .laŋ\ k^{h}ɯ^{21}\ .laŋ]$”西安方言的水沸声作“咯当咯当$[kɯ^{31}\ taŋ^{31-24}\ kɯ^{31}\ taŋ^{31}]$”。

另外，“坷嚓$[k^{h}ɯ^{31}\ ts^{h}a^{31}]$”和“坷腾$[k^{h}ɯ^{31}\ t^{h}əŋ^{55}]$”在西安方言又有其特殊用法。

西安方言有“老得坷嚓$[lau^{52}\ ti^{-24}\ k^{h}ɯ^{31}\ ts^{h}a^{31}]$”的说法，本义可能指有的食物很老了，咀嚼起来就会发出“坷嚓坷嚓”的响声，于是引申出指人已经很老了，含贬义。例句如：“你都老得坷嚓咧，你能活几天，咋还要二杆子呢？”

“坷腾$[k^{h}ɯ^{31}\ t^{h}əŋ^{55}]$”的“腾”读去声，跟上文“坷腾坷腾”的“腾”读阴平不同。“坷腾$[k^{h}ɯ^{31}\ t^{h}əŋ^{55}]$一下”是“突然一下子”的意思，这里“坷腾$[k^{h}ɯ^{31}\ t^{h}əŋ^{55}]$=突然”；“坷腾$[k^{h}ɯ^{31}\ t^{h}əŋ^{55}]$”本指人听到意外的坏消息后突然的心理反应；“坷腾$[k^{h}ɯ^{31}\ t^{h}əŋ^{55}]$”有时也作“咯噔$[kɯ^{31}\ təŋ^{55}]$”，以“坷腾$[k^{h}ɯ^{31}\ t^{h}əŋ^{55}]$”为最常用。很有意思的是，两者在读音上的区别只是送气与否。例句如：“听到他死咧，我心里坷腾/咯噔咧一下；我夜日个儿昨天还见他来来着。”

1.1.6.3　“呵 A 呵 A”重叠式

这类重叠式可能也只有象声词，这类词语也很少。西安方言例词如：呵噜$[xɯ^{31}\ lɤu^{31}]$呵噜如喉中有痰呼吸不畅所发出的声音、呵囔$[xɯ^{31}\ naŋ^{31}]$呵囔如鼻孔里有鼻涕或因感冒导致的鼻孔呼吸不畅所发出的声音、呵嗤$[xɯ^{31}\ ts^{h}ɿ^{31}]$呵嗤如剧烈运动后上气不接下气的喘息声音/呵嗤倒$[tau^{52}]$嗤。举例句如下：

他有气管炎呢，天一冷就呵噜呵噜的。

你有鼻炎呢，鼻子呵囔呵囔的，你给你治嘎子治疗一下。

他跑得呵嗤呵嗤/呵嗤倒嗤的，你教他缓过气咧再问他话。

1.1.6.4　“骨 A 骨 A”重叠式

其一，“骨 A 骨 A”式形容词

最常见的如“眼窝骨碌骨碌地转”；还有个“骨蝻骨蝻$[ku^{31}\ vəŋ^{31-24}\ ku^{31}\ vəŋ^{31}]$（三原读作$[ku^{31}\ zɥəŋ^{31-35}\ ku^{31}\ zɥəŋ^{31}]$，岐山读作$[ku^{21}\ ʐəŋ^{21-34}\ ku^{21-52}\ ʐəŋ^{21}]$，陇县读作$[ku^{31}\ ʐuŋ^{31-24}\ ku^{31-53}\ ʐuŋ^{31}]$）”，指众多虫豸聚集一起乱动。

户县的“骨□骨□$[ku^{31}\ tsuæ^{31-35}\ ku^{31}\ tsuæ^{31}]$”相当于“满满当当、鼓鼓囊囊”，也可以重叠为“骨□□$[ku^{31}\ tsuæ^{31}\ .tsuæ]$骨□□”，表示很满、很鼓；

表示极其满、极其鼓还有在“骨□□”重叠、儿化基础上加拖音和尽力延长的如下形式。

骨□□儿骨□□儿……[ku^{31} tsuæ^{31} tsuə$^{-35}$ ə$^{-35}$ ku^{31} tsuæ^{31} tsuə$^{-35}$ ə$^{-35}$ ə^{55}……]

其二，“骨A骨A”式象声词

如“骨碌骨碌”，西安读作[ku^{31} lɤu$^{31-24}$ ku^{31} lɤu^{31}]，渭南读作[ku^{31} lou$^{31-35}$ ku^{31} lou^{31}]，宝鸡读作[ku^{31} lu$^{31-24}$ ku^{31} lu^{31}]。

关中方言象声词中的“骨”可以写作“咕”，这类词语如西安一带的“咕哝咕哝”，常常作“咕咕哝哝”，是“嘀嘀咕咕”的意思，也可以用如动词。例句如。

你俩有咕咕哝哝的/咕哝咕哝的啥呢凭什么嘀嘀咕咕的？

他俩成天咕咕哝哝的/咕哝咕哝的，知不道都说咧些啥呢？

“骨咀骨咀”在商州的语义与西安一带不同。商州的“骨咀骨咀[ku^{21} tɕy^{21} ku^{21} tɕy^{21}]”下雨或下雪地面光滑，一走一滑的样子。西安的“骨咀骨咀[ku^{24} tɕy^{31} ku^{24} tɕy^{31}]”是禁忌语，指交合时抽拉的声音，西安的詈语如：“你达父亲跟你妈㑚屄，骨咀骨咀，骨咀骨咀。”

1.1.6.5 “忽A忽A”重叠式

其一，“忽A忽A”式形容词。常见的如“忽悠忽悠、忽闪忽闪”。“忽悠、忽闪”又用如动词，大致都指动弹。关中方言的“忽悠”没有蒙骗的意思。

户县方言的“呼噜呼噜”，既是形容词，又是象声词。用作形容词的时候，一是跟“忽悠忽悠”同义，二是指“（举止）颤巍巍”。例句如：

桌子没放好，呼噜呼噜的，不稳。

老汉出气呼噜呼噜的，有气管炎呢。

他真是未老先衰，还不到60岁，就呼噜呼噜的咧。

其二，“忽A忽A”式象声词。常见的如“呼嗤呼嗤、呼噜呼噜、呼啦呼啦”。

1.1.7 象声词的重叠

象声词的重叠是古今汉语包括方言一个很普遍的现象。因为古今汉语以及汉语方言发展的不平衡性，所以，象声词的重叠在各地的表现特征很不一致。

我们从《汉语大辞典》里找到了“哼哼唧唧（形容低声吟诵或言语不清）、叽叽喳喳（形容声音杂乱细碎）”两个重叠象声词的例证，列举如下，书名号后的数字为所引用的近代小说所在的回数。

《红楼梦》27:“我就怕和别人说话，他们必定把一句话拉长了作两三截儿，咬文嚼字，拿着腔儿，哼哼唧唧的。”

《儒林外史》42:“在那里哼哼唧唧的念文章。”

《二十年目睹之怪现状》77:“忽然又听得隔房一阵人声，叽叽喳喳说的都是天津话。”

《合阳方言调查研究》249～252 页讨论了合阳方言重叠式象声词，其类型包括“AAA”“AABB、A 里 AB、ABAB、圪 BB”等。我们对于整个关中方言的象声词没有进行过系统调查，从西安等处来看，还有“AA、AAAA、A 儿 A 儿、A 儿 B 儿 A 儿 B 儿”等类型。

如我们从出生于关中方言区丹凤县的作家贾平凹的长篇小说《古炉》看到一些象声词的重叠式，从这些重叠式可以看出丹凤方言以至于关中方言象声词重叠的一些特点来。

1. AABB 式象声词

划拳声还是响着，像一群扑鸽(鸽子)，扑扑喇喇……（71）

牛铃出来，嘴里噙着水，没有说话，咕咕嘟嘟响着，把水咽了……（256）

到了饭时，家家有人端了饭碗往巷道里瞅，一旦瞅着有人了，便凑过去。人都是长舌妇长舌男，相互打探：谁谁退呀？谁谁咋还没退？东倒吃羊头，西倒吃狗肉，嘁嘁啾啾。（335）

院子里一吵闹，在泉里洗衣服的人就呼呼啦啦跑上……（347）

到了天布家，唱戏的锣鼓丁丁光光吵了一片。（363）

鸡狗叽叽咕咕哼哼唧唧说着话……（373）

踢六升的人就不踢了，跟着霸槽呼呼啦啦朝天布家去。（493）

2. ABAB 式象声词

当下霸槽就让开合搬出一座豆腐，没用刀切，伸手掰下一块吃起来，说：美！美！腮帮子鼓多高，仰脖子咽了，嘴巴吧唧吧唧响，还说：没！（61）

支书的老婆说：天呀，他们拉他去坐牢了！哇呜哇呜地哭。（369）

村巷里的路都是瓦片立栽着铺的，车轮就在上面咯噔咯噔地颤……（373）

有粮用锤子敲打木甑，没有送老顺，老顺就扑沓扑沓走了。（401）

巷道里开始乱起一阵脚步，其中有咔嚓咔嚓的声……（508）

3. 其他重叠式象声词

半香哐里哐啷卸了门扇……（62）

柿子夸里夸拉掉下来。（391）（以上 A 里 AB 式）

人群就散开，呼啦啦跑了。（365）

他们刚到树下，鸟就扑啦啦飞起……（512）（以上 ABB 式）

（朱大柜）低了头哼哼地笑了一下……（367）

(天布的媳妇）还要吐第二口，却没了唾沫，咔咔地响着嗓子。（373）

旁边的人就嘿嘿笑。（377）

不知怎么就呜呜地哭了。（387）（以上 AA 式）

一群鸡嘎嘎嘎地朝他跑来，惊慌失措，鸡毛乱飞……（370）

狗屎苔却在树上咯咯咯地笑开来。（391）（以上 AAA 式）

1.1.7.1 “AA”式象声词

“AA”式象声词是汉语早期的常见现象，我们可以从《诗经》里见到好多例子，“关关雎鸠”“氓之蚩蚩”“坎坎伐檀兮”“伐木丁丁”；到了后代就更多了，如杜甫《兵车行》里的“车辚辚，马萧萧”。我们还可以从千百年流传下来的成语里看到“AA”式象声词，如“呱呱落地、啧啧称赞”等。关中方言的“AA”式象声词通常在句中作状语、补语。例如：

风刮得呼呼的。

他咵咵地在门上砸呢。

谚语：有钱买个哈哈笑。

仓仓把一亩地的麦割完咧。

心嗵嗵地跳呢 = 心跳得嗵嗵的。

吓得浑身啪啪[pʰa³¹ .pʰa]呢。

猫叫的喵喵[mia³¹⁻²⁴ mia³¹]的。

把碟子敲得啪啪[pʰia³¹ .pʰia]响。

水跑咧，流得哗哗呢，赶快堵去。

把老汉教儿气得吁吁的，有啥办法吗呢？

一伙武警小伙子呼呼就上到山顶顶山顶咧。

把鼓敲得咚咚的，把铙敲得啪啪[pʰia³¹ .pʰia]的。

标标[piau³¹⁻²⁴ piau³¹]在娃的脸上击[tɕiɛ³¹]打咧两下。

老汉笑得哈哈的，大婆娘妻笑得嘿嘿的，小婆娘妾笑得嘎嘎的。

这种格式在西安一带往往限于 A 是阴平的音节。这类重叠式有的可以活用，如“啪啪[pʰia³¹ .pʰia]”常常是“挥霍”的意思，例句如“娃娃把他达他妈挣来的钱三分不值五厘地啪啪[pʰia³¹ .pʰia]完咧”；再如笑声有“嘿嘿、哈哈、嘎嘎、嗨嗨”等，“嘎嘎”可以指“嘎嘎地笑”，例句如“你听，她却[kʰɤ³¹]又在兀搭那里嘎嘎呢”。

关中有一个谚语云：“没吃过猪肉吗没听过猪哼哼？”意思是“司空见惯的事情你怎么大惊小怪的？”其中的“哼哼”用作动词谓语。

有一次，笔者骑自行车到农村去，从一个村庄经过时听到一个今天约 50 岁的年轻人问一个老一辈人：“某某叔哎，你嗵嗵咧没？”当时正值早饭后，这个年轻人是问他叫叔的那位老人吃过饭了没有，故意用了“噇噇”；“噇噇”除指心脏的激烈跳动声以外，还指猪吃食的声音。这个年轻人实质上是在故意大不敬的。“噇噇”的这种用法是临时的；当然，可能在一定区域里好久都这么用了，但是，毕竟不是关中方言区的普遍现象。

“AA”式描摹笑声的词语有时用在句首，并且 AA 都读作去声,“嘎嘎”没有这种用法；以下“嘿嘿”等 3 个词语，西安一带在叙说别人的笑声时的声调模式是 31 02，如“他笑得嘿嘿 xei^{31} .xei 的”。例如：

嘿嘿[xei^{55} xei^{55}]，你还真有本事！

哈哈[xa^{55} xa^{55}]，你咋不嫌丢人呢？！

嗨嗨[xæ^{55} xæ^{55}]，你成天欺负人家娃呢，今儿教人打咧一顿，活该！

上列三个例句包括说话人对别的某人某事的品评，而每当说到自己的某种感受时，这类词语一般要放在句末，限于“嘿嘿”。例如：

你知道吗？我孙子考上清华大学咧，我高兴得很，嘿嘿[xei^{55} xei^{55}]！

户县方言的“□□[zəŋ^{31} .zəŋ]”本来指急促走动的脚步声，目前最常用的是指很做作的女人，例句如“这个女人是个□□[zəŋ^{31} .zəŋ]，一举一动都恶心得很”。

对小儿语也有一些“AA”式象声词，这些词语实质上已经名词化：呜呜[u^{55} u^{55}]飞机、闭闭[pi^{55} pi^{55}]汽车、咪咪[mi^{55} mi^{55}]猫、咕咕[ku^{24} ku^{24}]鸡。

1.1.7.2　“AAA”式象声词

“AAA”式象声词应当是汉语方言最常见的重叠形式，是在“AA”式的基础上又增加了一个音节的结果。《合阳方言调查研究》列举了诸如“咚咚咚、咵咵咵、哗哗哗、嗒嗒嗒、噌噌噌、哼哼哼、踏踏踏、欻欻欻、唰唰唰、嗖嗖嗖、呼呼呼、出出出”等等。这种形式的重叠词基本上都是阴平调，按照关中方言阴平字的变调规律，中 A 变作阳平调。

这里再举西安方言一些“AAA”式象声词：嘿嘿嘿、嘻嘻嘻、哈哈哈、嗨嗨嗨、꜀齁齁齁老汉的笑声（按：没有“齁齁”的说法）、噇噇噇、汩汩汩、喳[tsa^{31}]喳喳、嚓[ts^{h}a^{31}]嚓嚓、仓仓仓、叭[pa^{31}/pia^{31}]叭叭、啪[p^{h}a^{31}/p^{h}ia^{31}]啪啪、嘎嘎嘎、咔咔咔、咚咚咚、通通通、当当当、噇噇噇、咣咣咣、哐哐哐、吱吱吱、嗤嗤嗤、嘟嘟嘟、呜呜呜、噗噗噗、圪圪圪[kɯ^{31} kɯ$^{31-24}$ kɯ^{31}]公鸡打鸣的声音（按：通常可以说“公鸡叫得的圪圪圪[kɯ^{31} kɯ$^{31-24}$ kɯ^{31}]”，但是，要具体描摹公鸡打鸣的声音，则为[kɯ^{31} kɯ$^{31-24}$ kɯ^{55}…… ɯ^{31}]）、咳[k^{h}ɯ^{31}]咳咳如用铁器在青石上用力刻划的声音。

1.1.7.3　“AAAA”式象声词

“AAAA”式象声词是“AA”式的叠加，是对“AA”式语义的加强，在句子中的语法地位跟“AA”式相同。例如：

他咵咵咵咵地在门上砸呢。

一伙武警小伙子呼呼呼呼上到山顶顶咧。

把鼓敲得咚咚咚咚的，简直把人能聒死！

把老汉教儿气得吁吁吁吁的，有啥办法吗呢？

1.1.7.4 “AABB”式象声词

这个类型的象声词是AB式象声词的重叠，是对AB式语义的加强；有的也可以重叠为“ABAB”式。常见的词语有：嘻嘻哈哈、吱吱哇哇/吱吱□[mia^{31}]□、圪圪吱吱、哼哼唧唧、呵[xɯ^{31}]呵囊囊说话语音不清楚、叮叮当当、叮叮咚咚、叮叮咣咣、叮叮帮帮、梯梯咵咵、壳[k^{h}ɯ^{31}]壳腾腾、呼呼噜噜、吱吱噜噜小孩乱喊乱叫的样子；含贬义、咣咣当当不太大的打击较重型铁器的声音、啪[p^{h}ia^{31}]啪沓沓靸着鞋走路的声音；走泥路的声音。

合阳还有“圪圪囊囊嘟嘟囔囔的声音”“圪圪铮铮咬牙之类的声音”。西安一带的“圪铮圪铮”指吃脆东西发出的声响，咬牙的声音是“咯嘣咯嘣”。

1.1.7.5 “ABB”式象声词

这类象声词大致可以看作“ABAB”式或者“AABB”式减去了A_2，常见的词语有：圪吱吱、叮当当、叮帮帮、叮咣咣、呼噜噜、咣当当、圪当当、咕咚咚、啪沓沓、咵欻欻、呵噜噜、呵囔囔、呼啦啦、哗啦啦、吸溜溜、吧嗒嗒、圪吧吧、嗤噜噜、出溜溜/嗤溜溜，等。

1.1.7.6 “ABAB”式及“ABBABB”式象声词

其一，关中方言的“ABAB”式象声词跟上列“AABB”式的语法语义特点相同。常见的词语有：呼啦呼啦、呼噜呼噜、哗啦哗啦、呵噜呵噜、呵嗤[꜀ts^{h}ʅ]呵嗤常指上气不接下气的样子、呵囔呵囔、噗嗤噗嗤、呼嗤呼嗤、吸溜吸溜、吧嗒吧嗒、圪吧圪吧、圪压圪压、圪吱圪吱、吱啦吱啦、吱噜吱噜、叮当叮当、叮咚叮咚、叮咣叮咣、叮帮叮帮、帮当帮当、壳腾壳腾、咣当咣当、匡噔匡噔、咵沓咵沓、□[p^{h}iaŋ^{31}]噔□噔、啪[p^{h}ia^{31}]沓啪沓、啪[p^{h}ia^{31}]擦啪擦、扑沓扑沓、圪扎圪扎、圪压圪压、圪啦圪啦、圪当圪当、圪铮圪铮、咕咚咕咚、酷通酷通、酷出酷出、呼隆呼隆/轰隆轰隆、嗤噜嗤噜、出溜出溜/嗤溜嗤溜、梯通梯通。这类象声词基本上都是AB均读作阴平调，西安一带“ABAB”式里第二个A由阴平变作阳平。圪大꜄圪大”。这些“ABAB”式象声词在西安方言里的声调格局为：31　31-24　31　31；B_1变作阳平调。

我们还从贾平凹的《古炉》里找到“ABAB”式象声词的例句。

霸槽到小木屋里喝冷水，喝得喉咙咕唧咕唧响……（44）

当下霸槽就让开合搬出一座豆腐，没用刀切，伸手掰下一块吃起来，说：美！美！腮帮子鼓多高，仰脖子咽了，嘴巴吧唧吧唧响，还说：没！（61）

其二，关中方言的“ABBABB”式象声词是在“ABAB”式的基础上扩展而成的，是对“ABAB”式语义的加强。西安一带老派口语在表达“ABBABB”式象声词时，常常在 B_2 处形成典型的拖音兼有长音等语音形式。如西安方言“呵噜呵噜[xɯ^{31} lɤu$^{31-24}$ xɯ^{31} lɤu^{31}]”，而“呵噜噜呵噜噜”读作[xɯ^{31} lɤu^{31} lɤu^{31} ɤːu^{55}…… xɯ$^{31-52}$ lɤu^{31} lɤu^{31} ɤːu^{55}……]。例如：

水袋子有个眼眼，不停地噗嗤嗤噗嗤嗤潽水呢。

娃肚子难受，夜黑昨晚酷出出酷出出势翻较大幅度地动弹咧一晚夕。

马车装得太多咧，又没膏油，圪压压圪压压响咧一路，难听得很。

黑咧晚上煮肉呢，锅一直圪当圪当当响呢，把我聒得一晚夕都没睡好。

他就爱靸个鞋走路，扑沓沓扑沓沓的，看着不俐气不麻利，听着也难听。

雷声呼噜噜呼噜噜响咧一后晌，雷声一住，大滮[pf^{h}aŋ^{52}]滮白雨大暴雨就下咧个没停。

你小着小时候害胸吼大叶性肺炎呢，成天呵噜噜呵噜噜的；把你爷你奶你爸你妈没愁死了。

另外，“咕噜咕噜[ku^{31} lɤu$^{31-35}$ ku^{31} lɤu^{31}]”在户县方言里用作形容词时指眼睛乱转的样子，可以写作“骨碌骨碌”，也指球体或圆柱体物件滚动的声音；这种滚动的声音，户县老派又作“咕噜当咕噜当[ku^{31} lɤu^{55} taŋ^{35} ku^{31} lɤu^{55} taŋ^{35}]”。我们当下还找不到第二个类似于“咕噜当咕噜当”式（ABCABC）的例子。语言现象的复杂性往往连语言学者都不可想象。

1.1.7.7　“A 里 AB”式象声词

其一，户县方言的“A 里 AB”式象声词如：吱里吱啦因受到惊吓而乱喊乱叫的样子、吱里吱噜小孩乱喊乱叫的样子；含贬义、呜里呜啦如吹唢呐的声音、扑里扑嗤如脚从泥里拔出的声音、扑里扑沓如比较重的脚步声、扑里扑通、咕里咕咚如“他渴急咧，咕里咕咚把半盆子凉开水喝完咧”、酷里酷通如“酷里酷通把几片玻璃戳烂咧”、呼里呼隆轰轰隆隆、呼里呼啦如“哗哗”的水声；突然间（围了上来），例如“一伙人～围上来咧”、哗里哗啦哗哗的水流声、克里克腾如自行车、架子车珠子有烂了的，车走的时候或轮子转动的时候的响声；也指人干了坏事，别人来调查，生怕被查出的紧张心理、梯里梯通在楼上乱跳的声音/梯里通隆、咣里咣当、帮[paŋ^{31}]里帮啷如铁桶滚动的声音、呼里呼噜喉中有痰，困难的呼吸声/呼噜呼噜（按：“呼噜呼噜”还指老年人“颤巍巍”的样子）、荒里荒琅端着水边走边衔出的声音，也指盛器或地面水太多。“A 里 AB”式象声词声调的规律是：阴平 31_A＋阳平 35 里（轻声变作阳平）＋阴平 31_A＋阴平 31_B。有的基本象声词如“啪[p^{h}ia^{31}]沓”与“□[p^{h}iaŋ^{31}]嘡”，“夸沓”与“哐嘡”，声母和主要元音是一致的，前者一般是后者（阳声韵-aŋ）相应的较小的声响：啪里啪沓靸着鞋走路的声音、□[p^{h}iaŋ^{31}]里□嘡片状物击地或相击的声音，另外“啪[p^{h}ia^{31}]里啪沓”的儿化形式“啪儿[p^{h}iə^{31}]里啪沓儿[t^{h}ə^{31}]”指较小的靸着鞋走路的声音或走不太泥泞的路的声音：夸里夸沓、哐里哐嘡巨大的打击重型铁器的声音。

其二，合阳方言的“A 里 AB”式象声词如：扑里扑腾、哇哩哇啦哇哇乱叫的声音、哗里哗啦、克里克楞物体碰撞的声音。合阳方言的“呜里呜啦”指难以听明白的说话声。例如：

你呜里呜啦说啥哩吗？

老鼠钻到兀搭那里闹啥哩，整得克里克楞的。

1.1.7.8 “A儿A儿”式及“A儿B儿A儿B儿”式象声词

这类象声词多数是很小的声音，以户县方言为例来说明。

其一，“A儿A儿”式象声词。例词如：吧儿吧儿[pə^{31} .pə/piə^{31} .piə]、啪儿啪儿[pʰə^{31} .pʰə/pʰiə^{31} .pʰiə]、得儿得儿[tə^{31}.tə]、沓儿沓儿[tʰə^{31} .tʰə]、呼儿呼儿[xuɯ^{31} .xuɯ]、噗儿噗儿[pʰuəɯ^{31} .pʰuəɯ]、汩儿汩儿[kuɯ^{31} .kuɯ]、乌儿乌儿[uɯ^{31} .uɯ]、吁儿吁儿[ɕyɯ^{31}.ɕyɯ]、吭儿吭儿[kʰəɯ^{31} .kʰəɯ]、嗝儿嗝儿[kəɯ^{31} .kəɯ]、吱儿吱儿[tsəɯ^{31} .tsəɯ]、嗤儿嗤儿[tsʰəɯ^{31} .tsʰəɯ]、□儿□儿[zəɯ^{31} .zəɯ]、腾儿腾儿[tʰəɯ^{31} .tʰəɯ]。例如：

他饭吃得太急咧，噎得嗝儿嗝儿的。

他凉着咧感冒了，清鼻清鼻涕滴得得儿得儿的。

把老汉气得呼儿呼儿的/把老汉气得吁儿吁儿的。

他气大爱生气，呼儿呼儿指很容易的就着开气咧开始生气了。

娃有点儿变狗幼儿有病的避讳说法，吭儿吭儿发出吭吭的小声。

男人家是干大事的；一听你的脚步声沓儿沓儿的，就知道你是个草包！

有一个“A儿A儿”式不表小声的“噔儿噔儿[təɯ^{31} .təɯ/təɯ$^{31-35}$ .təɯ]”，而表较大的声音。例句如：“你还威恶，脾气坏得噔儿噔儿的。”

这类“A儿A儿”式象声词还可以重叠为“A儿A儿A儿A儿”式，这是对“A儿A儿”式语义的加强。例如“清鼻滴得得儿得儿得儿得儿的；脚步声沓儿沓儿沓儿沓儿的”。

其二，“A儿B儿A儿B儿”式象声词。这类重叠式很少，例词如：吧儿嗒儿吧儿嗒儿[pə^{31} tə$^{-35}$ pə^{31} .tə]、啪儿沓儿啪儿沓儿[pʰiə^{31} tʰə$^{-35}$ pʰiə^{31} .tʰə]。例如：

房檐水不大，吧儿嗒儿吧儿嗒儿的。

他过来咧，你听，脚步声啪儿沓儿啪儿沓儿的。

1.1.8 副词的重叠

1.1.8.1 “很、太”的“AA”式重叠

程度补语“很、太”在关中中东部许多点方言有“AA”式重叠。如“好得很”“好极了”在临潼等处的说法可以罗列如下，“很、太”的“AA”式重叠下加横线，以求醒目。

临潼：僚得很好得很/僚得太；僚得<u>太太</u>好极了

商州：好得太好得很/僚得太；僚得太太好极了

丹凤：好太太好得很；好极了

洛南：好得很/僚得太/僚得太太好得很；美匝了$_2$[.liau]好极了

华县：好得很/好得太太；僚匝了$_2$[.lia]好极了

潼关：僚得太/僚得太太好得很；太好了$_2$[.liã]/美匝了$_2$好极了

大荔：好得很/善[ᶜtʂʰã]得太/善得太太好得很；僚匝了$_2$[.liɛ]好极了

渭南：好得很/好得太/僚得太太好得很；僚匝了$_2$[.lia]好极了

合阳：僚得太好得很；僚宝宝好极了/僚得太太/美匝了$_2$[.liɛ]

黄龙：好得很；好得太好极了/好得太太

宜川：好太/好太太儿好得很；可好了$_2$[.la]好极了

洛川：好太太好得很/僚太太/好得太太；僚匝了$_2$[.liɛ]好极了

宜君、铜川：好得很；好得太好极了/好得太太

蒲城：好得很/僚得太/僚得太太；善[ᶜtʂʰã]匝了$_2$[.liɛ]好极了

白水：好得很/僚得太/僚得太太；好匝了$_2$[.lia]好极了

富平：好得很/僚得很/僚得太太；美匝了$_2$[.lia]好极了

高陵：好得很/僚得很/善[ᶜtʂʰã]得很/好得太/好得太太；僚匝了$_2$[.la]好极了

三原：好得很/僚得很/善[ᶜtʂʰã]得很/好得太/好得太太；好得很很[xẽ^{55} .xẽ]好极了

泾阳：好得很/僚得很/善[ᶜtʂʰã]得很/好得太/美得太/好得太太；僚匝了$_2$[.la]好极了

旬邑：好得[.li]很；好匝了$_2$[.la]/好得太太好极了

我们还从《商州方言词汇研究》434 页看到“永永一直到永远”。例如：

我和你要永永好下去！

1.1.8.2 副词的其他重叠式

以下以户县方言为例来讨论。

其一，“AA”式副词重叠有一个“能$^{\approx}$能[nəŋ^{31} .nəŋ]”，是“动辄”的意思；“动辄”的意思在户县方言里还作“辄”的白读音[tɕiɛ^{35}]（＝洁）。“能能”和“辄”的句管控条件不同。例如：

他能能就来咧。

你咋辄在北京去呢？

你咋能能来咧，能能来咧？

他辄来呢，你甚不不甚，不常来。

我经常在这儿来呢/*我辄在这儿来呢。

其二，“ABB”式副词有一个“立能能[li^{31} nəŋ^{35} nəŋ$^{35\text{-}31}$]”（“立能能”还指幼儿走路以前学会站立；动词“立能能”还可以儿化，也可以省去“立”

字。例句如“我娃立能能儿，立能能儿；我娃能能儿，能能儿。我娃能能儿得好得很！”)，是“立即，马上”的意思。“立即，马上”在户县方言里又作“立地、立马、马上、马上办”等。副词“立能能”常常跟“就”字搭配，其他同义词未必。例如：

我立马去/马上去/马上办去。

你立地去/立地就去该有多好？再嫑等咧。

老汉二话没说，立能能就拿着走咧，头都没回。

我立马/马上/马上办就给你开证明，你再嫑缠咧！

他立能能脸就变了；这个人把翻脸就咋像脱裤儿裤子呢。

其三，户县方言的“ABA”式副词重叠有：冒打冒很随便地、直打直径直、明打明公开地。例如：

你冒打冒拿俩就对咧。

你直打直往过走就把你挡住咧。

他跟个寡妇明打明在一搭儿麻搭指搞不正当的男女关系呢。

我们从《西洋记》62回看到运用“明打明”的例句如：“你今日明打明的出来，我和你杀三百合来你看一看。”

其四，户县方言有副词重叠式“一 ꜀衡衡/ ꜁衡衡儿”，与之同义的还有“ ꜁衡/ ꜁都/一 ꜀衡儿”等，这些副词基本上都是“都，全”的意思。举例句比较如下：

我单位一衡衡/一衡儿都是党员。

我买的苹果 ꜁衡衡儿/ ꜁衡都是红富士（/我买的苹果 ꜁都是红富士）。

这个老汉四个娃一衡衡/一衡儿都是七八十年代考上大学的；三个是教授，一个是厅长。

“一衡衡”出现在判断句里，通常还不带系词“是”字，例如：

我单位一衡衡的党员。

我买的苹果一衡衡的红富士。

这个老汉四个娃一衡衡的大学生。

1.1.9 “ABA”等形式的重叠

本部分以户县方言为例来说明关中方言“ABA”等形式的重叠问题。

1.1.9.1 “ABA”式重叠

其一，“ABA”式是名词，列举如下，凡歌谣里的“ABA”式下加单线。

当中（儿）当[taŋ$^{31-35}$ tsuəŋ^{31}/.tsuɯ taŋ^{35}]，吃屎糖吃有屎的糖；边头（儿）边，吃纸烟。/当中（儿）当[taŋ$^{31-35}$ tsuəŋ^{31}/.tsuɯ taŋ^{35}]，捱 ꜁桄 ꜁桄；边头（儿）边，吃油旋渭丰乡，油旋，烧饼的一种，里边有油；烙的时候要旋起来，故名。——詈骂那些处于中心地位的人。“当中（儿）当”指处于中心地位的人，“边头（儿）边”指处于非中心地位的人。

大门大，三年不说话；小门小，三年不打ᶜ交。——户县儿童交际行为中，凡是“拉钩”时，拉大拇指以后即约定双方在三年里边互不答话，在三年里不打交道。按：户县方言把5个手指头依次叫做“大门指头、二门指头、中门指头、四门指头、小门指头”因此，在歌谣里头，把“大门指头、小门指头”分别叫做“大门大、小门小”。户县北乡大王镇也有把食指、中指、无名指分别类化成为“二门二、中门中、四门四”的；“打ᶜ交打交道”是“打ᶜ交儿”的非儿化形式，户县方言“打ᶜ交/打ᶜ交儿”的“交”字读作上声。

棒槌棒棒槌，棒叮当，我大父亲我妈把我给嫁到高山上。高山吃面我喝汤，眼泪掉在石板上。石板开花赛海棠，海棠河里洗衣裳。洗得净，槌得光，打扮哥哥上学堂。去呀去的时候骑的白大马大白马，回来坐的花花轿。一对儿龟兹[kuei^{31} tsɿ^{31}]唢呐一对儿炮，你看热闹不热闹[ʐʅε^{31} nau^{55} pu$^{31\text{-}35}$ ʐʅε^{31} nau^{55}]？“热闹[ʐʅε^{31} nau$^{55\text{-}31}$]是我挣下的，不是旁人送下的。”

亚娃儿亚，骑白马。马跑咧，把亚娃儿吓得没毛咧。这是詈骂名叫“亚娃儿”者的歌谣，户县名叫“亚娃儿”的不少，以男性居多

秃子秃，曳碌碡，一下一下子；一直曳到庙后头。长虫咬，蝎子蜇，你看秃尿对秃子的詈语曳不曳/看你秃尿曳不曳/看他秃尿曳不曳？

跛子跛，磨洋火，洋火着咧耍怪我。（按：这个骂跛子的歌谣肯定是在“洋火火柴”进入户县以后才产生的。）

这里顺便举其他地方歌谣中的“ABA”式如下。

长安歌谣《蚂蚁》云：蚂蚁蚂，树哩爬。爬上天，做神仙……

长安歌谣《拐子拐》云：拐子拐，拐线来，我娘叫我叫饭来……

长安歌谣《扁豆扁》云：扁豆扁，开杏花，杏花院里坐亲家……

长安歌谣《女婿不成材》云：椿股椿，槐股槐，女婿不成材。歪戴帽子倒靸鞋，又掷色子又打牌。

三原歌谣《六女六》：六女六，六女头上顶盖头。

三原歌谣《丫头》云：丫头丫，打蚂蚱。蚂蚱跳，丫头笑。蚂蚱飞，丫头哭做一堆堆。

三原歌谣《送嫂嫂》云：梆子梆，纽子纽，弹花院里请喝酒。借把刀，杀羊羔。借匹马，送嫂嫂，一送送到李关桥。桥塌了，给嫂嫂屁股敦叉了。（按，乾县、渭南分别有歌谣《梆子梆》。乾县歌谣《梆子梆》云：梆子梆，纽子纽，你的媳妇还没有。你爸不言传，你妈不撩挛操办，把你气得胡跳弹。渭南歌谣《梆子梆》云：梆子梆，纽子纽，要个媳妇也没有。他爸不言传，娃也难开口。叫个石匠哥，錾个石老婆。白天不说话，黑来搂着不暖和。）

旬邑歌谣《正月正》云：正月正，白菜生，先玩鱼儿后玩灯……

富平歌谣《槐子槐》云：槐子槐，搭戏台，他舅叫娃看戏来。又没袜子又没鞋，精片片脚跑的来。

富平歌谣《韭菜韭》云：韭菜韭，连根韭，我的媳妇哪搭有？我爸我妈不追究，把我害得难开口。

另外，用如名词的“拱凸儿[.təɯ]拱/憋凸儿[.təɯ]憋”是指有些暴起来、凸起来不平的东西（按：户县方言“凸”字读作[tɤu⁵¹]，上声调，声母不送气）；户县把说快板用的竹板叫做“呔[tæ³⁵]板儿呔”。其中“拱凸儿拱/憋凸儿憋”的“拱、憋”是形容词词干，“呔板儿呔”的“呔”是象声词词干。

富平方言的“些微些”是 ABA 式，“些微些”指“有些人，有时候，有的情况下”。

其二，ABA 式是动词等，像“回家回”就是“回家”，“紧巴紧儿”就是“紧巴”，例如。（歌谣）回家回，打箩槌回到家里，着手磨面。

（歌谣）世事颠倒颠世事颠倒了，娃娃打老汉对年轻人欺负老人这种不良现象的批评。

潼关歌谣《轧油轧》云：轧油轧，摆山架。“摆哪搭？”“摆马家，马家一伙好人家。铺花毡，盖花被，花花枕头堆一地。”

例词如：离ᵓ登（儿）离ᵓ互相脱离了关系并且毫无牵连：这俩是个离登（儿）离、紧巴紧儿普通话也有这个词语，户县方言例句如：要凑够 30 万元买房，他的存款还是紧巴紧儿。

还有，“满打满”是“满打满算”的省略形式。例如：

满打满算，你也没有 40 岁/你满打满算也没有 40 岁（/满打满，你咋说也没有 40 岁/你满打满咋说也没有 40 岁）。

另外，“实打实”指很实在、毫无虚假，用作形容词、名词和副词，例如：

这个人为人好得很，是个实打实。

这个人是个实打实，能做好朋友。

你实打实对他，他未必实打实对你。

另外，户县渭丰乡还有一个“ABCA 儿”重叠式名词“钉轱辘儿钉”，指一种茎杆像锭子的、长在麦地里的杂草。关中歌谣《刮大风》云：钉轱辘钉，刮大风。爷爷唱，孙孙听。门上来了一窝蜂，蜂螫我，我螫蜂，一下一下子，一家伙螫得乱噔噔。

跟户县渭丰的“锭轱辘儿锭”相似，旬邑有一个“栝梨子栝”指瓜蒌。歌谣《门上来了个媒人哥》云：栝梨子栝，栝梨子栝，栝梨子远ᵓ圈周围种红花。种了一亩不够摘，种了二亩摘不下。门上来了个媒人哥。“媒人哥，你坐下，先喝酒，后喝茶，咱俩拉上个家常话。我女儿提不起钥匙当不了家……”“娘呀娘呀你不愁，睡到半夜梳光头指把头发梳得很光。头里前头梳哩的鬏鬏插，后头梳哩牡丹花……”（见杨生博、李健《库淑兰剪纸研究》34 页）宝鸡一带有一个“瓜葫芦瓜”的说法，当地歌谣《种小豆》云：“瓜葫芦瓜，开黄花，瓜葫芦他娘出门呀……”（见《宝鸡老歌谣集锦》29 页）

1.1.9.2　“ABB/BBA”等重叠式

其一，“硬帮帮”在特殊语境里，为了修辞及话题的需要，被故意说成“帮帮硬”。如甲说“这个东西不好，硬帮帮的”，乙以为这个东西并不硬，就反驳说“帮帮硬也罢，其实不硬”，甚至说“帮帮硬、硬硬帮也罢，其实不硬”，这其中又多了一个 ABB 式“硬硬帮”以加强语气；其实通常情况下只有“硬帮帮”可以成立，“帮帮硬、硬硬帮”都不能成立。

其二，“光光净/净净光”都可以用，指被弄完了，例如：

吃咧个光光净/吃咧个净净光。

贼把他偷咧个光光净/贼把他偷咧个净净光。

他把 1 万元丢咧个光光净/他把 1 万元丢咧个净净光。

1.1.9.3　其他 AB 式扩展为 ABB 式的情形

关中方言的 AB 式可以扩展为 ABB 式，ABB 式实际上是 AB 式语义的加强。例如：窄狭[tɕ^{h}ia^{31}]—窄狭狭[tɕ^{h}ia^{31}.tɕ^{h}ia]重叠形式与“貐猪猪”相同、真格[tʂəŋ^{31} kɤ^{35}]—真格格[tʂəŋ^{31} kɤ^{35} kɤ^{35}]、窟出动弹—窟出出持续不断地动弹。多数情况下“窟出出”可以重叠成为“窟出出窟出出”。例如：

地方窄狭狭的，连个坐的地方都没有。

就剩下这些咧，真格格的，我不哄你。

他黑咧晚上吃得多咧，成晚夕整个晚上窟出出窟出出的，窟出咧个没停点儿动弹个不停。

1.1.10　余论

1.1.10.1　几个问题的讨论

关中方言的重叠构词问题很复杂，还有些细节问题应予以交待，以户县方言为例来说明。

其一，普通话的“合适”不能重叠，而户县方言却可以重叠成为“合合适适[xuɤ^{35} xuɤ^{35} tʂ^{h}ʅ^{31} .tʂ^{h}ʅ]”。

其二，户县方言的“实实严儿[ʂʅ^{35} ʂʅ$^{35-31}$ niə^{35}]/实实嚼儿[ʂʅ^{35} ʂʅ$^{35-31}$ tsə^{35}]”指很严实的状况，“偏偏欠儿[p^{h}iã^{31} p^{h}iã^{31} tɕ^{h}iə$^{55-51}$]”指偏着的状况，“实实、偏偏”的词干都是形容词，“实实严儿/实实咱儿、偏偏欠儿”都是名物化了，用如名词；“实实严儿/实实嚼儿”有非重叠式“实严儿指严实的状况/实嚼儿”，“偏偏欠儿”则无。例如：

这片地里头的草是个实实严儿。

娃娃家把帽子戴个偏偏欠儿像个啥样子吗呢？

其三，户县方言的“窝嘴窝嘴地吃”指大口大口地吃并且未及下咽还要继续大口大口地吃，其中非重叠式“窝嘴”不能成立。

其四，户县的“尾巴拉拉地”是指尾巴拖着地，特指豺狼，例如：

我那天在地[ti$^{55-51}$]地里见咧个尾巴拉拉地。

其五，关中方言有两个时间副词的重叠形式很特别：一是副词“已经[i^{52} tɕiŋ^{31} 西安音]”的重叠式“已经已经[i^{52} tɕiŋ^{52} i^{52} tɕiŋ^{52}]”（其中重叠式里“经”字读成了上声调）被用成了动词性的，是“已经成了这样，既成事实了”的意思。例如：

娃不小心把几个碗打咧，已经已经咧，再要说批评（娃）咧。

你不叫他杀猪，他没听你的，把猪杀咧；已经已经咧，你威[uæ^{31}]训斥他顶啥呢？

二是“陆续”户县文读[lɤu^{31} ɕy^{55}]，重叠后白读[ly^{31} ɕy^{31}]，可重叠为“陆续陆续[ly^{31} ɕy$^{31-35}$ ly^{31} ɕy^{31}]/陆陆续续[ly^{31} ly$^{31-35}$ ɕy^{31} .ɕy]”，“陆续陆续”也是“陆陆续续”之义；“续”字文读音是按照上古汉语长入读的，白读音是按照中古入声与今户县方言对应规律读的。例如：

到咧上班时间，单位的人都陆续陆续/陆陆续续上班咧。

他陆续陆续，不到半年，把 10 万元啪啪[pʰia^{31} .pʰia]挥霍完咧。

你把这些钱不存银行，装到身上，陆续陆续/陆陆续续也就花完咧。

其六，关于叹词的重叠问题

一是“AA”式叹词。宝鸡一带常用的“AA”式叹词为“娘娘[nia$^{24-31}$ nia$^{24-52}$]”（“娘”字的韵母阴化为[ia]），西安一带老派有用到“爷爷[iɛ^{24} iɛ$^{-31}$]”的（西安一带常用的叹词有“爷呀、妈呀、我的爷呀、我的妈呀、我的咣当、我的 ꜀拐拐、我的 ꜀夹夹”等，也有用到禁忌语“垂子男根”“我的垂子”的），富平等处常用“由由”，澄城则为“由由”或“达达”；“娘娘”“爷爷”“由由”“达达”都是“哎呀、好家伙”的意思。例如：

西安：爷爷，你把我还吃了呀吗？！

富平：由由，镇这么威[uæ^{31}]恶，厉害的！

宝鸡：娘娘，个[kæ^{52}]这个娃娃咋兀么那么厉害的！

户县方言的“哟哟[iau$^{31-35}$ iau^{31}]”是“哎呀（我怎么没有想到你这么厉害）”的意思，表示对听话人的不满、不以为然。例如：

哟哟，我还知不道不知道你都是副科长咧！我今儿咋就呼你大名咧？

哟哟，学生把事干成咧，比老师有钱有势咧，老师得巴结学生咧！

二是“我的AA”式叹词。西安一带最常见的是“我的 ⊆拐拐、我的 ⊆夹夹”或“我的咣当”，“我的 ⊆拐拐、我的 ⊆夹夹、我的咣当”都是“哎呀、好家伙”的意思。例如：

我的 ⊆拐拐/我的 ⊆夹夹，这个娃连他达父亲都敢打！

我的 ⊆拐拐/我的 ⊆夹夹，你就给我拿咧这么多东西！我咋用完呀？

三是“ABB”式叹词。户县方言有一个“啊哟哟[a^{55} iau^{35} iau^{35}]”，“啊”读作去声调，“哟”读作阳平调，专门用来耻笑听话人。例如：

啊哟哟，你咋一点儿都不嫌辱[suẽ^{35}]羞呢？

啊哟哟，你都是大学生咧，连这个字都认不得不认得！

有甚者，还有“啊哟哟啊哟哟”的重叠；更有甚者，还有“啊哟哟啊哟哟啊哟哟啊哟哟”的重叠；极有甚者，还有如下的重叠式。

啊哟哟哟哟，啊哟哟哟哟，啊哟哟哟哟，哟哟，哟哟……[a^{55} iau^{35} iau^{35} iau^{31} iau^{31}，a^{55} iau^{35} iau^{35} iau^{31} iau^{31}，a^{55} iau^{35} iau^{35} iau^{31} iau^{31}，iau^{31} iau^{31} iau^{31} iau^{31}……]

只要说话人愿意，后边可以不断地“哟哟[iau^{31} iau^{31}]”下去。这种无限重叠的叹词，20 世纪七八十年代以前在户县还常常可以听到，如今早已成为历史陈迹了。

四是处于句首或句末表抱怨、谩骂等的“哎[æ^{31}]”和表应答、肯定等的“噢[au^{31}]”也可以两叠成为“哎哎[æ^{31} .æ]、噢噢[au^{31} .au]”，还可以三叠成为“哎哎哎[æ^{31} æ$^{31\text{-}24}$.æ]、噢噢噢[au^{31} au$^{31\text{-}24}$ .au]”；更有甚者还可以把“哎$_{3}$、噢$_{3}$”读作长音，分别为[æː^{31}]、[ɔː^{31}]，特别有甚者还可以把“哎$_{3}$、噢$_{3}$”读作无限长音。于是，这里就有一个语义兼感情色彩的层级问题。其中第二层级未交待，大家知道，长音也是深化语义及感情色彩的主要手段。

第一层级：哎[æ^{31}]、噢[au^{31}]

第二层级：哎[æː^{31}]、噢[ɔː^{31}]

第三层级：哎哎[æ^{31} .æ]、噢噢[au^{31} .au]

第四层级：哎哎哎[æ^{31} æ$^{31\text{-}24}$.æ]、噢噢噢[au^{31} au$^{31\text{-}24}$ .au]

第五层级：哎哎哎[æ^{31} æ$^{31\text{-}24}$ æː^{31}]、噢噢噢[au^{31} au$^{31\text{-}24}$ ɔː^{31}]

第六层级：哎哎哎[æ^{31} æ$^{31\text{-}24}$ æː^{31}……]、噢噢噢[au^{31} au$^{31\text{-}24}$ ɔː^{31}……]

以上以第一层级为基本层级，第六层级为极高层级。例句如。

第一层级：哎[æ^{31}]你！简直不像话！/简直不像话！你哎[æ^{31}]！

第二层级：哎[æː^{31}]你！简直不像话！/简直不像话！你哎[æː^{31}]！

第三层级：哎哎[æ^{31} .æ]你！简直不像话！/简直不像话！你哎哎[æ^{31} .æ]！

第四层级：哎哎哎[æ^{31} æ$^{31\text{-}24}$.æ]你！简直不像话！/简直不像话！你哎

哎哎[æ^{31} æ$^{31-24}$.æ]!

第五层级：哎哎哎[æ^{31} æ$^{31-24}$ æː^{31}]你！简直不像话！/简直不像话！你哎哎哎[æ^{31} æ$^{31-24}$ æː^{31}]!

第六层级：哎哎哎[æ^{31} æ$^{31-24}$ æː^{31}……]你！简直不像话！/简直不像话！你哎哎哎[æ^{31} æ$^{31-24}$ æː^{31}……]!

第一层级：哎[æ^{31}]！你这狗肏的！/你这狗肏的！哎[æ^{31}]!

第二层级：哎[æː^{31}]！你这狗肏的！/你这狗肏的！哎[æː^{31}]!

第三层级：哎哎[æ^{31} .æ]！你这狗肏的！/你这狗肏的！哎哎[æ^{31} .æ]!

第四层级：哎哎哎[æ^{31} æ$^{31-24}$.æ]！你这狗肏的！/你这狗肏的！哎哎哎[æ^{31} æ$^{31-24}$.æ]!

第五层级：哎哎哎[æ^{31} æ$^{31-24}$ æː^{31}]！你这狗肏的！/你这狗肏的！哎哎哎[æ^{31} æ$^{31-24}$ æː^{31}]!

第六层级：哎哎哎[æ^{31} æ$^{31-24}$ æː^{31}……]！你这狗肏的！/你这狗肏的！哎哎哎[æ^{31} æ$^{31-24}$ æː^{31}……]!

第一层级：噢[au^{31}]！我都知道咧/我都知道咧，噢[au^{31}]!

第二层级：噢[ɔː^{31}]！我都知道咧/我都知道咧，噢[ɔː^{31}]!

第三层级：噢噢[au^{31} .au]！我都知道咧/我都知道咧，噢噢[au^{31} .au]!

第四层级：噢噢噢[au^{31} au$^{31-24}$ .au]！我都知道咧/我都知道咧，噢噢噢[au^{31} au$^{31-24}$ .au]!

第五层级：噢噢噢[au^{31} au$^{31-24}$ ɔː^{31}]！我都知道咧/我都知道咧，噢噢噢[au^{31} au$^{31-24}$ ɔː^{31}]!

第六层级：噢噢噢[au^{31} au$^{31-24}$ ɔː^{31}……]！我都知道咧/我都知道咧，噢噢噢[au^{31} au$^{31-24}$ ɔː^{31}……]!

1.1.10.2 “一 AA” 重叠式

这类重叠式词语不多，只有很少几个。

其一，相当于普通话的“一系列”，西安一带作“一拉拉[la^{55} .la]”，凤翔方言作“一亚亚[i^{31} ia^{44} .ia]”（按：陇县的“一亚亚[i^{31} ia^{44} .ia]”指一瞬间）。例如：

这一拉拉事还真的不好办。

写字算账这一拉拉事把人都ᶜ箍整住咧。

其二，西安一带有一个“一堂堂”，也可以指“一件（事情）”，多数情况下指“一系列（事情）”；“堂堂”或“一堂堂”还可以跟基本指示代词“这、咻[uɤ^{55}]/兀一[uei^{52}]、那”构成“这堂堂/这一堂堂”等，“这堂堂/这一堂堂”都指“这一系列（事情）”。例如：

那一堂堂事情我早都办完咧，把我麻烦匝咧我受了许多麻烦！

他给儿问定亲媳妇儿那阵儿也没打听，结果问咧个有神精病精神病的；娶回来咧生咧个孙子，也神神儿的指有精神病倾向的。你说，他这么能行的，算是办咧一堂堂啥事吗？

其三，户县有一个“一牢牢[lau^{35} lau$^{35-31}$]”。20世纪七八十年代以前，户县农村人磨面，给老人、儿童的面粉有的是白的，给中年人的有的是黑的，“一牢牢面”指不分黑白的面粉。

其四，“一直；好久”在关中方言里又作“老、一老、老老[lau^{52} lau$^{52-24}$西安音]、一老老”；户县还有一个“一老辈辈[i^{31} lau^{51} pei^{55} pei^{55}]一直到老”。例如：

我老不见你来，你都忙啥呢？

我一老辈辈都不想见你咧，你简直把我的心都伤透咧！

我咋好几年咧一老/老老/一老老都碰不见你呢，你都忙咧些啥呢？

其五，“一般”在关中人口语里也作“一般般”。例句如。

（谑语）水平一般般，世界前三名。

这俩娃一般般高，一个比一个大两个月。

老婆跟老汉的岁数一般般大，都是属马的。

1.1.10.3　歌谣里的重叠式

我们在前边讨论有关问题的时候举过一些歌谣作为例子。其实，歌谣里的重叠往往更加复杂，有的跟上文所讨论的类型不太相同。因此，这里有必要专门就一些问题给予讨论。

其一，名词在歌谣里的重叠，最典型的除了“AA”式以外，还有所谓的“猴娃猴娃、兔儿兔儿、雁儿雁儿”等重叠形式；童谣还有“鞋鞋、袜袜”等形式。

猴娃小猴子猴娃端板凳，压了猴娃脚趾头。“猴娃猴娃你嫑哭，明日给你娶个花媳妇。”“我不要花媳妇，我只要我的脚趾头。”

猴娃儿猴娃儿搬砖头，砸了猴娃脚趾头。猴娃猴娃你嫑哭，给你娶个花媳妇。“娶下媳妇哪搭哪里睡？”“牛槽里睡。”“铺啥呀？”“铺簸箕。”“盖啥呀？”“盖筛子。”“枕啥呀？”“枕棒槌。”棒槌滚得骨碌碌[ku^{31} lɤu^{31} lɤu$^{31-55}$]，猴娃媳妇睡得呼噜噜[xu^{31} lɤu^{31} lɤu$^{31-55}$]。

老乌鸦[ua^{31}]乌鸦老乌鸦一溜溜，我给你炒豆豆。你一碗，我一碗，把你憋死撑死我不管。

白杨树，高挑挑，我家娶个花嫂嫂。吃米吃半斤，吃面吃半升，睡到炕上佯声唤。听她娘家叫来咧，穿个花袄忽闪闪。“女婿女婿你嫑诈狂，狂妄，给你丢个吃奶娃。”

而《豆角儿豆角儿憋憋》实质上说的就是“豆角很饱满”，完全可以说成“豆角儿憋憋”，因为要求七个音节，所以加了一个“豆角儿”：豆角儿豆角儿憋憋，我在城里看我爹爹。我爹爹问我几岁，我跟羊羔儿同岁。羊羔儿把我脚踏咧，我把羊羔儿㞎拔咧。羊羔儿给我要㞎呢，我给羊羔儿磕头呢。“羊羔儿羊羔儿你嫑哭，我给你问订媳妇个花媳妇。”

《豆芽菜，生拐拐》里的“拐 $_{2}$”要变作去声调，与“菜、卖”同调：豆芽菜[ts^{h}æ^{55}]，生拐拐[kuæ^{52} kuæ$^{52-55}$]，我到咸阳做买卖[mæ^{55}]。三十黑咧晚上才回来。叫老婆，开门来，咱也买些吃的过年来。羊肉膻气牛肉顽不酥，不脆，嚼不烂，猪肉倒好没有钱。青菜灰气葱又辣，豆芽菜虽好没人掐。核桃空空枣有虫，柿饼虽好没吃成。

我们还从杨生博、李健的《库淑兰剪纸研究》（陕西人民美术出版社2010）第32页看到《兔儿三瓣嘴》的旬邑歌谣，其中“兔儿”重叠为“兔儿兔儿”，这是口语化最强的形式之一：“兔儿兔儿三瓣嘴，沙拉沙拉吃个美。兔儿兔儿红眼睛，扑闪扑闪亮晶晶。兔儿兔儿后腿长，蹦儿蹦儿蹦蹦跳跳像跳房民间的‘跳格子’游戏称作‘跳房’。”其中还有重叠形式“沙拉沙拉、扑闪扑闪、亮晶晶、蹦儿蹦儿”，“蹦儿蹦儿”也很口语化，其重叠形式也很特殊。

我们在旬邑调查到的歌谣《雁儿雁儿摆铧角》云：“雁儿雁儿摆铧角，狗拾柴，猫垒窝。稙下儿子不给我，侴你娘的蛋蛋脚！”旬邑把大雁叫做“雁／雁儿”，户县叫做“咕噜雁”，户县类似的歌谣云“咕噜雁，摆铧角，狗拾柴，猫垒窝。稙下儿子不给我，侴你娘的蛋蛋儿脚！”

旬邑歌谣《一树梨花靠粉墙》云：……开窗窗，闭窗窗，里面坐个绣姑娘……

歌谣中有的呼告词语也常常重叠，如旬邑歌谣《黄狗咬谁哩》：“黄狗黄狗咬谁哩？咬我张家大伯哩。大伯大伯你坐下，娃给你泼茶沏茶蹦芝麻。取来烟锅端来茶，大伯给我说主家。”

户县童谣《红鞋鞋》可以跟旬邑童谣《红裙裙》进行对比。户县《红鞋鞋》云：“红鞋鞋，绿袜袜，我在河[xuɤ^{354}]河里，吆鸭鸭。鸭鸭还没吆上岸……”（孙立新《户县方言研究》228～229）旬邑《红裙裙》云：“红裙裙，绿带带，青箱箱，木盒盒……”

其二，动词和形容词的特殊重叠式

动词的特殊重叠式，可从摇篮曲《罗罗，面面》来看。《罗罗，面面》云：“箩箩，面面，杀公鸡，擀细面。婆一碗，爷一碗，两个小伙两半碗。”其中“罗罗，面面”指把面罗下来。

形容词的特殊重叠式例子比较多。

《月明夜亮晃晃》云：“月明夜，亮晃晃，开开城门洗衣裳。洗得干干净净的，槌得帮帮硬硬很硬挺的。打发哥哥穿整齐，提上馍笼走亲戚。”其中

"帮帮硬硬"常常作"帮帮硬"。

《月亮爷光光》云："月亮爷光光指月光很亮，海棠河里洗衣裳。洗得净净儿的，槌得硬硬儿的。打发哥哥出门去呀[.tɕʰia]。去呀[tɕʰia⁵⁵ .ia]骑的白大马大白马，回来坐的花花轿，一对儿龟兹读如"归滋"，唢呐一对儿炮。你看热闹不热闹？'热闹是我挣下的，不是旁人送下的。'"旬邑一带的老人也有六月六日晒寿衣寿帽的习俗，当地以在六月六日老人晒寿衣寿帽时孩子们在下边钻来钻去捉迷藏为吉利（对老少都吉利）。孩子们钻着，还吟唱当地千百年传唱的歌谣云："天上日头光光指月光很亮，百虫晒得惶惶。天上日头圆又圆，地上百虫都晒完。日头爷，红又红，晒得百虫圪嘣嘣[kɯ³¹ pəŋ³¹ pəŋ³¹⁻³⁵]。"

1.1.10.4　几个常用词语的重叠

其一，涎水布，高陵、三原、泾阳、旬邑、彬县、礼泉、定边等处叫做"围围[y³⁵ y⁻³¹ 高陵音]"或"围围子"，商州、淳化等处叫做"围围儿"，户县、咸阳、兴平、太白、凤县、宝鸡、麟游、陇县、富县等处叫做"帘帘[liã³⁵ liã³⁵⁻³¹ 户县音]"或"涎水帘帘"。

其二，发糕，西安叫做"粑粑儿馍[pa³¹ .pɐr mɤ⁵⁵]"，户县、永寿、淳化、乾县、太白、凤县、宝鸡、凤翔、岐山、扶风叫做"粑粑[pa³¹.pa]"或"粑粑馍[pa³¹ .pa mɤ⁵⁵]"，黄龙、黄陵、宜君、铜川、白水、周至、麟游等处叫做"黄黄[xuaŋ²⁴ xuaŋ²⁴⁻³¹]"或"黄黄馍"，高陵、三原、旬邑、长武、彬县叫做"锅塔塔[kuɤ³¹⁻⁵¹ tʰa³¹ .tʰa]"，富平叫做"塔塔"，礼泉叫做"发发馍"，蒲城叫做"梁梁"，大荔叫做"气和和"。

其三，锅巴，旬邑、长武、彬县、永寿、乾县、眉县、太白、凤县、宝鸡、千阳、陇县、富县、定边等处叫做"刮刮[kua³¹⁻⁵¹ .kua 旬邑音]"，合阳叫做"干干[kã²¹⁻⁴² .kã]"；相对软的锅巴，丹凤、淳化叫做"粘粘[zã²⁴⁻²¹ zã²⁴⁻⁵² 淳化音]"。

其四，苦菜，西安叫做"苦苦菜[kʰu⁵² .kʰu tsʰæ⁵⁵]"，旬邑、长武、彬县、永寿叫做"苣苣[tɕʰy⁵¹ .tɕʰy 旬邑音]"或"苦苣苣[fu⁵¹ tɕʰy³¹ .tɕʰy 彬县音]"。

其五，瓦松的叫法：西安"酸酸柳"，大荔"酸酸溜"，渭南"酸酸醋"，礼泉、咸阳、千阳、富县、定边"酸酸"，高陵、淳化"酸溜溜"，凤翔、扶风"酸酸菜"，合阳、临潼、泾阳、彬县、永寿、凤翔"松塔塔"，长武、永寿"麦钻钻"，宜川"瓦枞枞"，宝鸡"瓦沟沟"，旬邑"浆水水"，洛川"拉拉蒜"，白水"蒜塔塔"。

其六，蒲公英，洛南叫做"经更更"，华阴叫做"经刚刚"，大荔、韩城叫做"金刚刚"，高陵叫做"金金刚"，渭南叫做"经经杠"，黄龙叫做"圪怒怒"，澄城叫做"圪怒怒"或"圪拗拗"，铜川、耀州、蒲城、三原、富平叫做“圪圪能”，泾阳、旬邑、长武、永寿、淳化、乾县、麟游叫做“壳篓篓”，周至、户县、眉县、宝鸡、太白、凤县、凤翔、扶风叫做“咕咕等（按：户县把斑鸠也叫做‘咕咕等[ku^{35} ku^{-31} təŋ^{51}]’）”。

其七，蟋蟀，西安、临潼、蓝田、潼关、富平、三原、泾阳、黄龙、富县叫做“蛐蛐儿[tɕ^{h}y^{31} .tɕ^{h}yər]”，户县、大荔、渭南、澄城、合阳、耀州、白水、高陵、长武、淳化、咸阳、兴平、周至、凤翔、陇县、定边叫做“蛐蛐[tɕ^{h}y^{31} .tɕ^{h}y]”，乾县叫做“地蛐蛐”，太白叫做“地辘辘”，韩城叫做“裁裁剪剪”，周至叫做“蛐蛐”，又叫做“糨糨槌槌”，洛川、铜川、蒲城、旬邑、彬县、永寿、宝鸡、麟游、千阳叫做“促织织”，其中“织”读如“朱”，“促”字读作去声或读如“序、素”。现在罗列洛川等处“促织织”的读音：洛川[ts^{h}ou^{44} tsʮ^{31} .tsʮ]，铜川[ts^{h}ou^{44} tsʮ^{21} .tsʮ]（又作“蛐蛐[tɕ^{h}y^{21} .tɕ^{h}y]”），蒲城[ts^{h}ou^{55} tsu^{31}.tsu]，旬邑[ɕy^{44} tsʮ^{31} .tsʮ]，彬县[ɕy^{55} tsʮ^{31} .tsʮ]，永寿[su^{44} tsʮ$^{31-52}$ .tsʮ]，宝鸡[ts^{h}u^{44} tʂʅ$^{31-52}$ .tʂʅ]，麟游[su^{44} tsʮ^{31} .tsʮ]，千阳[su^{44} tsʮ$^{21-52}$ .tsʮ]。

其八，肚脐，铜川、白水、富平、乾县、礼泉叫做“脖脖”（《广韵》蒲没切，“脖，胦脐。”），蒲城叫做“肚子脖脖[t^{h}ou^{55} .tsɿ p^{h}o^{24} p^{h}o^{-31}]”，太白、凤翔、岐山、扶风叫做“暴暴[pau^{44} pau^{44}]”，高陵叫做“肚肚窝儿[tou^{55} tou^{55} uɤ$^{31-35}$.ər]/脖脐窝儿[p^{h}u^{35} t^{h}i^{35} uɤ$^{31-35}$.ər]”。

其九，蝼蛄，宝鸡一带和定边叫做“地蝼蝼[t^{h}i^{44} lou^{44} lou^{44}宝鸡音]”。

1.1.10.5 “X，XV”重叠式

其一，王求是（2007：345～357）《孝感方言的 X，XV 格式》指出：孝感方言存在着“X，XV”格式，如“他一天到晚，书，书不看，事，事不做，像个游神”“窗户被卡住了，开，开不了，关，关不了，烦死人”“他租房子要求蛮高，大，大不得，小，小不得，真是难伺候”。其实，这种格式在关中方言里也是普遍地存在着的；这种格式可能是汉语的通语现象。这种格式在关中方言里也可以举出许多例句，有的例句干脆在两个 X 之间没有停顿：

你说你做饭呢，菜，菜不淘，面，面不擀，把菜咧面咧的望回一买，锅里头一下，这也叫做饭吗？

你这个学生，语文，语文不好好儿学/语文语文不好好儿学，数学，数学不好好儿学 /数学数学不好好儿学，你像个学生吗？

老汉上县去咧，东西，东西没买一点儿/东西东西没买一点儿，事情，事情没办一件儿/事情事情没办一件儿；爱下棋，整整儿就下咧一天的棋。

肉是顽串串（成串的、很难切碎、很难剁碎的），切，切不成，剁，剁不成；吃不成饺子，燣$_{炒}$不成臊子，只好煮着吃。

我妈的钱，要，要不到手；偷，知不道不知道在啥地方偷，搁得牢靠得很。

“文化大革命”那阵儿过年呢，肉，肉吃不到嘴，东西东西没有的，热闹热闹不准耍，初一都要做活呢，还说是过“革命化的春节”呢。

这个娃，诀骂，诀不得，打，打不得，难管得很！

他的肠胃有问题呢，饿，饿不得，饱，饱不得。

他这一几[tʂei^{55}　tɕi^{31}]年事由儿好得很各种事情很如意，种啥啥成收成好并且常常卖的价钱好，谋啥事啥事成。

其二，有的语句中的 X 是词组。例如：

算账算账你算不了，收账收账你收不回来，我这个公司要你做啥呀？

你教书教书不行，研究研究不行，坐办公室坐办公室还不行，你能做啥呢？

你说你做家务呢，做饭做饭捉不住，洗衣裳洗衣裳顾不来，这就叫做家务吗？

我这几年就倒霉匝咧，炒股炒股赔咧，做生意做生意赔咧，真是喝凉水都钻牙缝呢！

其三，有的语句中的 X 可由“VOVO”式省略为“VOV”式。例如：

做饭做不了，洗衣裳洗不了，你咋镇这么笨的？

教书教不成，写文章写不成，满肚子的墨水没处倒。

你算账算不了，收账收不回来，我这个公司要你是熬胶干什么呀？

注释

① 孙立新 2001《户县方言研究》226～227 页对 3 种题为《咪咪猫》的歌谣进行了标音举例，请详阅。

②③ 请分别详阅孙立新 2001《户县方言研究》230 页的户县歌谣《高高山上种大麦》和《光光爷》。

④ 户县方言把啄木鸟叫做“鸽暴暴、鸽夺夺”，其中“暴暴、夺夺”是拟声的。关中方言区类似于户县方言“鸽＋重叠式象声词”称啄木鸟的方言点很多。例如：西安北郊称啄木鸟为“鸽夺夺儿[tɕ^{h}iã^{31}　tuɤ^{24}.tuər]”，南郊称为“鸽夺夺[tɕ^{h}iã^{31} tuɤ^{24}.tuɤ]”；蓝田、洛南、华县、潼关 4 处称啄木鸟为“鸽嗙[꜀paŋ]嗙”，商州为“鸽嗙嗙[tɕ^{h}iã^{21} paŋ^{21} paŋ$^{21-35}$]”，大荔为“鸽棒棒[tɕ^{h}iã^{31} paŋ^{55} paŋ^{55}]”，渭南为“鸽包包[tɕ^{h}iã^{31} pau^{31} pau$^{31-35}$]”，合阳为“鸽 ꜁包包”，韩城为“鸽包包[tɕ^{h}iã^{31} pau^{31} .pau]”，黄龙为“鸽嘣嘣[tɕ^{h}iã^{31} pəŋ^{55} pəŋ^{55}]”。另外，还有“鸽”字重叠而拟声词不重叠的，如临潼为“鸽鸽暴[tɕ^{h}iã^{31} .tɕ^{h}iã　pau^{44}]”。

⑤ 笔者的母亲，1933 年生。笔者幼时，母亲讲民间故事，在叙述故事里角色说话时，常常把“他说”说成了“他说说”，这个习惯后来也改了，说成了“他说”。据母

亲说，她老人家自幼所听的民间故事，基本上都是一位 19 世纪末出生的老人讲的。那位老人一生都在户县当地生活，很少外出，“他说说”是其讲民间故事时常用的。这虽然是一个关中方言单音节动词“AA”式的孤证，但是，不能忽视，特与交待。

1.2　词缀研究

汉语经过了一个漫长的发展过程。在这个过程中，其语法表达手段中的语序变化往往不太大，虚词也往往比较稳定。但是，其重要的构词手段中的词缀体系就显得比较复杂了；尤其是形容词后缀。而各地方言的词缀往往千奇百怪，于是，深入研究词缀就显得尤为重要了。

关中方言的词缀跟普通话有许多一致的，这是关中方言属于官话的重要因素；同时又有不少不一致的，这是其个性特征的体现。八九十年以来，研究过关中方言的许多学者都不同程度地注意过对关中方言词缀的研究，尤其是一些专著类成果，都不同程度地研究过词缀。

本节讨论关中方言词缀的时候，首先从词性角度来看问题。在讨论具体词缀的时候，牵涉到的问题一并纳入讨论。如“子”主要是名词后缀，也常常作量词等的后缀。于是，讨论名词“子”尾的时候，量词等的“子”尾一并纳入讨论。

本节主要讨论关中方言的后缀，这是由关中方言的词缀以后缀为主所决定的。关中方言的中缀相当少，这里予以交待。一是“稀巴烂”的“巴”字是中缀，关中方言把“稀巴烂”也作“稀烂”。二是户县方言有一个中缀“嘛肏[ma^{31} zʅ^{31}]”，例词只有三个，如“肿嘛肏歹臃肿得很难看、乱嘛肏搅[tɕiau^{51}]、黏[ʑã^{35}]嘛肏搅很黏的样子”；其中“乱嘛肏搅”又作“乱嘛圪搅[tɕiau^{31}]”，“黏嘛肏搅”又作“黏嘛圪搅[tɕiau^{31}]/黏圪搅搅[tɕiau^{31} .tɕiau]”。三是“嘛[ma^{31}]”字，户县方言只有一个词语“黏[ʑã^{35}]嘛锁糊”，跟“黏嘛肏搅”同义。四是“圪”字可以充当中缀，下文专门要讨论到中缀“圪”。

1.2.1　名词词缀

鉴于关中方言的名词前缀跟普通话差不多，所以，本小节主要讨论名词后缀。这里顺便对关中方言的名词前缀予以交待。

其一，前缀“老”。如“老李、老张、老大、老三”，因为关中方言把“小”叫做“碎”，于是，有一个“老碎”的概念，等同于东北方言的“老疙瘩”。在家族或家庭里的排行里，排行十一及其以后的，也有叫做“老十一、老十八、老二十六”等的，但是，排行十一及其以后的一般口语里不带“老”字，而直接说成了“十一、十八、二十六”等。前缀“老”字通常读作上声调[ᶜlau],“老”字在上声字前有变作阴平的，如“老五[lau$^{52-31}$ u^{52}]、老九[lau$^{52-31}$ tɕiɤu^{52}]”，很有意思的是，户县方言“老四”通常读作[lau^{51} sɿ^{55}]，又读作[lau^{31} sɿ^{55}]，这是受了“老五、老九”的“老”字在上声字前变作阴平影响的缘故。

其二，前缀“阿[꜀a]”。关中方言区除了西安、户县等处以外，出嫁妇女很普遍地把夫家的“公公、婆婆、夫兄、夫嫂”分别背称为“阿公、阿家[tɕia^{31}]、阿伯[pei^{31}]子/阿伯哥/阿伯子哥、阿嫂”。《辞源》3260页“阿公”第一义项曰“妇称夫之父。唐赵璘《因话录·四·谐戏》：‘有妇人姓翁，陈牒论田产，称阿公阿翁在日。’”3261页“阿伯”第二义项曰“妇称夫之兄。宋·陶岳《五代史补·世宗问相於张昭远》：‘（李涛弟）瀚娶礼部尚书窦宁固之女，年甲稍高，成婚之夕，窦氏出参，涛辄望下拜。瀚惊曰：“大哥风狂耶？新妇参阿伯，岂有答礼仪？”参阅宋·洪迈《容斋三笔·十四·夫兄为公》’。”按：关中方言区东部如潼关有谚语云“阿伯子哥，比天大 a^{31} pei^{31} tsɿ$^{-24}$ kɤ^{31}，pi^{52} tʰiã^{31} tʰuo^{55}”，意思是，弟妻应当像对待公公那样对待夫兄，夫兄在弟妻面前如公公一样持重；看来古来“父兄、子弟”两个词语的构成是有着伦理意蕴的。3262页“阿家”第一义项曰“妇称夫之母。家，音姑。《宋书·范晔传》：‘（临刑）所生母泣曰：“主上念你无极，汝曾不能感恩，又不念我老，今日奈何！……”妻云：“罪人，阿家莫念。”《北齐书·崔暹传》：“天宝时，显祖尝问乐安公主：‘达拏於汝何以？’答曰：‘甚相敬重，唯阿家憎儿。’显祖召达拏母入内，杀之，投尸漳水。”达拏，暹子。’”按：今关中方言“阿家”的“家”字不读如“姑”，而读如“加佳”。

大致看来，普通话名词后缀“子、儿、头”等在关中方言里相应地也是“子、儿、头”尾，但关中方言的名词词尾却与普通话之间存在着既对等又不对等的情形，最典型的是关中方言有些名词无普通话相应的后缀或干脆没有后缀，有些在普通话里是“子”尾词却在关中方言里相应地是儿化或儿尾词。

1.2.1.1　“子”尾

我们可以从以下几个方面来看西安方言名词子[.tsɿ]尾的特点。

其一，西安方言有与普通话子尾词相一致的，这些词语主要是：沙子、巷子、洞子、楼子、碑子、碑座子、庐子（碑～、坟～）、炉子、堡子、园子（菜～、戏～，但是“瓜果园”类不叫“园子”，如“瓜园、果园、梨园、苹果园、葡萄园、柿子园”，户县有村名曰“柿园”，不作“柿子园”；狭义的“园子”还指闲置的宅基地）、畦子、ᶜ场子（竹马～、篮球～、网球～；打～在演地摊、社火、竹马等的时候，把场子弄大）、水꜁场子浇地的时候，井边头通往水渠的大的池子、秧子、种子、钯子（钉～、粪～）、镰刃子、钐子、筛子、碾⊃子、碾⊃盘子、⊂碾子一种细而长的碌碡，20世纪60年代以前农村用来于麦子起身前用这种农具把麦地碾一遍，以期分蘖多、增产潜力大、⊂碾槽子、磨子、麸子、钳子、镊子、起子、稻子、磨子、梯子、拐子农家织土布用来拐线的；拐杖叫做“拐拐、拐拐子、拐拐儿[①]”、茄子、蒿子、柿子、橘子、苇子芦苇、竹子、骡子、鸭子、鹞子、狮子、豹子、梯子、柱子、帘子、链子、褥子、桌子、箱子、票子、椅子（按：关中方言口语多把椅子叫做“靠子”）、捻子（灯～、药～、棉花～）、椅背子、桌布子、刷子、篦子、茶缸子、茶托子、茶杯子、盆子（尿～、铁～、铜～、洗脸～、洋瓷～、塑料～）、碟子、筷子、刀子、菜擦子、肉墩子、鏊子、模子、架子(铁～、木～、镰～、肉～、衣～自行车的后座、摆～、～车、洗脸盆～)、锭子、锥子、尺子、锁子、金子、银子、袍子、帽子、袖子、靴子、鞋样子、鞋楦子、鞋拔子、袜子、扇子、镯子、箍子（金～、银～）、叫花子、个子、妗子、脑子、鼻子、胡子、肚子、衫子、糁子、肉丸子、包子、日子、孝子、牌子、色子、扳子、铺子、卷子、芯子（长虫～、社火～、～社火、蜡～狼尾巴草，因其杆子常常做蜡烛芯子，故名、木头～、铁～、硬～）、戏台子、面子（给你给～、被～、桌～、炕～、墙～、辣辣椒～、粉淀粉～、草～、里子、底子、芽子、靶子、蹄子、门关子、垫子、铁链子、绸子、缎子、柱子、果子、碾盘子、稗子、筐子、墨盒子、位子、戒子、疖子、裤子、糜子、果子、橘子、柑子、柚子、馃子、馓子、卷子、漏子、阵子（这～、那～、一～），等等。

还有一个“头子[t^{h}ɤu^{24} .tsɿ]”的能产性比较强，是实词素“头”加子尾，需要专门交待。

一是“事头子”，指人在处理具体经济事务过程中对待实际利益的态度，“事头子鑱/事头子鑱活”指在实际利益面前贪得无厌，毫不讲理；“事头子瓤/事头子不行”则指不贪婪，甚至把应该拿的都拿不到手。“事头子”也可以是儿化形式“事头儿”。

二是“法头子”，这个概念是提出“依法治国”口号以前常常用到的，指人治政治社会背景下的“法口”。如所谓的“严打”时期，有的人很可能被重判甚至被置于死地，“碰到法头子”指的就是碰到所谓的“严打”时期被重判甚至被置于死地。

三是“一头子”，如“⊆对咧一头子”指训斥了一顿；“捱[næ^{24}][①]咧一头子”指被训斥了一顿；“给咧一头子”指用言语还击了一顿，给予迎头痛击，又作“给咧个照上”。由“捱咧一头子”又生发出一个“捱头子”的概念，如“寻着捱头子”指找骂、招人臭骂。

四是“气头子”指正在生气的时候，例句如“他正在气头子上呢/气头子上呢，候他气消咧再说寻他办事｜这个人在气头子上就脾气大得很，其实，过去咧也没啥”。

五是“耍[ᶜsua]头子”指农家房屋山墙前边伸出的一部分墙壁。“耍”的本字可能是“厦”。“厦”字《广韵》为“胡雅切”，《集韵》为“所嫁切”；普通话依例读作去声[çia^{51}/ʂa^{51}]，关中方言读作上声[ᶜçia/ ᶜsa]（厦[ᶜçia]门｜厦[ᶜsa]子、高楼大厦[ᶜsa]），“耍头子”的“耍”字可能是“厦”字增加了介音[u]的结果（[ᶜsa]＞[ᶜsua]）。

六是“笔头子”指写作水平，如“笔头子俐”是指笔下流利，顺畅；“笔头子镵[꜀tsʰã]”指写作水平很高。“笔头子”和下边“大人头子”的“头子”，西安一带又作“头儿[꜀tʰər]”。

七是人品名词“大人[ta^{55} ʐẽ$^{24\text{-}31}$]头子”指官场中的大人物；含贬义。

其二，关于人品名词带子尾的，以户县方言为例，可以分为以下几个小类。

病理类的：秃子、聋子、瞎子、麻子、胖子按：户县方言没有普通话所具有的“瘦子”一词、瓜子傻子；哑巴（请您注意：关中方言很普遍地把傻子和哑巴都叫做“瓜子”）、茶子傻子、疯子、瘫子、跛子/瘸子/꜀拐子、栽蹄子跛子的一种，走路时栽着脚、斜眼子眼睛歪斜者（/斜眼瞪）、对眼子、歪嘴子嘴巴歪斜者、栽蹄[tʰi$^{35\text{-}31}$]子脚部残疾而走路时脚后跟不着地的残疾人、揹个[kɤ^{35}/kɤ^{31}]子驼背、溜肩子、翘[tsʰau^{55}]肩子肩膀翘起者、豁豁子兔唇豁者、半语子咬字不清晰者、吃[tçiɛ^{31}]格子口吃者（西安叫做“吃[tçiɛ^{31}]勾子”）、□[ʂã^{35}]腰子腰不直者、□[ʂã^{35}]背子背不直者、二尾子中性人。清代关中把“哑巴”还叫做“哑子”，如《李十三十大本》P150：“哑子吃了黄柏味，心中有苦只自知。”清末（约光绪三十年即公元 1871 年）至民国 20 年（1931）流传于礼泉、扶风的歌谣《吃洋烟》云：“哑子吃了一口烟，立时就把真言发。”

职业类的：报子、探子、贩文读去声调，白读阴平调子、厨子、粮子。梢子指艄公，《李十三十大本》P189：“客路青山外，行舟绿水前。梢子那里。来了，说啥？”

个性品质类的：骗子、浪子、粮子按：如今早已不用此词了、婊子、二杆子、二垂子“垂子”是阴茎早期的避讳叫法；二百五，二杆子、二愣子傻子、半争子莽夫、轱辘子赌棍、弹耳子三声五声叫不应的孩子；没有耳性的孩子、彆[piɛ^{51}]囊子缺乏勇力者、二流子、败家子/踢家子、油[iɤu^{55}]子社会渣滓/油子货/社会油子、兵油子、偷奸子吝啬鬼、急性子、直肠子、洋性子爱摆阔气者；别人用好话可以使其干出许多善事的人、洋昏子把事不当事者、乍尾子狂妄之徒、群狗子一群狼狈为奸的家伙、二母狗子不晓事理者（歇后语“两个母狗并排儿走——二母狗子”）、街馅子市侩。（按：贾平凹《古炉》155 页有“二杆子、二愣子”连用的例句“怪事！让天布去，二杆子还得二愣子收拾哩！”）

亲属称谓类的：妹子妹妹、娃子儿子、女子女儿、妗子、孝子（过丧事的时候：男～、女～、男女～；人品名词他是个～）；西安方言还有“嫂子”。

旧时的妻妾一般分别叫做“大老婆、小老婆”，也叫做“大婆子、小婆子”。后娘一般背称“尧娘/尧妈”，含贬义的为“尧婆/尧婆子/尧罐罐”；继父一般叫做“后大”，也有由“尧娘”等类化而叫做“尧大”的。

其他：叫花子、叫街子乞丐的一种，往往拿着菜刀走在大街上朝头上打甚至砍得流血以博得人们同情而给其吃用、带犊子拖油瓶、尧婆子后娘、双料子指身体特别魁梧的人、烧料子眼镜中的非水晶石的（常作“烧料片儿”）。

其三，西安方言部分普通话单音名词词干加子尾的词在西安方言里是不带子尾的，如西安方言把普通话的“谷子”叫做“谷”。西安方言单音节名词在普通话里是带子尾的，这些词主要有：谷、麦、桃、杏、枣、檩、椽、席、橛、绳、盆、罐、坛、盘、架、猴、房、鞋、锯、笛、勺、院（前～、后～）、柜、村、驴、镜、虱、笛。其中，“桃、杏、枣”等词在普通话里带子尾或者儿化均可。户县方言也有“绳子”一词，但普通话的“绳子”指所有的绳子，户县方言的绳子一般只指纳鞋底或绱鞋子的细线绳子；西安方言的“盆子”是盆子的统称，“盘子”指算盘，“猴子”指螳螂。“嫂子”一词建国前在西安就有用的，但是，这不是原生态的西安方言词；关中方言一般把嫂子称作“嫂”，“嫂嫂[sau$^{52\text{-}31}$ sau^{52}]”的叫法一是在书面，二是多在儿童口语（[sau^{52} sau$^{52\text{-}24}$]）；凤翔等处有叫“嫂嫂[sau^{52} .sau]”的。

其四，西安方言从普通话双音节名词里选取一个有代表性的音节（词干）加上子尾而从词形上与普通话相区别，如普通话的“铡刀”在西安方言里作“铡子”。举例比较如下：

西安	铡子	剪子	扫子	笤子	辣子	对子	章子	纽子	卡子
北京	铡刀	剪刀	扫帚	笤帚	辣椒	对联	图章	纽扣	发卡
西安	褙子	狐子	窗子	扳子	庄子	房子	方子	棺子	涝子
北京	袼褙	狐狸	窗户	扳手	庄基	房间	方剂	棺材	涝池
西安	糨子	底子	身子	料子	贴子	馆子	状子	角色	妹子
北京	糨糊	鞋底	身体	布料	招贴	饭馆	诉状	角子	妹妹
西安	腔子	单子又指处方	案子又指乒乓球案子，面案等						
北京	胸腔	床单、被单	案件						

西安一带“棺子”仅使用于发毒誓的一个语境：“谁讹人把他全家一棺子往出抬！”另外，户县把淀粉块和棺材板都叫做“块子”；“棺材板”也叫做“枋块子”，其中“枋”指棺材。若要区分淀粉块和棺材板，可从具体语境来看。如“我想买些块子”中的“块子”指淀粉块，“他大父亲都80岁咧，他给他大还把块子都没拉买呢”中的“块子”指棺材板。关中把棺材叫做（或又叫）“棺子”的方言点有三原、咸阳、户县、兴平、周至、扶风等处。

其五，西安等处还有一部分当地人口语里经常用的子尾名词。例如：行ᵓ子如：瓜～、二膘子不太肥的猪、脓包子懦弱的人、结勾子口吃者、ᶜ拐子拐线用的～；胳膊肘：拿拐子打人、꜀拐子瘸子、女子女儿；女孩儿、娃子儿子；男孩儿、两口子、（翻）碗子用碗盛的在蒸锅里蒸熟而预备筵席上用的饭菜、摞子、尻[kɤu^{31}]子屁股、尻门子肛门、尻蛋子臀、尻渠子屁股的沟渠、担子扁担；房上的大梁、糟子醋～，酒～；炭～：炭渣、油ᵓ子炭～：炭渣；～货（油嘴滑舌者）/社会～、织布子土布（耀州也叫做“织布子”）、汉子个子；一条汉子、二尾[i$^{52-31}$]子中性的人或畜、拜贴匣子贺人新婚用的匣子/拜亲匣子、盒子盒子通常叫做“盒盒、盒盒子、盒盒儿”；吊唁或纪念死者提的盒子、舀子铁制的用来盛水或者饭的勺状物、川子装酒的小瓷瓶、摔[fei^{31}西安音/sɥei^{31}三原音/ʂei^{31}宝鸡音]子打身上的土的家具；碰铃（按：凤翔方言把碰铃叫做“摔摔[sɥei$^{31-52}$ .sɥei]）”、一岸子别处，外地：～人、皮子麺皮儿；橡胶皮子、胰子香皂；猪～：猪的胰脏（按：把肥皂叫做“洋枧”）、搔[tsau^{31}]子耙、□[p^{h}ia^{52}]子铁皮水壶、袕[ɕyɛ^{24}]子幼儿穿的斗篷，抱裙（《广韵》入声屑韵胡决切：“袕，长衣也。”）、麸子麦麸子：麦糠；豆弋子：小的豆荚皮、谷莠子、刨花子、精身子光着上身、精溜子赤身裸体、式子列式子；贬指人的不好的举止、打圈ᵓ子猪交配、卵[luã^{31}]子睾丸/卵蛋子、阳坡子、背阴子、背黑子背面或后面没有光线、茅子厕所、幌子、望子、亮子如灯影戏的亮子、撇子贬指口才，等等。

西安方言把甜瓜叫做“梨瓜子”，关中多数方言点（如户县、宝鸡、咸阳、铜川）叫做“梨瓜”，洛南叫做“香瓜”，韩城叫做“香瓜/脆瓜/小瓜子”。

西安把猴子叫做“猴”，把蚱蜢叫做“猴子”；关中多数地方也把猴子叫做“猴”，而把螳螂叫做“猴子”。户县把蚱蜢叫做“尖꜀担/鞭꜀担”。

西安把囟门叫做“囟门子”，丹凤、潼关、大荔、韩城、宜川、高陵亦然；关中多数方言点把囟门叫做“囟门”或“囟门口”；合阳叫做“囟门角子”，旬邑叫做“囟门口子”。

“口子”一词在西安一带的用法如“血口子、衣裳扯咧个口子”以外，还指山的峪口，如说“进咧口子、出咧口子、把着口子”的“口子”都指峪口。

西安把床叫做“床/床子”，关中多数方言点把床叫做“床”；“床子”在多数方言点指床状物，如户县方言词“红苕红薯苗床子”。

关中方言把芦苇叫做“苇[ᶜy]子”，西安一带农村把野生的芦苇叫做“芦苇子”。

其六，西安方言还有些多音节名词有时带名词后缀“子”，有时不带。例如：“炕席”又作“炕席子”。这类词语主要有：箸笼筷子笼/箸笼子、木碗/木碗子、锅帮/锅帮子、皮夹/皮夹子、烟叶/烟叶子、茶叶/茶叶子、树叶/树叶子（按：“烟叶子、茶叶子、树叶子”可以简称“叶子”）、活叶铰链/活叶子、窑窝在墙壁上挖的或用砖箍用来放杂物的小洞/窑窝子（户县又作“窑窝儿”）、凉席/凉席子、门转窝/门转窝子、窗勾转/窗勾转子/窗子勾转、桶柱大梁中间的柱子/桶柱子、角柱墙角的柱子/角柱子、假檩檩子底下起辅助作用的较细的檩/假檩子、二门/二门子、二道门/二道门子、照壁影壁/照壁子、钓鱼杆/钓鱼杆子、壳郎～猪：架子猪；坑：墓子～/壳郎子、鸡娃小鸡/鸡娃子、骡驹/骡驹子、牛犊/牛犊子、木头轱轳/木头轱轳子、麻杆/麻杆子、臭蒿/臭蒿子、稻糠皮/稻糠皮子、荞麦皮/荞麦皮子、碓窝/碓窝子、锄板/锄板子、城门楼/城门楼子、戏楼/戏楼子、城门洞/城门洞子、城豁落/城豁落子、阳坡/阳坡子、背阴/背阴子、椅背/椅背子、檩条檩子/檩条子、贼星流星/贼星子。

其七，西安方言还有单音节词词干加上子尾后状物的，如“门子”指门状物，如说“把门子打开”是指打开锅炉进煤处或者打开车门等。这类状物名词还有：墙子墙状物、耳子耳状物，如锅耳子、槽子槽状物，例句如“在地上打咧个槽子”、口子口状物，如：山～，血～。

其八，西安方言有的单音节形容词词干重叠成 AA 式后即为名词这些 AA 式词语可加“子”尾，为名词。例如：红红/红红子、白白/白白子葱～(/白白儿)、花花/花花子、好好/好好子、瞎瞎/瞎瞎子坏了的东西、痨[nau^{55}]痨/痨痨子苦味的东西、黄黄/黄黄子、臭臭/臭臭子、大大/大大子、碎碎/碎碎子小的东西、怪怪/怪怪子、奘奘粗的东西/奘奘子、空空/空空子、细细/细细子、单单/单单子、双双/双双子、独独/独独子、拱拱/拱拱子、拗[niau^{55}]拗/拗拗子、趔趔/趔趔子、混混/混混子、坏坏如折了的树枝/坏坏子、꜀反反/反反子，等等。请参阅 1.1.3.2 后半部分户县的“黑黑子”、合阳的“端端子”等。

张成材先生《商州方言词汇研究》433 页有“红红”一词用作判断句宾语的例句：“害眼哩，眼窝是红红。”西安一带与之相对应的句子一般是：“害眼呢，眼窝是个红红/红红子！”

另外，子尾在关中方言里也有向量词延伸的明显因素，如西安老派方言口语很能说明这个特点。老派方言一些量词后常加子尾，例如：一架子山一座山、一挂子车一辆马车或牛车、一幅子布一片布料、一窨子地一大片土地、一畛子地、一堆子土、一剥子白菜一棵白菜、一拨[p^{h}ɤ^{31}]子人一批人、一盅子酒、一摊子屎、一桌子饭、一行子包谷、一锅子饭、一张子纸、一牙子西瓜、一本子书、一道子菜指宴会上的菜、一锭子墨、一摞子五百块胡墼、一披子麻一撮麻、一撮子毛、一撮子韭菜、一炷子香、一杆子枪、一场子雨、一折子戏、一页张子纸、一身子病、一窝子猪娃小猪、一块子豆腐、一吊子肉、一扇子肉如由猪脊梁部砍开的一半、一扇子门（/一扇门）、一件子衣裳、一截子甘蔗、一片子好心肠、一盘子电线、一杯子水、一包子药、一卷子纸、一捆子行李、一捆子十斤棉花、一匣子鞭鞭炮、一盒子炮、一杆子人一伙人、一爪子葡萄/一串子葡萄、一桄子莲菜、两挂子劈成两半的东西肉。

王森先生（2001：225～229）《东干话的语序》一文讨论东干话语序时，举到东干话量词有带子尾的现状。如从王文里可以看到诸如“一盅子（酒）”等结构形式。

大致看来，关中方言区以旬邑、西安、商州、户县、三原、韩城等处方言子尾词为最多。下面举出有关方言点特有的子尾名词，有的在其他方言点也用；商州子尾词选自张成材《商县方言志》，合阳子尾词选自邢向东、蔡文婷《合阳方言调查研究》。

商州：媳子媳妇；大荔、洛川等处亦然、灵子耳灵的人，听力好者、双双子双胞胎、羞脸子害羞的人、私章子/拓子图章、未干子稍带湿气的、芝麻杆子、半扎子半拉子，半个东西、红脖子胀脸（按：今商州通常把脖子叫做“脖项”，“脖子”的用法只限于“红脖子胀脸”；户县通常也把脖子叫做“脖项”，而“红脖胀脸”的“脖”声母读送气，“脖项”的“脖”读不气）。商州称最小的东西时还可带“子子子”。例如：石头子子子最小的石头、沙子子子子最小的沙粒、碎子子子骂小儿语：我把你个～。户县方言有一个“碎子子”，跟商州的“碎子子子”语义和用法相当；户县方言有一个“碎子子”，跟商州的“碎子子子”语义和用法相当；还有一个“独子子”指独生儿子，这是一种贬称。户县方言的“碎子子、独子子”，“子 1”读作本调上声，“子 2”读作变调轻声，“子 2”才是后缀。

户县：楦子楦头、经ᵓ子经线/ ꜀经线、兽脸子画着兽类面孔的面具、武把子戏曲演员的武功、上腭[k^{h}ɤ^{51}]子上腭、撇[p^{h}iɛ^{31}]子贬指口才；如“他的～利得很”就是贬指他口才很好、月婆子产妇、角子一种一头大、一头尖的包子，春节前蒸这种包子，自家吃不作为礼物送人、面引子/引子酵子、兴头子兴致所在，指兴趣来了的时候、气头子生气的时候、耍头子大房山墙向外伸出的部分、扦门子偏门。另外，“拿錾子錾”户县方言读作[na^{35} tsã^{55} .tsʅ ts^{h}ã^{55}]，动词“錾”读作送气声母，子尾词读作不送气声母。按：《合阳方言调查研究》39 页之同音字汇是白读“錾”字为送气声母，子尾词读作不送气声母。“錾”字切韵音系在从母去声阚韵，依照古汉语全浊仄声字今关中多数方言点读作送气声母的规律，合阳方言应当只有一个读音[ts^{h}ã^{55}]，却有一个不送气读音[tsã^{55}]，这是比较特殊的。关中多数方言点把“笤帚、扫帚”也分别叫做“笤帚、扫帚”，户县、淳化、乾县分别叫做“笤子、扫子”。柜子在户县方言里通常叫做“柜”，当地传统的柜子有“银柜富裕家庭的、大板柜普通家庭的、文柜官宦人家或知识分子家庭的、炕柜富裕家庭的”，旧式磨房里还有“箩柜柜子形的用来箩面的”，改革开放以来渐次有了“立柜、书柜、矮柜、组合柜”等。西安、户县等地婚俗里有一个习俗叫做“拉柜子”用到了“柜子”一词。孙立新（任执行主编）《关中民俗》第 7 页指出：“20 世纪 70 年代前，成亲前的两天，西安一带男家要给女家‘拉柜子’，同时给女家下请贴两封……西安一带由男青年家族的男性长辈或男性长者，拿着两副请帖，赶着马车拉着一副崭新的柜子（旧时富贵家庭是银柜，建国后一般是大板柜）去女家，向女家叮咛一些事情，并且听取女家意见，然后赶着马车回到男家，把女家一些要求告知男家。”户县方言还有一个“搔[tʂau^{31}]子子”，是对人的手的贬称，特指随时都可能攫取社会财富的罪恶之手，例句如“他长的兀一[uei^{51}]那双搔子子就是要把大家的据为己有呢”。还有一个“干（乾[kã^{31}]）子子”，指不足挂齿的很少的钱币，例句如“狗肏的有几个干子子就꜀张狂开咧”。“子子”的读音跟上文“碎子子”等的“子子”是一致的。

合阳：滴溜子挂在屋檐下的冰锥、砖头子、那会子先前、土车子、牛鼻圈[tɕʰyã^{31}]子/牛桊[tɕyã^{55}]子、偏门子/偏门、门槛子/门槛、铫ᵓ子略小于大锅的锅、手巾子、脚掌子、硙子磨子。

华阴：梅子李子、裤子、被子、一担子连襟/一挑子、矬子矮子、扫帚子地肤、胛骨子、耳巴子耳光/批耳子、脚踏子木屐（按：西安指自行车的“脚踏子”）、担子房子上的大梁/大担子、小担子二梁、茅子厕所（/后岸儿）、棺子棺材/枋子、捱头子受批评。

澄城：豆豆子、花子花儿、叫花子乞丐、纽子纽扣。

韩城：花子花儿、羊子羊。

富平：钿子簪子一类的饰物。

白水：倒财子败家子、磙子碌碡、绞子皮条。

高陵：侄娃子侄儿、钳舌子发音不清者、翘翘子不随和者、囟门子、瘊子疣、揹锅子驼背。（按：泾阳、三原等地很普遍地把侄儿叫做“侄娃子”，西安一带、宝鸡一带叫做“侄儿”。）

旬邑：鱼子鱼儿（歌谣云：“正月里冻冰立春消，二月里鱼子水上漂……”）、连墙子隔壁，邻居、爬铺子（枕头）、仰躺子（鞋）。（旬邑歌谣云：“爬铺子枕头仰躺子鞋，把这操心给你送过来……”见杨生博、李健《库淑兰剪纸研究》103页）。

旬邑歌谣里的子尾词，下加横线标示。《货郎子哥》云：货郎子本是商州之人，担上嘛担担子出城来。大街子不过小巷子过，“吱哇”吆一声“卖杂货”。“货郎子哥哥货郎子哥，把你吶担子嘛挪一挪……”（按：华县皮影戏《卖杂货》里“旦”角色有唱词云“你这个货郎子是个怪物，不为卖钱为看我。”）《鸧鸧鸧，鸧树皮》云：鸧鸧鸧啄木鸟，鸧树皮，江娃拉马媳妇骑。江娃拿哩花鞭子，打了梅香脚尖子……《家里丢妻心不甘》云：青枝绿叶白牡丹，家里丢妻心不甘。黑头子夜五更天，我把一天当十天……

彬县：早子[tsau^{51} .tsɿ]早晨。

凤翔：矬子矮子/矬巴/矬咕噜。

哭丧棒，高陵叫做“孝棍子”，三原、泾阳、旬邑叫做“纸棍子”，长武、彬县、宝鸡叫做“哭棍子”；咸阳叫做“纸棍子”或“纸棍”。

对于婆婆的背称：关中多数方言点叫做“阿家”，北部以及西部一些地方叫做“婆子/婆子妈”，北部还叫做“婆子娘”。

子尾以及儿尾或儿化材料似乎很难搜集齐全，如西安一带老派口语有“落枕子[luɤ^{31} tʂẽ$^{52-31}$ .tsɿ]”的说法，通常情况下“枕头”还是叫做“枕头”，只此一个语境里“枕头”叫做“枕子”。西安一带惯用语有“偏刃斧头砍以偏心处理纠纷等”，老派也作“偏刃子斧头砍”；镰刀（按：口语叫做“镰”，分“割麦镰”和“割草镰”，“镰”区别于“弯镰”；凤翔一带把西安一带的“割麦镰”叫做“肘子/肘肘”）上头的刀片一般叫做“刃片”，也叫做“刃片子/刃片刀子/镰刃片”；钐子上头的刀片叫做“钐刃子”，没有其他叫法。

还有三个禁忌字“𡲰[tɕ^{h}iɤu^{24}]、屄[p^{h}i^{31}]、㞞[suəŋ^{24}]”在中老派口语里也可以带子尾，而成为“𡲰[tɕ^{h}iɤu$^{24-31}$]子、屄[p^{h}i^{31}]子、㞞[suəŋ$^{24-31}$]子”（这里提请大家注意，禁忌字“𡲰、㞞”带子尾后变作阴平调）。“𡲰子、屄子”多数情况下构句时构成“V/A＋𡲰子丨V/A＋屄子”式并且与“了”字（譬如西安一带“了$_1$”在把字句或表未然时作“了”，而“了$_1$丨了$_2$”通常均作“咧”）连用，均具有说话人感到对某种变化的不满意、不理想或庆幸等语义特征；而“㞞子”只具备构词功能，不具备构句功能。“𡲰子”一般为善于说脏话的男性所用，“屄子”一般为善于说脏话的女性所用；“𡲰子、屄子”具有衬字的性质。这三个带子尾的禁忌字的能产性均很低。例如：

𡲰子：完𡲰子咧完蛋了；完毕了丨瞎𡲰子咧瞎了；坏了；坏掉了丨走𡲰子咧走了；走掉了丨死𡲰子咧死了丨丢𡲰子咧丢了丨烂𡲰子咧丨这就怪𡲰子咧这就奇怪了。

屄子：完屄子咧完蛋了；完毕了丨瞎屄子咧瞎了；坏了；坏掉了丨走屄子咧走了；走掉了丨死屄子咧死了丨丢屄子咧丢了丨烂屄子咧丨这就怪屄子咧这就奇怪了。

㞞子：闲[kã^{55}]（＝淦）闲得乏味㞞子事情丨闲㞞子工作丨闲㞞子日子。

太白东乡接近岐山、眉县的地方子尾作“乌”，如：车乌、珠乌、窗乌，等。本字待考。

1.2.1.2　儿尾或儿化

西安、户县等方言点儿尾构成儿化；多数方言点的儿化只是儿化形式在基本韵母后边的简单粘附，如商州、丹凤、洛南、渭南、韩城、咸阳、高陵、武功、兴平、周至；宝鸡一带以及东部合阳等处儿尾自成音节；三原、千阳的儿尾基本上自成音节，时而又有简单粘附的趋势。关中方言区以户县、西安、武功、富平等处的儿化词语为最多，以户县的儿化为最典型的儿化，西安次之。也就是说儿化在关中方言区的发展呈不平衡状态。

北京话有儿化韵，长期以来许多学者对北京话的儿化韵都有一定的研究。王福堂先生《北京话儿化韵的产生过程》一文（见2002《语言学论丛》第26辑以及《汉语方言论文集》99～109页），介绍了林焘、李思敬、魏建功、张洵如等先生对北京话儿化韵以及相关问题的情况，在诸家之说的基础上，提出了自己的看法。王先生指出："北京话的儿化韵是在明清之际开始产生的。儿化韵各组的生成并不同步……儿化韵的全部完成可能还是不久以前的事。估计北京话儿化韵从开始到最终完成的整个过程，大约从明末到清末，持续了三百年左右。"由王福堂先生的论断来看，西安、户县方言的儿化，很可能基本上跟北京话儿化韵的形成是同步的，其原因是，西安是明朝秦王府的所在地，清王朝在西安设立满城，在语言接触过程中，北京话对西安、户县方言有很大的影响；而离西安较远的方言点则受其影响减弱，因此，或者是儿尾的简单粘附，或者儿尾自成音节。钱曾怡先生主编的《汉语官话方言研究》之第十章"音变现象述要"是邢向东所著，其第三节专门讨论了儿尾和儿化韵等问题（P389～406），其中对官话和晋语的许多儿化韵类型都有研究，很有见地；其中提及关中方言区礼泉、户县、宝鸡等处的类型，请详阅。

我们从200多年前渭南剧作家李芳桂（1748～1810）的剧作里所看到的儿尾给我们以深刻的启示，最典型的是唱词里有字数的限制，这个限制实际上也是音节的限制，至今秦腔中唱词里的"儿"字也是以儿尾形成来念的，可见形成儿化的时间亦如王福堂先生的论断"儿化韵的全部完成可能还是不久以前的事"。

你在世把辛苦受了千万，到今日做鬼儿不得安然。(《香莲佩》)
堪羡她俊样儿难描难画，因甚事皱娥眉眼泪巴巴。(《春秋配》)
世上偷儿有千万，谁能胜我这手段。(《十王庙》)
过中庭将许多回廊绕遍，转步儿我来在小房门前。(《十王庙》)
这其间必定有什么诡计，倒教我心儿里十分跷蹊。(《万福莲》)
听敲门全不像寻常举动，倒叫我梦儿里大吃一惊。(《火焰驹》

同样，秦腔中的白口等，"儿"字也是一个音节，至今不儿化，下面所举李芳桂剧作中的例子，其"儿"字与词根的关系，亦如今天关中方言"儿"字与词根的关系。

怎么不是？好怪呀！姓名、县分都对对儿的，怎么人不是呢？(《玉燕钗》)

今日上京，船上无事，将那些话儿教导与我，教我在人前也卖个蛋蛋笼儿。(《白玉钿》)

丫环从花园门首，捡来一个紫金鱼儿，莫不是相公掉的么？(《白玉钿》)

吴晚霞：孩儿虽死，阳气未散，却被揭墓贼揭出来了。(《紫霞宫》)

直走得腿儿几折，气儿几绝。(《清素庵》)

孙立新《户县方言研究》第四章“户县方言同音字表”之第四节为“儿化韵字表”，比较详细地列举了户县方言的儿化韵字，敬请参阅。

先看西安方言的名词儿化，可以从以下几点来看；这些特点是关中多数方言点的特点。

其一，西安有与普通话儿化名词相一致的词语，例如：桃核儿、堆儿、劲儿、花儿、没空儿、鱼儿、牌儿、包儿、蒜苗儿、鸡蛋黄儿、瓜子儿、有事儿、没事儿、一成儿、两头儿、皮儿、底儿、哥儿们、尖儿、弯儿、气儿、把儿、坡儿、歌儿、刀儿、鸟儿、口儿、块儿、管儿、罐儿、印儿、字儿、籽儿、刺儿、丝儿、帽翅儿、月牙儿、信儿、冰棍儿、麻花儿、粉条儿、锅铲儿、门墩儿、<u>这一</u>[tʂei^52]阵儿、那阵儿/<u>兀一</u>[uei^52]阵儿，等等。

其二，有些在普通话里不儿化的名词西安方言是儿化的，AA 式名词重叠西安方言可以加子尾构成儿化，上文已经讨论。现在罗列普通话不儿化而西安方言儿化的词语：本儿、车后尾儿、工分儿、两句儿（话）、知了儿、蝴蝶儿、走后门儿、上班儿、前班儿、早班儿、晚班儿、烧炕儿、烧酒盅儿、大油儿、酱油儿、竹板儿、快板儿、名片儿、钢管儿、手巾儿、手套儿、媳妇儿、伴儿伙伴、做伴儿、闲人儿②游手好闲者（/闲荡浪；《金瓶梅》69 回：“我连日有勾当，又考察在迩，差人东京打听消息，我比你们闲人儿！”)、白面儿海洛因、豆腐脑儿（按：高陵等处把“豆腐脑儿”叫做“豆腐 ⊆脑”，其中“脑”字读作阳平调；澄城、合阳、宜川、黄龙、洛川、富县、定边把脑袋叫做或又叫“⊆脑”，白水叫做“⊂脑”)、拉链儿、铁杆儿、手套儿、左边儿、右边儿、底儿底子、红桃儿扑克中的，如：～A、～3、～K、黑桃儿扑克中的，如：～Q、～4、～8、方片儿扑克中的，如：～J、～9、根古儿亘古，原来、一刻儿、条儿、头儿[tʰɤur^24]（东～、西～、南～、北～、大～、小～、一～、两～、点～、打～招赌者从赌徒中的赢家处抽取部分赢头），等。“习儿”在西安读作[.ɕiər]，户县读作[.ɕiəɯ]，指习惯性的心理或行为，一般用在詈骂的语境里，西安一带常常以“V＋上习儿咧”的固定模式来表达，如“你死娃吃上习儿咧”指占人便宜占成习惯了，或指欺负人成为习惯了，其他语境里用到“习儿”的例子如“看上习儿咧｜耍死狗耍无赖耍上习儿咧｜当优秀当上习儿咧｜欺负人欺负上习儿咧”。

还有些儿化词是西安一带独有的：窝窝儿棉鞋、泥屐儿木屐、口袋儿衣袋、调粉儿凉粉、杌凳儿、老实头儿忠诚老实的男性、羞脸儿[ɕiɤu^31 .liɐ̃r]指害羞程度（按：很害羞作“羞脸儿大”或者“羞脸儿多[ɕiɤu^31 liɐ̃r^-24 tuɤ^31]”)，等。

户县方言儿化词如：老憨儿[lau^51-31xə^51]忠诚老实者、虫儿[tsʰuɯ^35]蚕儿（按：轻声调的“虫儿”可以构成“钻皮虫儿蚂蝗、臭盘虫儿、独伙虫儿不合群者、磕头虫儿、跟屁虫儿贬指跟在人后令被跟者讨厌的人”)、醪糟儿曲子黄酒曲（按：“醪糟”一词不儿化）、袄儿上衣、胳膊儿、耳套儿耳帽子、尾儿[iɯ51]（三～蟋蟀之雌性、后欛～最后边的、大头小～）、蛋儿（脸～、指头～、趾头～、毛～初生儿、驴粪～、僵～如只长肉不长架子的猪；贬指低而胖的人、棋子～特指二月二青龙节期间炒的一种食品，一般和比较硬的面，加入一定的清油，炒成小方块、抓纸～抓阄、胡墼～小土块、包袱～、皮球～小皮球）。惯用语“姊妹俩比像儿[ɕiə55-51]”中的“像”字，只在这个语境里儿化；户县把酷似叫做“就咋姊妹俩比像儿呢”。还有“相儿[ɕiə55-51]”，指 12 岁以下孩子的虚龄，如“两个相儿虚龄两岁、3 个相儿虚龄3岁、8 个相儿虚龄8岁、11 个相儿虚龄11岁”；但是，“这个娃比兀一[uei51]那个娃大一个相、我比他大 3 相”的“相”字不儿化。按：户县 “灯笼”读作[təŋ31 luəŋ35-31]，“笼”字为合口韵，但是，“灯笼儿小灯笼”却读作[təŋ31 ləɯ35]，“笼”字为开口韵；“蚂蚱笼儿、豌豆笼儿嫩豌豆苗的尖”的“笼儿”读作[luəɯ35]，为合口韵。

户县方言通常把女儿叫做“女子”，特殊情况下有两种叫法，一是在“儿和女”里作非儿化的“女”，二是在歌谣里有作“女儿”的。户县歌谣《光光爷》云：“光光爷月亮，又作‘月亮爷’，开白花。有个女儿，给嫁给谁家？给给西街王魁家。王魁爱戴缨缨帽，媳妇儿爱戴喇叭花。拧拧舞舞本义是拧着腰身，走着舞步，引申为做做作作邀娘家。娘家门上儿[mə35]门前有个大黄狗，吞住尻子咬两口。‘黄狗黄狗你甭咬，我给你做个大花袄。’”户县通常把姑娘也叫做“女子”，例如“这是谁家女子？｜女子啊，你给我递双筷子。”户县还把女儿叫做“女孩儿[ny51 .xə]”（指姑娘时文读[ny51 xə35]），这在 20 世纪 80 年代以前可以常常听到，如今八九十岁的老人很少有这样叫的了；三年前，笔者在户县城见到同村一位今年 80 岁的老人这么说过。

户县方言的“艺门儿[i55 .məɯ]”指一岁半以前的小孩儿所做的滑稽幽默举动。例句如：“这个娃艺门儿多得很，谁见谁爱。”

其三，有些名词，普通话儿化，西安方言不儿化，如：暗记儿、暗间儿、八股儿、八角儿一种调料、八仙桌儿、芭蕉扇儿、白卷儿、百分数儿、败家子儿（咸阳、武功也叫做“败家子儿”，西安、户县等处叫做“败家子”）、帮儿、帮忙儿、绑票儿、棒儿、膀儿、被单儿、本家儿、鼻儿、鼻梁儿、笔画儿、瘪三儿、丑角儿、除数儿、橱柜儿、刀背儿、工头儿、后跟儿、价码儿、开卷儿、零活儿、牛角尖儿，等等。

西安一带“媳妇儿媳妇；年青人的老婆”儿化作“媳妇儿”，宝鸡一带“媳妇[si31-52 fu44-31]”不儿化，“媳妇儿”在西安、咸阳等处读作[ɕi31 .fuər]，武功读作[ɕi31 fuər-24]，户县通常读作[ɕi31 .fuɯ]，爱称时读作[ɕi31 fuɯ-35]。

普通话的“花儿”在西安等多数方言点不儿化，作“花”，韩城作“花子”；但是，种牛痘以后所形成的花朵状疤痕，西安一带叫做“花儿”，因此，把种牛痘叫做“点花儿”。

其四，有些词语普通话是子尾而西安方言儿化。比较如下：

西安　燕儿　豆儿　兔儿　乱儿[lẽr$^{55-51}$]（<[luẽr$^{55-51}$]）

北京　燕子　豆子　兔子　乱子

其中，户县方言“兔儿”又作单音词“兔”。另外，普通话一些儿化名词户县方言是子尾词或无名词后缀。例如：鼻梁子、笔架子、背阴/背阴子、阳坡/阳坡子、茶儿/茶儿子、尿盆子、对门子（/对门儿）、替身，等。普通话的“枣、枣子”，关中方言作“枣儿”。

北京及西安的“裤子、被子”在关中大多数方言点分别作“裤儿、被儿”。《西厢记》第四本第三折：见安排着车儿、马儿，不由人熬熬煎煎的气……准备着被儿、枕儿，则索昏昏沉沉的睡。《金瓶梅》72 回：到晚夕要茶吃，淫妇就连忙起来，替他送茶，又替他盖被儿。

其五，普通话有些双音节词，户县方言是相应地提取其中一个语素构成儿化，比较如下：

户县　巴儿　冻儿　法儿　辈儿　伙儿　苍儿　雀儿

北京　巴掌　冻肉　办法　辈分　伙计　苍耳　麻雀

户县　眼儿又指小窟窿　打交儿[ta$^{51-31}$ tɕiə^{51}]

北京　眼睛　打交道

关于户县方言的“眼儿”，有必要说明一下：通常情况下户县方言把眼睛叫做“眼窝[niã^{51} uɤ^{31}]”的频率很高，其次叫做“眼儿[niə^{51}]”。如《户县方言研究》401 页收有“睁眼儿为了自己的合法利益讨回公道≠睁眼窝睁眼睛”“吹胡子瞪眼儿（原书‘瞪胡儿’是校对失误）”“挤眼儿递眼色”；户县方言还有“心眼儿”等词语。“眼儿”在关中方言里还指“孔”，又作“眼眼儿/眼眼子”，如“打(/钻)个眼儿/眼眼子/眼眼儿”。

在户县方言地名音变中，也有类似的情况，例如：定舟村→定儿村、真守村→真儿村、凿齿村→凿儿村、神策庄→神儿庄。

其六，与普通话时间名词“今天”等比较，西安等处的“今天”等是“今”字等的儿化。我们所调查到的乾县方言的“今天”等词语可以与西安方言比较如下：

	今天	明天	后天	大后天	昨天	前天	大前天
西安	今儿	明儿	后儿	外后儿	夜日个儿	前儿个	上前儿个
乾县	今儿	明儿	后儿	外后儿	夜儿	前儿	上前儿

户县西北乡把“大前天”作“先ᵓ前儿个/先ᵓ前儿个儿”。(“先”，《广韵》苏佃切)

其七，人名用字中一些后字常常儿化。如男子名中的“虎、军、明、劳、平、成、至、喜、福、白、狗”，女子名中的“花、鹊、雀、茹、娥、叶、英”等。

其八，西安“高、大、长、短、奘粗、宽、薄”等单音词儿化后分别表“很小、很低、很细、很短、很薄”之义，如：长儿＝短儿；“大儿、高儿、长儿、薄儿”等含令人不满意味。孙立新《关中方言代词研究》85～87页讨论了这类词语跟指代词的管控关系。例如：

他给我分咧一块儿，只有这么大儿这么小的。

他的汉子个子这么高儿，打及我胛股肩膀。

兀么长儿那么短一截儿路，着不住走很快就走到了。

他给我一沓白细纸白纸，就奈么薄儿那么薄的。

跟西安一带单音节形容词“高、大、长、短、奘粗、宽、薄”等儿化后分别表“很小、很低、很细、很短、很薄”之义的情形很类似，张邱林《“方-普”语法现象与句法机制的管控》47～53页详细讨论了河南陕县方言“A儿”式形容词的入句功能和条件等。与陕县方言的“A 儿”式形容词相比较，西安一带的“高儿、大儿、长儿、短儿、奘儿、宽儿、薄儿”在以下语境里可以成立（*或不能成立）。西安一带的“短儿、薄儿”只能跟指示代词组合，在与指示代词组合时，“短儿”跟“长儿”义同；“薄儿”没有相应的“厚儿”的同义说法。

高儿（说话人主观上认为太低）：半人～、一人～，半墙～、一墙～、半树～、一树～。

大儿（说话人主观上认为太小）：㞞禁忌语～指极小的东西、米颗儿～、芝麻～、虮子～、虱虱子～、虼蚤～、蚂蚁～、屖禁忌语～、指头～、指甲～、手心～、核桃～、鸡蛋～、卵子阴囊～、槌头拳头～、手～、碗～、西瓜～、尻子屁股～、席席子～。

长儿（说话人主观上认为太短；*短儿）：牙～、指头～、屖禁忌语～、兔尾巴～、一拃～、胳膊～、一庹～/一抱～、锨欛ᵓ ～、一棍～。

奘儿（说话人主观上认为太细；西安一带表示“太细”语义的时候没有“细儿”的说法）：头发～、筷子～、指头～、屖～禁忌语、胳膊～。

宽儿（说话人主观上认为太窄；西安一带表示“太细”语义的时候没有“窄儿”的说法）：一指头（又作“一指儿”，两指头又作“两指儿/二指儿”，三、五类推）～、两指头～、三指头～、一<u>四指</u>儿[sər^{24}]（四指并拢的宽度称作“一<u>四指</u>儿[sər^{24}]”）～、五指头～/一手～、几指头/几指儿～、一寸～、几寸～、一拃～、几拃～、一犁犁地时犁起的宽度～、几犁～、一尺～、几尺～、一米～、几米～、一庹～/一抱～、几庹～/几抱～、一丈～、几丈～。

例如：

金子值钱得很，核桃大儿一点儿就值几万呢。

屎长儿一截路，你都要坐出租车呢；你咋这么懒的！

你在院子里头种席大儿一点儿菜，你俩人都吃不完。

他种的山药是细濛濛指很细，指头奘儿的，给人给都没人要。

他屋家就尻子大儿一陀儿地方，你去咧，连个坐的地方都没有。

半人高儿的墙你都翻不过去，你把小伙屎都当出来咧哪里像个小伙子！

有你老儿家老人家两指儿宽儿的纸条儿，啥事我都给你老儿家办咧！

由以上所举语料并比照陕县方言“A 儿”式形容词，引发我们这样几点思考：一是西安一带“高儿、大儿、长儿、短儿、奘儿、宽儿、薄儿”跟表示状态的指示代词联系最为紧密，受到这类代词的管控最明显；“半人高儿、核桃大儿、胳膊长儿、两指头宽儿”等组合形式很可能是省去指示代词以后形成的。二是西安一带“短儿、薄儿”在如上语境里不能成立，“短儿、薄儿”是最受表示状态的指示代词管控的“A 儿”式形容词。三是西安一带只有“高儿、大儿、长儿、短儿、奘儿、宽儿、薄儿”7种形式，没有陕县方言的“远儿、粗儿、深儿、重儿”等形式。四是西安一带“A 儿”式形容词不能受否定词的修饰；如陕县方言可以说“不长儿一篇短文儿、不深儿（如对的“深吧？”回答）”，西安一带则不能说“不长儿、不高儿、不深儿”等。五是西安一带没有“多大儿”等问句，下面予以比较。

陕县　多大儿？——核桃大。

西安　（有）多大/能有多大？——（有）核桃大/核桃大儿。

陕县　宽不宽？——没多宽儿。

西安　宽不宽/（有）多宽/能有多宽（的）？——没多宽丨这们这么宽儿/镇宽儿。

中原官话这种“A 儿”式形容词的中心在哪里，哪些地方都存在着这种现象？有待调查。张邱林是第一个注意了“A 儿”式形容词的学者。关中西部宝鸡一带没有这种“A 儿”式形容词，西安一带可能是这种现象的最西端；估计这种现象在山西、河南一带有一定分布。

其九，汉字的偏旁部首，西安一带方言多数儿化：点儿（丶）、单立人儿（亻）、双立人儿（彳）、宝盖儿（宀）、秃宝盖儿（冖）、提土儿（土）、竖心儿（忄）、꜀反犬儿（犭）、꜂反文儿（攵）、立刀儿（刂）、丝扭儿（纟、糸）、硬耳朵儿（卩）、软耳朵儿（阝）、左耳朵儿（阜）、右耳朵儿（邑）、三点水儿（氵）、两点水儿（冫）、四点儿底（灬）、草头儿（艹）、竹字头儿（⺮）、广字头儿（广）、病字头儿（疒）、厂字头儿（厂）、党字头儿（⺌）、车车儿（辶）。户县方言还有“竖钩儿（亅）、竖弯钩儿（乚）”。

其十，西安、户县等处方言的“人”字可以虚化成“儿”，例如：老人家—老儿家（按：也可以省作“老儿”）、王老人—王老儿、丈人家—丈儿家（丈儿爸岳父、丈儿哥妻兄、丈儿兄弟妻弟；户县还有：丈儿姐大姨子、丈儿妹子小姨子）、小人—小儿指小孩子；户县谚语云“八十岁的老儿，也爱小儿”、主人—主儿（主儿家、寻个主儿给姑娘找个婆家；给卖物找个买主；《金瓶梅》76 回：“只有了浪子与他做主儿着，那大老婆且打靠后。”）、先人—先儿（常用作詈语，例句如：“你的先儿去｜羞你的先儿｜你的先儿亏人来！”）、当家人—当家儿（旧时常常背称长兄为“当家儿”；今老派指领导）、官人—官儿。

凤翔等处的“人”字也可以虚化成“儿”，如“他老儿家”专指神灵。

西安、户县方言把老父亲叫做“老先儿”，可以从《喻世明言》第 10 卷看到：“你家老先生自家写定的，方才却又在我面前说善继许多不是，这个老先儿也是没主意的。”

我们从李芳桂剧作里最少看到如下几例，看来，最晚在 200 多年前，关中方言口语已经有以“儿”表“人”的特征出现。③

怎么还没有主儿哩？（《香莲佩》）

将此事报与吴翰林、花老儿得知。着他衙中相会。（《十王庙》）

言说有个上任官儿，名叫岳俊，必然要到店中来。（《玉燕钗》）

若将那主儿叫上来，一定要骂个乱董董哩！（《玉燕钗》）

眼前有一主儿，待我飞上檐去，看看肥瘦如何？（《春秋配》）

呀，这是尚志老儿，为何将你女儿还不送来？（《白玉钿》）

这一炷香，老儿家保佑国泰民安。（《万福莲》）

我们从韩宽厚的将刊稿《府谷方言研究》看到，陕北晋语府谷方言也用到了“老儿家”，韩宽厚对府谷的“老儿家”解释有三个义项：一是“对老年人的尊称”，二是“民间对神的敬称”，三是“对自己的老人的背称”。这三个义项的解释，跟西安一带方言是一致的。

其十一，西安一带的“样儿”和“样子”基本上呈互补状态。

先看“样儿”和“样子”用法无差异的例词：鞋样儿/样子、袜样儿/样子、人样儿/样子、看样儿/样子、有样儿/样子、没样儿/样子、好样儿/样子、瞎坏样儿/样子。

再看有差异的例句。

谚语：袜子鞋有样儿，事情没样儿。指事情常常有变数

拿我这样的家道儿人样儿，还愁没有个佳偶儿。（秦腔《三滴血》）

你兀个[uɤ55]嘿你嘛，啥娃啥样子？黑面打的白糨子。谑词，极言“你”很能干

另外，“样子”可以跟指示代词组合而“样儿”却不能。如：这样子/这个儿[tʂər52]样子/这一[tʂei52]个样子、㖞[uɤ55]那个样子/兀儿样子/兀一[uei52]个样子、那[næ55]样子/那[næ52]个样子。

其次，我们可以检视一下有关方言点的儿化特点。

户县方言的其他儿化名词：门上儿[mə³⁵]门前、地儿[tiɯ⁵⁵⁻⁵¹]菜荠荠菜、猫儿[mə³⁵]眼甘遂、袄儿[ŋə⁵¹]上衣、老者儿[lau³¹ .tʂə]、小伙儿[ɕiau⁵¹⁻³¹ xuə⁵¹⁻³⁵]、炕儿[kʰə⁵⁵⁻⁵¹]炕上：坐到～、一个来儿[lə³⁵]回一次往返、一会儿[xuəɯ⁵⁵⁻⁵¹]/一下下儿[xa⁵⁵ xə⁵⁵⁻³⁵]、咳嗽儿[kʰɯ³¹ .səɯ]、吱儿呜儿[tsəɯ³¹⁻³⁵ .uɯ]指在人面前说数落性的话，例句如"你就把工作干好，省得领导在你跟前吱儿呜儿"、大半儿大概，可能性偏大、睡过程儿[tʂʰəɯ]咧睡过头了（按：又作"睡失睡咧[suei⁵⁵ ʂʅ³¹ suei⁵⁵⁻³¹ .liɛ]/失睡咧"）。户县方言的"者[tʂɤ³¹]"字常常儿化，如：作者儿、记者儿、编者儿按、孙行者儿、来者儿不善善者儿不来。户县方言的"过年[kuɤ⁵⁵ niã³⁵]"指过春节，"过年儿[kuɤ⁵⁵ niə³⁵]"指明年。跟户县方言的"咬牙儿/咬牙牙（如：气得咬牙儿/咬牙牙呢）"相对，丹凤方言是"咬牙子"："气得牛铃咬牙子。"（贾平凹《古炉》413页）

华阴方言也有以"岸儿"为标志的处所词，如：上岸儿上边、下岸儿下边、左岸儿左边、右岸儿右边、前岸儿前边、后岸儿后边、偏岸儿旁边。华阴方言儿化词较多。例如：脚跟儿、亲家母儿、门儿（如：走后～、囟～、屁眼～肛门）、辈儿辈分、败家子儿、后脑瓜儿后脑勺、提兜儿包儿、大油儿、瓯槌儿碓杵、豆儿豆子、窝儿、牌儿、头儿（如：针～）、鸡蛋清儿、一气儿、南寨儿地名、梨儿瓜甜瓜、背心儿/汗架儿、铲铲儿锅铲、大姐儿长辈称呼排行老大的妇女、碎娃儿小孩子、狗娃儿小狗、鸡娃儿小鸡、狼娃儿小狼、马驹儿、牛犊儿[ŋou³⁵ .tʰuor]、燕子儿燕子、鹁鸽儿[pʰu³⁵ kuor⁴²]鸽子、夜蝙[piɛ³¹]蝠儿、蛐蛐儿、蚍蜉蚂儿蚂蚁、白豆儿白色大豆、麦面豆儿米瓦罐草、老瓦檐儿瓦松、苍儿刺苍耳、酱油儿、蒜瓯儿捣蒜的碓窝、这会儿现在，当下、活曲头儿活结。华阴方言的"人"字亦如西安、户县的"人"字可以虚化成"儿"，如把岳父背称为"丈儿[tʂʰaŋr⁵⁵⁻⁴²]"。例如华阴儿歌《箩箩面面儿》云："箩箩面面儿，一斗麦儿，三绽遍绽儿。白的献爷爷，黑的喂骡马。骡马吃得壮壮儿的，我娃骑上到他丈儿家去。"其中"丈儿家"就指"丈人家"；另外的儿化词还有对小儿语的"面面儿面粉""麦儿麦子；通常叫做'麦'""绽绽儿（按：量词'绽'字在关中方言里很少儿化）"，"壮壮儿"指很健壮。

我们从张成材先生《商州方言词汇研究》引言部分28页看到商州方言指示代词有儿化形式的，如伴以手势的"阵这么儿大、嗡儿大、恁儿大"。还从该书中查到"亘古儿、自小儿、自行车儿、字漫儿、字腿腿儿字的部件"等。

我们还从张成材先生《商县方言志》81～84页可以看到商州方言儿化的其他特点来。一是一般的名词儿化有小称作用，但有的儿化词与非儿化词之间意义相去较远。比较如下：

笸箩	笸箩儿小的笸箩：针线～
门道门坎上给猫留的走道儿	门道儿窍门儿
裹腿把腿裹起来，"动宾式"	裹腿儿走山路防止蛇咬或石头磕碰的裹布
过年过新年	过年儿明年；许多方言点都把明年叫做"过年儿"

角角蒸饺儿　　　　角角儿墙角儿

一 ⊆些很多　　　　一 ⊂些儿一点儿

商州方言双音节形容词的第一个音节有时可以儿化。例如：停儿当啦停停当当了、滋儿润的指日子过得很裕如、如儿辙啦即一切都弄得好好儿的了、零儿崩儿零零散散。

跟商州方言的“笸箩”与“笸箩儿”之间的关系相似，户县方言也有儿化词与非儿化词之间意义相去较远的。比较如下，所比较的两个词语之间用横线“—”隔开。

哼敦[xẽ$^{31-35}$ tuẽ^{31}]训斥—哼儿敦儿[xəɯ$^{-35}$ .tuɯ]小声训斥

窟出[kʰu^{31} tsʰu^{31}]由指动弹的声音引申指动弹—窟儿出儿[kʰuɯ$^{31-35}$ .tsʰuɯ]面对金钱等有占有的欲望

吭嗤[kʰəŋ^{31} tsʰɿ^{31}]成年人小声呻吟—吭儿嗤儿[kʰəɯ$^{31-35}$ .tsʰɿəɯ]小孩子小声呻吟

随便形容词，如“很随便”　—随便儿立即，马上，如“你把东西送到就随便儿回来”

来回如“来回走了三天，来回都有车”　—来儿回如“一个来儿回”指一次往返

周至、乾县、千阳等处方言有“姊儿妹”的说法，是在关中多数方言点“姊妹姐妹；兄弟姐妹”的基础上，于“姊”字后边加上了“儿”；周至、乾县是儿化，如周至把“姊儿妹”读作 tsər^{51} mei$^{55-31}$；千阳是儿尾（姊儿妹 tsɿ^{44} .ər .mei）。按：关中方言“亲姊热妹”的“姊”字读作上声调 tsɿ^{52}，“姊妹姐妹；兄弟姐妹”的“姊”字读作去声调 tsɿ^{55}。

商州方言处所词的标志“岸”常常儿化，如“东岸儿东面”“西岸儿西面”“这岸儿这面”“河那岸儿河那边”“路路儿南岸儿路南边”。

张成材先生《商州方言“圪”类字、合音词和分音词》（2004：240～250）一文所讨论的有关儿化词很有意思，如商州把发痒叫做“咬儿圪塞[niɔr^{53} .kɯ .sei]”，把发疼叫做“疼儿圪低[tʰə̃r^{353} .kɯ .tɕi]”。这两条词语结构特点为：“表身体感觉单音节形容词的儿化”＋“圪‘圪’为前缀＋塞｜低”。

关中方言的“窟儿出儿”是象声词兼动词“窟出”特殊的儿化形式，一般的儿化只是后字儿化前字不儿化，“窟儿出儿”是“窟出”的前后字都儿化。商州方言的“窟儿出儿”跟户县方言的“窟儿出儿”意思不同。商州的“窟儿出儿[kʰur^{553} .tsʰur]”指摇摆不定，拿不定主意，例句如“我心里窟儿出儿的，总觉得办的不稳当。”户县的“窟儿出儿[kʰuɯ$^{31-35}$ .tsʰuɯ]”指内心为眼前的实际利益有所驱动，稍有私欲就会染指，例句如“看到公家的便宜，开头卯开始的时候心里可能会窟儿出儿的，不去占，不占就好咧；时间长咧，可能就由窟儿出儿变成拿得少些；然后是多，越来越多，最后就成咧大贪污犯、挨枪子儿的咧”。

商州的“坷儿刺儿[kʰɯər^{553} tsʰər^{53}]”和“刺儿委儿[tsʰər^{553} vər^{53}]”都是“磨蹭”的意思。

再次，其他词类的儿尾或儿化，虽然不多，但其类型往往比较特殊。以户县方言为例。

（1）动词或动词性词组的儿化

户县方言有几个动词可以儿化，如上文所报道的“来儿回”是动词儿化后成为名词的，是第一个音节儿化，这是很特殊的，因为一般的儿化很少在双音词的第一个音节。再如“吱儿呜儿”和“哼儿敦儿”都指用不好的言语伤害人；“哼儿敦儿”还可以重叠成为“哼儿哼儿敦儿敦儿”而用如动词。例如：

你操心着把活做好，省俭省得老板在你跟前面前吱儿呜儿。

我听你正赶早早晨把谁哼儿哼儿敦儿敦儿的，你哼儿敦儿谁呢？

你成天在我跟前哼儿敦儿的，我把你咋咧？我给你明说呢，我走得端行得正，谁都少在我跟前哼儿敦儿，尤其你这个烂葬领导破领导！

户县方言有一个“取儿[tɕ^{h}yɯ^{31}]”，适用于玩耍过程中，如孩子们在打纸包（把纸张叠成三角或四角而成为纸包）的时候，若对方纸包的落点有阻碍自己把纸包打翻（以打翻为赢）的东西，立即喊“取儿[tɕ^{h}yɯ^{31}]”则可以去掉那些个阻碍物；对方喊“不取儿”则不能取掉。

户县有“打尜”等民间游戏，打尜有许多规程。如不能“得儿[təɯ^{35}]”，就是打尜时尜桄（“尜桄[ka^{55} kuaŋ^{35}]”指打尜用的短木棍）不能落空，对于“得儿”的处罚规定是：“得儿，没一星儿。”一旦“得儿”了，本人或本组前边的成绩全部作废。

胳肢人使人发笑在户县方言里作“胳搂[kɯ$^{31-35}$ lɤu^{31}]”，“胳搂”也可以儿化成为“胳搂儿[kɯ$^{31-35}$ .ləɯ]”。“咳嗽[k^{h}ɯ^{31} sɤu^{31}]”也可以儿化成为“咳嗽儿[k^{h}ɯ^{31} .səɯ]”。

“病痛[piŋ^{55} t^{h}uəŋ^{55}]”这个词户县方言口语并不用，但有一个儿化形式“病儿痛儿[piɯ$^{55-51}$ t^{h}uɯ$^{55-51}$]”是如今老派口语里时常可以听到的。例如：

你个大小伙子家，成天病儿痛儿的，丢人死咧。

他是个看病先生，老婆却成辈子病儿痛儿的；真是“大夫守的病婆娘”。

户县“半身不遂”又叫“半身不来”，儿化动词“不来儿”跟“半身不来”有关。例如：

你手脚不来儿，教我把你搀上。

他得咧半身不遂咧，腿脚早都不来儿咧。

户县方言还有一个歇后语云：“隔裤儿揣尿——冒毛儿[mau^{55} məɯ^{51}]。”字面意思是“隔着裤子摸阴茎——随便估计”。于是儿化动词“冒毛儿”通常用作“随便估计”的意思；有涵养的人不用这个儿化动词，因为它跟性字眼“尿”有关涉。

两个人之间说恼了，户县的说法有“说截茬[ʂʅɛ$^{31-35}$ tɕiɛ^{31} ts^{h}a$^{35-31}$]咧”“撑呱[ts^{h}əŋ^{31} kua^{31}]咧”“撑儿[ts^{h}əɯ]咧”；“撑儿”是“撑呱”的儿化形式。

户县方言把“打嗝”读作[ta^{51} kɤu^{55}]；户县方言对死亡的庆幸说法是“嗝儿[kəɯ^{55}]咧”。

户县方言“上门”用于“上门服务、上你的门、上他的门”等语境，“上门儿”指入赘。

（2）量词的儿化

户县方言的量词儿化没有子尾多，主要有：块儿、截儿、盒儿、份儿、条儿、点儿、星儿、些儿、支儿、层儿、丝儿、门儿、件儿、钱十钱一两儿、一阵儿/一阵子/一下下儿，等。例如：一块儿豆腐、一截儿莲菜、一盒儿香脂、一份儿礼礼品，礼物、一条儿面、一点儿钱、没一星儿丝毫都没有、一些儿事情、搬到一岸子外地那一支儿支系、薄薄儿很薄一层儿、几丝儿挂面、一门儿人指同宗族的一个支系、一件儿行李、三钱儿黄连、一气儿跑到、一阵儿就完咧。

户县方言的“个儿”通常读作[kə$^{55-51}$]，在以双为单位数数的时候，其零头“一个儿”读作[i$^{31-35}$ .kə]；“双”字在这个语境里读作上声，如“五双零一个儿[u$^{51-31}$ suaŋ^{51} liŋ^{35} i$^{31-35}$ .kə]”。

户县方言“成”的儿化形式“成儿”读作[tʂ^{h}əɯ^{35}]。“成儿”即“成子”，如“一成儿、两成儿、三成儿、四成儿、七成儿、八成儿”；其中“七成儿、八成儿”的用法比较特殊，例如：“饭吃个七成儿就对咧”指“七成子”，“八成儿是他办的”指可能性很大。户县方言口语也说“成子”，但是，“成子”没有“成儿”的使用频率高。

如“成儿/成子”互补格局那样，户县方言有一些量词儿化与非儿化的互补形式。例如：

根/根儿：一～绳、一～蜡蜡烛、三～草、两～头发（/两丝儿头发）。

丝/丝儿：两～头发（/两根头发）、一～麻、三～线、一～粉条儿、一～韭菜、两～挂面、两～芹菜苗儿、一～气气息。

支/支儿：一～香、家屋本家，宗族里头搬出去的那一～。

一截/一截儿：一～文章、一～路、一～故事故事的一段。

一段/一段儿：～文章、～历史、～经历、～时间、～路。

一片儿肉；一蛋儿肉/一蛋子肉；一块儿肉。

一套：～家具、～衣服、老～；一套儿：～办法、～手续。

一成儿/一成子/一停儿/一停子。

一气儿/一气子/一口气：～做完、～跑咧五里；错差一点儿气死咧。

一口/一口儿：吃～、尝～、喝～、抹嘣～、吸～、抽～。但是，“他屋几口人？｜三口人”等语境里的“口”字没有特殊含义，而一旦“口”字儿化，则极言其少，如“他屋儿口儿人？｜三口儿人仅仅三个人”。

一会儿/一下（下）/一下下儿/一阵子/一阵儿：坐～、歇～、谝聊～、看～。

一绺儿/一绺子：～地、～布。

一轮/一轮子/一轮儿：转～、下～。

一圈/一圈子/一圈儿：转～、走～、跑～、寻～、爬～。

套/套儿：一～办法、一～卷子、一～工具、一～家具；套：一套人马两个牌子。

有的直接是儿化形式，例如：

对儿：一～棒槌、一～夫妻、一～鸡（公鸡、母鸡各一只）、一～燕儿、一～鹁鸪儿鸽子、一～鸳鸯、一～虾、一～石门墩儿、一～镯子、一～椅子。

一扑儿一阵子，坚持不久长：他做重活～。

户县方言有一个“一扑棱儿[pʰu³¹ .ləɯ]笑”是“满脸笑容”的意思；“扑棱”是“捧”的分音词，“一扑棱儿笑”就是“一捧笑容”。例句如。

这个女子姑娘有家教得很，人又长得好，见咧人一扑棱儿（的）笑；谁都说她好。

另外，户县方言数词“半”字常常儿化，如：一半儿、分成两半儿、多一半儿、少一半儿。“双合儿”指两份合在一起，即双份，如：“你不吃咧，我把你的也吃了，我吃双合儿。”

另外，华阴方言把“俩人”作“俩儿[.liãr]”。例如：

咱俩儿[.liãr]回啊咱们两个回去吧。

咱俩儿[.liãr]街呢走咱们两个上街去吧。

洛南“两个”作“俩儿.liar”。华阴和洛南“俩儿”的语音形式不同。

商州有“百儿八十”的说法，即一百或比一百略少。

（3）副词的儿化

户县方言的副词儿化很少，牵涉如下几个小类。

时间副词，例如：登儿顿时；例句如“他～不见咧”、嗤儿顿时，倏地；例句如“他～走咧”、一偶儿偶然，偶然间；例句如“我～见咧你，还认不出来咧”、一刻儿；例句如“我～还想不下个办法”、一扑儿指很短的时间，很快地；例句如“他～还学不会”、出愣儿顿时，倏地；迅速；例句如“～就不见咧”。

频率副词，例如：“不住下儿地”和“不住点儿地”都是“不停地”的意思，还有一个“不停蹄地”，显然是从“马不停蹄地”简化来的。例如：

他感冒咧，清鼻鼻涕不住下儿地/不住点儿地往下滴呢。

这个娃精神大得很，不住下儿地/不住点儿地/不停蹄“马不停蹄”的减音节地跑来跑去的。

猜度副词。“大概”户县作“大猛[mḛ̃⁵¹]、大猛儿、不曾想[tɕʰiaŋ³¹]、曾想不住、兴许、也许、解巴[xæ⁵⁵ pa³¹]、大半儿可能性偏大”等。例如：

他大半儿没有你说的镇瞎这么坏。

这个活大半儿还得两天才能做完。

他大猛/大猛儿/不曾想/曾想不住/兴许不来咧。

四是范围副词，例如：一衡儿全，全部、一搭儿一起，一同。其中，“一搭儿”的例子，可以举一个詈骂性的歌谣：“一搭儿来一搭儿去[tɕʰi^{55}]，谁不候等候我肏他姨[i^{55}]。”“一衡儿”又作“一衡衡”“一衡儿衡儿”。

另外，关中多数方言点把囟门叫做“囟门/囟门口”，临潼、华县、华阴、武功叫做“囟门儿”，富平叫做“囟门儿角儿”，富县叫做“囟门头儿”。

现在从新编《华阴县志》“方言篇”第五章“标音举例”选取有儿化的部分内容如下，有的是上文没有讨论到的类型。

（1）谚语之一：谷四麦六，菜子到□儿[xour^{42}]里头不诞停。

（2）谚语之二：“叵儿[por^{31}]看颜色，只要贤惠。”华阴阻断词“叵儿”是“不可”合音的儿化；大荔阻断词亦作“叵[po^{31}]”；阻断词在关中的儿化，惟华阴一处，比较特殊。

（3）歇后语：怀里揣铃铃儿小铃铛——心里响（想）。

（4）《九九歌》云：“三九四九，冻破石头。五九半，冰消散。七九六十三，行人把衣担。九九八十一，穷人顺墙儿立。身上不冷冷儿，肚里却害饥。”其中“不冷冷儿”不是通常的儿化形式。关中各地常见的《九九歌》可以西安一带的来说明其特点，西安一带的《九九歌》云：“头九暖，二九冻破脸，三九三，冻破砖，四九四，把地冻得格吱吱，六九半，冰消散。七九八九，沿河看柳。九九八十一，老汉顺墙立。身上不冷咧，只害肚子饥。”西安一带的“不冷咧”跟华阴的“不冷冷儿”相互对应。

（5）《月亮盈亏歌》云：“初一初二不见面，初三初四一条线；初五初六月牙儿[niar^{35}]，初七初八半拉儿[lar^{35}]；十四十五，月落插土，十七十八，月落西洼；二十二三，月落正南。”

（6）《虫虫儿飞》云：虫虫儿飞，翅膀搭，小伙子都把壮丁拉被抓了壮丁。阿公公公犁，阿家婆婆耙，媳妇儿后岸儿后边打圪塔把大的土块大碎。“过路的，叵儿别笑话，꜀我的我们不干没办法，只怨保长把丁抓。”

（7）《马齿菜》云：马齿菜马齿苋，红杆杆儿，我是我奶[ŋuo^{31} næ^{42}/ŋuo$^{31-24}$ næ^{31}]亲孙孙儿。我奶把我养活大[tʰuo^{55}]，我给我奶蒸白馍[mo^{55}]。

（8）《狸狸儿猫》云：狸狸儿[li^{55} .liər]猫猫，上高桥，金蹄蹄儿[tʰi^{35} .tʰiər]，银爪爪儿[tsau^{42} .tsaur]，不逮老鼠逮鸟鸟儿。

（9）《乞巧歌》云：“巧芽芽，乞巧来，桃儿罢，枣儿吃，年年有个七月七。尺子量，剪子割，看谁手上拿得多。一碗水，两碗水，请下七姐洗白手；一碗茶，两碗茶，请来七姐洗白牙；一碗油，两碗油，请来七姐梳光头；一页瓦，两页瓦，请来巧姐院中耍；一块砖，两块砖，请把巧姐送上天。”关中方言很普遍地把枣子叫做“枣儿”，通常把桃子叫做“桃”，这里叫做“桃儿”，有两种解释，一是“桃儿”是华阴方言早期的用法，二是“桃儿”是与“枣儿”对举时类化的用法。

户县的“不行”也可以儿化。如歌谣云：“死顶儿死板之人，不行儿，吃了今儿，没明儿。”

户县方言的儿化还有一个蔑称问题，我们能举出的例子除了上一段的“死顶儿”以外，还有“五斗瓮儿[uəɯ$^{55-51}$]”用来蔑称很肥胖又很低矮的人，“八斗瓮儿[uəɯ$^{55-51}$]”用来蔑称特别肥胖又很低矮的人。例如：你看这个女子女孩子长得咋像个八斗瓮儿，谁要愿意娶呢？

1.2.1.3 “头”尾和“首”尾

“头”尾是汉语构词中不可忽视的部分，因为关中方言的“头、首”往往同义，所以放在一起讨论。首先讨论西安方言的名词头尾。

其一，与普通话或其他汉语方言的名词头尾相同的是西安方言头尾词的主体。例如：石头、木头、舌头、（手）指头、（脚）趾头、镢头、日头、枕头、跟头、芋头、余头、行头、斧头、盖头如新媳妇儿（新娘子）顶盖头、兆头预兆、尽头、边头、派头。

西安方言个别头尾词有时不带头尾：最典型的是“奶/奶头”和“砖/砖头”。“奶”一般指奶汁，也指乳房，如“这个媳妇儿长咧多[tuɤ^{24}]很，特别大一个奶”；“奶头”则专指乳房。“砖”是最常用的词，而“砖头”很少用，如谚语云：“人狂没好事，狗狂捱砖头。”

西安方言个别头尾词在普通话里或是相应的头尾词或是其他结构形式的词语：槌头拳头、历头历书、骨都骨头、锄锄头。华阴方言也把骨头叫做“骨都”，还把榿头叫做“榿都”。

其二，普通话“方位＋头”的构词形式在西安一带一般也是头尾词：上头/高头、下头、前头、外头。“前头”在西安一带又作“头噫[tʰɤu^{24} .i]”，“头噫[tʰɤu^{24} .i]”应当是“头里”音变的结果：“噫.i＜里.li”（孙立新《户县方言研究》232 页歌谣《轱辘胎》云：“收到牛槽噫”）。宝鸡一带把前头叫做“头里[tʰou^{24} .li/tʰou$^{24-31}$ li^{-52}]”。例如：

西安：他从咱头咦走咧｜在我头咦还等咧俩人。

宝鸡：他在头里等你哩｜你头里走，我后头再来。

“后头、里头”在关中方言里的叫法往往比较特殊，尤其是“后”字的读音，“里头”的“里”有的跟“后”字的声韵一致但声调不同。比较如下，两个比较项之间用“—”隔开。

西安　后头[xɤu^{55}/xɯ^{55} .tʰɤu]—里头[li^{52} .tʰɤu]/核头[xɯ^{52} .tʰɤu]

户县 后头[xɤu^{55}/xɯ^{55}/xu^{55} .tʰɤu]—里头[li^{51} .tʰɤu]/核头[xɯ^{51} .tʰɤu]/喜⁼头[ɕi^{51} .tʰɤu]

华阴 后岸儿[xou^{55} ŋãr$^{55-42}$]—核儿[xour^{42}]

凤翔 后头[xei^{44} .tʰou]—核头[xei^{52} .tʰou]

“后头”的“后”在关中中东部读作[xɯ꜂]，宝鸡一带读作[xei꜂]；“核头里头”的“核”在关中中东部读作[꜀xɯ]，宝鸡一带读作[꜀xei]；华阴儿化形式读作[xour^{42}]，华阴指“里”的“核”字读作[xou^{42}]。这个“核”字我们以前不知道怎么写。甘肃定西离休老教师马友骕先生跟笔者说，这个字应写作“核”；许多人之所以不知道这个字怎么写，是因为把这个语境里的“核”字读成了上声的缘故。“核心、审核”的“核”西安读作[xæ^{31}]。定西“核头”的“核”读作[xɤ^{52}]，“核心”的“核”读作[xɤ^{24}]。

其三，普通话的“动/形＋头”式里“头”字可以儿化，西安方言的“有动/形＋头”和“没＋动/形＋头”式一律不儿化：有念头｜没个准头｜尝到咧甜头｜有吃头｜没看头｜有嚼头｜没干头｜有逛头得很｜他在官场早都没奔头咧｜肯定有个想头呢｜这个人有来头｜他唱的戏就没听头。

其四，西安方言的“东、西、南、北”加上“头”尾后必须儿化：东头儿、西头儿、南头儿、北头儿。但是表示方向终端的词，“头儿”必须再出现一次：东头头儿/东头儿头儿、西头头儿/西头儿头儿、南头头儿/南头儿头儿、北头头儿/北头儿头儿。

其五，西安方言还有一些其他头尾名词，例如：檐头三椽或四椽房子梁上边椽子以外的部分、掯头毅力、吃头某个家庭或一个集体的食量，例句如“这家人吃头重得很；那一家吃头一点也不重”、赚头赚钱或赚物的可能性：有赚头；没赚头；赚头大；赚头不小、（占）欺头（占）便宜、要欺头干欺负人的事情，例句如“你也少在我跟前要欺头！”、扎头户县西南乡把酵子叫做“扎头”、横[꜁xuəŋ 文/ ꜁ɕyɛ 白]头种地时地头没有种完的地方，因为需要横着来种，故名（商州方言叫做“弯[vã꜂]头”）、谷瓤头脱粒后的谷穗、箔头脱粒后的高粱穗，一般用来做笤帚、扑头指闯劲；例如“这个小伙子有扑头，那个小伙子没扑头”、纫头纳鞋底或绱鞋子过程中为了使穿针方便，在粗线前头糜一截细线，这细线就叫做“纫头”、块头指人的身躯大小，如大块头，块头大/块块。

关中方言上列头尾词有的可以带子尾：镢头/镢头子、枕头/枕头子、斧头/斧头子、盖头/盖头子、奶头/奶头子、砖头/砖头子、槌头拳头/槌头子、檐头/檐头子、赚头/赚头子、横头/横头子、箔头/箔头子、纫头/纫头子、谷瓤头/瓤头子/谷瓤头子。

另外，韩城等地把“犁”叫做“犁头”；宝鸡一带把酵子叫做“酵头”。前额在关中多数方言点叫做“额颅”，淳化、富县叫做“额头”。

其次讨论关中方言的“首”尾词。

其一，与本部分所讨论的“其二”相关联，多数“方位＋头”式在关中方言可用读轻声调的“首”取代“头”：上首（但不作“高首”）、下首、里首、外首。另外，还有诸如“东首/东边、西首/西边、南首/南边、北首/北边、左首/左边、右首/右边”等。这种“首”尾词以耀州、铜川、富平等地最常用，富平还有一个“出首（又指‘出头交涉者’）”指外头；关中西部及渭北许多地方，如宝鸡一带、白水等处把外头叫做“外前”，如把男人叫做“外前人”。

上头在关中方言里多作“上头、高头、上首”，白水又作“囊顶”。西安一带下头除了“下首”以外，还作合音形式“底下[tia^{52}]/底下[tiɛ^{52}]”，户县方言把“底下[tia^{51}]”又读[tiɛ^{51}]。西安方言口语以“底下[tiɛ^{52}]/底下[tiɛ^{52}]头”的使用频率比“底下[tia^{52}]/底下[tia^{52}]头”高，户县方言以“底下[tia^{51}]/底下[tia^{51}]头”的使用频率比“底下[tiɛ^{51}]/底下[tiɛ^{51}]头”高。

这种“首”尾是近代汉语时期就大量产生了的，如《金瓶梅》第一回有“下首”“右首”：“常峙节便指着下首温元帅道……”“一面又转过右首来，见下首供着黄将军，威风凛凛。”第二回有“上首”一词：“三个人来到楼上，武松让哥嫂上首坐了。”《醒世恒言》第 23 卷有“南首”一词：（海陵道）“大街南首高门楼内，是乌带节度使衙内么？”

另外，跟“头、首”用法相当的关中方言还有“岸、帮”等。如白水方言：上首/囊顶、下头/底下、里头/里岸/[xɯ^{52}]头/[xɯ^{52}]首/喜$^{=}$[ɕi^{52}]头、外岸/外前/出头/出首、前头/前首、后头/后首、边岸旁边。乾县等地往往多用“岸”字作为这类词语的标志：上岸、下岸、前岸、后岸、里岸、外岸、左帮、右帮、偏岸旁边。高陵把“左边、右边”分别叫做“左岸、右岸”。商州则以“岸儿”为标志：东岸儿、西岸儿、南岸儿、北岸儿。

其二，西安一带“首”字还可以作为一种准后缀来用，“首”字充当 4 个单音节动词“吃、喝、走、起”的准后缀，都有对所述行为者的贬抑色彩：吃首本义指猪的食量，贬指一个人（大）的饭量、喝首本义指猪的饮水量，贬指一个人（大）的饮水量、走首本义指牲口的走路姿势，贬指一个人难看的走路姿势、脚首跟“走首”的意思差不多，指人走路时的坏习惯以及所导致的对鞋子的破坏程度、起首贬指有的人很难看的举止行为。例如：

看你兀个[uɤ^{55}]那啥走首？走个路嘤，走得难看的！

（同龄人之间开玩笑）我看你老咧老咧，吃首、喝首都还不错。

一看他兀个[uɤ^{52}]那个走首，就知道他的腿刮贬指难看的腿的动作不行咧。

这个人一辈子起首都不好，他的教养太 ^{c}错差得远咧；就爱在人跟前指指戳戳指手画脚的。

1.2.1.4　人品名词的准后缀

乔全生（1996：200）讨论过山西方言的人品名词准后缀，可以给同类问题的研究以一定的启示；孙立新《户县方言研究》305～313 页记录描写了户县方言的人品名词，471～472 页讨论禁忌字眼引申用法的同时讨论了

“㞞”字充当人品名词后缀的情况。本部分拟对户县方言的人品名词后缀进行尽可能深入的研究讨论，其他有关方言点的同类一并纳入讨论；如毋效智《扶风方言》315～318页列举了大量的扶风方言带有准后缀的人品名词，这些准后缀如“匠、三、客、皮（痞）、㞞、头、儿、货、神”。

户县方言的人品名词准后缀有的是禁忌字眼（如“从、屄、毬、垂子”等）语法化的结果；多数是詈词并且是贬义的；有的变调，有的不变调。

其一，能产性很强的人品名词后缀

（1）“㞞”。这个字读作[suəŋ^{35}]，本义指精液，用作人品名词，是对坏人的品评。户县方言许多形容词甚或个别其他体词词干都可以与“㞞”字构成“A㞞”式。

可以构成“A㞞”式的单音节词干有：瞎、好、瓜、能指奸诈、灵聪明、蔫行动迟缓、怪怪诞，怪异、逛滑稽、啬吝啬、张[tʂaŋ^{35}]狂妄、猖獗/□[tsã^{55}]、央怪诞，滑稽、懒/困、暮暮气、闷脑子笨、笨手脚笨、假、粘[zã^{35}]粘；头脑糊涂，不明事理、痴[tsʰʅ^{24}]做事不机灵、干活没眼色、瓷[tsʰʅ^{24}]坚硬、脏肮脏、烂不讲究卫生、臭臭；不讲究卫生；水平太差、拐爱说脏话，在异性面前行为放肆，但不一定过分、撑去声调，脾气倔/倔、犟固执、冷莽撞、憋勇力不行、野、呆[ŋæ^{35}]/死、痴、黑面色黑、胖、秃“秃从”是贬称秃子、麻、聋、碎“碎从”是贬称小孩子、老“老从”是贬称老而缺德者。

个别双音节词干也可以构成“A㞞”式：争的㞞莽夫；又用如形容词，“莽撞”的意思，例句如：这个娃（孩子）争的从得很、瓜闷㞞又傻又笨者、龟子㞞坏蛋、闲[kã^{55}]脸㞞无所事事者。

“好㞞”相当于“好东西”，跟“瞎㞞”义同，仍然是贬义词；在通常情况下没有其他“A㞞”式使用频率高，主要跟“瞎㞞”对举，适用于听话人对说话人的反驳语境。例如：

甲：你是个瞎㞞。——乙：你说我是瞎㞞，你是个好㞞嘿！

《扶风方言》317页列举的带有准后缀“㞞”的人品名词如：狰㞞骂人的话，多指那些冒失固执、不听劝告的人，或做错了事、招致损失的人、庆㞞骂人的话，指反应迟钝、不灵活的人、瓜㞞傻瓜、冷㞞蠢货、瞎㞞坏蛋、鬼子㞞骂人的话，多指调皮捣蛋、不听话的小男孩儿/㞞郎客。

（2）“种”。上述可以构成“A㞞”式的单音节词干多数可以构成“A种”式，其中“灵、蔫、怪、央、假、烂、拐、憋、黑、麻、碎、老”等不能构成“A种”式。“A㞞”是一般语气的詈骂，“A种”却是非常难听的辱骂，是从人的遗传本质去詈骂，以至于连被骂者的老祖宗都捎带进去了。

另外，还有4个单音节名词词干“贼、驴、猪、屄”也可以构成“A种”式，都指坏东西，其中“猪种”指懒惰、肮脏的坏东西；“驴种”又作“驴的种”，例如：

我就把你这个驴的种！

这个驴种不是个好东西！

狗肏的一家子的贼种，连谁都偷呢！

你看兀个猪种猪种请注意：这里“猪种”重叠了，把屋董⁼弄（脏）得多脏！

（3）“货[xuɤ55]”。上述单音节词干“瞎、瓜、懒、闷”可以构成“A货”式，“A 货”式是一种带有轻微批评口气的昵骂；“货”字的这种用法跟其本义指“货物”有关。例如：

你个瓜货，你咋不多长个心眼儿呢？

他简直就是个懒货，连这一[tʂei51]点儿活都怕做！

哪搭儿哪里出你这一[tʂei51]个闷货，你咋镇们这么闷的？！

有必要顺便提及的是，户县方言还有一个“啥货什么东西”，也是人品名词，户县老派方言口语一般问什么东西时用“啥/啥家/啥块”而不用“啥货”。

上述“A㞞”式都可以构成“A㞞货”式，如词语“灵㞞货、暮㞞货、麻㞞货”，“A㞞货”式也是一种带有轻微批评口气的昵骂。例如：

你个暮㞞货，就光知道个哭！

看他个灵㞞货，一点儿亏都不吃。

户县方言有的多音节词语也可以构成“X 货”式，这类“X 货”式是比较严重的詈骂词。这些词语主要有：搡眼货贪婪之徒、油ᵓ子货、没脸不要脸货、白气货/白糖货傻家伙；缺乏实际能力者、精精货女性做作者/精精客货、二杆子货/二垂子货/二㞗货/百九六货/架杆货又指办事不认真者、烂葬货邋遢鬼、舔尻子货善于巴结富贵者的人、大尻子货马大哈、心瞎货心底歹毒者；善于嫉妒别人者/短肠子货、二尾子货中性人、婊子客货、半争子货莽撞家伙、弹耳（51-31）子货三声五声叫不应的孩子；没耳性的孩子、粘倒交货不明事理者，头脑糊涂者、ᶜ嫳囊子货缺乏勇力者、二流子货、败家子货/踢家子货、偷奸子货吝啬鬼、洋性子货爱摆阔气者；别人用好话可以使其干出许多善事的人、洋昏子货把事不当事者、乍尾子货狂妄之徒；得意便猖狂的家伙、夹扭儿货优柔寡断者/二扭儿货、二母狗子货不晓事理者、热脸子货贬称见了熟人就过于亲热者、少文读去声，白读阳平脸子货跟人开不起玩笑的家伙、逛脸子货在别人批评自己时还嬉皮笑脸者、人来风货、乱眼子货分不清敌我者、浪圈子货游手好闲、经常不着家者。

上文所讨论的 3 个人品名词后缀“㞞、货、种”还可以连用，连用以后构成“㞞货、㞞种、㞞种货”3 个词语，“㞞货”等 3 个词语的感情色彩各不相同。例如：

这个㞞货！带有怪嗔口气

我就把他个㞞种货！骂得比较难听

那个驴㑳的真个是个㞞种！骂得很难听

《扶风方言》318 页列举的带有准后缀“货”的人品名词如：贱货轻佻、爱惹事生非的人、形货身体多病、不能干活的人、迟货迟钝、发呆的人。

“货”字这种用法在近代汉语时期的来源，如《醒世恒言》第 15 卷有这样的例句：“空照到底是个嫩货，心中犹豫不忍。”我们还从李芳桂的剧作《清素庵》看到如下例句：

我才知觉，正头箱主没带钥。拿钥匙才是这一个，不敢说，今日才撞着正庄货。

我只当那相公仅奴一个，谁料想他还有那个害货。

人家都是对对货，各人自己要揣摩。

我就瞅下你这好宝货，连这箱子也捎带着。

我哥哥虽然二十多，并没有与人结丝萝，他正经还是个原封货。

贾平凹《古炉》494 页有“成不了事的货”：“霸槽不理了跟后，拧身就走，旁边的人还在迟疑，他突然吼道：成不了事的货！都走，都走，让他出气去！”

其二，能产性较强的人品名词准后缀

（1）变作阴平调的“人[ʐẽ$^{35-31}$]”。

与普通话意义相同的：男人、女人、恩人、匠人、工人、文人、诗人、军人、媒人、中人、先人、前人、后人、外人/旁人、世人、差人、小人、病人。

与普通话意义不太相同或者仅限于户县以至于关中方言的：罪人罪人；无福之人、福人有福之人、亡人死人，死尸、大[tuɤ^{55}]人父母双亲；引申指父母辈的亲属（男大人：一般指父亲；女大人：一般指母亲）、乐[yɤ^{31}]人吹鼓手（按：凤翔一带把吹鼓手叫做“吹手”）。按：我们从《汉语大词典》找到了“福人”指有福之人的例证，列举如下：

《太平广记》卷三七九引南朝齐王琰《冥祥记·李清》：“[李清]又见昨所遇沙门，长跪请……答曰：‘先是福人，当易拔济耳。’”

《元史·汪惟正传》：“王妃赐其母珠络帽衣，且曰：‘儿皇家儿妇，为汝母制衣，汝母真福人也。’”

（2）“客[k^{h}ei^{31}]”。

个性品质类的：嫖客、屄客坏蛋女人、嘴客油嘴滑舌者；善于说大话而不干实事者；善于用好话骗人者、尻子客/浅客/眼儿客过于看重原则并且机械地理解政策，爱打小报告，往往有点讨人嫌但未必有品质性问题的人、精精客女性做作者、婊子客/卖货客淫荡的妇女、轱辘客赌棍/轱辘头/轱辘子（按：户县方言“轱辘”指车轮，“轱辘子”的“辘”字变作阳平时指赌棍，不变调时还指车轮）、牛尿客犟人（只能由长辈或者长者对晚辈或者幼者用）、杆子客二杆子。

职业类的：刀客、瓜客受人雇佣给人务西瓜者、麦客夏收时受人雇佣给人割麦子者、邮客旧称邮递员。

婚庆类的：伴客婚礼、寿礼、葬礼上的司仪、娶的客/娶女客结婚当天男方家里前去娶亲的人、送的客/送女客结婚当天女方家里前去送亲的人。

关中方言“客[꜀k^{h}ei]”字用作人品名词准后缀还应提及的如：高陵等处把吝啬鬼叫做“鸡客”；凤翔等处把不吃肉及葱韭薤蒜的人叫做“素客”，当地口语把“薤”读作[xæ^{52}]（＝海）。

《扶风方言》316 页所列举的带有“客”字准后缀的人品名词如：绺客扒手、

毛客骂人的话，多指野蛮、不讲理的人、费客别扭、不好说话的人、筋客一不顺心就固执地使性子、大发脾气的人/疯气客、杠客爱抬杠（争辩）的人、麦客麦收季节从外地赶来受雇佣割麦的人、谝传客能说会道的人，含贬义、嘴儿客常说空话、不办实事的人、镢头客脾气倔、说话生硬的人、凤郎客骂人的话，多指调皮捣蛋、不听话的小男孩儿、尻子客骂人的话，多指别扭、不顺眼的男人/屁眼客、眼药客爱在人前献殷勤的人、水烟客本指给人装水烟混饭吃的人，后泛指不务正业的人、灌铅客不学好的人、古碌客赌博的人。

丹凤方言把扶风的所谓“嘴儿客”叫做“嘴儿匠”，贾平凹《古炉》201页：“灶火倒看不起了黄生生，觉得水皮就那么个嘴儿匠，能和水皮好的也没啥了不起的，他便到自留地摘了一把青辣椒，去了支书家。”

（3）狗。疯狗、假狗机械地执行政策者、游狗游手好闲者、瞎狗坏家伙、野狗丧家犬、菜狗貌似强大而实际上缺乏勇力者、死狗无赖之徒、骚⁼狗爱捣蛋的孩子；昵骂词、赖皮狗、哈巴狗、꜀张巴狗/站⁼脸狗狂妄之徒、乱眼狗/乱眼子狗连主人都咬的狗；指连朋友都戕害的人。

其中，“哈巴狗、꜀张巴狗、站⁼脸狗”儿化以后带有更轻蔑的语气。

（4）“家”和“家子”

家：庄家、冤家、行家、囊家阴谋家，心底歹毒者、闷家笨家伙、懂家内行、买家、卖家、下家可怕的家伙、识文家知识分子、威人家恶人、气儿家仇人，死对头、烂儿家常闯乱子的人、老儿家老人家。

家子。褒义的：干家子实干家、写家子很有写作才能的人、吹家子擅长吹管乐器者、唱家子擅长唱歌或者唱戏者、说家子擅长讲故事者；能言善辩者、画家子擅长画画者、懂家子内行。贬义的：谝家子吹牛大王、败家子/踢家子/踢江山的/踢圈桄的/踢家骡子（按：凤翔叫做“踢踢骡子”）、闹家子闹派人物；敢闯敢干的人物、咬家子像疯狗一样的闹派人物。

（5）婆[35-31]/婆[35-31]子：尧婆（子）后娘、神婆（子）巫婆、月婆（子）产妇、媒婆（子）、怀娃婆孕妇、老娘婆/拾娃婆接生员的旧称、揹娃婆拐骗儿童的妇女（对小儿语）。

（6）鬼。一读[kuei51]：恶鬼、酒鬼、醉鬼、凶鬼、穷鬼、碎鬼小家伙、死鬼呆板之人、小气鬼、短命鬼、逛头鬼爱称滑稽之徒、机灵鬼、慌慌鬼慌头慌脑的家伙；二读[kuei51-31]：吊死（51-31）鬼、替死鬼替人受过者、饿死鬼贬称饭量很大者、冻死鬼、横死鬼。

《扶风方言》318页以“鬼”字为准后缀的人品名词如：细鬼过日子过分节俭的人/细死鬼、倔死鬼性子直、态度生硬的人、凤郎鬼骂人的话，多指调皮捣蛋、不听话的小男孩儿、倒槽鬼倒卖、糟蹋、浪费财产的人、扑神鬼指说不吉利的话的人，或被认为会带来不吉利的人。

（7）头[tʰɤu35]：贼头机灵鬼；又指盗贼的头目、嫖头嫖客、滑头狡猾之人、杠头爱抬杠者、肉头头脑糊涂、什么都干不了者；缺乏勇力者、粘头头脑不清晰者、炉头厨师、刺头闹派人物、轱辘头赌棍/轱辘子、烧包头淫棍、刁头跟人相处爱占人便宜者（按：“刁头”的“头”读作[tʰɤu35-31]）；头儿[tʰəɯ35]：工头儿领工的人、贼头儿盗贼的头目、杠头儿爱抬杠者、刺头儿闹派人物、老实头儿老实巴交的人、长工头儿领着一伙长工干活的人；引申指只知道干活、闲不住手的人，勤劳的人、娃娃头儿喜欢跟小孩子一块玩的成年人。

《扶风方言》317页以"头"字为准后缀的人品名词如：倔头性子直、态度生硬者、费头别扭、不好说话者、空头自私奸诈者/⊂干头、尖头自私、见到有利可图的事就往里面钻者、杠头爱抬杠（争辩）者、大头老实憨厚、做事吃亏、受人欺负者、肉头软弱无能者、黏头头脑糊涂者、讹头总想讹诈别人者、刁头蛮横不讲理要把别人东西据为己有者、犟筋头不听劝告、固执地照自己的意思行事者、捩筋头脾气犟、常和大伙合不来者。

（8）汉[55-31]：好汉、穷汉、富汉、懒汉、野汉、老汉、笨汉笨人、庄稼汉、光食汉光棍儿。按：韩城方言有"正直汉"一词，韩城歌谣云："你要是个正直汉，官场里头难立站。"

（9）手[51-31]：打手、杀手、凶手、帮手/下[çia^55]手、人手人员、对手/敌手、签手演皮影戏时操作皮影的艺人、刀子手爱破坏东西者；敢于杀生者；敢于碰硬、整治恶人或无赖之徒者、拳骨手拳师、骗子手骗子（按：李芳桂剧作《十王庙》里有"拐子手"的说法，如"大娘，你也成了拐子手了。"）。手[51]：一把手单位里的头号领导、二把手单位里的二号领导、三把手单位里的三号领导。

其三，能产性不强的人品名词准后缀

（1）山：央山滑稽之人、逛山滑稽的小孩子、烧山淫棍、争山莽夫、肏瞎山故意挑拨别人闹矛盾的人，善于坏人好事的人。我们原来把这个准后缀"山"字写作"三"，读《警世通言》14卷，有这么一个例句"元来那婆子是个撮合山，专靠做媒为生。"其中的"撮合山"就是人品名词。澄城方言口语"三[tã^21]≠山[sã^21]"，澄城方言以"山"字作为人品名词的准后缀，可以证明应当写作"山"字。《扶风方言》315～316页列举了扶风方言以"三"为准后缀的词语如：狰三争强好胜、在某方面表现突出者、痒三滑稽风趣者、奘三爱开玩笑者、鳖三做事吃亏、受人欺负者、吹三爱吹牛者、逛三游手好闲者、踢三踢蹬钱财者、麦虎三麦收季节从外地赶来受雇佣割麦者、入弄三教唆别人干坏事者、老烧三老色鬼、家伙三家伙（指人），含轻视或还玩笑的意味（按：户县的"家伙山"常常用作叹词，相当于"好家伙"）。扶风方言的"三"也应当写作"山"字。

（2）豆儿：倔豆儿倔强的人、胖豆儿胖家伙、暮豆儿暮气的人、公豆儿本义指雄性的禽畜，用于人品名词时贬称男子、母豆儿本义指雌性的禽畜，用于人品名词时贬称女子、痴[tsʰ^35]豆儿痴呆者、黑豆儿皮肤很黑的孩子。按：户县方言的"豆儿[təɯ^55-51]"通常指"豆子"，例如：白豆儿大豆/黄豆儿、打豇豆儿豆子的一种，豆角比较长，豆角嫩的时候跟豇豆有点相似；成熟后通常下在稀饭锅里煮熟、咸豆儿把大豆煮熟用酱油调制；20世纪70年代以前，户县婚俗用到这种食品，一是女家在婚礼前一天招待"送路（乡亲中的女性给出嫁女子送些小礼品）"者的，二是婚宴上作为一道凉菜/酱豆儿、贼豆儿炒不熟、煮不烂的豆子、炒豆儿、打豆儿爆玉米花、地里头种的豆儿。"豆儿"和"豆"在户县方言里呈互补状态，户县方言把变作阴平的"豆"字通常用在这样的词语里：小豆、豌豆、豇豆、绿豆、黑豆、蚕豆、刀豆、扁[piẽ^31]豆。户县方言的"豆儿[təɯ^55-51]"还可以指一些具有某种特征的物，如"瓷豆儿"指坚硬的东西、地面，也指有

“内膘”的人或禽畜；“胀豆儿”本义指胀了的豆子，引申指胀了的东西；“湿胀豆儿”本义指又湿又胀的豆子，引申指又湿又胀的东西；“豆儿疮”指豆子状的疮，限于用在詈语里，如“你妈㞗害咧个豆儿疮”；“㞗豆儿”指女子的阴蒂，又作“㞗豆豆”，如詈语“他妈的㞗豆儿/他妈㞗豆豆”。

（3）娃。一是“娃ᵓ”，通常意义是指孩子，这里指成年人：稼娃贬称庄稼汉；农村人、冷娃莽夫、野娃私生子；整天不着家的孩子。二是“娃[55-31]子”：贼娃子/绺上声调娃子盗贼（按：詈骂盗贼的歌谣云：“贼娃子，绺娃子，翻人家[nia^{55}]后墙偷人家[nia^{55}]狗娃子。”）、病娃子病夫；狭义指有病的孩子、私娃子私生子、崽娃子爱称小家伙（限于指晚辈）。

（4）脸[51-31]子：热脸子贬称见了熟人就过于亲热者、⊆少脸子跟人开不起玩笑的家伙、光ᵓ脸子在别人批评自己时还嬉皮笑脸者。

（5）⊆痞：啬痞吝啬鬼、街痞市侩；整日在集市上游手好闲，趁机帮闲以捞取好处甚至骗人钱财者；贬称城里人、地痞、兵痞。按：扶风方言以“痞”字为准后缀的人品名词如：腻痞架子大、不愿理睬别人的人、啬痞吝啬的人、死痞耍赖皮的人、庆痞反应迟钝、不灵活的人、街痞总是在街上游荡、不务正业的人。

（6）精精：做作精精/拧舞精精女性做作者、人物精精爱出风头的女性，爱占先的女性（按：宝鸡一带叫做“人物尖尖”）、愆翻精精个性太强并且做作的女性。

（7）蛋：肉蛋什么事情都干不了的人；爱称胖而矮的孩子、臭蛋不讲究卫生的孩子、奸蛋懒汉、二蛋二杆子；特指儿马、儿骡子，因为当地把儿马、儿骡子分别叫做“二马子、二骡子”、˙牛蛋犟孩子；蛋儿：瓜蛋儿爱称傻孩子、逛蛋儿爱称滑稽孩子、毛蛋儿婴儿/毛蛋蛋。

（8）“䐌[sa^{35}]”，本义指脑袋，用作人品名词的后缀：软䐌没有骨气的家伙、憋大䐌与人相处常常吃亏的人、黑瘢䐌时时事事处处倒霉的人；在领导面前吃不开的人。

（9）㞗[p^{h}i^{31}]均为詈词：瓜㞗傻家伙、假㞗机械地理解政策者、碎㞗很坏的小姑娘或年轻媳妇、人的㞗主要领导，实权人物。按：户县与“人的㞗”结构形式及意义相同的还有“人的㞞”；另外，“人的物”也是詈词，是指处处占先的人。又有一个“贼的型”，指惯于偷盗、贪污之流。

（10）“垂子”本义指阴茎，用作后缀，限于品评男性，均为贬义词：二垂子二杆子、驴垂子什么东西，坏家伙、犟垂子固执家伙、闷垂子笨蛋（詈语）、笨垂子手拙者（詈语）。按：“垂子”本来是阴茎的讳称，因为用得时间长了，就无所谓讳称，而成为禁忌语了。户县方言通常把阴茎叫做“𡳞[tɕ^{h}iɤu^{35}]”，因此，“二垂子”又叫“二𡳞”、“驴垂子”又叫“驴𡳞[tɕ^{h}iɤu^{35}]/驴胜”（但是，詈语“你算个驴垂子”不作“你算个驴𡳞/驴胜”，歇后语“驴𡳞[tɕ^{h}iɤu$^{35-31}$]打肚子——自己给自己宽心呢”里的“驴𡳞”不作“驴垂子/驴胜”、“驴胜吊下来咧”里的“驴胜”不作“驴垂子/驴𡳞”），“犟垂子”又叫“犟𡳞”，只限于惯用语“犟𡳞不进尿壶子固执者处事丝毫都不变通”，“闷垂子”不作“闷𡳞”，“笨垂子”不作“笨𡳞”。

（11）后缀“佬儿”只用来品评男性，均为爱称：瓜佬儿傻孩子、公道佬儿办事公道的人、和事佬儿常常化解矛盾的人。

（12）罐罐：尧罐罐贬称后娘；按，户县方言通常情况下把后娘称作“尧妈/尧娘”、精精罐罐女性做作者、充事罐罐经常惹事闯祸的孩子、搡眼罐罐贪婪之徒、鸡蛋罐罐岳母的谑称；按，户县风俗，女婿到了丈人家，丈母娘要给女婿吃鸡蛋，所以，户县人谑称岳母为“鸡蛋罐罐”。按：“尧罐罐”的“罐罐”前后字均读本调去声，其他词语中的“罐$_2$”变作轻声。

（13）疙瘩：劲疙瘩爱称浑身是力量的人、肉疙瘩爱称浑身是肉的胖孩子、瓷疙瘩比较胖、肌肉很坚硬、比较有力量者、顽[₌vã]疙瘩善于死缠硬磨而常常达到目的者、榆木疙瘩傻人，老实人，含贬义。

（14）毛儿：伥毛儿/乍尾毛儿狂妄之徒、浪毛儿游手好闲者（/浪包儿）。

（15）后缀“骨都”的本意指骨头：捣蛋骨都/搅骚骨都爱称善于捣蛋的孩子、急家骨都如爱悔棋、爱赖帐者。按：关中方言很普遍地把骨头叫做“骨都”。

（16）熟儿：见面熟儿见了生人熟人都能随便聊天的人，含贬义、地里熟儿对当地情况很熟悉的人，含贬义。

（17）虫儿[.ts^{h}uɯ]/虫[ts^{h}uəŋ$^{35-31}$]：独伙虫儿不合群者、跟屁虫儿跟在别人后边寸步不离者，相当于西宁话的“屁胎”/跟屁虫；嘟嘟虫指爱在孩子跟前嘟囔，说如何过日子等话的老人，具体指父母亲，谚语云：“家有嘟嘟虫，一辈子不受穷。”

（18）扭儿/扭儿货：“夹扭儿、夹扭儿货、二扭儿、二扭儿货”是同义词，都指优柔寡断者。

（19）后缀“囊”是詈词，只用来品评男性：软囊表面上看起来很软弱，实际上很是工于心计的人、瞎囊心眼很多的坏家伙。

（20）蛋：肉蛋指个子很低的胖子、软蛋缺乏勇力者、笨蛋手不巧者、闷蛋不聪明者、黏蛋懵懂者。

（21）气：二气詈词，二杆子、白气詈词，傻家伙；二杆子；什么事情都干不了的人。

（22）后缀“神[35-31]”声调变为阴平，限于指称男性，含有亲昵语气：央神滑稽之人、捣神捣蛋孩子、慌慌神慌头慌脑的孩子、三搅神善于胡折腾，善于给人找茬甚至欺负人的人。

（23）棒[paŋ^{55}]/棒棒[paŋ^{35} paŋ$^{35-31}$]：横[ɕyɛ^{35}]棒横行霸道的家伙；恶棍（/横木头）、烧棒淫棍；冷棒棒莽夫（/冷娃/半吊子）、烧棒棒淫棍。

（24）后缀“槌”是詈词，只用来品评男性：白槌什么事情都干不了的人、瓷槌呆板之人。

（25）古董：捣蛋古董[ku$^{51-31}$ tuəŋ$^{51-31}$]/搅骚古董爱称善于捣蛋的孩子、老古董[lau$^{51-31}$ ku^{51} tuəŋ$^{51-35}$]老学究（按：“老古董”若读作[lau$^{51-55}$ ku$^{51-31}$ tuəŋ$^{51-31}$]，则指古代留下来的文物等）。

（26）骨都骨头：搅骚古董爱称善于捣蛋的孩子、硬骨都、软骨都、急家骨都因一点小事就跟别人急的人；如经常悔棋者/急家搅。

（27）王[uaŋ^{35}]：娃娃王恶少、辣子王很能吃辣椒者、逛山王很滑稽的小孩子。

如上所讨论的“货、屄、鬼、头”等后缀与山西方言的相应词缀进行比照，可以看出构词规律的相当和各自组合特点、语义特征的个性，例如：

"瓷㞞、瞎㞞、懒㞞"户县方言与山西方言的意义和褒贬色彩很相当；户县方言的詈词有"驴㞞"，但没有晋南方言的"狗㞞、马㞞"；晋南方言的"老㞞"指老气横秋、毫无朝气者户县方言相对地作"娃老汉"，户县方言的"老㞞"是贬称老而缺德者。户县方言的后缀"㞞"比晋南方言能产性强。

户县方言也有人品名词前缀，基本上跟普通话的情形相当。又据我们调查，户县方言的前缀"老"字比较特殊，它处在单音节形容词词干的前边，对一些人的性格和能力进行品评，含贬义，例词如：老硬性格固执者、老撑性格倔强者、老闷笨人，傻人；又用作形容词，如"老闷声"指瓮声瓮气的声音、老茶缺乏朝气的人；行动缓慢的人、老外外行；按：今常常称外国人为"老外"、老憨儿老实人/老实头儿（"老实头儿"的结构是"老实＋头儿"，跟"老憨儿"的结构不同）。

关于户县方言名词后缀的感情色彩，就着上文所讨论的问题，我们这里以"傻"义的单音节形容词词干"瓜"作为例证来说明其差异：其中"瓜子"一般无感情色彩，"瓜佬儿、瓜蛋儿"是爱称词，"瓜货、瓜娃"略有嗔怪意味、含轻微贬义，"瓜㞞货"有一定的贬义色彩，"瓜㞞"是贬义词，"瓜㞎"是很难听的詈词，"瓜种"是相当难听的詈词。

其四，如下列举其他方言点（主要是扶风）的人品名词准后缀。

（1）亦如普通话那样，"匠"字在关中方言里是工匠的标志，如：木匠、铁匠、银匠、鞋匠、磤匠专门磤石磨的工匠、画匠、皮匠、骟匠、竹匠、裱糊匠、油漆匠、小炉匠、泥水匠（关中方言把"水匠泥"的"泥"字读作去声），等。"匠"字在宝鸡一带以至于咸阳一带常常用作人品名词的准后缀，如把盗贼又叫"绺儿匠"。现在列举《扶风方言》315页的例词：吃匠食量大的人，含贬义或戏谑义/绽匠、漂儿匠过分讲究穿戴打扮的人、咧儿匠说大话、吹牛皮、夸耀显示自己的人、却儿匠总想占别人便宜的人、刁儿匠蛮横不讲理要把别人的东西夺过去的人、超儿匠学习成绩出众的学生。

（2）"神"：扑神指说不吉利的话的人，或被认为会带来不吉利的人、贩弄神能贩卖东西或光把家里东西往外拿的人、翻弄神指爱翻弄东西的小孩儿/翻乱神、兀溜神因生气而走路动作很快的人，多指女人，含贬义、引溜神勾引青少年学坏的人。

（3）"儿"：主儿主人，财物的所有人；给姑娘找的婆家、蛮儿对小孩儿的亲昵称呼/蛮串儿、死漂儿过分讲究穿戴打扮的人、死却儿总想占别人便宜的人、麻迷儿性格执拗、不通情理的人、干板儿爱说话的人，嘴快的人、七成儿做事不考虑后果的人、二洋儿头脑糊涂、不明事理的人/二凉儿、小使儿在别人身旁听从使唤的人、蔫串儿性子太慢、做事慢腾腾的人。

（4）"物"：怪物心里有怪点子或滑稽可笑的人、劫（＝杰）物胆子大、无所畏惧的人/恶物。

1.2.1.5　处所名词的准后缀

其一，"处"字。"处"字（"处相处"遇合三上语；"处处所，人事处，处长"遇合三去御）关中方言只读作上声调（如西安[pfʰu^{52}]，泾阳[tsʰɥ^{51}]，宝鸡[tʂʰʅ^{52}]，凤县[tʂʰu^{52}]）。关中方言表示处所的代词有用到"处"字的，如孙立新《西安方言研究》202 页指出，西安方言有“这处[tʂɤ^{55} pfʰu$^{52-31}$]这里、兀个处[uɤ^{55} pfʰu^{-31}]那里、那处[næ^{55} pfʰu^{-31}]那里”。“处”字在“这处”以及下文要讨论的“吃处、亮处、交结处”等语境里变作阴平调，正如孙立新（1983：78～88）《户县方言的连读变调》一文所提出的概念“半弱化由阳平、上声、去声调变作阴平调”，“处”字由上声调变作阴平，没有完全弱化成为词尾，处于半弱化状态，是典型的准后缀。

关中方言表示处所的名词有许多以“处”字为后字(准后缀)的标志，准后缀“处”前边的词干很少有名次或名词性的，一般是动词、动词性的、形容词和形容词性的。关中方言的准后缀“处”一般指某某地方，有时候也指某某时候。这类词语，关中方言比普通话多许多。

一方面词干是名词或名词性的：阴凉处、交结处关键处，关键的时候/交紧处/要紧处、碱指土地中的盐碱坨坨处、低洼处、高坎处、低水积水处、戏台子处。

二方面词干是动词或动词性的：来处、去处、吃处、喝处、看处、耍处/逛处、歇处/歇脚处、立处/下脚处、有人处、没人处、埋人处、诉说处、伸冤处、看书处、做活处、打牌处、演节目处、说话处、谝闲传聊天儿处、买东西处、上学处/念书处、上茅房处，等等。

三方面词干是形容词或形容词性的：明处/亮处、暗处/黑处、大处、小处/碎处、疼处、咬痒痒处、硬处/瓷处、虚处、软处、肥处、瘦处、高处、低处、薄处、瞎坏处、好处、热处、冷处、烙处火炕上热的地方、厚处、白处、黄处、贵处、贱处、高兴处、难受处、热闹处、着急处、可怜处贫穷的地方；贫穷的时候，遇到麻烦事的时候，等等。

举例句如下：

天镇这么热的，你先坐到阴凉处下凉歇凉着。

你在明处寻，暗处你看不来看不清，咋寻呢？

你拿的钱少，就去寻贱处买，覅寻贵处买。

你咋每回都在交结处就坐洋蜡食言呢，你像个男子汉吗？

有人处你话多得很！没人处你悄没声息的，该说的咋不说咧？

你这个地方有吃处，有喝处，就是没㞎大便处，没尿处；太不方便咧。

那处那里前不着村后不着店的，没个买东西处，住得时间长咧就难受咧。

人在可怜处你不帮忙不要紧，你覅看景把别人的难受事情当作热闹来看，幸灾乐祸就对咧。

谚语：镢头都爱在虚处挖。

谚语：热闹处卖母猪指在别人难受或忙乱的时候去打搅别人。

谚语：人到着急处，总有个出奇处人一旦到了着急的时候，往往会有出奇制胜的办法。

谚语：生处的水，熟处的鬼在生地方游泳，因为不知道情况，容易淹死人；对于熟地方埋的死人，因为对死者熟悉，往往怕其“鬼魂”作怪害自己。

我们从《醒世恒言》里找到若干个“处”字充当处所名词准后缀的例子，括号里是卷数。

我自小靠爹娘过活，没处赚得一文半文，家中来路又少，也怪爹娘不得。（5）

五汉把来袖了道：“母亲，这银子和鞋儿留在这里。万一后日他们从别处弄出事来，连累你时，把他做个见证，若不到这田地，那银子落得用处，他敢来讨么？”（16）

你的睡处在哪里？（16）

怪道这东西欺我消受他不起，要望旺处去。原来他家恁般兴头！（18）

所以蜀王每到炎天，便率领宾客来此亭中避暑。果然好个清凉去处！（26）

其二，“头起”。如户县方言的“头起”读作[t^{h}ɤu^{35} tɕ^{h}i$^{51\text{-}31}$]，指附近或边缘，可组合成如右的形式：地头起、场麦场头起、炕头起、床头起、桌头起、锅头起、槽头起、窗头起、脚头起、𩠐头，脑袋头起。

1.2.2 动词后缀

关中方言的动词后缀主要有“拉、打、弄、腾、摆、敛、刮”。

1.2.2.1 后缀“拉”

单音节动词后边连带无实在意义的“拉[la^{31}]”字。例词如：挒[tʂɤu^{52}]拉指长时间地举着或胳膊平伸着拿着使人难受；也指人臭架子很大、⊂箍[ku^{52}]拉因受胁迫或环境条件限制使人难受、捩[liɛ^{52}]扭动拉、提拉提、跐[ts^{h}ʅ^{52}]蹭拉、吊拉、画拉、挂拉、架拉、胡嫠[li^{24}]拉故意刁难人。例如：

你把自己的行李先提拉上。

你出去打工，也想办法在外头挂拉个媳妇儿回来。

看把你挒拉的，你给我摆你的臭架子连个屁都不顶！

你成天吊拉个脸有啥好处呢？咱自己没说为什么不心平气和的！

另外，户县把炫耀叫做“掰拉/显哗”，西安亦如普通话那样叫做“显摆”。“画拉”一词可以从《儿女英雄传》33 回看到：“公公可别笑，这可就是媳妇胡画拉的，实在不像个字。”《金瓶梅》39 回有个“刮刺”实际上就是“挂拉”：“不料西门庆外边又刮刺上了王六儿。”“拉”字在户县还充当形容词“恶”的后缀并且读作去声调[la^{55}]，“恶拉”是“凶恶；厉害”的意思，例句如“恶拉得很”。

1.2.2.2 后缀“打”

西安方言个别单音节动词后可带虚化了的后缀“打[ta$^{52\text{-}31}$]”。例词如：抡打抡、磕打磕碰、敦批评，训斥打、敲打敲；告诫，警告、吹打吹嘘、拍打拍、摔打摔、混打。例如：

不敢胡抡打！

我想再敲打你两句呢。

他把自己吹打得能行得很。

人家[nia^{31}]他凭啥要敦打你呢？

他太能经住摔打咧，这点困难算个啥呢？

以上可以重叠成为 AABB 式的有“摔打、敦打、敲打、吹打、拍打、混打”，例如：

她在你身上拍拍打打的，你不难受？

他不遵守纪律，老师成天把他敦敦打打的。

他成辈子干工作都混混打打的，他把混国家的工作当得能当作逞能呢！

1.2.2.3　后缀“弄”

毋效智先生《扶风方言》318～319 页报道了扶风方言以“弄”为后缀的词语，例如：贩弄贩弄；（往外）拿、解弄（把人财物等）转移（到别处去）、戳弄搬弄（是非）；挑唆、唆使、入弄捣鬼；唆使、玩弄想方设法安装、修理、捻弄修理；土法医治、翻弄翻动、耍弄嘲弄，摆布、糊弄欺骗，蒙混、祭弄娇，惯。

我们可以举出西安方言以“弄”为后缀词语的有关例句如下：

你嫑听她戳弄，你得有自己的看法。

他这是耍弄谁呢？你当以为谁都是好耍弄的！

谁都不是瓜子傻子，想糊弄[xu^{31} .nuəŋ]就能糊弄过去！

关中方言还有一个“□弄”（这个待考的字，西安读作[pf^{h}a^{52}]，三原读作[ts^{h}ɥa^{52}]、岐山读作[tʂ^{h}a^{52}]，陇县读作[tʂ^{h}ua^{53}]；“□”的本义指浑着剥皮；男子把阴茎包皮往上翻的手淫行为叫做“□㞗”，也可以简称“□”）。“□弄”指破坏性地触动。

1.2.2.4　后缀“腾”

“腾[t^{h}əŋ^{31}]”字在关中方言里除了“使空⁼”义读作阳平调以外，其余语境一般读作阴平调。

毋效智先生《扶风方言》319 页报道了扶风方言以“腾”为后缀的词语，如：倒腾翻腾，移动；买进卖出，贩卖，变卖、搜腾搜寻、掏腾翻弄，搜寻（按：“掏腾”在西安一带方言里除了“搜寻”义以外，还指想方设法把被关押者弄出来）、编腾编造事实嘲弄、配腾调配、调腾调动。

西安一带还有“踢腾、翻腾、和[xuɤ^{55}]上下摇晃；翻动，搅动腾、挪腾挪动/趱腾、戳腾派（出去办事）、错⁼腾（从别处或向别人）借（钱物）、掰腾想方设法给吃好的、扑腾操办（事物、商务等）”。例如：

几个娃娃在楼上胡踢腾。

小心把桌子和腾烂咧着。

这个娃呆[ŋæ^{24}]得很，戳腾不出去。

歇后语：老虎𠆧水牛——大扑腾大操大办！

你没有钱，想办法从残的别人跟前给我错腾两万元。

这个小伙子有扑头闯劲，几年时间就把生意扑腾大咧。

孙子꜁多长时间好久没回来，一回来，他奶祖母给掰腾着吃呢。

1.2.2.5　后缀“摆”

户县方言的后缀“摆”读作阴平调[pæ^{31}]（“摆”字通常读作上声调[pæ^{51}]）。户县方言的动词“꜀摆治[pæ^{31} tʂʅ$^{55-31}$]”，是“整治（人）；整饬”的意思；后缀“摆”是由“整治”义来的。例词如：处꜀摆身心受损、骇[xæ^{31}]꜀摆吓唬；整治、挼[zua^{35}]꜀摆整治并且捉弄/耍꜀摆。

1.2.2.6　后缀“敛”

户县方言的“敛①”字用作动词后缀时读作[luã^{31}]。户县方言以“敛”字为后缀的例词如：劳敛着手或准备干（事情）/撩敛、扑敛雄心勃勃地闯荡前程或事业、收敛收集，搜集；收藏、刨[pau^{35}]敛如农民从很艰辛地土地里取得财富、管敛管理；照顾，照看、办敛承办；办理、꜂箍强迫甚至要挟敛（/꜂箍扎）、顾敛顾，顾及。户县方言带后缀“꜀敛”的动词（劳敛/撩敛、扑敛、刨敛、管敛、顾敛）可以重叠为“AA敛敛”式，这种重叠式对语义有所加强。例如：

我知道你都劳敛/撩敛咧半年咧，吗难道这阵儿才开张？

小伙子有出息着呢，成天扑扑敛敛的，肯定是个成事的！

谁给你办敛这个事呢，这么大的事情，他有这个水平没？

要不是我提前收敛咧几个没给人给，早都完咧；你拿去省着用去。

我答应给你管老人呢，忙得顾敛不过来；把老人没管好，对不住你！

你就是再忙，事情你还顾顾敛敛的；你上有老下有小，不顾敛咋行？

1.2.2.7　后缀“刮”

《扶风方言》319页报道了扶风方言以“刮”为后缀的词语，如：发刮发脾气，训人、砸刮发泄不满情绪、骂刮骂、挡刮阻止；回绝、搭刮点缀、挓刮突出明显地存在，得意地存在，含贬义。

西安一带有“挡刮、掀刮推搡、对[tuei^{24}]碰，碰击；训斥刮”，西安的“砸刮”指背地里攻讦。

1.2.2.8　后缀“搭搭”

西安一带方言的动词后缀“搭搭”可以跟“AA”重叠式组合成为“AA搭搭”式，“搭搭”的能产性不强，例词如：耍耍搭搭边干事情边玩耍，例句如：“几个小伙子嘞，做活呢，耍耍搭搭的，你看不惯，我也看不惯｜不着急，咱耍耍搭搭就走到咧”、远꜃远搭搭故意绕道走，例句如“你就端直望过走，嫑远꜃远搭搭的”。

1.2.3 形容词后缀

关中方言有一批能产性较强的形容词后缀，构成了形容词生动型。汉语一定地域方言的名词（如子尾、儿尾、头尾等）、动词词缀可能基本上可以穷尽其各种用法，但是，形容词后缀就很难穷尽。因此，下面就其主要的分别予以讨论。

1.2.3.1 单音节后缀“活、实、兮、气、道、劲儿”

其一，“活”。后缀“活”在关中多数方言点变作阴平调[xuɤ$^{24-31}$西安音]，在千阳、铜川、澄城等处变作轻声调。“活”可以和“热、煎、善[ᶜtʂʰã]”等单音节形容词构成“A 活”式，“活”表示说话人对某种感觉的快感和惬意，一般是褒义的。能和“活”结合的单音节形容词主要有：煎滚烫；热情、热、善[ᶜtʂʰã]好、松、紧、软、茜[tɕʰiãᵓ]合适，好、受～活：舒服；多数地方还特指交合的快感，北部旬邑等处无此义、□[≤ʂa]工作轻松，舒服、洋洋气、≤囊合适、酿[ᶜzaŋ]柔软、鑱[≤tsʰã]锋利；引申指人精干，水平高。例如：

这就太善活咧！

这茶煎活，喝着多好！

你看，俩人正谝聊得热活着呢。

事情松活得很，有的是时间看书。

工作紧活咧“咧”字表示假设这是好事。

你给我送的那些东西用起用起来刚茜活。

面皮儿酿活得很，吃起好好吃得很咧。

这小伙子干工作鑱活得很，为人也耿直得很！

毋效智先生《扶风方言》319 页所记录的扶风的后缀“火”，实质上也应当是“活”，例词如：鑱火形容劳动工具质量好，效率高；形容人工作能力强，工作效率高、甯火机灵，敏捷、紧火紧张，急迫、在火形容干活方式方法得当，有窍门。

另外，商州等地有些带“活”的形容词或动词，“活”的语义是中性的。例如：急活、肉活、稀活、匀活、绵活、虚活、试活、欠活（有些～有点儿欠缺）。

其二，“实”字。“实”字在关中多数方言点变读阴平调[ʂʅ$^{24-31}$西安音]，在千阳、铜川、澄城等处读作轻声调。“实”字作单音节形容词的后缀，有“实在，经受能力强”等意味。例如：皮实能吃苦，不怕疼、厚实厚重，实在、结实、牢实牢固，坚固，稳固、老实、扎实、瓷实坚实、壮实茁壮、殷实日子过得～、富实殷实；富态、欢实高兴。

其三，“兮[꜀ɕi]”字。关中方言的“兮”字作为单音节词尾，有令人讨厌的意味。“兮”前的单音节形容词词干主要有“脏肮脏、黏[≤zã]、邋邋遢”。例如：

看你脏肮脏兮的！

你说话咋这么粘兮的呢？

我没见过你这么邋兮的！

“兮”字也可以重叠为“兮兮”，西安一带的“兮兮”通常充当“脏、可怜”的后缀，“可怜兮兮”又作“可怜吧唧”。例如：

看你董弄脏得脏兮兮的，你吗难道连洗澡、洗衣裳的时间都没有？

那几年，他的日子过得可怜兮兮/可怜吧唧的；如今富得流油呢。

与其可怜兮兮求人，还不如自己想办法，凭本事吃饭，多滋润的！

其四，“气”字。“气[tɕʰiᵓ]”字是官话常见的形容词后缀。“气”字作为后缀在关中方言里的能产性比普通话要强些，多数情况下跟单音节词干组合；以下凡是下加横线的，都可以重叠为“A 里 A 气”式。例词如：大气、小气小气；吝啬、薄气吝啬、虚气怕疼；受不得委屈、硬气有自力更生精神，不占别人便宜、和气、霸气霸道、贵气、峻气女性冷峻，在男性面前不轻浮、稳气稳健（/稳在）、正气、淘气、洋气/阔气、土气、贫气/穷气（按：关中方言以“贫气”为常用）、老气老成、暮气如受到了委屈就过于难过，别人努力规劝都不济事、娇气、傲气、怪气感到当面难堪、辱[fẽ^{24} 西安音/sʯẽ^{35} 三原音/ʂəŋ^{34} 岐山音]气使人感到害羞、白气傻/二气（按：“白气/二气”通常还用作人品名词）、美气（按：只可以与“不”字组成否定式“不美气心里感到不美”，不可以单用）、素气素淡、俗气、少气、扫ᵓ气晦气。有的表示积极意义的还可以重叠为“AA 气气”式，如：和气、大气、阔气、正气。例如：

就你虚气，打个针就咋像割头呀！

你看人家大气的，不像你，小气的，薄气的；啥出息！

不硬气肯定就要受人话指得到别人的职责呢，咱指听话人学得硬气些多好！

你为自己的奖金寻领导去有啥怪气的（呢）？你不寻，领导咋知道给你弄错咧？

年轻人在单位上班和里和气/和和气气的，领导跟老同志也就都爱你。

另外，关中方言的“气”字也可以充当个别复合形容词或形容词性词组的后缀，例词如：穷酸气、迂腐气、奴才气、小家子气、少脸子气少气、蛮声呵啦外地人说话很难懂气。

其五，“道”字。后缀“道”在关中多数方言点变读阴平调[tau$^{55\text{-}31}$ 西安音]，千阳、铜川、澄城等处变作轻声调。后缀“道”只限于跟单音节形容词词干组合，例词如：和道和气、活道处事灵活；活泛（按：读音方面“和道＝活道[xuɤ^{24} tau$^{55\text{-}31}$ 西安音]”）、地道道地、默道指人言语不多，实干精神强、暮道如受到了委屈就过于难过，别人努力规劝都不济事；今限于老派口语、厚道、公道。例如：

张校长处事活道，李校长待人和道；两个校长都是好人。

他的俩娃，一个默道勤谨，一个暮道难说话，性格简直不一样。

其六，西安一带的“劲儿[tɕiə̃r$^{55-52}$]”跟上述的“气”意思相当；有的以“劲儿”为后缀的，也可以以“气儿[tɕʰiər$^{55-52}$]”为后缀。例词如：狠劲儿毅力，勇力；面对金钱的贪婪样子；整人的不留情面甚至残忍、蛮劲儿毅力，勇力；面对金钱的贪婪样子/蛮势劲儿、⊆张狂妄劲儿、穷劲儿、瓜傻劲儿、瓜屄劲儿詈词，詈骂那些过于傻的人、傲气劲儿、暮气劲儿、惶惶劲儿、可怜劲儿/可怜气儿、可怜吧唧劲儿/可怜吧唧气儿、穷酸劲儿/穷酸气儿、迂腐劲儿/迂腐气儿、小人劲儿/小人气儿、大喇喇大咧咧劲儿/大喇喇气儿、二杆子劲儿/二百五劲儿/二尿劲儿、二流子劲儿、灰头灰脑劲儿、没脸倒耻厚颜无耻劲儿、酸溜溜劲儿/酸荒荒劲儿、假骨流神装腔作势，虚伪做作劲儿、爱热闹劲儿、玩世不恭劲儿/玩世不恭气儿。

1.2.3.2 双音节的形容词后缀

其一，与吕叔湘先生主编的《现代汉语八百词》2002 年增订本“形容词生动形式表”之表二比较，关中方言的双音节后缀（如“白生生、蓝英英、黑魆魆、红堂堂、毛茸茸、气气呼呼”）也是比较常见的，但是，未必都跟普通话的每一个后缀相同或意思相当。比如毋效智《扶风方言》320～321 页列举了一定数量的加缀形容词。如扶风方言的双音节后缀词语：凉扒扒形容食物不热或态度冷淡、恬稀稀形容味道淡而不好吃、顽筋筋形容吃的东西有韧性，不松软，易碎、扑火火形容年轻人皮肤白嫩，漂亮好看、乖笃笃形容人长得漂亮，程度适中、白鹤鹤形容脸上粉搽得白、黑丢丢形容皮肤黑而不难看、福乃乃胖乎乎、肥突突形容肥胖的样子，用于人时含贬义、肥棱棱同“肥突突”、茶呆呆形容精神不振的样子、齐茬茬形容庄稼出苗、生长整齐或东西的撕裂面齐、齐本本形容书籍等整齐的样子、长拉拉形容穿的衣服显得长一些、短休休形容穿得衣服显得短一些、新铮铮形容衣服崭新的样子、扑衍衍形容液体很满的样子、琐闹闹形容开的花结的果或附着的东西很多，成絮状，或结成团、箍鬔鬔形容开的花或结的果很繁密，一串一串或一团一团的、干寞寞形容冷清、寂寞。这些后缀就是关中西部特别是扶风方言特有的。

我们还从贾平凹《古炉》385 页找到这样的例句：“灶火急火火地来到了天布家……”

现在来讨论关中方言常用的几个“××”式后缀。

一是“哇哇”。“哇哇”表示对某种东西所具有的色泽、性状的厌恶，其词干一般是单音节形容词。若在“哇哇”前嵌入“圪”字，其讨厌意味就更浓烈。常用的例词如：蓝哇哇、蓝圪哇哇、白哇哇、白圪哇哇、红哇哇、红圪哇哇、黑哇哇、烂哇哇、碎小哇哇、厚哇哇、薄哇哇、老哇哇、贵哇哇、咸味道咸哇哇、涩哇哇。例如：

馍黑哇哇的，难吃死咧！

天冷哇哇的，我就不想出门。

饭稠圪哇哇的，看着都不香。

房碎房子小哇哇的，能住几个人？

那个女的跟男人离婚咧，二回跟咧个有钱男人，老哇哇的。

二是“粑粑[pia^{31} .pia]”和“啪啪[p^{h}ia^{31} .p^{h}ia]”。如西安一带的“粑粑”和“啪啪”常用在“粘、红、白、黄、浓ᵓ如食物被浸泡得松软难吃了”等表示颜色的单音节形容词后，是“过于 A”的意思，含有对 A 现象的讨厌意味。例句如。

他的手上抹咧些糨子，粘粑粑的/粘啪啪的。

他的脸煞白煞白非常苍白的，白啪啪的，难看死咧。

三是“啦啦[la^{31} .la]”。西安的“啦啦”常作“黄、泥、血、大”等单音节形容词或从名词转类来的单音节形容词后缀；“大啦啦”又作“大咧咧/大不啦啦/大不咧咧”。例如：

他踏咧一脚屎，黄啦啦的，把人（都）能脏死了。

有一个人教被人杀咧，血啦啦的，害怕可怕得很。

一看你这大啦啦/大咧咧/大不啦啦/大不咧咧的样子，我就恶心！

但左眼眉处一指宽的道子，血啦啦地翻着肉。(《古炉》374 页)

户县方言“啦啦[la^{31} .la/la^{51} .la]”前的词干还可以是“AA”式，如 A 为“蛋块状的或球状的、块、堆、串、股、花、道、漓”。“AA 啦啦”用如形容词；其中，“股股啦啦”一般指条状物凝结在一起，特指一个单位里边有许多山头或宗派体系；“花花啦啦”是“花色或品种各异”的意思，又作“花里花啦”；“道道啦啦”如指地面的线条或人脸被污染的结果呈现出纵横交错的状态；“漓漓啦啦”本指物体上液体充盈的样子，引申为拖泥带水。例如：

几个娃把地上画得道道啦啦的。

拌汤里头蛋蛋啦啦的，我不想喝。

他把书堆堆啦啦放咧一房子房间，连个坐的地方都没有。

这些肉串串啦啦的，看起起来都不好，吃起肯定不香。

这个单位里头股股啦啦的，得有个能干的领导才能管好。

你把这些东西花花啦啦给你都拿些；拿回去给相好的也送些。

这个人肉得很，办啥事都是漓漓啦啦的，连个屎什么水平都没有！

四是“꜀腾腾”“呆呆”“嘟嘟”。如西安一带的“腾腾”可以充当“沉、笨动作不灵活、瓷坚硬、痴[꜁tsʰʅ]（=瓷）、雾”等单音词的后缀，“呆呆”可以充当“笨、痴、闷脑子笨”等单音词的后缀，“嘟嘟”可以充当“瓷坚硬、痴、胖、奘、憨[xḛ̃^{31}]⑤”等字的后缀。例如：

这个人痴腾腾/痴呆呆的。

他痴嘟嘟地一句话都不说。

你咋闷腾腾/闷呆呆的，老学不会？

那个媳妇儿都笨腾腾特指怀孕临产的咧，还胡跑呢。

这个娃胖嘟嘟的，崽娃子对小孩子亲昵的詈骂能吃得很。

五是关中中部方言的“浆浆”常与“粘、死、浓ᵓ如食物被浸泡得松软难吃了”等单音节形容词相连，“A 浆浆”是“过于 A”的意思。例如：

这个人死浆浆的过于死板。

馍浓ᒣ浆浆的，手咋拿呀？

他把软柿子沾了一手的，粘浆浆的。

现在列举西安一带方言常用的“A＋××”式形容词。以下的“××”，前“×”读作阴平，后“×”读作轻声；“×儿”，男性一般读作轻声，女性多变作上声。这种形式有两种。

一种是与普通话一致的，有的褒义词根据习惯有儿化。如：白花花（儿）、白生生（儿）、潮乎乎、沉甸甸（儿）（按：与之同义的贬义词西安为“沉腾腾”）、臭烘烘、脆生生（儿）、大咧咧、短巴巴、短撅撅、恶狠狠、肥囊囊、粉扑扑（儿）、干巴巴、孤零零、鼓囊囊、光溜溜（儿）、光秃秃、汗津津、黑洞洞、黑乎乎、黑黢黢、黑魆魆、黑压压、黑油油（儿）、红扑扑（儿）、红通通、红艳艳（儿）、厚墩墩、滑溜溜、黄澄澄、灰沉沉、灰溜溜、灰蒙蒙、活生生、火辣辣、急冲冲、急乎乎、假惺惺、尖溜溜、紧巴巴、紧绷绷、静悄悄（儿）、空荡荡、空落落、辣乎乎、蓝英英（儿）、懒洋洋、乐滋滋（儿）、喜滋滋（儿）、泪汪汪、冷冰冰、冷清清、冷森森、冷飕飕、凉丝丝（儿）、凉飕飕（儿）、亮光光、亮晶晶（儿）、亮堂堂（儿）、绿莹莹（儿）、绿油油（儿）、乱哄哄、乱蓬蓬、乱糟糟、麻酥酥、慢腾腾、毛乎乎、毛茸茸（儿）、美滋滋（儿）、密麻麻、面乎乎、明光光、明晃晃、闹哄哄、闹嚷嚷、粘乎乎、怒冲冲、暖烘烘、暖乎乎、胖墩墩、胖乎乎、平展展（儿）、气冲冲、气乎乎、清凌凌（儿）、轻飘飘、热辣辣、热烘烘、热乎乎、热腾腾（儿）、软乎乎（儿）、软绵绵（儿）、软囊囊、软塌塌、傻乎乎（按：此条是西安方言受普通话影响以后才用到的，西安方言相当于“傻乎乎”的带后缀的形容词主要有“瓜不唧唧、瓜瓜不唧”）、湿漉漉、水灵灵（儿）、水汪汪、死巴巴、松垮垮、酸溜溜、雾腾腾、雾濛濛、雾沉沉、稀拉拉、稀溜溜、细条条、响当当、笑嘻嘻、兴冲冲（儿）、眼睁睁、硬梆梆、硬撅撅、油光光（儿）、油汪汪、圆乎乎、圆溜溜（儿）、晕乎乎、直勾勾。

西安一带后缀“烘烘”还有一个双音节词干“牛屄”；“牛屄”土著居民口语读作[niɤu^{24} p^{h}i^{31}]，建国后城区的读书人有不少读作[niɤu^{24} pi^{31}]的。

另一种是与普通话不一致的，如：白生生（儿）、白囊囊、长嘎嘎/长荒荒、水荒荒指地上水很多、沉腾腾、笨很不灵便；多指妇女怀孕后特别是临产的时候肚子很大腾腾、稠囊囊、粉嘟嘟（儿）、黄碌碌（儿）、胖墩墩、瓷嘟嘟、油霍霍（儿）饭菜里有油水，看起来很香、油呆呆油腻腻、笨呆呆、闷脑子不好，思维能力差；呆板呆呆、孤捏捏（儿）、新铮[tsəŋ^{31}]铮/新臧[tsaŋ^{31}]臧、齐嘣嘣、光出出、绿汪汪、绿湝湝绿茵茵（儿）/绿蓁[tsẽ^{31}]

蓁（儿）、嫩湝湝、软粑粑[pia^{31} .pia]、黏粑粑、松塌塌、雾꜀沉沉、脏兮兮、黏浆浆、恬灭灭饭食过于淡、单灭灭很单薄的；离群体很远的、黑黜黜黑魆魆、直通通不变通、精拉拉赤条条，等。

华阴方言“A+××”式形容词有的“××”是去声调，这跟关中多数方言点“A+××”式形容词的声调格局不同。现在列举华阴方言常见的“A+××”式形容词：瓷坚实，坚硬，结实定定、虚膨膨、光溜溜、红艳艳、红堂堂、红哕哕[yɛ^{55} yɛ^{55}]红得难看、蓝生生、蓝英英、白绚绚[ɕyɛ̃^{55} ɕyɛ̃^{55}]、白生生[səŋ^{55} səŋ^{55}]（按：华阴方言“生”字读作去声调的理据为：《集韵》去声映韵“所庆切”）、黑冬冬、黑沤沤[ŋou^{55} ŋou^{55}]、轻飘飘、沉腾腾、实腾腾、明晃晃、黄亮亮、新铮铮、软溜溜、硬帮帮、轻盈盈、活络络不牢靠，不结实。

其二，适用地域较广的多音节后缀“的些西安/的先凤翔”

“的些西安/的先凤翔”可与相当数量的单音节（如“大、碎、多、少、长、短、厚、薄、贵、贱、瓜傻、稀、稠、黑、白、红、丑、美”）、双音节（如“可怜、可憎、神气、没神不持重、”）或由名词、动词转类而成的多音节形容词（如“二百五、半吊子”）相结合，“A 的些”是“A 的那么个样子”的意思。“可怜、恓惶、难受”等形容词加上“的些/的先”后，有说话人对某人某种窘境同情的意味。“好、嫽好、美、能行、有水平”等形容词后加“的些/的先”后，含有讽刺意味。“瞎坏、红、蓝、碎小、薄、厚”等形容词尾加“的些/的先”后，含有说话人认为不应该如此 A 的意味。例如：

馍薄的些！

这个娃瞎的些！

这个墙红的些红得难看！

你嫽的些，谁能跟你比？

你瓜傻的些，这点儿道理都解不开！

你看他病害得连饭都吃不进去，恓惶可怜的些！

你看你兀个[uɤ^{52}]那个龟式子熊样子，二垂子莽撞的些！

老王有水平的些，能给虼蚤跳蚤绾笼头指聪明过头了；含贬义！

其三，西安一带“呗呔[pæ^{31} tæ^{31}]”可以同双音节或三音节形容词相结合，“A 呗呔”是“A 得那个熊样子”的意思，含有非常讨厌的意味。例如：

他泛常经常二屎二杆子呗呔的！

你看他梢轻谄媚呗呔的，没胎骨没骨气得很！

你看你兀个[uɤ^{55}]那个二垂子二杆子呗呔样子！

哎，你咋可怜呗呔的！有啥难受事情呢？

他见咧瞎帐可以白吃白拿白用的东西就搡眼贪婪呗呔的！

看你兀个[uɤ^{55}]难日古板，难说话呗呔的样子！

你看，他着气生气/害气呗呔地来咧，咱又没惹他！

1.2.3.3 三音节的形容词后缀

其一，“不唧唧”。“不唧唧”常尾加在单音节形容词后，“A 不唧唧”表示“A 得令人讨厌”的意味。可以加在“不唧唧”前的单音节形容词主要有：“瓜傻、冷、凉、甜甜；淡、二莽撞、⊆张狂妄、轻谄媚、殃糟糕；令人讨厌、蔫行动迟缓，动作慢、呆[⊆ŋæ]呆板，等。西安、户县等处方言“A 不唧唧”又作“AA 不唧”，“AA 不唧”比“A 不唧唧”语义重些。例如：

你咋老是瓜不唧唧的？

你经常二不唧唧的！为啥凡事不动脑子呢？

你咋惊惊不唧的过于惊讶的样子，有啥大惊小怪的呢？

这个人办事呆不唧唧的；招嘴动辄三声两声问不出一句话来。

他见了领导老是轻轻不唧的很谄媚的样子，他眼窝有水水有眼色得很！

看你瓜瓜不唧兀个[uɤ^{52}]那个样子！你先儿先人得是是不是把人亏得多咧，世养下你这个不降钆没本事，不争气的（按：“钆”是对钱币的戏谑叫法）东西？！

其二“嘛古董”。西安一带的“嘛古董”常用在“粘、黑、乱、脏肮脏”等单音节形容词后，含有不清晰的意思。例如：

你这简直把一件很简单的事办得粘嘛古董的！

房子黑嘛古董黑古隆冬的，啥都看不清。

这个懒婆娘家的茅房厕所一直都脏嘛古董的，房子里头都是乱嘛古董的。

耀州一带的“嘛古董”能产性更强，还可与“碎小、怪、红、绿、酸”等单音节形容词相结合。例如：

这饭酸嘛古董的，难吃死啦。

你这个人咋怪嘛古董的与常人不同？

其三，有的多音节形容词后缀的地域性很强，有的适用于一个方言小片或方言点的后缀，而其他地区所不具备的。下面举出个别方言点的加缀形容词。

凤翔一带的“A 哇失道”是“不应该这么 A”的意思。例如：

这个药苦哇失道的。

铅笔短哇失道的，不好用。

饭酸哇失道的，难吃死啦[.lia]。

他病得时间长啦，脸白哇失道的。

泾阳的“不楞登”与“红、花、黄”等单音节形容词相连，是“很 A”的意思。例如：

柿子红不楞登的。

娶唠了1个花不楞登花枝招展的新媳妇。

其四，旬邑方言带有后缀的形容词，先举“A＋圪××”式的（一般只解释，不太举例）：硬圪铮铮硬而适度、皙圪铮铮漂亮而不柔弱、冷圪森森阴湿而冷、脆圪生生脆而酥、甜圪生生很甜、紧圪拧拧紧而舒适、尖圪哇哇酸而味道不纯正，例句如：这饭～酸，难吃死啦。从语义上看，“圪”作衬字嵌入状态形容词中，有强调形容词词干的作用，同时表“分明”意义。

再举旬邑方言“A＋不××”式，这种形式的加缀形容词都是贬义的，××表明显义，加“不”字后表更加明显的意思。例如：水不漉漉、火不煞煞、烂破不瓷瓷、辣不呲呲、大不拉拉大不咧咧、臭不烘烘、慢不腾腾、酸不溜溜、软不沓沓、怪不哇哇令人不好意思、笑不嗤嗤、青不森森、红不苏苏、湿不溜溜、死不腾腾、黑不洞洞、气不烘烘、痴不呆呆。

其五，兴平方言的“A 不出出”或“AA 不出”，例词如：凉不出出凉得令人讨厌、蔫不出出动作迟缓得令人讨厌/蔫蔫不出。

其六，白水方言的形容词加后缀均为对单音节形容词词干语义的加强，多数有“圪”字充当衬字。例词如：光圪溜溜、端圪硬硬、白圪刺刺、黑圪咚咚、黄圪拉拉、绿圪英英、稀圪溜溜、稠圪囊囊、麻圪咧咧、辣圪哇哇、酸圪溜溜、甜圪津津、干不拉拉。

其七，我们可以通过毋效智《扶风方言》320～321 页所罗列的四个音节的加缀形容词看出扶风方言的特点来：不当锅呲形容可怜的样子、死气摆呆形容没精打采、死气沉沉的样子、疙瘩老哇形容不平的样子、侧棱麻垮形容东西放置得杂乱不整齐；形容说话别扭，不随和、土儿没却形容人身体上或其他地方有尘土、蔫咕哧哧形容人不多说话；形容人话极少、慢而又幽默、腻不哇哇形容架子大，不愿理睬别人的样子、洋不啦滴形容智力不健全，或头脑糊涂、凉哇失叨傻不愣登、迟不来嗨形容迟钝、发呆的样子、脏嘛咕咚形容不干净的样子、脏哇不搭形容不很干净的样子、烂眼垮欻形容破烂的样子、弯里趄爬形容弯曲不直的样子、光股拉欻形容人赤身裸体或树木没有枝叶的样子；形容空间、处所没有东西、顽不勾勾形容韧性大、寡不滴滴饭食淡而无味、热哇攉闹形容天气、环境很热、热不刚刚形容天气、环境热。

其八，户县一带还有三音节形容词后缀“不啦啦[pu^{31} la^{31} .la]”。例词如“大不啦啦大咧咧的、假机械地理解政策；不平易近人不啦啦”；又分别作“大大不啦、假假不啦”，“假不啦啦”又作“假不唧唧/假假不唧”。例如：

见咧人大不啦啦/大大不啦的，你咋是这德行呢？

你一天整天，常常假不啦啦/假假不啦/假不唧唧/假假不唧的，谁愿意跟你交心呢？

我们从贾平凹《古炉》361 页看到对“灰不沓沓很失意的样子”的用例：“他看到牛铃灰不沓沓坐在远处的石头上……”

加缀形容词的感情色彩是一个不容忽视的问题，如张成材先生《商县方言志》89～90 页指出，商州方言多音节形容词后缀的褒贬色彩往往不同，现在举商州方言例词如表 6。

表 6　　商州方言加缀形容词褒贬色彩对照表

词干	褒义的	贬 义 的
黄	黄棱棱儿的丨黄子安安的	黄 $p^{h}ia^{53}.p^{h}ia$ 的丨黄拉拉的
蓝	蓝英英的丨蓝圪英英的	蓝哇哇的丨蓝圪哇哇的丨蓝咕出出的
白	白生生儿的	白寡寡的丨白拉拉的丨白不拉拉的
黑	黑油油的丨黑明儿的	黑拉拉的丨黑哇哇的
稠	稠冈冈的	稠冈没系的
干	干蹦干蹦的	干巴巴的
甜	甜丝丝儿的	甜圪垭垭的
长		长死挽断的丨长死也活的
软	软溜溜的	软塌塌的丨软不塌塌的丨软古弄弄的丨软溜扑拉的
绿	绿盏盏的丨绿英英的	绿子洼乌的

注释

① 关中方言有几个跟“捱”字读音相互关涉的问题在此予以交待。“捱”字切韵音系在疑母平声佳韵，跟“涯崖”同音，“挨”字在影母平声皆韵，“岩”字在疑母平声衔韵。这几个字还有“癌”字，西安一带以及关中方言区东部，除了把“涯”字读如“衙[꜁ia]”、“挨”字读如“哀[꜀ŋæ]”以外，“崖岩”读作[꜁iæ]；“癌”字老派也读作[꜁iæ]，如今很普遍地读作[꜁ŋæ]；“捱”字文读[꜁iæ]，白读[꜁næ]。这几个字在宝鸡一带以及乾县、永寿等处的读法是：“涯”字亦读如“衙”、“挨”字亦读如“哀”，“崖”字文读[꜁ia]，白读[꜁iɛ]，“岩”字读作[꜁iɛ]；“捱癌”读作[꜁ŋæ]。

② 户县方言可以“人儿”为准后缀，除了“闲人儿”以外，还有“薄人儿（吝啬鬼）、碎人儿（贬指五短身材的成年人）”。户县方言的“糖人、麺人”也儿化作“糖人儿、麺人儿”。

③ 其一，“人儿”均为日母字，近代汉语时期声母演变成为[ʐ]，其声母和声调的一致性为其语音的相通提供了两个重要条件；再方面，“人”读如“儿”相对比较轻松，符合语言经济原则。但是，“人”读如“儿”的早期原因，肯定跟背称、跟年长的称年幼的、长辈称晚辈、上级称下级等有关。北京、关中把“今天、明天”叫做“今儿、明儿”，这是把日母入声质韵字“日”读成了“儿”，这也符合语言经济原则。其二，“儿”字的近代汉语读法[꜁ʐʅ]，今户县方言还有所保留，只限于对“儿子”的戏谑叫法，如“你儿[꜁ʐʅ]”。

④ 西安等关中多数方言点把“儿”字读作[꜁ər]，符合官话的演变规律。渭南一带口语不同程度地把“儿耳二”读作[zɿ]，这跟关中方言把止摄开口三等逢照章组字读作平舌声母有关。止摄开口三等逢知组字在关中方言里读作翘舌声母，这跟普通话

是一致的，但是，也有特殊情况：一是“池”字，最少在户县方言里文读[꜁tʂ^{h}ʅ]，白读[꜁ts^{h}ɿ]；二是“迟”字，关中方言文读[꜁tʂ^{h}ʅ]，白读[꜁ts^{h}ɿ]，文读只在“迟到、姓迟”两个语境里用；三是“豉”字，关中方言的读法很复杂，有读翘舌的，有读平舌的，例如西安、户县等处读作[꜀tʂʅ]（＝湿失），渭南、蒲城读作[꜀sɿ]（＝斯诗），岐山读作[꜁ts^{h}ɿ]（＝瓷），旬邑读作[꜀sɛ̃]（＝森）。渭南东原一带有把“二”读作[ɛ̃꜄]的，这跟旬邑把“豉”读作[꜀sɛ̃]有一定的关系。

⑤ 如户县“憨厚”的“憨”读作[xã^{31}]为文读，“憨嘟嘟（人长得憨厚的样子）”的“憨”读作[xẽ^{31}]为白读；又如“倩”，文读本调去声[tɕ^{h}iã^{55}]，白读阴平[tɕ^{h}iẽ^{31}]；再如“绚”，文读本调去声[ɕyã^{55}]，白读阴平[suã^{31}]；再如“婚姻”的“姻”，文读[iẽ^{31}]，白读[iã^{31}]。这些文白异读中的韵母与声调的不同有待研究。

1.2.4　其他词缀

1.2.4.1　“圪”字

本部分主要讨论关中方言的前缀“圪”字。

“圪”字是晋语区适用范围最广且能产性很强的一个词缀。研究晋语的学者都很重视对“圪”字的研究，如《中国语文》2001 年第 1 期就发表了王临惠《山西方言“圪”头词的结构类型》（80～82）、刘育林先生《晋语词汇双音化的一种方式：加“圪”》（83～84）。因为与广大晋语区的地缘关系，关中方言区也有含词缀“圪”的词语，尤其是东部和北部地区。如旬邑、富平及其以北、以东。“圪”字可以充当名词、动词、量词、象声词等的前缀；也可嵌入状态形容词中充当衬字，如上文讨论形容词后缀的时候所列举的旬邑方言的“硬圪铮铮、脆圪生生”和白水方言的“光圪溜溜、端圪硬硬、白圪刺刺、黑圪咚咚”等。关中方言有王临惠所讨论山西的“疙疙瘩瘩（圪圪垯垯）”，而没有“圪圪摇摇（商州有‘圪摇圪摇’）”等；亦有如刘育林先生所讨论的“渣→圪渣、夹→圪夹、搅→圪搅”等现象。

我们现在能看到研究关中方言“圪”字最深入的成果如张成材先生《商州方言“圪”类字、合音词和分音词》（邢向东 2004：240～250），该文四个部分的前三个部分主要讨论“圪”字。张先生指出：商州方言的“圪”字，阴平、阳平、上声、去声四个声调都读，例如：

阴平：圪摇圪摇[kɯ^{21} .iao kɯ^{21} .iao]反复摇曳、摆动：风把树吹的 ~ 的。

阳平：圪撩[kɯ$^{35\text{-}21}$ liao$^{35\text{-}53}$]① 反复乱动：给你打针哩，你再覅胡 ~ 。② 心烦意乱：把我饿得发～哩。

上声：圪脑[kɯ^{53} .nao]心烦意乱：你再覅说啦，我心里 ~ 的很。

去声：圪赖[kɯ^{55} . lai]诬赖，埋怨：事情没办成原因很多，你再覅 ~ 啦。

去声：圪包子[kɯ55 .pao .tsɿ]凸起不平：桌面子翘啦，成嘮～啦。

张成材先生指出“圪”字的意义有四个方面：一是摇摆不定、动荡不止、持续反复；往往可以重叠，如“圪摇圪摇、圪吧圪吧”等。二是不平、不直。三是细小。四是表音。

商州方言“圪”字充当名词前缀的能产性比较强，张成材先生（2004：240～250）通常有把“圪”字写作“疙、袼、虼”等的，例词如：袼褙｜疙瘩｜咯哒子大肉饺子；大额钞票｜圪塄儿｜圪拐[kɯ21 .kuai]子例句如“树桩没长直，是个圪拐子”｜圪渣｜虼蚤｜麦疙痨在麦子地或麦场上得的皮肤病｜圪早儿用马莲、麦草等编的略似发辫的东西｜圪梁儿山～｜圪丁子小丁儿，如“把萝卜切成～”。

下面就着“圪”字的构词功能进行讨论。

其一，“圪”字充当名词前缀。

宝鸡一带“圪”字基本上不充当名词前缀，西安一带是关中方言区“圪”字充当名词前缀能产性最弱的地方，孙立新《户县方言研究》475页列举的这类名词有“圪竹”等。现在来看“圪”字在户县方言“圪囊优柔寡断者/圪囊子/二圪囊、圪肉子不干不酥不脆的东西”的“圪”字读作上声调的问题：“圪”字在阴平字“囊、肉”的前边变作上声调，这不是户县方言变调的特点，估计“圪囊、圪肉子”等是从别处传进来的。这样一来，户县方言原本的以“圪”字充当前缀的名词只有“圪竹未碾彻底的半截或小半截麦穗、圪杂锅巴；西安叫做“圪渣”、圪钉钉状物，凸起来的东西，也指脚掌或手掌上形成的老茧等/圪钉子。我们在西安市太华路发现了一个叫做“郭家圪台”的地名，而当地把“郭家圪台”读作[kuɤ31 tɕia31 kʰɯ31-24 tʰæ24-31]，其中“圪”字读送气声母。“圪台”是目前晋语的词语，如邢向东《神木方言研究》266页收有这个词语；估计关中方言早期“圪”字作为前缀比现在的能产性要强些。

关中北部的旬邑“圪”字充当名词前缀能产性就强了些，例词如：圪梁土梁、圪檩一棍打得身上起～、圪丁子小圪塔、圪垴小土丘、圪弯弯；如西圪弯。

邢向东等《合阳方言调查研究》262页列举的加前缀“圪”字名词有“圪瘩子由青菜和面粉制成的食物；地上的土块、圪渣子粉末状、圪皱衣服上有个～、圪弯弯儿犁地犁成～、圪痂、圪巴、圪尖、圪弯”。邢向东等指出：由“圪”作前缀的名词都有独特的意义，不能随意拆换。“圪”后的语素有名词性的，如“渣、巴”，有动词性的，如“皱”，有形容词性的，如“尖、弯”。有的词根能独立成词，如“皱、尖、弯”，但词性、意义与前缀“圪”字不同；有的名词性语素不能单用，必须与“圪”字组合才能成词，如“圪痂、圪瘩子”。

蒲公英在关中东部以及北部一些方言点的叫法中有用到“圪”字的，个别方言点“圪”字读作去声或相关字读音特殊；从构成看，这些词语往往有着相同的来源。罗列如下：

澄城：圪怒怒[kɯ^{21} nou^{55} nou^{55}]/圪拗拗[kɯ^{21} niou^{55} niou^{55}]

合阳：圪奴[kɯ^{21} nou^{24}]

宜川：圪怒[kɯ^{31} nou^{55}]

黄龙：圪怒怒[kɯ^{31} nou^{44} nou^{44}]

宜君：圪能苔[kɯ^{21} nəŋ^{21} t^{h}æ^{24}]

铜川、耀州：圪圪能[kɯ^{44} .kɯ nəŋ^{24}]

蒲城：圪能能[kɯ^{31} nəŋ^{31} nəŋ$^{21-24}$]（又作“金郭[tɕiẽ$^{31-24}$ kuo^{31}]”）

白水：圪能[kɯ^{31} nəŋ^{55}]

富平：圪圪能[kɯ^{55} kɯ^{55} nəŋ^{35}]

三原：圪圪能[kɯ^{31} .kɯ nəŋ^{35}]

其二，“圪”字充当动词前缀。

“圪”字充当动词前缀在西安一带有“圪拧拧，动弹、圪偎偎着动弹；动弹、圪锯锯；如锯的方法一样割、圪搅搅，搅动；捣蛋（按：又作分音词‘圪 ꜀捞’）、圪蹴蹲”。

旬邑方言“圪”字充当动词前缀的词语还有“圪眨眨、圪扒扒、圪筛筛、圪游游，游动、圪晃晃，晃动、圪摇摇，摇动”等。

《合阳方言调查研究》262 页以“圪”为前缀的动词还有“圪磨、圪擩、圪捣、圪嚷”。

张成材先生（2004：240～250）指出，商州方言“圪”字充当动词前缀的有：圪哇吐状｜圪凛看见蛇以后的惊恐感觉｜嗝喽打饱嗝儿｜圪撩反复乱动；心烦意乱｜圪□[mia^{55}]一口吞掉｜圪守｜圪搅｜圪怯负重状｜圪摇[kɯ^{21} .iao]反复摇曳、摆动：风把树吹的～～的｜圪点[kɯ^{21} .tɕian]例句如：他是跛子，走起路来，～～的｜圪拐[kɯ^{21} .kuai]走路一瘸一拐的样子。如“他腿上有病，走起路来～～的”｜圪捞[kɯ^{21} .lao]用棒儿将粘在瓶子或罐子底部的物品搅动掏出：红糖粘到罐罐儿底子上（=脏）啦，拿个棒棒儿～～就下来啦｜圪晃[kɯ^{21} .xuaŋ]连续反复晃动：凳子没放稳，～～的｜圪拧[kɯ^{21}.niŋ]来回走动：他闲的没事，一下儿～过来啦，一下儿～过去啦｜圪搅[kɯ^{55} .tɕiao]扰乱，捣乱：大人做啥哩，碎娃再要在跟前～啦；胡乱搅动。

其三，“圪”字充当形容词前缀。

商州方言“圪”字充当形容词前缀的如：圪夹窄小｜圪弓子不直：例句如“这根木头是～，不直。”｜圪痳子例句如“老人的胳膊得过关节炎，是～，伸不直。”｜圪包子凸起不平｜圪皱子｜圪曾子[kɯ$^{21-53}$ .tsəŋ .tsɿ]菜煮得生，发脆，咀嚼可发出响声。

户县方言有两个“圪”字充当前缀的形容词“圪啦叽里咕噜：外地人说话难懂、圪嚷许多虫豸聚集在一起乱动的样子”。

其四，“圪”字充当量词前缀。

旬邑把一截莲菜叫做“一圪截莲菜”，把一爪（串）葡萄叫做“一圪爪葡萄”。

《合阳方言调查研究》263 页列举的加前缀“圪”字量词有“圪瘩、圪堆儿”。

其五，“圪”字充当象声词前缀。

“圪”字充当象声词前缀，其能产性在关中方言区中东部以及北部都比较强。最常见的以“圪”字为前缀的象声词如：圪叭、圪吱、圪唧、圪哇、圪喳、圪嗒、圪夹如眼睛因眼眵太多，很黏，例句如“眼窝圪夹圪夹的”、圪嘣、圪噔、圪当如“肉煮得圪当圪当的”。

下面列举孙立新《西安方言研究》164～165页几个以“圪”字为前缀的象声词。

圪扎[tsa^{31}]：如砖石等物被轧碎的声音。

圪叭[pa^{31}]：如鞭炮声等。又可构成“圪哩圪叭”式。

圪压[nia^{31}]：如重物压得大车吱吱响的声音。

圪夹[kɯ^{31} tɕia^{31}]充满眼眵的眼睛，睁闭时的声响；例句如“他眼窝粘得～～的。”

圪吱[kɯ^{31}/kɯ$^{31\text{-}24}$ tsɿ^{31}]：担担子时担子的声响。

圪吱[kɯ^{24} tsɿ^{31}]：小物体被大物体压迫所发出的声响。又作“圪吱吱[kɯ^{24} tsɿ^{31} tsɿ$^{-55}$]”。

圪当[kɯ^{31} taŋ^{31}]：如开水滚动的声音。

圪浆[kɯ^{31} tɕiaŋ^{31}]：如手从和了的麵里边拉出来的声音。

圪嘣[kɯ^{31} pəŋ^{31}/kɯ^{31} pəŋ^{55}]：如咀嚼炒豆子的声音。

圪铮[kɯ^{31} tsəŋ^{31}/kɯ^{31} tsəŋ^{55}]：如人咬肉里脆骨的声响；如猪吃西瓜皮时外皮的声响。

商州方言“圪”字充当象声词前缀的如：圪吧圪吧炒豆子的声音丨咯嘣咯嘣吃豆子或炒豆子的声音丨咯吱儿例句如“～一声门开啦。”丨咯吱咯吱。

关中方言区中东部把“旮旯”读作[kɯ^{31} lau^{31} 西安音]，有的学者以“圪塄”二字来写，认为是附加式词语，我们不取这种观点。

1.2.4.2 “㚢”字

“㚢”的本字是“入”，《广韵》在日母入声缉韵；“㚢”是后起的形声字，官话方言多数读如“日”，于是俗体一般作“日”。关中方言把“㚢”字读作[꜀ʐʅ]，避讳的读法是[꜀ʂʅ]；其实，[꜀ʂʅ]这个读法避讳得时间长了也就无所谓避讳了，实质上也成了禁忌字。

“㚢[꜀ʐʅ]”字在关中方言里用作形容词的前缀，主要在北部和东部，都是贬义词。如“㚢脏过于肮脏；引申指很糟糕、㚢能能行得过火了、㚢怪过于奇怪、㚢亲样子惹人讨厌”。西安一带方言有一个“㚢[꜀ʐʅ]样”，还有一个“不㚢[꜀ʐʅ]样”，“㚢样”和“不㚢样”都指“样子惹人讨厌”。另外还有一个“不㚢[꜀ʐʅ]猫”，是“令人讨厌”的意思。

我们从贾平凹的长篇小说《古炉》294页看到用了“日怪”一词：“跟

后小心翼翼地把一碗（太岁）汤喝完了，喝完了，睁睁眼，耸耸身子，说：浑身好像有了劲。所有人都睁睁眼，耸耸身子，说：嗯，有劲了，日怪得还真有劲了！”

1.2.5　前加成分

本小节根据《方言调查词汇表》（《方言》1981：161～205）“叁拾壹　语法”之“前加成分”（《方言》1981：204）来比照关中方言的前加成分以及与之有关的问题；《方言调查词汇表》所涉及的前加成分如“帮、꜀胮、漂、溜、死、生、齁、焦、精、黢、稀、倍儿、怪、老”等。通常意义的所谓“前加成分”是用在形容词或形容词性词组前的。

1.2.5.1　*表颜色等的形容词的前加成分*

关中方言表颜色等的形容词前加成分主要有以下各条：

黢-　黢黑/黑黢黢（/黑魆魆/黑欻欻）

渗-　渗绿极绿（可以重叠为“渗绿渗绿”，意思是“绿到了极点，绿得不能再绿了”）｜渗黄极黄（可以重叠为“渗黄渗黄”，意思是“黄到了极点，黄得不能再黄了”）

㭎-　㭎红极红（可以重叠为“㭎红㭎红”，意思是“红到了极点，红得不能再红了”）

乌-　乌青（可以重叠为“乌青乌青”，意思是“青到了极点，青得不能再青了”）｜乌黑（不可以重叠为“乌黑乌黑”）

煞[ʂa^{52}西安/sʮa^{52}凤翔]-　煞白很白（可以重叠为“煞白煞白”，意思是“白到了极点，白得不能再白了”）；贾平凹《古炉》404页：铁栓当下吓得脸色煞白，丢了犁杖，赶紧就往地边的石头磊子里钻，石磊子里有空隙，他钻进去了又喊狗尿苔。

寡-　寡白，这是丹凤方言词语，又有重叠式；《古炉》598页：“狗尿苔说：霸槽呢？牛铃说：霸槽他扬着脸，脸咋恁寡白的。”301页：“水皮说不出话来，两片薄嘴唇没了血气，寡白寡白地颤。磨子砰地把院门关了。”

怪-　怪难受｜怪不好意思

倍儿-　倍儿圆｜倍儿挺｜倍儿新｜倍儿直（按：前加成分“倍儿”是西安城区用的，很可能是受普通话影响的结果）

乌嘟-　乌嘟黑凤翔方言指很黑（合阳作“乌嘟儿黑”）

焦㭎-　焦㭎红最最红；比“㭎红”更红

有的前加成分是重叠式，如“邦邦硬”是“邦硬”的重叠，但关中人口语不说“邦硬”；“溜溜光”是“溜光”的重叠，但关中人口语不说

"溜光"。

1.2.5.2 前加成分"生"

"生"字作为前加成分在关中中东部地区以渭南、商州一带的使用频率为最高，西安一带使用频率较低。一些单音节形容词（不包括表示颜色、温度的形容词）都可以构成"生 A"式，如：生怪、生疼、生瞎很坏、生欢、生脆、生硬很坚硬、生黏、生长[꜀tʂʰaŋ]、生大、生背耳朵聋、生贵，等。普通话有"生怕"等词。"生"字的这种用法可以上溯到唐宋时期，如卢照邻《长安古意》诗："生憎帐额绣孤鸾，好取门簾帖双燕。"周邦彦《庆春宫》词："尘埃憔悴，生怕黄昏，离思牵縈。"近代汉语时期的例子如《儿女英雄传》第 22 回："只苦了安公子，脚后跟走的磨了两个大泡，两脚生疼，在那里抱着脚哼哼。"关中方言例句如下：

这个老汉生怪，跟谁都不打交道。

这个小伙子生瞎，谁都惹不起他。

老婆的耳朵生背，得喊着跟他说话。

把个生姜卖得生贵，一斤就要十块（钱)!

我们从贾平凹的《古炉》25 页里找到用到"生疼"的一个例子："他看着路中间一块半截子砖，拿脚去踢，半截子转冻住了，没踢开，把脚踢得生疼。"

我们最少可以从《古炉》里找到用到"生欢"的三个例子，列举如下。

狗尿苔跑起来胳膊腿短，摇得生欢，就像一只蜜蜂嗡嗡地扇翅膀，却飞得不快。(43)

他的腿短，两条胳膊甩得生欢，但仍是赶不上善人……(496)

现在，她又坐在塄畔沿上，两条腿摇得生欢，脚上的鞋几乎要掉下来了……(535)

"生 A"式也可以重叠为"生 A 生 A"式，语义为"特别的 A，最最的 A"。例如：

没注意，把我碰得生疼。

那个老汉的耳朵生背生背的，你咋喊他都听三不听四的。

你把个申请写得生长生长的，你是显摆你的文彩呀?

这个人的菜老卖得生贵生贵的，不知都教谁买去咧。

我们从《汉语大辞典》看到"生"字的"犹甚，最，很"义以及例证。唐·卢照邻《长安古意》诗："生憎帐额绣孤鸾，好取门簾帖双燕。"宋·周邦彦《庆春宫》词："尘埃憔悴，生怕黄昏，离思牵萦。"

1.2.5.3 前加成分"死"

这类词语都含贬义，都是说话人或施事者所不愿意接受的。

其一，“死”字作为前加成分在关中方言区的使用频率比较高。常见的词语如：死沉/死重、死等坐着～/坐下～/坐上～、死不放手/死不丢手/死不松手、死不要脸、死不愿意、死不听话、死不承认、死爱面子/死要面子、死不吃饭/死都不吃饭、死爱面子活受罪。

其二，有的单音节形容词或动词可以构成“死 A/V 活 A/V”式，这种形式的语义一般偏在“死 A/V”上。常见的词语如：死沉活沉/死重活重、死犟活犟既是形容词性的，指很犟；又是动词性的，指犟着按自己的意愿处理事情、死黏活黏很黏；很坚决地纠缠、死懒活懒、死硬活硬、死难活难、死威[꜀uæ]恶；个性强活威、死长[꜁tʂ^{h}aŋ]活长、死顽[꜁vã]不酥，不脆；坚持干活顽、死瞎坏活瞎、死缠活缠、死扳活扳、死掰活掰、死拉活拉、死扽活扽、死拽活拽、死推活推、死掀活掀、死挡活挡、死要活要坚决地强要、死顶活顶/死 ꜀抗活抗、死整活整。

其三，有的单音节动词可以构成“死 V 硬 V”式，这种形式是“死 V”与“硬 V”的叠加，是对“死 V”语义的加强。常见的词语如：死缠硬缠/死缠硬磨（/死磨硬泡）、死拉硬拉、死掀硬掀、死拽硬拽、死推硬推、死挡硬挡。

1.2.5.4　其他前加成分

例词如：膀[꜀p^{h}aŋ]胀（例句如“把肚子吃得～”）、崭新、齁热、惨白很白/損白、精瘦、铁青、老远、老早、老长。

1.2.6　关中方言的衬字

衬字跟词缀的共同特征在于其虚化性，因此，放在同一章节来讨论。

1.2.6.1　衬字“着”

其一，西安一带的“咋怎么样吗或者，还是”可以处于疑问句中并以“咋”字煞尾。例如：

你的咋吗我的咋/你的着咋吗我的着咋？

出去咋吗不出去咋/出去着咋吗不出去着咋？

上去能咋吗下去能咋/上去着能咋吗下去着能咋？

这些钱给你咋吗给我咋/这些钱给你着咋吗给我着咋？

把这些东西给他咋吗不给他咋/给他着咋吗不给他着咋？

咱俩要见，你过来咋吗我过去咋/你过来着咋吗我过去着咋？

这些句子所论及的两个方面（如“你的咋吗我的咋/你的着咋吗我的着咋”句中下加横线的成分）后边可以加进衬字“着”，其共同的语义特征是所论及的两个方面均可，彼此都无所谓。以上例句论及两个方面，其实还有第三个方面的。

这个优秀指标给我（着）咋吗给你（着）咋吗给他（着）咋？给咱三

个谁都行。

这些钱买东西（着）咋吗不买东西（着）咋吗存到银行生利息（着）咋吗？反正都是你的，肯定是由你支配呢。

其二，西安一带“꜂尽＋N＋V”式里也常常加入衬字“着”，而成为“꜂尽着＋N＋V/꜂尽＋N着＋V”式，这些句式都是“尽NV”的意思，通常也可以说成“尽NV”。例如：

你就尽车装/尽着车装/尽车着装。

尽你的手掬/尽着你的手掬/尽你的手着掬。

教他尽担笼篮子提/教他尽着担笼提/教他尽担笼着提。

尽这个大口袋塞/尽着这个大口袋塞/尽这个大口袋着塞。

咋能就尽包袱包呢/咋能就尽着包袱包呢/咋能就尽包袱着包呢？

我就想尽自行车驮一下指车架上可能装得最多呢/我就想尽着自行车驮一下呢/我就想尽自行车着驮一下呢。

这件事情我一定给你尽壳娄尽最大努力（按着你的要求）办/这件事情我一定给你尽着壳娄办/这件事情我一定给你尽壳娄着办。

其三，“着”常常作为一些单音节动词的衬字，如上文的“尽着”，另外，诸如“凭着、藉着、按着、顺着、朝着”等，这些也是官话所具有的特点，这里就不举例了。

1.2.6.2　衬字“个”

官话的“个”也具有衬字性质，并且衬字“个”读作轻声，关中方言也不例外。例如：

吃他个底朝天。

看上个三天三夜不睡觉。

忙上个十天八天不出门。

先给你一回就给上个100万，不得够咧假如不够的话（就）再来拿。

1.2.6.3　衬字“呱”

西安一带处置式把字句中作动结式第二成分的“住”字处在单音节及物动词后且“V住”只处在句末时，“住”字前头或后头可以加一个衬字“呱[kua^{31}]”。“V呱住”或“V住呱”或“V住”三种形式语义相同且同时并存，例如以下ABCD四组句子本组语义完全相同。

A组：你把这个小偷儿 ꜀看住/你把这个小偷儿看呱住/你把这个小偷儿看住呱。

B组：你把他拉抓住/你把他拉呱住/你把他拉住呱。

C组：给娃把被儿被子盖住给娃把被儿盖呱住/给娃把被儿盖住呱。

D组：我给咱咱们把他先拖指设法滞留他住/我给咱把他先拖呱住/我给咱把他先

拖住呱。

《西安方言研究》160 页讨论衬字“呱[kua^{31}]”时列举了可用在“呱住”或“住呱”前的单音节及物动词如：꜀看、盯、记、管、咬、顶、꜀抗顶、靠、夹、拉、拽、提、拎、拧、挤、掀、攥、抓、截、堵、挡、꜁叉、挡、围、套、꜀圈、圈꜄、抬、按、压、踏、抱、盖、绑、縻、拴、络[lau^{55}]如把将倒或易倒的树木等拴上长绳子拉住、绾、缝、订、钉、扣、扳，等等。

虽然西安方言可以说“这件事我把它记住咧”，但不说“这件事我把它记呱住/住呱咧”；可以说“我把小偷儿没꜀看住”，但此句“住”字前后不能有“呱”字出现。这是因为衬字“呱”不用于三种语境：一是当“住”字后带有其他字词时，“住”字前后都不能带“呱”字；二是“呱”作衬字不出现在有否定词的句子里；三是“呱”字作衬字不出现在疑问句中。

1.2.6.4　衬字“里、圪、不、来”

“里”字在上文 1.1.3.2 之“其二”部分如“糊里糊涂”、1.1.6.6 之“其一”部分如“扑里扑通”中的“里”字都是衬字；“圪”字在上文 1.2.3.3 部分之“其四”如旬邑方言的“皙圪铮铮漂亮而不柔弱”以及“其六”白水方言的“光圪溜溜、端圪硬硬”等，是衬字。鉴于上文已经举了大量例词，这里就不专门讨论了。下边讨论衬字“不、来”。

其一，衬字“不”。上文 1.2.3.3 部分之“其四”所列举的旬邑方言“A＋不××”式如“水不漉漉、火不煞煞、臭不烘烘、慢不腾腾、酸不溜溜、软不沓沓”以及兴平方言的“A 不出出”或“AA 不出”，如“凉不出出凉得令人讨厌、蔫不出出动作迟缓得令人讨厌/蔫蔫不出”。

关中方言的衬字“不”在构词过程中往往有明显的羡余性质，如“水不漉漉、臭不烘烘、慢不腾腾、酸不溜溜、软不沓沓”通常都可以说成“水漉漉、臭烘烘、慢腾腾、酸溜溜、软沓沓”。类似的还有“大不咧咧大咧咧（按：西安一带不作‘大咧咧’）/大啦啦/大不啦啦”。

关中方言的衬字“不”在其他语境里也用到，最典型的如“果然/果不然/果不其然”。

其二，衬字“来[læ^{31}]”。衬字“来[læ^{31}]”最常见的用法如民歌“正月里来是新年”。还有快板里的“学雷锋来赶雷锋”，戏剧里的唱词“你前边走来我后边跟”，秦腔《三滴血》：“（贾莲香）除过你来就是我，二老爹娘无下落。你不救我谁救我，你若走脱我奈何？”李仪祉先生剧作《李奇斩蛇记》第二回：“真可叹来真可叹，女子无能受凶残。”还有条分缕析之“一来第一方面、二来第二方面、三来第三方面”等。

1.2.6.5　“他个”

如西安、户县一带衬字性质的“他个”必须处于“V＋他个＋O”的结构之中，这种结构中的“他个”有一个虚化的过程，如“你就给他个苹果”中的“他个”都是实词，而以下例句中的“他个”则具有衬字的性质。

吃他个底朝天。

咱俩就谝他个一晚夕闲聊一晚上。

闲咧挣他个钱几百块钱就能买盐碱咧。

啥时间要是有咧钱咧，请个好戏班子来，教爱看戏的乡党看他个三天三夜！

1.2.6.6 “给咧”

其一，西安一带的“把 N 一 V”式还可以嵌入具有衬字性质的“给咧[kei$^{52-31}$ .liɛ]”，从而形成“把 N 给咧一 V”式。例如：

我在北京去把事给咧一办就回来咧。

我给学生把作业给咧一号就过来咧。

他来把东西给咧一拿就走咧，没停。

老汉来把娃给咧一看就难（咧）过咧。

几个领导把你的事情给咧一研究，就都下乡去咧。

校长把各人的工作给咧一布置，大家就都忙开咧。

其二，“给咧”的前边还可以加上“还”字，“还给咧”是“居然”的意思；“还给咧”又作“还给咧个”，例如：

你还给咧/还给咧个能吃！你的饭量居然很大

他还给咧/还给咧个不讲理！

这事情还给咧/还给咧个难办！

1.3 逆序构词

逆序构词属于语素的同素异构现象。汉语词汇由古代汉语向近代汉语以至现代汉语的发展演变过程中，遵循了由以单音词为主向以多音词为主的发展演变规律。宋元明清属近代汉语时期，其双音词有一个显著特点，即构词语素的顺序有一定的随意性，如“学习/习学”都出现在了白话作品里；站在目前的角度看，如今一些所谓的逆序词在上古汉语里也已经出现了。普通话也有大量的逆序词，如最典型的“演讲/讲演”“构建/建构”“气力/力气”都可以用。我们从《现代汉语词典》里可以看到许许多多的逆序词，如：爱好—好爱、爱怜—怜爱、海拔—拔海、兵士—士兵、薄厚—厚薄、躲藏—藏躲、报酬—酬报、存储—储存、存留—留存、篱笆—笆篱、冤仇—仇怨、演出—出演、离别—别离、颤抖—抖颤、悔改—改悔、嫉妒—妒忌、笃诚—诚笃、篡改—改篡、盗匪—匪盗、不得了—了不得；等等。

多年来，研究陕西方言的学者不同程度注意了对逆序词的研究，如张成材先生《商州方言的逆序词：兼论汉语中的语素颠倒构词和用词》[《商洛师范专科学校学报》2003(1)：5～8]、刘勋宁《陕北清涧话的逆序词》[《方言》1989(3)：224～225]、张崇《延川方言的逆序词》[《方言》1992(4)：307～309]、《陕西方言古今谈》(1993 陕西人民出版社）叁·语法之第一节“陕西方言中的‘逆序词’”、孙立新《西安方言逆序词考证》[《西安政协》2002（4）：42～43]、《西安方言研究》(2007：319～324)、张巍《中古汉语同素逆序词演变研究》(2010 上海古籍出版社）第四章之三、四两节“方言中的同素逆序词研究”“关中方言同素逆序词发展的优选论分析”；徐朋彪最近又完成了《〈李十三十大本〉中的逆序词》一文，专门讨论出生于渭南的清代乾嘉时期陕西著名碗碗腔剧作家李十三（原名李芳桂，1748～1810）的剧本集《李十三十大本》，就其逆序词进行了研究；我们从《李十三十大本》(渭南市临渭区文体局 2000，内部出版）里可以看出 200 多年前关中方言逆序构词的许多特点来，徐朋彪的这篇文章值得重视。以下凡选自《李十三十大本》里的例句，均摘自徐朋彪《〈李十三十大本〉中的逆序词》(《西安文理学院学报》2011 年第 5 期 17～20 页）一文。

下面分别讨论逆序名词、逆序动词、逆序形容词等，主要是考据内容；鉴于有的句式也有逆序问题，于是也在此一并讨论。关中方言的逆序词，有的后字由非阴平调变作阴平，下文讨论的时候，凡后字逆序词变作阴平的，特加发圈符号“꜀”。

1.3.1　逆序名词

1.3.1.1　*逆序名词的考据*

衣包、衣胞：胞衣，胎盘。《红楼梦》第 77 回：“谁是你一个衣包里爬出来的！辞他们做什么?”《金瓶梅》第 30 回：“蔡老娘收拾孩子，咬去脐带，埋毕衣胞，熬了些定心汤，打发李瓶儿吃了，安顿孩儿停当。”《醒世姻缘传》第 21 回：“丫鬟养娘都说与片云模样一般。看着断了脐带，埋了衣胞，打发春莺吃了定心汤，安排到炕上靠着枕头坐的。”按：关中方言的“衣(～包、～胞)”字一般读作[n/ȵ]声母[①]。

面情：情面。如说“他的面情软；看在你的面情上，饶了他”。《金瓶梅》第 21 回：“不急你不去，显的我们请不得哥去，没些面情了，到那里略坐坐儿，就来也罢。”《明人杂剧选·女真观》第 1 折：“凭谁家的面情，有甚么照证？”

力꜀气：气力。宋代梅尧臣《希深惠书言与师鲁永叔子聪幾道游嵩因诵而韵之》诗云：“是时天清阴，力气勇奔骤。”元代无名氏《赚蒯通》第 2

折："想某费了多少力气，方才灭的那西楚霸王。"《潇湘雨》第 4 折："这大雨若淋杀你啊，我也倒省些气力。"《醒世姻缘传》第 45 回："我且吃饱，有气力可以制人；他且不吃饭，没气力，教他招不住。"《金瓶梅》第 1 回："你说这等一个人，若没有千百斤水牛般气力，怎能够动他一动儿是的？"《李十三十大本》（P102）："你看我有病人这付腿胯，况又是年纪老气力不佳。"（P442）："可怜我年老人无有气力，怎当得阳关道高高低低。"

地土：土地。如把土地面积大叫做"地土宽"。《新唐书・贾耽传》："耽嗜观书……故天下地土、区产、山川夷岨，必究知之。"宋代周煇《清波杂志》卷三："[海陵]后土祠前后地土膏腴，尤宜芍药。"明代沈德符《野获编・户部・西北水利》："世德言天津濒海荒芜地土，俱可屯粮，宜设法招集开垦。"《金瓶梅》第七回："他是诗礼人家，又有庄田地土，颇过得日子。"明代户县《(凿齿村)告示碑》："除吞地土已追还本庙讫，将道人杨真兰等责罚拟罪。"《红楼梦》第 107 回："咱们西府里的银库和东省地土，你知道还剩了多少?"《醒世姻缘传》第 25 回："敝处倒不欺生。只是地土没有卖的，成几辈流传下去，真是世业。"

菜蔬：蔬菜。西安、富平方言有重叠形式"菜菜蔬蔬"，指各种蔬菜。《金瓶梅》第 35 回："西门庆又添买了许多菜蔬。"《水浒传》第 6 回："每日叫种地人纳十担菜蔬，余者都属你用度。"《红楼梦》第 39 回："好容易今年多打了两石粮食，瓜果菜蔬也丰盛。"

味꜀气：气味。关中方言的"没味气"特指没意思，不值得；但是不说"有味气"。如说"这茶叶的味气好｜我借你的钱，没味气死咧实在不值得"。许宝华、宫田一郎主编的《汉语方言大词典》3342 页收有【味气】词条，其第一条义项是气味："① ＜名＞气味。一，中原官话。陕西西安[vi^{55} tɕ^{h}i^{0}]。山西曲沃[vei^{53} tɕ^{h}i^{21}]、襄汾[vei^{53} tɕ^{h}i^{21}]。甘肃天水[vei˒ ·tɕ^{h}i]。二，晋语。山西太原[vei^{45} tɕ^{h}i^{45}]、榆次[vʌə^{35} tɕ^{h}i^{35}]、离石[uεe˒ ʦ^{h}ʅ˒]、忻州[vei^{53} tɕ^{h}i^{53}]、石楼[uei^{52} tɕ^{h}i^{52}]、孝义[uei$^{53-2}$ tɕ^{h}i^{53}]。内蒙古临河[vei˒ tɕ^{h}i˒]。"《三侠剑》第 2 回："此药无论多少年若不走味气，俱能应用。"《小五义》第 33 回："别人的蒙汗药酒发挥，有味气，斟出来乱转，他这个不浑，也无异味，也无异色，也不乱转。"《李十三十大本》（P307）："这话怎么有个邪列子味气。"

情꜀性：性情。《庄子・杂篇・盗跖第二十九》："孰论之，皆以利惑其真而强反其情性，其行乃甚可羞也。"《论衡・本性篇》："情性者，人治之本，礼乐所由生也。"《世说新语・忿狷》："魏武有一妓，声最清高，而情性酷恶。"《元曲选》第三册㑇梅香一折六幺序幺篇："别引逗出半点儿风声，夫人他治家严肃狠情性。"《红楼梦》第 34 回："原来宝钗素知薛蟠情性，心中已有一半疑是薛蟠调唆了人来告宝玉的，谁知又听袭人说出来，越发信了。”《金瓶梅》第 12 回：“看见那月洋水底，便疑西门庆情性难拿；偶遇着玳瑁猫儿交欢，越引逗的他芳心迷乱。”《警世通言》第 12 卷：“再说吕忠诩有个女儿，小名顺哥，年方二八，生得容颜清丽，情性温柔，随着父母福州之任，来到这建州相近，正遇着范贼咬游兵。”《李十三十大本》（P18）：“赵仁兄情性烈不能回转，他竟然自出首去见县官。”

名姓：姓名。如说“我只知道他是这个单位的，知不道不知道他的名姓”，又作“名和姓”。《史记·项羽本纪》：“书，足以记名姓耳。”《汉书·张耳陈余传》：“两人变名姓，俱之陈，为里监门。”《警世通言》第 4 卷：“（荆公）问老叟道：‘壁上诗何人写作?’老叟道：‘往来游客所书，不知名姓。’”《红楼梦》第 58 回：“宝玉忙问道：‘你与谁烧纸钱？快不要在这里烧。你或是为父母兄弟，你告诉我姓名，外头去叫小厮们打了包袱写上名姓去烧。’”易俗社创始人、剧作家、蒲城李桐轩先生剧作《一字狱》：（刁迈朋）何人呼我名姓，叫骂不堪？

室家：家室。《诗经·周南·桃夭》：“桃之夭夭，灼灼其华。之子于归，宜其室家。桃之夭夭，有蕡其实。之子于归，宜其家室。”“室家、家室”共现，意义相同。《汉书·司马迁传》：“故绝宾客之知，忘室家之业，日夜思竭其不肖之材力，務壹心营职，以求亲媚於主上。”《警世通言》第 23 卷：“且喜室家俱未定，只须灵鹊肯填河。”《李十三十大本》（P74）：“再问他主中馈可有室家。”

伯叔：叔伯；如“伯叔弟兄、伯叔姊妹”。北齐颜之推《颜氏家训·风操》：“古人皆呼伯父叔父，而今世多单呼伯叔。”明代陈士元《俚言解》卷一：“今人称伯父叔父止称伯叔，如古兄弟长幼之称减去‘父’字，非礼也。清西厓《谈徵·名部上·伯叔侄》：今则对伯叔皆云姪，古人但称犹子后子矣。”今关中方言只有西安、户县、咸阳等中心地区叫做“叔伯”，其余多数方言点叫做“伯叔”。

侣伴：伴侣。《西游记》第 75 回：“西方一路有妖魔，行动甚是不方便。已知铁棒世无双，央我途中为侣伴。”《李十三十大本》（P363）：“可惜孤无侣伴和我蒋峦一般。”

信音：音信，音讯。《警世通言》第 24 卷：“何静庵欠身打一躬曰：‘你闺女昨晚作一梦，梦三官王景隆身上蓝缕，叫他姐姐救他性命。三更鼓做了这个梦，半夜捶床捣枕哭到天明，埋怨着我不接三官，今日特来间问三舅的信音。’”《醒世恒言》第 7 卷：“忆昔兰房分半钗，而今忽把信音乖。”《李十三十大本》（P21）：“冯年，包住一去并无信音。”（P258）：“骨肉一别难亲近，娇客许久无信音。”

踪ₑ影：影踪。《红楼梦》第 94 回：“袭人回看桌上并没有玉，便向各处找寻，踪影全无，吓得袭人满身冷汗。”《金瓶梅》第 14 回：“花子虚打了一场官司出来，没分的丝毫，把银两、房舍、庄田又没了，两箱内三千两大元宝又不见踪影，心中甚是焦躁。”《醒世恒言》第 17 卷：“且说张孝基将丈人所遗家产钱财米谷，一一登记账簿，又差人各处访问过迁，并无踪影。”《李十三十大本》（P199）：“临了官也莫做成，失遗了夫人莫踪影。”

魂꜀灵：灵魂。《醒世姻缘传》第 63 回：“凡是鹞鹰进房，俱是家亲引领外鬼，要来捉人魂灵，不出一月，便有死亡。”《红楼梦》第 109 回：“若说林姑娘的魂灵儿还在园里，我们也算相好，怎么没有梦见过一次？”《元曲选·货郎担》第 3 折：“这几年便着把哥哥追荐，作念的个死魂灵眼前活现。”《醒世恒言》第 27 卷：“那丫头跑至堂中，见是李承祖，惊得魂不附体，带跌而奔，报道：‘奶奶，公子的魂灵来家了。’”《李十三十大本》（P78）：“哗喇喇柳叶落枯枝摇动，吓的我战兢兢吊下魂灵。”

日每：每日。《李十三十大本》（P465）：“日每怀恨在心间，要杀老贼满门休。”（P480）不务买卖不务农，日每钻入赌场中。（《山西方言调查研究报告》78 页大同有“日每”一词）。

1.3.1.2 *其他逆序名词*

如下有的逆序词是我们从宗鸣安注的《陕西近代歌谣辑注》里找到的，这些可代表关中方言区 20 世纪 20 年代前的方言特点；如下文括号内“宗23”，指从该书 23 页选取的例子。

如逆序名词“粉芡芡粉｜统꜀系系统，规模(如：统系大得很)｜后嗣嗣后，后来（按：西安一带常常用到“后嗣”，宝鸡一带常常用到“嗣后”）｜为作作为，为人(如：他的为作不好)｜量力/力量(如：量力大)｜道꜀门门道；行为（如“耍钱赌博不是好道门”）｜气色：色气（按：“气色”常常用来指人的脸色，具体指脸上所反映出的精神状态；“色气”则一般指食物的色泽等）｜来由：由来（例如“有来由｜没来由｜由来已久｜是个啥来由/是个啥由来？”）｜灾灾病病/病病灾灾”。户县还有“立例꜀案”的说法，是“立案例”的逆序，意思是“立规程”。清代渭南剧作家李芳桂的《清素庵》里边有这样的唱词，虽然跟押韵有关，但可以作为参照：“汉光武废郭后贻祸不浅，谁教你引将来反做例案？”名词“弯弯转转”是“变通”的意思，是“转弯”逆序形式的重叠，例句如“你咋就没一点儿弯弯转转呢？”再如“故典”是“典故”的逆序词，长安歌谣《打补丁》云：“老婆，老婆开门来，我给你说个故典，你给我补个补丁。”（宗 23）“味气”是“气味”的逆序词，潼关歌谣《没味气云》：“干的没味气，骑个黑驴上会去。”（宗 84；按：“干”的本字应为“闲”，白读如“淦”，“闲得乏味”的意思。）孙立新《西安方言研究》335 页[歌谣标音举例《一咕嘟（按：应为“萺荬”)》]有一个“蛋蛋儿包袱”，户县相应地作“包袱蛋儿”；西安的“蛋蛋儿包袱”在“包袱蛋儿”逆序的基础上又重叠了“蛋”字。贾平凹《古炉》319页有一个“头前”，是“前头”的逆序词：“支书说：是呀，我这头前人，是把心都领高啦。”

关中多数方言点对鸽子的叫法是互为逆序的，一种如西安等处叫做“鸽鹁”或者“鸽鹁”的儿化形式，一种如商州等处叫做“鹁鸽”或者“鹁鸽”的儿化形式。“鸽鹁”或者“鹁鸽”的读音在一些方言点里比较特殊，如“鹁”字牵涉送气与否以及阳平调和去声调等问题，“鸽”字在有的方言点读如“高”。现在罗列关中对鸽子的叫法中有代表性的方言点的例子：西安 鸽鹁[kɯ$^{31-24}$ pɤ^{31}]、临潼 鹁鸽儿[p^{h}u^{44} .kər]、户县 鸽鹁[kɯ$^{31-35}$ pɤ^{31}] /鸽鹁儿[kɯ$^{31-35}$ .pə]、商州 鹁鸽[p^{h}u$^{35-21}$ kuo$^{21-53}$]、丹凤、洛南 鹁鸽[p^{h}u^{35} kuo^{21}]、华县 鹁鸽[p^{h}u^{35} kau^{42}]/鹁鸽儿[p^{h}u^{35} kər^{42}]、华阴 鹁鸽儿[p^{h}u^{53} .kuor]、大荔、渭南 鹁鸽[p^{h}u^{35} kɤ^{31}]、合阳 鹁鸽[p^{h}u^{24} ko^{21}]、韩城 鹁鸽子[p^{h}u$^{35-31}$ kɤ$^{31-42}$ .tsɿ]、富平 鹁鸽儿[p^{h}u$^{35-31}$ kɤ$^{31-53}$]、三原 鹁鸽儿[p^{h}u^{35} kau^{31}] /鹁鸽儿[p^{h}u^{35} kɤ^{31} .ər]、蒲城 鹁鸽[p^{h}u^{55} kɤ^{31}]、淳化 鹁鸽[p^{h}u^{21} kɤ^{21}]、乾县 鹁鸽[p^{h}u^{52} kau^{52}]、武功 鹁鸽[p^{h}u^{24} kau^{31}]、凤县、宝鸡 鹁鸽[p^{h}u$^{24-31}$ kuo$^{31-52}$]、岐山[p^{h}u^{34} kɔ^{21}]。宜川和定边两处与晋语区接壤的方言作“鸽子”，西安、蓝田、户县、咸阳、周至作“鸽鹁/鸽鹁儿”，关中方言区多方言点作“鹁鸽/鹁鸽儿”等。

最少关中方言区中西部地区如户县和宝鸡一带把喇嘛叫做“嘛喇”，这种叫法在当地歌谣里可以看到，如孙立新《户县方言研究》232页《轱辘胎》云：“上轱辘胎，下轱辘胎，姐家马家请你喝茶来。茶有香，酒有甜，十把摞摞（按：原稿作‘络络’不妥，应为‘摞摞’，但是，‘摞’字在此语境里不读作去声，而读作阴平；‘十把摞摞’实际上指‘十摞’，娶媳妇的时候要用到）抬社娘。抬不起，叫嘛喇，嘛喇嘴噙一口油，先给大姐抹光头……”

另外，普通话的“摸黑儿”是动词性的，西安一带方言以其逆序形式“黑摸儿[xei$^{31-24}$ .mər]”出现在口语里却是名词性的，例句如：一进房子房间就成咧黑摸儿咧｜这个房子是个黑摸儿｜你黑摸儿走路呢，小心着！

1.3.2　逆序动词

1.3.2.1　逆序动词的考据

不愤꜀气：很气愤；关中方言既说“不愤气”，还说“气愤不过”。《金瓶梅词话》第94回：“春梅又嫌忒鹹了，拿起来照地下一泼……骂道：‘你对那奴才说去，他不愤气做与我吃，这遭做的不好，叫他讨分晓哩。’”

俭꜀省：省俭；节约；节省。杜甫《惜别行送刘仆射判官》诗云：“襄阳幕府天下异，主将俭省忧艰虞。”《宋史册・礼志二十六》：“园陵制度，务遵俭省。”老舍先生《四世同堂》十三：“瑞宣决定给老人庆寿，只是酒菜要比往年俭省一点。”

扶帮：帮扶，扶助。《再生缘》第33回：“只要入监时探望，也见得，崔家患难亦扶帮。”陕西作家杜鹏程先生《年青的朋友·浩瀚新歌三》：“那几个人准是外方人，他们到沙漠地来图啥呢？还不是为了扶帮咱们嘛！”

争꜀竞：竞争，指争执。如“再不敢争竞咧”。《三国志·魏志·何夔传》：“上以观朝臣之节，下以塞争竞之源。”晋代葛洪《抱朴子·释滞》：“然其事在於少私寡欲，其业在於全身久寿，非争竞之醜，无伤俗之负，亦何罪乎？”《醒世恒言》第2卷：“度吾弟素敦爱敬，决不争竞。”《警世通言》第22卷：“浑家见丈夫黑夜回来，身上不穿道袍，面又带忧惨之色，只道与人争竞，忙忙的来问。”《金瓶梅》第94回：“薛嫂也没争竞，就兑了银子，写了文书。”

找꜀寻：寻找。《金瓶梅》第56回：“小的又到王尚书府中，找寻他半日。”《红楼梦》第67回：“众人道：‘那时难道你知道了也没找寻他去？’”《警世通言》第23卷：“侵早，便妆扮齐整，来到钱塘江口，趖来趖去，找寻喜顺娘不着。”《李十三十大本》(P86)：“州衙人役快，找寻女裙钗。”(P92)“谢过你豪杰心慷慨应允，一时间须仗你四下找寻。”(P101)“秋联是我女儿，昨晚逃走，我去找寻，你问她怎的。”(P470)“说不了，只得沿路找寻。”(P489)“我曾命人四路找寻，只是找寻不见，如之奈何？”

妒忌：忌妒，亦写作“妒嫉”。《金瓶梅》第56回：“落后做文字，一样同做，要没些妒忌，极好兄弟，故此不拘形迹，便随意写个曲儿。”《醒世恒言》第27卷：“焦氏口虽赞美，心下越增妒忌。”《李十三十大本》(P145)：“少不得你妻妒嫉，与你吵闹，因而将他杀坏，把绛仙拐到你家。”

贴补：补贴。如关中人说“你钱不得够花咧如果不够花的话，我再给你贴补些”。《红楼梦》第99回：“不然，到不了一样，老爷家里的钱也都贴补完了，还落了自上至下的人抱怨，都说老爷是做外任的，自然弄了钱藏着受用。”《醒世姻缘传》第96回：“叫我拿银子贴补仇人，怎么不令人生气！”《镜花缘》第10回：“唐敖即托林之洋上船取了两封银子，给骆龙以为贴补薪水之用。”

避躲：躲避。《元曲选·黄粱梦》第4折：“休休休怎避躲，是是是决难活，呀呀呀脖项上钢刀剉。”《李十三十大本》(P383)：“事到头来难避躲，两眼泪如索。”

扎挣：挣扎。《元曲选·陈州粜米》第1折：“只见他金锤落处，恰便似轰雷着顶，打的来满身血迸，教我呵怎生扎挣。”《红楼梦》第13回：“贾珍一面拄拐，扎挣着要蹲身跪下请安道乏。”《镜花缘》第33回：“意欲扎挣起来，无如两足缠的紧紧，那里走得动。”《李十三十大本》(P125)：“儿呀，扎挣些。”（P461）“夫人扎挣些。”（P155）“哎哟、昨夜三更，走到此时，两足疼痛，实难挣扎。”（434）“弓鞋小到此地实难扎挣，两眼儿昏沉沉不辨西东。”

疗治：治疗。西晋无罗叉译《放光般若经・摩诃般若波罗蜜大明品》：“母中得病，彼诸子等各各求救疗治。”《镜花缘》第 29 回：“二人近前看时，原来世子坠马跌伤，命在旦夕，如有名医高士疗治得生：本国之人，赐银五百；邻邦之人，赠银一千。”《敦煌变文集・汉将王陵变》：“王陵须（虽）是汉将，住在绥州茶城村。若见王陵，捉取王陵；若不见，捉取其母，将来营内，苦楚蒸煮疗治。”《李十三十大本》（P154）：“你且休息休息，为父与你看个医生来疗治。”

失遗：遗失。贾岛《哭卢仝》诗云：“在日赠我文，泪流把读时。从兹加敬重，深藏恐失遗。”《李十三十大本》（P27）：“包裹失遗将谁怪，自悔贪杯太不该。”（P40）“你大叔是谁，怎么得失遗？”（P42）“牛二害我，你的书札失遗不知何处。”（P92）“那夜晚屋檐上掉下了一个包裹，开门去看，追问谁家被盗，或是贼人失遗。”（P364）“这位官人，走来走去，想是失遗什么东西？”李桐轩《一字狱》：（宋兴）这个宝东西，岂敢失遗！

张声：声张。《李十三十大本》（P78）：“造化造化，两个妇人越墙私奔，料她不敢张声，待我赶上前去，夺了她的包裹。”（P79）“呔，不必高声，你若张声，我便去了你的头脑。”

疑猜：猜疑。《元曲选》第一册虎头牌四折滚绣球：“则说我侄儿山寿马和茶茶暖痛来，莫得疑猜。”《红楼梦》第 28 回：“宝玉听他提出‘金玉’二字来，不觉心动疑猜，便说道：‘除了别人说什么金什么玉，我心里要有这个想头，天诛地灭，万世不得人身！’”《李十三十大本》（P76）：“他一片至诚心不愧屋漏，老安人休疑猜燕侣莺俦。”（P333）“观音爷爷呀！你怎么胡疑猜起来了。”我们从贾平凹《古炉》193 页找到“猜疑”的逆序词“疑猜”：“突然听见有破碎声。媳妇说：啥响的，谁把碗打啦？磨子心里疑猜，端着碗到院门外看，便见他叔倒在地上，面盆盆在脚下碎成三片，忙喊：叔！叔！”又《古炉》340 页：“婆拉他给榔头队、红大刀的人去磕头，又在三岔巷口当众打骂，他是想通了这是婆在为她消除疑猜，但是他后悔的是把蓖麻叶挡了眼睛依然被别人看到了，怎样才能他看见别人而别人却看不见他呢？”

质对：对质。《二刻拍案惊奇》第 25 卷：“富家翁又告情愿不究贼人罢了，县官大怒道：‘告别人做贼也是你，及至要个证见，就说情愿不究，可知是诬赖平人为盗。若不放新妇出来质对，必要问你诬告。’”《儿女英雄传》第 31 回：“他听得安老爷要放这四个贼，便越众出班，跪下回道：‘回老爷，这四个人放不得。别的都是小事，这里头关乎着霍士端呢。霍士端他也曾受过老爷的恩典，吃过老爷的钱粮米儿，行出这样没天良的事来，这不是反了吗？往后奴才们这些当家人的，还怎么抬头见人？依奴才糊涂主意，求老爷把他们送了官，奴才出去作个抱告，合他质对去。这场官司总得打出霍士端来才得完呢。'"《李十三十大本》（P206）："自然有拿刀之人，可以唤来与人当面质对。"

访寻：寻访。《红楼梦》第 1 回："封氏闻得此信，哭来，只得与父亲商议，遣人各处访寻，那讨音信？"《二刻拍案惊奇》第 32 卷："公子遂托衙门中一个健捕胡鸿出外访寻。"《李十三十大本》（P247）："你异日到此访寻我，只落得江岸吊湘娥。"（P254）"我儿免要伤悲，我这里命人与你父通信，再与你访寻梦中郎。"

磨折：折磨。白居易《酬微之》："由来才命相磨折，天谴无儿欲怨谁。"又《自咏》："唯是无儿头早白，被天磨折恰平均。"《李十三十大本》（P111）："你母亲诬告我邓州起解，在南阳受尽了无数磨折。"

证见：见证。《水浒传》第 11 回："杨志叫道：'街坊邻舍都是证见！杨志无盘缠，自卖这口刀，这个泼皮强夺洒家的刀，又把俺打！'"《红楼梦》第 104 回："小的恐老爷不信，想要拿这蒲团瓢儿回来做个证见，小的这么一拿，岂知都成了灰了。"《金瓶梅》第 21 回："李大姐做证见，你敢和我拍手么？"《醒世恒言》第 15 卷："陆氏听了，心中揣度：'丈夫一定恋着那两个尼姑，隐他庵中了。我如今多着几个人将了这绦，叫蒯三同去做个证见，满庵一搜，自然出来的。'"《敦煌变文集·张义潮变文》："阿耶驱来作证见，阿孃也交作保知。"《李十三十大本》（P85）："必定是要私奔养娘相劝，被奸夫割去头永绝证见。"（P280）"妙妙妙、我与你做个证见。"

习学：学习。这是西安回民口语所用的逆序词，例句如："过去海里凡从邦布达之后就开始习学咧。"《南史·张敬儿传》："敬儿始不识书。及为方伯，乃习学《孝经》，《论语》。"玄奘《大唐西域记·乌荼国》："伽蓝百余所，僧徒万余人，俱皆习学大乘法教。"关汉卿《鲁斋郎》第 4 折："我将这两个孩儿，留在家中，着他习学文章。"《红楼梦》第 81 回："自今日起，再不许作诗作对的了，单要习学八股文章。"

拥簇：簇拥。原来端卿因大殿行礼之时，拥拥簇簇，不得仔细瞻仰，特地充作捧茶盘的侍者，直捱到龙座御膝之前。（《醒世恒言》卷十二）

唤叫：叫唤。《李十三十大本》（P507）："对对对，我就离你远些，你黑了晚上睡觉可不敢唤叫。"

诌文：文诌。《李十三十大本》（P517）："儿呀，你再莫要诌文。"

悟醒：醒悟。《李十三十大本》（P148）："说的话都叫人难以悟醒。"

修整：整修。《李十三十大本》（P85）：“吩咐修整察院伺候。”

立站：站立。李芳桂《春秋配》：“这刺史衙门里真道威严，人役们恶森森立站两边。”韩城歌谣《大小官》云：“大小官，有靠山，尾巴向上抡得欢。见权争，见利争，还说他是为百姓。嘴上仁义礼智信，腰里别的连枷棍。如果谁是正直汉，官场里边难立站。”按：我们还从李芳桂剧作里看到两例由于押韵的需要而以“立站”煞尾的唱词，罗列于此，亦作参照。《清素庵》：“那时节着奴何处把身安？欲待要不随他在此立站，怕后边有差官把奴追赶，这条性命难保全。”《十王庙》：“枉为着翰林妻人前立站，真个是败门楣辱玷祖先。”

喊叫：叫喊。《红楼梦》第 69 回：“丫鬟听了，急推房门进来看时，却穿戴的齐齐整整，死在炕上。于是方吓慌了，喊叫起来。”《二刻拍案惊奇》第 11 卷：“满生睡梦之中，听得喊叫，突然惊起，急敛衣襟不迭，已知为大郎看见，面如土色。”《李十三十大本》（P82）：“姜大娘，喊叫为何。”

往来：来往。《庄子》：“独与天地精神往来，而不敖倪于万物。”《老子》第 80 章：“邻国相望，鸡犬之声相闻，民至老死，不相往来。”《世说新语·雅量》：“有往来者云：‘庾公有东下意。’”《红楼梦》第 30 回：“宝玉道：‘罢，罢，我也不敢称雅，俗中又俗的一个俗人，并不愿同这些人往来。’”《儿女英雄传》第 14 回：“我从作女孩儿的时候，合他两个人往来最为亲密，虽是这等亲密，他的根底他可绝口不提。”《初刻拍案惊奇》第 6 卷：“滕生想一想，问道：‘师父既与他往来，晓得他平日好些什么？’”

1.3.2.2　其他逆序动词

其他逆序动词如“务 ꜀劳劳务，作务｜好爱/爱好｜如比/比如｜葬埋/埋葬”。西安回民有一个“恕饶”，例句如“求为主的恕饶我的一切古拿哈罪过。”户县方言把游手好闲者叫作“闲人儿[xã^{35} zəɯ^{35}]/闲荡浪[xã^{35} taŋ^{31} laŋ^{55}]”，其中的“荡浪”是“浪荡”的逆序。户县把游街示众叫作“游迎”，这是近代“迎游”的逆序，如《醒世恒言》15 卷：“又讨连具枷枷了，各搽半边黑脸，满城迎游示众。”再如“奉侍”是“侍奉”的逆序词，关中歌谣《想娘家》云：“小着小时候吃娘奶，大了奉侍人家娘。”（宗 91）“失遗”是“遗失”的逆序词，渭南歌谣《姜宏模》云：“抢了人马不上算不计其数，快枪失遗了百十件。”（宗 259）李桐轩先生剧作《一字狱》第六回赵天泽有一段台词里的“奏参”是“参奏”的逆序形式：“哼哼，残杀一方百姓，算是小题；奏参一个制台，就叫大做？”第九回万人杰有一段台词里的“许允”是“允许”的逆序形式：“郑全真父女也来成都，预备钦差召问。我想已经结案，万无京控之事，不免前去求亲，若得许允，再好央媒。”高培支先生《夺金楼》第九回“难为”是“为难”的逆序形式：“你与我说，我不难为你。”

1.3.3 逆序形容词

1.3.3.1 逆序形容词的考据

欢喜：喜欢。《金瓶梅》第 1 回：“因此，张宅家人人都欢喜，在大户面前，一力与他说方便。”《醒世恒言》第 3 卷：“朱重甚是欢喜。”第 7 卷：“却说女孩儿秋芳自结亲之夜，偷眼看那新郎，生得果然齐整，心中暗暗欢喜。”14 卷：“小娘子，莫不见了甚么人，欢喜了，却害出这病来？是也不是？”17 卷：“且说张孝基日日差人查听，见如此勤谨，万分欢喜。”《喻世明言》第 1 卷：“今番见蒋世泽带个孩子到来，问知是罗家小官人，且是生得十分清秀，应对聪明，想着他祖父三辈交情，如今又是第四辈了，那一个不欢喜！闲话休题。”《醒世姻缘传》第 1 回：“晁秀才自家固是欢喜，侍郎也甚有光彩。”

平和：和平；《汉语大词典》对“平和”解释的前两个义项跟关中一致“①平正谐和；调和。②宁静；温和；不偏激。”关中人说：“这个人平和得很，不说过头话，不做过头事。”《左传·昭公元年》：“先王之乐，所以节百事也，故有五节；迟速本末以相及，中声以降。五降以后，不容弹矣。于是有烦手淫声，慆堙心耳，乃忘平和，君子弗听也。”《史记·乐书第二》：“狭则思欲，感涤荡之气而灭平和之德，是以君子贱之也。”《管子·形势解》：“明主犹羿也，平和其法，审其废置而坚守之，有必治之道，故能多举而多当。”元代耶律楚材《弹相思二绝》之一：“秋思而今不入时，平和节奏苦嫌迟。”②宁静；温和；不偏激。《礼记·乐记》：“感条畅之气而灭平和之德，是以君子贱之也。”《三国志·吴书十七》：“冲平和有文幹，天纪中为中书令。”《红楼梦》第 10 回：“一进来脸上倒有些恼意似的，及至说了半天话儿，又提起媳妇的病，他倒渐渐气色平和了。”

齐 ꜀整：整齐；特指女性精干、讲究卫生。如说“这个女人齐整得很”。《魏志·郑浑传》：“入魏郡界，村落齐整如一，民得财足用饶。”《秋胡戏妻》第 3 折：“今日有个大人家出殡，摆设明器，好生齐整。”《红楼梦》第 16 回：“我才见姨妈去，和一个年轻的小媳妇子刚走了个对脸儿，长得好齐整模样。”明代户县《梁守壹地莂》：“四方勾陈管分擘四域，主管四方步界畔，道路将军，齐整阡陌。”《警世通言》第 23 卷：“侵早，便妆扮齐整，来到钱塘江口，踅来踅去，找寻喜顺娘不着。”《明史·礼志九·嘉礼三·公主婚礼条》：“凡选驸马，礼部榜谕在京官员军民子弟年十四至十六，容貌齐整、行止端庄、有家教者报名，司礼内臣于诸王馆会选。”“齐整”在近代还有“AABB”重叠形式，《汉语大词典》对这种重叠式的解释为“姿容匀称；整齐美观”。元代王实甫《西厢记》第 1 本第 3 折：“等待那齐齐整整，袅袅婷婷，姐姐莺莺。"《水浒传》第 46 回："那妇人不知此事，只顾打扮的齐齐整整。"《喻世明言》第 2 卷："看看日落西山，黑影里只见一个后生，身上穿得齐齐整整，脚儿走得慌慌张张，望着园门欲进不进的。"《金瓶梅》第 10 回："安排酒席齐整，叫了一起乐人，吹弹歌舞。" 37 回："西门庆到明间内坐下。良久，妇人扮的齐齐整整，出来拜见。"《西游补》第 2 回："那个楼台真造得齐齐整整。"《皇明诏令》3.39b："只见赵宣子齐整穿了朝服要出朝去，看天色尚早，端坐的堂上，十分恭敬。"《李十三十大本》（P325）："待我上香，你们放的齐齐整整的。"（P467）"衣衫齐整心儿俊，不由我不住口儿作念心儿印。"

就是这个"齐整"，从"三言二拍"里找，可以说是俯拾皆是。如我们从《醒世恒言》的前十五卷最少找到这样几个例子。第 1 卷："从此贾公分付当直的，每日肉菜分做两分，却叫厨下丫头们，各自安排送饭。这几时，好不齐整。"第 3 卷："家中虽有三四个养女，并没个出色的。爱你生得齐整，把做个亲女儿相待，待你长成之时，包你穿好吃好，一生受用。""秦重打扮得齐齐整整，取银两藏于袖中，把房门锁了，一径望王九妈家而来，那一时好不高兴。""每日生意做完，傍晚时分，就打扮齐整，到王九妈家探信。"第 4 卷："阿措年娇貌美，性爱整齐，穿的却是一件大红簇花绯衣。"第 7 卷："却说女孩儿秋芳，自结亲之夜，偷眼看那新郎，生得果然齐整，心中暗暗欢喜。"第 12 卷："方丈中铺设御座，一切规模，务要十分齐整，把个大相国寺，打扫得一尘不染，妆点得万锦攒花。"第 13 卷："因他是道学先生，衣弊履穿，不甚齐整。"第 15 卷："那女童身穿缁衣，腰系丝绦，打扮得十分齐整。"还从《喻世明言》一二卷最少找到三个例句："蒋兴哥人才本自齐整，又娶得这房美色的浑家，分明是一对玉人，良工琢就，男欢女爱，比别个夫妻更胜十分。"（1）"娘子若定了主意时，老身现有个主儿在此，年纪与娘子相近，人物齐整，又是大富之家。""看看日落西山，黑影里只见一个后生，身上穿得齐齐整整，脚儿走得慌慌张张，望着园门欲进不进的。"（2）

荣光：光荣。这是西安回民口语所用的逆序词，例句如："娃出国留学咧，这两天巴巴荣光得很。"李白《大猎赋》云："方将延荣光欲後昆，轶玄风於邃古。"

窄꜀狭：狭窄，可重叠成"窄狭狭"，指地方小；心胸、肚量、见识等不宽广。杜甫《潼关吏》诗："丈人视要处，窄狭容单车。"《朱子语类》卷 9："见只是见，见了后却有行，有不行。若不见后，只要硬做，便所成者窄狭。"元代高文秀《襄阳会》第 1 折："争奈此城地方窄狭，亦无粮草，怎生与他拒敌？"《水浒传》第 19 回："众官兵赶来赶去，看见那水港窄狭了。"《赵氏孤儿》第1折："悄促促箱儿里似把声吞，紧绑绑难展足，窄狭狭怎翻身?"《金瓶梅》第61回："小弟有心也要请哥坐坐，算计来不敢请，地方儿窄狭，恐怕哥受屈驰。"《醒世恒言》第2卷："左右屋宇窄狭，以所在粟、帛之数补偿晏、普，他日自行改造。"《醒世姻缘传》第87回："你两个不要嚷了，这是我的不是，原因戴家的床上宽些，睡的不甚窄狭，所以在戴家的床上多睡了几夜。"《古今小说·临安里钱婆留发迹》："此诗是说钱王度量窄狭，所以不能不能恢廓霸图。止于一十四州之主。"《红楼梦》第1回："这阊门外有个十里街，街内有个仁清巷，巷内有个古庙，因地方窄狭，人皆呼作葫芦庙。"按："窄狭狭"的"狭"在西安方言里读作[$tɕ^hia^{31}$]，"山峡峡山峡"的"峡"读作[$tɕ^hia^{55}$]。

熬煎：煎熬。《初刻拍案惊奇》第6卷："熬煎不过，因到他家前后左右，访问消息，晓得平日端洁，无路可通。"《红楼梦》第21回："如今贾琏在外熬煎，往日也曾见过这媳妇，失过魂魄，只是内惧娇妻，外惧娈宠，不曾下得手。"《醒世恒言》第13卷："当下席散，收拾回房。睡至半夜，便觉头痛眼热，四肢无力，遍身不疼不痒，无明业火熬煎，依然病倒。"《李十三十大本》（P9）："他还想回家去用膳，还亏你懵懂不熬煎。"（P273）"倒教我曰春夏，曰秋冬的熬煎。"

康꜀健：健康。宋沈括《梦溪笔谈·杂志一》："然自此宿病尽除，顿觉康健，无復昔之羸瘵。"《儒林外史》第九回："相别十几年，你老人家越发康健了。"清代户县《钟思齐德行碑》："奈里人睹其精神康健，又复举为仓长。"清代户县《杨子威墓志铭》："配王氏，现年七十有三，犹康健在堂。"《二刻拍案惊奇》第3卷："客途乏物孝敬姑娘，不必说起，且喜姑娘康健。"《红楼梦》第26回："紫英答道：'家父倒也托庇康健。但近来家母偶着了些风寒，不好了两天。'"《明人杂剧选·娇红记》："自别来享重福，列鼎身康健。"《醒世恒言》第13卷："只是不能起身，就在枕上，以手加额，祷告道：'氏儿韩氏，早年入宫，未蒙圣眷，惹下业缘病症，寄居杨府。若得神灵庇护，保佑氏儿身体康健，情愿绣下长幡二首，外加礼物，亲诣庙廷顶礼酬谢。'"《李十三十大本》（P74）："令尊令堂，都康健么？"

要紧：紧要，重要。如说"你兀个事要紧，先办你兀个事。"《金瓶梅》第33回："这韩道国举手道：'大官人有要紧事，寻我商议，不及奉陪。'慌忙而去。"《警世通言》第26卷："那船渐渐至近，舱中一人走出船头，叫声：'伯虎，你要到何处去？这般要紧！'"《李十三十大本》（P74）："大姐，你看你这一句话，问的不当要紧，问出妻室二字，羞的那生，满脸通红，撇下银子，拉马走去。"（P98）"来来来，快吊我上来，我心里乱荒荒的要紧。"（P125）"爹爹，孩儿看那神像害怕的要紧，不如回去了罢。"

跷蹊：蹊跷。《警世通言》第 3 卷："东坡虽是妙才，这对出得跷蹊，一时寻对不出，羞颜可掬，面皮通红了。"《喻世明言》第 1 卷："这衫儿来得跷蹊。"《醒世恒言》第 4 卷："那九州四海之中，目所未见，耳所未闻，不载史册，不见经传，奇奇怪怪，跷跷蹊蹊的事，不知有多多少少。"《水浒传》第 13 回："吴用笑道：'小生见刘兄赶来跷蹊，也猜个七八分了。'"《金瓶梅》第 21 回："西门庆心内暗道：'此必有跷蹊。'"《李十三十大本》(P130)："老师，抽肠地狱已经过，也算苦尽甘自来。跷蹊、跷蹊。"(P391)"这话跷蹊了。"

惨凄：凄惨。《初刻拍案惊奇》第 29 卷："哽哽咽咽，两个哭了半夜，虽是交欢，终带惨凄，不得如常尽兴。"《李十三十大本》(P415)："我儿言虽是理，但女孩儿生来是客，即我将来，少不得要你夫妇，接我晚局，今日惨凄何益。"(P442)"日月都有惨凄意。"

伤悲：悲伤。《李十三十大本》(P70)："你看这狂风起百草齐压，事到此免伤悲且将泪擦。"(P74)"我和你甚伤悲还讲那话，婚姻事尽由着二老爹妈。"(P83)"伸双手拭不干眼中血泪，亲难投家难奔自觉伤悲。"

良善：善良。《红楼梦》第 79 回："那金桂见丈夫旗纛渐倒，婆婆良善，也就渐渐的持戈试马起来。"《初刻拍案惊奇》第 27 卷："赖得这家主人良善，将干衣出来换了，待了酒饭，过了一夜。"《金瓶梅》第 47 回："可怜苗员外平昔良善，一旦遭其仆人之害，不得好死，虽是不纳忠言之劝，其亦大数难逃。"《警世通言》第 33 卷："周氏见说，心中欢喜道：'委实我家无人走动。看这人，想也是个良善本分的，工钱便依你罢了。'"《李十三十大本》(P8)："哼，自来姚婆不良善，今日先试看一看。"(P98)"金峦殿领圣旨明查暗访，除恶官访良善由我主张。"

强勉：勉强。《汉书·董仲舒传》："事在强勉而已。强勉学问，则见博而知益明。"《醒世恒言》第 35 卷："初日还强勉趋承，次后打熬不过，半眠半起。"《儒林外史》第 11 回："小姐此时还害羞，不好问他，只得强勉看了一个时辰，彼此睡下。"《李十三十大本》(P480)："莫要强勉，你若强勉出去，咱的去后，他把真病装出来了。"

迢遥：遥迢。《二刻拍案惊奇》第 32 卷："邹巡简道：'此路迢遥，况一个女子，一个孩子，跋涉艰难，非有大力，不能周全得直到这里。小官如今公等已完，早晚回蜀。恩主除非乘此便致书那边当道，支持一路舟车之费，小官自当效犬马之力，着落他母子起身，一径到府上，方可无误。'"《李十三十大本》(P461)："怎超走得迢遥路，曲曲折折。"

琐繁：繁琐。《李十三十大本》(75)："为家境心不静朝夕忧愁，事琐繁乱纷纷无聊无休。"

1.3.3.2 其他逆序形容词

其他逆序形容词如“实꜀诚/诚实｜要紧/紧要｜心痛痛心｜细心：心细｜久꜀长/长久”“繁琐/琐繁”，宝鸡一带的“亮清心里清楚”跟山东、东北的“清亮”互为逆序词。我们从贾平凹《古炉》488页找到用到“清亮”的例子：“磨子骂了一声：我日你妈！揉着眼睛撵去，撵到横巷口，眼睛还不大清亮，模模糊糊看见一个人迎面过来，就问：麻子黑在哪儿？那人却说：麻子黑在这里！磨子睁眼再看，前面果然站的就是麻子黑。”丹凤等关中方言区的东部也用到了“清亮”。我们还从《古炉》544页找到把“快捷”叫做“截快”的两处例子：“立柱说死就死了，十几年里古炉村死过的人从来没有像他死的这么截快｜他死得截快，埋的也截快……”《初刻拍案惊奇》卷之五有这么一段话：“那裴晤到得中条山中，看见张果齿落发白，一个掐瘦老叟，有些嫌他，未免气质傲慢。”其中的“掐瘦”关中方言以逆序形式“瘦掐”出现，而最常见的是重叠式“瘦掐掐”；因了“瘦掐掐”的形式，又以“掐掐”为后缀，有“干掐掐｜秕掐掐”等。还有“不得了：了不得”，李芳桂《十王庙》的用例如：“老乞婆了不得了｜了不得了，把状审到阴司去了。”再如“熬煎”是“煎熬”的逆序词，长安五更词《缠足女儿哭》云：“四更里，月影偏，越思越想越熬煎。”（宗330）近代汉语的“喉急”，户县方言作“急喉儿[tɕi^{35} .xəɯ]”，“急喉儿”是“喉急”逆序形式的儿化。

1.3.4 其他逆序词和逆序句式

1.3.4.1 其他逆序词

其一，关中方言其他词语也有逆序的，如副词“管保保管，保证，肯定”，例句如“管保不会错”，是肯定的意思。读《红楼梦》第13回：“宝玉听说，笑道：‘这有何难，我荐一个人与你，权理这一月的事，管保妥当。’”关中方言的数词也有逆序的，如“两三/三两”“二三/三二”，例如“三两年/三二年/两三天/两三年”都可以说。“三两”的用法在上古汉语时期就已经有了。《汉书·萧何传》：“诸君独以身从我，多者三两人，萧何举宗数十人皆随我，功不可忘也。”白居易《琵琶行》云：“转轴拨弦三两声，未成曲调先有情。”苏轼《惠崇春江晚景》诗云：“竹外桃花三两枝，春江水暖鸭先知。”元代纪君祥《赵氏孤儿》第3折：“三两下打死了呵，你就做的个死无招封。”

在西安一带方言里范围副词“一共”及其变体有“一共、总共、共总、满共、共满、通满、通满共、一满共、一满利”，其中“总共/共总、满共/共满”分别互为逆序构词。关于“共总”，《初刻拍案惊奇》卷之一：“主人开箱，却是五十两一包，共总二十包，整整一千两。”《金瓶梅》第1回：“西门庆取来看，共总八封，也不拆看。”

普通话的时间副词“刚、才、刚才”，西安一带口语里又作“才刚、才刚儿”，“才刚儿”是“刚才”逆序形式的儿化。例句如：“他才刚走，你撵他去去吧，能撵上｜他才刚儿还在这儿呢，咋登儿不见咧指突然离开，不知道到哪儿去了？”

其二，关中方言也有逆序句或两个副词逆序使用的。最典型的是“知不道不知道（《醒世姻缘传》第 69 回：“他既是知不道好歹，若得奶奶心里不自在，咱没有看得上么?”）｜认不得不认得，不认识｜甚不不甚，不太”。如“不太好”，西安方言作“甚不好”，“不太想吃”西安方言作“甚不想吃”。与西安方言“甚不”相类似，关中方言区北部以至陕北方言把西安及其附近的“甚不”作“太不”，宝鸡一带把西安及其附近的“甚不”作“很不”。另外，与“甚不”相类似，西安方言还有“甚没”“甚嫑（别太，不要经常性地）”的说法，“甚不”和“甚没”“甚嫑”都是扩张式程度副词“甚”加否定词。“甚没”是“不太”的意，是否定式时间副词，如西安人常说“我甚没见老张｜他甚没到我这儿来过｜你甚嫑去”。

1.3.4.2　“甚不、甚没、甚嫑”等

孙立新在《西安方言逆序词考证》一文里指出：西安以至关中方言除了具有一定数量的逆序词（如把“整齐”叫“齐整”，把“力量”叫“量力”）以外，还存在着普通话的否定式“不知道｜不认识/不认得”在关中方言里的地方变体作逆序形式“知不道｜认不得”；也还存在着一些副词在连用的过程中，其结构中有逆序现象：甚不不甚、甚没不太、甚嫑别太。

其一，关中方言的“甚不/很不/太不”

普通话的“不太/不甚”在关中方言有三种形式，西安周围以至关中东部作“甚不”，宝鸡一带作“很不”，北部洛川一带作“太不”。现将关中方言这三种形式与普通话比较如下：

北京　他不太会干这件事　我不太想吃这顿饭　这个东西不太好
西安　他甚不会干这件事　我甚不想吃这顿饭　这个东西甚不好
宝鸡　他很不会干这件事　我很不想吃这顿饭　这个东西很不好
洛川　他太不会干这件事　我太不想吃这顿饭　这个东西太不好

上述现象只是关中方言相对于普通话两个副词组合形式“不太/不甚”地方变体即逆序形式“甚不/很不/太不”的基本特征，虽然很特殊，但还有与之相应的更为复杂的形式。

先看下面的例句，这些例句是西安老派方言常用的：

他跑得快得很，我甚撵不上。

他还甚不会开车着呢，不敢坐他开的车。

这碗面捞得太耩[ᶜtɕiaŋ]过于多咧，我甚吃不动。

这个房这座房子盖得太慢咧，腊月根根儿腊月底都甚盖不起来。

山太高太陡咧，我甚上不去/山太高太陡咧，我甚不得上去。

他离我太远咧，我甚看不见他/他离我太远咧，我甚看不来他。

这人不讲理，跟他甚打不成交道/这人不讲理，甚跟他打不成交道。

我甚寻不见（/寻不来）老张/老张我甚寻不见（/寻不来）。

有些东西一旦涨咧价，就甚跌不下来咧。

这个事我甚知不道/我甚知不道这个事。

这个人我甚认不得/我甚认不得这个人。

他叫我给他买些小米呢，小米这几年甚寻不下找不到咧/他叫我给他买些小米呢，小米这几年甚寻不下咧。

我最近在你兀个地方甚去不成/我最近甚在你兀个地方去不成；我忙得没时间去。

他有事呢，甚来不成/甚不得来。

如上例句中都有“甚V不”的基本形式，其语法特点及语义特征可以从以下几点来看：

（一）“甚V不”是“甚不V”形式在西安方言的又一特殊变体，最可以给这个论断作注解的是“这个事我甚不知道/我甚不知道这个事丨这个人我甚不认得/我甚不认得这个人”；不过，从目前关中方言的实际情况看，果真有人用“这个事我甚不知道/我甚不知道这个事丨这个人我甚不认得/我甚不认得这个人”这样的语句来交际的话，那么，只能说他是按着普通话的语句形式来交际的，但是，还不太能看得出“这个事我甚知不道丨这个人我甚认不得”等语句形式取代“这个事我甚知不道/我甚知不道这个事丨这个人我甚认不得/我甚认不得这个人”的强大趋势。

（二）从历史层次来看，汉民族共同语以及一直处于官话地位的关中方言在向今天发展的过程中，融合与分化、传承与变异，纷纭复杂，异彩纷呈。之所以存在着一定的逆序现象，主要还在于汉语本身是以语序和虚词作为语法组合的重要手段所致。汉语从中古到近代发展演变过程中，一是单音词向复音词发展，新质要素代替旧质要素；二是拿目前民族共同语普通话作参照，顺序组合与逆序组合有一个很不稳定的过程，于是现代汉语存在逆序词就是必然的了，如普通话也有一定数量的逆序词（“演讲/讲演、光荣/荣光”，不过“演讲/讲演”在目前的使用频率都很高，“光荣”的使用频率高，“荣光”在上个世纪五十年代还用，现在几乎不用了），而关中方言以至于西北方言所具有的逆序现象就相对普遍得多。

（三）以上例句共同的语法特点，从表面上看是在逆序形式“甚不”的中间嵌入动词，而实质上是把动词谓语的中心词嵌入其间；除了“这个事我甚知不道”等例句外，就其他句子共同的语法规律看，“甚V不”连带的是可能补语或趋向补语；其中“这个人不讲理，跟他甚打不成交道”里的介宾状语“跟他”的语法地位比较灵活，置于程度副词“甚”的前后都可以成句，但限于把字句和给字句，这些例句还可以再举几个：

他人懒，甚给儿儿子过不好日子/他人懒，给儿甚过不好日子。

他这个儿儿子挣的钱甚给他妈不给/他这个儿挣的钱给他妈甚不给。

老王根本把你就甚看不起/老王根本就甚把你看不起/老王根本就把你甚看不起。

他把公家的事情就甚不在心上去/他就甚不把公家的事情望心上去，光顾自家事情呢。

我甚把他寻不见/我把他甚寻不见/我甚把他寻不来/我把他甚寻不来/我甚把他寻不着/我把他甚寻不着。

其四，上列例句共同的语义特征是“不太V”，这跟关中方言“甚不”的“不太”义直接关联。如“我甚撵不上他”包含了说话人所自我认为的缺乏体力、缺乏勇力等因素；例句“甚盖不起来”即指“（房子）盖起来的可能性不太大”；例句“这个事我甚知不道”即“这件事我不太知道”；例句“这个人我甚认不得”即“这个人我不太认得”。

其二，关中方言的“甚没”和“甚嫑”

关中方言的“甚没”和“甚嫑”都是“甚不”的类化形式，是关中中东部地区常见的复合式副词的逆序形式。“甚没”是“不太，没太”的意思。“甚没”可以如“甚不”那样连用、拆用，“甚嫑”亦然。例如：

我就甚没你这些耐性。

他本来就甚没你有水平。

我最近一直都甚没见过他。

我这茬子最近甚在北京没去过。

上头都有些啥，我就甚看不清嘆！

他屋他们家就甚没有钱，你嫑借他的钱。

你就嫑说甚没惹过人家娃，你干脆就嫑惹！

你甚没读过唐诗；我给你说，你得读些唐诗。

我今年甚在外头没上过课；成天在电脑上写东西呢。

关中方言的“甚嫑”是“别太”的意思，亦属阻断词。例如：

你甚嫑去，你去得多咧我操得心多。

教他甚嫑来，我就见不得他讨厌他。

你甚嫑给他钱，他有咧钱就胡花呢。

你在这儿甚嫑来/你甚在这儿嫑来。

这些东西你甚嫑看，看得多咧还惯毛病呢。

咱都甚要理识理睬他，你一理识招嘴动辄还有麻烦呢。

这个人的毛病多，你甚要跟他出出得太勤了别太来往得太多。

你给你娃你的孩子甚要给这些东西/你甚给你娃要给这些东西。

你甚给他要说这些话/你给他甚要说这些话/你甚要给他说这些话。

注释

① 切韵音系泥母字，在关中主要读法为：乾县、永寿、旬邑、彬县、长武、武功、眉县及其以西，泥母逢洪音读作[l]声母，逢细音读作[ȵ]声母；周至、户县、西安、泾阳、耀州、宜君、洛川、黄陵及其以东，泥母字基本上都读作[n]声母，其中细音字声母的实际音值，按照音素记音法可以记作[ȵ]声母。也就是说，[ȵ]在乾县等处是一个独立的因为，在周至等处是[n]的条件变体。我们在一些著述里，为了横向比较，把周至等处[n]声母拼细音的字也记作[ȵ]声母，如《关中方言代词研究》（3～4）的表1里把“你”字记作[ȵi]。

1.3.5 关于“BA也罢”等

西安老中派口语还有“道不知也罢”等说法，具体语境如：甲说“这这个；这些事情我知不道不知道”，乙马上说“（你）道不知也罢”，乙的意思是“你知道也罢，不知道也罢，与我无关（隐含语义：我压根儿就不关心这事情）”。再举一个例子，甲对乙说“我想教你把娃关心嘎子一下”， 乙马上说“心关嘎子都可以/都行”，乙的意思是“我完全可以去关心他”。

如上两个例子，第一种在口语里的使用频率很高，第二种限于把字句；第一种所论及的是说话人不愿关心、理睬的，第二种所论及的是说话人愿意关心、理睬的。这两种格局不是本来就有的，而是说话人临时的特殊情感的表达；估计这两种表达方式产生的时间已经很久了，但是，我们从文献里头尚未找到一两个例证来确定其最晚出现的年代。

1.3.5.1 关于“BA也罢”

其中，BA可以是名词、动词、形容词，个别为词组（如“知不道”）。例如：

（甲）他就是王康。——（乙）他就是康王也罢。

（甲）这个地方就叫鳖盖。——（乙）盖鳖也罢。

（甲）那个人真不是个东西！——（乙）不是个西东也罢。

（甲）他的水平高得很！——（乙）他的平水高得很也罢。

（甲）教我出去活动嘎子。——（乙）教你动活嘎子也罢。

（甲）我几个还得把他的申请研究嘎子。——（乙）究研嘎子也罢。

（甲）你肯定对她不了解。——（乙）不解了也罢，了解她有啥用？

（甲）那几个娃劳神得很。——（乙）神劳得很也罢，关我啥事呢？
（甲）他就是太罗嗦咧！——（乙）他太嗦罗也罢，不关我的事情！
（甲）他的问题严重得很！——（乙）问题重严得很也罢，我不管！
（甲）那事实在是太麻烦咧！——（乙）太烦麻也罢，管尿他管他呢！
（甲）他咋镇暮囊动作这么迟缓的？！——（乙）他囊暮也罢，管屄他！
（甲）你咋稀里糊涂的？！——（乙）糊涂稀里也罢，干你屁事？！
（甲）少谝吹嘘你的五马长枪！——（乙）长枪五马也罢，我还谝的！
（甲）你说，他咋就恁糊涂的？！——（乙）涂糊也罢，他糊涂他糊涂去就任其糊涂吧！

1.3.5.2　关于“介词＋NBA……都可以/都行”

这种格局里的 BA 主要是动词或动词性词组。例如：
（甲）你把他多照顾着。（乙）把他多顾照着都可以/都行！
（甲）我看你对他体贴得很！（乙）就是对他贴体都可以/都行！
（甲）我想教你马上过来！（乙）（教我）上马过去都可以/都行！
（甲）我一直都想扶持他呢！（乙）你把他持扶嘎子都可以/都行！
（甲）咱几个把那个问题在讨论嘎子。（乙）论讨嘎子都可以/都行！
（甲）我想教你几个领导把的申请尽快研究呢。（乙）尽快究研都可以/都行！
（甲）我想把他美美狠狠地教训一顿呢！（乙）你把他把教训美美一顿都可以/都行！
（甲）你给娃说，教他要好好儿学习呢！（乙）对着呢，教他学习好好儿都可以/都行！

1.4　特殊词组

关中方言一些特殊词组往往具有特殊的结构和语义，有必要予以辑录和研究。本节选取常用的惯用语和俗成语予以罗列的同时，还专门讨论其他“连……带……”式词组。以下按西安方言的习惯来举例。

1.4.1　惯用语

1.4.1.1　三字格惯用语

呆[꜀ŋæ]札子：指固定不变的程式；因为古代臣子给君王上的奏折往往有特定的模式，故名。按：又做“呆拓[$t^{h}a^{31}$]拓”。

屉[꜂pa]得奘：开玩笑时指有的人官做得大，事情干得好。又作“尿得高”。

屉井绳：开玩笑时指有的人在干活时借口去大便，而实质上歇了好长时间。

把旦唱：指把事情办砸了。例句如：这下～！

掰是非/拉是非：谈是非，搬弄是非。例句如：女人家有咧闲时间再耍～咧。

背炕坯：本义指背炕坯，开玩笑的时候指睡懒觉；如今又作“背床板”。

不降钆⁼[ɕiaŋ^{24} ka^{24}]：差劲儿，没本事，不争气：你这个～的人能都办啥事呢？｜我咋世（养育）下你这个～的东西呢！按：“钆⁼”是对钱币的谑称。

不罩毛：本义指抱窝鸡不用翅膀把小鸡罩起来，引申指不理睬。例如：你少去跟老张联系，人家老张就不罩你的毛｜我根本就不想罩他的毛。

不钻眼：令人讨厌。例句如：你咋这么～的？！

跐[ᶜts^{h}ɿ]核桃：相当于共同语的“踢皮球”。按：“跐”是“蹭”的意思。

吃大户：广义指众人在饥荒年月到大户人家去吃饭；狭义指白吃富贵者的饭菜吃得很多。

吃黑食：受贿。例句如：你～的事情要是烂包败露咧，就得吃不了撩兜着走!

吃愣腾[ləŋ^{31} t^{h}əŋ^{31}]：吃了饭而不长心眼，指人很傻。例句如：你看你真是～呢，咋能这样弄事呢？

吃抢草：本义指牲畜抢着吃草，引申指人与人之间抢夺财富。

吃瞎账：白吃别人、单位、公家的东西。例句如：你当这是～呢？其实好吃难克化（本义是这些饭好吃但是不好消化，引申指虽然白拿人家东西看似好事而要给人办所交代的事就要导致很多麻烦）。

吃脏法脏法，垃圾，脏东西：本义指吃脏东西，引申指上等人使用太下等的物品或有钱有势的嫖客嫖下等妓女。例句如：你当以为你这是做啥赢人事光彩之事呢，你这是～呢!

挡[ts^{h}ɤu^{31}]烘人：在别人有红白大事时前去送礼或帮忙。按：“挡”是“扶”的意思。

挡尻子：帮助人。例句如：你有人给你～呢，你福大得很。

瞅黩黯[læ^{31} tæ^{31}]：从贫贱者身上找缺点。例句如：你咋光瞅我的黩黯呢？

皾[pf^{h}ã^{52}]王谋：指被训斥臭骂得狗血淋头。例句如：他违犯咧纪律，教领导就像～呢。

打绊子：（事情有人）从中作梗或伺机破坏；指身体有病。例句如：你的事情有一个领导～呢｜他这几天正～着呢｜谁打你的绊子来来着？

打头穿/打头撞：打照面。例句如：我跟他打了几个头穿也没认出来。

打野食：本义指鸽子等在别人家吃食，引申指在外嫖女人。

大尻[kɤu³¹]子/老的哥：马大哈。按：此两条词语限于说男子。

单撇手：指孤立无援者。你在这个单位是个～，你又不会拉山头搞宗派，你得会处事。

叠冷活：闯大乱子。例句如：你咋给咱叠下这冷活？

叠实活：干实事。例句如：这个小伙子是个～的。

丢改呆[꜀tæ]：指滑稽的中老年在晚辈或幼者面前故意搞笑。

丢赞念：留念想。例句如：你都90多岁的人咧，就不想给娃们丢个赞念？

恶水缸：本义指泔水缸，引申指受气筒。按：《金瓶梅》第 51 回“当家人是个恶水缸儿，好的也放在心里，歹的也放在心里。”

发忙迫[꜀pei]：发紧，发急。例如：疼得～丨难受得～。

干呼呼：指帮闲。例句如：你有时间把自己的事情干好，少在这儿～!

赶禄粮：关中俗信认为，人一生该吃多少“禄粮”是一定的，于是，常常训斥或讽刺那些饭量大而不顾饥饱者。例如：你吃得这么多得是是不是～呀？

逛皇会：指漫无目的的行动。例如：你要知道你是工作来咧，不是～来咧!

黑瘢膗：背霉的人，社会地位低下者，在领导面前吃不开者。

紧场活：活路逼人，任务很艰巨，很紧迫。又作“王家庄”。例如：今儿（今天）这些活真个是紧场活、王家庄，再不加劲儿干就干到明儿早起明天早上去了。

燷[꜀lã]不熟/裹不浑：① 工程、生意等有亏损或赚的钱不够花。例句如：这工程不能包，工程款太少，～。② 自己赚的钱不够自己花。例如：他还有钱帮人，自己都～。

尻子沉：到别人家里办事或聊天久坐不归。

狼的粪：指令人讨厌的家伙，一般用来品评完备或幼者。

没胎骨：不记仇；缺乏毅力。例如：你这个～的咋把一个错误朝儿回犯呢？

没꜀降水：没有实际能力还处处喜欢表现自己。例如：你个～的咋还这么爱显摆的！

没血色：不记仇，缺乏血性。例如：你咋这么～的呢？！

没足尽[tɕy³¹ tɕiẽ⁵⁵⁻³¹]：贪得无厌。例如：给你本来就多给了，你咋这么～呢？

盘长痈：像痈疽一样的、长期的祸害、灾星。例如：你是党跟人民的～！

人前显：指善于在大庭广众之下表现自己；俗成语作“人前显贵”，这是省去了“人前显贵”后边的“贵”字，类似的例子还有个“满打满算”可以省去“算”字。

撒破茬/丢破茬：这是关中盆地一年两料地区的词语，本义指把地闲置一料，引申指赴宴前饿肚子（赴宴时放开肚皮吃）。

塞黑拐：行贿。例如：咱有本事咧凭本事吃饭呢，为啥要给领导～呢？

烧屁吃：指非常着急。例如：你看你个～，急啥呢？

舌变꜀候：指说话时根据自己的需要随时推翻前边的。

耍死狗：耍赖。例句如：你就比残的（别人）多了个～的本事！

耍活龙：指最热闹的事情。例如：他学习下功夫得很，～也把他吸引不去。

抬横[꜀ɕyɛ]杠/推横[꜀ɕyɛ]车：指抬杠抬得很死，抬得很厉害。

添乱槌：指在别人打架时偷偷地去打跟自己有矛盾的一方。按：“槌”指拳头，关中方言把拳头叫做“槌头”。

舔尻子：巴结富贵者。例如：你就只有～的本事！

眼角小：指人吝啬。例如：你开豁大方，他～，你俩不能合伙做生意。

要欺头：干欺负人的事情。例如：你少在我跟前～！

由心调儿：指随心所欲。你都几十岁的人了，还是个～！

万年脏：指很难除完的杂草等。例如：有些草得在坐籽儿前弄净，要不然就成咧～咧。

闲荡浪（户县人口语常常读如“闲搭浪”）/尕杂子：非正宗、无关紧要的。例如：我是个～，为啥要操这么多的心呢？

咬内窝：指窝里斗，在内部努力占便宜。例如：单位要有几个～的，老实人只能吃亏。

咬死嘴：无理则强词夺理；有理则纠缠不休。例如：咱跟爱～的打不成交道。

占欺头：在商品交换过程中占便宜。例如：这笔生意你就没占多大的欺头。

装老大：本来没有什么能耐，却在晚辈或幼者面前处处爱显示能力；又简作“装大”。

庄子深：谑称人耳朵聋；庄子指宅子。按：关中人学说聋子，有一问一答的形式如“你上集来赶集来着吗？——我买席来。”“你耳朵背？——席不贵。”于是，在特定语境里，“买席来”、“席不贵”也指耳朵聋。

1.4.1.2　多字格惯用语

关中方言区的多字格惯用语，有三种类型比较特殊，一是“把”字词组式惯用语，二是单音节形容词连带补语式惯用语，三是比况式惯用语，下面先罗列这三种惯用语。

其一，“把”字词组式惯用语

把竿子回开：把利害关系讲清楚。

把卖盐的打死咧：指饭菜里边盐调得太多了，味道特别咸。

把他家的/把他妈的：真糟糕，真他妈的糟糕。按：“把他妈的”是关中东部的说法。

把娃牛牛赤子阴当脐带着铰呢；本义指过去的接生的妇女把赤子阴当作脐带剪掉，引申指作为行家里手犯常识性错误。

把骨都骨头旋[suã⊃ 西安音/çyã⊃ 渭南音]成纽子纽扣/把皮挣成鼓：指把父母的血汗榨干。例句如：只要我娃能把日子过好，我就是即使～也愿意！

把事当成五咧：把事没当事。按：“事”字在关中与“四”字同音。

把猫叫（咧）个咪：只是名称的不同罢了，没有实质性的区别。

把磨扇[mɤ^{55} ʂã^{55}]从井里头顶上来：指出了很大的力气（也没有受到应有的奖励、肯定或回报）。例句如：ᶜ我在 ꜀我单位就是即使把磨扇从井里头顶上来，也落不下好！

把暮囊迟暮，耽搁（时间）当细详节俭，细致：讥讽有的人过于浪费时间。

把黄河看成一条线：把很复杂的问题看得过于简单。

把头都磕咧，光剩下作揖咧：如果再不干完最后的工作就可能功亏一篑。

把石头往山上背：干劳而无功的事情。

把缰绳头头都能扑断：指为了办某些个事情而不遗余力（含贬义）。

把一巷子的娃都死完：指把富贵全部留给自己。按：其后续语句是“光把自己娃留上”，这是对那种不希望别人富贵只希望自己富贵、有着严重的、狭隘的农民意识者的品评；“一巷子”又作“全巷子”“一村子”“一个堡子”等。

把自己尻子底下的屎打摭[꜀tʂɤ]净：指改正了自身的缺点错误以后，再去批判别人。

把牙气成骨头咧：这是一条开玩笑的词语，实质上指未生气。

把你就不往我眼窝里头夹：压根儿就看不起你。按：“你”也可以换成其他代词或名词。

把毛跐咧[pa^{31} mu^{24} ts^{h}ʅ$^{52-31}$ .liɛ]：指从中把别人已经达成的协议或承诺否定了。例如：我知道他给你早都答应了，我为啥要～呢？我是不想教他犯错误。

其二，单音节动词或形容词连带补语式惯用语

扳得硬得很：指很难说话。例如：这个人～，谁给他说都不顶啥（不济事）。

吃得料大咧：指人的闲精神太多了。

吃得翻脊梁子咧：指饭已经吃得太多了。例如：都～还吃呢，不要命咧！

臭得跟狗屎一样：指很臭；指人在单位、邻里的威信很差。

瓜得要馍吃/瓜得没眉眼/瓜得没眉没眼的/瓜得没相框：傻到极点了。

瞎得围呢：坏到极点了。

横[⊆çyɛ]得井都跌不下去：过于蛮横。例如：他～，迟早都要着祸[tʂ̩au^{24} xuɤ^{24}]呢。

争得拚[pã^{55}]碰、磕；本义“摔”膗[sa^{24}]脑袋呢/争得尿得拚膗呢：过于莽撞。

能得给虼蚤跳蚤绾笼头呢：指过于奸诈狡猾。

急得鬼吹火/急得咋像狼撵来了：指很着急。

紧得没缝缝缝隙：① 如勒得太紧或夹得太紧，以至于看不到丝毫缝隙。② 工作过于紧张。

哭得嗨唠嗨唠的：嚎啕大哭；哭得很伤心。按：“嗨唠”是“嚎”字的分音词。

老得壳叉：指人很苍老了。例如：她跟男人离婚咧，这回寻的这个男人～。

喜得没眼儿咧/笑得没眼儿咧：高兴极了。例如：娃一听要逛去呢，～。

其三，比况式惯用语，其中下面例子中的“咋”是“像”的意思。

就咋霜打咧/就咋霜杀咧：指人萎靡不振的样子。

就咋贼撵来咧：指很着急的样子。例如：他经常急得～。

尻子咋个轮盆一种很大的瓷盆：指屁股很大。

脸就咋黑风：指因为生气等原因而脸上很难看。

脸咋黄表刷咧：指人因为惊吓或病态，面部很黄。

头就咋斗大：指很使人发愁。例如：你一提说这个事，我～！按：缩略式作“头大”。

乱得就咋教马踏咧：指很乱。例如：他屋～！

眼窝眼睛咋个牛铃牛眼睛：指眼睛很大，含贬义。

其四，下面列举其他形式的多字格惯用语。

爱钱怕死没瞌睡：指很爱钱。

爱钱钻钱眼儿去：爱钱就去钻钱眼儿吧；讥讽贪婪者、爱钱者。按：“钱

眼儿”即人们通常谑称的“孔方兄”，即旧时流通的制钱，关中人叫做“麻钱儿”。

安的啥心：居心何在？例如：你说这些话～？

八头儿都没向：指人很没有眼色。按：“八头儿”指好多方面。

八辈子都不想：极言永远都不想。例如：我把西葫芦吃伤咧因为吃得太多，所以不再想吃了，～吃咧｜我就讨厌他，～见他！

拔出萝卜带出泥：特指在查贪污等犯罪案件时，找到一条线索，就查出了很多人和事。

屉[ͨpa]到张三（/张四）家菜园子咧：闯下大乱子了。按：常简作“巴上咧”。

屉不下尿不下：很坚决地。例如：他～要去呢，我咋挡都挡不住。

掰腾着吃：想方设法吃好的；想方设法给别人吃好的。例句如：他爱吃好的，成天～呢｜孙子放假回来咧，他奶给孙子～呢。

摆屁拉稀屎：指被整得屁滚尿流。例如：文化大革命那阵儿，他教造反派整得～的。

半十年半十会：很久，很长时间：你等他，他～都不得来来不了｜你咋这～咧才来？

帮子长底子短：关于别人的优缺点，偏指缺点。按：还常常简作“帮长底短”。

揹过河不认干达：指忘恩负义。

鼻子是鼻子，眼窝是眼窝/鼻是鼻，眼儿是眼儿：指孩子长得很好看。

鼻子眼儿都笑呢/尿眼眼都笑呢：指高兴极了。

不吃调粉凉粉把碟碟腾了：不要占着茅坑不拉屎。

不胳搂胳肢都笑：指很高兴，很乐意。例如：你给他把娃的工作问题解决咧，他～呢。

不缺买肉钱/不欠卖肉的：戏谑词语，指有的人很肥胖，浑身都是肉。按：一般词语作“卖肉的”；而“卖肉的”一般指以卖肉为职业的商人或屠户。

不是平地卧的/不是松泛下家：指惹不起、不是随便可以欺负的人。

不是三十年的远话：指很快就会看到的事情。

跛子端尿壶：形容端着盛有液体的碗盆等时走路不稳、液体不断衍出的样子。

操手不拾毛：游手好闲，什么都不干。例如：你成天～的，你吃不吃！

柴狗扎的狼狗势：指贫贱者像富贵者一样的摆谱。

车打到半坡咧/牛打到半坡咧：指正在办的事情搁置下来了。

城门楼子对戏楼子着呢：这是反驳听话人“对着呢”的话，实质上是“你说错了”。例如：～，不对，就不是这回事！

吃饱咧就要搁碗呢：意思是不要贪得无厌。

吃不了撩着走：吃不了兜着走。

吃米汤面：指像吃家常便饭那样反反复复地犯同一个错误。

吃热剩饭：指反复地去做乏味的事情。

吃咧不得死的药咧：简直倒霉到极点了。

吃咧瓜喜娃他妈的奶咧：指傻乎乎地笑个不停。含贬义。

吃咧五谷想六谷：本义指吃到了好的还要想更好的，引申指贪心不足。

吃五谷屉驴粪的东西/吃人饭不做人事的东西：指衣冠禽兽。

吃咧蒸馍混卷卷：本义指白吃馒头还要白拿卷卷（“卷卷”一般指菜卷、花卷等），引申指白吃人家东西还要白拿人家东西。

吃桑杏儿桑葚等不得黑/生摘瓜：指很着急。

吃食不长架：（孩子或者幼小的禽畜）吃了饭食后却不长身体。例句如：他饭量大得很，就是～丨这槽猪（指一次买的若干头猪）都是～。

吃屎喝尿跳城壕：指坏事干绝。例句如：你真是个～的东西！

吃屎的把屉屎的ᶜ箍住咧：指以非常无赖的手段要挟给自己提供方便者。

鸱鸮跟着鸺鹠[ɕiŋ^{55} xɤu^{31}]猫头鹰熬眼熬夜呢/牛犊跟着马驹跑呢：比喻跟比自己经济实力强的人闲逛。

吹糖人儿的见咧都发愁/发熬煎：指人长相很难看，无法肖像。例句如：你长得～呢，还想问订（婚）个啥媳妇儿？

搭不上板子/搭不上锛子/搭不上茬/搭不住挽子：（在有关人员的当面都）无法沟通。例如：我跟这个领导不熟，我去跟他说，根本就～丨我就不想理他，他来寻我办事肯定～。

打不过吗捱不了两下：通常是男子汉说的，意思是自己万一跟敌对者闹起仗来，对方很有勇力，实在打不过的话，难道还捱不了几下子吗？“吗”是“还是；难道”的意思。

打牛后半截/戳牛后半截：指当农民。

打咧牙往肚子咽/牙打咧往肚子咽/眼泪都朝内走咧：指受了委屈以后不告诉任何人。

逮不住苗系/抓不住苗系：① 指无法找到某人。② 抓不住要领：我看你这文章，连个苗系都逮不住，算啥文章呢？

担不住二两膘：稍微有钱有势就大肆炫耀。

当亲亲门儿：农村孩子耍蛐蛐时有一个讲究，捉来的蛐蛐必须两两对垒以后排出胜负后淘汰了败者保存了胜者，而不能把两只蛐蛐放在一起，否则，这两只蛐蛐就会在撕咬以后和睦得像亲戚（方言作“亲亲”）一样（称作“当亲亲门儿”）；引申指无原则地和平相处。

蹬打不离[li^{55}]：对繁杂的事务处理得没有头绪。

东倒吃羊头西倒吃猪头：指有的人见人说人话，见鬼说鬼话，没有原则，随时会卖友。

冻死鬼托生的：贬指很怕冷的人。

吊死鬼模样；涎着脸的样子。例如：看你兀个～！

吊死鬼寻绳呢：指行动过于缓慢。例如：我看你就咋像～！

跌到福窖咧：落入福地。例如：你把女子给嫁咧个好主儿，你女子真是～！

敦尻子伤脸：受到不应有的严厉批评和伤害；伤脸，翻脸。按：户县歇后语云“疥豆蛙癞蛤蟆跳门槛——既敦尻子又伤脸”。

饿死鬼托生的：贬指饭量很大的人。例如：我看你真真儿是个～，你咋吃恁多的？

耳刮耳光没挃灵醒：一指没有接受教训，一指一直都不聪明。

风地的野话：① 无稽之谈；例句如：你这是～。② 不负责任的话；例句如：咱不能说～。

干吃枣儿还嫌核儿大：白拿别人东西还嫌不好，比喻贪得无厌。

高兴得两头蹦[piɛᵓ]跳呢/喜得没眼儿：指非常高兴；一般只能用来说晚辈或幼者。

胳膊肘朝外捩[ᶜliɛ]/胳膊肘朝外拐/胳膊肘朝外拧：在牵涉实际利益的时候不向着自己人，反而向着别人。

胳膊扭不过大腿/胳膊拧不过大腿/胳膊捩不过大腿：相当于“鸡蛋碰不过石头”。

给肥猪身上贴膘：指给富裕者增加财富。含有贬义。

给人把娃养活大咧：指自己辛辛苦苦的劳动成果成了别人的。

给咧个端顶儿/给咧个揽不起/给咧个照上：当面给了难堪。

给咧一头子：劈头训斥了一顿。

七十八十给咧个扎实/给咧个扎实：狠狠地训斥了一顿。

给驴凤琴：给牛弹琴。

给嘴做生日：指爱吃好的。例句如：他成天都是想方设法～呢。

勾连亲家：指关系不铁，容易翻脸的朋友。

狗都不吃屎咧：意思是根本不可能。例句如：你再假如变好了，～！

狗见咧稀屎咧：讽刺有的人见了自己所喜欢的东西就很贪婪的神气。例句如：你看他见了西瓜就咋像～！

狗守死娃：本义指狗看着埋掉死了的婴儿，等埋婴儿的人离开后把婴儿刨出来吃掉；比喻贪得无厌。

狗踅油葫芦："油葫芦"指蝼蛄，狗在蝼蛄跟前转来转去想吃掉蝼蛄；比喻守在跟前转来转去想得到（东西）。

狗贼王八蛋：坏东西，狗东西。

龟五蛋蛋儿六：乌合之众。按：俗成语作"龟五槌六"。

鬼念桃木橛：生怕克星到来。例如：吃黑食受贿的害怕纪检委，～呢。

害怕钱扎手：指不爱钱。例如：他不想领工资是～呢。

好吃难克化：本义是这些饭好吃但是不好消化，引申指虽然白拿人家东西看似好事而要给人办所交代的事就要导致很多麻烦。

喝凉水都钻牙缝呢/放屁都砸脚后跟呢：指倒霉时，时时事事处处都倒霉。

横[ˍçyɛ]是档档，顺是行行：横成档，竖成行；常用来指地里的庄稼很整齐、好看。

横一丈，顺八尺：① 横竖都由某些个人；指处在优越的环境里。② 指非常自由。

化回不过：指想不开，想不通。例如：万一他～寻短见（自杀）就麻烦了。

皇上他二爸：指很恶的、惹不起的人。

胡叫冒答应：别人没有叫却胡乱答话。

胡拉被儿被子乱扯（/扽）毡：指胡乱地说话，前言不接后语。

胡黏[ẓã^{24}]面罐子：胡说八道，胡搅蛮缠。

火烧眉毛梢儿：指燃眉之急。

鸡骨嘟骨头马膧头：乌合之众。

鸡尿马牴角/天底下[tia^{52}]的白屎巴牛儿：稀罕之物，含贬义。按：字面意思是"鸡的阴茎马的角/天下的白色蜣螂"。

鸡尻子底下[tia^{52}]等蛋：形容很着急。

急屄呼啦燥：指急性子脾气。含贬义。

急着跟媒人拜堂呀：讥讽非常着急者。

稼娃[tçia^{31} ua^{55}]大裆裤：城里人对农村人的贬称；泛指那些没有见过大世面的人。

见眼眼钻/见眼眼儿钻：凡自己认为有机可乘时就想法设法介入其中谋取职位或利益。

犟屎不进尿壶子：指很固执的人，詈词。

教蛇蚤跳蚤踢咧一脚/教蛇蚤踢咧一蹄子：谑称被跳蚤咬了。

教人家卖咧还帮着给人家数钱呢：指过于老实。

教人拿尻子都笑咧：指干了很丢人的事情。例如：你做的这些事，～！

教不上道/教不上套：本义指牲口长大后由农人教着犁地、拉车而不听使唤，引申指脑子太笨，学不会活路。

꜀尽壳娄办：尽可能把事情给办得很圆满。例如：多年咧，他把我的事都～呢。

꜀尽壳娄圆：尽可能满足当事人的一切要求。例如：覅害怕，我给你～！

借游游风刮黄风：凭借着小小的机会兴风作浪以谋求大的收益。

看不住行李：一指连自己本份儿的东西都拿不到手，二指把自己的东西很容易地被别人拿走；形容非常笨。

看烂下巴：本义是看着别人吃饭而羡慕，引申为羡慕别人。

尻子都长眼窝呢：指因害怕而小心翼翼，处处提防。

瞌睡咧寻枕头呢/瞌睡没睡寻枕头呢：指寻找机会要挟人。例如：他正想耍死狗耍赖呢，他是～呢，你看着他不顺眼，你把他一说批判，他就把死狗耍成咧。

抠吃屎痂：指非常吝啬。按："抠"与"怄"字同音，"怄"字同音，是"吝啬"的意思。

老牛烂车纥縫绳：本指很差的生产资料状况，也指很差的经济状况。

老是一碗菜：本义指做饭的时候经常就是那么很单调的一个菜，通常意思是给人单调的东西。例如：文化大革命那阵儿，这个村子的剧团就只会演《沙家浜》，真是～。

老鼠闻猫尻子：如人去巴结虎豹豺狼，其结果只能是自取灭亡。例如：咱～，何必来？

老鼠尾巴砸咧八棒槌：指榨不出油来，指毫无资本，毫无可用的东西，有时形容很穷。

老腿旧胳膊：指熟悉具体业务的老人手。例如：你几个刚退休，叫你几个～来，就是把没完成的事情继续望下干呢。

老哇乌鸦趴后墙笑猪黑/猪笑老哇黑：自己有许多缺点还要耻笑跟自己有同样缺点者。

老羊皮换血羔子：老年人与年轻人拼命用老命换取年轻的生命。

涝池大咧鳖也大咧吗：难道说在上级单位里工作的人就全都能干，都比基层的人多出了三头六臂吗；你所在环境优越，你的什么都比我强吗？

连皇上买马的钱都敢花：指在资金使用方面的胆子太大。

脸比城墙还厚：指很不要脸。

乱眼子狗：连主人都咬的狗，连主子都攻击的奴才。

驴驮的不够驴吃：自己拿的东西不够自己用。适于长辈说晚辈、长者说幼者。

驴槽擩你个马嘴：意思是，这里就没有你说话的资格，你别插话。詈语。

马王爷的见识：指见识很狭隘，心胸很狭窄。按：这个词语是由谚语“马王爷不管驴的事（又作‘驴王爷不管马王爷的事’）”演变来的。

卖柱顶石的：指败家子；重而言之，作“踢江山的”。按：“柱顶石”指柱础。

满肚子的花蝴蝶飞不出来：指内秀者不善于表达，知道许多东西却说不出来。

没吃过猪肉吗还是没听过猪哼哼：①“你”怎么连常识都不懂？② 司空见惯的事情“你”怎么就不知道呢？

没见过个屄闪电：“你”或“他”能把“我”怎么样，大不了极力整治我甚至置“我”于死地；“我”压根儿就不怕“你”或“他”。

没马拿驴填槽呢：这是说话人的自谦之词，“滥竽充数”的意思。

没嘴葫芦：① 有话说不出。② 从好多方面看，都有说不过人的地方，即缺理。

拿鼻子闻话：指那些党棍政客、政治扒手在跟人交谈时以陷害对方为能事。

拿馍咬马：指借着帮助人的机会占人大便宜。

拿屄子做脸：拉大旗做虎皮。例句如：你这是拿你大父亲的屄子做脸呢！

哪搭黑咧哪搭歇：本义指走到哪里天黑了就在哪里住店（关中方言把住店常常叫做“歇店”），引申意义如，称秤的时候，不一定按着一次一定要称一个整数（如10斤）来称，而是秤锤在哪里平了，就以这个斤两来计。

你当你比谁多长咧个耳朵：你以为自己有什么与众不同之处，其实，你没什么了不起的。

你尾巴一乍我就知道你屙啥屎呀：我知道你一开口就没有好话。开玩笑用语。

你作践人也寻个好日子/糟蹋人也寻个好日子：你少这么作践我或他。反唇相讥用语。

蔫萝卜遇见快插子：指优柔寡断者遇见了干脆麻利者。

念个咪咪猫：对久置未决的有关事情有个交代。

尿不到一个壶壶：不能做到合作共事。

拧尻子掉尾巴：用不正常的动作行为给人示威，闹情绪。

牛曳马不曳/牛行（“行”字户县白读如“恒[xəŋ^{35}]”）马不曳：干的干，不干的不干。

趴老虎脊背：指仗势、凭借威势而使得别人不敢惹。

皮包骨都骨头肉人：这是在听了对方抱怨自己“啥人吗（意思是‘你’怎么这么令人讨厌呢）”以后，与对方开玩笑的说法，意思是，我是很普通的人。

扑到狼窝咧：本义指投入了坏人的怀抱，引申指把好端端的事情办坏了。

铺（扑）的比盖的还厚：指缺乏考虑而很随便地介入。

七长八不短：形容长短不齐。俗成语作“七长八短”。

七歪八圪拧：树木、庄稼的行子不端正；杆状物不端、不直。

气愤不过：对别人的成绩等不服气，嫉妒。例如：你要是～的话，你就跟他比一下。

掐的鼻子都救不醒咧：实在没救了。

掮的大刀吓百姓/揭[tɕʰiɛ^{24}]的大刀吓百姓：指用政策吓唬老百姓，而老百姓本来就懂政策又没有违犯政策，也就无从害怕政策来惩罚自己；意思是别拿政策吓人。

钱在肋子股儿上贯[kʰuã^{31}]着呢：指很吝啬。

雀儿肚子：指饭量很小。例如：你真是个～，一顿连个馍都吃不完。按：雀儿指麻雀。

清白儿他娘：指头脑很清楚的女性。

穷得要饭也要不到你门上来/穷得拉棍棍拄着打狗棍要饭也不在你门上来：饿死也不求你。按：“门上”在西安、户县作“门上儿”，分别读作[mɛ̃r^{24}]和[mə^{35}]。

秋鸡娃丢盹：指人打不起精神。

秋鸡娃给老鸡踏蛋儿呢：指小孩子欺负中老年。按：鸡娃指小鸡。

偢[tɕʰiɤu^{31}]不偢睬不睬：待理不理。

惹疙瘩带瘙：西部指闯了许多祸。按：“惹”和“带”都指传染疾病，“疙瘩”和“瘙”都指疥疮。

热脸碰咧个冷尻子：热情地去帮助人结果受到冷遇。

热闹处卖母猪：别人正忙乱或者心里难受的时候去凑热闹。

人背影影儿黑：倒霉鬼处处没地位。例句如：我自己～，有舔尻子拍马溜须的时间，还不如把自己的庄稼做好。

日包瓜娃跳城壕：欺骗傻子干傻事。日包：欺骗，怂恿。

日鬼倒棒槌：大肆捣鬼。

㑳烂咧就当拚散[pã^{55} sã^{55}]咧：已经把乱子闯下了，干脆就他妈的破罐子破摔吧。

㑳咧一地的黄梢儿：指闯了很多祸。

㑳娘到老子：指骂人骂得很难听，涉及到所骂者的父母。常简作“㑳娘到老”。

日头爷从西边出来咧：意想不到的事情发生了，意思是坏人突然变好了，这是不可能的。

三耳刮耳光都捱不灵醒：指多次经历了教训都不能成熟起来，场面起来。

三脚都踢不出来个响屁：指人木讷，优柔寡断。

啥没见啥：相当于“八字没见一撇”；但是，“啥没见啥”常常用作状语，“八字没见一撇”常常用作谓语。例如：你跟她只是谈咧个恋爱，啥没见啥咋就给她给咧那们那么多的钱？｜这个事还八字没见一撇，嫑急着！

声大点点儿稀：本义指雷声大雨点小，引申指给人发脾气时暴跳如雷，事情过去后反倒表现出很没神气以至于外强中干的样子。

十榾柮都闷[mẽ^{55}]用杆状物或带把柄的东西劈头重击不倒：指男子汉非常结实健壮。例如：他个～的小伙子，一场大病就害得一点儿都不像小伙子咧。

十年还碰不下个闰腊月吗：意思是总会等到结果的。例如：你急啥呢，～？

摔碟子拚[pã^{55}]摔碗：指生气时用摔东西来发泄。

谁把他的黑馍指肝脏；关中把煮熟了的牲口肝脏也叫“黑馍”边子吃咧：贬指故意给人的脸色很难看。

说的头绽话，做的把绽事：指言行不一致，说得好听却做事时太缺德。

撕不长扽不展：优柔寡断；一事当前总是拿不定主意。

摊的生铁吗还是秤锤：意思是，没有摊本还想得到回报。例如：你到底是～呢，凭啥要白拿大家的东西呢？

弹嫌鸡蛋没毛：过分挑剔。

头比身子大：指事情令人头疼。例如：他一提这事，就～；你见咧他嫑提这事。

提不起放不下：在晚辈或幼者面前表现不出应有的神气、尺寸。例如：你作为大人（“大”字西安人口语读如“堕”，“大人[tuɤ^{55} ʐẽ$^{24\text{-}31}$]”指父母或父母辈），不敢在儿女跟前～。

提起裤儿摸[mau^{31}]不来腰：捉襟见肘，顾此失彼。

提起孛篮[p^{h}u^{24} lã$^{24\text{-}31}$]笸箩斗动弹：指提起此事又连带出彼事，抓其一点以及其余。

提起一串子，放下一蛋子：指人没有主意，缺乏主见。例如：他～，跟他打不成交道。

填不满的坑：指难平的欲壑。

舔肥尻子捏瘦屡：巴结富贵者而又欺负贫贱者。按：俗成语作“舔肥捏瘦”。

铜锤遇见铁刷子：处事执拗固执者相遇或相处。

绾大花子：指干工作不是扎扎实实，而是做表面文章。

媳妇儿不要生娃怪炕边子/媳妇儿不要娃怪焙拦火炕边上的矮墙高：乱找客观原因。

瞎狗咬世事：指乱世之中坏人往往兴风作浪。

掀下坡碌碡：在墙倒众人推的情况下去跟着推墙，如落井下石一样卑鄙。按：谚语作“下坡碌碡掀起轻”。

想吃狗肉连铁索都绷断咧/想吃狗肉连铁索都贴赔咧：相当于“捉鸡不成反蚀一把米”。

心吃咧秤锤咧/心吃咧石头咧：指贪心不足，非常贪婪。

心纯咧，事浑咧：指一切事情都办妥当了，不再操什么心了。

姓啥为老儿：（是、算个、属于）干什么的。例句如：我算～的呢，为啥要管这个事呢？

牙打咧往肚子咽呢：受了委屈后丝毫不告诉别人。

淹慢牛不下晌：指人虽然行动迟缓，干活缓慢，但是有毅力，不停歇。

盐（言）里没你，醋里没你：这里根本就没有你说话的资格。

眼饱肚子饥：名义上吃了好饭而实质上没有吃饱。例如：我吃咧大款一顿饭，花咧几千元，还吃咧个～，不如吃一碗油泼面解馋。按：《醒世恒言》第十六卷：“须寻个人儿通信与他，怎生设法上得楼去方好！若只如此通研光，眼饱肚饥，有何用处？”

眼红羡慕尻子绿：过于羡慕别人。

眼窝有水水：本义指眼睛亮，引申指势利。

眼窝豆儿眼珠教老乌鸦乌鸦鸽咧/眼窝教谷权戳咧：指长着眼睛却不注意看。常用作詈语。

遗鞋掉帽子：丢三落四，动不动丢东西。

一菠白菜（一颗白菜；又作“一窝白菜”）教猪拱咧：好花插在了牛粪上。

一番来一番去：指礼尚往来过程中的你来我往，即你有来我有往。例句如：你问我他过事（红白喜事）我为啥不去，我给娃娶媳妇儿，给他打了招呼他也没来，～，我为啥要去呢？

一河水都开咧：一切问题都解决了。例句如：这事情，只要老张点个头，就～。

一个骆驼拿铁勺炒咧：一大笔钱被零零碎碎花完了。

一个萝卜教你（|他）把八头儿都切咧：萝卜仅有两头，极言“你或他”占尽了便宜。

一屎甭咧个透儿：指该管而不再管了的马大哈行为。例句如：他把我叫来开会来了，～走咧，我开咧一天会也再没见他；给他打手机，关机咧。

一尻子坐咧：指把全部的责任都承担下来了。例句如：这个事情的责任就由我～，其他人都不要给自己揽责任咧。

一下吞到尖尖咧：贬指一下子说到了点子上。按：“尖尖”前故意省去了“屎”字。

引到麋子（迷子）地：引入迷途。例如：你要听他的，他非把你～不可！

油摝面的日子：非常富裕的生活。例如：如今，咱天天都过的～。

油净捻子干：指东西彻底用完了，丝毫未剩。

有出的气没进的气：指人垂危时的呼吸困难的状态。

有锅盔没牙，有牙没锅盔：指主客观条件往往形成很不一致的情形，有的人客观条件很优越缺不要努力，有的人主观上很努力而客观条件却无法使之成功。例句如：他学习好，就是因为太穷，上不起大学；你屋你们家有钱得很，你就是不好好学，真是～！

有理村的：指时时事事处处都占着理的人。又有“在有理村住着呢”，意思是时时事事处处都占着理。

有你不多，没你不少：“你”在这里可有可无。

有你没我，有我没你：“我”跟“你”水火不容。

有天没日头：指不知道达到了什么程度。例如：他吹得～的（指乱吹嘘一气）。

有的说没的捏：攻击别人时，提出对方已有罪错外，还要给对方捏造罪名。

有一下没一下/有一下的没一下：① 随心所欲；该抓的重点往往不去抓。② 指有的人有时候表现出架子很大或很严肃或很耿直很认真等等，有时候却相反；言行不一致。

在一个锅里头搅勺把：指在一起共同生活。

张道李胡子：所以然。例如：这个事情你得给我说出个～来。

张三李四王麻子/张三李四王五：指各色人等。

长眼窝是要阔吗/长眼窝是出气吗：训斥人长着眼睛却不注意看。

长耳朵是出气（呼吸）吗：指责人不注意听话或者把话听错了。

针尖对麦芒：针锋相对。

挣口绳子：因为理缺，有许多说不过人的地方。例如：他有～呢，不敢跟大伙儿说。

知道狼是个麻麻子：知道厉害。

指天画星星：指手画脚，气指颐使。

中国不出外国不造：指天下没有的东西。

猪娃小猪出世都有三升糠呢/猪娃出世来都有三升糠呢：天无绝人之路。

猪娃没丢咧楼上寻：指实在找不到东西的时候胡乱找。

猪娃立到人市咧：二流子等进入了上等人群。

猪嫌狗不爱：（使得）那些坏家伙对（我或你）有意见（含贬义）。例句如：咱覅染染指，干预人家这事情，省减省得惹得～的！

装贼不像绺娃子：指善于装腔作势却表现得很别扭，很做作。

自夸蒸馍白：指很善于夸耀自己。

嘴不安卯/嘴没安卯：指语言放肆，口无遮拦。

嘴教票粘住咧：怎么不说话了。例如：刚才你死都不承认，这阵子人赃俱在，你是～？

嘴噙转轴儿着呢：指话语很容易转变，在说话、证言等问题上毫无原则。

嘴有挣口的绳子呢：因理亏或被人抓住了把柄、被要挟等原因不敢说真话。

1.4.2　俗成语

关中方言区有的俗成语有关音节常常儿化，行文时于儿化音节后边加“(-儿)”标志。

挨门齐茬/挨摸齐茬：指众人进行农业生产劳动的时候挨个儿、有秩序、整整齐齐地。

爱心爱意：很讲究地、很专门地、很认真地做或干。

屉金尿银：贬指从经济方面予以大的帮助和支持。例如：我是凭你给我～呢吗吗？

半头鼠尾（-儿）：指活路、工程等干得不彻底。

帮长底短：关于别人的优缺点，主要指缺点。

杯流盏衍：指容器里边的水等很满。

闭口无言：哑口无言。按《金瓶梅》第 14 回有“几句连搽带骂，骂得子虚闭口无言。”第 16 回有“几句说的西门庆闭口无言，走出前厅来，坐在椅子上沉吟。”

冰锅冷灶：指没有做饭或虽然有厨房，但是因条件所限无法做饭。

跛腰失胯：指人腿脚有毛病，行动不方便。

不俅不睬/佯俅不睬：待理不理。按：“俅”字在关中方言里读如“秋”。

长尺短算：指经过生意等方面的交往后，最终结清彼此的帐目。

长出短气：上气不接下气。

唱喝掰道：边走边唱，形容人乐观高兴的样子。

扯胸袒膊/袒膊领稀：指衣冠不整。

吃屉睡耍：吃饭，拉屎，睡觉，玩耍，指无所事事。

吃食昧食：占了别人的便宜还不承认。

痴诚掰眼：在追求财富的过程中傻呼呼的、无所不用其极，在巴结富贵者的时候傻呼呼的、无所不用其极，在护短的时候傻呼呼的、无所不用其极。

重眼各皮（-儿）：指长着重眼皮，很好看。

瞅红蔑黑：看重富贵之人而蔑视贫贱之人。

戳七弄八：大肆地进行挑拨离间。

刺头楦脑：长东西伸到了不应该伸的地方，也形容长东西放置得乱七八糟的样子。按：“刺”字读作阴平调。

打槌割捏：打架闹意见。打槌：打架。割捏：闹意见。

倒眼不看：（往后）不再理睬，不再关心。

跌跤趴扑：因为非常着急，为了赶路而一路上既摔跤又摔马趴。“趴扑”指马趴。

跌死拼[pã^{55}]命：拼着命，拼死拼活。

丢底卖害：指女子干卖淫之事。

对门识户：对门居住且素来无矛盾。

儿长女大：长辈说晚辈或者长者说幼者的儿女已经长大成人。

二不挂五：漫不精心。例句如：给你都叮咛了几遍了，你老是～的。

二母三狗：很不懂道理的样子。

疯张浪势：疯疯癫癫，非常疯狂。

干巴硬正：堂堂正正。

干稠挖块：形容饭食很稠。含贬义。

干净利气：讲究卫生，干活麻利。

干散麻利：女性讲究卫生，干活麻利。

赶死忙活/紧死忙活：形容非常紧张忙碌。

刚强自气：指人坚强有志气，善于自力更生。

圪垯꜁累槌：圪里圪垯的样子。

勾拉撕扯：存在着不正常的联系。例句如：你～那些关系，有几个正经货？

古董万西：各种档次低、质量差的东西。

瓜闷分肖/瓜闷虔诚：过于傻。

龟五槌六：乌合之众。

害人面疮：人前一套，背后一套，形容虚伪。

汉小力薄：个子矮小，干活没有力气。按：关中方言把个子叫做“汉子”。

呵娄气堵：哮喘病患者哮喘得很难受的样子。

呵嘶倒嘶/呵吱倒吱：上气不接下气的样子。

核桃倒枣（-儿）：（说出）全部隐情。他一进派出所，～把几年偷人的事情都供出来了。

喝五唤六：指手画脚。

黑明昼夜：夜以继日。

黑天半夜：半夜三更。

横[꜁ɕyɛ]挺顺卧：横七竖八地（睡）。

横[꜁ɕyɛ]三顺四：横七竖八。

红膛瓜水（-儿）：指中老年面容红润。

猴不自已：自己不能控制自己，形容好动。

胡吹八打/胡吹冒撂/胡吹浪谝/胡煽浪谝：胡说一气；胡乱吹嘘。

胡诀瞎骂：胡乱地骂人。按：“诀”是“骂”的意思。

胡黏[꜁ʐã]八黏：胡说八道，长期纠缠。

浑破烂绽：好的、坏的、浑的、烂的全部东西。例如：他搬家呢，～装了三卡车。

混汤三搅：乱七八糟；语言表达不清晰。

或长共短：（办事情的时候）行或者不行。

急迫倒场/急头半脑：很着急的样子。

假骨流身：虚伪做作。

拣高拾低/见高识低：以富贵和贫贱看待人。

脚倒鞋歪：妇女作风不正。

瘊 [tɕiɤu^{55}]头爽脑：指人因怕冷或病态而缩持着身子。

空脚落手：指应该拿礼物却没有拿礼物。例如：上正时月（指春节期间）的，你去寻人办事，～，咋好意思吗？

空空世事：不应该看得太认真的世事。

老马抬蹄：指动作很不麻利，走路时步履艰难。

连吃带喝：说话没有抑扬顿挫，言辞不清楚。

连槌带洗：简单工作、复杂工作都干。例如：单位缺人手，他老是～的。

连东带掌：既是东家又是掌柜的，什么事都管。

连毛带杆：指所有的东西；含贬义。例如：他屋穷得很，～拉不下一卡车。

连滚带爬：指不顾一切地奋斗、努力。例如：一个班～的，都考上大学咧。

凉偢不睬/佯偢不睬：想理不想理的样子。

零股海三：指家具等卯的连接处松动不堪。

零三八四：东西摆放得凌乱、不整齐，七零八落；不是整齐划一的。

溜舔奉敬：趋炎附势，拍马溜须。按：关中人把拍马溜须叫做“舔尻子”，也可简作“舔”。

琉璃皮张：指穿戴非常讲究。含贬义。

骡驮行囊：指出门带的行李多，显得累赘。

迈茶打逛：注意力特别不集中。

没千带数：无数的，千万的。

密密络络：两个人或者几个人（在一起谈话的时候）距离很近。

面面斯偎：当着当事人的面不好意思。

拿三倒四：在一个单位或部门或家庭起支配作用；拿架子，想怎样就怎样。

牛年马年/牛年马月：无法知道的年月，形容时间漫长。

牛咬马抵：指内部闹矛盾。

旁人世人：别人，与此无关的人。

飘凉带刺（-儿）/飘凉带子（-儿）/飘凉卖怪：故意说风凉话或难听话给当事人听。

嫖风浪荡：男子性行为很放荡。又作“嫖泼浪荡”。

扑稀黩懈[p^hu^{31} $ɕi^{31}$ $læ^{31}$ $xæ^{55\text{-}31}$ 户县音]：过于邋遢，不修边幅。

七长八短：形容长短不齐。按：惯用语作“七长不八短”。

七花（-儿）六精：形容女人过于做作。

七姓八皇：人多口杂，意见不统一。

愆娇皮薄：指女性个性很强，很刻薄。按：如户县一带把女性个性很强叫“愆翻”，把吝啬又叫“皮薄”。

亲姊热妹：关系很好的亲姐妹。

清舌淡嘴：说话故意讨听话人好而又不粘主题。

清汤寡水/清汤光ᵓ水：饭食汤太多，无黏性；饭菜质量太差。

屎吊不收：贬指男子汉把任何事情都不放在心上。

人老几辈：历代，好多代。例句如：咱两家～关系都好得很。

人理待道：待人接物的基本常识。

人前显贵：在别人面前指手画脚，显示自己。

人五人六：同“人模狗样”。

日处掏探：大肆撒谎。

日鸡连蛋：指很着急的样子。

日人害人：大肆戕害别人。

三塄暴翘：形容不平展，不平顺。

三毛（-儿）不顺：指年轻人造次、缺乏教养，不服管教。

搡眼掰痴[saŋ$^{52-31}$ niã^{52} pei^{31} tsʰʅ^{31}]：过于贪婪。

上抓掠挦：指在人身上乱抓乱摸的不礼貌行为。

捎书带信：通过各种渠道发出信息。

生冷撑倔：脾气很倔，教人难以接受。

生捉活拿/生拿活捉：本义指很强硬地捉拿人犯，引申义指强迫当事人干某事。例句如：他这个人做事有原则，跟他说事，千万不敢～的。按：西安一带口语“拿”字在此语境里读作阴平调[na^{31}]；“拿手”的“拿”字通常读作阳平调[na^{24}]，又读阴平调[na^{31}]。

声叫声应/声叫声到：随叫随应，随叫随到（帮忙，帮助干活）。

失白撂谎/日白撂谎：经常撒谎，大肆撒谎。

失处掏探/日处掏探：撒谎欺骗。

受苦拔力：受了许多苦、出了许多力，指历尽艰辛。

说合搭合：两个人或多人边交谈边走。

松荒淡瓷/松卯淡瓷：指桌子、椅子等家具的卯窍做得不好，很不结实。

袒脖领稀：穿戴很不整齐。按：“袒”字在口语里常常读如“旦”。

偷声缓气：因为害怕等原因而声音很小。

提起放下：在晚辈或者幼者面前表现出应有的神气、尺寸。

舔肥捏瘦：巴结富贵者而欺负贫贱者。

五愣（-儿）六愣（-儿）：野心勃勃的样子。

五抹六道/五抹六怪：脏乱不堪的样子。

五马长枪：雄厚的资本；指过去的所谓光辉历史。含贬义。

稀络活络：很不稳固的样子。

先来后到：一定的顺序。

小来没气：① 微不足道（的人和事）；例如：你作为领导得想大事，～的事情管得太多了，就显得没水平了。② 小气，不大方；例句如：这个小伙子～的，不像个男子汉。

心不在肝：心不在焉。

心纯事浑：把大事办完以后而从心理上没有牵挂了。

心狠折本：本义指做生意想多赚钱反倒把本钱赔进去了；比喻因贪得无厌而使自己受到更大的伤害。

羞屄烂嘴：很爱吃好的（贬义色彩很浓，只适用于长辈说晚辈、长者说幼者）。

洋昏倒场：懵里懵懂的样子。

有理气壮/昂昂气壮：指自以为占着很大的理而与人争辩，毫不相让。

有年没月：不知道什么时候。例句如：这个事～才能办成。

咋长竟短/或长竟短：① 优点和缺点，偏指缺点；例句如：你少说人家的～，你把你自己管好就对了。② 来龙去脉，前因后果；例句如：你得把事情的～给我说清楚。③ 无论如何（同意或者不同意，行不行）：我的事情教你几个领导研究呢，～你的你们得给我个答复嘍！

仄楞半坡：① 道路或地面不平坦；例句如：那路～不得下去。② 做事不合乎情理；例句如：那个娃从小就没个教养，做事～的。

仄楞仰板：指人走路很不稳当。

贼头鼠脑：鬼鬼祟祟。（《金瓶梅》第 44 回：“恁小丫头，原来这等贼头鼠脑的。”）

乍脚掠手/乍脚舞[$u^{52\text{-}31}$]手：手脚胡乱挥动的样子，是一种轻浮的行为。（按：西安方言“舞”字通常读作[vu^{52}]）

真打老实：真实的，不作假。

争冷撑倔：莽撞，冷酷，乖僻，倔强。

争头欠脑：非常莽撞。

正股正行：本份内的：～的我还没拿够呢。

挣死巴活/挣死曳活：累死累活。

指屁吹灯：本义指用放屁出来的气想吹灭灯烛，是不可能的，形容指望不住。

蛛蛛拉蛋（-儿）：把有关系和没有关系都窜通在一起，含贬义。

嘴撅脸板/嘴撅脸吊：板着脸表现出很不高兴的样子。

1.5　其他问题

1.5.1　使感结构

1.5.1.0　关于“使感结构”

“使感结构”又叫“自感结构”。如侯精一、温端政先生主编的《山西方言调查研究报告》113～115页讨论了山西方言的“使感结构”；钱曾怡先生主编的《山东方言研究》277～278页讨论了山东方言的“V/A人”结构，钱先生特别指出，“这种结构普通话也有，如：‘吓人’、‘馋人’等”。孙立新《西安方言研究》第六章“语法特点”第三节“特殊词组”之一为“使感结构”（2007：172～176）。根据已有报告，官话、晋语、湘语、赣语等方言中普遍存在着使感结构。这种结构应当是汉语语法的通语现象。

郭子直先生《岐山县志·方言》（1992：709～710）指出：岐山方言“动词加上‘人’变成形容词，用来表示感觉”，并举了“咬人、弹人、绑人、吵人”等词语。最近，笔者在与1929年出生的郭师母（岐山人）交谈过程中，听到她老人家说到“亲.人”一词，“亲.人”是“使人感到与自己很亲近”的意思，是褒义词。例如：娃亲.人得很。

张成材先生（2003：83～86）《商州方言里的“形＋人＋哩”结构》之提要部分指出：“本文拟从表现形式、意义、词语的组合和聚合、语法功能、语言结构的归属等方面来讨论商州方言里的‘形＋人＋哩’结构”；商州方言里存在大量“形容词＋人＋哩”的结构形式。如：苦人哩、辣人哩、吼人哩、熏人哩、呛人哩、难过人哩、热人哩、冻人哩、饿人哩、垫人哩、扎人哩、胀人哩、臭人哩、刺咬人哩。这种“形+人+哩”结构都是表示人体器官受各种事物刺激后的感受，而且都是表示令人感到不舒服、自烦的思想感情。有的来自听觉，如：耻人哩声音嘈杂令人心烦；有的来自视觉，如：耀人哩太阳光或电光刺得人眼睛睁不开、眯人哩如风吹得尘土使眼睛睁不开；有的来自味觉，如：辣人哩吃了辣子使人感到辣得难受、涩人哩吃了尚未成熟或尚未甜的使子柿使人感到嘴里发涩难忍、吼人哩肉、点心或油炸的东西，由于时间过久，吃起来使人嗓子发痒难受；有的来自嗅觉，如：熏人哩屎、尿、死尸等很臭，熏得人出不了气、臭人哩臭气熏天使人难受。张文指出，商州方言的“X 人哩”结构是造句现象，一是“X 人哩”中的形容词均可受程度副词的修饰，而“X 人哩”则不能受程度副词的修饰；二是“X 人哩”是一种凝固结构，不同于普通话“烦人、吓人、急人、迷人”的“人”要重读，而商州方言“形＋人＋哩”中的“人”均轻读；三是“形＋人＋哩”一般作谓语。张先生认为这种结构形式是语法现象中短语里的“使受结构”。我们认为，商州方言“形＋人＋哩”结构里的“哩”相当于“的”，如西安一带常说“太阳硬得很阳光很强烈，把人晒人的。”张先生指出，商州方言不能说“很耀人、很苦人、很热人、很饿人、很烧人、很聒人”等，西安方言也不能说“很耀人、很饿人、很聒人”。

毋效智先生把这种结构叫做“使动式词”（《扶风方言》310～311），毋著列举了诸如“咬人、揪人、憋人、足（应为‘掬’）人、蜇人、夹人、绑人”等。

邢向东、蔡文婷《合阳方言调查研究》266～269 页讨论了合阳方言的“自感结构”：首先讨论了“自感结构”的语法语义特征且举例句说明，然后列举了合阳“自感结构”词条。

1.5.1.1 使感结构的语法语义特征

如西安方言的使感结构多数是单音节动词或形容词与轻声音节“人[.ʐẽ]”构成的。例如“挤.人”是指置身拥挤不堪的环境中令人特别难受，例句如：“公共汽车上明明儿本来人都溢河咧多极了，司机还教人往上挤，车上挤.人得很，真真儿实在把人能挤死了。”

使感结构（“V/A 人”）应当是古汉语使动用法的残留；使感结构在句子中一般处于形容词谓语的语法地位，现在看来，我们完全可以把这种结构当作一个个词来看待。孙立新《西安方言研究》176 页指出：西安方言使感结构在句子中的语法地位是形容词谓语的语法地位，但不用作定语；用作谓语时既可受程度副词修饰，又可带补语“得很、匝咧极了”等。《合阳方言调查研究》266～267 页指出：这类词是由一个动词、形容词加上“人”构成的，该动词、形容词为使动用法，含有“使人××”，如“气人”就是使人生气。自感结构从内部构成成分来看，其中的动词、形容词性语素均可独立运用（个别双音节词干不能独立运用），意义明确，且数量较多，范围较广。句法上，自感结构都是形容词，直接充当谓语，而且可带程度补语，也可带状语，说明它的词汇化程度较高，语法上可以认定为词。孙立新还特别指出：“有些口语中常用的单音节动词或形容词不能构成使感结构，这些词主要有：累[luei^{52}]、冷、热、颠、压[nia^{31}]、木[mu^{55}]、酸、饥、绑、趾[ts^{h}ɿ^{52}]、蹭、乏、烤、苦，等。”

我们目前还可以看到极少数“V 人”式里动词用作使动词的例子，“V 人”式里“人”读作本调阳平与“V.人”式里“人”读作变调轻声，其语义是有所不同的；“人”读作本调语义重，读作变调轻声以后有明显的语义虚化，跟声调的弱化有一定的因果关系。比较如下：

气人[꜁ʐẽ]使人很生气≠气人[.ʐẽ]使人生气

烦人[꜁ʐẽ]使人感到很烦闷≠烦人[.ʐẽ]使人感到烦闷

劳人[꜁ʐẽ]使人感到很劳累≠劳人[.ʐẽ]使人感到劳累

累人[꜁ʐẽ]使人感到很劳累 ≠ 累人[.ʐẽ]使人感到劳累

顶[꜁tiŋ]人[꜁ʐẽ]吃了很硬的东西难以消化胃很不舒服；顶撞人 ≠ 顶人[.ʐẽ]吃了硬东西难以消化胃不舒服

虽然其他使感结构的词语没有类似于上列不等式的例子，但是，虚化了的使感结构的早期语音形式，“人”字肯定是读本调的。有人把“V.人”式里的“人”字当作后缀来看，是有一定道理的，这跟官话的后缀“子、头”或“儿”尾自成音节的“儿”读作轻声同理。

跟上列不等式的语义不同，下列两条前后的基本语义相去甚远；虽然都具有使动因素。

懔人[꜁ʐẽ]使人感到恶心、可恶 ≠ 懔人[.ʐẽ]凶杀、车祸等使人害怕

噎人[꜁ʐẽ]指所说的话使人无法回击 ≠ 噎人[.ʐẽ]指食物水分少使人难以下咽

怄人[꜁ʐẽ]使人生气，气人 ≠ 怄人[.ʐẽ]空腹吃了刺激性食物而使胃部不舒服

使感结构中的词干多数是单音节词，双音节词很少。调查表明，有的方言点的居民，对于使感结构的运用似乎随意性比较大，如我们在西安一带就听到过多数人口语不用的“烤.人强烈的烘烤使人难受、苦.人味道苦使人难受、难受.人使人感到难受、麻烦.人使人感到麻烦”。

青年方言学者任永辉把使感结构中的“人”字称作后缀，关于“人”字与使感结构，他在将刊的《宝鸡方言研究》一书中指出：在宝鸡方言中存在着一类如“辣人、捂人、烧人、痨人”等，不管是在语义上还是构形上都十分有特色。这一形式一般由一个单音节语素“X”加“人”构成，表达一种由外界的刺激给人造成的某种不舒服的消极主观感受。

任永辉《宝鸡方言研究》一书指出：在“X＋人”结构中，“人”都表示“X”语素作用或影响的对象，其语义主要在形容词表示的性质或动词表示的行为上，“人”的意义有明显的虚化倾向，语音上的表现就是“人”全部变读为轻声。从理性意义上看，“X”语素的意义可以分为三类：一是人的动作行为，如“吵、咬、捂、扎、“绑”等；二是人的性情，如“急、懔、气”等；三是事物的属性或特征，如“辣、痨、闷、烧、呛”等。从语义上看，“X＋人”使感结构表示的是：因为外界的刺激作用给人造成的某种生理上或心理上的消极感受，具有“使感”和“不舒适”的语义特征，例如“炕人：使人感到口渴难忍”、“羞人：使人感到羞愧”。不管外界的这种刺激是作用于整个人还是人体的一部分，它带给人的这种不适感都是具有整体性的，如“辣人、急人、挤人”等绝不等同于普通话里的“辣、急、挤”，这些结构总带有“不舒适”的语义特征。再如，有“烧人”之说却没有“冷人”一说、有“痨人”一说却没有“甜人”之说。“X＋人”结构不能作主语，不能充当定语、状语和补语。

1.5.1.2 关中方言的使感结构词语

其一，西安一带的使感结构词语。西安一带的使感结构多数都是贬义的，目前已知的褒义词只有一个“爱人”；以下本部分所报道的“人”字读作轻声调。

晒人：阳光太强，晒在人身上使人难受。

咬痒人：因蚊虫叮咬或麦糠等刺激使人身上发痒的感觉。

挣⁼人：指有些重活需要很大的力气来干，指吃力的感觉。

瘆人：指环境或水等冷冰入骨的感觉。

弹⁼人：坐车时极强烈的颠簸感使人难受。

垫人：如鞋内有较大且坚硬的异物或脚下有坚硬异物使脚掌难受。

压⁼人：身上或肩上负重过大使人不堪忍受；躺在床上或炕上或地面上因有异物或不平引起的难受感觉。

窝人：指人的身体因别人挟持、压迫等原因而蜷曲难熬的感觉。

挤人：如公共汽车上很拥挤使人感到难受。按：“㦸（=漆）”字是“挤”的意思，却不能构成“㦸人”。

拥人：因穿戴臃肿使人难受。

捂人：鼻嘴因盖有被子等而呼吸困难。

⁼焐人：环境相当闷热使人难受。

闷⁼人：环境令人头昏脑胀的感觉。

扎[tsa³¹]人：如芒刺背或钉子等扎脚使人难受。

炕人/渴人：使人口渴难耐。

寡人：饭食味道过于淡或过于粗糙令人难以下咽。

痨⁼人：味道太苦使人不堪忍受的感觉。按：“痨”字西安等关中中东部地区读如“闹”。

⁼咧人：因酸东西吃得太多或吃了太酸的东西使牙齿酸得不堪忍受以至于难以咀嚼。按西安方言有“咧酸”一词，意即：酸得令人牙齿无法去咬。

⁼齁人：喉咙因周围环境有油焦味而不堪忍受甚至令人发唠欲吐。

呛人：因周围环境有辛辣或烟味而使人很呛；呛得难受。

꜀喷人：如切大葱、葱头等的时候，使得人的眼睛发酸流泪。

噎人：吃食物太急引起打嗝使人难受；食物水份太少难以下咽使人难受。（按：贾平凹《古炉》164 页“这里没水么，等到有水的地方，吃馍就不噎人。”）

揪人：因哮喘等原因呼吸困难，想咳嗽又咳嗽不出来的感觉；人的浮肿部位难受，揉也不是挠也不是，搽药不行热敷冷敷均不行的感觉。

憋人：因便秘而排不出大便或想解手又没时间解手而使人不堪忍受；

有话想说但不能一吐为快使内心非常窝火；用眼过度眼球胀疼使人难受。

坠人：因脱肛而使肛门下坠难忍；妇女因子宫脱垂而下坠难忍。

拽人：因挎着过于沉重的篮筐等物使胳膊难受。按：“拽”字在这个语境里只能是文读不能是白读；如“拽”字西安文读[pfæ⁵⁵]，白读[pfei⁵⁵]，高陵文读[tsɿʮæ⁵⁵]，白读[tsɿʮei⁵⁵]。

掛人：胳膊在不变换姿势的情况下一直拿着东西或长时间举着而使得胳膊难受。

㔶人：因吃了硬东西难以消化胃部疼痛使人难受。

顶[⊆tiŋ]人：因吃了硬东西难以消化胃部不舒使人难受。

饿人：肚子饥饿难忍。

怄[ŋɤu³¹]人：空腹吃了刺激性食物而使胃部不舒服。

胀人：肚子胀或身体其他部位有肿胀的感觉使人难受。

抽人：手脚抽搐使人难受。

蜇人：眼睛发酸或脸脖臂等处被玉米叶所划或玉米花粉所刺激而难受。

搁人：因衣领太紧等原因而脖子很难受以致于呼吸困难的感觉。

勒人：绳子等物在人身上勒得太紧或绑得太紧的感觉。

捋人：手上拖拉着的绳子太细或因所提的物体太重使手又疼又酸的感觉。

⊆磨人：特指眼皮里边有砂粒的难受感觉。

夹人：鞋子太小而使脚部难受的感觉，或因手指被压的疼痛感觉。

劳人：因事务繁忙使体力匮乏、心力不支。

累ᵓ 人：因事务繁忙使体力匮乏的感觉。

纳人：因理想未实现内心很不平衡且相当压抑；有仇未报使人遗憾。

攻人：满腔愤懑无从发泄使人内心难受。

亘人：想彀而彀不着使人难受。

疼人：蒙受的损失使人惋惜。

烘人：强烈的烘烤感使人难受。

懔人：凶杀、车祸等使人害怕。

急人：令人焦急。

气人：令人生气。

愁人：令人发愁。

赶人：因为要赶速度、赶时间，所以使人心理压力比较大。按：西安一带通常用“撵”表示“赶”的意义，使感结构却不作“撵人”。

碜人：（1）如吃了有沙子的食物令人牙齿难受；（2）与“磨人”义同；（3）指一些人太不讲理、敢冒天下之大不韪令人愤慨，例句如“你看这小伙子～的，连他妈都敢打”。

聒人：噪音或大的声响使人耳朵难受。

辣人：辛辣食物对口腔、胃部等的刺激使人难受。

耀[ʐ̥au^55]人：光亮过于耀眼刺目使人难受。

爱人：令人喜爱。

结人：禁忌语，说女性时指女性性欲过于冲动而需要最大限度的满足，说男性时指男性需要一个硕大的阴茎或其他硬而长的杆状物插入其肛门以得到满足。常用来斥骂那些轻佻、作风不正派的女人或狂妄放肆、轻浮浅薄的男人。

挠掠人：因过于饥饿而出现心跳过速使人难受。

支捞[tsɿ^31-35 lau^31]人：令人发痒难受的感觉；“支捞”是“瘙痒”的“瘙”字的分音词。按：此条是户县方言用语。

其二，商州方言的使感结构词语。以下列举与西安一带不同的。

眯人哩：风吹得尘土、草渣儿钻到眼睛里，使眼睛睁不开。

苦人哩：使人感到苦。

涩人哩：吃了尚未成熟或尚未漤甜的柿子，使人感到嘴里发涩难忍。

熏人哩：屎、尿、死尸等很臭，熏得人出不了气。

臭人哩：臭气熏天使人感到气味难闻。

冻人哩：冬天天气太冷了，在外边干活使人感到冻得难受。

热人哩：夏天的太阳晒得人感到热得难受。

烧人哩：感冒或因其他病引起发烧感到难受。

淋人哩：被雨淋得难受。

吓人哩：对可怕情景感到害怕。

挠人哩：胃里难受。

因人哩：久病卧床不起或头发过长难受。

丢人哩：急于小便肚子发胀。

熷人哩：火烤得人感到刺痛。

难过人哩：病了或亲人去世，身上或内心感到很不好受。

刺咬人哩：身上感到发痒难忍。

窝蜷人哩：床铺过短，睡觉不能将腿伸直。

森煞人哩：阴森可怕使人毛骨悚然。

另外，商州方言还有“烫人哩”等。

其三，合阳方言的使感结构词语。以下列举与西安一带不同的。

□[xaŋ^52]人：吃了硬东西难以消化。

惏人：在人前显摆使人不舒服。

这事情简直气人得很！（按：此例句“人”读本调阳平或变调轻声语义相同；由此看来，声调的不同并未导致“人”字语义的虚化。）

挠□[$ts^ha ɔ^{31}$]人：因过于饥饿而心跳过速，使人难受。

毛乱人：让人感到烦躁、不舒服。

日脏人：使人感到侮辱。

其四，扶风方言的使感结构词语，如“绑人身体受到压挤而产生的不舒服感觉，即使人感到绑”；扶风方言的“激人如冷水激在人身上使人难受、重人使人感到重、架人中间不实使人有被架起来的感觉、愁乱人使人心烦意乱、挒乍[tsa^{55-31}]人胳膊举着或收上拿着东西使人首臂不自然”等，西安一带不用。

1.6.1.3　关中方言使感结构在句子中的语法地位

关中方言的使感结构在句子中一般充当谓语。

其一，列举西安方言的语法例句如下：

这水太瘆人咧，一洗肯定要感冒呢。

厨房里头正焙辣子着呢，呛人得很。

你就不嫌劳人？有闲功夫去把神养嘎子一下。

看把你急人的，你有急的啥呢急什么；没必要这么着急？

奶祖母的蛋蛋儿娃心肝宝贝，奶的脊背咬人得很，你给奶挠嘎子挠一下。

西安方言不能说“很耀人、很饿人、很聒人”等，其使感结构不能受程度副词“很”修饰，但却可以受程度副词“太”及复合式程度副词“太耩⁼[ᶜtɕiaŋ]太过于”的修饰。例如：

他的水平高得很，没考好，太纳人咧。

炒面吃着太噎人咧，不喝水就咽不下去。

这个电灯泡儿瓦数太大，太耀人咧；重换一个。

衣裳太碎咧，穿到身上太掬人咧；得换个大的。

这个车太耩⁼[ᶜtɕiaŋ]闷ᵓ人咧，坐到里头，不晕车的都晕车呢。

其二，张成材先生《商州方言里的“形＋人＋哩”结构》所举的“X人哩”充当谓语的例如：

太阳大的很，我没戴草帽，看东西耀人哩。

他凉着感冒啦，烧人哩。（我们从贾平凹的《古炉》461页找到这样的对话：“善人说：疼得很？狗尿苔说：不疼，烧人哩。”）

我穿咾一双新布鞋，还没踏开，钉人哩。

我晌忽饭没吃饱，走咾一点儿路饿人哩。

张先生指出，没有发生的动作，也可用“X人哩”作谓语。例句如。

下阵这么大的雨，你不戴雨帽，淋人哩。

冬言天，冷的很，你出门不穿大衣冻人哩。

你进城呀，要是不吃饱一下下一阵子就饿人哩。

另外,“X 人哩”可用在表示心理活动的动词或感受性动词之后作宾语。例如:

我凉着啦,总感到烧人哩。

割麦回来总感到鞋壳喽里头扎人哩。

我把草煨着你看烟人哩吗不烟人?

我吃的太饱啦总试着肚子胀人哩。

我总觉得身上刺咬人哩。

“X 人哩”也可构成因果复句。例如:

你试着胀人哩,是你吃的太饱啦——你之所以肚子胀,是因为你吃的太饱了。

你嫌热(人)咾,你把毛衣脱咾——你如果嫌热,你就将毛衣脱掉。

“X 人哩”大都是表示眼前的感觉,也可以表示正在进行时和过去时的意思,例句如。

我夜里烧人来——我昨天发烧来着。

我阵昝正烧人着哩——我现在正发烧呢。

其三,《合阳方言调查研究》267 页所列举的语法例句。

这房子闷人得太得很。

这事情蛮毛乱人这事情让人觉得烦躁。

眼睛里岸里头刮进沙子咧,磨人得太。

这双鞋穿上蛮夹人很夹脚,换一双大号的。

其四,《扶风方言》311 页所见例句如“鞋太碎小,脚夹人的很”。

其五,《西安方言研究》176 页指出:如以饥饿感为例来说明西安方言使感结构与非使感结构所表示的不同层次的语义情形,就可以理解使感结构的语法地位和语义特征。

下面 abcd 等序号越在后边语义越重。d 至 h 各例句中“人”字均读作轻声调。

a. 我肚子饥咧。

b. 我肚子饥得很。

c. 我肚子太饥咧。

d. 我肚子饿人咧。

e. 我肚子饿人得很。

f. 我肚子太饿人咧。

g. 我饿人匝咧。

h. 我饿人死咧。

1.5.2　小称构词和爱称构词

1.5.2.1　小称构词

其一，常用物品等的重叠式小称。

本书 1.1.1.1 部分指出：关中方言单音节名词的“AA”式重叠有小称作用，西安、蓝田、商州、咸阳、兴平、武功、周至、户县、蒲城等处“AA”式名词儿化兼有爱称作用，加“子”尾不表爱称；“AA 子”式常见于成年男子口语。宝鸡一带以及高陵、澄城、合阳这类名词一般是“AA”式重叠，扶风则是“AA/AA 子”式重叠。下面比较有关方言点的 3 个词语。

	小桌子	小路	小盖子
西安	桌桌/桌桌子/桌桌儿	路路/路路儿	盖盖/盖盖子/盖盖儿
宝鸡	桌桌	路路	盖盖
扶风	桌桌/桌桌子	路路	盖盖/盖盖子

小椅子在关中绝大部分方言点作“碎椅子”，户县既作“碎椅子”，又作“椅椅儿”，还作“碎椅椅儿”。

其二，对动物的小称。对动物的小称，一是对小家禽、小家畜等的小称，多以“娃、娃子、娃儿”为标志。如西安、户县等处，儿化兼有爱称作用；男性一般带子尾，女性多儿化。

小鸡：鸡娃/鸡娃子/鸡娃儿

小鸭子：*鸭娃/*鸭娃子/鸭娃儿

小猪：猪娃/猪娃子/猪娃儿

小猫：猫娃/猫娃子/猫娃儿

小狗：猫娃/狗娃子/狗娃儿

小羊：羊娃/羊娃子/羊娃儿/羊羔/羊羔儿/羔羔

小鱼：*鱼娃/*鱼娃子/鱼娃儿

小狮子：*狮娃/狮娃子/狮娃儿

小狼：*狼娃/狼娃子/狼娃儿

但是，“小鹅”一般作“碎鹅”，没有“鹅娃/鹅娃子/鹅娃儿”的叫法。

孙立新《关中方言代词研究》139～140 页罗列了关中方言区对“你干什么来着？||我赶集买小猪来着”一问一答的叫法，其中可以看出各个方言点对小猪的通常叫法来：西安、蓝田、商州、丹凤、洛南、华阴、潼关、大荔、渭南、宜川、黄陵、洛川、铜川、咸阳、兴平、武功、周至的发音人把小猪叫做“猪娃儿”，临潼、华县、合阳、宜君、耀州、蒲城、白水、富平、高陵、三原、泾阳、旬邑、长武、彬县、永寿、淳化、乾县、礼泉、户县、眉县、太白、宝鸡、凤县、凤翔、岐山、扶风、麟游、千阳、陇县

的发音人把小猪叫做“猪娃”，韩城的发音人把小猪叫做“猪娃子”。而西安一带对大牲畜（马、驴、骡子、牛）之幼畜的小称分别以“驹、犊”为标志，列举如下：

小马：马驹/马驹子/马驹儿

小驴：驴驹/驴驹子/驴驹儿

小骡子：骡驹/骡驹子/骡驹儿

小牛：牛犊/牛犊子/牛犊儿

另外，“驹驹/驹驹子/驹驹儿”是小马、小驴、小骡子的统称，小驴也作“驴驴儿”。

对其他幼小动物的小称，常常冠以“碎”字，“碎”字在西北方言里是“小”的意思，“小”字西北方言也用，但没有“碎”字使用频率高；以下词语也有其他形式的小称。

小蚂蚁：碎蚂蚁

小蚯蚓：碎蛐蟮

小鳖：碎鳖/鳖儿子儿

小蜗牛：碎蜗[kua^{52}]蜗牛儿

小豹子：碎豹子/豹子儿子儿

小黄鳝：碎黄鳝/黄鳝儿子儿

小刺猬：碎刺猬/刺猬儿子儿

小老鼠：碎老鼠/老鼠儿/老鼠儿子儿

小老虎：碎老虎/老虎儿/老虎儿子儿

小鸽子：碎鸽鹁[kɯ$^{31-24}$ pɤ^{31}]/碎鸽鹁儿[kɯ$^{31-24}$ .pər]/鸽鹁儿子儿/鸽鹁儿儿子儿（按：户县的爱称作“碎鸽鹁儿[kɯ$^{31-35}$ pə^{35}]”）

当然，关中方言照样也有诸如“碎书、碎钱、碎盆子、碎桌子、碎拖把、碎电视机、碎照相机、碎拖拉机、碎洗脸盆架子”等等以“碎”字为标志的小称词语。这类词语出现的语境往往是与大称词语对立或对举的时候。例如：

这本大书没有那本碎书好。

你是挣大钱的，他是挣碎钱的。

大电视机就是好，碎电视机哪搭哪里有大电视机好呢？

户县还有以“儿子儿[ɯ^{35} .tsəɯ/ɯ^{35} tsəɯ^{35}]”为标志的对一些动物的小称：狼儿子儿小狼、老虎儿子儿小老虎、鳖儿子儿小鳖、长虫儿子儿小蛇、蝎子儿子儿小蝎子。户县还把面粉里边遗留的小的麸子成分叫做“麸子儿子儿”，把小的东西叫做“碎儿子儿/碎子儿/碎渣儿/渣渣/渣渣儿/渣渣子”，“渣渣/渣渣儿/渣渣子”一般指碎屑的东西，如“馍渣渣/馍渣渣儿/馍渣渣子”；还有“草儿子儿”的说法，指很小的杂草，也指未除净后来又长上来的小草；有一种野鸟叫做“雀儿狼”，专门吃麻雀的，其幼鸟叫做“雀儿狼儿子儿”。

户县方言对幼儿身体部位的小称。户县方言称人体的双音节词可儿化且儿化音节读轻声，但称小儿身体部位时双音节词第二个音节都儿化且儿化音节读阳平，儿化了的阳平音节还可以重叠，形成AB儿AB儿式。以下的每行例词，先是成人身体部件，然后是幼儿身体部件爱称$_{1}$；“B儿”变作阳平，最后是幼儿身体部件爱称$_{2}$；“AB儿”的重叠，其间用“｜”隔开。

胳膊[kɯ^{31} pɤ^{31}] /胳膊儿[kɯ^{31} .pə]｜胳膊儿[kɯ^{31} pə^{35}]｜胳膊儿膊儿[kɯ^{31} pə^{35} pə^{35}]

眼窝[niã^{51} uɤ^{31}]｜眼窝儿[niã^{51} uə^{35}]｜眼窝儿窝儿[niã^{51} uə^{35} uə^{35}]

耳朵[ɯ^{51} tuɤ^{31}]｜耳朵儿[ɯ^{51} tuə^{35}]｜耳朵儿朵儿[ɯ^{51} tuə^{35} tuə^{35}]

脖项[pɤ^{35} xaŋ$^{55-31}$]｜脖项儿[pɤ^{35} xə^{35}]｜脖项儿项儿[pɤ^{35} xə^{35} xə^{35}]

指头[tsɿ^{31} .t^{h}ɤu]｜指头儿[tsɿ^{31} .t^{h}əɯ^{35}]｜指头儿头儿[tsɿ^{31} t^{h}əɯ^{35} t^{h}əɯ^{35}]

尿$_{男阴}$[tɕ^{h}iɤu^{35}]｜尿嘟儿[tɕ^{h}iɤu^{35} təɯ^{35}]｜尿嘟儿嘟儿[tɕ^{h}iɤu təɯ^{35} təɯ^{35}]

另外，如称述禽类的尾巴，大的为“尾巴[i^{51} pa^{31}]”，相当于上列“爱称$_{1}$”的为“尾巴儿[i^{51} pə^{35}]”，相当于上列“爱称$_{2}$”的为“尾巴儿巴儿[i^{51} pə^{35} pə^{35}]”。

1.5.2.2　*爱称构词*

关中方言的爱称构词也比较复杂，上文户县方言的“胳膊儿[kɯ^{31} pə^{35}]、胳膊儿膊儿[kɯ^{31} pə^{35} pə^{35}]”等是一个特点，特别是上文1.1.1.1部分的“AA/AA儿”式重叠构词，是最常见的爱称构词；“AA”式重叠和儿化在关中方言的爱称中是两个最为重要的构词手段。

本部分讨论关中方言人名的爱称构词问题。我们曾经对人名的爱称构词问题进行过抽样调查，调查了户县一个今天有1100多口人的行政村。调查时间为2000年，调查对象限于该村的土著（包括嫁出去的闺女）；其人名限于乳名（小名），所牵涉的人名，出生年份在1860～2000年之间。调查表明，该行政村人对人的爱称，占65%左右，有的：是父母或其他家人对其进行爱称，有的是街坊邻里对其进行爱称，如天朝被街坊邻里爱称为“朝娃儿”，玉琴被父母爱成为“琴”。具体表现在以下几个方面：

其一，以“娃[ua^{55}/ua$^{55-31}$]”或“娃儿[uə^{35}]”“娃子[ua$^{55-31}$ .tsɿ]”为标志的爱称构词为最常见，约占全部爱称构词的35%。

其二，“AA/AA儿”式重叠，约占全部爱称构词的25%。

其三，直接儿化，约占全部爱称构词的20%。最常见的儿化字为“军、平（萍）、明、白、虎、叶、林、玲、牢、仙、贤、英、花、福、成、星、生”。还常见女性“珍珠、玛瑙、先气”的儿化爱称“珍珠儿[tʂẽ^{31} tsuɯ$^{31-35}$]、玛瑙儿[ma$^{51-31}$ nə$^{-35}$]、先气儿[ɕiã^{31} tɕ^{h}iɯ$^{55-51}$]”。

其四，阴平字读作阳平，占对男子爱称的8%。这些字限于双字名的后字，以“洲（州、周）”字读作阳平最常见；常见的读作阳平的爱称字还有“德、高、宽、生、东”。如：海洲[xæ^{51} tʂɤu$^{31-35}$]、积德[tɕi^{31} tei$^{31-35}$]、全高[ts^{h}ã^{35} kau^{35}]、桂生[kuei^{55} səŋ^{35}]。

其五，单音化，约占全部爱称构词的 7%。如爱称“选文”为“文”，爱称“玉琴”为“琴”。 按：语言学者、祖籍蓝田、出生于高陵的王德生告诉笔者，他小时候被老一辈称作“王꜁德”，这里边包括了两个方面的爱称因素，一是阴平字读作阳平调，二是单音化。

其六，对男子的爱称以“都儿”为标志，如“顺都儿、养都儿”。

另外，对男子的爱称以单音节字加“子”尾为标志，如“文子、武子、东子”。我们所抽样调查的这个行政村得爱称基本上没有加子尾的，有些人被人爱称为几种形式，如爱称“选文”为“文”以外还爱称为“文都儿”。

户县传统的男性乳名常常以其生年的花甲子来取：一种如甲子、乙丑，等等，一种如鼠、牛，等等。表 7 以六十花甲子为例来说明对男性爱称在户县等处的类型特征；以六十花甲子取名的，没有以上“其四、其六”的爱称类型。

表 7　　户县方言爱称构词特征表

	以“娃”等为标志	重叠	儿化	单音	子尾
子	鼠娃/鼠娃儿/鼠娃子	鼠鼠	鼠儿/老鼠儿		鼠子
丑	牛娃/牛娃儿/牛娃子	丑丑	牛儿/牛犊儿	丑	
寅	虎娃/虎娃儿/虎娃子/寅娃/寅娃儿/寅娃子	虎虎/寅寅	虎儿/老虎儿/甲寅儿/戊寅儿	虎	虎子
卯	兔娃/兔娃儿/兔娃子	兔兔/卯卯	兔儿/卯儿/己卯儿	卯	卯子
辰	龙娃/龙娃儿/龙娃子	龙龙	龙儿/龙龙儿	龙	
巳	缠^{ɔ} 娃/缠^{ɔ} 娃儿/缠^{ɔ} 娃子	缠^{ɔ} 缠^{ɔ}			
午	马娃/马娃儿/马娃子	马马	午儿/马驹儿		午子
未	羊娃/羊娃儿/羊娃子	羊羊		羊	
申	申娃/申娃儿/申娃子	申申	丙申儿		
酉	鸡娃/鸡娃儿/鸡娃子	酉酉/鸡鸡		酉	酉子
戌	狗娃/狗娃儿/狗娃子	戌戌/狗狗	狗儿		
亥	猪娃/猪娃儿/猪娃子				

1.5.3　叠加与羡余

叠加与羡余都是汉语词语构成的手段；叠加和羡余有其共性又有区别：叠加就是叠床架屋，如“半斤＋八两＝半斤八两”，再如“胡作＋非为＝胡作非为｜旁人＋世人＝旁人世人｜男子汉＋大丈夫＝男子汉大丈夫”，羡余则是加入多余的成分。叠加与羡余既是构词问题，又是修辞问题；如有凑足音节、增加幽默感、诙谐感等作用。

关中方言的叠加与羡余在一定的语境里往往交替使用，因此，本节把这两种构词手段一并讨论；有些叠加和羡余问题与句子构成有关，也一并纳入讨论。

1.5.3.1　名词性词语的叠加与羡余

已见于上文的惯用语和俗成语中有若干条名词性的叠加形式，如“圪垯累槌、黑天半夜、浑破烂绽、旁人世人、亲姊热妹、正股正行”等。

其一，亲属人品名词的叠加与羡余

户县方言把父母亲叫做“大人[tuɤ^{55} z̧ẽ$^{35-31}$]”的同时还叫做“娘大老子”。“娘大老子”的结构是“娘＋大老子”，“大”和“老子”是叠加；户县方言把父亲叫做“大”。按：户县方言把母亲叫做“妈”，把本家族的叔母叫做“娘”，“娘大老子”这个词语很可能是从别的地方借来“娘老子”以後叠加了一个“大”字的结果。

户县方言把岳父面称“姨夫”，背称“丈儿爸”，其叠加形式（也是背称）为“丈儿爸老姨夫”。按户县方言把岳母面称“姨”，背称“丈门娘”；对岳母没有叠加式背称。

户县方言把舅祖父即父母亲的舅父叫做“舅爷”，詈语中有所谓的“𣎴你舅爷北瓜脽 [z̧ʅ^{31} ni^{31} tɕiɤu^{55} iɛ^{55} pei^{31} kua^{31} sa^{35}]”的骂法。“北瓜脽”本来是“舅爷”的羡余成分，后来也是对“舅爷”的背称。户县方言把南瓜叫做“北瓜”，把头、脑袋叫做“脽”。

户县方言把第一胎子女叫做“头首（儿）娃”，“头”和“首”是同义叠加。

关中方言从续弦的妇女（称作“续角女”）的角度把续了弦的男子叫做“填房老女婿[tʰiã^{24} faŋ^{24} lau$^{52-31}$ ny^{52} ɕi^{31} 西安音]”，“填房老女婿”是叠加形式（填房＋老女婿）；因为丧了妻、休了妻、离了婚的男子一般年龄比较大，故名“填房老女婿”。

莽夫在关中方言里的叫法很多，诸如“冷娃、冷屃詈词、二屌詈词、二百五、半吊子、百九六”等。西安一带的叠加形式有“冷娃半吊子、冷屃半吊子、冷娃半街面”，其中“半街面”不能单用。“冷娃半吊子”在户县方言里可以增加的羡余成分为“半夜起来跳涝子涝池”。

关中方言把傻子叫做“瓜子、瓜蛋、꜁茶子”，傻子的詈词作“瓜屄、瓜㞗、瓜꜂种、瓜种꜄子”等；“瓜子、꜁茶子”可以叠加为“瓜子꜁茶子”。“瓜屄”的羡余形式为“瓜屄两扇꜄子”。富平方言有“瓜屄二百五”的说法，属于准叠加形式，是近义词叠加。关中方言还有“瓜㞗闷꜂种”的准叠加形式，“闷꜂种”是对脑子笨者的詈词。我们从贾平凹的《古炉》423页见到这样的例句：“但磨子毕竟心里服了霸槽这一招，他在天布家里发牢骚，说红大刀的人都是傻㞗瓜蛋，每一次都让榔头队的人占了上风。”其中“傻㞗瓜蛋”是叠加形式。

这里顺便谈一个具有社会方言学性质的现象：西安的知识分子比较普遍地把“屄”字读作[pi^{31}]，而民间则读作[pʰi^{31}]。上海辞书出版社 1991 年出版的明代梅膺祚所著《字汇》第 122 页：“屄，篇夷切，音‘披’，女人阴户。〇又，边迷切，音‘卑’，义同。”（请参阅胡劲涛、孙立新、史鹏飞编著的《都市方言辞典（陕西卷）》281～282 页）因为关中方言把傻叫做“瓜”，于是，20 世纪 90 年代末期在中新派知识分子口语里产生了一个跟“瓜屄[kua$^{31\text{-}24}$ pʰi^{31}]”义同的新词“傻屄”；“傻屄”的普通话读法是[ʂa$^{214\text{-}21}$ pi^{55}]，西安方言读法是[ʂa$^{52\text{-}55}$ pi^{31}]。前年，我们问一伙来西安上学的女大学生：“你们来西安，都学会了哪些西安方言？”她们说：学会了“瓜屄[kua$^{31\text{-}24}$ pʰi^{31}]”，拿普通话念就是[kua^{55} pʰi^{55}]；也学会了“傻屄[ʂa$^{214\text{-}21}$ pi^{55}]”；也常常用来还击别人。语言垃圾竟然如此迅即被外地人理解并且予以运用！

“鸡骨嘟骨头马腫头”指乌合之众，这是“鸡骨嘟”与“马腫”的叠加。

“鸡㞘马牴角”是对稀罕之物的贬义叫法，是“鸡㞘”与“马牴角”的叠加。

“牛铃锁子铁”指善于巴结富贵者又欺压贫贱者的那类坏人，是“牛铃”与“锁子铁”的叠加。“牛铃”在这个语境里指牛戴的铃铛，“锁子铁”指锁子上的铁。

“龟五蛋蛋儿六”指下三滥，是“龟五”与“蛋蛋儿六”的叠加。

“死狗赖娃/死狗烂娃”指无赖之徒。“死狗”与“赖娃”，“死狗”与“烂娃”的叠加。按：西部凤翔一带把无赖之徒叫做“撕娃衙”。

“狗㞘”和“猫屌”的叠加形式“狗㞘猫屌”指各种乌七八糟的东西。其中“屌”字关中方言读作去声[tiau^{55}]（=吊）。大家知道，“屌”字是“鸟”字在一定方言区后起的形声字；“鸟”字切韵音系在端母上声篠韵，如《水浒传》里李逵说：“招安，招安，招甚鸟安？！”

西安一带的“犍㞘毛六爽”指中性人，“犍㞘毛六爽”是“犍㞘”和“毛六爽”的叠加。“犍㞘”是指如阉割了的公牛（犍牛），实质上无“㞘”；“爽”

是“收缩、缩进去”的意思。

耀州方言有一个叠加形式“眼镜盒子假尻包”，指不实在的人，关中方言一般把那种机械地理解政策，喜欢打小报告者叫做“假尻包/假尻包儿”。

户县方言把吝啬鬼叫做“啬痞[sei^{31} pʰi^{35}]”，“啬痞”的羡余形式为“啬痞痂痂[tɕia^{31} .tɕia]”，“啬痞痂痂”又有羡余形式为“棉花瓜瓜[mia^{35} 白读 xua$^{31-35}$ kua^{31}.kua]棉花的硬空壳”。叠加形式“啬痞痂痂”是用来取笑吝啬鬼的，而“啬痞痂痂，棉花刮刮”含有更加的戏谑意味。

“捎连带犊”指母亲再嫁带的孩子，其中“带犊”可以单用，西安一带多带子尾作“带犊子”；但“捎连”不能单用。“捎连带犊”在特定的语境里可以拆用，例如反诘问句“我是捎连吗带犊”，“吗”是还是的意思，“我是捎连吗带犊”的实际意思是“我是带犊儿吗？”

“狗贼王八蛋”指大坏蛋，是“狗贼王八蛋”与“王八蛋”的叠加，‘狗贼’不单用。

“贼娃子绺娃子”指盗贼，是“贼娃子”和“绺娃子”的叠加；“贼娃子”和“绺娃子”都可以单用，其中“贼娃子”或不带子尾的“贼娃”最常用。

“张三李四”是两个词语的叠加；“张三李四王麻子/张三李四王五”指各色人等，是三个词语的叠加。

“麦牛粮食虫”指贻害人民、只吃饭不干实事的人，是“麦牛”和“粮食虫”的叠加。“麦牛”指吃麦子的黑色甲虫。

“古董万西”指各种档次低、质量差的东西，也指水平差的各色人等，是“古董＋万西”。

我们最近在清代渭南剧作家李芳桂的剧作里找到“媳妇老婆”的例子，如今关中方言已经找不到这种叠加形式了：今年三十二岁，并没有个媳妇老婆，只说你掌生死大权，着我常作光棍不成？（《十王庙》）我今年近三十了，并没有个媳妇老婆，也要个不好的儿子，难道由江里捞出来不成？（《玉燕钗》）我们还从孙仁玉先生的折子戏《柜中缘》里看到小丑淘气的台词中用到了“媳妇老婆”：我把你个小怪物！我二十岁了，没有媳妇老婆，都没有发急；你十五六个孩子，就却急的没路了？

其二，其他名词的叠加与羡余

“陈芝麻”和“烂套子”的叠加形式“陈芝麻烂套子”指陈年老账，“套子”指棉絮。相当于别的地方的“陈谷子烂糜子”。徐朋彪见告，富平相应地作“死猫烂套子”。

“死娃”和“烂褯[tɕiɛ^{55}]子”的叠加形式为“死娃烂褯子”，指各种破烂东西。

关中方言的“旮旯”又作“拐角”，其叠加形式是“旮旯拐角”；其准叠加形式有“旮旯缝缝/旮旯峡峡[tɕ^{h}ia^{55} .tɕ^{h}ia]”，指可能找到要找的人或物的所有地方。

关中方言还把不直、不端的杆状物叫做“歪歪拱”，单音节形容词重叠后，“歪歪”名词化为指“歪的东西”；“拱”在这里指“拱起来了的东西”，实质上还是指不直、不端的东西。“歪歪拱”是“歪歪”和“拱”的叠加。

西安一带的“窟窿眼睛”是“千疮百孔”的意思，是“窟窿”和“眼睛”的叠加。按：“眼睛”在西安一带口语里不用，仅此一处用到；关中方言把眼睛叫做“眼窝”。

“稀泥拌汤”指稀泥，“拌汤”是羡余成分。

“王半截”指半截东西，“王”是羡余成分。

西安的“浑破烂绽[xuẽ^{24} p^{h}ɤ$^{55-31}$ lã^{55} ts^{h}ã^{55}]”指所有浑烂东西，是“浑破＋烂绽”。

“张道李胡子”指事情的所以然或前因后果，是“张道”和“李胡子”的叠加。

关中方言通常把公驴叫做“叫驴”，户县又叫做“公叫驴”，这是定语成分的叠加。

关中方言的“黑明昼夜”是“黑明”与“昼夜”的叠加，这是名词的叠加，实质上用作动词性词语，当“夜以继日”讲。按：“黑”指晚上，如西安一带把晚上叫做“黑咧”，宝鸡一带叫做“黑里”；“明”指白天。

1.5.3.2 动词性词语的叠加与羡余

其一，一般的动词性词语叠加与羡余

已见于上文的惯用语和俗成语中有若干条动词性的叠加形式，如“惹疙瘩带瘙、杯流盏衍、不俅不睬、刺头楦脑、跌死拼[pã^{55}]命、丢底卖害、胡吹八打/胡吹冒撂/胡吹浪谝/胡煽浪谝、胡诀瞎骂、胡黏八黏、瘷[tɕiɤu^{55}]头爽脑、溜舔奉敬、迈茶打迸、飘凉带刺（-儿）/飘凉带子（-儿）/飘凉卖怪、上抓搲挦、捎书带信、受苦拔力”等；我们经常能够见到的叠加形式还有“没头没脸、没脸倒耻、没皮没脸、有头有脸”等。

“尿”字关中方言读作[꜀zʅ]，避讳的读法是[꜀ʂʅ]（＝失）；[꜀ʂʅ]这个读音避讳得久了，如今早已成为禁忌语了。“尿倒”在关中方言里的动词性用法是“整苦，整倒”，还用如“哎呀，糟糕”。关中方言用如“哎呀，糟糕”的“尿倒”的羡余形式有“尿倒罐/尿倒壶/尿倒汪精卫”，“尿倒汪精卫”应当是汪精卫抗战期间当了汉奸以后才产生的。“尿人害人”指极力戕害人，“尿人”在此应当是“尿倒人”省去了“倒”字。“尿人”在惊叹句如“你能尿人”里的实际语义相当于疑问句“你能干什么”。

户县方言的“抖抖打颤[t^{h}ɤu^{31} .t^{h}ɤu ta^{51} tʂã^{55}]”是“抖抖”和“打颤”的叠加，户县方言“抖抖”也是“打颤”的意思。另外，户县方言的“啪啪[p^{h}a^{31} .p^{h}a]”也是“打颤”的意思，但是不能跟“抖抖”和“打颤”叠加。例句如“你要看他在咱跟前撒威耍威风，施威力，撒刁呢，其实，他见咧警察，浑身都抖抖打颤/啪啪呢；为啥来？他犯过事！”

因为“偷”和“逮、摸”都指盗窃，所以其叠加形式如“不偷不逮、偷鸡摸狗、偷偷摸摸/偷抢摸抢”等。“做贼挖窟窿”指偷人，行盗，是“做贼”与“挖窟窿”的叠加。

关中方言俗成语“胡黏八黏”指很胡乱地纠缠，是叠加形式“胡黏＋八黏”；“胡黏”是“胡乱地纠缠”的意思，“八黏”也是这个意思。“胡黏八黏”的羡余成分有“黏黏黏黏”，例如“你这简直是胡黏八黏！｜你这简直是胡黏八黏，黏黏黏黏！！！”增加了羡余成分以后，语义就增强了好多了。“胡黏八黏”的惯用语说法为“胡黏麺罐子”，“麺罐子”为羡余成分。

西安一带方言把羡慕叫做“眼红”，“眼红”的羡余形式为“眼红尻子绿[niã^{52} xuəŋ^{24} kɤu^{31} tsɿ$^{-24}$ liɤu^{31}]”。按：“尻子绿”在西安一带方言里不能单用；但是，很有意思的是跟“眼红”组合在一起，应当是连尻子是绿色的都羡慕，实质上是不应该如此羡慕的意思，因为中国人以白为美，假如是“眼红尻子白”，反倒是应该羡慕的。

关中方言把嫌弃叫做“弹嫌”或“多嫌”，“弹嫌”有一个羡余形式为“弹嫌鸡蛋没毛”，指过分地挑剔。

关中方言把谄媚叫做“梢轻”，其叠加形式为“梢轻弹杆[sau$^{31\text{-}24}$ tɕ^{h}iŋ^{31} tã^{55} kã^{52}]”。“梢轻弹杆”的羡慕成分有“耳朵苫脸”或者“耳坠苫脸”。

关中方言把“日鬼”又叫做“日处”，其叠加形式有“日处掏探、日鬼倒棒槌”。

关中方言的“六国贩马，九国贩骆驼”指到处乱跑，“九国贩骆驼”是叠加成分。

关中方言的“靠不住绍”是“靠不住”的意思，“绍”是羡余成分。

关中方言的“连不上嵌”是“赶不上、跟不上”的意思，“嵌”字是羡余成分。

关中方言的“胡造谣[≤ts^{h}au]荒”指指胡乱造谣，“荒”字是羡余成分。

关中方言的“跌跤趴扑”既摔跤又摔马趴，这是“跌跤”与“趴扑”的叠加。

关中方言的“装病害牙疼”实际上都指装病，这是“装病”与“害牙疼”的叠加。

“招”字和“惹”字在关中以至于官话里意义相同，在关中方言里常常形成叠加的格局。例如：

我招谁惹谁来？

咱咱们谁也不招，谁也不惹，该有多好？

你见咧他几个，谁都要招，谁都要惹，把该办的事办了就回来。

其二，特殊的羡余形式“的V呢”

西安一带方言有一种特殊的羡余形式，是在句末对动词中心语进行羡余，是以“的V呢”的形式来达到羡余效果的，并且语义上又有着特别的加强。这类句子多数都有否定词“没”出现。举例如下，破折号后边是语义解释；这类句子去掉“地V呢”才是最通常的说法。

水一下涨得抹面子漫无边际地涨呢。

把他一下诀骂得肏娘到老子地诀呢。

神劳得没停地劳呢——指劳了很多神。

心操的没意思地操呢——划不着操这份心。

把人吓得滚屁拉稀屎地吓呢——吓得人屁滚尿流。

把人炕渴得喉咙细眼儿冒烟地炕呢——渴得人喉咙冒烟。

把娃惯得没拘束地惯呢——娇惯孩子到了毫无拘束的程度。

为一个碎碎儿很小的问题就研究地黑明昼夜夜以继日地研究呢。

一顿饭吃得没下数没规矩地吃呢——一顿饭吃得非常的铺张。

事情简直办得没眉眼地办呢——把好端端的事情彻底办砸了。

一本书就写咧个有年没月地写呢——指一本书写了好长时间。

一个懒觉就睡咧个昏天暗地地睡呢——指一次懒觉睡了好长时间。

一个会开得十天半个月地开呢——极言根本无必要开这么长时间。

到咧有钱人屋里，就吃咧个有多没少的吃呢——指极度地宏吃海喝。

谝的有天没日头的谝呢/谝的没塄塄的谝呢——简直是吹过了头了。

娃不见咧指一时找不见了，他就急得寻咧个铺天盖地的寻呢——到处乱找，找得好辛苦。

1.5.3.3 形容词性词语的叠加与羡余

已见于上文的惯用语和俗成语中有若干条形容词性的叠加形式，如“人背影影儿黑、刚强自气、混汤三搅、脚倒鞋歪、慾娇皮薄、三塄暴翘、搡眼掰痴、生冷撑倔、生捉活拿、袒脖领稀、有理气壮/昂昂气壮、争冷撑倔、争头欠脑”等。

“不对卯/不对窍/不对火”都是“不对”的意思，“卯、窍、火”都是羡余成分。其中“不对卯/不对窍”本指木匠做的卯对不上窍，以后运用时，语义偏在“不对”上了；“不对火”一般指事情、情况的对否。

“不行工/不行火”是“不行”的意思，“工、火”都是羡余成分；例句如“这样不行/不行工/不行火”。

“干散麻利[$kã^{31}$ $sã^{51}$ ma^{35} li^{55} 户县音]”指女性讲究卫生，干活麻利，是“干散”与“麻利”的叠加。“麻利”还可以单用，“干散”不能单用。

“蛮声呵拉气”指外地人说话不好懂，是“蛮声”与“呵拉气”的叠加。

“便宜贵贱[$p^hiã^{35}$ $i^{35-31}kuei^{55}tɕiã^{55}$ 户县音]”是在“贵贱”的基础上叠加了“贱”的复合表达形式“便宜”。

1.5.3.4　其他词语的叠加与羡余

其一，其他词语的叠加与羡余

时间副词“马上”，西安方言读作[ma^{52} $ʂaŋ^{55}$]，户县方言读作[ma^{51} .ʂaŋ]。户县方言把时间副词“马上”又作“马上办”，例句如“你的问题我马上给你解决/你的问题我马上办给你解决”；其中“办”字是羡余成分。“马上办”的这种用法最初肯定是：甲问“我的事情啥时间办？”乙答：“马上办。”而“马上办”用得久了，就不再省去“办”字了。

关中方言口语中用到禁忌语“垂子阴茎”作为语气词，语气词“垂子”的羡余形式有“垂子葫芦子/垂子逛岭岭”。例如：

垂子/垂子葫芦子/垂子逛岭岭!谁怕谁!

丢咧就丢咧，垂子葫芦子＝垂子/垂子葫芦子，丢咧就丢咧!

你硬多要，我就给你多给些子，垂子/垂子葫芦子/垂子逛岭岭!

垂子/垂子葫芦子/垂子逛岭岭!你把我看个两眼半你能把我怎么样（我就不怕你）!

其中“垂子”（不包括“垂子葫芦子/垂子逛岭岭”），西安方言还作“垂子啊[pf^hei^{24} .tsa]”。

其二，假设连词之间或连词与助词之间的叠加

一是连词之间的叠加。关中方言的假设连词有“假如、假若、假使”，还有“要、如、要是”等，其中叠加形式有“如要、假如要、假若要、假使要”；其中“如要＝如＋要、假如要＝假如＋要、假若要＝假若＋要、假使要＝假使＋要”。例如：

你作为老师，如要学生听你的，尊敬你，一方面要德才兼备，二方面要真正热爱学生＝你作为老师，假如要学生听你的，尊敬你，一方面要德才兼备，二方面要真正热爱学生＝你作为老师，假若要学生听你的，尊敬你，一方面要德才兼备，二方面要真正热爱学生＝你作为老师，假使要学生听你的，尊敬你，一方面要德才兼备，二方面要真正热爱学生。

二是与助词之间的叠加。关中方言常见的假设助词有“的话、了$_2$、着、些”等。如西安一带的例句：“你要是不去的话就算咧｜他假如不想来着就覅来　｜你假如要来些，这一[ᶜtʂei]阵儿就望来走。”

富平方言“着”字表示假设，大多数情况下与前面的假设义连词“要、

要是、怕”搭配，组成“要/要是/怕……了着”结构，也可以不用连词，相当于北京话的“……的话”。“要/要是/怕……了着”结构粘着性很强，一般不独立使用。从能进入“要/要是/怕……了着”结构的成分来看，有名词、数量词、代词、动词或动词性结构、能愿动词、形容词，还有小句。“要/要是/怕……了着”结构插入上述成分后，既可以以分句的形式出现，后一分句常有“就”等副词呼应。例如：

要是玻璃了着，早都打啦。

要是王大拿乡里能人了着，早把事摆平啦。

你要是考第一了着，就把你妈高兴死啦。

要是别的了着，我就不管啦。

你要来了着，提前给我打电话。

要是两三块钱了着，我就不要啦。

要是别的了着，我早就不追究啦。

你要等我了着，我就去。

这瓜要是熟了着，就不是这样子。

也可以是紧缩句，或者说“着”字所在小句不需要停顿。例如：

黄瓜老了着好吃。

柿子软了着好吃。

用你了着亲亲的，不用了着滚远些。

紧缩句也可以是问句形式。例如：

你今年考不上大学了着咋办哩？

“着”字也可用在表“假设出现某种情况又当如何”意义的问句里，后面无需另有小句配合。疑问语气词用“哩”，构成“……了着＋哩”的形式。这种形式是类似“你今年考不上大学了着咋办哩？”这一类紧缩问句进一步聚合而产生的，是紧缩复句的单句化。例如：

（甲）你去把老马争咱的钱给要回来。（乙）人家不给了着哩？

你俩最好不要到山后头去，万一碰着老虎了着哩？

“V了再说V了着的话”是一种常见的口头表达句式，多用于消极方面，含有“车到山前必有路”的意思，如“烂了再说烂了着的话｜吃了再说吃了着的话｜瞎了再说瞎了着的话”。富平方言“你要等我了着，我就去｜你要等我了着的话，我就去｜你要等我的话，我就去。”三种同义形式并存，反映了不同的时代层次，形成同义叠加、叠床架屋的格局。

1.5.4 “头”字用如“上头”的情形

关中方言区多数方言点以“高头、上头、上、上岸”等表示“上头”

的语义，而西安市阎良区方言以读作本调阳平的“头”字用如“上头”；承蒙唐正大见告，其母语永寿方言以读作轻声的“头”字用如“上头”；我们最少在四川江油听到江油方言以读作本调阳平的“头”字用如“上头”的情形。估计在阎良与永寿之间也有这种用法。例如：案头案上头、房头房子上头、炕头炕上头、山头山上头、书头书上头、砖头砖上头、桌子头桌子上头、磨子头磨子上头；关中方言没有普通话所具有的“案头、炕头”等说法。例如：

案头有一摞子碗。

炕头坐啦三个人。

你把砖头兀个盆子端下来。

他的桌子头连一本书都没有，他就不学习。

注释

① “敛”字切韵音系存在两读，户县方言也相应地存在两读。《广韵》良冉切，户县方言读作上声[luã^{51}]；力验切，户县方言读作去声[liã^{55}]，如“收敛、敛财”的“敛”字就读作去声[liã^{55}]。户县方言读作上声的“敛”字读作洪音、不读细音，如“敛土、敛粪、敛麦秸”，其中“敛”字是“使未在中心区域的进入中心区域，使不集中的集中”的意思。跟户县方言“敛”字读作合口呼类似，开口三等来母字“连联（山摄平声仙韵）”两个字在关中方言里很普遍地不同音。“连”字读作[꜁liã]；“联”字在多数方言点与“鸾”字同音。关中方言“联”字读作[u]介音的方言点有西安、临潼、蓝田、商州、丹凤、华县、潼关、渭南、耀州、富平、高陵、三原、泾阳、乾县、咸阳、户县、武功、周至，读作[y]介音的方言点有宝鸡、凤翔、岐山、扶风、麟游、千阳、陇县、富县、定边、兴平、淳化、礼泉、眉县、太白、洛南、华阴、黄龙、宜川、宜君、铜川、蒲城、白水、旬邑、长武、彬县、永寿，读作[i]介音的方言点有凤县、洛川、黄陵，读作开口呼的方言点有大荔、澄城、合阳、韩城；蒲城、太白又读作[i]介音。现在列举“联”字在有关方言点的读音：西安 luã^{24} 华阴 lyã^{35} 大荔 lã^{35}（＝蓝） 洛川 liã^{24} 宜君 lyæ̃^{24} 蒲城 lyã^{24}/liã^{24} 太白 lyæ̃^{24}/liæ̃^{24}。

第二章　关中方言语音的构词构句机制

2.0　引言

汉语是被认作很少有形态变化的语言，因此，通常所认定的语序和虚词是主要的语法表达手段以外，我们认为还有必要把语音的构词构句机制这一语法表达手段加进来。

语音构词是汉语历史发展过程中很有价值的一种现象。郭锡良先生（1999）在孙玉文所著《汉语变调构词研究》一书的序言里指出：“从宋代贾昌朝的《群经音辨》开始，前人对古汉语中四声别义的现象作过不少研究，有不少成果。”长期以来，历代学者对四声别义或语音构词都有不同程度的关注和研究，最典型的是历代的韵书、字典、辞书或经典注疏对这方面的问题特别关注，这对于我们研究汉语及方言的四声别义或语音构词无疑是大有裨益的。

梅祖麟先生在其论文集（2007）的自序第 2 页指出：“1991 年以后我做了吴语语音的比较研究，越发觉得方言语法史要跟方言音韵史一起探讨。”看来，语法现象往往跟语音的历史层次等息息相关。本章所讨论的问题，大致都关乎这两个方面。

关中方言语音构词的情形比较复杂，如声调变化导致词义、词性等的变化，像“冰”字读作阴平时是名词（结 ꜀冰）或形容词（꜀冰得很），破读去声时是使动词（例句如“你把刚从锅里头捞出来的热面冰꜄ 一下再吃”）；再如“蒸馍”的“馍”字读作去声时是动宾式，变作阴平时指馒头。

本章第一、二节分别讨论破读现象和单音词的变调构词，这两个问题实质上都是单音节词声调变化后生发语义变化或构词匹配的差异，跟宋代贾昌朝所著《群经音辨》问世以来，历代学者对四声别义现象的研究，关系密切；第三节讨论文白异读及其构词匹配，第四节讨论复合词的变调构词；第五节讨论加缀形容词的名物化变调，名物化变调是关中方言的特殊语法变调，如“胖嘟嘟”，“嘟 $_1$”读作阴平且“嘟 $_2$”变作阳平时则为形容词，“嘟 $_1$”变作阳平且“嘟 $_2$”读作阴平则为名词；本章其他各节还讨论子变韵和 D 变韵等问题。鉴于合音与分音等问题也与语音构词有关，因此，本章将合音词与分音词也一并纳入讨论。动词完成体的内部曲折是语音变化导致语法手段的实现，也纳入本章之中进行讨论；关中方言的拖音及长音常常是构词和构句的重要手段，具有特殊的语义语法特征，也纳入本章之中进行讨论。

本章在修改过程中，重温了梅祖麟先生发表在《中国语文》1980 年第 6 期的《四声别义中的时间层次》一文。梅先生指出，关于四声别义，有两项结论是应该肯定的，第一是周祖谟先生在《四声别义例释》一文里提出来的，“拿四声变读来分别词性是上古汉语的一种构词法”。第二是王力先生提出的，“就动词来看，基本词读非去声，转化出来的派生词读去声”；如《汉语史稿》213～216 页就举出大量的例子。其实，周祖谟先生所论及的应当跟上古的长短入关系密切，王力先生提出的主要是破读（或曰“读破”）问题。这两个问题在古汉语里的确具有普遍性，但是，这两种类型以外还有没有别的情况存在？这就成了需要思考的一个问题。本章第二、三节分别讨论单音词的变调构词和文白异读及其构词匹配问题，基本上是长短入和破读以外的问题。这两节所讨论的语音构词现象，普通话或者别的方言也有。像第二节所讨论的问题，普通话的例子如“色”字，“落色”的“色”字读作上声，“色”字的其他用法读作去声，读作上声属于白读，又牵涉变调构词问题。再举普通话一个例子，“笼”字读作阳平时所适用的语境如“笼火、笼屉、笼头、笼子、笼嘴”，读作上声时所适用的语境如“笼络、笼统、笼罩、笼子”；꜁笼子用竹篾、木条或铁丝等制成的器具，用来养虫鸟或装东西≠꜂笼子比较大的箱子。而西安方言“꜁笼子”可儿化为“꜁笼儿（如：蚂蚱꜁笼儿）”，但是，“꜂笼子”却指篮子。

2.1　破读现象

关中方言的变调构词指单个字变调引起语法语义的变化或同形词声调的变化导致语法语义变化等情况。主要包括破读、非阳平音节变作阳平调以及复合词的变调构词等。

2.1.1　古舒声字的破读现象

“破读”又叫做“读破”，是古代汉语里通过声调变化，即由非去声调变作去声调所形成的构词现象。这种现象在普通话里不是太多，而在关中方言里至今还有一定数量的保留。

王力先生《汉语史稿》213～217 页主要讨论了中古汉语声调变化所形

成的形态表现。王先生指出：同一个词，由于声调的不同，就具有不同的词汇意义和语法意义。主要是靠去声来和其他声调对立，正如段玉裁所说，上古没有去声，后来一部分入声转为去声，又有一部分平声和上声转为去声。在声调转化的许多词当中，就有一部分词是为了区别词汇意义和语法意义而引起声调分化的。凡名词和形容词转化为动词，则动词念去声；凡动词转化为名词，则名词念去声。总之，转化出来的一般都变为去声。如：冠，说文：“弁冕之总名也”，名词，平声；广韵换韵：“冠束”，动词，去声。远，说文：“辽也”，形容词，上声；广韵愿韵：“离也”，动词，去声。烧，动词，平声；广韵笑韵，当为“放火焚烧之处”，名词，去声。苏轼诗“稍闻决决流冰谷，尽放青青没烧痕。”

其中，“冠”字的“平声（阴平）→去声”在普通话和关中方言都存在着，如关中方言把鸡冠叫做“鸡冠冠”，“冠”字读作阴平调，“冠军”的“冠”字以及“道观”的“观”字读作去声调。“远”字用作形容词的时候，关中方言和普通话都读作上声调；用作动词的时候，关中方言读作去声调。“烧”字在关中方言里除了读作阴平调，还读去声调，读作去声调（《集韵》失照切“热也”）时，一指霞，如把朝霞叫做“早烧[ʂauᵓ]”，把晚霞叫做“晚烧[ʂauᵓ]”；二指出霞，用作动词，如西安人说“西边烧[ʂauᵓ]咧”，是指西边出（晚）霞了。

再如以下各字，普通话和关中方言的破读情况都是大致差不多的；有的字之间有着明显的差异，如“空间”的“空”字，关中读作去声调。

教。阴平调：“教书、教不会”；去声调：“教育、教师、教学改革”。按：户县方言把剧团的导演叫做“꜀教师[tɕiau31 sɿ31]”。按：西安一带“教学[tɕiau31 ɕyɤ24]≠教学[tɕiau55 ɕyɤ24]”，“教学[tɕiau31 ɕyɤ24]”是20世纪六七十年代以前对“教书”的另外一种叫法。

数。上声调：“**数**数儿”；去声调：“数学、数字、数**数**儿”。

铺。阴平调：“铺盖”；去声调：“铺子、店铺、药铺”。

背。阴平调：“把娃背上”，后来有加“扌”旁的“揹”；去声调：“背叛、背离、虎背熊腰、背道而驰”。按：西安一带“脊背”的“背”字读作阳平调。

为。阳平调：“为人为人，做人；讨好别人、作为”；去声调：“为啥、为咧啥”。

要。阴平调：“要求、要挟”；去声调：“要饭、要人、重要、简要”。

担。阴平调：“担任、担当、负担、承担”；去声调：“担子扁担；户县等处还指房屋的大梁”。

扇。阴平调：“**扇**扇子”；去声调：“扇子、一扇子大肉、两扇子门”。

圈。阳平调：“圈套、项圈、一圈子”；去声调：“猪圈、把猪圈上”。

分。阴平调：“分开、分家、瓜分”；去声调：“分子、分母、过分、天分、分枝分蘖、分瓣大蒜成熟后瓣与瓣之间挨得不紧密的”。

当。阴平调：“当官、当然、担当”；去声调：“当作、上当、当铺、出当、把他不当一回事儿不把他当回事儿、我当以为你不去咧”。

丧。阴平调：“丧事、治丧委员会”；去声调：“丧事、丧命”。

钉。阴平调：“钉子、图钉”；去声调：“钉鞋、**钉**钉子”。

应。阴平调：“应该、应用”；去声调：“应声、应变、应届、应人事小误人事大”。

量。阳平调：“量长短、量粮食买粮食、（户县歇后语）夹的口袋上背集——存心不良（量）、丈量土地”；去声调：“大量、少量、微量、工作量、劳动量”。

缝。阳平调：“缝衣裳”；去声调：“缝子、缝隙”。如“缝缝子[fəŋ^{24} fəŋ^{55} .tsɿ]”。

更。阴平调：“更改、更替、变更”，“三更半夜”的“更”字，文读[kəŋ^{31}]，白读[tɕiŋ^{31}]（按：西安一带“粳米”的“粳”字读作[kəŋ^{31}]，不读作[tɕiŋ^{31}]）；去声调：“更加”。

称。阴平调[tʂ^{h}əŋ^{31}]：“称重量”；去声调[tʂ^{h}əŋ^{55}]：“拿**称**称”；“称”的去声调后来作“秤”。按：西安一带把“称呼、称赞、称颂、名称、职称”的“称”字读作上声调[tʂ^{h}əŋ^{52}]。

澄。阳平调[꜁tʂ^{h}əŋ]：“澄清、澄城县”；去声调[təŋ꜄]：“把水澄干”。

宁。阳平调[꜁niŋ]：“宁夏、安宁”；去声调[niŋ꜄]：“宁愿、姓宁”，谚语之一“宁捱好汉一刀，不跟二母狗子较量不跟不晓事理者交锋”，谚语之二“宁走十里光，不走五里荒”。

中。阴平调：“中间、当中、之中”；去声调：“中毒、中状元、打中、击中、看中”。

冲。阴平调：“冲锋、冲杀、冲煞、冲撞、要冲”；去声调：“拿冲子冲个眼儿孔”。

重。阳平调：“重复、重叠、重眼皮儿”；去声调：“重要、重镇、严重、体重、超重”。此字在西安等处的读法比较如下。

	西安	三原	渭南	岐山	陇县	韩城	彬县
꜁重	pf^{h}əŋ^{24}	tsɥ^{h}əŋ^{35}	tsu^{h}əŋ^{35}	tʂ^{h}əŋ^{34}	tʂ^{h}uŋ^{24}	pf^{h}əŋ^{24}	tsɥ^{h}əŋ^{35}
重꜄	pfəŋ^{55}	tsɥəŋ^{55}	tsu^{h}əŋ^{55}	tʂ^{h}əŋ^{44}	tʂuŋ^{44}	pf^{h}əŋ^{55}	tsɥ^{h}əŋ^{55}

下面列举关中方言常见的破读构词，有的破读根据待考；以下一般注西安方音。上古汉语的长短入与破读也是息息相关的，鉴于今关中方言的上古长短入声还牵涉非构词问题，下一部分专门予以讨论。

挼。此字关中方言用作动词的时候读作阳平调[va^{24}]（三原读作[zʮa^{35}]，岐山读作[ʐa^{34}]，凤县读作[ʐua^{24}]），这个读音的根据跟《集韵》平声戈韵“奴禾切”有关；我国许多地方的方言包括北京方言，此字用作动词的时候读作阳平调[꜁ʐua]。此字用作形容词的时候读作去声调[va^{55}]（三原读作[zʮa^{55}]，岐山读作[ʐa^{44}]，凤县读作[ʐua^{44}]）。我国许多地方的方言包括北京方言，此字用作形容词的时候读作去声调[ʐua꜄]。此字的破读理据待考。

泥。此字关中方言在“和泥、泥水”等词语里读作阳平调[ni^{24}]，是按照《广韵》泥母平声齐韵来读的。关中方言“泥壁泥抹子、泥水匠泥瓦匠、泥子目前有写作‘腻子’的”的“泥”字读作去声调[ni^{55}]。《集韵》去声霁韵：“泥，乃计切。滞也。”按：关中方言“泥壁泥抹子”的“泥”的本字是“埿”，《集韵》去声霁韵“乃计切”：“埿，杇也。”

离。此字关中方言在“离开、离婚、脱离、分离”等词语里读作阳平调[li^{24}]，是按照《广韵》来母平声支韵来读的。关中方言“离开、离远”的“离”字读作去声调，文读音[li^{55}]（=利），白读音[liɛ^{55}]（=趔）；人际之间感情疏远也叫做“离[liɛ^{55}]”，感情比较疏远叫做“离离儿的[liɛ^{55} liɛr$^{55\text{-}52}$ .ti]”。关中“离”字读作去声调是根据《广韵》来母去声寘韵来读的。

舒。此字以户县方言为例来讨论。此字通常读作阴平调[su^{31}]（按：西安读作[sɤu^{31}]），是按照《广韵》书母平声鱼韵来读的。户县方言在人名用字里读作去声调[su^{55}]，如清末民族英雄长安大原村人“赵舒翘”，户县方言读如“赵树桥”；20 世纪 70 年代以前治疗肠胃疾病药物“胃舒平”的“舒”字亦读作去声调（=树）。

举。此字关中方言通常读作上声调[tɕy^{52}]，是按照《广韵》见母上声语韵来读的。关中方言此字在用作人名第一音节时读作去声调[tɕy^{55}]，如“举顺、举会（=聚会）”。

糊。此字关中方言在“糊墙、糊窗子”等词语里读作阳平调[xu^{24}]，是按照《广韵》匣母平声模韵来读的。宝鸡一带把“糊汤拌汤一类的饮食”的“糊”字读作去声调[xu^{44}]；户县把丛生的杂草使得禾苗被掩盖叫做“糊[xu^{55}]住咧”，把弄糊涂了也叫做“糊[xu^{55}]住咧”；在做汤面条的时候因为面条太稀，往面条锅里打些面水倒进去叫做“糊[xu^{55}]些面水”。“糊”字的破读理据待考。另外，此字口语还读作阴平调[xu^{31}]，如《户县方言研究》374 页“糊[xu^{31}]盖：草把苗糊住咧”。按：户县把“煳焦味儿”的“煳”字也读作去声调[xu^{55}]。

瓦。此字关中方言在“瓦工、砖瓦、机瓦”等词语里读作上声调[ua^{52}]，是按照《广韵》疑母上声马韵来读的。在用作动词，如“瓦房（如：房都盖咧半年咧，还没瓦呢）”以及“瓦刀（如户县方言读作[ua^{55} tau^{31}]）”一词里读作去声调[ua^{55}]。关中方言“离”字读作去声调是根据《广韵》疑母去声祃韵来读的。按：《方言调查字表》第 5 页去声祃韵栏“瓦动词”。

扯。此字关中方言在“扯皮、扯淡”等词语里读作上声调[tʂʰɤ52]，是按照《广韵》昌母上声果马韵来读的。关中方言把“邋遢，马大哈；糟糕，令人讨厌”叫做去声调的“扯[tʂʰɤ55]”。“扯”字的破读理据待考。

簸。此字关中方言在“颠簸、簸簸箕”等语境里读作上声调[pɤ52]，是按照《广韵》帮母上声果韵来读的。关中方言“簸箕[pɤ55 tɕʰi31]西安音/[pɤ44 tɕi31]礼泉音”的“簸”字读作去声调[pɤ55]；读作去声调是根据《广韵》帮母去声过韵来读的。

磨。此字关中方言在“磨损、磨刀子”等语境里读作阳平调[mɤ24]，是按照《广韵》明母平声戈韵来读的。关中把“磨子、磨石磨刀石、磨活纠缠”的“磨”字读作去声调[mɤ55]；读作去声调是按《广韵》明母去声过韵来读的。

和。此字关中方言在“和平、和气、平和”等词语里读作阳平调[xuɤ24]，是按照《广韵》匣母平声戈韵来读的。关中方言“和面、和泥、活搅搅动”的“和”字读作去声调[xuɤ55]；读作去声调是根据《广韵》匣母去声过韵来读的。户县方言的“和和儿”，当“和”字读作阳平的时候，指“比较和气”，例句如“这个领导见咧下属，态度还和和儿的”；当“和”字读作去声的时候指动作很轻的、小心翼翼的，用作形容词谓语或副词状语，例句如“你和和儿的|你和和儿望进放”。

采（採）。此字关中方言在“采集、编采”等词语里读作上声调[tsʰæ52]，是按照《广韵》清母上声海韵来读的。读作去声调的“采[tsʰæ55]（=菜）”字在关中方言里的用法，一如“拿脸采⁼用面子巧取豪夺”，这个用法在户县方言里又读[tsʰuæ55]（=踹），[tsʰæ55]的读法还可以指巧取豪夺，如“娃采⁼他爸的钱呢”；二如用抹布把液体沾着、使得液体吸收在抹布上，这个动作叫做“采⁼”。《集韵》去声代韵“仓代切”：“采，臣食邑谓之采。”

累。此字关中方言在“积累、劳累、累计”等词语里读作上声调[luei52]，是按照《集韵》来母上声贿韵“鲁猥切”来读的。关中把困乏到了极点叫做“累”，这个“累”字读作去声调[luei55]；《广韵》来母去声队韵：“极困。”

涝。此字关中方言读作阳平调跟户县的河流“涝[lau35]河”有关。《说文·水部》：“涝，水。出扶风鄠，北入渭。从水劳声。”《水经注·渭水》曰：（涝水）“出南山涝谷，北迳汉宜春观东，又北迳鄠县故城西，涝水际城北出合美（渼）陂水……北注甘水，而乱流入于渭。”户县地名“涝[lau35]峪、涝[lau35]河、涝[lau35]店、两涝儿[lə35]东涝河与西涝河的交汇处”的“涝”字，是按照《广韵》来母平声豪韵“鲁刀切”来读的。《汉语大字典》1747 页“涝”字条第一个读法就是[lau35]。“涝”字用作形容词的时候读作去声调[lau55]，如“旱涝[lau55]保丰收”“天旱雨涝[lau55]不均匀”，其去声调是按照《广韵》

来母去声号韵“郎到切”来读的：“涝，淹也。”《三国志·魏志·郑浑传》曰：“郡界下湿，患水涝，百姓饥乏。”

骚。此字关中方言在“骚扰、骚客、害骚破坏”等词语里读作阴平调[sau^{31}]，是按照《广韵》心母平声豪韵来读的。关中把孩子捣乱或者破坏性地翻动东西叫做“骚”或“搅骚”，这个“骚”字读作去声调[sau^{55}]；破读的根据可能与此字在中古跟“扫帚”的“扫”字互为异体字有关。《广韵》心母去声号韵“先到切”：“骚，拚除也。”按：澄城方言阴平调的“骚”字读作[tau^{21}]，去声调的“骚”字读作[tau^{55}]，见孙立新（1994：392）《陕西澄城方言心母逢洪音读作[t]声母》一文；其实澄城邪母逢洪音也读作[t]声母。

扫。此字关中方言在“扫地、打扫”等词语里读作上声调[sau^{52}]，是按照《广韵》心母上声晧韵来读的。关中方言把“扫帚”的“扫”字读作去声调[sau^{55}]，是按照《广韵》心母去声号韵“先到切”来读的：“扫，拚除也。”按：澄城方言“扫地”的“扫”字读作[tau^{42}]，“扫帚”的“扫”字读作[tau^{55}]，见孙立新（1994：392）。

膏。此字关中方言在“膏药、雪花膏”等词语里读作阴平调[kau^{31}]，是按照《广韵》见母平声豪韵来读的；在“膏子染料、雪梨膏”等词语里读作上声调[kau^{55}]，其读音理据待考。关中方言把“膏油、膏车、搭膏”的“膏”字读作去声调[kau^{55}]，是按照《广韵》见母去声号韵来读的；《集韵》“口到切”：“膏，润也。《诗》：‘阴雨膏之。’”

漂。此字关中方言在“漂浮”等词语里读作阴平调[p^{h}iau^{31}]，其理据是《集韵》平声宵韵“纰招切”：“漂，浮也。”“漂亮、漂白”的“漂”字，关中方言读作去声调[p^{h}iau^{55}]，其理据是《集韵》去声笑韵“匹妙切”。

投。此字关中方言通常读作阳平调[t^{h}ɤu^{24}]，其破读音是关中方言把“**投**衣服”的“**投**”字读如“透”[t^{h}ɤu^{55}]。《类篇·手部》：“又，大透切。”

留。此字关中方言在“留守、保留”等词语里读作阳平调[liɤu^{24}]，是按照《广韵》来母平声尤韵来读的。关中方言把“留级、留级生”的“留”字读作去声调[liɤu^{55}]，是按照《广韵》来母去声宥韵“力就切”来读的：“留，宿留，停待也。”

流。此字关中方言在“流水、水流、河流”等词语里读作阳平调[liɤu^{24}]，是按照《广韵》来母平声尤韵来读的。关中方言把“牲口以及家畜流产”叫做去声调的“流[liɤu^{55}]”，把马、驴流产叫做“流驹[liɤu^{55} tɕy^{31}]”。“流”字破读的理据待考。

绺。此字关中方言在“绺窃、绺娃子盗贼”等词语里读作上声调[liɤu^{52}]，是按照《广韵》来母上声有韵来读的。此字用作量词的时候读作去声调[liɤu^{55}]，如“一绺子头发”。

囚。此字关中方言在“囚徒、囚牢、囚禁”等词语里读作阳平调[ɕiɤu^{24}]（三原读作[siɤu^{35}]，岐山读作[siou^{34}]），是按照《广韵》邪母平声尤韵来读的；动词“縻”也叫做“囚”，“拉着手”也叫做“囚住手”，“抓住领口”叫做“囚住领口”或“ᶜ采住领口”。关中方言把杂草覆盖禾苗叫做“囚ᵓ[ɕiɤu^{55}]”，如“草把苗都囚实咧”。“囚”字破读的理据待考。

油。此字关中方言在“油水、清油、大油”等词语里读作阳平调[iɤu^{24}]，是按照《广韵》以母平声尤韵来读的。关中方言把“油子、社会油子”的“油”字读作去声调[iɤu^{55}]，是按照《广韵》，《集韵》的去声宥韵“余救切”来读的。又，《类篇·水部》：“又，余救切。”

看。此字关中方言在“看一下、看来、看病”等语境里读作去声调[k^{h}ã^{55}]，是按照《广韵》溪母去声翰韵来读的。在“看守、看庄稼”等语境里读作阴平调[k^{h}ã^{31}]，是按照《广韵》溪母平声寒韵来读的。关中方言把饲养禽畜叫做“看[k^{h}ã^{31}]”，如“看鸡、看鸭子、看牛、看马”；有的老派为了增强语言的诙谐感，还说“看架子车、看汽车”等。《醒世恒言》35卷有“看养”并用的例子如：“大伯昨日要把牛马分与你，我想侄儿又小，那个去看养？”

散。此字关中方言在“散文、散剂、散兵游勇”等词语里读作上声调[sã^{52}]，是按照《广韵》心母上声旱韵来读的；在“分散、散开、散发、散伙（人的群体）散伙；（东西）散开，散架、散财、散心”等词语里读作去声调[sã^{55}]，是按照《广韵》心母去声翰韵来读的。

缠。此字关中方言在“缠绕、纠缠”等词语里读作阳平调[tʂ^{h}ã^{24}]，是按照《广韵》澄母平声仙韵来读的。关中方言把属蛇叫做“属缠”。这个“缠”字读作去声调[tʂ^{h}ã^{55}]（甚至在人名里把“蛇”字读作[tʂ^{h}ã^{55}]），过去我们解释这个“缠”字读作去声调[tʂ^{h}ã^{55}]的读音时认为这是避讳变读，现在看来是错误的，其实《广韵》澄母上声狝韵有“持碾切”。另外，“缠绾（纠缠）”的“缠”，甚至“事情把人缠住咧”的“缠”，在口语里也读作去声调[tʂ^{h}ã^{55}]。按：此字在《广韵》里又读上声调，也可能与破读无关，特寄放于此。

偏。此字关中方言在“偏向、偏心眼儿”等词语里读作阴平调[p^{h}iã^{31}]，是按照《广韵》滂母平声仙韵来读的。关中方言把斜坡叫做“偏坡”，坡度较大称作“偏得很”；凤翔等处把“偏偏”叫做“偏”，“偏坡、偏得很”的“偏”字以及凤翔“偏偏”义的“偏”字读作去声调[p^{h}iã^{55}]（=骗；凤翔读作[p^{h}iæ̃^{44}]）。《广韵》去声线韵，偏，匹战切。

片。此字关中方言无阴平读法，一读上声[p^{h}iã^{52}]，普通话读作阴平的“影片、片儿”和去声的“片段、片刻、片面、片言、片甲不留”，关中方言均读作上声。“冰片、香片、名片”的“片”字，关中方言读作去声调[p^{h}iã^{55}]，其去声调读法的依据是《广韵》滂母去声霰韵。

连。此字关中方言在“连接、连续、接连”等词语里读作阳平调[liã^{24}]，是按照《广韵》来母平声仙韵来读的。关中方言把狗交配叫做“连儿子”，户县又叫做“连生儿”，其中“连”字读作去声调[liã^{55}]（=练）；“连住”在用作“接连不断”的意思时有两读[liã^{24} pfu$^{55\text{-}31}$]/[liã^{55} pfu^{55}]；“把铁索连起来”的“连”字也读作去声调。《集韵》線韵“连彦切”：“及也。”《吕氏春秋·明理》曰：“马牛乃言，犬彘乃连。”高诱注：“连，合。”“连中三元”的“连”字口语里读作阳平调[liã^{24}]，也读作去声调[liã^{55}]。关中方言把“连阴雨”读如“赁雨”，其中，“连”字也是按照“连彦切”来读的。

间。此字关中方言在“间架、之间”等词语里读作阴平[tɕiã^{31}]，是按照《广韵》见母平声山韵来读的；在“间隔、间谍、间或、间作、间断”等词语里读作去声[tɕiã^{55}]，是按照《广韵》见母去声裥韵来读的。按：关中好多人把“离间ᵓ”的“间ᵓ”读作“꜀间”，是为错读。

先。此字关中方言通常读作阴平调[ɕiã^{31}]（三原读作[siã^{31}]，岐山读作[siã^{21}]，宝鸡读作[siæ̃^{31}]），是按照《广韵》心母平声先韵来读的。关中方言把妯娌叫做“先後”，“先後”的“先”字读作去声调[ɕiã^{55}]（=线；三原读作[siã^{55}]，岐山读作[siã^{44}]，宝鸡读作[siæ̃^{44}]），例如“先後俩｜先後仨/先後三个｜先後们”；户县等处方言还把大前天叫做“先ᵓ前儿个”，把大前年叫做“先ᵓ前年”。“先”字读作去声调是按照《广韵》去声霰韵“苏甸切”来读的。扬子《方言》卷十二：“筑娌，匹也。”[注]今关西兄弟妇相呼为筑娌。娌，偶也。［音义］筑，直六反，《广雅》作妯。[笺疏]《广雅》：妯娌，娣姒，先后（後）也。……“筑”与“妯”同。《尔雅》：“长妇谓稚妇为娣妇，娣妇谓长妇为姒妇。”郭注云：“今相呼先后或云妯娌。”《史记·孝武本纪》曰：“见神于先后宛若。”裴骃集注引孟康注曰：“兄弟妻相谓先后。”颜师古云：“古谓之娣姒，今关中俗呼之为先后，吴楚俗呼之为妯娌。”《广韵》“后”字注引扬子《方言》云：“先后犹娣姒，今无此文，姑附于此俟考。”《广雅》：“耦、娌、匹，二也。”

纤（纖）。此字《广韵》在心母平声盐韵，普通话读作阴平，关中方言例外地读作阳平[ɕiã^{24}]，阳平调读法为通常读法，适用语境如“纤维、纤纤、化纤、纤细”；此字关中方言又破读去声，是以单音词形式出现的，意思是“纤细，不粗”，如“这包谷苗太纤[ɕiã^{55}]咧”。

严。此字关中方言通常读作阳平调，文读[꜁iã]，白读[꜁niã]，是按照《广韵》疑母平声严韵来读的。户县在“王法严指领导、家长、老师等对相关者很严格”里，“严”字读作去声调[iãᵓ]。其破读理据待考。按：姓“严”字，户县读作[꜁iã]，旧时，读书人念《百家姓》时，把“孔曹严华”的“严”字读作[iãᵓ]。

闩。此字关中方言通常读作阴平调[fã^{31}]（三原读作[sɥã^{31}]，岐山读作

[ʂã^{21}])，是按照《广韵》生母平声删韵来读的。关中方言把门钌铞叫做“门闩闩”，“门闩闩”的“闩”字读作去声调[fã^{55}]（=涮；三原读作[sʮã^{55}]，岐山读作[ʂã^{44}]）；用钌铞把门扣住（不上锁，或挂上锁子不锁定，以防止猫狗进入）也叫做“闩”，动词“闩”字也读作去声调。其破读理据待考。

远。此字关中方言在“远近、遥远、离远”等词语里读作上声调[yã^{52}]，是按照《广韵》云母上声阮韵来读的。关中方言把绕道走叫做“远路/走远路”，“远路”的“远”字读作去声调[yã^{55}]，“远”字的去声调是根据《广韵》去声愿韵“于愿切”来读的：“远，离也。”朱熹《四书集注》对《孟子·梁惠王上》“是以君子远庖厨也”的解释是：“远，去声。盖人之于禽兽，同生而异类，故用之以礼，而不忍之心施于见闻之所及。其所以必远庖厨者，亦以预养是心而广为仁之述也。”《吕氏春秋·不苟论·自知》曰：“臣闻忠臣毕其忠，而不敢远其死。”查高诱《吕氏春秋注》，对“远”字没有音义上的注释。根据上下文，笔者认为这里“远”字还是去声，是“避开”的意思。《汉语大字典》“远”字条下有两个注音：（一）yuǎn《广韵》云阮切，上阮云，元部。（二）yuàn《广韵》于愿切，去愿云，元部。其中读作去声调的“远”字有 3 个义项：① 离去；避开。② 不接近，不亲近。③ 违背，乖离。其中第③义项陕西方言没有相应的用法。笔者认为：第①义项根据《广韵》的“离也”释作“离去；避开”不太完善，并不是说《广韵》释义有问题，其实古人这样释义是对的，但今人若把古人的释义不加改革地移植来，岂不是以古释古?其实，第①义项应当释作“离去；避开；绕开”。《论语·颜渊》中的“舜有天下，选于众，举皋陶，不仁者远矣。汤有天下，选于众，举伊尹，不仁者远矣。”皇侃义疏引蔡谟云：“何谓不仁者远?远，去也。”《论语·雍也》：“子曰：‘务民之义，敬鬼神而远之，可谓智矣。”皇侃义疏曰：“鬼神不可慢，故曰敬鬼；可敬不可近，故宜远之也。”

弯。此字关中方言通常读作阴平调[uã^{31}]，是按照《广韵》影母平声删韵来读的。高陵、富平、商州、丹凤、洛南、眉县等处把绕道走叫做“走弯路”，“走弯路”的“弯”字读作去声调[uã^{55}]高陵音（商州读作[vã^{55}]，眉县读作[uæ̃^{44}]），其破读理据待考。

奔。此字关中方言通常读作阴平调[pẽ^{31}]（凤翔读作[pəŋ^{31}]），是按照《广韵》帮母平声魂韵来读的。凤翔等处方言把“𣪘不着”叫做“奔不着[pəŋ^{44} pu^{31} tʂʰuo^{24}]”，“奔不着”的“奔”字读作去声调[pəŋ^{44}]（=蹦泵）。凤翔方言“奔”字读作去声调的根据在《广韵》去声慁韵。按：关中多数方言点把“𣪘”作“亘[kẽ^{55}]”；洛川方言把“𣪘”作“抻[tʂʰɛ̃^{44}]”。

闷。此字西安一带在“闷弓下中国象棋时的背弓、闷低着头”等语境里读作阴平调[mẽ^{31}]，是按照《广韵》明母平声魂韵来读的；《广韵》“谟奔切”：“闷，闷然，不觉貌。一曰有顷闲也。”此字关中方言在“闷热、闷雷、沉闷”等词语以及当作“脑子笨”的意思用的时候读作去声调[mẽ^{55}]，是按照《广韵》明母去声慁韵来读的。又，《类篇·心部》：“又，莫困切。”

涃。西安一带把用水浇久旱、太干而将要种的土地叫做“꜀涃[mẽ^{31}]”，用水把头发浸泡湿润叫做“涃꜄[mẽ^{55}]”。此字的去声调读法来自《集韵》明母上声混韵“母本切”：“涃，水盈貌。”按：《汉语大字典》1749 页此字的第三个义项为“用水泡茶再把盖儿盖上。”举例如《红楼梦》第六十三回：“该涃些普洱茶喝。”

淋。此字关中方言在“淋漓”一词里读如“林”，如西安读作[liẽ^{24}]，岐山读作[liŋ^{34}]；在“淋浴、淋了雨了”等语境里读如“轮”，读如“轮”是读如“林”的音变，如西安读作[luẽ^{24}]（＜[liẽ^{24}]），岐山读作[lyŋ^{34}]（＜[liŋ^{34}]），是按照《广韵》来母平声侵韵读的。在“淋症、淋些水、一淋子如疾病传染一阵子”等语境里读作去声，如西安读作[liẽ^{55}]，岐山读作[liŋ^{44}]，其破读理据在《集韵》去声沁韵“力鸩切”：“淋，以水沃也。”

亲。此字关中方言在“亲人、结亲”等词语里读作阴平调[tɕ^{h}iẽ^{31}]（三原读作[ts^{h}iẽ^{31}]、泾阳读作[t^{h}iẽ^{31}]、岐山读作[ts^{h}iŋ^{21}]），是按照《广韵》清母平声真韵来读的。此字在“亲家、亲家母”里，关中方言或读作去声，或读作阴平；读作去声是按照去声震韵读的；普通话“亲家、亲家母”的“**亲**”字读作[tɕ^{h}iŋ^{51}]是音变的结果（请详阅李荣先生 1965：116～126）。关中方言区“亲家、亲家母”的“**亲**”读作去声的方言点有西安、临潼、蓝田、商州、丹凤、洛南、华县、宜川、洛川、黄陵、宜君、铜川、白水、三原、泾阳、旬邑、长武、彬县、乾县、咸阳、户县、凤翔、岐山、扶风、麟游、千阳、陇县、富县、定边，读作阴平调的方言点有华阴、潼关、大荔、渭南、澄城、合阳、韩城、黄龙、耀州、蒲城、富平、高陵、永寿、淳化、礼泉、兴平、武功、周至、眉县、太白、凤县、宝鸡。读作阴平是受到“亲人、结亲”等词语里“**亲**”字读作阴平影响的结果。现在罗列“亲家、亲家母”的“**亲**”字在关中部分方言点的读法：西安[tɕ^{h}iẽ^{55}]、临潼[tɕ^{h}iei^{44}]、华县[t^{h}iɛ̃^{55}]、潼关[tɕ^{h}iei^{21}]、渭南[t^{h}iɛ̃^{31}]、澄城[ts^{h}iɛ̃^{21}]、白水[t^{h}iɛ̃^{44}]、长武[ts^{h}iɛ̃^{55}]、宝鸡[t^{h}iŋ^{31}]、千阳[t^{h}iŋ^{44}]、定边[tɕ^{h}iŋ^{44}]。

引。此字关中方言在“引导、指引”等词语里读作上声调[iẽ^{52}]（凤翔读作[iŋ^{52}]），是按照《广韵》以母上声轸韵来读的。关中方言动词“烧（炕）”叫做“引（炕）”，这个“引”字读作去声调[iẽ^{55}]（凤翔读作[iŋ^{44}]），“引”字的去声调根据是《广韵》去声震韵“羊晋切”。

囷。此字《广韵》两读，一为“去伦切”，一为“渠殒切”。富平方言把圆形的粮仓叫做“囷[tɕ^{h}yẽ꜄]”，这也可能是按照《广韵》的“渠殒切”读的，也可能是“去伦切”的破读。

群。此字《广韵》在群母平声支韵，关中方言读作阳平，如户县读作[tɕ^{h}yẽ^{35}]，岐山读作[tɕ^{h}yŋ^{34}]；适用语境如“群众、群体、群英、护群在本团体或本家族遭受侵害的时候敢于挺身而出予以保护”。户县方言“群”字用作量词的时候读作去声[tɕ^{h}yẽ^{55}]，如“一群羊、一群群一群”。男性人名用字“群”又读去声，如“群省、群羊”；这里专门举同祖父伯叔弟兄用到“群”字而形成又读的典型例子，长门有叫“宝群、宜群、小群”的，“群”字读作去声，二门有叫“群生”的，“群”字读作阳平。户县方言里“群群[tɕ^{h}yẽ^{55} tɕ^{h}yẽ^{55}]”肯定是男性，“群群[tɕ^{h}yẽ^{35} tɕ^{h}yẽ^{35}]”也是男性，“群$_2$”变调后，“群群[tɕ^{h}yẽ^{35} tɕ^{h}yẽ$^{35\text{-}31}$]”可能是男性，也可能是女性。

行。此字关中方言在“行业、行风、银行、内行”等词语里读作阳平调[xaŋ^{24}]，是按照《广韵》匣母平声唐韵来读的；在“行子、行距、行列”等词语里读作去声调，其理据见《类篇·行部》：“行……又，下浪切。”

凉。此字关中方言在“凉快、凉水、下凉歇凉”等词语里读作阳平调[liaŋ^{24}]，是按照《广韵》来母平声阳韵来读的。关中把“凉”的使动用法读作去声调[liaŋ^{55}]，例句如“把开水凉ᵓ ꜁凉再喝｜把热面凉ᵓ ꜁凉再吃｜把他凉ᵓ到兀搭那里没人招呼”。“凉”字读作去声调的理据在于，《集韵》去声漾韵“力让切”：“一曰冷也。”按：20世纪七八十年代前，一些老人给孩子倒了开水后，常说着五叠式的“凉ᵓ凉ᵓ凉ᵓ凉ᵓ凉ᵓ”希求开水变凉。

梁。此字关中方言在“大梁、姓梁”等词语里读作阳平调[liaŋ^{24}]，是按照《广韵》来母平声阳韵来读的。西安一带把河流的堤坝叫做“梁ᵓ[liaŋ^{55}]子”，其破读理据待考。

相。此字在“相互”等词语里读阴平[ɕiaŋ^{31}]（三原读作[꜀siaŋ]），是按《广韵》心母平声阳韵读的；“相看（不指互相看，而指婚姻当事的一方看另一方）”的“相”在西安一带也读作阴平调（但“给女子女儿相女婿”的“相”读去声）。关中方言把“宰相、丞相、帝王将相”的“相”读作去声调[ɕiaŋ^{55}]（三原读作[siaŋᵓ]），是按照《广韵》心母去声漾韵来读的。

光。此字关中方言在“光明、光辉、阳光、月光”等词语里读作阴平调[kuaŋ^{31}]，是按照《广韵》见母平声唐韵来读的。此字关中还读作去声调[kuaŋ^{55}]（=逛）：一是“光滑”义作单音词“光ᵓ”（例如“鱼身上是个光ᵓ的”“地上有水，还有绿毛子地衣，青苔，光ᵓ得很”）。二是“饰蜡，上蜡”叫做“光ᵓ蜡”。三是关中把赌场上互不欠账叫做“꜀顶光ᵓ[tiŋ^{31} kuaŋ^{55}]”。商州方言把饭食过于清淡叫做“清汤寡水”，户县相应地叫做“清汤光ᵓ水”。《广韵》去声宕韵“古旷切”：“光，上色。”《集韵》“古旷切”：“光，饰色也。”

桄。此字关中方言在“踢圈桄本义指烈性牲口在圈栏里乱踢乱动，引申指孩子在家庭里胡作非为、桄桄马车上的短柱子或小的横木”等词语里读作阴平调[kuaŋ^{31}]，是按照《集韵》平声唐韵“姑黄切”来读的：“桄，桄榔，木名。一曰：舟前木也。”在“一桄子莲菜、两桄子甘蔗”等词组里读作读作去声调[kuaŋ^{55}]，是按照《广韵》见母去声宕韵来读的。

晃。此字关中方言在“摇晃、晃动”等词语里读作上声调[xuaŋ^{52}]，是按照《广韵》上声荡韵来读的。关中方言把交合过程中的抽拉叫做“晃[xuaŋ^{55}]”；户县方言把流沙叫做“晃[xuaŋ^{55}]沙”。普通话以及关中方言此字读作去声调的理据待考。

装。此字关中方言在“装备、装车、服装”等词语里读作阴平调[pfaŋ^{31}]（三原读作[tsɥaŋ^{31}]，岐山读作[tʂaŋ^{21}]），是按照《广韵》庄母平声阳韵来读的。关中方言把棉花或棉絮装入叫做“装ᵓ [pfaŋ^{55}]（三原读作[tsɥaŋ^{55}]，岐山读作[tʂaŋ^{44}]，陇县读作[tʂuaŋ^{44}]）”，如“装ᵓ 被儿被子、装ᵓ 褥子、装ᵓ 棉裤”。《广韵》去声漾韵“侧亮切”：“装，行装。”《集韵》：“装，行具。”

双。此字关中方言在“一双筷子、两双袜子”等语境里读作阴平调[faŋ^{31}]（三原读作[sɥaŋ^{31}]，岐山读作[ʂaŋ^{21}]，陇县读作[ʂuaŋ^{31}]），是按照《广韵》生母平声江韵来读的。关中方言把孪生子叫做“双生儿”，“双生儿”的“双”字读作去声调[faŋ^{55} 西安/sɥaŋ^{55} 三原/ʂaŋ^{44} 岐山/ʂuaŋ^{44} 陇县]。《集韵》去声绛韵朔降切：“双，相偶也。”按：户县方言在数双数的时候，把数词一二三四等后边的“双”字读作上声调[suaŋ^{51}]，如“一双[suaŋ^{51}]、两双[suaŋ^{51}]、八双[suaŋ^{51}]零一个”，户县方言“双”字读作上声调的理据待考。

忘。西安一带方言“忘记”的“忘”字的文读音[vaŋ^{24}]；“忘”字的白读音如“旺[uaŋ^{55}]”。《类篇·心部》：“武方切。说文：不识（志，记忆）也。又，无放切。弃忘也。”此字在关中方言里很普遍地有两种读音，一读阳平，一读去声：“武方切”是读作阳平的根据，“无放切”是读作去声的根据，西安读作[vaŋ^{24}]、[uaŋ^{55}]，阳平读法为 v 声母，去声读法为零声母。

横。此字关中方言在“横竖、横行霸道”等词语里读作阳平调[xəŋ^{24}/xuəŋ^{24}]（按：多数方言点文读[꜁xuəŋ]），此字的“蛮横”义作单音节的“横”，西安等处白读为[꜁ɕyɛ]，兴平白读为[꜁ɕyɤ]，阳平调的读法是按照《广韵》匣母平声庚韵来读的。如户县把蛮横的小伙子叫做“横[꜁ɕyɛ]棒”或“横[꜁ɕyɛ]木头”；把种地时因为地头道路附近无法种到而横着种的那部分叫做“横[xuəŋ^{35}/ɕyɛ^{35}]头”；把“横竖”叫做“横[ɕyɛ^{35}]顺”，把“横着放”叫“横横[ɕyɛ^{35}ɕyɛ$^{35-31}$]搁”。“横死鬼”的“横”字关中方言读作去声调[xəŋ^{55}/xuəŋ^{55}]；去声调的“横”字还有“多占地方”的意思，如歇后语“背的背笼看戏呢——不嫌日眼贪婪横ᵓ 地方。”还有一个词语“横ᵓ 眼”是“碍眼”的意思。“横ᵓ”字，西安读作[ɕyɛ^{55}]，兴平读作[ɕyɤ^{55}]。“横”字读作去声调是按照《广韵》匣母平声映韵来读的；《集韵》去声映韵“下孟切”：“横，不顺理。”

坑。此字关中方言在“坑害、水坑”等词语里读作阴平[kʰəŋ^{31}]，是按照《广韵》溪母平声庚韵读的。关中方言把“坑人”的“坑”读作去声调[kʰəŋ^{55}]。“坑”字的破读理据待考。

铮。此字关中方言在“铮铮、铮铮铁骨”等语境里读作阴平[tsəŋ^{31}]，是按照《广韵》“楚耕切”来读的。关中方言把“硬挺”还叫做“铮”，这个“硬挺”义的“铮”读作去声调[tsəŋ^{55}]，例句如“蒜薹要得要想铮ᵓ，在水里头敦一晚上，就铮ᵓ得很咧”。“铮”字的破读理据待考。

冰。此字关中方言在“冰雪、结冰”等词语里读作阴平调[piŋ^{31}]，是按照《广韵》帮母平声蒸韵来读的。关中渭北以及东部（如商州）许多方言点把使动意义的“冰”字读作去声调[piŋ^{55}]（=并；张成材先生《商州方言词汇研究》410页“把焯好的豆芽、莲菜等放在冰水中使之变凉叫～”）；如“把热面面条在凉水里头～嘎子冰一下”。“冰”字的去声调读法见于《广韵》去声证韵；《集韵》去声证韵：“冰，逋孕切。冷迫也。”

听。此字凤翔等处两读，通常读作阴平调[tʰiŋ^{31}]，是按照《广韵》透母平声青韵来读的。在“听其自然”等语境里读作去声调[tʰiŋ^{44}]，是按照《广韵》透母去声径韵来读的。

停。此字关中方言在“停当、停分平均分配”等词语里读作阳平调[tʰiŋ^{24}]，在“停止、暂停”等词语里西安等处读作阳平调，富平等处读作去声调，其破读理据待考。“停止、暂停”的“**停**”字读作阳平调的方言点有西安、丹凤、洛南、华县、华阴、潼关、大荔、渭南、澄城、合阳、韩城、黄龙、宜川、洛川、黄陵、宜君、岐山、富县、定边，共19处；读作去声调的方言点有临潼、蓝田、商州、铜川、耀州、蒲城、白水、富平、高陵、三原、泾阳、旬邑、长武、彬县、永寿、淳化、乾县、礼泉、咸阳、户县、兴平、武功、周至、眉县、太白、凤县、宝鸡、凤翔、扶风、麟游、千阳、陇县，共32处。很有意思的是，读作去声调的耀州、富平、高陵、旬邑读如“幸”。现在罗列“停止”的“**停**”字在有关方言点的读法：西安[tʰiŋ^{24}]、蓝田[tɕʰiŋ^{55}]、商州[tsʰiŋ^{55}]、富平[ɕiŋ^{55}]、长武[tʰiŋ^{35}]、户县[tʰiŋ^{55}]、岐山[tʰiŋ^{34}]。

龄。此字关中方言用作人名时读作阳平[liŋ^{24}]，是按照《广韵》来母平声青韵来读的；在“年龄、军龄”等语境里读作去声[liŋ^{55}]。《说文新附》：“龄，年也。从齿，令声。”徐铉等按：“《礼记》‘梦帝与我九龄’，疑通用‘灵’。”郑真新附考：“徐氏谓古无‘龄’字，是也。疑通用‘灵’则非。《礼》‘九龄’字古当止作‘令’……《汉隶字源》云：‘汉碑龄皆作聆’，而喜平二年《鲁峻碑》‘永传亿龄’已作从齒，知是汉人所加。”（请详见《汉语大

字典》4791 页）

经。此字关中方言通常读作阴平调[tɕiŋ^{31}]，是按照《广韵》见母平声青韵来读的。关中不少地方把“经线/经子”的“经”字读作去声调[tɕiŋ^{55}]。《广韵》古灵切：“经，常也，绞也，径也。亦经纬，又音‘径’。”《集韵》去声径韵“古定切”：“经，织也。”

兴。此字关中方言在“兴旺、兴盛、复兴、振兴”等词语里读作阴平调[ɕiŋ^{31}]，是按照《广韵》晓母平声蒸韵来读的。关中方言把拿着好吃的（或好用的）等让吃（用）不上者感到可望而不可及叫做“兴ᵓ [ɕiŋ^{55}]（=幸；‘高兴’的‘兴’）”例句如“你拿馍～我娃是啥意思？|你少拿你的钱多～我，我拉棍棍要饭拉着打狗棍讨饭吃也不在你门上门前来！”其去声调读法是按照《广韵》晓母去声证韵来读的；《集韵》去声证韵“许应切”：“兴，象也。”

冬。此字关中方言通常读作阴平调[tuəŋ^{31}]，是按照《广韵》端母平声冬韵来读的；在“冬青”一词里读作去声调[tuəŋ^{55}]，其破读理据待考。

浓。此字西安方言在“浓度、浓烈”等词语里读如“龙[luəŋ^{24}]”，关中中东部方言泥母读如来母的字还有“农”，而来母读如泥母的字如“聋”；“浓”字读作阳平调的理据在《广韵》平声锺韵。此字西安方言如指馒头、面条等浸泡后变得过于松软的时候读作去声调[nuəŋ^{55}]，跟“弄”字同音，其破读理据待考。

空。此字关中方言在“空话、高空”等词语里读作阴平调[k^{h}uəŋ^{31}]，是按照《广韵》溪母平声东韵来读的。关中方言把“空间、空缺、空子、空秆（按：读作[k^{h}uəŋ^{55} kã$^{52-31}$]，不结玉米的成熟期玉米秆，往往比较甜，可以当准甘蔗来吃；西安方言把这种可以当准甘蔗来吃的“空秆”叫做“蜜秆儿[mi$^{31-24}$ .kẽr]”，凤翔叫做“蜜蜜秆[mi^{44} mi^{44} kæ̃^{52}]”，户县北乡叫做“味儿[zuɯ$^{55-51}$]”；假如西安方言把“空秆”读作[k^{h}uəŋ^{31} kã^{52}]则指扳掉了玉米穗的玉米秆）、空庄子闲置的宅基地、把水空完”的“空”字读作去声调[k^{h}uəŋ^{55}]。其去声调是按照《广韵》溪母去声送韵来读的；《集韵》去声送韵“苦贡切”：“空，穷也，缺也。”关中方言“空空[k^{h}uəŋ^{31} .k^{h}uəŋ]≠空空[k^{h}uəŋ^{55} .k^{h}uəŋ]”，“꜀空空”指空了的、不实的、没装东西的囊裹等，如“꜀空空布袋｜这个布袋是个꜀空空｜꜀空空世事不应该看得很认真的世事”。“空ᵓ空”一指“空位，空隙”，如“没有空ᵓ空｜看不见空ᵓ空”；二指“闲暇”，如“忙得没个空ᵓ空”。

撑。此字关中方言在“支撑、撑住”等词语里读作阴平调[ts^{h}əŋ^{31}]，是按照《广韵》彻母平声庚韵来读的。关中方言把斜着起支撑作用的木头叫做“撑ᵓ [ts^{h}əŋ^{55}]子”；把没有大梁的大房叫做“撑ᵓ [ts^{h}əŋ^{55}]子房（如歌谣云‘木匠住的撑ᵓ子房，大夫守的病婆娘’）”或者“柯杈房”，把脾气倔强叫做“撑ᵓ [ts^{h}əŋ^{55}]”；“撑”读作去声调，是按照《广韵》彻母去声映韵来读的：

“撑，邪（斜）柱也。”《集韵》去声映韵，撑，耻孟切。

2.1.2　古长短入声的构词匹配

古汉语长短入声也与破读有关。王力先生在《汉语语音史》（1985：73）谈到先秦声调时指出，先秦有长入、短入两种；长入后来变到去声里了。该书 74～77 页举了若干个字，这些字在今关中方言所形成的异读都有音韵源流。古汉语长短入在关中方言里多数有构词机制。因此，本小节主要讨论关中方言对古汉语长短入与破读的关联问题（2.1.2.1 部分是本小节的重点），有的古汉语长短入在关中方言与破读关系已经不大，也一并纳入讨论。

2.1.2.1　长短入与破读

以下所讨论的字除了从长短入声的角度来看以外，还很典型地牵涉古汉语的破读（长入，去声）问题。下面先列举这些异读字，通常读音在前，又读音在后，中间用“——”隔开。

错。千各切，读作阴平[tsʰuɤ^{31}]，适用语境“～误｜纠～”——仓故切，读作去声[tsʰuɤ^{55}]，适用语境如“～开｜～差得远｜阴差阳～｜～叶子葱”。

闭。博计切，音仍为“闭[pi^{55}]”，适用语境“～门、关～”——方结切，读如“憋[piε^{31}]”，“屏住（呼吸）”的意思，例如：～一口气。又，《类篇・门部》：“闭……又，必结切。”

吓。呼讶切，读作去声[xa^{55}]，例句如“你～谁呢？”——呼格切，读作阴平，与“赫[xei^{31}]”等字同音：适用语境如“～住咧”。

出。昌律切，读作阴平[pfʰu^{31}]（三原音[tsʰʮ^{31}]，岐山音[tʂʰʅ^{21}]，陇县音[tʂʰu^{31}]）——尺类切，读作去声[pfʰu^{55}]，适用语境“派～所”。

射。假开三去祃书，读作“社[ʂɤ^{55}]”：～箭｜扫～——梗开三入昔船，读如“十[ʂʅ^{24}]”：水～出来咧。此字《方言调查字表》两见。（以上请参阅孙立新 2010：61～78）

下面讨论其他长短入声字的构词匹配问题。

别。《切韵》系统在並母入声薛韵。“离别、别离”的“别”字，关中方言读作[꜁piε]，“重新”意义的“别”字关中方言读作送气声母[꜁pʰiε]，如“别[꜁pʰiε]做、别[꜁pʰiε]写”。关中方言把树木等的斜的枝杈叫做“别[pʰiεᵓ]股”，把产生了斜的枝杈叫做“起别[pʰiεᵓ]咧”。

给。此字《广韵》在见母入声缉韵，关中方言通常情况下文读阴平调[tɕi^{31}]，适用语境如“供给、给养”；白读[kei^{52}]，用作单音词。关中方言把“整苦了”叫做“给ᵓ得匝[kei^{55} ti^{-24} tsa^{31}]”或“给ᵓ匝咧”，把不得已答应将东西给对方叫做“打给ᵓ”。例如：

“文化大革命”那几年[næ^{55} tɕi^{31} niã^{24}]，教造反派把王部长就给ᵓ匝咧。

歌谣：刘镇华北洋军阀时期一度主陕，无恶不作，恶贯满盈，肏他妈，他把百姓给ᵓ得匝。打给ᵓ打给ᵓ，你拿走，你拿走，我不要咧，我不要咧！给你却不准你胡糟蹋啊！

络。此字关中方言在“网络”等词语里读作阴平调[luɤ^{31}]，是按照《广韵》来母入声铎韵来读的；按：户县方言“网络”的“络”字读作上声调[luɤ^{51}]。关中方言“络住、络斗安着长把柄的网状捕鱼工具；适宜于在混水中捕鱼、络口吃饭不挑剔”的去声“络”字读作去声调[lau^{55}]（=涝）；《汉语大字典》第3396页“络”字条（二）[lau^{51}]“[络子]”1.线绳结成的网状袋子。《红楼梦》第三十五回：“倒不如打个络子，把玉络上去呢。”2.绕丝绕纱的器具。

狭。此字关中方言在“狭隘、偏狭”等词语里读作阳平调[ɕia^{24}]，是按照《广韵》匣母入声洽韵来读的。西安一带方言把牲口太瘦、以至于肚子都凹进去了叫做“狭得很”，“狭得很”的“狭”字读作去声调[tɕ^{h}ia^{55}]。按：“狭窄”在关中方言里一般作逆序形式“窄狭”，“窄狭”的“狭”字读作阴平调[tɕ^{h}ia^{31}]；“山峡峡山峡”的“峡”字关中方言也读作去声调[tɕ^{h}ia^{55}]。

积。此字关中方言在“积累、积极、面积”等词语里读作阴平调[tɕi^{31}]，是按照《广韵》精母入声昔韵“子昔切”读的。柴火垛、麦捆摞子关中方言叫做“积”或“积子”，这个“积”字读作去声调[tɕi^{55}]；如“棉柴积、包谷杆积、摞积”。《广韵》去声“子智切”：“聚也。”

刺。此字关中方言当作动词“伸（进去）”讲的时候读作阴平调[ts^{h}ɿ^{31}]，其理据是《集韵》入声昔韵“七迹切”：“刺，穿也，伤也。”“枣刺、刺刀、刺激”的“刺”字读作去声调[ts^{h}ɿ^{55}]的理据是：《广韵》清母去声寘韵；《集韵》七迹切：“穿也，伤也。”。“刺”字阴平调的用法如例句“把胳膊꜀刺到袖子里”，俗成语“刺头楦脑[ts^{h}ɿ^{31} t^{h}ɤu$^{24-31}$ ɕyã^{55} nau^{52}]长东西伸到了不应该伸的地方，也形容长东西放置得乱七八糟的样子：他把竹竿搁得～的。”

觉。阴平调[tɕyɤ^{31}]：“觉悟、警觉”；去声调[tɕiau^{55}]：“睡觉”。按：普通话“觉悟、警觉”的“觉”字读作阳平调，关中方言依照古入声清声母今读阴平调的规律读作阴平调。

“**苶**”字（泥母帖韵），在西安方言里通常读作去声[niɛ^{55}]，例如“这个娃**苶**[niɛ^{55}]得很”；在“**苶**胆意想不到的大胆量、迈**苶**走神”等语境里读作阳平[niɛ^{24}]。

“**蜜**”字（明母质韵），关中方言的通常读法为阴平[mi^{31}]，凤翔、宝鸡一带把可以当准甘蔗来吃的玉米秆叫做“蜜蜜秆[mi^{44} mi^{44} kæ̃^{52}]”，“蜜蜜秆”的“蜜”字读作去声。

“**一**”字（影母质韵），关中方言通常读作阴平[i^{31}]，口语又把“一定”的“一”读作去声[i^{55}]（=义）；老派很普遍地把“一定”的“一”读作去声，例句如：婚姻是**一**[i^{55}]定的。

“集”字（清母缉韵），关中多数方言点两读，通常读作阴平，如西安读作[tɕi^{31}]，高陵读作[ti^{31}]（=低），三原读作[tsi^{31}]；在“赶**集**”一词里读作阳平（西安[tɕi^{24}]，高陵读作[ti^{35}]，三原[tsi^{35}]）。凤翔方言通常读作去声，如“集中、集体”的“**集**”字读作[tʰi^{55}]（=替悌）。

“压”字《切韵》音系在影母狎韵，关中方言一读阴平[ia^{31} 文 | nia^{31} 白]，这是按照上古短入读的；一读去声[ia^{55} 文 | nia^{55} 白]，这是按照上古长入读的。

泾阳等处把**“拉”**（来母合韵）字通常读作阴平[la^{31}]，在“拉话聊天，拉家常”一词中读作去声[la^{55}]；以上各字，读作阴平或阳平是对古短入的传承，又读去声是对古长入的传承。

“剔”字《切韵》音系在透母锡韵，通常读如“替[tʰi^{55}]”，用作“铲除”义时读作[tsʰɿ^{31}]。

“历”字《切韵》在来母锡韵，关中方言把“历头历书”的“**历**”读作阴平调[꜀li]（=力），这是按上古短入读的。而“历史、经历”的“**历**”有三种读法：一是西安、临潼、铜川、耀州、彬县、户县、岐山、扶风、定边读作去声[li^{55}]，这是按照上古长入读的；二是蓝田、潼关、合阳、白水、富平、高陵、三原、泾阳、永寿、乾县、兴平、眉县、富县读作阳平[꜁li]（=黎），也是按短入读的；三是其他方言点读作阴平[꜀li]（=立力），如周至读作[li^{31}]。

“渥”字《切韵》音系影母角韵，关中方言通常读作阴平调（如西安音[uɤ^{31}]）；而在“**渥**麺（把和好准备擀麺条的麺久放，使之劲道）”一个语境里，商州、华阴等处读作去声调（商州读作[vuo^{21}]，华阴读作[uo^{31}]），其他方言点一般读作阴平调。

“得”字《切韵》音系在端母德韵，关中方言通常读作阴平[tei^{31}]；“认不得不认得”的**“得”**字，西安、富平、咸阳、三原等处读作阳平[tei^{24}]，周至、户县、兴平读作去声[tei^{55}]。

“木”字《切韵》音系在明母屋韵，关中方言通常读作阴平[mu^{31}]，当“麻木”等意思讲的时候读作去声[mu^{55}]；西安一带的“吓木[mu^{55}]咧”是“惊呆了”的意思，“这个人太木[mu^{55}]咧”是“这个人太迟钝了”的意思。

“各”字《切韵》音系在见母铎韵，关中方言通常读作阴平[kɤ^{31}]（陇县读作[kuo^{31}]），如“各人、各个击破”。白读为[tɕia^{55}]（=架），“一**各**[tɕia^{55}]一个”就是“各一个”的意思。其白读音之声韵组合可由河北方言“张家庄、王家庄”的“家”读“各”得到印证。例句如。

一**各**[tɕia^{55}]一个优秀指标，都要争。

我有两个玉石枕头，给你俩一**各**[tɕia^{55}]一个。

每个学生一**各**[tɕia^{55}]配一个电脑得是是不是有些多咧？

“穫”字《切韵》音系在匣母铎韵，关中方言通常读作阴平[xuɤ^{31}]；合阳等处“**穫**得”的“**穫**”字读作去声，与“户[xu^{55}]”字同音；“**穫**”字《集韵》又在匣母暮韵“胡故切”。按：古匣母麦韵“獲”字，关中方言读如“辉[xuei^{31}]”。

“**续**”字《切韵》音系在心母烛韵，户县方言通常读作去声[ɕy^{55}]，户县方言在重叠式“陆陆续续/陆续陆续”里读作阴平。

“**属**”字《切韵》音系在禅母烛韵，关中方言通常读作阳平[sɤu^{24}]（咸阳读作[sʮ^{24}]，渭南读作[sou^{35}]）；宝鸡一带读作上声，如宝鸡读作[ʂʅ^{52}]，凤翔读作[sʮ^{52}]。“**属**”字在“属相、属鼠、属马”等语境里读作去声调，如西安读作[sɤu^{55}]，咸阳读作[sʮ^{44}]，渭南读作[sou^{55}]。

2.1.2.2 关于与构词关系不大的长短入问题

由于古入声字在关中方言的长期演变，有的字基本上只牵涉长入或短入问题，只牵涉读音问题，与构词关系不大；这些字在关中方言里有读去声与不读去声的不同。

泄（心母薛韵），此字韩城读作阳平[ɕiɛ^{24}]；读作去声的方言点有：西安[ɕiɛ^{55}]、临潼[siɛ^{44}]、蓝田、丹凤、华县、华阴、潼关、渭南[siɛ^{55}]、宜川、黄龙、洛川、黄陵、宜君、铜川、耀州、咸阳、户县、周至、眉县、富县、定边 21 处，其他方言点读作阴平，如泾阳读作[siɛ^{31}]，兴平读作[ɕiɛ^{31}]；西安等处读作去声是对古长入的传承。

“**哲**（知母薛韵）”字在西安通常读作阳平[tʂɤ^{24}]，又读去声[tʂɤ^{55}]。关中方言区“**哲**”字只读去声的方言点有华阴[tʂɤ^{55}]、潼关[tʂɤ^{44}]、大荔、渭南、澄城、合阳、黄龙、黄陵、宜君、铜川、耀州、蒲城、白水、富平、宝鸡[tʂʅɛ^{44}]、凤翔、岐山、麟游。

“**迪**（定母锡韵）”字，关中多数方言点读作阳平[ti^{24}]，凤翔方言读作去声[ti^{44}]（=第）。

还有，“**秩**”（澄母质韵）字在凤翔[tʂʅ^{44}]、宝鸡[tʂʰʅ^{44}]等关中多数方言点读作去声，户县读作阴平[tʂʅ^{31}]；“**肉**”（日母屋韵）字在关中一般读作去声[ʐɤu^{55}]，东部华县、北部泾阳等地一般读作阴平[zou^{21}]华县音，户县、永寿又读阴平（[ʐɤu^{31}]户县音=“褥”、[zʮ^{31}]永寿音=“入如”）；“**述**”（船母术韵）在泾阳读作去声[sʮ^{55}]，关中多数方言读作阳平（[fu^{24}]西安音=“服”、[sʮ^{35}]兴平音）；“**牧**”在宝鸡等地读作去声[mu^{44}]，西安等多数方言点读作阴平[mu^{31}]；“**搁**”（见母铎韵）在关中一般读去声[kɤ^{55}]，户县东乡读阳平[kɤ^{35}]，铜川读作阴平[kɤ^{21}]；“**木**”（明母屋韵）一般读作阴平[mu^{31}]，在用作“麻木”意义的时候读作去声[mu^{55}]；“**促**”（清母烛韵）通常读作阴平（[tsʰu^{31}]西安音、[tsʰɤu^{31}]户县音、[tsʰou^{31}]渭南音），在“促织（蟋蟀）”一词里读作去声，户县方言把蟋蟀不叫“促织”，而把锅案上吃残羹冷炙酷似蟋蟀的昆虫叫做“促织织[tsʰɤu^{55} tsu^{31} .tsu]（关中不少方言是重叠式，而且‘织’字读如‘朱’）”；“**筑**”在宝鸡一带读去声[tʂʅ⁴⁴]，西安等地读作阳平，高陵等地读作阴平。

以上各字，读作阴平或阳平是对古短入的传承，又读去声是对古长入的传承。

还有，整个关中方言区只读去声的字，如：“**闸**[tsa⁵⁵]”（崇母洽韵）、“**轧**[nia⁵⁵]”（影母黠韵）、“**蹷**[tɕyɛ⁵⁵]”（见母月韵）、“**倔**[tɕyɛ⁵⁵]”（群母物韵）、“**哕**[yɛ⁵⁵]”（影母月韵）、“**跃**[iau⁵⁵]”（以母药韵）、“**翼**[i⁵⁵]”（以母职韵）、“**域**[y⁵⁵]”（云母职韵）、“**栅**[tsa⁵⁵]”（初母麦韵）、“**剧**[tɕy⁵⁵]”（群母陌韵）、“**幕**[mu⁵⁵]”（明母铎韵）、“**郁**[y⁵⁵]”（影母屋韵）、“**育**[y⁵⁵]”（以母屋韵）、“**劃**[xua⁵⁵]”（匣母麦韵）“**曝瀑**[pʰu⁵⁵]”（並母屋韵），也是对古长入的传承。还有个常用字“蹩”，关中方言读作去声调[piɛ⁼]，“跳”的意思，适用语境如“～不动；～～跳跳”。这是按照上古长入读的。《集韵》入声屑韵必结切：“跳也。”

2.1.2.3　其他相关问题

如王力先生《汉语语音史》52～59页所指出的那样，切韵音系读舒声的有关字在先秦汉语里读作入声，下列5个字依先秦入声与今西安方言的对应规律读作阴平或阳平。

裕。此字先秦在屋部开口三等，今西安方言读作阴平。

遂隧。此两字先秦在物部合口三等，今西安方言读作阳平。

逮。此字先秦在质部开口四等，今西安方言通常读作阴平。

荔。此字先秦在入声，《广韵》在“止开三支：来寘”，今西安方言读作阴平。

祝。《类篇·示部》“职救切。诅也。”关中方言区铜川、耀州、彬县、旬邑、周至、武功、眉县、太白、宝鸡、扶风、麟游、千阳、陇县、富县、定边方言把“**祝**”字读作去声，如耀州读作[tsou⁴⁴]，周至读作[pfu⁵⁵]，扶风读作[tsʮ⁵⁵]，宝鸡读作[tʂʅ⁴⁴]。

另外，“**卫**（**衛**）”字的又读音跟破读无关却与构词等有关。此字《切韵》音系在云母去声祭韵，凤翔、旬邑等地读作阳平调；西安一带通常读作去声调[uei⁵⁵]，在打篮球过程中，西安、户县等地把“打后卫”的“**卫**”字读作阳平调[uei²⁴]。关中方言把“**卫**”字读作阳平调，是根据其上古平声来读的。“**卫**”字的繁体“**衛**”是由“韋”得音的，“韋”是“围（圍、衞）”的古字。《说文·行部》：“衞，宿衞也。从韋、帀，从行。”《玉篇·行部》：“衞，护也。”

还有一些字的声调变读跟避讳有关：“**频**（並母平声真韵）”字在关中方言里读作去声调[pʰiẽ⁵⁵]（=聘；岐山读作[pʰiŋ⁴⁴]），这是避讳“贫[pʰiẽ²⁴]（岐山读作[pʰiŋ³⁴]）”字的读音。“**苟**（见母上声厚韵）”字在姓氏里读作去声调[kɤu^{55}]（=够；麟游读作[kou^{44}]），这是避讳“狗”字的读音。“**购**（见母去声候韵）”字在麟游[kou^{31}]、旬邑[kɤu^{31}]等处读作阴平调（=钩），这是避讳“媾”字的读音。“**史**（生母上声止韵）”字在姓氏里，宝鸡一带读作阴平调[sɿ^{31}]（=丝诗），这是避讳“死[sɿ^{52}]”字的读音。

2.2　单音词的变调构词

关中方言语音构词的复杂性在于，除了上文所讨论的破读现象以外，还有单音词的变调构词问题。破读现象是变作去声后所生发的构词机制，而本节所讨论的单音词的变调构词，除了非阴平字变作阴平调、非阳平字变作阳平调、非上声字变作上声调的构词机制以外，还有人称代词“我、你、他”读作上声时表单数、读作阴平时表复数。本节所讨论的问题也是异读问题，但不是文白问题，也不是一般的又读问题，都是声调变化生发出构词机制。

其实，普通话也具有单音词的变调构词机制，对于这个问题的认真思考可以从马思周先生论文集《俗言俗谈》里的《北京话的特殊变调》（2011：306～311）看到一些。马先生所归纳的类型如：阴平变阳平，阴平变上声，阴平变去声；阳平变阴平，阳平变上声，阳平变去声；上声变阴平，上声变阳平，上声变去声；去声变阴平，去声变阳平，去声变上声，总共12个。例如“꜁屈脚斤两不足、尾巴꜄子、刷꜄利、꜀挠痒、꜂拔毒、꜀指甲、꜁矫情、很꜄冷、刺꜀猬、大꜀尽、꜁克化、꜁恶味、꜁作践、꜁各路、贼꜂意子”。北京话“拐弯儿”的“弯儿”读作去声，跟下文要报道的关中眉县等处“弯绕道走”应当是同一道理。

关中方言也具备这些类型，但是，在具体字的构词特征上，跟北京话并非一致。

汉语的声调变化所生发出的构词机制，应当是汉语复杂性的表现；我们对于自己母语的研究，在许多方面可能还存在一定程度的糊涂或缺乏思考之处。

2.2.1　非阴平字变作阴平调的构词机制

这种又读现象有的在古代典籍里可以查到，例如“示”字，关中方言通常读作去声调[sɿ^{55}]。又读作阴平，《类篇·示部》：“又，市之切。”其又读音是关中方言此字又读阴平的根据；关中方言把“**示**威”的“**示**”字读如“诗”，还有“告示、记示标记，标志”的“**示**”字亦读如“诗”，如西安读作[sɿ^{31}]，岐山读作[sɿ^{21}]。“**示**”字的异读牵涉到了构词匹配问题。“记示”在关中方言里是名词兼动词，如“画个记示/打个记示｜你给咱先记示住做个标记”。

指。此字切韵音系在章母上声旨韵，北京此字有三种读法[tʂʅ^{55} | tʂʅ^{35} | tʂʅ^{214}]，关中方言有两种读法[tsɿ^{31} | tsɿ^{52}]。北京读作上声的多数义项，如《现代汉语词典》1980 年版 1473～1474 页的③及其以后的义项，关中读作上声[tsɿ^{52}]，1473 页①②义项以及普通话读作阴平、阳平的，关中读作阴平[tsɿ^{31}]。例如关中方言“指头、食指、一指儿宽、指甲、指甲盖儿”等的“指”字读作阴平[tsɿ^{31}]，“指导、指示、令人发指”的“指”字读作上声[tsɿ^{52}]。

趾。此字切韵音系在章母上声止韵，北京此字只有一读上声[tʂʅ^{214}]，跟上列“**指**”字一样，此字关中方言也有两读[tsɿ^{31} | tsɿ^{52}]。《现代汉语词典》1980 年版 1472 页的第①义项，即“趾头、脚趾甲”的“趾”字，关中读作阴平[tsɿ^{31}]；第②义项，即“趾高气扬”的“趾”字，关中读作上声[tsɿ^{52}]。

齿。此字切韵音系在昌母上声止韵，北京此字只有一读上声[tʂʰʅ^{214}]；关中方言有两种读法[tsʰɿ^{31} | tsʰɿ^{52}]。关中方言此字指牙齿或类似东西的时候读作阴平[tsʰɿ^{31}]，如“牙齿、齿轮、唇亡齿寒”的“齿”字就读作阴平，指锯齿或类似东西的时候读作上声[tsʰɿ^{52}]。

第。此字切韵音系在定母去声霁韵，西安、蓝田方言通常读作去声[ti^{55} 西安 | tɕi^{55} 蓝田]，在充当序数词的标志时读作阴平[ti^{31} 西安 | tɕi^{31} 蓝田]。例如“书香门第”的“第”字读作去声[ti^{55} 西安 | tɕi^{55} 蓝田]，“第一、第二、第八、第十”的“第”字读作阴平[ti^{31} 西安 | tɕi^{31} 蓝田]。

把。此字切韵音系在帮母上声马韵，北京此字只有一读上声[pa^{214}]，此字关中方言通常读作上声[pa^{52}]，例如“把守、把持、把门、一把拉住、大把大把地望进塞柴”等语境里的“把”字就读作上声。此字用作介词时读作阴平[pa^{31}]，西安一带的介词“把”还白读作[pau^{31}]；但是，白读[pau^{31}]的“把”字使用范围较窄，如不用于詈词和训斥等语境。例如：

你给咱把[pa^{31}/pau^{31}]门开大。

你给我把[pa^{31}/pau^{31}]你写的书送着来。

你去把[pa^{31}/pau^{31}]这些剩菜拿回去给娃们吃去。

看你把[pa^{31}]你谝的瞧你把自己吹嘘的（多么厉害）!

你把[pa^{31}]我屎咬了你能把我怎么样！

你把[pa^{31}]我屎咬了我给你不要肉钱你能把我怎么样（我就看不起你）!

把[pa^{31}]他家的/把[pa^{31}]他妈的他妈的真糟糕/把他的！

那时候儿谁都把[pa^{31}]他没当一回事儿，这阵儿都想用他咧！

谁都把[pa^{31}]他没办法，你嫑管他；看他给你个照上当面难堪着！

把[pa^{31}]他妈肏得学驴叫（唤）呢/把[pa^{31}]他妈肏得朝后尿呢！ 詈语

你把[pa^{31}]我看个两眼半你能把我怎么样/你把[pa^{31}]我背起转嘎/你把[pa^{31}]我提起抡一下！

拿。此字切韵音系在泥母平声麻韵，关中方言通常读作阳平调[꜀na]，西安一带在“拿手”一词里又读阴平调[na³¹]；在俗成语“生捉活拿/生拿活捉本义指很强硬地捉拿人犯，引申义指强迫当事人干某事”里读作阴平调[na³¹]。

卡。此字《字汇补》注音为“从纳切”，官话文读[꜂tɕʰia]，白读[꜂kʰa]。此字关中方言通常也读作[꜂tɕʰia]/[꜂kʰa]；关中方言把髮卡叫做“卡子”，户县东乡以及西安市长安区西部把“卡子”的“卡”字读作阴平[꜀tɕʰia]。

模。此字切韵音系在明母平声模韵，北京此字读作阳平[mu³⁵/mo³⁵]；此字关中方言的读法比较复杂，如西安一带三读[mu³¹/mu²⁴/mɤ⁵²]。下面先比较此字在北京和西安的读法。

	模子	模样，像模像样	模型，模范，劳模，英模
北京	mu³⁵	mu³⁵	mo³⁵
西安	mu³¹	mu²⁴	mɤ⁵²

“模子”的“模”字，凤翔一带读作去声[mu⁴⁴]，这是按照上古汉语长入来读的。其实，《方言调查字表》第6页明母一行的平声模韵字“模摹”和去声暮韵字“暮慕墓募”都是在“暮”的古字入声字“莫”的基础上后起的今字，上古都在长入里边。关中方言“摹模模范，模型，劳模”读作上声，这是避讳“魔”字的读音；普通话的“摹模模范，模型，劳模”读作[mo³⁵]以及关中方言区西安“摹模模范，模型，劳模”读作[mɤ⁵²]、渭南读作[mo⁵²]，很明显是受到南方方言影响的结果，如陕南方言虽然多数是西南官话，但是“摹模母”等字读作[mo]，如南郑话。

货。此字切韵音系在匣母去声过韵，如关中方言在“货物、卖货”等词语里读作去声调[xuɤ⁵⁵]。在“货郎”一词里读作阴平调，与“乎[xu³¹]”字同音。

火。此字切韵音系在晓母上声果韵，关中方言通常读作上声[xuɤ⁵²]，如“火神、火灾、大火、明火”的“火”字就读作上声；在“社火”一词里读作阴平，与“乎[xu³¹]”字同音。

所。此字切韵音系在生母上声语韵，关中方言通常读作上声，如西安读作[fɤ⁵²]，三原读作[sʮɤ⁵²]，岐山、宝鸡读作[ʂuo⁵²]，眉县读作[ʂɤ⁵³]，千阳读作[suo⁵²]，渭南读作[sʮo⁵²]，大荔读作[fo⁵²]，韩城读作[sou⁴²]。户县方言“所以”的“所”字读作阴平[suɤ³¹]（按：“所以”读作[suɤ³¹⁻³⁵ i³¹]，“以”字也读作阴平[i³¹]，其西邻周至“所以”读作[fɤ⁵¹ i³¹]；周至“以后、以前”的“以”字读作上声[i⁵¹]），户县方言“所”字在其他语境里读作上声[suɤ⁵¹]。

负。此字切韵音系在奉母上声有韵，普通话读作去声[fu⁵¹]；关中方言有三种读法：一读去声[fu⁵⁵]，使用语境如“负数、正负、负心贼”；二读上声[fu⁵²]，使用语境如“负责、担负”；三读阴平[fu³¹]，是“承受得了”的意思，常连带“住”或“不住”。例句如。

这个桥上负[fu^{31}]不住十吨卡车。

冰冻得厚得很，连重车都能负[fu^{31}]住。

再好的椽上头也负[fu^{31}]不住 10 个人坐。

这个竹竿奘，能负[fu^{31}]住，那个竹竿细负[fu^{31}]不住。

凤翔的簸箕编得结实得很，扣着放上，一个人立上去都能负[fu^{31}]住。

觑顾。此二字在关中方言口语里均读作阴平，连读作[ɕy$^{31\text{-}24}$ ku^{31}]。“**觑**”字在《正字通》里的反切是“七虑切”，关中读书人把“面面相觑、不可小觑”的“**觑**”字读作去声[tɕʰy^{55}]（=趣）。“**顾**”字切韵音系在见母去声暮韵，关中方言通常读作去声[ku^{55}]，如“顾盼、不顾”的“**顾**”字就读作去声。关中方言两阴平字连读前字变作阳平是主要变调类型，“**觑顾**”二字均读作阴平由前字阳平后字阴平看以清楚明白地看出来。关中方言“没**觑顾**”是“没注意看；没注意，没料到”的意思，“不**觑顾**”是“没注意看”的意思；“嫑**觑顾**”是“别注意看”的意思。关中方言的“**觑顾**”必须受否定词“不、没、嫑”的管控。例如：

他从我跟前过去，我没觑顾。

我没觑顾你过来，你把我吓咧一跳。

教你操心看着，你就嫑觑顾！你咋一点儿心都不操呢？

教你操心看他从这儿过的时候把他挡住，我有话给他说，你咋能不觑顾呢？

好长时间没见他，没觑顾/不觑顾他把 50 万字的一本小说写出来咧，他这个人 ⊆真$_{实在}$厉害！

摆。此字切韵音系在帮母上声蟹韵，关中方言通常读作上声[pæ^{52}]，如“摆动、摇摆”的“摆”字读作上声。关中方言把摇摆不定叫做“摆抖摆抖[pæ^{31} tɤu$^{31\text{-}24}$ pæ^{31} tɤu^{31}]”，其中，“摆”字读作阴平调[pæ^{31}]，“抖”字也读作阴平调；读作阴平调的“摆”字在西安一带还有“整治；吵嘴”等意思，“整治”义应当是从“摆布”义引申来的。列举西安一带例词如下。

摆治[pæ^{31} tʂʅ$^{55\text{-}31}$]：整治，教训。例句如：你能把他摆治顺，那才叫$_{算得上}$有真本事呢。

摆搔[pæ^{31} tsau^{31}]：很严厉地整治，教训。例句如：谁能把你摆搔得不耍钱$_{赌钱}$咧我给谁磕响头！｜你想摆搔我，歇着去$_{没门儿}$！

摆嘴/摆摆：吵嘴，犟嘴。例句如：“你俩嫑摆嘴/摆摆咧，和气一点儿多好｜你那天跟谁摆嘴来？｜他俩摆摆咧一赶早｜他俩成赶早$_{早晨}$摆摆呢。”从这些例句可以看出，重叠式“摆摆”往往受到“了$_1$（咧）”和“呢”的管控；如上例句能够成立或不能成立的可以这样来看：“*你那天跟谁摆摆来？｜他俩摆咧一赶早嘴｜他俩成赶早摆嘴呢。”还有例句如：“你俩要摆嘴出去摆去/*你俩要摆嘴出去摆嘴去/你俩要摆摆出去摆摆去/*你俩要摆摆出去摆去。”“摆摆”还常常扩展为“AAA”式，“摆摆摆”是对“摆摆”语义的加强，具有形容词的性质，例句如：“你俩成赶早摆摆摆的，把人能聒死了。”而最常见的还是“摆摆摆”的连用，例句如：“你俩成赶早摆摆摆、摆摆摆的，把人能聒死了｜他俩有矛盾呢，一见面就摆摆摆、摆摆摆的，谁也劝不下。”

汇。此字切韵音系在匣母上声贿韵，关中方言通常读作去声[xuei^{55}]，如“汇聚、文汇报”；西安一带口语把“汇报、汇总”的“汇”字常常读作阴平[xuei^{31}]。

老。此字切韵音系在来母上声晧韵，关中方言通常读作上声[lau^{52}]，如“老人、老汉、遗老遗少”的“老”字就读作上声。此字在户县方言里指曾祖父母的时候常常读作阴平，如把曾祖父叫“老老爷[lau^{31} .lau iɛ^{35}]/老爷[lau^{31} iɛ^{55}]”，把曾祖母叫“老老婆[lau^{31} .lau p^{h}ɤ^{35}]/老婆[lau^{31} p^{h}ɤ^{35}]/老老[lau^{31} lau^{-35}]”；或者把曾祖父母统称“老老[lau^{31} lau^{-35}]”。户县“老”字还读作去声调，如“老早、老远”的“老”字又读去声调[lau^{55}]。户县方言把“赶快”又作“老[lau^{31}]快”，如“你老快走｜教他老快回来”。另外，“老早[lau^{55} tsau^{51}]”指很早以前，是名词；“老早[lau$^{51-31}$ tsau^{51}]”既用作名词，又用作形容词，如：“他老早就来咧。”

糙。此字切韵音系在从母去声号韵，关中方言通常读作去声[ts^{h}au^{55}]，如“粗糙”；户县方言把粗抹布叫做“糙搌布[ts^{h}au^{31} tʂã^{51} p^{h}u$^{55-31}$]”，其中的“糙”字读作阴平[ts^{h}au^{31}]。按：此字普通话依例应当读作去声，因为要避讳禁忌字“肏”的读音，所以，讳读作阴平。

抖。此字《切韵》音系在端母上声厚韵，关中方言在“发抖、抖擞”等词语里读作上声调[tɤu^{52}]，在“摆抖摆抖”（见本小节如上）一词里读作阴平调[tɤu^{31}]，在“抖抖发抖、抖抖打战”等词语里读如“偷”[t^{h}ɤu^{31}]。另外，此字还读作[tɤu^{24}]，见下一小节。

逗。此字《切韵》音系在定母去声候韵，关中方言在“逗号、逗留”等词语里读作去声调[tɤu^{55}]；此字读作阴平调[tɤu^{31}]的时候有“挑逗；惹，取笑”等意思。例如：

他的话把一伙人逗得蛮一直；好久地笑。

我这是逗[tɤu^{31}]他呢，他还当成真的咧。

我又没逗你，没惹你，你有生的啥气为什么生气呢？

俩蛐蛐儿不咬，一逗[tɤu^{31}]才咬呢；咬得争激烈得很。

俩娃哥逗各的狗，想教俩狗咬仗呢，俩狗不咬，把俩娃气得。

反。此字切韵音系在非母上声阮韵，关中方言通常读作上声[fã⁵²]，如“反对、相反”的“反”字就读作上声；“反正（如：反正我不想去）”的“反”字读作阴平[fã³¹]。此字的“AA（.子）”重叠形式里的“反”字也读作阴平，“反反/反反子”一般指“反了的东西”，跟“正正/正正子”相反；“反反、正正”在句子里可以充当状语，如“反反骑驴倒骑驴、正正放”。此字读作阴平的理据是《广韵》“孚袁切”。

贩。此字切韵音系在非母去声愿韵，西安一带通常读作去声[fã⁵⁵]，如“贩卖、贩子、倒贩”的“贩”字就读作去声；“贩子”的“贩”字又读作阴平[fã³¹]。此字又读作阴平跟上列“反”字有很大关联。《汉语大字典》392页，“反”之“（二）fàn《集韵》方愿切”之第②义项曰：通“贩”。清朱骏声《说文通训定声·乾部》：“反，叚借为贩。”《荀子·儒效》：“积反货而为商贾，积礼义而为君子。”杨倞注：“反，读为贩。”

卵。此字切韵音系在来母上声缓韵，关中方言的通常读法如西安读作[nuã⁵²]，武功读作[luã⁵²]，凤翔读作[lyæ̃⁵²]。此字在关中中西部方言里读作阴平指“阴囊”，如西安一带把睾丸叫做“卵[luã³¹]子/卵蛋子/卵蛋儿”，凤翔叫做“卵卵”。《素问·诊要经终论》曰：“厥阴终者，中热、嗌乾、善溺、心烦，甚则舌卷、卵上缩而终矣。”冯梦龙《古今谭概·啮虎》曰：“昔人料虎鬚，今人乃吮虎卵乎？”按：西安、周至、户县、蓝田“鹅卵石、倾巢之下岂有完卵”的“卵”字读如泥母，与指“阴囊”的时候读作来母，声母也不相同。

贯。此字切韵音系在见母去声换韵，关中方言通常读作去声[kuã⁵⁵]；此字在关中方言里又读阴平[kʰuã³¹]（=宽），如把穿针叫做“贯[kʰuã³¹]针”，其理据是《广韵》平声桓韵“古丸切”：“贯，穿也。”按：此字依例应读如“官”却读如溪母“宽”字，是为声母例外。

抗。此字关中方言通常读作去声调[kʰaŋ⁵⁵]；当“用肩膀顶；顶”讲的时候读作阴平调[kʰaŋ³¹]，《类篇·手部》：“居郎切。”例句如：“这件事他就是抗住不办。”按：此字关中方言声母与古音不相对应，“居郎切”应读如“钢”，关中方言却读如“康”，是为例外。

楞（愣塄）。此字切韵音系在来母平声登韵，关中方言今天常用的“愣塄”两字都是此字的后起字。“**楞**”字在关中方言里不读作阳平，而是读作去声[ləŋ⁵⁵]（兴平读作[nəŋ⁵⁵]），如西安一带把楼檩叫做“楼**楞**子”（按：《汉语大字典》1250页第一义项 léng之一解释为“四方木”，旧时关中富贵家庭的楼檩是四方的，中产家庭一般是圆的）。“**愣**”字关中方言通常也是读作去声[ləŋ⁵⁵]（兴平读作[nəŋ⁵⁵]），是“失神、发呆”的意思，在“吃**愣**腾”一词里读作阴平[ləŋ³¹]（兴平读作[nəŋ³¹]）；“吃**愣**腾”指只是傻乎乎地吃饭，什么都不会干，用作詈词，例句如“我把你叫着来，是给我帮忙呢，不是来吃愣腾的｜公家养你这个吃愣腾的，还不如多喂几个猪”。“塄”字在关中方言里通常阳平[ləŋ^{24}]（兴平读作[nəŋ^{35}]=能）；户县渭丰乡把“把锅盖塄上、把桌子一头塄高”的“塄”字读作去声，户县多数地方读作阳平[ləŋ^{35}]。关中方言“愣”字的读作阴平，就像北京方言那样，把来母平声的“拎连捞”等字读作阴平。

顶。此字切韵音系在端母上声迥韵，关中方言通常读作上声[tiŋ^{52}]，如“顶替、山顶、这个单位顶他工资高”的“顶”字就读作去声。“顶”字在关中方言里还读作阴平调[tiŋ^{31}]，如孙立新《户县方言研究》141 页（同音字表）“顶$_2$[tiŋ^{31}]$_{\sim账}$”，《西安方言研究》103 页（同音字汇）“顶[tiŋ^{31}]$_{\sim账}$”，“顶账”有两个义项，① 核对账目（如：他俩正～着呢。）② 抵债（如：我拿这些东西～行不？）。（参见胡劲涛等《都市方言辞典（陕西卷）》154 页）关中方言把在赌博及竞技、游戏过程中彼此不欠账叫做“顶光⁼ [tiŋ^{31} kuaŋ^{55}]”或者“顶完还原[tiŋ^{31} uã^{24} xuã^{24} yã^{24}]”；把（食物）吃了以后不易消化叫做“顶搡[tiŋ^{31} saŋ^{52}]”；把地的两头叫做“地顶头儿[ti^{55} tiŋ^{31} tʰər^{24}]”或“地顶头起[ti^{55} tiŋ^{31} tʰɤu^{24} tɕʰi$^{53-31}$]”（或“地头起”）。

另外，还有一个“腾”字，切韵音系在定母平声登韵，关中方言只在当“使空”讲的时候读作阳平[tʰəŋ^{24}]；在其他语境里（如“欢腾、翻腾、热气腾腾”）全读作阴平[tʰəŋ^{31}]。

2.2.2 非阳平字变作阳平调的构词机制

关中方言有一些非阳平字变作阳平调的，这些单个字由非阳平变作阳平调后引发了语法语义的变化；虽然这些字不多，但从其语法语义特点来看很有意思。这类字多数是阴平字而且多数是单音节形容词，个别是单音节名词、动词、副词。

刷。此字户县方言通常读作阴平调[sua^{31}]，使用语境如“刷子、刷牙、牌刷$_{黑板擦}$”。孙立新《户县方言研究》108 页对读作阳平调[sua^{35}]的“刷”字的解释是“～掉：清除掉，取消掉，撤销职务”；另外，在祈使句里，“刷”字也可以跟时态助词“了$_1$[.liau]”结合，例如：“你先把他的官给他刷了[sua^{35}.liau]再说他的问题。”

娃。此字的阳平调[ua^{35}]读法适用语境为“娃娃、娃子$_{男孩，儿子}$、娃子娃$_{男孩}$”；此字的通常读法为去声调[ua^{55}]，“$_⊆$娃子娃、女子娃、人家娃、娃们$_{户县东乡把孩子叫做‘娃们’}$”，对人的乳名的爱称常常尾加去声字“娃[ua^{55}]”，如“金娃、银娃、牛娃、马娃、龙娃”。

多。此字通常读作阴平调[tuɤ^{31}]，读作阳平调[tuɤ^{24}]的时候用如程度副词，可以理解为“多么”的意思，实质上是“非常，特别”的意思。如最常见的“꜁多+A单”式如：꜁多长、꜁多高、꜁多大、꜁多奘、꜁多厚、꜁多深、꜁多黑、꜁多稠、꜁多臭、꜁多香、꜁多美、꜁多好、꜁多静、꜁多净、꜁多真、꜁多笨、꜁多瞎；西安一带常见的“꜁多+A 儿”式如：꜁多大儿非常小、꜁多长儿非常短、꜁多高儿非常低、꜁多薄儿非常薄。下面是我们从贾平凹的长篇小说《古炉》选取的两个例句，其一有“꜁多大”，其二有“꜁多高”。

欢喜嘴张得꜁多大，他的牙掉了，嘴窝着的时候，像是婴儿的屁眼。(20)

当下霸槽就让开合搬出一座豆腐，没用刀切，伸手掰下一块吃起来，说：美！美！腮帮子鼓꜁多高，仰脖子咽了，嘴巴吧唧吧唧响，还说：没！(61)

西安一带的“꜁多＋A单”用在句末，常常以“的”字煞尾。例如：

他把眼窝睁得꜁多大的。

那个树你就知不道不知道，꜁多奘的呢！

住到这儿，到咧黑咧晚上，你就知道有꜁多静的。

这个厕所好长时间咧都没打摭[ta^{52} tʂɤ^{31}]打扫，꜁多臭的。

这个老婆老太太齐整讲究干净整洁得很，把屋拾掇得꜁多净的。

他才给我给咧一点儿纸，꜁多薄儿的，根本就不得够用。

“꜁多＋A单”和“꜁多＋A 儿”式也可以重叠。例如：

好的把他吃得꜁多胖꜁多胖的。

小伙子缘攀缘得꜁多高꜁多高的。

他把面拉得꜁多长꜁多长，꜁多细꜁多细的。

水分一完，就成咧变成了꜁多大儿꜁多大儿的咧。

你简直想象不来不到，那家的厕所꜁多臭꜁多臭的。

“꜁多”也可以与复合词或词组相结合。例如：꜁多漂亮、꜁多能干、꜁多厉害、꜁多开心、꜁多过瘾、꜁多舒服、꜁多可怜、꜁多有劲、꜁多有意思、꜁多有水平、꜁多没劲儿、꜁多来劲儿、꜁多想你、꜁多爱他、꜁多很他这个老师、꜁多不愿意、꜁多不好意思。这些“꜁多”也可以理解为“多么”，常常用在惊叹句末。例如：

你看他笑得꜁多开心！

这顿饭吃得꜁多过瘾！

老张这本书写得꜁多有水平！

这个女子姑娘꜁多漂亮，这个小伙子꜁多能干！

跟你这号这种人处在一搭儿一起꜁多没劲儿！

你就想不到他有꜁多难受的，你凑啥热闹呢？！

我就知道他有꜁多不愿意的；你再嫑别再提说咧。

且。此字户县方言通常读作上声调[tɕ^{h}iɛ^{51}]，当时间副词“暂且”讲的时候读作阳平调[tɕ^{h}iɛ^{35}]，常常要受到否定词“不、覅”以及时态标志“着、着呢”的同时管控。例如：

我且[tɕ^{h}iɛ^{35}]不看着呢。

他且[tɕ^{h}iɛ^{35}]不来着呢。

我在北京且[tɕ^{h}iɛ^{35}]不去着呢。

老汉且[tɕ^{h}iɛ^{35}]不想吃饭着呢。

你且[tɕ^{h}iɛ^{35}]覅去着；停上一两个时辰再去。

咱都且[tɕ^{h}iɛ^{35}]覅吃着；把人等齐咧再吃多好。

你且[tɕ^{h}iɛ^{35}]覅拿着；候人多咧再拿也不迟。

你且[tɕ^{h}iɛ^{35}]覅你见老师着，你先见你师娘去。

些。关中方言表示一般数量的“些”字通常读作阴平调[ɕiɛ^{31}]，读作阳平调ɕiɛ^{24}]的时候表示数量很多。孙立新《关中方言代词研究》84～85页指出：关中方言表示很多或者极多的，最常见的是“些”字变读阳平或者上声调表示很多，周至、户县又以“些些ɕiɛ^{51} ɕiɛ^{35}”来表示极多。其中，周至、户县的“些ɕiɛ^{51}”和“些ɕiɛ^{35}”意思相同，两者连用后表示极多，高陵是两个“些 siɛ^{35}”连用（重叠）表示极多。下面列举《关中方言代词研究》里“些”字变读阳平或者上声调的材料，因为是讨论指示代词的，所以，以下限于与“这些、那些”有关的；《关中方言代词研究》里以“多”字表示很多或极多的，下面不再罗列；“兀”是“那”的意思，是远指代词的第一层次，“那”是第二层次。

西安　很多：这一些 tʂei^{55} ɕiɛ^{24}/tʂei^{55} ɕiɛ^{52}，兀一些 uei^{55} ɕiɛ^{24}/uei^{55} ɕiɛ^{52}，那些 næ^{55} ɕiɛ^{24}/næ^{55} ɕiɛ^{52}。

周至、户县　很多：这一些 tʂei^{55} ɕiɛ^{51}/这一些 tʂei^{55} ɕiɛ^{35}，兀一些 uei^{55} ɕiɛ^{51}/uei^{55} ɕiɛ^{35}，那些 næ^{55} ɕiɛ^{51}/næ^{55} ɕiɛ^{35}；极多：这一些些 tʂei^{55} ɕiɛ^{51} ɕiɛ^{35}，兀一些些 uei^{55} ɕiɛ^{51} ɕiɛ^{35}，那些些 næ^{55} ɕiɛ^{51} ɕiɛ^{35}。

潼关　很多：这些 tʂʅ^{44} siɛ^{52}，兀些 u^{44} siɛ^{52}，那些 næ^{44} siɛ^{52}。

商州　很多：镇些 tʂən^{55} ɕiɛ^{35}，那些 naːi^{55} ɕiɛ^{35}。

蓝田　很多：这些 tʂei^{55} ɕiɛ^{35}，兀一些 uei^{55} ɕiɛ^{35}，那些 næ^{55} ɕiɛ^{35}

临潼　很多：这些 tʂei^{44} siɛ^{24}，兀些 u^{44} siɛ^{24}，那些 næ^{44} siɛ^{24}。

渭南、大荔　很多：这些 tʂʅ^{55} siɛ^{35}, 兀些 u^{55} siɛ^{35}, 那些 næ^{55} siɛ^{35}。

蒲城兴镇　很多：这些 kɯ^{55} ɕiɛ^{24}，兀些 u^{55} ɕiɛ^{24}，那些 næ^{55} ɕiɛ^{24}。

三原　很多：这些 tʂʅ^{55} siɛ^{35}，兀些 u^{55} siɛ^{35}，那些 næ^{55} siɛ^{35}。

高陵　极多：这些些 tʂei^{51} siɛ^{35} siɛ^{35}, 兀一些些 uei^{51} siɛ^{35} siɛ^{35}, 那些些 næ^{51} siɛ^{35} siɛ^{35}。

泾阳　很多：这些 tʂʅ^{55} siɛ^{35}/tʂʅ^{55} siɛ^{51}，兀些 u^{55} siɛ^{35}/u^{55} siɛ^{51}，那些 næ^{55}siɛ^{35}/næ^{55}siɛ^{51}。

泾阳云阳　很多：这些 tʂʅ^{55} siɛ^{35}，兀一些 uei^{55} siɛ^{35}，那些 næ^{55} siɛ^{35}。

礼泉烟霞　很多：这些 tʂʅ^{44} siɛ^{35}/tʂʅ^{44} siɛ^{53}，兀一些 uei^{44} siɛ^{35}/uei^{44} siɛ^{53}，那些 læ^{44} siɛ^{35}/læ^{44} siɛ^{53}。

乾县　极多：这些些 tʂʅ^{44} ɕiɛ^{52} ɕiɛ^{35}，兀些些 u^{44} ɕiɛ^{52} ɕiɛ^{35}，那些些 læ^{44} ɕiɛ^{52} ɕiɛ^{35}。

乾县大王　很多：这些些 tʂʅ^{44} ɕiɛ^{35}，兀些些 u^{44} ɕiɛ^{35}，那些些 læ^{44} ɕiɛ^{35}；极多：这些些 tʂʅ^{44} ɕiɛ^{31} ɕiɛ^{35}，兀些些 u^{44} ɕiɛ^{31} ɕiɛ^{35}，那些些 læ^{44} ɕiɛ^{31} ɕiɛ^{35}。

永寿　很多：这些 tʂʅ^{44} ɕiɛ^{35}，兀些 u^{44} ɕiɛ^{35}，那些 læ^{44} ɕiɛ^{35}。

彬县新民方言表示很多时要伴以手势，在表示极多时“些”字主要元音长化（“些 siɛː^{35}”）：这些 tʂʅ^{55} siɛː^{35}，兀些 u^{55} siɛː^{35}，那些 læ^{55} siɛː^{35}。

武功　很多：这么些 tʂʅ^{44} .mɤ ɕiɛ^{24}，兀么些 u^{44} .mɤ ɕiɛ^{24}，那么些 læ^{44} .mɤ ɕiɛ^{24}。

另外，“一꜁些”在关中方言里是“很多”的意思。例如：

一꜁些人都不同意他当代表。

他贪污的一꜁些钱还没交代呢。

她娘家还有一꜁些事都没教她知道。

我最近忙得很，还有一꜁些事情都没办呢。

月。阴平调[yɛ^{31}]，“月亮、坐月、正月、二月、腊月、贪月指在预产期以后出生”；阳平调[yɛ^{35}]，“正月、腊月、秋月秋天”。此字以及以下各字的阳平读法属于白读。

铺。此字通常读作阴平[p^{h}u^{31}]和去声[p^{h}u^{55}]，“铺柜商店的柜台”的“铺”字读作阳平[p^{h}u^{24}]。

缚。此字切韵音系在奉母入声药韵，关中方言通常读作上声调[fɤ^{52}]（如“束缚、缚苍龙”），在“缚粽子包粽子、缚笤帚做笤帚”等语境里读作阳平[fɤ^{24}]。

呆。阴平调[tæ^{31}]，“呆头呆脑、多呆几天”；阳平调[tæ^{35}]，“笨手拙呆、闷脑子笨呆”。关中方言“呆板”的“呆”字读作[꜁ŋæ]。

逮。阴平调[tæ^{31}]，“逮捕、逮鳖捉鳖；占傻子的便宜、逮住咧”；阳平调[tæ^{35}]，“逮住咧”。

盖。此字通常读作去声调[kæ^{55}]，读作阳平调[kæ^{24}]的时候，首先跟关中的一种游戏“跳格子”有关。这种游戏户县叫做“踢盖[kæ^{35}]”，户县北乡叫做“跳꜁纲”或“踢瓦儿”。“盖[kæ^{35}]”的形制是盖子状的，故名“盖[kæ^{35}]”，而区别于一般的大盖子，因为常常用比孩子手大的小瓦片，故户县北乡称作“瓦儿”。游戏者一般是 5～10 岁的孩子，多数是女孩。可以由两人进行比赛；也可以由多人分若干个组比赛。游戏时在地上画上格子。西安一带把阴茎龟头叫做“盖盖[kæ^{24} kæ$^{24-31}$]”，又叫做“盖搂[kæ^{24} lɤu^{31}]”。

拐。此字在“拐卖、拐弯、打拐、拐拐拐杖”等词语里读作上声调[kuæ^{51}]，读作阳平调[kuæ^{24}]的时候，是把“跛，瘸”叫做“拐[kuæ^{35}]”，例句如“他的腿有问题呢，走路一꜁拐一꜁拐的”；把跛子、瘸子叫做“拐[kuæ^{35}]子”，于是“拐[kuæ^{51}]子拐线的；肘关节≠拐[kuæ^{35}]子跛子”。关中方言把跛子通常也叫做“跛子”或“瘸子”。

外。此字通常读作去声调，文读[uæ^{55}]，白读[uei^{55}]；白读的适用语境如“外家、老外家父亲的舅家、小外家当事人的舅家、老老[lau$^{51-31}$ lau^{51}]外家祖父的外家”。喝令牲口向右边走的时候喊“外外外[uɤ^{35} uɤ^{35} uɤ^{35}]”，或者“外儿外儿外儿[uə^{35} uə^{35} uə^{35}]”这个“外”字读作[uɤ^{35}]。喝令牲口向右边走的时候喊“内内内[y^{51} y^{51} y^{51}]”；户县方言把马车或牲口拉着的一套犁具等的左边叫做“里首”，外边叫做“外首”，喝令往里（左）走为“内内内[y^{51} y^{51} y^{51}]”或“内靠[luei^{55} k^{h}au^{55}]”，往外（右）走为“外外外[uɤ^{35} uɤ^{35} uɤ^{35}]”或“外靠[uæ^{55} k^{h}au^{55}]”。“外”读作[uɤ^{35}]和“内”读作[y^{51}]属于特殊读法。按：户县方言喝令牲口停下来为“遏[uɤ^{51}]”；《户县方言研究》111页以“遏[uɤ^{35}]”来记录是错误的，“遏”字在户县最通常的读法为[ŋɤ^{31}]（=“恶劣”的“恶”），在“遏制、遏止”两个词语里读作[uɤ^{31}]（=窝涡倭）。

背帮母去声队韵。西安一带此字通常读作去声调，读作阳平调[pei^{24}]时适用于“脊背”一词。

堆。此字通常读作阴平调[tuei^{31}]，“土堆”的“堆”字白读阳平调[tuei^{35}]。

对。此字通常读作去声调，读作阳平调[tuei^{24}]的时候，一是“用杆状物碰击”，例如“不敢拿棍꜁对人”“他不小心꜁对到车辕上咧”；二是“碰见”，例如“把你没寻见却꜁对见咧”；其三引申为“训斥，臭骂”，例如“他欺负女子娃女孩子呢，教老师把他꜁对咧一顿。”

高。此字通常读作阴平调，读作阳平调[kau^{24}]的时候是“用好言语或小恩小惠使听话人按照说话人意愿行事”的意思，例如：

我又不是个瓜子傻子，你想꜁高我，没门儿！

他是个洋性子如爱听好话，兴꜁高，你去把他꜁高一下，你咋要求他咋来。

道。去声调[tau^{55}]：“道路、街道、门道”；阳平调[tau^{35}]：“水꜁道、磨꜁道磨子上粮食、麸子等所经过的地方”。关于“磨道[mɤ^{55} tau^{35}]”，户县有一首骂“红烂眼儿过去那种眼睛红肿者”的歌谣云：“红烂眼儿，鸡尻子，在<u>人家</u>[nia^{55}]磨道偷麸子。教<u>人家</u>[nia^{55}]拉抓；发现住抠尻子。给<u>人家</u>磨道屙，教<u>人家</u>拉住打。”户县把走廊叫做“道道[tau^{55} .tau]”，东南乡把“道道”读作[tau^{24} tau$^{24-21}$]。

糟。如户县方言，阴平调[tsau^{31}]：“糟糠，酒糟”；用作阳平调[tsau^{35}]

的时候一般在"碎小糟糟[tsau35 tsau35-31]"一词里，指小的人或物，例如："这都是些碎糟糟｜你个碎糟糟有说的啥呢？"按：户县方言"碎糟糟[tsau31 .tsau]≠碎糟糟[tsau35 tsau35-31]"，形容词"碎糟糟[tsau31 .tsau]"指很小，例句如"这些苹果碎糟糟[tsau31 .tsau]的"。

少。此字通常读作上声[ʂau52]和去声调[ʂau55]，读作阳平调[ʂau24]的时候，如"耍少咧"指"玩儿恼了"；"少脸子"指跟人开不起玩笑的家伙。

了。西安一带方言"了1"读作[.liau]，"了2"读作[.liɛ]。了1"读作[liau24]的时候，表示说话人认为某事将成事实（将然），对听话人所具有的失落感的庆幸。例如：

他把他妈气死了[liau24]！

他把1000块钱丢了[liau24]！

（分东西者说）你来得太迟了，完了[liau24]！

"了2"字读作[liɛ24]时，表示说话人对某事将既成事实（将然），往往是第三者对听话人将构成威胁；这也可以看作"了2"的特殊读法。例如：

（对偷盗者说）主儿家指主人来了[liɛ24]，你还不跑！

打开了打起来了[liɛ24]，小心捱误伤着，赶快走过走开！

这些东西你敢放三天，就瞎坏了[liɛ24]；到时候把你整得干哭没眼泪！

"了"字读作阳平的时候，也常常是说话人对某种情况本不该发生而实际上已经发生的抱怨、反悔等。例如：

我教你回去看呢，就怕失火，你看，得是是不是失火咧[liɛ24]！

他要是早知道有这个结果，肯定不犯法，这回看来是彻底地完[liau24]！

另外，户县方言非阳平字读作阳平调的还可以再举几个如下。

小。此字通常读作上声调[ɕiau51]，户县方言把离开大的村庄的、很小的、一般有三五户人家的庄叫做"꜁小[ɕiau35]庄"。按：一般的小村庄，户县叫做"庄庄儿"。

腰。此字通常读作阴平调[iau31]，白读阳平调[iau35]；白读适用语境为"半中腰[iau35]"。

都。范围副词"都"字通常读作阴平调，读作阳平调[tɤu24]的时候还是范围副词，是"全都"的意思，含有对所言及范围的强调意味。假如说"꜀你你们 ꜀都走走开"，就意味着万一有人不走开也无所谓，但是，"꜀你 ꜁都走"就强调了一个都不留的坚决态度。关中人在理解范围副词"꜀都"和"꜁都"的时候是毫不含糊的。下面举几个用到"꜁都"的例句。

他的五个儿女꜁都不管他。

这几个小伙子还꜁都没有对象着呢。

把你身上的钱꜁都给我，我还得再借些。

꜁都嫑说话咧，领导讲话呀“呀”字表示将然。

你去把你姑一家子 ꜁都叫着来，教来看热闹。

꜁都给我听着，任何人 ꜀都不能违反这些原则！

꜀你的你们 ꜁都走 ꜁都走，我连 ꜀你的一个儿都不想留！

抖。此字的通常读法跟量具“斗[tɤu^{52}]”字同音。西安一带的“抖动”作单音节阳平调的“抖[tɤu^{24}]”，如“抖[tɤu^{24}]场如把麦场上碾了麦子麦草抖动使得麦粒落出、抖[tɤu^{24}]麦秸、抖揌[tɤu^{24} sæ$^{52\text{-}31}$]抖动；整治”。发抖的“抖”字读如“偷[tʰɤu^{31}]”，西安一带把发抖叫做“抖抖[tʰɤu^{31} .tʰɤu]”；也把发抖叫做“啪啪[pʰa^{31} .pʰa]/打颤[ta^{52} tʂã^{55}]”。

扣。此字只在“扣住”一个语境里读作阳平调[kʰɤu^{35}]，其他语境里全读去声调[kʰɤu^{55}]。“扣[kʰɤu^{35}]住”的意思有：一，“扣留住”；二，“扣在手底下”；三，“管住”。

悠。此字通常读作阴平调[iɤu^{31}]，在“悠着”一词里读作阳平调[ɕiau^{35}]（歇后语：老婆坐车车儿——悠着），增加了声母[ɕ]，韵母也有所变化（[iɤu＞iau]）按：关中方言“悠”的白读[ɕ]声母，应当跟“小”的异体字“筱”有着直接的关联，因为“悠筱”都是以“攸”为声符的。

久。此字通常读作上声调[tɕiɤu^{52} 西安/tɕiɤu^{51} 户县]，户县方言的副词“只久一直，好久”的“久”字读作阳平调[tɕiɤu^{35}]，也读作阴平调[tɕiɤu^{31}]。例如：

你咋只久[tsɿ^{31} tɕiɤu^{35}/tɕiɤu^{31}]还不见过来不过来呢，到来到底还有啥事呢？

他尻子沉指在别人家坐下来聊天或看电视等，一旦坐下来就坐好久都不离开得很，都来咧两三个钟头儿咧，只久[tsɿ^{31} tɕiɤu^{35}/tsɿ^{31} tɕiɤu^{31}]不走，把人能烦死了！

担。此字关中方言读作阳平调[tã^{24}]时是“（事情）搁置”的意思，适用语境如“这件事情要是 ꜁担（上个）三几年三五年就麻烦大咧”，把“（事情）处于可办可不办之间”叫做“两 ꜁担[tã^{35}]”或“两 ꜁当”；户县把蚱蜢叫做“尖 ꜁担[tã^{35}]/鞭 ꜁担[tã^{35}]”。

蛋。此字通常读作去声调，户县方言“屎蛋蛋”的“蛋”字读作阳平调。有詈语说“叫你不言传，嘴噙个屎蛋蛋 tɕiau^{55} ni^{51} pu^{31} niã^{35} tsʰuã$^{35\text{-}31}$ tsuei^{51} .ei tɕʰiẽ^{35} kɤ^{31} sɿ^{51} tã^{35} tã$^{35\text{-}31}$”，意思是“喊叫你的时候，你故意不回应，你的嘴里是噙着屎了吗？”其中，“嘴”字形成拖音以后指嘴里。

边。此字通常读作阴平调[piã^{31}]，白读阳平调[piã^{35}]；白读适用语境为“东边[piã^{35}]、西边[piã^{35}]、南边[piã^{35}]、北边[piã^{35}]”。

间。此字通常读作阴平[tɕiã^{31}]或去声[tɕiã^{55}]，白读阳平[tɕiã^{35}]，适用语境为“中间”。

线。此字通常读作去声调[ɕiã^{55}]，白读阳平调[ɕiã^{35}]；白读适用语境为“绒线[ɕiã^{35}]花合欢花、线[ɕiã^{35}]道路线，活路”。

管。此字通常读作上声调[kuã^{51}]，白读阳平调[kuã^{35}]；白读适用语境为“只管[tsɿ^{31} kuã^{35}]”。户县方言“只管[tsɿ^{31} kuã^{51}]≠只管[tsɿ^{31} kuã^{35}]”，“只管[tsɿ^{31} kuã^{51}]”有“尽管”等意思，如“你只管[tsɿ^{31} kuã^{51}]拿”“你只管[tsɿ^{31} kuã^{51}]去”；“只管[tsɿ^{31} kuã^{35}]”是时间副词“一直（都）、不住地”的意思，要跟否定词相互照应，还常常音变为[tsɿ^{31} kuẽ^{35}]。例如：

他只管[tsɿ^{31} kuã^{35}]/[tsɿ^{31} kuẽ^{35}]不来。

他只管[tsɿ^{31} kuã^{35}]/[tsɿ^{31} kuẽ^{35}]把娃打呢。

老汉只管[tsɿ^{31} kuã^{35}]/[tsɿ^{31} kuẽ^{35}]咳嗽呢。

你咋只管[tsɿ^{31} kuã^{35}]/[tsɿ^{31} kuẽ^{35}]都把话说不完呢？

我那阵儿只管[tsɿ^{31} kuã^{35}]/[tsɿ^{31} kuẽ^{35}]都没想明白。

真。此字通常读作阴平调[tʂẽ^{31}]，读作阳平调[tʂẽ^{24}]时用如程度副词，是“太，实在，非常，果真”的意思。“꜁真”可以跟关中方言常用的形容词或形容词性词组相结合。例如：

你这个人꜁真好，他那个人꜁真瞎坏！

他꜁真要去就教他去，挡他做啥呢？

如今的娃娃꜁真幸福，啥苦都吃不上！

你꜁真不是个东西，我꜁真把你没办法！

他把房子房间收拾得꜁真干净，꜁真整齐！

我꜁真想给他多借些钱，就是没有那们那么多。

咱꜁真能把这个事情办成，那咱就烧咧高香咧！

你要是꜁真这下这么想，我也就不跟你说咧；你自己看着办去。

劲。此字通常读作去声调[tɕiẽ^{55}]（凤翔读作[tɕiŋ^{44}]），关中方言把食物“劲道”作阴平调的“劲[tɕiẽ^{31}]（凤翔读作[tɕiŋ^{31}]）”。

墩。此字通常读作阴平调[tuẽ^{31}]，“土墩、墩墩碗小而厚的瓷碗”的“墩”白读阳平调[tuẽ^{35}]。

衠。此字读作阴平调的时候指品种纯正，如“这些鸡娃儿小鸡꜀衠[pfẽ^{31}]（户县读作[tsuẽ^{31}]）得很，兀那些一点儿都不꜀衠”。读作阳平调[pfẽ^{24}]（户县读作[tsuẽ^{35}]）的时候用如范围副词，是“全都”的意思，含有对所言及范围的强调意味；跟上文的“꜁都”意义相当，但“꜁衠”多用于判断句，常常连带“꜀都”字。例如：

这个单位꜁衠是党员。

他的几个娃꜁衠都是大学生。

你听，꜁衠（都）是他的声音。

他给我拿来的钱꜁衠（都）是五块五块的。

他的屋里头꜁衠是书，连个坐的地方都没有。

你꜁衡给我给些杂志就对咧，我不要你的书。

棒。此字通常读作去声调[paŋ^{55}]（凤翔读作[pʰaŋ^{44}]），户县北乡把玉米穗叫做“棒棒[paŋ^{35} paŋ$^{35-31}$]”，凤翔也叫做“棒棒[pʰaŋ^{44} .pʰaŋ]”，西安叫做“包谷穗儿[pau^{31} ku^{31} suer$^{55-52}$]”。户县把从节处折断的高粱杆、玉米杆叫做“꜁棒榔儿”，陇县叫做“棒榔[paŋ^{44} .laŋ]”。

当。此字的阴平调和去声调用法已见上文；关中方言点读作阳平调[taŋ^{24}]的时候是“逢、碰（机会、机遇、时间）”的意思。例如：

歇后语：狗吃屎——冒꜁当呢。

꜁当个好机会，说不定就升大官咧。

我把他没寻见，把他在大街道[tau$^{55-51}$]大街上꜁当见咧。户县例句

你以为好机会都是꜁当上的，你要是不努力，永远都꜁当不上好事。

关中方言还把“（事情）处于可办可不办之间”叫做“两꜁当”或“两꜁担[tã^{35}]”。

刚。此字用作形容词以及人名的时候读作阴平调[kaŋ^{31}]（=钢缸），如“刚强、志刚”。读作阳平调的时候是副词，文读[kaŋ^{24}]，白读[tɕiaŋ^{24}]。例如：꜁刚[kaŋ^{24}/tɕiaŋ^{24}]来、꜁刚[kaŋ^{24}/tɕiaŋ^{24}]走、꜁刚[kaŋ^{24}/tɕiaŋ^{24}]说的、꜁刚[kaŋ^{24}/tɕiaŋ^{24}]合适、꜁刚[kaŋ^{24}/tɕiaŋ^{24}]及格咧、꜁刚[kaŋ^{24}/tɕiaŋ^{24}]有 30 块钱、꜁刚[kaŋ^{24}/tɕiaŋ^{24}]结婚几天、꜁刚[kaŋ^{24}/tɕiaŋ^{24}]满 100 岁。定边“刚”字作副词的，读作阴平[tɕiaŋ^{31}]。

纲。此字通常读作阴平调[kaŋ^{31}]（=钢缸），如“纲要、提纲”。户县北乡把“跳格子”又叫做“跳꜁纲[tʰiau^{35} kaŋ^{35}]（按：‘跳’字读作阳平调；《广韵》在定母平声萧韵）”；户县民间游戏活动中的“打尜”等，为了决定先后，必须划定一条线，这条线叫做“꜁纲[kaŋ^{35}]”，见《关中民俗》427～427 页“打尜”，436～437 页“耍菜窝儿”“耍棒榔儿”。

髒。此字通常读作阴平调[tsaŋ^{31}]，在“（弄）髒咧”一个语境里又白读为阳平调[tsaŋ^{35}]。

张。此字通常读作阴平调[tʂaŋ^{31}]，如“张口、姓张、开张”。读作阳平调[tʂaŋ^{24}]以后是“狂、狂妄、猖狂；疯狂”的意思。例如：

惯用语：张得没领领咧狂妄到极点了。

咱就放得茶茶儿很低调，很谦虚的，要胡꜁张！

这个人一辈子都是担不住二两膘有了一点钱财就大肆炫耀，一有钱就꜁张得上天呀！

他原先害过神精病精神病，这两天有些꜁张疯狂，得赶快送到医院去；不敢教꜁张起了意思是一旦严重了，治疗难度就大了。

让。此字通常读作去声调[ʐaŋ^{55}]（《广韵》日母去声漾韵），关中方言读作阳平调[ʐaŋ^{24}]的时候是“取笑，挖苦”的意思，俗体作“䶂”；其“取笑，

挖苦”义是古汉语“责备”义的引申。按：此字在宝鸡县功镇一带老派口语里只读阳平调[ʐaŋ^{24}]。

光。此字读作阳平调[kuaŋ^{24}]的时候用如副词，是“只，仅仅；偏偏”的意思。例如：

꜁光吃米，不吃面。

你꜁光教他一个人来就对咧。

他屋一失火，꜁光剩咧些粮食。

他就是꜁光要给我给呢，꜁光不给残的别人给。

你说你꜁光要去呢，我꜁光不准你去；咱看谁能犟过谁呢？

桄。此字关中方言读作阳平[kuaŋ^{24}]时指短棍，如把短棍叫做“桄桄[kuaŋ^{24} kuaŋ$^{-31}$]”，打尜的短棍叫做“尜桄[ka^{55} kuaŋ^{24}]”；用棍等杆状物在人头上打击叫“桄[kuaŋ^{24}]”。例如：

我没觑顾[ɕy$^{31-24}$ ku^{31}]注意看，注意，他在我头上桄[kuaŋ^{24}]咧一下。

顶。此字关中方言通常读作上声调[tiŋ^{52}]，如“头顶、顶大”的“顶”字读作上声调。此字读作阳平调[tiŋ^{24}]时，一是跟一种游戏有关：《关中民俗》422～423页“占方类游戏”之二为“搭四꜁顶”，是一种画纵横各四条线的占方类游戏；西安叫做“꜁顶꜁四[sɿ^{24}]”，此处西安的“四”字也读作阳平调。二是用作动词，“顶撞；戳；（食物）难以消化”。例如：

他的这几句话꜁顶得我心疼。

鞋掌上的钉子没砸平，戳出来咧，脚꜁顶得疼得很。

他吃的面没煮到指未熟好，把他的心口儿꜁顶得难受的。

他是个二杆子，说话爱꜁顶冷门门别人不愿意接受的话他都说得出口。

死板的人或物叫做“死顶儿[sɿ^{52} tiə̃r^{24}]/死顶顶[tiŋ^{24} tiŋ$^{24-31}$]”。取笑死板者的歌谣云：“死顶儿，不行儿，吃了今儿，没明儿。”又如例句：“不用面引子酵子，蒸出来的馍就是死顶顶。”

拱。“拱卒”的“拱”字，通常读作上声调[kuəŋ^{51}]，白读为阳平调[kuəŋ^{35}]。

2.2.3　非上声字变作上声调的构词机制

大。此字切韵音系在定母去声箇韵，关中方言通常文读[ta꜄]，西安、户县、周至、咸阳、兴平等处白读[tuɤ꜄]（=剁），彬县、长武、旬邑、渭南、白水等处白读[t^{h}uo꜄]（=唾）；户县、周至把附近、周围叫做“大圆（=打圆）/四大圆/方大圆”，其中的“大”字读作上声调[ta^{51}]（大圆[ta^{51} yã^{35}]附近、周围≠大圆[ta^{55} yã^{35}]大的圆）。

杈。此字切韵音系在初母平声麻韵，关中方言通常读作阴平[꜀ts^{h}a]，在“树杈”一词读作上声[꜂ts^{h}a]。

画。此字切韵音系在匣母去声卦韵，关中方言很普遍地读作去声[xua꜄]，富平方言当名词用的时候读作上声[꜂xua]。

核。这是“审核、核心、核桃”的“核”字，切韵音系在匣母入声麦韵，关中方言很普遍地把“审核、核心”的“核”字读作阴平[꜀xæ]，西安等关中方言区中东部地区把“核桃”的“核”字一般读作[꜁xɯ]。关中方言很普遍地把“里头”义的“核”字读作上声并且又把里头叫做“꜂核头”，如西安读作[꜂xɯ]，宝鸡读作[꜂xei]，华阴读作[꜂xou]。

刺。此字切韵音系在清母去声寘韵，在“枣刺、皂角刺”等语境里读作去声[tsʰɿ꜄]，在“刺刀、刺杀、刺客”等语境里读作上声[꜂tsʰɿ]（=此）。

脂。此字切韵音系在章母平声脂韵，关中方言在“脂油、脂肪、香脂、胭脂”等词语里头读作阴平[꜀tsɿ]，在“油脂、血脂”等词语里读作上声[꜂tsɿ]（=纸）。

次。此字切韵音系在清母去声至韵，除了在“次品”一词里读作去声[tsʰɿ꜄]外，在其余语境里一律读作上声[꜂tsʰɿ]（=此）。

自。此字切韵音系在从母去声至韵，通常读作去声[tsɿ꜄]西安等处（[tsʰɿ꜄]旬邑、渭南等处），在“上自习”一词里头读作上声[꜂tsɿ]（=紫）。

至。此字切韵音系在章母去声至韵，除了“冬至、夏至”的“至”读作去声外，在其余语境里一律读作上声[꜂tsɿ]（=纸）。

离。此字切韵音系在来母平声支韵和去声寘韵，关中方言通常读作阳平[꜁li]和去声（[li꜄/liɛ꜄]（=利/趔）；即《方言调查字表》第16页加注的“离开半寸”），此字在“差不离差不多”一词里读作上声[꜂li]（=里）。

蒲。此字切韵音系在並母平声模韵，关中方言通常读作阳平[꜁pʰu]，在“蒲公英”一词里读作上声[꜂pʰu]（=普）。

箍。此字切韵音系在见母平声模韵，关中方言通常读作阴平[꜀ku]，在当“胁迫；纠缠，强迫”等讲的时候读作上声[꜂ku]。例句如：“你把人还箍住咧！｜你过去硬箍，他也就答应咧。”我们原来不知道这个字到底该怎么写，如本书2012年5月20日9点34分以前一直写作“鼓$^{=}$”。读西安易俗社剧作家高培支先生的《夺锦楼》，第九回万花楼有一句台词“这把人还箍住咧！”得到启示，看来有的音变构词现象掩盖了本质；或者我们往往把一些简单问题复杂化，在这复杂化的背景下，往往会不知就里。现在马上把“鼓$^{=}$”改作“꜂箍”。

枯。此字切韵音系在溪母平声模韵，关中方言通常读作阴平[꜀kʰu]，在“枯木”一词里读作上声[꜂kʰu]（=苦）。

素。此字切韵音系在心母去声暮韵，西安、宝鸡、咸阳等处读作[su꜄]，户县、高陵、蓝田等处读作[sɤu꜄]，渭南、商州一带读作[sou꜄]，西安把“素性秉性，性格”的“素”字读作上声调[su52]，户县读作[sɤu51]。

破。此字切韵音系在滂母去声过韵，关中方言通常读作去声[pʰɤ꜄]，西安一带在“破命拼命”一词里读作上声[꜂pʰɤ]。

派。此字切韵音系在滂母去声卦韵，关中方言在“派遣、派活、指派”等语境里读作去声[pʰæ55]，在“派性、反动派、左派、右派、做派”等语境里读作上声[pʰæ52]。

快。此字切韵音系在来母去声至韵，关中方言通常读作去声[kʰuæ꜄]，在“快乐”一词里读作上声[꜂kʰuæ]。

类。此字切韵音系在滂母去声过韵，关中方言通常读作去声[luei꜄]，在“败类”一词里读作上声[꜂luei]（=磊）。

培。此字切韵音系在並母平声灰韵，关中方言在“培养、栽培”等词语里读作去声[pʰei꜄]，这是避讳“赔[꜁pʰei]”字的读音（按：“陪同”的“陪”字也读作去声，也是避讳“赔”的读音），“培”在作人名用字（如“关天培、黄炎培”）的时候读作上声[꜂pʰei]。

报。此字切韵音系在帮母去声号韵，关中方言在“报纸、报复、报答、汇报、回报、报仇雪恨”等词语里读作去声[pau55]；“报告”一词，用作动词的时候读作[pau55 kau55]，如“这个得尽快望上报告｜去，你几个去报告去”；用作名词或如学生进入老师办公室的时候所喊的读作[pau52 kau55]，如“作报告｜听报告｜打个报告｜写个报告｜打小报告｜（学生）报告！——（老师）请进/进来！”

膏。此字切韵音系在见母平声豪韵和去声号韵，关中方言通常读作阴平[kau31]和去声[kau55]，在“牙膏、雪梨膏、膏子染料”等词语里读作上声[kau52]（=搞）。

糕。此字切韵音系在见母平声豪韵，关中方言通常读作阴平[kau31]，在“糟糕”一词里读作上声[kau52]（=搞）。

糟。此字切韵音系在精母平声豪韵，关中方言通常读作阴平[tsau31]，在“乱七八糟”一词里读作上声[tsau52]（=早）。

揉。此字切韵音系在日母平声尤韵，户县方言通常读作阳平[ʐɤu35]，户县方言把“有破坏性的揉”叫做“꜂揉[ʐɤu51]”。如“揉[ʐɤu35]烂咧≠揉[ʐɤu51]烂咧”。此字读作上声调的理据是《集韵》上声有韵“女九切”，“揉，挠也。”

盼。此字切韵音系在滂母去声裥韵，关中方言通常读作去声[pʰã꜄]，在“我盼老快赶快过年、我盼你死”等表达盼望、愿望的词语或短语里通常读作上声[꜂pʰã]。

尖。此字切韵音系在精母平声盐韵，关中方言通常读作阴平[tɕiã31]（岐山读作[tsiã31]），在“鼻子尖嗅觉灵敏”一词里读作上声[tɕiã52]。

鞭。此字切韵音系在帮母平声仙韵，关中方言通常读作阴平[piã^{31}]，在“鞭炮”一词里读作上声[piã^{52}]；“一盒鞭/一匣鞭”的“鞭”即指鞭炮。

篇。此字切韵音系在滂母平声仙韵，关中方言通常读作阳平[p^{h}iã^{24}]（是为声调例外），在“篇幅、篇章”等语境里又读上声[p^{h}iã^{52}]。

瞻。此字切韵音系在章母平声盐韵，关中方言通常读作阴平[tʂã^{31}]，在“高瞻远瞩”一词里读作上声[tʂã^{52}]（=展）。

暗。此字切韵音系在影母去声勘韵，关中方言通常读作去声[ŋã^{55}]，在用作单音词并且当“很黑暗”讲的时候读作上声[ŋã^{52}]（=揞）。

尽。此字切韵音系在从母上声轸韵，关中方言通常读作去声[tɕiẽ^{55}]（岐山读作[tsiŋ^{44}]），在“尽饱吃、尽车装、尽壳娄圆满足一切要求”等语境里读作上声[tɕiẽ^{52}]（岐山读作[tsiŋ^{52}]）。

档。此字切韵音系在端母去声宕韵，关中方言通常读作去声[taŋ^{55}]，在“挂档、一档、二档”等语境里读作上声[taŋ^{52}]（=党）；有的人把“档案”的“档”字也读作上声。

称。此字切韵音系在昌母平声蒸韵，关中方言在“称秤、称重量”的语境里读作阴平调[tʂ^{h}əŋ^{31}]，在“称呼、称赞、称谓、人称、职称、名称”等语境里读作上声调[tʂ^{h}əŋ^{52}]。按：昌母去声证韵字“称相称，称心”字，西安一带读如“趁[tʂ^{h}ẽ^{55}]”；有错读如“称呼”之“称[tʂ^{h}əŋ^{52}]”的。“称相称，称心”字在北京、西安读如“趁”的理据待考。

乘。此字切韵音系在船母平声蒸韵，关中方言在“乘法、乘数、被乘数、乘除、加减乘除；乘凉”等语境里读作阳平调[tʂ^{h}əŋ^{24}]，在“乘坐、乘车、乘机会”等语境里读作上声调[tʂ^{h}əŋ^{52}]。

容。此字切韵音系在以母平声锺韵，关中方言通常读作阳平[yŋ^{24}]，在“形容、形容词”语境里读作上声[yŋ^{52}]（=永）。

些。此字切韵音系在心母平声麻韵，关中方言通常读作阴平[ɕiɛ^{31}]（韩城读作[ɕia^{31}]，三原读作[siɛ^{31}]）；此字在表示很多或极多的时候，在如下方言点里读作上声（表示很多或极多的时候还读作阳平，已见上文 2.2.2 部分）。

西安　很多：这一些 tʂei^{55} ɕiɛ^{52}，兀一些 uei^{55} ɕiɛ^{52}，那些 næ^{55} ɕiɛ^{52}。

周至、户县　很多：这些 tʂei^{55}ɕiɛ^{51}，兀一些 uei^{55}ɕiɛ^{51}，那些 næ^{55} ɕiɛ^{51}；极多：这一些些 tʂei^{55} ɕiɛ^{51} ɕiɛ^{35}，兀一些些 uei^{55} ɕiɛ^{51} ɕiɛ^{35}，那些些 næ^{55} ɕiɛ^{51} ɕiɛ^{35}。

潼关　很多：这些 tʂʅ^{44} siɛ^{52}，兀些 u^{44} siɛ^{52}，那些 næ^{44} siɛ^{52}。

韩城　极多：这一些些 tʂei^{42} ɕia^{31} ɕia^{42}，兀一些些 uei^{42} ɕia^{31} ɕia^{42}，那些些 næ^{42} ɕia^{31} ɕia^{42}。

泾阳　很多：这些 tʂʅ^{55} siɛ^{51}，兀些 u^{55} siɛ^{51}，那些 næ^{55} siɛ^{51}。

咸阳　很多：这些 tʂʅ^{44} ɕiɛ^{52}，兀些 u^{44} ɕiɛ^{52}，那些 læ^{44} ɕiɛ^{52}。

礼泉　很多：这些 tʂʅ^{44}siɛ^{53}，兀一些 uei^{44}siɛ^{53}，那些 læ^{44} siɛ^{53}。

乾县　极多：这些些 tʂʅ^{44} ɕiɛ^{52} ɕiɛ^{35}，兀些些 u^{44} ɕiɛ^{52} ɕiɛ^{35}，那些些 læ^{44} ɕiɛ^{52} ɕiɛ^{35}。

跟上文 2.2.2 小节的“一 ꜁些”类似，上列西安等处的“一 ꜂些”也表示很多。例如：

钱还不得够着呢，再得一 ꜂些/一 ꜁些才能买房呢。

社会嚜，一 ꜂些/一 ꜁些人都得先把生活搞好才对。

一 ꜁些村民都不同意他当村长，原因是他私心太重咧。

还有一 ꜁些事情都没办呢，等我忙过这段时间咧着再说。

还有一 ꜁些贵重东西是谁送的，这个贪污犯一点儿都说不清。

关中方言有些字的读音与通常读音不同，如人名、古代帝王年号名也值得关注。“温”字通常读作阴平[uẽ^{31}]，“刘伯温”的“温”读作上声[uẽ^{52}]（=稳）；“熙”字通常读作阴平[ɕi^{31}]，“康熙”读如“康喜[ɕi^{52}]”；“光”字通常读作阴平[kuaŋ^{31}]，在“光绪”一词里读作上声[kuaŋ^{52}]（=广）。另外，“白居易”的“居”不读阴平[tɕy^{31}]而读作去声[tɕy^{55}]（=据）。

2.2.4　人称代词的变调构词

关中方言人称代词的变调构词是“我、你、他”由上声调变作阴平调：“我、你、他”读作上声调表示单数，读作阴平调表示复数。孙立新《关中方言代词概要》（2002：246～259）以及《关中方言代词研究》第 3～4 页之表 1 报道了关中方言人称代词的这一重要特点。第三人称代词单数“他”字在关中方言区只有西安、临潼、蓝田、户县、周至、宜川、定边 7 处读作阴平调，其余 44 处均受到“我、你”两个上声字的感染（请参阅李荣《语音演变规律的例外》，见《中国语文》1965 年第 2 期）也读作上声调；“我、你、他”读作上声表示单数，读作阴平表示复数是关中方言人称代词的主要特征，关中多数方言点还在阴平调的“我、你、他”后边加“的西安等多数方言点”或“们黄龙、家周至、崖大荔”等表示复数。下面说明关中方言“我、你、他”读作上声表示单数、读作阴平表示复数的特点；阴平调的“我、你、他”后边加“的”字等的，此处不予罗列。

	꜂我	꜀我我们	꜂你	꜀你你们	꜂他	꜀他他们
丹凤	ŋuo^{53}	ŋuo^{21}	ni^{53}	ni^{21}	tʰa^{53}	tʰa^{21}
大荔	ŋo^{52}	ŋo^{31}	ni^{52}	ni^{31}	tʰa^{52}	tʰa^{31}
韩城	ŋɤ^{42}	ŋɤ^{31}	ni^{42}	ni^{31}	tʰa^{42}	他们
宜川	ŋɤ^{55}	ŋɤ^{31}	ni^{55}	ni^{31}	tʰa^{55}	tʰa^{31}

黄陵	ŋuɤ^{52}	ŋuɤ^{31}	ni^{52}	ni^{31}	tʰa^{52}	tʰa^{31}
宜君	ŋuo^{52}	ŋuo^{21}	ni^{52}	ni^{21}	tʰa^{52}	tʰa^{21}
兴平	ŋɤ^{52}	ŋɤ^{31}	ni^{52}	ni^{31}	tʰɤ^{52}	tʰɤ^{31}
乾县	ŋɤ^{52}	ŋɤ^{31}	ni^{52}	ni^{31}	tʰa^{52}	tʰa^{31}
凤翔	ŋau^{52}	ŋau^{31}	ȵi^{52}	ȵi^{31}	tʰa^{52}	tʰa^{31}
宝鸡	ŋuo^{52}	ŋuo^{31}	ȵi^{52}	ȵi^{31}	tʰa^{52}	tʰa^{31}
千阳	ŋuo^{52}	ŋuo^{21}	ȵi^{52}	ȵi^{21}	tʰa^{52}	tʰa^{31}

2.3 文白异读及其构词匹配

文白异读是汉语语音发展过程中的特殊现象。是指意义上有关联的两个或两个以上不同的读音，具有相同的来历，即在《切韵》音系里具有完全相同的音韵地位。（张振兴先生 1989）汉语的破读、文白异读虽然都属于又读现象，但是，文白异读跟一般的又读以及破读等现象又不尽相同。大致看来，汉语方言的文白异读，从北到南越来越复杂，其所表现的历史层次以及构词特点也就各不相同。多年来，许多学者都不同程度地讨论过文白异读问题（如李荣先生 1957，张盛裕先生 1979，周长楫先生 1983，刘勋宁 1983、1998、2003，田希诚、吕枕甲先生 1983，张振兴先生 1989、1990，孙立新 1989、1997，李如龙先生 1999、2001，王福堂先生 1999，徐朋彪 2008）。

关于方言的文白异读及其构词匹配问题，张振兴先生在《漳平永福方言的文白异读》一文（1989：171）里指出：例如永福方言“厚”字一读[kau^{53}]，可以作单音词，与“薄”的意义相反，也可以用在多义词里，“～话爱说话，说话啰唆｜～事说人事无大小极其繁琐｜～念嘴里唠叨不停”；又读[hau^{53}]，只能用在多音词里，“宗～人名｜忠～诚实厚道｜～实为人实在；家庭经济富裕”，这两个读音都来自《广韵》上声匣母厚韵的“胡口切”。

关中方言文白异读的构词匹配比普通话要复杂些，大致也有如普通话那样，单音词白读，复合词文读。但是，又不全是这样。本书在许多地方讨论构词等问题的时候都讨论过关中方言文白异读的构词匹配等问题，如表 1 报道了户县方言亲属称谓词 AA 式重叠的文白异读以及所牵涉的语义特征；尤其是本章上一节 2.2，其中的许多问题都牵涉到文白异读。

本节以笔者母语户县方言的文白异读为例来讨论，参考了《户县方言研究》92～97 页“文白异读”。这基于两方面原因，一是笔者对户县方言文白异读基本上可以作为关中方言的代表，二是笔者对母语最熟悉。同时顺便交待其他方言点的相关问题。请大家注意：有的字在有的词语里文白都可以读，大凡列举到这种情况，并非作者笔误。本节也只是对户县方言文白异读构词匹配主要特征的讨论；户县方言有的文白异读不太牵涉构词匹配问题，本节不予专门讨论。为行文方便起见本节文白之间用双竖线“‖”隔开，双竖线前为文读，后为白读。

2.3.1　见系开口二等字文白异读的构词匹配

户县方言见系开口二等字文白异读的大致规律是：疑母、影母字ø‖n，晓匣母字$ɕ_{齐}$‖$x_{开}$。

2.3.1.1　假摄麻韵部分字

其一，疑母平声麻韵字“牙芽衙”ia^{35}‖nia^{35}。

一是“牙”字。在“牙齿、姜子牙、犬牙交错”等语境里文读ia^{35}，用作单音词以及“牙齿、牙花牙垢、门牙、虎牙、奶牙、老牙口腔中后边比智齿上来早的牙齿、拔牙”等语境里白读 nia^{35}。很有意思的是，户县方言“爪牙”在户县方言里文读 tsau^{51} ia^{35}，白读 tsua^{51} nia^{35}；这跟韩城方言以下词语所具有的文白异读特点类似，复合词要么全部文读，要么全部白读；其中“南”字文读 n 声母，白读 l 声母。

	扬场	羊肉	放牛	南北
文读	iaŋ^{24} tʂʰaŋ^{24}	iaŋ^{24} ʐou^{31}	faŋ^{55} niou^{24}	nã^{24} pei^{31}
白读	io^{24} tʂʰuo^{24}	io^{24} zou^{31}	fo^{55} ŋou^{24}	laŋ^{24} pu^{31}

二是“芽”字。在“豆芽菜”一词里文白皆可（ia^{35}‖nia^{35}）；在其他语境里一般全是白读 nia^{35}，读书人尤其是新派也有全部文读 ia^{35} 的。

三是“衙”字。“衙门”的“衙”字文读 ia^{35}，地名“衙道”的“衙”字白读 nia^{35}。按：“衙道”今写作“牙道”。

其二，“吓下”两个字ɕia^{55}‖xa^{55}。

一是晓母去声祃韵字“吓”（上古长入字）。秦腔读音中单音词也是文读，文读还用于“吓唬”一词，其他语境一般为白读。

二是匣母去声祃韵字“下”。文读适用语境如：下放、下方、下雨、下雪、下降、下手、下脚、下首、下蛋、下单、下地、下乡、下游、下去、下油锅、下属、下级、下家令人讨厌的家伙、下人、下驹驴马产幼畜、下产牛犊、下产猪娃、下奶、下茬下功夫做好某事/下势、下馆子、下江南、下锅、下麺把麺条下到锅里、下窨如把红薯放在窨里储藏起来、下贱、下三癞下三滥、底下、门下、手下、把他的班长下撤销了、不下十回/不下十次。白读适用语境如：下方、下首、下楼、下山、下去、下河、底下、下数规程，规范、不下十回/不下十次、寻不下找不到、屉不下尿不下执意地，很坚决地。“下场”在户县的读法有三种，各个读法的语义不同：读作ɕia^{55}

tʂʰaŋ[52] 指走下场子，如演员下台，也叫做“下场子”；读作ɕia[55] tʂʰaŋ[35] 的适用语境如“咋下场呢”，问的是如何收拾局面；读作ɕia[55] tʂʰaŋ[35-31] 则适用语境如“作恶没有好下场”。白读适用语境还有单音节趋向动词和动量词，例如：我下呀我要下去｜打一下。关中方言“下 xa[55]”在白读情况下的特殊性可以充当个别单音节谓词的补语，如“V/A 下”是“彻底地 V/A”的意思，“没 V/A 下”是“未能彻底 V/A”的意思，“V/A 不下”是“不能彻底地 V/A”的意思。这类单音节形容词主要有“睡、死、活、黑、白、红、老、软、硬、饧”等。例如：

我睡不下不能彻底入睡。

惯用语：死不下活不旺。

天都黑下咧，赶快回去。

咋能把糖都搁得饧下咧？

等柿子红下咧再漤才好。

麦都没干下呢咋能上楼吗？

当领导要是能把架子放下，大家才拥护。

你都 80 多岁咧还要老半吊子呢，真是个老不下！

西安一带方言，假如上列例句中的“下”字变作阴平 xa[55-31]，则 A 的状态是不彻底的。如“天都黑下 xa[55] 咧天已经彻底黑下来了≠天都黑下 xa[55-31] 咧已经开始黑了”。

2.3.1.2　蟹摄佳韵部分字

其一，“懈”字ɕiɛ[55]‖xæ[55]。此字切韵音系在见母去声卦韵，北京及关中读如晓母，是否另有来源？待考。此字户县方言一般为文读。户县南乡把单音词“懈”白读 xæ[55]（=害），指人邋遢，不讲卫生；户县俗成语有“扑稀黩懈[pʰu[31] ɕi[31] læ[31] xæ[55-31]]”指过于邋遢。

其二，疑母“崖捱”两字 iæ[35]‖næ[35]。

一是“崖”字在地名里文读，如“李家崖、红石崖”；在指山石或高地的陡立侧面的时候白读，如“崖畔、崖顶顶崖顶、崖哇哇回声”。

二是“捱”字文读的语境如“捱打、捱骂、捱整”，白读的语境如“捱打、捱诀骂、捱整、捱尿的昵骂男孩子的时候用、捱咧一头子被训斥了一顿”。按：“涯”字户县方言读作 ia[35]。

其三，匣母字“鞋平声佳韵；解姓解晓也蟹上声蟹韵”。

一是“鞋”字，长期的文读音是ɕiæ[35]，改革开放以来中新派有文读ɕiɛ[35] 的，白读 xæ[35]。

二是“解姓”字，文读ɕiɛ[55]，白读 xæ[55]。户县草堂镇等处有姓“解”的。

三是“解晓也”字，在“解不开理解不了”里文读ɕiɛ[55]，在“解吧可能，也许”里白读 xæ^{55}。

四是“蟹”字，户县城关文读ɕiɛ^{55}，没有相应的白读；北乡大王镇一带白读 xæ^{55}。大王镇把“螃蟹”还叫做“螃蟹”而读作[pʰaŋ^{35} xæ$^{55\text{-}31}$]；渭丰乡、涝店镇叫做“夹蟹[tɕia^{31} paŋ^{35}]”，城关镇也叫做“夹蟹”而读作[tɕia^{31} pa^{35}]（tɕia^{31} paŋ^{35}→tɕia^{31} pa^{35}），“螃”字读不送气声母。

按：“街”字，乾县方言白读如“该 kæ^{31}”，西安、户县读作 tɕiɛ^{31}，渭南一带读作 tɕiæ^{31}。

2.3.1.3　效摄晓母去声效韵字“孝”

此字通常是文读ɕiau^{55}，只在“孝衫女孝子的白色上衣”一词里白读 xau^{55}（=灏）。

2.3.1.4　咸摄咸衔狎韵、山摄山黠韵部分字

其一，咸摄匣母平声咸韵字“鹹”，文读为ɕiã^{35}，白读为 xã^{35}。

其二，咸摄疑母平声衔韵字“岩”，只有文读音 iæ^{35}（=癌），今新派多数读作 iã^{35}。

其三，咸摄匣母入声狎韵字“匣”，文读为ɕia^{35}，白读为 xa^{35}。土著居民在“匣”字的文白问题上随意性比较大，如“匣子、匣匣”的“匣”字也可文读，也可白读，只是“抽匣”的“匣”字只有白读。户县方言把抽屉既叫做“抽屉”，又叫做“抽匣 tʂʰɤu^{31} xa^{35}”。

2.3.1.5　山摄山韵匣母“闲苋”二字

其一，平声山韵字“闲”ɕiã^{35}‖xã^{35}/kã^{55}。此字的文读，在单音词里是否文读，依说话人的兴趣，当然读书人多文读；文读的其他语境如“空闲、闲暇、闲庭信步”。白读有两个：xã^{35} 的语境如“闲得没事、闲得声唤闲得乏味、闲人儿/闲荡浪[xã^{35} ta^{31} laŋ^{55}]（＜xã^{35} taŋ$^{55\text{-}31}$ laŋ^{55}）、闲事情”；去声调 kã^{55} 是上古破读在今关中方言里的反映，是“闲得乏味”的意思，如“xã^{35} 得很≠kã^{55} 得很”。西安一带方言还有以下几个以“闲 kã^{55}”字构成的词语。

闲 kã^{55} 脸㞞[suəŋ^{24}]：乏味的家伙。

闲 xã^{35} 闲 kã^{55}㞞[suəŋ$^{24\text{-}31}$]：过于闲的乏味的（事情等）。

（闲 xã^{35}）闲 kã^{55}㞞[suəŋ$^{24\text{-}31}$]事（情）：过于乏味的事情。

（闲 xã^{35}）闲 kã^{55}㞞[suəŋ$^{24\text{-}31}$]工作：过于乏味的工作，科技含量不高的工作。

（闲 xã^{35}）闲 kã^{55}㞞[suəŋ$^{24\text{-}31}$]人：游手好闲者；有他不多没他不少者。

其二，去声裥韵字“苋”ɕiã^{55}‖xã^{55}。此字的文读限于教师的工作语言，白读一般变作阴平。关中方言把苋菜叫做“人苋 xã$^{55\text{-}31}$ 菜”，而当构成定中式时要省去“菜”字：白人苋 xã$^{55\text{-}31}$ 白色苋菜、红人苋 xã$^{55\text{-}31}$ 红色苋菜、野人苋 xã$^{55\text{-}31}$ 野生苋菜。按一：周至把“人苋 xuã$^{55\text{-}31}$ 菜”读如“人欢菜”，户县祖庵把“人苋 xua$^{55\text{-}31}$ 菜”读如“人花菜”；按二：西安市莲湖区有街道名曰“麦苋街”，

读作 mei^{31} tɕiã^{55} tɕiɛ^{31}，其中的“苋”字读如“见”，地名读音往往比较特殊。

2.3.1.6　江摄江觉韵部分字

其一，见母去声绛韵字“虹”亦如普通话那样文读如“红”，白读如“绛”。

其二，溪母入声觉韵字“壳”，户县方言文读为 tɕʰyɤ^{31}（=悫），白读为 kʰɤ^{31}（=磕）。“知了儿壳蝉蜕”的“壳”字文读；重叠式“壳壳”的读法以物品壳的软硬来定，软的文读，如“包谷壳壳玉米穗的外皮”，硬的白读，如“棉花壳壳”。

其三，匣母上声讲韵字“项”ɕiaŋ^{55}‖xaŋ^{55}。文读如“项目、姓项、项列、同类项、三大纪律八项注意”，白读的除单音节外还有“项目、项圈、项列、同类项、三大纪律八项注意”等；此字老派口语除姓外只有白读。

其四，匣母去声绛韵字“巷”，中老派只有白读 xaŋ^{31}，新派有文读ɕiaŋ^{31}的。此字只在俗成语“扯街骂巷”里读作去声 xaŋ^{55} 以外，其余语境均读作阴平，其读作阴平的理据待考。

按：“耩”字，宝鸡方言读作 kaŋ^{52}（=港），西安、凤翔等多数方言点读作 tɕiaŋ^{52}（=讲）。

2.3.1.7　梗摄庚陌耕麦韵

其一，梗摄见母平声庚韵字“更粳”。“更更换，变更粳”字户县方言只读作 kəŋ^{31}。“更五更，三更半夜；打更，更夫”字在口语里老派读作 tɕiŋ^{31}，建国后出生的人读作 kəŋ^{31}。

其二，梗摄晓母入声陌韵字“吓”读作 xei^{31}（=黑赫），如：把人还吓 xei^{31} 住咧｜你这是吓 xei^{31} 唬谁呢？

其三，梗摄匣母平声庚韵字“行”ɕiŋ^{35}‖xəŋ^{35}。文读语境如“行可以、行为、行走、操行、行不行、不行、现行、能行能干”等，白读语境如“行走、能行能走、行榨榨周岁孩子学步”。户县的“行咧”若文读，则是“可以了；算了吧”之义，若白读则指开始干活了；“行事”的“行”若文读则用于“行事历”等语境，若白读则讳指男女交合。如《醒世恒言》第三卷：“将美娘灌得烂醉如泥。扶到王九妈家楼中，卧于床上，不省人事。此时天气和暖，又没几层衣服。妈儿亲手伏侍，剥得他赤条条，任凭金二员外行事。”第十卷：“也有闺女贞娘，不肯胡乱说，我另有个媚药儿，待他睡去，用水喷在面上，他便昏迷不醒，任我行事。及到醒来，我已得手，他自怕羞辱，不敢声张，还要多赠金帛，送我出门，嘱付我莫说。”户县等处“行 xəŋ^{35}”还可表起始，例如：“你把会开行我就到｜戏刚行他就走咧｜席一行他才来。”

其四，梗摄匣母上声梗韵字“杏”ɕiŋ^{55}‖xəŋ^{55}。此字中老派一般白读，新派有文读的；但是，“杏花村”的“杏”字文读。按：扶风方言把当地地名“杏林”的“杏”字白读 xəŋ^{44}。

其五，见母平声耕韵字“耕”kəŋ^{31}||tɕiŋ^{31}。老派文盲均白读，中老派读书人的文读语境如“耕者、耕种、代耕”，白读语境如“耕地”。按：此字在关中方言区除了西安、周至、户县以外，很普遍地白读 ꜀tɕiɛ（=揭），这是阳声韵字的阴声化（音变）现象。

2.3.2　非组及以母蟹止两摄合口三等字文白异读的构词匹配

本小节所讨论的问题在宝鸡、咸阳、铜川一带不存在文白异读，而在户县、周至终南、西安、澄城、商州等处存在文白异读。这里首先予以举例比较。

	飞	肥	匪	维微	未味
户县	꜀fei||su	꜁fei||su	꜂fei||su	꜁vei||zu	vei||zu꜄
终南	꜀fei||suei	꜁fei||suei	꜂fei||suei	꜁vei||zuei	vei||zuei꜄
西安	꜀fei||fi	꜁fei||fi	꜂fei||fi	꜁vei||vi	vei||vi꜄
澄城	꜀fei||ɕi	꜁fei||ɕi	꜂fei	꜁vei	vei꜄
商州	꜀fei||ɕy	꜁fei||ɕy	꜂fei||ɕy	꜁vei	vei||y꜄

然后具体讨论户县方言非组及喻母蟹止两摄合口三等字文白异读的构词匹配问题。

2.3.2.1　蟹摄合口三等非组去声废韵字

《方言调查字表》15 页有“废肺吠”三个字，分属非敷奉三母，口语不用“废吠”，户县方言“肺”字文读 fei^{55}，白读 su^{55}；老派一般只有白读。在构词的文白异读方面，最典型的是“心肺肝子”的“肺”字白读，“心肝肺”的“肺”字文读。其中的道理应当是：“心肝肺”是普通话顺序，于是“肺”字文读，“心肺肝子”是户县方言顺序，于是“肺”字白读。

2.3.2.2　止摄合口三等喻母平声字

具体是以母字“维”꜁vei||zu。老派文读的适用语境主要限于单音节人名、人名第二字以及“维护、维权”，白读用于人名第一字以及“维持”。如人名中的“维”，假如一个人叫“王志维”，则“维”字文读 ꜁vei；假如一个人叫“王维志”，则“维”字白读 ꜁zu。户县方言曾经长期“维汉=如汉”，建国后“维”字渐次读作 ꜁vei，今已经很少听到有读 ꜁zu 的了。

按：止摄合口三等影母去声寘韵字“喂”，泾阳、三原一带白读 y^{55}；止摄合口三等云母去声至韵字“位”，富平读作 y^{55}，限于“牌位子 p^{h}æ^{35} y$^{55-31}$ .tsɿ”一词。

2.3.2.3　止摄合口三等非组及影组字

户县的大致特点是，非组文读 fei、vei，白读 su、zu；影组有关字文读 uei，白读 y。具体讨论如下，凡口语不用或无文白对立的不专门提出。

其一，非母平声微韵字“非飞”fei||su^{31}。

一是“非”字，文读语境如“非常、非议、是非经过不知难、闲谈莫论他人非”，白读语境如“拉是非说别人的是非、是非精精女性善于惹是生非者”。按：非母去声未韵字“痱”，户县文读 fei^{31}，白读 suei^{31}；周至终南读作 suei^{31}。如周至、户县把痱子叫做“热痱”。

二是“飞”字，文读语境如“飞行、飞翔、纷飞、奋飞”，白读语境除了单音节以外如“飞机、笨鸟先飞”；人名用字“飞”字，老派文读，如“鹏飞=鹏书、飞翔=书翔”。

其二，非母上声尾韵字“匪”fei||su^{51}，文读语境如“匪类、惯匪‘官匪一家、匪孩子捣蛋得很”，白读语境如“土匪、匪溜孩子捣蛋”。户县方言“土匪=土鼠”。

其三，敷母去声未韵字“费”fei||su^{55}，文读语境如“姓费、费用、浪费、缴费、电话费”，白读语境除了单音节以外如“缴费、电费、费累小孩子令大人管起来很劳神”。按：户县方言“电费=电树”的现象今已淡出。其中“费累”读作 su^{55} luei$^{55-31}$，是使动词，意思有“使得财物浪费，浪费；使得人得体力、心力受累，如小孩子令大人管起来很劳神”，例如：要办这件事，肯定费累得很|这个娃费累得很。

其四，奉母平声微韵字“肥”fei||su^{35}，文读语境如“化肥、肥料、减肥”，白读语境除了单音节以外如“肥猪、肥料、肥囊囊”等。户县方言“肥猪=术猪”。

其五，微母平声微韵字“微”vei||zu^{35}，文读语境如“微笑、微小、微微、些微、稍微”，白读语境如“星微些微；稍微、微门儿稍微”。户县方言“星微=星如”。按：此字户县方言依照中古浊声母平声今读阳平的规律读作阳平。

其六，微母上声尾韵字“尾”字，户县方言文读 vei^{51}，语境如“末尾、尾巴、尾数”白读比较特殊，有两个：一是 i^{51}，二是 zuei^{51}。第一种白读语境如“尾巴、后欄尾儿最后、马尾马尾巴的毛（=蚂蚁）、马尾松”第二种白读今只在老派口语里能够听到，限于“尾巴”一词。另外，“尾”字在切韵音系的同音字“娓”，中新派读作 uei^{51}，老派读作 zuei^{51}（=蕊）。

其七，微母去声未韵字“未味”vei||zu^{55}（=孺）。

一是“未”字，文读语境如“未来、未知、辰巳午未”，白读语境如“未时、辛未、癸未、乙未、丁未、己未”。

二是“味”字，文读语境如“乏味、滋味”，白读语境除了单音节以外如“味道、佮味入味、味气”。

其八，“尉蔚慰围苇渭”uei||y。

一是影母去声未韵字“尉蔚慰”uei||y^{55}，一般居民口语均白读，少数中

老派读书人文读。

二是云母平声微韵字“围”uei||y^{35}，只在“袜围子旧式袜子在底部周围镶上一层布以图结实”一词里白读，其余语境均文读。按：高陵把涎水布叫做“围围”，“围围”的“围”字白读 y^{35}。“围”字在中古的同音字“韦”，西安市长安区把“韦曲”的“韦”白读如“鱼 y^{24}”。

三是云母上声尾韵字“苇”uei||y^{51}，文读语境如“芦苇”，白读语境如“苇子、芦苇子野生芦苇”。请大家注意：“芦苇”带了子尾并且“苇”字白读就指野生芦苇了。

四是云母去声未韵字“渭”uei||y^{55}，文读语境限于县名、村名，如“渭南、渭源、通渭、渭曲坊、渭丰乡”，白读限于“渭河”。按：关中多数方言点此字白读，只有文读的方言点有：丹凤、潼关、宜川、黄龙、洛川、黄陵、宜君、富县、定边等离渭河较远的县份。

另外，止摄合口三等疑母去声未韵字“魏”，咸阳方言把村名“魏寨”的“魏”字读作（白读）y^{44}，当地把“魏”字在姓氏里文读 uei^{44}。①

2.3.3　溪母合口一等部分字文白异读的构词匹配

这里所要讨论的字，文读 k^hu，白读 fu。关中方言区除了西安、岐山只读 k^hu、麟游文读 k^hu 白读 p^hu 以外，均为文读 k^hu，白读 fu。

2.3.3.1　遇摄合一等舒声模韵字

其一，溪母上声姥韵字“苦”文读 k^hu^{51}，白读 fu^{51}。户县城关等处只在“苦胆、苦苣菜苦菜”两个词里白读 fu^{51}，其余语境均为文读。户县东乡把单音词“苦”白读 fu^{51}。

其二，溪母去声暮韵字“裤”文读 k^hu^{55}，白读 fu^{55}。此字只在“裤子、裤衩儿”两词里文读 k^hu^{55}，其余语境（如：裤儿、裤带、裤腿、裤儿腰）老派基本上都白读 fu^{55}。

2.3.2.2　臻摄合口一等入声没韵字

只有一个“窟”字，只在“窟窿”一词里文读 k^hu，白读 fu。按：户县方言的“窟窿”有这样几种读法：（1）k^hu^{31} $luəŋ^{35}$；（2）k^hu^{31} $luəŋ^{35-31}$；（3）k^hu^{31} $ləŋ^{-31}$；（4）fu^{31} $ləŋ^{-31}$。

2.3.2.3　通摄合口一等入声屋韵字

也只有一个“哭”字，文读 k^hu^{31}，白读 fu^{31}。文读语境如“哭穷、哭喊、真哭”，白读语境除了单音词以外，如“哭赖赖女性哭丧、干哭没眼泪”。

2.3.4　影母开口一二三等有关字文白异读的构词匹配

关中方言影母开口二三等有关字的文白异读特点是文读ø，白读一般为

n 或ȵ声母，西安及其附近的周至、户县、咸阳、兴平、武功、乾县、礼泉、蓝田、临潼、泾阳、三原、高陵白读字较少，其余方言点以距西安的远近而渐次白读字增多。下面讨论户县方言的有关字。

2.3.4.1 影母开口一等字的文白异读

只有一个宕摄平声唐韵的“肮（骯）”字ŋaŋ||naŋ^{31}。只是文白对立，无构词匹配问题。

2.3.4.2 影母开口二等有关字文白异读的构词匹配

其一，假摄上声马韵字“哑”ia||nia^{51}，去声祃韵字“哑周至哑柏镇”ia||nia^{55}。其中“周至哑柏镇”的“哑”字是地名用字，在其他语境里没有读去声的，因此，这里只谈上声马韵字“哑”。上声马韵字“哑”的文读语境如“哑口无言、装聋作哑”，白读语境如“哑巴、装聋作哑、起咧哑声咧因着急、惊恐等原因而高喊一声后暂时处于失语状态”。

其二，效摄平声肴韵字“坳”，文读 iau^{31}，白读 niau^{31}。户县渭丰乡“坳河村”的“坳”字读作 iau^{31}，甘河镇“坳字村”的“坳”字读作 niau^{31}。

其三，深摄平声侵韵字“阴”iẽ||niẽ^{31}、去声沁韵字“窨饮饮马，饮牛”iẽ||niẽ^{55}，户县城关镇等处这三个字没有白读音，西北乡涝店镇、甘河镇一带有文白异读。其中只有“阴”字有构词匹配问题：文读语境如“阴阳、华阴、汉阴”，白读语境如“天阴、阴天”。

其四，江摄入声觉韵字“握”uɤ^{31}||nyɤ^{31}。文读语境如“把握、大权在握、握手言和”，白读语境除了单音词以外如“把握、握手”。

2.3.4.3 影母开口三等有关字文白异读的构词匹配

其一，蟹摄去声祭韵字“呓”字 i||ni^{55}/ni^{31}。文读适用于所有语境；白读一适用语境如“撒呓争[sa^{31} ni^{55} tsəŋ^{31}]指睡醒以后因为睡得不解乏而伸懒腰，揉眼睛、二呓争指莽夫”，白读二适用限于一个俗成语“二呓八争萎靡不振的样子；见了人很不热情的样子”。

其二，止摄平声微韵字“衣”i||ni^{31}。白读限于“衣包包衣，胎盘”一词，其余均为文读。

其三，流摄平声尤韵字“忧”iɤu||ŋɤu/nɤu^{31}。白读限于“忧愁”一词，其余均为文读。请您注意，此字有两个白读音，户县方言“忧愁”文读 iɤu^{31} tsʰɤu^{35}/iɤu^{31} tsʰɤu$^{35\text{-}31}$，白读ŋɤu^{31} tsʰɤu$^{35\text{-}31}$/nɤu^{31} tsʰɤu$^{35\text{-}31}$。

其四，咸摄入声狎韵字“鸭押压”。这三个字的文读一般是 ia^{31}，文读音一般是 nia^{31}。

一是“鸭”字，在叫卖声中文读，如“收鸡鸭咧ʂɤu^{31} tɕi$^{31\text{-}35}$ ia^{31} liæː^{55}！”这个文读语境可能符合语言的经济原则：假如高声呼喊的时候把“鸡鸭”喊成 tɕi$^{31\text{-}35}$ nia^{31}，往往会造成“鸭”字的吃字，因为户县方言 n 声母拼细音的实际音值为ȵ，tɕ和ȵ在同一发音部位。“鸭”字在口语里多为白读。“鸭”

字目前的新派有一部分文读的。

二是“押”字在口语里只有白读，目前的新派有一部分文读的。

三是“压”字，读书人对此字的文白情况以个人习惯，文盲老派口语一般白读。此字还有上古长入的遗存特点，读作去声 ia||nia^{55}。“电压、血压”的“压”字文读 ia^{55}，“压麵、把药压成麵麵”的“压”字白读 nia^{55}。“压迫”的“压”字有 nia^{31}、ia^{31}、ia^{55}、nia^{55} 四读。

其五，咸摄平声盐韵字“淹”以及咸摄平声严韵字“醃”iã||niã^{31}。这两个字的文白异读（iã||niã^{31}）是通常的读法，此字户县方言口语只在教师工作语言中有文读的，一般都是白读并且不牵涉构词匹配问题。户县方言把“范仲淹”的“淹”字读如“演 iã^{51}”，当然把“语言学家范继淹”的“淹”字也读如“演 iã^{51}”。

其六，宕摄入声药韵字“约”yɤ||nyɤ^{31}。此字通常文读，在当“约定（时间、日子）”讲的时候才白读。例如：约 nyɤ^{31} 个日子｜约 nyɤ^{31} 个时间｜你去跟他约 nyɤ^{31} 一下。

2.3.5　通摄合口三等入声屋烛两韵有关字文白异读的构词匹配

2.3.5.1　通摄合口三等入声屋韵有关字文白异读的构词匹配

其一，来母字“陆”lɤu||ly^{31}。此字通常文读，如“陆地、陆军、大陆”等的“陆”字均文读，而在“陆续”一词的重叠式里有白读的。“陆续”户县文读[lɤu^{31} ɕy^{55}]，重叠后白读[ly^{31} ɕy^{31}]，可重叠为“陆续陆续[ly^{31} ɕy$^{31-35}$ ly^{31} ɕy^{31}]/陆陆续续[ly^{31} ly$^{31-35}$ ɕy^{31} .ɕy]”，“陆续陆续”也是“陆陆续续”之义；其中的“续”字文读音是按照上古汉语长入读的，白读音是按照中古入声与今户县方言对应规律读的。

其二，心母字“肃宿宿舍”sɤu||ɕy^{31}。这两个字只有文白对立，没有构词匹配问题。

其三，书母字“叔”sɤu^{31}||sɤu^{35}。此字户县城关以及南乡、东乡无文白对立，北乡把单音节的“叔”字白读 sɤu^{31}，文读语境如“叔父、叔伯弟兄”；“表叔”的“叔”字文白随意。

其四，日母字“肉”ʐɤu^{55}||ʐɤu^{31}。此字的文白对立是声调的不同，文读是按照上古汉语长入读的，白读是按照中古入声与今户县方言对应规律读的。文读语境除了单音节以外，如“吃肉、割肉、臭肉”等；白读适用语境如“肉皮[ʐɤu^{31} pʰi$^{35-31}$]特指人皮肤的质量或抗发炎能力；例句如：他的肉皮好，弄烂咧三两天就好咧（痊愈了，愈合了）、肉色、羊肉、鸡肉、狗肉、人肉、马肉、驴肉”。

另外，户县方言把彻母字“畜六畜，畜牲”字读作 tsʰɤu^{31}，晓母字“畜畜牧”读作 ɕy^{31}。

2.3.5.2 通摄合口三等入声烛韵有关字文白异读的构词匹配

其一，来母字“绿”lɤu^{31}||liɤu^{31}/liɤu^{51}，白读音多了介音 i。文读语境如“绿林、绿色、发绿、泛绿、叶绿素”；白读一的适用语境除了单音节以外，如“绿颜色、绿豆、发绿、绿红石头认不清指有的人让别人琢磨不透”，白读二适用语境只有“绿毛[mu^{35}]子青苔，地衣”一词。

其二，精母字“足”tsɤu||tɕy/tɕiɤu^{31}，此字有两个白读。此字的文读音适用于任何语境，白读音之一 tɕy^{31} 适用语境如“没足尽贪得无厌、足够咧、足足儿够够儿咧相当的足够了”，白读音之二 tɕiɤu^{31} 适用语境如“歌谣：腊八面，吃不断。腊八粥，吃不足。la^{31} pa^{31} miã^{55} tʂʰʅ^{31} pu^{31} tuã^{55} la^{31} pa$^{31-35}$ tsɤu^{31} tʂʰʅ^{31} pu$^{31-35}$ tɕiɤu^{31}”

其三，心母字“粟”sɤu||ɕy^{31}。文读用于姓氏，白读语境如“粟米”。

其四，邪母字“俗续”。

一是“俗”字 sɤu||ɕy^{35}，口语里多为白读，教师工作语言多为文读，中新派一般文读。

二是“续”字 ɕy^{55}||ɕy^{31}，上文 2.3.5.1 部分之“其一”已有交待。

其五，禅母字“属”sɤu^{35}||sɤu^{55}。此字通常文读 sɤu^{35}，在指属相的时候白读，如“属 sɤu^{55} 相、属 sɤu^{55} 鼠、属 sɤu^{55} 猴、属 sɤu^{55} 牛、（问）你是属 sɤu^{55} 啥的？——（答）我是属 sɤu^{55} 马的。”其白读音有上古长入的因素。

其六，日母字“辱”ʐɤu^{51}||ʐɤu^{31}/zu^{31}/suẽ^{35}，此字有三个白读音。文读适用语境如“侮辱、欺辱、荣辱、耻辱”，白读之一的适用语境只有“辱没 ʐɤu^{31} mɤ^{31}”一词，白读之二的适用语境如“辱 zu^{31} 欺、辱 zu^{31} 践欺辱，作践”。白读之三的意思是“羞；羞辱”，如《史记·廉颇蔺相如列传》里的“辱其群臣”，户县方言的用法如“不嫌辱 suẽ^{35} | 辱 suẽ^{35} 人来 | 把人能辱 suẽ^{35} 死了”。这个字之所以在户县方言里读作 suẽ^{35}，是因为“唇”字读作 suẽ^{35} 的缘故；既然“唇”字以“辰”为声符，那么，“辱”也就可以以“辰”为声符了。“羞；羞辱”的“辱”字，西安读如“焚 fẽ^{24}”，三原读作 sʮẽ^{35}，宝鸡读如“绳ʂəŋ^{24}”，铜川读作 sʮei^{24}。

2.3.6 微母部分字的文白异读及构词匹配

户县方言 v-、u-对立，微母字读作 v-，影母字读作 u-；个别例外，如微母平声虞韵字“无 vu^{35} 巫 u^{31} 诬 vu^{51}”，“巫 u^{31}”为例外，影母去声换韵字“腕 vã^{55}”以及云母上声养韵字“往 vaŋ||uaŋ^{51}”，亦为例外。户县方言微母部分字有白读 m-或 u-的，白读 m-是上古微母归明母的见证；北京话亦有“蔓 man||uan^{55}、芒 maŋ||uaŋ^{35}”的对立。以下报道这些字的文白异读及构词匹配，一般都是白读适用范围不大，因此，文读不再举例。

其一，遇摄合口三等上声麌韵字“武”，文读 vu^{51}，白读 u^{51}，白读只适应于县名“长武 $tʂ^{h}aŋ^{35}$ u^{51-31}（=长乌）”。

其二，遇摄合口三等去声遇韵字“雾”，文读 vu^{55}，白读 mu^{55}（=幕），白读适应语境如“眼窝眼睛雾 mu^{55} 得很”，指视线很模糊。

其三，“忘”字切韵音系在宕摄合口三等微母平声阳韵和去声漾韵，户县方言文读 $vaŋ^{35}$，白读 $uaŋ^{55}$。文读语境如“忘记、永志不忘、忘乎所以”，白读语境如“忘咧、忘性/忘昏”。按：“忘”在宋词读作平声的见证如苏轼《江城子·乙卯正月二十日夜记梦》之上阕：“十年生死两茫茫，不思量，自难忘。千里孤坟，无处话凄凉。纵使相逢应不识，尘满面，鬓如霜。”

其四，宕摄合口三等去声漾韵字“望 vaŋ||$maŋ^{55}$”，白读语境为用作介词，介词亦文读，白读又音变作 $mã^{55}$（=曼）。“望”字的介词用法如“望（vaŋ||$maŋ^{55}$/$mã^{55}$）上、望（vaŋ||$maŋ^{55}$/$mã^{55}$）东、望（vaŋ||$maŋ^{55}$/$mã^{55}$）左、望（vaŋ||$maŋ^{55}$/$mã^{55}$）回走”。

另外，山摄合口二等平声仙韵疑母字“顽”，文读 $uã^{35}$，户县白读 $vã^{35}$，白读的语义为“不酥，不脆”，白读所构成的词语如“顽串串、顽扯扯茜草、顽圪登登、羊肉膻牛肉顽”。云母上声养韵字“往 vaŋ||$uaŋ^{51}$”，户县文读适用语境如“往往、来往、往来、往年、往常”，白读只用于“追往[$tsuei^{31}$ $uaŋ^{51-31}$]亲戚之间互相追节”一词，户县北乡“追往”又作“走挑”。

2.3.7　部分合口一二三等北京读-ai、-ei 字的文白异读及构词匹配

本小节所要讨论的问题跟宋代刘渊所著《礼部韵略》即平水韵中“灰咍”合为一韵有关，同时，通过户县方言对有关字的文白异读也可以看出中古及其以前“灰咍”不同韵的特点来。多数是今北京-ai 户县方言白读-ei，今北京-ei 户县方言白读-æ。

其一，蟹摄合口一等匣母平声灰韵字“回 xuei||$xuæ^{35}$”，老派白读只在“回来”一词里，其余文读。另外，“茴香”的“茴”字 xuei||$k^{h}uei^{35}$，白读语境限于“小茴香”一词。

其二，蟹摄合口一等疑母去声泰韵字“外 uæ||uei^{55}”，白读语境限于婚丧大事过程中的“老外家若给某个小伙子娶媳妇，则老外家指其舅祖父家、小外家若给某个小伙子娶媳妇，则小外家指其舅父家、老小外家、老老外家若给某个小伙子娶媳妇，则老老外家指其曾舅祖父家”。另外，本书 2.2.2 小节“外”字条指出：户县方言在役使牲口的时候，役使牲口向外走喊“外外外 $uɤ^{35}$ $uɤ^{35}$ $uɤ^{35}$”。

其三，蟹摄合口二等崇母去声怪韵字“拽 tsuæ||$tsuei^{55}$”，此字只有文白的简单对立，不牵涉构词匹配问题。

其四，止摄合口三等心母上声纸韵字“髓 $suei^{35}$||$suẽ^{51}$”，此字文读如“随”，

白读如“笋”；白读限于“骨髓”一词，文读适宜于所有语境。

其五，止摄合口三等生母平声脂韵字“摔 suæ^{51}||suei^{31}”，此字文读如“甩”，这可能是避讳“衰”字读音的结果，文读适用于所有语境，白读适用语境如“摔咧故意打碎了、摔子一指碰铃，一指用来打去身上尘土的家庭用具、摔脾耍脾气给人难堪、摔碟子拚碗指在家庭等处故意摔弃东西的撒气举动”。按：我们之所以说“摔”字文读如“甩”可能是避讳“衰”字读音的结果，是因为至今尚未查找到读作上声调的根据。我们在尚未发表的著述里认为户县方言之所以把“舆”字读作去声，是因为避讳“愚”字的读音的结果，现在看来是不对的。读黄仁瑄发表在《汉语学报》2012 年第 2 期的文章《慧琳添修之<妙法莲华经音义>脱字校正》，看到了“舆”字读作去声的根据：“舆，余据、与居二反。《说文》：‘车舆也。’一曰车无轮曰舆。今者车舆形别于古今。《玉篇》：‘众也，载也，举也，多也。’”（《妙法莲华经・序品》第一，27，57p0965a）看来，大量地占有资料，包括第一手田野资料和第二手典籍资料或其他资料，是做好方言研究工作的前提。对学术问题的只知其一不知其二是研究工作的大忌！

其六，止摄合口三等影母平声微韵字“威 uei||uæ^{31}”，此字的文读语境如“威风、威武、威名、威胁、国威、发威、威人家厉害而又讲道理的人”。白读音可以翻译成汉语拼音的 wāi，意思是“恶（得有道理），厉害（得很明白）；（庄稼）长势好”，语境如“撒威、（歇后语）老虎不吃人——威名在外”。如《战国策・赵威后问齐使》里的“赵威后”是一个很识大体的能行女人，在与齐国使者交谈时，她关心“助王养其民”的钟离子和“助王息其民”的叶阳子以外，希望杀了那个“率民而出于无用”的“於陵子仲”。后来又在《触詟说赵太后》里，这位老太太先是表现得很不识大体的“威 wāi”，“有复言令（再说让）长安君为质（当人质）者，老妇必唾其面。”而触詟讲了一番道理后，她的识大体本质充分又表现出来了。

2.3.8　北京个别 i 韵母字白读 iɛ韵母的构词匹配

北京个别 i 韵母字，户县方言文读 i 韵母，白读 iɛ韵母。如上文 2.1.1 所讨论的读作去声调的“离”，文读 liᵓ，白读 liɛᵓ；下文 3.1.1.4 之“其八”所讨论的富平方言单音节趋向动词“起”的文白异读与构词匹配问题。下面只看中古梗摄开口四等入声锡韵字（《方言调查字表》74 页）的文读 i 韵母白读 iɛ韵母的构词匹配问题。

其一，明母字“觅”mi^{55}||miɛ^{31}。文读语境如“骑驴觅驴、寻寻觅觅”，白读语境如“悄悄觅觅、寻死觅活”。文读去声是上古长入的遗存，白读阴平依照了中古与今音的对应规律。

其二，端母字“滴”ti||tiɛ^{31}。文读语境只有“娇滴滴”一个语境，其余

均为白读，甚至亲腔语言中均为白读，如“三滴血 sã^{31} tiɛ$^{31-35}$ ɕiɛ^{31}”。

其三，定母字“敌”ti||tiɛ^{35}。白读如“叠”，语境如“（谚语）三句好话不敌一马棒”；其余为文读。

其四，见母字“击”tɕi||tɕiɛ^{31}。白读如“揭”，语境只有“在脸上击打脸”；其余为文读。

2.3.9　其他字的文白异读及构词匹配

本小节对上述讨论不到的户县方言其他字的文白异读及构词匹配问题予以交待。

大定去箇 ta||tuɤ^{55}。文读有人名用字，还有“大家、大人娃娃、大不咧咧、大多数”等，白读语境如“老大、大人双亲、这个娃比那个娃大”；白读多在老派口语中保留。

垯瘩 ta^{31}||ta^{35}。这两个字文读阴平，白读阳平（=达），如“圪垯、疙瘩”文读 kɯ^{31} ta^{31}，白读 kɯ^{31} ta^{33}。“瘩背”的“瘩”字只有文读 ta^{31} 没有白读。户县方言把饺子叫做“疙瘩”，北乡把西安一带叫做“麦饭如用豇豆或槐花等拌上较少的面粉蒸熟”的一种饭食也叫做“疙瘩”；西安一带还有一种饭食叫做“菜疙瘩如用菠菜或红薯嫩叶等拌上较多的面粉蒸熟”，饮食中的“疙瘩”读作 kɯ^{31} ta^{33}。户县北乡还把麦饭叫做“ᶜ散疙瘩因为呈分散状态，故名”，把菜疙瘩叫做“碱疙瘩因为蒸之前要放入少量的碱，故名”；“散疙瘩、碱疙瘩”也可以儿化，分别作“散疙瘩儿、碱疙瘩儿”。

乍崇去祃 tsa||ts^{h}a^{55}。用作动词等的时候读作不送气声母，用作时间副词时读作送气声母。

蜗见平麻 uɤ^{31}||kua^{51}。文读如“窝”，适用语境如“蜗牛、蜗居”；白读如“寡”，适用语境如“蜗蜗牛蜗牛”，依例白读应为阴平（即读如“瓜”），读作上声是避讳“瓜”的“傻”义。

做精去暮 tsuɤ^{31}||tsɤu^{55}。文读如“作”，适用语境如“叫做、做人、做饭”；白读如“奏”，适用语境如“做作、做饭、做事、做作业、做活”。

屡来去遇 ly^{51}||ly^{31}/luei^{51}。文读适用于所有语境，白读一 ly^{31} 适用语境如“屡屡次次”，白读二 luei^{51} 适用语境如“屡教不改”。

去溪去御 tɕ^{h}y||tɕ^{h}i^{55}。文读适用于所有语境，白读适用语境限于趋向动词。下面予以比较。

	去	上去	下去	出去
文读	tɕ^{h}y^{55}	ʂaŋ^{55} tɕ^{h}y$^{55-31}$	ɕia^{55} tɕ^{h}y$^{55-31}$	ts^{h}u^{31} tɕ^{h}y$^{55-31}$
白读	tɕ^{h}i^{55}	ʂaŋ^{55} tɕ^{h}i$^{55-31}$	xa^{55} tɕ^{h}i$^{55-31}$	ts^{h}u^{31} tɕ^{h}i$^{55-31}$
	回去	起去	过去	来去
文读	xuei^{35} tɕ^{h}y$^{55-31}$	—	kuɤ^{55} tɕ^{h}y$^{55-31}$	læ^{35} tɕ^{h}y^{55}

白读 xuei^{35} tɕʰi$^{55-31}$　tɕʰiɛ^{51} tɕʰi$^{55-31}$　kuɤ^{55} tɕʰi$^{55-31}$　læ^{35} tɕʰi^{55}

其中，“起去”没有相应的文读，若一定要文读，可以读作 tɕʰi^{51} tɕʰy^{55}；“过去”假若读作 kuɤ^{55} tɕʰy^{55}，则指从前，跟“如今/现在/若忽”相对。

宜疑平支 ni^{35}||i^{31}。文读适用于所有语境，白读适用语境只有“便宜”一词。

儿日平支 ɯ||zʅ^{35}。文读适用于所有语境，白读适用语境只有谑称别人的儿子的时候故意把“儿”字读作zʅ^{35}。按：“儿”字zʅ^{35}的读音是近代汉语的保留；渭南一带“儿”字读作 ꜀zɿ，澄城方言“耳”字读作 ꜂zɿ，“二”字读作 zɿ꜄。关中东部“儿耳二”读作 zɿ，符合关中方言开口三等字读作平舌声母的规律。

试书去志 sɿ||tsɿ^{55}。文读适用于所有语境，白读适用语境只有“试验”一词。

适书入昔ʂʅ||tʂʰʅ^{31}。文读适用于所有语境；白读如“吃尺”，白读语境只有“合适”一词。

腭疑入铎ŋɤ^{35}||kʰɤ^{51}。文读阳平调、ŋ声母，白读上声调、kʰ声母；文读适用于所有语境，白读只有“上腭子上腭”一词。

鸽见入合 kɤ||kɯ^{31}。文读语境如“飞鸽、鸽子”，白读语境如“鸽鹁[kɯ$^{31-35}$ pɤ^{31}]鸽子”。

辄知入葉 tʂʅɛ||tɕiɛ^{35}。文读语境如“动辄”；白读如“洁”，用作时间副词，是“经常，经常性地”的意思，例句如“他辄来呢｜我辄在北京去呢”。

若日入药zɤ^{31}||zʅɛ^{31}/iɛ^{31}。文读及白读一适用于所有语境；白读二如“曳”，适用于“若忽如今”一词。“若忽”户县方言口语很普遍地读作zʅɛ$^{31-35}$ xu^{31}，也有读作 iɛ$^{31-35}$ xu^{31} 的，还有在 iɛ$^{31-35}$ xu^{31} 的基础上儿化作 iə^{35} xu^{31} 的。

摸明入铎 mɤ||mau^{31}。白读除了单音词以外还有“摸揣”一词，其余语境均为文读 mɤ^{31}。

拙章入薛 tsuɤ||tɕyɛ^{31}。白读如“掘”，白读语境限于“眼拙”一词，其余语境均为文读 tsuɤ^{31}。

着澄入药 tʂɤ||tɕyɤ^{35}。文读语境如“着重、着力、着气生气”，白读语境如“着气生气”。

芍禅入药ʂɤ||ɕyɤ^{35}。“芍药”的“芍”字文读ʂɤ^{35}，白读ɕyɤ^{35}。按：“勺”字只有白读音ɕyɤ^{35}。

谋明平尤 mu||mei^{35}。文读适用于所有语境；白读如“媒”，白读语境如“谋事/谋锭子、谋题猜题、谋得醄得很对某事寄予很大希望”。

弱日入药zɤ^{31}||zʅɛ^{31}/zʅɛ^{35}。文读及白读一适用于所有语境。白读二一般适用于单音词，如“他害咧一场大病，身体太弱zʅɛ^{35} 咧｜他的体质一点儿都不弱zʅɛ^{35}”；也适用于复合词，如“毫不示弱｜神经衰弱”。“衰弱”户县方言有三读：suæ$^{31-35}$ zɤ^{31}/suæ$^{31-35}$ zʅɛ^{31}/suæ^{31} zʅɛ^{35}。

秸（稭）tɕiɛ||tɕia/tɕiã^{31}。文读适用语境如“秸秆”；白读一如“家”，白读二如“兼”，两个白读的语境均限于“麦秸”一词。

怯溪入业 tɕ^{h}iɛ||k^{h}ɤ^{31}。文读适用于所有语境；白读如“磕”，适用语境如“吓吓怯怯胆小貌”。按：澄城方言“怯火”的“怯”字，文读 tɕ^{h}iɛ^{21}，白读 tʂ^{h}a^{21}。

野以上马 iɛ||ia^{51}。文读适用于所有语境；白读如“雅”，白读语境只有“野鹊喜鹊”一词。

爷以平麻 iɛ^{35}||ia^{35}/iɛ^{55}。文读基本上适用于所有语境；白读一语境只有“爷爷婆祖先神龛/爷爷婆轴轴”。白读二的用法比较复杂：一是指神灵，如“敬爷、接爷、送爷、爷像”；二是称祖父或祖父辈男子，如“我爷、他爷、舅爷舅祖父、姑夫爷、姨夫爷、大爷、三爷”。

额疑入陌 ŋei||ŋẽ^{31}。只在“额颅前额”一词里白读ŋẽ^{31}，其余语境包括“额颅”的“额”字均文读ŋei^{31}。

毛明平豪 mau||mu^{35}。文读适用于所有语境，白读语境如“桃毛毛桃毛、绿毛子青苔，地衣”。按：如户县方言“罩毛[tsau^{55} mau^{35}]≠罩毛[tsau^{55} mu^{35}]”，文读“不罩他的毛”指“不理睬他”；白读“罩毛”指“菢窝”，如“罩毛鸡｜老鸡罩毛呢”。

造从上晧 ts^{h}au||tsau^{55}。文读基本上适用于所有语境，白读限于“婚姻是造下的命中注定的/造上的”一个语境。

矛明平尤 mau||miau^{35}。文读基本上适用于所有语境，白读适用语境只有“矛子”一词。

照章去笑 tʂau||ʐau^{55}。文读适用于所有语境；白读适用语境如“照镜、照娃娃[ua^{55} ua^{55}]小孩子照镜子”，白读还是“窥视”的意思，如“从门缝望进照”。

耀以去笑 iau||ʐau^{55}。文读适用于所有语境，白读适用语境如“耀眼、耀人耀眼使人难受”。

翘群平宵 tɕ^{h}iau^{55}||ts^{h}au^{55}。文读基本上适用于所有语境，白读适用语境如“翘起、翘肩子肩膀上耸者、（谜语）一个庙，两头儿翘，只会屉，不会尿（谜底：鸡）”。按：此字用作人名的时候读如“桥 tɕ^{h}iau^{35}”，如清末民族英雄、军机大臣长安大原村赵舒翘的“翘”字就读如“桥”。

跑並平肴 p^{h}au^{51}||p^{h}au^{35}。此字的文读音是受共同语影响的结果，文读适用语境如“跑步、跑生意、跑武汉、跑北京、跑香港、长跑、短跑、跑操”；白读音是按照古今对应规律读的，白读在单音节的时候，除了通常意义外，还有“逃逸”的意思，白读语境如“跑操、跑步”。

跳定平萧 t^{h}iau^{55}||t^{h}iau^{35}/t^{h}iau^{31}。此字的文读音是受共同语影响的结果；白读一如“条”，白读二如“挑挑拣”。文读适用语境如“上蹿下跳、蹦蹦跳跳/踊踊跳跳”，白读一适用语境如“跳着跳着骂、跳井（自杀）、跳崖”，白读

二适用语境如“蹦蹦跳跳/踋踋跳跳、踋跳”。

就从去宥 tɕiɤu||tsɤu^{55}。文读适用语境如“就范、就饭、就菜、就夫咧已经成为这样了，再没有发展空间了、就着这个事情”；白读如“奏”，用作副词，如“就是的”。

抽彻平尤 tʂʰɤu||iɤu^{31}。文读适用于所有语境；白读如“幽”，意思是“把杆状物抽出”，例句如“你把这个细竹竿抽 iɤu^{31} 出来”。

棉明平仙 miã||mia^{35}。只在“棉花”一词里白读 mia^{35}，其余语境均为文读。

腆透上铣 tʰiã||tʰiɛ^{51}。文读语境如“腼腆”，白读语境如“肚子腆腆上腆着肚子”。

黏娘平盐 niã||zɑ̃^{35}。此字的文读是语文教师课堂语言的读法，白读的主要意思如下。

① 与普通话用法差不多：粽子～得很。

② 思维不敏捷，很不通事理：这个老婆太～咧。

③ 纠缠：他都～咧一天咧｜你再～我也不答应。

④ 使人陷入是非圈子：这些麻烦事情把他都～进去咧。

⑤ 有牵连：这些事跟我一点也不～。

⑥ 感情很好：他自小奶出去咧，跟他奶达、奶妈～得很。

常见的词语如：黏倒胶[zɑ̃^{35} tau^{55} tɕiau^{31}]不明事理者、黏核儿[zɑ̃^{35} xuər^{24}]指桃子等的核是黏的，与“离⁼核儿”相反；不明事理者、黏糨子[zɑ̃^{35} tɕiaŋ^{55} .tsɿ]黏糨糊；懵懂之人，不明事理者、黏糨子锅锅[zɑ̃^{35} tɕiaŋ^{55} tsɿ$^{-24}$ kuɤ^{31}.kuɤ]很懵懂之人；很不明事理者、黏嘛咕咚[zɑ̃^{35} ma^{-35}/.ma ku^{31} tuəŋ^{31}]很不清楚；很不清晰，例句如“他把话说得～的”、黏嘛锁糊[zɑ̃^{24} .ma suɤ^{53} xu^{24}]很不清楚，很不清晰，例句如“东西堆得～的”、黏嘛弹稀[zɑ̃^{35} .ma tʰã^{35} ɕi^{31}]语言表达不清楚，例句如“听他，说话～的”、黏黏哇[zɑ̃^{35} zɑ̃$^{35-31}$ ua^{55}]茜草、黏人[zɑ̃^{35} zẽ^{35}]小孩或晚辈与大人或长辈能亲密相处，讨人喜欢，例句如“这个娃～得很”/黏络[luɤ^{31}]人、黏系[zɑ̃^{35} ɕi$^{55-31}$]关系，关联，例如“有～｜没～”、黏牙[zɑ̃^{35} nia^{35}]（事情）难处理，例句如“你咋遇见这～事呢？”

旋邪平仙 ɕyã||suã^{35}。文读语境如“旋风、旋耕”，白读单音节词指“髮旋”。按：邪母去声線韵字“旋镟”口语里只有白读音 suã^{55}；“旋”字用作时间副词，是“暂且”的意思。

跟见平痕 kẽ||kʰẽ/kʰɯ^{31}。文读适用于所有语境，两个白读均适用于“跟前”一词。按：澄城方言“跟根”文读 kɛ̃^{21}，白读 tɕiɛ̃^{21}（=筋）。

淋来平侵 liẽ||luẽ^{35}。白读仅适用于“淋雨动宾（=轮雨）”一个语境，其他语境如“淋漓”为白读。

峻精去稕 tɕyẽ||tsuẽ^{55}。此字以及“俊竣”文读 tɕyẽ^{55}，白读 tsuẽ^{55}。此字文读适用于所有语境，白读语境如“峻女性冷峻，在男子面前表现得不轻浮/峻气”。

匀以平谆 yẽ||iẽ^{35}。文读语境如“均匀、匀一下平均一下、天旱雨涝不均匀”；白读如“银”，白读语境如“匀溜、匀得很、不匀”。

藏从平唐 tsʰaŋ||tɕʰiaŋ^{35}。文读语境如“隐藏、储藏、收藏、躲藏”；白读如

"墙"，白读语境如"藏咧、藏梦儿捉迷藏"。

酿泥去漾 niaŋ^{31}‖ʐaŋ^{31}/ʐaŋ^{51}。文读音 niaŋ^{31} 是语文教师课堂读音，白读一 ʐaŋ^{31} 语境如"酿造、酿成、酿酒、佳酿、酝酿"等。白读二ʐaŋ^{51} 是"柔软可口"的意思，如"把麺煮酿丨皮子麺皮酿得很"。

娘 niaŋ^{35}‖niaŋ^{55}/nyɤ^{35}。文读 niaŋ^{35} 适用于所有语境。白读一 niaŋ^{55} 适用于对"丈母娘[tʂaŋ^{55} mu$^{51-31}$ niaŋ^{35}/niaŋ^{55}]"的又读，白读一是受到西安方言白读音影响的结果；白读二 nyɤ^{35} 是对叔母叫法"娘"的又读，户县方言很普遍地把叔母叫"娘 niaŋ^{35}"。

甑精去证 tsəŋ‖tɕiŋ^{55}。文读语境如"油光甑亮"；白读如"静"，白读指甑本身，语境如"甑糕、甑箅箅子"。按：乾县"甑糕"的"甑"字读如"尽 tɕiɛ̃^{44}"。

停定平青 tʰiŋ^{35}/tʰiŋ^{55}‖tʰəŋ^{55}。文读一 tʰiŋ^{35} 适用语境如"停当、停分平均分配、分停分配均匀/掂停"，户县方言文读二 tʰiŋ^{55} 是"停止"的意思，适用语境如"停下/停上、不停、不停地、停一下、没停"；文读 tʰəŋ^{55} 也是"停止"的意思，适用语境如"停一下、停一会儿、停咧半会、停咧几天时间"等。

拧泥平青 niŋ^{35}‖nəŋ^{35}。此字的文读音基本上适用于每一个语境；白读音限于"一拧拧[i^{31} nəŋ^{35} nəŋ$^{35-31}$]/一拧拧儿[i^{31} nəŋ^{35} nəɯ^{35}]"，本义指大拇指、食指和中指合拢所捏东西的量，引申指很少的东西。按：普通话的"拧"字还有上声读法，这也是变调构词，有的方言"拧"字还有破读音 niŋᵓ 的，关中方言的"拧"字没有破读现象。

横匣平庚 xəŋ‖xuəŋ/ɕyɛ^{35}。文读音 xəŋ^{35} 是教师课堂上教学生笔画的时候对"一（横）"的读法；白读一如"洪"，白读二如"踅"，白读一的语境如"横头特指地边头横着种的庄稼、横的竖的、横行霸道"，白读二的语境如"横棒蛮不讲理者/横木头、横横睡打横睡觉"。

横匣去映 xəŋ‖xuəŋ/ɕyɛ^{55}。文读音 xəŋ^{55} 是目前中青年教师课堂语言的读法；白读一 xuəŋ^{55} 如"起哄"的"哄（閧）"，适用语境如"横死、横死鬼"，白读二ɕyɛ^{55} 适用语境如"横ɕyɛ^{55} 地方多占地方、横ɕyɛ^{55} 眼惹眼"。歇后语如"揹的背笼看戏——不嫌𥄉眼横ɕyɛ^{55} 地方"，"𥄉眼"的本义是"贪婪"，在这个歇后语里是"惹眼"的意思。

另外，户县方言还有几个连绵词也存在着文白异读且跟构词也有一定的关系，特列于下。

龌龊 uɤ^{31} tsʰuɤ^{31}‖u$^{31-35}$ sɤu^{31}。文读语境如"龌龊得很、龌龌龊龊、我嫌你龌龊、拿你的臭钱觉得龌龊"，白读语境如"龌龊得很、龌龊的、心里头龌龊"。

踉跄 liaŋ^{55} tɕʰiaŋ^{55}‖laŋ^{55} tsʰaŋ^{55}/laŋ^{31} tsʰaŋ^{31}。文读语境如"踉踉跄跄"，白读语境如"昏头踉跄 xuẽ^{31} tʰɤu$^{35-31}$ laŋ^{55} tsʰaŋ^{55}/xuẽ^{31} tʰɤu^{35} laŋ^{31} tsʰaŋ^{31}"。

倜傥 t^hi^{55} $t^ha\eta^{55}$||t^hi^{31} $t^hu\partial\eta^{31}$。读音特点之一，文读去声，白读阴平；特点之二，“傥”字文读 aŋ韵母，白读 uəŋ韵母。文读语境如“风流倜傥”，白读语境如“倜傥得很、长得倜傥”。

“促织”户县方言文读 $ts^h\gamma u^{31\text{-}35}$ $t\c{s}\c{ɿ}^{31}$，而“促织织”只有白读 $ts^h\gamma u^{55}$ tsu^{31} .tsu。“促织织”在户县大王、渭丰一带指在锅灶上吃残羹冷炙的灶蟋蟀，东乡指一种蟋蟀类昆虫，比蟋蟀大，大王、渭丰一带把这类昆虫叫做“油葫芦[$i\gamma u^{35}$ xu^{31} $l\gamma u^{35}$]”。关中口语很普遍地把“促织/促织织”读如“醋蛛/醋蛛蛛”，一是“促”字依照上古长入来读，二是“促织/促织织”为叠韵。上文 1.1.10.4 之“其七”讨论重叠词时把“促织织”现象来看，请参阅。

还有一个“蛴螬”读作 $ts^hɿ^{35}$ $ts^hau^{35\text{-}31}$，其中的“蛴”字当地没有相应的文读。

注释

① 本部分所讨论的实质上就是“支微入鱼”现象，王军虎在《中国语文》2003 年第 3 期发表《晋陕甘方言的“支微入鱼”现象与唐五代西北方音》讨论的就是这个现象，后来刘勋宁又撰文补充讨论了这个问题，题目是《一个中原官话中曾经存在过的语音层次》（见邢向东主编 2006）。下面我们再补充一些例子。

“纬线”的“纬”字关中方言区咸阳、渭南一带白读如“遇 y⁼”。

“麦穗”的“穗”字在西安、商州、丹凤、乾县、礼泉、淳化、咸阳、户县、兴平、周至、扶风、千阳、陇县、富县、定边读作 suei⁼，关中方言区其余方言点白读ɕy⁼。但“刀穗子”的“穗”字白读ɕy⁼。

澄城方言：锤槌 ₌$ts^hɥ$，水 ⁼sɥ，垒泪 ⁼y，贵（如村名“贵益”的“贵”字）tɕy⁼。

2.4 复合词的变调构词

汉语同形词因为读音的不同而语义有别的现象是汉语发展过程中的必然结果，由汉语史以及不同地域方言的词语都可以说明这个道理。如张振兴先生在《漳平永福方言的文白异读（一）》（1989：171～179）里指出，漳平永福方言的复合词“手指、田夫、过渡、活动、功课、落后、劳力、动地”因为文白异读而语义有别，下面选取两例，先列文读，后列白读。

手指　$ts^hiu^{31\text{-}21}$ tsi^{31} 戒指，如“金～”　$ts^hiu^{31\text{-}21}$ $tsai^{31}$ 手指头

功课　$ko\eta^{24\text{-}55}$ k^ho^{31} 指学校里的课程　$k^ha\eta^{24\text{-}55}$ k^hue^{31} 指农事

关中方言复合词从语音方面看远没有漳平永福方言那样复杂，毕竟处于北方官话之中。但是，要比普通话复杂些。本节对商州、西安、富平三处方言复合词的变调构词予以举例说明。关中方言复合词的变调构词，如

“蒸馍”的“馍”字读作去声时指蒸馍馍，变作阴平时指馒头；这种类型是最常见的，一般是复合词的后字变调生发出语义语法的变化。

本节对关中方言个别因声调来源不同而意义有别的同形复合词也予以比较罗列。

2.4.1　商州方言复合词的变调构词

《商县方言志》16～17 页指出，商州方言中有许多变调后表示新的意义。例如。

蒸馍[tʂəŋ^{21} muo^{55}]动宾式≠蒸馍[tʂəŋ$^{21-53}$ muo$^{55-21}$]偏正式

上头[ʂaŋ^{55} t^{h}ou^{35}]动宾式，酒醉或女子结婚梳发卷≠上头[ʂaŋ^{55} t^{h}ou$^{35-21}$]偏正式，上面

上房[ʂaŋ^{55} faŋ^{35}]动宾式，上到房上≠上房[ʂaŋ^{55} faŋ$^{35-21}$]偏正式，正房

2.4.2　西安方言复合词的变调构词

如上文 2.2.2 小节讨论“管”字读作阳平时指出的那样，“只ᶜ管≠只꜁管”。以下是西安一带方言例词；“没咧”不属于复合词，跟其他词语类型相似，一并列入。

炒面[ts^{h}au^{52} miã^{55}] 动宾式，把煮熟了的面条在锅里一炒≠炒面[ts^{h}au^{52} miã$^{55-31}$]偏正式，把蒸熟的面粉，佐以盐、牛油等在锅里一炒；食用的时候，一般是用开水冲后喝

起面[tɕ^{h}i^{52} miã^{55}]动（使动）宾式，使面发，如“她正起面着呢”≠起面[tɕ^{h}i^{52} miã$^{55-31}$]偏正式，发了的面，与之相反的未发的面是“死面”，如“这是起面馍，不是死面馍”

和气[xuɤ^{24} tɕ^{h}i^{55}]形容词，如“他对人和气得很”≠和气[xuɤ^{24} tɕ^{h}i$^{55-31}$]名词，如“薆伤咧和气”

人手[ʐẽ^{24} ʂɤu^{52}]人的手≠人手[ʐẽ^{24} ʂɤu$^{52-31}$]人员

地道[ti^{55} tau^{55}]名词，地下通道≠地道[ti^{55} tau$^{55-31}$]形容词，如“这是地道的陕北枣儿”

下水[ɕia^{55} fei^{52} 文读/xa^{55} fei^{52} 白读]西安方言指下到水里≠下水[ɕia^{55} fei$^{52-31}$ 无白读]如“猪下水”

下手[ɕia^{55} ʂɤu^{52}]动手；着手，例如“下手打人｜下手太狠”≠下手[ɕia^{55} ʂɤu$^{52-31}$]助手，例如“我给他当下手”

姑姑[ku^{31} ku$^{31-24}$]姑母≠姑姑[ku^{31} .ku]尼姑，道姑

实在[ʂʅ^{24} tsæ^{55}]副词，如“实在不行｜实在不像话”；也用作形容词≠实在[ʂʅ^{24} tsæ$^{55-31}$]形容词，如“他为人很实在”

回话[xuei^{24} xua^{55}]赔礼道歉≠回话[xuei^{24} xua$^{55-31}$]回答，如“他叮咛的事情，咱办不了，得给他有个回话。”

成年[tʂ^{h}əŋ^{24} niã^{24}]整年，如“他成年都不出门”≠成年[tʂ^{h}əŋ^{24} niã$^{24-31}$]如“成年人”

大人[ta^{55} ʐẽ^{24}]如区别于“娃娃”≠大人[ta^{55} ʐẽ$^{24-31}$]如“县长大人，局长大人”（按：“大人”在西安一带白读[tuɤ^{55} ʐẽ$^{24-31}$]的时候指父母双亲，也泛指父母辈）

长虫[tʂ^{h}aŋ^{24} pf^{h}əŋ^{24}]偏正式，区别于“短虫”≠长虫[tʂ^{h}aŋ^{24} pf^{h}əŋ$^{24-31}$]蛇

东西[tuəŋ^{31} ɕi^{31}]普通名词，物品；可重叠为“东东西西”≠东西[tuəŋ$^{31-24}$ ɕi^{31}]方位词，东西南北（按：宝鸡指物品的“东西”读作[tuŋ$^{31-52}$ siɛ^{31}]，“西”字系白读音，韵腹为[ɛ]；方位词“东西”读作[tuəŋ$^{31-24}$ si^{31}]，“西”字系文读音，韵腹为[i]。）

齐茬[tɕ^{h}i^{24} ts^{h}a^{24}]指茬很齐，如“割麦机割过去是齐茬”≠齐茬[tɕ^{h}i^{24} ts^{h}a$^{24-31}$]整齐，如“这班学生的水平齐茬得很”“今年墒不好，包谷长得不齐茬。”按：“齐茬[tɕ^{h}i^{35} ts^{h}a^{35}]”在户县方言里儿化以后（齐茬儿[tɕ^{h}i^{35} ts^{h}ə^{35}]，如“齐茬儿断咧”），除了又作名词以外，还用作副词，相当于“（从此后）立即”，例句如：我把这个外甥说批评咧一顿，他齐茬儿不在我屋家来咧；见咧我连话都不问。

运气[yẽ^{55} tɕ^{h}i^{55}]动宾式，如练气功的时候运气≠运气[yẽ^{55} tɕ^{h}i$^{55-31}$]名词，如“运气好”

披挂[p^{h}ei^{31} kua^{55}]动词，如“披挂上马”≠披挂[p^{h}ei^{31} kua$^{55-31}$]名词，指男人的块头，如“披挂大，大披挂”

生长[səŋ^{31} tʂaŋ^{52}]如“生长发育”≠生长[səŋ^{31} tʂaŋ$^{52-31}$]（=生张）指生儿育女（按，《金瓶梅》36回：西门庆道：“东京太师老爷府里翟管家，前日有书来，说无子，央及我这里替他寻个女子，不拘贫富，只要好的，他要图生长……”｜75回：你若有造化，也生长一男半女，我就扶你起来，与你做一房小。）

记性[tɕi^{55} ɕiŋ^{55}]指记取教训，如“他着十回祸（指多次招致祸殃）也不记性”≠记性[tɕi^{55} ɕiŋ$^{55-31}$]指记忆力，如“老咧，不行咧，忘性还比记性好（很健忘）”

来回[læ^{24} xuei^{24}]往返，如“从单位回屋（家）来回要走10里路呢”≠来回[læ^{24} xuei$^{24-31}$]来往，如“他俩有矛盾呢，不来回”

演习[iã^{52} ɕi^{24}]如“军事演习”≠演习[iã^{52} ɕi$^{24-31}$]练习，例句如：你演习演习，一日一日就会咧（你不断地练习，一天天就会了）

清白[tɕ^{h}iŋ^{31} pei^{24}]如“历史清白”≠清白[tɕ^{h}iŋ^{31} pei$^{24-31}$]①明白，清楚，如“你心里清白不？”再如易俗社创始人、剧作家李桐轩剧作《一字狱》第一回：“你看清白，那是和敌人交战之时，不是领兵从国中起身之时。”②完，完结，例句如“活做清白咧|话说不清白。”③完蛋，指死亡，例句如“他这回一病倒可能彻底就清白咧。”

清水[tɕ^{h}iŋ^{31} fei^{52}]清亮的水，区别于“混水”；甘肃清水县≠清水[tɕ^{h}iŋ^{31} fei$^{52-31}$]①汤面或稀饭等失去黏性且出现沉淀现象，例句如“稀饭里头下了些豆儿豆子，他爱吃豆儿，把饭都捞清水咧。”②傻，心眼少，例句如“这个人太清水咧，一点儿都不明白这个道理；你给他再说都不顶啥（无济于事）。”③形容词，如“清水衙门”。

软蛋[zuã^{51} tã^{55} 户县音]缺乏勇力者≠软蛋[zuã^{51} tã$^{55-31}$]壳不硬的蛋；“下软蛋”引申为所宣扬的与实际效果很不相符

空秆[k^{h}uəŋ^{31} kã^{52}]如已经扳掉玉米穗的玉米秆≠空秆[k^{h}uəŋ^{55} kã$^{52-31}$]未结玉米穗而已经成熟了的玉米秆，可以当准甘蔗来吃

河南[xuɤ^{24} nã^{24}]河的南边，河的以南≠河南[xuɤ^{24} nã$^{24-31}$]指河南省（按：“河北、河东、河西”没有这种格局，因为“河北、河东、河西”的后字都是阴平调，西安一带方言双音节地名后字常常由非阴平变作阴平；“河南[xuɤ^{24} nã^{24}]≠河南[xuɤ^{24} nã$^{24-31}$]的例句如‘我在到河南[xuɤ^{24} nã^{24}]去来来着≠我在河南[xuɤ^{24} nã$^{24-31}$]去来。’”）

天气[t^{h}iã^{31} tɕ^{h}i^{55}]如“天气好、好天气”≠天气[t^{h}iã^{31} tɕ^{h}i$^{55-31}$]指较长的时间，例句如“屁大（极小）个事情就办咧半个月天气｜你还得等个半年天气｜再有30年天气，咱国（咱们国家）不知发展成啥样子咧？（极言肯定相当富裕）｜人在府上半年天气，我连面都不得见。（李桐轩《夺锦楼》第十回）”（按：不说“半天天⊂气[t^{h}iã^{31} tɕ^{h}i$^{55-31}$]｜一

天天꜀气 | 三天天꜀气 | 一周天꜀气 | 还得几个月天꜀气”）

报告[pau^{55} kau^{55}]动词，如“这个事情得给上级报告”≠报告[pau^{52} kau^{55}]名词，或如学生进入教师办公室前所喊的，如“作报告 | 听报告 | 打报告 | 打小报告 | （学生）报告！——（教师）请进！”

贡献[kuəŋ^{55} ɕiã^{55}]动词兼名词，如“贡献力量 | 做出贡献”≠贡献[kuəŋ^{55} ɕiã$^{55\text{-}31}$]名词，指贡品，如“摆贡献/上贡献/献贡献 | 做贡献”（按：户县方言“做出贡献”的“做”字文读[tsuɤ^{31}]，“做贡献”的“做”字白读[tsɤu^{55}]）

雨水[y$^{52\text{-}31}$ fei^{52}]指二十四节气中的“雨水”≠雨水[y$^{52\text{-}31}$ fei$^{52\text{-}31}$]指天所降的雨，如“今年雨水多”

老古董[lau$^{51\text{-}55}$ ku$^{51\text{-}31}$ tuəŋ$^{51\text{-}31}$]古代留下来的文物≠老古董[lau$^{51\text{-}31}$ ku^{51} tuəŋ$^{51\text{-}35}$]老学究

拐子[kuæ^{52} .tsɿ]如拐线用的拐子；指胳膊肘子≠拐子[kuæ^{24} .tsɿ]瘸子，跛子

肚子[tu^{52} .tsɿ]指胃，如猪肚子、牛肚子≠肚子[tu^{55} .tsɿ]腹部，如肚子疼（按：普通话也是“꜂肚子≠肚꜄子；西安一带的“꜂肚”也可以以单音节形式出现，如“把头打 taː^{52} ꜂肚去咧”，指从头顶往下打击，以至于把头打到胃里去了，极言打得过于重。）

药王[yɤ^{31} uaŋ^{24}]指可以置人于死地的毒药≠药王[yɤ^{31} uaŋ$^{24\text{-}31}$]指人们所敬仰的医药界祖师，如关中各地供奉的药王主要有孙思邈，其次有扁鹊、华佗、张仲景

没咧[mɤ^{31} .liɛ]丢了，找不到了，如“他把 100 块钱没咧”≠没咧[mɤ$^{31\text{-}24}$.liɛ]要不然的话，例句如“若果不是跟你有亲戚关系，没咧我寻你弄啥呢？”

不是[pu^{31} sɿ^{55}]例句如“他不是山西人”≠不是[pu^{31} sɿ$^{55\text{-}31}$]如指坏话，“说他的不是”；落不是：讨人嫌

吃住[tʂʰʅ^{31} pfu^{55}]吃和住，如“他吃住都在单位呢”；用力（干），例句如“你吃住，我吃住拉，就上去咧”≠吃住[tʂʰʅ^{31} pfu$^{55\text{-}31}$]①如打扑克“碰和”过程中一方出 2，另一方出 A 和 3 就是“吃住咧”。②“旗鼓相当”的意思：例句如“这个吃住那个 | 你的个子高低吃住他的”。③西安等处“能吃住”是“比得上；能够胜过”的意思，例句如：“这个能吃住那个”。

撑住[tsʰəŋ^{31} pfu^{55}]下意识地、认真地撑住；坚持住，努力（干），例句如“小伙子，撑住干！”≠撑住[tsʰəŋ^{31} pfu$^{55\text{-}31}$]一般性地撑住；（两者相比之下）旗鼓相当，例句如“老张跟老王的水平撑住。”

岂有此理[tɕʰi^{52} iɤu^{52} tsʰɿ^{52} li^{52}]≠岂有此理[tɕʰi$^{52\text{-}31}$ iɤu$^{52\text{-}31}$ tsʰɿ$^{52\text{-}31}$ li$^{52\text{-}31}$]，四个字均不变调的时候用于一般的反问，均变调的时候用于很强烈的反问。

另外，还有几个问题有必要予以专门交待。

一是“过去”一词，文读作[kuɤ^{55} tɕʰy^{55}]，是时间名词，指“以前，从前”；白读作[kuɤ^{55} tɕʰi^{55}/tɕʰi$^{55\text{-}31}$]则是趋向动词，如：你先过去[kuɤ^{55} tɕʰi$^{55\text{-}31}$] | 我不得过去[kuɤ^{55} tɕʰi$^{55\text{-}31}$]过不去/我过不去[kuɤ^{55} pu^{31} tɕʰi^{55}]。

二是西安一带的“想来咧”，“来”字读作本调阳平[læ^{24}]指“想来这里”，变作阴平[læ$^{24\text{-}31}$]则指“回想起来了”；“你想去”的“去”字读作本调去声[tɕʰi^{55}]是问句“你想去吗”，变作阴平[tɕʰi$^{55\text{-}31}$]则是“（就着这个事情或这个道理）你去思考吧”。

三是“今年[tɕiẽ^{31} niã^{24}]”一词在西安一带因后字“年”的变调与否而

所处的语境不同。不变调的“今年”一般用于疑问句或者以“今年”单举等语境。例如：

（问）你今年[tɕiẽ^{31} niã^{24}]多大咧？——（答）（我今年[tɕiẽ^{31} niã^{24}]）13 咧。

我老觉着今年比年时个去年冷,成天把我冻得抖抖抖[tʰɤu^{31} tʰɤu$^{31-24}$ tʰɤu^{31}]不停地发抖的！

今年[tɕiẽ^{31} niã^{24}]给你多给些钱，我知道你今年[tɕiẽ^{31} niã^{24}]要办几件大事呢；不给不行。

但是，当“今年”后字变作阴平的时候，则用于跟“明年[miŋ^{24} niã$^{24-31}$]”等的列举语境。例如：

今年[tɕiẽ^{31} niã$^{24-31}$]、明年[miŋ^{24} niã$^{24-31}$]、后年[xɤu^{55} niã$^{24-31}$]，三年时间，把这个完成了。

今年[tɕiẽ^{31} niã$^{24-31}$]、年时个、前年[tɕʰiã^{24} niã$^{24-31}$]/前年个，我在北京一共去咧 13 回。

（受委屈的妇女给在外包二奶的负心丈夫打电话）你就是即使今年[tɕiẽ^{31} niã$^{24-31}$]不回来，明年[miŋ^{24} niã$^{24-31}$]不回来，后年[xɤu^{55} niã$^{24-31}$]也不回来，我跟你娃你的孩子；实质上指“咱们”的孩子的日子也能混；你操心你哪一天没钱咧，或者老咧、有病咧、不得动弹咧，那个妖精把你一脚蹬咧，你那个时间再回来寻我，我却[kʰɤ^{31}]就不理你咧，不准你后悔，啊[a^{35}]？！

四是同形词声调不同有时是部分意义相合。如户县方言“老”在“老早、老远”里又读去声。“老早[lau^{55} tsau^{51}]”指很早以前，是名词；“老早[lau$^{51-31}$ tsau^{51}]”既用作名词，又用作形容词，如“他老早就来咧。”但是，“老远[lau^{55} yã^{51}]”的语义等于“老远[lau$^{55-31}$ yã^{51}]”；如“我老远[lau^{55}/lau$^{55-31}$ yã^{51}]就看来看见你咧”，而“大老早”的“老”字读作上声[lau^{55}（-31）]。再如户县方言“娃娃”读作[ua^{35} ua$^{35-31}$]指孩子们，包括大小孩子；读作[ua^{55} ua^{55}]则指很小的孩子以及布娃娃、画张上的娃娃。

2.4.3 富平方言复合词的变调构词

下边从 2010 年内部出版物《富平方言志》（作者安峥地、张立河、安峥晢）59～60 页（“以声调区别词义”）选取富平方言双音节复合词的变调构词语料，与上文重复的不再罗列；对于其原书中的错误，我们在调查的基础上予以直接改正。

꜀一 ꜀些不多的一些≠ ꜀一 ꜁些很多的

꜂米饭꜄ 大米饭≠ ꜂米 ꜀饭很稠的大米粥

꜀不棱꜄ 很快地动了一下≠ ꜂不 ꜀棱还在摆动

꜀不是꜄ 否定≠ ꜂不 ꜀是过失，过错

꜀出 ꜀脱成长≠꜂出 ꜀脱有意耍弄

꜂出 ꜀溜贬义的行走≠꜀出溜꜄ 很快地

꜂打 ꜁头开头≠꜂打 ꜀头农田的产量

꜀哎 ꜀呀无奈的感叹≠꜁哎 ꜂呀不服气的感叹

꜀乖 ꜁乖奉劝孩子不要捣乱≠꜁乖 ꜂乖惊叹词

馍꜄ ꜁笼蒸馍馍的笼≠馍꜄ ꜂笼能吃不能干的人

个꜄ ꜁头身躯的高度≠个꜄ ꜀头旧时货币兑换率

꜂保 ꜁人保护人，动宾式≠꜂保 ꜀人担保的人

꜀烧 ꜂纸老人去世，悼念时烧纸的过程≠꜀烧 ꜀纸悼念死者所烧的纸

꜂老 ꜁婆曾祖母≠꜂老 ꜀婆妻子

꜂老爷꜄ 曾祖父≠꜂老 ꜀爷官僚；特指关公

做꜄ 啥꜄ 干什么？≠做꜄ ꜀啥正在做事情

꜁前 ꜁房四合院里大门所在的大房≠꜁前 ꜂房再婚后对前妻或前夫的称呼

꜂点 ꜀点点状痕迹≠꜂点 ꜁点很少一点：～就够了

꜁门道꜄ 门下的过道≠꜁门 ꜂道技巧，办法（按：户县方言的“门道[mẽ^{35} tau^{51}]门口，门外，例如“大门道、二门道”≠门道[mẽ^{35} tau$^{55-31}$]方法，诀窍：有门道：有门儿；瞎得没门道：坏得透顶”）

꜀真 ꜁行能干≠꜁真 ꜁行太能干了

꜂底 ꜀底下面≠꜂底 ꜁底最下面

꜂脑 ꜀脑上部≠꜀脑 ꜁脑最上部

꜂稍 ꜀稍末端≠꜀稍 ꜁稍最末端

꜂边 ꜀边边缘≠꜀边 ꜁边最边缘

꜂尖 ꜀尖顶端≠꜀尖 ꜁尖最顶端

꜂西 ꜀头儿西端≠꜀西 ꜁头儿最西端

꜁南 ꜂头儿南端≠꜁南 ꜁头儿最南端

另外，户县方言的“老爷”等有必要予以交待：“老爷”，读作[lau^{51} iɛ^{55}]或[lau^{31} iɛ^{55}]指曾祖父，读作[lau^{51} iɛ$^{35-31}$]如指“青天大老爷”（按：“青天大老爷、县老爷”的“老”字口语也读作阴平[lau^{31}]）。“老婆”，读作[lau^{51} p^{h}ɤ$^{35-31}$]指妻子或老年妇女，读作[lau^{31} p^{h}ɤ^{35}]指曾祖母；这种读法指曾祖母比较少，一般指曾祖母的时候作“老老[lau^{31} lau^{-35}]”或“老老婆[lau^{31} .lau p^{h}ɤ^{35}]”。“太太”，读作[t^{h}æ^{55} t^{h}æ^{55}]的时候狭义指高祖母，广义指高祖父母；读作[t^{h}æ^{55} .t^{h}æ]的时候指“夫人”，如“张太太、王太太”。

另外，关中方言里还有些不同词语不变调的与变调的形成同音会引起歧义的现象。例如：沙锅[sa^{31} kuɤ^{31}]=沙果[sa^{31} kuɤ$^{52-31}$]，假如甲给乙说：“你给我把[sa^{31} kuɤ^{31}]拿来。”乙可能把[sa^{31} kuɤ^{31}]理解为“沙锅”，也可能理解为“沙果”；同样，平锅[p^{h}iŋ^{24} kuɤ^{31}]平底锅=苹果[p^{h}iŋ^{24} kuɤ$^{52-31}$]，于是，“平

锅”可能被当作“苹果”。

户县方言的“买猪[mæ$^{51-55}$ tsu^{31}]=卖猪[mæ^{55} tsu^{31}]”，有一组对话很有意思：（甲）你做啥来来着？（乙）我买猪[mæ$^{51-55}$ tsu^{31}]来。假如乙去买猪，未买到空车往回走的话（甲）你到来到底是买猪[mæ^{51} tsu^{31}]来吗还是卖猪[mæ^{55} tsu^{31}]来？这时候“买猪”的前字没有变调（乙）我是买猪[mæ^{51} tsu^{31}]来，不是卖猪[mæ^{55} tsu^{31}]来。这下明白了：不管怎么说，户县方言的上声字“买”，在阴平前常常变作去声（=买）。

2.5 “AA”式重叠词的变调构词

本部分拟对关中方言的“AA”式重叠词的变调构词予以报道，所要描写的问题，多数亦即上文 1.1.3.1 部分所讨论的单音节形容词重叠中的“大大”等问题。如“大大（AA）”不变调读作[ta^{55} ta^{55}]时是“大的东西”，后字变作轻声[ta^{55} .ta]（Aa）则可以用在“大大咧咧”等语境里。以户县方言为例来说明，具体以单音节 A 的声调为基点分为四点；有的上文已经讨论得比较周到的，这里就不再重复了。

2.5.1 A 为阴平调的

瞎坏瞎。“瞎瞎”读作[xa^{31} xa$^{31-35}$]时指坏东西或坏了的东西，也指坏人，例句如：这些瞎瞎我不要咧，谁要咧谁拿去丨这个人是个瞎瞎，不敢跟他打交道；读作[xa^{31} .xa]时用在定中关系的词语里起修饰作用，例词如：瞎瞎人坏人、瞎瞎事坏事，不好的事情、瞎瞎病难于治疗的病症，特指癌症等、瞎瞎茄子变坏了的茄子、瞎瞎世事不好的世事、瞎瞎世道不好的世道、瞎瞎单位不好的单位、瞎瞎膏药字面意思指坏了的膏药，引申指善于扇阴风点鬼火者。

反反。“反反”的“反”字《集韵》平声元韵为“孚袁切”，“反反”读作[fã^{31} fã$^{31-35}$]时指“反了的东西”，例如：你把那个反反给我递过来，我看那个反反能用；读作[fã^{31} .fã]时用作状语，是“反着”的意思，例如：反反骑驴倒骑驴丨反反提着走丨拿咧个反反。“反反[fã^{31} .fã]”还用来描述状态，例如：他不识字，把对子贴咧个反反。

瓜傻瓜。“瓜瓜”读作[kua^{31} kua$^{31-35}$]时指傻子，例如：他是个瓜瓜；读作[kua^{31} .kua]时用在定中关系的词语里起修饰作用，例如：瓜瓜娃傻孩子、瓜瓜婆娘傻女人。

干（乾）干。“干干”读作[kã^{31} kã$^{31-35}$]时指干东西或干了的东西，例如：你把那些干干拿走，给我留些湿湿[ʂʅ^{31} ʂʅ$^{31-35}$]就对咧；读作[kã^{31} .kã]时用在定中关系的词语里起修饰作用，例如：干干馍干馍馍。

湿湿。“湿湿”读作[ʂʅ^{31} ʂʅ$^{31-35}$]时指“湿东西或湿了的东西”，例如：我要湿湿呢，不要干干；读作[ʂʅ^{31} .ʂʅ]时用在定中关系的词语里起修饰作用，例词如：湿湿虫潮虫。

真真。“真真”读作[tʂẽ^{31} tʂẽ$^{31-35}$]时，用如程度副词“实在，的确”，例如：他真真不是个好东西；读作[tʂẽ^{31} .tʂẽ]时，适用语境如：真真正正、真真假假/假假真真。

方方。“方方”读作[faŋ^{31} faŋ$^{31-35}$]时指“方的东西”，例如：给你个方方，给他个扁扁；读作[faŋ^{31} .faŋ]时，适用语境如：方方正正、方方面面、四四方方、方方窍窍想方设法、方方子方的东西（例句如：给你个方方子，给他个扁扁子）。

桄桄。“桄桄”读作[kuaŋ^{31} .kuaŋ]时指车辆上短的方柱或横梁，读作[kuaŋ^{35} kuaŋ$^{35-31}$]指短棍棒，读作[kuaŋ^{55} .kuaŋ]指有不太宽的长的田畦。例如：木头桄桄[kuaŋ^{31} .kuaŋ] | 短桄桄[kuaŋ^{35} kuaŋ$^{35-31}$] | 这一桄桄[kuaŋ^{55} .kuaŋ]地最少有三亩，因为畛畛太长咧。

慌慌。“慌慌”读作[xuaŋ^{31} xuaŋ$^{31-35}$]时只指慌头慌脑者，读作[xuaŋ^{31} .xuaŋ]时既指慌头慌脑者，又用于“慌慌鬼”一词里；“慌慌鬼”指慌头慌脑的家伙。

家家。“家家”读作[tɕia$^{31-35}$ tɕia^{31}]指每家，适用语境还有“家家户户”，例句如：家家都来一个代表开会；读作[tɕia^{31} .tɕia]指家庭，例词如：一家家一家，全家，一个家庭（例句如：我女子在他婆家，一家家都欺负呢）、穷家家、富家家、大家家大户人家、小家家小户人家、小家家气小家子气。

天天。“天天”读作[tʰiã$^{31-35}$ tʰiã^{31}]时指每天，例如：他天天都上班呢，包括假期；读作[tʰiã^{31} .tʰiã]时，适用语境如“做天天活给人干活，以天为单位获取劳动报酬”。

月月。“月月”读作[yɛ$^{31-35}$ yɛ^{31}]时指每月，例如：娃在西安上大学呢，他月月都要在西安看娃去呢；读作[yɛ^{31} yɛ$^{31-35}$]时是人名，一般是女性的名字；读作[yɛ^{31} .yɛ]时，适用语境如“月月娃儿户县方言指婴儿，歇后语：月月娃儿想吃咸阳琥珀糖——碎心咋像着呢（指野心勃勃）、做月月活给人干活，以月为单位获取劳动报酬”。

2.5.2　A为阳平调的

浑浑。“浑浑”读作[xuẽ^{35} xuẽ^{35}]时指“浑东西，没有破损的东西”，例如：我要浑浑，不要烂烂；读作[xuẽ^{35} xuẽ$^{35-31}$]时，指到处都是，用作判断句的宾语，例如：地里头的草，是个浑浑。

黏黏。“黏黏”读作[zã^{35} zã^{35}]时指黏在一起的东西或懵懂之人，例如：这个黏黏我要，你把没黏的拿走；读作[zã^{35} zã$^{35-31}$]时，适用语境如“黏黏核儿如桃李杏的核是黏的”。

白白。“白白”读作[pei^{35} pei^{35}]时指白色的东西，例如：你把白白拿走，把黑黑给我留上；亦用作人名；对小儿语把洗手、洗脸叫做“洗白白”。按：

普通话的副词“白白”，户县方言文读作[pei^{35} pei^{35}]，口语作“白白儿[pei^{35} pəɯ^{35}]”。“白白”读作[pei^{35} pei$^{35-31}$]时适用如“葱白白葱白”。

油油。“油油”读作[iɤu^{35} iɤu^{35}]时指满是油的东西，例如：这个油油我要呢；对小儿语把搽雪花膏等叫做“搽油油”。“油油”读作[iɤu^{35} iɤu$^{35-31}$]时适用语境如“油油馍油炸馒头”。

年年。“年年”读作[niã^{35} niã^{35}]时指每年，例如：他年年都要在北京去呢；读作[niã^{35} niã$^{35-31}$]时，适用语境如“做年年活给人干活，以年为单位获取劳动报酬”。

门门。“门门”读作[mẽ^{35} mẽ^{35}]时指每门，例如：他学得好得很，门门课都是九十多分；读作[mẽ^{35} mẽ$^{35-31}$]时，适用语境如“瞎门门坏心眼、一门门一门心思、车门门车门、窝门门窝门，洞口”等。

娘娘。“娘娘”读作[niaŋ^{35} niaŋ^{35}]是对同宗族叔母的称谓，通常作单音节的“娘[niaŋ^{35}]”；读作[niaŋ^{35} niaŋ$^{35-31}$]时指皇后。

爷爷。“爷爷”读作[iɛ^{35} yɛ$^{35-31}$]是对祖父“爷爷”的文读；读作[iɛ^{55} yɛ^{55}]，一是对小儿语称月亮，二是对很年轻的叔祖父的称呼。

2.5.3　A 为上声调的

假假。“假假”读作[tɕia^{51} tɕia$^{51-35}$]时指假的东西，例如：这些是假假，那些是真真；读作[tɕia^{51} .tɕia]时用在定中关系的词语里起修饰作用，例词如：假假货假货、假假事不是实事。

死死。“死死”读作[sɿ^{51} sɿ$^{51-35}$]时指死了的动物或者非活态的东西，例如：“你的鸡，我要活活呢，不要死死｜他把 10000 元搁咧个活期，还有 10000 元搁咧个死死定期。”读作[sɿ^{51} .sɿ]时，适用语境如：“你当那个鸡是个活的，其实是个死死。”

晌晌。“晌晌”读作[ʂaŋ$^{51-31}$ ʂaŋ^{51}]时指每晌，例如：他晌晌都来呢；读作[ʂaŋ^{51} .ʂaŋ]时，适用语境如“做晌晌活给人干活，以晌为单位获取劳动报酬”。

2.5.4　A 为去声调的

欛欛。“欛欛”读作[pa^{55} pa^{55}]时，适用语境如“欛欛落儿指最后或最后的位置”；读作[pa^{55} .pa]时，适用语境如“欛欛娃一母同胞中最小的；相当于东北方言的“老疙瘩”、欛欛席20 世纪 80 年代以前，举办婚礼的男家，与婚宴的当天晚上，用婚宴上剩下的饭菜招待“送四吊儿（本指四吊屏，后来演变为画张）”的孩子们，这种席面叫做“欛欛席”、欛欛饭剩饭、烂欛欛指正在吃的饭菜或瓜果（按：一是如口歌“吃我烂欛欛，穿我烂架架背心儿”；二是改革开放前，有的农村人动辄拿起别人正吃的东西来吃，称作“吃烂欛欛”）说话带欛欛说话过程中有对听话人或有关当事人的詈骂因素、欛欛拉拉指剩下许多残破的东西、话欛欛话柄”等。

胖胖。“胖胖”读作[pʰaŋ^{55} pʰaŋ^{55}]是对肥胖的成年人的戏谑称谓，一般是同龄人之间才用，例如：张胖胖、王胖胖；读作[pʰaŋ^{55} .pʰaŋ]时，适用语境如“胖胖娃胖孩子；王不留”。按：王不留在户县常作“麦兰子/麦兰兰”。

棒棒。“棒棒”读作[paŋ^{55} .paŋ]时指小的棒子，户县北乡把“棒棒”读作[paŋ^{35} paŋ$^{35-31}$]时指玉米穗，户县多数地方把玉米穗叫做“包谷橛儿”。

臭臭。“臭臭”读作[tʂʰɤu^{55} tʂʰɤu^{55}]时，适用语境如“屉臭臭对小儿语，指大便、臭臭屉屉对小儿语，指脏东西、臭臭脚臭脚”；读作[tʂʰɤu^{55} .tʂʰɤu]时，适用语境如“臭臭鞋臭鞋、臭臭娃不讲卫生的孩子”。按：“臭臭”读作[tʂʰɤu^{55} tʂʰɤu^{55}]时也常常作为对孩子的爱称，也可能是带有绰号性质的爱称；笔者的一位远门舅父就被叫做“臭臭”。

唠唠。“唠唠”读作[yɛ^{55} yɛ^{55}]时指令人作呕的食物，读作[yɛ^{55} .yɛ]时指洁白的墙面或纸张等，因为水的浸渍等原因所导致的块状的不干净之处。

蛋蛋。“蛋蛋”读作[tã^{55} tã^{55}]时是对小儿语，称球状的水果如苹果、桃子等为“蛋蛋”；读作[tã^{55} .tã]时，适用语境如“蛋蛋肉块状的肉、蛋蛋馍20世纪80年代以前，当地在春节以及村会期间，给拜年者或追村会者所回赠的一种礼品，是如核桃大小的馒头，因为有化形，故又名‘花花馍’、蛋蛋娃可爱的孩子；心肝宝贝（/倩[tɕʰiẽ^{31}]蛋蛋娃）、蛋蛋笼儿很圆并且很小的竹篮子、洋芋蛋蛋指土豆”等。

对对。“对对”读作[tuei^{55} tuei^{55}]时，指正确的东西，例如：我这个是对对，你兀那个是错错；读作[tuei^{55} .tuei]时，指成双成对的东西，如“一对对、（打扑克）出对对”。

件件。“件件”读作[tɕiã^{55} tɕiã^{55}]时指每件，例如：这几件事件件都有着落，读作[tɕiã^{55} .tɕiã]时，指零碎的部件，例句如：他把个收音机卸成件件咧。

2.6　加缀形容词的名物化变调

如“花不棱登”读作[xua^{31} pu^{31} ləŋ^{31} təŋ^{31}]时是形容词，例如“姑娘家穿得花不棱登[xua^{31} pu^{31} ləŋ^{31} təŋ^{31}]的没啥不应该的”；“花不棱登”读作[xua^{31} pu^{31} ləŋ^{55} təŋ^{55}]时是名词，指漂亮媳妇，如开玩笑语境里“给你娶个花不棱登[xua^{31} pu^{31} ləŋ^{55} təŋ^{55}]”。华县皮影戏《卖杂货》丑角唱词“二十四日娶一个花不棱登花婆娘”里，“花不棱登”读作[xua^{21} pu^{21} ləŋ^{21} təŋ^{21}]；现代商洛花鼓戏《屠夫状元》里，“花不棱登”读作[xua^{21} pu^{21} ləŋ^{55} təŋ^{55}]。以下从两个方面来论述，一是“A＋××”式形容词的名物化变调，二是三音节后缀的名物化变调。

2.6.1　“A＋××”式形容词中“××”的变调构词

关中方言形容词后缀名物化的变调类型以“A××”式为最多。户县方言“A＋××”式形容词名物化变调的主要规律是后“×”变作去声，其次是“×”为[æ、ɤu、iɤu、ue、aŋ、əŋ]6 个韵母时前“×”往往变作阳平调，“×”为[iã、iŋ]2 韵母的两个“×”往往均变作去声调，“×”为[iaŋ]韵母的有变作去声调的。关中方言不是所有的“A+××”式都可以名物化。表 7 是户县方言“A+××”式加缀形容词与相应的名物化比较表。从表 7 可以明显地看出，“｜”前的“A+××”为形容词，前“×”读作阴平，后“×”读作轻声；“｜”后的“A+××”为名词，名物化的前“×”有变作阳平的，后“×”多数变作去声。

表 7　户县方言“A+××”式加缀形容词与相应的名物化比较表

A+××	后缀的读法	名物化的读法	语　法　例　句
长嘎嘎	꜀ka .ka	꜀ka ka꜄	瓜蔓长 ꜀ka .ka 的｜这截路是个长 ꜀ka ka꜄
平塌塌	꜀tʰa .tʰa	꜀tʰa tʰa꜄	事平 ꜀tʰa .tʰa 地没人管｜这事是个平 ꜀tʰa tʰa꜄
软塌塌	꜀tʰa .tʰa	꜀tʰa tʰa꜄	馍软 ꜀tʰa .tʰa 的｜这个馍是个软 ꜀tʰa tʰa꜄
黄拉拉	꜀la .la	꜀la la꜄	墙刷得黄 ꜀la .la 的｜这个墙是个黄 ꜀la la꜄
大拉拉	꜀la .la	꜀la la꜄	他大 ꜀la .la 大咧咧的｜他是个大 ꜀la la꜄
圆哈哈	꜀xa .xa	꜀xa xa꜄	眼窝睁得圆 ꜀xa .xa 的｜眼窝睁成咧圆 ꜀xa xa꜄ 咧
黏粑粑 1	꜀pia .pia	꜀pia pia꜄	馍粘 ꜀pia .pia 的｜这几个馍都是粘 ꜀pia pia꜄
黏粑粑 2	꜀pia .pia	pia꜄ pia꜄ 诙谐	馍粘 ꜀pia .pia 的｜这几个馍都是粘 pia꜄ pia꜄
白啪啪 1	꜀pʰia .pʰia	꜀pʰia pʰia꜄	她的脸白 ꜀pʰia .pʰia 的｜她的脸是个白 ꜀pʰia pʰia꜄
白啪啪 2	꜀pʰia .pʰia	pʰia꜄ pʰia꜄ 诙谐	她的脸白 ꜀pʰia .pʰia 的｜她的脸是个白 pʰia꜄ pʰia꜄
秕掐掐	꜀tɕʰia .tɕʰia	꜀tɕʰia tɕʰia꜄	麦秕 ꜀tɕʰia .tɕʰia 的｜这斗麦是个秕 ꜀tɕʰia tɕʰia꜄
瘦掐掐	꜀tɕʰia .tɕʰia	꜀tɕʰia tɕʰia꜄	娃长得瘦 ꜀tɕʰia .tɕʰia 的｜他是个瘦 ꜀tɕʰia tɕʰia꜄
碎掐掐	꜀tɕʰia .tɕʰia	꜀tɕʰia tɕʰia꜄	他碎瘦小 ꜀tɕʰia .tɕʰia 的｜他是个碎 ꜀tɕʰia tɕʰia꜄
干掐掐	꜀tɕʰia .tɕʰia	꜀tɕʰia tɕʰia꜄	菜干 ꜀tɕʰia .tɕʰia 的没水分｜菜是干 ꜀tɕʰia tɕʰia꜄
黑欻欻	꜀tsʰua .tsʰua	꜀tsʰua tsʰua꜄	屋里头黑 ꜀tsʰua .tsʰua 的｜屋是个黑 ꜀tsʰua tsʰua꜄
齐唰唰	꜀sua .sua	꜀sua sua꜄	步子齐 ꜀sua .sua 的很整齐｜步子是个齐 ꜀sua sua꜄
雾唰唰	꜀sua .sua	꜀sua sua꜄	天雾 ꜀sua .sua 的｜今儿天是个雾 ꜀sua sua꜄
胖哇哇	꜀ua .ua	꜀ua ua꜄	他胖 ꜀ua .ua 的，难看得很｜他是个胖 ꜀ua ua꜄
黏哇哇	꜀ua .ua	꜀ua ua꜄	馍黏 ꜀ua .ua 的｜户县土话把茜草叫“黏 ꜀ua ua꜄”
蓝哇哇	꜀ua .ua	꜀ua ua꜄	衣裳蓝 ꜀ua .ua 的｜这个衣裳是个蓝 ꜀ua ua꜄
黑哇哇	꜀ua .ua	꜀ua ua꜄	房里头黑 ꜀ua .ua 的｜这个房子是个黑 ꜀ua ua꜄
黏呼呼	꜀xu .xu	꜀xu xu꜄	睡得黏 ꜀xu .xu 的｜他睡得成咧黏 ꜀xu xu꜄ 咧
端出出	꜀tsʰu .tsʰu	꜀tsʰu tsʰu꜄	路端 ꜀tsʰu .tsʰu 的｜路是个端 ꜀tsʰu tsʰu꜄

续表

A+××	后缀的读法	名物化的读法	语　法　例　句
直出出	꜀tsʰu .tsʰu	꜀tsʰu tsʰuᵓ	她的性格直 ꜀tsʰu .tsʰu 的丨她是个直 ꜀tsʰu tsʰuᵓ
大咧咧	꜀liɛ .liɛ	꜀liɛ liɛᵓ	小伙子大 ꜀liɛ .liɛ的丨小伙子是个大 ꜀liɛ liɛᵓ
端戳戳	꜀tsʰuɤ .tsʰuɤ	꜀tsʰuɤ tsʰuɤᵓ	端 ꜀tsʰuɤ .tsʰuɤ跟人说话|她是个端 ꜀tsʰuɤ .tsʰuɤᵓ
直戳戳	꜀tsʰuɤ .tsʰuɤ	꜀tsʰuɤ tsʰuɤᵓ	覅跟人直 ꜀tsʰuɤ .tsʰuɤ说话|他是直 ꜀tsʰuɤ tsʰuɤᵓ
笨呆呆	꜀tæ .tæ	꜁tæ ꜀tæ	这个人笨手笨 ꜀tæ .tæ的丨这个人是个笨 ꜁tæ ꜀tæ
闷呆呆	꜀tæ .tæ	꜁tæ ꜀tæ	这个人闷脑子笨 ꜀tæ .tæ的丨这个人是个闷 ꜁tæ ꜀tæ
黄娄娄	꜀lɤu .lɤu	꜀lɤu lɤuᵓ	黄 ꜀lɤu .lɤu 的锅盔|他烙的锅盔都是黄 ꜀lɤu lɤuᵓ
涩勾勾	꜀kɤu .kɤu	꜀kɤu kɤuᵓ	柿子涩 ꜀kɤu .kɤu 的丨柿子还是涩 ꜀kɤu kɤuᵓ 呢
胖嘟嘟	꜀tɤu .tɤu	꜁tɤu ꜀tɤu	她长得胖 ꜀tɤu .tɤu 的丨她是个胖 ꜁tɤu ꜀tɤu
攮嘟嘟	꜀tɤu .tɤu	꜁tɤu ꜀tɤu	他攮又低又胖 ꜀tɤu .tɤu 的丨他是个攮 ꜁tɤu ꜀tɤu
奘嘟嘟	꜀tɤu .tɤu	꜁tɤu ꜀tɤu	黄瓜奘粗 ꜀tɤu .tɤu 的丨黄瓜是个奘 ꜁tɤu ꜀tɤu
痴嘟嘟	꜀tɤu .tɤu	꜀tɤu tɤuᵓ	你咋痴 ꜀tɤu .tɤu 的？丨她是个痴 ꜀tɤu tɤuᵓ
瓷嘟嘟	꜀tɤu .tɤu	꜀tɤu tɤuᵓ	行李瓷 ꜀tɤu .tɤu 的丨行李是个瓷 ꜀tɤu tɤuᵓ
黑嘟嘟	꜀tɤu .tɤu	tɤuᵓ tɤuᵓ	眼窝黑 ꜀tɤu .tɤu 亮而有神的丨我娃是个黑 tɤuᵓ tɤuᵓ 眼儿！请您注意，如上"嘟嘟"名物化变调有三种
齐簇簇	꜀tsʰɤu .tsʰɤu	꜀tsʰɤu tsʰɤuᵓ	苗齐 ꜀tsʰɤu .tsʰɤu 的很整齐丨苗是齐 ꜀tsʰɤu tsʰɤuᵓ
圆嘟嘟	꜀tɤu .tɤu	꜀tɤu tɤuᵓ	西瓜圆 ꜀tɤu .tɤu 的丨西瓜是个圆 ꜀tɤu tɤuᵓ
软抖抖	꜀tʰɤu .tʰɤu	꜀tʰɤu tʰɤuᵓ	豆腐软 ꜀tʰɤu .tʰɤu 的丨这块豆腐是软 ꜀tʰɤu tʰɤuᵓ
热抖抖	꜀tʰɤu .tʰɤu	꜀tʰɤu tʰɤuᵓ	炕热 ꜀tʰɤu .tʰɤu 的丨这个炕是个热 ꜀tʰɤu tʰɤuᵓ
酸溜溜	꜀liɤu .liɤu	꜀liɤu liɤuᵓ / ꜁liɤu ꜀liɤu/liɤuᵓ liɤuᵓ	这个人说话酸 ꜀liɤu .liɤu 的，恶心得很丨他是个酸 ꜀liɤu liɤuᵓ（按："酸 ꜁liɤu ꜀liɤu/liɤuᵓ liɤuᵓ"是一种夏秋季杂草，叶杆味道都是酸的，故名）
光溜溜	꜀liɤu .liɤu	꜀liɤu liɤuᵓ	脚底光 ꜀liɤu .liɤu 的丨脚底成咧光 ꜀liɤu liɤuᵓ 咧
滴溜溜	꜀liɤu .liɤu	꜀liɤu liɤuᵓ	眼窝滴 ꜀liɤu .liɤu 转丨眼神是个滴 ꜀liɤu liɤuᵓ
滑溜溜	꜀liɤu .liɤu	꜀liɤu liɤuᵓ	鱼滑 ꜀liɤu .liɤu 的丨鱼是个滑 ꜀liɤu liɤuᵓ
圆溜溜	꜀liɤu .liɤu	꜀liɤu liɤuᵓ	苹果圆 ꜀liɤu .liɤu 的丨苹果是个圆 ꜀liɤu liɤuᵓ
短揪揪	꜀tɕiɤu .tɕiɤu	꜁tɕiɤu ꜀tɕiɤu	棍短 ꜀tɕiɤu .tɕiɤu 的丨这棍是个短 ꜁tɕiɤu ꜀tɕiɤu
碎芊芊	꜀tɕʰiã .tɕʰiã	꜀ɕʰiã tɕʰiãᵓ	菜苗碎 ꜀tɕʰiã .tɕʰiã 的丨这些菜苗是碎 ꜀ɕʰiã tɕʰiãᵓ
红艳艳	꜀iã .iã	꜀iã iãᵓ /iãᵓ iãᵓ	红 ꜀iã .iã 的日头丨今儿日头是个红 ꜀iã iãᵓ /iãᵓ iãᵓ
胖敦敦	꜀tuẽ .tuẽ	꜁tuẽ ꜀tuẽ	他胖 ꜀tuẽ .tuẽ的丨她是个胖 ꜁tuẽ ꜀tuẽ
厚敦敦	꜀tuẽ .tuẽ	꜁tuẽ ꜀tuẽ	碗厚 ꜀tuẽ .tuẽ的丨这个碗是个厚 ꜁tuẽ ꜀tuẽ

续表

A+××	后缀的读法	名物化的读法	语 法 例 句
硬邦邦	꜀paŋ .paŋ	꜁paŋ ꜀paŋ/ ꜀paŋ paŋ꜄	硬 ꜀paŋ .paŋ的木头丨这个东西是个硬 ꜁paŋ ꜀paŋ /这个东西是个硬 ꜀paŋ paŋ꜄
肥囊囊	꜀naŋ .naŋ	꜀naŋ naŋ꜄	猪肥 ꜀naŋ .naŋ的丨这个猪是个肥 ꜀naŋ naŋ꜄
实囊囊	꜀naŋ .naŋ	꜀naŋ naŋ꜄	口袋实 ꜀naŋ .naŋ的丨这个口袋是个实 ꜀naŋ naŋ꜄
瓷囊囊	꜀naŋ .naŋ	꜀naŋ naŋ꜄	口袋瓷 ꜀naŋ .naŋ的丨这个口袋是个瓷 ꜀naŋ naŋ꜄
直杠杠	꜀kaŋ .kaŋ	꜀kaŋ kaŋ꜄	他的脾气直 ꜀kaŋ .kaŋ的丨他是个直 ꜀kaŋ kaŋ꜄
新臧臧	꜀tsaŋ .tsaŋ	꜀tsaŋ tsaŋ꜄ / ꜁tsaŋ ꜀tsaŋ	他穿得新 ꜀tsaŋ .tsaŋ的走亲戚去咧 丨他妈给他做咧个新 ꜀tsaŋ tsaŋ꜄ / ꜁tsaŋ ꜀tsaŋ
黏浆浆	꜀tɕiaŋ .tɕiaŋ	꜀tɕiaŋ tɕiaŋ꜄	馍黏 ꜀tɕiaŋ .tɕiaŋ的丨这个馍是个黏 ꜀tɕiaŋ tɕiaŋ꜄
白光光	꜀kuaŋ .kuaŋ	꜀kuaŋ kuaŋ꜄	墙刷得白 ꜀kuaŋ .kuaŋ的丨墙是个白 ꜀kuaŋ kuaŋ꜄
明晃晃	꜀xuaŋ .xuaŋ	꜀xuaŋ xuaŋ꜄	电灯明 ꜀xuaŋ .xuaŋ的丨这儿是个明 ꜀xuaŋ xuaŋ꜄
亮晃晃	꜀xuaŋ .xuaŋ	꜀xuaŋ xuaŋ꜄	屋里亮 ꜀xuaŋ .xuaŋ的丨屋里是个亮 ꜀xuaŋ xuaŋ꜄
明堂堂	꜀tʰaŋ .tʰaŋ	꜀tʰaŋ tʰaŋ꜄	屋里明 ꜀tʰaŋ .tʰaŋ的丨办公室是个明 ꜀tʰaŋ tʰaŋ꜄
亮堂堂	꜀tʰaŋ .tʰaŋ	꜀tʰaŋ tʰaŋ꜄	厕所亮 ꜀tʰaŋ .tʰaŋ的丨厕所是个亮 ꜀tʰaŋ tʰaŋ꜄
精壮壮	꜀tsuaŋ .tsuaŋ	꜀tsuaŋ tsuaŋ꜄	精 ꜀tsuaŋ .tsuaŋ的小伙丨他是个精 ꜀tsuaŋ tsuaŋ꜄
长荒荒	꜀xuaŋ .xuaŋ	꜀xuaŋ xuaŋ꜄	路长 ꜀xuaŋ .xuaŋ的丨这竹竿是个长 ꜀xuaŋ xuaŋ꜄
野荒荒	꜀xuaŋ .xuaŋ	꜀xuaŋ xuaŋ꜄	路野 ꜀xuaŋ .xuaŋ很长的丨路是个野 ꜀xuaŋ xuaŋ꜄
齐嘣嘣	꜀pəŋ .pəŋ	꜀pəŋ pəŋ꜄	庄稼齐 ꜀pəŋ .pəŋ的丨田禾都是齐 ꜀pəŋ pəŋ꜄
瓷腾腾	꜀tʰəŋ .tʰəŋ	꜀tʰəŋ tʰəŋ꜄	这儿瓷 ꜀tʰəŋ .tʰəŋ的丨这个地方是个瓷 ꜀tʰəŋ tʰəŋ꜄
痴腾腾	꜀tʰəŋ .tʰəŋ	꜀tʰəŋ tʰəŋ꜄	他见咧人痴 ꜀tʰəŋ .tʰəŋ的丨他是个痴 ꜀tʰəŋ tʰəŋ꜄
实腾腾	꜀tʰəŋ .tʰəŋ	꜀tʰəŋ tʰəŋ꜄	包得实 ꜀tʰəŋ .tʰəŋ的丨他是个实 ꜀tʰəŋ tʰəŋ꜄ 诚实者
直楞楞	꜀ləŋ .ləŋ	꜀ləŋ ləŋ꜄	他的眼神直 ꜀ləŋ .ləŋ的丨他的眼神是个直 ꜀ləŋ ləŋ꜄
直通通	꜀tʰuəŋ .tʰuəŋ	꜀tʰuəŋ tʰuəŋ꜄ / ꜂tʰuəŋ .tʰuəŋ	你咋直 ꜀tʰuəŋ .tʰuəŋ的？丨他是个直 ꜀tʰuəŋ tʰuəŋ꜄ /直 ꜂tʰuəŋ .tʰuəŋ/他就这直 ꜂tʰuəŋ .tʰuəŋ脾气，你得担待着
新铮铮	꜀tsəŋ .tsəŋ	꜀tsəŋ tsəŋ꜄ / ꜁tsəŋ ꜀tsəŋ	他穿得新 ꜀tsəŋ .tsəŋ的上班去咧 丨他今儿穿的新 ꜀tsəŋ tsəŋ꜄ / ꜁tsəŋ ꜀tsəŋ
瓷丁丁	꜀tiŋ .tiŋ	tiŋ꜄ tiŋ꜄ / ꜁tiŋ ꜀tiŋ	地瓷 ꜀tiŋ .tiŋ的，难挖得很丨 这块儿地是个瓷 tiŋ꜄ tiŋ꜄ / ꜁tiŋ ꜀tiŋ
痴丁丁	꜀tiŋ .tiŋ	tiŋ꜄ tiŋ꜄ / ꜁tiŋ ꜀tiŋ	他痴 ꜀tiŋ .tiŋ的不说话丨他是个痴 tiŋ꜄ tiŋ꜄ / ꜁tiŋ ꜀tiŋ
死丁丁	꜀tiŋ .tiŋ	tiŋ꜄ tiŋ꜄ / ꜁tiŋ ꜀tiŋ	你咋死 ꜀tiŋ .tiŋ的不言传不说话呢？ 丨他是个死 tiŋ꜄ tiŋ꜄ / ꜁tiŋ ꜀tiŋ他是一个死板之人

说明：表 6 中的“秕 ꜀掐.掐、干 ꜀掐.掐”，其“掐₂”不变作去声而读作轻声时，既可以用作形容词，又可以用作名词；但是，“瘦 ꜀掐.掐”是形容词，“瘦 ꜀掐掐꜄ ”是名词。

2.6.2　三音节后缀的名物化变调

上文表 6 里的“A＋××”式形容词，有一部分还往往可以嵌入“不、扑、圪、嘛、嗤”等字，从而形成三音节后缀。我们现在能够调查到的户县方言形容词词干附加上三音节后缀的名物化变调除了上文的“花不棱登”以外，还有以下一些，这词语词语限于户县方言三音节后缀最后音节是[a ia iɛ ɤu iã aŋ iaŋ əŋ uəŋ]9 个韵母的；这些后缀名物化变调的结果，绝大多数“××”均变作去声调。名物化形容词可以充当句子的主语、宾语和定语；常用作宾语。

平不塌塌[pʰiŋ^{35} pu^{31} tʰa^{31} .tʰa | pʰiŋ^{35} pu^{31} tʰa^{31} tʰa^{55}]/平扑塌塌[pʰiŋ^{35} pʰu^{31} tʰa^{31} .tʰa | pʰiŋ^{35} pʰu^{31} tʰa^{31} tʰa^{55}]。例如：事 pʰiŋ^{35} pu^{31} tʰa^{31} .tʰa 地搁着，没一个人愿意管 | 这事是个 pʰiŋ^{35} pu^{31} tʰa^{31} tʰa^{55}，谁也没办法管 | 得是是不是把那个 pʰiŋ^{35} pu^{31} tʰa^{31} tʰa^{55} 事才准备办呀？

软不塌塌[zuã^{51} pu^{31} tʰa^{31} .tʰa | zuã^{51} pu^{31} tʰa^{31} tʰa^{55}]。例如：这个小伙子 zuã^{51} pu^{31} tʰa^{31} .tʰa 的，没一点儿朝气 | 这个小伙子是个 zuã^{51} pu^{31} tʰa^{31} tʰa^{55}，咋就没一点儿朝气呢些呢？

大不拉拉[ta^{55} pu^{31} la^{31} .la | ta^{55} pu^{31} la^{55} la^{55}]，又作“大不咧咧[ta^{55} pu^{31} liɛ^{31} .liɛ | ta^{55} pu^{31} liɛ^{55} liɛ^{55}]”。例如：他大不 la^{31} .la/大不 liɛ^{31} .liɛ的 | 他是个大不 la^{55} la^{55}/大不 liɛ^{55} liɛ^{55}。

黄不拉拉[xuaŋ^{35} pu^{31} la^{31} .la | xuaŋ^{35} pu^{31} la^{55} la^{55}]。例如：如今，不少年轻人把头发染得 xuaŋ^{35} pu^{31} la^{31} .la 的，有的老人就是看不惯 | 他的头发是个 xuaŋ^{35} pu^{31} la^{55} la^{55}。

黏不粑粑[z̧ã^{35} pu^{31} pia^{31} .pia | z̧ã^{35} pu^{31} pia^{55} pia^{55}]。例如：馍z̧ã^{35} pu^{31} pia^{31} .pia 的，没蒸好 | 他就不会蒸馍，蒸的馍都是z̧ã^{35} pu^{31} pia^{55} pia^{55} | 我就吃几个z̧ã^{35} pu^{31} pia^{55} pia^{55} 馍。

白不啪啪[pei^{35} pu^{31} pʰia^{31} .pʰia | pei^{35} pu^{31} pʰia^{55} pʰia^{55}]/白扑啪啪[pei^{35}pʰu^{31} pʰia^{31} .pʰia | pei^{35} pʰu^{31} pʰia^{55} pʰia^{55}]。例如：他把酒喝醉咧，吐咧一来海吐得到处都是，把人能恶心死了；脸 pei^{35} pu^{31} pʰia^{31} .pʰia 的，难看得很 | 他有病呢，脸是个 pei^{35} pu^{31} pʰia^{55} pʰia^{55}。

秕不掐掐[pi^{51}pu^{31} tɕʰia^{31}.tɕʰia | pi^{51} pu^{31} tɕʰia^{55} tɕʰia^{55}]/秕圪掐掐[pi^{51} kɯ^{31} tɕʰia^{31} .tɕʰia | pi^{51} kɯ^{31} tɕʰia^{55} tɕʰia^{55}]。例如：麦受旱咧，麦颗儿 pi^{51} pu^{31} tɕʰia^{31} .tɕʰia 的 | 这些粮食是 pi^{51} kɯ^{31} tɕʰia^{55} tɕʰia^{55}。按：“掐”的本字应当是“狭”；关中方言“窄狭”的“狭”读如“掐”。

瘦不掐掐[sɤu^{55} pu^{31} tɕʰia^{31} .tɕʰia | sɤu^{55} pu^{31} tɕʰia^{55} tɕʰia^{55}]/瘦圪掐掐[sɤu^{55} kɯ^{31} tɕʰia^{31} .tɕʰia | sɤu^{55} kɯ^{31} tɕʰia^{55} tɕʰia^{55}]。例如：如今还有谁家娃

咋 ꜀你娃像你的孩子这个样子吗，sɤu^{55} pu^{31} tɕʰia^{31} .tɕʰia 的，咋管来来着？｜这个娃是个 sɤu^{55} kɯ^{31} tɕʰia^{55} tɕʰia^{55}。

碎不掐掐[suei^{55} pu^{31} tɕʰia^{31} .tɕʰia｜suei^{55} pu^{31} tɕʰia^{55} tɕʰia^{55}]/碎圪掐掐[suei^{55} kɯ^{31} tɕʰia^{31} .tɕʰia｜suei^{55} kɯ^{31} tɕʰia^{55} tɕʰia^{55}]。例如：娃长得 suei^{55} pu^{31} tɕʰia^{31} .tɕʰia 的｜这个娃是个 suei^{55} pu^{31} tɕʰia^{55} tɕʰia^{55}。

黑不欻欻[xei^{31} pu^{31} tsʰua^{31} .tsʰua｜xei^{31} pu^{31} tsʰua^{55} tsʰua^{55}]。例如：他不小心把锅墨抹到脸咧，xei^{31} pu^{31} tsʰua^{31} .tsʰua 的｜他的脸成咧 xei^{31} pu^{31} tsʰua^{55} tsʰua^{55} 咧。

黏圪哇哇[ʐ̢ã^{35} kɯ^{31} ua^{31} .ua｜ʐ̢ã^{35} kɯ^{31} ua^{55} ua^{55}]。例如：他手上有糨子呢ʐ̢ã^{35} kɯ^{31} ua^{31} .ua 的｜他的手成咧ʐ̢ã^{35} kɯ^{31} ua^{55} ua^{55} 咧。又作“黏圪浆浆[ʐ̢ã^{35} kɯ^{31} tɕiaŋ^{31} .tɕiaŋ｜ʐ̢ã^{35} kɯ^{31} tɕiaŋ^{55} tɕiaŋ^{55}]”。

蓝圪哇哇[lã^{35} kɯ^{31} ua^{31} .ua｜lã^{35} kɯ^{31} ua^{55} ua^{55}]。例如：他不小心把墨水撒到书上咧，lã^{35} kɯ^{31} ua^{31} .ua 的｜墨水把书染成 lã^{35} kɯ^{31} ua^{55} ua^{55} 咧。

青咕咀咀[tɕʰiŋ^{31} ku^{31} tɕy^{31}.tɕy｜tɕʰiŋ^{31} ku^{31}tɕy^{55} tɕy^{55}]/青圪咀咀[tɕʰiŋ^{31} kɯ^{31} tɕy^{31} .tɕy｜tɕʰiŋ^{31} kɯ^{31} tɕy^{55} tɕy^{55}]。例如：娃把脸冻得 tɕʰiŋ^{31} ku^{31} tɕy^{31}.tɕy 的｜太冷咧，娃把脸冻成咧 tɕʰiŋ^{31} kɯ^{31} tɕy^{55} tɕy^{55}。

黏咕咀咀[ʐ̢ã^{35} ku^{31} tɕy^{31} .tɕy｜ʐ̢ã^{35} ku^{31} tɕy^{55} tɕy^{55}]/黏圪咀咀[ʐ̢ã^{35} kɯ^{31} tɕy^{31} .tɕy｜ʐ̢ã^{35} kɯ^{31} tɕy^{55} tɕy^{55}]。例如：天这么热，面ʐ̢ã^{35} ku^{31} tɕy^{31} .tɕy 的，不想吃！｜几碗面都是ʐ̢ã^{35} kɯ^{31} tɕy^{55} tɕy^{55}，谁爱吃咧谁吃去。

涩咕咀咀[sei^{31} ku^{31} tɕy^{31} .tɕy｜sei^{31} ku^{31} tɕy^{55} tɕy^{55}]/涩圪咀咀[sei^{31} kɯ^{31} tɕy^{31} .tɕy｜sei^{31} kɯ^{31} tɕy^{55} tɕy^{55}]。例如：饭芹菜太多咧，sei^{31} ku^{31} tɕy^{31} .tɕy 的｜饭成咧 sei^{31} kɯ^{31} tɕy^{55} tɕy^{55}。

薄嗤娄娄[pɤ^{35} tsʰʅ^{31} lɤu^{31} .lɤu｜pɤ^{35} tsʰʅ^{31} lɤu^{55} lɤu^{55}]薄得不经用｜薄得不经用的东西。例如：这张纸薄嗤 lɤu^{31} .lɤu 的｜这张纸是个薄嗤 lɤu^{55} lɤu^{55}。

光不溜溜[kuaŋ^{31} pu^{31} liɤu^{31}.liɤu｜kuaŋ^{31} pu^{31} liɤu^{55} liɤu^{55}]/光圪溜溜[kuaŋ^{31} kɯ^{31} liɤu^{31} .liɤu｜kuaŋ^{31} kɯ^{31} liɤu^{55} liɤu^{55}]。例如：鱼 kuaŋ^{31} pu^{31} liɤu^{31}.liɤu 的，拿手难逮得很｜鱼都是 kuaŋ^{31} kɯ^{31} liɤu^{55} liɤu^{55}，拿手逮得有个窍道诀窍。

滑不溜溜[xua^{35}pu^{31} liɤu^{31}.liɤu｜xua^{35}pu^{31} liɤu^{55} liɤu^{55}]/滑圪溜溜[xua^{35}kɯ^{31}liɤu^{31} .liɤu｜xua^{35} kɯ^{31} liɤu^{55} liɤu^{55}]。例如：地 xua^{35}pu^{31} liɤu^{31}.liɤu 的｜路上是个 xua^{35} kɯ^{31} liɤu^{55} liɤu^{55}。

圆不溜溜[yã^{35} pu^{31} liɤu^{31}.liɤu｜yã^{35} pu^{31} liɤu^{55} liɤu^{55}]/圆圪溜溜[yã^{35} kɯ^{31} liɤu^{31} .liɤu｜yã^{35} kɯ^{31} liɤu^{55} liɤu^{55}]。例如：这个珠子 yã^{35} pu^{31} liɤu^{31}.liɤu 的，看起好好看着呢｜石头都磨成 yã^{35} kɯ^{31} liɤu^{55} liɤu^{55} 咧｜那些珠子都是 yã^{35} kɯ^{31} liɤu^{55} liɤu^{55}，肯定值钱。

短不揪揪[tuã^{51} pu^{31} tɕiɤu^{31} .tɕiɤu | tuã^{51} pu^{31} tɕiɤu^{55} tɕiɤu^{55}]/短圪揪揪[tuã^{51} kɯ^{31} tɕiɤu^{31} .tɕiɤu | tuã^{51} kɯ^{31} tɕiɤu^{55} tɕiɤu^{55}]。例如：黄瓜 tuã^{51} pu^{31} tɕiɤu^{31} .tɕiɤu 的，卖不上价 | 他买的黄瓜都是 tuã^{51} kɯ^{31} tɕiɤu^{55} tɕiɤu^{55}，便宜得很。

黑不溜秋[xei^{31} pu^{31} liɤu^{31} tɕ^{h}iɤu^{31} | xei^{31} pu^{31} liɤu^{55} tɕ^{h}iɤu^{55}]。例如：你 xei^{31} pu^{31} liɤu^{31} tɕ^{h}iɤu^{31} 的，还想问订个啥媳妇儿呢？| 覅看我男人是个 xei^{31} pu^{31} liɤu^{55} tɕ^{h}iɤu^{55}，我爱就对咧。

碎圪芊芊[suei^{55} kɯ^{31} tɕ^{h}iã^{31} .tɕ^{h}iã | suei^{55} kɯ^{31} tɕ^{h}iã^{55} tɕ^{h}iã^{55}]。例如：覅看她长得 suei^{55} kɯ^{31} tɕ^{h}iã^{31} .tɕ^{h}iã 的，其实，⊆真实在是个本事蛋蛋很有本事者；限于长者称幼者、长辈称晚辈呢 | 那些草都是些 suei^{55} kɯ^{31} tɕ^{h}iã^{55} tɕ^{h}iã^{55}，难弄除得很 | 你去把那个 suei^{55} kɯ^{31} tɕ^{h}iã^{55} tɕ^{h}iã^{55} 小伙叫来。

红圪艳艳[xuəŋ^{35} kɯ^{31} iã^{31} .iã | xuəŋ^{35} kɯ^{31} iã^{55} iã^{55}]。例如：洋柿子西红柿 xuəŋ^{35} kɯ^{31} iã^{31} .iã | 他买的洋柿子都是些 xuəŋ^{35} kɯ^{31} iã^{55} iã^{55}。

硬圪邦邦[niŋ^{55} kɯ^{31} paŋ^{31} .paŋ | niŋ^{55} kɯ^{31} paŋ^{55} paŋ^{55}]。例如：床 niŋ^{55} kɯ^{31} paŋ^{31} .paŋ的 | 他睡的床是个 niŋ^{55} kɯ^{31} paŋ^{55} paŋ^{55} | 我就最爱睡 niŋ^{55} kɯ^{31} paŋ^{55} paŋ^{55} 床。

肥圪囊囊[su^{35} kɯ^{31} naŋ^{31} .naŋ | su^{35} kɯ^{31} naŋ^{55} naŋ^{55}]。例如：肉 su^{35} kɯ^{31} naŋ^{31} .naŋ的 | 包子里的肉都是 su^{35} kɯ^{31} naŋ^{55} naŋ^{55} | su^{35} kɯ^{31} naŋ^{55} naŋ^{55} 肉没人吃。（按：户县“肥=术”）

实圪囊囊[ʂʅ^{35} kɯ^{31} naŋ^{31} .naŋ | ʂʅ^{35} kɯ^{31} naŋ^{55} naŋ^{55}]。例如：看你，把个口袋儿衣袋装得ʂʅ^{35} kɯ^{31} naŋ^{31} .naŋ的 | 他的口袋儿是个ʂʅ^{35} kɯ^{31} naŋ^{55} naŋ^{55}。

瓷圪囊囊[ts^{h}ʅ^{35} kɯ^{31} naŋ^{31} .naŋ | ts^{h}ʅ^{35} kɯ^{31} naŋ^{55} naŋ^{55}]。例句如：包里头把书塞得 ts^{h}ʅ^{35} kɯ^{31} naŋ^{31} .naŋ的，没地方装衣裳咧 | 书都把包塞成 ts^{h}ʅ^{35} kɯ^{31} naŋ^{55} naŋ^{55} 咧，衣裳咋装呢？

新圪臧臧[ɕiẽ^{31} kɯ^{31} tsaŋ^{31}.tsaŋ | ɕiẽ^{31} kɯ^{31} tsaŋ^{55} tsaŋ^{55}]。例如：你说，衣裳ɕiẽ^{31} kɯ^{31} tsaŋ^{31} .tsaŋ的，才穿咧半天，咋就丢咧呢；操的啥心？| ɕiẽ^{31} kɯ^{31} tsaŋ^{55} tsaŋ^{55} 衣裳 | 我给我娃买一身ɕiẽ^{31}kɯ^{31} tsaŋ^{55} tsaŋ^{55} 崭新衣服。

明圪晃晃[miŋ^{35} kɯ^{31} xuaŋ^{31} .xuaŋ | miŋ^{35} kɯ^{31} xuaŋ^{55} xuaŋ^{55}]。例如：灯 miŋ^{35} kɯ^{31} xuaŋ^{31} .xuaŋ的，耀人使人感到耀眼得很 | 这个灯泡儿是个 miŋ^{35} kɯ^{31} xuaŋ^{55} xuaŋ^{55}，耀人得很。

长圪荒荒[tʂ^{h}aŋ^{35} kɯ^{31} xuaŋ^{31} .xuaŋ | tʂ^{h}aŋ^{35} kɯ^{31}xuaŋ^{55} xuaŋ^{55}]。例如：竿子 tʂ^{h}aŋ^{35} kɯ^{31} xuaŋ^{31} .xuaŋ的，拿着出门进门不方便 | 这个竹竿是个 tʂ^{h}aŋ^{35} kɯ^{31}xuaŋ^{55} xuaŋ^{55}。

野圪荒荒[iɛ^{51}kɯ^{31}xuaŋ^{31} .xuaŋ | iɛ^{51} kɯ^{31} xuaŋ^{55} xuaŋ^{55}]。例如：路 iɛ^{51} kɯ^{31} xuaŋ^{31} .xuaŋ的路途遥远，走咧 ⊆多很，好长时间 | 这个路是个 iɛ^{51} kɯ^{31} xuaŋ^{55}

xuaŋ^{55}，得一阵子走呢，嫑急！

瓷圪腾腾[ts^{h}ɿ^{35} kɯ^{31} t^{h}əŋ^{31} .t^{h}əŋ | ts^{h}ɿ^{35} kɯ^{31} t^{h}əŋ^{55} t^{h}əŋ^{55}]/瓷壳腾腾[ts^{h}ɿ^{35} k^{h}ɯ^{31} t^{h}əŋ^{31} .t^{h}əŋ | ts^{h}ɿ^{35} k^{h}ɯ^{31} t^{h}əŋ^{55} t^{h}əŋ^{55}]。例如：地 ts^{h}ɿ^{35} kɯ^{31} t^{h}əŋ^{31} .t^{h}əŋ的，难挖得很 | 这块地是个 ts^{h}ɿ^{35} k^{h}ɯ^{31} t^{h}əŋ^{55} t^{h}əŋ^{55}，难挖得很。

痴圪腾腾/痴壳腾腾（读音分别同上一条“瓷圪腾腾/瓷壳腾腾”）/痴嘛圪噔[ts^{h}ɿ^{35} ma^{31} kɯ^{31} təŋ^{31} | ts^{h}ɿ^{35} ma^{31} kɯ^{31} təŋ^{55}]/痴嘛愣腾[ts^{h}ɿ^{35} ma^{31} ləŋ^{31} t^{h}əŋ^{31} | ts^{h}ɿ^{35} ma^{31} ləŋ^{55} t^{h}əŋ^{55}]/痴圪愣噔[ts^{h}ɿ^{35} kɯ^{31} ləŋ^{31} təŋ^{31} | ts^{h}ɿ^{35} kɯ^{31} ləŋ^{55} təŋ^{55}]/痴圪愣腾[ts^{h}ɿ^{35} kɯ^{31} ləŋ^{31} t^{h}əŋ^{31} | ts^{h}ɿ^{35} kɯ^{31} ləŋ^{55} t^{h}əŋ^{55}]/痴圪丁丁[ts^{h}ɿ^{35} kɯ^{31} tiŋ^{31} .tiŋ | ts^{h}ɿ^{35} kɯ^{31} tiŋ^{55} tiŋ^{55}]。例如：他痴嘛 kɯ^{31} təŋ^{31}/ləŋ^{31} t^{h}əŋ^{31}的，一点儿都不精灵 | 他见咧人 ts^{h}ɿ^{35} kɯ^{31} t^{h}əŋ^{31} .t^{h}əŋ的 | 他娶咧个媳妇儿，是个痴嘛 kɯ^{31} təŋ^{55}/ləŋ^{55} t^{h}əŋ^{55}/ts^{h}ɿ^{35} kɯ^{31} tiŋ^{55} tiŋ^{55}。

实圪腾腾[ʂʅ^{35} kɯ^{31} t^{h}əŋ^{31} .t^{h}əŋ | ʂʅ^{35} kɯ^{31} t^{h}əŋ^{55} t^{h}əŋ^{55}]/实壳腾腾[ʂʅ^{35} k^{h}ɯ^{31} t^{h}əŋ^{31} .t^{h}əŋ | ʂʅ^{35} k^{h}ɯ^{31} t^{h}əŋ^{55} t^{h}əŋ^{55}]。例如：这个人老实得很，ʂʅ^{35} kɯ^{31} t^{h}əŋ^{31} .t^{h}əŋ的很傻 | 他是个ʂʅ^{35} k^{h}ɯ^{31} t^{h}əŋ^{55} t^{h}əŋ^{55}傻人，老实人。

直圪楞楞[tʂʅ^{35} kɯ^{31} ləŋ^{31} .ləŋ | tʂʅ^{35} kɯ^{31} ləŋ^{55} ləŋ^{55}]。例如：他是个瓜子傻子，看人 tʂʅ^{35} kɯ^{31} ləŋ^{31} .ləŋ的 | 他的眼神是个 tʂʅ^{35} kɯ^{31} ləŋ^{55} ləŋ^{55}。

直圪通通[tʂʅ^{35} kɯ^{31} t^{h}uəŋ^{31} .t^{h}uəŋ | tʂʅ^{35} kɯ^{31} t^{h}uəŋ^{55} .t^{h}uəŋ^{55}]。例如：你的性子咋 tʂʅ^{35} kɯ^{31} t^{h}uəŋ^{31} .t^{h}uəŋ，为啥没一点儿弯弯转转变通呢？ | 你真是个 tʂʅ^{35} kɯ^{31} t^{h}uəŋ^{55} .t^{h}uəŋ^{55}！

瓷圪丁丁[ts^{h}ɿ^{35} kɯ^{31} tiŋ^{31} .tiŋ | ts^{h}ɿ^{35} kɯ^{31} tiŋ^{55} tiŋ^{55}]。例如：路 ts^{h}ɿ^{35} kɯ^{31} tiŋ^{31} .tiŋ的，拿镢头挖，哪搭儿哪里有挖掘机快呢？ | 路是 ts^{h}ɿ^{35} kɯ^{31} tiŋ^{55} tiŋ^{55}，着不住禁不住挖掘机挖。

死圪丁丁[sɿ^{51} kɯ^{31} tiŋ^{31} .tiŋ | sɿ^{51} kɯ^{31} tiŋ^{55} tiŋ^{55}]。例如：他 sɿ^{51} kɯ^{31} tiŋ^{31} .tiŋ的，见谁都不问话 | 你跟 sɿ^{51} kɯ^{31} tiŋ^{55} tiŋ^{55} 打交儿打交道，不如跟木头来往 | 他是个 sɿ^{51} kɯ^{31} tiŋ^{55} tiŋ^{55}。

新圪铮铮[ɕiẽ^{31} kɯ^{31} tsəŋ^{31} .tsəŋ | ɕiẽ^{31} kɯ^{31} tsəŋ^{55} .tsəŋ^{55}]。例如：他妈给他做咧一件衣裳，新圪 tsəŋ^{31} .tsəŋ的，看起好得很很好看 | 这个衣裳是个新圪 tsəŋ^{55} .tsəŋ^{55}。

硬圪铮铮[niŋ^{55} kɯ^{31} tsəŋ^{31} .tsəŋ | niŋ^{55} kɯ^{31} tsəŋ^{55} .tsəŋ^{55}]很硬铮，很结实 | 很结实的东西。例句如：铁锨板子硬圪 tsəŋ^{31} .tsəŋ的 | 这个铁锨板子是个硬圪 tsəŋ^{55} .tsəŋ^{55}。

软咕哝哝[zuã^{51} ma^{31} ku^{31} nuəŋ^{31}.nuəŋ | zuã^{51} ku^{31} nuəŋ^{55} .nuəŋ^{55}]软得令人讨厌 | 软得令人讨厌的东西。例如：柿子软咕 nuəŋ^{31} .nuəŋ的，拿不到手，没办法吃 | 这些柿子都是些软咕 nuəŋ^{55} .nuəŋ^{55}，拿不到手，没办法吃。

黑嘛咕咚[xei^{31} ma^{31} ku^{31} tuəŋ^{31}｜xei^{31} ma^{31} ku^{31} tuəŋ^{55}]/黑咕咚咚[xei^{31} ku^{31} tuəŋ^{31}.tuəŋ｜xei^{31} ku^{31} tuəŋ^{55} .tuəŋ^{55}]。例如：这个房子 xei^{31} ma^{31} ku^{31} tuəŋ^{31}/xei^{31} ku^{31} tuəŋ^{31} .tuəŋ的｜这个房子是个 xei^{31} ma^{31} ku^{31} tuəŋ^{55}/xei^{31} ku^{31} tuəŋ^{55} .tuəŋ^{55}。

黏嘛咕咚[z̢ã^{35} ma^{31} ku^{31} tuəŋ^{31}｜z̢ã^{35} ma^{31} ku^{31} tuəŋ^{55}]/黏咕咚咚[z̢ã^{35} ku^{31} tuəŋ^{31}.tuəŋ｜z̢ã^{35} ku^{31} tuəŋ^{55} .tuəŋ^{55}]。例如：他的脑子实在是z̢ã^{35} ma^{31} ku^{31} tuəŋ^{31}/z̢ã^{35} ku^{31} tuəŋ^{31}. tuəŋ的｜他是个z̢ã^{35} ma^{31} ku^{31} tuəŋ^{55}/z̢ã^{35} ku^{31} tuəŋ^{55} .tuəŋ^{55}。

乱嘛咕咚[luã^{55} ma^{31} ku^{31} tuəŋ^{31}｜luã^{55} ma^{31} ku^{31} tuəŋ^{55}]乱七八糟｜乱七八糟的东西或环境/乱咕咚咚[luã^{55} ku^{31} tuəŋ^{31}.tuəŋ｜luã^{55} ku^{31} tuəŋ^{55} tuəŋ^{55}/tuəŋ^{35} tuəŋ^{35}]。例如：这个地方摆得 luã^{55} ma^{31} ku^{31} tuəŋ^{31}/luã^{55} ku^{31} tuəŋ^{31}.tuəŋ的，连个立脚的地方都没有｜这个地方是个 luã^{55} ma^{31} ku^{31} tuəŋ^{55}/luã^{55} ku^{31} tuəŋ^{55} tuəŋ^{55}。

脏嘛咕咚[tsaŋ^{31}ma^{31}ku^{31}tuəŋ^{31}/tsaŋ^{31}ma$^{31-24}$ku^{31}tuəŋ^{31}｜tsaŋ^{31}ma^{31}ku^{31} tuəŋ^{55}]很肮脏，非常肮脏｜很肮脏的地方。例如：这个地方 tsaŋ^{31}ma^{31}ku^{31}tuəŋ^{31} 的｜这个地方是个 tsaŋ^{31}ma^{31}ku^{31}tuəŋ^{55}。

2.6.3　四音节后缀的名物化变调

户县方言的四音节形容词后缀，一般是三音节后缀的扩展形式，即将三音节后缀的最后一个字再叠加进去。上列带有后缀“嘛咕咚”的，凡名物化以后，少数人口语里把“咚”字读作阳平调[tuəŋ^{24}]。还有在去声调的“咚”字后边再加一个去声调“咚”字的，“A＋嘛咕咚咚”指非常、特别 A 的人或事物；把“嘛咕咚”的“咚”字读作阳平调那部分人作“A＋嘛咕꜁咚꜁咚”；这类词语很少。直接举例句如下：

他把事情办咧个黏嘛咕咚咚[z̢ã^{35} ma^{31} ku^{31} tuəŋ^{55} tuəŋ^{55}]。

他这个地方是个乱嘛咕咚咚[luã^{55} ma^{31} ku^{31} tuəŋ^{55} tuəŋ^{55}]。

那个地方是个脏嘛咕咚咚[tsaŋ^{31} ma^{31} ku^{31} tuəŋ^{55} tuəŋ^{55}]，我不爱去。

这个房子是个黑嘛咕咚咚[xei^{31} ma^{31} ku^{31} tuəŋ^{55} tuəŋ^{55}]，没办法在这儿办公。

这块地是个瓷嘛圪丁丁[ts^{h}ɿ^{35} ma^{31} kɯ^{31} tiŋ^{55} tiŋ^{55}]，难挖死咧。

那个人是个痴嘛圪丁丁[ts^{h}ɿ^{35} ma^{31} kɯ^{31} tiŋ^{55} tiŋ^{55}]，你跟他说话，不如跟木头说话。

把馍蒸成死嘛圪丁丁[sɿ^{51} ma^{31} kɯ^{31} tiŋ^{55} tiŋ^{55}]咧，没人爱吃；他一个人吃咧好几天。

2.7 双音节象声词后字变作去声调

如户县方言的象声词后字常常变作去声调，主要有两种情况：第一种是歌谣里为了与上一句押韵字的去声调一致而变作去声调，如“四九四，把地冻得咯吱吱 sɿ^{55} tɕiɤu^{51} sɿ^{55}，pa^{31} ti^{55} tuəŋ^{55} .ti kɯ$^{31-35}$ tsɿ^{31} tsɿ$^{31-55}$”，或者是“ABB”式象声词在歌谣里为了与上一句押韵字的去声调一致而变作去声调，如“吃个鹹豆儿酱制大豆屉不下，拿个棍棍儿一戳不啦啦 tʂʰʅ^{31} kɤ^{31} xã^{35} təɯ^{51} pa^{51} pu^{31} xa^{55} na^{35} kɤ^{31} kuẽ^{55} kuɯ$^{55-35}$ i$^{31-35}$ tsʰuɤ^{31} pu^{31} la^{31} la$^{31-55}$”；第二种是双音节象声词后字变作去声调，本节主要报道第二种。

如本书 1.1.7.5 部分所讨论的“ABB”式象声词去掉 B_2 后的部分词语，以及 1.1.7.6 部分所讨论的“ABAB”式在非重叠状态下的部分词语，“AB”通常情况下都读作阴平调，其后字在连带“一下[i^{31} xa^{55}]”或者“一声”的情况下变作去声调；即使“一下、一声”省略不直接出现，后字照样变作去声调以体现“一下、一声”所具有的语法语义功能。这类词语为数很少，大致 20 个左右，列举并举例句如下：

一是后字为-a 的：吱啦[tsɿ^{31}la^{31}-la^{55}]/□啦[zɿ^{31} la^{31}-la^{55}]、呼啦[xu^{31} la^{31}-la^{55}]/哗啦[xua^{31} la^{31}-la^{55}]、咵欻[kʰua^{31} tsʰua^{31}-tsʰua^{55}]、啪沓[pʰia^{31} tʰa^{31}-tʰa^{55}]、扑沓[pʰu^{31} tʰa^{31}-tʰa^{55}]。例如：

□啦[zɿ^{31} la^{55}]一下就把脸变咧，他经常这样。

他登儿突然吱啦[tsɿ^{31}la^{55}]/□啦[zɿ^{31} la^{55}]一声，把我吓咧一跳。

呼啦[xu^{31} la^{55}]/哗啦[xua^{31} la^{55}]就散伙咧散了，再想办法收拾就麻烦咧。

呼啦[xu^{31} la^{55}]/哗啦[xua^{31} la^{55}]一下，围上来一伙人。

万一咵欻[kʰua^{31} tsʰua^{55}]从房顶上把个东西跌下来，看把人吓咧着。

娃一不小心，啪沓[pʰia^{31} tʰa^{55}]一下，就把个碟子打咧无意打碎了。

扑沓[pʰu^{31} tʰa^{55}]一下，他就坐着不想起来咧；那是太乏咧。

二是后字为-ɿ的：咯吱[kɯ^{31} tsɿ^{31}-tsɿ^{55}]、噗嗤[pʰu^{31} tsʰɿ^{31}-tsʰɿ^{55}]。例如：

他把胡胡胡琴拉得咯吱[kɯ^{31} tsɿ^{55}]响咧一下。

他噗嗤[pʰu^{31} tsʰɿ^{55}]一下笑咧，知不道为啥来不知道为什么呢？

三是后字为-ɤu 的：呵噜[xɯ^{31} lɤu^{31}-lɤu^{55}]、嗤噜[tsʰɿ^{31} lɤu^{31}-lɤu^{55}]、嗤噜儿[tsʰɿ^{31} .ləɯ-ləɯ^{55}]/出噜儿[tsʰu^{31}.ləɯ-ləɯ^{55}]、出溜[tsʰu^{31} liɤu^{31}-liɤu^{55}]/嗤溜[tsʰɿ^{31} liɤu^{31}-liɤu^{55}]；其中“嗤噜儿/出噜儿”是“嗤噜”较小的声响，但是，没有“出噜”的说法。例如：

呵噜[xɯ^{31} lɤu^{55}]一声/一下就咽下去咧。

炮里头药少，只是嗤噜[tsʰɿ^{31} lɤu^{55}]一声。

炮里头药太少咧，嗤噜儿[ts^{h}ɿ^{31} ləɯ^{55}]/出噜儿[ts^{h}u^{31} ləɯ^{55}]一下，声小得很！

几个娃娃在溜溜板上耍呢，出溜[ts^{h}u^{31} liɤu^{55}]/嗤溜[ts^{h}ɿ^{31} liɤu^{55}]下来一个，出溜[ts^{h}u^{31} liɤu^{55}]/嗤溜[ts^{h}ɿ^{31} liɤu^{55}]下来一个！

四是后字为-aŋ的：咣当[kuaŋ^{31} taŋ^{31}-taŋ^{55}]、匡噔[k^{h}uaŋ^{31} t^{h}aŋ^{31}-t^{h}aŋ^{55}]、□[p^{h}iaŋ^{31}]噔[p^{h}iaŋ^{31} t^{h}aŋ^{31}-t^{h}aŋ^{55}]。例如：

他咣当[kuaŋ^{31} taŋ^{55}]把门关咧，人就不得进去咧。

匡噔[k^{h}uaŋ^{31} t^{h}aŋ^{55}]一下，娃把个碗就打咧无意打碎了。

□[p^{h}iaŋ^{31}]噔[p^{h}iaŋ^{31} t^{h}aŋ^{55}]一声，一沓纸跌倒脚底下咧，把我吓咧一跳。

五是后字为-əŋ的：壳腾[k^{h}ɯ^{31} t^{h}əŋ^{31}-t^{h}əŋ^{55}]、酷通[k^{h}u^{31} t^{h}uəŋ^{31}-t^{h}uəŋ^{55}]。例如：

刚一听这个消息指不好的消息，心里头壳腾[k^{h}ɯ^{31} t^{h}əŋ^{55}]咧一下。

酷通[k^{h}u^{31} t^{h}uəŋ^{55}]一声/一下，一个娃掉到冰窟窿里头咧；他就赶快过去捞娃。

另外，还有一个“呔唻”一词读作[tæ^{31} læ^{55}]，后字没有相应的阴平读法，“呔唻[tæ^{31} læ^{55}]”一般指男子突然发脾气大声喊叫。例如：

跟你相处，就怕你呔唻[tæ^{31} læ^{55}]一声。

老汉呔唻[tæ^{31} læ^{55}]一声，把几个争遗产的儿女镇住咧。

2.8　子变韵和 D 变韵

关中方言也有子变韵和 D 变韵，主要在宝鸡一带。王军虎是第一个注意到并且研究关中方言这两个问题的学者。他于 2007 年在安康的第四届官话方言国际学术讨论会上提交的论文为《陕西凤翔方言的子变韵和 D 变韵》，该文刊于《咸阳师范学院学报》2012 年第 3 期 57～60 页。下面讨论关中方言的子变韵和 D 变韵，凤翔的材料来自王文。

2.8.1　子变韵

王军虎指出：凤翔方言既有自成音节的词缀“子”[tsɿ^{0}]，41 个韵母中有 39 个可以生成子变韵，自成音节的词缀“子”和子变韵可以自由交替使用。凤翔的子变韵是长音型，与山西临猗、夏县和山东博山相同。凤翔方言阳平字的子变韵只是拖长音节，不变调；阴平、上声和去声的子变韵在拖长音节的同时还变调，变调调值与后字为轻声的两字组中的前字相同。王军虎把凤翔方言的 4 个单字调调值定为：阴平 21，阳平 24，上声 53，去声 44。他指出：凤翔方言的轻声字音长不短，音强也不弱，调值由其前字调类决定，在阴平、上声后面一律读[21]，在阳平后面一律读[53]，在去声后面一律读[43]。王文所举的例子中，去声字的子变韵为 55 调值，如下面的“帽子mɔ$^{44-55}$ tsɿ$^{53-43}$＞帽 ^{Z}mɔː^{55}”。

单音节词干为阴平调的　梯子 tsʰi$^{21-53}$ tsɿ$^{53-21}$＞梯 ^{Z}tsʰiː^{53}

单音节词干为阳平调的　皮子pʰi$^{24-21}$ tsɿ^{53}＞皮 ^{Z}pʰiː^{24}

单音节词干为上声调的　领子liŋ$^{53-44}$ tsɿ$^{53-21}$＞领 ^{Z}liːŋ^{44}

单音节词干为去声调的　帽子mɔ$^{44-55}$ tsɿ$^{53-43}$＞帽 ^{Z}mɔː^{55}

凤翔方言 39 个基本韵母都有相对应的子变韵，见表 8。

表 8　凤翔方言基本韵母与子变韵表

基本韵母	变韵	例　子
ɿ	ɿː	狮 ^{Z}sɿː^{53}
ʅ	ʅː	池 ^{Z}tʂʰʅː^{24} | 尺 ^{Z}tʂʰʅː^{53} | 式 ^{Z}ʂʅː^{53}
ər	əːr	日 ^{Z}əːr^{53} | 儿 ^{Z} 动物的幼崽əːr^{24}
i	iː	碑 ^{Z}piː^{53} | 篦 ^{Z}piː^{55} | 皮 ^{Z}pʰiː^{24} | 鼻 ^{Z}pʰiː^{24} | 糜 ^{Z}miː^{24} | 梯 ^{Z}tsʰiː^{53} | 里 ^{Z}liː^{53} | 底 ^{Z}tsiː^{53} | 蹄 ^{Z}tsʰiː^{24} | 机 ^{Z}tɕiː^{53} | 虮 ^{Z}tɕiː^{55} | 起 ^{Z}tɕʰiː^{44} | 气 ^{Z}一～：一口气 tɕʰiː^{55} | 呢 ^{Z}ȵiː^{24} | 戏 ^{Z} 演员ɕiː^{55} | 椅 ^{Z}iː^{44} | 胰 ^{Z}iː^{55}
u	uː	堡 ^{Z}puː^{44} | 铺 ^{Z}pʰuː^{55} | 模 ^{Z}muː^{44} | 麸 ^{Z}fuː^{53} | 秃 ^{Z}tʰuː^{53} | 肚 ^{Z} 用作食品的动物的胃 tuː^{44} | 肚 ^{Z} 腹 tuː^{55} | 炉 ^{Z}luː^{24} | 谷 ^{Z}kuː^{53} | 胡 ^{Z}xuː^{24} | 杌 ^{Z}uː^{53}
ʮ	ʮː	竹 ^{Z}tsʮː^{53} | 珠 ^{Z}tsʮː^{53} | 柱 ^{Z}tsʮː^{55} | 厨 ^{Z}tsʰʮː^{24} | 梳 ^{Z}sʮː^{53} | 褥 ^{Z}zʮː^{53}
y	yː	橘 ^{Z}tɕyː^{53} | 女 ^{Z} 女孩ȵyː^{44} | 苇 ^{Z}yː^{44}
a	aː	麻 ^{Z}maː^{24} | 辣 ^{Z}laː^{53} | 渣 ^{Z}tsaː^{53} | 铡 ^{Z}tsʰaː^{24} | 礤 ^{Z} 把瓜、萝卜等擦成丝儿的器具 tsʰaː^{53} | 叉 ^{Z} 嚼子 tsʻaː^{44} | 沙 ^{Z}saː^{53} | 瞎 ^{Z}xaː^{53}
ia	iaː	家 ^{Z}tɕiaː^{53} | 夹 ^{Z}tɕiaː^{53} | 架 ^{Z}tɕiaː^{55} | 卡 ^{Z}tɕʰiaː^{53} | 匣 ^{Z}ɕiaː^{24} | 牙 ^{Z} 用切刀成的小块瓜果 iaː^{24} | 鸭 ^{Z}iaː^{53}
ua	uaː	瓜 ^{Z} 傻瓜 kuaː^{53} | 花 ^{Z}xuaː^{53} | 滑 ^{Z}xuaː^{24} | 袜 ^{Z}uaː^{53}
ʮa	ʮaː	刷 ^{Z}sʮaː^{53}
ə	əː	折 ^{Z}tʂəː^{53} | 车 ^{Z}tʂʰəː^{53}
ie	ieː	别 ^{Z} 拌子 piɛː^{24} | 戒 ^{Z}tɕiɛː^{55} | 茄 ^{Z}tɕʰieː^{24} | 镊 ^{Z}ȵieː^{53} | 蝎 ^{Z}ɕieː^{53}
ye	yeː	瘸 ^{Z}tɕʰyeː^{24} | 靴 ^{Z}ɕyeː^{53} | 月 ^{Z}yeː^{53}
o	oː	沫 ^{Z}moː^{53} | 磨 ^{Z}moː^{55}
uo	uoː	驮 ^{Z}tuoː^{55} | 坨 ^{Z} 一～地方：一小块地方 tʰuoː^{24} | 骡 ^{Z}luoː^{24} | 罗 ^{Z}luoː^{24} | 桌 ^{Z}tsuoː^{53} | 撮 ^{Z}tsuoː^{53} | 镯 ^{Z}tsuoː^{24} | 凿 ^{Z}tsuoː^{24}|锁 ^{Z}suoː^{44}|果 ^{Z}kuoː^{44}|盒 ^{Z}xuoː^{24}
ɛ	ɛː	牌 ^{Z}pʰɛː^{24} | 菜 ^{Z} 油菜 tsʰɛː^{55}
uɛ	uɛː	拐 ^{Z}kuɛː^{44} | 筷 ^{Z}kʰuɛː^{55}
ei	eːi	辈 ^{Z}peːi^{55} | 拍 ^{Z}pʰeːi^{53} | 胚 ^{Z}pʰeːi^{53} | 色 ^{Z}seːi^{53} | 格 ^{Z}keːi^{53}

续表

<table>
<tr><th>基本韵母</th><th>变韵</th><th>例　　子</th></tr>
<tr><td>uei</td><td>ueːi</td><td>堆 ^{Z}tueːi^{53} | 对 ^{Z}tueːi^{55} | 推 ^{Z}tʰueːi^{53} | 垂 ^{Z} 男子阴茎 tsʰɥeːi^{24} | 围 ^{Z}ueːi^{24}</td></tr>
<tr><td>ɥei</td><td>ɥeːi</td><td>锤 ^{Z} 夯实土层的工具 tsʰɥeːi^{44} | 摔 ^{Z} 用布条做成的除去身上灰尘的用具 sɥeːi^{53}</td></tr>
<tr><td>ɔ</td><td>ɔː</td><td>包 ^{Z}pɔː^{53} | 豹 ^{Z}pɔː^{55} | 袍 ^{Z}pʰɔː^{24} | 帽 ^{Z}mɔː^{55} | 稻 ^{Z}tʰɔː^{44} | 脑 ^{Z}lɔː^{44} | 糟 ^{Z} 酒糟 tsɔː^{53} | 枣 ^{Z}tsɔː^{44} | 槽 ^{Z}tsʰɔː^{24} | 梢 ^{Z}sɔː^{53} | 嫂 ^{Z}sɔː^{44} | 臊 ^{Z}sɔː^{55} | 蒿 ^{Z}xɔː^{53}</td></tr>
<tr><td>iɔ</td><td>iɔː</td><td>婊 ^{Z}piɔː^{44} | 料 ^{Z}liɔː^{55} | 条 ^{Z}tsʰiɔː^{24} | 小 ^{Z} 男孩 siɔː^{44} | 酵 ^{Z}tɕiɔː^{55} | 孝 ^{Z}ɕiɔː^{55} | 腰 ^{Z}iɔː^{53} | 窑 ^{Z}iɔː^{24} | 鹞 ^{Z}iɔː^{55}</td></tr>
<tr><td>ou</td><td>oːu</td><td>肘 ^{Z}tʂoːu^{44} | 绸 ^{Z}tʂʰoːu^{24} | 沟 ^{Z} 屁股 koːu^{53} | 口 ^{Z}kʰoːu^{44} | 瘊 ^{Z}xoːu^{24}</td></tr>
<tr><td>iou</td><td>ioːu</td><td>瘤 ^{Z}lioːu^{24} | 袖 ^{Z}ɕioːu^{55} | 纽 ^{Z}ȵioːu^{44}</td></tr>
<tr><td>æ̃</td><td>æ̃ː</td><td>扳 ^{Z}pæ̃ː^{55} | 盘 ^{Z}pʰæ̃ː^{24} | 贩 ^{Z}fæ̃ː^{55} | 单 ^{Z}tæ̃ː^{53} | 摊 ^{Z}tʰæ̃ː^{53} | 坛 ^{Z}tʰæ̃ː^{24} | 毯 ^{Z}tʰæ̃ː^{44} | 乱 ^{Z} 乱子 læ̃ː^{55} | 簪 ^{Z}tsæ̃ː^{53} | 搀 ^{Z} 搀在一起的用具 tsʰæ̃ː^{53} | 扇 ^{Z}ʂæ̃ː^{55} | 肝 ^{Z} 动物的肝 kæ̃ː^{53} | 汉 ^{Z} 个子 xæ̃ː^{55} | 鞍 ^{Z}ŋæ̃ː^{53}</td></tr>
<tr><td>iæ̃</td><td>iæ̃ː</td><td>鞭 ^{Z}piæ̃ː^{53} | 片 ^{Z}pʰiæ̃ː^{44} | 辫 ^{Z}pʰiæ̃ː^{55} | 骗 ^{Z}pʰiæ̃ː^{55} | 面 ^{Z}miæ̃ː^{55} | 帘 ^{Z}liæ̃ː^{24} | 脸 ^{Z} 打~：化妆 liæ̃ː^{44} | 链 ^{Z}liæ̃ː^{55} | 尖 ^{Z}tsiæ̃ː^{53} | 剪 ^{Z}tsiæ̃ː^{44} | 钎 ^{Z}tsʰiæ̃ː^{53} | 毽 ^{Z}tɕiæ̃ː^{55} | 钳 ^{Z}tɕʰiæ̃ː^{24} | 捻 ^{Z}ȵiæ̃ː^{44} | 碾 ^{Z}ȵiæ̃ː^{55} | 靥 ^{Z}iæ̃ː^{44}</td></tr>
<tr><td>uæ̃</td><td>uæ̃ː</td><td>缎 ^{Z}tuæ̃ː^{55} | 卵 ^{Z} 阴囊 luæ̃ː^{53} | 钻 ^{Z}tsuæ̃ː^{55} | 关 ^{Z}kuæ̃ː^{53} | 馆 ^{Z}kuæ̃ː^{44} | 管 ^{Z}kuæ̃ː^{44} | 丸 ^{Z}uæ̃ː^{24}</td></tr>
<tr><td>ɥæ̃</td><td>ɥæ̃ː</td><td>串 ^{Z}tsʰɥæ̃ː^{55}</td></tr>
<tr><td>yæ̃</td><td>yæ̃ː</td><td>圈 ^{Z} 打~：给猪配种 tɕʰyæ̃ː^{55} | 楦 ^{Z}ɕyæ̃ː^{55} | 院 ^{Z}yæ̃ː^{55}</td></tr>
<tr><td>aŋ</td><td>aːŋ</td><td>梆 ^{Z}paːŋ^{53} | 方 ^{Z}faːŋ^{53} | 章 ^{Z}tʂaːŋ^{53} | 肠 ^{Z}tʂʰaːŋ^{24} | 厂 ^{Z}tʂʰaːŋ^{44} | 缸 ^{Z}kaːŋ^{53} | 杠 ^{Z}kaːŋ^{55} | 巷 ^{Z}xaːŋ^{53}</td></tr>
<tr><td>iaŋ</td><td>iaːŋ</td><td>糨 ^{Z}tɕiaːŋ^{55} | 箱 ^{Z}siaːŋ^{53}</td></tr>
<tr><td>uaŋ</td><td>uaːŋ</td><td>筐 ^{Z}kʰuaːŋ^{53}</td></tr>
<tr><td>ɥaŋ</td><td>ɥaːŋ</td><td>桩 ^{Z}tsɥaːŋ^{53} | 庄 ^{Z}tsɥaːŋ^{53} | 窗 ^{Z}tsʰɥaːŋ^{53}</td></tr>
<tr><td>əŋ</td><td>əːŋ</td><td>本 ^{Z}pəːŋ^{44} | 疯 ^{Z}fəːŋ^{53} | 戥 ^{Z}təːŋ^{44} | 层 ^{Z}ts‘əːŋ^{24} | 撑 ^{Z}tsʰəːŋ^{53} | 糁 ^{Z}tʂəːŋ^{53} | 升 ^{Z}ʂəːŋ^{53} | 刃 ^{Z}ʐəːŋ^{55} | 根 ^{Z}kəːŋ^{53}</td></tr>
<tr><td>iŋ</td><td>iːŋ</td><td>瓶 ^{Z}pʰiːŋ^{24} | 钉 ^{Z}tsiːŋ^{53} | 亭 ^{Z}tsʰiːŋ^{24} | 性 ^{Z}siːŋ^{55} | 金 ^{Z}tɕiːŋ^{53} | 妗 ^{Z}tɕiːŋ^{55} | 银 ^{Z}iːŋ^{24} | 引 ^{Z}iːŋ^{44} | 窨 ^{Z}iːŋ^{55}</td></tr>
<tr><td>uŋ</td><td>uːŋ</td><td>墩 ^{Z}tuːŋ^{53} | 筒 ^{Z}tʰuːŋ^{44} | 聋 ^{Z}luːŋ^{24} | 孙 ^{Z}suːŋ^{53} | 辊 ^{Z}kuːŋ^{44} | 蚊 ^{Z}uːŋ^{24}</td></tr>
<tr><td>ɥŋ</td><td>ɥːŋ</td><td>盅 ^{Z}tsɥːŋ^{53} | 种 ^{Z}tsɥːŋ^{44}</td></tr>
<tr><td>yŋ</td><td>yːŋ</td><td>轮 ^{Z}lyːŋ^{24} | 裙 ^{Z}tɕʰyːŋ^{24}</td></tr>
</table>

户县方言“桌子底下[tia/tiɛ^{51}]、尻子底下、盆子底下”等很少的几个组合也可说成“桌底下[tia/tiɛ^{51}]、尻底下、盆底下”等，但无语音变化，这或许跟子变韵有关。

2.8.2 D 变韵

2.8.2.1 西安一带的 D 变韵

孙立新《西安方言研究》192～193 页讨论西安方言的述补结构以及“V 得（的）”式等问题时，对西安方言的 D 变韵有所讨论。

其一，与北京话相同，西安方言由“到”字做补语组成的述补结构都是及物的。例如：走到邮局｜爬到山顶｜长到十二岁｜轮到我咧｜一直唱到吃饭时间儿｜删到只剩五百字咧｜吐到车上把人能恶心死了｜拉到地上｜滚到山半中腰半山腰。

其二，北京用作趋向动词的“到[tau^{51}]”，西安也有读作轻声[.tau]的。例如：

他一直把我送到村口。

等到明年暑假我再来看你。

他的视力都退到零点一咧。

其三，西安方言“到（[tau$^{55-31}$/.tau]）”字省略后单音节动词或单音节形容词随即出现变调、长音、拖音等现象。其规律是：阴平变作 24 调值或主要元音变作长音，阳平变作 242 调值或主要元音变长音，上声是拖音，去声变作 52 调值或伴以拖音。例如：

拉[la:^{31}]地上/拉[la^{31} .a]地上。

拉[la$^{31-24}$]杆子上/拉[la^{31} a:$^{-24}$]杆子上。

拴[fã:^{31}]桩上/拴[fã$^{31-24}$]桩上/拴[fã^{31} ã$^{-24}$]桩上。

挖[ua:^{31}] ᶜ院院子里/挖[ua^{31}.a] ᶜ院。（以上是阴平字的 D 变韵）

拿[na$^{24-242}$]手上/拿[na^{24} .a]手上。

缠[tʂ^{h}ã:^{24}]腰上/缠[tʂ^{h}ã^{24} .ã]腰上。

围[ue:i^{24}]脖项脖子上/围[uei^{24} .ei]脖项上。（以上是阳平字的 D 变韵）

走[tsɤu^{52} .ɤu]一阵儿咧。

摆[pæ^{52} .æ]河岸上。

撵[niã^{52} .ã]西安。（以上是上声字的 D 变韵）

运[yẽ$^{55-52}$]南方。

凉ᵓ 使凉[liaŋ$^{55-52}$]案上/凉ᵓ [liaŋ$^{55-52}$ .aŋ]案上。

放[faŋ$^{55-52}$]桌子上/放[faŋ$^{55-52}$ .aŋ]桌子上。（以上是去声字的 D 变韵）

其四，西安方言常用的“V 的 O”式和“V 得 A”式，其“的（得）[.ti]”也可以省掉，单音节词 V 的音变规律与上文“到”字相同。例如：

吃的好饭——吃[tʂ^{h}ʅ:^{31}]好饭。

走得慢——走[tsɤu^{52} .ɤu]慢。

看得快——看[k^{h}ã$^{55-52}$]快。

拿的啥？——拿[na$^{24-242}$]啥——拿[na^{24} .a]啥？

其五，户县方言单音节处所词为去声调的常常变作上声。从理据上看，是在省略“上、里”等字以后自然形成了变调。如“他在县上去咧”的“县”字，后边有“上”字时读作本调去声[ɕiã^{55}]；当省去“上”字时，“县”字就变作上声[ɕiã^{51}]，而承担了“县上”的语义。类似的例子如“柜盖[kuei^{55} kæ$^{55-51}$]”指“柜盖上面”，“放柜[faŋ$^{55-51}$ kuei$^{55-51}$]”指“放到柜子里”，“商店[ʂaŋ^{31} tiã$^{55-51}$]”指“商店里”，“医疗站[i^{31} liau^{35} tsã$^{55-51}$]”指“医疗站里”，“把头打啊肚[pa^{31} t^{h}ɤu^{35} ta^{51} .a tɤu$^{55-31}$]”指“（打人时）把人的头打到肚子里去了”；“院[yã$^{55-51}$]”指“院子”，“前院[yã$^{55-51}$]”指“前边的院子”，“后院[yã$^{55-51}$]”指“后边的院子”，“街道[tɕiɛ^{31} tau$^{55-51}$]”指“街道里”，“药铺[yɤ^{31} p^{h}u$^{55-51}$]”指“药铺里”，“西路[ɕi^{31} lɤu$^{55-51}$]”指“西边的路上”，“东路[tuəŋ^{31} lɤu$^{55-51}$]”指“东边的路上”；没有“南路[lɤu$^{55-51}$]、北路[lɤu$^{55-51}$]”的说法；地名“寨子”省去“子”以后，“寨”字直接读作[tsæ$^{55-51}$]。举例句如下：

送到商店[tiã$^{55-51}$]。

在公社[ʂʅɛ$^{55-51}$]去咧。

把他摆到干岸[ŋã$^{55-51}$]指无事可干的地方。

他在药铺[yɤ^{31} p^{h}u$^{55-51}$]长大，对药熟得很。

搁到锅项[xaŋ$^{55-51}$]锅台上大锅与小锅或前锅与后锅之间的地方。

前院[yã$^{55-51}$]后院[yã$^{55-51}$]都寻咧，就是没寻来找到。

你把菜放到案[faŋ^{55} .tau ŋã$^{55-51}$]案上/你把菜放案[faŋ$^{55-51}$ ŋã$^{55-51}$]。

户县方言去声调的处所词只能限于单音节的，如上边所举的“县、盖、柜、站、肚、院、岸、项、案”，当这类字后边连带其他名词性成分，即以复合形式出现时，不变作上声调，如“搁到案板儿上”的“案”字，“搁到面子上”的“面”字，均不变作上声调。

“眼看”的“看”字变作上声调[k^{h}ã$^{55-51}$]以后就是“眼看着”的意思，这个意思在户县方言里引申为“马上（就）”的意思，而且常常用作“马上（就）”的意思。例如：

我娃眼看[k^{h}ã$^{55-51}$]长大咧。

困难眼看[k^{h}ã$^{55-51}$]就过去咧。

他把房眼看[k^{h}ã$^{55-51}$]盖起[tɕ^{h}iɛ^{51}]起来咧。

你眼看[k^{h}ã$^{55-51}$]就升官呀/眼看[k^{h}ã$^{55-51}$]你就升官呀。

他眼看[k^{h}ã$^{55-51}$]就回去咧/眼看[k^{h}ã$^{55-51}$]他就回去咧。

眼看[k^{h}ã$^{55-51}$]事情就成呀将要成功，一个领导出来打绊子，黄咧。

其六，西安一带正在进行时态的表达手端中，也有以变调、拖音、长音等形式出现的。下面以户县方言为例来说明。

一方面，户县方言一般用“着. tʂɤ/着儿. tʂə/的.ti”表示正在进行时态，但在“V_1着/着儿（O）+V_2（O）”式的句子里，“着/着儿/的.ti”可以不出现。当 V_1 是单音节动词（上声调例外）时，V_1 发生变调，当单音节动词 V_1 是单元音韵母时，其韵母（如ɿ、ʅ、i、u、y、a、æ、ã、ẽ）读作长音，其变调规律是：阴平 31→313，阳平 35→353，去声 55→51。当单音节动词是上声调时，其韵母除介音外形成拖音。例如：

房里头支着桌子呢/房里头支 tsɿː$^{31\text{-}313}$ 桌子呢。

急着做啥呀/急 tɕiː$^{35\text{-}353}$ 做啥呀/急 tɕi^{35} .i 做啥呀？

你拿的啥东西/你拿 naː$^{35\text{-}353}$ 啥东西/你拿 na^{35} .a 啥东西？

你就跟着他去/你就跟 kẽː$^{31\text{-}313}$ 他去。

寻着揰打/寻着儿揰打/寻 ɕiẽ$^{35\text{-}353}$ 揰打。

撵着打娃孩子呢/撵着儿打娃呢/撵 niã^{51} .ã 打娃呢。

开着窗子睡觉/开着儿窗子睡觉/开 kʰæː$^{31\text{-}313}$ 窗子睡觉。

闹着要去北京/闹着儿要去北京/闹 nau^{55} .au 要去北京/闹 nau$^{55\text{-}51}$ 要去北京/闹着要在北京去呢。

另一方面，单音节动词或处于谓语地位的单音节形容词的正在进行时态既可用“着/着儿/的”表示，又可发生拖音或变调，其规律是：本调为降调阴平 31、上声 51 的形成拖音，本调是阳平 35 的既有拖音又可变作 353 调值，本调是去声 55 变作 51 调值。例如：

他引着娃望东走/引着儿娃望东走/引 iẽ^{51} .ẽ 娃望东走咧。

门槛上坐着个老汉/门槛上坐着儿个老汉/门槛上坐 tsuɤ$^{55\text{-}51}$ 个老汉。

水渠两边栽着白杨树/栽着儿白杨树/栽的白杨树/tsæ^{31} .æ 白杨树。

门口围着一伙人/门口围着一伙儿人/门口围 uei^{35}.ei 一伙人/门口围 uei$^{35\text{-}353}$ 一伙人。

另外，“V 着$_1$（/着儿$_1$）V 着$_2$（/着儿$_2$）”重叠式在户县方言里又可省略“着$_2$/着儿$_2$”，其变调或拖音形式与上述内容相当。例如：

走着儿走着儿走到阳沟里头咧/走 tsɤu^{51}.ɤu 走到阳沟里头咧。

老王念着念着念不下去咧/老王念 nia$^{55\text{-}51}$ 念着念着念不下去咧。

说着儿说着儿不觉起不知不觉到门口咧/说ʂɿɛ$^{31\text{-}313}$ 不觉起到门口咧。

把炕盘儿盘着儿盘塌咧/把炕盘 pʰã^{35} .ã 盘塌咧/把炕盘 pʰã$^{35\text{-}353}$ 盘塌咧。

其七，西安一带方言动词完成体具有内部曲折（下文还要专门讨论），其变调规律是：阴平由 31 变作 42 调值，阳平由 24 变作 242（户县变作 353）调值，上声由 52 变作 31 调值，去声由 55 变作 553 调值。上声字变调后都要带“咧”字，其他声调的字不带。例如：

吃[tʂʰʅ$^{31-42}$]饭走咧吃完饭走。

逮[tæ$^{31-42}$]个鸡娃捉了一只小鸡。

拿[na$^{24-242}$]你的钱是事实。

他都走[tsɤu$^{52-31}$]咧半年咧。

寻[ɕie$^{24-242}$]个旅馆住[pfu$^{55-553}$]一晚夕找了个旅馆住了一夜。

西安一带方言正在进行时态、动词完成体、“到、得”字省略后所形成的变调、拖音和长音见表 9，括号里是户县调值。

表 9　　西安一带方言动词时态等音变规律表

<table>
<tr><th rowspan="2">原调值</th><th colspan="6">音变类型（变调、拖音、长音）</th></tr>
<tr><th colspan="2">正在进行时态</th><th>动词完成体</th><th colspan="2">“到、得”字省略后</th></tr>
<tr><td>阴平 31</td><td>拖音</td><td>313</td><td>42</td><td>24（35）</td><td>长音</td></tr>
<tr><td>阳平 24（35）</td><td>拖音</td><td colspan="3">242（353）</td><td>拖音</td></tr>
<tr><td>上声 52（51）</td><td colspan="2">拖音</td><td>31</td><td colspan="2">拖音</td></tr>
<tr><td>去声 55</td><td colspan="2">52（51）</td><td>553</td><td colspan="2">52（51）</td></tr>
</table>

2.8.2.2　凤翔方言的 D 变韵

凤翔方言中的虚词“着”“的”“得”和实词“上”可以省略，用前字的 D 变韵母表示。“的”“着”“得”“上”等字和 D 变韵可以自由交替使用。D 变韵方式和子变韵相同，即音节拖长，阳平字不变调，阴平、上声和去声字同时还变调。下面分别举例。

在连动句“NP＋VP$_1$＋VP$_2$”中，VP$_2$ 是趋向动词“来、去、进来、出去”等或是动词“走”，VP$_1$ 表示 VP$_2$ 的方式时，VP$_1$ 中的 V 可以省去助词“着”[tʂɔ^{0}]，用 D 变韵。例如：

你坐^{D}班车去。

拐他拉^{D}牛进来了。

你抱^{D}娃娃在到哪去呀？

你把伞给拐他捎^{D}来。

在“V 的 N”中，“的”[tsi^{0}]可以省去，用 D 变韵。例如：

你提^{D}啥哩开呀？——我提^{D}苹果哩开。

席上晒^{D}啥哩开？——席上晒^{D}麦哩开。

我戴^{D}改这表是旧外旧的。

我看他量^{D}改这麦湿着哩呢。

在“VP（包括形容词）＋得＋补语”中，“得”[tsi^{0}]可以省去，“得”前的字用 D 变韵。D 变韵的字可以是动词、形容词、名词和代词。例如：

改这苹果好^{D}很。

我眼黑讨厌拐他^{D}很。

我跑^{D}比谁都快。

一天没吃烟，烟瘾发^{D}没向不行了。

馍馍撇扔^{D}到处都是。

你立站^{D}太远了。

在“V＋着相当于‘到’＋处所、时间词语”中，“着”可以省去，V用D变韵。例如：

笔跌摔^{D}地下了。

把萝卜腌^{D}瓮里。

我走^{D}哪搭哪里，拐他跟^{D}哪搭。

日子定^{D}明儿了。

你立^{D}站搭这儿把路挡住了。

在“V＋上＋NP”中，“上”可以省去，V用D变韵。例如：

给我扯^{D}一尺布。

你给锅里添^{D}点水。

我在地里栽^{D}点葱。

你给他买^{D}点啥？

2.9 合音词与分音词

2.9.1 合音词

任学良先生《汉语造词法》一书（1981：257～258）指出：合音，是汉语衍生新词的一种造词方式。合音词一般是指两个音节合成一个音节，如北京话的“不用”合音作“甭”。萧国政等《汉语合音词的语音构成类型及语义语法问题》（2003：335～345）一文，从构成类型、语义类型、语法类型等对汉语的合音构词问题进行了研究。其中选取了关中方言“不要”合音为[pau^{31}]、“两个”合音为[lia^{31}]等语料。孙立新《西安方言研究》64～65页报道了西安方言的合音问题，邢向东、蔡文婷《合阳方言调查研究》78～79页报道了合阳方言合音问题。关中方言合音的结果一般是，取前字的声调和后字的韵母，有的在后字韵母的基础上，主要元音有所变化；关中方言的合音词主要是名词、代词和数量词的合音。

2.9.1.1 名词的合音

其一，亲属人品名词的合音

男子汉：富县方言把“男子汉指男人”读作[nã^{24} tsʰã^{31}]（<[nã^{24} tsã^{31}]）。

妇女人：千阳、陇县把妇女读如“凤然[fəŋ^{44} ʐã^{21}]”，即“妇女人”，“凤”字是“妇女”的合音，“然”是“人”字的音变。

媳妇子：韩城把婆媳妇叫做“索媳妇子[sei^{31} ɕiou^{24} .tsɿ]”；韩城“索”字读作[sei^{31}]的理据在于，《广韵》入声麦韵山责切，《小尔雅·广诂一》：“索，取也。”韩城附近的澄城、合阳也把媳妇叫做“媳妇子”；洛川叫做“媳子”。谭耀炬《三言二拍语言研究》（2005：34）指出，吴语把老婆叫做“媳妇子”。事实上，官话地区的“媳妇/媳妇儿/媳妇子”是妻子、儿媳妇兼指。谭著从《二刻拍案惊奇》卷38找到的两个例子如：“恰好杨二郎走过来，徐德一把扭住道：‘你把我家媳妇子拐在那里去藏过了？’｜徐德道：‘街坊上那一个不晓得你营勾了我媳妇子？你还要耍赖哩!我与你见官去，还我人来！’”我们还从《红楼梦》16回找到了类似例子：“我才见姨妈去，和一个年轻的小媳妇子刚走了个对脸儿，长得好齐整模样。”

姑家婆姑祖母：户县把姑祖母叫“姑家婆[kua^{31} pʰɤ^{35}]”，或重叠为“姑家姑家[kua^{31} kua$^{31-35}$]”；乾县把乾陵叫做“姑家婆陵[kua^{31} pʰɤ$^{35-31}$ liŋ^{35}]”，即尊称武则天为姑祖母。

屋里：韩城、户县把妇女叫做“屋里里人”，周至叫做“屋里家”，眉县叫做“屋里家[ia^{31}]人”，扶风叫做“屋里人”。“屋里”合音为[uei^{31}]（=葳）。

其二，处所名词的合音

一是一般处所名词的合音。

“底下[ti^{52} ɕia$^{55-31}$/ti^{52} xa$^{55-31}$]”，西安合音作[tiɛ^{52}/tia^{52}]。如西安、户县一带“床底下、身子底下、房子底下”作“床底下[tiɛ^{52}/tia^{52}]、身底下、房底下”。“身底下”的含义，一是指“身子底下”，如“我就觉着身底下垫.人有坚硬异物使人难受，起来一看，有个木头片片”；二是指“（自己或所述对象，母亲）生下以后还有一胎弟或妹（以后未成活）”，如“他身底下有个兄弟，没成未成活，他吃咧个接奶子，所以，小着小时候比残的别的气实有生气，壮实”。户县的“底下[tia$^{51-31}$]”既可以指处所如“房底下[tia$^{51-31}$]特指房子里边、凉房儿底下[tia$^{51-31}$]”；也可以指时间，如“年底下[tia$^{51-31}$]春节期间、会底下[tia$^{51-31}$]有会（会议；庙会；村会）的时候”。

商州方言的“底下”合音作[tɕia^{21}]。例如：树～、锅～、瓮～、房檐～、王山～地名。

富平方言把“房底岸房子底下”的“底岸[ti^{53} ŋã$^{55-31}$]”合音作[tiã^{53}]；“理路[li^{53} lou^{55}]”合音作[liou^{53}]，指“纹路”；“磨子岸”读作[mo^{55} tsã^{31}]，指磨子所在之处。

“跟前”在户县方言里通常文读[kẽ^{31} tɕʰiã$^{35-31}$]，白读[kʰẽ^{31} tɕʰiã$^{35-31}$/

k^{h}ɯ^{31} tɕ^{h}iã$^{35-31}$]，合音为[k^{h}ã^{31}]（=刊）。“跟前[k^{h}ã^{31}]”的用法如对话环境中，甲问：“你跟前[k^{h}ã^{31}]几个娃？”乙答：“我跟前[k^{h}ã^{31}]俩娃。”户县方言的“跟前”在其他语境里不形成合音。商州的“跟前”合音如“干[kã^{21}]”，例句如“你到我跟前来。”

二是地名合音，下面列举我们调查到的地名合音现象。

西安地名合音：子午镇[tsɿ$^{52-31}$ u$^{52-31}$ tʂẽ^{55}]→邹镇[tsɤu^{31} tʂẽ^{55}]；居安坊[tɕy^{31} ã^{31} faŋ^{31}]→[tɕyã^{31} faŋ^{31}]＞圈坊[tɕ^{h}yã^{31} faŋ^{31}]；胡家寨[xu^{24} tɕia^{31} tsæ^{55}]→[xua^{24} tsæ^{55}]＞和寨[xuɤ^{24} tsæ^{55}]；侯家堡[xɤu^{24} tɕia^{31} pu^{52}]→豪堡[xau^{24} pu^{52}]；龙王河[luəŋ^{24} uaŋ$^{24-31}$ xuɤ^{24}]→[luə^{24} xuɤ^{24}]＞罗河[luɤ^{24} xuɤ^{24}]；引驾回[iẽ^{52} tɕia^{55} xuei^{24}]→[iẽ^{52} tɕia^{31} uei^{55}]→演谓[iã^{52} uei^{55}]；牛角尖[niɤu^{24} tɕyɤ^{31} tɕiã^{31}]→[nyɤ^{24} tɕiã^{31}]。

户县地名合音：花园头[xua^{31} yã$^{35-31}$ t^{h}ɤu$^{35-31}$]→荒头[xuaŋ^{31} t^{h}ɤu$^{35-31}$]；化羊村[xua^{31} yaŋ$^{35-31}$ ts^{h}uẽ^{31}]→谎村[xuaŋ^{51} ts^{h}uẽ^{31}]；焦羊村[tɕiau^{31} iaŋ$^{35-31}$ ts^{h}uẽ^{31}]→姜村[tɕiaŋ^{31} ts^{h}uẽ^{31}]；吴家寨儿[u^{35} tɕia^{31} tsə$^{55-51}$]→[uɤ^{35} tsə$^{55-51}$]（＜[ua^{35} tsə$^{55-51}$]）；南庆叙[nã^{35} tɕ^{h}iŋ^{55} ɕy^{55}]→南期[nã^{35} tɕ^{h}i^{31}]；沈家营[ʂẽ^{51} tɕia^{31} iŋ^{35}]→陕营儿[ʂã^{51} iəɯ^{35}]。

周至地名合音：中旺堡[pfəŋ^{31} uaŋ$^{55-31}$ pu^{51}]→庄堡[pfaŋ^{31} pu^{51}]；千户村[tɕ^{h}iã^{31} xu$^{55-31}$ ts^{h}uẽ^{31}]→敲村[tɕ^{h}iau^{31} ts^{h}uẽ^{31}]；刘家堡[liɤu^{35} tɕia^{31} pu^{51}]→辽堡[liau^{35} pu^{51}]；纪联村[tɕi^{55} luã^{35} ts^{h}uẽ^{31}]→解村[tɕiɛ^{51} ts^{h}uẽ^{31}]（＜tɕiã^{51} ts^{h}uẽ^{31}＜tɕia^{51} ts^{h}uẽ^{31}）；孟家村[məŋ^{55} tɕia^{31} ts^{h}uẽ^{31}]→莽村[maŋ^{51} ts^{h}uẽ^{31}]；四女冢[sɿ^{55} ny^{51} pfəŋ^{51}]→[sẽ^{51} pfəŋ$^{51-31}$]。

华县地名合音：冯家堡子[fəŋ^{35} tɕia^{21} pu^{42} .tsɿ]→房堡子[faŋ^{35} pu^{42} .tsɿ]；孟家堡子[məŋ^{55} tɕia^{21} pu^{42}.tsɿ]→祃堡子[ma^{55} pu^{42}.tsɿ]；杜家堡子[t^{h}ou^{55} tɕia^{21} pu^{42} .tsɿ]→套堡子[t^{h}au^{55} pu^{42} .tsɿ]。

合阳地名合音：北伏蒙[pu^{21} fu^{24} məŋ^{24}]→北风[pu$^{21-24}$ fəŋ^{21}]。

其三，时令时间名词的合音

端阳：西安方言把“端阳”叫做“五月端阳午[u^{52} yɛ$^{31-24}$ taŋ^{31} u$^{52-31}$]”，咸阳、户县、扶风方言把端阳叫做“五月端阳[u^{52} yɛ$^{31-24}$ taŋ^{31}]”。

“时间儿”一词户县方言在“啥时间儿什么时候”一词里合音为[.sə]，估计“时间”早期合音为[sã^{35}]或[sã^{31}]。

户县方言“日[ɯ^{31}]”字常跟前边的字构成合音，例如：今日[tɕiɯ^{31}]、明日[miɯ^{35}]、后日[xəɯ$^{55-51}$]、外后日[uæ^{55} .xəɯ]大后天、生日[səɯ^{31}]（过～、做～特指给老人庆寿；“给嘴做～”一般是詈语，指光爱吃好的）、百日[pəɯ^{31}]指老人去世的百日纪念（按：孩子出生100天叫做“百天”，以示与“百日”的区别；甘肃漳县方言，孩子出生100天叫做“百岁”，老人去世百日纪念叫做“百天”）。户县方言的“今日、明日、后日”通常也可以写作“今儿、明儿、后儿”。北京话也有“今儿、明儿”的说法，北京话的“儿”是“日”字弱化的结果。

昨天在关中方言区的叫法有“夜个、夜来”等，其中有的方言点牵涉合音问题，最典型的如西安、周至、户县、临潼、兴平、武功、泾阳、澄城、乾县、礼泉、宜君、扶风、富县、定边等处。我们以前把西安、户县的昨天写作“夜个/夜个儿”，记音分别为[iɛ$^{55-52}$ kɤ^{31}]、[iɛ$^{55-51}$ kɤ^{31}]/[iɛ$^{55-52}$ .kər]、[iɛ$^{55-51}$ .kə]；最近我们在思考：按照西安、户县方言的变调规律，去声字“夜”在去声或变作阴平的“个”或轻声的“个儿”前并不变作上声，记作变调岂不是违背了规律？那么，是何种机制导致了读作上声？经过思考，我们认为跟上一段所报道的“日”字进入合音状态同样是一回事，在表示“天、日”的时间概念里，“今日、明日、后日、夜日”应是一个成系统的概念。也就是说，把西安、户县的昨天写作“夜个/夜个儿”是不对的，应当写作“夜日个/夜日个儿”，去声字“夜”与阴平字“日”可构成上声调的合音[iɛ$^{55-52}$]、[iɛ$^{55-51}$]。现在先罗列周至等处对昨天的叫法：周至、泾阳　夜日个儿[iɛ$^{55-51}$ .kər]，临潼　夜日个儿[iɛ$^{44-53}$ .kər]，兴平　夜日个儿[iɛ$^{55-52}$ .kər]，武功　夜日个儿[iɛ$^{44-52}$ .kər]，澄城　夜日[ia$^{55-42}$]，乾县　夜日儿[iɛ$^{44-52}$.ər]，乾县东乡　夜日[iã$^{44-52}$]，礼泉　夜日儿[iɛ$^{44-53}$.ər]，宜君　夜日里[ia$^{44-52}$ .li]，扶风　夜日儿[iɛ$^{55-42}$.ər]，富县　夜日[iɛ$^{44-52}$]，定边　夜日儿[iɛr$^{44-52}$]/夜天[iɛ^{44} t^{h}iæ̃^{31}]。另外，“夜”字在先秦是长入字，今关中中东部一些方言点在表示昨天意义时，把“夜”字读作阴平或阳平，列举如右：洛川　夜儿[iar^{24}]，黄陵　夜[ia^{24}]，铜川　夜个[iɛ$^{24-21}$ kɤ$^{21-52}$]，耀州　夜个[iɛ^{31} kɤ^{31}]，蒲城、富平北乡　夜来[ia^{31} læ^{31}]、富平　夜来[iɛ^{35} læ$^{31-53}$]，三原　夜个[iɛ^{35} kɤ^{31}]，高陵　夜来[iɛ^{35} læ^{31}]，渭南　夜来[iɛ^{35} læ^{31}]/夜里[iɛ^{55} .li]。

门上门前：把“门上”合音如“忙”在关中中西部较为普遍。如户县作“门上儿[mə^{35}]”。“门上”又音变如“蛮[꜁mã]”，如蒲城、富平、渭南、三原、商州。把“门上”叫“门上[꜁maŋ]上”的方言点如兴平、武功、岐山，叫“门上[꜁maŋ]”的如眉县、太白、凤翔、麟游、千阳。

子上（桌子上、椅子上、刀子上、帽子上、袜子上、杆子上、钉子上、筐子上、轮子上、垫子上、尺子上、剪子上、铡子铡刀上、匣子上、杯子上、单子床单，被单上、筷子上、块子棺材板；淀粉块上、麦桩子装着麦子的口袋上、椅背子上、厦背子上）：西安、户县一带方言把“桌子上、椅子上”等的“子上”合音成[tsaŋ^{31}]（＜tsɿ ʂaŋ$^{55-31}$）。张成材先生（2004：240～250）指出，商州方言“子上”合音如“脏”，举例如“碾～、磨～、山顶～”。

子啊[.tsɿ .a]＜[.tsa]：小伙子啊[.tsa]！｜女子啊[.tsa]！｜侄娃子啊[.tsa]！

“如今”在咸阳市有三种合音形式：一是[꜁zəŋ]，市区把“如今、现在”

叫做“如今[꜀zəŋ]忽”，兴平作“如今[꜀zəŋ]儿”，武功作“如今[꜀zəŋ]个”，彬县作“如今[꜀zəŋ]庚”（西部凤翔亦作“如今庚[zəŋ$^{24-31}$ kəŋ$^{31-52}$]”）；二是[꜀zɛ̃]（=人），如礼泉作“如今[꜀zɛ̃]忽”，永寿一作“如今[꜀zɛ̃]今/如今[꜀zɛ̃]格”，旬邑、彬县北乡方言作“如今[꜀zɛ̃]格”；三是淳化作[꜀zei]，淳化把“如今、现在”叫做“如今[꜀zei]格”。

其四，其他名词的合音

老乌鸦：关中方言合音如“老哇”；老乌鸦[u^{31} ia^{31}]→老哇[lau^{52} ua^{31}]。

希望：关中方言合音如“向[ɕiaŋ^{55}]”，如“没希望”作“没希望”问句如“到底有希望吗还是没希望”；希望[ɕi^{31} vaŋ^{55}→ɕiaŋ^{55}]。其合音理据为：前字声韵＋后字韵母及声调。

驴唇：户县方言通常把这两个字读作[ly^{35} suẽ^{35}]，户县方言把人身上的血印叫做“驴唇驴唇/驴唇驴唇子”[luẽ^{51} .luẽ]，其中“驴唇”合音为[luẽ^{51}]（上声调）。

关中方言把“连阴雨”合音作[liẽ^{55} y$^{52-31}$西安音/liŋ^{44} y$^{52-21}$岐山音]，其中“连”字是按照《集韵》線韵“连彦切”[liã^{55}]来读的。

2.9.1.2 代词的合音

如张成材先生《商州方言的“圪”类字、合音词和分音词》（见邢向东主编 2004）指出：商州方言的代词合音如“啥[sa^{55}]、咋[tsa^{53}]、人家[nia^{21}]、咋样[tsaŋ^{53}]”。例句如：你说啥？｜我叫你夜里昨天来哩，你咱不来哩？｜我叫人家来人家不来｜你咋样恁不听话吗？

其一，“人家”的合音

关中方言人称代词的合音以“人家”合音为[ȵia/ȵiɛ/ȵiã/ȵiæ）]，“自家”合音为“咱”[tsʰa/tsa/tsæ/tɕʰia（＞ia）]等为最常见。如孙立新《关中方言代词研究》36～54 页讨论了“人家”合音的类型等问题，55～57 页讨论了“自家”合音为“咱”的问题；113～115 页讨论了“甚么”合音为“啥”以及“怎（争）么”合音为“咋”的问题。我们可以通过表 10 看到关中方言“人家”的合音特点；“人家”的合音理据是ȵien＋ka/tɕia→[ȵia]→[ȵiɛ]，ȵien＋ka/tɕia→[ȵia]→[ȵiã]/[ȵiæ）]。[ȵia]是关中方言最早期的合音，[ȵiɛ]是在[ȵia]的基础上主要元音高化的结果，[ȵiã]和[ȵiæ）]是[ȵia]主要元音鼻化的结果；关中方言区凡是读作[ȵiɛ]、[ȵiã]、[ȵiæ）]的，都是晚于[ȵia]的。孙立新《关中方言代词研究》37 页指出，“人家”在关中方言区 35 个点（岛）合音作[ȵia]，而[ȵiɛ]、[ȵiã]、[ȵiæ̃]三种读法大致都在偏远地区，或不是有的方言点的第一读音。关中方言“人家”合音后的声韵组合与 4 个单字调之间的关系可以从表 10 看出来，表中的加号“＋”表示有这种组合，减号“－”表示无这种组合。

表 10　　关中方言“人家”合音特点比较表

声韵组合	阴　平	阳　平	上　声	去　声
[ȵia]	＋如西安	＋如大荔	＋如周至	＋如三原
[ȵiɛ]	＋如阎良	＋如临潼	—	—
[ȵiã]	＋如韩城	＋如宜君	＋如武功武功镇	—
[ȵiæ）]	—	—	＋如千阳	—

其二，指示代词的合音

关中方言指示代词以“这、兀”两个基本指示代词与“一、个、搭、么”的合音为最常见；关中方言的基本指示代词“这、兀、那”基本上都读作去声调，这些合音词一般也读作去声调，也读作上声调：这一[tʂei꜄ / ꜂tʂei]、这搭[tʂa꜄ / ꜂tʂa]、这么[tʂẽ꜄]，兀一[uei꜄ / ꜂uei]、兀个[uo꜄ /uɤ꜄ / ꜂uo/ ꜂uɤ]、兀搭[ua꜄ / ꜂ua]、兀么[uẽ꜄ / ꜂uẽ]；那么[nẽ꜄]。富平方言“这么、兀么、那么”分别合音作“镇[tʂẽ꜄]、问[uẽ꜄]、恁[nẽ꜄]”。

关中方言“这个”也可构成合音，如户县方言“这个儿[꜂tʂə]（这个儿 $tʂɤ^{55}/tʂʅ^{55}$ $.kə>tʂə^{51}$）”；《关中方言代词研究》18 页说，西安、户县一带妇女把“这”字读作[tʂuɤ꜄]，现在看来，[tʂuɤ꜄]应当是合音后增音（-u-）的结果：这个 $tʂɤ^{55}/tʂʅ^{55}$ $kɤ>tʂɤ^{55}>tʂuɤ^{55}$。

上述合音形式的声调格局（去声抑或上声）比较复杂，如“兀”字与其他字的合音，《关中方言代词研究》75 页报道了西安等处的“兀搭儿、兀个儿”读作上声，“兀一搭儿”的“兀一”读作去声，可以看出一定的规律性来。“兀搭那里”在多数构成合音的方言点读作上声，在少数方言点（华县、泾阳、旬邑）读作去声；76 页报道了户县“兀一”读作去声与上声的构词匹配问题：uei꜄，～边、～些、～搭儿、～半个儿，꜂uei，～回、～种、～一向、～年、～圪子那块/圪儿、～块儿、～点儿、～洼那里、～阵子/～阵儿、～个。

户县方言的“这样”合音如“张[$tʂaŋ^{31}$]（这样 $tʂɤ^{55}$ $iaŋ^{55}>tʂaŋ^{55}>tʂaŋ^{31}$）”必须跟基本代词相结合表示方式：这一这样这样[$tʂei^{51}$ $tʂaŋ^{31}$]/这么这样[$tʂẽ^{51}$ $tʂaŋ^{31}$]、兀一这样那样[uei^{51} $tʂaŋ^{31}$]/兀么这样[$uẽ^{51}$ $tʂaŋ^{31}$]、那这样那样[$næ^{51}$ $tʂaŋ^{31}$]。

铜川方言的“那样”合音如“嚷[.naŋ]”，跟户县方言的“这样”合音如“张”类似，必须跟基本代词相结合表示方式：这一那样这样[$tʂei^{44}$.naŋ]、兀一那样那样[uei^{44} .naŋ]。

表示程度的指示代词“这么、那么”在关中中东部地区分别合音为“镇、恁”。如：商州 镇 tʂən^{55} 恁 nən^{55}，蓝田、户县 镇 tʂẽ^{55}（户县渭丰为“这一 tʂei^{55}”），大荔 镇 tʂɛ̃^{55} 恁 nɛ̃^{55}，华阴 镇 tʂɛ̃^{55}，泾阳 镇 tʂẽ^{55} 恁 nẽ^{55}。

“兀么”在关中中东部地区也构成音，如：蓝田、户县 uẽ^{55}，华阴 uɛ̃^{55}。

其三，“做啥”的合音

“做啥干什么”在东部、北部有的方言点也构成合音。如“你干什么去”，合阳“你做啥朅[ni^{42} tso^{42} tɕʰiɛ^{21}]”，耀州作“你做啥去[ni^{52} tsa^{52} tɕʰi$^{44\text{-}31}$]”，白水作“你做啥去呀[ni^{42} tsʮɤ^{42} .tɕʰia]”，旬邑作“你做啥呀[ni^{51} tsa^{51} .ia]”。其合音理据分别为：合阳 做啥 tsou^{55} so^{55}→tso^{42}，耀州 做啥 tsou^{44} sa^{44}→tsa^{52}，白水 做啥 tsɤu^{55} sʮɤ^{55}→tsʮɤ^{42}，旬邑做啥 tsu^{44} suɤ^{44}→tsuɤ^{51}＞tsa^{51}。彬县疑问句“你做啥[tsʰuɤ^{55}]去呀”，其中“做啥”作[tsʰuɤ^{55}]，声母送气，比较特殊；做啥 tsu^{55} suɤ^{55}→tsuɤ^{55}→tsʰuɤ^{55}。我们从清代渭南剧作家李芳桂的剧作里找到几个“做啥”合音为“咋”的例子，看来，清朝中叶今关中方言区最少渭南一带“做啥”合音为“咋”很为普遍，如今却只有白水、合阳有这个特点。

忙地咋哩？（《十王庙》）

忙地进去咋加？（《玉燕钗》；按：“加”字表将然）

不好，我的老李呀！你要杀他，等把科试过了，没了我该咋哩？（《白玉钿》）

丫环姐咋加，请我装粮食呀？（《清素庵》）

2.9.1.3　数量词的合音

其一，“一个”的合音

大荔、渭南、澄城、黄陵、宜君、铜川、旬邑、韩城、洛川、华阴、黄龙方言把“一个”合音作 ꜀iɛ（＝页）。富平方言把“一个”合音为 ꜀yɛ（＝月）。“两个”在关中方言里很普遍地合音为“ ꜀lia 俩”。“三个”在东部合音为“ ꜀sa 仨”。

其二，“一两三”等与“个”字的合音

张成材先生《商州方言口语中的数量连音变化》（《中国语文》2007：159）指出商州方言“个”与数目字“一”到“十”以及疑问代词“几”常产生合音并且伴以长音和变调。

	一	两	三	四	五	六	七	八	九	十	几
基本音节	i^{21}	liaŋ^{53}	san^{21}	sɿ^{55}	vu^{53}	liou^{21}	tɕʰi^{21}	pa^{21}	tɕiou^{53}	ʂʅ^{35}	tɕi^{21}
变化音节	iɛː^{21}	liɔ̃ː^{21}	sãː^{21}	səː^{53}	voː^{21}	liaoː^{21}	tɕʰiɛː^{21}	paː^{21}	tɕiaoː^{21}	ʂəː^{35}	tɕiɛː^{21}

富平方言“个”与数目字“一”到“十”以及疑问代词“几”常产生合音并且伴以长音和变调，跟商州方言的如上特点很类似：一个 iɛː^{311}/yɛː^{311}、两个 liaːŋ^{311}、三个 sãː^{311}、四个 səː^{51}、五个 uɤː^{311}、六个 liɔː^{311}、七个 tsʰiɛː^{311}、

八个 paː^{311}、九个 tɕiɔː^{311}、十个ʂʅɛː^{35}、几个 tɕiɛː^{311}。

蒲城坡头这些合音词多数不构成长音：一个 iɛ^{31}、两个 liaːŋ^{31}、三个 sa^{31}、四个 sə^{53}、五个 uɤ^{31}、六个 liau^{31}、七个 tʰiɛ^{31}、八个 paː^{31}、九个 tɕiau^{31}、十个ʂʅɛ^{24}、几个 tɕiɛ^{31}。

关中东部比较普遍地存在着商州、富平和蒲城的上述现象。

2.9.1.4　其他词语的合音

本书 1.1.2.10 部分所讨论的如西安等处的“嘎子”，武功的“嘎儿”，陇县等处的“嘎”是“给下”的合音，“给下”应当是“给一下”省去“一”字的结果。“给下”的“给”字在“下”字前变作阴平调，“给下”的合音理据为 kei^{31} xa^{31}→ka^{31}；“嘎子”是“给下子”的合音。关于“给下”以及“嘎子”等，下文（第三章）还要专门讨论。

其一，户县方言“造谣[tsʰau^{55} iau^{35}]”合音作[tsʰau^{35}]（=曹）。例如：胡造谣[tsʰau^{35}]呢/胡造谣[tsʰau^{35}]荒呢｜给他造谣[tsʰau^{35}]咧一股风。商州方言“造谣[tsʰao^{55} iao^{35}]”也是合音作[tsʰao^{35}]，张成材先生（2004：240～250）所举的例句如：“有人说油要涨价哩，这是胡～哩。根本没有这事。”

其二，“再一[tsæ^{55} i^{31}]”户县合音作[tsæ^{51}]，例如：再一天、再一回、再一向等一段时间。

其三，阻断词“不要[pu^{31} iau^{55}]”在关中多数方言点合音作[꜀pau]（=包），有俗字作“嫑”。商州、大荔、华阴的阻断词是“不可”的合音[puo^{21} 商州/po^{31} 大荔]；共同语“不可”的合音作“叵”，声母送气，商州等处“不可”的合音声母不送气，比共同语的读法更符合合音规律。陇县方言“不要”的合音作[pæ^{31}]；甘肃泾川方言阻断词作“不要了[pɛ^{31} .liau]”。陇县的“不要[pæ^{31}]”是在泾川“不要[pɛ^{31}]”的基础上元音低化的结果。江蓝生先生《禁止词“别”考源》（1991；2000：54～64）指出，普通话的禁止词“别”是由“不要”合音而成的，其音变轨迹为：pu＋iɛu→p$_{u}$iɛu→piɛu→piɛ。江先生指出其母语安徽含山方言“不要”的合音为[pɛ^{31}]；这是在[piɛ]的基础上减去介音 i 的结果。

其四，户县方言连词“只要[tsʅ^{31} iau^{55}]”又作“只嬖[tsʅ^{31} tɕiau^{31}]”，“嬖”是“只要”的合音字[tɕiau^{31}＜只要 tsʅ^{31} iau^{55}→tsiau^{55}→tɕiau^{55}→tɕiau^{31}]。例如：只嬖你去（/你只嬖去），咋都好说｜只嬖他（/他只嬖）来给我回个话，我咋着都能过去指心理平和。

其五，“就要[tsɤu^{55} iau^{55}]”在户县方言里合音作[tsau^{51}]，合音的结果读如“早”，“就要要”是“坚决、无论如何要”的意思。例如：“我不想教他去，他就要[tsau^{51}]要呢。”

其六，“一日一日一天天地”户县方言合音为[iɯ^{35} iɯ$^{35-31}$]；“一日[i$^{31-35}$

ɯ^{31}→iɯ^{35}]”。“一日”也可以不以重叠式来用，例如：“总有我啥事都顺和的一日[iɯ^{35}]呢｜谚语：久走黑路，总有碰见鬼的一日[iɯ^{35}]呢。”户县方言把“初一日”读作[ts^{h}ɤu^{31} iɯ^{35}]。

其七，户县方言把性急叫做“性急躁[ɕiŋ^{55} tɕiau^{55}]”（急躁 tɕi^{35} ts^{h}au^{55}→tɕiau^{55}]），“急躁”合音如“叫”。其合音的理据如古代的反切，取了后字的声调。

其八，“去呀[tɕ^{h}iᵓ .ia/.tɕ^{h}i .ia]”在关中方言里常常合音，一是合音为[.tɕ^{h}ia]，二是合音为[.tɕia]（[tɕ^{h}ia＞tɕia]；声母送气→声母不送气），三是华阴合音为[.tɕ^{h}iã（[tɕ^{h}ia＞tɕ^{h}iã]）。孙立新《关中方言代词研究》第五章 135～137 页（如彬县“他说赶紧就走去呀.tɕia]”）以及 141～142 页（如泾阳“你做啥去呀[.tɕ^{h}ia]”）报道了关中方言“去呀”合音的特点；再如蒲城方言“（问）你做啥去呀[.tɕ^{h}ia]？——（答）我买菜去呀[.tɕ^{h}ia]。”关中方言的“去呀”合音为[.tɕ^{h}ia]的方言点主要有西安、周至、户县、兴平、白水、泾阳、淳化、兴平、蒲城；华县合音为[tɕ^{h}ia^{42}]；“去呀”合音为[.tɕia]的方言点主要有陇县、麟游、凤翔、宝鸡、武功、咸阳、永寿。如普通话的“你干什么去”在关中方言区多作“你做啥去呀”，《关中方言代词研究》记写洛川方言作“你做啥朅”是对的，而把铜川方言的“你做啥朅”记成了“你做啥去呀[.tɕ^{h}iɛ]”就不对了；大荔方言的“你做啥结[tɕiɛ^{31}]”应为“你做啥朅[tɕiɛ^{31}]（[tɕ^{h}iɛ＞tɕiɛ]）”。

田晓荣、卜晓梅《<李十三十大本>中的助词“加”》（2011：61～64）一文不认为关中方言读作[.tɕia]的轻声字“加”（或写作“家”等；如我们看到范紫东先生剧作《三滴血》第十七回角色晋信书说：“我老爷可拿这个血点点要把戏家，待我取针连盆子去。”）是合音字。她们指出：“加”作为一个口语助词，至少在宋代已经开始使用了，宋词、元曲、明清小说等近代文学作品中都频繁出现，不过写法不尽统一，有“价、介、家、假”等形式，张相《诗词曲语辞汇释》认为：“价，其字亦作假……亦作加，无名氏《赏花时》套‘卧枕着床’篇：‘豁的一会加精细，烘的半晌又昏迷’。亦作家。”在近代汉语中，它们可以用作结构助词、语气助词和时制助词。我们认为，把读作[.tɕia]的轻声字“加”放在关中方言这个大环境里来看，“.加”应当是“去呀[.tɕ^{h}ia]（.掐）”的音变形式。

其九，“得解”是“谁能知道呢；（我）不知道”之义，户县合音为[꜁tɕiɛ]，旬邑合音为[꜁tiɛ]，永寿合音为[꜀tiɛ]。户县例句如：“得解咋样呢｜他得解来不来｜这个病得解好得了？”

其十，西安一带的“不曾想”读作[pu$^{31-24}$ tɕ^{h}iaŋ^{31}]（曾想 ts^{h}əŋ^{24} siaŋ^{52}→ts^{h}iaŋ^{52}→tɕiaŋ^{52}→tɕ^{h}iaŋ^{31}），又作“曾想不住[tɕ^{h}iaŋ^{31} pu^{31} pfu^{55}]”，“不曾想”

和“曾想不住”由最初的“不料，没料到”引申为如今的“恐怕；说不定”等意义，请详阅本书 5.8 节“语气副词”。

其十一，西安一带的拟声词“吸溜[ɕi^{31} liɤu^{31}]”也常常合音为[ɕiɤu^{31}]，指因受冷而嘴巴发出“吸溜吸溜”的声音。例如：把人冻得吸溜吸溜的/把人冻得吸溜吸溜的｜冷得吸溜吸溜的。按：西安一带受冷后的状态时，一般作“冻得抖抖抖[t^{h}ɤu^{31} t^{h}ɤu$^{31-24}$ t^{h}ɤu^{31}]”。

2.9.2　分音词

分音词也叫做“嵌 L 词”。汉语方言中以晋语的分音词为最多，陕西全省肯定是陕北晋语的分音词比关中方言多，如我们从府谷学者韩宽厚将刊的《府谷方言研究》看到的以“卜[pəʔ^{3}]”为分音词前字的词语“卜拉扒、卜来摆、卜拦扳、卜烂绊、卜浪棒、卜捞刨、卜楞奔；蹦、卜愣象声词，绷”等；府谷可能是陕西境内分音词最多的一个方言点。把一个字分成两个音，关中方言的分音词前字多数是[p p^{h} k k^{h} x tɕ tɕ^{h}]声母，后字都是以[l]为声母；关中方言分音词的前后字多数是阴平调。讨论如下。

2.9.2.1　分音名词

蒲楞[p^{h}u^{24} ləŋ^{31}]：关中方言把“树蓬，树冠”叫“树蒲楞”，“蒲楞”是“蓬[꜁p^{h}əŋ]”字的分音词；由“树蒲楞”指树冠，类化出把棉花、茄子、西红柿等的“蓬、冠”也叫“蒲楞”。

旮旯[kɯ^{31} lau^{31}]：“旮旯”是“角[tɕiau]”的早期读音[kau]的分音词。别处方言“旮旯”的读音[꜀ka ꜁la]，应是[꜀kɤ ꜁lau]的音变。关中方言的可以构成“墙～、背～偏僻的地方、～窝腋下，胳肢窝/～肢、～拐角拐角的地方、～缝缝角落和缝隙处；指所有的（可能找到有关东西的）地方/～峡峡[tɕ^{h}ia^{55} .tɕ^{h}ia]”等；户县方言的“墙旮旯、背旮旯”还可以儿化（“墙旮旯儿[kɯ^{31} lə$^{31-35}$]、背旮旯儿”），20 世纪及其以前，户县民间还有一种男孩子的健身类游戏“挤旮旯儿（天冷时，一伙男孩子顺着墙角一字站定后，向着墙角的方向挤，挤散以后重新开始）”。

壳郎[k^{h}ɯ^{31} laŋ^{31}]：关中方言把坑叫做“壳郎[k^{h}ɯ^{31} laŋ^{31}]”，把架子猪叫做“壳郎[k^{h}ɯ^{31} laŋ^{31}]子”，把墓坑叫做“墓子壳郎[k^{h}ɯ^{31} laŋ^{31}]”，把农家织布机的内腔叫做“机子壳郎[k^{h}ɯ^{31} laŋ^{31}]”。“壳郎[k^{h}ɯ^{31} laŋ^{31}]”是“腔”字的分音词。

窟窿[k^{h}u^{31} luəŋ^{31}]：汉语的“窟窿”是“孔”的分音词。“窟窿”在关中方言区西安等个别方言点读作[k^{h}u^{31} luəŋ^{31}]，在绝大多数方言点读作或又读[fu^{31} luəŋ^{31}]，这是由于“窟哭苦裤”等字关中绝大多数方言点读作[fu]（西安、岐山读作[k^{h}u]，麟游读作[pf^{h}u]；甚至白水的“姑”字白读[vu^{24}]）。户县方言对“窟窿”的读法，若加上儿化，有如右几种，其中“窿”字有读作阳平的，可以看出早期的特点，还有减音为[ləŋ^{31}]的：窟窿[k^{h}u^{31} luəŋ^{31}/k^{h}u^{31} luəŋ^{35}/k^{h}u^{31} ləŋ^{31}/k^{h}u^{31} ləŋ^{35}/fu^{31} ləŋ^{31}/fu^{31} ləŋ^{35}]；窟窿儿[k^{h}u^{31} ləɯ^{35}/fu^{31} ləɯ^{35}]；户县方言的儿化形式“窟窿儿”的“窿儿”不读作合口韵。

忽栾[xu^{31} luã^{31}]：关中方言把“环[xuã^{24}]”叫做“忽栾[xu^{31} luã^{31}]”，“忽栾[xu^{31} luã^{31}]”又叫“曲栾[tɕ^{h}y^{31} luã^{31}]”。见下一条。

曲栾[tɕ^{h}y^{31} luã^{31}]：户县人把烙的环型饼子叫作“曲栾”。“曲栾”是“圈[tɕ^{h}yã^{31}]”的分音词。户县各地在农历六七月某天有过村会的风俗。如果某村过村会时，其所有的亲戚都要拿礼物去拜望（《关中民俗》156～157）。“曲栾”是舅舅家在过村会当天送给周岁前孩子的礼物；与“曲栾”一起送给周岁前孩子的小烙饼也叫做“曲栾”。按：商州方言作“曲篮儿[tɕ^{h}y$^{21-53}$ .lãr]”。张成材先生（2004：240～250）指出：商州的习俗是，孩子满月后到外婆家住些日子，回家时，外婆给烙两个曲篮儿，大的教大人提着，小的给孩子挂在脖子上。商州方言的“忽栾”也儿化，“忽栾儿”读作[xu$^{21-53}$ .luãr]，例句如“衣裳烂唠一个大忽栾儿”。

木楞[mu^{31} ləŋ^{31}]：小憩一会儿叫做“打个木楞”，例如：我都乏得习⁼习儿咧累到极点了，教我先打个木楞着（隐含语义：“我小憩一会儿再干事”）。“木楞[mu^{31} ləŋ^{31}]”当是“蒙[məŋ^{31}]”的分音词；“蒙[məŋ^{31}]”在关中方言里通常指“欺骗”，如问句“你蒙[məŋ^{31}]谁呢？”而“蒙[məŋ^{31}]”当“小憩一会儿”讲，当是“昏迷”义引申的结果。

2.9.2.2 分音动词等

不唻[pu^{31} læ^{31}]：“不唻”就是“摆[pæ^{52}]”，“摆动”的意思。例如：你的头胡～的啥呢？| 把猪绑到架子车上咧，猪腿一～一～的不停地摆动。按：“摆”在西安人口语常用义为“摆放；拧；畦，行；随便洗衣物”，“不唻”是“摆动”义的通常用法。

不楞[pu^{31} ləŋ^{31}]：“不楞”就是“抨[pəŋ^{31}]”，“抨”是“弹”的意思。例如：鸡爪爪胡～呢。按：“抨”和“弹[t^{h}ã^{24}]”西安人口语里也是常用的。

不啦[pu^{31} la^{31}]：“不啦”就是“扒[pa^{31}]”；宝鸡一带是“扒，很快地吃”的意思。例如：他麻利很快把一碗米饭～完啦[.lia]。按：“不啦”又是拟声词，单用时后字又读去声[pu^{31} la^{31}/pu^{31} la^{55}]，可以重叠为“不啦不啦、不啦啦[pu^{31} la^{31} .la/pu^{31} la^{31} la^{55}]”。

扑啦[p^{h}u^{31} la^{31}]：“一扑啦”就是“一趴”，就像人或畜趴在地上一样，“一扑啦”是指平铺在地上的人或物。例如：有咧一点儿困难，就不能一～地躺上不动弹咧 | 他把东东西西一～放咧一地的。

张成材先生（2004：240～250）列举了商州方言两个“扒”的分音来源。其一，不拉[pu^{35} la^{53}]，例如“把席上晒的豇豆～～”。其二，扑拉[p^{h}u^{21} .la]，例如："抱麦秸抱的～唠一地。"这里列举张先生所报道的商州方言其他有关分音词：牙格林[nia^{35} kɯ^{53} .lin]牙埂，即牙龈，例句如"我牙格林发炎哩。"呜咙[vu^{35} .luəŋ]，嗡，例如："嘴里呜呜咙咙说的啥，听不清。"得擞[tei^{35} sou^{53}]，抖，例如："衣裳上沾了草渣渣儿啦，你～～就下去啦。"骨拥[ku^{53} .yŋ]，拱，例如："出申蚯蚓～～地往前走哩｜出申从土里往出～哩。"

扑楞儿[p^{h}u^{31} .lɐ̃r]："扑楞"就是"捧"，西安、户县等处把"扑楞"儿化了（户县：扑楞儿[p^{h}u^{31} .ləɯ]），"一扑楞儿笑"就是"一捧的笑"，即"满脸堆笑，笑容可鞠"。例如：小伙子见人老总是一～的笑；爱人讨人喜欢得很。

胳搂[kɯ$^{31-24}$ lɤu^{31}]："胳搂"就是"勾[kɤu^{31}]"，普通话叫作"胳肢"，即在人身上抓挠使人发笑。例如："他把我快抓住咧，我把他一～，他登儿把我放咧。"

圪捞[kɯ$^{31-24}$ lau^{31}]：关中方言把"搅[ᶜtɕiau]"叫做"圪捞"，如"胡圪捞"就指的是"胡搅"。从"圪捞[kɯ$^{31-24}$ lau^{31}]"可以看出"搅"字中古声母（见母[k]）的特点来。

壳娄[k^{h}ɯ^{31} lɤu^{31}]："壳娄"就是"扣[k^{h}ɤu^{55}]"，例如："他睡觉没被子盖，给身上～个棉袄儿。"关中方言把鞋子叫做"鞋～"，具体指没有穿在脚上的鞋子。过去农村砖瓦窑烧的瓦，户县方言最口语化的叫法是"瓦壳娄娄[ua^{51} k^{h}ɯ^{31} lɤu^{55} lɤu^{55}]"；从"娄娄"读作去声调可以看出"壳娄"的"娄"字最初读作去声调，以印证出"扣"字读作去声调。

呵娄[xɯ^{31} lɤu^{31}]：户县方言把"咯出（痰）"叫做"呵娄"，"呵娄"是"吼"的分音词。例句如：他有一口痰～不出来，把他难受的。按："呵娄"又用作拟声词，指喉中有痰呼吸困难发出的声音，可以重叠为"呵呵娄娄、呵娄呵娄"，"呵娄呵娄"还指吃饭（如汤面条）或喝粥很快的声音；关中方言把哮喘叫做"呵娄气堵"。

呵拉[xɯ^{31} la^{31}]：户县方言把"涎着脸"作"呵拉着脸"或"脸呵拉上"。户县方言"涎"字口语读如"哈"，如"涎水[xa^{31} suei$^{51-31}$]=哈水"。

嗨唠[xæ^{31} lau^{31}]：户县方言把"大声哭，哭得很难过"叫做"哭得嗨唠嗨唠[xæ^{31} lau$^{31-35}$ xæ^{31} lau^{31}]的"；"嗨唠[xæ^{31} lau^{31}]"就是"嚎啕大哭"的"嚎"，"嚎"就是"嚎啕"。

上文讨论使感结构时，报道了户县方言的"资捞[tsɿ$^{31-35}$ lau^{31}]人令人发痒难受的感觉"。其实"资捞"是"瘙痒"的"瘙"的分音词。依例分音前字应当是心母字，但却是精母字；而精心母毕竟在同一发音部位上。其实，各地方言同一发音部位的声母"借用"都可以见到，如商州方言的介词"往"读如"放"，户县方言"麻烦"的"烦"字，有的老派读作[vã^{35}]。

忽拉[xu^{31} la^{55}]："忽拉"是"哗"的分音词。例如："忽拉一下散伙咧。"

另外，关中方言也有“提溜[ti^{31} liɤu^{31}]吊也，例句‘如这家山民墙上～咧一吊子肉’”“机灵[tɕi^{31} liŋ^{31}]精；指聪明”等分音词。

2.10 亲属称谓词的声调类化

2.10.1 单音节亲属称谓词声调类化的特点

最典型的如户县方言单音节亲属称谓词的声调在面称亲属时全读阳平调，合阳亦然（见《合阳方言调查研究》79 页）；而兴平则表现为在面称亲属时全读去声调。表 11 是户县、合阳、兴平 3 处单音节亲属称谓词声调类化比较表。

表 11　户县、合阳、兴平 3 处单音节亲属称谓词声调类化比较表

亲属	户县称述叫法	户县面称叫法	合阳叫法	兴平叫法
父亲	大 ta^{55}	大 ta^{35}	大 tɑ^{24}	大 ta^{55}
母亲	妈 ma^{31}	妈 ma^{35}	妈 mɑ^{24}	妈 ma^{55}
祖父	爷 iɛ^{55}	爷 iɛ^{35}	爷 iɑ^{24}	爷 iɛ^{55}
祖母	婆 pʰɤ^{35}	婆 pʰɤ^{35}	婆 pʰo^{24}	婆 pʰɤ^{55}
伯父	伯 pei^{31}	伯 pei^{35}	伯 pI^{24}	伯 pei^{55}
叔父	爸 pa^{55}	爸 pa^{35}	大 tɑ^{24}	爸 pa^{55}
叔母	娘 niaŋ^{35}	娘 niaŋ^{35}		娘 niaŋ^{55}
姨娘	姨 i^{55}	姨 i^{55} 与称述读法相同	姨 i^{24}	姨 i^{55}
姑母	姑 ku^{31}	姑 ku^{35}	姑 ku^{24}	姑 ku^{55}
舅父	舅 tɕiɤu^{55}	舅 tɕiɤu^{35}	舅 tɕʰiou^{55}	舅 tɕiɤu^{55}
哥哥	哥 kɤ^{31}	哥 kɤ^{35}	哥 kə^{24}	哥 kɤ^{55}
姐姐	姐 tɕiɛ^{51}	姐 tɕiɛ^{35}	姐 tsiə^{24}	姐 tɕiɛ^{55}

由表 11 可以看出，合阳基本上都把单音节亲属称谓词读作阳平，“舅”字例外。合阳把族内的叔伯祖父叫“爷爷[iɑ^{55} iɑ^{55}]”，叔伯祖母叫“爷爷[pʰo^{55} pʰo^{55}]”，均读作去声，以示跟亲祖父母“爷 iɑ^{24}、婆 pʰo^{24}”有所区别。兴平方言把单音节亲属称谓词都读作去声调。

2.10.2　西安等处“父亲”等亲属称谓词叫法的特点

关中方言单音节亲属称谓词的声调类化还可以从黄龙等处看到，表 12 比较西安等处“父亲、母亲、祖父、祖母”的叫法，可以看出有关方言点的声调类化特点来。澄城、黄龙、宜君、铜川等处把父母亲、祖父母的单音节称谓词均读作阳平调。有的方言点把个别亲属称谓词读作其他声调，而主流读法还是阳平调，如洛南、华阴、潼关、渭南、富平、高陵等处把祖父叫做“꜂爷”，洛南、潼关、渭南、武功、眉县把祖母叫做“꜂婆”，眉县、凤县、宝鸡、扶风、陇县把父亲叫做（或又叫）“爹 tiɛ^{31}”，大荔、长武把母亲叫做“妈 ma^{55}”。

表 12　　西安等处“父亲、母亲、祖父、祖母”叫法的声调比较表

	父亲	母亲	祖父	祖母
西安	达 ta^{24}/爸 pa^{55}	妈 ma^{31}	爷 iɛ^{55}	奶 næ^{52}
洛南	大 ta^{55}	妈 ma^{21}	爷 iɛ^{55}	婆 p^{h}uo^{55}
丹凤	达 ta^{35}/爸 pa^{55}	妈 ma^{21}/娘 niaŋ^{35}	爷 iɛ^{55}	婆 p^{h}uo^{55}
华阴	爹 tiɛ^{31}/大 ta^{55}	妈 ma^{55}/ma^{35}	爷 iɛ^{55}	奶 næ^{42}/næ^{31}
潼关	达 ta^{24}	妈 ma^{31}	爷 iɛ^{44}	婆 p^{h}o^{44}
澄城	达 ta^{24}	妈 ma^{24}	爷 ia^{24}	婆 p^{h}o^{24}/娘 nyo^{24}
韩城	爸 pa^{55}/爹 tiɛ^{24}/达 ta^{24}	妈 ma^{24}/娘 niaŋ^{24}	爷 ia^{24}	婆 p^{h}o^{24}
大荔	达 ta^{35}/爹 tiɛ^{31}/伯 pei^{55}	妈 ma^{55}	爷 ia^{35}/爷 ia^{55}	奶 næ^{52}/婆 p^{h}o^{35}
渭南	达 ta^{35}	妈 ma^{35}	爷 iɛ^{55}	婆 p^{h}o^{55}
宜川	达 ta^{24}	妈 ma^{31}	爷 iɛ^{24}	娘 nyo^{24}
黄龙	达 ta^{24}	妈 ma^{24}	爷 iɛ^{24}	婆 p^{h}o^{24}/娘 nyo^{24}
宜君	达 ta^{24}	妈 ma^{24}	爷 iɛ^{24}	婆 p^{h}o^{24}
铜川	达 ta^{24}/伯 pei^{44}	妈 ma^{24}	爷 iɛ^{24}	婆 p^{h}o^{24}
耀州	达 ta^{24}	妈 ma^{24}	爷 iɛ^{44}	婆 p^{h}o^{24}
蒲城	达 ta^{24}	妈 ma^{24}	爷 iɛ^{24}/iɛ^{55}	婆 p^{h}o^{24}/p^{h}o^{55}
白水	达 ta^{24}	妈 ma^{24}	爷 ia^{55}	婆 p^{h}ɤ^{24}/娘 nyɤ^{55}
富平	达 ta^{35}	妈 ma^{35}	爷 iɛ^{55}	婆 p^{h}o^{35}
高陵	达 ta^{35}	妈 ma^{35}	爷 iɛ^{55}	婆 p^{h}ɤ^{35}
三原	达 ta^{35}	妈 ma^{35}/奶 næ^{52}	爷 iɛ^{55}	婆 p^{h}ɤ^{35}
泾阳	达 ta^{35}	妈 ma^{35}/奶 næ^{51}	爷 iɛ^{55}	婆 p^{h}ɤ^{35}

续表

	父亲	母亲	祖父	祖母
旬邑	达 ta^{35}	娘 nia^{35}	爷 $iɛ^{44}$	爸 pa^{35}
长武	爹 $tiɛ^{31}$/达 ta^{35}	妈 ma^{55}	爷 $iɛ^{35}$	奶 $næ^{55}$
乾县	达 ta^{35}	妈 ma^{35}	爷 $iɛ^{44}$	婆 $p^hɤ^{35}$
礼泉	达 ta^{35}	妈 ma^{35}	爷 $iɛ^{44}$	婆 $p^hɤ^{35}$
武功	达 ta^{24}/爹 $tiɛ^{24}$	妈 ma^{24}	爷 $iɛ^{44}$	婆 $p^hɤ^{44}$
周至	达 ta^{35}/爹 $tiɛ^{35}$	妈 ma^{35}	爷 $iɛ^{55}$	婆 $p^hɤ^{35}$
眉县	达 ta^{24}/爹 $tiɛ^{31}$	妈 ma^{24}	爷 $iɛ^{44}$	婆 p^ho^{44}
凤县	达 ta^{24}/爹 $tiɛ^{31}$/伯 pei^{24}	妈 ma^{31}/娘 $ȵia^{24}$	爷 $iɛ^{24}$	婆 p^ho^{24}
宝鸡	爹 $tiɛ^{31}$/达 ta^{24}	娘 $ȵia^{44}$/$ȵia^{24}$	爷 $iɛ^{24}$	婆 p^ho^{24}
扶风	爹 $tiɛ^{31}$/达 ta^{24}	妈 ma^{24}/娘 $ȵia^{55}$	爷 $iɛ^{55}$/$iɛ^{24}$	婆 p^ho^{24}
陇县	爹 $tiɛ^{31}$/达 ta^{24}	娘 $ȵia^{24}$	爷 $iɛ^{24}$	婆 p^ho^{24}

2.11 动词完成体的内部屈折

关中方言区不同程度存在着动词完成体的内部屈折，西部相对要弱一点，而中东部地区普遍存在着这种特殊的语法现象。关中方言动词完成体的内部屈折是通过变韵并变读长音等手段来实现的。西安、户县、咸阳、兴平、乾县、泾阳、三原等中部地区的方言只有少部分元音韵母变韵后可以表示动词的完成体；富平、蒲城、华县、合阳、大荔、商州等东部地区，一般有近一半韵母表示动词完成体时，不单是声调发生变化，韵母也发生变化，而且变化规律非常整齐。下面列举西安和商州两处的材料来说明。

2.11.1 西安方言动词完成体的内部曲折

2.11.1.1 西安方言的动词完成体及其变调模式

其一，西安方言动词完成时态用“咧[.liɛ]”或“了[.liau]用于祈使句、把字句”。例句如：我买咧三张票｜你走咧十分钟他就来咧｜我已经把回信写好咧｜我在图书馆借咧两本书｜他早都已经来咧，用不上打电话咧｜他才睡咧一个钟头儿就起来咧｜我的我们也寻咧个旅馆住咧一夜｜都中学生咧，咋还这么调皮捣蛋的？｜才换咧衣裳，你却[$k^hɤ^{31}$]又给弄脏咧｜这一课我都念咧三遍咧，咋还念不懂呢？｜这个戏我看咧一半儿就教人叫走咧，随后的事我就知不道咧｜你不爱听就把收音机关了｜你把他杀了他都不认账｜你给他帮忙把场碾了再走｜你把娃饶了，娃记你一辈子好处｜你把雀儿麻雀儿放了，雀儿是益虫虫｜你先把诉状撤了，我再给你说为啥教你撤诉呢。

其二，西安方言动词完成体的变调规律是：阴平由 31 变作 42 调值，阳平由 24 变作 242（户县变作 353）调值，上声由 52 变作 31 调值，去声由 55 变作 553 调值。上声字变调后都要带“咧”字，其他声调的字不带。例如：

吃[tʂʰʅ$^{31-42}$]饭走咧吃完饭走。

他一看事不对火事情不妙，把车开[kʰæ$^{31-42}$]就走。

喝[xuɤ$^{31:42}$]一盅酒就醉咧。（以上阴平字的变调）

拿 na$^{24-242}$ 你的钱是事实。

活[xuɤ$^{24-242}$]/活咧六十几岁咧，不会糟怪说谎。

寻 ɕiẽ$^{24-242}$ 个旅馆住咧一夜找了个旅馆住了一宿。（以上阳平字的变调）

他都走[tsɤu$^{52-31}$]咧半年咧。

他把碗打[ta$^{52-31}$]咧不小心打碎了。（以上上声字的变调）

看[kʰã$^{55-553}$]/看咧三遍才懂咧。

他都在这儿住咧/住[pfu$^{55-553}$]半年咧。

念[niã$^{55-553}$]一遍，还念[niã$^{55-553}$]一遍。

借[tɕiɛ$^{55-553}$]/借咧一本书。（以上去声字的变调）

2.11.1.2　西安方言动词完成体的变韵规律

西安方言只有少部分元音韵母变韵后可以表示动词的完成体，这些韵母有：ʅ、i、u、y、ei、uei、ɤu、iɤu。其变韵规律如下。

ʅ→ʅɛː

i，y→iɛː，yɛː

u→uæː/uɤː

ei，uei→æː，uæː

ɤu→ɛː/au

iɤu→iau。

举西安动词完成体的例句如下：

[ʅ]　吃[tʂʰʅɛː^{31}]饭走咧=吃咧饭走咧。

[i]　挤[tɕiɛː^{52}]一碗牛奶。

[u]　这二年真是苦[kʰuæː^{52}/kʰuɤː^{52}]你咧让你受苦了。

[y]　取[tɕʰyɛː^{52}]一百元。

[ei]　给[kæː^{52}]他一袋子面。

[ei]　得[tæː^{31}]理就不让人咧=得咧[tei^{31} .liɛ]理就不让人咧。

[uei]　你毁[xuæː^{52}]我一辈子=你毁咧[xuei^{52} .liɛ]我一辈子。

[ɤu] 走[tsɛː$^{52-31}$]北京咧/走[tsau^{52}]北京咧=在北京去咧/北京去咧。

[iɤu] 我拿咧一百元，花咧五十，丢[tiau^{31}/tɕiau^{31}]五十咧。

2.11.2 商州方言动词完成体的内部曲折

张成材先生《商县方言志》84～85 页指出：商州方言动词的完成体除了用“了”（口语读[lao^{21}]，可写为“咾”）以外，在口语中，多用变调和变韵（即内部曲折）的办法来表达，语法意义跟“了”（咾）完全相同，而且可以用“了”（咾）去替换。如问句“他吃咾饭啦，你吃咾饭啦没有？”可以说成“他吃[tʂʰəː$^{21-53}$]饭啦，你吃[tʂʰəː$^{21-53}$]饭啦没有？”其中“吃”字本读[tʂʰʅ^{21}]，现在变为[tʂʰəː$^{21-53}$]，韵母由舌尖后元音[ʅ]变成舌面央元音[ə]，而且由短元音[ə]变成长元音[əː]，声调也由原来的 21 变成了 53。商州方言动词完成体的变调规律是：阴平 21 变作 53，阳平 35 变作 351，上声 53 变作 31，去声 55 变作 551。韵母变化的规律性可以从两点来看：一是[a、ia、ua、ə、ɯ、uo、yo、iɛ、yɛ、ai、iai、uai、ao、iao、an、ian、uan、yan、aŋ、iaŋ、uaŋ]22 个韵母完成体用长音和变调表示；二是[ɿ、ʅ、i、u、y、ei、uei、ou、iou、ən、in、uən、yn、əŋ、iŋ、uəŋ、yŋ]17 个韵母表示完成体时，不单是声调发生变化，韵母也发生变化，而且变化规律非常整齐，列举如下：

ɿ、ʅ→əː

i、y→iɛː、yɛː

u→uoː

ei、uei→aiː、uaiː

ou、iou→aoː、iaoː

ən、in、uən、yn→anː、ianː、ianː、yanː

əŋ、iŋ、uəŋ、yŋ→aŋː、iaŋː、uaŋː、yaŋː

举商州方言动词完成体的例句如下：

[ɿ] 这嗒死[səː$^{53-31}$]人啦。

[ʅ] 你吃[tʂʰəː$^{21-53}$]饭啦没有？

[i] 他起[tɕʰiɛː$^{53-31}$]床啦。

[u] 饭里头煮[tsuː$^{53-31}$]洋芋啦没有？

[y] 取[tɕʰyɛː$^{53-31}$]钱啦。

[ei] 赔[pʰaiː$^{35-351}$]本啦。

[uei] 归[kuaiː$^{21-53}$]公啦。

[ou] 透[tʰaoː$^{55-551}$]一个窟窿。

[iou] 就[tɕiaoː$^{55-551}$]业啦。

[ən]　喷[p^{h}an:$^{21-53}$]漆啦。

[in]　淋[lian:$^{35-351}$]雨啦。

[uən]　滚[kuan:$^{53-31}$]坡底下去啦。

[yn]　存[tɕ^{h}yan:$^{35-351}$]钱啦。

[əŋ]　头上蒙[maŋ:$^{35-351}$]一个帕子。

[iŋ]　病[p^{h}iaŋ:$^{55-551}$]几天啦。

[uəŋ]　动[tuaŋ:$^{55-551}$]工啦。

[yŋ]　你拥[yaŋ:$^{21-53}$]葱啦没有？

2.12　其他相关问题

2.12.1　吸气音和重度吐气音

吸气音和重度吐气音应当是古今汉语包括方言的普遍现象。出于特殊呼唤或情感的表达需要，人们往往借助通常的语音形式以外的表达方法，吸气音和重度吐气音就是其中的两种。

2.12.1.1　吸气音

《中国语文》1999 年第 4 期刊发张淑敏的《兰州话中的吸气音》；2001 年第 2 期刊发王森先生的《甘肃话中的吸气音》，指出：甘肃永登、临洮、秦安、碌曲、玛曲等处也有吸气音。

孙立新《户县方言研究》第八章“户县方言词汇表”之第三十二节“象声词”对户县方言的吸气音有所记录说明（见该书 451～455 页），其中多数是呼唤禽畜的吸气音，部分是吸气音叹词等，若韵母是单元音，则韵母为长音；呼唤禽畜的吸气音都是呼唤近处的。原书有一定错漏，本书予以直接更改或补充。对汉语方言象声词（或曰“拟声词”）的专门研究，可以详阅王晓君 2007 的博士论文《汉语方言拟声词调查研究》。

呼唤近处猫的：p^{h}u:＜^{31} p^{h}u:＜^{31} p^{h}u:＜^{31}（按：呼唤远处的则为“mi:^{35} mi:^{55}……”）

呼唤近处狗的：ts^{h}au＜^{31} ts^{h}au＜^{31} ts^{h}au＜^{31}（按：呼唤远处的则为“狗娃儿饶噢 kɤu^{51} uə^{35} ʐau:^{35} au:^{31}/狗娃儿饶 kɤu^{51} uə^{35} ʐau:^{35}”）

呼唤近处成年鸡的：tʂ^{h}ʅ:＜^{31} tʂ^{h}ʅ:＜^{31} tʂ^{h}ʅ:＜^{31}（按：呼唤远处的则为“ku:^{35} ku:^{55}……”）

呼唤近处初生小鸡的：p^{h}aŋ＜^{31} p^{h}aŋ＜^{31} p^{h}aŋ＜^{31}（按：无呼唤远处的）

表示称赞、惊讶的叹词：啧啧 ts^{h}ə:＜^{31} ts^{h}ə:＜^{31}（请注意：下面模拟某种蚂蚱叫声的，在“ts^{h}ə:＜^{31} ts^{h}ə:＜^{31}”后边有 tsɿ:^{35}）。举例句如下：

tsʰəː<^{31} tsʰəː<^{31} 娃能干得很！/娃能干得很，tsʰəː<^{31} tsʰəː<^{31}！

你看害怕可怕不害怕，这个娃连他妈都打呢，tsʰəː<^{31} tsʰəː<^{31}！

表示惋惜的叹词：pʰiẽ<^{31}。举例句如下。

pʰiẽ<^{31}，把多好的干部冤屈死咧！

把多重要的事情耽搁咧，pʰiẽ<^{31}！

这么大一片地的红芋教水淹咧，吃不成咧，pʰiẽ<^{31}！

模拟某种蚂蚱叫声的用到了吸气音：tsʰəː<^{31} tsʰəː<^{31} tsʅː^{35}……

2.12.1.2 重度吐气音

重度吐气音是呼出强烈的气流，有的是叹词，有的是催促婴儿大小便等的。

生气时重度吐气音叹词有：（1）啊 aː^{31}>……（2）哎æː^{31}>……（3）咹 ãː^{31}>……（4）嗯 ẽː^{31}>……/əŋː^{31}>……（5）吁ɕyː^{31}>……（6）哎吁æː^{31} ɕyː^{31}>……/哎吁æː^{55} ɕyː^{31}>……/哎吁æ^{55}>……ɕyː^{31}>……

其中，前四个分别是在非重度吐气音叹词"啊、哎、咹、嗯"的基础上形成的，"啊、哎、咹、嗯"本来是表示应答等的语气词，跟生气无关；第五个叹词是在描写生气状况"吁"（如"气得吁吁ɕy^{31} ɕy^{31}的"）的基础上形成的，"吁ɕyː^{31}>……"是较生气的叹词，"æː^{55} ɕyː^{31}>……"是很生气的叹词，"哎吁æː^{55}>……ɕyː^{31}>……"是特别、最最生气的叹词，"哎吁"两个字都构成长音、重度吐气和无限延长三种机制。举例句如下：

啊 aː^{31}>……想不到我单位领导这么瞎坏的！

哎æː^{31}>……你简直把你妈望死气呢，你咋这么不像话的！

咹 ãː^{31}>……我跟你打咧几十年交道，咋就知不道你的内心这么龌龊的！

嗯 ẽː^{31}>……/əŋː^{31}>……你有本事咧的话，你去寻害你的人闹去，跟我急啥呢！

吁ɕyː^{31}>……你把我气死咧，我不叫你埋，我有儿和女呢！哎吁æː^{55} ɕyː^{31}>……

哎吁æ^{55} ɕyː^{31}>……，你简直把我能气死了，你把我气死有啥好处呢，咹 ã^{35}！

哎吁æ^{55}>……ɕyː^{31}>……哎吁æ^{55}>……ɕyː^{31}>……她把我气得都不得活咧！

轰走众多禽类的声音：ʂʅː>^{31}（按：禽类极少时作ʂʅ^{31}，少时作ʂʅː^{31}）

催促婴儿大便的声音：ŋː^{31}>……

催促婴儿小便的声音：吁ɕyː^{55}>……/ʂʅː>^{55}……

2.12.2　拖音和长音

2.12.2.1　关中方言的拖音

拖音可能是汉语自古就有的现象，最少在现代关中方言里比较普遍地存在着。本书之表 8 在总结西安一带方言动词时态音变规律时指出，西安一带正在进行时态逢阴平、阳平和上声字时多以拖音来表达，省略“到、的（得）”时也多以拖音来表达。

我们从毋效智先生的《扶风方言》一书对扶风有关词语的描写和解释可以看出拖音形式在扶风方言语法与语义表达过程中的特殊作用。

其一，扶风方言代词形成拖音的（272～273 页）：

关□ kuæ̃^{31} æ̃^{31} 自己：你把～都管不住，还想管人ȵiA^{42}（人家，别人）。

我阿的 ŋuo^{42}[～ŋɤ$^{42-31}$]uo^{31}[ɤ^{31}]tsi^{31}① 我们：～先走了；② 我们家：～浇完了；③ 我们家的：这是～铁锨。

你一的 ȵi$^{42-31}$ i^{31} tsi^{31}① 你们：～这如陈（当下）做啥去呀？② 你们家：～浇完了没有?③ 你们家的：这是～铁锨，你拿回去。

他啊的 t^{h}a$^{4-31}$ a^{31} tsi^{31}① 他们：～都走了；② 他们家：～今年没种辣子；③ 他们家的：外（那）是～铁锨，你给拿上去。

这搭啊 tʂA^{55} a^{31} 这儿，这里，这个地方：小明到～呢。

兀搭啊 uA^{55} a^{31} 那儿，那里，那个地方：～夏天不太热。

这帮□ tʂʅ^{55} paŋ^{31} aŋ^{31} 这边：你打～走。

兀帮□ u^{55} paŋ^{31} aŋ^{31} 那边：～路不好。

这么阿 tʂʅ^{55} mo^{31} ɤ^{31} 这边，这个方向：常□aŋ^{31} 庄□aŋ^{31} 常家庄要打～走呢。

兀么阿 u^{55} mo^{31} ɤ^{31} 那边，那个方向：个那个人朝～跑了。

那啊阵 lA^{55}A^{31}tʂəŋ$^{55-31}$ 那会儿，那时：～雨大得很，这如阵不大了。

啥阿处 ʂA^{55} A^{31} tʂ^{h}ʅ$^{42-31}$ 什么地方：你是～人?你到～去呢?

其二，扶风方言名词形成拖音的

爷婆□ iɛ^{24}p^{h}o$^{24-42}$ ɤ^{31} 阳光照射到的地方

江□ tɕiaŋ^{31} aŋ^{31}[＜tɕiŋ^{31} ər^{31} 今日]今天

这两□ tʂʅ^{55} liaŋ$^{42-31}$ aŋ^{31}[＜ər^{31} 日]最近这些日子

老□ lau^{42} au^{31} 先前，原来：他啊的他们家～才三间房，这如阵现在都十多间了

干□ kæ̃$^{31-42}$ æ̃^{31}[＜kəŋ$^{31-42}$ ts^{h}iæ̃$^{24-31}$ 跟前]跟前

天□ ts^{h}iæ̃$^{31-42}$æ̃^{31} 天空；天堂

威□ uei$^{31-42}$ ei^{31}[＜u$^{31-42}$ li$^{42-31}$ 屋里]家里

忙□ maŋ$^{24\text{-}31}$ aŋ^{31}[＜məŋ$^{24\text{-}31}$ ʂaŋ^{42} 门上]家的外边：～来了个卖菜的

其三，扶风方言副词形式拖音的

匡□ k^{h}uaŋ$^{31\text{-}42}$ aŋ^{31} 这么早就，这么快就：天还没亮呢，你～去呀吗？

蛮□ mæ̃$^{24\text{-}31}$ æ̃^{31} 只，仅仅：我囊囊□aŋ^{31} 衣袋里～两块钱。

纲□ kaŋ$^{31\text{-}42}$ aŋ^{31} 合在一起，凑在一起，共同：咱俩～买个架子车

一掩□ i^{31} ŋæ̃^{42} æ̃^{31} 一起，干脆：你～把这些事安顿下了再走。

光□ kuaŋ$^{31\text{-}42}$ aŋ^{31} 老是，经常：小明上课～迟到。

先□ siæ̃$^{31\text{-}42}$ æ̃^{31} 已经：他～病，你还气他。

嗖□sou^{31} ou^{31} 很快（地）：个娃～给下打我跟前先跑 au^{31} 过去了。

2.12.2.2　关中方言的长音

长音应当是汉语自古就有的现象，本书 2.6.1.3 部分讨论数量词合音问题时，报道了商州等处“一个”等合音后伴随长音的特征；2.8 节讨论关中方言动词完成体内部曲折时，报道了西安、商州方言动词完成体的内部曲折伴随长音的特征；2.9.1 小节报道了关中方言吸气音和重度吐气音伴随长音的特征。本书其他章节也随文对长音有所报道。

关中口语把长音叫做“拉音”，如说“他说这句话时儿还拉音呢”。关中居民往往在歌谣等韵文里要“拉音”。《关中民俗》272 页有这样一段话：“关于民间故事，如今，一些农村老人所知道的故事，三天三夜都讲不完。如户县老人讲《刘海戏金蟾》，拉长音先吟诵‘刘海生来有仙根，家住户县曲抱村’，然后开讲”，就是这两句韵文，可以描写如下：

刘海生来有仙根 liɤu^{35} xæː^{51} səŋ$^{31\text{-}51}$ læ$^{35\text{-}31}$ iɤu^{51} ɤuː^{31} ɕiã$^{31\text{-}35}$ kẽː^{31}

家住户县曲抱村 tɕia^{31} tsu^{55} uː^{55} xu^{55}　ɕiã^{55} tɕ^{h}y$^{31\text{-}51}$ yː^{31} pau$^{55\text{-}31}$ ts^{h}uẽː^{31}

其中“生、曲”两个字在这个语境里变作上声调，这不是户县方言本有的变调形式，比较特殊。再举一首儿歌，是笔者小时候吟诵过的，这首儿歌叫做《老<u>乌鸦</u>老<u>乌鸦</u>一溜溜》。

老<u>乌鸦</u>老<u>乌鸦</u>一溜溜 lɔː^{51}（lɔ^{51}＜lau^{51}）ua^{31} ua^{55} lɔː^{51} ua^{31} ua^{55} iː^{31} liɤu^{55} iɤuː^{55} liɤuː^{31}

我给你炒豆豆 ŋɤ^{51} kei^{51} niː^{51} ts^{h}au^{51} ɔː^{31} tɤuː^{55} ɤuː^{55} tɤuː^{31}

你一碗，我一碗 niː^{51} iː^{51} iː^{31} uãː^{51}，ŋɤː^{51} ɤː^{51} iː^{31} uãː^{51}

把你憋死我不管 paː^{31} aː^{31} niː^{51} piɛː^{31} iɛː^{31} sɿ$^{51\text{-}31}$ ŋɤː^{51} ɤː^{51} pu^{31} kuãː^{51} ãː^{31}

而这首儿歌最通常的吟法为：lau^{51} ua^{31} lau^{51} ua^{31} i^{31} liɤu^{55} .liɤu，ŋɤ^{51} kei^{51} ni^{51} ts^{h}au^{51} tɤu^{55} .tɤu。ni^{51} i^{31} uã^{51}，ŋɤː^{51} i^{31} uã^{51}，pa^{31} ni^{51} piɛ^{31} sɿ$^{51\text{-}31}$ ŋɤ^{51} pu^{31} kuã^{51}。

还有叫卖声、拟声词、呼唤声等常常牵涉长音机制，如孙立新《户县方言研究》450～455 页所举的例子。

2.12.3　零音节

关中方言的“到”也常常在语流中因为极度轻化而丢失，使得处所词语直接加在动词后边，构成“V＋处所词语”的格式。其中，V 为阴平、阳平调的，往往形成拖音；V 为上声调的，变作阳平（或不变调）的同时形成拖音，也有主要元音发生变化的；V 为去声调的变作上声调，或变作“零音节”，跟曹延杰《德州方言补语表示法》（2007：1～12）一文所讨论的德州方言的“零音节”特点相似；或形成拖音。例如：

猪不乖有病，他把猪拉到/拉 la^{31} .a 兽医站看去咧。

四个人把麻将桌子支到/支 tsʅ^{31} .zʅ 阳台上要呢。

他把钱拿到/拿 na^{24} .a 单位交房款去咧。

老张早都回到/回 xuei^{24} .ei 北京咧。

不小心把杀打到/打 ta^{52} .a 人身上咧。

把媳妇儿娶到/娶 tɕ^{h}y$^{52-24}$ y^{24}/娶 tɕ^{h}y$^{52-24}$ .y 新房里头。

你去给咱把娃引 iẽ^{52} 到/引 iã^{52}/引 iã^{52} .ã 北京去。

你去把这些文件放到/放 faŋ$^{55-52}$ 我的办公桌上去。

把包谷架到/架 tɕia$^{55-52}$/tɕia^{55} .a 椽上。

2.12.4　非常式变调

所谓“非常式变调”指的是通常变调以外的变调形式。如张成材先生 1958 年发表在《中国语文》第 1 期上的《商县方言的人称代词》一文指出：“人家”的合音读作[nia^{2143}]时表示单数，有的妇女怕羞，不直接叫自己丈夫名字，对别人称说自己丈夫时就说“人家[nia^{2143}]咋”。再如孙立新《户县方言研究》“第七章　标音举例”之摇篮曲《我娃睡$_{1}$》（P231）里的“杨贵家门上儿”记音为 iaŋ^{35} kuei^{55} ia^{31} mə^{354}，其中的“门上儿”读作 mə^{354}，户县方言没有 354 调，354 调是非常式变调。

虽然我们至今在户县方言里找到如上一个非常式变调的例子，但是，张成材先生《商州方言词汇研究》里可以找到比较多的非常式变调语料。作为出生于户县，又长期在户县工作的孙立新对于自己母语中的上述非常式变调的调查可能比较有限，或者跟孙立新年龄较轻（1956 年出生）不无关系。1932 年出生于商州的张成材先生在以往的《商县方言志》等著述里也比较少论及非常式变调问题。经过半个世纪，张先生在 2009 年出版的《商州方言词汇研究》里报道了一定数量的非常式变调语料。最常见的是商州方言阴平字、阳平字儿化后读作 353 调值，如《商州方言词汇研究》367 页的“当初一儿 iər^{353}”，391 页的“双合儿 xuor^{353}、双立人儿ʐə̃r^{353}、双眼棱儿

lə̃r^{353}”；还有“AA 儿”式里 A 为上声字者，后音节“A 儿”读 353 调值的，如 302 页的“山顶顶儿 tsiə̃r^{353}”；还有去声字儿化后变作 551 调值，如 73 页的“不识数儿 sour^{551}、不扇面儿 miãr^{551}、不上串儿 tsʰɥãr^{551}”，等等。

2.12.5　对骂或反唇相讥等语境中的音变现象

基于语法、逻辑、修辞等方面的因素，关中方言在对骂、训斥、反唇相讥等语境里往往用字相同，这样有关字的变调或长音等格局就不同了；有的是疑问语境，甲问的正好是乙想问甲的；有的是乙接续了甲的话语，对相关人员进行训斥。以户县方言的语句为例来说明。

户县方言这些语境里最常见的是“你”字的音变，音变的模式有变调、长化、拖音等（以下例句中的“你”字，用作单数时读作上声 51，用作定格时读作阴平 31）；这种语境中的句子构成多为独词句。从语句本身来看，这种对话语境里甲乙双方即听说两方所用词语是一样的，但是，后者（乙）比前者（甲）所表达的语义要重些；前者（甲）第二人称单数“你”字读作 51 调，后者（乙）“你”字常常变作 53 调或者伴随拖音等。

[甲]你 niː^{51}！——[乙]你 niː^{53} iː^{31}……！（按：这是痛恨对方时用的。）

[甲]这娃！tʂɤ^{55} ua^{55}——[乙]这娃！tʂɤː^{55} uaː^{55}（按：意思是“这孩子怎么这样令人讨厌？”）

[甲]瞎种坏东西！xa^{31} tsuəŋ^{51}——[乙]瞎种！xaː^{31} tsuəŋ^{51} əŋ^{31}（按：也可能是对骂，也可能是甲乙两人同时在骂某个第三者。）

[甲]哎吁！æː^{31} ɕyː^{31}/æː^{55} ɕyː^{31}[乙]——哎吁！æː^{55}/æː^{31}…… ɕyː^{31} yː^{31}……（叹息声）

[甲]狗肏的！kɤu^{51} zʅ^{31} .ti——[乙]狗肏的！kɤu^{51} .ɤu　zʅ^{31} tiː^{31}（按：也可能是对骂，也可能是甲乙两人同时在骂一个第三者；“狗肏的”的“的”字，户县老派又读去声 ti^{55} | tiː^{55}。）

[甲]长短千万不敢！tʂʰaŋ^{35} tuã^{51} pu^{31} kã^{51}——[乙]长短不敢！tʂʰaŋ^{35} tuã^{51} pu^{31} kãː^{51} ãː^{31}！

[甲]我就把你！ŋɤ^{51} tsɤu^{55} pa^{31} ni^{51}——[乙]我就把你！ŋɤ^{51} tsɤu^{55} paː^{31} niː^{53} iː^{31}……（按：此句的隐含语义为“想打一顿”，乙的话语；“把”字长化，“你”字既有长音，又有拖音）

[甲]我就不害怕不怕你！ŋɤ^{51} tsɤu^{55} pu^{31} xæ^{55} pʰa^{55} ni^{51}！——[乙]我就不害怕你！ŋɤ$^{51\text{-}53}$ tsɤu^{55} pu^{31} xæ^{55} pʰa^{55}niː^{53} iː^{31} 我才不怕你呢！

[甲]你想咋你想干什么；你想打架吗？！ni^{51} ɕiaŋ^{51} tsa^{51}——[乙]你想咋？！niː^{51} ɕiaŋ^{51} tsa^{51}！（按：也可能是互相质问，也可能是甲乙两人同时在质问某个第三者。）

[甲]你吃咧没？ni^{51} tʂʰʅ^{31} .liɛ mɤ^{31}——[乙]你吃咧没？niː^{51} tʂʰʅ^{31} .liɛ mɤ^{31}（按：此例及以下两例都是甲问的正好是乙想问甲的。）

[甲]你做啥来来着？ni^{51} tsɤu^{55} sa^{55} læ^{31}——[乙]你做啥来？niː^{53} tsɤu^{55} sa^{55} læː^{31}？

[甲]你想打槌打架吗？ni^{51} ɕiaŋ^{51} ta^{51} ts^{h}uei^{35} .ma——[乙]你想打槌吗？niː^{53} ɕiaŋ^{51} ta^{51} ts^{h}uei^{35} maː^{31}？

[甲]肏你妈！ʐʅ^{31} ni$^{31-35}$ ma^{31}——[乙]肏你妈！ʐʅ$^{31-35}$ niː^{31} maː^{31}！

[甲]肏你妈的屄！ʐʅ^{31} ni$^{31-35}$ ma^{31} ti^{-35} p^{h}i^{31}——[乙]肏你妈的屄！ʐʅ$^{31-35}$ niː^{31} ma^{31} ti^{-35} p^{h}i^{31}！

[甲]把你妈肏咧！pa^{31} ni$^{31-35}$ ma^{31} ʐʅ^{31} .liɛ——[乙]把你妈肏咧！pa$^{31-35}$ ni^{31} ma^{31} ʐʅ^{31} liɛː^{31}！

[甲]再把肏你妈去肏你妈！tsæ^{55} pa^{31} ʐʅ^{31} ni$^{31-35}$ ma^{31} tɕ^{h}i$^{55-31}$——[乙]再把肏你妈去！tsæ^{55} pa^{31} ʐʅ$^{31-35}$ ni^{31} ma^{31} tɕ^{h}i$^{55-31}$！（按：此句中甲是“你”字变作阳平，乙是“肏”字变作阳平）

[甲]把你谝的你太能自我吹捧了；他把你吹嘘得神乎其神的！pa^{31} ni^{51} p^{h}iã^{51} .ti——[乙]把你谝的！pa^{31} niː^{53} p^{h}iã^{51} tiː^{31}！

[甲]我就把你老婆兀一个卖害卖淫的！ŋɤ^{51} tsɤu^{55} pa^{31} ni^{31} lau^{51} p^{h}ɤ$^{35-31}$ uei^{51} kɤ^{31} mæ^{55} xæ^{55} .ti——[乙]我就把你老婆兀一个卖害的！ŋɤ^{51} tsɤu^{55} pa$^{31-35}$ niː^{31} lau^{51} p^{h}ɤ$^{35-31}$ uei^{51} kɤ^{31} mæ^{55} xæ^{55} .ti！（按：这种把字句相当于把字词组；此句的隐含语义是“你老婆是个卖淫的”）

[甲]你看你这一个瞎种！ni^{51} k^{h}ã^{55} ni^{51} tʂei^{51} kɤ^{31} xa^{31} tsuəŋ^{51}——[乙]你看你这一个瞎种！niː^{53} k^{h}ã^{55} ni^{51} tʂei^{51} ei^{31} kɤ^{31} xa^{31} tsuəŋ^{51} əŋ^{31}！

[甲]你再把胡说去去你胡说！ni^{51} tsæ^{55} pa^{31} xu^{35} ʂʅɛ^{31} tɕ^{h}i$^{55-31}$ tɕ^{h}i^{55}！——[乙]你再把胡说去去你才胡说呢！niː^{51} tsæ^{55} pa^{31} xu^{35} ʂʅɛ^{31} tɕ^{h}i$^{55-31}$ tɕ^{h}i^{55}！/[甲]你胡说！ni^{51} xu^{35} ʂʅɛ^{31}！——[乙]你胡说！niː^{51} xu^{35} ʂʅɛ^{31}！

[甲]再把羞你先人去（去）！tsæ^{55} pa^{31} ɕiɤu^{31} ni$^{31-35}$ ɕiã^{31} ʐẽ$^{35-31}$ tɕ^{h}i$^{55-31}$ tɕ^{h}i^{55}！——[乙]再把肏羞你先人去（去）！tsæ^{55} pa^{31} ɕiɤu$^{31-35}$ ni^{31} ɕiã^{31} ʐẽ$^{35-31}$ tɕ^{h}i$^{55-31}$ tɕ^{h}i^{55}！（按：通常说法是“羞你先人/羞你先人去”。）

[甲]你先儿先人再把亏人来来着！ni$^{31-35}$.ɕiə tsæ^{55} pa^{31} k^{h}uei^{31} ʐẽ^{35} læ^{31}！——[乙]你先儿再把亏人来！niː^{31} .ɕiə tsæ^{55} pa^{31} k^{h}uei^{31} ʐẽ^{35} læ^{31}！（按：此句中“再把”已经虚化，无实在意义。）

[甲]你再把丢景去你别这么丢人现眼的！ni^{51} tsæ^{55} pa^{31} tiɤu^{31} tɕiŋ^{51} tɕ^{h}i$^{55-31}$——[乙]你再把丢景去你才丢人现眼呢！niː^{53} tsæ^{55} pa^{31} tiɤu^{31} tɕiŋ^{51} tɕ^{h}i$^{55-31}$！

第三章　关中方言动词研究

3.0　引言

关中方言跟汉语许多方言一样，也有“起去”一词；西安方言的“起来”又有某项事物或工程完成的语义，如“这个活快起来咧”；关中中东部地区与北京话“走开”语义相当的词语是“走过[tsɤu^{52} kuɤ$^{55-31}$]”，“走过”在祈使句里通常蕴含着祈使者对被祈使者不满的语义；关中方言有“上来来、下去去”等重叠形式；多数单纯趋向动词可连带“走[tsɤu$^{52-31}$]”祈使听说双方共同的趋向行为；西安等处方言有用变作阴平调的“去”表示命令、请求、敦促、建议等意味的；关中方言的“上、下”两个字常常义同，如“把门关上”与“把门关下”义同。关中方言的体标记，如经历体是“过”，完成体的体标记主要有“了、毕/罢、上/下、着/的”，关中方言动词的完成体还以变韵伴随变调等手段来实现；关中方言的起始体标记是“开、起”，实现体标记主要是“上”，趋向动词“起[tɕʰiɛ^{52}]/起来[tɕʰiɛ^{52} .læ]”在关中方言里也可以作为实现体的标记，这是语法化的结果；关中方言进行体的标记有“呢、哩、着呢、着哩”，动量减小貌的标记主要是“嘎、嘎子、给下、给一下”等，其中“嘎”是“给下”的合音。普通话的“没能”，西安方言一般作“没得”，普通话的“不能”，西安方言一般作“不得（V）”或“V不成/V不了”，普通话的“不能不”，西安方言一般作“只得/只好”或“不得不”；关中方言的“得”用在疑问句且嵌在动词谓语与结果补语之间，是“能不能”的意思，“得”用在单音节动词后，表示对某种情况的适应能力很强，“得”用在及物动词前表示某种事体很可以去干，很值得去干，很有干头。关中方言的“得是”相当于普通话的“是不是”，关中方言的“得是”通常处于句中，也可以处于句末或句首，例如“他得是陕西人/得是他是陕西人/他是陕西人，得是？”关中方言的动词“没”常常处在疑问句末尾，是“没有”的意思，这种以“没”字煞尾的疑问句的结构形式一般是“有＋名词或名词性词组＋没”，这种疑问句也可以以“名词或名词性词组……有没”的形式出现，即以“有没”煞尾，如“你有钱没/钱你有没？”普通话的动词“在”和“到”在关中方言里的用法，其区域上大致是，兴平、乾县、武功及其以西，基本上用“到”，户县、西安、咸阳、礼泉及其以东，多用“在”，少用“到”，如兴平方言的“你妈到屋没”相当于西安方言的“你妈在家没”，相当于普通话的“你妈在家没有？”

3.1　趋向动词

趋向动词是汉语里一类比较特殊的动词，作为北方官话的关中方言，对趋向动词的用法与普通话差不多，但有其一系列个性特点。孙立新《户县方言研究》(2001：72～73）主要讨论了户县方言趋向动词的特殊用法。邢福义先生就着趋向动词“起去”发表过三篇文章：《“起去”的普方古检视》(《方言》2002 第 2 期)《有关“起去”的两点补说》(《方言》2002 第 3 期)《“起去”的语法化与相关问题》(2003：62～71)，其中《“起去”的语法化与相关问题》一文就着孙立新提供的语料，研究了与户县方言的“起去”等有关的一些问题。孙立新《户县方言的趋向动词》(《唐都学刊》2007：104～108）一文对户县方言的趋向动词进行了比较系统的研究，《西安方言研究》(2007：179～190）第六章之“第四节　动词特点”之第一部分讨论的就是趋向动词；唐正大、柯理思《关中方言和普通话位移事件表达的对比研究》刊于 2007 年 12 月由中华书局出版的《中国语言学集刊》第二卷第一期 137～170 页，该文特别比较了趋向动词的异同问题；安峥地等先生的《富平方言志》对富平方言趋向动词的研究讨论有一定的见地。下面拟对关中方言的趋向动词进行研究，主要着眼点在于关中方言趋向动词的特殊性方面；在分析讨论时，主要参照点是北京话，如赵元任先生《汉语口语语法》(1979 吕叔湘先生译本)、《现代汉语词典》(1980；2002)、吕叔湘先生主编的《现代汉语八百词》(1980；2000)、朱德熙先生（1982)、李临定先生（1990)、孟琮等先生（1999）的有关著述以及时贤的有关著述；讨论时与趋向动词相关联的问题一并讨论。

3.1.1　趋向动词的常见用法

3.1.1.1　基本特征

其一，关中方言常用的趋向动词跟北京话相当。如单音节（单纯）趋向动词：来、去、上、下、进/入、出、回、开、过、起、走；双音节（复合）趋向动词：上来、下来、上去、下去、进来、进去、出来、出去、回来、回去、过去、过来、起来、起去。

关中方言的“起过”，跟“起去”的用法相似，下文专门要讨论“起去”和“起过”等。

其二，关中方言的“进、入、出”也可以以如下的形式出现。

进：进货｜进料｜进食｜进香/上香｜进九进入数九/交九｜进军/进兵｜进人｜进门｜进嘴/入口｜进地｜进校进入学校；“进修学校”的简称｜进洞/进洞子｜进球｜进账｜进门｜进口｜进城｜进县｜进省进入省城｜进出｜出出进进｜进入。

入：入仓/入库｜入账｜入夏｜入学｜入伏｜入冬｜入席｜入弦唱戏时演员与音乐配合默契｜入烟祝贺亲友新居落成或祝贺乔迁之喜/烘房（按：住窑洞的地方，如长武叫做“暖窑”）｜入院｜入局子入流，入道｜入深房子的进深，例如“入深大｜入深浅”。

出：出榜｜出兵｜出差｜出场｜出城｜出省｜出院｜出笼｜出门｜出口｜出窨把窨里储藏的东西拿出来｜出台｜出头｜出水从水里出来；出资｜出血出血；出资｜出月婴儿弥月及其以后｜出人出优秀人才；出劳力，派员｜出人手派员｜出马｜出劳力｜出手｜出劲/出力｜出蛮力｜出事｜出入。

其中，“进、入”在上列词语里的互补关系很明显，基本上是各自匹配或管控都有分工。“进账/入账”虽然都可以用，但是，“入账”的使用频率要高得多；“入账”又作“上账”，“上账”的使用频率都要比“进账”高。估计“进账”是后起的词语。进入时令的“进、入”，“进九”不作“入九”，“入伏、入冬”不作“进伏、进冬”。“入库”指该进入仓库的东西进入仓库，“进库”虽然也可以说，但是，是指进入仓库劳动或干其他事情。“出窑”是指把烧好了的砖瓦等从窑里弄出来，相应的具体词语如“出砖、出瓦、出盆子、出瓮”。跟“出窑”语义相反的词语是“进坯子”，具体词语如“进砖坯子、进瓦坯子、进盆坯子、进瓮坯子”。

唐正大、柯理思（2007：137～170）指出，关中方言“搬进楼里岸里头去”不能成立。同理关中方言“搬出楼外岸外头去”也不能成立。这些语境里的“进、出”只可以用“到”来替代，关中方言“搬到楼里岸去｜搬到楼外岸去”可以成立。关中方言“搬进去”可以成立，不过，“搬进去｜拿出来”一般还要介宾词组的引介，例如：

你给我把这些书搬进去。

你给他把兀些东西拿出来。

关中方言的“进、出”即可以用作趋向动词，又可以用作方位词分别当“里边、外边”来讲。例如：往进走往里边走｜往出走往外边走。

其三，西安方言“上”字用作一般动词或趋向动词、方位词时读作[ʂaŋ⁵⁵]，例如：～刑动用刑罚；用刑具整治人｜～山｜～公粮｜～粪施肥｜～头｜往～走｜把粪～到地里。“上”字用作方位词且置于一般名词之后时读[.ʂaŋ]，户县老派白读[.xaŋ]。户县老派“开[kʰæ³¹]”字用作趋向动词且作“丢[tiɤu³¹]松（手）”字的补语时音变读作[kʰuæ³¹]，这个音变现象是由于开口音节“开”受到“丢”字韵尾[u]的影响而形成了增音。户县方言“回”字用作单纯（单音节）趋向动词或量词时读音为[xuei^{35}]，在“回来”一词中又白读作[xuæ^{35}]。

其四，西安方言的“下”字用作趋向动词时常常是白读音[xa^{55}]，例如：上来～去丨往～走丨尿不～；用作一般动词时是文读音[ɕia^{55}]，例如：～雨丨～命令丨～乡丨～麵丨～棋丨把枪～了丨～定义丨猪～猪娃小猪丨鸡～蛋丨～课。西安方言“过去”的“去”字文读[tɕ^{h}y^{55}]时是书面语“从前”的意思，白读[tɕ^{h}i^{55}]时用作趋向动词。

关中方言不说“走下飞机来”，通常说“从飞机上头[ʂaŋ^{55} .t^{h}ɤu]（/上[ʂaŋ$^{55-31}$]）走下来”；也不说“把他抬下了飞机来”，通常说“把他从飞机上头[ʂaŋ^{55} .t^{h}ɤu]（/上[ʂaŋ$^{55-31}$]）抬下咧”。也不说“爬上山去了”，通常说“爬到山上头[ʂaŋ^{55} .t^{h}ɤu]（/上[ʂaŋ$^{55-31}$]）去咧”。

唐正大、柯理思（2007：163）指出关中方言的祈使句“你给我扔[ɚ^{51}]下来个绳”可以成立。这是祈使句的特点，类似的不一定用到趋向动词的例句如“你来得咧的时候给我捎个馍丨你给我揹个娃丨教他过来给我搭伙拿个东西”。事实上，这种“你给我扔[ɚ^{51}]下来个绳”的句子在关中方言口语里不是首选的，一般要在动词谓语前边加上其他成分，而且一般不以名词宾语煞尾，而以趋向动词煞尾，如西安一带例句：

你给我把个绳撂下来。

你在楼上给我寻一个绳撂下来。

楼上门背后有三条绳，你给我把兀个长的撂下来。

其五，关中方言还可以说“来，进来丨来，过来；去，进去丨去，过去丨去，上去丨去，下去丨去，出去丨去，回去丨去，起去；走，进走丨走，出走丨走，上走丨走，下走丨回走”，但是不说“来，上来丨来，下来丨来，出来丨来，回来丨来，起来”，这类句子煞尾的单纯趋向动词往往还是相应的“来[læ$^{24-31}$]、去[tɕ^{h}i$^{55-31}$]、走[tsɤu$^{52-31}$]”。例如：

你上来[læ$^{24-31}$]要牌来[læ$^{24-31}$]。

教他回来[læ$^{24-31}$]吃饭来[læ$^{24-31}$]。

娃，出来[læ$^{24-31}$]看你妈跳舞来[læ$^{24-31}$]。

小伙子，来[læ^{24}]，进来看电视来[læ$^{24-31}$]。

来，过来[læ$^{24-31}$]，把这些东西给你拿些子。

你去[tɕ^{h}i^{55}]，回去[tɕ^{h}i$^{55-31}$]给你妈要去[tɕ^{h}i$^{55-31}$]。

钱在兀搭那里放着呢，你进来[læ$^{24-31}$]拿来[læ$^{24-31}$]。

赶快上去[tɕ^{h}i$^{55-31}$]，上去[tɕ^{h}i$^{55-31}$]看热闹去[tɕ^{h}i$^{55-31}$]。

老张，去[tɕ^{h}i^{55}]，进去[tɕ^{h}i$^{55-31}$]，领导教你进去[tɕ^{h}i$^{55-31}$]呢。

你几个娃娃，去[tɕ^{h}i^{55}]，出去[tɕ^{h}i$^{55-31}$]，在外头要去[tɕ^{h}i$^{55-31}$]。

进走[tsɤu$^{52-31}$]拿走[tsɤu$^{52-31}$]，进走[tsɤu$^{52-31}$]拿钱走[tsɤu$^{52-31}$]。

回走[tsɤu$^{52-31}$]吃走[tsɤu$^{52-31}$]，回走[tsɤu$^{52-31}$]吃肉走[tsɤu$^{52-31}$]。

走[tsɤu^{52}]，上走[tsɤu$^{52-31}$]看走[tsɤu$^{52-31}$]，上走看热闹走[tsɤu$^{52-31}$]。

走[tsɤu^{52}]，出走[tsɤu$^{52-31}$]看走[tsɤu$^{52-31}$]，出走看热闹走[tsɤu$^{52-31}$]。

覅睡咧，去[tɕʰi^{55}]，起去[tɕʰi$^{55-31}$]做活去[tɕʰi$^{55-31}$]；活不多，做完咧回来却再，又睡。

这类句子里的复合趋向动词还可以直接出现在后续句前边形成重叠。例如：

小伙子，来，进来，进来看电视来。

来，过来，过来把这些东西给你拿些子。

老张，去，进去，进去跟领导汇报工作去。

覅睡咧，去，起去，起去做活去；活不多，做完咧回来想睡咧这个"咧"字表假设却再睡。

其六，关中方言的基本趋向动词都可以表示"挪，移动"的语义。例如：

把这个望西再去些。

这个门最好是望进安些。

这个画张望上贴些就看起好好看咧。

你把这个椽稍微望外出一点儿就好咧。

你干脆教他把车给/望/朝路东边再去些子。

这个再上来些，那个再下去些；噢，这就好咧。

大的出来些，碎小的出去些；这下这样一摆就刚好。

这些要多出些呢，那些要多进些呢，要不然就难看咧。

3.1.1.2 "过"字的用法

关中方言的"过"字除了具有普通话"过"字的用法以外，还有其自身的特点。

吕叔湘先生主编的《现代汉语八百词》从读音和用法上把普通话的"过"字分为读作本调去声的动词和趋向动词"过^{1}"和变作轻声的动态助词"过^{2}"。关中方言除了"过^{1}"和"过^{2}"以外，还有一个变作阴平调的"过^{3}"，下面对三种语音形式的"过"字进行讨论。

其一，关中方言的"过^{1}"。

一方面，如西安等处读作[kuɤ^{55}]，咸阳等处读作[kuɤ^{44}]，渭南等处读作[kuo^{55}]，宝鸡等处读作[kuo^{44}]，韩城、合阳、大荔读作[ko^{55}]。关中方言"过^{1}"与普通话用法一致的例如：

他明儿正好从我门上过呢。

路上正过队伍着呢。

这几年的日子真是越过越好咧。

你今年回农村过年不过？

看探望病人的时间早都过咧。

睡到炕上，把今儿的事情在脑子里头过咧一遍。

俩东西一过秤就知道哪个轻哪个重咧。

他的病重得很，就是既使能过咧今儿，怕恐怕过不了明儿。

我的我们却[k^{h}ɤ^{31}]又把好日子过上咧。

我说不过他。

咱的咱们怕是恐怕把站坐过咧。

你肯定打不过他。

你得是是不是信不过我？

生产队那个时候儿多年都种豌豆麦即豌豆麦子套种呢，要把豌豆拿一个大铁筛子过了呢，这号这种大铁筛子就叫个“过筛”。

二方面，参照《现代汉语八百词》245～246 页[趋]之 12，关中方言与普通话的“过^{1}[趋]”之间或者是在词形或者是在语序、句式（多为把字句）上存在着一定的差异。比较如下：

北京　从桥上走过　　我接过奖状走下台去

西安　从桥上走过去　我把奖状接过来从台子上走下去

北京　他递过一块热毛巾给我　　他回过头看见了我

西安　他给我递过来一个热手巾　他把头回过来把我看来咧

北京　他侧过身子一声都不吭　　请再翻过一页

西安　他把身侧过去一声都不吭　（把书）再翻过去一页

北京　明天早晨六点钟的火车，你可千万别睡过了

西安　明儿赶早六点钟的火车，你却[k^{h}ɤ31]长短嫑睡过头了

北京　他一不留神使过了劲　　走过天安门广场

西安　他一不留神把劲使过咧　从天安门广场走过

北京　飞机飞过了秦岭　　我游不过这条河

西安　飞机从秦岭飞过咧　我从这条河浮不过去

北京　警察把一位盲人送过了十字路口

西安　警察把个盲人从十字路口儿送过去咧

这里要跟大家特别交代的是，假如有人说西安方言“接过奖状、回过头、转过身、翻过一页、走过天安门广场”可以成立的话，那就实在是对原生态方言缺乏了解的说法；这种语法格局只能是普通话进入关中方言的现象。方言语法调查一般最好是在对语文的感知能力较强的读书人中调查，跟文盲老派的聊天式调查，可能所用时间较多，而往往能获取真实材料。

三方面，关中方言“过^{1}”的特殊意义是指目的地，以下例句中的“望过”又作“给过”。

（问）他过来咧没？（答）他望过正走着呢。

他刚才正望过走呢，半路上记起一件事，却[k^{h}ɤ^{31}]又回去咧。

咱俩今儿晌午在户县软面馆吃饭，你先望过走，我一会儿就过来。

因为“过^{1}”指目的地，所以，“过^{1}”还指动作行为者来往的路线、方向。例如：

你望过看，过来的那几个人就没有他。

我望过一看，他真的来咧；我就即忙连忙撵过去。

我见他有急事呢，知道他一会儿要来呢，就一直望过看他过来咧没。

四方面，关中方言单音节的“过^{1}”也可以是“走过去”的意思，例如：

我还不想过着呢。

你先过，我等一会儿再过。

先老人后娃娃，老人过完咧娃娃再过。

五方面，从词汇角度看，关中方言单音节的“过^{1}”特指夫妻之间共同生活，例如：

你要跟她过一辈子呢，你想好！

你再还要钱赌博的话，我就实在不想跟你过咧。

能过咧就过，实在过不到一搭儿一起，离指离婚咧就离咧。

六方面，从词汇角度看，关中方言单音节的“过^{1}”还当“超过、过分”讲，例如：

时间早都过咧，你还等啥呢？

火车走的时间还没过呢，覅急！

你做啥处事也就太过咧，连穷人的便宜都占呢！为人嘿，要恁多的钱也揹不到阴司去。

复合词中，关中把走廊叫做“过道/过道儿”。西安一带“过门儿”既指女子出嫁到男家，又是唱段或歌曲具有承前启后作用的部分；宝鸡一带“过门、过门儿”跟普通话语义一致。关中的“过事”一般指举办红白大事，具体分为“过红事”和“过白事”；把订婚、做满月也可以叫做“过事”，把国家或单位举行盛大活动也可以叫做“过事”。关中的“过晌”是指“过午”，“过招”指比武，“过肤瘥[fu^{31} ts^{h}æ^{31}]”指患猩红热（按：这里“瘥”字读如“出差”的“差”，就像“濯”字关中白读如“翟[tsei^{24}]”一样）。

其二，关中方言的“过^{2}”。

跟普通话[助]1 相比，关中方言把“吃过饭再去”一般作“吃罢饭再去

/吃毕饭再去”，西安、咸阳这些大中城市的读书人亦如普通话那样作“吃过饭再去”，而“过”字读作本调去声；普通话的“第一场已经演过了｜等我问过他再告诉你”，关中方言一般作“第一场都演完/毕咧｜等/候我把他问咧再给/跟你说”，读书人也说“第一场已经演过ᵓ咧｜等/候我问过ᵓ他再给/跟你说”，但是，这不是关中方言固有的说法。

跟普通话[助]2、3 相比，关中方言“过^{2}”的特殊之处在于，所在句子常常出现介宾词组，例如：这本小说我看过，那本小说我没看过｜我把他寻过多回｜我在好多地方都去过，就是没在上海去过（/*没去过上海）｜（问）你在上海去过没？（/*你去过上海没？）——（答）去过（｜没去过）｜前年个我在长城去过｜他把我一回都没寻过｜我没听谁说过这个事｜那几年日子过得紧巴劲儿，没敢糟蹋浪费过一星点儿粮食，就是这几年富得多咧，也都没敢糟蹋过一星点儿粮食｜你问过他没？｜我没问过｜这个娃从来都没这们这么安定安静过｜他当过班长｜我学过俄语，还学过英语，学过日语｜这本小说我只看过一半儿。

其三，关中方言的“过^{3}”。比如本书下文表 15 论及西安一带方言不变调的“过”字处于“打得过[kuɤ^{55}]能不能打过？”的疑问句和“打不过[kuɤ^{55}]”的否定式回答里，变作阴平的“过”字处于“能打过[kuɤ$^{55\text{-}31}$]”的肯定式回答里。因此，如下疑问句和否定式回答里的“过”字都读作本调去声，肯定式回答里的“过”字都变作阴平。

你超得过他？——我超不过他｜我能超过[kuɤ$^{55\text{-}31}$]他。

你胜得了我？——我胜不了你/胜不过你｜我能胜过[kuɤ$^{55\text{-}31}$]你。

搿跤摔跤你搿得过他？——我搿不过他｜我肯定能搿过[kuɤ$^{55\text{-}31}$]他。

你弟兄俩在一搭儿一起念书呢，你念得过你兄弟？——我能念过[kuɤ$^{55\text{-}31}$]他。

比照《现代汉语八百词》增订本 245～246 页[趋]之“1d)”里的例句，普通话的“过”字读作本调去声，西安一带的“过”字多数变作阴平。比较如下：

北京　这一次比过[kuo^{51}]他们了

西安　这一次把他的比过[kuɤ$^{55\text{-}31}$]咧

北京　一台机器抵得过[kuo^{51}]几十个人

西安　一个机器能顶/能顶过[kuɤ$^{55\text{-}31}$]几十个人

北京　我们一定要赛过[kuo^{51}]二队　　你能说过[kuo^{51}]他？

西安　꜀我的一定要把二队赛过[kuɤ$^{55\text{-}31}$]　你能说过[kuɤ$^{55\text{-}31}$]他？

北京　我说不过[kuo^{51}]他　你能说过[kuo^{51}]他

西安　我说不过[kuɤ^{55}]他　你能说过[kuɤ$^{55\text{-}31}$]他

北京　你能跑过[kuo^{51}]我？　　我怎么能跑过[kuo^{51}]你呢？

西安　你能跑过[$kuɤ^{55-31}$]我？　꜀我咋能跑过[$kuɤ^{55-31}$]你呢？

孙立新《关中方言代词研究》128～129 页所报道的例句，关中方言把走开叫做“走꜀过”的方言点有西安、临潼、蓝田、商州、洛南、华阴、潼关、渭南、黄龙、蒲城、富平、高陵、三原、泾阳、旬邑、礼泉、咸阳、户县、兴平、周至、眉县、太白 22 处，其中的“过”字变作阴平，宜君、铜川的“过”字变作轻声。

西安一带把字句肯定式里，动词谓语后边的结果补语是“过^{3}[$kuɤ^{55-31}$]”。例如：

这个球队肯定能把你的你们比过/打过/赛过/胜过。

我跟他赛跑呢，我把他跑过咧；2000 米我比他快咧 5 秒。

你看他老实，其实不老实，他这个人把谁都能哄过欺骗过去。

扳手腕儿，我能把你扳过，我把他扳不过；他比我手劲大。

他能꜀闷一事当前不说多余的话，常常致使别人按着自己的意思就烦得很，把几个人都闷过咧。

3.1.1.3 “起来”的语法语义特点

西安方言与北京话的“起来”存在着一定差异，表现在以下几点：

其一，北京话“我想起来了”有歧义，而西安方言要表达动作由坐卧而站立或由躺而坐、而起床等行为时即说“我想起来[$tɕ^{h}iɛ^{52}$ $læ^{24-31}$]咧”；要表达“我回想起来了”时即用“我想来[$læ^{24-31}$]咧”。西安方言要表达“他想（到这里）来了”和“他回想起来了”时用句相同，但是，“来”字前者不变调后者变作阴平调。比较如下。

他想来[$læ^{24}$] 咧他想到这里来了。≠他想来[$læ^{24-31}$]咧他回想起来了。

其二，北京“V＋起来[＋N]”式在西安方言里，“起来”一般作单音趋向动词“起[$tɕ^{h}iɛ^{52}$]”。例句如：旗升起咧｜拾起一块石头｜我想不起咧｜我拿不起，他能拿起｜讨论不起咋办呀？

其三，西安方言表示动作开始并有继续下去的意思时，相应于北京话“起∥来”的是“开咧[$k^{h}æ^{31}$.liɛ]”。例如：说开话咧｜歌唱开咧｜飞轮儿转开咧｜饭吃开咧｜麦割开咧。

这里有必要顺便交代的是：户县方言表起始态常用“VO 行咧”式，其中“行”字用白读音[$xəŋ^{35}$]而不用文读音[$ɕiŋ^{35}$]；如果用文读音，“行咧”则是“可以了”的意思。户县方言的“VO 行咧”意即“开始 VO 了”，例句如：吃饭行咧｜看书行咧｜做活行咧｜各位乡党，坐席行咧｜老张，走，法院开庭行咧，咱俩旁听走去吧。

另外，户县方言“行”字读白读音时，一是“行”或者“行咧”还可以单用：“行咧开始了，放快行起快干（活）”；二是“行活”是开始干活的意思，过去生产队长喊“行活咧”意即“开始干活了”；三是“行事”是交合的避讳叫法，与“行[çiŋ^{35}]事~历”不同。

其五，西安方言的“起来”又有某项事物或工程完成的语义。例如：

这个活快起来咧。

路修起来咧就好走咧。

他的一本长篇小说写起来咧。

你把房房子盖起来咧再上班儿。

3.1.1.4 关中中西部“来、去、起”的特殊用法

其一，关中中西部方言口语里单音节趋向动词“来、去”不能直接连带名词性宾语，也不能直接连带动宾词组，以下组合在普通话里可以成立，在关中中西部方言口语里不能成立。

来：来西安丨来商店里丨来十字路口儿丨来办事丨来买菜丨来接孙子丨来单位上班。

去：去北京丨去宝鸡丨去他姨家丨去山里头丨去开会丨去领工资丨去寻朋友借钱。

唐正大、柯理思《关中方言和普通话位移事件表达的对比研究》一文 146 页的例句（7）“我来西安见我老婆来咧”，最少在关中中西部是不能成立的；通常的说法是“我在西安见我老婆来咧/我到西安见我老婆来咧”。

假如要实现普通话上列的表达手段，必须借助介词“在/到”，请详阅下文 3.1.2.1 之“其一”。

其二，关中中西部给字句里“来、去”可以处在“给”字前边。先列几个例句如下：

你要是闲咧，就来给我帮几天忙。

教你媳妇儿来给你妈赔不是赔情道歉来。

我想教他来给我写封信/我想教他给我写封信来呢。

小张，你去给你单位领导把包先提下来，省减省得走得咧走的时候着急。

单位发工资呢，你去给你领得咧领的时候，记着给我（/去给我）捎回来。

我去给你要张表，你先填表；把等人的时间填咧表，也有个作纳有事干，不寂寞。

咱堡子咱们村有戏呢，你去你舅家把你外婆给咱接着来接来；你外婆最爱看戏咧。

上列例句，在关中中西部口语里并非是第一种说法，这种说法让地道的中西部居民尤其是文盲居民听起来比较别扭，因此，我们在论述时用了“可以”一词，“可以”在关中方言里又用作形容词，是“差不多”的意思；

"差不多"者，毕竟有所差。上列例句应当是受共同语影响的结果；笔者1978年上大学以前在农村（户县大王镇宋东村）跟当时的中老年文盲接触，没有听到如上的说法，如今如上的说法已经较为普遍了。比较地道的说法是"来、去"一般处在句末。于是，上列有关例句就成为如下形式。

教你媳妇儿给你妈赔不是来。

我想教他在我这儿给我写封信。

你要是闲咧，就给我帮几天忙来。

你跟你妈一搭儿一块儿，一起在你舅家去。

小张，你给你单位领导把包先提下来去，省减走得咧着急。

咱堡子咱们村上有戏呢，你在/到你舅家接你外婆去；你外婆最爱看戏咧。

我给你要张表去，你先填表；把等人的时间填咧表，也有个作纳有事情干不寂寞。

而最地道的说法是以"在/到"介引的句子，如紧上面的"在/到你舅家接你外婆去"分句；以"在/到"介引的句子或分句，又以"来[$læ^{24-31}$]、去[$tɕ^hi^{55-31}$]"煞尾。例如：

你过来，在我单位给我改文章来。

你在北京给我买些书去，我急着用呢。

你要是闲咧，就在这儿给我帮几天忙来。

单位发工资呢，你在单位给你领去得咧去的时候，记着给我捎回来。

小张，你在会议室给你王局长把包先提下来去，省减省得走得咧着急。

我在那里给你要张表去，你先填表；把等人的时间填咧表，也有个作纳有活干，不寂寞。

（如祖母拍打着婴儿哼的歌谣云）噢，噢，娃娃乖[$kuæ^{31}$]，娃娃不乖猫咬来[$læ^{24-31}$]。

其三，关中方言"起[ᶜ$tɕ^hiɛ$]"还有"起来"义，可视作"起来"省去了"来"。例如：

唱起再叫你妈看戏都不迟。

拿起筷子才说吃呀，登儿来咧个电话。

娃拚[$pã^{55}$]摔倒咧，赶快过去把娃搊扶起！

咋会刚开起就望出溜呀？纪律性也太差咧！

这个事情，你见咧他却可不敢提起；你一提起他就要难受呢。

老人在娃娃跟前要能拿起能放下指在尊严问题上把握好度和关节点呢。

"起[ᶜ$tɕ^hiɛ$]"字的这种用法可以从近代汉语里找到根据，列举如下：

贾昌那里肯要他拜，别转了头，忙教老婆扶起。（《醒世恒言》1）

张弼料到必是鱼在底下，急走上前，揭起看时，却是一个三尺来长的

金色鲤鱼。(《醒世恒言》26)

妄想他则甚！且收起着。(《二刻拍案惊奇》3)

他一家人先从小的死起，死得来慌了，连夜逃去，而今敢是死绝了，也不见得。(《二刻拍案惊奇》3)

客途乏物孝敬姑娘，不必说起，且喜姑娘康健。(《二刻拍案惊奇》3)

别个言语，且莫要说起，只问爹爹，昨晚难道没有梦见孩儿来么？(李芳桂《十王庙》)

其四，关中方言的“起[ᶜtɕʰiɛ]”字常常还指一项工程或工作等完成了。例如：

你把房盖起[ᶜtɕʰiɛ]再上班来。

路修起[ᶜtɕʰiɛ]最少还得半年。

你就等我把这篇文章写起[ᶜtɕʰiɛ]着。

把戏台子搭起[ᶜtɕʰiɛ]再给剧团打电话就太迟咧。

他本来就有神精病精神病呢，最近有点꜀张疯癫，生咧些气，一下一家伙꜀张起[ᶜtɕʰiɛ]咧。

其五，西安一带“起[.tɕʰi]”相当于“着”的情形。孙立新（2003：221～230）指出：户县方言的助词“着/着儿”与北京话趋向动词“起来”义同，其实，西安一带方言的“着”都有这种用法。户县方言的“V 着 A/V 着儿 A”又作“V 起[.tɕʰi]A”，“V 起 A”的“起”是“起来”减去了“来”字，例如：好看——看着好/看着儿好/看起好｜好听——听着好/听着儿好/听起好｜不好吃——吃着不好/吃着儿不好/吃起不好。户县方言还有“吃着香/吃着儿香/吃起香｜难听——听着难听/听着儿难听/听起难听｜老牛肉难煮（熟）/老牛肉煮着难煮/老牛肉煮着儿难煮/老牛肉煮起难煮”等特殊句式。普通话“好看、好吃、好听、好找、好写”的“好 V”式在关中方言口语里一般相应地是“V 着 A/V 起 A”式。有的“好 V”式关中方言也用，一般需要一定的语境，如“好听”的例句“拣好听的说”，“好写”的例句“拿这个好些，拿那个难写”，“好寻”的例句“你就搁到平常搁要紧东西的地方，用得咧用的时候就好寻咧”。

其六，西安一带的“A 起[.tɕʰi]罢咧”。关中方言的“罢了 $_1$”（如西安作“罢咧”，三原作“罢啦”）是“一般；不是想象得那么好，不是本人自诩的那么好”的意思；西安一带“A 起罢咧”里的 A 是形容词或形容词性词组，“A 起罢咧”是“并不那么 A”的意思。例如：

今年热起罢咧，年时个去年才叫热呢。

他量力大起罢咧，我看他最多能掮三袋子麺。

你说今儿冷得很，其实，我出咧一回门，外头冷起罢咧。

你兀个[uɤ^{52}]那大城市里头，到咧过年时候儿，我看热闹起罢咧。

我看他写的兀个文章，水平高起罢咧；其实，好多能写文章的，跟他都差不多。

这类句子里形容词或形容词性词组后边还常常加进“也”字。例如：

今年热起也罢咧，年时个去年才叫算热呢。

我看他写的兀个[uɤ^{52}]那；那些文章，水平高起也罢咧。

他果园的苹果你要问有多大起也不见得，其实吃起好好吃着呢。

要问他钱有多多起也不见得，他就是爱捐献，啥某地方一遭灾，他就千千万万地捐呢。

其七，与北京话做插入语“V 起来”中的“起来”相当，西安方言相应地作“起[tɕ^{h}i$^{52\text{-}31}$]”。例如：

看起，他不会同意这件事。

算起，他离开咱都三年咧。

论起/说起你都是领导呢，你咋是这觉悟呢？拿这还当领导呢！

论起/说起，咱俩虽然同岁，可是你比我大毛一岁呢，你是正月生日，我是腊月生日。

其八，关于“起”字的文白异读与构词匹配问题；这个问题跟本部分所讨论的其他问题有所重复，不过，作为“起”字文白异读与构词的匹配问题，有必要多交待一下。

安峥地等先生《富平方言志》70 页以《“起”字的两个读音与区别》为题所讨论的实质上是“起”字的文白异读与构词匹配问题；安先生等的所谓“起$_1$”为文读，“起$_2$”为白读。“起”字关中方言文读[ᶜtɕ^{h}i]，白读[ᶜtɕ^{h}iɛ]。“起”字的文读音在富平方言里可以构成的词语如：起床、起身、起码、起先、起古原来、起麵、起动、起航、起发给客人饯行。西安一带“起”字的文读音还可以构成：起圈、起土、起粪、起子、起事，等。“起”字的白读音在富平多用作补语。安先生等从五个方面论述了其用法，抄录如下：

1. 升高：把脚抬起$_2$、把箱子支起$_2$、把伞撑起$_2$、把笼子挂起$_2$、把裤子绾起$_2$。

2. 树立：把老人搀起$_2$、把娃扶起$_2$、把桩栽起$_2$、把碑子立起$_2$、把椽扶起$_2$。

3. 过程的终结：打起$_2$一堵墙、盖起$_2$了两间房、打起$_2$一件毛衣、缝起$_2$一件衣服、编起$_2$一个粪笼。

4. 胜任资格：看起$_2$看不起$_2$他的工作能力、担起$_2$担不起$_2$那个责任、抗起$_2$抗不起$_2$那 200 斤粮食、管起$_2$管不起$_2$一顿饭、受起$_2$受不起$_2$百般折磨。

5. 宴席上："把筷子捉起$_2$"是寓意开始吃，"抄起$_2$"是寓意吃起来。

安先生等进一步指出："起$_2$"如"伞撑起$_2$、帐子撑起$_2$、裤子绾起$_2$、瓮抬起$_2$"常常以把字句出现，成了"把伞撑起$_2$、把帐子撑起$_2$、把裤子绾起$_2$、把瓮抬起$_2$"，"很少说"（引者按：关中方言口语里不说）"撑起$_2$伞、撑起$_2$帐子、绾起$_2$裤子、抬起$_2$瓮"。

富平方言的"起$_2$"还表示起床或离开。例如：

起$_2$[ᶜtɕʰiɛ]动作的主体可能是听话人，也可能是听说双方，睡不成了。

起$_2$[ᶜtɕʰiɛ]是"起去"或"起过"的意思，把位子让开。

3.1.1.5　"下来"的特殊用法

其一，关中方言的"下来"用如"然后，接着；下一步"或者"回头"，应当跟"下来"在关中方言里具有"下一个"的意思有关。如会议主持人说："刚才老张发咧言，说得很好；下来由老王发言。"再举若干例句：

我先给咱打个开场，下来你一个人讲。

这个会开毕咧，下来还得开一个会呢。

给你帮咧三天忙，下来还得给他帮几天忙。

下来的事情你就最好覅管咧，看他去任由他去吧。

你把手头的事情忙清白完毕，下来跑一趟北京去。

我今儿给你就说这些，下来你有啥想法可以及时来谈。

从印刷厂把书拉回来，下来还得给老师还有帮忙的送。

你只是按时把这些东西给他送到，下来的事情你就不管咧。

其二，关中方言的"下来"还有上级的通知等"下达，下发；收到"等意义。例如：

他的任命书下来咧。

你的高考通知下来咧。

给你的补助款早都下来咧。

仲裁委员会的仲裁书下来咧。

你单位的劳模指标明儿才能下来。

今年的1号文件早都下来咧，你吗难道，怎么没看？

基于这个因素，于是，有"批下来、发下来、传达下来、任命下来"等说法。例如：

你的申请马上就批下来咧。

等一向，这个文件发下来再说。

这个精神没多长时间很快就传达下来咧。

其三，关中方言的"下来"还有"（有关土特产）成熟并且上市"的意思。例如：

年时个去年梨瓜甜瓜刚一下来，我就给娃买咧 10 斤。

我看你爱吃西瓜，今年西瓜下来咧，我给你多买些。

最近超市卖的洋柿子西红柿还是温室的，大田的还没下来呢。

其四，西安一带的“X 下来”式表示结果，还可以表示时间等，其中 X 由名词、主谓词组、动词性词组等构成。以下是常见的“X 下来”式，依次为“X 下来”式、释义、例句：

“X 下来”式	释 义	例 句
气下来	生气的时候	他～咧就浑身打颤呢。
病下来	生病的结果	你这一～还要花钱呢。
事/事情下来	一事当前	～他光操心别人|～咧再说。
媳妇儿娶下来	娶媳妇的结果	～也才花咧几万块钱。
埋他妈埋过来	埋葬他妈的结果	他～把他舅家得罪咧。
神劳下来	劳神的结果	你～还落不下好。
麻烦受下来	受麻烦的结果	～把先进当上咧。
会开下来	开会的结果	～把两个人病咧。
井打下来	打井的结果	～最少得 30 万元。
房盖下来	盖房子的结果	你这～估计没人要。
麦磨下来	磨麦子的结果	～肯定有麸子呢。
事过下来	过红白大事的结果	～没花多少钱。
经费预算下来	预算经费的结果	～最少还得 200 万。
做满月下来	做满月的结果	～收咧 100 多斤鸡蛋。
账算下来	算账的结果	几个月，～把个会计算瓜傻咧。

3.1.1.6 “出去”的特殊用法

西安一带方言在表示时间的把字句里，说话人主观上所认为的较长时间，“出去”和“进去”是同义的。例如：

一个官司打得，把 10 年功夫都打出去/进去咧居然打了 10 年。

上咧一回集赶了一次集，把三天时间都上出去/进去咧居然去了三天。

写咧个申请书，就把一天时间都写出去/进去咧居然写了一天时间。

一篇五六千字的文章，把一年天气时间都贴赔贴补出去/进去咧居然用了一年。

这一伙领导也真他娘的没水平，为屁大很小一点儿事，把三天时间都商量出去/进去咧。

这类句子也可以以“到里头咧/到里头去咧”煞尾。例如：

一个官司打得，把 10 年功夫都打到里头咧/打到里头去咧。

写咧个申请书，就竟然把一天时间都写到里头咧/写到里头去咧。

就为屁大很小一点儿事，把三天时间都商量到里头咧/到里头去咧；这就是“领导艺术”！

3.1.1.7 “回”字的特殊用法

如下文 3.1.2.1 部分指出，关中中西部不说“去北京、去上班”，但是，可以说“走亲戚、走舅家”，这是老派口语的特点。跟“走”在“走亲戚”等语境里的用法类似，可以说“回娘家”，但是，老派口语不说“回单位、回西安、回机关”等，在动宾式之间有“到”字或者人称代词等出现。如下例句中所反映的句法格局，在 20 世纪七八十年代以前是很普遍的，如今几乎被单斜线“/”后边的形式所取代。

他回到西安去咧/他回西安去咧。

娃早都回到北京咧/娃早都回北京咧。

你回到你屋你们家给我拿去/你回你屋给我拿去。

小伙子回（到）他单位去咧/小伙子回单位去咧。

走，咱咱们回咱机关走去吧/走，咱回机关走。

ᶜ我回꜀我单位呀我要回我们单位了/ᶜ我回单位呀。

你回你北京得咧的时候给我捎着买些东西/你回北京得咧给我捎着买些东西。

你这一[ᶜtʂei]会是回到农村屋咧还是回到城里屋咧/你这一会是回农村屋咧还是回城里屋咧？

3.1.1.8 “V 出 N 来了$_{2}$”句式

关中方言常见的动宾式词语或词组可以处在“V 出 N 来了$_{2}$”的句式里。从结构特点看，“V 出 N 来了$_{2}$”一般处在因果复句中结果从句的位置；从语义特点看，“V 出 N 来了$_{2}$”是“应该或很可能会 VN”的意思。例如：

老汉趸咧些滞销货，说不定真的还折出本来咧。

他把死狗烂娃无赖之徒惹下咧，绝对要受出麻烦咧。

你把恶人打咧一顿，迟早都要着出祸来咧。（着祸：招致祸殃）

他贪污受贿的事情烂包败露咧，我看这一回是受出法来咧。（受法：被判刑、坐监）

3.1.2 趋向动词的句管控条件

3.1.2.1 介词对单纯趋向动词的管控

关中中西部不说“去北京、去食堂、去上班、去工作”，但是，可以说“走亲戚、走舅家”；在单纯趋向动词出现的句子里，介词“在、到”之类一般必须出现，或者以其他表达手段达到“在、到”所起的作用；“在、到”两个字的介词用法也有明显的地域分化。

关中方言介词在句子里的使用频率比普通话高，这个问题下文（如专门讨论介词以及把字句、给字句等的章节）还要讨论。本书 1.1.2 节讨论动词重叠问题时讨论了关中方言趋向动词的重叠问题，下边还要讨论。

其一，关中方言介词“在、到”对单纯趋向动词“去、来”的管控。

如孙立新《关中方言代词研究》141～142 页报道的“我到北京去”的句子，淳化、乾县、咸阳、周至及其以西一般是“我到北京去呀”；户县、三原、礼泉、长武一般是“我在北京去呀”；关中东部一般是以“去”或“去呀”等煞尾，介词不出现，如丹凤、洛南、宜川、铜川、耀州、富平、高陵等处作“我北京去呀”，介词不出现；西安介乎户县等处与高陵等处之间，作“我北京去呀/我在北京呀”。详见表 13；表 13 里不少方言点“去呀”合音作[tɕʰia]或[tɕia]或[tɕʰiã]，“做啥”也有合音的，“𧽐”在有的方言点声母不送气，定边“去”字的读音很明显是受到陕北晋语影响的结果；以“去”字煞尾的方言点，多数“去”字由去声[tɕʰiᵓ]变作阴平，如黄龙“去[tɕʰi$^{44-31}$]”，韩城的问句“你弄什么去”，“去”字读作本调[tɕʰi^{55}]，答句“我上北京去”，“去”字读作变调[tɕʰi$^{55-31}$]。

表 13　　关中方言区 51 处问句“你干什么去”及其答句“我到北京去”比较表

	你干什么去?	我到北京去。
西安	你做啥去/你做啥呀?	我北京去呀/我在北京呀。
临潼	你做啥呀?	我在北京去呀。
蓝田	你做啥呀?	我在北京去呀。
商州	你弄啥呀?	我去北京呀/我去北京（去）呀。
丹凤	你做啥去呀?	我北京去呀。
洛南	你做啥呀?	我北京去呀。
华县	你做啥去呀[tɕʰia^{42}]?	我北京去呀[tɕʰia^{42}]。
华阴	你做啥去呀[.tɕʰiã]?	我北京去呀[.tɕʰiã]。
潼关	你做啥去?	我北京去。
大荔	你做啥𧽐[.tɕiɛ]?	我北京𧽐[.tɕiɛ]。
渭南	你做啥去?	我到北京去。
澄城	你做啥𧽐[.tɕʰiɛ]?	我北京𧽐[.tɕʰiɛ]。
合阳	你做啥𧽐[ni^{42} tso^{42} tɕʰiɛ^{21}]?	我北京𧽐。
韩城	你弄什么去[tɕʰi^{55}]?	我上北京去[tɕʰi$^{55-31}$]。
宜川	你闹啥呀?	我北京去呀。
黄龙	你做啥去?	我上北京去。
洛川	你做啥𧽐[.tɕʰiɛ]?	你做啥𧽐[.tɕʰiɛ]?
黄陵	你做啥呀/你做啥𧽐[.tɕiɛ]?	我上北京𧽐[.tɕiɛ]/我北京呀。
宜君	你做啥𧽐[tɕʰiɛ^{21}]?	我到北京𧽐[tɕʰiɛ^{21}]。
铜川	你做啥𧽐[tɕʰiɛ^{21}]?	我北京𧽐[tɕʰiɛ^{21}]/我北京去呀。

续表

	你干什么去？	我到北京去。
耀州	你做啥去/你□[nou^{44}]啥去呀？	我北京去呀。
蒲城	你做啥去呀[.tɕʰia]/你干啥去呀[.tɕʰia]？	我到北京去呀[.tɕʰia]。
白水	你做啥去呀[.tɕʰia]/你弄啥去呀[.tɕʰia]？	我（到）北京去呀[.tɕʰia]。
富平	你做啥去呀？	我北京去呀。
高陵	你做啥去呀？	我北京去呀。
泾阳	你做啥去呀[.tɕʰia]？	我到北京去呀[tɕʰi^{55}.ia]。
三原	你做啥去呀？	我在北京去呀。
旬邑	你做啥[tsa^{51}]呀？/你做啥呀？	我北京去呀。
长武	你做啥呀？	我在北京去呀[.tɕia]。
彬县	你做啥呀/你做啥[tsʰuɤ^{55}]去呀？	我北京去去呀。
永寿	你做啥去呀[.tɕia]？	我北京去呀[.tɕia]。
淳化	你做啥去呀[.tɕʰia]？	我到北京去呀[.tɕʰia] /我到北京去去呀[.tɕʰia]。
乾县	你做啥去呀[.tɕia]？	我到北京去呀[.tɕia]。
礼泉	你做啥去呀？	我在北京去呀。
咸阳	你做啥去呀[.tɕia]？	我到北京去呀[.tɕia]。
户县	你做啥去呀[tɕʰi^{55}.ia/tɕʰi$^{55-31}$.ia /.tɕʰia]/你做啥呀/你纳ᵓ 啥呀？	我在北京去呀[tɕʰi^{55}.ia/tɕʰi$^{55-31}$.ia/.tɕʰia] /我（在）北京呀。
兴平	你弄啥去呀[.tɕʰia]/我做啥去呀[.tɕʰia]？	我到北京去呀[.tɕʰia]。
武功	你做啥去呀[.tɕʰia]/你弄啥去呀[.tɕʰia] /你纳啥去呀[.tɕʰia]？	我到北京去呀[.tɕʰia]。
周至	你弄啥去呀[.tɕʰia]？	我到北京去呀[.tɕʰia]。
眉县	你做啥去呀？	我到北京去呀。
太白	你做啥呀？	我到北京呀。
凤县	你做啥啊？	我到北京去呀[.tɕia]。
宝鸡	你做啥去呀[.tɕia]？	到北京去呀[.tɕia]。
凤翔	你做啥去呀[.tɕia]？	我（到）北京去呀[.tɕia]。
岐山	你做啥去呀？	我到北京去呀。
扶风	你做啥去？	我到北京去呀。
麟游	你做啥去呀[.tɕia]？	我到北京去呀[.tɕia]。
千阳	你做啥去呀？	我在北京去呀。
陇县	你做啥去呀[.tɕia]？	我到北京去呀[.tɕia]。
富县	你做啥朅[.tɕʰiɛ]？	我走北京朅[.tɕʰiɛ]。
定边	你走哪去[kʰɤ^{31}]呀？	我去[kʰɤ^{31}]北京呀。

富平方言的问句“你在哪搭去呀”，其答句是“我北京去呀”，答句里介词“在”字省略。关中中东部地区的问句一般都如富平的“你在哪搭去

呀”，或如大荔的“你在哪搭朅[.tɕiɛ]”，“在”字于问句里一般要用到，也可以省去，直接问“你哪搭去呀/你哪搭朅[.tɕiɛ/tɕʰiɛ]”，但是，最少可以看出，这一带的“在”字对“去”字（还有“来”字）是具有管控作用的。凤县方言的介词“到”又作“在”，如另外一个例句“你在北京去过啦[.lia]没有？”麟游方言的动词“在”又作“到”，如“他在屋不在？/他到屋不到？丨他在哩没/到哩没？”

“去呀”在中西部方言里常常合音作[.tɕia]，下面罗列几个方言点的其他有关例句：

凤翔：你做啥去呀[.tɕia]？——我城里去呀[.tɕia]。

麟游：你做啥去呀[.tɕia]？——我到宝鸡去呀[.tɕia]。

兴平：我走去呀[.tɕia]我要走了丨你达搭儿去呀[.tɕia]你到哪里去？

白水：天下去呀[.tɕia]天要下雨了丨刚说犁地去呀[.tɕia]些“些”字亦表将然，雨来啦[.lia]。

凤县：我就走去呀[.tɕia]我这就走丨你做啥去去呀[.tɕia]？——我赶场赶集去去呀[.tɕia]。

上文说过，关中中西部地区不说“来西安”。关中中西部地区一是如兴平等处那样说“到西安来”，一种是如户县等处那样说“在西安来”；西安人口语常说“在西安来”，也有说“到西安来”的，建国后渐次有说“来西安”的，目前的中新派较多地说“来西安”。

其二，关中方言介词对“上、下”的管控。

“上、下”两个单纯趋向动词在关中方言里受到介词“在、到”的管控作用没有“去、来”那么明显。以动作行为的主体即施事者所处的位置为参照点，向着高的地方去或者类似的动作行为即为“上”[①]，如动宾式：上山、上街、上集西安一带指赶集、上墙、上房、上炕、上後西安一带指上厕所，因为农家的厕所多在后院，所以这么叫；多指大便、上树、上访、上书中央、上脸如喝酒上脸、上面子如木匠做桌子时，把桌面子安上；向着低的地方去或者类似的动作行为即为“下”，如动宾式：下山、下河、下井、下水下到水里、下窖、下麵、下锅、下坠、下油锅。

以上“下水”及其以前的词语，西安方言“下”字文读[ɕia^{55}]，白读[xa^{55}]；“下窖”以后的“下”字，西安方言只有文读[ɕia^{55}]。西安方言“鸡下蛋、牛下牛犊、马下骡驹、狗下狗娃、猫下猫娃”的“下”字也只有文读[ɕia^{55}]。

再如到县城去，处在比县城高的地方叫做“下县/下城”，处在低处的叫做“上县/上城”；而与县城处在同一高度的地方，叫做“上县/上城”以外，还常常说成“在/到县上去”。调查结果表明：关中方言区多数居民口语里常常说“在/到＋处所＋去”。下面比较西安和兴平方言的一组例句：

西安　在山上去咧　在地呢去咧　在单位去咧　在上海去咧

兴平　到山上去咧　到地里去咧　到单位去咧　到上海去咧

其三，关中方言介词对单纯趋向动词“进、出”的管控。

关中方言的“进、出”可以充当“城、村、门、学校、单位、院子”等的谓语，但是，通常情况下，口语里以介宾词组充当“进、出”的状语为主要的语法表达手段。举例句如下：

从西边门进/进西边门。

谚语：病从口入，祸从口出。

从城门洞子进/从城门洞子望进走。

从这儿进/由这儿进/踒[nɤu^{31}]这儿进。

他从门里头出来咧/他出门咧/他出咧门咧/他出[pfʰuː^{31}]门咧。

其四，关中方言介词对单纯趋向动词“走、过”的管控。

关中方言的“走”字在“走亲戚”这个意义范畴里可以直接带宾语，如“走谁家”问的是“走哪家亲戚去”，“走女子家”指“去女儿家”；还有诸如“走舅家、走姐家、走娘家、走丈儿家丈人家”。这个“走”字一般指传统节日期间拿着礼物去亲戚家。

“走西口”是陕西人（主要是陕北和关中）至今耳熟能详的一个概念，这个词语里饱含着150多年前陕西向西移民的历史事实。“走西口”就是到西口一带去，这个词语在20世纪80年代以前，是当时老派人口头常常说起的，我们所知道这个词语的用法如下面的例句：

那个时间儿就只好走西口[tsɤu^{52} ɕi^{31} kʰɤu^{52}]去过活，我的[ŋæ^{31} .ti]户族我们家族有一门子走西口咧[tsɤu^{52} ɕi^{31} kʰɤu^{52} .liɛ/tsɤu$^{52-31}$.ɤu ɕi^{31} kʰɤu^{52} .liɛ]/走咧西口咧[tsɤu^{52}.liɛ ɕi^{31} kʰɤu^{52} .liɛ/tsɤu$^{52-31}$.liɛ ɕi^{31} kʰɤu^{52} .liɛ/tsɤːu^{-31}ɕi^{31} kʰɤu^{52} .liɛ]。

如上例句里，西安一带方言“走”的完成时态或以“咧”为标志，或以“走”的拖音（.ɤu）为标志，或以“走”的主要元音长化为标志。

但是，关中方言区多数方言点老派不说“走北京、走上海、走英国”，而是说“在/到北京去了$_1$、在/到上海去了$_1$、在/到英国去了$_1$”。而北部的定边方言却可以说“走北京、走上海、走英国”；甘肃庆阳一带也可以说“走北京、走上海、走英国”。

关中方言不说“从北京过郑州、过武汉，到广州”，而一般是说“从北京走，从郑州、武汉过，到广州”。关中老派方言口语一般没有“过＋处所”的格式。例如：

我从他门上经常过呢。

咱不从那边过，就从这边过。

你从西安到北京，是从太原过呢吗还是从郑州过呢？

原先坐公共汽车由西安到宝鸡，经常得从户县、周至、眉县过呢。

其他语境里的“过”字可以不受介词的管控，例词如：过河、过桥、过年、过节、过事办红白大事、过手、过招、过活指居家过日子，特指夫妻之间相处、过水面指用凉水冰过的面条。

3.1.2.2 句末时制助词“呀”字对趋向动词的管控

关中方言不说“去什么地方”，“去”字常常处在句末而连带“呀”字。如西安方言的句末语气词“呀”字表示将要进行时态兼表正在进行时态，一般是某个动作行为已经开始进行而尚未完成，有时候还表示为准备去做；“呀”字用在趋向动词“去”的后边表疑问或陈述。西安方言表示“去往”义时，最常见的方式有三种：一是“去呀”合音为[.tɕʰia]；二是省去“去”字只用“呀[.ia]”，“呀”字处于“去”的语法地位，实质上相当于“去”；三是“去呀[tɕʰi55-31 .ia]”两字不合音。于是形成了下面的三组语句格局：

A. 你做啥干什么去呀[.tɕʰia]/你做啥呀[.ia]/你做啥去呀[tɕʰi55-31 .ia]？ | 我在到北京去呀[.tɕʰia]/我北京去呀/我在北京呀/我在北京去呀。

B. 我上去呀[tɕʰi55-31.ia/.tɕʰia]/我上呀（/我在上头呀/我在上头去呀） | 你得是是不是下去呀/你得是下呀？ | 我出去呀/我出呀(/我在外头呀/我在外头去呀)。

C. 他这忽这会儿回去呀[tɕʰi55-31.ia/.tɕʰia]/他这忽回呀 | 我不想睡咧，你再睡一下一阵子，我起去呀/我不想睡咧，你再睡一下，我起呀。

很有意思的是“起去”在上列C类型句中也可以作为动作行为的主体。

如上文表12所罗列的“你干什么去”及其答句“我到北京去”在其他方言点的变体，多数方言点如西安方言那样，句末以“去呀”或“呀”字煞尾；或以“揭”字煞尾，如大荔、澄城、合阳、宜君、洛川等处；或以“去”字煞尾，如潼关、黄龙。

我们从贾平凹的《古炉》所找到的以“去”字或“去呀”煞尾的例如：

狗尿苔说：你寻火去，长宽叔让你去寻火！(7)

狗尿苔说：我看热闹去。(14)

哪儿好玩到哪儿去！(14)

天布媳妇说：我下锅给你捞啊？！随便盛了一碗，往锅台上一放，说：吃去！(48)

婆说铁栓和土根去山根砍树去呀，来通知她去马勺家帮忙哩。(46)

他只说出来的是秃子金，秃子金一定是喝了酒要回去呀，可出来的却是天布。(258)

田晓荣、卜晓梅《〈李十三十大本〉中的助词“加”》(2011：61～64)

一文没有认为关中方言读作[.tɕia]的轻声字“加”（或写作“家”等）是合音字。她们这篇文章里所讨论的“加”字的用法很值得关注。下面选取几个例句：

诸葛暗：你活来了，你吃人加。你可没见过官么，今日也叫你经个大世事。（《香莲佩》）

芸香：既不怪我，我就说加。（《火焰驹》第七回）

李春生：弟没有银钱我该娶那谁家娃？难道说叫弟丢人价？（《古董借妻》第一场）

山精：你这官府是贾充，我这先生也是假充，如今真官坐堂加，你在堂上再充一充罢！（《玉燕钗》第十八回）

李如桂：开场就玄玄的，把女官人拿住加。（《十王庙》第十九回）

崔双林：到底要问明白，糊里糊涂就叫姐姐加。（《白玉钿》第十回）

苏氏：丫头，你把我摇散活（散架）了加。（《白玉钿》第十回）

山精：哎呀，等我松气松气，自然教你明白加。（《玉燕钗》第十七回）

“呀”字在关中方言里还表示将然的语气，下文还要专门讨论。

3.1.2.3　能愿动词对趋向动词的管控

孙立新（2004：294～303）《户县方言的“得”字》一文讨论过户县方言“得”字对趋向动词的管控等问题，其特点大致也是关中中西部地区所共有的。孙立新（1997：106～124）《关中方言略说》一文讨论了关中（包括西安）方言“得”字用在疑问句且嵌在动词谓语与结果补语之间，是“能不能”的意思；当动词是趋向动词时，疑问句式可变作“得 V”式。这种以“得”字构成的疑问句，其肯定式回答均为“能 V”；否定式回答是“V_1不 V_2/不得 V”等，疑问式有“V 得行”，否定式回答无“V 不行”。举例比较如表 14；“能”字在表 14 所罗列的格式中，只出现在肯定式回答中。“得、能”两个字在关中中西部方言里呈互补格局。

表 14　　关中中西部方言“得 V”式疑问句及其答句比较表

疑问式	肯定式回答	否定式回答
得来来得了来不了/来得成/来得了？	能来。	不得来/来不成/来不了。
得去去得了去不了/去得了/去得成？	能去。	不得去/去不成/去不了。
得走能不能走动或离开/走得成/走得了？	能走。	不得走/走不成/走不了。
得下去下得去下不去/下得去？	能下去。	不得下去。
得出去能不能出去/出得去/出去得了/出去得成？	能出去。	不得出去/出去不成。
拿得起能不能拿起来/拿得动？	能拿起/能拿动。	拿不起/拿不动。
得起来能不能（坐、站、干）起来/起得来？	能起来。	不得起来。

西安方言口语里一般不说“不能＋V趋”，而是以“不得＋V趋”等形式来表示。普通话的“不能＋V趋单”，西安作“不得＋V趋单”。西安的复合趋向动词“上来、下来、上去、下去、进来、进去、出来、出去、回来、回去、起来、起去”的否定形式，在口语里不作“上不来、下不来、上不去、下不去、进不来、进不去、出不来、出不去、回不来、回不去、起不来、起不去”，即“上来”等不能嵌入否定词“不”字，而是以前加“不得”来表示“上不来”等语法语义特点的。目前，我们从土著西安人的口语里也可以听到“上不来、下不来”等否定形式，这是受普通话影响的结果。

3.1.3　趋向动词的其他问题

3.1.3.1　关中方言的“走过”

其一，关中方言没有普通话的“走过”在诸如“从桥上走过”等句子里的用法，而是以其他形式来表达。比较如下：

北京　从桥上走过　　　　　　　从门口走过
西安　从桥上走过去/从桥上过　　从门口走过去/从门口过
北京　从这儿走过
西安　从这儿走过去/从这儿过

其二，关中方言区岐山及其以东地区与北京话“走开”语义相当的词语是“走过[tsɤu^{52} kuɤ$^{55-31}$]”；“走过”在祈使句里通常蕴含着祈使者对被祈使者不满的语义。例如：

你放快走过！
你咋还不走过呢，在这凑啥热闹？
你去教他走过，这是个是非之地！
你走过，你走过，你再不走过我就拇[꜁tiɛ]你狗𠊎搡你狗东西一顿！
（淘气）你走过，咱一时等会儿再说。（孙仁玉《柜中缘》）
（李翠仙）走过，叫我走在头里。（孙仁玉《镇台念书》）
狗尿苔赶紧走过。（贾平凹《古炉》586页）

关中多数方言点都是“走过”，西部凤翔等处又作“走倒回去[tsou^{52} tau^{44} xuei^{24} tɕʰi$^{44-31}$]”。

我们曾经调查过相对于普通话“让他走开呀”在关中方言里的说法，调查结果表明，相对于普通话的“呀”字，关中多数方言点作“些”，“些”也有音变形式或其他变体：西安、临潼、蓝田、富平、高陵、礼泉、咸阳、户县、兴平、周至、眉县、太白作“꜀教/教꜄他走过些”，洛南、泾阳、旬邑、淳化作“꜀教/教꜄他走过先”，西安、户县、蒲城作（或又作）“꜀教/教꜄他走过嘛”，华阴作“꜀教他走过咹”，富县作“꜀教他走过煞”；凤县、宝鸡作“꜀教他旁里去煞”。“先、煞”的本字是都是“些”，中古“些”字读作[ia]韵母，“些”字主要元音鼻化以后在洛南、泾阳等处读如“先”；“煞”是减去了介音 i：[sia→sa]。

3.1.3.2 复合式趋向动词后字“来、去”的变调

官话包括普通话和关中方言最常用且能产性最强的趋向动词是“来、去”，西安方言趋向动词的变调可以从两点来看：一是西安方言复合式趋向动词后字“来、去”变作阴平调，例如：上来[ʂaŋ^{55} læ$^{24-31}$]、进去[tɕiẽ^{55} tɕʰi$^{55-31}$]。二是疑问式（如上文表 8 所罗列的）及否定式“V_1 得 V_2 | V_1 不 V_2”里的 V_2 读作本调，“得 V_1V_2 | 不得 V_1V_2”里 V_2 变作阴平调；肯定式里，单纯趋向动词读本调，复合趋向动词变作阴平调。例如：下得去[tɕʰi^{55}] | 不得下去[tɕʰi$^{55-31}$] | 能下去[tɕʰi$^{55-31}$] | 下不去[tɕʰi^{55}] | 得来[læ^{24}] | 能来[læ^{24}] | 不得来[læ^{24}] | 拿得起[tɕʰiɛ^{52}] | 不得起来[tɕʰiɛ^{52} læ$^{24-31}$]。

3.1.3.3 西安方言形容词动态化的趋向态模式

邢福义先生（1994）深入讨论了现代汉语兴发态“A 起来”、垂临态“A 下来”、延展态“A 下去”等语法特点，而西安方言相对于北京话的“A 起来 | A 下来 | A 下去”一律是“A 咧”，如“敌人一天天烂下去，我们一天天好起来”在西安方言里相应地作“敌人一天天儿烂咧，我的[ŋæ^{31} .ti]一天天儿好咧”。但是，北京话“不 A 起来 | 不 A 下来”在西安方言里相应地分别作“A 不起来 | A 不下来”。例如：

候等花生儿吃完咧，火也弱咧。

他这阵子高兴咧，你却高兴不起来咧。

她很快就平静咧，我就是平静不下来。

我[ŋæ^{31}]我们单位这几天热闹咧，你[ni^{31}]你们单位却热闹不起来咧。

3.1.3.4 “起去”和“起过”

邢福义先生（2002）特别讨论了“起去”一词在古汉语、普通话以及汉语许多方言里都存在着的现象。事实上，西安方言也存在着“起去”。

其一，西安人说“起来”，与“起去”语义不同。通常情况下用到“起去”，说话人和听话人都坐着或躺（/睡）着时说。若说话人坐着听话人睡着时，说话人不能祈使听话人“起去”，只能说“起来”。“起去”常出现的语境如：“你起去，起去做饭去 | 叫娃孩子起去背书去 | 你先起去，我再睡一阵儿就起来咧。”其中“你先起去，我再睡一阵儿就起来咧”里的“起来”也可更换成“起去”，更换后语义不变。“起去”两字在这个语境均为白读音[tɕʰiɛ^{52} tɕʰi$^{55-31}$]。

其二，在实际语用里，趋向动词“来”与“去”，“上来”与“下来”、与“下去”，“起来”与“起去”都有一个动作趋向的参照点问题。听说两

方都是具体的参照点，但这还不够，有时一些相关人或事物也是参照点。我们这里专门谈谈“起来、起去”两词的参照点问题。

当说话人和听话人都坐着或躺着时，坐（或躺）得高的一方只能向坐（或躺）得低的一方发出“起来”的祈使，而不能发出“起去”的祈使；坐（或躺）得低的一方可以向坐（或躺）得高的一方发出“起去”的祈使，而不能发出“起来”的祈使。

上文 3.1.3.4 之“其一”部分例句里的“起来”可以更换成“起去”的原因在于，说话人与听话人都睡（或躺）着，实际上是处于同一参照点，所以“起来”与“起去”在并列复句第二个复句“我再睡一阵儿就起来咧”里可以更换，如果把“我再睡一阵儿……”放在前边，那么，下列复句 A 可以成立，B 不能成立。

A 我再睡一阵儿就起去咧，你先起去。

B *我再睡一阵儿就起来咧，你先起去。

其三，“起去”也可以是听说双方以外的其他一方的行为，但说话人与“起去”行为主体之间必须有坐（或躺）等动作行为上下（高低）距离的参照，如当说话人坐着时可以说“这个鸡膀子坏咧翅膀折了，飞不起去。”再如一个病人站着，一个医生坐着，医生可以说“我知不道不知道他（站着的病人）的腿抬得起去能不抬起去？”同理，一个人站在飞机旁边可以说“这架飞机不知飞得起去能不能飞起去？”而不可以站在一只鸡旁边说“这个鸡不知飞得起去？”这是因为飞机要比人高甚至高得多，而鸡要比一般人低甚至低得多。

当听说双方都睡着或坐着时，说话人叫听话人跟自己同时起来时可以用“起去走”，“起去走”可以省作“起走”，这个“走”字是变作阴平调了。现在举“起（去）走”的例句如：咱俩起去走丨我不想睡咧，你也不想睡咧，咱咱们起走。

其四，如上文提到的“抬（得）起去丨飞（得）起去”等构成特点，西安方言凡是能和“起来”构成“普通动词＋起来”的动趋式的，都可以与“起去”构成动趋式。其中“普通动词”是指普通单音节动词。例词如：抬起来、抬起去、飞起来、飞起去、搀起来、搀起去、揭起来、揭起去、扬起来、扬起去、掮起来、掮起去、拾起来、拾起去、拿起来、拿起去、揹起来、揹起去、提起来、提起去。例如：

（和老婆一同跌倒的老汉说）小伙子，你先把我老婆搀起去，我自己能起去。

（坐在低处的人指着放在高处的装着粮食的口袋向听话人说）你把这桩子口袋麦小麦掮起去，送给贫困户去。

（坐在低处的人指着地上或床上、桌上的小提包对坐在高处的人说）你起去，起去把这个兜兜小提包或书包挂起去，挂得越高越好。

我们可以从最近几年发表的讨论或报道“起去”的文章看到汉语方言“起去”的特点来，如邢福义先生关于“起去”的三篇文章里有许多是从历代文献里找到的。

《醒世恒言》第 14 卷有一段话，给“起去”与“起来”间的关系作了很好的说明：

朱真却走近坟边。那看坟的张二郎叫道：“哥哥，狗子叫得一声，便不叫了，却不作怪！莫不是有做甚不是的在这里？起去看一看。”哥哥道：“那做不是的来偷我甚么？”兄弟道：“却才狗子大叫一声便不叫了，莫不有贼？你不起去，我自起去看一看。”那兄弟爬了起来，披了衣服，执着枪在手里，出门来看。

张二郎让张大郎“起去看一看”，张大郎的理由是坟地没得偷的，意思是自己不起来。张二郎理会了哥哥的意思以后，“你不起去，我自起去看一看”，然后，他“起去”的具体行为就成了“爬了起来……”这段话里，“起去”与“起来”间的关系正好如关中方言的说法。

我们从清代渭南李芳桂的《香莲佩》所找到的“起去”的用法跟今关中方言是一致的：

我们是曹公子手下的兵丁，善缚马翅，恐怕教你飞不起去。

你妹子曾说，赠镯之后，你兄妹就往王家拜寿去了。第二天回家，一醉如泥，他家遭下人命，与你无干。也是无罪之人，起去。

但《十王庙》，《紫霞宫》里的如下“起去”却是“责令离开”义；今关中方言已无此义：

李如桂：起去。前行安置。(《十王庙》)

只要我儿收留，我还有何说？吕子欢马房料理，花瓣厨房经营，起去罢。(《紫霞宫》)

还有，《火焰驹》里有一例“起去”是“起来”的意思：

李彦荣：孩儿罪该万死。(跪)——李绶：能伸能屈，才为丈夫，何罪之有？站起去。

我们还从《易俗社秦腔剧本选》(中国戏剧出版社 1982)看到有关剧本里“起去”当“起来”讲的例子。罗列如下：

尼姑：尼姑接见大人。——刁迈朋：起去。(李桐轩《一字狱》)

差役：(跪)禀大人！……——张曜：胡说！谁说公事都是太太办哩？站起去！(孙仁玉《镇台念书》)

其五，“起过”在关中方言里的意义跟“起去”有点相似，而用法则不太相同：“起过”很可能是“起去＋走过[tsɤu^{52} kuɤ$^{55\text{-}31}$]$_{\text{走开，语气比较生硬}}$”或“起来＋走过[tsɤu^{52} kuɤ$^{55-31}$]”，“起过”的意思是让听话人离开；“起过”的参照点还是说话人，“起过”的行为主体是听话人；“起过”的语气未必就生硬。当说话人从坐着或站着的听话人跟前经过，听话人在影响着说话人走路的时候，说话人可以发出“起过”的祈使；如在炕上或床上躺着的听话人影响着说话人下炕或下床的时候，说话人也可以发出“起过”的祈使；当站着或坐着或躺着的听话人在影响着第三者或更多人走路的时候，说话人也可以发出“起过”的祈使。也就是说，影响或阻碍别人行进者才可能被作为“起过”的行为主体；关中方言的“起过≠起去”。这里举咸阳一带的歌谣《打铁》，其中用到“起过”一词：一打铁，二加钢，三打腰带，四打枪。五拨火，六搭炭，七里锤，八里站，惹得婆娘都来看。问你起过不起过，烧你臭鞋烂裹脚。

3.1.3.5　趋向动词的重叠问题

其一，如西安方言双音节趋向动词后一音节“去、来”两字可以重叠，罗列如下。

上来来　下来来　进来来　出来来　回来来　起来来　过来来

上去去　下去去　进去去　出去去　回去去　起去去　过去去

“去去”语义中往往含有对听话人不满的因素，“来来”无不满语义；西安方言分别读作[.tɕʰi tɕʰi$^{55-31}$ | læ$^{24-31}$ læ^{24}]。户县方言“去、来”两字处在第二个音节时由本调变作阴平（31 调值）。户县城关甘亭镇等广大地区“去去”读作[.tɕʰi tɕʰi$^{55-31}$]，“来来”读作[.læ læ$^{35-31}$]；周至及户县北乡大王镇、渭丰乡等地读作“去去[tɕʰi$^{55-31}$ tɕʰi^{55}]”和“来来[læ$^{35-31}$ læ^{35}]”，“去去”和“来来”第一个音节语义轻，第二个音节语义重。“V$_{单}$＋去去/来来”的语法形式是对“V$_{单}$＋去/来”形式动作趋向结果的强调。

“起来、起去”在户县方言里表通常语义的读法是“起来[tɕʰiɛ^{51} læ$^{35-31}$]起去[tɕʰiɛ^{51} tɕʰi$^{55-31}$]”。表强调时“起来、起去”的主要元音变长[tɕʰiɛ^{51} læː$^{35-31}$ | tɕʰiɛ^{51} tɕʰiː$^{55-31}$]。但“来、去”两字主要元音变长没有重叠式用得多。听话人与说话人互相可以看见时“来、去”方可重叠或主要元音长化，互相看不见时不能重叠或主要元音长化。“去、来”的重叠式及主要元音长化一般用于长辈对晚辈、长者对幼者。例如：

你上去去。

你放快起去去。

小张，你回来来。

你咋还不起去去？

你还不起去去，他都候你一会咧好久了。

你先起去去，嫑赖着睡懒觉咧。

你覅坐咧，放快起来来。

娃，起来来，起来吃饭。

小伙儿起来来，起来看电视来。

小王，起来来，咱俩逛街走去吧。

其二，一般单音节动词连带“去/来”时，如果要强调动作行为的结果时“去/来”也可以重叠。例如：

街上有热闹，出去看去去。

我把钱寻不来咧找不着了，你搭伙给我寻来来。

娃到吃饭时间还不见的还找不见，你去寻去去。

这些饭我吃不完，给你分一半儿，你吃去去。

我当组织部长，给你任命个副科长，你先当去去（隐含语义：因为对你印象不好，但鉴于你待我较好或你有一定能力等原因，先给你副科长当）。

你没钱盖房，出去借去去。

我把给你的东西丢放到屋家里，你拿来来。

（舅对外甥打电话说）你想借钱，来寻你妗子借来来。

其中，“V单＋去去”比“V单＋来来”的使用范围广。

关于“V去去｜V来来”，请详阅邢福义先生（2003）。

其三，户县方言“去[tɕʰi55-31]”也可以作为句子的羡余成分处在詈骂句的末尾，也可以以“去去[tɕʰi55-31 tɕʰi55]”的形式处于詈骂句末尾，“去去”也可以变作[tɕʰi55-31 .tɕʰi]，例如：

夯他妈去夯他妈[tɕʰi55-31]/夯他妈去去[tɕʰi55-31 tɕʰi55]/[tɕʰi55-31 .tɕʰi]!

夯你妈去夯你妈[tɕʰi55-31]/夯你妈去去[tɕʰi55-31 tɕʰi55]/[tɕʰi55-31 .tɕʰi]!

你妈再覅卖尿去你妈卖淫来着/去去[tɕʰi55-31 tɕʰi55]/[tɕʰi55-31 .tɕʰi]!

你先儿再覅亏人去你的先人亏了人了/去去[tɕʰi55-31 tɕʰi55]/[tɕʰi55-31 .tɕʰi]!

（你）再覅辱[suẽ35]人去你少丢人现眼的/去去[tɕʰi55-31 tɕʰi55]/[tɕʰi55-31 .tɕʰi]!

其四，西安方言两意义相反的单纯趋向动词V_1V_2（限于“来—往、来—去、上—下、进—出”）可以构成$V_1V_1V_2V_2$重叠形式，其中第二个V_1读轻声，第二个V_2读本调，“$V_1V_1V_2V_2$”是指动作行为主体相关行为的交替进行。例如：

他成辈子在山上住，上上下下，对山上熟得很。

你成天从堡子村子里头出出进进的，你都忙些啥呢？

我我们单位就咋像过事过红白大事一样热闹，来来去去来来往往尽是人。

其五，是相反趋向行为交替的反复；按照常例是不反复的，但是，说话人对相反趋向行为交替的反复表达，其语用目的往往是对这种相反趋向行为交替的不满或不如意。例如：

你这一会出来咧进去咧，出来咧进去咧，你是弄啥呢？！

你看那个东西，上来咧下去咧，上来咧下去咧，麻烦不麻烦？

他这一阵阵一直都是过来咧过去咧，过来咧过去咧，不停蹄马不停蹄的！

我整整儿一后晌出去咧回来咧，出去咧回来咧，从屋里头出去回来咧十几遍！

你看你嚜，把个椅子搬出来咧搬进去咧，搬出来咧搬进去咧，你是闲得没事干咧？！

以上的趋向动词限于复合词，假如要加强这类句子的语义和感情色彩，则所反复趋向动词的语音就要长化并且伴随特殊的变调形式，例如西安方言“上来咧下去咧｜搬出来咧搬进去咧”的通常读法分别是“[ʂaŋ^{55} læ$^{24\text{-}31}$ .liɛ xa^{55} tɕʰi$^{55\text{-}31}$ .liɛ]｜[pã$^{31\text{-}24}$ pfʰu^{31}læ$^{24\text{-}31}$.liɛ pã^{31} tɕiẽ^{55} tɕʰi$^{55\text{-}31}$ .liɛ]”，特殊读法分别为“上来咧下去咧[ʂaŋ^{55} læː$^{31\text{-}44}$ liɛ$^{-55}$…… xa^{55} tɕʰiː$^{31\text{-}44}$ liɛː^{31}]，上来咧下去咧[ʂaŋ^{55} læː$^{31\text{-}44}$ liɛ$^{-55}$…… xa^{55} tɕʰiː$^{31\text{-}44}$ liɛː^{31}]｜搬出来咧搬进去咧[pã$^{31\text{-}24}$ pfʰuː$^{31\text{-}44}$ liɛ$^{-55}$…… pã^{31} tɕiẽ^{55} tɕʰiː^{31} liɛː^{31}]，搬出来咧搬进去咧[pã$^{31\text{-}24}$ pfʰuː$^{31\text{-}44}$ liɛ$^{-55}$…… pã^{31} tɕiẽ^{55} tɕʰiː^{31} liɛː^{31}]”。其中，44 不是西安方言的常式调。

3.1.3.6　祈使句中听说双方共同趋向行为的“走”字

西安方言当“走”字变作阴平调[tsɤu$^{52\text{-}31}$]时，表示说话人告诉听话人与自己共同趋向行为的祈使。例如（老王说）“老张，咱回走”，意即“老张，咱们俩（一块儿）回去吧”。

其一，单纯趋向动词“上、下、进、出、回、过、起、开”可连带“꜀走”祈使听说双方共同的趋向行为，而“来、去”及复合趋向动词不能连带“꜀走”。“上、下”等与“꜀走”的结合，其语义特征分别为“上꜀走＝上去吧｜下꜀走＝下去吧｜进꜀走＝进去吧｜出꜀走＝出去吧｜回꜀走＝回去吧｜过꜀走＝过去吧｜起꜀走＝起去吧｜开꜀走＝去开吧”。例如：

老李，走，上走。

走，过走，过走看戏走。

咱的咱们都下走，赶快下走。

走，出走，嫑在这儿待咧。

咱不敢再睡懒觉咧，咱起走。

回，回走，回去迟咧领导不高兴。

来，过来，咱俩一搭儿一块儿进走。

过咧桥就到咱屋咱们家咧，咱从桥上过走过去吧。

出走，咱出走在街道上迈眼儿眼睛随便看（捕捉热闹）走。

哥，咱妈打电话叫咱俩回去呢，这忽这会儿咱俩回走。

车在那边放着呢，咱俩过去开走。（按：“开走”的“走”在这里若读本调[tsɤu^{52}]，则是“开了走”的意思；“开走[tsɤu$^{52\text{-}31}$]”是“开去吧/去开吧”

的意思。）

但是，不能说“咱俩下去走丨叫他回去走丨咱过去走”。

其二，“V＋去＋V（O）走”式及“V＋去＋V（O）走”也是西安方言常见的格式，例如：回去看电视走丨进去耍走丨出去尿尿[niau^{55} niau^{55}]小便走/出走尿尿走丨过去收拾揍或训斥他走/过走收拾他走丨上走看戏走丨进走耍走丨起走上班儿走。

其三，西安、户县方言也存在着省去趋向动词而由“走”字煞尾的祈使句。例如：

走[tsɤu^{52}]，在医院体检走。

走[tsɤu^{52}]，咱三个看热闹走。

咱俩在到街道[tau$^{55-52}$]街道上买菜走。

咱俩上县在书店买书走（我好长时间都没在书店去咧，想买书得很）。

我们在凤县调查到这样一个例句“咱的在凤州走”，意思是“咱们一起去凤州吧”。

下面是“咱们俩上去吧丨你们俩回去吧。”在西安等处的说法，其中关中不少方言点的“两”字在口语里读作阴平调；如下例句中用发圈的“꜀”标示出来，未标示的读作上声。

西安：咱俩上走丨你俩回去。

商州：咱两儿[.liɔ̃r]上去吧丨你两儿先回去（吧）。

韩城、大荔、渭南：咱꜀两上去丨你꜀两回去。

潼关、礼泉：咱꜀两上走丨你꜀两回去。

三原、咸阳：咱俩上走丨你俩回去。

泾阳：咱꜀两个上走丨你꜀两个回去。

乾县：咱两个上走丨你两个回去。

彬县：咱两上走丨你两回去。

武功：咱俩上走丨你俩回去。

扶风：咱꜀两个上去丨你꜀两个回去。

清代渭南剧作家李芳桂剧作里有大量以“走”字煞尾表示共同动作行为趋向的例子。

是呀，如今放心睡走。(《香莲佩》)

走，好地方坐走。(《春秋配》)

回咱家里走。(《十王庙》)

（吕花瓣）走走走，先吃走。——（吕子欢）先到厨房吃白蒸馍走。(《紫霞官》)

但是，《十王庙》里有这样一个例句：“会上人多了，不知是那个掉的。

拿回走，与我大娘戴。”是说话人的自言自语，跟通行的用法不一样，从情理上分析，这样说也不无道理；不过，这类例子我们在现代关中方言里是找不到的，也许，这是清代以前的说法。

史秀菊《河津方言研究》334～336 专门讨论了中原官话汾河片河津方言的“走$_3$”。史秀菊认为“走$_3$”兼表趋向和时态意义的（具体是未然时态），这是符合关中以至于晋南等处的实际的。史秀菊所举的河津方言例句，跟关中方言很像啊。比较如下：

河津　咱俩走教室走$_3$。——走$_1$！

西安　咱俩在教室 ꜀走。——꜂走！

河津　走$_1$！走$_1$我屋里打扑克走$_3$。——走$_1$！（打走$_3$！）

西安　走$_1$！在我屋打扑克 ꜀走。——꜂走！（打 ꜀走！）

河津　（咱）把车开过走$_3$。　英英，走$_1$，和街上吃饭走$_3$！

西安　（咱）把车开过 ꜀走。　英英，꜂走，在街上吃饭 ꜀走！

3.1.3.7　表祈使等意味的“去”

西安一带方言不太用北京话所具有的语气词“吧（罢）.pa”，参照吕叔湘先生（1980：52～53）“吧”字条内容，与北京话“吧”字相比，西安等处方言有用变作阴平调的“去[tɕʰi$^{55-31}$]”表示命令、请求、敦促、建议等意味的；“去”字在这样的语境里是趋向动词兼语气词。

其一，祈使句以“去[tɕʰi$^{55-31}$]”字煞尾，可表示命令、请求、敦促、建议等。例如：

表命令：你好好儿想嘎子想想去｜你的你们再研究一下去。

表请求：把我的忙帮一下去｜我想叫你把这些钱给我去。

表敦促：你放快离开这个地方去｜你放快把这碗饭吃了去。

表建议：咱咱们要不要把今年的救济款给太平乡去｜我看把女子女儿给嫁给张家去。

以“去”字煞尾是近代汉语语法的典型特征。我们从《金瓶梅》里找到类似的例句，罗列如下；其中 38、72 回的“去”字表命令，40 回的“去”字表建议。

迎春，你再去请五娘去。（38 回）

我在屋里正描鞋，你使小鸾来请我，我说且倘倘儿去。（72 回；按：“倘”即“躺”）

近日乔亲家那里，使乔通送了六个帖儿来，请俺们十二日吃看灯酒；咱到明日，不先送些礼儿去？（40 回）

以下是我们从《二刻拍案惊奇》里找到的例句，括号内是所在卷数；其中卷一、卷六的“去”字表命令，卷十的“去”字表请求，卷十三“去”

字表建议。

快去与你住持师父商量去！（1）

天气冷了，我身上单薄，这件布袍污秽不堪，你替我拿到里头去，支付我家妹子，叫他拆洗一拆洗，补一补，好拿来与我穿。（6）

况又实实是骨血，脚踏硬地，这家私到底是稳取的了，只管依着我们做去！（10）

现在借票，我和你衙门里说去。（10）

如此孩子，正好提携，而今账目文卷俱已见在，追出银两也给予他去。（13）

以下是西安易俗社剧作家作品里的部分例句：

哼哼，我把脑袋掉了，还想升官发财？这话你对傻子说去。（李桐轩《一字狱》第七回）

（钱小江）你教你妈说去。——（钱瑶英）妈，你说去。（高培支《夺锦楼》第五回）

门上与我传去。（李仪祉《李寄斩蛇记》第三回）

其二，关中方言行为主体是说话人时也常常以“去[$tɕ^hi^{55\text{-}31}$]”字煞尾，这个“去”字也变作阴平调，其中的“去”字在普通话里往往是前置的，“去”字的行为主体也可以包括说话人（具体如把“咱们”作“咱”）。比较如下：

北京　我这就去跟他说　我去给你把这件事办一下

西安　我这就跟他说去　我给你把这件事办嘎子去

北京　等我下班了回家去给你拿

西安　候我下班咧给你回到屋拿去

关中方言“去”字煞尾句的来源最晚唐代就有，如李白的“仰天大笑出门去，我辈岂是蓬蒿人”。再如元代关汉卿《窦娥冤》楔子窦天章云：“笑声今日一径的将女孩儿送来与婆婆，怎敢说做媳妇，只与婆婆早晚使用。小生目下就要上朝进取功名去，留下女孩儿在此，只望婆婆看觑则个。”

以下例句是我们从《二刻拍案惊奇》里找到的例句，括号内是所在卷数。

你且消停在此，等我与夫人说去。（11）

我父见我死无聊，老人悲哀过甚，与青箱丫头相继沦亡。今在冥府诉准，许自来索命，十年之怨恨，方得申报，我而今与他冥府对证去。（11）

要寻刘家儿子，与他说去。（13）

我们从李芳桂剧作里也找到如下以“去”字煞尾的例句，“去”字的语法语义特点，在例子中加六号字予以说明。

好娃哩，你饥了吃去表命令，你乏了睡去表命令，莫再要淘气我。（《香莲佩》）

好先生，好先生，待我亲自到厨房说去普通话作“去说”，先与先生整席。（《玉燕钗》）

不用说，明日先看活佛去普通话作“明日先去看活佛吧”。(《白玉钿》)

董兄，我还要会梦中人去普通话作“我还要去会梦中人呢”，你为何连夜开船。(《白玉钿》)

怎么跑了，十里乡俗不同，跑地拜堂哩。待我赶去普通话作“等我去追赶”。(《白玉钿》)

我们禀苏老爷去普通话作“我们去禀告苏老爷吧”。(《白玉钿》)

以下是从易俗社剧作家、蒲城李桐轩先生1860—1932《一字狱》里找到的部分例句：

走走，搜寻银钱东西去！(第二回)

有，我与你寻去。(第二回)

你们小心着，我要报大人去。(第六回)

臬台，听说还要招呼镇台去。(第七回)

其三，关中方言的单音节趋向动词“去”，以及以“去”为后字的双音节趋向动词在不连带宾语的情况下也可以构成“去[tɕ^{h}i^{55}]……去[tɕ^{h}i$^{55-31}$]”的格局。如“去＋V 去”的例子“去看去丨去吃去丨去说去丨去写去丨去寻去丨去买去”等，实际上最常说的分别还是“看去丨吃去丨说去丨写去丨寻去丨买去”等。如西安易俗社剧作家高培支先生《夺锦楼》第四回的例句“快去看去，我实在不想看它。”再如“-去＋V 去”的例子“回去看去丨进去寻去丨出去吃去丨下去洗去”，这是必须这么说的，没有其他变体。

其四，若在祈使句末尾用到了趋向动词“去”，那么，西安方言常见的情形是不出现趋向动词“去”和助词“去”连用的情况，由趋向动词“去”兼表助词“去”的语义。例如：

你先上去，我一会儿再上去。

你还是回北京去，嫑在这儿呆咧。

局长，教请允许我下乡去，我今儿就想下乡去呢。

咱俩一搭儿一同回去，回去还有要紧事呢；这阵儿就走。

特殊情况下，也出现“去趋去助[tɕ^{h}i$^{55-31}$ .tɕ^{h}i]”连用的现象，表示说话人对听话人相关动作行为无可奈何的心理。例如：

你想下乡就下乡去去[tɕ^{h}i$^{55-31}$ .tɕ^{h}i]。

他要走就教他走去去[tɕ^{h}i$^{55-31}$ .tɕ^{h}i]。

你硬实在要回去就回去去[tɕ^{h}i$^{55-31}$ .tɕ^{h}i]。

他实在想出去就叫他先出去去[tɕ^{h}i$^{55-31}$ .tɕ^{h}i]。

其五，关中方言变作阴平调的“去”字处于假设复句第一分句的末尾常常用于交替的假设，有左右为难、犹豫不决的意思；这种假设复句的类型是从正反两个方面来表达的，常常形成“假设（正）＋假设（反）”的并列格局，关中方言“去”字的语法地位正好是普通话的“吧”字。例如：

给你去，给你我就没有咧；不给你去，你硬要呢。

大伙儿选我当村长，当去，能力有限；不当去，不好推辞。

我想给你帮忙去，你懒得很；给你不帮忙去，看你可怜困顿，穷酸得很。

会开咧一半儿，觉着觉得没意思；走去，领导在会场门口坐着呢，不走去，难受得很。

去去[$tɕ^hi^{55}$ $tɕ^hi^{55-31}$]，路太远咧，得走老半天；不去去[$tɕ^hi^{55}$ $tɕ^hi^{55-31}$]，人家却[$k^hɤ^{31}$]又来叫咧一回，不去实在不好意思。

其六，跟上文“其五”相关涉，西安一带的“去[$tɕ^hi^{55-31}$]”字常常处于“V 去没 V、A 去不 A”的句式之中，当初的字面意思可能分别是“假如要问 V 吧并没有怎么 V、假如要问多么 A 吧并不怎么 A”，如今分别具有的“并没有怎么 V、并不 A”义当是引申的结果；其中 V 限于单音节动词，A 多数为单音节形容词。例如：打去没打丨看去没看丨说去没说丨寻去没寻丨拉去没拉丨涨去没涨丨长去不长丨大去不大丨高去不高丨黑去不黑丨严重去不严重丨厉害去不厉害。例句如：我把他打去没打，就是说批评咧两句丨她黑去不黑，漂亮着呢丨问题严重去不严重，好解决着呢。这两种形式“没、不”前后也可以加上“也”字等。例句如：其实，我把他拉去也没咋拉，他说把他拉疼咧丨他的个子高去也不算多高，就是打篮球的时候儿，投球准得很。

其七，北京话其他语境用到“吧”字的，西安方言不太用“吧”字，比较如下：

北京　快告诉我他上哪儿去了吧。　　这座房子是新盖的吧？

西安　放快给我说他在哪塌儿去咧。　这个房是刚盖的（/吧）？

北京　他大概已经走了吧？　好吧，就这么办。

西安　他大摸儿都走咧？　　好，就这下办。

北京　丢了就丢了吧，我另外给你一个。

西安　掉咧就掉咧，我单另给你一个。

北京　就拿我们单位来说吧，原来没有一个大学生。

西安　就拿我（的）单位来说，原先没一个儿大学生。

北京　就算你正确吧，也该谦虚点儿。

西安　就算你正确，也该谦虚点儿。

其八，西安方言变作阴平调的“去[$tɕ^hi^{55-31}$]”还可以用于时间句，请先看如下例句：

他把房盖起就到月底去咧。

想领上工资就到下一月去咧。

你的职称批下来就到明年去咧。

你想吃好的，只好候到过年去咧。

老张想叫我跟他一搭儿上县，就等到我明儿把水浇完去咧。

他成天不在单位，你想见他，就到单位开全体职工大会去咧。

你跟现任局长有矛盾，你想教人家重用你，候现任局长退二线去咧。

在西安方言里，如果把上列例句末尾“去咧”变成“咧着/咧着儿”，其语义依然不变（关于“着”，请详阅孙立新 2003）。举例句如下：

你想吃好的，只好候到过年咧＝你要吃好的，只好候到过年咧着（/咧着儿）。

他成天不在单位，你想见他，就到单位开全体职工大会着（/咧/咧着/咧着儿）。

如上例句煞尾的“去咧”是“的时候”的意思，“去”字的语值是时间发展上的趋向，表示将然的时态。西安一带方言的“去咧”还可以处在句中表时间，还是“的时候”的意思。

他关门去咧把手夹烂咧。

老汉望起拾起身去咧跌咧个趴扑马趴。

我那天削苹果去咧不小心把手削烂咧。

那个英雄在水里头救人去咧把自家淹死咧。

饲养员在到地[ti55-52]地里给牛割草去咧把手割烂咧。

如上 5 个例句中的“去”是实词虚化的结果，动作行为所关涉的对象（受事）、处所如“门、水里、地[ti55-52]”，从情理来看，往往需要“去”。但是，走向门口关门和站在门口关门都是可能的，削苹果一般是不需要去的。如“就着关门把手夹烂”这个事件，从以下句子可以看出“去咧”本义和当“的时候”讲的意思来。

他给他姐家分家去咧，教他的老二外甥把他打咧一顿。

我只知道他关门去咧，咋能知道他关门去咧的时候把手夹烂咧？

他跑咧几十里路打人去咧，他当自己能打过，没料想教人把他打咧个美打得很惨！

我们还可以预设一个到书店买书的语境来论证“去咧”的虚化过程。请看如下例句：

他在书店买书去咧。（——他在哪塌儿去咧他到哪儿去了？）

他今儿在书店买书去咧，还买咧些杂志、磁带、光盘咧啥的；刚回来。

他今儿在书店买书去咧，没买书，却买咧些杂志、磁带、光盘咧啥的。

他在书店买书去咧，还买咧些杂志、磁带、光盘咧啥的。此句“去咧”兼有“的时候”义

他在书店买书去咧还买咧些杂志、磁带、光盘咧啥的。此句“去咧”后边无停顿，“去咧”已虚化

请您注意，本小节所讨论的西安表时间趋向（将然）处于句末的“去咧”是处于承接关系复句里的，“……去咧”一般都有一个隐含了“现在，

当下”语义的前提分句；另外，有等待义的“候、就到、就等到、只好候到”等词语，本身就与“去咧”前后呼应，共同承担着将然时态的语义特征。下列对话语境里答句中的“去咧”表将然语义，括号里的词语“等我、候他”时有时无，对话语境里表示“等待”义的词语可以省略。

你几时有时间才能过来坐嘎子坐坐呢？——忙完手头的事情咧着。

你啥时间儿去学校呢？——（等我）做完作业去咧/做完作业咧着。

他这两天该来咧嘛了吧？——他这两天忙，（候他）忙完几件事去咧/他这两天忙，（候他）忙完几件事咧着。

本部分所讨论的句子类型基本上都是以“去”字煞尾的，这些“去”字的语音、语义和语法之间都有内在的联系。其语音特征是变作阴平调，孙立新《户县方言的连读变调》一文（见《宝鸡师范学院学报》1983 年第 2 期）把这种语音格局称作“半弱化”，“去”字的半弱化是未彻底虚化的反映，其兼有趋向动词和语气助词的共同特征就是有力的证明；从语义上看，煞尾的“去”字都有表示祈使等的语义，具有“吧”的意思；以“去”字煞尾是近代汉语语法的典型特征。

3.1.3.8　处于问句末表示索取等意义的“来”

西安方言的“来”字变作阴平[læ$^{24-31}$]以后，当处在句末的时候，有表示索取等意义；一般是说话人或动作行为主体（施事者）对有关物品索取意向的表达。讨论如下：

其一，从“拿来”的变调与否说起。西安方言“拿来”处于句末的时候，变调与否牵涉语义问题。例如“你把借我的书拿来”一句，若“来”字读作本调[læ^{24}]，则表示“你”回去的时候还可以再把“借我的书”拿回去；若“来”字读作变调[læ$^{24-31}$]，则表示“你”必须把“借我的书”归还给我。类似的不等式还可以再罗列几个于下。

你把桌子上的卷子拿来[læ^{24}]隐含语义：我想看看≠你把桌子上的卷子拿来[læ$^{24-31}$]含“归我”义。

教他把他的篮球拿来[læ^{24}]隐含语义：咱们打打篮球≠教他把他的篮球拿来[læ$^{24-31}$]含“归我”义。

你把他送你的东西拿来[læ^{24}]隐含语义如“充公”≠你把他送你的东西拿来[læ$^{24-31}$]含“归我”义。

估计“拿来[læ$^{24-31}$]”的“索取”义是“拿来归我”省去“归我”后并且意义仍然固化在“拿来归我”上的结果。这很可能是处于句末表示索取等意义“来”这种特殊用法的缘起。

其二，变作阴平的“来”字处在问句末表示索取等意义，大致都有前因，比如听话人曾经答应给说话人 100 块钱，而听话人没有给，说话人就可以问：“你不是说咧，要给我 100 块钱呢，你把要给我的（100 块）钱来？”再举若干例句如下：

老板，你说准备给我发工资呢，我的工资来？

你出门去呀，我给你给的钱多，你把剩的钱来？

我教你来的时候拿些挂面呢，那你拿的挂面来？

这种处于问句末的“来”也可以当作疑问语气词“呢”来看。例如：

人家给你给咧恁多的好处，你的良心来？

你说过要给他借些粮食呢，都几年咧，你给他借的粮食来？

我那天在你的书架子上看见有一本《白鹿原》，你的《白鹿原》来？

上列以“来[læ$^{24-31}$]”煞尾的问句都是问物的，户县北乡清代末期从湖北郧西一带迁徙来的居民，“来[læ$^{24-31}$]”字也可以问人。例如：

你跟你妈来咧，你达父亲来？

我刚才还见老三来来着，老三这会来？

我夜日个儿[iɛ$^{55-52}$ .kər]昨天给他送咧一架子车西瓜，那么多的西瓜来？

我们从《二刻拍案惊奇》卷 38 找到的问人的例子如：“恰好杨二郎走过来，徐德一把扭住道：‘你把我家媳妇子拐在那里去藏过了？’”“徐德道：‘街坊上那一个不晓得你营勾了我媳妇子？你还要耍赖哩!我与你见官去，还我人来！’”

其三，上文跟 3.1.3.6 部分的“其三”相当，上文“去”字所在的位置也可以换作“来”字，从而形成“来[læ^{24}]……来[læ$^{24-31}$]”的格局。如“来看来｜来吃来｜来寻来”等通常分别作“看来｜吃来｜寻来”；“-来＋V”的如“回来看来｜上来耍来｜出来吃来”，等等。

3.1.3.9 “不来”的特殊用法

关中方言单音节趋向动词“来”的否定式“不来[pu^{31} læ^{24}]”，与普通话用法有一致的地方，例如西安方言的问句与答句“你来不来？——来呢｜不来。”“你明儿还来不来？——还来呢｜不来咧。”根据实际语用的需要，“不来”之间还可以嵌入其他成分。例句如“我不想来咧｜你好长时间都不在我这儿来，忙啥呢？｜他不在单位来上班，能有啥原因呢？”

关中方言的“不来”有其特殊用法。与普通话相比，主要表现在以下几个方面：

其一，如普通话与感官等的动作行为有关的“V 不着/V 不见”，关中方言一作“V 不着”，一作“V 不来”，口语里不作“V 不见”。比较如下：

北京$_1$	看不着	听不着	闻不着	尝不着	寻不着
北京$_2$	看不见	听不见	闻不见		找不见
西安$_1$	看不着	听不着	闻不着	尝不着	寻不着
西安$_2$	看不来	听不来	闻不来	尝不来	寻不来

北京　划不着　彀不着　掂不着轻重

西安$_1$　划不着　亘不着　*掂不着轻重

西安$_2$　划不来　亘不来　掂不来轻重

如贾平凹《古炉》511 页的例句“迷糊说：谁？！耳朵塞了驴毛了听不来我声？”

其二，普通话的“V 不到”在关中方言里有的相应地也作“V 不来”，下面予以比较：

北京　找不到　查不到　（事情）办不到　认识不到　体会不到

西安　寻不来　查不来　（事情）办不来　认识不来　体会不来

北京　顾不到/顾不过来　估计不到　感受不到

西安　顾不来/顾不过来　估计不来/吃罢不来　感受不来

北京　感觉不到　分不清　辨不明

西安　示不来/觉不来/感觉不来　分不来　辨不来

如上西安“V 不来”的肯定式为“能 V 来/能 V 着”或“V 来咧/V 着咧”。如“能看来/能看着丨看来咧/看着咧、能寻来/能寻着丨寻来咧/寻着咧。

下边罗列关中方言区 51 处对“看得见‖看不见”的说法，其中，有的方言点“看得见”作“能看来”，“看不见”作“看不来”。

西安：能看见。nəŋ^{24}k^{h}ã^{55}tɕiã$^{55-31}$。/能看着。nəŋ^{24}k^{h}ã^{55}pf^{h}ɤ$^{24-31}$。‖看不见 k^{h}ã^{55}pu^{31} tɕiã^{55}。/看不着。k^{h}ã^{55} pu^{31}pf^{h}ɤ^{24}。/盯不见 tiŋ^{24}pu^{31} tɕiã^{55}。/盯不着 tiŋ^{24}pu^{31}pf^{h}uɤ^{24}。

临潼：能看见。nəŋ^{24}k^{h}ã^{44}tɕiã^{44}。/能看着。nəŋ^{24}k^{h}ã^{44}tʂ^{h}uɤ$^{24-31}$‖看不见 k^{h}ã^{44} pu^{31} tɕiã^{44}。/盯不见 tiŋ^{24}pu^{31} tɕiã^{44}。/看不着。k^{h}ã^{44} pu^{31}tʂ^{h}uɤ^{24}/盯不着。tiŋ^{24}pu^{31}tʂ^{h}uɤ^{24}。

蓝田：能看见 nəŋ^{35}k^{h}ã^{55}tɕiã$^{55-31}$。/能看来。nəŋ^{35}k^{h}a^{53}læ$^{35-31}$‖看不着。k^{h}ã^{55} pu^{31}tʂ^{h}uɤ^{35}/看不来。k^{h}ã^{55}pu^{31}læ^{35}/盯不着。tɕiŋ^{35} pu^{31} tʂ^{h}uɤ^{35}。

商州：能看着。nəŋ^{35}k^{h}ã^{55}tʂ^{h}uo$^{35-21}$。‖看不着。k^{h}ã^{55}pu^{21}tʂ^{h}uo^{35}。

丹凤：能看着。nəŋ^{35}k^{h}ã^{55}tʂ^{h}uo。‖看不着。k^{h}ã^{55}pu^{21}tʂ^{h}uo^{35}。

洛南：能看着。nəŋ^{35}k^{h}ã^{55}tʂ^{h}uo。‖看不着。k^{h}ã^{55} pu^{21}tʂ^{h}uo^{35}。

华县：能看着。nəŋ^{35}k^{h}ã^{55}tʂ^{h}uo。‖看不着。k^{h}ã^{55}pu^{21}tʂ^{h}uo^{35}。

华阴：能看着。nəŋ^{35}k^{h}ã^{55}pfo$^{35-31}$。‖看不着。k^{h}ã^{55}pu^{31} pfo^{35}。

潼关：能看着。nəŋ^{24}k^{h}ã^{44}pfo$^{24-31}$。‖看不着。k^{h}ã^{44} pu^{31}tʂ^{h}uo^{24}。

大荔：能看来。nəŋ^{35}k^{h}ã^{55}læ$^{24-31}$。‖看不着。k^{h}ã^{55}pu^{31}læ^{35}。

渭南：能看着。nəŋ^{35}k^{h}ã^{35}tɕ^{h}yo$^{35-31}$。‖看不着。k^{h}ã^{53}pu^{31} tɕ^{h}yo^{35}。

澄城：能看着。nəŋ^{24}k^{h}ã^{55}tʂ^{h}uo。‖看不着。k^{h}ã^{55}pu^{31}tʂ^{h}uo^{24}。

合阳：能看着。nəŋ^{43}k^{h}ã^{44}tʂ^{h}o。‖看不着。k^{h}ã^{55}pu^{31}tʂ^{h}o^{35}。

韩城：能看着。nəŋ^{24}k^{h}ã^{55}tʂ^{h}uo$^{24-31}$。‖看不着。k^{h}ã^{55}pu^{31}tʂ^{h}uo^{24}。

宜川：能看着。nəŋ^{24}k^{h}ã^{55} tʂ^{h}ɤ。‖看不着。k^{h}ã^{55}pu^{31}tʂ^{h}ɤ^{24}。

黄龙：能看着。nəŋ^{24}k^{h}ã^{44}.tʂuo。‖看不着。k^{h}ã^{44}pu^{31}tʂuo^{24}。/看不见。k^{h}ã^{44} pu^{31}tɕiã^{44}。

洛川：能看着。nəŋ^{24}k^{h}ã^{44}.tʂ^{h}uə。‖看不着。k^{h}ã^{44}pu^{31}tʂ^{h}uə^{24}。

黄陵：能看着。nəŋ^{24}k^{h}ã^{44}.tʂ^{h}uo。‖看不着。k^{h}ã^{44} pu^{31}tʂ^{h}uo^{24}。

宜君：能看着。nəŋ^{24}k^{h}ã^{44}.tʂ^{h}uo。‖看不着。k^{h}ã^{44}pu^{31}tʂ^{h}uo^{24}。

铜川：能看着。nəŋ^{24}k^{h}æ̃^{44}tʂ^{h}uo。‖看不着。k^{h}æ̃^{44}pu^{31}tʂ^{h}uo^{24}。

耀州：能看着。nəŋ^{24}k^{h}ã^{44}tʂ^{h}uo$^{24-31}$。‖看不着。k^{h}ã^{44}pu^{31}tʂ^{h}uo^{24}。

蒲城：能看着。nəŋ^{24}k^{h}ã^{55}tʂ^{h}uo$^{24-31}$。‖看不着。k^{h}ã^{55}pu^{31}tʂ^{h}uo^{24}。

白水：能看着。nəŋ^{24}k^{h}æ^{55}.tʂ^{h}uo。‖看不着。k^{h}æ̃^{55}pu^{21}tʂ^{h}uo^{24}。

富平：能看着。nəŋ^{35}k^{h}ã^{55}tʂ^{h}uo$^{35-31}$。‖看不着。k^{h}ã^{55}pu^{31}tʂ^{h}uo^{35}。

高陵：能看着。nəŋ^{35}k^{h}ã^{55}tʂ^{h}uɤ$^{35-31}$。‖看不着。k^{h}ã^{55}pu^{31}tʂ^{h}uɤ^{35}。

三原：能看着。nəŋ^{35}k^{h}ã^{55}tʂ^{h}uɤ$^{35-31}$。‖看不着。k^{h}ã^{55}pu^{31}tʂ^{h}uɤ^{35}。

泾阳：能看着。nəŋ^{35}k^{h}ã^{55}tʂ^{h}uɤ$^{35-31}$。‖看不着。k^{h}ã^{55}pu^{31}tʂ^{h}uɤ^{24}。/看不来。k^{h}ã^{55}pu^{31}tæ^{35}。

旬邑：能看着。nəŋ^{35} k^{h}ã^{44} tʂ^{h}uɤ$^{35-31}$。‖看不着。k^{h}ã^{44} pu^{31} tʂ^{h}uɤ^{35}。

长武：能看着。ləŋ^{35}k^{h}ã^{55}ts^{h}ʮɤ$^{35-31}$。‖看不着。k^{h}ã$^{55-35}$pu^{31}ts^{h}ʮɤ^{35}。

彬县：能看着。ləŋ^{35}k^{h}ã^{31}ts^{h}ʮɤ$^{35-31}$。|能看来。ləŋ^{35} k^{h}ã^{55} læ$^{35-31}$‖看不来 k^{h}ã^{55} pu^{31} læ^{35}。

永寿：能看着。ləŋ^{35} k^{h}ã^{44}.tʂ^{h}uɤ。/能看来。ləŋ^{35}k^{h}ã^{44} læ‖看不着。k^{h}ã^{44}pu^{31}tʂ^{h}uɤ^{35}。/看不来。k^{h}ã^{55} pu^{31} læ^{24}。

淳化：能看着。nəŋ^{24} k^{h}ã^{44} .tʂ^{h}uɤ。/能看来。nəŋ^{24} k^{h}ã^{44} læ。‖看不着。k^{h}ã^{44} pu^{31} tʂ^{h}uɤ^{24}。/看不来。k^{h}ã^{44} pu^{31} læ^{24}。

乾县：能看着。ləŋ^{35}k^{h}ã^{44}tʂ^{h}uɤ$^{35-31}$。‖看不着。k^{h}ã^{44}pu^{31}tʂ^{h}uɤ^{35}。

礼泉：能看着。nəŋ^{35}k^{h}ã^{44}tʂ^{h}uɤ$^{35-31}$。‖看不着。k^{h}ã^{44}pu^{31}tʂ^{h}uɤ^{35}。

咸阳：能看着。nəŋ^{24}k^{h}ã^{44}tʂ^{h}uɤ$^{24-31}$。‖看不着。k^{h}ã^{44}pu^{31}tʂ^{h}uɤ^{24}。

户县：能看来。nəŋ^{35} k^{h}ã^{55} læ$^{35-31}$。/能看着。nəŋ^{35} k^{h}ã^{55} tɕ^{h}yɤ$^{35-31}$。‖看不来。k^{h}ã^{55} pu^{31} læ^{35}。/看不着。k^{h}ã^{55} pu^{31} tɕ^{h}yɤ^{35}。

兴平：能看着。nəŋ^{35} k^{h}a^{55} tʂ^{h}uɤ$^{35-31}$。‖看不着。k^{h}ã^{55} pu^{31} tʂ^{h}uɤ^{35}。

武功：能看着。nəŋ^{24} k^{h}ã^{44} tʂ^{h}uɤ$^{24-31}$。‖看不着。k^{h}ã^{44} pu^{31} tʂ^{h}uɤ^{24}。

周至：能看着。nəŋ^{35}k^{h}ã^{55}tʂ^{h}uɤ$^{35-31}$。‖看不着。k^{h}a^{55}pu^{31}tʂ^{h}uɤ^{35}。

眉县：能看着。nəŋ^{24}k^{h}ã^{44}tʂ^{h}uɤ$^{24-31}$。‖看不着。k^{h}ã^{44}pu^{31}tʂ^{h}uɤ^{24}。

太白：能看来。ləŋ^{24} k^{h}æ̃^{44} læ̃$^{24-31}$。‖看不来。k^{h}æ̃^{44} pu^{31} læ̃^{24}。

凤县：能看着。ləŋ^{24}k^{h}ã^{44}tʂ^{h}uo$^{24-31}$。‖看不着。k^{h}ã^{44}pu^{31}tʂ^{h}uo^{24}。

宝鸡：能看着。ləŋ^{35}kʰæ̃^{44}tʂʰuo$^{24-52}$。‖看不着。kʰã^{44}pu^{31}tʂʰuo^{24}。

凤翔：能看着。ləŋ^{35} kʰæ̃^{44} tʂʰuo$^{24-31}$/tsʰɥo^{-31}‖看不着。kʰã^{44} pu^{31} tʂʰuo^{24}/kʰæ̃^{44} pu^{31} tsʰɥo^{24}。

岐山：能看着。ləŋ^{34}kʰã^{44}tʂʰuo^{34}。‖看不着。kʰã^{44}pu^{21}tʂʰuo^{34}。

扶风：能看着。ləŋ^{24}kʰã^{44}tʂʰɥo$^{24-31}$。‖看不着。kʰã^{44}pu^{31}tʂʰɥo^{24}。

麟游：能看着。ləŋ^{24}kʰã^{44}tʂʰɥo$^{24-31}$。‖看不着。kʰã^{44}pu^{31}tʂʰɥo^{24}。

千阳：能看着。ləŋ^{24}kʰæ̃^{44}tsʰuo。‖看不着。kʰã^{44}pu^{31}tsʰuo^{24}。

陇县：能看着。ləŋ^{24}kʰæ̃^{44}tʂʰuo$^{24-31}$。‖看不着。kʰæ̃^{44}pu^{31}tʂʰuo^{24}。

富县：能看着。ləŋ^{24} kʰæ̃^{44} tʂʰuo$^{24-31}$。‖看不着。kʰæ̃^{44}pu^{31}tʂʰuo^{24}。

定边：能看着。nəŋ^{24}kʰæ̃^{44}tʂʰuə$^{24-31}$。‖看不着。kʰæ̃^{44}pu^{31}tʂʰuə^{24}。

其三，普通话的复合趋向动词嵌入“不”字的否定式“上不来、下不来、进不来、出不来、回不来、过不来、起不来”，关中方言相应地作“不得+V$_{趋}$”。下面予以比较：

北京　上不来　　下不来　　进不来　　出不来

西安　不得上来　不得下来　不得进来　不得出来

北京　回不来　　过不来　　起不来

西安　不得回来　不得过来　不得起来

西安例句$_1$：门口围咧那么多人，他肯定不得进来。

西安例句$_2$：山这么陡的，你不得上来就要上来咧；看有个危险着。

西安例句$_3$：我今儿黑$_{今晚}$睡得太迟咧，明儿赶早6点钟肯定不得起来。

其四，关中方言的“V 不来”有的相当于普通话的其他否定式；其中有的“不来”可能是从“不起来”等减去一个音节而来的，如“不起来－起＝不来”。下面予以比较：

北京　说不定　半身不遂　办不了事

西安　说不来　半身不来　办不来事

北京　想不到；回想不起来　学不了；学不到

西安　想不来　　　　　　　学不来

《醒世恒言》16卷有一句“寿儿对答不来”，这句“V 不来”式正好跟关中方言的实际相符，关中方言相应地作“寿儿答不来/回答不来”。下面再举若干例句：

等不来车，咋回去呀？

想不来你这么能干的！

开车你学不来，你就要硬学咧。

办不来事，算不来帐，你能弄啥？

我想不来这件事咧，你想得来$_{能回想起来吗}$？

说不来他很快就发大财咧；你把他嫑料定了。

你写不来文章，你也算学者吗？少丢人咧！

其五，户县方言“不来”的儿化形式“不来儿[pu³¹ lə³⁵]”指动作不灵便。例如：

老咧，不行咧，手脚不来儿咧。

他的腿不来儿，你把他搀过来。

手不来儿咧，写字抖抖[tʰɣu³¹ .tʰɣu]发抖呢。

其五，老派口语“不来”和“不去”的其他特殊用法。

先说“不来”。比如，当下处在西安的土著居民不说“不来西安”，处在单位的人不说“他不来上班”，但是可以说“不来看我丨不来寻他丨不来找你丨不来给我帮忙丨不来寻他办事丨不来找你商量事情”。其实，口语里最常说的不是“不来看我”等，并且“来”字读作本调阳平[꜁læ]；而是“不在我这儿看我来丨不在我单位寻他来丨不给我帮忙来丨不寻他办事来丨不找你商量事情来”，并且“来”字变作阴平[læ²⁴⁻³¹]。

再说“不去”。一方面关中土著老派居民不说“不去北京丨不去上班丨不去工作丨不去给他帮忙丨不去法院告状”，并且“去”字读作本调去声[tɕʰi꜄]；但是可以说“不在（兴平等处作‘不到’）北京去丨不在单位上班去丨不在法院告状去”，并且“去”字读作本调去声[tɕʰi꜄]或变作阴平[tɕʰi⁵⁵⁻³¹]。一方面，若“不去”处在连动句中并且后续动词谓语有状语时则可以成立，例句如：不去好好儿工作丨不去专门开会丨不去故意寻麻烦丨不去安安儿很安心地，专心致志地上班。而“不去好好儿工作”等常常嵌入“想着”一词，其中的“不去”也含有“想着”的意思，很可能是省去了“想着”的结果，于是，这类句子以下列的为最常见：

不去专门开会/不想着去专门开会/不去想着专门开会。

不去好好儿工作/不想着去好好儿工作/不去想着好好儿工作。

不去故意寻麻烦/不想着去故意寻麻烦/不去想着故意寻麻烦。

不去安安儿上班/不想着去安安儿上班/不去想着安安儿上班。

3.1.3.10 “上、下”两字的特殊用法

其一，“上、下”两字的同义用法。

关中方言“上、下”两字作趋向补语时是同义的，例如北京“找不到、找到了”在西安方言里分别作“寻不上[ʂaŋ⁵⁵]/寻不下[xa⁵⁵]、寻下[xa⁵⁵⁻³¹]咧/寻上[ʂaŋ⁵⁵⁻³¹]咧”等。关中方言“上、下”两字在否定词“不、没”后读作本调去声，在肯定性句子里变作阴平。如西安方言“V 不上＝V 不下”“V 上咧＝V 下咧”句式中的动词 V 一般是单音节动词，这些动词主要有：揹、掮、跟、送、抬、随、□[tʰæ²⁴]贮藏、泡、冲、倒、养、关、写、画、买、定、

说、走、住、记、落记录、搬、出、挂、绾、抱、搬、放、撂随便放、搁、拿、拉、装、丢、留、立、跜[nɤu^{31}]立，站、掬、捏、攮、挣、搭、锁、扣、看、搂、提、坐、停、睡、躺、挺躺、舀、撒、来、去、办、干、做、造、安、壓垫、垫、念、答、黑、热、开、摆、找、雇、叫、歇、走、杀、卖、逛、搂、卧、登~文章、蹴[tɕiɤu^{24}]蹲、拿、带、关、闭、搭、拎、引、插、跟、光、换、钉^{ɔ}、包、备、存、晾、生、空^{ɔ}、捎、灌、吸、问订媳妇、娶、嫁、搂、渥、捂、压、要，等。

动词V是双音节动词的很少，常用的有“提溜[ti^{31} liɤu^{31}]、圪蹴[kɯ^{31} tɕiɤu^{31}]蹲、背绑、支应”等。单音节动词“V上≠V下”的主要限于手臂的动作行为较高的（“挂”字例外），如“举、掮、抗[k^{h}aŋ^{31}]用肩顶、揭[tɕ^{h}iɛ^{24}]扛（＝茄）、搀、乍，等。

现在举例句若干条，“上（/下）”表示“上、下”两字在这些例句中互换后语义不变。

来上（/下）半年。

干上（/下）一天。

把礼送上（/下）。

茶泡沏上（/下）咧。

没说上（/下）几句话。

没谝聊上（/下）几回。

豆芽菜生上（/下）咧。

来上（/下）三百人也不够。

把题答上（/下）咧就可能得分。

存上（/下）粮食咧就不愁吃咧。

办老光棍或鳏夫娶（亲）上（/下）个老婆。

你把书念上（/下）咧学到真本事了就能挣大钱咧。

娃问不上（/下）媳妇儿咋办呀孩子订不上媳妇该怎么办呢？

做上（/下）两天歇上（/下）三天，就像个做活的样子吗？

本书1.1.2.6部分讨论“N＋VV＋上/下”式的时候，指出户县等处的“N＋VV＋上”又作“N＋VV＋下”，户县等处以“N＋VV＋上”式为最常见，富平等处以“N＋VV＋下”式为最常见。这几种格式也是关中方言“上、下”同义的见证。

其二，关中方言的“上、下”两字还有“够，足够”的意思；其中，西安以及宝鸡一带的“上”字没有“下”字使用频率高，渭南一带只用“下”字。西安一带例如：

我出去打工挣上/下3万块钱再回来盖房。

他说出门三天就回来咧，没出去上/下三天老早都回来咧。

我教他送上/下 10 包子书过来呢，他过来就没送不上/下 10 包子书。

你把你应拿的先拿上/下，嫑多拿，也嫑少拿；若还想要，回头再说。

其三，西安一带的“否定式＋在＋指示代词＋上下[ʂaŋ⁵⁵ xa⁵⁵]呢”式。这种格式是对否定式在语义方面的强调，其中指示代词限于近指代词“这[tʂɤ⁵⁵/tʂɤ⁵²]/这个儿[tʂər⁵²]/这个[tʂuɤ⁵⁵]中老派妇女”和远指代词第一层次“兀个[uɤ⁵⁵/uɤ⁵²]/兀个儿[uər⁵²]”，“这、兀个”在具体语句中读作去声或上声；有的人习惯读去声，有的人习惯读上声。这类句子里，若用近指代词，则所论及的人在当面；若用远指代词“兀个”，则所论及的人在远处或其他地方。户县方言相应的近指代词为“这[tʂɤ⁵⁵]/这个儿[tʂə⁵¹]/这个[tʂuɤ⁵⁵]中老派妇女”，远指代词第一层次为“兀个[uɤ⁵⁵]/兀个儿[uə⁵¹]”。西安方言例句如：

这个人没水平就在这上下呢。

没眉眼如水平一塌糊涂就在兀个上下呢！

我看你没恪志意志力就在兀个[uɤ⁵²]上下呢！

不赢人不体面，拿不出手就在这[tʂɤ⁵²]上下呢！

不入局子不入流，没水平；为人不好就在兀个上下呢！

教你走你不走，你不走就有麻烦咧；你没眼色就在这[tʂɤ⁵²]上下呢！

你是个男人家，连这点儿事情都办不了；没本事就在这上下呢！

他没人能看起就在这[tʂɤ⁵²]上下呢；光学会咧个舔尻子巴结逢迎！

不降钆[ka²⁴]差劲儿，没本事；“钆=”是对钱币的谑称就在兀个上下呢！

你看他在老人面前的礼貌，就知道他不入局子缺乏教养就在兀个上下呢！

你替他说话，他反倒怪你一头子；不讲理就在这个儿上下呢！

你教人看不起就在兀个上下呢；你为啥不学些真本事呢？！

他一家子就是都会偷偷逮逮小偷小摸的，富不了就在兀个上下呢！

你看你这德行，事干不大就在兀个上下呢；你当你嫉妒残的别人，残的就不努力咧？！

其四，“上下”或“左右”常常可以作为概数的标志，例如：六十上下/六十左右、五百上下/五百左右、三千上下/三千左右、二十万上下/二十万左右。

另外，官话以及关中方言轻声调的“上”很普遍地可以作为处所词等的标志，这是由“上”字的“上边，上头”意义虚化来的。关中方言例词如：门上、地上、街上、路上、集集市上、书上、戏上、电视上、节目上、会会议；集市；村会上、嘴上、心上、头上、头发上、脖项脖子上、脸上、眼窝上、眉毛上、鼻子尖尖上、牙上、胛骨上、身上、肚子上、腰上、肋子上、尻

子上、尻蛋子臀部上、尻门子肛门上、腿上、脚上，等等。

其五，关中中西部的“上[ʂaŋ$^{55-31}$]”和东部的“下[xa$^{55-31}$]”可以处于“V＋上/下＋个”的结构里表示将然；几乎所有的及物动词都可以处于这个结构之中。例如：

我给你再给上/下个 10 块钱。

等几年给我娃娶上/下个媳妇儿。

赶快给他舀上/下个一碗饭教他吃去。

你锄上/下个半亩地再望回走天才开始热呢。

我给你介绍上/下个对象，你好好儿谈去。

你过去拿口袋装上/下个半口袋自己揹走。

我想在图书馆去借上/下个书十来本书呢。

你给他生上/下个一男半女，看他高兴不高兴？

老汉虽然 70 岁咧，揹上/下个七八十斤重的东西还不成问题。

这一组例句里的“个”字，西安一带口语读作阴平[kɤ^{31}]，其作用是充当衬字，因此，如上例句去掉“个”字后，语义不变。

其六，关中方言的“V 不下[xa^{55}]”有“V 不了[ᶜliau]；V 不到；V 不过，V 不起”等意思，一般指从能力上达不到；多数情况下 V 是单音节动词。例如：

我做的油泼面泼不下你泼的镇这么香。

他在县上去一回就办不下镇多的事情。

他就写不下恁好的文章，不信的话你查去。

我看你就惹不下她；你咋连个女人都害怕呢？

天热得人睡不下。

这一[tʂei^{52}]堆土这一[tʂei^{52}]个卡车拉不下。

凭他的正常收入，根本就攒不下镇多的钱。

你的日子要不是你妈的话，过不下镇好的。

这个公司就承担不下这一[tʂei^{55}]些工程。

就你屋你们家这一[tʂei^{52}]个经济条件，本来就问定（亲）不下这一[tʂei^{55}]好的媳妇儿。

3.1.3.11　动态助词“着/的、了$_1$”等处于“动趋”式之间的情形

关中方言的时态助词“着西安等处/的耀州等处、了$_1$”常常处在“动趋”式之间，从而形成了“V＋着/的＋Dd”和“V＋了$_1$＋Dd”的句法格局。孙立新《关中方言的“的”字以及与之有关的几个问题》一文（2008：1～7）讨论过这个问题。

其一，耀州“走的去/走着去/走下去”相当于西安的“走着去”，这是

在动词与趋向动词之间用一个虚补语的成分“的/着/下”连接，常常出现在把字句里；如户县民间故事《猴娃儿娘》有“猴娃儿娘，猴娃儿娘，你给猴娃儿吃一口指奶水，我把猴娃儿背着儿走”的句子。请大家注意，关中方言的这些格局里的趋向动词限于单音节趋向动词。比较如下：

耀州　把娃引的去/把娃引着去/把娃引下去。

西安　把娃引着去/把娃引上去/把娃引下去。

西安　把娃引[iẽː^{52}/iẽ^{52} .ẽ/iãː^{52} .ã]去。

耀州　把娃抱的去/把娃抱着去/把娃抱下去。

西安　把娃抱着去/把娃抱上去/把娃抱下去。

西安　把娃抱[pau^{52}/pau^{55} .au]去。

耀州　我急的想到北京去哩。

西安　我急着想到北京去呢/呀。

阎良　你嫑急的去。

西安　你嫑急着去/你嫑急去着/你嫑急着去着。

富平　（问）你咋的去来来着？（答）我走的去的。

西安　（问）你咋着去来？（答）我走着去来/我走[tsɤu^{52} .ɤu]去来。

西安　（问）你咋（着儿）去来？（答）我走[tsau^{52} .au]去来。

西安、户县、咸阳、乾县、蓝田等处“V＋着＋Dd”里的单音节动词V还常常形成长音、变韵、变调、拖音等语音、语法格局，下一节将专门讨论这个现象。

我们可以从《金瓶梅》里找到动趋式里边“的”字用如“着”字的例句：

这西门庆笑的往前边来，走到仪门首，只见来保和陈敬济拿着揭贴走来。（第49回）

你娘的头面箱儿，你大娘都拿的后面去了。（第94回）

来家又是大姐死了，被俺丈母那淫妇告了一状，床帐妆奁都搬的去了。（第97回）

如“搬的去了”，耀州方言相应地作“搬的去啦/搬着去啦/搬下去啦”。

柯理思（2002：26～43）在讨论汉语方言连接趋向成分的形式时列举了晋语以及吴语、湘语等用到“得/的”字的方言，可以给耀州、富平一带的“V＋的＋Dd”以佐证。如潘家懿1981所举交城方言的例句“小王一听就跑的来啦”，宋秀令1988所举汾阳方言的例句“俺给他送的衣裳的啦（后一个‘的’字相当于‘去’）”，刘丹青1997所举苏州方言的例句“汤先端得来（命令句：汤先端来）”，钱乃荣1997所举上海方言的例句“我拿小王寻得来（我把小王找来）”。张大旗1985指出长沙方言的趋向动词可用“得”字连接，也可用“起”字连接，也可以不用任何形式，例句如“我是走得来的/我是走起来的/我是走来的”；长沙方言的“我是走得来的”是近代汉语句式的传承，“我是走起来的”符合南方方言以及西南官话的特点，“我是走来的”可能是受普通话影响的结果。

孙立新（2003）在讨论户县方言的“着”字或者“着儿”用在动趋式之间时指出，“着/着儿”在表示正在进行时态的同时，它前边的动词（一般是单音节的）本身又区别于其他有关动词，如“把娃引着来”区别于“把娃抱着来｜把娃揹着来｜把娃拿自行车带着来”等等，“着/着儿”前边的动词具有明显的表示方式的意味。

其二，普通话“动趋”式以“了”字煞尾的句子，关中方言区中老派是以“了$_1$”处于“动趋”式之间为标志的，中西部地区限于趋向动词为单音节的，东部可以是复合趋向动词。

下面是我们从贾平凹《古炉》里选取的例句，贾平凹母语丹凤方言“了$_1$”读作[.lao]，“了$_2$”读作[.la]；“了$_1$”用黑体字。

……只是在出殡时支书也赶**了**来……（293）

在路口看守的明堂听到喊声和看星也跑**了**来，问：迷糊呢，迷糊呢？（465）

（狗尿苔）把厕所里的尿桶提**了**来放在炕下。（476）

半路上见麻子黑家起了烟火，跑**了**去，麻子黑没有碰上……（500）

是来回披头散发撵**了**来……（502）

这时候灶火一伙也跑**了**来，见明堂他们个个提了裤子嬉闹，气得骂……（502）

狗尿苔……他却偏提**了**尿桶要把生尿泼到自留地的葱垅去……（513）

以上“了$_1$”后边为单音节趋向动词，以下为双音节趋向动词：

古炉村人习惯着出**了**门回来手不能空着……（408）

哦，就说蚂蚁吧，要想着一队蚂蚁从院墙根爬**了**出来，就那么长的队……（448）

三个人担了红萝卜再往杏开家来，田芽已经领**了**一伙人出来要撵狼……（285）

狗尿苔看了他们一眼，心想面前的这些狗尿苔呀永远都是那么小的，就叹了一口气，寻着几根竹棍，把那断墙的进口挡**了**起来。（298）

金箍棒和镇联指的人在武斗结束后撤离了，死了的那个人也抬**了**回去……（507）

黄生生头又摆**了**过来。（512）

我们认为，近代汉语以及汉语方言处于动趋式之间的“得/的”字应当具有一定的时态助词的性质，这可以拿汉语不少方言的“了$_1$”字常常处于动趋式之间来印证，如柯理思 2002 的论证。下面是我们直接从柯理思 2002 的文章里抄录来的例句：

（27）今日甄家送**了**来的东西，我已收；咱们送他的，趁着他家有年下送鲜的船，交给他带**了**去了。（《红楼梦》第7回）

（28）已经从运河水路运**了**去了。（《儿女英雄传》第38回）

（29）打算要汇到北京去，托您给想个法子汇**了**去。（《官话指南》）

我们还从《二刻拍案惊奇》里找到类似的例子，括号内是所在卷数。

不必二三，取了来就是。（1）

一个老婆，被小子棋盘上赢**了**来，今番须没处躲了。（2）

次日，叫家人把店中行李尽情搬了来，顿放在兴哥家里。（4）

我有一宗银子在新都，此去只有半日路程。我去讨了来，再到你这里顽耍几时。（4）

我也要去看一看新郎。有人问时，只说是你的女儿，带了来的。（9）

不想他是借张家新尸附了来的。（13）

你如今只推有甚么公用，将好的田地买**了**去，收银子来藏了，不就是藏田地一般？（16）

你只拣那好田地，少些价钱，权典在我这里，目下拿些银子去用用，以后直等你们兄弟已将见在田产四股分定了，然后你自将原银在我处赎**了**去。（16）

3.1.3.12 西安方言动趋式的轻重音

西安方言的肯定性动趋式中“V上、V住”等里边的补语有轻声和重音的不同，凡“上、住”读作轻声时表示一般很随便的语义，而读作本调（上[ʂaŋ^{55}]、住[pfu^{55}]）时具有“非常认真，非常执着，正而八经”的意思。例如：

你抓住[.pfu]你随便抓住≠你抓住[pfu^{55}]你一定要抓牢、抓紧（不要松手）。

把他围住[.pfu]随便把他围住≠把他围住[pfu^{55}]坚决把他围住，不让他出来。

你把这个拿上[.ʂaŋ]随便拿着≠你把这个拿上[ʂaŋ^{55}]拿牢，千万不要撒手。

你把他跟上[.ʂaŋ]你随便跟着他≠你把他跟上[ʂaŋ^{55}]你跟紧他（不要与他落了距离）。

西安方言可以与“上（.上｜上꜄）、住（.住｜住꜄）”构成动趋结构的单音节动词主要有：跟、连、拿、掀[ua^{52}]抓、꜀看、看꜄、囚绑、绑、接、顶、偎、꜀抗顶，抵、塞、扎、压等。

注释

① 关中方言把“施（肥）”叫做“上”。传统的施农家肥叫做“上粪”，建国后的施化肥叫做“上化肥”；往地里施肥（包括农家肥和化肥）也叫做“上地”。关中谚语云：种地不上粪，等于瞎胡混。

② 西安一带雌性家畜的发情作“走/跑（꜂跑/꜁跑）＋N”。如母猪发情作“走/跑圈子”；母狗发情作“走/跑儿子儿”，户县又作“走生儿”；母牛发情作“走犊（*跑犊）”；

母羊发情作“走/跑羔”；母驴、骡马发情作“走驹（*跑驹）”。但是，西安一带母猫发情叫做“嘶春”，猫交配也叫“嘶春”。

关于“跑”字，关中方言可以说“跑北京、跑上海、跑香港、跑美国、跑欧洲”等等，例句如“他最近跑北京着呢｜他公司就有好几个人跑欧洲着呢，他公司把生意做到全世界咧”。但是，原生态的、口语化程度最高的例句如：他最近望北京跑着呢｜他最近在北京跑着呢｜这几年我一直在上海跑着呢｜你说，有咧生意，在香港跑好呢，还是在美国跑好呢，或者在欧洲跑好呢？

3.1.3.13　“过来过去”的特殊用法

关中方言意义相反的两个趋向动词“过来”和“过去”连用以后有着其特殊的用法。

其一，指两个方面频繁地来往，或曰“来来往往的”。例如：

你的一伙这一[tʂei55]几天过来过去的，都忙啥呢？

他最近一直跟几个朋友过来过去的，听说研究个啥问题呢。

这一[tʂei55]俩贼的型惯于盗窃者；阴谋家过来过去的，肯定有啥见不得人的事情呢！

如上例句中的“过来过去”又作“来来去去”，但老派文盲的口语里不作“来来往往”。

其二，相当于“到处”。例如：

街道上过来过去都是人。

这一[tʂei52]条街过来过去的饭店。

你要是在大草原去咧，就过来过去都是草原。

放学咧，学校门口过来过去的学生，过来过去还有接学生的家长。

其三，基于如上“其二”的用法，最典型的是有一个取笑在大庭广众之下大便的孩子的歌谣云：“大白尻子磨洋面，过来过去教人看。”其中的“过来过去”是“公开地”的意思。这个歌谣应当是很晚起才有的，如“洋面”指机器（磨面机）所磨的面粉，区别于中国传统的磨子所磨的面粉。①

其四，是“犹豫不定”的意思。例如：

你要定就定了，覅过来过去的。

咱的咱们得赶快把这一[tʂei52]事定了，不敢再过来过去的咧。

他这个人这一[tʂei52]遇见啥事都是过来过去的，就不像个男人！

其五，是“反复无常”的意思。例如：

他是个过来过去的人，打不成交道。

你作为领导咋就过来过去的呢，你咋是这领导呢？！

其六，用如副词，这是在以上用法的基础上形成的。具体的意思有“经常，经常性地；总是，一直是；反反复复”等，例如：

你咋过来过去欺负她呢？
我过来过去给你说，你都不听。
我今儿没有残的别的事情，过来过去都是发文件。
他过来过去在北京出差去呢，你吗知不道难道不知道？
他一辈子就干咧这一[tʂei^{52}]一样事情，过来过去都是管水电。
这一[tʂei^{52}]个单位多年就没进过人，过来过去就这几十个人。

注释

① 关中方言带“洋”的字眼，既记录了清中叶以前我国对外交往中外国物品进入我国的历史，如西安一带把西红柿叫做“洋柿子”，宝鸡一带叫做“洋柿柿”；也记录了鸦片战争以后我国的工业状况等的，如：洋面、洋蜡（机制蜡烛）、洋枧（肥皂）、洋糖（水果糖）、洋线、洋布、洋瓷盆子（搪瓷盆子）。记得“文化大革命”期间，到商店去买东西，给售货员说：“给咱买 2 分钱洋糖。”售货员郑重其事地说：“不能叫‘洋糖’，要叫成‘水果糖’。这是咱国自己生产的。”估计都是肯定有关部门有这样的规定，也可以充分地肯定，其动机是出于“爱国主义”的。笔者至今对于水果糖的叫法，基本上是“洋糖”和“水果糖”都叫。20 世纪 80 年代以前，关中农村老中派文盲口语里“洋面、洋线、洋布”用得很普遍，如今，能够听到的带“洋”字眼的似乎只有“洋蜡、洋枧、洋瓷盆子”了。这个具有社会语言学性质的带“洋”字眼问题什么时候彻底消亡，实在是难以估计。

3.2 体貌系统

近几十年来，汉语的体貌系统受到学界的日益重视。张振兴先生《汉语方言持续态举例》(2002：1～5）一文指出：西方语言里动词有时（tense)、体（aspect）等不同，往往可以依靠动词本身形态的变化来实现。汉语同样的时和体的不同，很难从动词或形容词的变化看出来，往往要依靠动词或形容词前后的其他语法成分来实现。所以汉语的“体貌”和西方语言的“体貌”在某种意义上说，其实不是一回事。

因此，根据张先生的观点，我们不能以生搬硬套的态度来硬把关中方言的体貌问题与西方语言中的体貌问题扯在一起来看待。

研究关中方言的学者，第一位注意了体貌问题的很可能是张成材先生，张先生在《中国语文》发表了《商县方言动词完成体的内部屈折》（1958：279～280）一文，受到学界的普遍关注，如袁家骅等先生所著《汉语方言概要》第 52 页引用了这篇文章；孙立新本世纪初开始注意研究关中方言体貌等问题，先后发表过《陕西户县方言的助词“着”》(2003：221～230)《与户县方言表示时态的“着”字有关的几个问题》（与阎济华合作；2007：8～10）《关中方言的“的”字以及与之有关的几个问题》（2008：1～7）《关中方言“了”字初探》（2011：100～104）《关于户县方言“着”字的补充讨论》（2011：84～89）等文章；邢向东、蔡文婷在《合阳方言调查研究》的第十三章以“体貌意义的表达手段”为题，第一次比较系统地研究了合阳方言的体貌问题（304～316）；兰宾汉《西安方言语法调查研究》第六章第二节讨论“体貌助词”的时候，比较系统地研究了西安方言的体貌问题（217～241）。

本节研究关中方言体貌系统的过程中，对于与时态助词有关的问题，不作专门讨论；关中方言的时态助词“着、了、过、来、得”等，于第四章之第四节专门讨论。本节主要参照《合阳方言调查研究》第十三章的研究方法来讨论关中方言的体貌系统。

3.2.1　经历体与完成体

3.2.1.1　经历体

关中方言经历体的体标志一般是“过[.kuɤ]西安音/[.kuo]合阳音”。西安方言例如：

这个人，我前几年就见过；他一直就这么胖。

这本书我给你早都送过，你咋给我还要呢？

全国各地我都去过，就是没在东北去过。

现在摘录《合阳方言调查研究》305 页的例句如下：

他那会子做过生意。

我吃过这菜，难吃得太。

前几天冻过，今日个热咧。

《合阳方言调查研究》305 页指出，普通话的“过”可以表示完成体，例如：我吃过饭了｜我已经见过你们领导了。合阳话这类句子中都不能用“过”，要说成：我吃了饭咧｜我都见了꜀你领导咧。关中方言包括合阳话的“过”不能表示完成体，只能表示经历体。

3.2.1.2　完成体

关中方言完成体的体标记主要有“了、毕/罢、上/下、着/的、起”，下面分别讨论。

其一，“了”字。“了$_1$”和“了$_2$”在关中方言里的大致特点，《关中方言“了”字初探》（2011：100～104）一文大致谈得比较清楚了；《合阳方言调查研究》305～307 页指出：合阳方言的“了$_1$”和“了$_2$”分别读作[lɔo^0]和[liə^0]，“了$_2$”可以写作“咧”。“了$_1$”是完成体助词，“了$_2$”是已然体助词兼语气词。

西安方言的“了$_1$”和“了$_2$”在通常情况下都作“咧”，而“了$_1$[.liau]”一般限于把字句、祈使句，如孙立新《西安方言研究》191页所举例句：我买咧三张票｜才换咧衣裳，你却[$k^hɤ^{31}$]又弄脏咧｜他睡咧一个钟头儿｜这一课我念咧三遍｜你走咧十分钟他就来咧｜这个戏我看咧一半儿就教人叫走咧｜我在图书馆借咧两本书｜꜀我的我们也寻咧个旅馆住咧一夜｜刮风咧｜我已经把回信写好咧｜我把信寄咧｜这本书我都看咧三天咧｜这个办法再好不过咧｜晴咧三天咧｜都中学生咧，还这么调皮捣蛋的？｜把钱买咧书咧｜害咧三天病｜你把雀儿麻雀放了｜你把诉状撤了｜你不爱听就把收音机关了｜你把他杀了能咋呀怎么样？｜你给他帮忙把场碾了再走｜你把娃饶了，娃记你一辈子好处。

关中方言的“了$_1$”后头可以带受事宾语，可以构成一般动词句、动宾谓语句、存现句，单独成句或充当分句。例如：

西安：老婆提咧个笼笼篮子过来咧。

西安：他吃咧饭就上班去咧。

西安：你有咧多给我些，没咧少给我些。

西安：他不小心把个碗打咧，打咧就吃不成饭咧。

合阳：门口挤了恁些很多人。

合阳：<u>三个</u>[$sãː^{311}$]梨我吃了<u>两个</u>[$liɑːŋ^{311}$]。

合阳：他给了我三斤橘子，我当下就把钱给他咧。

关中方言“了$_1$”的后边也可以带表时量、动量的宾语等。例如：

西安：钱都缴咧三年咧，房还是没到手。

西安：他说话嘴不安卯口无遮拦，我把他睖怒视咧一眼。

西安：他凭啥踢咧我一脚呢，我把他咋咧？

合阳：叫了半天，你都不搭声，你是聋咧？

合阳：꜀我的我们等了半点多钟，门才开。

合阳：我看咧一下，没看见有啥不对的。

“了$_1$”的其他用法，直接举西安跟合阳方言的例句，并且比较如下：

西安　我想看咧电影儿再回去　我寻咧三回都没寻见他

合阳　我想看了电影儿再回去　我寻了三回都没寻着他

西安　他睡咧一会儿就醒来咧　等你长大咧，你就懂得这些事咧

合阳　他睡了一会就醒来咧　等你长大了，你就解下这些事咧

西安　说错咧不要紧，再说一遍就是咧

合阳　说错了不要紧，再说一遍就是咧

西安　不能把这些东西撂了[$.liau^0$]　先把肉切了，等一下一会儿再切菜

合阳　不能把这些东西扔了[lɔo⁰]　先把肉切了，等给下再切菜

谭耀炬《三言二拍语言研究》（2005：246～247）所讨论的“下”字在“三言”中的用法与关中方言是一致的。谭先生指出：“下”用在动词后面，表示动作的完成或结果。这种“下”跟“了”的意思相近。“三言”中这样的例子很多。

老娘看见，到吃了一惊道："你莫非做下歹事偷来的么？"(《喻世明言》2)

假如上等贵相之人，也有做下亏心事，损了阴德，反不得好结果。(《喻世明言》9)

客官坐稳，我替你抓寻去。寻得下莫喜，寻不下莫怪。(《警世通言》4)

郑夫人将随身簪珥手钏，尽数解下，送与老尼为陪堂之费。等候满月，进庵做下道姑，拜佛看经。(《警世通言》11)

如今做下这等丑事，倘被裴家晓得，却怎地做人？（《醒世恒言》8）

只是木匠便会了，做下家火摆在门首，绝无人买。(《醒世恒言》20)

其二，西安方言动词完成体标记“了$_1$”可省略，省略的同时，其所在语法地位前的单音节动词变调后代替“了$_1$”的语法作用。变调规律是阴平31变作42，阳平24变作242，上声52变作31，去声55变作553。上声字变调后都带“咧”，其他声调的字不带。例如：

吃[tʂʰʅ$^{31-42}$]饭走[tsɤu$^{52-31}$]咧＝吃咧饭走咧吃完饭走了。

喝[xuɤ$^{31-42}$]/喝咧一盅酒就醉咧。

拿[na$^{24-242}$]/拿咧你的钱。

活[xuɤ$^{24-242}$]/活咧六十几岁咧，不会糟怪说谎。

寻[ɕiẽ$^{24-242}$]/寻咧个旅馆住[pfu$^{55-553}$]/住咧一夜。

他都走[tsuɤ$^{52-31}$]咧半年咧。

他把碗打[ta$^{52-31}$]咧不小心打碎了。

看[kʰã$^{55-553}$]/看咧三遍才懂咧。

念[niã$^{55-553}$]/借咧一遍，还念[niã$^{55-553}$]/借咧一遍。

借[tɕiɛ$^{55-553}$]/借咧一本书。

其三，动词完成体的内部屈折。关中方言区不同程度存在着动词完成体的内部屈折，西部相对要弱一点，而中东部地区普遍存在着这种特殊的语法现象。关中方言动词完成体的内部屈折是通过变韵并变读长音等手段来体现的。上文2.8节专门讨论过这个问题。

西安方言只有少部分元音韵母变韵后可以表示动词的完成体，例如：

[ʅ]　　吃[tʂʰʅɛː^{31}]饭走咧=吃咧饭走咧。

[u]　　这二年真是苦[kʰuæː^{52}/kʰuɤː^{52}]你咧让你受苦了。

[y]　　取[tɕʰyɛː^{52}]一百元。

[ei]　　得[tæː^{31}]理就不让人咧=得咧[tei^{31} .liɛ]就不让人咧。

[uei]　　你毁[xuæː^{52}]我一辈子=你毁咧[xuei^{52} .liɛ]我一辈子。

[ɤu]　　走[tsɛː$^{52-31}$]北京咧/走[tsau^{52}]北京咧=在北京去咧/北京去咧。

[iɤu]　　我拿咧一百元，花咧五十，丢[tiau^{31}/tɕiau^{31}]五十咧。

张成材先生《商县方言志》84～85 页指出：商州方言动词的完成体除了用“了”（口语读[lao^{21}]，可写为“咾”）以外，在口语中，多用变调和变韵（即内部曲折）的办法来表达，语法意义跟“了”（咾）完全相同，而且可以用“了”（咾）去替换。如问句“他吃咾饭啦，你吃咾饭啦没有？”可以说成“他吃[tʂʰəː$^{21-53}$]饭啦，你吃[tʂʰəː$^{21-53}$]饭啦没有？”其中“吃”字本读[tʂʰʅ^{21}]，现在变为[tʂʰəː$^{21-53}$]，韵母由舌尖后元音[ʅ]变成舌面央元音[ə]，而且由短元音[ə]变成长元音[əː]，声调也由原来的 21 变成了 53。商州方言动词完成体的变调规律是：阴平 21 变作 53，阳平 35 变作 351，上声 53 变作 31，去声 55 变作 551。韵母变化的规律性可以从两点来看：一是[a、ia、ua、ə、ɯ、uo、yo、iɛ、yɛ、ai、iai、uai、ao、iao、an、ian、uan、yan、aŋ、iaŋ、uaŋ]22 个韵母完成体用长音和变调表示；二是[ʅ、ʅ、i、u、y、ei、uei、ou、iou、ən、in、uən、yn、əŋ、iŋ、uəŋ、yŋ]17 个韵母表示完成体时，不单是声调发生变化，韵母也发生变化，而且变化规律非常整齐，例如：

[ʅ]　　你吃[tʂʰəː$^{21-53}$]饭啦没有？

[i]　　他起[tɕʰiɛː$^{53-31}$]床啦。

[u]　　饭里头煮[tsuː$^{53-31}$]洋芋啦没有？

[uei]　　归[kuaiː$^{21-53}$]公啦。

[ou]　　透[tʰaoː$^{55-551}$]一个窟窿。

[in]　　淋[lianː$^{35-351}$]雨啦。

[uən]　　滚[kuanː$^{53-31}$]坡底下去啦。

[əŋ]　　头上蒙[maŋː$^{35-351}$]一个帕子。

[yŋ]　　你拥[yaŋː$^{21-53}$]葱啦没有？

其四，“毕[꜀pi]/罢[pa꜄]”在关中方言里常常作为动词完成体的标志。例如：

你吃毕饭/吃罢饭再去也不迟。

我开毕会/开罢会再给你办事。

我想教他盖毕房/盖罢房把剩下的材料卖给我。

꜀我的我们把节目演毕就回来咧/꜀我的我们把节目演罢就回来咧。

等几个领导把这个事情研究毕再说/等几个领导把这个事情研究罢再说。

我们从《金瓶梅》第 30 回找到“毕”字充当动词完成体标记的例子：

“蔡老娘收拾孩子，咬去脐带，埋毕衣胞，熬了些定心汤，打发李瓶儿吃了，安顿孩儿停当。”

普通话的“吃完饭”在关中方言里作“吃毕饭/吃罢饭”，关中方言的“吃完饭/把饭吃完”是指吃光了饭，吃得丝毫不剩。

“毕”字还可以连带“了 $_1$”，如西安一带“了 $_1$”作“咧”；“罢”字则不能。例如：

席坐毕咧我就回来，你嫑催咧。

等几个领导把这个事情研究毕咧再说。

꜀我的我们把节目演毕咧就回来咧/꜀我的把节目演毕咧就回来。

普通话的“完”字可以表示完成，关中方言的“完”字则表示所提及的东西“没有了”。如普通话的“吃完饭”关中方言作“吃毕饭/吃罢饭”，而关中方言的“吃完饭”指“把饭吃得没有了”；再如普通话的“办完事”指“办过了一件事”，关中方言作“办毕事/办罢事”，而关中方言的“办完事”指“把几件事情都办完”。

其五，“上[.ʂaŋ]/下[.xa]”在关中方言里常常作为动词完成体的标志，西安一带“上”字口语还读作[.xaŋ][②]。关中方言多用“下”，中西部地区又用“上”；《合阳方言调查研究》308 页指出：“下”表完成的语法意义，置于动词后，表示动作已经结束，结果已经出现；前面也可以是形容词，表示状态已经出现；有一种比较句，也可以用“下”放在形容词后头，表示比较的结果。下面将西安方言的有关例句与合阳方言进行比较：

西安　老师把题都出上/下咧　天都阴上/下咧

合阳　老师把题都出下咧　　天都阴下咧

西安　我都把面捞上/下咧，你却要走呢

合阳　我都把面捞下咧，你却要走呢

关中中西部“上”的使用频率还是没有“下”高，下面比较西安与合阳一致的例句：

西安　小张却吹下牛咧　胡说话闯下祸咧

合阳　小张可吹下牛咧　胡说说的咥下祸咧

西安　他开头卯还不承认，后来承认下咧

合阳　他开头不承认，毕了承认下咧

西安　他做买卖短下钱咧　你的衣裳要是多下咧，就给他两件

合阳　他做买卖短下钱咧　你的衣裳要是多下咧，就给他两件

西安　我达父亲比/赶我妈大下十岁呢

合阳　我大赶我妈大下十岁哩

西安　谁比谁能强下多少呢？　你有啥了不起的？

合阳　谁比谁能强下多少么？　你有啥了不起哩？

我们从李芳桂剧作看到大量“下”字表示完成的例句，举例如下，六号字是随文注释：

小女子用圈儿，将少爷记事记录下了。(《香莲佩》)

你静静立着，咱的已经尼下了指闯了祸了，还尼啥加？（《香莲佩》)

老婆子倒有，可不是借下人的。(《香莲佩》)

牛二，这竹林内的尸首，可是你丢下的？（《香莲佩》)

第二天回家，一醉如泥，他家遭下人命，与你无干。(《香莲佩》)

你孩儿着乳娘问下了。(《春秋配》)

果然有接下的茬哩么！(《十王庙》)

咳！怎么做下这事吗？（《玉燕钗》)

细听是芸香前后周旋，约下今晚黄昏时候，在花园门外柳荫下送些东西。(《火焰驹》) 你家小姐，几时得下这病？（《清素庵》)

囊斋：哎，我都瞅下了。

彩兰：你瞅下是那个？

囊斋：我就瞅下你这好宝货。(《清素庵》)

西安方言完成体的“上”字在连带表示数量比较少的“些、几块、一点儿”等时，并且多数处在祈使句时，“上”字不作“下”字。例如：

你拿上些钱咧啥的去，看娃缺啥就给娃买些。

妈，你给我再给上几块钱些“些”字表示恳求语气！

你给他帮上几天忙去，就说我教你去的。

我想要上一点儿芝麻给你烙些芝麻坨坨馍小饼子呢。

以下是西安易俗社剧作家剧作里“上、下”表完成的部分例句：

你把哥这话听下，没错儿。(李桐轩《一字狱》)

哥哥，你把驴子备上牵来。(孙仁玉《柜中缘》)

这再在家里引上个白面书生，倒怎么了呀？（孙仁玉《柜中缘》)

我本来是我娘亲生的，我姐姐乃是要下人家的。(范紫东《三滴血》)

其六，关中方言的“起”字常常也作为动词完成体的标记，这个体标记通常白读[tɕʰiɛ⁵²]，区别于如下 3.2.2.1 部分之“其一”所报道的起始体标记白读“起[.tɕʰi]”，并且“起[tɕʰiɛ⁵²]”字所在的语境最多的是把字句。如下语境里“好/对”也常常可以作为完成体的标记；“对”字使用频率不高的原因是，其本身具有“正确”的意思，因此，如下“把饭做起/对/好”可以成立，但是，“把作业做起”却不能成立。

你把房盖起/好/*对再上班来。

你把作业做*起/对/好再出去耍。

我把这一[tʂei52]本书写起/好/*对就在北京去咧。

她把饭做起/对/好，自己一吃，出去打麻将去咧。

我几个早都把菜点起/好/*对咧，就等你一个呢。

他几个把场麦场光起/好/*对才用咧不到一个钟头儿。

木匠把那套家具做起/好/*对整整儿用咧两个月时间。

其七，“着西安等处/的富平等处”在关中方言作为动词完成体的标记主要用于动趋式之间；户县“着”又作“着儿”；本书讨论趋向动词之2.1.3.9部分讨论过这个特点。比较如下：

西安　把娃引着来　　　　把东西捎着去

户县　把娃引着（儿）来　把东西捎着（儿）去

富平　把娃引的来　　　　把东西捎的去

西安　看你是跑着去吗还是走着去呢

户县　看你是跑着（儿）去吗走着（儿）去呢

富平　看你是跑的去吗走的去哩

3.2.2　起始体与实现体

3.2.2.1　起始体

其一，关中方言的起始体标记主要有“开、起[.tɕhi]”，“起”字的使用频率远无“开”字高；户县方言还有“行[꜀xəŋ 白读]/行咧”（按：户县方言“行”字表示起始的使用频率不高，例句如“你把会开行我就到丨戏刚行他就走咧丨席一行他才来”）。张成材先生《商州方言里的“宾＋动＋开/毕”》（《汉语学报》2006年第2期）指出：商州方言的始动态用“宾＋动＋开”式，终动态用“宾＋动＋毕”式；其中商州的始动态“宾＋动＋开”在关中方言里是很普遍的。我们从贾平凹《古炉》64页找到这样的例句“麻子黑说：仗要打开了，我首先就崩了她!”孙立新、阎济华《与户县方言表示时态的“着”字有关的几个问题》（2007：8～10）讨论了户县方言的起始体标记“开、起”和“行咧”。“开”字的这种用法广州方言也有，如彭小川《广州方言的动态助词“开”》一文（《方言》2002年第2期）。户县方言的类似语序形式，其中“动宾短语＋开咧”使用频率不高，相应的“动宾短语＋行[꜀xəŋ]白读咧”及“（N）＋V＋开咧”使用频率很高，“动宾短语＋起[.tɕhi]”使用频率较高。下面列举户县方言此类起始时态的例句：

天却[꜀khɣ]又下雨开咧/天却下雨行咧。

他发潮想呕吐开咧/*他发潮行咧。

事办开咧能办几下/事办行咧能办几下?

烟发开咧/发烟行咧/烟发行咧。

做活行咧/活做行咧/活做开咧。

吃饭行咧/饭吃行咧/饭吃开咧。

唱戏行咧开始演戏了/戏唱行咧/戏唱开咧。

这娃做活起不行，念书起能行。

教小白脸儿白面书生做重活起肯定不行。

她唱歌起能行，跳舞起也行/她唱歌起、跳舞起都行。

这个人谝（大话）起一个能顶俩很能说大话，办事起连屁大个丝毫的本事也没有。

三原方言的例句："校长讲话开了[.lau]/校长讲开话了[.lau]。"

《合阳方言调查研究》308～309页从三个方面讨论"开"字的起始体。

一是附着在动词后表示动作行为的开始，处在谓语后。例如：

还早得太的哩，你可睡开咧。

两人说哩话哩就打开咧说着话就打起架来了。

二是处在动宾之间。例如：

客人还没来他就喝开酒咧。

兀两个为他妈的遗产还打开官司咧。

我刚把电视机关咧么，你可看开电视咧。

三是附着在形容词后边，表示状态发生了变化。例如：

打了春咧，暖和开咧。

都到十月咧，都慢慢冷开咧。

只要风顺，场扬开咧能扬几下？

戏演开咧再去就连不上咧赶不上了。

我们还从贾平凹《古炉》497页看到以"开来"表示起始的例子：两人还不忘斗嘴，狗尿苔就故意在敷灰时用力重了些，牛铃疼得又咯哇开来。

另外，"开"字在关中方言区北部和西部还表示将然，如凤县方言"你走开了[.liau]把我叫嘎噢你走的时候把我叫一下"。北部和西部表示将然的"开"字，西安一带作"得"字。下面将西安方言的有关例句与定边方言进行比较；定边的这些特点，陇东一带也是具备着的。

西安　发票你走得咧过来拿　　　　教他去得咧把我也叫上

定边　发票你走开了[.liæ̃]过来拿　　教他去开了把我也叫上

其二，关中方言"起"字白读[$tɕ^hiɛ^{52}$]时也常常作为起始体的标记，跟上文3.2.1.2部分之"其六"所处的语境近似，也是限于把字句。例如：

人家把会开起他才来。

专家把报告做起我马上到。

你把火球抡起我给你照相。

咱把锣鼓家伙抄起使劲地敲，啊！

戏台子就在门口呢，开场打起你再出来看戏。

3.2.2.2　实现体

关中多数方言点以“上”字作为实现体的标记，多数地方把“上”字读作[.ʂaŋ]，合阳读作[.ʂo]，韩城读作[.ʂɤ]，西安一带口语还读作[.xaŋ]。关中多数方言点“上”字的用法跟合阳是一致的。趋向动词“起[$tɕ^{h}iɛ^{52}$]/起来[$tɕ^{h}iɛ^{52}$ .læ]”在关中方言里也可以作为实现体的标记；这是语法化的结果。

其一，实现体标记“上”。

邢向东等《合阳方言调查研究》309～310 页指出：“上”字可以表示实现的语法意义，指动作、行为、状态已经成为现实。当“上”字附着在可持续动词或形容词之后时，表示某动作、行为开始并继续。例如：

我娃念上书咧。

你把锄给咱捍⁼[$xã^{52}$]拿上。

小王一要上扑克就没个底。

天可冷上咧。

附着在不及物动词后，表示动作已经实现，出现了结果，后头大都带数量宾语。例如：

你把兀个给踢上几脚，他就舒服咧。

那会子吃上一顿肉难得太。

叫我再吃上一个馍。

你再恶心骂上几句就对咧。

“上”字附着在连动式的第一个动词后头，表示后面动作的方式、状态等。例如：

小张跟上他哥到深圳去咧。

车来咧，赶快把娃抱上上车去。

你给咱把车子骑上头里走，我后头撵你。

实现体着眼于现在和未来，说明该状态已经出现并将持续下去。完成体则着眼于现在与过去的比较，表示动作已经完成，或事情发生了新变化，出现了某种新状态。如“我娃念上书咧”表示念书的行为开始并将继续，指孩子进了校门；而“娃念下书咧”则是指念书的行为已经完成；孩子已经学到知识了。“你说上他两句就对咧”是即将开始说，而“你说下他两句就对了”是教训完以后的话，意指你已经教训了他两句了，这就行了。如果说“你给上他一百块钱”，那就是还没有给钱，句子可扩展为：“你给上他一百块钱，他也做不了个正经事情。”而“你给下他一百块钱”则表示给钱的行为已经发生了，句子可扩展为：“你给下他一百块钱，都让他胡糟蹋咧。”可见，实现体和完成体不是一回事，有加以区分的必要。

其二，实现体标记“起/起来”。例如：

你把房盖起/起来再上班来。

这些书摞起/起来肯定有一人高呢。

他一个月就把一部中篇小说写起/起来咧。

他原先害过神精病精神病，最近⊆张狂，疯狂起/起来咧。

他把人手用得多，一天时间就把庄子宅基地垫起/起来咧。

他太乏咧，教他先睡一会儿，睡起/起来再给你帮忙多好？

3.2.3 进行体与持续体

3.2.3.1 进行体

关中多数方言点进行体标记为“哩”，少数为“呢”；还有“着呢西安/的哩富平”。西安、户县、蓝田、周至、咸阳、礼泉、兴平、武功、眉县等处把普通话的语气词“呢”仍然作“呢”，读作[.ni/ȵi]，其余方言点除了丹凤又作“咿[.i]”以外，基本上作“哩”；户县东南乡亦作“哩”。西安、户县的“呢”除了读作[.ni]以外，还读作[.niɛ]，也有读“咿[.i]”的。[i]韵母在关中方言里的白读有读作[iɛ]韵母的。例如“起、滴、砌”等字白读[iɛ]韵母，西部凤翔、宝鸡“东西（物品）”的“西”字和“晚夕（晚上）”的“夕”字读作[siɛ^{31}]。“呢”读作[.niɛ]也可以视作口语化程度很高的读法。“咿[.i]”的是减音（减去声母）的结果。

其一，“呢/哩”的用法。一是“呢/哩”可以单独用在句末，也可以跟副词“正”配合使用，表示读作正在进行。下面将西安的有关例句与合阳方言进行比较：

西安　我吃饭呢，他洗手呢/我正吃饭呢，他正洗手呢。

西安　我正吃饭着呢，他正洗手着呢。

合阳　我吃饭哩，他洗手哩/我正吃饭哩，他正洗手哩。

西安　他哭呢/他正哭呢/他正哭着呢，啥都不吃。

合阳　他哭哩/他正哭哩，啥都不吃。

西安　我妈在炕上坐着补衣裳呢，我姐在灶房做饭呢。

合阳　我妈坐在焙上补衣服哩，我姐在饭屋里做饭哩。

二是在疑问句里，“呢/哩”可以用于问句和答句。例如：

西安　他这会闹啥干什么呢？——睡到炕上看书呢。

合阳　他这一会弄啥哩？——睡到焙上看书哩。

西安　他几个这阵子是打牌呢吗打麻将呢？——打麻将呢。

合阳　他几个这会是打牌哩么耍麻将哩？——耍麻将哩。

三是在否定句里，与“呢/哩”搭配的副词是“不是”；如果否定词用“没”，那么句末就不用“呢/哩”。例如：

西安　我不是要游戏呢，我是上网查资料呢。

合阳　我不是要游戏哩，我是上网查资料哩。

由表进行体引申，“呢/哩”还表示惯常性的动作、行为，或正在从事的职业。例如：

西安　我娃这几天考试呢，我不能走，他天天黑咧晚上都回来呢。

合阳　我娃这几天考试哩，我不能走，他天天晚上都回来哩。

西安　学校是六点吃饭呢，学生宿舍十二点熄灯呢。

合阳　学校是六点吃饭哩，学生宿舍十二点熄灯哩。

关于惯常性的动作行为标记，柯理思《西北方言的惯常性行为标记“呢”》一文（2009：39～43）讨论了岐山蒲村镇的“呢[.n̩i]”。下面摘录柯理思教授对岐山蒲村镇惯常性标记“呢[.n̩i]”字讨论的有关内容，柯文用“/”表示相关性，如下引用时改作本文所使用的“｜”。

西北方言“呢”类助词的很多功能是老北京话的“呢”所具有的，比如例句（1）叙述在某一个特定空间和时间中所发生的一次性动作（specific/episodic），表示“看电视”这一动作的持续不变（岐山话表示静态位置的动词和介词“在”说成“到”）。

（1）你娘看电视呢。　　　　（2）你娘到屋里呢没？——到呢。

［北京：你妈看电视呢。］　　［北京：你妈在家吗？——在家（呢）。］

但除了这个功能以外，西北方言的“呢”还经常出现在表示惯常性行为的句子里，如以下句子在岐山话一般带“呢”，而北京话相应的句子如果不是要反驳对方的说法，不大用“呢”，如果带“呢”就带有夸张等特定的语气。在答句里“呢”只出现在肯定句中。

（3）日本人喝牛奶呢不？　　——喝呢。｜不喝。

［北京话：日本人喝不喝牛奶？　——喝。（??喝呢。）｜不喝。］

（4）老李吃烟呢不？　　——吃呢。｜不吃。

［普通话：老李抽不抽烟？　——抽。（??抽呢。）｜不抽。］

例句（3）的主语“日本人”是类指名词（generic noun），例句（4）的主语虽然是一个特定的人物，但动词所表达的动作不是指在特定的时间或者空间中进行的一次性动作，而是指一种习惯。根据句子所表达的意义，我们可以把例句（3）和（4）概括为“惯常句”（habitual sentences）。惯常性句子是类指句子（generic sentences）的一种。“呢”的这类用法和表示眼前正在进行的动作或者持续的状态有所不同。

在讨论“呢”的基本功能即“呢”表示“现实性”意义的时候，柯理思指出：无论是晋语区还是中原官话区，西北方言的一个特点是位于动词短语末尾的一套助词（为了方便起见我们称为“句末助词”），除了相当于老北京话的“呢”、“来着”和“了$_2$”的三个助词外，西北方言还用一个标注将来动作的助词（音为“呀”[.ia]等）。这些助词用法很丰富，与时、体都相关，因此往往被认为是构成一个时态系统（请看下文第3节的讨论），或者被叫做“时制助词”。以往的研究指出，和普通话相比，这些助词在西北方言中往往是强制性的，如果不用句子就不能成立。惯常性句子在普通话中不用任何句末助词，但在西北方言里却经常用“呢”来标注，我们推测这也反映同样的倾向。

吕枕甲（2000）描述山西运城话的“哩”[.li]时认为其基本功能是表示“现实性意义”。这个看法和太田辰夫（1958； 1987）对老北京话的“呢”的语法性质的看法很接近（汉语翻译本 1987：350）。太田先生把句末助词分成甲类和乙类两类，认为乙类句末助词（即“呢、了、来着”）兼有叙实（即叙述实在的事实）和非叙实两种用法，“呢”的“叙实”用法（乙类）就是表示“动作的存在，不变化”。这种“现实性”或“叙实”用法在动作动词所构成的动词谓语句里则表现为持续体标记的功能，比如：

（5）（=1）看电视呢。 [普通话=在看电视]

由于西北方言一般不用动词前表示动作正在进行的“在”，短语末尾的助词“呢”是表示未完成体的一个重要语言手段（这一点也与老北京话相同）。如果动词表示姿势变化如“坐、立（站）、睡（躺）”等，或者表示位置变化如“放、挂”等，“呢”和“着”（或“着”的变种，包括长音等音变）结合起来表示位置变化后的持续状态，比如：

（6）到炕上睡着呢。｜到炕上放着呢。[北京话：在炕上睡着呢｜在炕上放着呢]

岐山话中带“呢”的动词短语的否定式一般用“没”，和普通话用“着”的句子的否定式用“没”是同一个道理——否定动作的实现。在岐山话中，“呢”和位于动词短语末尾的其他助词一样，在疑问句里一般都得出现，在答句里只用在肯定答句，否定答句里不用。否定带有表示状态持续或者动作进行的“呢”的句子一般用“没”，所以反复问句也用“没”，比如：

（7）你娘到屋里呢没？ ——到呢。｜没到。

[北京话：你妈在家吗？ ——在家（呢）｜不在。]

柯理思在讨论“呢”字出现在惯常性句子里的用法及特征的时候，指出：据我们所知，最早分析过出现在习惯句里的“呢”的是吕枕甲先生的一篇论文《运城方言的助词“哩”》（2000）。运城方言是山西西南部的一个官话方言。这篇论文指明“现实性”可以指“经常性习惯活动”，比如例句（8）～（10），即使不带频率副词，因为有“哩”，就表示“惯常行为、习性、性能等特征”：

（8）这娃尿床哩。（北京话：？？这个孩子尿床呢）

（9）这狗下口哩。［“下口”＝“咬人”］

（北京话里如果提醒对方的话可以用“呢”，和惯常句不同。）

（10）云南白药止血哩。（北京话：不用“呢”）

例句（11）～（12）表示一种规律性的运动或长期活动的事实：

（11）月亮绕地球转哩。（北京话：不用“呢”）

（12）运城出盐哩。（北京话：不用“呢”）

一些描述晋方言句末助词的论著也提到“呢”类助词的这个用法。比如王鹏翔等（2003）提到陕北方言的“嘞”[.lə]表示“行为主体具有实施某动作的能力或具有某种习性、特征”。作者把这种语法意义和“呢”（“嘞”）表示动作正在进行的功能一起分到“表示对动作或情况的确认或断定”这一概括性的情态（语气）意义中，这类用法还包括如“我在西安呢”一类表示所处方位的句子里的用法。比如：

（13）延安下雪嘞。（表示延安的习性）

（14）奶奶睡觉打鼾睡嘞。（“打鼾睡”＝“打呼噜”）（表示奶奶的习性）

这些句子都是典型的类指句子。郭校珍等（2005：178）描述山西娄烦方言（一种晋方言）的“呢”类助词时还指出，某些带“呢（嘞）”的句子会有歧义，其中的“呢”既可以表达动作的进行，又能标注惯常性动作：

（15）他吃烟嘞。（＝a 他正在抽烟呢 b 他会抽烟）

该书还指出，如果动词表示非常规性的动作，可以理解为习惯，如果句子里出现动作所进行的处所，就会理解为正在进行的动作。这正是上文所说的类指/特定的对立。

据我们调查，“呢”表示惯常性动作时还有一个重要的特点：否定时和其他带“呢”的句子用不同的否定词。汉语里否定习惯性的动作一般用“不”（朱德熙 1982：200），岐山话也如此，构成[VO 呢不？]类问句，否定的答句用“不 VO”（否定的答句里“呢”不出现）。这证明，惯常性动作即使用的标记和持续体标记一样，但在否定方式上还是有区别。比如：

（16）法国种苹果呢不？ ——种呢。｜不种。（不用“没种”）

[北京话：法国种不种苹果？ ——种。（?种呢。）｜不种。]

这说明表示“持续不变”的用法和表示“习惯”的用法之间在句法上有一定的区别。另外“呢”还可以用在选择问句中，比如：

（17）法国人睡炕呢嘛睡床？”

——睡床呢。（法国人睡炕还是睡床？——睡床。）

柯理思在讨论“呢”类助词的语法范畴问题的时候指出：“呢（哩）”在北方话的用法不是单一的，所以以往的研究有时着重它标注未完成体的功能（即状态的持续、动作的进行等语法意义），有时重视动词短语末尾的那一套助词和说话时间的密切关系，主张是构成一种时制（tense）范畴，认为其中的“呢”充当现在时（张成材 1997、兰宾汉 2004）或者“正然”（邢向东 2005）。这个问题涉及到汉语的时、体和情态三种语义范畴的表达手段问题，远远超出本论文的讨论范围，但为了了解标注惯常性行为的“呢”的使用范围，还是有必要提及，谈谈对这个问题的一些初步的看法。我们赞成吕枕甲（2000）对运城方言的“哩”[.li]的看法，认为“呢（哩）”类助词表示“现实性”，按其所结合的谓词的特征表达不同的具体语法意义。在体貌方面，它“具有未完成的意义”（吕枕甲 2000）。这么看，“呢”类句末成分虽然也能标注体范畴的未完成（imperfective）意义，但其基本语法意义应该是情态范畴（mood）的现实性（realis）意义。

——在句末助词中，“呢”作为“时制”标记（现在时）的特征最淡薄：对过去某一时期的持续状态也可以使用（所以采取“时制助词”的观点的学者也指出它是个相对的时制助词）。

——另外“呢”类助词虽然一般不能与述结式、述趋式等有界的谓词共现，但可以与某些瞬间动词共现，构成未然句，强调动作者的意志（兰宾汉 2004、韩宝育 2006），这一点不太像未完成体标记。

——“呢”可以进入疑问句，但是其对应的否定答句一般不带“呢”。比如例句（3）和（4）的否定答句不能说成“不喝呢”、“不吃呢”。如果是表示正然的时标记，应该和肯定、否定毫无相关（比如日语或者法语的时标记不论在肯定句还是否定句都出现）。

——“呢”和其他三个句末助词不能进入从句。例句（18）到（20）是把岐山话常用的句末助词“呢”、“呀[.ia]”和“□俩[.lia]”放在从句里的例句，都不能成立。

（18）*到院子里耍呢的是我孙子。（在院子里玩儿的［孩子］是我孙子）

——请比较：我孙子到院子里耍呢。

（19）*今儿县上去呀的人不多。（几天去县城的人不多。）

——请比较：县上去呀！

（20）*你把扮□俩的杯子拾了！（你把打碎了的杯子收拾收拾）

——请比较：我把杯子扮□俩！

（18）和（19）如果删掉助词“呢”和“呀”就能成立，但例句（20）由于动词的体貌特点，如果只删掉助词“□俩”还不行，合格的句子如下（“了”

字[.liɔ]相当于普通话的完成体词尾“了 ₁”，也用在命令句末)。

（20’）你把扮了[liɔ]的杯子拾了[liɔ]。

（18）至（20）的例句如果构成单句带这些句末助词都没有问题。一般来说，属于时制范畴或体貌范畴的形式对否定句和从句没有什么限制。因此，可以推侧，这些谓词短语末尾的助词属于句平面（李小凡 2004 的说法），其语法意义主要属于情态（或“式”mood）范畴。这个范畴与体（aspect）、时（tense）相重合。情态范畴在任何语言当中都会和时范畴、体范畴有一定对应关系。这些助词在陈述句和疑问句里的强制性也证明情态（或者模态）范畴在西北方言中的语法化程度之高。从句法位置来看，谓语末尾是情态成分（语气成分）出现的典型位置。西北方言的这套句末助词所构成的系统可以暂时概括成以下三层结构（见表）：

语法·语义范畴	呀	来丨去	呢/哩	了/□俩	区别性参照项
Realis/irrealis--MOOD	非现实	现　实			现实·非现实情态
Time deixis--TENSE		有	无		与说话时间有无间隔
Homogeneity --ASPECT			无	有	变化～无变化（均匀）

柯理思在文章中还特别讨论了普通话和闽方言中标注惯常性行为的方式等问题。柯理思指出：汉语与世界许多语言一样，表达惯常性行为时不一定采取显性的标注方式，往往使用无标记的句子，比如医生给咳嗽得厉害的病人看病时可以问：“你抽不抽烟？”，不用任何标记。普通话有三个助动词具有标注惯常性行为的功能，均属于标注非现实情态（irrealis mood）的语法成分：“会”、“要”和“爱”（详见柯理思 2007）。

（21）我小时候每天早上［∅/要/会］喝两碗小米粥。

（22）这一带一到夏天就［∅/要/会/爱］发洪水。

以往的研究（Givón1994，Palmer2001 等）注意到，惯常性行为虽然是现实的，但叙述惯常性行为的句子往往不是一种断言（assertion），惯常性行为不是发生在特定的空间和时间中的一次性行为，而是类似于类指句（generic sentence）。因此，在具有强制性的情态范畴的语言中，标注惯常性行为的语言形式有时属于现实情态范畴，有时属于非现实情态范畴。上文所提到的能愿动词是属于非现实范畴。但汉语也有使用属于现实情态范畴的语言形式来标注惯常性行为的方言，比如闽方言用“有”。陈泽平（1998：215）指出，以福州话（闽东方言）为母语的人在表示习惯的句子里往往用“有丨无”：

（23）他有抽烟，我没有抽烟。（＝他抽烟，我不抽烟）

[参考福州话里相对应的句子：伊有食熏，我无食熏。]（引自陈泽平 1998:173）

福州话的“有/无”也是表示现实情态（realis mood）的助动词，可以用在表示将来动作的句子里，也可以用在形容词谓语句里，福州话应该是属于用现实性标记来叙述惯常性行为的一个例子，和西北方言的“呢”平行。请再看“福州式普通话”里状态动词“在”带“有”的例子[请比较例句（2）]：

（24）他有在，快进来！（=他在，快进来！）| 老李有没有在家？（=老李在家吗？）（引自陈泽平 1998）

郑良伟先生（Cheng1985）分析北京官话、台湾闽南话和台湾国语（台湾官话）的差异时指出，台湾国语里表示习惯和表示将来动作（意愿）的句子有区别，在这一点上和闽南话的说法平行：

（25）[台湾官话]你有没有吃牛肉？

（问习惯 habitual，相当于北京话的“你吃不吃牛肉？”）

（25'）[台湾闽南话]lí ū chiah gû-bah bô？ [普通话直译：你有吃牛肉没有？]

（26）[台湾官话]那块牛肉你要不要吃？

（问现在打算不打算吃，相当于北京话的“那块牛肉你吃不吃？”）

（26'）[台湾闽南话]hit-tè gû-bah lí beh chiah m？

[普通话直译：这块牛肉你要吃不？]

北京官话里两者都说成“吃不吃”。闽语的情态助动词和西北方言的句末助词虽然句法位置不同，然而在这两种方言中，进入这两个句法槽的语法成分却构成了范畴化程度比汉语共同语更高的情态范畴。郑先生提到北京话的这个特点时慎重地说“可能几乎全部的北方方言也是如此”(357 页)。但实际上本文所描写的西北方言也区别意愿句和惯常性句子，如岐山话：

（27）a 你喝咖啡呢不？——喝呢。

b 你喝咖啡呀不？——喝呀。

（27a）是问对方有没有喝咖啡的习惯，（27b）问对方现在想不想喝咖啡，使用这两句话的语境不同。

柯理思指出：从跨语言研究的角度看，用表示动作进行（progressive）的标记来标注惯常性行为是很常见的功能扩张模式（Bybee et al.1994:152-5）。因此，用在表示习性的句子里的“呢”在理论上也可能来源于表示动作进行的“呢”或者表示眼前的状态正在持续的“呢”……说明了汉语里如果情态范畴的范畴化程度很高，也会用表示现实情态的标记来标注惯常性行为。北京话的“呢”没有这个用法，西北方言“呢”的这个功能可能和西北方言的句末助词的高度范畴化其及强制性有关。

[附] 柯文的参考文献如下

陈泽平　1998　《福州方言研究》，福建人民出版社。

崔淑慧　2005　《代县方言研究》，山西人民出版社。

郭利霞　2007　《山阴方言的疑问句》，第三届晋方言国际学术研讨会提交论文（山西大学 2007/8）。

郭校珍　张宽平　2005　《娄烦方言研究》，山西人民出版社。

韩宝育　2006　《岐山话正反问句时、体与情态意义的表达》，《中国语言学报》第 12 期，238～248 页。

柯理思　2007　《汉语标注惯常性行为的形式》，载张黎等编《日本现代汉语语法研究》101～124 页，北京:语言大学出版社（原载《现代中国语研究》第 7 期，2005）。

兰宾汉 2004 《西安方言中非疑问句用法的“呢”》，《庆祝〈中国语文〉50 周年学术论文集》，商务印书馆。

兰州市地方志编纂委员会/兰州市方言志编纂委员会编纂　2002　《兰州市志・第五十九卷　方言志》兰州大学出版社。

李彩霞　2001　《阳泉方言语气词的实时体功能》，《山西大学学报》，24 卷 1 期 65～68 页。

李小凡　2004　《现代汉语体貌系统新探》，《21 世纪的中国语言学（一）》154～160 页，商务印书馆。

劉小梅　1997　《國閩客語的動態文法體係及動態詞的上加動貌語意》，文鶴出版有限公司。

吕枕甲　2000　《运城方言的助词“哩”》，载钱曾怡・李行杰主编《首届官话方言国际学术讨论会论文集》315-320 页。

太田辰夫　1987　《中国语历史文法》（蒋绍愚・徐昌华译），北京大学出版社。

王鹏翔　王玉彪　2003　《陕北方言的“嘞”、“□览”与“来来”》，《延安大学学报》23-2:114～117 页。

邢向东　2005　《陕北晋语沿河方言时制系统研究》，《语言学论丛》第 31 辑 265～300 页。

张成材　1997　《商州市方言几个语气词在句末所表示的时制范畴》，《商洛师专学报》3:77～80 页.

张崇主编　2007　《陕西方言词汇集》，西安交通大学出版社。

中国社会科学院和澳大利亚人文科学院合编　1987　《中国语言地图集》朗文出版有限公司，香港。

朱德熙　1982　《语法讲义》，北京：商务印书馆。

Bybee，Joan，R.Perkins and W.Pagliuca. 1994 *The Evolution of grammar: Tense, aspect, and modality in the languages of the world.* University of Chicago Press.

Cheng，Robert 1985 A Comparison of Taiwanese,Taiwan Mandarin, and Peking Mandarin. *Language* 61-2: 352-377.

Cheng，Robert 1978 Tense interpretation of four Taiwanese modal verbs（原文载于 Proceedings of Symposium on Chinese Linguistics，学生書局、转载于《台語、華語的結構及動向 III》、台北：遠流出版 1997 年）

Givón，Talmy 1994 Irrealis and the subjunctive. *Studies in Language*.18.

Langacker，Ronald 1997 Generics and habituals.In Athanasiadou & Dirven （eds.） *On conditionals again*.John Benjamins.

Palmer，Frank R. 2001 *Mood and Modality*. Cambridge University Press.

下面我们列举所调查到的有关方言点“哩”字充当进行体标记的例句：

澄城：你要好好学习哩，没了要不然先生批评哩。

澄城：你吃烟哩吗还是喝茶哩/你吃烟[.tɕʰiɛ]吗喝茶[.tɕʰiɛ]?

华县：他没在么在哩在不在?

麟游：他在哩没在不在/到哩没?

麟游：你上山去哩不？——去哩 | 不去。

凤县：你却[kʰuo31]可一定要来哩噢[.au]!

现在列举任永辉 2012 年 9 月 17 日来信提供的凤翔方言“哩”字充当进行体标记的例句：（问）你上街去哩不？（答）去哩（ | 不去） | （问）你屋里晒的麦收哩不？（答）收哩（ | 不收） | 就你一个人来哩吗？ | 叫我过来光说个这事哩吗？ | 他叫你做啥哩吗？

其二，“着呢/的哩”的用法。

孙锡信先生（1999：190～192）指出：“着哩”是动态助词“着”和语气词“哩”的复合形式。动态助词“着”从唐代就可表示动作状态的持续，这种用法一直延续至今。“哩”是带有夸张意味的叙实语气词，用在“V 着”后边，由“V 着哩”表示申明事实的语气，应是很自然地事情。“哩”在清代北京话里被“呢”取代，所以“着哩”一般作“着呢”。

如普通话的“他正（在）吃着饭呢”，西安方言作“他正吃饭着呢/他吃饭着呢/他正吃着呢/他正吃呢”，口语里就不说“吃着饭呢”。关中方言的“着呢/的哩”，一是处在动词谓语句末。下面将西安的有关例句与富平方言进行比较：

西安　他正望这儿走着呢/他望这儿正走着呢/他望这儿正走呢

富平　他正望这儿走的哩/他望这儿正走的哩/他望这儿正走哩

西安　他最近正高兴着呢/他最近高兴着呢

富平　他最近正高兴的哩/他最近高兴的哩

西安　你做啥着呢？——我正给领导汇报下乡情况着呢

富平　你做啥的哩？——我正给领导汇报下乡情况的哩

我们在定边调查到这样两个例句：地耕了[.liã]种糜子哩｜路上走的哩。

亦如孙立新《陕西户县方言的助词“着”》一文所指出的那样：户县方言相对于普通话的“V着O呢”句式是“V（O）着呢”句式。在通常情况下，户县方言也可以省略“着”字，但有一个条件，省略“着”字的句子必须有表示正在进行时态的“正”字。下面将户县方言的有关例句与普通话进行比较：

北京　他正在跟一个朋友说着话呢。

户县　他正跟个朋友说话着呢/他跟个朋友说话着呢。

北京　他正在吃着饭呢。

户县　他正吃饭着呢/他吃饭着呢/他正吃呢。

北京　老张最近正在写着长篇小说呢。

户县　老张最近正写长篇小说着呢/正写长篇小说呢。

北京　他们正开着会呢。

户县　他的正开会着呢/他的开会着呢/他的正开会呢。

二是处在形容词谓语句末。下面将西安方言的有关例句与富平方言进行比较：

西安　好着呢　对着呢　这娃能行着呢

富平　好的哩　对的哩　这娃能行的哩

西安　问题还严重着呢　路还远得很着呢

富平　问题还严重的哩　路还远得很的哩

3.2.3.2　持续体

关中方言持续体标记主要有“着/的/住、上/下”；本书1.1.2部分讨论动词重叠式时所论及的所谓“持续态”实质上也关乎持续体问题，有的重叠式连带持续体标记“着”等。

其一，“着/的/住”的用法。“着”是关中中西部地区常用的持续体标记，“的”是耀州、富平、合阳等处常用的持续体标记；西安等处也用“的”字。《合阳方言调查研究》313～314页指出：合阳的“的”应当是“着”的音变。一般情况下，有“着西安/的合阳”的句子末尾带着语气词“呢西安/哩合阳”。当动词不带宾语的时候，“着/的”后一定要带“呢/哩”，所以，不能用“上西安/下合阳”替换。下面比较西安与合阳的有关例句：

西安　兀们些很多人都在门口挤着呢　我的锄呢？——就在墙上挂着呢

合阳　恁些人都在门口挤的哩　　我的锄哩？——就在墙上挂的哩

西安　你夜日个儿昨天在哪塌儿住着呢？——（我）在我姨家住着呢

合阳　你夜里在哪搭住的哩？——我在我姨兀搭住的哩

西安　门开着呢，屋里头没人。（比较：把门开上，屋里头没人。）

合阳　门开的哩，舍里头没人。（比较：门开下，屋里头没人。）

西安　他在房檐底下蹘[nɤu31]站着呢。

合阳　他在屋檐底下立的哩。（比较：他在兀搭立下，不言喘。）

整个关中方言区，当不着意表示动作或状态的持续，而主要表达存在，或描写环境、陈设时，若宾语前不带数量定语，则动词后一般用“的”，句末不用“呢/哩”；若宾语前带数量定语，则动词后一般带表持续的“着西安/下合阳”。下面比较西安与合阳的有关例句：

西安　我拿的雨伞，不怕下雨。（比较：他拿着一个雨伞。）

合阳　我捍[xã52]的雨伞，不怕下雨。（比较：他拿下一个雨伞。）

西安　这一搭儿搁的立柜，兀一搭儿摆的沙发，那搭儿搁的茶几。

合阳　这搭搁的立柜，兀搭摆的沙发，那搭搁的茶几。

西安　墙上挂着一幅画/墙上挂的一幅画　案上放着菜/案上放的菜

合阳　墙上挂的一幅画　　　　　　　　案上放的菜

西安　我这搭儿业个儿刚才搁的包包小包，咋不见咧？

合阳　我这搭儿刚搁的包包，可咋不见咧？

西安一带方言，当“有”字出现在如上句子里的时候，表持续的助词只能用“的”字，不能用“着”字。例如：

墙上挂的有名人字画（/*墙上挂着有名人字画），都是值钱的。

茶几上放的有点心（/*茶几上放着有点心），你肚子饥咧就吃；覅客气。

箱子里头放的有衣裳、铺盖（/*箱子里头放着有衣裳、铺盖），杂大马细各种各样的。

“住”字是粤语以及南宁平话的持续体标记（张振兴 2002:4；戴庆厦 2002）；也是陕甘方言的持续体标记，如莫超（2004：71～72）所举甘肃白龙江流域方言例句“天暗住了，可能要下雨｜老师把逃学的学生堵住了｜水涨得连桥都淹住了”。关中方言“住”字读作轻声调时（如西安读作[.pfu]，三原读作[.tsɿ]，岐山读作[.tʂʰʅ]）也作为持续体的标记；关中方言的持续体标记“住”的使用频率没有“着/的”高。例如：

惯用语：拉抓住贼娃连夜审。

你咋把娃手压住咧？

你把你自己管住就对咧。

他搲[ua52]抓住车帮帮缘上去咧。

你把他给我挡住/下，我有话给他说。

他采住小偷儿的领口送到派出所去咧。

那几年，锅一漏，我妈就拿面把锅糊上/住做饭呢。

狗尿苔说：我没吃蒜，臭啥嘴？杏花说：还不臭？都熏住我啦！（贾平凹《古炉》472）

关中方言持续体标记“住”是虚化的结果，而当“住”字读作本调时（如西安读作[pfuᵓ]，三原读作[tsʮᵓ]，岐山读作[tʂʰʅᵓ]），却富有对相关动作行为的强调的意蕴。例如：

教他把车帮帮抓住ᵓ特指抓牢≠教他把车帮帮抓.住。

你把他给我挡住ᵓ指竭尽全力阻挡住≠你把他给我挡.住。

把水堵住ᵓ指竭尽全力堵住水，毋使流出甚至泛滥成灾≠把水堵.住。

你把你自己管住ᵓ特指严管，如不干违法乱纪的勾当≠你把你自己管.住。

其二，“上[.ʂaŋ]/下[.xa]”的用法。“上”是关中中西部地区常用的持续体标记，“下”是富平、合阳等处常用的持续体标记；西安一带也用“下”，“上”字西安一带口语又读[.xaŋ]。关中方言的“上/下”相当于普通话的“着”，表示某一动作的持续和动作完成后状态的持续。从构成的句子来看既可用于陈述句，又可用于祈使句。下面比较西安与合阳的有关例句：

西安　坐上，耍起来　拿上，拿回去给娃吃去

合阳　坐下，耍起来　捍⁼下，捍⁼回去给娃吃去

西安　你先停上，候他过去（再说）/候他过去咧着

合阳　你先停下，候他过去

西安　他吃饭爱立上/他吃饭爱立着/他爱立上吃饭/他爱立着吃饭

合阳　他吃饭爱立下

西安方言把字句里的持续标记只能是“上/着”，不能是“下”。例如：

你把书拿上去/你把书拿着去/*你把书拿下去。

你把新衣裳穿上来/你把新衣裳穿着来/*你把新衣裳穿下来。

教他把他偷的东西送上投案来/教他把他偷的东西送着投案来。

你把钱拿上回去给你妈/你把钱拿着回去给你妈/*你把钱拿下回去给你妈。

合阳方言的“下”字还可以表示某事物以某种具体方式存在的构成存现句，如下例句中合阳方言“下”字的用法特点整个关中方言也是基本上具备着的。

咱院里谁搁下一个锨？

他家喂下两个牛，还喂下几个猪。（按：合阳方言的“喂”，西安等地作“꜀看”。）

兀搭停下一个车，兀谁的那里停着一辆车，那是谁的？

墙上挂下一张画。（按：西安作“墙上挂着一张画。”）

合阳方言的“下”字还可以处在连动句前项之后，表示伴随的动作和方式。《合阳方言调查研究》313 页所举的如下三个例句，西安方言则往往以其他形式来表达。

合阳　陕西人爱圪蹴下蹲着吃饭　　你是立下说话不腰疼

西安　陕西人爱圪蹴着吃饭　　你是站着说话不腰疼

合阳　你这不是骑下驴寻驴哩？

西安　你这不是骑着驴寻驴呢吗？

邢向东等认为：“下”字的表持续用法是表完成的用法进一步语法化的结果。从客观事物的变化来说，一个动作的完成就意味着一种状态开始持续。用表示动作完成的手段引申到表示做了该动作后状态的持续，从表达者的使用来看，是十分便利的。

邢向东等在上段话的基础上，加脚注指出：“关中话的这一特点，证明刘勋宁先生关于普通话‘了’的语法意义为实现体的观点是正确的（刘勋宁 1988）。关中方言‘下’表示完成的用法，相当于‘了’的功能，也就是表示刘先生所说的动作、行为、事件成为‘现实’。事件实现之后再持续，于事理逻辑来讲就顺得多了……”

其三，“下”和“的”的差别。《合阳方言调查研究》314～315 页指出：合阳方言用“下”重在叙述描写，用“的”重在说明。所以，存现句带宾语时，“下”之后的宾语必须有数量词修饰，“的”之后直接带宾语。不带宾语时，“下”可以直接结句。“下”有结句功能；“的”后必须带“哩”，没有结句功能。下面合阳方言的例句是说明句，只能用“的”。

甲：你今吃的啥饭？——乙：我今吃的面。

甲：你今给伢人家行的啥门户送的什么礼？——乙：我给伢挰⁼拿的被面面。

上述合阳方言“的”的用法在关中方言里也是很普遍地用着的。

合阳方言在独立成句时，“的”和“下”大多数呈互补分布。比如出现在连动式的前段时，“的”可以和“下”互相替换。下面比较合阳西安与西安的有关例句：

合阳　他打的/下伞在街道里走　　骑的/下驴寻驴哩

西安　他打的伞在街道走　　骑的驴寻驴呢

合阳　他靠的/下墙吃饭　　揹的/下个书包上学去咧

西安　他靠的/着墙吃饭　　揹着书包上学去咧

西安方言“揹着个/揹的个书包上学去咧”不能成立，而“揹着/揹的书包上学去咧”却可以成立；西安方言的“V 着个/V 的个”不能表示持续体。

西安方言若把“V 着个/V 的个”里的“着/的”换作“咧（了$_{1}$）”就可成立。例如：

他拿咧个篮球过来咧。

他揹咧个书包上学去咧。

小伙子才刚儿刚才掮咧个麦桩子装满麦子的口袋上楼咧。

3.2.4　关中方言的动量减小貌

动量减小貌表示动作的幅度小、时间短或尝试的意义。关中在多数方言点以“嘎、嘎子”动量减小貌为的标记，“嘎”是“给下”的合音字；周至的“葛”也是“给下”的合音字，可资印证的是，洛川方言把“下”字白读[xɤ^{44}]，“娃”字白读[vɤ^{44}]。下面是相对于普通话“看一看”和“尝一尝”在关中方言里的说法，行文时“看一看”和“尝一尝”之间用双竖线“‖”隔开；其中“尝”字在关中多数方言点读作ʂ声母。

西安：看嘎子。k^{h}ã^{55} ka^{31}.tsɿ。/看一下。k^{h}ã^{55} i^{31} xa^{55}。‖尝嘎子。tʂ^{h}aŋ^{24} ka^{31}.tsɿ。/尝一下。tʂ^{h}aŋ^{24} i^{31} xa^{55}。

临潼：看干子。k^{h}ã^{44}kã^{31}.tsɿ。‖尝干子。ʂaŋ^{24} kã^{31}.tsɿ。

蓝田：看嘎子。k^{h}ã^{55}ka^{31}.tsɿ。‖尝嘎子。ʂaŋ^{35}ka^{31}.tsɿ。

商州：看嘎子。k^{h}ã^{55}ka^{21}.tsɿ。‖尝嘎子。ʂaŋ^{35}ka^{21}.tsɿ。

丹凤：看嘎子。k^{h}ã^{55}ka^{21}.tsɿ。‖尝嘎子。ʂaŋ^{35}ka^{21}.tsɿ。

洛南：看嘎。k^{h}ã^{55} ka^{21}。/看嘎子。k^{h}ã^{55} ka$^{21-53}$ .tsɿ。/看嘎儿。k^{h}ã^{55} .kar。‖尝嘎。ʂaŋ^{35} ka^{21}。/尝嘎子。ʂaŋ^{35} ka$^{21-53}$ .tsɿ。/尝嘎儿。ʂaŋ^{35} .kar。

华县：看干（子）。k^{h}ã^{55}kã^{21}（.tsɿ）。‖尝干（子）。ʂaŋ^{35} kã$^{21-42}$（.tsɿ）。

华阴：看嘎子。k^{h}ã^{55}ka^{31}.tsɿ。‖尝嘎子。ʂaŋ^{35}ka^{31}.tsɿ。

潼关：看嘎子。k^{h}ã^{44}ka^{31}.tsɿ。‖尝嘎子。ʂaŋ^{24}ka^{31}.tsɿ。

大荔：看给下。k^{h}ã^{55}kei^{31}.xa。‖尝给下。ʂaŋ^{35}kei^{31}.xa。

渭南：看干子。k^{h}ã^{55}kã^{31}.tsɿ。‖尝干子。ʂaŋ^{35} kã^{31}.tsɿ。

澄城：看嘎子。k^{h}ã^{55}ka^{21}.tsɿ。‖尝嘎子。ʂaŋ^{24}ka^{21}.tsɿ。

合阳：看谷下。k^{h}ã^{55}ka^{21}.xa。‖尝谷下。ʂo^{24}ku^{21}.xa。

韩城：看给一下。k^{h}ã^{55}kei^{31}i^{31}xa^{55}。‖尝给一下。ʂuo^{24}kei^{31}i^{31}xa^{55}。

宜川　看（给）一下。k^{h}ã^{55}（kei^{31}）i^{31}xa^{55}。‖尝（给）一下。ʂɤ^{24}（kei^{31}）i^{31}xa^{55}。

黄龙：看给下。k^{h}ã^{44}（kei^{31}）xa^{44}。‖尝给下。ʂaŋ^{24}kei^{31}xa^{44}。/tʂ^{h}aŋ^{24}kei^{31}xa^{44}。

洛川：看一下。k^{h}ã^{55}i^{31}xa$^{44:31}$。‖尝一下。ʂaŋ^{24}i^{31}xa$^{44:31}$。

黄陵：看一下。k^{h}ã^{44}i^{31}xa^{44}。‖尝一下。ʂaŋ^{24}i^{31}xa^{44}。

宜君：看给可。k^{h}ã^{44}kei^{21} k^{h}ɤ^{21}。‖尝给可。ʂaŋ^{24} kei^{31} k^{h}ɤ^{21}。

铜川：看葛子。k^{h}æ̃^{44}kɤ^{21}.tsɿ。‖尝葛子。ʂaŋ^{35} kɤ^{21}.tsɿ。

耀州：看嘎子。k^{h}ã^{44}ka^{31}.tsɿ。‖尝嘎子。ʂaŋ$^{24-44}$ka$^{31-44}$.tsɿ/尝一下。ʂaŋ^{24}i^{31}xa。

蒲城：看干。k^{h}ã^{44} kã^{31}。|看圪下。k^{h}ã^{55} kɯ^{31}xa$^{55-31}$。‖尝干。ʂaŋ$^{24-31}$ ka$^{31-53}$。/尝圪下。ʂaŋ$^{24-31}$kɯ$^{31-53}$xa^{31}。

白水：看给下。k^{h}ã^{55}kei^{21}.xa。‖尝给下。ʂaŋ^{24}kei^{21}.xa。

富平：看嘎子。k^{h}ã^{55}ka^{31}.tsɿ。‖尝嘎子。ʂaŋ^{35}ka^{31}.tsɿ。

高陵：看嘎子。k^{h}ã^{55}ka^{31}.tsɿ。‖尝嘎子。ʂaŋ^{35}ka^{31}.tsɿ。

三原：看嘎子。k^{h}ã^{55}ka^{31}.tsɿ。‖尝嘎子。ʂaŋ^{35}ka^{31}.tsɿ。

泾阳：看嘎子。k^{h}ã^{55}ka^{31}.tsɿ。‖尝嘎子。ʂaŋ^{35}ka^{31}.tsɿ。

旬邑：看嘎子。k^{h}ã^{44}ka^{31}.tsɿ。‖尝嘎子。ʂaŋ$^{35-31}$ka$^{31-51}$.tsɿ。

长武：看嘎。k^{h}ã$^{55-35}$ka^{31}。‖尝嘎。ʂaŋ$^{35-31}$ka$^{31-51}$。

彬县：看嘎子。k^{h}ã^{55}ka^{31}.tsɿ。‖尝嘎子。ʂaŋ^{35}ka^{31}.tsɿ。

永寿：看嘎子。k^{h}ã^{44}ka^{31}.tsɿ。‖尝嘎子。ʂaŋ^{35}ka^{31}.tsɿ。

淳化：看嘎子。k^{h}ã^{55}ka^{21}.tsɿ。‖尝嘎子。ʂaŋ^{24}ka^{21}.tsɿ。

乾县：看葛子。k^{h}ã^{44}kɤ^{52}.tsɿ。‖尝葛子。ʂaŋ^{35}kɤ^{52}.tsɿ。

礼泉：看嘎子。k^{h}ã^{44} ka^{21}.tsɿ。‖尝嘎子。ʂaŋ^{35}ka^{31}.tsɿ。

咸阳：看嘎子。k^{h}ã^{44} ka^{21}.tsɿ。/看子儿。k^{h}ã^{44}.tsər。‖尝嘎子。ʂaŋ^{24}ka^{31}.tsɿ。/尝子儿。ʂaŋ^{24}.tsər。

户县：看嘎子。k^{h}ã^{55} ka^{31}.tsɿ。‖尝嘎子。tʂ^{h}aŋ^{35} ka^{31} .tsɿ。

兴平：看葛子。k^{h}ã^{55} kɤ^{31}.tsɿ。‖尝葛子。ʂaŋ^{35} kɤ^{31} .tsɿ。

武功：看嘎儿。k^{h}ã^{44} kar^{24}。‖尝嘎儿。tʂ^{h}aŋ^{24}kar^{24}。

周至：看葛子。k^{h}ã^{55} kɤ^{31}.tsɿ。‖尝葛子。tʂ^{h}aŋ^{35} kɤ^{31}.tsɿ。

眉县：看嘎。k^{h}ã^{44} ka^{31}。‖尝嘎。ʂaŋ$^{24-31}$ ka$^{31-53}$。

太白：看嘎。k^{h}æ̃^{44} ka^{31}。‖尝嘎。ʂaŋ$^{24-31}$ka$^{31-52}$。

凤县：看嘎。k^{h}ã^{44} ka^{31}。‖尝嘎。ʂaŋ$^{24-31}$ ka$^{31-52}$。

宝鸡：看嘎。k^{h}æ̃^{44} ka^{31}。‖尝嘎。ʂaŋ$^{24-31}$ka$^{31-52}$。

凤翔：看嘎。k^{h}æ̃^{44} ka^{31}。‖尝嘎。ʂaŋ$^{24-31}$ka$^{31-52}$。

岐山：看嘎。k^{h}ã^{44}.ka。‖尝嘎。ʂaŋ$^{34-21}$ ka$^{21-52}$。

扶风：看嘎子。k^{h}ã^{55} ka^{31}.tsɿ。‖尝嘎子。ʂaŋ$^{24-31}$ ka$^{31-52}$ .tsɿ。

麟游：看嘎子。k^{h}ã^{44} ka^{31}.tsɿ。‖尝嘎子。ʂaŋ$^{24-31}$ ka$^{31-42}$ .tsɿ。

千阳：看嘎。k^{h}æ̃^{44} ka^{21}。‖尝嘎。ʂaŋ$^{42-21}$ ka$^{21-24}$。

陇县：看嘎。k^{h}æ̃^{44} ka^{31}。‖尝嘎。ʂaŋ$^{42-31}$ ka$^{31-24}$。

富县：看一下。k^{h}ã^{44} i^{31} .xa。‖尝一下。ʂaŋ^{24} i^{31}.xa。

定边：看看。k^{h}æ̃^{44} .k^{h}æ̃。/摸摸。mau^{31} .mau。‖尝尝。tʂ^{h}aŋ^{24} tʂ^{h}aŋ$^{24-31}$。

再如西安方言可以用“寻嘎子”表示“找一找”，用“研究嘎子”表示

“研究研究”；武功方言可以用“寻嘎儿”表示“找一找”，用“研究嘎儿”表示“研究研究”；宝鸡方言可以用“寻嘎”表示“找一找”，用“研究嘎”表示“研究研究”；等等。关中方言区只有定边一处没有动量减小貌为的标记，而是以“看看/摸摸”表示“看一看”，用“尝尝”表示“尝一尝”。邢向东等《合阳方言调查研究》315～316页指出，合阳方言用“给下[kɯ^{31} xɑ^{0}]”表示动量减小貌，口语中常常合音为“嘎[kɑ^{31}]”。合阳方言例如：

咱大家歇给下再干。

你坐下，我进去把袄换给下。

叫我想给下，看有啥方子方法。

［附录一］　户县方言动词“体”的专项调查表

附录一参照游汝杰先生《汉语方言学教程》附录四（2004：256～259）《汉语方言动词“体”的调查表》，对笔者的母语户县方言的“体”予以报道。张邱林《“方-普”语法现象与句法机制的管控》（2009：280～285）对其母语河南陕县的“体”进行了报道，户县方言的“体”与陕县比较接近，以下材料可以作为大家在对比过程中的参考。说明：1. 户县方言的时态助词“着”又儿化作“着儿”，为行文方便，以下不直接出现“着儿”；2.“V一下”一般作“V嘎子”，也作“V一下”，以下不直接出现“V一下”；3. 假如我们认为有必要增加的，在游先生调查表有关内容的基础上予以直接增加，用“｜”表示。

1. 进行

1.1　妈妈在缝衣服，姐姐在煮饭——/我[˨ŋæ]妈缝衣裳呢，我姐做饭呢/我妈缝衣裳着呢，我姐做饭着呢/我妈在缝衣裳，我姐在做饭/我妈正缝衣裳着呢，我姐正做饭着呢。

我吃饭呢，你等一等——我吃饭着呢，你等嘎子/我正吃（饭）着呢，你等嘎子。

1.2　她哭着呢，什么也不吃——她正哭着呢，啥都不吃/她正哭呢，啥都不吃。

我跑着呢，所以不觉得冷——我（正）跑着呢，所以不觉得冷/我正跑着呢，所以不觉起冷/我正跑着呢，所以觉起不冷。

1.3　坐着，不要站起来——坐着，覅起来/坐着，覅望起立。｜坐着，覅立着。

躺着，不要坐起来——睡（/挺/躺）着，覅坐起来/睡着，覅望起坐。｜睡着，覅坐。

1.4　外面下雨呢，要带伞——外头下雨呢，要把伞拿上呢/外头正下雨呢，要把伞拿下呢/外头正下呢，要拿伞呢。

外面下雪呢，别去了——外头下雪呢，覅去咧。丨外头（的）雪正大着呢，覅去咧。

1.5　我没在吃饭呢，我在扫地。——我没吃饭，我正扫地（着）呢。

他在干什么？他在抱孩子。——他做啥（着）呢？他抱娃（着）呢。

她在洗手吗？不，她不在洗手。——他得是正洗手（着）呢？꜁没，她（就）꜀没洗手。

2. 完成

2.1　我吃了饭了，你吃了吗？——我把饭吃咧/我吃咧，你吃咧꜀没？

你刚吃了药，不能喝茶。——你꜁刚把药吃咧/你꜁刚吃（咧）药，喝不成茶。

他每天吃了早饭就出去。——他天天（天）吃毕早起饭就出去。

我已经做了三张桌子了。——我已经/都做咧三个桌子咧。

2.2　我去了三趟都没找到他。——我去咧三趟/三回都没寻来/寻着他。

他去了一个多月了，还没有回来。——他去咧一个多月咧，还没回来（呢）。

我们找这几本书找了好久。——我[꜀ŋæ]（的）寻这几本书寻咧꜁多长时间。

你奶奶病了几天了？三天了。——你婆病咧几天咧？三天咧。

2.3　小孩睡了吗？睡了，睡在床上。\没睡，在床上玩儿。——娃睡咧么？睡咧，在床上睡着呢\没睡，在床上（正）耍呢。

你把昨天买的东西放在哪儿？放在桌子上。——你把夜日个儿[iɛ$^{55-51}$ kə]买的东西搁到哪搭咧/你把夜日个儿[iɛ$^{55-51}$kə]买的东西在哪搭搁着呢？搁到桌子上咧/在桌子上搁着呢。

2.4　我打破了一个盘儿。——我把个碟子打咧。丨他把个碟子摔咧故意打破了。

吃饱了饭再干活。——把饭吃饱咧再干活/做活。

这个孩子这些日子变乖了。——这个娃这些日子变乖咧。

他睡着了吗？他睡着了。\没睡着。——他睡着咧么？他睡着咧。\没睡着/还没睡着呢。

2.5　明天这个时候他已经到了北京了。——明儿这个时候儿他都到北京咧。

你去了他家没有？去了。\没去。——你在他屋去来没？去来。\没去。

2.6　球滚到洞里去了。——球滚到洞里头（去）咧。

大家费了很大的劲儿才爬了上去。——大家伙儿费了꜁多大的劲儿才爬上去咧。

2.7　房间里点了一盏灯。——房子里头点咧（一）个灯。

门口站了许多人。——门口立咧那꜂些人。

2.8　他昨天晚上来敲门的时候我已经睡了。——他夜黑敲门那阵儿我都睡（上/下）咧/他夜黑敲门的那个当当我都睡（上/下）咧。

你去了没有？我去了。——你去来没？我去来。

长久不见了，你好像瘦了\胖了。——꜁多长时间不见咧，你好像瘦咧\胖咧。

晾在外头的衣服早就干了。——晒到外头的衣裳早都干咧。

2.9　讲错了没关系，再讲一遍就是了。——说瞎咧不咋地，再说一遍就是咧。

我买了三斤，他买了一斤。——我买咧三斤，他买咧一斤。

3. 完成体的肯定和否定回答

3.1　他到北京去了没有？去了\没去。——他在北京去咧没？去咧\没去/还没去呢。

他昨晚下棋了没有？下了\没下。——他夜黑下棋来没？下来\没下。

3.2　你家种没种花？种了\没种。——你屋种花着没？种着呢\没种。

他家养没养金鱼？养了\没养。——他屋养金鱼着没？养着呢\没养。

| 他家养没养猪？养了\没养。——他屋꜀看猪着没？꜀看着呢\没꜀看。

4. 持续

4.1　他手里拿着一个茶杯。——他手上拿咧个茶杯（子）。

戴着帽子找帽子。——戴的帽子寻帽子/戴着帽子找帽子。

我带着雨衣，不怕下雨。——我带着雨衣呢，不害怕下雨。

4.2　躺着看书不好。——睡着看书不好/睡上看书不好/睡下看书不好。

他喜欢站着吃。——他爱立着/立上/立下吃饭。

她在地上坐着，不肯站起来。——她在地上坐着呢，不愿意起来/不愿意立起。

4.3　你拿着。——你拿着/你拿上/你拿下。

快着点儿，时间不多了。——꜀老快的，时间不多咧。

这儿人很多，行李要看着点儿。——这一[tʂei꜄]搭儿人多得很，得把行李看着（点儿）。

躺着，不要坐起来。——睡着/睡上/睡下，嫑坐/嫑望起坐。

4.4　他头上没戴着帽子。——他头上没戴帽子。

你带着雨衣吗？我没带雨衣，我带伞呢。——你带雨衣着么？我没带雨衣，我带伞着呢。

5. 存在

5.1 门开着，里面没有人。——门开着呢，里头没（有ᵓ）人。

墙上挂着一幅画。——墙上挂咧一幅画。

5.2 墙上没有挂着画。——墙上（头）没挂画。

门口站着人吗？没有站着人。——门口立人着么？没立人。

6. 延续

6.1 杯子里倒着茶，你没看见吗？——杯子里头倒茶着呢/倒的茶，你没看来吗？

先把肉切了，呆一会儿炒菜。——先把肉切了，候一下（再）炒菜。

把这杯茶喝了，省减路上渴。

6.2 杯子里倒着茶吗？没有倒着茶。——杯子里头倒茶着么？没倒茶。

7. 经验

7.1 他到过很多国家。——他到过那ᶜ些国家/他去过不少国家。

他从前做过生意。——他老早做过生意。

7.2 你去过北京吗？我去过。\没去。——你去过北京么？/你在北京去过么？（我）去过。\（我）没去过。

你抽过烟吗？抽过。\没抽过。——你抽过烟么？（我）抽过。\（我）没抽过。

8. 起始

8.1 下雨了，快把衣服收进来。——下雨咧/下开（雨）咧，꜀老快把衣裳收进来。

天气冷起来了，要多穿一件衣服。——天冷开咧，要多穿一件衣裳呢。

8.2 他讲起这个故事来起码一个小时。——他讲把这个故事开咧起码得一个钟头儿。

他看起电视来就不停地看。——他看开电视咧就不住（点儿/下儿）地看呢。

8.3 你怎么做起生意来了？——你咋做开生意咧？

他们打起来了吗？还没有打起来。——他的打开咧么？还没打呢。

9. 即时

9.1 他一来大家就走。——他一来大家（伙儿）就走。

风一停就下雨。——风一住/停就下雨。

9.2 他一坐船就头晕。——他一坐船就头晕/他坐开船咧就头晕。

你一碰它它就破。——你一碰它它就烂（咧）。

10. 部分完成

10.1 三个梨我吃了两个。——三个梨我吃咧两个/俩/三个梨我吃

[tʂʰʅː³¹]两个/俩。

十盒烟我已经给了你五盒。——十盒烟我都给（咧）你五盒咧。

10.2　五个苹果他一个都没给我。——五个苹果他一个（/一个儿）都没给我/五个苹果他一个（/一个儿）都给我没给（.给）。

家具你都买了吗？我买了一部分了。——家具你都买咧么/你把家具都买咧么？我（都）买咧一部分咧/我买咧一部分（咧）/我把家具（都）买咧一部分（咧）。

11. 惯常

11.1　我一直住在这儿。——我一直都在这儿住（着呢）。

他一直坐在这张椅子上。——他一直都坐在这个椅子上。

11.2　他向来喜欢抽烟。——他一直都爱吃烟。

我一直戴眼镜。——我一直都戴眼镜（着呢）。

11.3　他一直骑自行车吗？他一直不骑自行车。——他一直都骑自行车吗？他一直都不骑自行车/他（一）老都骑自行车吗？他（一）老都不骑自行车。

他向来不喜欢喝酒。——他一直都不爱喝酒/他（一）老都不爱喝酒。

12. 连续

12.1　他不停地跳着。——他不住（点儿/下儿）地/不停（点儿/下儿）地跳着呢。

雪不停地在下着呢。——雪不住（点儿/下儿）地/不停（点儿/下儿）地在下着呢。

12.2　他不停地大声地哭。——他不住（点儿/下儿）地 ⊆起大声哭（呢）。

时针不停地慢慢地在走。——时针不住地/不停地慢慢儿地（在）走呢/时针正不住地/不停地慢慢儿地走（着）呢。

13. 可能

13.1　这个大房间住得下十个人。——这个大房子能住下十个人。

他挑得动一百斤重的担子。——他能担动一百斤重的担子。

13.2　两个人喝不下三瓶酒。——两个人/俩人（丨就压根儿就）喝不下三瓶酒。

你吃得下三碗饭吗？吃得下\吃不下。——你吃得下三碗饭？能吃下\吃不下。

14. 转变

我们边走边说，说着说着就到了。——我的旋ᵓ走旋ᵓ说，说着说着就到咧。

他唱着唱着忽然哑了喉咙。——他唱着唱着登儿就把声打咧/他唱着就登儿把声打咧/他正唱着呢就登儿把声打咧。

15. 尝试

我来尝尝这碗菜。——我来把这一[tʂei51]碗菜尝嘎子。

你来喝喝这瓶酒。——你来把这一[tʂei51]瓶酒喝嘎子。

16. 短暂

大家歇歇再干。——大家（伙儿）歇嘎子再干/大家（伙儿）歇嘎子却[˨kʰɤ]干。

我到外头走走就回来。——我在外头转嘎子就回来咧。

17. 接续

17.1 我们做下去，不要停。——咱的望下做，覅停。

你说下去，我们都要听。——你望下说，我[˨ŋæ]（的）都听呢。

17.2 你听下去吗？不要听下去了。——你（还）望下听吗？不望下听咧。

我们不做下去了。——我[˨ŋæ]（的）不望下听咧。

18. 回复

18.1 他昨天生病没吃饭，今天病好了，又吃饭了。——他夜日个儿[iɛ55-51 .kə]有病没吃饭，今儿（病）好咧，却[˨kʰɤ]吃开（饭）咧。

他去年回来过，今年又回去了。——他年时个回来过，今年却[˨kʰɤ]回去咧。

把那两张桌子搬回来。——把那两个桌子搬回来。

把盖子盖回去。——把盖子盖回去/把盖子盖上去。

18.2 我的钻石表掉了，想再买一只新的回来。——我的钻石表掉咧，想（再/重）买个新的呢。

我长久不抽烟了，近来又重新抽烟了。——我⊆多时间/好长时间都不吃烟咧，最近却[˨kʰɤ]吃开（烟）咧。

18.3 盖子不要盖回去。——把盖盖覅盖上去。

他今年又回来了吗？他没有回来。——他今年却[˨kʰɤ]回来咧么？他没回来。

19. 续完

19.1 他等我，你也等我吧。——他候我，你也候我吧。

他去，你也去吧。——他去，你也去（吧）。

19.2 吃完这碗粥，不要剩下来。——把这一[tʂei51]碗（稀）饭喝完，覅剩下/上。

还有一点钱也给你。——还有一点儿钱也给（.给）你。

19.3 要吃完这碗粥吗？不要吃完这碗粥了，要走了。——得是得把这二[tʂei51]碗（稀）饭喝完？覅喝完这一[tʂei51]碗（稀）饭，要走咧/得走咧。

还有一点钱不给你了。——还有一点儿钱（就）不给你给咧。

20. 确定

那天晚上我是去的。——那天指此前的某一天/兀一[uei51]天黑咧我去来。｜那天指此后的某一天/兀一[uei51]天黑咧我去（呢）。

3.3 能愿动词

能愿动词又叫做“助动词”。普通话的能愿动词包括单音节的“能、会、可、愿、肯、敢、要、应、得”和双音节的“能够、可以、愿意、敢于、应该、应当”等。关中方言能愿动词跟普通话之间存在着一定差异，如孙立新《关中方言略说》（1997：106～124）一文注意了“得”字用如能愿动词等的情况，《户县方言的“得”字》（见邢向东 2004：294～303）一文比较深入地讨论了“得”字在户县方言里的各种用法，这些用法主要是关中中西部地区的用法；关中方言的能愿动词“得”字与“能”字呈互补状态。西安一带居民口语里大致都用到了普通话的能愿动词，只是有的双音节能愿动词口语不用，如“能够”和“敢于”；“能够”和“敢于”在口语里分别作“能”和“敢”。下面讨论关中方言的能愿动词。

3.3.1 关中方言的能愿动词“能、会”

关中方言能愿动词“能、会”与普通话相比，可以从以下三点来看。

3.3.1.1　关中方言的“能”

比照《现代汉语八百词》（2002：414～416），关中方言具备了普通话1、2、3、4、5五种用法中的肯定形式，如可以说“他的腿伤好得多咧，能慢慢儿走几步咧｜他很能团结周围的人｜芹菜叶叶也能吃｜我看你能不当这个官最好覅当｜这件事他能知不道不知道吗｜只要认真读下去，就能读懂｜满天的星星，咋能下雨呢｜我的我们能看着他的他们有困难还不帮忙吗”。但是，相对于普通话的“没能、不能、不能不、能不能”等，关中方言却以其他手段来表达。分别讨论如下：

其一，关中方言的“能”往往是“很能；长于”的意思，可以很广泛地与一般单纯动词构成复合式，就像普通话的“能干”那样。例词如：能干、能吃、能喝、能做、能熬熬夜、能睡、能打、能逛（按：西安作“趄”，宝鸡一带作“游”）/能耍、能屉、能尿、能咬、能捱、能写、能画、能坐久坐、能洗如很能洗衣服、能走、能揹、能掮、能抱、能吹吹嘘、能谝、能抽、能扑有闯劲；还可以很广泛地与其他一般动词或动宾词组相结合，例如：能研究、能劳动、能学习、能吃饭、能睡觉、能打牌、能下棋、能念书、能上课、能熬夜/能熬眼/能开夜车、能抬杠/能推横[₌ɕyɛ]车、能喝啤酒、能吃酸葡萄、能洗衣裳、能写文章、能吃旱烟、能揹炕坯贬指很能睡觉、能吃干面、能咥肥肉。例如：

他能熬得很，经常熬通宵呢。

我看你一辈子都不能熬，最多熬到后半夜。

你嫑操心，我啥都好着呢，能吃、能喝的。

他能掮着呢，你给他摞六七袋子面，都能掮动。

他能睡觉得很，经常一觉就要睡十几个小时呢。

这个女人能洗衣裳，一天洗咧七八十件子衣裳都不觉着困累。

我能吃干面，你能咥肥肉，他能喝啤酒，咱几个都成咧酒囊饭袋咧，哈哈！

在训斥人的语境里“能吃、能□、能捱”一般指很不精干，相当于“能干什么”；其中，待考的“□”字，翻译成汉语拼音就是 chuǎ，西安读作[pfʰa⁵²]，三原、凤翔读作[tsʰɥa⁵²]，宝鸡读作[tʂʰa⁵²]，凤县读作[tʂʰua⁵²]。“□”字的本义指浑剥皮，引申指把阴茎剥皮往上翻，是一种手淫行为，通常用如禁忌字。甚至还有詈语“（你能）肏你妈、（他能）肏他妈”也指很不精干，相当于“能干什么”。“能捱/能捱㞘”也指很不精干。例如：

这点事你都办不了，真能吃！

他能□，连最熟的人都寻不来找不见！

这么简单的活你都不会，你简直能捱！

其二，关中方言的“能”还有“可以”的意思，上文“其一”所论及的动词或动词性词组与“能”组合以后，“能”都可以表示“可以”的意思，但是，“能”字所具有的“很能；长于”义与“可以”义所处的语境是不同的。如“他能吃得很”指很能吃饭，其否定式一般为“他的饭量不行/不大”，“这个馍能吃”指这个馍馍可以吃，其否定式一般为“这个馍吃不成”。“能”当“可以”讲一般都有某种条件。下面举“能”当“可以”讲的若干例句：

这个馍能吃，那个馍吃不成。

这本书能看，那本书看不得。

西瓜熟咧，早都给他能卖钱咧。

那个房子房间光线好，能做书房。

苹果净着呢，能尝；你先尝嘎子尝尝。

他最近不忙，能去；他一去就能给你帮忙咧。

你的申请，几个领导都在的时候就能研究咧。

到咧星期天，我不上班，就能给你做饭、洗衣裳咧。

其三，普通话的“没能”，西安方言一般作“没得[$mɤ^{31}$ tei^{31}]”。例如：

我那天太忙咧，没得去。

我把他候咧三天，他也没得来。

我事情太多咧，好长时间都没得过来。

他的这个愿望到底儿始终，最终没得实现。

关中方言的“没得[$mɤ^{31}$ tei^{31}]”相当于古汉语的“未得”，如《史记·项羽本纪·鸿门宴》曰：“沛公军霸上，未得与项羽相见。”

西安方言“没得[$mɤ^{31}$ tei^{31}]≠没得[$mɤ^{31}$ tei^{24}]”。当“得”读作阳平调时，“没得[$mɤ^{31}$ tei^{24}]”指没有（某些个）东西；“没得[$mɤ^{31}$ tei^{24}]”是“没有/没”最口语化的形式。例如：

你要的东西早都没得[$mɤ^{31}$ tei^{24}]/没有[$mɤ^{31}$ $iɤu^{55}$]/没咧。

你有这本书没？——没得[$mɤ^{31}$ tei^{24}]/没有[$mɤ^{31}$ $iɤu^{55}$]/没。

其四，普通话的“不能”，西安方言一般作“不得[pu^{31} tei^{31}]（V）”或“V不成[pu^{31} $tʂ^həŋ^{24}$]/V不了[pu^{31} $liau^{52}$]”。例如：

因为缺教员，暂时还不得开课/开不成课/开不了课。

我这几天太忙咧，在北京还不得去着呢/还去不成着呢/还去不了着呢。

路上有水，我不得过去/我过不去/*过去不成/*过去不了。

西安方言可以说“总不能”，“总不能”常常跟句末的“吧”字照应。例如：

咱是党员呢，总不能觉悟太低咧吧！

你作为他爸，总不能把娃的啥事都包办了吧！

他作为导师，总不能把屁大个事都教研究生干吧！

当普通话的“不能”在表示“不能许可”等意义时，西安方言一般作“V不成[pu^{31} $tʂ^həŋ^{24}$]/V不了[pu^{31} $liau^{52}$]”而不作“不得[pu^{31} tei^{31}]（V）”。例如：

看不成/看不了咧假如不能看我就不看咧，看起有多好的有多好看的？

咱能去就去，去不成就嫑去/去不了就嫑去；假如硬要去，何苦来？

我不准你去，你就是去不成/*去不了！

我太忙，就是去不了/*去不成。

凤县方言可以说“不能”，例如“能吃啊不能不能吃？｜能吃｜不能吃”。

《汉语大词典》“不成”的第④个义项是“不行，不可以”，所举例子有二。《二刻拍案惊奇》卷12：“今日宁可置我死地，要我诬人，断然不成的！”曹禺《北京人》第三幕第二景：“不成，那不成！不是这样抬法！”

其五，普通话的“不能不”，西安方言口语一般作“只得[$tsɿ^{31-24}$ tei^{31}]/只好/还得/不得不[pu^{31-24} tei^{31} pu^{31}]”。例如：

这件事他该许不能不；应该能够知道吧？

没办法，只得/只好/还得将就着。

为了提高效率，我的我们只得/只好/还得/不得不改变原先的计划。

因为大家伙儿不了解情况，我只得说明一下/只好说明一下/不得不说明一下。

其六，西安方言的“得”字一般相当于普通话的“能不能”。比较如下：

北京　这儿能不能抽烟？

西安　这儿抽得成烟/能抽烟吗？

北京　那儿可以抽烟，这儿不能。

西安$_1$　兀一搭儿能抽（烟），这儿抽不成/这儿不行。

西安$_2$　兀一搭儿能抽（烟），这一搭儿抽不成/这一搭儿不行。

北京　你能不能快点儿？

西安　你快点儿得成/得行？

北京　能。| 不能。

西安　能/能成/能行。| 不行/不成/快不了/不得快。

关中方言“能”字跟“得[tei^{31}]”字呈互补状态的构词构句格局比较复杂，最典型的是在疑问句里边以“得”字为最常用，“能”字次之。例如：

（问）划得来划得着划不着/划得来吗/能划来吗？——（答）能划来 | 划不来。

（问）你知得道知道不知道/能知道吗？——（答）我能知道/知道 | 我知不道。

（问）这些东西你看得见能不能看见/能看见吗？——（答）我能看见 | 我看不见。

（问）你跟他说得上话能不能说上话/能说上话吗？——（答）能说上（话）| 说不上（话）。

（问）镇这么高的，你缘得上去能不能攀缘上去/能缘上去吗？——（答）能（缘）上去 | 缘不上去/不得上去。

上列疑问句后边，若以“得”字提问，则“来、道、见、话、去”常常伴随拖音；若以“能”字提问，则省去“吗”字伴随拖音。于是，分别形成如下的疑问格局：

划得来[læ^{24} .æ]/能划来[læ$^{24\text{-}31}$.æ]？

你知得道[tau^{55} .au]/能知道[tau$^{55\text{-}31}$ .au]？

这些东西你看得见[tɕiã^{55} .ã]/能看见[tɕiã$^{55\text{-}31}$.ã]？

你跟他说得上话[xua^{55} .a]/能说上话[xua^{55} .a]？

镇高的，你缘得上去[tɕ^{h}i$^{55\text{-}31}$ .i]/能缘上去[tɕ^{h}i$^{55\text{-}31}$ .i]？

请您注意，如上以“能”字提问的疑问句，“来、道、见、去”变作阴平调，这里牵涉了本书表 16 所讨论过的一个问题，即以“能”字作答的肯定式和以“能”字提问的疑问句末尾，“来、去、上、下、起、过、着”均变作阴平调。至于“缘得上去/能缘上去”的“去”字均变作阴平调，那是复合趋向动词“上去、下去、回去、出去、起去”的“去”字在口语里均变作阴平调的缘故，其实，“上来、下来、出来、起来”的“来”字也在口语里变作阴平调，与“得、能”互不关涉。

语言实际的复杂性往往并不局限于此。假如提问者感到非常可疑，其疑问的口气往往体现在句末音节更复杂层面的语音形式，这种情况不啻关中方言有，汉语其他方言肯定也有。

在这里，我们从西安一带的语料看到了疑问的层级问题，可分为四个层级，以下例句以一级为基本层级，四级为最高层级。一级是一般性拖音，只是多出轻声调的韵母主要部分（主要元音；主要元音＋韵尾）；二级是拖音部分变作阴平调；三级是在阴平调的基础上加上长音；四级是在拖音长音的基础上又有特殊的中平变调模式，这里的 33 调值也可以是 44 调值。

一级：能划来吗/能划来[læ$^{24-31}$.æ]？｜能知道吗/能知道[tau$^{55-31}$ .au]？｜能看见吗/能看见[tɕiã$^{55-31}$.ã]？

二级：能划来[læ$^{24-31}$ æ^{31}]？｜能知道[tau$^{55-31}$ au^{31}]？｜能看见[tɕiã$^{55-31}$ ã^{31}]？

三级：能划来[læ$^{24-31}$ æ:^{31}]？｜能知道[tau$^{55-31}$ au:^{31}]？｜能看见[tɕiã$^{55-31}$ ã:^{31}]？

四级：能划来[læ$^{24-31}$ æ:^{33}]？｜能知道[tau$^{55-31}$ au:^{33}]？｜能看见[tɕiã$^{55-31}$ ã:^{33}]？

其七，关中方言“能”字在与补充式动词及“知道、认得”等所构成的“能＋V”式里也可省去，如“能划来/划来｜能看见/看见｜能知道/知道｜能认得/认得”等。例如：

为这个事情能划来/划来用上几年时间。

我在这儿天天都能看见/看见他望单位走呢。

这个人我能认得/认得，估计你认不得不认得。

这件事你吗是不是；难道能知道/知道，谁给你说来？

但是，“能寻来找到｜能跟上｜能写好”等里的“能”字不能省去。

3.3.1.2　关中方言的“会”

其一，比照吕叔湘先生主编的《现代汉语八百词》（2002：278～279），关中方言的“会”作为能愿动词，大致具备了普通话的 1、2、3 三种用法，例如“我就不会踢足球｜他很会演戏｜他咋会知道呢｜条件如果起咧变化，结果也会发生变化”。但是，普通话能愿动词“会”的否定式“不会”，在关中方言口语里一般作“不可能”。比较如下：

北京 他不会/不可能答应你的

西安 他不可能答应你

北京 我们几个人谁也不会/不可能理这个茬的

西安 我的几个人谁也不可能理这个茬

其二，相对于普通话的“不会不”，关中方言作“肯定[$k^h\tilde{e}^{52}$ $ti\eta^{55}$]/一[i^{31}/i^{55}]定”。例如：

他知道咧，肯定/一定来呢。

他的以前是同班同学，见咧面肯定认得。

老张一直记着老王的恩呢，老张知道老王给娃娶媳妇儿呢，肯定/一定去。

3.3.1.3 “能、会”的其他用法

关中方言“能、会”的其他用法，最常见的是用如形容词。用如形容词的“能”是“很会打小算盘，很会占便宜而丝毫都不吃亏”，含有贬义。用如形容词的“会”指很擅长某种技能，不含贬义；用如形容词的“会”使用频率比较高。例如：

这个老汉能得很/很能，没人爱跟他打交道

论起唱戏，他会得很/很会。

王局长会开车得很，张局长会下棋得很。

我看他会做生意得很，几年就成咧大款咧。

3.3.1.4 关中方言“不会”的特殊用法

其一，关中方言“不会”的通常用法。关中方言的“不会”是对某种技能的否定，如“我就不会踢足球”指的就是不具备踢足球的能力。再举几个例句：

我不会做这道题。

恁简单的，你咋学不会呢？

他就不会开车，你敢教他开？

他原先会用五笔输入法打字，这阵儿不会咧。

其二，关中方言“不会”的特殊用法是用于疑问兼感叹句，意思是“为什么不”。例如：

他不会嫑来？！

你不会自己去？！

咱都不会嫑看他的热闹？！他这阵儿怨咱，咋没道理呢？

他老张就不会教他老婆给他帮忙？！教你给他帮忙是啥意思？

你那时候就不会嫑欺负他？！我看你那时候欺负他一个能顶俩指很厉害！如今巴结他呢。

3.3.2　关中方言的能愿动词“可、可以”

其一，比照《现代汉语八百词》(2002：333～338)，关中方言的“可[$k^hɤ^{52}$]、可以[$k^hɤ^{52}$ i^{31}]”跟普通话用法一致的例如“可大可小｜可去可不去｜我没啥可介绍的咧，就说到这儿｜你也可以去，也可以不去｜我可以给你给些钱，就怕你胡央怕你拿钱干坏事”。

“可以”在关中方言里还用如形容词，是“不错，差不多；比较好”的意思。例如：

这个小伙子还可以，老记着老师的恩情。

那个新媳妇儿新娘长得还可以，一点儿都不难看。

其二，“非 V 不可”的“可”字，如“我非去不可｜非给他一点儿颜色不可”，户县方言文读为[$k^hɤ^{51}$]；白读第一层次为[$tɕ^hiɛ^{51}$]，第二层次为[$tɕiɛ^{51}$]。③

其三，普通话的“可以”关中方言口语常常作“能成”，也可以作“能行”，宝鸡一带一般只作“能行”；“不可以”作“不行、不成”。如“这样干能成，那样干不行。/这样干可以，那样干不可以。”在西安等处的说法可罗列如下，如下例句也可以看出表示方式的指示代词在关中方言里的异同来。

西安：这下（弄）行，兀一下（弄）不行/这下能成，兀一下不行。

户县：这下（弄）行，兀一下（弄）不行/这着儿能成，兀一着不行/这样能成，兀一下不行。（按：户县的“弄”字又作“纳[na^{55}]”）

商州：这么样弄能成，那么样弄不成/这么样弄能行，那么样弄不行/这样干行，那么样干不成。

韩城：这个弄能行，兀个弄不行。

三原：这样干能成，兀个样干不行/这样干能行，兀个样干不行。

乾县：这么弄能成，那么弄不行。

武功：干这么弄能行，干兀么弄不行。

凤翔：这么开能行，那么开不行。

凤翔：这么弄能行，那么弄不行。

凤翔：叨这么弄能行，叨那么弄不行。

3.3.3　关中方言的能愿动词“愿、愿意”

比照《现代汉语八百词》增订本（2002：639），关中方言口语一般不太说单音词“愿[$yã^{55}$]”字，限于歇后语“周瑜打黄盖——一家愿打一家愿捱”；“愿意[$yã^{55}$ i^{55-31}]”的用法跟普通话基本上没有什么差异。例如：

你愿意去就去，不愿意去就覅去。

他愿意这门婚事得很。

我很愿意给你多帮些忙。

我估计他可能不愿意；他不愿意咧算咧，记住，覅硬箍[ku^{52}]不要强迫。

关中方言还有一个“悦意[$y\varepsilon^{31}$ $i^{55\text{-}31}$]”，是“高兴、愿意、乐意”的意思，其语法地位跟“愿意”差不多；还有两个带有禁忌字“㞗、屄”而以“愿”为前字的复合词“愿㞗[$y\tilde{a}^{55}$ $t\c{c}^{h}i\gamma u^{24\text{-}31}$]、愿屄[$y\tilde{a}^{55}$ $p^{h}i^{31}$]”。“愿㞗、愿屄”的大致意思是“管他怎么样呢”，后边一般连带“V 不 V 的”式或“A 不 A 的”等形式；男性语言不干净者多用“愿㞗”，女性语言不干净者多用“愿屄”。例如：

你悦意就来，不悦意来就覅来。

给可怜人穷人给钱我悦意，你不给咧算咧。

只要你爸跟你妈悦意就好咧，老人的意见也很重要。

我的我们愿㞗/愿屄你高兴不高兴的！

我两口子愿㞗/愿屄你两口子巴结领导不巴结领导的！

我愿㞗/愿屄他来不来的呢，他想来就来，不想来就覅来！

愿㞗/愿屄你肚子饥不肚子饥的，你肚子饥就自己下手做着吃去。

3.3.4 关中方言的能愿动词“敢”

其一，比照《现代汉语八百词》（2002：215），关中方言的“敢[$k\tilde{a}^{52}$]”跟普通话用法差不多，例如“敢作敢为丨不敢胡说丨你叫他去，他不敢不去（/他敢不去？）丨他明儿来得了能不能来，我不敢肯定丨老顺还对葫芦说：敢不敢？天布说：敢！老顺咣咣咣地敲起来。（贾平凹《古炉》334 页）”

其二，渭南一带受晋语的影响，“敢[$k\tilde{a}^{52}$]”字有用作副词的，一般表示猜度，意思是“恐怕，可能”；“敢[$k\tilde{a}^{52}$]”字常常连带“是”字。例如：

敢是不行吧？

敢是他有啥意见啦？

他不上班来，敢是有啥事情哩。

敢是发奖金呀，把你高兴的瞧你多高兴！

你敢是没有去？（封至模《山河破碎》第五回）

敢是姓韩的来了？阿宝，有请。（封至模《山河破碎》第五回）

“敢是”的这种用法，我们从元代剧作家关汉卿的《窦娥冤》第二折看到这样的例子：“都不是，敢是是我下的毒来？”我们还从《醒世恒言》找到如下几例，括号内是卷次。

我差你取鱼，如何取了许久？若不是飞签催你，你敢是不来了么？（26）

为你到官以来，迷恋风尘，不能脱离，故又将你权充东潭赤鲤，受着诸般苦楚，使你回头。你却怎么还不省得？敢是做梦未醒哩！（26）

你须不是没根基的，要去烧丹炼火。你前世原是神仙谪下，太上老君已明明对你说破。自家身子，还不省得，还来问人？敢是你只认得青城县主簿么？（26）

敢是你疑心我没银子把你么？（37）

还从《初刻拍案惊奇》找到如下例子，括号内是卷次。

王婆推辞一番便接了，道："秀才官人，敢是要说亲么？"（7）

富翁心里想道："难道当日这家的妾毕竟卖了？"又疑道："敢是面庞相像的？"（15）

小娘子，敢是避雨的么？（23）

你父母之情，未免护短，敢是赖着另要嫁人，这样事也有。（23）

从《二刻拍案惊奇》找到如下例子。

他又不化我们东西，何故掉谎？敢是真的。（1）

师父再看看，敢是吹了没字的素纸还好。（1）

他一家人先从小的死起，死得来慌了，连夜逃去，而今敢是死绝了，也不见得。（3）

老夫在贵处只吃得贵乡一口水，何曾有此赃物之事？出口诬蔑，敢是贤契被别个光棍哄了？（4）

这等说起来，敢是我聘定的，就是你家姐姐？（9）

敢就是昨夜失去的，却如何走在这里？（13）

有两个人追我去对毛烈事体，闻得说我阳寿未尽，未可入殓。你们守我十来日着，敢怕还要转来。（16）

李芳桂剧作《古董借妻》里的例子如：呵，敢是你把老婆死了，叫为兄给你定个计。

其三，关中方言的"不敢"除了与普通话的通常用法一致外，还用如阻断词"别，莫"，这应当是从"不敢"的通常用法虚化而来的。例如：

娃呀，不敢胡来！

不敢在井边头去，小心跌下去咧着！

他的为人不好得很，你不敢跟他打交道。

你不敢把这个话说出去，长短千万要保密！

不敢过去，那边有个狗，威[uæ31]恶得很，蛮经常性地咬人呢。

我们从李芳桂剧作《万福莲》里看到的如下例子，"不敢"是说话人对自己的暗示，已经有了虚化的趋势；而《古董借妻》里的"不敢"，已经成为阻断词了。

平白地这几日捱了三顿，实实地打得人肚里呕人。无奈了前去把妹子投奔，再不敢在乡里乱耍光棍。(《万福莲》)

你黑了睡觉可不敢唤叫。(《古董借妻》)

其四，跟上文 3.3.1.4 部分所论述的“不会”语义相当，关中方言的“不敢”也具有“为什么不”的意思；而“不敢”必须跟阻断词“嫑”字组合，才能成立。从以下所举例句分析，“不敢”所具有的“为什么不”之义是由其本义虚化而来的。

你不敢嫑来，他就不敢嫑去？

你就不敢嫑惹那个死狗无赖之徒？

咱当时咋就不敢嫑答应他兀个[uɤ^{52}]那事情？

你那阵儿就不敢把手头的事情搁上跟我走？

3.3.5 关中方言的能愿动词“要”

比照《现代汉语八百词》（2002：591～593），关中方言的“要”跟普通话用法差不多，例如“他要学游泳呢｜说话写文章都要简明扼要｜天要下雨咧｜眼看就要割麦咧｜这张照片儿比那张要清楚些”。另外，关中方言的“要”有以下三个特点。

其一，普通话“要”的前边可以加“想、打算；得[ᶜtei]、应该、必须”等，跟普通话的“想＋要/打算；想＋得/应该/必须”相比，关中方言的“要”直接不出现。比较如下：

北京　他想要来西安参观　你打算要干什么？

西安　他想在西安来参观　你打算做啥？

北京　应该提倡节约，必须要花的钱才花

西安　应该提倡节约，必须花的钱才花

北京　任何事情总得[ᶜtei]要先调查研究再下结论

西安　任何事情（/啥事情）总得[˛tei]先调查研究再下结论

其二，“要”字在表示可能的时候，普通话可以加“会”，关中方言却不能加“会”，关中方言的“会”不表可能；普通话句末可以加“的”，西安一带方言不能加“的”。比较如下：

北京　看样子（会）要下雨

西安　看样子要下雨呢/像下雨呀

北京　不顾实际一味蛮干要失败的

西安　不顾实际一□[nəŋ^{31}]气儿蛮干就会失败

其三，关中方言的“要”字还有“想要”的意思，在“想要”义的基础上又引申为“想”，“要”字用在选择复句的前一分句里，后一分句不用

“要”字。例如：

你要来就来，不来就嫑来。

他要去就去，不想去就嫑去。

你要上班就上班，不想上班就回去给娃做饭去。

谁要回去就叫谁回去，谁不想回去咧就吃饭去。

其四，普通话能愿动词“要”的否定式“不要”（或称作“阻断词”）又作“⊆别”，关中多数方言点作“嫑[pau^{31}]（=包）”，大荔、商州、华阴等处作“不可[po^{31}大荔音]”，陇县作“嫑[pæ^{31}]”。关中方言口语里的“不要”一般用作动词（例如“我不要你的臭钱｜我的书刚出版那阵儿要送你呢，你不要，这阵儿早都没有咧｜我给他给呢，他不要”）。比较如下：

北京　不要/别来　不要/别上去　不要/别看

西安　嫑来　嫑上去　嫑看

大荔　不可来　不可上去　不可看

北京　不要/别没事找事　不要/别逞能

西安　嫑没事寻事　嫑得能

大荔　不可没事寻事　不可逞能

3.3.6　关中方言的能愿动词“应、该、应该、应当”

比照《现代汉语八百词》（2002：213～214；623～625）以及《现代汉语词典》（1980：1370）等工具书，关中方言的能愿动词“应、该、应该/应当”跟普通话的用法差不多。下边列举西安方言相对于《方言调查词汇表》（1981：201）里“我应该来不应该”一句的说法。

我应不应该来/我应该来不应该来/我该不该来/我该来不该来/我应该不应该来/我应当不应当来/我应当来不应当来/我应不应当来/*我应不应来/*我当不当来？

西安方言“应该/应当”的用法，可以举出如下例句来说明：

你应该/应当多帮助他。

咱咱们都应该/应当好好儿工作。

我也说不定应当不应当/应该不应该（*/应不应当）给你这些东西。

他穷，应该/应当帮他寻个致富的门路，不应该/应当光操心给他给钱。

下面是我们调查到的其他方言点的相关例句：

兴平：我该来不该？

澄城：我该来吗不该来我到底应该来不应该？

蒲城：我该来呀不？｜我该来吗不该来（/吗）我到底应该来不应该？

宝鸡：我应该来吗不应该来/我该来吗不该来？

凤翔：我应该/该来啊不？

我们从老派口语听到“当去不当去、当来不当来”，限于“当”与“来、去”的组合。

3.3.7 关中方言的能愿动词“得”

孙立新《户县方言的“得”字》一文（2004：294～303）根据“得”字的三种读音，把“得”字分别称作“得 $_1$[tei^{31}]、得 $_2$[tei^{55}]、得 $_3$[.ti]”。孙立新指出：从实际语义看，“得 $_2$”与“得 $_1$”的关联性很强，如“得 $_2$”字主要是老派在“V 不得”式里的读法。其实，户县方言的“得”字还有第四种读音[tei^{35}]（得 $_4$），如“没得[tei^{35}]咧”指没有某些个东西了；还有第五种读音[tei^{51}]（得 $_5$），驱赶役畜向前走作“得 $_5$[tei^{51}]”或者“得 $_5$起[tei^{51} tɕʰi$^{51-31}$]”户县附近的周至、兴平，“得”字的读法和用法跟户县差不多（兴平“得 $_5$”读作[tei^{52}]）。

就读音来看，西安方言的“得”字有三种读音：“得 $_1$[tei^{31}]”的用法如“认得｜学得会能不能学会？｜你得请我的客｜知得道知道吗？”；得 $_2$[tei^{24}]的用法如“没得咧｜认不得不认得”；“得 $_3$[.ti]”是结构助词，用法如“好得很｜多得很｜高兴得很｜有钱得很”。西安附近的咸阳、泾阳、三原、富平等处，“得”字的三种读音和用法差不多。

本小节主要讨论关中方言“得”字作能愿动词等的情况，如本节开头部分指出：“关中方言的能愿动词“得”字与“能”字呈互补状态”。这是一个很重要的特点。“得”字作结构助词的，下文还要专门讨论。

3.3.7.1 关于“得 $_1$”

其一，关中方言的“得 $_1$”用在疑问句且嵌在动词谓语与结果补语之间，是“能不能”的意思。例如：

学得会——能不能学会？

看得懂——能不能看懂？

听得进去——能不能听进去？

舀得完——能不能舀完？

寻得着——能不能找着？

（房）盖得成——能不能盖（房子）？

看得上——能不能看中？

垒得起——能不能垒起来？

上得去——能不能上去？

你在 ꜀你单位吃得开——你在你们单位吃得开吃不开？

如我们从贾平凹《古炉》459 页找到这样的例句“狗日的你下来呀！下来看打得断你的腿！”其中“打得断你的腿”是说话人告诉听话人“我可以打断你的腿”。

以上是“得”在关中方言疑问句中的普遍特点，但西安一带方言“得”字的用法除以上特点外还有其个性：当动词谓语是趋向动词时，上述疑问句式可变作“得 V”式。例如：

来得成/得来？

去得成/得去？

走得成/得走？

进来得成/得进来？

出去得成/得出去？

上得去/得上去？

起得来/得起来？

还有，“来得了？｜去得了？”分别也能变作“得来？｜得去？”

关中方言“得”字具有“能不能”的意思，可能跟“得”字在古汉语时期有“可，能够”的意思有关。如《论语·述而》：“圣人，吾不得而见之也。”《淮南子·主术》：“鱼不长尺不得取，彘不期年不得食。”李白《夏江行》：“为言嫁夫婿，得免长相思。”

其二，本小节所讨论的“得”字具有表疑问的功能，其肯定式回答，西安一带方言均为“能 V（V_1V_2）”或者“能成/能行”（请注意：不能简作“成/行”），或者干脆简而言之“能”。V 是一般动词时，否定式是“V_1 不 V_2”或者“不成/不行”，其中“不成”在否定式回答时不适宜于趋向动词句；V 是趋向动词时，否定式是“V_1 不 V_2/不得 V”。举例比较如表 15。

表 15　　西安方言“学得会能不能学会？”等肯定式回答和否定式回答比较表

疑问式	肯定式回答	否定式回答
学得会？	能学会/能/能成/能行。	学不会/不成/不行。
看得懂？	能看懂/能/能成/能行。	看不懂/不成/不行。
舀得完？	能舀完/能/能成/能行。	舀不完/不成/不行。
下得去/得下去？	能下去/能/能成/能行。	下不去/不得下去/不行。
起得来/得起来？	能起来/能/能成/能行。	不得起来/起不来/不行。
来得成/来得了？	能来/能/能成/能行。	来不成/来不了/不得来/不行。
去得了/去得成/得去？	能去/能/能成/能行。	去不了/去不成/不得去/不行。
出去得成/出去得成/得出去/出得去？	能出去/能/能成/能行。	去不了/出不去/不得出去/不行。

趋向动词与“得”字构成疑问式，西安一带方言的特点有：一是单音节趋向动词与“得”字构成“V 得了/V 得成”或者“得 V”式，如上边举的“来得成/来得了/得来？”复合式趋向动词与“得”字构成“V_1得V_2/得V_1V_2”式的，如上边举的“下得去/得下去？”二是“出去、进来、出来、出去、上去、下来、下去、上来、起来、起去”可以构成“V_1V_2得成/V_1V_2得行”及“得V_1V_2（得 V）”式表示疑问。

其三，关中方言的“得如/得胜（勝）”是“怎么能够比得上”的意思。我们从清代渭南剧作家李芳桂的《香莲佩》里看到用了“得如”的两个例句：“你将人杀了，又来与他伸冤，得如你不杀他？｜他肯跑些，得如不来？”类似的句子我们还可以再举一些如下：

你立着得如/得胜坐着？

你惯娇惯孙子得如/得胜好好儿教育他？

要人的钱财过日子得如/得胜自已放勤谨些！

有谝闲传聊天儿的功夫得如/得胜把衣裳洗嘎子一下？

有把娃引着吃肯德基去的钱，得如/得胜给娃买些好的做着吃？

天天在星级宾馆吃大餐，得如/得胜在自家屋里头吃清淡些对身体好？

一站路都要搭车去，得如/得胜走着去，节约 5 毛钱事小，还是个锻炼呢？

关中方言“得如/得胜”的否定式为“不如/不胜”；“不如/不胜”又作“不敌[꜀tiɛ]/不比”，但是，“得如/得胜（勝）”不作“得敌/得比”。

其四，关中方言还有“咋得”连用的，其本义是“怎么能够”，引申义是“怎么，如何”。李芳桂《香莲佩》里的例句如：“世上没良心的人，都咋得好死加呢？”这种用法至今在一些老派的口语里还可以听到，已经基本上淡出关中方言的语法系统。再举几个例句如下：

这么远的路，你咋得去呀？

他弄下这么大的麻烦，咋得了呀？

你先说，你一到任，咋得收拾那个烂摊子呢？

你给我交待的黏牙麻烦；需要非很多口舌的事，教我咋得办呀？

以上例句，关中方言最通行的说法是不用“得”字。

其五，普通话的疑问句“知道不知道”西安作“知得道”，其他方言点还有如下说法。

凤翔：知道呀不？

扶风：知道呀不/知得道呀不？

我们从贾平凹的《古炉》里找到不少“知道不/知道……不”的问句。例如：

牛铃不知道啥是隐身衣，这狗尿苔就高兴了，说：想知道不？牛铃说：想。（158）

守灯说：谁让我烧！善人说：支书知道不？守灯说：他只让烧碗烧缸哩。（159）

开石训道：这是文化大革命了知道不？！守灯说：知道了，知道了。知道了就交待还有什么四旧？（218）

你知道不，他和杏开想好，杏开为了他连她大都气病了……（305）

挑料虫你不去，倒来捞浮萍草，还吃莲子，吃一个莲蓬坏一窝莲菜你知道不？（327）

牛铃说：你知道不，黄生生让火烧得快不行啦？狗尿苔说：你听谁说的？（514）

迷糊说：榔头队游行呀，声讨红大刀呀，血债要用血来还你知道这话不？（514）

霸槽说：不许胡说！知道不，人家是洛镇的女教师，现在是洛镇联指的部长，专门在下河湾指导工作的。（516）

下边是我们调查到的“你知道这回事吗？||知道||不知道||我怎么知道呢？”在关中方言里的说法；“不知道”在关中方言里有不少作“知不道”的，我们从《醒世姻缘传》第 69 回找到一例：“他既是知不道好歹，若得奶奶心里不自在，咱没有看得上么？”

孙立新《关中方言代词研究》124 页指出：我们曾经对关中方言相应于北京疑问句“我怎么知道呢”进行了调查（发音人主要是男性，作为男性学者，我们不好意思当着女性面调查有关禁忌字问题，所以肯定使得有关语料欠缺），发现关中方言区多数方言点用到了禁忌字“㞗、屄”，但用其中的哪一个字或者两个字随便用，一般依发音人语言习惯而定。李荣先生健在时曾经来信问到有关陕西方言禁忌字的用法问题，我们在给他老人家回信时说过：在具体的交际中，男性往往多用“㞗”字，女性往往多用“屄”字；如户县方言。

我怎么知道呢？——男性：꜁得道/꜁得㞗道。｜女性：꜁得道/꜁得屄道。

相应于北京的“我怎么知道呢”，关中方言区用到禁忌字的方言点如：西安、蓝田、咸阳、兴平、千阳作“꜁得㞗道”，临潼作“꜁得屄道”，户县作“꜁得（㞗/屄）道/꜁得道”，华阴作“꜁得㞗”，华县作“꜁得（咋样儿）”，耀州作“꜁得㞗哩”，泾阳作“꜁得（㞗）道”，三原、彬县、淳化作“跌道”，永寿作“得解（㞗）道得是呀”，陇县作“呆道”，富平、定边作“谁知道”，渭南作“꜁得撇[$p^{h}i\varepsilon^{31}$]”（按：“撇[$p^{h}i\varepsilon^{31}$]”是“屄[$p^{h}i^{31}$]”的避讳读法）。通过下列“我怎么知道呢”的叫法，可以看出许多方言点“得”读作阳平的特点来。

西安：你知得道这一回事？ȵi^{52} tʂʅ^{31} tei^{31} tau^{55} tʂei^{52} xuei^{24} sʅ^{55}?‖知道。tʂʅ^{31} tau$^{55-31}$。‖知不道。tʂʅ^{31} pu^{31} tau^{55}。/不知道。pu$^{31-24}$ tʂʅ^{31} tau$^{55-31}$。‖得屎道？tei^{24}tɕ^{h}iɤu$^{24-31}$tau$^{55-31}$？（按：回民作“得道 ti^{24} tau$^{55-31}$？”）

临潼：你知得道这回事？ȵi^{52} tʂʅ^{31} tei^{31} tau^{44} tʂei^{52} xuei^{42} sʅ^{44}?‖知道。tʂʅ^{31} tau$^{44-31}$。‖知不道。tʂʅ^{31} pu^{31} tau^{44}。‖得屄道？tei^{24}phi^{31} tau$^{44-31}$?

蓝田：你知得道这回事？ȵi^{51} tʂʅ^{31} tei^{31} tau^{55} tʂei^{51} xuei^{35} sʅ^{55}?‖知道。tʂʅ^{31} tau$^{55-31}$。‖知不道。tʂʅ^{31} pu^{31} tau^{55}。‖得屎道？tei^{35}tɕ^{h}iɤu$^{35-31}$tau$^{55-31}$?

商州：这事你知道不知道？tʂɤ^{53} sʅ^{55} ȵi^{53} tʂʅ$^{21-53}$ tao$^{55-21}$ pu$^{21-35}$ tʂʅ^{21} tau$^{55-21}$?‖知道。tʂʅ$^{21-53}$ tao$^{55-21}$。‖不知道。pu^{21} tʂʅ^{21} tao^{55}。‖得哲咋弄着（哩）？tei^{21}tʂɤ^{53}tsa^{53}nuəŋ^{55}.tʂuo（.li）？

丹凤：你知道这个事情不？ȵi^{53} tʂʅ$^{21-53}$ tao$^{55-21}$ tʂʅ^{21} kuo^{21} sʅ^{55} tɕ^{h}iŋ$^{35-21}$ pu^{21}?‖知道。tʂʅ^{21} tao^{-21}。‖不知道。pu$^{21-35}$ tʂʅ^{21} tao^{55}。‖我咋知道？ŋuo^{53} tsa^{53} tʂʅ^{21} tau^{55}?

洛南：这回事你哲儿吗？tʂei^{53} xuei^{35} sʅ^{55} ȵi^{53} .tʂər .ma?‖知道。tʂʅ^{21} tao$^{55-21}$。‖不知道。pu$^{21-35}$ tʂʅ^{21} tao^{55}。‖得哲？tei$^{21-35}$tʂɤ^{21}?

华县：你知道这事吧？ȵi^{42} tʂʅ$^{21-42}$ tɔ$^{55-21}$ tʂɤ^{42} sʅ^{55}.pa?‖知道。tʂʅ$^{21-42}$ tɔ$^{55-21}$。‖不知道。pu$^{21-35}$ tʂʅ$^{21-42}$ tɔ$^{55-21}$。‖得屎（咋样儿）？tei^{21} tɕ^{h}iou$^{35-21}$ tsa^{21} iaŋr^{42}?

华阴：‖得屎？tei^{35} tɕ^{h}iou$^{35-31}$?

潼关：你知道这回事吗？ȵi^{52} tʂʅ^{31} tau$^{44-31}$ tʂʅ^{44} xuei^{24} sʅ^{44} .ma?‖知道。tʂʅ^{31} tau$^{44-31}$。‖不知道。pu$^{31-24}$ tʂʅ^{31} tau$^{44-31}$。‖得哲人家几个咋着？tei^{24} tʂɤ^{31} ȵia^{31} uo^{44} tsa^{52} .tʂɤ?/谁知道人家几个咋着？sei^{24} tʂʅ^{31} tau$^{44-31}$ ȵia^{31} uo^{44} tsa^{52} .tʂɤ?

大荔：这一个事你晓得不？tʂɤ^{52} iɛ^{31} sʅ^{55} ȵi^{52}ɕiɔ^{52} tei^{31} pu^{31}?‖晓得。ɕiɔ^{52}tei^{31}。‖不晓得。pu^{31} ɕiɔ^{52} tei^{31}。‖我咋知道？ŋo^{52}tso^{52}tʂʅ^{31}tau^{55}?

渭南：你知道这回事？ȵi^{52} tʂʅ^{31} tɔ$^{55-31}$ tʂei^{52} xuei^{35} sʅ^{55}?/你知道这一个事？ȵi^{52} tʂʅ^{31} tɔ$^{55-31}$ tʂʅ^{31} iɛ^{31} sʅ^{55}?‖知道。tʂʅ^{31} tɔ$^{55-31}$。‖知不道。tʂʅ^{31} pu^{31} tɔ^{55}。‖我咋知道？ŋɤ^{52}tsa^{52}tʂʅ^{31} tɔ$^{55-31}$（.li）/得撇？tei^{35} p^{h}iɛ^{31}?

澄城：你知道这事？ȵi^{52} tʂʅ^{21} tɔ$^{44-21}$ tʂɤ^{52} sʅ^{44}?‖知道。tʂʅ^{21} tɔ$^{-21}$。‖不知道。pu$^{21-24}$ tʂʅ^{21} tɔ$^{-21}$。‖晓得呀？ɕiɔ^{52}tei^{21}.ia?

合阳：你知道这事不知道？ȵi^{42} tʂʅ^{21} tɔ$^{55-21}$tʂo^{52} sʅ^{55}pu$^{21-52}$ tʂʅ^{21} tɔ$^{55-21}$?‖知道。tʂʅ^{21} tɔ$^{-21}$。‖不知道。pu^{53} tʂʅ^{21} tɔ$^{-21}$。‖晓得呀？ɕiɔ^{42} tei^{21}.ia?

韩城：你解不解这一个事？ȵi^{51} ɕiæ^{55} pu^{31} ɕiæ^{55} tʂʅ^{55} iɛ^{31}sʅ^{55}? ‖解。ɕiæ^{55}。‖不解。pu^{31} ɕiæ^{55}。‖我咋么知道哩？ŋɤ^{42}tsʅ^{42}.mo tʂʅ^{31}tɔ$^{55-31}$.li?

宜川：你知道这一个事？ȵi^{55} tʂʅ^{31} tau^{44} iɛ^{31} sʅ^{55}?/你解不解这一个事？ȵi^{55} ɕiæ^{55}pu^{31} ɕiæ^{55} tʂʅ^{55} iɛ^{31}sʅ^{55}?‖知道。tʂʅ^{31} tau$^{55-31}$。‖不知道。Pu$^{31-24}$ tʂʅ^{31} tau^{55}。

/不解。pu^{31} ɕiæ^{55}。‖我怎么知道哩？ŋɤ^{55} tsɿ^{55}.mo tʂʅ^{31} tau$^{55-31}$ .li?

黄龙：你晓得这回事吗？ȵi^{52} ɕiau^{52}tei^{31} tʂʅ^{44} xuei^{24} sɿ^{44} .ma?/你知道这回事吗？ȵi^{52} tʂʅ^{31} tau$^{44-31}$ tʂʅ^{44} xuei^{24} sɿ^{44} .ma?‖晓得。ɕiau^{52} tei^{31}。/知道。tʂʅ^{31} tau^{-31}。‖不晓得。pu^{31}ɕiau^{52} tei^{31}。/不知道。pu$^{31-24}$ tʂʅ^{31} tau^{44}。‖我咋知道哩？ŋuo^{52}tsa^{52}tʂʅ^{31}tau^{44}.li?

洛川：这一个事你知道不知道？tʂʅ^{44} iɛ^{31} sɿ^{44} ȵi^{52} tʂʅ^{31} tau$^{44-31}$ pu$^{31-24}$ tʂʅ^{31} tau$^{44-31}$？‖知道。tʂʅ^{31} tau^{-31}。‖不知道。Pu$^{31-24}$tʂʅ^{31} tau^{-31}。‖我咋业能知道？ŋə^{52} tsə^{52} ȵiɛ^{31}nəŋ^{24}tʂʅ^{31}tau$^{44-31}$?

黄陵：你知儿这回事儿吧？ȵi^{52} tʂər^{31} tʂei^{52} xuei^{24} sər^{44} .pa?‖知儿。tʂər^{31}。‖不知道。pu$^{31-24}$tʂʅ^{31} tau$^{44-31}$。‖我咋知道哩？ŋuɤ^{52} tsa^{52} tʂʅ^{31}tau$^{44-31}$.li?

宜君：你知道这一个事曼？ȵi^{52} tʂʅ^{31} tau$^{44-31}$ tʂæ^{52} iɛ^{31} sɿ^{44} .mã?/你知道这一个事不？ȵi^{52} tʂʅ^{31} tau$^{44-31}$ tʂʅ^{52} iɛ^{31} sɿ^{44} pu^{31}? ‖知道。tʂʅ^{31} tau^{-31}。‖不知道。pu$^{31-24}$ tʂʅ$^{31-52}$ tau^{-31}。‖我咋知道哩？ŋuo^{52} tsa^{52} tʂʅ^{31} tau$^{44-31}$.li?

铜川：你知道这个事不？ȵi^{52} tʂʅ$^{21-52}$ tau$^{44-21}$ tʂei^{52} kɤ^{21} sɿ^{44} pu^{21}? ‖知道。tʂʅ$^{31-52}$ tau^{-21}。‖不知道。Pu$^{21-24}$ tʂʅ$^{21-52}$ tau^{-21}。‖我咋知道哩？ŋuo^{52} tsa^{52} tʂʅ^{21}tau$^{44-21}$.li?

耀州：这个事你知道噢？tʂʅ^{44} kɤ^{31} sɿ^{44} ȵi^{52} tʂʅ$^{31-52}$ tei^{31} tau^{44} .au? ‖知道。tʂʅ$^{31-52}$ tau^{-31}。‖不知道。tʂʅ^{31} pu^{31} tau^{44}。‖得屎哩？tei^{31} tɕʰiou$^{24-44}$ .li?

蒲城：你知道这一个事曼？ȵi^{53} tʂʅ$^{31-53}$ tɔ$^{55-31}$ tʂʅ^{55} iɛ^{31} sɿ^{55} .mã?‖知道。tʂʅ$^{31-52}$ tɔ$^{55-31}$。‖不知道。pu^{53} tʂʅ$^{31-53}$ tau^{21}。‖知不道。tʂʅ^{31}pu^{31} tɔ^{55}。‖谁知道？sei^{24} tʂʅ$^{31-53}$tɔ$^{55-31}$

白水：你知道这个事曼？ȵi^{42} tʂʅ$^{21-42}$ tao$^{55-21}$ tʂʅ^{43} kuæ^{21} sɿ^{55} .mã?‖知道。tʂʅ$^{21-42}$ tao^{-21}。‖不知道。Pu$^{21-24}$ tʂʅ^{21} tao^{44}。‖我咋知道？ŋuɤ$^{42-55}$ tsuɤ^{42} tʂʅ^{21} tao^{-21}?

富平：你知得道这一一个事？ȵi^{53} tʂʅ$^{31-53}$ tei^{31} tɔ^{55} tʂei^{53} yɛ^{31} sɿ^{55}?‖知道 tʂʅ$^{31-53}$ tɔ$^{55-31}$。‖知不道 tʂʅ^{31} pu^{31} tau^{55}。‖谁屎知道？sei^{35} tɕʰiou$^{35-31}$ tʂʅ^{31} tɔ$^{55-31}$?

高陵：你知得道这一回事？ȵi^{51} tʂʅ^{31} tei^{31} tau^{55} tʂei^{51} xuei^{35}sɿ^{55}? ‖知道 tʂʅ$^{31-51}$ tau^{31}。‖知不道 tʂʅ^{31} pu^{31} tau^{55}。‖得着？tei^{35} tʂau^{31}?/得儿咋闹？ter^{35}tsa^{51}nau^{55}?

三原：你知得道这个事？ȵi^{52} tʂʅ^{31} tei^{31} tau^{55} tʂʅ^{52} kɤ^{31} sɿ^{55}?/你知得道这个事不？ȵi^{52} tʂʅ$^{31-52}$ tei^{31} tau^{55} tʂʅ^{52} kɤ^{31}sɿ^{55} pu^{31}? ‖知道。tʂʅ^{31} tau$^{55-31}$。‖知不道。tʂʅ$^{31-52}$ pu^{31} tau^{55}。‖得解屎道？tiɛ^{35} tɕʰiɤu$^{35-31}$ tau$^{55-31}$?

泾阳：你知得道这事？ȵi^{51} tʂʅ^{31} tei^{31} tau^{55} tʂɤ^{51} sɿ^{55}?‖知道。tʂʅ^{31} tau$^{55-31}$。‖知不道。tʂʅ^{31} pu^{31} tau^{55}。‖得（屎）道？tei$^{31-35}$（tɕʰiɤu$^{35-31}$）tau$^{55-31}$?

旬邑：你知道这事不？ȵi^{51} tʂʅ$^{31-51}$ tau$^{44-31}$ tʂɤ^{51} sɿ^{44} pu^{31}?‖知道。tʂʅ$^{31-51}$

tau$^{44-31}$。||知不道。tʂʅ$^{31-51}$ pu^{31} tau^{55}。||我怎么能知道吗？ŋɤ^{51}tsɿ^{31}.mɤ ləŋ^{35} tʂʅ$^{31-51}$tau$^{55-31}$.ma?

长武：这件事你知道呀么？tʂæ^{51} tɕʰiã^{55}sɿ^{55} ȵi^{51} tʂʅ$^{31-51}$ tau$^{55-31}$ .ia .mɤ。||知道。tʂʅ$^{31-51}$ tau$^{55-31}$。||知不道。tʂʅ^{31} pu^{31} tau^{55}。||得解𡱁道？tiɛ^{31} tɕʰiɤu$^{35-55}$ tau$^{55-31}$?

彬县：这事你知道呀么？tʂɤ^{51} sɿ^{55} ȵi^{51} tʂʅ$^{31-51}$ tau$^{55-31}$ .ia .mɤ。||知道。tʂʅ$^{31-51}$ tau$^{55-31}$。||知不道。tʂʅ^{31} pu^{31} tau^{55}。||得解𡱁道？tiɛ^{31} tɕʰiɤu$^{35-55}$ tau$^{55-31}$?

永寿：你知的道这回事呀么？ȵi^{52} tʂʅ^{31} .ti tau^{44} tʂei^{52} xuei^{35} sɿ^{44} .ia .mu ? ||知道。tʂʅ$^{31-52}$ tau$^{44-31}$。||知不道。tʂʅ^{31} pu^{31} tau^{44}。||得解（𡱁）道得是呀？tiɛ^{31} (tɕʰiɤu$^{35-31}$) tau$^{44-31}$ tei^{31} sɿ^{44} .ia?

淳化：你知道这回事(呀)不？ȵi^{52} tʂʅ$^{21-52}$ tau$^{44-21}$ tʂei^{52} xuei^{24} sɿ^{44}(.ia) pu^{21} ? ||知道。tʂʅ$^{21-52}$ tau$^{44-21}$。||知不道。tʂʅ^{21} pu^{21} tau^{44} 。||得解𡱁道？tiɛ^{21}tɕʰiɤu$^{24-44}$ tau$^{44-21}$?

乾县：你知得道这一回事？ȵi^{52} tʂʅ^{31}tei^{31} tau^{44} tʂei^{52} xuei^{35} sɿ^{44}? ||知道。tʂʅ$^{31-52}$ tau$^{44-31}$。||知不道。tʂʅ^{31} pu^{31} tau^{44}。||得𡱁道？tei^{35} tɕʰiɤu$^{35-31}$ tau$^{44-31}$?

礼泉：你知得道这一回事？ȵi^{53} tʂʅ^{31} tei^{31} tau^{44} tʂei^{53} xuei^{35} sɿ^{44}? ||知道。tʂʅ$^{31-53}$ tau$^{44-31}$。||知不道。tʂʅ^{31} pu^{31} tau^{44}。||得𡱁道？tei^{35} tɕʰiɤu$^{35-31}$ tau$^{44-31}$?

咸阳：你知得道这一回事？ȵi^{52} tʂʅ^{31}tei^{31} tau^{44} tʂei^{52} xuei^{24} sɿ^{44}? ||知道。tʂʅ$^{31-52}$ tau$^{44-31}$。||知不道。tʂʅ^{31} pu^{31} tau^{44}。||得𡱁道？tei^{24} tɕʰiɤu$^{24-31}$ tau$^{44-31}$?

户县：你知得道这一回事？ȵi^{51} tʂʅ^{31} tei^{31} tau^{55} tʂei^{51} xuei^{35} sɿ^{55}? ||知道。tʂʅ^{31} tau$^{55-31}$。||知不道。tʂʅ^{31} pu^{31} tau^{55}。||得（𡱁）道？tei^{35}(tɕʰiɤu$^{35-31}$)tau$^{55-31}$?/得屄道？tei^{35} pʰi^{31} tau^{31}?

兴平：你知得道这一回事？ȵi^{52} tʂʅ^{31}tei^{31} tau^{55} tʂei^{52} xuei^{52} sɿ^{55}? ||知道。tʂʅ$^{31:52}$ tau^{31} 。||知不道。tʂʅ^{31} pu^{31} tau^{55}。||得𡱁道？tei^{35}tɕʰiɤu$^{35-31}$tau$^{55-31}$?

武功：这一回事你知（得）道噢？tʂei^{52} xuei^{24} sɿ^{44} ȵi^{52} tʂʅ^{31} tei^{31} tau^{44} .au? ||知道。tʂʅ$^{31-52}$ tau^{-31}。||知不道。tʂʅ^{31} pu^{31} tau^{44}。||我咋知道呢？ŋɤ^{52} tsa^{52} tʂʅ^{31}tau$^{44-31}$.ȵi?

周至：你知得道这一回事？ȵi^{5} tʂʅ^{31} tei^{31} tau^{55} tʂei^{51} xuei^{35} sɿ^{55}?||知道。tʂʅ^{31} tau^{-31}。||知不道。tʂʅ^{31} pu^{31} tau^{55}。||谁知道？sei^{35} tʂʅ^{31} tau$^{55-31}$?

眉县：这个事你知道吗？tʂʅ^{53} kɤ^{31} sɿ^{44} ȵi^{53} tʂʅ$^{31-53}$ tau$^{44-31}$ .ma? ||知道。tʂʅ$^{31-53}$ tau$^{44-31}$。||知不道。tʂʅ$^{31-53}$ pu^{31} tau^{44}。||谁知道？sei^{24} tʂʅ$^{31-53}$ tau$^{44-31}$?

太白：这个个事你知道呀不？tʂæ^{52} kɤ^{31} sɿ^{44} ȵi^{52} tʂʅ$^{31-52}$ tau$^{44-31}$ .ma。||知道。tʂʅ$^{31-52}$ tau$^{44-31}$。||知不道。tʂʅ$^{-52}$ pu^{31} tau^{44}。||谁知道？sei^{24} tʂʅ$^{31-52}$ tau$^{44-31}$?

凤县：你知道这个事啊不？ȵi^{52} tʂʅ$^{31-52}$ tau$^{44-31}$tʂʅ^{44} kɤ^{31} sɿ^{44} .a pu^{31}?||知道。tʂʅ$^{31-52}$ tau$^{44-31}$。||不知道。Pu$^{31-24}$ tʂʅ$^{31-52}$ tau$^{44-31}$。||谁知道？sei^{24} tʂʅ$^{31-52}$ tau$^{44-31}$?

宝鸡：你知道这个事啊不？ȵi^{52} tʂʅ$^{31-52}$ tau$^{44-31}$ tʂʅ^{44} kuo^{31} sɿ^{44} .a pu^{31}?‖知道。tʂʅ$^{31-52}$ tau$^{44-31}$。‖不知道。pu$^{31-24}$ tʂʅ^{31} tau^{31}。‖谁知道？sei^{24} tʂʅ$^{31-52}$ tau$^{44-31}$?

凤翔：你知道这个事啊不？ȵi^{52} tʂʅ$^{31-52}$ tau$^{44-31}$ tʂʅ^{44} kuo^{31} sɿ^{44} .a pu^{31}?‖知道。tʂʅ^{52} tau^{31}。‖不知道。pu^{31} tʂʅ$^{31-52}$ tau$^{44-31}$。‖我咋么知道哩？ŋau^{52} tʂa^{31}.mo tʂʅ$^{31-52}$ tau$^{44-31}$ .li?

岐山：你知道这个事吗？ȵi^{52} tʂʅ$^{21-52}$ tɔ$^{44-21}$ tʂɤ^{44} kɤ^{21} sɿ^{44} .ma?‖知道。tʂʅ^{21} tɔ$^{-21}$。‖不知道。pu$^{21-34}$ tʂʅ^{21} tɔ$^{-21}$。‖我咋么知道哩？ŋɤ^{52} tʂa^{21}.mo tʂʅ^{21} tɔ$^{44-21}$.li.?

扶风：这个事你知道呀不？tʂɤ^{55} kuo^{31} sɿ^{55} ȵi^{42} tʂʅ$^{31-42}$ tau$^{55-31}$ .ia pu^{31}。‖知道。tʂʅ$^{-42}$ tau^{-31}。‖知不道。tʂʅ^{31} pu^{31} tau^{44}。‖我咋么知道哩？ŋɤ^{42} tsɥa^{31}.mo tʂʅ^{31} tau$^{55-31}$.li?

麟游：你知道这个个事吗？ȵi^{42} tʂʅ$^{31-42}$ tau$^{55-31}$ tʂæ^{55} kuo^{31} sɿ^{55} .ma ？‖知道。tʂʅ$^{31-42}$ tau$^{55-31}$。‖不知道。pu^{31} tʂʅ$^{31-42}$ tau^{-31}。‖谁知道？sɘi^{24} tʂʅ$^{31-42}$ tau$^{55-31}$?

千阳：你知道这个个事吗不？ȵi^{52} tʂʅ$^{21-52}$ tau$^{44-21}$ tʂæ^{44} kuo^{21} sɿ^{44} .ma pu^{21}?‖知道。tʂʅ$^{21-52}$ tau$^{44-21}$。‖不知道。pu$^{21-24}$ tʂʅ$^{21-52}$ tau$^{44-21}$。‖得尿道？tei^{21} tɕ^{h}iou$^{24-44}$ tau$^{44-21}$?

陇县：这个事你知道呀不？tʂʅ^{44} kuo^{31} sɿ^{44} ȵi^{53} tʂʅ$^{31-53}$ tau$^{44-31}$ .ia pu^{31}? ‖知道。tʂʅ$^{31-53}$ tau$^{44-31}$。‖不知道。Pu^{31} tʂʅ$^{31-53}$ tau$^{44-31}$。‖得尿道？tæ^{31} tɕ^{h}iou$^{24-44}$ tau$^{44-31}$?/得咋嘛块？tæ^{31}tsa^{31}.ma k^{h}uæ^{31}?

富县：这个事你知道不？tʂʅ^{44} kɤ^{31} sɿ^{44} ȵi^{42} tʂʅ$^{31-42}$ tau$^{44-31}$ pu^{31}?‖知道。tʂʅ$^{-42}$ tau^{-31}。‖不知道。pu$^{31-24}$ tʂʅ$^{-42}$ tau^{-31}。‖我怎么会知道哩？ŋuo^{52} tsɘŋ^{52} .mo xuei^{44} tʂʅ^{31} tau^{44} .li?

定边：这个事你知道不知道？tʂʅ^{52} kɤ^{31} sɿ^{44} ȵi^{52} tʂʅ^{31} tau^{44} pu$^{31-24}$ tʂʅ^{31} tau^{44}?‖知道。tʂʅ^{31} tau^{44}。‖不知道。Pu$^{31-24}$ tʂʅ^{31} tau^{44}。‖谁尿知道？ʂɘi^{24} tɕ^{h}iɘu$^{24-31}$tʂʅ^{31} tau$^{44-31}$?

其四，西安方言“能不能”义的“得$_1$”还可以与形容词兼动词的词语构成“得$_1$A/A得了”等形式的疑问句，这类词语如“红、黑、白、大、碎$_{小}$、长、短、多、少、贵、贱、重、便宜、生分、熟欢$_{熟悉}$、高兴、热闹”等；这类词语都有“变化”意蕴。例如：

你说这些柿子得红/红得了？

这些新衣裳一见水得短/短得了？

大夫，他的这个病得重/重得了？

马上过节呀，菜咧、肉咧得贵/贵得了？

你把她引出去逛一回，看她得高兴/高兴得了。

你村今年过年得热闹/热闹得了/热闹得起来？

其五，“得$_1$”用在单音节动词后，表示对某种情况的适应能力很强。

例如：吃得——饭量很大｜喝得——很能喝水或者其他饮品｜坐得——能坐好久｜捱得——很能经得起揍｜劳得——很能劳动｜熬得——很能熬夜｜冻得——很能受冻｜饿得——很能捱饿｜憋得——贬称饭量很大｜掮得——很能扛东西｜受得——很能经受批评、谩骂。这种“V 得”式式通常也可以用“能 V”式来表达，不过，“能 V”式必须受到程度副词的管控。例如：喝得/很能喝/能喝得很｜劳得/很能劳/能劳得很｜熬得/很能熬/能熬得很。例如：

我看你掮得/很能掮/能掮得很，就给你多搁咧一袋子面。

他这个人冻得/能冻得很/很能受冻（按：不说“很能冻”），穿得少咧不要紧。

老汉一辈子吃得、喝得、睡得，也劳得、熬得、做得（/很能吃、很能喝、很能睡，也很能劳、很能熬、很能做/能吃得很、能喝得很、能睡得很，也能劳得很、能熬得很、能做得很），勤谨咧一辈子；老咧老咧，把该享的福也都享咧。

但是，“看、打、说、吓、走、上”等单音节动词不能与“得 $_1$”构成“V 得 $_1$”式表示“很能 V”的语义。这种“V 得 $_1$”式可带补语“得很”表适应能力更强。但是“V 不得 $_1$”式一般不表示“V 得 $_1$”的否定意义，因为“吃不得”在关中方言里是“不能吃”的意思，“喝不得”是“不能喝”的意思。不过，有一种“V_1（A_1）不得的 V_2（A_2）不得”句式，V_1（A_1）与 V_2（A_2）意义相反，是既不能经受 V_1（A_1）又不能经受 V_2（A_2）的意思，例如：

冻不得的热不得。

他饥不得的饱不得。

他俩离不得的见不得。

坐不得的立不得——坐得好久和站得好久都难受。

我这几年揹头毅力不行咧，老爱做活，可就是闲不得的劳不得。

他这个人，一辈子都是渴不得的喝不得，泛常是渴得息息儿咧经常是渴得实在受不了了，却就是喝不了多少水，真真儿实在，的确是渴不得的喝不得。

“V 得 $_1$”的否定式是“V 不得 $_1$”，上列“V 得 $_1$”均有“V 不得 $_1$”的否定形式，下面举西安一带方言“V（不）得 $_1$”的例句：

我饭量大，就是吃得，一点儿也饿不得。

我这个单位，老张熬得，老王饿得，老李是熬不得的饿不得。

他威[uæ^{31}]训斥你一顿你受得，我威你一顿你就不行咧不答应了？

耍钱赌博的人有“三得”，饿得、冻得、受得指受得了批评，特别是老婆的抱怨。

其六，“得 $_1$”用在及物动词前表示某种事体很可以去干，很值得去干，很有干头。常用的及物动词主要有“吃、喝、看、写、算、打、舀、烧、点、꜀挑、拣、挖、拾、拉、挣、研究、讨论”等。西安一带方言多数及物动词都可以构成“得 $_1$V”式，但是表示尝试意味的动词不能构成“得 $_1$V”式，如：*得尝｜*得试｜*得试验｜*得试火试验｜*得考验。“得 $_1$V”后一般要带补语“得很”。例如：

这饭得吃得很。

这个问题得研究得很。

锅里头饭多，得舀得很。

陈忠实写的小说得看得很。

在红刚刚红彤彤日头底下晒麦，得晒得很。

深圳那个地方，只蔓只要你有本事，能吃下苦能吃苦，钱得挣得很。

西安一带与“得 $_1$V”式语义相同的还有“有 V 头”；与“得 $_1$V 得很”式相同的还有“很有 V 头”。“有 V 头”的否定式是“没 V 头”式，与“没 V 头”式语义相同的有“不得 $_1$V”式，相当于“得 $_1$V 得很”式的形式有“太没 V 头咧”式等。北京话“有 V 头”和“没 V 头”都是儿化形式，我们至今尚未在关中方言区调查到与北京相同的儿化形式。比较如下：

肯定式	否定式
得看｜得看得很。	不得看｜一点儿也不得看。
有看头｜很有看头。	没看头｜太没看头咧。
得舀｜得舀得很。	不得舀｜一点儿也不得舀。
有个舀头呢。	没舀头｜没一点儿舀头。
得吃｜得吃得很。	不得吃｜一点儿也不得吃。
有吃头｜很有吃头。	没吃头｜太没吃头咧。
得研究｜得研究得很。	没研究头｜太没研究头咧。

其七，关中方言的“要得”。

关中方言的“要得”跟西南官话的“要得”语义语法特点不同，西南官话的“要得”是“好，行，可以”的意思，关中方言的“要得”是“假如要，假如想”的意思。例如：

谚语：要得公道，打个颠倒。

谚语：要得会，得跟师傅睡。

要得发财，不勤谨不行。

要得教我听你的，你得答应我一个条件。

领导要得同志们遵守纪律，自己先得遵守纪律。

3.3.7.2　关于“不得”

“不得”有两读，一是不变调（不得[pu^{31} tei^{31}]），二是前字变作阳平（不得[$pu^{31\text{-}24}$ tei^{31}]）。

首先讨论不变调的“不得”。

其一，关中方言的不变调的“不得”后边可以连带一般动词以及动词性词组，如“不得 V”有“V 不了、无法 V”等意思。“不得”与动作行为主体（施事者）的能力无关，而与客观条件有关。“不得”后边可以连带的普通动词或动词性词组如：吃、喝、刷、耍、睡、打、看、写、歇、研究、讨论、开会、吃饭、发言、扬场、写报告、做文章，等等。例如：

他害眼呢，害得眼窝黏的，睁不大。

他都病得不得动弹咧，你还教他做活呢；你是要他的老命呀？

她哄咧俩孙子，忙的不得吃、不得喝/饭不得吃、水不得喝、不得歇。

他忙得很，我一直想见他，都成月天气咧都整整一个月了，还是不得见。

他最近住院呢，班不得上，事不得办；老婆都得请假照顾他呢。

人群涌到河堤上了，堤上有背枪的人在警戒，谁也不得过去……（《古炉》P598）

其二，普通话“上来、下来、上去、下去、进来、进去、出来、出去、回来、回去、过去、过来、起来、起去”嵌入“不”字的否定式关中方言相应地作“不得+$V_{\text{趋}}$”。比较如下：

北京	上不来	下不来	上不去	下不去	进不来
西安	不得上来	不得下来	不得上去	不得下去	不得进来
北京	进不去	出不来	出不去	回不来	回不去
西安	不得进去	不得出来	不得出去	不得回来	不得回去
北京	过不去	过不来	起不来	起不去	
西安	不得过去	不得过来	不得起来	不得起去	

关中方言例如：

我忙得不得过去，你过来拿来。

你不得下来，我不得上去，咋办呀？

我前一向忙得不得回来，最近不忙咧。

我头昏得很，不得起去；你先起去做饭去。

其三，与普通话相比，关中方言有的“V 不得”式往往具有特殊的意义，比较如下：

北京	等不及，等不到；不能等	讨厌
西安	等不得	见不得
北京	受不了/难以禁受	臭到了极点
西安	受不得/受不了	（臭得）闻不得

关中方言“见不得”也有跟普通话的用法相一致的，例句如“有啥见

不得人的？”下面再举出其他例句：

惯用语：吃桑杏儿桑葚等不得黑。

人家就见不得你，你再嫑望人家跟前傶挤，凑咧。

他女子女儿在外头卖害卖淫呢，他管不下，气得受不得。

他在他单位臭得闻不得，你不敢跟他打交道。

不变调的“不得”后边可以连带形容词。例如：

害人的，他肯定不得好。

热天，把吃不完的菜搁到冰箱里头，肯定不得瞎坏不了。

都到九月咧，这些洋柿子西红柿肯定不得红咧。

几个捣蛋小伙子把个单位搅骚得不得安宁。

他勤谨得很，日子肯定不得可怜穷。

他就光不了场，光咧半晌场都不得光。

其四，当单音节形容词是人们所不愿意接受、所反感的概念时，关中方言“A 得[.ti]V 不得”式中的“不”字也可以省略。例如：

臭得闻不得/臭得闻得！

醜得看不得/醜得看得！

瞎得受不得坏得到了极点/瞎得受得！

这小伙子张[꜀tʂaŋ]狂妄得了不得/这小伙子张得了得！

这个娃真真儿瞎简直坏得了不得（《金瓶梅》11 回：“今早倦的了不得。”）/瞎得了得！

其五，“不得”是上古汉语就已形成了的、用法比较固定的词组，《古代汉语虚词词典》90～91 页所举的“不得”用例，今关中方言的用法与之是一致的。

大夫有赐于士，不得受于其家，则往拜其门。（《孟子·滕文公下》）

盗贼得变，此不得变也。（《荀子·非相》）

进退不得，为之奈何？（《吴子·应变》）

田为王者，卖买不得。（《后汉书·隗嚣传》）

公然抱茅入竹去，唇焦口燥呼不得。（杜甫《茅屋为秋风所破歌》）

天地果有初乎？吾不得而知之也。生民果有初乎？吾不得而知之也。（柳宗元《封建论》）

《汉语大词典》解释“不得”为“不能；不可”，例证如下：

《穀梁传·襄公二十九年》：“阍，门者也，寺人也，不称姓名。阍不得齐于人。”

《后汉书·朱俊传》：“乞降不受，欲出不得，所以死战也。”

唐·王昌龄《浣纱女》诗：“吴王在时不得出，今日公然来浣纱。”

《西游补》第十五回："话得孙行者哭不得，笑不得。"

老舍《四世同堂》六六："他是温室里的花，见不得真的阳光与雨露。"

其六，近代汉语时期的诸如"动弹不得、怪某某不得、性急不得"等形式，关中方言只有"急不得/性急不得"在老派口语里还用。我们从《醒世恒言》里找到了若干个例句，如下例句里的"不得"，西安一带读作[pu^{31} tei^{31}]；括号里的数字是《醒世恒言》所在的卷数。

好似一块鳌鱼落地，马蚁儿都要钻地，虽然热闹，却也不得自在。(3)

我自小靠爹娘过活，没处赚得一文半文，家中来路又少，也怪爹娘不得。(5)

原来端卿因大殿行礼之时，拥拥簇簇，不得仔细瞻仰，特地充作捧茶盘的侍者，直捱到龙座御膝之前。(12)

当下大尹做声不得，仍旧领个靴儿，作别回府。(13)

如今陷于缧绁，这事又不得明白，如何是了。(14)

我欲要逃走，香工说门前已有人把守，出去不得，特来与你商议。(15)

大爷，这事须缓缓而图，性急不得的。(16)

我想众人都有掌管，脱身不得。(19)

再说张廷秀在南京做戏，将近一年，不得归家。(20)

王员外因家业广大，脱身不得，夫妻在家受用。(20)

间或客人答酒，只得呷下肚里，却又有解酒汤，在房里去吃了，不得昏迷。(21)

洞宾拜辞师父下山，却不知度得人也度不得？(22)

不意从空中飞下两块砖橛子，一块打了长须的头，一块打了我的额角上，瞥然惊醒，遂觉头疼。因此起身不得，还睡在这里。(25)

也不知少府这病当真不消吃药，自然无事；还是病已犯拙，下不得药的……(26)

我们还从《喻世明言》第2卷找到一个例子："恁地零星卖时，再几时还不得动身。"

而清代渭南剧作家李芳桂的剧作里，"不得"当"不能"讲的例子几乎俯拾皆是。

你在世把辛苦受了千万，到今日做鬼儿不得安然。(《香莲佩》)

小姐，你害得我死也不得死，活又不得活，我好苦也！(《春秋配》)

料你不得明白。(《十王庙》)

你父女无故害得我夫妻死也不得死，活又不得活，害得我夫妻好苦也！(《十王庙》)

难道将头割了，你还不得死么？(《十王庙》)

误事处都只认上截一半，因此上弄了个不得零干不能了断。(《十王庙》)

这个情由我也不得明白。(《白玉钿》)

这事为兄不得明白。(《白玉钿》)

嫂嫂不言喘不言语，恐怕你永总不得言喘了。(《紫霞宫》)

其次，讨论变调的“不得”。

西安方言变调的“不得”的“得”对应了普通话的“得$_{2}$”，《现代汉语词典》(1980：20)“得$_{2}$”第一个义项为“用在别的动词前，表示许可（多见于法令或公文)：这笔钱非经批准不～动用。”这种变调的“不得”应是关中方言历史上官吏语言行为的延续。例如：

闲杂人员不得进入。

一旦通过，必须人人遵守，任何人不得阳奉阴违。

不得交头接耳，不得大声喧哗，不得抄袭他人试卷。

3.3.7.3　关于“认不得”

普通话的“不认得”在关中方言里是逆序形式“认不得”，其中“得”字（《切韵》音系在端母德韵，关中方言通常读作阴平[꜀tei])，西安、富平、咸阳、三原等处读作阳平[꜁tei]，周至、户县、兴平读作去声[tei꜄]。

我们从李芳桂的《十王庙》里看到花严与吴志宇对话过程中用到了“认不得”的例子。

花　严：难道我女儿，我认不得么？

吴志宇：难道我女儿，我认她不得么？

贾平凹的《古炉》用到若干次“认不得”，罗列如下：

面鱼儿老婆让婆把猪退还给半香，婆没同意，说既然买了咋退呀，再说扁尾巴剁了一截，狼也就认不得了。(29)

顶针她大说：那你快回去看看，你老婆把猪抱来就上吐下泻，我认不得是啥病，让回去熬些绿豆汤灌灌。看星说：你讲究给猪治病的，你认不得病？！说完就跑走了。(411)

下面是关中方言区 51 处相对于普通话“你认得这个字吗？‖认得‖不认得”的说法，其中可以看出关中方言“认不得”或“认得得”的“得”字的特殊声调来。

西安：你认得得这个字吗？ȵi^{52} ʐẽ^{55} tei^{31} tei^{24} tʂei^{52} kɤ^{31} tsɿ^{55}?‖认得。ʐẽ^{55} tei^{31}。‖认不得。ʐẽ^{55} pu^{31} tei^{31}。

临潼：你认得得个字？ȵi^{52} ʐei^{44} tei^{31} tei^{24} tʂei^{52} kɤ^{31} tsɿ^{44}?‖认得。ʐei^{44} tei^{31}。‖认不得。ʐei^{44} pu^{31} tei^{31}。

蓝田：你认得得这个字？ȵi^{51} ʐẽ^{55} tei^{31} tei^{52} tʂei^{52} kɤ^{31} tsɿ^{55}?‖认得。ʐẽ^{55} tei^{31}。‖认不得。ʐẽ^{55} pu^{31} tei^{31}。

商州：这一个字你认得得？tʂʅ^{53} i^{21} kai^{21} tsʅ^{55} ȵi^{53} ʐẽ^{55}tei^{21} tei^{35}?||认得。ʐẽ^{55} tei^{21}。||认不得。ʐẽ^{55} pu^{21} tei^{35}。

丹凤：你认得这个字不？ȵi^{53} ʐei^{55} tei^{21}tʂʅ^{55} kai^{21} tsʰɿ^{55} pu^{21}?||认得。ʐei^{55} tei^{21}。||认不得。ʐei^{55} pu^{21} tei^{35}。

洛南：你认得得这个字？ȵi^{53} ʐei^{55} tei^{21} tei^{52} tʂei^{53} kai^{21} tsʰɿ^{55}?||认得。ʐei^{55} tei^{21}。||认不得。ʐei^{55} pu^{21} tei^{35}。

华县：你认得这个字吧？ȵi^{42}ʐẽ^{55}tei^{21}tʂɤ^{42}tsʰɿ^{55}.pa?||认得。ʐẽ^{55} tei^{21}。||认不得。ʐẽ^{55} pu^{21} tei^{35}。

华阴：你认得这个字曼？ȵi^{52} ʐɛ̃^{55} tei^{31} tʂʅ^{55} kuo^{31} tsʰɿ^{55} .mã?||认得。ʐɛ̃^{55} tei^{31}。||认不得。ʐɛ̃^{55} pu^{31} tei^{31}。

潼关：你认得这个字吗？ȵi^{53} ʐei^{44} tei^{31} tʂʅ^{44} kɤ^{31}tsɿ^{44} .ma?||认得。ʐei^{44} tei^{31}。||认不得。ʐei^{44} pu^{31} tei^{31}。

大荔：这一个字你认得不？tʂɤ^{52}iɛ^{31}tsʰɿ^{55} ȵi^{52}.ʐɛ̃^{55}tei^{31}pu^{31}?||认得。ʐɛ̃^{55} tei^{31}。||认不得。ʐɛ̃^{55} pu^{31} tei^{31}。

渭南：你认得这一个字不？ȵi^{52}ʐɛ̃^{55} tei^{31} tʂei^{52} iɛ^{31} tsʰɿ^{55} pu^{31}?||认得。ʐɛ̃^{55} tei^{31}。||认不得。ʐɛ̃^{55} pu^{31} tei^{35}。

澄城：你认得这一个字焉？ȵi^{42} ʐɛ̃^{44} tei^{21} tʂʅ^{42} iɛ^{21} tsʰɿ^{55} .iã?||认得。ʐɛ̃^{55} tei^{21}。||认不得。ʐɛ̃^{55} pu^{21} tei^{21}。

合阳：你认得这一个字认不得？ȵi^{42}ʐɛ̃^{55} tei^{21} tʂʅ^{55} iɛ^{21} tsʰɿ^{55} ʐɛ̃^{44} pu^{21} tei^{21}?||认得。ʐɛ̃^{55} tei^{21}。||认不得。ʐɛ̃^{55} pu^{21} tei^{21}。

韩城：你认得不认得这一个字？ȵi^{42} ʐɛ̃^{55} tei^{31} pu^{31} ʐɛ̃^{55}tei^{31}tʂei^{42}iɛ^{31} tsʰɿ^{55}?||认得。ʐɛ̃^{55}tei^{31}。||不认得。pu^{31} ʐɛ̃^{55} tei^{31}。

宜川：你认得不认得这一个字？ȵi^{55} ʐei^{55} tei^{31} ʐei^{55} pu^{31} tei^{31}tʂʅ^{55}iɛ^{41} tsʰɿ^{55}?||认得。ʐei^{55} tei^{31}。||不认得。ʐei^{55} pu^{31}tei^{31}。

黄龙：你认得这个字吗？ȵi^{52} ʐɛ̃^{55} tei^{31} tʂʅ^{52} kɤ^{31} tsʰɿ^{44} .ma?||认得。ʐɛ̃^{44} tei^{31}。||认不得。ʐɛ̃^{55} pu^{31} tei^{31}。

洛川：你认得认不得这个字？ȵi^{52} ʐɛ̃^{44} tei^{31} ʐɛ̃^{44} pu^{31}tei^{31}tʂʅ^{44}iɛ^{31} tsʰɿ^{44}?||认得。ʐɛ̃^{44} tei^{31}。||不认得。ʐɛ̃^{44} pu^{31} tei^{31}。

黄陵：你认得这个字吧？ȵi^{52} ʐɛ̃^{44} tei^{31} tʂʅ^{44} kuɤ^{31} tsʰɿ^{44} .pa?||认得。ʐɛ̃^{44} tei^{31}。||认不得。ʐɛ̃^{44} pu^{31} tei^{31}。

宜君：你认得认不得这个字？ȵi^{52} ʐɛ̃^{44} tei^{21} ʐɛ̃^{44} pu^{21}tei^{21}tʂæ^{53}kuɤ^{21} tsʰɿ^{44}?||认得。ʐɛ̃^{44} tei^{21}。||认不得。ʐɛ̃^{44} pu^{21} tei^{21}。

铜川：你认得这个字曼？ȵi^{52} ʐei^{44} tei^{21} tʂei^{52} kɤ^{21} tsʰɿ^{44} .mæ̃？||认得。ʐei^{44} tei^{44}||认不得。ʐei^{44} pu^{21} tei^{21}。

耀州：你认得得这一个字？ȵi^{52}ʐɛ̃^{44}tei^{31}tei^{24}tʂei^{52}iɛ^{31}tsɿ^{44}? ||ʐɛ̃^{44}tei^{31}。||认

不得。ʐẽ^{44}pu^{31}tei^{43}。

蒲城：你认得这一个字吗？ȵi^{52} ʐɛ̃^{55} tei^{31} tʂʅ^{55} iɛ^{31} tsʰɿ^{55} .ma? ‖认得。ʐɛ̃^{55} tei^{31}。‖认不得。ʐɛ̃^{55} pu^{31} tei^{31}。/ʐɛ̃^{55} pu^{31} tei^{24}。

白水：你认得这个字曼？ȵi^{52} ʐei^{44} tei^{21} tʂʅ^{44} kuæ^{21} tsʰɿ^{44} .mæ̃?‖认得。ʐei^{44} tei^{21}。‖不认得。pu^{21} ʐei^{44} tei^{21}。

富平：你认得得这一个字？ȵi^{53} ʐɛ̃^{55} tei^{31} tei^{35} tʂʅ^{53} yɛ^{31} tsʰɿ^{55}? ‖认得。ʐei^{55} tei^{31}。‖认不得。ʐɛ̃^{55} pu^{31}tei^{35}。

高陵：这一个字你认得得啊？tʂʅ^{55} iɛ^{31} tsɿ^{55}ȵi^{51} ʐẽ^{55} tei^{31} tei^{35} .a?‖认得。ʐẽ^{55} ti^{31}。‖不认得。pu^{31}ʐẽ^{55} ti^{31}。

三原：你认得得这个字？ȵi^{52} ʐẽ^{55} tei^{31} tei^{35} tʂʅ^{51} kɤ^{31} tsɿ^{55}? ‖认得。ʐei^{55} tei^{31}。‖认不得。ʐẽ^{55} pu^{31}tei^{35}。

泾阳：你认得得这个字？ȵi^{51} ʐẽ^{55} tei^{31} tei^{53} tʂei^{51} kɤ^{31} tsɿ^{55}? ‖认得。ʐẽ^{55} tei^{31}。‖认不得。ʐẽ^{55} pu^{31} tei^{35}。

旬邑：你认得得这一个字？ȵi^{51} ʐɛ̃^{55} tei^{31} tei^{35} tʂʅ^{51} iɛ^{31} tsʰɿ^{55}? ‖认得。ʐɛ̃^{55} tei^{31}。‖认不得。ʐɛ̃^{55} pu^{31} tei^{35}。

长 武 ： 这 个 字 你 能 认 得 啦 ？　tʂæ^{51} kæ^{31} tsʰɿ^{55}ȵi^{51}ləŋ^{53} ʐɛ̃$^{55-35}$ təi^{31} .lia .mu? ‖认得。ʐɛ̃$^{55-35}$təi^{31}。‖认不得。ʐɛ̃$^{55-35}$ pu^{31} .təi^{31}。

彬县：这个字你能认得呀不？tʂəi^{51} kɤ^{31} tsʰɿ^{55} ȵi^{51}ləŋ^{52} ʐɛ̃$^{55-35}$ təi^{31} .ia pu^{31}? ‖认得。ʐɛ̃$^{55-35}$təi^{31}。‖认不得。ʐɛ̃$^{55-35}$ pu^{31} .təi^{31}。

永寿：你认得得这个字？ȵi^{51} ʐẽ^{55} .ti tei^{35} tʂʅ^{44} kɤ^{31} tsɿ^{44}? ‖认得（=认的）。ʐẽ^{44} .ti。‖认不得（=认不的）。ʐẽ^{44} pu^{31} .ti。

淳化：你认得这个字（呀）不？ȵi^{52} ʐei^{44} tei^{21} tʂei^{52} kɤ^{21} tsɿ^{44} .（.ia） pu^{21}?‖认得。ʐei^{44} tei^{21}。‖认不得。ʐei^{44} pu^{21} tei^{21}。

乾县：你认得得这个字？ȵi^{52} ʐɛ̃^{44} tei^{31} tei^{35} tʂei^{52} kɤ^{31} tsɿ^{44}? ‖认得。ʐɛ̃^{44} tei^{31}。‖认不得。ʐɛ̃^{44} pu^{31} tei^{35}。

礼泉：你认得得这个字？ȵi^{53} ʐɛ̃^{44} tei^{31} tei^{35} tʂʅ^{44} kɤ^{31} tsɿ^{44}? ‖认得。ʐɛ̃^{44} tei^{31}。‖认不得。ʐɛ̃^{44} pu^{31} tei^{35}。

咸阳：你认得得这个字？ȵi^{52} ʐɛ̃^{44} tei^{31} tei^{24} tʂei^{44} kɤ^{31} tsɿ^{44}?‖认得。ʐɛ̃^{44} tei^{31}。‖认不得。ʐɛ̃^{44} pu^{31} tei^{24}。

户县、周至：你认得得这一个字？ȵi^{51} ʐẽ^{55} tei^{31} tei^{55} tʂei^{51} kɤ^{31} tsɿ^{55}? ‖认得。ʐẽ^{55} tei^{31}。‖认不得。ʐẽ^{55} pu^{31} tei^{55}。

兴平：你认得得这一个字？ȵi^{52} ʐɛ̃^{55} tei^{31} tei^{55} tʂei^{52} kɤ^{31} tsɿ^{55}?‖认得。ʐɛ̃^{55} tei^{31}。‖认不得。ʐɛ^{55} pu^{31} tei^{55}。

武功：你认得得这个字？ȵi^{52} ʐɛ̃^{44} tei^{31} tei^{44} tʂʅ^{44} kɤ^{31} tsɿ^{44}? ‖认得。ʐɛ̃^{44} tei^{31}。‖认不得。ʐɛ^{44} pu^{31} tei^{44}。

眉县：这个字你认得吗？tʂʅ^{44} kɤ^{31} tsɿ^{44} ȵi^{51} ʐəŋ^{44} tei^{31} .ma? ‖认得。ʐəŋ^{44} tei^{31}。‖认不得。ʐəŋ^{44} pu^{31} tei^{31}。

太白：这个字你认得呀不？tʂʅ^{44} kɤ^{31} tsɿ^{44} ȵi^{52} ʐəŋ^{44} tei^{31} .ia pu^{31}?‖认得。ʐəŋ^{44} tei^{31}。‖认不得。ʐəŋ^{44} pu^{31} tei^{31}。

凤县：这个字你认得阿不？tʂʅ^{44} kæ^{52} tsɿ^{44} ȵi^{51} ʐəŋ^{44} tei^{31} a^{52}pu^{31} ?/你认得这个字阿不？ȵi^{51} ʐəŋ^{44} tei^{31} tʂʅ^{31} kæ^{51} tsɿ^{44} a^{31} pu^{31}？‖认得。ʐəŋ^{44} tei^{31}。‖认不得。ʐəŋ^{44} pu^{31} tei^{31}。

宝鸡：这个字你认得呀不？tʂæ^{44} kuo^{31}tsʰɿ^{44} ȵi^{51} ʐəŋ^{44} tei^{3152} a^{31}pu^{31} ?‖认得。ʐəŋ^{44} tei^{31}。‖认不得。ʐəŋ^{44} pu^{31} tei^{31}。

凤翔：这个字你认得呀不？tʂæ^{44} kau^{31}tsɿ^{44} ȵi^{53} ʐəŋ^{44} tei^{31} a^{51} pu^{31} ?‖ 认得。ʐəŋ^{44} tei^{31}。‖认不得。ʐəŋ^{44} pu^{31} tei^{31}。

岐山：你认得这个字吗？ȵi^{51} ʐəŋ^{44} tei^{31} tʂei^{21} kɤ^{21}tsʰɿ^{44} ma ？ ‖认得。ʐəŋ^{44} təi^{31}。‖不认得。pu^{21} ʐəŋ^{44} təi^{31}。

扶风：你认得个字呀不？ȵi^{42} ʐəŋ^{44} təi^{31} kɤ^{42}（又读 kuo^{42}）tsɿ^{44} .ia pu^{31}?‖认得。ʐəŋ^{44} təi^{31}。‖认不得。ʐəŋ^{44} pu^{31} təi^{31}。

麟游：这个字你认得呀不？tʂʅ^{44} kuo^{31}tsʰɿ^{44} ȵi^{51} ʐəŋ^{44} təi^{31} .ia pu^{31}?‖认得。ʐəŋ^{44} tei^{31}。‖认不得。ʐəŋ^{44} pu^{31} təi^{31}。

千阳：这个字你认得呀不？tʂæ^{44} kuo^{21}tsʰɿ^{44} ȵi^{52} ʐəŋ^{44} tei^{31} ia^{31} pu^{31} ?‖ 认得。ʐəŋ^{44} tei^{31}。‖不认得。pu^{31}ʐəŋ^{44} tei^{31}。

陇县：这个字你认得吗认不得？tʂʅ^{44} kuo^{31}tsɿ^{44} ȵi^{42} ʐəŋ^{44} tei^{31} .ma ʐəŋ^{44} pu^{31} tei^{31}?‖认得。ʐəŋ^{44} tei^{31}。‖认不得。ʐəŋ^{44} pu^{31} tei^{31}。

富县：这个字你认得不？tʂʅ^{44} kɤ^{31}tsʰɿ^{44} ȵi^{53} ʐəŋ^{44} tei^{31} pu^{31} tei^{31}?‖认得。ʐəŋ^{44} tei^{31}。‖不认得。pu^{31} ʐəŋ^{44} tei^{31}。

定边：你认得这个字不？ȵi^{52} ʐəŋ^{44} təi^{31} tʂʅ^{52} kɤ^{31} tsɿ^{44} pu^{31}?‖认得。ʐəŋ^{44} təi^{31}。‖认不得。ʐəŋ^{44} pu^{31} təi^{31}。

如上例句中的“认得**得**”的“**得**”以及“认不**得**”的“**得**”都读作阳平调[꜁tei]的方言点有富平、耀州、三原、泾阳、旬邑、乾县、礼泉、咸阳，都读作去声调[tei꜄]的方言点有周至、户县、兴平、武功；“认得**得**”的“**得**”，西安、临潼、蓝田读作阳平调；“认不**得**”的“**得**”，永寿读作阳平调，蒲城一读阴平调，又读阳平调。其余方言点，“认得、认不得/不认得”的“得”读作阴平调[꜀tei]。“得”字在高陵、永寿有读如“的[.ti]”的；户县把动词“没有”也作“没有的”，其中“的”字读作[ti^{55}]（=地第递），韵母跟高陵、永寿的“得”字以及西安回民“得道我怎么知道呢”的“得”字一致，声调跟户县“认不得”的“得”字一致。由此可见方言现象的复杂性。

西安等处方言很普遍地有“V 得**得**”式（“**得**[꜁tei 西安/tei꜄ 户县]”）疑问

句，“V得得”是“V得V不得”的意思。例如：

这个药用得得？

黄色录像看得得？

你说，这句话说得得？

今年的麦茬点点燃得得？

苹果打药都一个月咧，这阵儿吃得得？

户县方言肯定式可能补语“得”字读作[꜀tei]，属于“得₁”的范围，否定式可能补语“V不得”中的“得”字，户县老派口语通常读作[tei꜄]；中新一般读作[tei꜄]，又读作[꜀tei]，（相当于“得₁”），新派读作[꜀tei]或[꜀tə]。户县老派口语“得”字读作[tei꜄]时必须是“V不得”单用的语境；“V不得[tei꜄]”中的V限于可能导致坏结果的动词。例如：

娃呀，黄色录像看不得！

苹果刚打咧药，吃不得。

搁咧几天的茶肯定喝不得。

热天的饭嘶气发馊咧，吃不得。

你是个作家，我给你说，色情小说却可长短千万写不得，啊！

户县方言的“V得得[꜀tei tei꜄]”又作“V得V不得[tei꜄]”；“V得V不得”是汉语官话典型的反复问句模式，“V得得”是“V得V不得”的浓缩形式。

在户县老派口语里“V得V不得[tei꜄]≠V得V不得[꜀tei]”，如上文所言，“得[tei꜄]”对动词的管控限于可能导致坏结果的；“得[꜀tei]”则不然，如“见不得讨厌、等不得等不急、离不得离不开”的“得”就读作[꜀tei]。像“你离不得他”一句，当“得”字读作[꜀tei]的时候，指离不开，当“得”字读作[tei꜄]的时候，则指“你”一旦离开他就会误入歧途干坏事。下面再举户县老派口语里“V得V不得[tei꜄]（≠V得V不得[꜀tei]）”的几个例句：

说得说不得[tei꜄]的话你都敢说！极言“你”语言放肆

苹果打药都一个月咧，这阵儿吃得吃不得[tei꜄]？

娃呀，昧良心的事情长短千万做不得[tei꜄]，做咧就要遭报应呢！

（问）黄色录像到底看得看不得[tei꜄]？（答）肯定看不得[tei꜄]。

“无用”在户县方言里作“使不得”，“使不得”的“得”字，老中派读作去声调[tei꜄]。

另外，关中方言“得[꜀tei]”字还有其他用法：充当时制助词，表将然，西安方言“来得咧”是“将要来了”的意思；“得是”常用在是非问句中，是“是不是”的意思，例如：

教他回得单位咧给我一个朋友捎个话。

你走得咧把我叫嘎子你走的时候喊我一声（我想跟你一起去）。
开得会咧你再发言，这阵儿先听领导讲，得成行不行？
他得是陕西人/他是陕西人，得是/得是他是陕西人？
你得是不想吃咧/得是你不想吃咧/你不想吃咧，得是？

注释

① “看不着”的“着”，普通话读作[tʂau^{35}]。“着”切韵音系在澄母入声药韵，关中方言区 51 处只有淳化、永寿、定边、周至声母不送气，其余 47 处全部读送气声母，现予以罗列：西安 pfʰɤ^{24} 临潼、黄陵、耀州、白水、乾县、咸阳、武功 tʂʰuɤ^{24} 蓝田、高陵、三原、泾阳、旬邑、长武、礼泉、兴平 tʂʰuɤ^{35} 商州、丹凤、洛南、大荔、富平 tʂʰuo^{35} 华县、彬县 tsʰɥo^{35} 华阴 pfʰo^{35} 潼关 pfʰo^{24} 渭南 tɕʰyo^{35} 澄城、韩城、宜川、宜君、铜川、蒲城、眉县、太白、凤县、宝鸡、凤翔、陇县、富县 tʂʰuo^{24} 合阳 tʂʰo^{24} 黄龙 tʂʰɤ^{24} 洛川 tʂʰuə^{24} 永寿 tʂuɤ^{35} 淳化 tʂuɤ^{24} 户县 tɕʰyɤ^{35} 周至 tʂuɤ^{35} 岐山 tʂʰuo^{34} 扶风、麟游 tsʰɥo^{24} 千阳 tsʰuo^{24} 定边 tʂuə^{24}。华县皮影戏《卖杂货》丑角唱词中把“二十个钱儿我卖不着”的“着”字读作 tʂuo^{35}，“卖不着”是“划不着卖”的意思。

② 江蓝生先生（1998）《后置词“行”考辩》一文指出：山东寿光、茌平、聊城方言“上”有读作[.xaŋ]的；晋中太谷、孝义、文水、平遥等处方言，“上”字用作动词读作舌尖清擦音，用作方位词读作[x]声母。

③ “可”字，西安一带在“可口”一词里读作去声调[kʰɤ^{55}]。

3.4　判断动词

3.4.1　关中方言的“是”

关中方言“是”字读作[sɿᵓ]，跟“四寺”等字同音。比照吕叔湘先生主编的《现代汉语八百词》（2002：496～503），关中方言的“是”字可以从读作本调和变作阴平两点来看。

3.4.1.1　读作本调的“是”

“是”字在关中方言里读作本调的，如西安、渭南、商州、三原、户县等处读作[sɿ^{55}]，宝鸡、咸阳、凤翔、岐山等处读作[sɿ^{44}]。

其一，关中方言“不是”的“是”读作本调去声，“得是是否，是不是”的“是”也读作去声；“就是”的“是”读作去声的用法比较特殊，是“的确是这样”的意思，限于老派对话过程中的接续句，下文 2.4.2.1 部分专门讨论。关中方言“是”读作去声的例如：

他就不是陕西人。

这个老人得是你舅？

这个娃不是你说的那么好。

得是你娃在香港上大学呢？

刚才那个人不是县长能是谁呢？

梅玉鉴，梅玉鉴，得是湖广解元梅玉鉴？（高培支《夺锦楼》第九回）

其二，“是”字处于句首时，一方面读作本调去声的“是”字常处于句式“是N不是N”之中；或者“是”字相当于“像”字。例如：

是话不是话你先听着。

是人不是人的都欺负我呢！

是好事不是好事咋能提前知道？

谚语：是媒媒事，婚事不是媒，也得跑三回。

是领导不是领导都在我跟前指手画脚呢！

另一方面，“是+普通名词或名词性词组”，其中“是”字当“凡是”讲。例如：

是亲戚也未必能一般看承一视同仁。

是事都得办，一个不办也不行嚜。

是学生都得关心，这是当先生本份儿的事情。

是粮食都是辛辛苦苦打来的，不是天上掉下来的。

是你的责任你承担，是我的责任我承担，是他的责任他承担。

其三，“多的是、有的是”的“是”字读作本调去声。例如：

夏天，大荔的西瓜多的是。

财东家的钱咧粮咧东西咧有的是。

其四，关中方言与《现代汉语八百词》2002年增订本501页之“7.f)”以及“8”一致的句子，读作本调去声。例如：

走一步是一步，慢慢儿来。

给多少是多少，绝不计较。

是学生都应该好好儿学习。

种一块儿是一块儿，总比不种强。

是啥[sa^{55}]就说啥[sa^{55}]，嫑顾虑啥[sa^{55-31}]/啥[sa^{55}]都嫑顾虑。

其五，关中方言的“是”字在强调性句子里，读作本调去声。例如：

你是人你就说句人话！

咱是作家咱就得有社会责任感！

你是你妈的亲娃就得替你妈做主！

你是我的好学生就得好好儿听我上课！

他那天是没去，这个我可以证明！你的你们作为执法机关不能冤枉他！

的确，你是比他学历高，他是比你职称低；你看你的贡献有他一半儿没？

其六，关中方言的“是”字还用如范围副词“凡，凡是”，常常跟“都、都有”呼应，我们从《二刻拍案惊奇》卷之三看到这样的例子“那孺人陪翰林吃了饭，着落他姓李在书房中，是件安顿停当了方才进去。”现代关中方言的例如：

谚语：是药三分毒。

是我写的书都拿上。

是老汉的儿女都有份儿呢。

是国家干部都有这个资格呢。

是党员都有选举权跟被选举权呢噻。

是[sɿ^{55}]咱堡子咱们村人都知道是[sɿ$^{55-31}$]咋回事儿。

是你的，你就拿上；不是你的，你就给我搁上。

3.4.1.2　变作阴平的“是”

其一，肯定句、疑问句中表示判断的“是”字在关中方言里变作阴平[sɿ$^{55-31}$]。例如：

他就是[sɿ$^{55-31}$]陕西人。

你也是[sɿ$^{55-31}$]陕西人吗？

就是[sɿ$^{55-31}$]的，你说得对着呢。

他是[sɿ$^{55-31}$]咋回来的，你知得道知道吗？

我是[sɿ$^{55-31}$]陕西人，他是[sɿ$^{55-31}$]上海人，那你是[sɿ$^{55-31}$]啥地方人？

惯用语：敬是[sɿ$^{55-31}$]敬送是[sɿ$^{55-31}$]送意思是给亲友送礼必须考虑在节日期间或对方家里有婚丧等大事的时候，或者在亲友帮忙以后给予适度的馈赠。

其二，关中方言变作阴平的“是[sɿ$^{55-31}$]”字，在疑问句或相应的答句里边，是“这是”的意思；有的是在对话里边。例如：

（问）你是[sɿ$^{55-31}$]谁？——（答）我是[sɿ$^{55-31}$]老三。

（问）你是[sɿ$^{55-31}$]哪塌儿人哪里？——（答）我是[sɿ$^{55-31}$]户县人。

（问）你是[sɿ$^{55-31}$]做啥呀？——（答）我是[sɿ$^{55-31}$]在超市买东西呀。

（甲）我咋多日子没见他，刚才见他来？——（乙）他是[sɿ$^{55-31}$]刚刚儿从北京回来。

（甲）我看老张刚出咧门。——（乙）老张是[sɿ$^{55-31}$]给娃送东西呀，才刚儿请的假。

（问）你是[sɿ$^{55-31}$]不想去咧吗？——（答）噢/就是[sɿ$^{55-31}$]的/我就是[sɿ$^{55-31}$]不想去咧｜我还去呢/我还想去呢。

其三，关中方言变作阴平的"是[sɿ55-31]"字还用如动词"像，如"。例如：

谁是你，见咧肉就不要命咧！极言"你"很喜欢吃肉

我要是他那号有钱的，就把钱给这个可怜人多给些！

我不是你，回去啥都不做，衣来伸手饭来张口；我回去还得给老婆搭伙做饭呢。

经咧几十年事，见咧一堂堂人许多人，没见过她这们这么细详节俭的；假若都是她，东西都没人买咧，社会咋发展呀！

3.4.1.3　关于"是"字的省略等问题

其一，关中方言的"是"字除了跟普通话相当的省略条件以外，最常见的是在指示代词后边并且指示代词形成远近对举时往往要省略。例如：

这个你的，兀那个他的。

这张三的，兀个[uɤ55]李四的。

这我的，兀个[uɤ55]你的，那[næ55]他的。

这些张三的，兀些李四的，那些王五的。

这一[tʂei52]块儿张三的，兀一[uei52]块儿李四的，那[næ52]块儿王五的。

其二，在上述句子的基础上，单音节"这、兀个、那"形成长音以后也可以表示判断。

这[tʂɤː55]你的，兀个[uɤː55]他的。

这[tʂɤː55]张三的，兀个[uɤː55]李四的。

这[tʂɤː55]我的，兀个[uɤː55]你的，那[næː55]他的。

3.4.2　关中方言的"就是"

关中方言"就是"语法语义特点也可以从读作本调和读作变调来看。

3.4.2.1　"就是"读作本调

"就是"两个字读作本调去声[tsɤu55 sɿ55]，目前限于老中派。

其一，"就是的"是"的确是这样"的意思。"就是的"用于对话过程中的接续句，是听话人对说话人所说话语的充分肯定。举例如下：

（甲）外甥跟外甥媳妇儿对我姐不孝顺，我去跟他俩说："你妈都九十多岁的人咧，能活几天？"（乙）就是的。

（甲）我给外甥说："你念起你离你达早，你妈守寡把你拉扯大不容易，咋着也得好好儿孝顺你妈。"（乙）就是的。

（甲）我还给外甥媳妇儿说："你也有哥咧嫂咧的，你嫂要是对你大人不好，你咋想呢？再说来，你的你们都有儿女呢，也得在儿女面前做个好样儿；你的要是老咧，娃们家对你的不孝顺，你的要嫌娃们家的话，娃们家

要是说：‘你年轻那阵儿对我奶咋不好呢？’把你还问咧个口儿干无言以对。”（乙）就是的。

其二，西安一带以“就是咧”煞尾的句子，表示说话人对某种情况的强调、认为不得已或理所应当等意蕴，意思是“就行了”；这种句子多数是假设关系的紧缩复句。例如：

他给你你就拿走就是咧！表示强调

娃来接你你跟娃去就是咧！表示强调

我马上给他送去就是咧！认为不得已

你给我硬要我给你就是咧！认为不得已

谁报的饭指在饭局上定的饭谁吃就是咧！认为理所应当

干脆谁今年工作量最大当先进就是咧！认为理所应当

多数情况下，这种句子的前后还可以再加上一个表示承接或因果关系的分句。例如：

他给你你就拿走就是咧，再覅推辞咧！

娃来接你你跟娃去就是咧，娃把车开回来一回也不容易。

你再覅给我讲那些大道理咧，我马上给他送去就是咧！

你给我硬要我给你就是咧，谁教咱俩是朋友呢？

干脆谁今年工作量最大当先进就是咧，望后的先进也就这下这样产生。

3.4.2.2 “就是”读作变调

关中方言“就是”的“是”字变作阴平[$ʂʅ^{55-31}$]时，有通常用法和特殊用法两种。讨论如下：

其一，“就是”的通常用法是在判断句中起肯定或强调作用。例如：

他就是山西人，你不信咧问老张去，老张跟他熟欢熟悉得很。

他就是不爱吃肉，你再覅硬教他吃咧。

这件事情就是你老师教我给你办的，看来你老师爱你这个学生得很。

这本书就是我花咧 10 块钱买下的。

这顿饭就是比那顿饭香嘿！

我就是不爱打牌，你叫残的别人去。

“农业学大寨”那几年，就是有的生产队一个劳动日才 9 分钱。

关中方言的“就是”还经常处于句首，跟代词搭配。

就是我，见你事多，还愿意给你帮忙。

就是这些东西，你不拿，就不得回来。

就是你爸这个废人，最少还能给你把门看上。

就是那些事情，你不劳敛着手操办，说不定拖到牛年马年去咧。

就是那天咱俩在我单位见的那个爱说爱笑的老汉，你知道他是啥人？

他还是院士呢。

其二，西安一带方言在对话语境中，接续语句以单独的“就是[tsɤu⁵⁵ sʅ⁵⁵⁻³¹]/就是嚜[.mɤ]”的形式表示对说话人所说情况的肯定；可以比照上述3.4.2.1的“其一”。例如：

（甲）娃不好好儿念书，你不能打娃，得好好儿跟娃讲道理。（乙）就是/就是嚜。

（甲）媳妇儿跟你妈闹矛盾呢，你知道咧，不能只听一头儿的；你要是听咧一头儿的，就会把事情处理瞎坏。你得两头儿把工作做好，在媳妇儿跟前多说你妈的好话，在你妈跟前多说媳妇儿对他有多孝顺的。（乙）就是/就是嚜。

其三，“就是”的特殊用法有两种。一种是用作假设连词，当“即使”来讲。例如：

他就是拿八抬大轿来抬我，我也不去。

就是你叫我去，我也不想去；我最近忙得很。

你就是把日子过成“王十万”，我也不眼气不羡慕！

大家伙儿的工作都很自觉，就是没有领导，也没人磨洋工。

就是街上耍活龙，他也不出去看；他勤学得很，作业做不完从来都不耍。

一种是用如发语词。用如发语词的“就是”是妇女口语里常用的，一般作为诉说、倾吐的先导。当跟某妇女提及该妇女自己或亲属的冤屈等以后，该妇女一旦要诉说、倾吐，则以“就是”作为先导；这个“就是”与后续句子之间没有停顿。例如：

（甲）我咋听说你哥教人家打烂咧？（乙妇女）就是我哥叫的割麦机子给我屋我家割麦呢，我的麦割咧个半个儿。我兀一陀儿我们家附近有个二杆子小伙，硬要教给他先割呢。我哥说：“我这麦一下下儿一阵子就割完咧，割完咧马上给你割。”那个二杆子就诀骂我哥呢。我哥说：“你咋不讲理呢？”那个二杆子就拿个砖在我哥头上拍咧一下，爷呀，血流咧⊆多大很大一摊子。差一点儿都没我哥咧。

（甲）“文化大革命”那阵儿我一家子就把可怜受匝受尽咧；那阵儿你屋你家咋个样呢？（乙妇女）就是那个时间儿，哎！亲人，覅提咧！提起就难受得很。我屋还有好几家亲戚都把可怜受匝咧。硬是给我娘家评咧个地主，把我妈气死咧；给我妹子家评咧个富农，把我妹夫气死咧；我妹夫死呀死的时候才32岁，你说，我妹子把4个娃拉扯大容易吗？

3.4.3 关中方言的“不是”

其一，如2.4.2小节报道过西安方言“不是[pu³¹ sʅ⁵⁵]≠不是[pu³¹ sʅ⁵⁵⁻³¹]”的特点，不变调的“不是”为判断动词的否定式，变调的“不是”指坏话、是非。再举例句若干。

你不是[pu^{31} sʅ^{55}] ⊆刚搬走？

他就不是[pu^{31} sʅ^{55}]咱单位人。

你 ⊆真的确不是[pu^{31} sʅ^{55}]个好东西！

不是张三[pu^{31} sʅ^{55}]，就是李四[sʅ$^{55-31}$]。

谁也不是[pu^{31} sʅ^{55}]天生的就能长于念书。

我不是[pu^{31} sʅ^{55}]不想去，我是[sʅ$^{55-31}$]忙着呢。

老张不是[pu^{31} sʅ^{55}]早都来咧吗，你当他没来？

这不是[pu^{31} sʅ^{55}]书，这是[sʅ$^{55-31}$]本本本子，还有些旧文件。

兀个[uɤ^{55}]不是[pu^{31} sʅ^{55}]（吗）？那就是≠兀个不是[pu^{31} sʅː^{55}]/兀个不是啊[pu^{31} sa^{52}]?

嫑说他的不是[pu^{31} sʅ$^{55-31}$]。

你这是故意寻他的不是[pu^{31} sʅ$^{55-31}$]呢！

这教人要落不是[pu^{31} sʅ$^{55-31}$]/落矮呢！

给你办咧一回事，没落下好不要紧，尽都落咧些不是[pu^{31} sʅ$^{55-31}$]！

凤翔的“不是[pu^{44} .sʅ]”一般指事情做得不完美，如招待不周，例如“今个人太多，有啥不是，多谅解着”；“寻不是”指找茬、寻衅。

其二，关中方言“不是[sʅᵓ]”有时还相当于普通话的“可不是吗”，也是用于对话中的接续句；普通话的“可不是吗”是疑问形式，关中方言的“不是[sʅᵓ]”为陈述形式。例如：

（甲）我给他拾掇锁子来修锁子来着。（乙）不是，我那天就见他的锁子有问题。

（甲）我看他现在真的把事干成咧。（乙）不是，你都看来咧，他下的多大的功夫。

（甲）他贪污受贿的事情烂包咧败露了。（乙）不是，你看他有时候拿人钱连谁都不避。

（甲）那个得糖尿病的小伙子死咧。（乙）不是，你就没见他连啥都敢吃，一回都敢吃一个大西瓜呢；为吃甜的经常跟媳妇儿打槌打架；这里指吵架呢。

上列例句，“不是[pu^{31} sʅ^{55}]”的后边常常还可以有语气词“嚜”字出现。

其三，在对话过程中，西安一带在要表达对对方所言及情况、看法的否定意见时，以“不是”的“是”字语音形式的是否变化构成四个层级：基本层级是“是”字读作本调去声[sʅ^{55}]，较高层级是“是”字长化[sʅː^{55}]，最高层级是“是”字长化并且形成拖音[sʅː^{55} zʅ^{31}]，极高层级是在最高层级“是”字所形成的拖音的基础上，拖音长化[sʅː^{55} zʅː^{31}]；基本层级只是一般否定意见的表达，层级越高，所表达的态度就越强烈。在具体表达时，也可以以“不是”作结，也可以在“不是”的基础上进一步表达否定的理由等。例如：

（甲）他狗脔的不是东西！（乙）不是[pu^{31} sɿ^{55} | pu^{31} sɿː^{55} | pu^{31} sɿː^{55} zɿ^{31} | pu^{31} sɿː^{55} zɿː^{31}]！

（甲）我看他贼头鼠脑的！（乙）不是[pu^{31} sɿ^{55} | pu^{31} sɿː^{55} | pu^{31} sɿː^{55} zɿ^{31} | pu^{31} sɿː^{55} zɿː^{31}]！

（甲）你那天车上带的那个女子姑娘得是是不是你对象？（乙）不是，是我表妹。

（甲）他得是不好好儿学习？（乙）不是，他好好儿学着呢；他经常在阅览室看书呢。

（甲）我看你外甥媳妇儿对你姐就不孝顺。（乙）不是，你知不道不知道，我外甥媳妇儿孝顺着呢，就是脾气有些急，我姐老咧，糊涂咧，有时候胡吃胡喝的，肯定要胡董$^{=}$弄（脏），如大小便失常等呢，媳妇儿也就免不了要威[uæ^{31}]训斥呢；其实外甥媳妇儿孝顺着呢。

其四，关中方言的“不是吗[.ma]”相当于上文“其三”的较高层级，在具体表达时，也可以以“不是吗”作结，也可以在“不是吗”的基础上进一步表达否定的理由等；例略。

其五，关于西安一带的“就不是”。一方面，如把“就不是”读作[tsɤu^{55} pu^{31} sɿ^{55}]，通常的用法如：“他就不是西安人｜我就不是党员｜这就不是你要的书｜你就不是个好东西！”

二方面，“就不是”的特殊用法是，在争论或强辩时，乙对甲的看法予以否定的可以单独成句，或连带“吗/嘅”一类语气词；“就不是”的意思是“本来不是这样”。例如：

（甲）听说你把领导告上咧？（乙）我没告，估计是单位其他人来来着。（甲）我看你经常对领导有意见呢。（乙）就不是我来！（甲）肯定是你来！（乙）就不是！

（甲）你得是是不是把你老师的钱偷咧？（乙）我从小连谁的啥都不偷，咋能偷老师的钱呢？（甲）好几个人都说你偷来；我本来就信不下去嘅……（乙）就不是吗！

（甲）我那天见你跟一个长得倩[tɕʰiẽ^{31}]漂亮得很的女子姑娘在一搭儿一起呢，兀个[uɤ^{55}]那姑娘得是你对象？（乙）不是的。（甲）我看你俩兀个[uɤ^{52}]那亲热劲儿，估计你这会肯定给我没说实话！（乙）她真个不是我对象！（甲）你要哄我，肯定的！（乙）就不是嘅！

3.4.4　关中方言的“得是”

普通话的是非问形式“是不是”在关中方言里很普遍地作“得是[tei^{31} sɿ^{55}]”。如普通话“他是不是陕西人？”在关中方言里的地方变体主要是“他得是陕西人？”合阳、韩城、黄龙、黄陵、宜君、铜川、蒲城、岐山、定边9处与普通话相同，也是“他是不是陕西人？”（定边方言代词“他”作“人结”）宝鸡、太白、凤翔、麟游、千阳 5 处作“他是陕西人呀不？”关中部分地点方言的相关变体又有其各自的特点，先罗列如下：

西安：他得是陕西人/他是陕西人，得是/得是他是陕西人？

澄城：他是陕西人不是？

宜川：他是陕西人[zɿeːi^{24}]？［宜川“人”字韵母长化表疑问］

高陵：他是陕西人，得啊？

旬邑：他得是陕西人（呀不）？

长武：他得是陕西人（啦木 .lia .mu）？

彬县：他得是陕西人么？

淳化：他得是陕西人/他是陕西人（呀不）？

眉县：他就是陕西人，得是/他得是陕西人呀不？

扶风：他是陕西人，得是/他是陕西人呀不？

陇县：他是陕西人吗不是？

凤县：他是陕西人啊不？

富县：他是陕西人不？

我们从贾平凹的《古炉》找到两个以“得是”煞尾的问句，为了让大家充分理解“得是”的含义，特意选取了两段与之有关的对话。

狗尿苔说：我不取，鸡给咱求饶哩，牛铃。牛铃说：鸡能求饶那不是鸡了！把鸡让狗尿苔拿好，自己在案板上取刀，狗尿苔手一松，把鸡放开了，鸡立即飞到了柜上。牛铃生了气，说：你不想吃鸡肉了得是？！提了刀过来抓鸡。（317）

戴花说：水皮现在厉害啦，是榔头队的头头脑脑。水皮说：不是，不是。戴花说：霸槽是老大，你不是老二就是老三么！武干说：是吗，你们榔头队多少人？水皮说：村里差不多的人都是。天布说：我不是！戴花说：我家长宽也不是！武干说：文化人都是这毛病，虚张声势了得是？！水皮说：我们进一步发动群众，力争古炉村一片红。（332）

兰宾汉《西安方言语法调查研究》一书第十二章之第二节“是非问句与疑问副词‘得是’”专门讨论了西安方言的“得是”。下面的内容是我们从兰著（2011：334～341）抄录来的。兰著把表示相关关系的句子用“/”隔开，本书用“｜”隔开。

一、是非问句

主要有四种形式：一种不用疑问词，通过上升的语调表达疑问，如：

张红是西安人？

他家的老房漏雨咧？

张大伯把大肥猪卖咧？

以上问句的肯定式回答可以用一个词“是”，如果要强调肯定的态度，可以说“就是的”。如果要突出焦点内容，则可以重复某些词语，如第一例的回答可以说“是西安、的确是西安人”。有时还可以通过一个简单的叹词“噢”作为肯定回答。否定式回答为“不是、不是的、不是西安人、的确不是西安人”等。

另一种是问话人对所问内容有一定的了解，但又不能确定，所以句末用语气词“吧”，希望对疑问加以证实，一般称为猜度问，如：

李海今年没种大葱吧？

你家养的鸡娃儿开始下蛋咧吧？

大婶，你从来没去过北京吧？

第一例的肯定式回答可以是“噢、种咧、种大葱咧”，否定式回答可以是“没有、没种、没种大葱”。

第三种是非问句通过疑问副词“得是”表示疑问，其格式为“得是＋VP/NP”。“得是”的意思是不是。这种是非问的特点最为突出，如：

你夜个（昨天）得是（是不是）进城咧？

凤得是（是不是）跟二婶吵架咧？

前一例的肯定式回答可以是“噢、进咧、进城咧”，否定式回答可以是“没有、没进城”。

“得是”后面可以是动词性或形容词性词语，也可以是名词性词语，如：

老张得是把自行车没（丢）咧？

你得是吃饱咧？

致（这）件衣裳得是好看？

兀个（那个人）得是李小刚？

在“得是＋NP”结构中，“得是”是一个疑问副词，如果表示判断，后面的判断词“是”可以出现，句式为“得是＋是＋NP”，如：他得是是李小刚？由于两个“是”连续出现，影响了语言的简练顺畅，因而后一个“是”往往不出现。这种句式在西安方言中很普遍，已经是一个固定的句式，不需要在补出判断词，所以不宜在以省略句看待。

从动词出现的情况看，“得是”后面不能只是一个孤立的动词，例如不能说“你朋友得是来，张明得是学习”等。“得是”在语义上要求后面所陈述的动作有相应的结果或状态，或动词带有表完成或持续的体貌助词，否则，不能成句，如：

你朋友得是明儿来?

你朋友得是来迟咧?

你朋友得是来咧?

例中的动词“来”带上状语“明儿”，或补语“迟”，或体貌助词“咧”，句子是合格的。与动词不同的是，单个的形容词却可以出现于“得是”之后，如“致本书得是好、张华的个子得是高”等，但是合格的句子。

从出现的语言环境看，疑问副词“得是”可以出现于多种句式中，如：

你姐得是上学去咧?（主动句）

小明得是叫老师批评咧?（被动句）

你得是给咧小军二十块钱?（双宾句）

你爷得是叫你浇地呢?（兼语句）

你得是上街买菜呀?（连动句）

李红家院子得是有一个大枣树?（存现句）

你爷得是身体不舒服?（主谓谓语句）

得是下雨咧?（非主谓句）

“得是”在句中的位置很灵活，可以出现于谓语中心前，也可以出现与句首，还可以单独出现于句末，如：

王哥致两年得是不种庄稼咧?

得是你明儿不来咧?

单位下周不放假咧，得是?

“得是”置于句首或句末，不置于句中表达的疑问语气更强烈一些。西安方言中带“得是”的是非问句使用最普遍，出现频率最高，疑问程度最高，具有追问的意味。

第四种是通过“V+得+C”的格式对补语实现的可能性表示疑问，如：

你明儿来得成（能不能来）?——能来。/来不成。

你把饭吃得完?——能吃完。/吃不完。

从这儿走得出去?——能走出去。/走不出去。

在上述疑问方式中动词后面用“得得”对可能性加以询问的用法也非常普遍，我们用“V+得$_1$+得$_2$”的格式来表示。两个“得”的读音不同，“得$_1$”读 tei^{21}，“得$_2$”读 tei^{24}，如：

你说这（这个）人交得得（能不能打交道）?

剩饭吃得得（能不能吃）?

致（这）本书看得得?

对上述问句的肯定式回答是“能+V”，如“能交、能吃、能看”，否定式回答是“交不得、吃不得、看不得”或“不能交、不能吃、不能看”等。

这种“V+得$_1$+得$_2$”问句在使用上有较大的局限性，V的位置上只能是动词，不能是形容词；动词也只能是表动作行为的自主动词，即表示有意识的或有心去做的动作行为，如“吃、看、做、学、说、来、进、上”等，这种词义特征是受“得得”的影响所致，因为“得得”要求前面的V必须是动作行为，而且应该具有实现的可能性，而“死、倒、走、跑、看见、知道、了解”等动词不具有上述特点，所以一般不能进入该格式。

从句法位置上看，“V+得$_1$+得$_2$”结构只能出现于句末，后面不能出现宾语、补语。如果句子在语义上需要宾语，则要将语序SVO变为O（S）V，如“剩饭吃得得”。因为这种问句的疑问焦点不在S，而在于动宾关系能否实现，宾语成了话题，所以受语用功能的影响，语序调整为O（S）V，句末的“得得”与句子的特定语用功能相一致。“V+得$_1$+得$_2$”后面不再出现补语，是因为“得$_2$”已经是可能补语了，在表义上排斥其他补语成分。

在语言运用中，“得是”与“得得”的功能互补，在表示疑问时二者有比较明显的分工，“得是”是对事物、动作真实性的提问，“得得”是对动作、行为可能性的提问，如：

奈个（那个）人得是（是不是）张明？

小王得是个退伍军人？

你得是没钱交学费咧？

以上几例都是对后面人物、事情或行为真实性的提问，其回答方式分别是：是张明。/不是张明。是退伍军人。/不是退伍军人。就是没钱交学费咧/不是没钱交学费咧。

致个（这个）药吃得得？

娃娃到网吧去得得？

你说这（这个）钱要得得？

以上几例都是对动作、行为实现的可能性的提问，其回答方式分别是：能吃。/吃不得。能去/去不得。能要。/要不得。

二、疑问副词“得是”的形成

1.“得”的语义及功能的发展演变

普通话的“得”有多种用法，主要是：（1）动词用法，读 $\text{t}\gamma^{35}$，表示获得、得到，如“得奖”。（2）用于谈话时表示结束或禁止，读 $\text{t}\gamma^{35}$，如：得，别说了！（3）用在动词前表示许可，读 $\text{t}\gamma^{35}$，如：不得随便出入。（4）助词用法，读 $\text{t}\gamma^{0}$，连接中心语与程度补语、结果补语，如问题清楚得很、累得上气不接下气。（5）可以用在“动/形+得”结构中，助词用法，读 $\text{t}\gamma^{0}$，表示程度很深，无法形容，如：看把你得意得！（6）表示可能、可以，读 $\text{t}\gamma^{0}$，如：这东西吃得吃不得？（7）助词动用法，读 tei^{214}，表示事实上或情理上的需要；应该；必须。如你说话得算数。

西安方言"得"tei[21]主要有两种用法：其一是表示获得，这与普通话用法相同；其二是表示可能、可以、应该，与普通话的（6）（7）用法相当，但读音及出现环境有很大的差异。

西安方言的疑问副词"得是"由"得"和"是"两个语素构成。"得"的本义是获取、取得。为实义动词，其语法功能是在句法结构中充当谓语或谓语中心语，如：

吾子得玉而失诸侯。(《左传·昭公十六年》)

郑人使我掌其北门之管，若潜师以来，国可得矣。(《左传·僖公三十二年》)

信礼之王，欲免，得乎？（《左传·成公十五年》)

有的是"得"带宾语。有的是"得"直接充当谓语，"得"后面有语气词。"得"的前面还可以带有修饰成分。

先秦时期，"得"除了上述用法以外，又派生出一种用法，即置于另一动词前，形成"得＋V"格式，"得"充当助词时，表示可能、能够。对此，岳俊发（1984）指出："先秦时，动词'得'产生出可能义，这是可能式'得'字的来源。"如：

君子之至于斯也，吾未尝不得见也。(《论语·八佾》)

齐桓、晋文之事，可得闻乎？（《孟子·梁惠王上》)

吾焉得死之，而焉得亡之？（《左传·襄公二十五年》)

兔有三窟，仅得免其死耳。(《战国策·齐策四》)

若是，则万物得宣，事变得应。(《荀子·富国》)

在"得＋V"结构前常常有修饰成分，如"未尝、不、可、焉、仅"等。

在汉语发展史上，动词与结果补语、趋向补语构成的"V＋C"格式在汉代已大量出现，正如王力先生（1958）所说："使成式产生于汉代，逐渐推广于南北朝，普遍应用于唐代。"例如《史记·陈涉世家》："阳城人邓说将兵居郏，章邯别将击破之。"《史记·秦始皇本纪》："射杀一鱼。""击破、射杀"皆为"V＋C"式。随着这种格式使用范围的扩大和出现频率的增加，"V＋C"式成为一种强势语法格式，其类推作用使更多的词语能够进入该格式。这个时期，表可能、能够义的"得"开始置于动词之后，构成"V＋得"式。对此，王力先生分析说，"得"字后置以后，在另一些句子里，"得"字又具备了另一种意义，即达到行为的目的的意义，而这种意义往往使"得"字成为倒装的"能"，"料得"即"能料"，这类"得"可看做一个后置的能愿动词"能"，如：

使诚若申包胥，一人击得。(《论衡·顺鼓》)

壹受诏如此,且使妾摇手不得。(《汉书·孝成许皇后传》)

“一人击得”即“一人能击”,“摇手不得”即“不能摇手”。

在词义发展的过程中，表可能、能够义的“得”又引申出表结果的词义，潘允中（1980）指出，先秦“得”由获得义引申出可能义，并由主要动词变为动词前的助动词。在此过程中，“得”的上述用法发生了一个显著的变化，它由V前移到V后，表示动作的结果。如：

今臣为王却齐之兵，而攻得十城。(《史记·苏秦列传》)

民采得日重五铢之金。(《论衡·验符篇》)

在此以后，动词后的“得”还产生了相当于动态助词“了”的用法，如：

燕子单贫，造得有宅。(《敦煌变文集》)

盖是未曾经历得许多。(《朱子语类辑略》卷三)

出得酒肆，各散了。(《水浒传》第四十五回)

从“得”的语义和句法位置的变化，可以看出其语法功能演变的轨迹，即由该动词的获得义所决定,“得”在句中最初充当谓语；随着意义的虚化，“得’开始出现于V的前面和后面，表示可能、能够或实现义，充当状语或补语。而且，这一语法化的进程并未结束，到了唐宋时期，“得”的语义进一步虚化，以至连补语都不充当了，动词后另有补语，“得”仅仅是动词与补语之间的连接成分，成了一个补语的标志，如：

清泉洗得洁，翠霭侵来绿。(皮日休《樵担》)

十三学得琵琶成，名属教坊第一部(《敦煌变文集》)

连徐达看见，也吓得呆了。(《二刻拍案惊奇》第二十六回)

哭得那两边邻居无不凄惶。(《水浒传》第二十六回)

黛玉打扮得宛如嫦娥下界。(《红楼梦》》第八十五回)

附：本部分所引用兰著牵涉的参考文献

王　力　1958　《汉语被动式的发展》,《语言学论丛》，新知识出版社

岳俊发　1984　《“得”字句的产生和演变》,《语言研究》第2期

我们认为“得是”在关中方言里当作“是不是”讲，跟“得”字在古代汉语里处于“得非……乎、得非……欤、得微……乎、得微……邪、得无……乎、得无……耶、得毋……乎”之中有关。我们从《古代汉语虚词词典》(1999：91～93)看到如下的例句：

达头遣使问曰：“隋将为谁？”候骑报：“史万岁爷。”突厥复问曰：“得非敦煌戍卒乎？”候骑曰：“是也。”(《隋史·史万岁传》)

吾子视首饰靴服之制，不与向同，得非物妖乎？（《唐宋传奇集·东城父老传》）

余以为周之丧久矣，徒建空名于公侯之上耳。得非诸侯之强盛，末大不掉之咎欤？（《柳河东集·封建论》）

诸侯得微有故乎？国家得微有事乎？君何为非时而夜辱？（《晏子春秋·内篇杂上》）

诸侯得微有兵乎？大臣得微有叛者乎？（《说缘·正谏》）

柳下季曰："今者阙然数日不见，车马有行色，得微往见跖邪？"（《庄子·盗跖》）

柳下惠曰："跖得无逆汝意若前乎？"（《庄子·盗跖》）

龙曰："日食饮得无衰乎？"（《战国策·赵策四》）

为之难，胭言之得无讱乎？（《论语·颜渊》）

二贤虽穷奥颐，得无惮此后生耶？（《陈书·袁宪传》）

袁盎顾之曰："我所谓袁将军者也，公得毋误乎？"（《史记·梁孝王世家》）

如"得非"可译为"不就是，难道不是"，跟关中"得是"处于疑问式判断句里很相似。

这里就着兰著未讨论到的问题予以交待。西安一带的"得是[tei^{31} sɿ^{55}]"用在句末时，由于音变等原因，还有两个变体：一是"得是啊[tei^{31} sa^{52}]"；一是"得是的[tei^{31} sɿ^{55} .ti]"形成合音机制时（"得是的"）读如"得得[tei^{24} tei^{24}]"，两个"得"字都读作阳平。例如：

他是陕西人，得是啊[tei^{31} sa^{52}]/得得[tei^{24} tei^{24}]?

你外甥给你寄咧 3000 块钱，得是啊[tei^{31} sa^{52}]/得得[tei^{24} tei^{24}]?

我听说你今年冬呢给娃娶媳妇儿呀，得是啊[tei^{31} sa^{52}]/得得[tei^{24} tei^{24}]?

武干说：文化人都是这毛病，虚张声势了得是？！（贾平凹《古炉》P332）

3.4.5 关中方言的"说是"

其一，关中方言"说是[ʂɤ^{31} sɿ$^{55-31}$]"的"是"甚至"说是"有时无实在意义。例如：

他说是不叫你去。

我说是给老汉多给些钱，他不愿意。

你说是不准我上去，你凭啥不准呢？

领导说是要给你给些补助呢，你写个申请。

其二，关中方言的"说是[ʂɤ^{31} sɿ^{55}]"有"难道，难道是；就说"的意思。我们从易俗社剧作家孙仁玉先生的《三回头》和李约祉先生的《殷桃娘》看到“说是”的这种用法。

（吕荣儿）爹爹，说是你当真要走？（《三回头》）

（许升）贤妻，说是你当真要走？（《三回头》）

（吕荣儿）说是你怎忍丢我呀？（《三回头》）

（殷桃娘）说是项羽贼呀，我与你势不两立！（《殷桃娘》第九回）

说是英布呀，孤王待你不薄，为何背楚归汉？（《殷桃娘》第十回）

其三，关中方言“说是[ʂɤ^{31} sɿ^{55}]”还有“请”的意思。以下例句选自孙仁玉先生的剧作。

爹爹，说是你慢走一步，孩儿将衣箱还没有锁。（《三回头》）

（吕荣儿）爹爹，说是你转来。爹爹，说是你转来呀！（《三回头》）

（张曜）夫人，说是你来。（《镇台念书》）

（李翠仙）却与人家娃何干？说是你坐了去吧。（《镇台念书》）

（淘气）哪里的强盗？青天白日，假充公差，前来抢劫。说是你休走！（《柜中缘》）

下面两例，上一例见李约祉《庚娘传》第六回，下一例见封至模《山河破碎》第七回。

呔！老贼，你养子不教，害死我一家三口，仇人见面，尚有何说？说是你看刀！

说是你作速收拾军心去吧。

其四，“说是”的“难道”义和“请”义在今关中方言里已经基本上不用了。但是，今关中方言口语里的“就说是[tsɤu^{55} ʂɤ^{31} sɿ$^{55\text{-}31}$]”却具有“难道”义和“请”义。例如：

就说是你过来！

就说是你嫑急走着！

就说是你不想见他吗？

就说是你真个不吃吗？

就说是你走慢些，急啥呢？

就说是他占咧那们那么大的便宜，还想咋！

你凭良心说，就说是这下这样把他望死整吗？

这里顺便交待一下，“就说[tsɤu^{55} ʂɤ^{31}]”在西安一带有“请问”的意思。例如：

就说你做啥来来着？

就说你做啥呀干什么去？

就说这个事情还办得成能不能办？

就说他答应我的事情准备咋办呀呢？

就说你老师在哪个房子房间，办公室呢？

3.4.6 关中中西部方言判断句的特点

关中中西部方言的判断句比较特殊，主要表现在句末有量词“块、一个”等用如语气词。孙立新（2002：254）指出：关中方言区西部相当于北京话的问句“（有人敲门）谁呀”，在户县相应地作“谁/谁块/谁噫块”，在眉县、扶风相应地作“谁噫咯”，在太白、宝鸡、凤翔、千阳、陇县相应地作“谁哩开”，在陇县西乡固关镇相应地作“谁哩该”。

大致看来，在关中方言区西部，表示肯定、疑问的判断句末尾，往往有相当于语气词的“噫块/噫咯/哩开”等出现。关于这个问题及其相关的其他问题，有必要进行深入的讨论。

3.4.6.1 关中西部方言“噫块/噫咯/哩开”等的分布情况

关中西部方言“噫块/噫咯/哩开”等的分布情况大致如下：

其一，户县以及西安市长安区西部地区以及附近的咸阳市渭河南的钓台等乡镇，部分居民的口语里有“谁噫块｜他是老张噫块｜这个小伙子是二流子噫块”的形式出现，当地多数居民口语里一般是“谁/谁块｜他是老张｜这个小伙子是二流子”等。还是长安、户县、咸阳交界指出，部分老派居民把“噫块”作“块噫”，例句如“谁块噫｜他是老张块噫｜这个小伙子是二流子块噫”。礼泉方言有“块”字处于疑问式判断句末尾，如“啥块？｜谁块？”

其二，眉县、扶风、太白东乡、乾县、永寿、武功以及周至部分居民是“谁噫咯｜他是老张噫咯｜这个小伙子是二流子噫咯”。

其三，宝鸡、太白、凤翔、岐山、千阳、陇县以及凤县张家窑是“谁哩开？｜啥哩开？｜他是老张哩开｜这个小伙子是二流子哩开｜（他）跟我还同学哩开”。

其四，凤县介乎宝鸡等处和眉县等处之间，一作“噫咯”，一作“哩开”。例如：

这是啥噫咯/这是啥哩开？

他是老张噫咯/他是老张哩开。

这个小伙子是二流子噫咯/这个小伙子是二流子哩开。

其五，陇县西部的固关镇一带是“谁哩该｜他是老张哩该｜这个小伙子是二流子哩该”。

但是，西安、咸阳、兴平以至于关中方言区中东部地区，其表示肯定、疑问的判断句末尾没有上述的“噫块/噫咯/哩开”等，表示疑问的判断句末尾有时候带“个”字，如“谁/谁个｜啥/啥个”。

其六，凤翔方言的“哩开”还相当于“呢”；在当“呢”讲的时候，凤翔以“哩”为主，“哩开”可跟“哩”形成互补格局。不过，“哩开”当“呢”讲的时候，只能用于以“在”为动词中心语的陈述句。例如：

他在屋哩/哩开。

我在西安哩/哩开。

家底在龙门洞哩/哩开。

这搭是龙门洞下院，分院在宝鸡长寿山哩/哩开。

3.4.6.2　关于“噫块/噫咯/哩开”等的本字以及历史性音变特点

其一，关于“噫块/噫咯/哩开”等的本字，毋效智先生 2005《扶风方言》给我们以启示，如该书 343 页指出：扶风方言的“一个”除了表示数量以外，用在句末时是舒缓语气的语气词，没有实在意义，例如“外那是啥一个 i^{31} kɤ$^{55-31}$？”“外是布一个 i^{31} kɤ$^{55-31}$。”也就是说，孙立新 1997 就关中西部方言处于表示肯定以及疑问的判断句末的语气词所写的“噫咯”，依照毋先生对其母语扶风方言的相应写法应当是“一个”。毋先生所写的应当是本字。毋先生 2006 年 9 月 15 日来信给笔者提供的语法例句，其中有如下扶风方言的判断句，可以与西安等处予以比较。这个判断句是“这个是西瓜，那个是甜瓜，那$_{更远}$个是桃子。”

扶风：这个是西瓜一个，兀个是梨瓜一个，位 uei^{55} ei^{31} 个是桃一个。

西安：这个是西瓜，兀个 uɤ^{52} 是梨瓜，那 næ^{52} 个是桃。

户县$_1$：这个是西瓜，兀一 uei^{51} 个是梨瓜，那 næ^{51} 个是桃。

户县$_2$：这个是西瓜噫块，兀一 uei^{51} 个是梨瓜噫块，那 næ^{51} 个是桃噫块。

宝鸡：这个是西瓜哩开，兀个是梨瓜哩开，那个是桃哩开。

凤县$_1$：这个是西瓜噫咯，兀个是梨瓜噫咯，那个是桃噫咯。

凤县$_2$：这个是西瓜哩开，兀个是梨瓜哩开，那个是桃哩开。

陇县固关：这个是西瓜哩该，兀个是梨瓜哩该，那个是桃哩该。

乔全生（2000：135）指出：山西方言除北区的大同、天镇等地用“个”外，山西多数方言计量人或物可以用一个通用量词“块”。“块”在各地读音不同，写法各异，有“槐、乖、外、骨”等，其实同出一源，意思相当于北京话的“个”。文水方言可以说“一块人”，也可以说“一块（张）桌子、一块（把）椅子、一块（条）板凳、一块（只）鸡、一块（口）猪、一块（盏）灯”。交城可以说“一块大炮、一块墙、一块鱼、一块灯”等等。

根据上述乔全生的观点，宝鸡等处的“哩开”应当作“哩块”。孙立新 1997 把扶风等处的“噫咯”两个字均记作轻声调，而毋效智则把处于扶风方言判断句末尾“一个”的“一”字记作本调阴平（31），“个”字记作由去声变读阴平（55-31）。

“块”字在陕南方言区城固、洋县一带作单体量词，这个特点在关中方言区户县南乡老派方言口语里也常用。例如：

他买了五块柿子。

他屋他们家⊂看养咧四块头猪。

屋里头支咧俩桌子，摆咧三块板凳。

我有三块娃，一块女子女儿，两块娃子儿子。

看来，上文所论及的各方言点判断句末尾语气词的本字分别应是：户县等处“一块”，眉县等处“一个”，宝鸡等处“哩块”，凤县是“一个”和“哩块”，陇县固关是“哩块”。另外，甘肃天水方言相应地是“一块 i^{213} .kæ”，前字读作本调阴平，后字读作轻声。

其二，关于“一块/一个/哩块”等的历史性音变特点。

“一”字从古汉语到现代关中西部方言由入声调演变成为阴平调符合中原官话的共同特点，这里不再赘言。我们认为，宝鸡等处“哩块”的“哩”字，是“一”字增音的结果，因为要与数量词“一个”有所区别，所以。增加了声母 l：一 i→li。

“块、个”两个字在关中中西部方言里的历史性音变特点，可以分析如下：

户县等处　块　k^huai→k^huæ。户县等处遵循了古音到关中方言语音演变的规律，因为关中方言把北京话 ai uai 两个韵母分别读作æ uæ两个韵母。

宝鸡等处　块　k^huai→k^huæ→k^hæ。宝鸡等处的 k^hæ是在关中多数方言点音变成为 k^huæ以后减去介音 u 的结果。

眉县等处　个　kai→kɑ→kɔ→kɤ，遵循了古音到官话演变的规律。

陇县固关　个　kai→kæ。陇县固关以及甘肃天水，“个”字的读音有先秦韵母的遗迹，其方言把北京话 ai uai 两个韵母分别读作æ uæ两个韵母。

大致看来，本部分所讨论的语法特点的区域在关中方言区泾河以西。我们在调查处于泾河以东并且离泾河比较远的富平方言时，发现富平方言的“谁块 sei^{35} .uæ”相当于北京话的“（有人敲门）谁呀？”但是，富平方言没有关中西部如礼泉方言的“啥块”。而处于其西边同样也在泾河以东的泾阳、三原、高陵等县的方言却没有这个特点。至于泾河以东其他方言点还有没有类似于富平的这一特点，有待深入调查。

我们认为，关中西部方言表示肯定、疑问判断句末尾的语气词“一个”以及“一块”等的源头是共同语“你以为他是什么好东西？二流子一个｜我们家那一口子，工作狂一个｜他们单位那个姓张的主任，腐败分子一个”等语句形式；我们从李芳桂的剧作《清素庵》里看到人物对话中以“一个”煞尾的例子，“薛清乾：什么绝妙物？——薛玉素：就是那旁人一个。”换句话说，关中方言区西部肯定式和疑问式判断句末尾有语气词出现的根源是受共同语里所具有的“你以为他是什么好东西？二流子一个”一类句式影响并且长期语法化的结果。其中，“一块”的用法是“一个”类化的结果。在具体语法化过程中，多数方言点出现“一个/一块”读音的虚化，即读做轻声。

3.4.7 “是”字以及单音节动词补语的变调

上文讨论关中方言“是”字的语法语义特征的时候，特别指出了“是”字的变调问题。通常情况下，“是”字在疑问句和否定式（“不是”）里读作本调去声，在肯定式里变作阴平。上文所讨论过的关中方言单纯趋向动词“来、去、上、下、起、过”以及其他单音节动词“动、着、见”等充当补语的时候，也是在疑问句和否定式里读作本调，在肯定式里变作阴平。表16是“是”字以及充当补语的“来、动”等在句子中的变调规律表。

表16　“是”字以及充当补语的“来、着”等在句子中的变调规律表

	疑问句	否定式回答	肯定式回答
是	得是[sɿ^{55}]是不是｜是[sɿ^{55}]吗还是不是[sɿ^{55}]？	不是[sɿ^{55}]。	就是[sɿ$^{55-31}$]的。
来	看得来[læ^{24}]能不能看见？	看不来[læ^{24}]。	能看来[læ$^{24-31}$]。
去	回得去[tɕʰi^{55}]能不能回去？	回不去[tɕʰi^{55}]。	能回去[tɕʰi$^{55-31}$]。
上	看得上[ʂaŋ^{55}]能不能看上、看中？	看不上[ʂaŋ^{55}]。	能看上[ʂaŋ$^{55-31}$]。
下	放得下[xa^{55}]能不能放下？	放不下[xa^{55}]。	能放下[xa$^{55-31}$]。
起	拿得起[tɕʰiɛ^{52}]能不能拿起？	拿不起[tɕʰiɛ^{52}]。	能拿起[tɕʰiɛ$^{52-31}$]。
过	打得过[kuɤ^{55}]能不能打过？	打不过[kuɤ^{55}]。	能打过[kuɤ$^{55-31}$]。
动	拿得动[tuəŋ^{55}]能不能拿起？	拿不动[tuəŋ^{55}]。	能拿动[tuəŋ$^{55-31}$]。
着	睡得着[pfʰɤ^{24}]能不能睡着？	睡不着[pfʰɤ^{24}]。	能睡着[pfʰɤ$^{24-31}$]。
见	看得见[tɕiã^{55}]能不能看见？	看不见[tɕiã^{55}]。	能看见[tɕiã$^{55-31}$]。

3.4.8 关中方言的“是N不是N（的）都”式

其一，关中方言口语里不用“是不是”来提问，但是，在表述对人或事物的看法或态度的时候有“是N不是N（的）都”式存在，究其根源，这种“是N不是N”式是在普通话“是不是”的基础上形成的；N包括名词和名词性词组；一般是说话人对N持否定态度的，其字面意思是“不论是不是N、不管是不是N”，一般偏在“不是N”上。例如：

谚语：是媒不是媒，都得三四回不论媒能不能说成，最少得在两家跑几回。

那时候我背霉倒霉得很，是人不是人的都欺负指任何人都可以随便欺负我呢。

进店的人，是顾客不是顾客都要有好态度；有的就是来上卫生间的，都得给他好态度。

是你的学生不是你的学生你都当学生对待着，你要教学生娃感到你这个人爱他的他们。

是亲戚不是亲戚不咋地不要紧，无所谓，反正他很想帮你；他教你寻他去，你就寻去。

其二，关中方言“像N不像N（的）都”跟“是N不是N（的）都”是等义的。例如：

是/像地不是/像地（的）你都种呢！

是/像车不是/像车（的）都在高速路上跑呢！

是/像学生不是/像学生（的）都跑去考试咧！

是/像厨子不是/像厨子（的）都叫来做饭呢！

是/像木匠不是/像木匠（的）都盖房来咧！

是/像领导不是/像领导（的）都给我发号司令呢！

是/像人不是/像人（的）都立到人市指社会精英汇聚之处咧！

是/像饭不是/像饭（的）都能吃下去，你得是是不是猪！？

是/像文章不是/像文章（的）都想发表呢，够发表水平吗？

其三，跟上述类似的，“是N不是N/像N不像N”与“先”字呼应。例如：

是亲亲亲戚不是亲亲，你先招呼着。

像文章不像文章，你先写出来再说。

是要求不是要求，你先说出来教大家听嘎子听听。

是他的不是他的，你先拿回去；是他的给他，不是他的，看是谁的给谁去。

是事不是事的指事情重要不重要，是不是大事，你先办着，说不定将来还办成大事咧。

是书不是书你先写起来再说；你这阵儿还没写出来呢，我连看都没看，咋提意见呢？

3.4.9 “的”相当于“是”的情况

3.4.9.1 与普通话的一致性

比如，一位领导给三位同志讲：“最近得有三个人在外地出差去，我把火车票都买咧，老张的北京，老王的上海，老李的成都。”其中的“的”字就是表示判断的。

3.4.9.2 与普通话的不同性

关中方言的“的”字与普通话的不同性用法，最典型的是以“一……

的”的形式或“满……的/一满的”的形式出现的语句，其中“一”和“满”都是“全部”的意思。

你一村的能行人/满堡子的能行人全村都是能行人。

他的几个娃一衡儿的大学生/一满的大学生全都是大学生。

到咧河滩一看，一河滩的红苕/一满的红苕全部都是红薯。

这个单位，一单位的党员/满单位的党员单位里全是党员。

他一家子的二百五全家都是二百五，咱跟他一家子打不成交道。

这几个小伙子一划的能睡懒觉全都是能睡懒觉的/一满的能睡懒觉。

3.5　其他动词的语法功能

3.5.1 “有、没、没有”和“不有”

大致看来，作为官话的关中方言，“有、没、没有”跟普通话的用法大同小异，而中部及北部的“不有”比较特殊，具体可以从以下几个方面来看。

3.5.1.1　关中方言的“有”

关中方言的“有”字，西安读作[iɤu^{52}]，宝鸡读作[iou^{52}]，商州读作[iou^{53}]。

其一，关中方言的“有”与普通话相一致的，可以举例句如下：

他有俩娃，你有几个娃？

这个娃很有音乐天赋。

你比我有经验得多。

我有事在上海去一趟西安/我有事到上海去一趟兴平。

你肯定有能力解决这个问题。

屋里头桌子也有，椅子也有，就争差，少几个书架子。

屋里头有人说话呢。

你不爱看，有人爱看。

有的地方雨大，有的地方雨小。

有的人爱看戏，有的人不爱看戏。

这片子地估计有40亩/估计这片子地有40亩。

霸槽说：这世事不公平么，有衣服穿的，还有衣服争着抢着去送哩，没衣服保暖的，偏就不来一件衣服。（《古炉》P28）

跟后说：霸槽有多少文化，他肚里墨水还没水皮多，他文化革命？（《古炉》P221）

其二，关中方言的“有”与普通话不相一致的。

一是“有”字用如形容词，是“富有”的意思，常常连带程度补语“得很”。例如：

他屋他们家有得很。

他一家人勤谨细详勤快节俭，几年就过得有得很。

你的日子有得很，我这可怜穷日子咋能跟你比呢？

二是，户县方言叫卖声等类，凡走村串户巷收购东西的，有一种固定模式为“谁有卖的……呢？”《户县方言研究》（2001：450）有例句如“谁有卖的废铜烂铁呢？”再举几例。

谁有卖的烂铺衬烂套子破棉絮呢？

谁有卖的大肥猪呢？

谁有卖的包谷麦呢？①

谁有卖的斗呢？（按：本世纪初，农村的斗被收藏者大量收购而去）

这类句子的后续语句还可以加上“收烂铺衬烂套子呢！丨收大肥猪了！丨收包谷麦咧！丨收斗呢！”卖家的回答一般也是“有卖的”之类：“我有卖的烂铺衬烂套子呢丨我有卖的大肥猪呢丨我有卖的包谷麦呢丨我有卖的呢。”

户县方言“有卖的”之类的否定式一般是“没有卖的”。例如：我屋我家打的是只够自家吃，没有卖的丨前一向才把几十个大肥猪卖咧，最近没有卖的咧。

南方方言有所谓的“有说、有卖、有去、有看”等说法，关中方言这种“有卖”的源流如何，有待研究。孙立新2004在《陕西方言漫话》的后记里指出：“最近，我又在一本重要期刊上看到某位知名学者的文章里以关中方言区某作家小说里有‘你有没有去过？’式问句而认为关中方言有‘有没有 V’式疑问句。愚以为关中方言区作家小说里依照普通话句式写作亦如吴语区的鲁迅先生、西南官话区的巴金先生依普通话写作，怎么就认定关中方言有‘有没有 V’式疑问句呢？”或者在目前情况下，南方方言的“有说、有卖、有去、有看”等说法已经渐次进入关中居民的口语，这不能认定关中方言用来就有这种说法。

三是普通话的书面语“有着”，关中方言口语不用“着”字。例如：

他有艺术家的气质—他有着艺术家的气质。

这两者之间有内在的联系—这两者之间有着内在的联系。

3.5.1.2　关中方言的“没”

关中方言的“没”字，西安读作[mɤ³¹]，宝鸡读作[mo³¹]，商州读作[muo²¹]。

关中方言的“没”，一是用作动词，相当于古汉语的“无”，相当于普通话的“没有”；二是用作副词，相当于古汉语的“未”。“没”的副词用法下文专门讨论，这里只讨论动词“没”。

其一，关中方言的动词“没”相当于古汉语的“无”，相当于普通话的“没有”，充当谓语，连带宾语。例如：“没事｜没人｜没钱｜没东西｜没水平｜没素质｜没教养”。例如：

你有水平也罢，没水平也罢，跟我没关系。

这俩青年人指青年男女之间没啥指没有越轨行为。

（训斥性话语）你闲得没事咧拿个石头在河洗去。

没你我照样过事指过红白大事，缺咧你这红萝卜还不上席咧？

我是一个没房没地没儿没女没老婆的光杆杆。（秦腔独角戏《拾黄金》）

你两家都是独生子女，你有娃子儿子没女子女儿，他有女子没娃子，你两家结亲多好？

没炒面二三月青黄不接的你吃瓦片㞎砖头呀？（《古炉》35）

我说姓夜的没个正经货……（《古炉》69）

狗尿苔说：今黑来把货停在这儿安全不？霸槽说：没事。（《古炉》162）

这里没水么，等到有水的地方，吃馍就不噎人。（《古炉》164）

能和水皮好的也没啥了不起的……（《古炉》P201）

跟后说：你张嘴就没个实话！（《古炉》P288）

左右月光朦胧的没人，也没风……（《古炉》258）

只有狗尿苔和婆稀罕着柴禾，他们没钱去西川村煤矿上买煤，也没力气去南山脑的沟岔里砍柴……（《古炉》408）

狗尿苔你真没出息……（《古炉》413）

有灯笼了走夜路能照着路，没灯笼了也一样走路么。（《古炉》594）

其二，关中方言的动词“没”常常处在疑问句末尾，是“没有”的意思。这种以“没”字煞尾的疑问句的结构形式一般是“有＋名词或名词性词组＋没”。例如：

你有钱没？

他有女子女儿没？

你屋你们家还有西瓜没？

这个老汉这阵儿还有老婆没？

你说，他到底有你这些本事没？

那个爱谝吹嘘的小伙子有这么高的水平没？

……狗尿苔就害怕了，左右看了看，是没人，忙着用脚踢着土遮盖了地上的墨水痕迹，反身到了马勺家，给马勺他妈说：婶，我口渴，桶里有水没？（《古炉》P20）

这种疑问句也可以以“名词或名词性词组……有没”的形式出现，即以“有没”煞尾。

钱你有没？

女子他有没？

西瓜你屋还有没？

我给你送的那些西凤酒你还有没？

水皮转身又走，支书又叫住，说：你那儿的红漆还有没？（《古炉》P155）

以“没、有没”煞尾的疑问句肯定式回答可以是“有”或“有钱｜有西瓜｜有你这些本事”等；否定式回答可以是“没”或“没钱｜没西瓜｜没你这些本事”等，若回答成一个字的“没”，在西安一带，“没”字变读阳平调，在华县一带，“没”字变读上声调。例如：

当下霸槽就让开合搬出一座豆腐，没用刀切，伸手掰下一块吃起来，说：美！美！腮帮子鼓多高，仰脖子咽了，嘴巴吧唧吧唧响，还说：没！（《古炉》P61）

以“没”字煞尾的句式，白维国先生主编的《白话小说语言词典》1006页“没”字条第五个义项为：用在是非问句末，相当于“有没有”的“没有”。[例]这三个，你两个都见过了没？（醒世·五五）你给他，可他媳妇儿见来没？（醒世·四九）

其三，西安一带方言的“没说”。西安一带“没说”的通常用法跟普通话相当，如“他没说这话/这话他没说｜我没说给你给钱｜他肯定没说过你的瞎话”。西安一带“没说”的特殊用法跟上文2.3.1.4部分所讨论的“不会”的特殊用法类似，也是用于疑问兼感叹句，当作“为什么不”来讲，实质上是“很应当”的意思；第一人称代词的单数及复数排除式不用于这类语句，上文2.3.1.4部分所讨论的“不会”的特殊用法无此限制。例如：

你没说嫑贪污公款？！

我那阵儿咋就没说教他嫑来呢？！

我镇这么忙的，你没说过来给我帮几天忙！

你作为领导没说多把群众关心嘎子关心一下？！

咱没说给他多给些/*꜂我/*꜀我我们没说给他多给些？！

他没说嫑染那个茬染指那个麻烦事情或与无赖之徒发生任何关系？！

你一回去，来得咧的时候就咋像坐月呀指好久才能来（含有严重的詈骂意味）；没说嫑回去！

3.5.1.3　关中方言的“没有”

其一，上文3.5.1.2部分说过，关中方言相当于普通话的动词“没有”一般作“没”。其实，关中方言相当于普通话的动词“没有”也作“没有”；西安方言的“没有”也可以用作副词，只不过没有”用作动词的使用频率没有副词“没”高而已。

西安一带动词“没有”的“有”在口语里读作去声[iɤu^{55}]（＝又）；就像古汉语处于整数跟余数之间读作去声的“有”，实质上这个“有”就是“又”；古文献例子如：割地而朝者三十有六国（《韩非子·五蠹》）｜夹树槐柳，十有五步（《新五代史·李自伦传》）。例如：

这笔钱早都花得没有咧。

我没有这些东西给他送。

你以为咱单位谁都没有你这么高的水平？

（甲）你还有这本书没？（乙）没有咧。

（甲）我给你送的那些西凤酒你还有没？（乙）喝完咧，没有咧。

其二，在“连……都”出现的句子里，“没有”常常不能简作“没”。例如：

你连这点儿本事都没有，你当啥干部呢？

那时候他穷得连1块钱都没有。

你咋写咧个申请连100字都没有？

（天布）竟然夸婆把院子收拾得这么干净，连个柴草渣儿都没有。（《古炉》P414）

其三，宝鸡、千阳、陇县的“没有”常形成合音，读作[mou^{24}]；关中方言唇音声母一般不拼[ou]韵母，如普通话唇音声母拼[ou]韵母的字，关中方言一般读作[u]韵母。比较如下：

	剖滂上厚	某；亩母拇明上厚	否非上有	谋明平尤
北京	[p^{h}ou^{55}]	[mou^{214}]；[mu^{214}]	[fou^{214}]	[mou^{35}]
西安	[p^{h}au^{31}]	[mu^{52}]	[fu^{52}]	[mu^{24}]文/[mei^{24}]白

宝鸡、千阳、陇县方言亦如西安方言那样，把“剖”字读作[p^{h}au^{31}]，把“某亩母拇否谋”等字读作[u]韵母。而“没有”的合音为[mou^{24}]，其声韵拼合，唯此一例。例如：

（甲）还有核桃没？（乙）没有[mou^{24}]啦[.lia]。

（甲）我给你的钱哩？（乙）早都花完啦[.lia]，没有[mou^{24}]啦[.lia]。

其四，关中方言动词“没有”的变体又作“没得”，西安方言“没得”通常读作[mɤ^{31} tei^{24}]，也有音变为[mɤ^{31} ti^{24}]的（“得”字减音，减去韵腹）；“得”之读作[ti^{24}]与西安回民把“得道（我）怎么知道呢”的“得”读作[ti^{24}]同理（“得道”的“得”字，汉民读作[tei^{24}]）。例如：

我就没得那么多的钱。

这个东西我屋就没得。

谁也没得你这些本事，你就是太懒咧！

没得咧算咧，重挣；只要肯挣，有的是钱。

3.5.1.4 关中方言的“不有”

孙立新《关中方言略说》(《方言》1997 年第 2 期)一文谈到关中方言语法特点时指出:关中方言相对于北京话的“V 不 V”式反复问句主要有以下形式,以“去不去”为例:去不去?西安/去不?三原/去呀不?凤翔/去啊不?宝鸡/去哩么不去/不去么去哩?华县

这种反复问句在旬邑等地的肯定式回答是“V 哩”,否定式回答是“不有”。如“去哩不?|看哩不?|寻哩不?|吃哩不?|尝哩不?”的肯定式回答是“去哩|看哩|寻哩|吃哩|尝哩。”否定式回答一律是“不有[pu^{31} $iɤu^{51}$]”。

符合旬邑这个特点的还有高陵、三原、淳化、彬县、黄陵、洛川南乡、澄城、白水等处。

按:《汉语大辞典》对有关典籍中的“不有”解释为“无有,没有”,举例如,《论语・雍也》:“不有祝鮀之佞,而有宋朝之美,难乎免于今之世害也。”南朝・宋・刘义庆《世说新语录・尝誉》:“不有此舅,焉有此甥。”唐・杜甫《城西渼陂泛舟》诗:“不有小舟能荡桨,百壶那送酒如泉。”明刘基《杂诗》之七:“不有千年花,安得如瓜枣。”古代有关“不有”的例证抑或可资证明关中方言“不有”的语法语义。于是,特录于此。

3.5.1.5 西安一带的“有 V 的啥呢”式诘问句

其一,西安一带方言的疑问句里有一种“有 V 的啥呢”诘问式,请先看如下例句。

(1)你本来就没理,你有说的啥呢?

(2)他犯咧这么大的错误,他有狡辩的啥呢?

(3)大人在这儿说话呢,你有插嘴的啥呢?/大人在这儿说话呢,你有插的啥嘴呢?

(4)你成天横横[$ɕyɛ^{24}$ $ɕyɛ^{24-31}$]不羁横行霸道的,你有胡诀瞎骂胡乱骂人的啥呢?

(5)这些东西是我的,你有胡拿的啥呢?

(6)我就是不想给他说,他有问的啥呢?

(7)那些东西是公家的,他有糟踏的啥呢?

(8)借单位的钱早都还咧,单位领导还叫我还呢,有还的啥呢?

(9)叫你定定儿坐下很安定地坐着,你就是不听,你有胡拧刺动弹的啥呢?

(10)我就没叫喊你,你有胡叫冒答应没人叫却乱答话的啥呢?

(11)早都不见咧找不见了,你有寻的啥呢?

这种“有 V 的啥呢”式诘问句里的“有 V 的啥”是“凭什么 V”的意思,一般含有对听话人或者听说双方所谈论对象极度不满的意味。如第(1)个例句中的“你有说的啥呢”意思是“你凭什么还要说话呢”。这类语句中

的动词 V，一般不带宾语，实际上是宾语承前省略或者有的动词是不及物动词；个别带宾语的，必须是语言习惯使然，如第（3）个例句动词谓语“插”带宾语“嘴”；个别是词组，如第（4）个和第（10）个例句。

其二，西安一带方言“有 V 的啥呢”式诘问句若在“啥”字后边出现动词 V 相关涉的名词宾语，那么句子的语义就发生了很大变化，且相应的前边分句也有一定变化。例如：

（12）我说完咧，你有说的啥话呢？

（13）娃来提咧≤多很大一包东西，叫他去看嘎子看看，有要的啥东西呢？

（14）我看你举手呢，我想问：你有问的啥问题呢？

（15）我肚子饥咧，我想到你屋里看嘎子，有吃的啥呢/有吃的啥没？

西安如上（12）～（15）例句中的“呢”或者可有可无，或者可以改成“没没有的意思”。

其三，上列“代词＋有”的句式也可以直接变作“有＋代词”；代词后边也可以连带名词性复指成分。例如：

（16）你本来就没理，有你说的啥呢？

（17）这些东西是我的，有你胡拿的啥呢？

（18）他老张犯咧这么大的错误，有他老张狡辩的啥呢？

其四，西安一带部分居民口语里，“有 V 的啥呢”中的“有”也可以直接省略。例如：

（19）我就是不想给他说，他问的啥呢？

（20）那些东西是公家的，他糟踏的啥呢？

（22）他人早都跑得没影儿咧找不见了，你寻的啥呢？

（23）我就没叫喊你，你胡叫冒答应没人叫却乱答话的啥呢？

其五，西安一带在“有 V 的啥呢”前加上指示代词“这/<u>这一</u>[tʂei^{52}]个、<u>兀个</u>[uɤ^{52}/uɤ^{55}]/<u>兀一</u>[uei^{52}]个、那/那个”等以后，是“这或那不值得 V、没必要 V”的意思。例如：

（24）这/<u>这一</u>个有研究的啥呢？

（25）<u>兀个</u>/<u>兀一</u>个有看的啥呢？

（26）那/那个有参观的啥呢？你最好嫑去。

这类句子还可以转换为“V＋指示代词＋的啥呢”，以下三个例句跟以上三个例句义同。

（27）研究这/<u>这一</u>个的啥呢？

（28）看<u>兀个</u>/<u>兀一</u>个的啥呢？

（29）参观那/那个的啥呢？你最好嫑去。

3.5.2 “在”和“到”

普通话的动词“在”和“到”在关中方言里的用法，其区域上大致是，兴平、乾县、武功及其以西，基本上用“到”，户县、西安、咸阳、礼泉及其以东，多用“在”，少用“到”；以兴平等处以西与普通话的差异很大，户县、西安及其以东差异较大为显著特点。

3.5.2.1 西安等处的“在”和“到”

其一，西安等处的“在”。

西安等处的“在”，一方面与普通话的用法差不多。如参照孟琮先生等《汉语动词用法词典》（1999：448），西安等处动词“在”所在的例如：

东西在桌子上头呢。

我一直都在办公室呢。

那时候儿咱爷祖父还在呢。

他在党里头呢，得起带头作用。

与普通话的显著区别是，西安等处的动词“在”常常与“呢”字呼应；普通话则不尽然。

普通话当“往”讲并且连带处所宾语的“到”，西安等处一般用“在”。例如：

在我那搭那里谈这个事。

你去，在历史博物馆参观去。

他是夜日个儿[iɛ$^{55-52}$ .kər]昨天在这儿来的。

你在火车站买票去，要省 5 块钱手续费呢。

我明儿在历史博物馆参观去呀；明儿单位不上班。

西安人口语不说“到过什么地方”，而是说“在什么地方去过”。与普通话等比较如下：

北京　我到过延安　他没去过北京　你肯定到英国去过好多次

西安　我在延安去过　他没在北京去过　你肯定在英国去过多回

兴平　我到延安去过　他没到北京去过　你肯定到英国去过多回

北京　你到过上海没有？

西安　你在上海去过没？

兴平　你到上海去过没？

下面是“你家在哪儿？｜我家在——呢。”一问一答在西安等处的说法：

西安　你屋在哪塌儿呢？｜我屋在西安呢。

韩城　你屋是哪搭的？｜我屋在韩城哩/我屋是韩城的。

商州　你屋里在哪搭哩？｜我屋里在商州哩。

潼关　你屋在哪搭呢？｜我屋在潼关呢。
三原　你屋在哪搭？｜我屋在三原呢。
乾县　你屋在打⁼搭住着哩？｜我屋在乾县呢。
礼泉　你屋在哪搭？｜我屋在礼泉呢。
户县　你屋在哪搭儿呢？｜我屋在户县呢。
武功　你屋到哪？｜我屋到武功呢。
周至　你家屋到达呢？｜我家屋到周至呢。
宝鸡　你屋在哪搭哩？｜我屋在宝鸡哩。
扶风　你屋到哪搭呢？｜我屋到扶风呢。
凤翔　你屋在哪搭哩？/你屋在哪哈哩？｜我屋在凤翔哩。

其二，西安等处的“到”。

与普通话相比较，西安等处的动词“到”，当“到达，达到”讲的时候跟普通话用法差不多，如“北京到咧｜他还不到20岁｜到八点再开会”。

西安等处以至于整个关中方言区的处所补语常常以“到”为标志。如户县歌谣《寒家燕儿》云：“寒家燕儿白头翁，白脖项脖子，顿顿吃饭骂婆娘。婆娘跳到井，拿个蒸馍馒头往上哄。哄到鸡窝，拿个棍棍儿胡戳。”西安一带常见的以“到”为标志的处所补语，罗列如下：

把书放到柜盖上/把书放到柜盖[kæ$^{55-52}$]。
把碗搁到案上/把碗搁到案[ŋã$^{55-52}$]。
把媳妇儿娶到新房里头。
把娃送到北京上学去。
你去把马拴到木桩上去。
（把）事情办到这个份儿上的确不容易。
把信捎到县上去/把信捎到县[ɕiã$^{55-52}$]去。
你干脆把他跟到他屋他家去把东西拿回来算咧。
这一[tʂei^{52}]回这一[tʂei^{52}]个好机会也该轮到我咧。

普通话这类语句里一般还可以以“在”为标志；据我们对整个关中方言的调查了解，关中多数方言点则不以“在”为标志。

上列例句中的“到”也常常在语流中因为极度轻化而丢失，使得处所词语直接加在动词后边，构成“V＋处所词语”的格式。其中，V为阴平、阳平调的，往往形成拖音；V为上声调的，变作阳平（或不变调）的同时形成拖音，也有主要元音发生变化的；V为去声调的变作上声调，或变作“零音节”，跟曹延杰《德州方言补语表示法》（2007：1～12）一文所讨论的德州方言的“零音节”特点相似；或形成拖音。例句：

猪不乖有病，他把猪拉到/拉 la^{31} .a 兽医站看去咧。

四个人把麻将桌子支到/支 tsɿ^{31} .zɿ 阳台上耍呢。

他把钱拿到/拿 na^{24} .a 单位交房款去咧。

老张早都回到/回 xuei^{24} .ei 北京咧。

把媳妇儿娶到/娶 tɕʰy$^{52\text{-}24}$ y^{24}/娶 tɕʰy$^{52\text{-}24}$ .y 新房里头。

不小心把尜打到/打 ta^{52} .a 人身上咧。

你去给咱把娃引 iẽ^{52} 到/引 iã^{52}/引 iã^{52} .ã 北京去。

你去把这些文件放到/放 faŋ$^{55\text{-}52}$ 我的办公桌上去。

把包谷架到/架 tɕia$^{55\text{-}52}$/tɕia^{55} .a 椽上。

关中方言的单音节词语“到”还常常用如“周到”，充当形容词。例如：

这些事，你肯定想得不到。

你给咱把你的朋友都招呼到。

幸是凡是过事指红白大事，谁能有多到的？

你来咧，我太忙，对你到呢不到的/到不到的，你要计较。

谁对谁都可能有个不到处，要是都计较，谁也就没朋友咧。按：“不到处”可以从《醒世恒言》第一卷找到根据：“今日贾婆虽有不到之处，却与贾公无干。”

3.5.2.2　兴平等处的“到”

其一，兴平等处“到”当“在”讲的情况

先看毋效智先生《扶风方言》333 页对扶风“到”的讨论。毋著指出：扶风的“到”除了和普通话相同的用法外，还有和普通话不同的用法，这就是，普通话用“在”的地方，扶风一般都用“到”。例如：

他威 ei^{31} 人他屋里人（他妻子）没～。

几个儿儿子都～威 ei^{31} 屋里（家里）呢。

他爹～黑ᵓ头院 æ̃^{42} 后院里呢。

笤帚～房子外天外面呢。

走～路上，他碰碰上了小林。

骑～驴上，把人交裆磨的疼的。

针跌～地上了。

拴劳人名～土堆上蹴吆蹲着呢。

他房子～屋子里看书呢。

再看我们调查到的兴平等处“到”当“在”讲的例子：

兴平：你爸到屋家没？｜没到。｜到呢。

兴平：他到头里前头呢。

乾县：他到屋不到？｜到呢。｜没到。

扶风：他到屋没？｜没到。｜到呢。

扶风：你光到这搭等他，按目住万一他不来了呢？

扶风：王三到他威家去看他，他没到。

扶风：他才刚才还到这搭呢，仓 aŋ[31] 突然间，很快就不见了。

扶风：他俩打常经常，常常到一搭啊呢。

扶风：寻了半天，你才原来到这搭这里呢。

扶风：坐到沙发上吃烟喝茶呢，看把你品麻舒服的。

扶风：你大哥江 aŋ[31] 到些这个事就好办了假如大哥今天在的话事就好办了。

扶风：个那个人孤蹑蹑独自一个人静静地（坐着或站着）的坐到兀搭那里不说话。

其二，兴平等处的“到”与普通话的“到”用法差不多。举例句如下；扶风的例句多数选自毋效智先生《扶风方言》323～344 页。

兴平：你到达搭儿吃饭来来着？

扶风：你到达搭儿去得了把我叫干子你去某个地方时叫我一下（我想跟你一同去）。

扶风：他到馆子美美的吃了一顿。

扶风：他打常经常，常常到哇啊去呢。

扶风：客来得了你就到庄背后等吆接去（你估计）客人将要来的时候就到庄背后等着接去吧。

扶风：（问）你到啊搭去呀？/你到哪里去？（答）我到西安去呀。

扶风：（问）汤尝着吆呢没有/汤的味道尝到了没有？（答）尝着吆呢/尝到了丨尝不着/没有尝到。（按：扶风“着”读作[꜀tʂʰuo]，即北京的“着[꜀tʂau]”，“吆”是时态助词“着”。）

麟游方言的“在、到”用法介乎扶风等处与西安等处之间。例如：

他在屋不在？/他到屋不到？

他在哩没在不在/他到哩没？

（问）你做啥去呀[.tɕia]？（答）我到宝鸡去呀[.tɕia]。

3.5.2.3　“在”或“到”的“留步”义

关中方言的“在”或“到”还有“留步”的意思。像普通话的“你们留步，我们要走了。”在西安等处的说法可以罗列如下：

西安：你（的）在，我（的）走呀。ni[31]（.ti）tsæ[55]，ŋæ[31]（.ti）tsɤu[52].ia。

户县：你（的）在着儿，我（的）走去呀。ni[31]（.ti）tsæ[55] .tʂə，ŋæ[31]（.ti）tsɤu[51] .tɕʰia。

商州：你的在，我先走啦。ni[21] .tsi tsai[55]，ŋɤ[21] ɕian[21] tsou[53-21].la。

韩城：你在，我先走。ni[31] tsʰæ[55]，ŋɤ[31] ɕiã[31] tsou[42]。

潼关：你在，我（的）走啦。ni[31] tsʰæ[44]，ŋɤ[31]（.ti）tsou[52] .lia。

大荔：你在呀，我走咧。ni[31] tsʰæ[55] .ia，ŋo[31] tsou[52] .liɛ。

三原：你在，我走呀。ni[31] tsæ[55]，ŋɤ[31] tsɤu[52] .ia。

武功：你到着，我走呀。ȵi[31] tau[44] .tʂɤ，ŋɤ[31] tsɤu[52] .ia。

兴平：你到，我走呀。ȵi^{31} tau^{55}，ŋɤ^{31} tsɤu^{52} .ia。

陇县：你在，我走去呀。ni^{31} tsæ^{44}，ŋuo^{31} tsou^{53}.tɕia。

凤翔：你在，我先走啦 ni^{31} tsæ^{44}，ŋau^{31} siæ̃^{31} tsou^{52} .lia/你在着，我走呀 ni^{31} tsæ^{44}.tʂau，ŋau^{31} tsou^{52} .ia。

扶风：你一的不送啦，我阿的走啦。ȵi^{31} i^{31} ti^{31} pu^{31} suŋ^{55} lia^{31}，ŋuo^{31} a^{31} tsi^{31} tsou^{-31} lia^{31}。

注释

① "包谷麦"指玉米和麦子。户县方言语音修辞就有这么一个特点：两个相关的人或事物并列地放在一起称述的时候，双音节词语在前边，单音节词语在后边，这一类并列式除了"包谷麦"以外，还有"婆娘娃（老婆和孩子）、镢头锨、搔[tsau^{31}]子（耙）耱、苹果梨、韭菜葱、核桃枣儿、爷爷婆[ia^{35} ia$^{35-31}$ p^{h}ɤ$^{35-31}$]"，"爷爷婆"指祖宗神龛，一般过年时才挂起来，平时卷成轴存放起来，故又名"爷爷婆轴轴"。

3.5.3 关中方言的"想"

其一，关中方言单音节词"想"跟普通话的用法是一致的，例如：想办法丨我啥都不想丨想咧半天才想起回想起来丨你想五点钟以前咱做得完咱们能不能做完？丨没想到头一回第一次试验就成功咧丨我想当探险家丨他一出门连谁都不想丨看着他面熟得很，就是想不起他的名字。

其二，普通话的"想"字可重叠成"AA"式，关中方言则以"想＋嘎/嘎子"等形式来表达。例如相对于普通话的"你好好想想这句话有没有道理"，西安方言作"你好好儿想嘎子，这句话有道理没"；相对于普通话的"想想过去，看看现在"，户县方言作如下形式。

把老早想嘎子，把若忽/如今看嘎子。

把那几年想嘎子，把这一[tʂeiᵓ]几年看嘎子。

把底个了儿想嘎子，把这一[ᶜtʂei]个时间儿看嘎子。

把那个时间儿[sə^{35}]想嘎子，把这一[ᶜtʂei]个时间儿看嘎子。

其三，"想"字处在动趋式中的时候，凡趋向动词是双音节的，关中方言未必全是普通话的模式；其中有的要以介词来引介。比较如下：

北京　这个思路很好，可以这样想下去

西安　这个思路好得很，可以这样望下想

北京　脑袋都发胀了，想不下去了

西安　脑袋都发胀咧，想不下去咧/望下想不成咧

北京　他终于想出来一个主意

西安　他还是把一个主意想出来咧

北京　她想女儿都想出病来了

西安　她想女子都把病想出来咧/想得有咧病咧

北京　想起来也很奇怪，这事儿他居然不知道

西安　想起也怪得很，这事他居然知不道

北京　我想起来了，是有这么一回事儿

西安　我想来咧，是有这一[ᶜtʂ̩ei]回事

北京　一看到五星红旗，就想起祖国来了

西安　把五星红旗一看来，就想起咱国咧

其四，关中方言有一种“想＋动宾＋了$_1$”式感叹句，实际上是对“动宾”所言及情况的否定，往往是对某种情况不理想、晦气心理的反映。例如“我想当队长咧”可能出现的语境是当着个队长，并没有多吃多占，反倒被有的人误解；或者吃不完的亏，还没有得到好评和支持。西安方言的这类句子还可以再举几个，多数是以分句的形式出现的，例如：

咱咱们是想看电影儿咧！

我也是想挣你这个钱咧！

老师真是想教你这一[tʂ̩ei^{55}]些学生咧，都不好好儿学么！

你简直想给他帮忙咧，他就把你没当过人！你干脆给我帮忙来。

我肏他妈想当队长咧；谁有我出的力多，我一心一意为大家，还没落下好！

咱真是想管没爸没妈的娃咧；咱把他管咧个糊涂指好不容易，他到处说咱对他不好！

其五，关中方言的“想是”是“想必，估计”的意思，如西安把“想是”读作[ɕiaŋ^{52} sɿ$^{55-31}$]，三原读作[siaŋ^{52} sɿ$^{55-31}$]。例如：

咱嫑候他咧，想是他不来咧。

想是你也有办不成事的时候呢。

想是几个领导今儿都有事呢，会可能不开咧。

想是他俩有啥矛盾呢，要不然咋见咧面连话都不说呢？

（郑若兰）哎呀不好！耳听枪声隆隆，想是官兵到了。（李桐轩《一字狱》）

（梅镜）贤弟惠临，面带喜色，想是家表兄有了消息了？（高培支《夺锦楼》）

我们从李芳桂的剧作里找到如下的例句，这是我们从典籍里看到的“想是”最早的用法。

想是吃得猛咧，把娃给噎死了。（《香莲佩》）

你心里想是教我出去，你可装病呀？（《清素庵》）

忽听门外人声吵吵，想是有客到来。（《清素庵》）

我见你在江中，轻轻漂在水面。想是会水么？（《玉燕钗》）

3.5.4 “看”和“见”的用法

3.5.4.1 “看”字的用法

其一，参照《现代汉语八百词》（2002：331～333），关中方言具有普通话动词“看”字的许多基本用法，例句如：看球赛｜看在眼里，记在心上｜在医院看病人去咧｜你有些低烧，在医院看嘎子看看去｜李大夫今儿看门诊着呢｜看问题要全面｜我看下不了雨，你看呢？｜三年看头年｜覅跑，看车！｜她就看上看中你咧｜谁也看不透｜一眼就把他的心事看穿咧｜他就是看不惯你胡花钱｜啥事任何事情都不能看得太死了｜想买啥，你看着办。

其二，普通话“看”字处于动趋式里的用法，关中方言却是另外的表达方法。比较如下：

北京　从山底下看上去，山亭只能看出个轮廓
西安　从山底下望上看，山亭只能看来个轮廓
北京　他看上去也不过十八九岁　　你先别问，看下去就明白了
西安　他看起也差不多就十八九岁　你先覅问，往下看就明白咧
北京　从井口看下去，足有几十丈深　看出问题了
西安　从井口往下看，有几十丈深呢　把问题看出来咧
北京　从门外看进去，屋里一个人也没有
西安　从门外头望进看，屋里头一个儿人也没有
北京　精神不集中，看书看不进去
西安　精神集中不到一搭儿，书看不进去
北京　一眼就看出是他　　　年代太久了，字迹已经看不出来了
西安　一眼就把他看看出来　年深太长咧，字迹都看不来咧
北京　资料这么多，他一个人看得过来吗？
西安　资料镇多，他一个人能看过来吗？
北京　这块地毯还看得过去，就买了吧
西安　这块地毯还能看过眼儿，就买了去
北京　大家都看不过去　　　　　　　　他能看得起我吗？
西安　大家伙儿都看不过眼儿/看不下去　他能把我看起吗？
北京　我就是看不起这种人！
西安　我就是看不起这号人/我就把这号人看不起！
北京　看起来这件事情还没了结
西安　看来这一[ᶜtʂei]件事还没了结呢

其三，普通话用在动词（重叠或带动量等）后边表示尝试的“看”字，

关中方言以“再说”或“着”的形式出现在句末。比较如下：

北京　你先尝尝看　　　　　　　让我想想看
西安　你先尝嘎子再说/着　　　教我想嘎子再说/着
北京　你给我量一下看　　　　　先喝一点看
西安　你给我量嘎子再说/着　　先喝一点儿再说/着

与普通话动量后边有宾语出现的句子相对的，关中方言则以把字句来表达。例如：

你给我把尺寸量嘎子再说/着。
先把这些饮料喝一点儿再说/着。

其四，普通话的“瞧”字跟“看”字呈互补状态，关中方言口语里一般不用“瞧”字，只用“看”字。比较如下：

北京　瞧不起　瞧得起　瞧见/看见　瞧不见
西安　看不起　能看起　看来/看见　看不来/看不见/看不着

因此，普通话可能用到“瞧”的地方，关中方言只用“看”。例如：

看咋着哩？我说这婆娘难说话。(李芳桂《香莲佩》)

你莫挡，教她来，看把她急得，莫要把人的兴头子打回去了。(《香莲佩》)

你看你怕怕不怕怕，怪不得姚婆子打你哩。(李芳桂《春秋配》)

咳，吓坏了，吓坏了。看这腿，你只管软地做啥哩？（李芳桂《十王庙》)

哈哈哈，老李学问大了，还会向后走。看掉到江里去了。(李芳桂《白玉钿》)

看你急的，谁把你老婆借得去了？（李芳桂《古董借妻》)

看你这，大路就大路，小路就小路，可是大小路。(李芳桂《古董借妻》)

其五，关中方言的“看”字还有“考虑，估计；注意，小心；看来，以为”等意思。下面先举李芳桂剧作里的例句，再举如今关中方言口语里的例句：

你想，看再问啥呀？（《春秋配》)
老老，路上总要小心贼，看把你教贼杀了。(《春秋配》)
哈哈哈，老李学问大了，还会向后走。看掉到江里去了。(《白玉钿》)
去向何处把身存？看这命今日活该尽。(《清素庵》)
既要前去，须要问过箱主，看教大叔出去不教出去？（《清素庵》)
我看你还是最好覅去。
慢慢儿走，看跌下去爬不上来咧着。
把钱装牢靠点儿，看教贼娃子偷去咧着！

你想在谁跟前都要欺头想欺负任何人呢，看挨一顿好打着！

我看你的水平就够高的咧，你就给我꜀把关꜂把嘎子一下。

其六，关中方言的动词“看”还常常处在把字句里，从而形成“看把”连用的格局，如本部分“其四”举的《香莲佩》里的“看把她急得”，“其五”举的《春秋配》“看把你教贼杀了”。关中方言“看”字处在这样的格局里边，若是说给听话人的，则表示告诫、训斥等；若是关乎其他人的，有的表示告诫，有的表示庆幸，有的表示追悔，有的只是表述。例如：

看把你谝的你自己把自己吹捧得（那么厉害的）！

看把你屄扯咧着你想达到目的，根本不可能！（按：关于“他”，作“看把他屄扯咧着”；“看把你屄扯咧着”和“看把他屄扯咧着”可以简作“看把屄扯咧着”。）

看把你跑得挣累死也撵不上着！

看把他个狗肏的跌到深坑里头爬不上来着！

看把你兀个[uɤ^{55}]人着你别弄坏了身体甚至丧了命；你别丢了人；你想达到目的，根本不可能！

你不敢再气你妈咧，看把你妈气死咧着千万不敢把你妈气死了！

你要好好儿把公家的事情干好呢，看把事情干不好对不住人民着！

看把他气得，气得呼呼的瞧他气得，嘴里发出呼呼的响声！

看把你老师忙得，忙得连饭都顾不得吃！

看把他自己难受得！有咧病老想皮过去（呢），皮不过去还不看去，何苦来！

有时动作行为的主体并不出现，施事者具体是谁得靠上下文来看。如户县方言例句：

看把你妈气死咧没[mɤ^{35}]瞧，果真把你妈气死了？！

看把烂儿董⁼下了没[mɤ^{35}]瞧，果真把祸闯下了？！

看把老汉得是死咧？瞧，（那）老汉果真就死了！（按：“得是”是“是不是”的意思）

看把事情办得，简直办得比砸还砸糟透了；糟到极点了！

“看把”之间也有时候可以嵌入其他成分，如下例句是“看把”式的扩展形式：

看谁把你的便宜占咧着！

户县例句：看得是把老汉死咧瞧，（那）老汉果真就死了？

看还把公家的东西望自己屋里头拿不拿？指贪污盗窃被处理了

看我把你赖咧着！字面意思是“别让我赖了你的账”，实际意思是“我怎么会赖了你的账呢”

看你啥时间把事干大咧着！等到你什么时候把事情干大了（再说；或许我也跟着享你的福呢）

就看望后把事当事不当事呢！指因为马大哈给自己或家庭或单位、国家造成了很大损失，日后是否汲取教训

其七，关中方言“看”还有“比比看”的意思，多用于疑问句。例如：

看他的三五个人打得过这一个人。

看他一个单位老的少的有这个人水平高没？

看你弟兄四五个有他一个人兀个[uɤᵓ]那两下没？

你老是不服气人家，看你有人家兀个[uɤᵓ]真本事没？

3.5.4.2　“见”字的用法

其一，参照吕叔湘先生主编的《现代汉语八百词》（2002：297～298），关中方言具有普通话动词“见”字的基本用法，例句如：这个人我好像在哪搭哪里见过｜他这阵儿想见领导去呀｜老张明儿要在咱单位来呢，你见不见？｜并一见热就消咧｜他都住咧三个月院咧，还不见好｜一年不见（/没见），娃都长得这们这么（/镇）高的咧｜我的水笔不见咧/我把水笔不见咧｜汽油见不得火，见咧火就着咧｜我没做过见不得人的事情。

其二，关中方言与普通话“见”字处于动结式和动趋式时表达方式不尽相同。比较如下：

北京	看见	望见	瞅见		听见	闻见	梦见	碰见
西安	看见	老远看见	看见	瞅见/盯见	听见	闻见	碰见
西安	看来	老远看来	看来	瞅来/盯来	听来	闻来	碰来
西安	看着	老远看着	看着	瞅着/盯着	听着	闻着	碰着

北京	看得见	看不见	听得见	听不见	碰得见	碰不见	找不见
西安	能看见	看不见	能听见	听不见	能碰见	碰不见	寻不见
西安	能看来	看不来	能听来	听不来	能碰来	碰不来	寻不来
西安	能看着	看不着	能听着	听不着	能碰着	碰不着	寻不着

北京　他前天回山东去了，你见不着他了

西安　他前儿歌回山东去咧，你见不上他咧

北京　我要能跟他见上一面才好

西安　我要（是）能跟他见上一面才好（呢）

北京　见到他，替我问个好

西安　见咧他，代我问个好

北京　他就没在单位，你去找他，肯定见不到

西安　他就没在单位，你（在单位）寻他去，肯定见不上

这里有两点需要特别说明：一是关于以上例子中“见”字等的读音问题，西安等处方言，当“见、来、着”字处于单音节动词后边的时候，变作阴平调（见[tɕiã$^{55-31}$]来[læ$^{24-31}$]、着[pfʰɤ$^{24-31}$]，“能看见/能看来/能看着”的“见/来/着”亦然）；处于否定词“不”字后边的时候读作本调（[tɕiã^{55}]来[læ^{24}]、着[pfʰɤ^{24}]）。二是户县、周至、兴平、礼泉、乾县及其以西，不说“能看见｜看不见｜能听见｜听不见｜能碰见｜碰不见｜寻不见”，只说“能看来/能看着｜看不来/看不着”等；“着”字户县读作[tɕʰyɤ^{35}]、周至读作[pfʰɤ^{35}]、兴

平、礼泉、乾县读作[꜀tʂʰuɤ]、宝鸡读作[꜀tʂʰuo]千阳读作[꜀tsʰuo]，其变调和读本调的特点与西安一致。

其三，关中方言的“见”字跟“看”字呈互补状态，关中方言的“见”字常常是“看，看到”的意思。例如：

我见/看你可怜贫穷，就给你多给些子。

见他马上就跌倒咧，我就即忙赶快把他扶住呱扶住。

他见/看把你教几个小偷儿围咧，就过去把你拉过来咧。

我见/看饭只忙一直不得上来，就给咱咱们要咧几个菜，咱先吃着。

这个领导爱才得很，你跟他处得时间长咧，他见/看你有真本事，肯定提拔呢。

其四，关中方言的“见”字还引申为“考虑到”的意思。例如：

见几个娃爱吃西瓜，我就买咧半架子车。

我见你跟我还是拉扯亲亲转折亲戚呢，我就把你多照顾些子。

他见他爸日子多咧好久都没看过戏，这阵儿回农村接他爸去咧。

领导见你日子穷，决定给你补助些；你把申请一写，就交给我。

我几个见你要买房呢，就给你凑咧 30 万块钱拿过来，你看得够够不够？

其五，关中方言“不见、没见”的用法比较特殊。《方言调查词汇表》有一个语法例句为“他说马上就走，怎么这么长时间了还不走呢？”其中“怎么这么长时间了还不走呢”在西安、泾阳、咸阳、户县等处有用到“不见、没见”的，罗列如下：

西安：咋这一[tʂei^{55}]半会咧还不走呢/咋这一[tʂei^{55}]半会咧还不见走呢？

泾阳：咋这半会还没走哩/咋这半会还没见走哩？

咸阳：咋这一[tʂei^{44}]半会咧还不走呢/咋这一[tʂei^{44}]半会咧还不见走呢？

户县：咋这一[tʂei^{55}]半会咧还不走呢/咋这一[tʂei^{55}]半会咧还不见走呢/咋这一[tʂei^{55}]半十年半十会咧还不走呢/咋这一[tʂei^{55}]半十年半十会咧还不见走呢？

上列 4 个方言点“见”字在否定词“不、没”后边可以出现，也可以不出现。也就是说，“见”字在这样的语境中有虚化的特点。我们可以回过头先看“不见、没见”的通常用法。

（问）你在他单位去见他不见？（答）不见。

（问）你在他单位去见他来没你见到他没有？（答）没见。

他前一向把准备给你还的钱搁不见搁得找不见咧，今儿才寻来找到。

你没见你外甥给你拿咧多东西，嗨，小卧车后备箱装不下，还在座位上放咧些呢！

你咋就不看/不见我正忙着呢，等我忙过去咧再给你帮忙，多整端指可以专心致志的！

在上述用法的基础上，西安一带的“见”字可以用在如下的句子中。从“见”字的这些用法分析，如下的特点，是“见”字原本所具有的“看见、听见”等意义虚化的结果。

我就没见他从这儿走。

这个事情一直不见/没见有人提说过。

都这一[tʂei^{52}]阵儿咧，他还不见/没见来。

天气不好，这些粮食晒咧多日子都不干/不见干。

我把他候咧三天，没见他回来，我就不候咧，回呀。

我在底下时间长咧，就没见你上去；你是啥时间上去的？

我跟他都好几个月不见/没见咧，他最近的情况我还知不道不知道。

老汉的病教几个名中医都看咧，吃咧上百副药，一直都没好痊愈/没见好。

我给你帮咧那些忙，都不见/没见你给我买些啥；人家给你帮咧那点儿忙，你就大包大包地给人家[nia^{31}]送东西呢！

以上例句里的“见”字，有的语义还实一点，有的很虚。“见”字的上述用法，如今已渐次淡出西安一带居民的口语：多数老派常用，中派较少用，新派用得很少。

第四章　关中方言代词概说

4.0　引言

袁家骅先生等（1960）在《汉语方言概要》一书里指出："陕西商县（引者按：今商洛市商州区）话人称代词利用声调的变换表示单复数。'我'、'你'、'他'读上声（53）表示单数……读阴平（21）则表示复数。关中地区好些县（包括西安）都有类似现象，可惜尚未经过系统的调查。"该书资料的主要来源是张成材先生（1958）《商县方言的人称代词》等文章。孙立新《关中方言代词概要》（1997：246～259）一文对关中方言区几个有代表性方言点的代词进行了举例说明，但均不够详细。孙立新（2010）《关中方言代词研究》一书才是对整个关中方言区代词基本特点的交代。下面是关中方言人称代词、指示代词、疑问代词等的大致情况。

本章在讨论过程中，对于与关中方言代词类型相似的汉语其他方言代词问题一并讨论；特别对《关中方言代词研究》未讨论到或讨论得不够深入的问题进行讨论。

关中方言的第三人称代词单数"他"，很普遍地受到上声字"我、你"的感染也读作上声调，河南、山西南部、甘肃东部也普遍存在这种现象；一二三人称的单复数主要通过声调变化来区别，"我、你、他"读作上声的时候表示单数，读作阴平的时候表示复数，这个特点是汉语的罕见现象；"咱"字在关中方言里通常是第一人称代词的包括式，"咱们"在西安一带又作"咱的"，在大荔又作"咱崖"。关中方言"人家"多合音为[ȵia]，[ȵia]的阴平、阳平、上声和去声四个声调的读法都有，"人家"的合音形式在中东部方言里又常常当第三人称的单数来用。

关中方言指示代词的基本型有三个"这、兀、那"，远指代词分为两个层次，如表示处所的一般有三个，即"这搭、兀搭、那搭"，"兀搭"指不太远的，"那搭"指很远的；关中方言"兀"，也很普遍地受到"这、那"两个去声字的感染读作去声调。汉语许多方言都存在着人称代词和指示代词的声调感染现象。

本章讨论关中方言的疑问代词时，主要讨论"啥、咋、哪搭哪里"。

4.1　人称代词

关中方言人称代词单复数的表示方法主要是“我、你、他”读作上声调时表单数，读作阴平调时表复数；多数方言点又在“꜀我、꜀你、꜀他”后加上“的”或其他字来表复数，如商州方言“他 t^ha^{21}”和“他的 t^ha^{21} .tsi”均表第三人称复数。“咱”字在关中方言里一般用作第一人称复数的包括式。关中方言的“人家”构成合音，一般读作[ȵia]或[ȵiɛ]、[ȵiã]等。

4.1.1　关于“我、你、他”的讨论

4.1.1.1　“我、你、他”的单复数

李荣先生在《中国语文》（1965：116～126）所发表的《语音演变规律的例外》一文，特别指出河南等地方言第三人称单数“他”字受“我你”两个上声字的感染也读作上声。关中多数方言点第三人称单数“他”字也读作上声。从理据上看，语音变化导致语法形式也受到感染，这是关中方言独特之处；关中方言第三人称单数“他”字仍然读作阴平的方言点主要在中部（西安、蓝田、户县、周至），其次与晋语区毗邻（宜川、黄龙、定边），共 7 处，在关中方言区 51 处方言里占不到 14%。第三人称单数词“他”字在渭南、商州、铜川、咸阳、宝鸡等绝大多数方言点读作上声调。由“他”字在具体语境的运用情况来看，高陵、泾阳、临潼、三原、富平等中心地区“他”字的使用频率最低，由此向周围辐射，临潼、渭南、蒲城、耀州、淳化比较低，西安、蓝田、渭南及其以东比较高，户县、咸阳、礼泉及其以西最高。关中方言区人称代词单复数的表示方法主要是“我”“你”“他”读作上声调时表单数，读作阴平调时表复数；多数方言点又在“꜀我、꜀你、꜀他”后加上“的”或其他字来表复数，如商州“他 t^ha^{21}”和“他的 t^ha^{21} .tsi”均表第三人称复数。西安、户县、蓝田 3 处第一人称单数韵母为[ɤ]，复数韵母为[æ]；如西安“我 $ŋɤ^{52}$”和“我 $ŋæ^{31}$ 我们/我的 $ŋæ^{31}$ .ti”。西安、户县、周至、蓝田、宜川、定边、黄龙 7 处第三人称单数不读上声而是读作阴平，复数一般又加“的、家周至”来表示。关中方言区只有定边、黄龙、麟游 3 处人称代词复数加“们”，这可能跟其与晋语区或陇东方言区接壤有很大关系。关中方言区人称代词“我、你、他”单复数的主要特点见表 17。表中括号内的字是时有时无的，如“꜀我（的）”表某方言第一人称复数既作“꜀我”，又作“꜀我的”。表 17 里兴平“他”字和凤翔“我”字韵母读音特殊。

表 17　关中方言“我”“你”“他”单复数主要特点比较表

方言点	我	我们	你	你们	他	他们
西安	我 ŋɤ^{52}	我的 ŋæ^{31}(.ti)	你ȵi^{52}	你的ȵi^{31}（.ti）	他 tʰa^{31}	他的 tʰa^{31}.ti
临潼	我 ŋɤ^{53}	我 ŋɤ^{31}	你ȵi^{53}	你ȵi^{31}	他 tʰa^{31}	兀一伙人 uei^{53} xuɤ^{53}ʐei^{24}
蓝田	我 ŋɤ^{51}	我 ŋæ^{31}	你ȵi^{51}	你ȵi^{31}	他 tʰa^{31}	兀么些人 uẽ^{55}ɕiɛ^{31}ʐẽ^{35}
商州	我 ŋə^{53}	我的 ŋə^{21}(.tsi)	你ȵi^{53}	你的ȵi^{21}(.tsi)	他 tʰa^{53}	他的 tʰa^{21}(.tsi)
丹凤	我 ŋuo^{53}	我 ŋuo^{21}	你ȵi^{53}	你ȵi^{21}	他 tʰa^{53}	他 tʰa^{21}
大荔	我 ŋo^{52}	我的 ŋo^{31}（.ti） /我崖 ŋo^{31}.næ	你ȵi^{52}	你的ȵi^{31}（.ti） /你崖ȵi^{31}.næ	他 tʰa^{52}	他的 tʰa^{31}（.ti） /他崖 tʰa^{31}.næ
渭南	我 ŋɤ^{52}	我的 ŋɤ^{31}（.ti）	你ȵi^{52}	你的ȵi^{31}（.ti）	他 tʰa^{52}	他的 tʰa^{31}（.ti）
澄城	我 ŋuo^{42}	我几 ŋuo^{21}（.tɕi）	你ȵi^{42}	你几ȵi^{31}(.tɕi)	他 tʰa^{42}	他几 tʰa^{21}（.tɕi）
合阳	我 ŋo^{42}	我的 ŋo^{21}(.ti)	你ȵi^{42}	你的ȵi^{21}（.ti）	他 tʰa^{42}	他的 tʰa^{21}（.ti）
韩城	我 ŋɤ^{42}	我 ŋɤ^{31}	你ȵi^{42}	你的ȵi^{31}（.ti）	他 tʰa^{42}	他的 tʰa^{31}（.ti）
宜川	我 ŋɤ^{55}	我的 ŋɤ^{31}（.ti）	你ȵi^{55}	你的ȵi^{31}（.ti）	他 tʰa^{31}	他的 tʰa^{31}.ti
洛川	我 ŋuə^{52}	我的 ŋuə^{31}(.ti)	你ȵi^{52}	你的ȵi^{31}（.ti）	他 tʰa^{52}	他的 tʰa^{31}（.ti）
黄陵	我 ŋuɤ^{52}	我 ŋuɤ^{31}	你ȵi^{52}	你ȵi^{31}	他 tʰa^{52}	他他 tʰa^{31}
耀州	我 ŋɤ^{52}	我的 ŋɤ^{31}（.ti）	你ȵi^{52}	你的ȵi^{31}（.ti）	他 tʰa^{52}	他的 tʰa^{31}（.ti）
三原	我 ŋɤ^{52}	我的 ŋɤ^{31}（.ti）	你ȵi^{52}	你的ȵi^{31}（.ti）	他 tʰa^{52}	他的 tʰa^{31}（.ti）
泾阳	我 ŋɤ^{51}	我 ŋɤ^{31}	你ȵi^{51}	你ȵi^{31}	他 tʰa^{51}	他 tʰa^{31}
旬邑	我 ŋɤ^{51}	我 ŋɤ^{31}	你ȵi^{51}	你ȵi^{31}	他 tʰa^{51}	他 tʰa^{31}
长武	我 ŋɤ^{51}	我的 ŋɤ^{31}（.ti）	你ȵi^{51}	你的ȵi^{31}（.ti）	他 tʰa^{51}	他的 tʰa^{31}（.ti）
彬县	我 ŋɤ^{51}	我子 ŋɤ^{31}(.tsɿ)	你ȵi^{51}	你子ȵi^{31}(.tsɿ)	他 tʰa^{51}	他子 tʰa^{31}（.tsɿ）
永寿	我 ŋɤ^{52}	我 ŋɤ^{31}	你ȵi^{52}	你ȵi^{31}	他 tʰa^{52}	他 tʰa^{31}
淳化	我 ŋɤ^{52}	我 ŋɤ^{21}	你ȵi^{52}	你ȵi^{21}	他 tʰa^{52}	他 tʰa^{21}
乾县	我 ŋɤ^{52}	我 ŋɤ^{31}	你ȵi^{52}	你ȵi^{31}	他 tʰa^{52}	他 tʰa^{31}
礼泉	我 ŋɤ^{53}	我 ŋɤ^{31}	你ȵi^{53}	你ȵi^{31}	他 tʰa^{53}	他 tʰa^{31}
咸阳	我 ŋɤ^{52}	我的 ŋɤ^{31}（.ti）	你ȵi^{52}	你的ȵi^{31}（.ti）	他 tʰa^{52}	他的 tʰa^{31}（.ti）
户县	我 ŋɤ^{51}	我的 ŋæ^{31}（.ti）	你ȵi^{51}	你的ȵi^{31}（.ti）	他 tʰa^{31}	他的 tʰa^{31}（.ti）
兴平	我 ŋɤ^{52}	我 ŋɤ^{31}	你ȵi^{52}	你ȵi^{31}	他 tʰɤ^{52}	他 tʰɤ^{31}
武功	我 ŋɤ^{52}	我的 ŋɤ^{31}（.ti）/ 我家 ŋɤ^{31} tɕiɛ^{31}	你ȵi^{52}	你的ȵi^{31}（.ti）/ 你家ȵi^{31} tɕiɛ^{31}	他 tʰa^{52}	他的 tʰa^{31}（.ti）/ 他家 tʰa^{31} tɕiɛ^{31}
周至	我 ŋɤ^{51}	我家 ŋɤ^{31} tɕia^{31}/ 我家 ŋæ^{31} tɕia^{31}	你ȵi^{51}	你家ȵi^{31} tɕia^{31}	他 tʰa^{31}	他家 tʰa^{31} tɕia^{31}
眉县	我 ŋɤ^{53}	我 ŋɤ^{31}	你ȵi^{53}	你ȵi^{31}	他 tʰa^{53}	他 tʰa^{31}

续表

方言点	我	我们	你	你们	他	他们
宝鸡	我 ŋuo^{52}	我 ŋuo^{31}	你ȵi^{52}	你ȵi^{31}	他 t^{h}a^{52}	他 t^{h}a^{31}
凤翔	我 ŋau^{52}	我 ŋau^{31}	你ȵi^{52}	你ȵi^{31}	他 t^{h}a^{52}	他 t^{h}a^{31}
岐山	我 ŋɤ^{52}	我 ŋɤ^{21}.ti	你ȵi^{52}	你的ȵi^{21}.ti	他 t^{h}a^{52}	他的 t^{h}a^{21}.ti
陇县	我 ŋuo^{53}	我 ŋuo^{31}	你ȵi^{53}	你ȵi^{31}	他 t^{h}a^{53}	他 t^{h}a^{31}
富县	我 ŋuo^{52}	我的 ŋuo^{31}（.ti）	你ȵi^{52}	ȵi^{31}（.ti）	他 t^{h}a^{52}	t^{h}a^{31}（.ti）
定边	我 vo^{52}	我们 vo^{52}.məŋ	你ȵi^{52}	你们ȵi^{52}.məŋ	他 t^{h}a^{31}	他们 t^{h}a^{31}.məŋ

有必要特别说明的是：一，第三人称单数甚至复数，在关中方言区中部的富平、三原、高陵、耀州、泾阳、淳化等处还用“人家”的合音形式 nia/niɛ 等来表示，在三原、富平、泾阳、淳化、乾县、礼泉、永寿等处还用“兀个”的合音形式（俗字作“咻”）来表示。二，关中方言没有普通话的敬称词“您”以及用于华北等地的敬称词“您”，也不太像有的南方方言那样在“我（吾）、你（尔）、他（其、渠）”等后边加上“老人家”表示敬称。“您”被关中方言区的读书人使用，是受到共同语（如民国期间的国语、建国后的普通话）影响的结果，读书人在书信里的问候语以及内文里称收信人为“您”。“您”在改革开放以来迅速进入读书人的口语。关中方言用到了敬称词“你老人家”，西安、户县相应地有“你老儿家”；西安、户县一带“人”字常弱化为“儿”，如“丈儿爸（岳父）”“主儿家（主人家）”“老儿家（老人家）”等。只是过去“你老人家”或“你老儿家”的使用频率很低，大致也是读书人用，而且听话人的确是个老人；不像南方方言那样，听话人可能并非是个老人。三，周至城关二曲镇一带第一人称代词的复数形式为“我家 ŋɤ^{31} tɕia^{31}/我家 ŋæ^{31} tɕia^{31}”，周至西乡作“我家 ŋɤ^{31} tɕia^{31}”，周至黑河以东以至于户县西乡的甘河、祖庵、蒋村等乡镇（甘河等乡镇是 1958 年划归户县管辖的）作“我家 ŋæ^{31} tɕia^{31}”。

4.1.1.2　关于汉语及其方言“我、你、他”其他问题的讨论

吕叔湘先生著、江蓝生先生补的专著《近代汉语指代词》第 1～53 页专门讨论了近代汉语三身代词，其中有许多问题与官话包括关中方言相关涉，很值得注意。

通常情况下，关中方言三身代词的单数如表 16 所列举的，在绝大多数方言点是“我、你、他”均读作上声调；西安、户县、蓝田等中心地区的方言点为“꜂我、꜂你、꜀他”，“他”字读作阴平调，未受感染。也就是说，关中方言区绝大多数方言点“他”字受“我、你”的影响（感染），在表示

单数时类化（趋同）成为上声调。

第一人称单数“ᶜ我”在关中按着古汉语到现代方言的对应关系传承下来了，其语法语义特征与共同语无异；第二人称单数也是按着古汉语到现代方言的对应关系传承下来了，今亦如共同语那样作“ᶜ你”。可以肯定，在关中方言的发展史上也有用过“尔”的时候，这个问题吕、江两位先生在《近代汉语指代词》第3～5页以及李荣先生1997年在《方言》季刊1、2期上连载的《汉语方言里当“你”讲的“尔”》一文都讲得很清楚了，这里不再赘论。

而“他”字，《近代汉语指代词》第5～10页以较大的篇幅对“他”字的语义变化和作为第三人称代词的语法化过程进行了深入的论述。其中有几个方面的问题很值得我们在研究关中方言以至于官话或方南方言时重视。以我们的感悟，可以从以下几点来看“他”字的发展。

其一，“他”字由上古汉语的“其他”意义发展到指“他人”或者“别人”，这是作为第三人称单数的前奏。下面摘录近代汉语几个例句，均在《近代汉语指代词》第7页：

见他老病死，不知自观察。（佛所行赞，离俗品1.20）

他道生离胜死别，我道死别胜生离。（敦录，生25；按：此例“他、我”对应，更映衬出“他”充当第三人称代词的雏型来，以上“他”字当“他人”讲）

年十四，学读书，一日所得，当他一旬。（高僧传·卷六）

他贫不得笑，他弱不得欺。（王梵志诗；以上“他”字当“别人”讲）

其二，“他”字在上古汉语的汉代以来有专指一个或几个别人，这是“他（它）”字转变为第三人称代词的关键。下面的例句见《近代汉语指代词》第7～8页。

尝有他舍鸡谬入园中，姑盗而食之，妻对鸡不餐而泣。姑怪问其故，妻曰：“自伤居贫，使食有它肉。”（后汉书84·乐羊子妻）

终不能如曹孟德、司马仲达父子，欺他孤儿寡妇，狐媚以取天下也。（晋书105，石勒）

卿早逐我向并州，不尔他经略杀卿。（北齐书47·宋游道）

其三，到了唐代，“他”字充当第三人称代词就很常见了，例如：

且我辈无故远来，他又不与我战。（大唐起居注，上6）

泥他沽酒拔金钗。（元稹，遣悲怀）

他字伯玉，亦应呼陈伯玉。（因话录1.5）

“他”还有指物指事的问题（吕、江1985：26～28），也还有一个“他”字的虚指问题，吕、江两位先生在第28～32页把虚指的“他”分成三类：

"给他个闷睡""画他几枝""凭他甚么为难的事"。这些特点在官话包括关中方言里基本上也有类化的问题，要从关中方言的实际看，"给他个闷睡"式里"给他"的后边常常连带无实在意义的起措足音节作用的"个"字；"画他几枝"式的"他"字前常常出现语义虚化了的趋向动词"上"或"下"字；"凭他甚么为难的事"，关中方言无此类型。例如：给他个搅不起给他很大的难堪｜杀他个有来无回｜杀他个片甲不留｜饿他个三天三夜｜有咧钱假如有了很多钱，叫个好戏班子来，写上几本好戏，唱他个三天三晚夕晚上，教爱看戏的乡党把戏瘾过美过饱戏瘾｜看上他几眼/看下他几眼｜吃上他一顿/吃下他一顿｜买上他几本书/买下他几本书。

关于"他"字用作第三人称代词的起源时代，唐作藩先生（1980：55～63）的讨论非常深入，请允许我们将唐先生关于各个学术大家对"他"字的讨论摘抄于下。

作为第三人称代词的"他"起源于什么时代的问题。杨树达先生《高等国文法》引《后汉书》"还他马，赦汝罪"和《晋书》"他自姓刁，那得韩卢后耶?"推断"他"作第三人称代词"始于晋宋间"。吕叔湘先生《汉语第三身代词说》一文也讨论过这个问题。高名凯先生《汉语语法论》(1948年版）引述吕先生的意见，说"第一次发现'他'当作第三身代名词用的，是《后汉书》的《方术传》"并补充《搜神记》和《百喻经》的例句（共五例），断定在早期的佛教俗文学和六朝笔记小说中都已经用"他"为第三身人称代词。但是王力《汉语史稿》不同意把上述《后汉书・方术传》一例中的"他"(或作"它"）看作第三人称代词，认为这应该是作"别人"解的无定代词，真正的第三人称代词"他"起源于唐代。

唐先生经过一番论证，于第62页指出：事实上，魏晋南北朝时，"他"正处于由秦汉的无定代词转变为现代的有定第三人称代词的过渡阶段；这个阶段一直延续到隋唐时代。

郭锡良先生《汉语第三人称代词的起源和发展》一文也讨论了"他"字。郭先生指出成书于盛唐的《游仙窟》，"他"字的用法有作"别的"解的，有作"别人"解的，而用作第三人称代词的比《寒山子诗集》多一些，反映出"他"字进一步向第三人称代词转化的趋势。

梅祖麟先生《关于近代汉语指代词——读吕著〈近代汉语指代词〉》（1986：405）一文指出，"他"字用作第三身代词，最早的用例大概是《晋书》卷86《张轨传》后附《张天锡传》："尝大会，温［桓温］使司马刁彝嘲之。谓博［韩博］曰：'君是韩卢后邪？'博曰：'卿是韩卢后。'温笑曰：'刁以君姓韩，故相问焉。他自姓刁，那得韩卢后邪！'"

周法高先生《中国古代语法・称代篇》上册146～151页专门讨论了"他"

字。我们还可以看出周先生对“他”字的看法来：“他”字本作“它”，《说文》“它，蟲也。从蟲而长，相屈曲而尾形。上古草居惧它，故相问‘无它乎？’”周先生引用高名凯先生《汉语语法论》，早期的佛教俗文学用“他”为第三人称代词，如《百喻经》的例子“如彼愚人，代他捉熊，反自被害”。周先生指出“他”字明确地用作第三人称代词的例子在成书于唐代初年的《晋书》中可以找到，例句亦如上段梅先生所举的；唐代“他”字用作第三人称代词就很普遍了。如寒山诗云：“城北仲家翁，渠家多酒肉。仲翁妇死时，吊客满堂屋。仲翁自身亡，能无一人哭。吃他脔杯者，何太冷心腹！”（《乐府诗集》四部丛刊本页二三案：“他”指“仲翁”）

4.1.1.3 “我、你、他”的领格

一方面关中绝大多数方言点是“꜀我、꜀你、꜀他”用作领格，而周至方言则以“꜀我家、꜀你家、꜀他家”来作为领格；一方面无论是单数还是复数领格都是一样，如西安等处是“꜀我、꜀你、꜀他”，周至方言是“꜀我家、꜀你家、꜀他家”。举例比较如下：

	第一人称领格	第二人称领格	第三人称领格
西安	꜀我 ŋæ^{31}	꜀你ȵi^{31}	꜀他 t^{h}a^{31}
西安回民	꜀我 ŋæ^{21}	꜀你ȵi^{21}	꜀他 t^{h}æ^{21}
商州	꜀我 ŋə^{21}	꜀你ȵi^{21}	꜀他 t^{h}a^{21}
渭南	꜀我 ŋɤ^{31}	꜀你ȵi^{31}	꜀他 t^{h}a^{31}
兴平	꜀我 ŋɤ^{31}	꜀你ȵi^{31}	꜀他 t^{h}ɤ^{31}
宝鸡	꜀我 ŋuo^{31}	꜀你ȵi^{31}	꜀他 t^{h}a^{31}
凤翔	꜀我 ŋau^{31}	꜀你ȵi^{31}	꜀他 t^{h}a^{31}
黄陵	꜀我 ŋuɤ^{31}	꜀你ȵi^{31}	꜀他 t^{h}a^{31}
周至	꜀我家 ŋɤ^{31} tɕia^{31}	꜀你家ȵi^{31} tɕia^{31}	꜀他家 t^{h}a^{31} tɕia^{31}

西安的例子如：꜀我 ŋæ^{31}妈、꜀我 ŋæ^{31}哥、꜀我 ŋæ^{31}单位；꜀你ȵi^{31}姐、꜀你ȵi^{31}学校、꜀你ȵi^{31}外甥；꜀他 t^{h}a^{31}舅、꜀他 t^{h}a^{31}屋他们家、꜀他 t^{h}a^{31}部队上、꜀他 t^{h}a^{31}老家。

周至的例子如：꜀我家 ŋɤ^{31} tɕia^{31}屋我家；我们家、꜀我家 ŋɤ^{31} tɕia^{31}娃我的孩子；我们的孩子、꜀你家ȵi^{31} tɕia^{31}单位、꜀你家ȵi^{31} tɕia^{31}娃、꜀你家ȵi^{31} tɕia^{31}媳妇儿；꜀他家 t^{h}a^{31} tɕia^{31}学校。周至“我家”又读作 ŋæ^{31} tɕia^{31}。

4.1.2 关中方言第一人称代词复数的包括式

“咱”字[tsa^{35}]是“自家”的合音形式，在北京话里读作[tsa^{35}]，其声调为阳平。关中方言区 51 处除定边“咱”作“各儿家[kər^{24} tɕia^{31}]”外，其余 50 处第一人称包括式多作“咱”，有的作“咱的”或者其他形式“咱＋×”。

第一人称代词包括式在关中方言区作“咱的”的方言点有：商州[tsʰa^{55} .tsi]、大荔[tsʰa^{35}(. ti)]、合阳[tsʰa^{24} .ti]、韩城[tsʰa^{55} .ti]、宜川[tsʰa$^{24-31}$ ti^{-55}]、三原[tsʰa^{55}(. ti)]、户县[tsæ^{35}(. ti)]、太白[tsæ^{24}. ti]、永寿[tsa^{44}. ti]、麟游[tɕʰia$^{24-31}$ ti^{-42}]共 10 处；大荔又作“咱崖[tsʰa^{35}. næ]”，合阳亦又作“咱崖[tsʰa^{24} . næ]”，彬县作“咱子[tsʰa$^{24-31}$ tsɿ$^{-51}$]”；关中方言区 51 处除定边及上述商州、彬县等 11 处外的 39 处如西安等处作单音节的“咱”。

4.1.2.1　“咱”字的读音

“咱”在关中方言区里的读音类型有西安型的[꜁tsæ]（共 10 处，主要在关中方言区中西部地区）、临潼型的[tsʰa꜄]（共 14 处，主要在关中方言区东部及北部）、大荔型的[꜁tsʰa]（共 14 处，主要也在关中方言区东部及北部）；孙立新《关中方言代词研究》55～56 页还罗列了乾县、黄龙、凤县 3 处读作[꜁tsa]、长武、麟游 2 处读作[꜁tɕʰia]、宝鸡、凤翔、千阳、陇县 4 处读作[꜁ia]、岐山读作[꜁tʰa]、永寿读作[tsa꜄]等情况。

清代渭南剧作家李芳桂的《春秋配》里有这样两句唱词“她那里恶森森语言应咱，必不是寻常的路柳墙花”，可以证明“咱”字读作去声，因为秦腔唱词中的上句为仄声韵，下句为平声韵。

4.1.2.2　“咱”以及“咱的”等的用法

其一，通常用法。

上文说过，“咱”字在关中方言里一般表示“咱们”，而且多为第一人称代词复数的包括式。在实际的语用中，单音节的“咱”也可以用作第一人称的单数，相当于“我”，从西安、户县一带的情况看，二十世纪六十年代以前，“咱”字也用作第一人称单数，如一个人到商店去买东西，向售货员说：“你给咱称二斤盐。”还有，一个人向抱着孩子的人问：“抱谁家娃?”抱孩子者回答：“咱的娃。”其中“咱”也指“我”。

“咱”字在通常情况下还用作定格，如：咱国咱们国家｜咱单位｜咱学校｜咱屋咱们家｜咱爸｜咱妈｜咱爷祖父｜咱姐｜咱妹子妹妹｜咱舅｜咱妗子。

关中方言区作为“咱们”意义的词语形式多数是单音节形式的“咱”，例如：西安等处的꜁tsæ，临潼、三原、富县等处的 tsʰa꜄，大荔等处的꜁tsʰa，黄龙、乾县的꜁tsa，长武的꜁tɕʰia，凤翔等处的꜁ia，岐山的꜁tʰa，永寿的 tsa꜄。其次，西安、商州、大荔、合阳、韩城、宜川、三原、永寿、户县、太白、麟游 11 处第一人称代词复数的包括式又作“咱的”，大荔、合阳又作“咱崖”，彬县又叫“咱子”。

“咱”字不见于宋以前字书，宋词里近于语体文的已有此字，分明是个俗字。这个字是由“自家”转变来的。吕叔湘、江蓝生二位先生（1985：97～101）对“咱”字进行了深入研究，认为在宋、金、元的文献里“咱”

字有单数（＝我）跟复数（＝咱们）两种用法，参照“您”和“俺”的用例，可以说“咱”字用作复数的意义是原始的。吕、江二位先生 100 页（3）所举例句里“咱”字与今关中方言当作“我、咱们”讲的用法相相当。

咱是亲爹娘生长。（刘知远 25）

咱两个瓶坠簪折，恩断义绝。（宣和 2.15）

此处不是咱坐处，二公不弃，就敝宅聊饮一杯。（三国志平话，上 7）

咱须是一父母，又不是两爹娘。（元 7.0.2）

吕叔湘先生 1987 讨论了《朴事通》的代词问题，其中“咱”字用如“我们”的例子与关中“咱[tsæ^{24} 西安/ia^{24} 凤翔/ts^{h}a^{55} 三原/t^{h}a^{34} 岐山]”用如第一人称复数包括式相当，例如：

咱妇人家也听的这众人之言。（382）

咱本国是太祖姓王讳建，表德若干。（376）

单音节的“咱”字在句子里可以充当主语、宾语和定语，其语法地位与其他人称代词相同。但是，双音节形式“咱的/咱崖/咱子”不能充当定语，只可以用作主语和宾语；这个特点亦如西安等处方言人称代词的复数形式“꜀我的｜꜀你的｜꜀他的”，大荔方言的复数形式“꜀我崖｜꜀你崖｜꜀他崖”，彬县方言的复数形式“꜀我子｜꜀你子｜꜀他子”充当定语时必须把词缀“的/崖/子”去掉才能够成立。下面比较关中有关方言点“咱”字以及“咱的”等在句子里充当主语、宾语、定语的情形。

（1）咱们走吧。[按：关中多数方言作“咱走”，如潼关“咱走 ts^{h}a^{24} tsou^{52}”，渭南“咱走 ts^{h}a^{55} tsou^{52}”，长武“咱走 tɕ^{h}ia^{35} tsəu^{51}”，乾县“咱走。tsa^{35} tsɤu^{52}”，凤翔“咱走 ia^{24} tsou^{52}”，岐山“咱走。t^{h}a^{35} tsou^{52}”；下面列举特殊形式。]

西安：咱走。tsæ^{24} tsɤu^{52}/咱的走。tsæ^{24} .ti tsɤu^{52}。

大荔：咱走。ts^{h}a^{35} tsou^{52}/咱的走。ts^{h}a^{35} .ti tsou^{52}/咱崖走。ts^{h}a^{35} .næ tsou^{52}。

华县：咱走。ts^{h}a^{35} tsou^{42}/咱的走。ts^{h}a$^{35-21}$ ti^{-42} tsou^{42}。

韩城：咱的走。ts^{h}a^{55} . ti tsou^{42}。

三原：咱走。ts^{h}a^{55} tsɤu^{52}/咱的走。ts^{h}a^{55} .ti tsɤu^{52}。

彬县：咱子走。ts^{h}a$^{35-31}$ tsɿ^{51} tsɤu^{51}。

定边：各儿家走。kər^{24} tɕia^{31} tsəu^{52}。

（2）他不理睬咱们，咱们也别理睬他。

西安：他不着咱，咱也覅着他。t^{h}a^{31} pu^{31} tʂau^{24} tsæ^{24}，tsæ^{24} iɛ^{52} pau^{31} tʂau^{24} t^{h}a^{31}。/他不着咱，咱的也覅着他。t^{h}a^{31} pu^{31} tʂau^{24} tsæ^{24} .ti，tsæ^{24}. ti iɛ^{52} pau^{31} tʂau^{24} t^{h}a^{31}。

户县：他不着咱，咱也覅着他。t^{h}a^{31} pu^{31} tʂau^{35} tsæ^{35}，tsæ^{35} iɛ^{51} pau^{31} tʂau^{35} t^{h}a^{31}。/他不耳识咱，咱也覅耳识他。t^{h}a^{31} pu^{31} ɯ^{51} ʂʅ^{31} tsæ^{35}，tsæ^{35}. ti iɛ^{51} pau^{31}

ɯ^{51} ʂʅ$^{31-35}$ t^{h}a^{31}/他不朝迈咱的，咱的也嫑朝迈他。t^{h}a^{31} pu^{31} tʂ^{h}au^{35} mæ$^{55-31}$tsæ^{35}. ti，tsæ^{35}. ti iɛ^{51} pau^{31} tʂ^{h}au^{35} mæ$^{55-31}$ t^{h}a^{31}。

其二，特殊用法。

“咱”字的特殊用法就是用如“你、你们”。“咱”字在关中方言区是一个亲和力很强的代词，商州人可以对着商州以外的人说“咱”而所指的对象实质是“我，我们”，如“咱 ts^{h}a^{55} 商州丨咱兀搭那里”。用“咱”字的语句可以拉近听说双方的情感距离。户县人曾经常常向商州人：“咱 tsæ̃^{35} 商州这二年近几年收成咋个相怎么样?”其中的“咱”字是“你，你们”的意思。因此，“咱”字所适用的语句，听说双方往往毫无情感芥蒂。下面列举户县方言“咱”字用如“你，你们”的例句。

（3）咱有钱咧（“咧”表假设），吃好些、穿好些、住好些，出门得咧的时候就打的，钱想咋花就咋花；咱没钱咧，吃瞎坏些穿烂些，有房住就对咧，出门搭公共汽车，钱俭省着花。

（4）咱跟他兀一 uei^{51} 号那种死狗烂娃无赖之人不照量不一般见识。

（5）咱是柴狗普通农家犬扎的狼狗势扎势：穷而装富，贱而充贵，无知而显有知，咱摆的啥谱吗呢?

（6）咱是做下吃猪食的事咧，做下天打五雷轰的事咧，咱当以为是做下啥赢人令人满意之事咧；咱连儿媳妇都摸揣调戏呢，咱干脆尿一脬尿淹死了算咧!

（7）咱有本事咧求谁呢?咱没说为什么不活得干巴硬正光明磊落的。咱在领导跟前咋像个哈巴狗摇尾乞怜的，咋个龟孙子，按班辈辈份兀个[uɤ^{51}]那个领导把咱叫叔呢。咱为啥不挺直腰杆像个人一样活得有滋有味儿的呢?

其中（5）～（7）例句是对听话人（咱：你，你们）的斥责，往往是对朋友的斥责。

关中人为了表示与听话人的亲和力而通常以第一人称复数包括式“咱”表示“我、我们”，这与南方不少方言以及西南官话“我们”兼包括式正好相反。汉语方言第一人称复数不区分排除式和包括式的现象在北方官话区似乎很少见到，张成材先生（1980：296）给我们提供了西宁方言以“我们 nɔ$^{53-44}$ .mɔ̃”表示第一人称复数。张一舟等先生《成都方言语法研究》第215～220页指出：成都话第一人称代词没有包括式，普通话的“咱们”、西安方言的“咱/咱的”在成都话里相应地用作“我们”。成都话“我们”的用法，让关中人听起来感到不太习惯。

梅祖麟先生（1988）《北方方言中第一人称代词复数包括式和排除式对立的来源》一文指出：北京话以及其他北方系官话包括式用“咱们”，排除式用“我们”；下江官话和西南官话没有包括式和排除式的区别，其他汉语方言也没有，唯一例外是闽语。梅先生认为：北方系官话是受了女真语或契丹语的影响二引进包括式和排除式的；而闽语包括式和排除式的区别是某个东南亚民族语言在华南的遗迹。我们从梅文里获悉，满文、锡伯文、蒙文、突厥（奇瓦 khiva 语）、古台语、布依语、泰雅语、越南语、chrau 语都是包括式和排除式对立的。

4.1.3 关中方言“人家”的合音及其用法

4.1.3.1 关于关中方言“人家”两字的合音问题

其一，关中方言“人家”两字的合音类型及其相关问题

孙立新（2002：248～249）指出关中方言人称代词“人家”多构成合音字“伢”。其具体的合音情形很复杂，在有的方言点还有变体，一些非治所方言与城关方言往往存在着差异。

一是“人家”在关中方言区 35 个方言点（岛）直接合音作[ȵia]。其中，西安、蓝田、永寿、乾县 4 处读作[꜀ȵia]，三原、富平雷古坊在表示轻蔑语气时读作[꜀ȵia]，华县又读作[꜀ȵia]；洛南、华县、大荔、澄城、黄陵、蒲城、白水、礼泉烟霞 8 处读作[꜁ȵia]；临潼、商州、渭南、咸阳、兴平、彬县新民、武功、周至、宝鸡、凤翔、岐山、麟游 13 处读作[꜂ȵia]，华县又读作[꜂ȵia]；铜川、耀州、富平、高陵、三原、泾阳、淳化、户县 8 处读作[ȵia꜄]。

二是“人家”在关中方言区里的合音形式为[ȵiɛ/ȵiã/ȵiæ̃/ȵiaŋ]等。如礼泉及西安市阎良区又读[꜀ȵiɛ]，临潼、韩城、旬邑、宜川、泾阳口镇、礼泉烟霞、兴平马嵬坡 7 处读作[꜁ȵiɛ]，富平又读作[꜁ȵiɛ]；韩城、富平底店、小惠、白庙等乡、渭南下邽又读[꜀ȵiã]（=蔫），韩城又读、宜君、礼泉、渭南下邽 4 处读作[꜁ȵiã]（=年），泾阳又读作[꜁ȵiã]；武功武功镇（按：今县府驻普集镇）读作[꜂ȵiã]，乾县又读作[꜂ȵiã]（=撵）；千阳、陇县 2 处读作[꜂ȵiæ̃]（=撵），华阴读作[ȵiaŋ^{31}]。

三是关中不少方言点“人家”作“人人家”。具体读音是：商州[ʐẽ$^{35-21}$ ȵia^{53}] 丹凤[ʐei^{35} ȵia^{21}] 华县[ʐẽ^{35} ȵia^{21}] 潼关[ʐei^{24} ȵia^{31}] 洛川[ʐẽ^{24} ȵiɛ^{31}] 合阳[ʐẽ^{24} . ȵiã] 三原、户县[ʐẽ^{35} ȵia^{31}] 长武、彬县[ʐẽ$^{35-31}$ ȵia$^{31-51}$] 眉县[ʐəŋ$^{24-31}$ ȵia$^{31-53}$] 太白[ʐəŋ$^{24-31}$ ȵia$^{31-52}$] 扶风[ʐəŋ^{24} ȵia^{42}] 麟游[ʐəŋ$^{24-31}$ ȵia^{42}] 富县[ʐəŋ$^{24-31}$ ȵiɛ$^{31-52}$]。关中还有如共同语作“人家”的；有的方言点“家”有语流音变现象，例如：大荔[ʐẽ^{35} ia^{31}] 黄龙[ʐẽ^{24} tɕia^{31}] 宜君[ʐẽ^{24} a^{21}] 旬邑[ʐẽ^{35} ia$^{31-51}$] 户县[ʐẽ^{35} ia^{31}]（又，户县部分女性中老派读作[ʐẽ^{35} a^{31}]）凤县[ʐəŋ$^{24-31}$ tɕia$^{31-52}$] 陇县、富县[ʐəŋ$^{24-31}$ tɕia$^{31-53}$] 定边[ʐəŋ^{24} tɕia^{31}]。另外，“人家”在定边又作“别家[piɛ$^{24-31}$ tɕiɛ$^{31-52}$]”或者“人家们[ȵiɛ^{24} . məŋ]”。我们最近又调查到，“人家”在富平方言的合音又作[ʐã^{35}]。其中，富县、定边 2 处的“人家”不能单用，只能出现在双音词里边，如富县“人人家”的“人家[ȵiɛ^{31}]”、定边“人家们”的“人家[ȵiɛ^{24}]”。“人家”在关中方言区只有黄龙、凤县 2 处仍然作“人家”，华阴 1 处读作[ȵiaŋ^{31}]，其余各处均构成合音形式，商州、

丹凤、潼关、合阳、洛川、长武、彬县、眉县、太白、富县 10 处是“人＋人家”，三原、户县 2 处是“人家”以及“人＋人家”。

其二，关中方言“人家”两字的合音理据及其音变特征

“人”字《切韵》音系在日母，依王力先生（1985：494；504）的观点，其声母演变规律是：先秦—隋唐[ȵ]，五代—元[r]，明—现代[ɽ]（按：如今多数学者把王先生所记的[ɽ]音位记作[ʐ]）。“家”字中古在假摄开口二等麻韵，其韵母演变规律是：先秦[eai]，西汉—南北朝[eɑ]，隋唐—五代[a]，元—现代[ia]。关中 35 个方言点（岛）的“人家[ȵia]”可能是在隋唐以前就形成了：人家[ȵien ka→ȵa→ȵia]，其间的[ȵa→ȵia]，因为[ȵ]在关中只拼细音，故[ȵa]很自然演变成了[ȵia]。很有意思的是，关中 35 个方言点（岛）“人家”两字的合音形式[ȵia]，阴平、阳平、上声、去声 4 个声调都有，[ȵiɛ/ȵia/ȵiæ̃/ȵiaŋ]等合音类型最少都有读作阳平调的，读阳平的方言点具有近代汉语平声分阴阳以后“人”字的声调特点，应当是宋元以后形成的。由“人家”读作阴平调，可以看出关中方言中古以前平声不分阴阳的特点来；由读作阳平调，可以看出关中方言合音音节一般都是读作前字的声调或者变调，普通话亦然，如“不要阻断语，别[pu^{31} iau^{55}→pau^{31} 西安音]”“底下[ti^{52} ɕia/xa$^{55\text{-}31}$→tiɛ^{52} 西安音][ti^{51} ɕia$^{55\text{-}31}$→tia^{51}；ti^{51} ɕia/xa$^{55\text{-}31}$→tiɛ^{51} 户县音]”“不用[pu$^{51\text{-}35}$ yŋ^{51}→pəŋ^{35} 北京音]”；由读作上声、去声可以看出关中方言“人家”两字合音以后又发生声调变异的特点，估计在临潼、铜川等处有一个由读[ȵia]为平声到上声或者去声的演变过程，这个时间可能在隋唐以后。

“人家”两字的合音在宜君、礼泉、千阳、陇县 4 处读作[꜁ȵiã/꜂ȵiæ̃]而分别与“年撵”两字同音，可以推断这 4 处方言有一个“人家”两字合音为[ȵia]的过程，然后是主要元音[a]发生鼻化，具体情况是：在宜君、礼泉 2 处成为[ã]，在千阳、陇县 2 处成为[æ̃]。“人家”合音作[꜁ȵiɛ]的方言点也有一个合音为[꜁ȵia]的过程，这些方言点在[꜁ȵia]这个读音产生以后，主要元音出现了高化，从而读成了[꜁ȵiɛ]。

至于富平方言“人家”的合音又作[ʐã^{35}]，这是近代（估计具体时间最早在明代）才产生的合音现象。富平方言“人家[ʐã^{35}]”的合音理据是[ʐẽ^{35} tɕia^{31}→ʐã^{35}]；实质上是“人”字韵腹中的主要元音[ə]被“家”字的主要元音[a]所取代，估计在[ʐẽ^{35} tɕia^{31}→ʐã^{35}]之间很可能还有一个过渡语音形式[ʐa^{35}]。给富平方言“人家”合音作[ʐã^{35}]以理论支持的，可以拿户县方言一个地名“沈家营”的合音形式来作为例证：[ʂẽ^{51} tɕia^{31} iŋ^{35}→ʂã^{51} iŋ^{35}/ ʂã^{51} iɯ^{35}]。显而易见，户县方言“沈家”合音为[ʂã^{51}]与富平方言“人家”合音为[ʐã^{35}]的理据是相同的。

很有意思的是，关中方言区如商州等处，把“人家”作“人人家”，与

共同语相比，这里，前字“人”仍然保留，后字是“人家”的合音形式，实质上形成了 AAB 的重叠格局。跟这个格局相同的，在户县方言里还有一个连词“只只要[tsɿ^{31} tɕiau^{31}]‘只要’的意思”，也是 AAB 的重叠格局；其中，“只要”的合音字，字典上作“䁔”，其合音理据是[tsɿ^{31} iau^{55}→tsiau^{31}→tɕiau^{31}]。因为现代户县方言尖团不分，所以，“只要”的合音[tsiau^{31}]这个尖音形式在户县方言里只能是[tsiau^{31}]相对的团音形式[tɕiau^{31}]。

旬邑、户县“人家”的后字音变作[ia^{31}]，这是减去声母[tɕ]的结果。事实上，户县方言在白读层次上比较普遍地读“家”字为[ia^{31}]，例如：“舅家、姑家、姐家、娘家、史家堡子”的“家”字口语里往往就读作[ia^{31}]；而具有指代意义的“家”字才读作[tɕia^{31}]，如称张某人为“张家[tɕia^{31}]”，称王某人为“王家[tɕia^{31}]”，而往往与家族意义“张（王）家”的“家”字相混，除非在不同语境里有所区别。高陵方言称张某人为“张家[a^{31}]”，称王某人为“王家[a^{31}]”，而称姓张、姓王的家族分别为“张家[tɕia^{31}]”“王家[tɕia^{31}]”。宜君方言“人家”一词后字“家”字音变作[a^{21}]，在关中方言里还可以找到类似证据：西安把男人、女人分别叫做“外头家[uæ^{55} . tʰɤu a^{31}]”“屋呢家[u^{31} . ȵi a^{31}]”；凤翔、宝鸡一带把长兄背称“当家[taŋ$^{31\text{-}52}$ a^{31}]”（按：户县把长兄背称“当家儿”，读作[taŋ^{31} . tɕiə]，其中，[. tɕiə]是“家[tɕia^{31}]”字的儿化形式）；岐山把“庄稼”读作[tʂaŋ$^{21\text{-}52}$ a^{21}]，都可以作为宜君方言“家”字减音为[a^{21}]的理据；宜君“家”字的减音过程是[tɕia→ia→a]。

洛川、富县 2 处“人人家”里“人家”的合音形式是[ȵiɛ^{31}]；定边方言“人家们”里的“人家”读作[ȵiɛ^{24}]，并且“别家”的“家”字读作[tɕiɛ^{31}]，照样有一个主要元音高化的过程。洛川、富县、定边 3 处“人家”的合音理据是[ȵien ka→ȵa→ȵia→ȵiɛ]，定边“别家”的“家”字历史性音变的理据是[ka→tɕia→tɕiɛ]。

4.1.3.2 “人家”合音形式的语法语义特点

大致看来，“人家”在关中方言里可以用作主语、宾语、定语等。下面分别讨论“人家”在一些方言点的语法语义特点。

其一，先看西安西边的近郊县——户县方言“人家[ȵia^{55}]”的用法。可以从四点来看，这四点基本上与西安、蓝田、咸阳、礼泉、乾县及其以西的特点相当，也是关中西部的特点。

一是相当于第三人称且多数情况下用作单数，含有对所指称者感情疏远的意味，所指称者一般不在听说双方的当面；万一所指称者在当面，是对所指称者的不满。举例句如下：

（1）人家不想吃，你咋硬ᶜ箍逼迫着叫人家吃呢？

（2）人家就看不起你，你咋这么不识趣呢些“些、呢”义同，连用加强语义？

（3）人家威[uæ^{31}]恶得很呢嚜，咱还敢惹人家吗？

上列户县方言的例句里的“人家”都可以用“人人家[zẽ^{35} ȵia^{31}]”来取代，还可以在处于主语地位的“人家”后边加上“人家[zẽ^{35} ia^{31}/zẽ^{35} tɕia^{31}]”。即使“人家人家”形成了复指，而在语义上仍然是“人家”；也就是说，三音节形式“人家人家[ȵia^{55} zẽ^{35} ia^{31}/ȵia^{55} zẽ^{35} tɕia^{31}]”中的后两个音节是随意加进去的。但是，在这些语境里户县老派方言“人家”不作“人家”，也不作“人人家[zẽ^{35} ȵia^{31}]”；下列例句（4）a（5）a（6）a不能成立，（4）b（5）b（6）b才可以成立（当然，在中新派知识分子口语里这些句子都可以成立）。

（4）a*人家/*人人家不想吃，你咋硬꜂箍逼迫着叫人家吃呢？

　　b 人家不想吃，你咋硬鼓着叫人家吃呢？

（5）a*人家/*人人家就看不起你，你咋这么不识趣的呢些？

　　b 人家就看不起你，你咋这么不识趣的呢些？

（6）a*人家/*人人家威恶，厉害得很呢嚜，咱还敢惹人家/人人家吗？

　　b 人家威得很呢嚜，咱还敢惹人家吗？

基于户县方言“人家”的第一个语义特点，20世纪80年代以前，“人家[ȵia^{55}]”多数情况下往往作为夫妻之间的背称，而且相对偏于夫背称妻。如一个男子回到家里，其妻子不在家，该男子就可能问自己的母亲“人家在不在？”同样道理，其妻子回到家里，想问其丈夫在不在家，也会问其婆婆“人家在不在？”而多数情况下问“你儿在不在？”

二是用在一二三人称代词“我[ŋɤ^{51}]、我（的）[ŋæ^{31} ·ti]我们、你[ȵi^{51}]、你（的）[ȵi^{31} ·ti]你们、他[t^{h}a^{31}]、他的[t^{h}a^{31} ·ti]他们”前，表示对听话人或者所指称者极大的不满；户县方言的“人家[ȵia^{55}]”也可以用在“谁”字的前边，表示对所指的那个“谁”极大的不满。举例句如下。其中，第（10）例句“兀个”读作上声[uɤ^{51}]表单数，读作去声[uɤ^{55}]表示复数。

（7）人家我[ŋɤ^{51}]从碎碎儿自很小的时候就看不起你这个添尻子货善于拍马溜须者。

（8）人家我的[ŋæ^{31}. ti]我们这些人都不想理识理睬你的你们这些没良心的东西！

（9）人家你[ȵi^{51}]娃你这个孩子[按：有时“娃”也指成年人，含贬义]有钱有势嚜，谁敢惹你呢？

（10）人家你[ȵi^{31}]你们这门子人这一支人；这个家族的人威[uæ^{31}]嚜，辄[tɕiɛ^{35}]总是见你兀个[uɤ^{51}]那个群꜃狗子指合伙去欺负人如一群狗欺负人呢，也没见过谁有꜂肚子有胆量出来给兀个[uɤ^{55}]那些可怜人指贫贱者说句公道话！

（11）人家他能行得很呢嚜，都居然会给虼蚤跳蚤绾笼头呢挖苦有的人过于能行。

（12）人家我[ŋæ^{31}]我的老汉兀个儿[uə^{51}]人嚜，不会巴结人，一辈子才熬咧个副科长；人家你[ȵi^{31}]你的老汉兀个儿人嚜，我的꜀拐拐好家伙，咋说都是个人物呢，是个添尻子专业户专事逢迎者呢，又有你长的嬉漂亮，能给领导脱裤儿裤子，你看你老汉官升得多大！

（13）人家他的他们兀一[uei51]那伙人刁得茬大非常野蛮呢，一老从来也没见听到有谁哪个人敢在他的跟前说个重字话吐露不敬言辞。

（14）人家谁到来到底把咱准咧个啥吗？意思是谁都没有把咱们当人看

（15）我那几年前几年就因为“农大”指家庭是地富成分，人家谁都想在我跟前要欺头呢任何人都可以随便欺负我。

户县方言“人家[ȵia55]＋他/她”的出现语境除上文第（11）例句外，还可能出现在背称语境里，任何人都有可能用复指形式“人家[ȵia55]＋他/她”来指称自己的配偶。如果出于男子之口，那么“[ȵia55]他大”指说话人的岳父，“[ȵia55]他姐”指说话人的大姨子；如果出于女子之口，那么，“[ȵia55]她妈”指说话人的婆婆，“[ȵia55]她哥”指说话人的大伯子。事实上在这种语境里，“人家[ȵia55]”有时候可以不出现；无论是否出现，都含有对所指称的“他/她”的不敬意味。另外，上文所讨论的户县方言“人家人家”可能就是从“人家我[ŋɤ51]丨人家我（的）[ŋæ31 . ti]”等类化而来的。相应于户县的“人家[ȵia55]＋他/她＋亲属称谓词”高陵、三原、富平等处方言不用“他/她”，而是直接作“人家[ȵia55]＋亲属称谓词”，如高陵方言：人家[ȵia55]妈、人家[ȵia55]哥、人家[ȵia55]妹子妹妹、人家[ȵia55]姐夫。

类似于户县方言的这种“人家[ȵia55]＋你丨人家[ȵia55]＋他”等表示对所称述者不满的形式，在关中方言区的使用频率很高，如三原方言的例句：人家[ȵia55]你威[uæ31]嘿！丨人家[ȵia55]你有钱嘿！丨人家[ȵia55]他小伙能行得很呢嘿！丨人家[ȵia55]谁都敢欺负咱咱们嘿！

户县方言在背称语境里也可以说“人家[ȵia55]我[ŋæ31]大表对父亲不满丨人家[ȵia55]你[ȵi31]女子表对令嫒不满丨人家[ȵia55]他单位表对他们单位不满丨人家[ȵia55]我[ŋæ31]老汉妻子对丈夫不满丨人家[ȵia55]他老张表对老张不满丨人家[ȵia55]你[ȵi31]堡子对你们村不满”。从结构上看，“人家＋我大、人家＋我老汉、人家＋你堡子”是同位语的关系；在特定语境里，“人家＋我[ŋæ31]＋名词”结构中的“我[ŋæ31]”也可以省略，其中的名词限于非亲属、人品名词。例如：

（16）我[ŋɤ51]小着小时候十来岁要上山砍柴呢，人家[ȵia55]我[ŋæ31]屋里[uei31]家里人不准（我[ŋɤ51]）去＝我小着十来岁要上山砍柴呢，人家[ȵia55]屋里[uei31]不准（我[ŋɤ51]）去。

三是户县方言的“人家[ȵia55]”也可以用如第三人称代词单数形式而充当定语：一方面属于背称而含有感情疏远的意味，二方面远没有三原、富平等处可以用于所称述者的当面而毫无感情疏远的意味。下面进行比较，其中“～”表示户县、三原方言的“人家[ȵia55]”。

户县　*～大父亲　*～妈　*～哥　*～兄弟　*～丈儿家
三原　～达[ta^{35}]　～妈　～哥　～兄弟　～丈人家
户县　*～娃孩子　*～婆娘　*～单位　*～学校
三原　～娃　～婆娘　～单位　～学校

但是，上列户县、三原的“人家[ȵia^{55}]”充当定语的语境里，户县可以用“[他t^{h}a^{31}]”来替代“人家[ȵia^{55}]”，而三原方言却不能，尤其是三原老派口语里没有“他达”的说法。

西安、咸阳、礼泉、乾县以西跟户县方言“他”的这种用法相一致，西安回民所操汉语方言以及白鹿原一带，相应于西安、户县等处的“他[t^{h}a^{31}]”读作[t^{h}æ^{31}]。关中方言区西安以西用作定语的“他”都读作阴平调。如咸阳、礼泉、宝鸡读作[t^{h}a^{31}]，兴平读作[t^{h}ɤ^{31}]。下面举三原方言用到“人家[ȵia^{55}]”的例句，这些例句里“人家[ȵia^{55}]”的使用，在三原人看来，没有人际之间感情疏远的意味，而一个户县人如果不懂三原方言，就会感到说话人把听话人当作外人来看。如下（17）～（23）都是三原方言例句，这些例句相应于户县方言，“人家[ȵia^{55}]”只能作“他[t^{h}a^{31}]”；例句（18）里的“人家[ȵia^{55}]”，户县老派又作“他的”。

（17）人家[ȵia^{55}]他咋走到兀个[uɤ^{52}]那里去啦？

（18）人家[ȵia^{55}]他们都是学生。

（19）人家[ȵia^{55}]他就把兀个[uɤ^{52}]那方面的学问研究精啦。

（20）你不敢惹人家[ȵia^{55}]他！

（21）这些年，咱这些人谁到底把人家[ȵia^{55}]他当回事来来着呢？

（22）我没理识理睬人家[ȵia^{55}]他，人家[ȵia^{55}]也没理识我；꜀我꜀两我们俩谁也没理识谁。

（23）你给他[t^{h}a^{52}]说教人家[ȵia^{55}]他来嘎子一下/你给人家[ȵia^{55}]说教人家[ȵia^{55}]来嘎子。

其中，三原方言例句（19）里的“人家”又作“他[t^{h}a^{52}]”或者“兀个[uɤ^{52}]”，也就是说，三原方言可以出现“兀个[uɤ^{52}]$_1$就把兀个[uɤ^{52}]$_2$研究精啦”的语句，“兀个[uɤ^{52}]$_1$”用如第三人称的单数，“兀个[uɤ^{52}]$_2$”仍然用作指示代词；例句（23）“你给他[t^{h}a^{52}]说教人家来嘎子”里的“人家”一般不作“他[t^{h}a^{52}]”。

四是户县方言的“人家[ȵia^{55}]”基本上等同于普通话的“人家[zən^{35} tɕia^{55}]”，如在“人家[ȵia^{55}]不想吃，你再覅别硬教人家[ȵia^{55}]吃咧”的句子里，“人家[ȵia^{55}]”并不指第一人称。特别有必要提请您注意的是：户县方言等同于普通话“人家”的“人家”用作定语时往往直接连带指示代词等，并且这个“人家”类似于发语词。举例句如下：

（24）人家[ȵia^{55}]这儿地方的人，人老几辈就没有一个胡来的这个地方的人，好多代（从来）就没有一个胡作非为的。

（25）人家[ȵia^{55}]兀个儿[uə^{51}]事情我一点儿都知不道那事情我丝毫也不知道。

（26）人家[ȵia^{55}]那个时间儿[sə^{35}]兀个儿[uə^{51}]社会嚜，咋有这个时间儿这[tʂɤ^{55}]社会好呢过去那个社会怎么会有现在这个社会好？

（27）人家[ȵia^{55}]若忽如今这社会，有的是法律条文，咱都得咱们都应当好好儿遵守呢！

其二，再看关中方言区中部特点。上文在讨论户县方言时特意把户县方言的“人家[ȵia^{55}]”与关中方言区中部的三原、富平等处进行了一些比较，这里不再赘述。大致看来，关中方言区中部以处于渭河以北的高陵、泾阳、三原、富平、耀州以及西安市阎良区、临潼区渭北地区等处，“人家”的使用频率很高而且往往形成异读，下面对其特点予以讨论。

一是富平雷古坊一带的“人家”有两种读音并且有感情色彩的不同：读作[ȵia^{55}]时用于当面，读作[ȵia^{31}]时用于背称。三原陵前镇等地也有如雷古坊的两读[ȵia^{55}/ȵia^{31}]，下面（28）～（32）专门举陵前镇方言“人家”读作[ȵia^{31}]的例句。其中（28）～（30）虽然都存在“人家＋指示代词”的形式，但是，这 4 个例句跟上文户县方言（24）～（27）里的“人家＋指示代词”不是同一类型的结构，如（28）～（31）里指示代词后边有名词中心语“娃、事”。另外，例句（30）里有两个“人家[ȵia^{31}]”，“人家[ȵia^{31}]$_1$”意义较虚，“人家[ȵia^{31}]$_2$”意义较实；例句（31）里“人家”跟“兀个”是复指成分，实质上都指第三人称的单数。

（28）人家这娃咋是这呢？[ȵia^{31} tʂɤ^{52} ua^{55} tsa^{52} sɿ$^{55\text{-}31}$ tʂɤ^{52} . ni]这个孩子怎么是这个样子呢？

（29）人家 兀个娃咋是兀个呢？[ȵia^{31}uɤ^{52} ua^{55} tsa^{52} sɿ$^{55\text{-}31}$ uɤ^{52}. ni]那个孩子怎么是那个样子呢？

（30）人家 兀个事人家是兀一弄。[ȵia^{31} uɤ^{52} sɿ^{55} ȵia^{31} sɿ$^{55\text{-}31}$ uei^{52} nuəŋ^{55}]那件事是那样办的。

（31）人家 兀个是有钱人嚜！[ȵia^{31} uɤ^{52} sɿ$^{55\text{-}31}$ iɤu^{51} ts^{h}iã^{35} ʐẽ^{35} . mɤ]他是有钱人嚜！

（32）人家把咱准唠个啥吗？[ȵia^{31} pa^{31} ts^{h}a^{55} tsʮẽ^{52} . lau kɤ^{31} sa^{55} . ma]人家把咱们当成什么人了？意思是：人家压根就没把咱们当回事。

上列（28）～（32）例句里的“人家[ȵia^{31}]”在富平城关方言里不能置换成“人家[ʐa^{35}]”。下边“其二”部分阎良[按：西安市阎良区在富平县南部，当年设立阎良区时是以富平、临潼部分乡镇构成的]方言“人家[ȵia^{55}]”的用法，富平城关方言亦然。富平城关的“人家[ʐa^{35}]”常常用在否定式里，例如“人家[ẓa³⁵]不爱吃，你就覅硬教人家[ẓa³⁵]吃了｜人家[ẓa³⁵]就没说过这个话，你凭啥说人家[ȵia⁵⁵]/ ᶜ他（按：此处的“人家[ȵia⁵⁵]/ ᶜ他”不作“人家[ẓa³⁵]”，这两个例句里的“人家[ẓa³⁵]”可用人家[ȵia⁵⁵]来替代而不能用“ ᶜ他”来替代）说来来着呢？”“人家这娃咋是这呢？”关中方言有时候可以简作“这娃！”或“你这娃！”我们从贾平凹《古炉》找到如下两个例子。这类带有嗔怪性的语句有其前因。

狗尿苔说：水在夜里不黑？婆说：它越黑越亮的。狗尿苔从此记着了这句话，他说：莲菜池子跟人的眼睛一样呀，它在看夜哩？婆说：你这娃！（409）

狗尿苔不明白怎么要搬这些柴禾，那是联指的人炸开树的柴禾，人家能让他又来烧灶烧炕吗？狗尿苔说：搬的那干啥呀？善人说：你没看下雪呀。狗尿苔说：下雪就下雪吧，你还怕把柴禾淋湿？善人说放在外面别人会拿哩。狗尿苔说：拿光了才好！善人说了一句：你这娃！就不说了，爬上炕去吃拌汤。（564）

孙立新《关中方言代词研究》99 页报道了相应于普通话“那个孩子怎么是那个样子呢”在关中部分方言点的说法，如户县、彬县等处就以感叹句“咻娃”来表达；关中方言常常以感叹句来表达疑问句所要表达的语义特征。事实上，关中方言表示近指的“这”和表示远指的“咻（第一层次，那，那个）”都可以处于这种句式里（按：远指第二层次“那”不能处于这种句式里），对人或事物的嗔怪还可以构成的句子如：这人｜你这人｜咻人｜他咻人｜这水平｜咻地方｜这东西｜你这东西｜他咻二百五。“你这娃”和“咻娃”分别可以视作疑问句“你这娃咋是这呢”“他咻娃咋是咻呢”相应的感叹句形式。

二是阎良方言“人家”读作[ȵia⁵⁵]或者[ȵiɛ³¹]，这两种读音在用作定语时有一定分工：[ȵia⁵⁵]用得很宽泛，[ȵiɛ³¹]只用作多音词的定语且一般情况下是背称。比较如下：

[ȵia⁵⁵]　～妈　～哥　～姐　～兄弟　～娃孩子
[ȵiɛ³¹]　*～妈　*～哥　*～姐　～兄弟　*～娃
[ȵia⁵⁵]　～单位里　～屋里　～丈人家　～这些人
[ȵiɛ³¹]　～单位里　～屋里　～丈人家　～这些人

三是关中方言区中部的三原，是“人家[ȵia⁵⁵]”的使用频率最高的方言点之一，而且三原方言的“人家[ȵia⁵⁵]”基本上由“人家”的本义语法化成为第三人称代词的单数，现在让我们来看看三原方言“人家[ȵia⁵⁵]”在句子里的语法地位。由以下例句可以看出，多数情况下，三原方言的“人家[ȵia⁵⁵]”处在句首充当主语或者定语。其中第（40）例句里，“*人家[ȵia⁵⁵]是谁”在三原方言里不能成立，“ᶜ他是谁/兀个[uɤ^{52}]是谁”才可以成立；如果要问“ᶜ他是谁/兀个[uɤ^{52}]是谁”，却可以如第（39）例句那样回答成“人家[ȵia^{55}]是我爸丨人家[ȵia^{55}]是我老师丨人家[ȵia^{55}]是我三原人”等等；“兀个是我爸”之所以不能成立，是因为“兀个”本来是植物的代词，下文还要专门讨论“兀个/兀个”等用作第三人称代词的情况。

三原方言“人家[ȵia^{55}]”充当主语的情况。

（33）人家[ȵia^{55}]在咱咱们门口也停呢。

（34）人家[ȵia^{55}]出站车站给你钱呢。

（35）人家[ȵia^{55}]要（拿自行车）捎我呢，我说：“你不敢捎。”

（36）人家[ȵia^{55}]说兀个[uɤ^{52}]事能办。

（37）人家[ȵia^{55}]搞唠一个这[tʂɤ^{52}]这样的材料。

（38）人家[ȵia^{55}]没有钱啦。

（39）人家[ȵia^{55}]是我爸。/*兀个[uɤ^{52}]是我爸。

（40）*人家[ȵia^{55}]是谁他是谁？/ᶜ他是谁？/兀个[uɤ^{52}]是谁？

（41）我还说人家[ȵia^{55}]今[tɕiŋ^{31}]今天不来啦。

（42）人家[ȵia^{55}]卖啦。卖给兀个[uɤ^{52}]谁啦回忆？卖给兀个[uɤ^{52}]那个陵前指陵前镇人啦。

三原方言“人家[ȵia^{55}]”充当定语或者宾语的情况。

（43）人家[ȵia^{55}]这[tʂɤ^{52}]说话人具体指这辆车跑唠几趟？

（44）人家[ȵia^{55}]那个（东西）连涨涨价都不涨，得是是不是？

（45）人家[ȵia^{55}]兀个[uɤ^{52}]人是人物尖尖呢。

（46）人家[ȵia^{55}]兀个[uɤ^{52}]老张厉害嘤！

（47）反正人家[ȵia^{55}]这事谁也办不了。

（48）我后来跟人家[ȵia^{55}]开过个玩笑。

我们可以由富平方言“人家”两读[ȵia^{55}/zã^{35}]的例句看其语法语义的有关特点。

（49）人家[ȵia^{55}]$_{1}$把人家[ȵia^{55}]$_{2}$跌啦，人家[ȵia^{55}]$_{3}$说人家[zã^{35}]把人家[ȵia^{55}]$_{4}$跌啦他自己跌倒了，反倒说别人使他跌倒了。

（50）你看兀个[uo^{53}/uæ^{53}]光扫[tiɛ^{35}]人家[zã^{35}]的活你看他光整治别人呢。

（51）人家[zã^{35}]不想吃，你要硬教人家[zã^{35}]吃/*人家[ȵia^{55}]不想吃，你要硬教人家[ȵia^{55}]吃/*人家[zã^{35}]不想吃，你要硬教人家[ȵia^{55}]吃/*他[tʰa^{53}]不想吃，你要硬教他[tʰa^{53}]吃。

其中，第（49）例句里的“人家[ȵia^{55}]$_{1}$”和“人家[ȵia^{55}]$_{3}$”指第三人称单数；“人家[ȵia^{55}]$_{2}$”和“人家[ȵia^{55}]$_{4}$”是“他自己”的意思，实际上还是第三人称代词的单数。“人家[zã^{35}]”在上列 3 个例句里都指别人。“人家

[ȵia^{55}]不想吃，你要硬教人家[ȵia^{55}]吃”在富平方言里不能成立，而在三原方言里完全能够成立；第（51）例句在西安方言里的形式是“他[tʰa^{31}]不想吃，你要硬教他[tʰa^{31}]吃”，兴平方言相应的是“他[tʰɤ^{52}]不想吃，你要硬教他[tʰɤ^{52}]吃”。

其三，华县、渭南、蒲城及其以东，“人家”的使用频率不高，跟西安、户县、咸阳、礼泉以西差不多。下面讨论关中方言区东端的韩城和商州方言“人家”的使用情况。

据新编《韩城市志·方言志》，韩城方言“人家”也有两读且有一定分工：一是读作[꜁ȵiã]，指第一、第三人称，可以表示单数，也可以表示复数；当面对话，不会相混，如例句“人家不愿意”里的“人家”可能指“我”或者“我们”，也可能指“他”或者“他们”。二是读作[꜀ȵiã]，加在单数代词“我、你、他”等的前边，表示复指，有加重语气的作用，例句如“人家你倒好，可把你妈快气死啦”。其实，韩城方言的“[꜀ȵiã]＋我｜你｜他”跟户县方言的“[ȵia^{55}]＋我｜你｜他”，从语法语义特点来看是同一类型。下面专门罗列《韩城市志·方言志》里的几个例句，可以与上文户县方言（7）～（13）的例句进行比照。

（52）这种事，人家[꜀ȵiã]我还没经过！

（53）这么便宜，人家[꜀ȵiã]你还不愿意买。

（54）人家[꜀ȵiã]你只管你，就不管人家死活？

（55）人家[꜀ȵiã]他倒好，吃饱饭啥都不管。

（56）你这样做，叫人家[꜀ȵiã]人家该怎么[tsɿ^{42}.mo]办？

张成材先生1958年指出商州方言“人家[ȵia]”读曲折调2143时表示单数，如有些妇女怕羞，不直接叫自己丈夫名字，对别人称丈夫时就说“人家[ȵia^{2143}]咋”。指单数的不止这一场合，凡遇到不敢或不愿说出、没必要说出某个人时可用“人家[ȵia^{2143}]咋”代替。商州“人家[ȵia]”的单复数区别不明显，从语用情况看多数用作单数。下面列举张先生2006年2月8日来信提供的商州方言与“人家”有关的两个语法例句，其中第（57）例句里，“人家”的实际调值是453，与“人家”的合音人家[ȵia^{53}]以及读曲折调2143的“人家”又不同。从关中方言一些词语在一定语法地位里的变调特点来看，往往可以看到常式变调（如商州方言两阴平字连读有两种变调形式：一是前字变阳平，二是前字变上声）以外的非常式变调，商州方言“人家[ȵia]”读曲折调2143或者453就是非常式变调。第（58）例句里的“人家”一般指第一人称代词的单数，也可以指第三人称代词的单复数；以语境决定具体的指代。

（57）他一来刚来就连跟人家[ȵia^{453}]吵开啦。

（58）人家[ȵia^{53}]都急死啦，你还笑哩。

其四，关中方言的“人家”用作同位语的情形

关中方言“人家”的合音形式（[nia^{31} 西安/nia^{55} 三原、户县/nia^{51} 周至]）用作同位语并且相当于第一人称单数代词“他”的时候，可以处在称述对象的前边或后边。“人家”处在称述对象的后边时，相当于普通话的“某某他”（如：你爸爸他早都回家了）。大致看来，处在称述对象后边的“人家”，其使用频率比处在前边要高得多。下面举西安方言若干个例句：

（59）你达父亲人家早都回去咧/人家你达早都回去咧。

（60）他老婆人家原先就不爱跳舞/人家他老婆原先就不爱跳舞。

（61）老张人家根本就看不起咱咱们/人家老张根本就看不起咱。

（62）小刘人家自小就不会弹钢琴/人家小刘自小就不会弹钢琴。

关中方言处于同位语地位的“人家”用于复句中的后续分句时，一般不再前加或后加称述对象。举例句如下：

（63）你达人家/人家你达早都回去咧，人家说不定回去吃罢饭都在地里头干活去咧。

（64）他老婆人家/人家他老婆原先就不爱跳舞，人家现在爱得很，人家还是小区业余舞蹈协会的副会长呢。

关中方言区泾河以东的“他”字基本上不能处于上述同位语的语法地位。中部的周至、户县、咸阳、兴平、礼泉、乾县及西部宝鸡一带，“他”字可以处于同位语的语法地位，但使用频率没有“人家”高；“他”字在表示抱怨等的语境里还处于其同位词的前边。例如：

老张他今年没贩苹果。

老王他今儿不想上班去咧。

你妈她/她你妈不爱吃了覅吃！

他你单位/你单位他给你不办是为啥？

你老师他/他你老师给你不教我给你教！

他局长/局长他就连一点儿责任都不负！

他这个老汉/这个老汉他有多难说话的？

你处长他/他你处长凭啥教你处理这些麻烦事呢？

户县方言处于同位语语法地位的“人家 nia^{55}”在实际对话中，所称述的对象不在听说双方的当面，这跟户县方言“人家”的使用有感情疏远的意味有关。

4.1.3.3　关于第三人称指称形式在关中方言里的类型等问题

其一，关中方言对第三人称单数词“他”字的用法。

唐正大（2005：112～113）指出，关中方言不能用到第三人称单数词

"他"字的语句诸如"*他是谁？｜*他考上北大了。｜*这是他的书。｜*他肯定能当老师。｜*他饭量好得很。｜*他说他看过这书，我相信呢。｜*我看他教书没麻哒问题。｜*他能行，咱不行"等大量语句不能成立。我们认为，虽然"我你他"是官话地区人称代词单数的最基本形式，诚然，作为官话地区一定地域如关中方言区在"我你他"的使用上存在一些不平衡现象未必不可能。但是，关中方言"他西安读作阴平，多数方言点读作上声"字的使用频率未必如唐文说得那么低。

王力先生在《汉语史稿·中册》(1980)第271页指出：人称代词的"他"是从无定代词的"他"即"他人"的"他"来的，"他"字等于"其他"的"他"，它在上古的意思是"别的"。"他"在上古可以指事物。关中方言对"他"字的使用符合其在共同语里的演变规律。

吕叔湘先生著、江蓝生先生补的《近代汉语指代词》（1985：5～10）对"他"字的语义变化和作为第三人称代词的语法化过程进行了深入的讨论，其中有几个方面的问题很值得我们在研究关中方言以至于汉语其他方言代词的时候予以重视。

"他"字由上古汉语的"其他"意义发展到指"他人，别人"，这是作为第三人称代词的前奏，例句如"见他老病死，不知自观察（佛所行赞，离俗品1.20）"，"他贫不得笑，他弱不得欺（王梵志诗）"。

"他"字由汉代以来专指一人或几人，这是转变为第三人称代词的关键，例句如"卿早逐我向并州，不尔他经略杀卿（北齐书47宋游道）"。

唐代，"他"充当第三人称代词就很常见，如"他字伯玉，亦应呼陈伯玉（因话录1.5）"。

像李荣先生（1965：116～126）所讨论的河南等地方言第三人称单数"他"字受"我你"两个上声字的感染作用也读作上声那样，关中多数方言点第三人称单数"他"字也读作上声。从理据上看，语音变化导致语法形式也受到感染，这是关中方言独特之处；第三人称单数"他"字仍然读作阴平的方言点主要在中部（西安、临潼、蓝田、渭南、户县、周至），其次与晋语区毗邻（宜川、黄龙、定边），共9处，在51处方言里，占不到1/4。孙立新（2002：246）指出关中方言第三人称单数词"他"字在渭南、商州、铜川、咸阳、宝鸡等绝大多数方言点读作上声调。由"他"字在具体语句的运用情况来看，高陵、泾阳、临潼、三原、富平等中心地区"他"字的使用频率最低，由此向周围辐射，临潼、渭南、蒲城、耀州、淳化比较低，西安、蓝田、渭南及其以东比较高，户县、咸阳、礼泉及其以西最高。您可以从本文第贰节所讨论的问题看到关中方言第三人称单数词"他"字的一些使用情况。下面先看几个语法例句在有关方言点里的特点。凡用楷体的地名，都是乡下方言，如云阳是泾阳县的一个镇。

（65）我是陕西人，你也是陕西人，他不是陕西人。

西安：我是陕西人，你也是陕西人，他/兀个[uɤ^{52}]/那[næ^{52}]个人不是陕西人。

阎良：我是陕西人，你也是陕西人，人家[ȵia^{55}]不是陕西人。

商州：我是陕西人，你也是陕西人，他[tʰa^{53}]不是陕西人。

乾县：我是陕西人，你也是陕西人，人家[ȵiã^{52}]不是陕西人。

三原：我是陕西人，你也是陕西人，他[tʰa^{52}]/人家[ȵia^{55}]/兀个[uɤ^{52}]不是陕西人。

凤翔：我是陕西人哩开，你也是陕西人哩开，他[tʰa^{52}]/块[kuæ^{52}]不是陕西人。

扶风：我是陕西人一个，你也是陕西人一个，他[tʰa^{42}]/个[kuo^{42}]不是陕西人。

（66）咱们都不要理睬他，看他能把咱怎么样。我就不信他有多厉害的！

西安：咱的都[tɤu^{24}]覅着[tʂau^{24}]他，看他能把[pau^{31}]咱咋，我就不信他有多威[uæ^{31}]的！

三原：咱都[tɤu^{35}]覅理（识）他[tʰa^{31}]，看他能把咱咋，我就不信他有多威[uæ^{31}]的！

商州：咱的都[tou^{21}]覅招识他[tʰa^{53}]，看他能把咱咋价[. tɕia]，我就不信他有多厉害！

乾县：咱都不管他[tʰa^{52}]，看他[tʰa^{52}]能把咱怎[tsɿ^{52}]么呀，我看他[tʰa^{52}]有多能的！/咱都不管人家[ȵiã^{52}]，看人家[ȵiã^{52}]能把咱怎么呀，我看人家[ȵiã^{52}]有多能的！

渭南：咱覅耳识他[tʰa^{31}]，看他[tʰa^{52}]能把咱咱，我就不信他[tʰa^{52}]有多威[uæ^{31}]的！

户县：咱都[tɤu^{35}]覅理识他，看他能把咱咋去呀[. tɕʰia]，我就不信他有多威[uæ^{31}]的！/咱的都覅朝迈他，看他能把咱的咋去呀[. tɕʰia]，我就不信他有多威的！

（67）他刚当连长那时候手下才五十来个人。

西安：他刚当连长那阵儿手下（/手底下[ᶜtiɛ]）才五十来个人。

三原：他[tʰa^{52}]刚当连长那时候手下才五十来个人/人家[ȵia^{55}]刚当连长那时候手下才五十来个人不含轻蔑语气/他[tʰa^{31}]刚当连长那时候手下才五十来个人含轻蔑语气。

户县：他蕊[zuei^{51}]当连长那阵儿（/那个当当老派）手底下[tia^{51}]才五十来个人。

大王：他枕[tʂẽ^{51}]当连长那阵儿（/那个当当老派）手底下[tia^{51}]才五十来个人。

渭丰：他这[tʂei^{51}]当连长那阵儿（/那个当当老派）手底下[tia^{51}]才五十来个人。

（68）你给他说，叫他来一下。

西安：你给他[t^{h}a^{31}]说，叫他[t^{h}a^{31}]来一下。/你给他[t^{h}a^{31}]说，叫他[t^{h}a^{31}]来嘎子。

三原：你给他[t^{h}a^{52}]/人家[ȵia^{55}]/兀个[uɤ^{52}]说，叫他/人家[ȵia^{55}]/兀个[uɤ^{52}]来一下。/你给他[t^{h}a^{52}]/人家[ȵia^{55}]/兀个[uɤ^{52}]说，叫他/人家[ȵia^{55}]/兀个[uɤ^{52}]来嘎子。

渭南：你给他[t^{h}a^{52}]/兀个[uo^{52}]（谁）说，叫他/兀个[uo^{52}]（谁）来一下。

潼关：你给他[t^{h}a^{52}]说，叫他[t^{h}a^{52}]来一下。

乾县：你给他[t^{h}a^{52}]/人家[ȵia^{55}]说，叫他[t^{h}a^{52}]/人家[ȵia^{55}]来一下。

（69）叫他走开呀！

西安：叫他[t^{h}a^{31}]走过些！/叫他走过吗！

彬县：叫他[t^{h}a^{51}]去先[. siã]！

耀州：叫人家[ȵia^{44}]走！

宜君：叫他[t^{h}a^{52}]趨[tɕ^{h}ia^{24}]！

合阳：叫他[t^{h}a^{42}]趨[tɕ^{h}ia^{24}]呀！

白水：叫人家[ȵia^{24}]走过曼[. mã]！

永寿：叫他[t^{h}a^{52}]走些[·ɕia]！

兴平：叫他[t^{h}ɤ^{52}]走过些！

户县：叫ᵓ/꜀叫他[t^{h}a^{31}]走过些！/叫ᵓ他[t^{h}a^{31}]走过吗！/꜀叫他[t^{h}a^{31}]走过些！

凤翔：叫他[t^{h}a^{52}]走倒回去煞[·sa]！/叫他[t^{h}a^{52}]走过煞！

其中，第（65）例句里，西安方言“他”又作“兀个[uɤ^{52}]/那[næ^{52}]个人”，三原方言“他”又作“人家[ȵia^{55}]/兀个[uɤ^{52}]”，乾县、阎良“他”相应的是“人家”，凤翔方言“他”又作远指代词“块[kuæ^{52}]”（是量词语法化并且声母由送气到不送气的结果），商州方言的“他”读上声调。这个语句里，“他”字在关中方言里基本上都是能用到的。第（66）例句里的“他”仍然还是“他”；三原方言用的是阴平调，并不是表示复述，而是表示轻蔑语气；渭南方言“他$_{1}$”读作阴平调，“他$_{2}$、他$_{3}$”读作上声调，“他$_{1}$”也有明显的轻蔑语气。第（67）例句里，三原方言“他”和“人家[ȵia^{55}]”都能用，但是，“他”又通过声调变换来区别语义：读作上声是一般语义，读作阴平含轻蔑语气。第（68）例句里，“他”在关中多数方言点里仍然是“他”；三原、渭南、乾县往往又作“人家[ȵia^{55}]/兀个”；我们在咸阳调查这个例句时，咸阳市区及其近郊县礼泉的发音人指出，这个句子通常情况下还是“你给他说，叫他来一下/你给他说，叫他来嘎子”，如果有后续句，“他”字往往就以其他羡馀形式出现，于是在咸阳、礼泉方言点里有这样的语句：“你给他/兀个[uɤ^{52}]说，叫他/兀个[uɤ^{52}]来嘎子；他$_1$舅想他$_2$咧”，其中就有“他舅想他咧”的后续句，后续句里的“他”不能变成“兀个[uɤ^{52}]”，“他$_1$”充当定语，“他$_2$”充当宾语。像第（69）例句，关中方言区绝大多数用“他”，除中心地区西安、临潼、蓝田、周至、户县读“他”字为阴平调外，其余绝大多数方言点读作上声调；这个例句，在户县、咸阳、礼泉、兴平及其以西，用“他”字而不用其他羡馀形式。

其次，还可以通过一组对话来证明第三人称单数和复数甚至“人家”在一些方言点的特点，见第（70）例句。这个语句里韩城方言的特殊性在于阴平调的“他”兼了第三人称的单数和复数；因为韩城把普通话的[i]韵母读作[ei]韵母，所以，例句中的“哩”字读作[. lei]。大荔方言的“他[tʰa^{31}]”是“他们”的意思，说成“他[tʰa^{31}]屋家里”时指“他们家”。

（70）他以前穷得很｜他们以前穷得很——人家如今有钱得很。

西安：他那会儿穷（得）很｜兀一[uei^{52}]伙那些人，实指他们那会儿穷（得）很/他的那会儿穷（得）很——人家[ȵia^{31}]枕儿[tʂə̃r^{52}]现在有钱（得）很。（其中，“得”字时有时无）

商州：他[tʰa^{53}]以前很穷｜他的[tʰa^{21} . ti]以前很穷——人家[ȵia^{53}]展这时候有钱得很。

韩城：他[tʰa^{31}]他；他们早先穷得太——人家如今[iŋ^{24}]有钱得太哩[. lei]。

大荔：他[tʰa^{52}]兀忽穷得很/他[tʰa^{52}]那[næ^{55}]忽穷得很/他[tʰa^{52}]那忽穷得太｜他[tʰa^{31}]（屋家里）兀忽穷得太——人家这忽有钱得很/人家这忽有钱得太。

富平：兀个[uæ^{53}/uo^{53}]他原先悽惶得很——人家[ȵia^{55}]这样[tʂaŋ^{53}]番叠如今发财得美得很。

三原：兀个[uɤ^{52}]老早穷得很/*人家[ȵia^{55}]老早穷得很｜他伟伙他们老早都穷得很——人家[ȵia^{31}]兀个[uɤ^{52}]那人如今[zẽ^{35}]格儿有钱得很/人家[ȵia^{31}]如今[zẽ^{35}]格儿阔得太太。

泾阳：他[tʰa^{51}]以前穷（得）很/兀个[uɤ^{51}]以前穷（得）很｜兀[u^{51}]伙他们以前穷（得）很——人家[ȵia^{55}]如今[zẽ^{35}]格儿有钱得很。

云阳：兀个[uɤ^{51}]以前穷得很[nẽ^{51}]/他[tʰa^{31}] 以前穷得很[nẽ^{51}]｜伟伙他们以前穷得很[nẽ^{51}]——（人家）如今[zẽ^{35}]格有钱得很[nẽ^{51}]。

彬县：他[tʰa^{51}]老早穷[tɕʰyːŋ^{35}]“穷”字的主要元音变长而加强语义｜他屋[tʰa$^{31-35}$ u^{31}]他们家老早穷得[.li]很/兀个[uɤ^{51}]屋老早穷得很/兀个[uɤ^{55}]伙他们老早穷得很——人家[ȵia^{51}]如今[ʐɛ̃^{35}]格有钱得很。

乾县：兀个[uɤ^{52}]以前穷得很/人家[ȵiã^{52}]以前穷得很｜他[tʰa^{31}]以前穷得很——人家[ȵiã^{52}]现在有钱得很。

礼泉：——人家[ȵia^{31}/ȵia^{24}]如今[ʐɛ̃^{24}]忽屋里家里财东得很。

烟霞：他老早穷得很/他[tʰa^{31}]老早穷得很——人家[ȵia^{44}/ȵiɛ^{24}]如忽儿有钱得很。

咸阳：——人家[ȵia^{31}]屋他们家如今[ʐəŋ^{24}]忽财东得很。

户县：他老早穷（得）很｜他的老早穷（得）很/兀一[uei^{51}]伙那些人，实指他们那个时间儿[sə^{35}]穷（得）很——人家[ȵia^{55}]若忽有钱（得）很。

武功：他[tʰa^{52}]老早穷得很[tʰɛ̃^{52}]｜兀伙老早穷得很[tʰɛ̃^{52}]——人家[ȵiã^{52}]如今[ʐɛ̃^{24}]格有钱得很[tʰɛ̃^{52}]/人家[ȵiã^{52}]这会[tʂʅ^{44} xuei^{44}]有钱得很[tʰɛ̃^{52}]。

其中，多数方言点“他”仍然是“他”，三原、乾县方言不作“他”而作“兀个[uɤ^{52}]”，泾阳方言“他”又作“兀个[uɤ^{51}]”，乾县方言又作“人家[ȵiã^{52}]”。

再方面，我们可以看看几个方言点第三人称单数“他”的使用情况。

一是宝鸡方言凡是上文3.1小节提到的唐文所认为不能成立的“他”的用法全部能够成立，恕不作专门讨论。跟宝鸡方言特点相当的区域在兴平、武功、眉县及其以西。

二是西安方言凡是普通话“他”字出现的语境里一般还是常用“他”字，也用远指代词“兀个”或者“那个人”。西安方言诸如“他考上北大咧｜这是他的书｜他肯定能当老师｜他饭量好得很｜他说他看过这书，我相信呢｜我看他教书没麻哒问题”等语句都可以成立。普通话的疑问句“他是谁”在西安方言里通常情况下也是“他是谁”；如果所指称的“他”离听说双方有一定的距离，就有可能是例句（71）的形式。

（71）兀个[uɤ^{52}]是谁？离得不太远/那个人是谁？离得很远，甚至几乎看不见

当然，如果“他”站在听说双方的当面，也可能问“这个人是谁”；如果这个“他”是一个比听说双方年龄都小的人，一般问“他是谁？”

如果要把“他能行，咱不行”转化成为西安方言，只能是如下例句（72）的形式。

（72）人家[ȵia^{31}]能行，咱不行（“他”在听说双方的当面）。/兀个[uɤ^{52}]能行，咱不行（“他”不在当面）。/那个人能行，咱不行（“他”离听说双方很远）。

三是三原和富平语法例句。这2处如“他考上北大啦｜这是他的书｜

他肯定能当老师｜他饭量好得很｜他说他看过这书，我相信呢｜我看他教书没麻哒问题”等语句里“他”相应地作“人家[ȵia55]”，如下4个语句的“他”相应地作“兀个[uɤ52]三原音、[uæ53/uo53]富平音”。

（73）这是兀个的书。

（74）兀个肯定能当老师。

（75）兀个饭量好得很。

（76）兀个说ᶜ他自己看过这书，我信呢/兀个说人家[ȵia55]自己看过这书，我信呢。

其中，第（70）例句里，“兀个”与“ᶜ他自己/人家[ȵia55]自己”所指相同而形式不同。

下面罗列我们调查到的三原和富平方言几个与第三人称单数有关的、有特点的例句，（77）～（79）是三原方言例句，（80）～（83）是富平方言例句：

（77）他[tʰa52]1自己事他[tʰa52]2自己干去，咱管他[tʰa31]3兀个[uɤ52]事呢！咱们不要管他（的事情）/他[tʰa52]自己事他[tʰa52]自己干去，咱不管他[tʰa31]！/人家[ȵia55]自己事人家[ȵia55]自己干去，咱管他[tʰa31]兀个[uɤ52]事呢！

（78）我就要跟他[tʰa31]含对他的轻蔑语气/他[tʰa52]不含轻蔑语气粘[zæ̃35]据理力争呢。

（79）你车不动弹，他[tʰa52]就不走。

（80）你嫑招识他[tʰa31]/你嫑招识兀个[uæ53]/*你嫑招识人家。

（81）我不害怕他[tʰa31]/*我不害怕兀个[uæ53/uo53]/*我不害怕人家[ȵia55]。

（82）我尿把他[tʰa53]涸[mẽ31]管他呢；我压根就不想理睬他/*我尿把他[tʰa31]含极轻蔑的语气涸！

（83）兀个[uæ53]是我老师/人家[ȵia55]是我老师/*他[tʰa53]是我老师。

其中，第（77）例句里，“他[tʰa52]1、他[tʰa52]2”读作上声调，不含轻蔑语气；而“他[tʰa31]3”读作阴平调，含轻蔑语气。第（79）例句里“他[tʰa52]”读作上声调而不读作阴平调的原因是，当时说话人所指称的“他”就在当面；如果不在当面，按着三原方言的习惯，一般是“人家[ȵia55]”或者“兀个[uɤ52]”。第（80）例句里“他/兀个[uæ53]”能够成立，“人家[ȵia55]”不能成立，其原因是“人家[ȵia55]”在富平、三原等处很少用在句子的末尾。

另外，相应于北京话“国骂”性质的“真他妈的糟糕”在关中方言区基本上都是“把他家的！”句中的“他”字都读作阴平调而无一例外；还有“吃他个底儿朝天｜杀他个片甲不留｜歇他个半年六个月‘半年’‘六个月’是同义叠加”等“V＋他＋个”式结构里，“他”字也读作阴平调，这可能是三原等处方言“他”字读阴平调含有轻蔑语气在整个关中方言区全方位渗透的结果。

追其根源，“他”字在文言里本来就是“其他”的意思，这个字一产生，其感情色彩就比较疏远。因此，可以说，关中方言“他”字的轻蔑色彩是上古汉语语义的遗存。

其二，关中方言“兀个”等用如第三人称单数代词的情况

汉民族共同语以及方言的指示代词似乎都可以用如人称代词，如关中方言相应于普通话的“这个 | 那个”的“这个 | 兀个/兀个/那个”往往就可以当普通话的“他”甚至“他们”来用，“这些人/这伙人 | 那些人/那伙人”分别可以解释成“我们、你们、他们”；例如相当于北京话的“他们”，在关中有关方言点用到远指代词的罗列如下；华阴“些”字读上声。

西安　他兀一些人 t^{h}a^{31} uei^{55} ɕiɛ^{31} z̧ẽ^{24}/他兀一伙人 t^{h}a^{31} uei^{52} xuɤ^{52} z̧ẽ^{24}

临潼　那伙人 næ^{53} xuɤ^{53} z̧ei^{24}

蓝田　兀么些人 uẽ^{55} ɕiɛ^{31} z̧ẽ^{55}

华阴　他兀些人 t^{h}a^{31} u^{55} ɕiɛ^{42} z̧ɛ̃^{35}

礼泉　兀伙人 u^{44}　xuɤ^{53}　z̧ɛ̃^{35}

下面列举有关方言点“这个、这伙人”等用如人称代词的例句。其中第（84）例句里“这个”指“他”，所指称者在听说双方当面。第（86）例句里合阳方言的“兀个”有非合音、合音两种形式指代第三人称单数。因为量词“个”在关中方言以至汉语的许多方言里既可以充当人的量词，又可以充当物的量词。合阳方言这种“兀个”有非合音、合音两种形式指代第三人称单数，这在关中方言区是一种较常见的类型。第（87）例句里“那个=他”，但是第（87）例句里的“他”不能说换成“那个[næ^{55} kɤ^{31}]”；户县方言用如第三人称单数代词的“那个[næ^{55} kɤ^{31}]”往往是听说双方同时已知的“他/她”，必须有一个提前约定的事项。

（84）宝鸡：你给这个说，教这个给你去帮几天忙。

（85）宝鸡：这个是老张哩开，兀个纔是老王这个人是老张，那个人纔是老王。

（86）合阳：兀个[u^{55} ko^{21}]/兀个[uo^{52}]他那天教我给你捎个话，我忘咧捎。

（87）户县：那个[næ^{55} kɤ^{31}]教我来给你说，今儿今天晌午咱咱们吃饭，他不来咧。

（88）西安：我[ŋæ^{31}]这些人我们没一个儿会巴结领导的/我[ŋæ^{31}]的这些人没一个儿会巴结领导的/我[ŋæ^{31}]的这伙没一个儿会巴结领导的/我[ŋæ^{31}]的没一个儿会巴结领导的。

（89）西安：꜀你这伙人你们谁知道这个件事情呢？/꜀你的这伙人谁知道这个事情呢？/꜀你的谁知道这个事情呢？

（90）临潼：兀一[uei^{53}]伙人他们里头有几个大学生？/那[næ^{53}]伙人里头

有几个大学生？

（91）华县：他兀 ᶜ些人他们都不是学生/他那[næ^{55}] ᶜ些人都不是学生。

（92）三原：人家[ȵia^{31}]兀个[uɤ^{52}]事人家[ȵia^{31}]是兀一[uei^{52}]弄人家那件事情是那样办。

下面举西安、富平方言用到“兀个”的例句，其中（93）～（95）是西安方言例句，（93）（94）里的“兀个”都指物，（95）指“他”；（96）～（98）是富平方言例句，其中的“兀个”都指“他”，至于“兀个”读[uæ^{53}]还是[uo^{53}]，依发音人的语言习惯来记录。

（93）兀个[uɤ^{52}]是啥那是什么？

（94）兀个[uɤ^{52}]是西葫芦，兀个[uɤ^{52}]不是笋瓜。

（95）你给兀个[uɤ^{52}]那个人，他讲兀一[uei^{55}]那些道理，你看兀个[uɤ^{52}]听得懂能听懂吗？

（96）你离兀个[uæ^{53}/uo^{53}]远些，你嫑罩兀个[uæ^{53}]的毛你别理他。

（97）你跟兀个[uæ^{53}]窟出来往啥哩/你跟人家[ȵia^{55}]窟出啥哩/*你跟他[tʰa^{53}]窟出啥哩？

（98）你跟兀个[uæ^{53}]粘[zʅ̃^{35}]啥哩你为什么要跟他（那不讲理的）讲这些道理呢/你跟人家[ȵia^{55}]粘啥哩？/*你跟他[tʰa^{53}]粘啥哩？

就人称代词单数看来，关中方言“我、你”作为交际过程中的听说双方，一般不存在用基本指示代词“这、兀、那＋个”等形式来指称的。从发展轨迹来看，“兀个/兀个、这个、那个”等最初是用来指物的，用如第三人称单数指代人，其本身肯定有一个感情因素变化的过程，即由当初的感情疏远、对所言及者的贬抑，然后发展到不疏远、不贬抑。这个问题可以从“人家[nia^{55}]”在三原等处无感情疏远义而在户县等处有感情疏远义得到印证。下面以户县方言为例来说明，户县方言表示单数的指示代词有以下词语（请参阅孙立新 2002：253）。

	近指	远指第一层次	远指第二层次
A	这一个 tʂei^{51} kɤ^{31}	兀一个 uei^{51} kɤ^{31}	那个 næ^{51} kɤ^{31}
B	这个 tʂʅ^{55} kɤ^{31}	兀个 u^{55} kɤ^{31}	那个 næ^{55} kɤ^{31}
C	这一 tʂei^{55} kɤ^{31}		
D	这个儿 tʂə^{51}	兀个儿 uə^{51}	
E	这 tʂɤ^{55}	兀个 uɤ^{55}/uɤ^{51}/uæ^{51}	那 næ^{55}/næ^{51}

如上 AD 两行词语除了读作[uæ^{51}]的“兀个”可以作为第三人称代词单数外，其余都不能用作第三人称代词单数；BC 两行均可以用作第三人称代词单数，其中 B 行限于老派并且一般不用来指物，C 行老中新三派都用并且多数情况下指物。BC 两行用作第三人称单数的代词，最初指物，随后可

以指人，后来人和物都可以指，具体语义要在具体语境来看。如下例句，第（95）里的“这个、那个”都指第三人称单数；从使用频率看，“那个”用得最多，如上文分析第（81）例句时指出的那样，“那个”往往是听说双方同时已知的“他/她”，必须有一个提前的约定。第（97）里的“这个儿、兀个儿”可能指人，也可能指物。

（99）这个[tʂʅ^{55} kɤ^{31}，tʂei^{55} kɤ^{31}]我没见过，那个[næ^{55} kɤ^{31}]我也没见过。

（100）（下棋的问给自己参谋的）你说走这个儿[tʂə^{51}]这个吗还是走兀个儿[uə^{51}]那个呢？

（101）这个儿[tʂə^{51}]是老三，兀个儿[uə^{51}]是老四。

（102）这些话你要给我说，你给这个儿[tʂə^{51}]他（在当面）说，教兀个儿[uə^{51}]他（离得较远）要知道/这些话你给我要说，你给这个儿说，教/兀个[uæ^{51}]要知道。

另外，户县方言“这个[tʂʅ^{55} kɤ^{31}]/这一个[tʂei^{55} kɤ^{31}]”“那个[næ^{55} kɤ^{31}]”还可以连用，连用后指任何人或者好多人，举例句如下；户县方言“这个那个”指任何人或者好多人的道理，跟“这那搭儿/这儿兀搭儿”指到处是相同的，这是可以称作“统指”。

（103）这个那个都想欺负我呢。

（104）这件事我跟这个那个说，都没人信。

（105）这个那个都讨厌你，你说你咋活的这人？

上文说过，共同语及方言的指示代词似乎都可以用如人称代词，比照张惠英先生（2001：197～198）以及赵变亲（2012：162～167）所讨论的山西不少方言点第三人称用远指词“兀”或“那”构成单数及复数的具体情形，一般来说，关中方言只有用远指词“兀”或“那”构成单数的，而没有构成复数的。下面比较户县方言与山西有关方言点用到第三人称用指代形式“兀”或“那”的情形。

	他	他们
户县	那个 næ^{55} kɤ^{31}/兀个儿 uə^{51}	兀一些人 uei^{55} ɕiɛ^{31} zẽ^{35} /兀一伙（人）uei^{51} xuɤ^{51} zẽ^{35}
清徐	兀家 vəʔ^{2} tɕiɑ^{11}	他们 tʰɑ^{11}. mə
孝义	兀家 uʌʔ^{2} tɕia^{11}	兀家们 uʌʔ^{23} tɕia$^{11\text{-}42}$ məŋ$^{11\text{-}33}$
汾阳	那家 nəʔ$^{313\text{-}21}$ tɕiA^{435}	那家们 nəʔ$^{313\text{-}21}$ tɕiA^{435} məŋ^{22}
洪洞	那 nɑ^{21}	那家 nɑ^{21}. tɕiɑ/那的 nɑ^{21}. ti
古县	那 na^{21}	那家 na^{21}. tɕia
临汾	那 na^{21}	那家 na^{21}. kua/na^{21}. tɕia

袁家骅先生等（1980）第 142 页指出赣语南昌方言用相当于北京话“这

里”的“□ko꜄ 里”跟“我、你、渠”分别构成三个人称的复数形式；第171页指出客家话梅县方言在“我、你、佢”后边加“等人”分别构成三个人称的复数形式。沈同（1983：244～247）指出祈门方言在“我、你、渠”后边加“大家”分别构成三个人称的复数形式。其中，梅县和祈门方言的复数标志是其他指代形式，下面列表（表18）予以比较。

表18　　西安与南昌等处人称代词复数用到指示代词情形比较表

	我们	你们	他们
西安$_1$	我（的）ŋæ^{31} ·ti	你（的）ni^{31} ·ti	他的 t^{h}a^{31} ·ti
西安$_2$	我这一些人 ŋæ^{31} tʂei^{55} ɕiɛ^{31} ʐẽ^{24}	你兀一些人 ni^{31} uei^{55} ɕiɛ^{31} ʐẽ^{24}	他兀一些人 t^{h}a^{31} uei^{55} ɕiɛ^{31} ʐẽ^{24}
西安$_3$	我这一伙人 ŋæ^{31} tʂei^{52} xuɤ^{52} ʐẽ^{24}	你兀一伙 ni^{31} uei^{52} xuɤ^{52} ʐẽ^{24}	他兀一伙人 t^{h}a^{31} uei^{52} xuɤ^{52} ʐẽ^{24}
南昌	我□里 ꜂ŋo ko꜄ li	你□里 ꜂n ko꜄ li	渠□里 ꜁tɕ^{h}iɛ ko꜄ li
梅县$_1$	我等人 ꜁ŋai ꜀ten ꜁ȵin	你等人 ꜁ȵi ꜀ten ꜁ȵin	佢等人 ꜁ki ꜀ten ꜁ȵin
梅县$_2$	我等人 ꜁ŋai ꜀ten ꜁ne	你等人 ꜁ȵi ꜀ten ꜁ne	佢等人 ꜁ki ꜀ten ꜁ne
祈门	我大家 a^{42} ·t^{h}a ·kə	你大家 n^{11} ·t^{h}a ·kə	渠大家 tɕ^{h}i^{55} ·t^{h}a ·kə

从本部分所论及的问题看，在关中方言里，“他多数方言点读作上声调、人家、兀个”等一般用作第三人称代词的单数；“人家”“兀个”等用作第三人称代词的单数有明显的语法化过程，如“人家、兀个”都是从具有旁指特征而发展成为可以用作第三人称代词的单数，尤其是本来指物的“兀个”甚至“这个”“那个”等，也可以用作第三人称代词的单数。关中方言的这些特点，在汉语以及汉语方言发展过程中，的确富有个性。正如张振兴先生在卢小群所著《湘南土话代词研究》的序里所指出的：“汉语方言的代词是一种很特殊的、封闭式的，但却是非常活跃的词类系统。”诚哉斯言！

4.1.4　关中方言与普通话“自己”相对的词语

4.1.4.1　“自己”的变体“自家”

关中中东部方言的“自己”与北京话用法差不多，中东部方言的“自己”又作“自家”，一般在老派口语里用。

关中把“本家”有叫“自家人”的，现予以罗列，西安等处是为了比较才加进去的：西安 门宗 mẽ^{24} tsuəŋ^{31}/门中 mẽ^{24} pfəŋ^{31}；临潼、乾县 自家 tsɿ^{44} tɕia^{31}；蓝田 自家人 tsɿ^{55} tɕia^{31} ʐẽ^{35}；商州 家屋 tɕia^{21} vu^{21}/自家 tsɿ^{55} tɕia^{21}；华县、澄城 自家 ts^{h}ɿ^{55} tɕia^{21}；华阴、韩城、白水 自家 ts^{h}ɿ^{55} tɕia^{31}；潼关 自家 ts^{h}ɿ^{44} tɕia^{31}；大荔 自家屋 ts^{h}ɿ^{55} tɕia$^{31\text{-}35}$ u^{31}；宜川 一家子 i$^{31\text{-}24}$ tɕia^{31} . tsɿ/各家人 kɤ^{31} tɕiɛ^{31} ʐei^{24}/自家户 ts^{h}ɿ^{55} tɕia^{31} xu^{55}；洛川、黄陵 自己

tsʰɿ^{44} tɕia^{31}；宜君 家门自己 tɕia^{21} .mɛ̃ tsʰɿ^{44} .tɕi；富平 自家些 tsʰɿ^{55} tɕia^{31} siɛ^{31}/tsʰɿ^{55} tɕia^{31} sia^{31}/自家 tsʰɿ^{55} tɕia^{31}；长武 家屋 tɕia$^{31-51}$ u^{31}/家屋家 tɕia^{51} u^{31} tɕia^{31}/家门自己 tɕia^{51} .mɛ̃ tsʰɿ^{55} tɕi$^{51-31}$；彬县 自家 tsʰɿ$^{55-35}$ tɕia^{31}/家门 tɕia^{31} mɛ$^{35-31}$；户县 家屋 tɕia^{31} u^{31}/门中 mẽ^{35} tsuəŋ^{31}/自家屋 tsɿ^{55} tɕia$^{31-35}$ u^{31}/tsɿ^{55} tɕia^{-35} uei^{31}；周至 自家 tsɿ^{55} tɕia^{31}；太白 自家 tsɿ^{44} tɕia^{31}/家门 tɕia^{31} məŋ$^{24-31}$；扶风 自己人 tsɿ^{55} tɕi$^{42-31}$ ʐəŋ^{24}；富县 家门自己 tɕia^{31} məŋ$^{24-31}$ tsʰɿ^{44} tɕi$^{52-31}$。

关于“自家”，吕叔湘先生（1955：173～175）有详细的讨论。吕先生指出：在许多方言里跟“人家”对等的不是“自己”而是“自家”；“自家”比“人家”出现得要早得多。“自家”曾经有过三个意义：第一是跟“别人”相对，跟“自己”同义，常常放在“你、我”等字后头做同位词。第二个相当于“我自家”，这个意义已经不用了。第三个是一个较偏于泛指的意义。下面 A 组举吕著里第一义项的例句，B 组举吕著里第三义项的例句，这些例句与关中方言“自家”的用法相相当。

A：夸道自家能走马，团中横过觅人看。（王建，宫词）

不知他命苦，只取自家甜。（寒山 17）

可怜父母自家饥，贪喂一孤儿。（敦录，周 87）

你要去你自家去，我是不敢去。（元 13.3 白）

我自家心里的事我自家知道。（儿 21.11）

B：人生天地间，都有许多道理，不是自家硬把与他，又不是自家凿开他肚肠白放在里面。（朱语 52）

此是契丹男妇媳，且教与自家劝酒，要见自家两国欢好。（燕云 4.7）

你不知，自家相公得出也。（挥麈录馀话 2.21）

小姐，这里又无外人，我和你自家闲讲，怕甚的来?（元 4.1.4 白）

吕先生（1955：174）指出，北京话的“自个儿”是由“自家”来的，“个”就是“家[ka]”，吕先生由“今日家→今儿个”“张家庄→张各庄”印证出，“自个儿”的“个”本来就是“家”。

莫超《白龙江流域汉语方言语法研究》第 87 页在讨论白龙江流域方言时指出当地方言也用到“自家”，例句如“自家不去，要让旁人去｜要怪就怪自家，覅怪别人｜他是自家来的，没人请｜火是自家着的，没人点”。

莫超从白朴《唐明皇秋夜梧桐雨》的楔子里考证得“（净扮安禄山上，云）自家安禄山是也”，从第四折考证得“（高力士上，云）自家高力士是也”；又从《全宋词》里考得“魁榜虚夸，调羹浪语，那里求真的。暗香来历，自家还要知得（陈景沂《壶中天》）｜相逢樽酒何时，征衫容易，君去也，自家须住（陈亮《六月十一日送叶正则如江陵》）”。

我们从《汉语大词典》找到了“自家”当“自己”讲以及“自家人”当“自己人”讲的例证，列举如下。

《北史·魏纪一·太宗明元帝》：“冬十一月壬午，诏使者巡行诸州，校阅守宰资财，非自家所齎，悉簿为赃。”

唐·施肩吾《望夫词》：“自家夫婿无消息，却恨桥头卖卜人。”

元·关汉卿《窦娥冤》第二折：“自家张驴儿，可奈那窦娥百般不肯随顺我。”

《红楼梦》第4回：“一面使人打扫出自家的房屋，再移居过去。”

《醒世恒言》第6卷：“原来是自家人。老汉一向也避在乡村，到此不上一年哩。”

《红楼梦》90回：“自家人，二爷何必说这些套话。”

我们从《二刻拍案惊奇》找到了如下用到“自家”的例句：

白氏女人家性子，只护着自家人……（3）

即忙唤自家儿子道：“糕儿，你哥哥到了，快去接了进来。”（3）

我们只是散步消遣，要行要止，凭得自家，岂不为妙？（9）

你只管自家的来世，再不管我的终身！（9）

大郎见说得不好听，自家走出来……（10）

晦翁断了此事，自家道：“此等锄强扶弱的事，不是我，谁人肯做？”（12）

你不肯起来放我，我自家走进来。（13）

那蒋生年纪二十多岁，生得仪容俊美，眉目动人，同伴里头道是他模样可以选得过驸马，起他名字叫做蒋驸马。他自家也以风流自负，看世间女子轻易也不上眼。（29）

关中方言“自家”用如“自己”可以户县方言为例来说明，现在列举户县方言例句：

咱咱们自家想办法就对咧。

叫他自家来，你来也替不了他。

这几个都是自家人，有话随便说。

你自家要（东西）去去吧，再覅教我给你要咧。

自家没本事，事情办不好，光知道怪残的别人。

大致看来，户县方言常说“你自家、他自家、咱自家”而不太说“我自家”，如“我自家想办法｜我自家有的是办法”等语句，户县人感到很别扭，而对“我自己想办法｜我自己有的是办法”等语句，户县人感到很顺口。从户县方言的本家又作“自家屋”推断，关中有关方言点本家作“家屋”或者又作“家屋”，这是“自家屋”省去“自”字的结果。大致看来，关中方言“本家”一词里用到“自己/自家”的方言点有24个，占51处的近一半。

4.1.4.2　关中西部“自己”的变体“各家”

《扶风方言》第272页指出扶风把“自己”叫做“关□kuæ̃^{31} æ̃^{31}/关一 kuæ̃^{31} i^{31}”，例句如：你把～都管不住，还想管人ȵiA^{42}别人。又指出“咱的 tsA$^{24-31}$ tsi$^{31-42}$ ①咱们：他啊的他们还不走呢，～先走；②咱们家：～今年多种点辣子；③咱们家的：这是～铁锨，拿上回回去吧”。340页又有解释和相关例句。其中，扶风西乡“关□/关一”指“自己”很有特点。

岐山方言相当北京的“自己”一作“各家 kɤ$^{21-52}$ ia^{21}”，一作“自家 tsʰɿ^{44} ia^{21}”。例如：

各家事情各家干。kɤ$^{21-52}$ ia^{21}sɿ^{44} tsʰiŋ$^{34-21}$ kɤ$^{21-52}$ ia^{21}kã^{44}。

自家不干叫谁干哩?tsʰɿ^{44} ia^{21} pu^{21} kã^{44} tɕi^{44}si^{34} kã^{44} .li?

你各家去。ȵi^{52} kɤ$^{21-52}$ ia^{21} tɕʰi^{44}。

各家事情不干，要再人干哩自己的事情自己不去干，还要别人去干呢。kɤ$^{21-52}$ ia^{21} sɿ^{44} tsʰiŋ$^{34-21}$ pu^{21} ka^{44}，iɔ^{44} tsæ$^{44-34}$zəŋ^{34} ka^{44}. li。

眉县方言相当于北京的“自己”也是“各家 kɤ$^{31-52}$ ia^{31}”，例如：你各家去 ȵi^{52} kɤ$^{31-52}$ ia^{31} tɕʰi^{44}｜我各家做 ŋɤ^{53} kɤ$^{31-53}$ ia^{31} tsu^{44}。

宝鸡方言相当于北京的“自己”作“关阿 kuæ̃^{31} a^{31}/kuæ̃$^{31-52}$ a^{31}”，例句如。

你关阿去ȵi^{52} kuæ̃$^{31-52}$ a^{31} tɕʰi^{44}。

关阿事情关阿做 kuæ̃^{31} a^{31} sɿ^{44} tʰiŋ$^{24-31}$kuæ̃$^{31-52}$ a^{31} tsu^{44}。

他关阿去做去干去吧tʰa^{52} kuæ̃$^{31-52}$ a^{31} tɕʰi^{44} tsu^{44} tɕʰi$^{44-31}$。

你给谁谁谁某（人）说，叫他关阿来。ȵi^{52}kei^{52}sei$^{24-31}$sei$^{24-52}$sei^{24}ʂɿɛ^{31}，tɕiau^{44}tʰa^{52} kuæ̃^{31} a^{31} læ^{24}。

凤翔相当于北京的“自己”作“各家 kau^{31} ia^{31}/kau$^{31-52}$ tɕia^{31}”，老派一般读作“kau^{31} ia^{31}”，例如：各家事情各家做 kau^{31} ia^{31} sɿ^{44} tʰiŋ$^{24-31}$ kau^{31} ia^{31} tsu^{44}。凤翔北乡做“各家 kuo^{31} a^{31}”。

麟游相当于北京的自己作“关阿 kuã$^{31-42}$ a^{31}”，例如：我关阿去 ŋuo^{42} kuã$^{31-42}$ a^{31} tɕʰi^{44}。

千阳方言相当于北京的“自己”作“各自 kuo$^{21-52}$. tsɿ”。例句如。

火各自就灭啦 xuo^{52} kuo$^{21-52}$. tsɿ tiou^{44} miɛ^{21} . lia。

各自的事情各自做。kuo$^{21-52}$. tsɿ . ti sɿ^{44} . tʰiŋ kuo$^{21-52}$. tsɿ tsu^{44}。

他那么么做害各自哩他那样会害了自己。tʰa^{52} laŋ^{44} .mo tsu^{44} xæ^{44} kuo$^{21-52}$. tsɿ . li。

火会各自灭，不要揄动。xuo^{52} xuei^{44} kuo$^{21-52}$. tsɿ miɛ^{21}，pu^{21} iau^{44} tou^{44}。

我各自想办法 ŋuo^{52} kuo$^{21\text{-}52}$ .tsɿ siaŋ^{52} pæ̃^{44} fa^{21}/我各自看 ŋuo^{52} kuo$^{21\text{-}52}$ .tsɿ k^{h}æ̃^{44}。

各自不去说，还要我去说 kuo$^{21\text{-}52}$ .tsɿ pu^{21} tɕ^{h}i^{44} ʂʅɛ^{21} xa^{21} iau^{44} ŋuo^{52} tɕ^{h}i^{44} ʂʅɛ^{21}。

另外，关中中部的乾县，自己的变体也作“各家 kɤ^{31} tɕia^{31}”。上文提及宜川方言的本家作“一家子、各家人、自家户”，也可以证明宜川方言的“各家”也用如“自己”。

大致看来，关中方言区西部宝鸡一带相当于北京“自己”的变体，是同一个源流，为了比较，现在先将宝鸡等处“自己”的变体如扶风的“关□”等予以罗列：扶风 关□kuæ̃^{31} æ̃^{31}/kuæ̃^{31} i^{31}；岐山 各家 kɤ^{21} ia^{21}；眉县 各家 kɤ$^{31\text{-}53}$ ia^{31}；宝鸡 关家 kuæ̃^{31} a^{31}/kuæ̃$^{31\text{-}52}$ a^{31}；凤翔 各家 kau^{31} ia^{31}/kau$^{31\text{-}52}$ tɕia^{31}，凤翔北乡 各家 kuo^{31} a^{31}；麟游 关家 kuã^{31} a^{31}；千阳 各自 kuo$^{21\text{-}52}$ .tsɿ；乾县 各家 kɤ^{31} tɕia^{31}。“家”字在关中方言里的音变形式主要有 ia（tɕia→ia）、a（tɕia→ia→a）两种，tɕ声母脱落后保留了韵母或主要元音；其次还有主要元音高化的类型，如武功方言“我家$_{我们}$ ŋɤ^{31} tɕiɛ^{31}（tɕia^{31}→tɕiɛ^{31}）、你家$_{你们}$ȵi^{31} tɕiɛ^{31}、他家$_{他们}$ t^{h}a^{31} tɕiɛ^{31}”。

关中方言区中西部 8 处除千阳外，扶风、乾县等 7 处，岐山、眉县、凤翔 3 处方言“自己”的变体一般作“各家”，“各家”应当是西部方言“自己”一词本来的叫法，扶风、宝鸡、麟游的叫法应当是在“各家”的基础上音变形成的。其理据可以标示如下；其中，扶风、宝鸡的 kua→kuæ̃^{31} 亦如千阳的“人家zəŋ$^{24\text{-}21}$ tɕia$^{21\text{-}52}$”，a 鼻化后在扶风、宝鸡方言里读作 æ̃；麟游方言 kua→kuã 是 a 鼻化成了 ã。

4.1.5　人称代词复数的其他表示方法

关中方言不太用“们”字表示一二三人称的复数，“们”字表示复数的几率很低，这跟关中方言人称代词“我、你、他”的复数主要以读阴平或后加其他字（如“的”等）有关；但是，关中方言区的边缘地带有以“们”字表示一二三人称复数的。西安等多数方言点有表示复数的“弟兄们”等词语。“家”字在关中方言里往往用如“们”“类”等表示复数。关中中部常常用“伙里”来表示复数。关中西部常常用读如“呣.mu”的“物”来表示复数。

孙立新（2002：246～259）指出关中方言把“我、你、他”读作上声调时表示单数，读作阴平调时表复数且兼作定格；有的地点方言在“꜀我 ꜀你 ꜀他”后加上“的、家、子”等表复数。而关中方言人称代词复数还有其他表示方法。

4.1.5.1　“们、呣”等的运用

其一，“们”字用作人称代词复数词尾的情况

“们”字是北京话以及不少官话方言表示复数的典型标志。就关中方言区 51 个方言点（孙立新 1997：106～124；2002：246～259）来看，我们可以作出一个基本结论，关中方言不太用“们”字表示一二三人称的复数，“们”字表示复数的几率很低。这跟关中方言人称代词“我”“你”“他”的复数主要以读阴平或后加其他字（如“的”等）有关。但是，关中方言区的边缘地带有以“们”字来表示一二三人称复数的。

我们从关中方言人称代词的复数可以看得出来，与甘肃东部接壤的麟游以及处在陕北晋语区的西边而与甘肃环县、宁夏盐池接壤的定边方言有“我们｜你们｜他们”的复数形式；定边方言与普通话“人家”相对应的还有一个复数形式“人家们ȵiɛ^{24} . məŋ”。

麟游方言“我们｜你们｜他们”里的“我、你、他”依照麟游方言复数均读作阴平调的规律没有读作上声调，相对于普通话的“我们、你们、他们”是如下的三种形式。

我们——我 ŋuo^{31}/我的 ŋuo^{31} . ti/我们 ŋuo^{31} . məŋ

你们——你ȵi^{31}/你的ȵi^{31} . ti/你们ȵi^{31} . məŋ

他们——他 tʰa^{31}/他的 tʰa^{31} . ti/他们 tʰa^{31} . məŋ

其三，关中方言甚至包括处于中心区城的西安、户县、蓝田等地方言，知识分子读书音中“我们｜你们｜他们”里的“我、你、他”也读作阴平调，表 19 比较西安方言对书面词语“我们｜你们｜他们”以及其相对应的“我（的）｜你（的）｜他的”的读法。

表 19　　西安方言人称代词复数形式书面语与口语形式比较表

西安书面语词甲	我们 ŋɤ^{31} .mẽ	你们ȵi^{31} .mẽ	他们 tʰa^{31} .mẽ
西安书面语词乙	我们 ŋɤ$^{31-24}$ .mẽ	你们ȵi$^{31-24}$ .mẽ	他们 tʰa$^{31-24}$ .mẽ
西安单音节方言词	我 ŋæ^{31}	你 ȵi^{31}	—
西安双音节方言词	我的 ŋæ^{31} .ti	你的 ȵi^{31} .ti	他的 tʰa^{31} .ti

请注意，因为阴平调的“他 tʰa^{31}”字在西安方言里是第三人称单数代词，所以，第三人称复数无单音节形式出现。户县的特点跟西安差不多，不同点是户县方言读到书面词语“我们｜你们｜他们”时，前字不变调，所以，户县方言没有上列的“西安书面语词乙”形式。

其二，西安等处“们”字的其他常见用法

汉语官话比较普遍地以“们”字为人称代词复数的标志。关中方言虽然用到了“们”字，但是，一般是在一些群体性亲属称谓词语或者人品名词里用到了“们”字。

先举西安方言例词：娃们 ua^{55}.mẽ 孩子们［按：多作“娃娃家 ua^{24}ua$^{24-31}$ tɕia^{31}”］｜弟兄们 ti^{55} ɕyŋ^{31} .mẽ｜爷儿们 iɛr^{24} .mẽ 父子们，父辈与甥侄辈们/爷儿们们 iɛr^{24} .mẽ .mẽ｜先（《广韵》苏甸切）后们 ɕiã^{55} xɤu$^{55-31}$ .mẽ 妯娌们｜娘们们ȵiaŋ^{24} .mẽ .mẽ 母亲与子女们，母辈与甥侄辈们｜姊妹们 tsɿ^{55} mei$^{55-24}$ lia^{31} 姐妹们；兄弟姐妹们；姑嫂或兄娣们｜娘们俩ȵiaŋ^{24} mẽ^{24} lia^{31} 母子（或女）俩；母辈与甥侄辈两个人。

再罗列张成材先生 2004 年元月 10 日来信所提供的商州方言用到“们”的语料，其中有些词语以“家”作为“们”的变体：先后们 ɕiã^{55} .xuo .mən 妯娌们｜娘们ȵiaŋ$^{35-21}$mən$^{35-53}$｜姊们 tsɿ^{53} .mən 兄弟姐妹们｜娃的们 va^{55} .tsi .mən/娃娃家 va^{35} va$^{35-21}$ tɕia^{21} 孩子们。

麟游方言用到“们”的几个词语：姊妹们 tsɿ^{42} məi$^{44-31}$ .məŋ 姐妹们；兄弟姐妹们｜先后们 siã^{44} xou$^{44-31}$ .məŋ 妯娌们｜爷父们 iɛ$^{24-31}$ fu^{44} .məŋ 父与子女们，父辈与子侄们。

太白把兄弟姐妹们一作“姊妹们 tsɿ^{44} mei$^{44-31}$ .məŋ”，一作“姊妹伙 tsɿ^{44} mei$^{44-31}$ xuo^{52}”。

关中方言基本上不直接用“们”表示第三人称代词复数；关中方言“们”可以表示群体概念（如西安、户县一带的“弟兄们｜先後们妯娌们｜娘们们母亲或母辈与甥侄们｜爷儿们父亲或父辈与甥侄们”等），实质上还是表示复数的“们”字在语言底层的具体表现。而汉语方言“们”的使用也往往因地域的不同而表现出纷纭复杂的状态。我们可以从南方方言里找到许多典型的现象来说明这个问题，如饶长溶先生（1989：193～200）指出：福建长汀客家话三身代词的复数以后加“＋侪们｜＋侪｜＋们”三种形式来表示，列举如下：

我们：偓侪们 ŋai^{33} .ts^{h}i .meŋ/偓侪 ŋai^{33} .ts^{h}i/偓们 ŋai^{33} .meŋ

你们：你侪们 ni^{33} .ts^{h}i .meŋ/你侪 ni^{33} .ts^{h}i/你们 ni^{33} .meŋ

他们：巨侪们 ke^{33} .ts^{h}i .meŋ/巨侪 ke^{33} .ts^{h}i/巨们 ke^{33} .meŋ

我们就着饶文所报导的语料认为：长汀客家方言复数三种形式可能分为三个历史层次，第一层次是“＋侪”，第二层次是“＋侪们”，第三层次是“＋们”。第二层次之所以常用（饶文列在第一），可能是受周围方言影响的结果；第三层次是受共同语影响的结果。

钱曾怡先生（2002：270～283）指出：嵊县长乐话人称代词单复数有 AB 两种形式，以 A 式较通用，B 式常见于说话比较随便的场合。吴、粤、客、赣等南方方言人称代词往往有多个形式，关中方言人称代词单数只有一种形式，复数有两种形式的如西安 A 式“꜀我｜꜀你（‘꜀他’是单数）”，B 式“꜀我的｜꜀你的｜꜀他的”；商州 A 式“꜀我｜꜀你｜꜀他”，B 式“꜀我的｜꜀你的｜꜀他的”；大荔、武功、麟游 3 处复数是三种形式，比较如表 20。

表 20　　关中 5 个方言点人称代词复数口语形式比较表

	我们 A	我们 B	我们 C	你们 A	你们 B	你们	他们 A	他们 B	他们 C
西安	我 ŋæ^{31}	꜀我的		꜀你	꜀你的			꜀他的	
商州	我 ŋə^{21}	꜀我的		꜀你	꜀你的		꜀他	꜀他的	
大荔	我 ŋo^{31}	꜀我的	꜀我崖	꜀你	꜀你的	꜀你崖	꜀他	꜀他的	꜀他崖
武功	我 ŋɤ^{31}	꜀我的	꜀我家	꜀你	꜀你的	꜀你家	꜀他	꜀他的	꜀他家
麟游	我 ŋuo^{31}	꜀我的	꜀我们	꜀你	꜀你的	꜀你们	꜀他	꜀他的	꜀他们

关中 51 个方言点，复数只有一种形式（꜀我、꜀你、꜀他）的有临潼、丹凤、华阴、黄龙、黄陵、宜君、白水、富平、高陵、泾阳、旬邑、永寿、淳化、乾县、礼泉、兴平、眉县、太白、凤县、宝鸡、凤翔、扶风、千阳、陇县、定边共 25 处，占近半。

其三，“呣. mu”字（即“物”字）的用法

林涛先生《中亚回族陕西话研究》第 204～205 页指出：中亚回族陕西话第一、第二人称代词的复数形式用到了“们”字，林先生把“们”字的音记作[. mu]，如“我们 ŋə^{53} . mu”，“你们 ni^{53} . mu”。但是，中亚回族陕西话第三人称的复数作“阿拿 a^{53} na^{24}”或“他拿 t^{h}a^{21}na^{24}”。林先生所记录描写的中亚回族陕西话的复数标记“们[. mu]”，这跟雷冬平、胡丽珍（2007）所讨论的江西安福方言复数的“物”应当是一致的。由林著所反映的情况看，清代末年，关中方言可能比较广泛地用“物[. mu]”表示复数，而如今，这一特点主要保留在宝鸡一带。

雷冬平、胡丽珍（2007：255～257）讨论了江西安福赣语表复数的“物”。安福“物”读作[muət^{31}]“动物、生物、野物”的“物”读作[ɱuæt^{31}]，这对江先生的论断是一个有力的佐证。如：大人物话事细太儿听（大人们说话小孩子听）｜黎明物呀?（黎明他们呢?）｜爸爸物做咋去哩?（爸爸和妈妈干什么去了?）｜姐姐物去街上买布去哩（姐姐们去街上买布去了）。

关于宝鸡一带方言当“们”讲的“呣. mu”字，其源流或者“呣. mu”的本字，可依照江蓝生先生发表在《中国语文》1995 年第 3 期上的《说“麽”与“们”同源》一文。江先生指出“甚麽”的“麽”与“物”同源，“甚麽”又作“是物”，而“麽”与“们”也同源，这是很有见地的。

"物"字中古《切韵》音系在"臻摄合口三等物韵微母"，依照王力先生1985《汉语语音史》第409页对其声母流变的构拟（先秦—隋唐m，五代—宋ɱ，元明清v，现代w），第511页对其韵母流变的构拟（先秦—隋唐iuət，五代—宋iuit，元—现代u），我们认为千阳方言"物"字的历史性音变轨迹如下。

物事～，～品　mi̯uət→mi̯uit→vuə→vo

物弟兄～　mi̯uət→mi̯uit→miu→mu

其中，"弟兄物"的"物"字，在宝鸡一带方言里，从声母上保留了中古以前古音，估计韵母的形成是在当地入声韵消失后迅速形成的。如千阳方言：弟兄嗬弟兄们 t^{h}i^{44} ɕyŋ^{21} .mu丨先后嗬妯娌们 siæ̃^{44} .xou .mu丨姊妹嗬兄弟姐妹们 tsɿ^{44} mei$^{44-21}$ .mu丨爷父父或父辈与子侄辈嗬 iɛ$^{24-21}$ fu$^{44-52}$ .mu丨娘嗬两个娘儿俩 ȵia$^{24-21}$ mu^{52} liaŋ$^{52-44}$ kuo^{21}。

其四，晋语"弭"字的本字是"们"

吕叔湘先生《说们》一文（1955：145～168）指出唐代文献有"弭"和"伟"两字都当"们"字用。如吕先生所举"弭"字的用例为：卢尚书宏宣与弟衢州简辞同在京。一日，衢州早出，尚书问有何除改。答曰，"无大除改，唯皮遐叔蜀中刺史。"尚书不知皮是遐叔姓，谓是宗人，低头久之，曰，"我弭当家没处得卢皮遐来。"衢州为辨之，皆大笑。（因话录4. 10）

刘勋宁（1994：251～261）指出陕北清涧话人称代词和指人名词以词尾[. mi]表示复数形式，如：我 ᶜŋɯ丨我们 ᶜŋɯ .mi丨你 ᶜnɿ丨你们 ᶜnɿ .mi丨他 ꜀t^{h}a丨他们 ꜀t^{h}a .mi。刘先生认为清涧话表复数词尾[. mi]的本字是"每"，并且从历史层次进行了一定论证。

李小平（1999：278～279）指出山西临县方言的"我弭"相当于普通话的"我们"。

我们认为吕先生所认定的"弭"字当"们"字用是正确的。关中方言区对于"囟门"的叫法中，有"门"字（按："们"字是"门"字的后起字，"门们"是古今字的关系；"门"字在早期承担了"们"字的语义）音变如"弭"的（也有"囟"字音变如"细"的），这可以给吕先生所论证的"弭"字可以作为人称代词复数词尾以有力的佐证：商州　囟门子 ɕiẽ^{55}mi$^{35-21}$ .tsɿ丨澄城　囟门 siɛ̃^{55} .mi丨合阳　囟门角儿 siɛ̃^{55} .mi tɕio^{21} .ər/囟门 siɛ̃^{55} .mi丨黄龙　囟门 siɛ̃^{55} mi$^{24-31}$丨洛川　囟门口儿 siɛ̃^{44} .mi k^{h}ər^{52}丨黄陵、铜川　囟门 ɕi^{44} .mi丨宜君　囟门 si^{44} .mi丨耀州　囟门 ɕi^{44} mi$^{24-31}$丨彬县　囟门口 si^{55} mi$^{35-31}$k^{h}ɤu^{51}丨咸阳　囟门 ɕi^{44}mi$^{24-31}$。

4.1.5.2　关于"家"字的讨论

我们从明代小说《金瓶梅》里边对"家"字的使用情况可知，关中方言对近代汉语“家”字的使用有明显的传承特点。下面行文时，括号内的数字是《金瓶梅》的回数。

其一，“家”字相当于“类”的情形

孙立新（2002：246～259）指出关中方言有以“家”字代类的现象，“家”字有时相当于表示复数的“们”，如“男人家”指“男人们”，“猫家”指猫一类动物；事实上，关中老派还有“树家、菜家、萝卜家、西瓜家”等说法，例如“西瓜家最怕大白雨（大暴雨）了”。如下像“小后生家”指小后生们，“小孩儿家、小孩子家”指小孩子们，“僧家”指和尚们。

还是小后生家，好口牙。（33）

小孩儿家屁股大，敢吊了心？（33）

道士家，掩上个帽子，那里不去了！似俺这僧家，行动就认出来了。（39）

伙计家自恁与你饯行，也该吃钟儿。（51）

小孩子家，不当赏他。（72）

我们从《二刻拍案惊奇》所找到的用到“女人家、娃子家、孩子家”的例句如下：

白氏女人家性子，只护着自家人……（3）

只是我娃子家，教我怎的去讨才是？（10）

一直到了孝堂，看见灵帏，果然哭天倒地价哭起来，也是孩子家天性所在。（10）

我们还从清代渭南剧作家的《香莲佩》里找到以下例句。

想我们女儿家，终是外姓之人，不久出嫁，自然不受继母之害。

女人家见了女人总爱拉扯。

关中方言以“家”字代类的现象可以从吕叔湘先生《丹阳方言的指代词》（《方言》1980：241～244）所讨论的丹阳方言“家”表示身份得到印证，如丹阳方言有“爷爷家$_{\text{爷们}}$iɑ^{11} iɑ^{11}kɑ^{11} | 嫚嫚家$_{\text{娘儿们}}$mæ^{11} mæ^{11} kɑ^{11} | 儿子家$_{\text{男孩子家}}$e^{24} tsæ^{55} kɑ^{55}”。

还可以从王福堂先生《汉语方言论集》230页所举绍兴方言的“兄弟家、姐妹家、夫妻家、邻舍家”得到印证，王先生指出：绍兴方言“家”字放在表示亲属称呼的集合名词后，强调相互间的关系。

“家”字代类的现象可能是西部许多地方的共同特征。王春玲《西充方言语法研究》8～11页讨论的第一个问题就是“家”。如王著所举例句：“大人家哩事，娃儿家懂啥子嘛（大人的事，小孩子知道什么）！ | 老婆子家打啥子粉儿嘛（都老太婆了，抹什么粉）！”

其二，“家”字相当于“们”字

孙立新（2002：246～259）还指出：周至方言人称代词的复数形式以

及在表示领属关系时分别在阴平调“我、你、他”的后边加上“家[tɕia^{31}]”字。事实上，与周至隔渭河相望的武功，其方言人称代词复数或者表示领属关系时分别在阴平调“我、你、他”的后边所加的“结[tɕiɛ^{31}]”字，其本字也是“家”字，是“家”字主要元音高化的结果。周至、武功方言表复数的“我家、你家、他家”应当是近代汉语“我家、你家、他家”意义泛化的结果。

吕叔湘先生（1955：169～170）讨论过“家”作人称代词复数词缀的语法化过程。有些代词后头加“家”字，有作领格用的，那里边的“家”字可作实词，照原来的意义讲。举例如下：

蒿地谁家地?（蒿里，乐府 27.245）

他家物，从他去。（北齐书 50 韩凤；他家 = 别人家）

但是，“家”字也有不作领格用的。举例句如下。

我家道处无可道。（灯录 11.8）

便做你家年纪老。（元 87.3.3）

他家马上坐，我身步擎草。（敦琐 31.155）

他家自有儿孙在。（灯录 26.27）

吕先生进一步指出：非领格用法是领格用法扩展的结果，作领格用，“家”字有实义可循；作非领格用，可以增加一个音缀，这种用法在明代以后及北京话还有一般的北方话里都不见应用。但是在吴语区的一部分方言里“家”都发展成为一个表复数的语尾。例如在武进、宜兴、溧阳（都音ko）、江阴（ka）、丹阳（tɕi←tɕia）。“家”的用法跟官话区的“们”相同。

下面是我们从《金瓶梅》里找到的“家”字当“们”讲的例句，后加按语与周至、武功方言进行比较。

五娘这回日头打西出来，从新又护起他家来了。（21）按：这里的“他家”指他们。

李大姐，你出来，你家儿子寻你来了。（32）按：周至把令郎作“你家儿”。

你家孩儿现吃了他药好了，还恁舒着嘴骂人。（33）按：周至把你的孩子作“你家娃”。

他家既先来与咱孩子送节，咱少不得也买礼过去，与他家长姐送节。（40）按：此句中“他家”从原始义来看指“他们家”。周至、武功表复数及领属的“他家”是其意义的泛化。

瓮里走风鳖——左右是他家一窝子。（43）按：这里的“他家”指他们。

我随你怎么打，难得只达得有这口气儿在着。若没了，愁我家那病妈妈子不问你要人！随你家怎么有钱有势，和你家一递一状。（43）

你长大来，还挣个文官。不要学你家老子，做个西班出身，虽有兴头，却没十分尊重。(57) 按：周至把“你老子”就叫“你家老子”。

我们还从《二刻拍案惊奇》卷之六看到“我家妹子”即“我妹妹”的说法，今周至方言亦作“我家妹子”：“天气冷了，我身上单薄，这件布袍垢污秽不堪，你替我拿到里头去，支付我家妹子，叫他拆洗一拆洗，补一补，好拿来与我穿。”卷三十八还有“我家媳妇子”的说法：“你把我家媳妇子拐在那里去藏过了？”

我们还从清代渭南剧作家的剧作里找到以下例句：

你家养娘出外做什么被人杀死？(《春秋配》)

(朱尔旦) 请你家大娘。(《十王庙》)

(乳娘) 好一个该死的野猫，你撵上撵下，待要怎的？若与我家老爷说知，定要将你的骨拐砸坏。(《十王庙》)

呵，你怎知是你家姑娘？(《十王庙》)

今日我家女儿着我向晚时候，在店门外等候，言说有个上任官儿名叫岳俊……(《玉燕钗》)

是我家女儿半夜里梦见你来。(《玉燕钗》)

我们从剧作家范紫东先生的《三滴血》第七回里也可以看到不少这样的例句，选录如下。

我家公子听他岳母去世，特送蜡烛铭旌各样礼物，亲来祭奠。

我家公子前曾聘定李三娘之女李晚春为妻，写有庚帖。

你家公子这件亲事，可有媒证？

你家姐弟要成亲，连我家公子要退婚。

“门”字由“门户”义引申为指一个家庭而随后被赋予了具有集合意义的概念，而后这个集合意义的概念由“们”字来承担，这跟“家”字往往指群体是一个道理。关中方言就有以“家门”表示“本家”这个集合概念的。如太白方言把本家叫做“自家 $tsɿ^{44}tɕia^{31}$”，又叫做“家门 $tɕia^{31}\ məŋ^{24-31}$”，宜君方言把本家叫做“家门自己 $tɕia^{21}$ .mẽ $ts^{h}ɿ^{44}$. tɕi”。

其三，“家”字相当于“某”字

关中方言背称某某男性时一般在其姓氏后边加上“家”字。下面的例句可以看出关中方言背称标志“家”的当初用法。第30回的“刘家”是很随便的面称，第30回的“刘家”才是背称。关中方言这种对“家”字的用法是近代汉语语义引申的结果。

薛内相道：“这等——”因向刘太监道：“刘家，咱每明日都补礼来庆贺。”(30)

那日薛内相来的早，西门庆请至卷棚内待茶。薛内相因问：“刘家没送礼来？”西门庆道：“刘老太监送过礼了。”（32）按：薛、刘都是地位相当的太监，于是薛很随便地称刘为“刘家”，但是，西门庆不敢称刘太监为“刘家”。

估计，近代汉语以及关中方言指代人的“姓氏＋家”模式的最初语义亦如字面上的，指某个家族，后来可以指这个家族的男人，于是“家”字才有了指代作用。

另外，关中方言的“家”字还具有单数指称作用，有必要从以下五点来予以附带交代。

一是“家”字在近代汉语里具有指代作用的，还可以从其他作品里找到证据，如《红楼梦》里把周瑞的妻子叫“周瑞家的”。其中的“家的”就具有指代作用。其实，户县方言也有类似的用法而把《红楼梦》里的“家的”用成了“家”，这种现象主要在老派方言里用。户县老派方言把晚辈或者幼者的妻子按其丈夫的排行加上“姐儿”或者“家”或者“姐”，也有在某妇女丈夫名字的后边加上“姐儿/家/姐”的。例如：大姐儿直呼大儿媳或大侄媳或大弟妻/大家/大姐｜六姐儿｜军军家直呼丈夫叫军军的妇女。户县方言的这种现象在建国前很普遍，建国后渐次减弱，如今已经基本上成为历史陈迹了。户县老派方言“家”字的这种用法，可从建国后的电影《李二嫂改嫁》得到印证，李二嫂的婆婆称李二嫂为“老二家”。

西安等处有在人品名词中，称述夫或妻时后边缀以“家”字的。这个“家”字也具有代词的性质，如“外头家”指丈夫，泛称男性成年人，“屋呢家”指妻子，泛指女性成年人。

二是西安、户县一带面称某个地方的人时，往往在其籍贯或住所（多为双音节词）的后边加上“家”字，如：北京家｜湖北家｜彬县家｜引镇家｜王村家｜曹堡家｜当中家称述住在村子中间的人｜对门家/对门儿家/对门子家。

三是西安一带因为某个家族曾经从事过某种职业，于是，在把这个家族叫做“某某家”以后，也可以以“某某家”来称述这个家族的男人，如：盐店家｜银匠家｜药铺家｜染坊家。

四是以同宗族大的支系作为称谓的，如：长门家｜二门家｜三门家。

泾阳、淳化等处表示人称代词复数时常用“伙里”，如“姊妹伙里｜弟兄伙里”。《金瓶梅》25 回有例句如“他每日只跟着他娘每伙儿里下棋儿、挝子儿、抹牌顽耍。”其中“他娘每伙儿里”指“她们那些娘们”，这里“伙儿里”的用法与泾阳、淳化等地的“伙里”相似。

汉语方言“家”字用作复数词尾的还有，我们从陈淑梅（2001：28～29）可以看出来。陈先生所记的读 tɕiɛ^{31} 的字作“嗟”，与孙立新（1997：121）把武功方言读 tɕiɛ^{31} 的复数词尾“家”字记作“结”同理；鄂东方言的复数标志“得”应当与孙立新所写的关中的复数标志“的”为同一源流。其实，鄂东的复数词尾“嗟”也是“家”字主要元音高化的结果。

严修鸿《客家方言人称代词单数的语源》（见李如龙、张双庆主编的《代词》1999：233～246）一文指出，山西襄汾、新绛、曲沃、长治（侯精一1985：96）、洪洞、临汾、河北井陉、通县、河南商丘、安徽阜阳、怀远、太和、江苏句容、常州、江阴、金坛、浙江仙居等处不同程度都有以“我家、你家、他家”表示第一二三人称代词的复数的。严文认为山西河津、关中常澄城的复数标志[tɕi]也是“家”，我们不取这种说法。乔全生《晋方言语法研究》117页指出，山西以“家”表示第一二三人称代词复数的还有晋城、吉县；乔著认为永济、万荣、襄垣的复数标志[ti/tou]也是“家”，我们不取这种说法。赵变亲《晋南中原官话的人称代词》指出，古县、新绛、侯马、乡宁也以“家”表示第一二三人称代词复数。

表21比较周至、武功、罗田等处人称代词的单复数形式。

表21　　周至、武功、罗田等处人称代词单复数形式比较表

	我	我们	你	你们	他	他们
周至	我 ŋɤ^{51}	我家 ŋɤ^{31} tɕia^{31}	你 ni^{51}	你家 ni^{31} tɕia^{31}	他 tʰa^{31}	他家 tʰa^{31} tɕia^{31}
武功	我 ŋɤ^{52}	我家 ŋɤ^{31} tɕiɛ^{31}	你 ni^{52}	你家 ni^{31} tɕiɛ^{31}	他 tʰa^{52}	他家 tʰa^{31} tɕiɛ^{31}
罗田$_1$	我 ŋo^{34}	我家 ŋo^{34} .tɕiɛ	你 n^{34}	你家 n^{34} .tɕiɛ	他 tʰa^{31}	他家 tʰa^{31} .tɕiɛ
罗田$_2$		我得 ŋo^{34} .tɛ		你得 n^{34} .tɛ		他得 tʰa^{31} .tɛ
浠水	我 ŋo^{34}	我家 ŋo^{34} .tɕiɛ	你 n^{34}	你家 n^{34} .tɕiɛ	他 tʰa^{21}	他家 tʰa^{21} .tɕiɛ
麻城	我 ŋa^{45}	我家 ŋa^{45} .tɕiɛ	你 n^{45}	你家 n^{45} .tɕiɛ	他 tʰa^{13}	他家 tʰa^{13} .tɕiɛ
红安	我 ŋo^{45}	我家 ŋa^{45} .tɕiɛ	你 n^{45}	你家 n^{45} .tɕiɛ	他 tʰa^{11}	他家 tʰa^{11} .tɕiɛ
襄汾	我 ŋɤ^{33}	我家 ŋɔ^{21} tɕia$^{44-21}$	你 ni^{21}	你家 ni^{21} tɕia$^{44-21}$	他 tʰa^{33}	他家 tʰa^{21} tɕia$^{44-21}$
曲沃		我家 ŋo$^{33-21}$tɕia$^{35-22}$		你家 ni^{21} tɕia$^{35-22}$		他家 tʰa^{211} tɕia$^{35-22}$
长治	我 uə^{535}	我家 nəʔ^{54} .tɕiᴇ	你 ni^{535}	你家 n^{535} .tɕiᴇ	他 tʰɑ^{213}	他家 tʰɑ^{213}.tɕiᴇ
洪洞	我 ŋo^{33}	我家 ŋuɑ^{42}	你ȵi^{33}	你家ȵiɑ^{42}	㑚nɑ^{21}	㑚家 nɑ^{21} .tiɑ
临汾	我 ŋɔ^{51}	我家 ŋua^{51}	你 ni^{51}	你家ȵia^{51}	那 na^{21}	那家 na^{35}
临汾		我家 ŋɔ^{51} tɕia^{21}		你家 ni^{51} tɕia^{21}	他 tʰa^{21}	那家 na$^{21-55}$ tiɑ^{21}
临汾		我家 ŋɔ^{51} kua^{21}		你家 ni^{51}kua^{21}		那家 na$^{21-55}$kua^{21}
晋城	我 ua^{113}	俺家 æ^{113}.tɕia	你 niə^{113}	你家 niə$^{113-11}$.tɕia	他 tʰa^{113}	他家 tʰa$^{113-11}$.tɕia
吉县$_{乔}$	我 ŋə^{53}	我家 ŋə$^{53-55}$.ɕia	你ȵi^{53}	你家 ni$^{53-55}$.ɕia	他 tʰa^{423}	他几位
吉县$_{赵}$	我 ŋə^{53}	我家 ŋə$^{-55}$ .tɕiɛ	你ȵi^{53}	你家ȵi^{-55}.tɕiɛ	他 tʰa^{423}	他家 tʰa^{-11}.tɕiɛ

续表

	我	我们	你	你们	他	他们
江阴		我家 ŋəu$^{45-42}$ka$^{53-22}$		你家ȵi$^{45-42}$ka$^{53-22}$		他家 tʰa^{53}ka$^{53-22}$
古县	我 ŋɤ^{33}	我家 ŋua^{33}	你ȵi^{31}	你家ȵi^{31} .tɕia	那 na^{31}	那家 na^{31} .tɕia
新绛	我 ŋə^{44}	我家 ŋə$^{-55}$.tɕia	你ȵi^{53}	你家ȵi^{-55} .tɕia	他 tʰa^{53}	他家 tʰa^{-55}.tɕia
新绛		我家 ŋua^{53}		你家ȵia^{53}		
侯马	我 ŋə^{33}	我家 ŋə^{53} .tɕia	你ȵi^{53}	你家ȵi^{53} .tɕia	他 tʰa^{53}	他家 tʰa^{53} .tɕia
乡宁	我 ŋə^{53}	我家 ŋə^{53} .tɕiɛ	你ȵi^{53}	你家ȵi^{53} .tɕiɛ	他 tʰa^{53}	他家 tʰa^{53} .tɕiɛ

严修鸿（1999：240～241）指出：西南官话区人称代词单数加“家”的另一种功能是表示敬称，如武汉、玉溪、澄江、昆明的“你家”相当于“您”，“他家”相当于“他老人家”。但是，在这一带，“我家”却用来引称“我的亲人”。如昆明方言“我家哥哥”。

五是“家”字还可以指行业、系统。例词如：水利家、农业家、林业家、城建家、人事家、工商家、税务家、国税家、地税家、邮政家、电信家、移动家、教育家、文化家、新闻家、出版家、工艺家如工艺美术公司、印刷家、银行家、保险家如保险公司、餐饮家、妇幼家如妇幼保健院、医疗家，等等。但是，不说“党委家、政府家、人大家、政协家、部队家、团委家、妇联家、党派家、民盟家、农工家、九三家、公司家、企业家、工厂家、文联家、作协家、医院家、学校家、工商联家”等。下面罗列几组对话，从中可以看出“家”字的这个特点。

（甲）你如今在谁家呢？（乙）我年时个去年才从教育家调到文化家咧。

（甲）你在政府的哪个部门/在政府谁家上班呢？（乙）我在水利家呢。

（甲）你说银行家待遇好吗还是保险家待遇好？（乙）一般来看，银行家要比保险家待遇好些子；其实，有时候也不一定，比如，保险家有的是凭着实际业绩发奖金呢，有时候儿还比银行家好。

其四，“家”字在关中方言里还是定语的标志，相当于“的”字。例如：拴牢家娃拴牢的孩子、小李家媳妇儿小李的妻子、芬芬家女婿芬芬的丈夫、老李家大儿老李的大儿子、甲子家老二的媳妇儿甲子的第二个儿子的妻子、李老师家孙子李老师的孙子。请注意，这些例子里一般限于指晚辈（平辈之间只可以称说其配偶或未婚的夫妻），称说平辈及长辈的时候，这些例子里“家”的位置相应地作“꜀他（她）”，例如：拴牢他妈拴牢的母亲、芬芬她爷芬芬的祖父、小李他舅小李的舅父、李老师他妹子李老师的妹妹、小陈他兄弟小陈的弟弟。上述的“小李家媳妇儿、芬芬家女婿”分别也可以说成“小李他媳妇儿、芬芬她女婿”。对于老师亲属的称说除了以上举到的，还可以报道如右：“李老师家儿子”又作“李老师他儿子”，“李老师家孙子”又作“李老师他孙子”；还有“李老师他兄弟李老师的弟弟≠李老师家兄弟假如这个李老师是说话人年龄相当的同事或同辈/李老师家꜀我兄弟”；还有“李老师家꜀我师母/꜀我李老师家师母/꜀我李老师家的师母”，等等。

有些类似词组只有在具体语境里来理解其所指，如“赵家老婆赵某人的老婆；赵氏家族的老婆、李家女婿李某人女儿的丈夫；李氏家族的女婿；某家嫁到李家的女儿的丈夫、王家媳妇儿王某人的妻子；王氏家族的媳妇”。其中，有的问题跟上述“家”字当“某”讲有着直接的关联。

4.1.5.3　高陵一带的“伙里”

高陵、泾阳、三原、富平等处方言相当于西安等处的“们”相应地作“伙里”只有两个词语，如高陵词语：弟兄伙里 ti^{55} ɕyŋ^{31} xuɤ^{51} .li | 先后伙里妯娌们 siã^{55} xɤu$^{55\text{-}31}$ xuɤ^{51} .li。

张振兴先生在卢小群（2004）《湘南土语代词研究》序言里指出，汉语方言代词是一种很特殊的、封闭式的但却是非常活跃的词类系统。也就是说，方言代词研究是一个比较复杂的系统工程，需要在认真调查的基础上进行深入研究。我们往往发现一些学者尤其是一些年青学者，由于实地调查不够而造成对材料的分析、认可等研究环节出现问题，以致做出错误的结论。看来，研究方言第一手丰富的田野资料的获取和扎实的研究能力是同等重要的。

4.1.6　人称代词与指示代词组合时的特殊语序

如普通话的“你这是干什么去？｜他这是怎么了？”在西安一带方言里一般分别作“你这是做啥去呀？｜他这是咋咧？”，也分别作“这你是做啥去呀？｜这他是咋咧？”其中的“这你是做啥去呀？｜这他是咋咧？”是老派的说法。

西安一带方言读作去声调的近指代词“这[tʂɤ^{55}]多数人的读法/[tʂuɤ^{55}]中老派文盲女性的读法”和远指第一层次代词“吺[uɤ^{55}]”，在老派居民的口语里可以处在人称代词的前边。例如：

你这是给我的，得是是不是？/这你是给我的，得是？

他这是给谁要模样呢拿脸色给人看让人害怕？/这他是给谁要模样呢？

我知道，你这是在北京去去北京呀/我知道，这你是在北京去呀。

他吺是故意丢你的人呢！/吺他是故意丢你的人呢！

你的一伙你们吺是挖共产党的墙脚呢/吺你的一伙是挖共产党的墙脚呢！

我们从范紫东先生《三滴血》第十六回看到这样的例句：“这你又换了一身衣裳。”

4.1.7 关于汉藏语系第一人称代词两个问题的讨论

以下从两个方面进行讨论，一是关于“我”字读音等问题的讨论，二是关于汉藏语系第一人称代词单数格范畴的讨论。

4.1.7.1 关于“我”字读音等问题的讨论

其一，对平山久雄等学者关于“我”字读音问题的不同看法

平山久雄在《中国语文》1987 年第 6 期 409～414 页著文认为：“我”字本应读ě，却读作 wǒ，是轻读产生的例外，这个例外是在中古和现代之间发生的。平山先生认为：“我”字在中古音值为 ᶜŋa。歌哿箇韵（歌部）见系字在北京照例读成 e，如“歌 gē”“可 kě”“饿è”等。“我”应读也读成ě，以前字典上载文言正音是如此，它在口语里却读 wǒ，是个孤立的例外。wǒ比ě并不见得发音简单……也可释作是轻读音变的结果。

孙易（2005：83～92）讨论山西高平话“我”字读音时，在承认平山久雄观点的基础上，以客家话、闽方言也存在开口变合口的现象来支持自己所认定的“我”在高平方言里的韵母仍与中古歌韵相当的观点，我们认为从理论上解释不通。就关中方言（孙立新 1997：106～124）“我”字读开口还是合口的实际来看，这是语音发展不平衡的反映，如歌韵开口一等“河”字在普通话里发展为 e[ɤ]韵母，“多”字发展为[uo]韵母，也是不平衡的反映。具体来看，关中 51 个方言点里，只有 18 个方言点“我”字读合口，其余 33 个方言点读开口。

我们认为平山先生用轻读音变来解释“我”字应该读作ě却例外地读作wǒ的观点是不妥当的。我们认为北京话的“我”字之所以要把依例该读的ě[ɤ^{214}]音改为 wǒ[uo^{214}]音，这是避讳“恶心”的“恶ě”的结果，其理由如下：

从《现代汉语词典》（2000：327～320）看，普通话读 e 韵母的字主要有：阴平ē“阿婀妸屙娿婀”等；阳平é“讹吪囮俄莪哦峨涐娥睋锇鹅蛾额”；上声ě“恶（～心）”一个字；去声è“厄苊扼呃轭呝垩恶（～劣，～霸）饿鄂阏谔萼遏遻崿愕頞搤腭鹗锷颚噩鳄”等；轻声.e“呃”一个字。与中古《切韵》音系比较，北京话读作 e 韵母的字，其来源主要有：1. 果摄开口一等歌韵疑母；2. 宕摄开口一等入声铎韵逢疑影两母；3. 梗摄开口二等入声陌韵疑母，入声麦韵影母。另外，果摄合口一等戈部疑母平声“讹”字北京话读作é，去声（中古过韵）“卧”字北京话读作 wò，这符合果合一戈逢见组字北京读作 e[ɤ]、uo 两个韵母的规律。除“讹”字外，北京话读 e 的字主要有两个来源，一是阴声韵，二是入声韵。“恶”字的“恶心”义是隋唐以后才产生的，其读音ě是北京话演变过程中由“恶”的“罪过；害；坏，

不好”等意义分划出来的；其中有语音和语义的双重分化。“我”字在北京话演变过程中，其读音可能有一个与“恶（～心）”字合流为ě的过程，为了避开“恶（～心）”字的音，北京话就读“我”字为 wǒ，一方面可能借了某个方言对“我”字的读音，一方面依照果摄开口一等歌部逢端系字韵母的主流读法读成了 uo 韵母。

由于极端的避讳，北京话零声母 e[ɤ]韵母只有一个字“恶（恶心）”。这种极端避讳的现象在汉语方言里几乎俯拾皆是，如“屄”字在我国西部地区的许多地方依照明代梅膺祚所著《字汇》（上海辞书出版社 1991 年出版的第 122 页：“屄，篇夷切，音‘披’，女人阴户。〇又，边迷切，音‘卑’，义同。”）“篇夷切”的读法读作 ꜀pʰi。为了避讳，“披”字读作 ꜀pʰei 就很普遍了，甚至西南官话如成都等地“批”字也读作 ꜀pʰei。孙立新（2004：133～148）指出：陕西兴平等处把“批”字读如“匹 ꜂pʰi”，这是极端的避讳；而西安等处则是“批（批判，审批）”读作 ꜀pʰi（批=屄），“批（大批，批发）”则读如“匹 ꜂pʰi”，属于不太避讳。

《汉语方音字汇》42 页所记“我”字的读音，其中济南方言读作 ꜂uɤ（旧读 ꜂ŋɤ 与西安方言声韵相当），武汉、成都 ꜂ŋo、合肥、扬州 ꜂o，多数是依照古今对应规律读的。吴继章等《河北省志·方言志》词汇一章之“二十七、代词”，其中廊坊等处的读音最少从声韵方面看，是与普通话相相当或相对应的：廊坊、保定 uo^{214}，唐山 uɤ^{214}，石家庄 uo^{55}。贺巍先生（1993）指出洛阳方言“我”字读作 uə^{53}，很明显也是如北京的避开了“恶（恶心）”字的音。大致看来，由于避讳因素所致，北京话的“我”字在由 ɤ^{214} 到 uo^{214} 定型以后，对附近河北、河南等地方言以强有力的影响，而没有影响到西北和长江以南等广大地区。如西安方言“我”字读作 ŋɤ^{52} 单数/ŋæ^{31} 复数及领格（孙立新《西安方言研究》把上声调西安方言记作 53 调值，今以张锦玉、石锋 2009：38～42 的文章记作 52；根据康骥臻将刊稿《武功方言单字调的实验分析》对武功方言的单字调实验分析，本书将武功方言的单字调调值记作阴平 31、阳平 24、上声 52、去声 44），跟避讳毫无关系。西安方言依照古今语音对应规律，对北京话读作 e[ɤ]韵母的字基本上以读 e[ɤ]韵母为主，如常用字“恶（～心，～劣，～霸）厄苊扼呃噩”读作阴平 ŋɤ^{31}，“婀（～娜）讹俄峨娥鹅蛾轭垩鄂萼腭鹗锷颚鳄”读作阳平 ŋɤ^{24}，“饿”字也读作去声 ŋɤ^{55}；其中“恶”字不存在避讳因素所导致的声调分化问题。其次为“阿（～谀，～胶）”一个古舒声字读作 uɤ^{31}，“额”一个古入声字读作 ŋei^{31}。

其二，西安方言不用“俺”字。

我们经常能从新闻媒体上见到有人把西安方言的第一人称复数的排除

式写成了“俺”字，其实西安方言第一人称复数排除式的本字不是“俺”字，而是“我”字。

西安方言用作第一人称的“我”读作 ŋæ^{31}，与“哀”及“挨近，挨着”的“挨”字同音。“我”读作 ŋæ^{31} 具有先秦古音因素。用作第一人称排除式的“我 ŋæ^{31}”，相当于普通话的“我们”，例句如：“我 ŋæ^{31} 我们就不害怕你｜谁想欺负我 ŋæ^{31} 我们，没门儿！”另外还可用作定语，如：“我 ŋæ^{31} 爸、我 ŋæ^{31} 妈、我 ŋæ^{31} 老师、我 ŋæ^{31} 单位、我 ŋæ^{31} 学校”。关中“我”字读作 ŋæ^{31} 的区域很小，仅在西安、蓝田、户县、周至东部及咸阳市秦都区沣东一带。

“我”字在“歌部开口一等”，“歌部开口一等”在先秦汉语里读作 ai 韵母。如《王力文集 6 • 诗经韵读》（1986 年：124～158）的表格以及 134～135 页，“他”字读作 t^{h}ai，“哥”字读作 kai，“我”字读作 ŋai。315 页《小旻》第五章前的四句押韵字：不敢暴虎，不敢冯河 xai。不知其一，莫知其他 t^{h}ai。

“我”字等“歌部开口一等”字在汉代以至五代都读作 a 韵母，后来演变并且分化成了 ɤ 和 uo。“我”是“疑”声母字，在上古和中古汉语里，“疑”声母的音值是 ŋ。普通话把“疑”声母字读作零声母，汉语的不少方言（如关中方言、陕南方言）把“疑”声母字读作 ŋ 声母，官话方言区有的地点方言（如甘肃环县、陕西定边等处方言）甚至北京附近的方言把“疑”声母字读作 n 声母。下面比较普通话与西安、环县等处方言古“疑”声母字声母读音的不同。

西安	爱 ŋæ	额 ŋei	鹅 ŋɤ	熬 ŋau	偶 ŋɤu	安 ŋã	恩 ŋẽ	昂 ŋaŋ
环县	爱 næ	额 nei	鹅 ŋuə	熬 nau	偶 nəu	安 næ̃	恩 nəŋ	昂 naŋ
北京	爱 ai	额 ɤ	鹅 ɤ	熬 au	偶 ou	安 an	恩 ən	昂 aŋ

诚如上文所言，“我”字在中古以前与“鹅鹅俄饿”等字声韵相同，后来在北京话里演变成了 wǒ，按照规律，北京话应当读“我”为ě，但是却读作 wǒ，这是为了避开“恶心”的“恶”字而产生的避讳读法。“鹅鹅俄饿”等字是按照规律演变成了 ɤ；而在西安方言里，“鹅鹅俄饿”等字以及作为第一人称单数的“我”字均读作 ŋɤ，“我 ŋɤ^{52}”与“我 ŋæ^{31}”在用法上有明显的区别。例如同样是“我不害怕你”的句子，如果“我”字读作 ŋɤ^{52} 就指一个人，如果读作 ŋæ^{31} 就指许多人。

这里有必要讨论一下西安方言的“我”字读作 ŋæ^{31} 与其他方言如河南、山东方言“俺”字的关系问题；顺便讨论果摄开口一等其他相关字在西安以及关中方言里的读音问题。

避开“我”字由名词虚化成为代词的过程不谈，其实，“我、俺”与古汉语的“卬”字有同源关系。“我”字作为第一人称代词上文已经举到了。

关于“卬”字，《诗经·邶风·匏有苦叶》云：“招招舟子，人涉卬否。”郭璞注：“卬，犹姎也，语之转耳。”邢昺疏：“《说文》云‘女人称我为姎’，由其语转，故曰‘卬’。”章太炎《新方言·释言》认为“卬”字是“俺”字的本源。明代梅应祚所著的《字汇·人部》：“俺，我也。”《正字通·人部》：“凡称我，通曰俺，俗音也。”宋·辛弃疾词《夜游宫·苦俗客》云：“说得口干罪过你。且不罪，俺略起，去洗耳。”“俺”字作为近代汉语口语常用词在明清白话著作里俯拾皆是，这个字虽然比“我卬”两字见于典籍晚得多，但是，一方面我们估计它产生的时间可能在明清以前，另方面其同源关系是显而易见的。现在比较这三个字的古音：我 ŋai 俺 ŋam 卬 ŋaŋ。

古来的学问家研究学问，常常用“转音”来分析字与字之间的语义关系。因为“俺卬”声母相同，主要元音相同，都没有介音，所以可以“通转”；因为可以通转，所以语义相同。如上文提到的太炎先生认为“卬”字是“俺”字的本源问题。而“我”字的 ŋai 音与“俺 ŋam、卬 ŋaŋ”之间的关系，可以用“对转”来解释。“我”字是阴声韵，“俺 ŋam、卬 ŋaŋ”两个字是阳声韵。也就是说，声母（如 ŋ）和介音（如果有介音的话）相同，主要元音相同（“我俺卬”的主要元音是 a），其语义就相同或相通。

我们在甘肃东部一些地方发现，相当于古代汉语的“我卬”、河南等地方言的“俺”，甘肃东部如张家川、清水等处相应地作“敖”，读作 ꜁ŋau。这个语音形成的理据用“通转”以及“对转”也完全可以解释得通。

西安市蓝田县与灞桥区之间的白鹿原一带以及西安城内回民所操的汉语方言，“他”字作代词用作主语、宾语时读作 t^ha^{31}，用作定语时读作 $t^hæ^{31}$ 而与“胎”字同音。例如：他 t^ha^{31} 没来|我认不得（不认得）他 t^ha^{31}；他 $t^hæ^{31}$ 爸、他 $t^hæ^{31}$ 妈、他 $t^hæ^{31}$ 姐、他 $t^hæ^{31}$ 单位。

果摄开口一等见母去声箇韵字“个”关中方言一般读作 kɤ 或 kuo、kuɤ，但是，在有的方言点里也有先秦古音存留的因素。比较典型的是，商州、丹凤、洛南方言读作.kai，如商州方言：这一个.kai、兀那一个.kai；洛南方言：这一个 $tʂei^{55}$ kai。我们还能从合音现象里看到“个”字读作 kai/kæ 的根据来，如关中方言区宜君、长武、宝鸡、麟游、陇县等处方言“这个”两字合音为 ᶜtʂæ，完全是 ᶜtʂɤ .kai/kæ→ ᶜtʂæ 合音所致。再如华县、大荔、户县、凤县、陇县等处“兀个（那个）”合音为.uæ（如华县）或者.væ（如陇县），也是合音所致：华县 u^{55} .kæ→.uæ，陇县 vu^{44} .kæ→.væ。

其三，客家话等南方方言“𠊎”的本字是“我”。

我们认为客家话当第一人称讲的“𠊎”字（《汉语大字典》注音为ǵi，释义为“方言，代词，表示第一人称，我”）本字应当是“我”。果摄开口一等歌韵字在客家话以及其他南方方言里读作 ai 韵母的，有的是，如黄雪贞《梅县方言词典》（82～90 页）读作 ai 韵母的歌部字有：大（定母去声箇韵）tʰai[53] 搓（清母平声歌韵）tsʰai[44] 哪（那，疑母去声哿韵）ŋai[53]。

其四，藏缅语对“我”字的读音可以作为有力的佐证。

我们还可以从汉藏语系中的藏缅语对“我”字的读音看到其古音特征来，戴庆厦、傅爱兰（2001:289～300）所列举的藏缅语对“我”字的读音，可以与“我”字的古音及现代方言语音形成对照以证明“我”字的古音根据：景颇语 ŋai[33] 彝语 ŋa[33] 哈尼语 ŋa[55] 纳西语 ŋe[33] 载瓦语 ŋo[51] 独龙语 ŋəi[53] 普米语 ŋa[55] 藏语（作格）ŋɛʔ[132]。

古疑母字在宋代以前读 ŋ 声母，王力先生（1985：504）指出“我”字先秦读作 ŋai，西汉至五代读作 ŋa，宋代读作 ŋɔ，元明清时期读作ɔ，现代读作 uo；也就是说，北京话“我”字读作 uo[214] 是鸦片战争以来才产生的。上列景颇语“我”字读作 ŋai[33] 是很典型地保留了汉语的先秦古音，彝语读作 ŋa[33]、哈尼语读作 ŋa[55] 是很典型地保留了汉语的中古音。

4.1.7.2　汉语方言以及汉藏语系第一人称代词单数的格范畴

汉藏语系第一人称代词单数格范畴的类型很复杂，很值得关注并进一步予以发掘研究。

孙立新（2002：246～259）指出关中方言比较普遍地把“我”字读作上声调的时候表示单数，读作阴平调的时候表示复数并且兼作定格，下面予以举例说明：

	西安	富平	丹凤	大荔	凤翔	周至
单　　数	꜂ŋɤ	꜂ŋɤ	꜂ŋuo	꜂ŋo	꜂ŋau	꜂ŋɤ
复数兼定格	꜀ŋæ	꜀ŋɤ	꜀ŋuo	꜀ŋo	꜀ŋau	我家 ꜀ŋæ/ ꜀ŋɤ ꜀tɕia

钱曾怡、罗福腾、曹志耘（1992：53～55）指出山东诸城方言“俺”兼指单复数，例如：甲　恁（你）俩上哪里去？　乙　俺（复数）去看电影儿，恁去啊不？　甲　俺（单数）不去。

钱曾怡先生（1997）编著的《济南方言词典》指出济南方言加“们”字表复数，其中第一人称有“我、我们，俺、俺们”两套。钱曾怡、太田斋、陈洪昕、杨秋泽（2001：13～138）指出山东掖城方言人称代词的复数形式依次是：俺、恁、他们；第一人称复数老派和妇女说“俺”，学生和新派说“我们”；掖县方言无“俺们”的说法。掖城方言“俺”也可以用于单数，限于两种情况：一是出于小孩特别是女孩之口，是一种撒娇、亲昵口吻；妇女在长辈或单数的人面前自称表示谦恭。二是用于领格，如“俺娘上俺姐姐家去了”。

冯荣昌先生（1992：83～88）讨论潍坊方言时指出：“俺、咱、恁”单复数都用同一形式表达。例如某人碰到一位朋友打招呼：“恁待上哪你要到哪儿去？”

朋友回答："俺待家去我要回家。"如果碰到的是一伙人，也是这样问答：恁你待上哪？|俺我们待家去。

《昌黎方言志》（1960：264）指出昌黎方言人称代词加"们"表示复数。吴继章等《河北省志·方言志》指出：廊坊、石家庄等处以"们"字表复数，邯郸等处则以"都"表复数。

史秀菊（2003：324～334）指出山西临猗方言以"得 tei/ti"表复数。很有意思的是，临猗方言"我你他"分别有上声、阴平、阳平三种声调形式，因而形成了 ABC 三套单复数系统，而第三套（C 系统）的复数形式则以主要元音长化来表示。临猗方言这些特点是罕见的。

贺巍先生（1981：5～26）指出河南济源方言以"们儿"表示复数。贺巍先生（1988：56～59）还指出河南获嘉方言常常以".都"表示复数。贺巍（1993：19～22；183～184）还指出河南洛阳方言"我你他"加"们"表复数，"俺、你家 nia^{31}、人家"可以当单数用，也可以当复数用，用在称谓、处所、村镇或数量词"一个"前边是单数："俺达达儿（叔叔）是工人|你家桌儿上放了十本书|人家一个人去就中了"；用在"几个、两个、一堆、一群"等数量词前边是复数：如"俺两个都是洛阳人"；有的单复数由说话环境或上下文决定：如"这是我的书，不是人家（他）的书|这是咱的，那些都是人家（他）的"。

学界对于"我"的相关研究可以引发我们对"我"在现代官话中特点的一些思考。张玉金对古代汉语代词尤其是上古汉语第一人称代词的研究有一系列重要论文，如《西周汉语第一人称代词称数问题研究》（2005：72～79）《春秋时代第一人称代词研究》（2008：66～72），其中关于"我"字的研究很有见地。张先生指出"我"字在春秋时代既表示单数又表示复数，其中《春秋金文》只用作单数，《春秋》只用作复数，《诗经》二颂、国风 11 例用作复数，277 例用作单数。而战国时代的"我"承袭了春秋时代的用法，既表示单数又表示复数。如我们把从成书于战国初期的《左传》所找到的"我"字在如下例句按照关中方言读作阴平调，正好都是表示第一人称代词复数的：十年春，齐师伐我。（庄公十年）|管仲对曰："昔召康公命我先君太公曰：'五侯九伯，女实征之，以夹辅周室。'赐我先君履……"（僖公四年）

黄树先（2007：86～91）专门讨论了包括"我/吾"在内的第一人称系列代词的语音、语义、语法等特点，对于我们研究古今汉语包括汉语方言，研究汉藏语系语言或方言很有帮助。汉语方言"我"字读作 ŋo 或者 o 等对汉藏语系一些语言或方言往往有一定影响，如李云兵（1999：65～74）记述的布干语，"我"读作 o̤^{31}。再如李蓝（1999：35～38）指出湖南城步"青衣苗话”人称代词的单复数形式富有特点。“青衣苗话”的“伊、他”有分工，“伊”的用法与现代闽语的“伊”基本相同，“他”主要用来指代不在说话人跟前的“伊”。

由戴庆厦、傅爱兰《藏缅语的述宾结构》（2001：289～300）一文所提供的藏缅语族里许多语言的“我”字读音可看出藏缅语族与汉语之间的同源关系。其中，藏、独龙、纳西语的“我”在受事和处所句的读音有明显不同。如藏语主要是通过韵母和声调变化表示格范畴的，作格“我 $\mathrm{ŋɛʔ}^{132}$”，处所句通格“我 $\mathrm{ŋa}^{12}$”；彝语主格、宾格、领格声调分别为 33、44、55，渐次升高，宾格鼻音声母脱落。李云兵（1999：65～74）指出布干语等语言通过声调变化表示格范畴，也值得关注。下面比较布干语、彝语、哈尼语第一人称单数的三种格范畴：

	主格	宾格	领格
彝　语	$\mathrm{ŋa}^{33}$	a^{44}	$\mathrm{ŋa}^{55}$
哈尼语	$\mathrm{ŋa}^{55}$	$\mathrm{ŋa}^{31}$	$\mathrm{ŋa}^{33}$
布干语	$\mathrm{o̰}^{31}$	$\mathrm{o̰}^{44}$	$\mathrm{o̰}^{55}$

另外，我们从《藏缅语的述宾结构》一文里还可以看到藏缅语族对“我”字的读音中是以 ŋ 声母或主要元音为 a 为主体的，如独龙语 $\mathrm{ŋəi}^{53}$　载瓦语 $\mathrm{ŋo}^{33}$　纳西语 $\mathrm{ŋe}^{33}$　普米语 a^{55}。这些都有受汉语早期语音影响的明显因素。

张振兴先生在卢小群所著《湘南土语代词研究》一书序言第 2 页指出，汉语方言代词是一种很特殊的、封闭式的但却是非常活跃的词类系统。也就是说方言代词研究是一个比较复杂的系统工程，要在认真调查的基础上进行深入研究。

汉语以至于汉藏语系的“我”字是一个应当受到关注的代词，近年来，相关的研究成果里专门研究“我”字问题的，如林宝卿（1991：131～132）指出莆仙方言第一人称代词读如“寡 kua^{435}”的本字为“我”而非“寡”，林先生以福州等处方言为佐证：福州　我 $\mathrm{ŋuai}^{31}$，厦门　我 $\mathrm{ŋua}^{53}$，永安　我 $\mathrm{ŋuɔ}^{21}$，建瓯　我 ue^{21}。

4.1.8　汉语方言人称代词声调感染的类型学考察

汉语许多方言都有如李荣先生所指出的因“感染”而致使人称代词声调相同的现象，如广东增城方言“我、你、他”读作 13 调值表单数，变作 51 调值时表复数；广东惠州方言的“我你佢”通过声调屈折构成人称代词的复数和领格；江西客家方言大多数地区人称代词“我、你、渠”同调，这是感染作用的结果。如下主要从三点进行讨论：一，豫鲁晋陕青湘等省人称代词声调感染以“他”字或“其”受“我你”两个上声字的感染也读上声为特征；二，人称代词读作阳平是许多南方方言的重要特征；三，读作阳上或阳去也是不少南方方言的一个典型特征。另外，我国一些少数民族语言里也有人称代词的声调感染类型。

4.1.8.1　豫鲁晋陕青湘等省区以“他、其”读作上声为特征

李荣先生 1965 年在《中国语文》第 2 期 116～126 页所发表的《语音演变规律的例外》特别指出河南等地方言第三人称单数“他”字受“我你”两个上声字的感染作用也读作上声。

汉语方言人称代词的声调感染在河南、山东、山西、关中、青海的多数地区以及河北、甘肃、宁夏部分地区以“他”字受“我、你”两个上声字的感染作用也读作上声调为特征。

河南不少方言点人称代词都有声调感染的情况存在。丁声树《河南省遂平方言记略》（1989：81～97 页）记写遂平方言人称代词的单数“我你他”都是读作上声调的：我 uo^{55} | 你 ni^{55} | 他 tʰa^{55}。“他”字受“我你”两个上声字的感染而读作上声调。网上署名“河洛生”的先生指出河南卢氏方言人称代词的单复数如下：

	单　数	复　数
第一人称	我 ŋuə^{45}	我 ŋuə^{51}/我都 ŋuə^{51} tou^{3}
第二人称	你ȵi^{45}	你ȵi^{51}/你都ȵi^{51} tou^{3}
第三人称	伢ȵia^{45}/他 tʰa^{45}	伢ȵia^{51}/伢都ȵia^{51} tou^{3} /他 tʰa^{51}/他都 tʰa^{51} tou^{3}

河南灵宝故县镇方言人称代词的单复数如下。

	单　数	复　数
第一人称	我 ŋuə^{42}	我 ŋuə^{31}
第二人称	你ȵi^{42}	你ȵi^{31}
第三人称	伢ȵia^{42}/他 tʰa^{42}	伢ȵia^{31}/他 tʰa^{31}

辛永芬《浚县方言研究》335 页指出，浚县方言的“我、俺、你、恁、他”均读作上声调：我 uə^{55}、俺ɤan^{55}、你 ni^{55}、恁 nən^{55}、他 tʰa^{55}。

张邱林来信告知，河南陕县原店镇方言人称代词的单数形式“我[ŋuo^{55}] | 你[ȵi^{55}] | 他[tʰa^{55}]”都读作上声 55；复数形式“我、你、他”读作阴平的同时后加“都”字：我都[ŋuo^{15} ·təu] | 你都[ȵi^{15} ·təu] | 他都[tʰa^{15} ·təu]。

陕西师范大学中文系博士生史艳锋同志来信告知其母语晋语孟州方言（6 月 11 日来信认为“孟州话是晋语，可以从语音、词汇、音变等多方面证明”）的人称代词单数形式“俺、我、你、恁、他”均读作上声调。下面罗列孟州方言的人称代词单复数形式。

单数：俺 $ɣ^{ɯ}\tilde{æ}^{55}$（俺不给你好嘞！“俺”指“我”一个人）/我 $uɤ^{55}$（我不想理他！）｜你$ȵi^{55}$（你去不去？）/恁 nei^{55}（——恁爸哩？——改在那儿种茭草哩。）｜他 $t^{h}a^{55}$（他去洛阳嘞！）/人家$ȵia^{52}$ 东半县/$ʐa^{52}$ 西半县（正改在那儿说人家哩，人家来嘞！）

复数：俺 $ɣ^{ɯ}\tilde{æ}^{55}$（俺都去哩！｜俺一会儿就[$tɤu^{21}$]去。“俺”指“我们”）｜恁 nei^{55}（恁都去不去？｜恁总共有多少苹果？都下俩月嘞还没下完！｜这一回儿听恁哩！）｜人家$ȵia^{52}$ 东半县/$ʐa^{52}$ 西半县（不应不要叫人家嘞，人家说人家不去。）｜人家们 ia^{52}/$ʐa^{52}$ mei^{21}（他给人家说，人家们都不信他｜他骑车去叫人家，人家们都不去）/他们 $t^{h}a^{55}$ mei^{21}（他们天天连书都不看，你还等住他们考大学哩？想吧！）

看来，孟州方言二三人称单复数的指代形式“恁、人家”往往需要从具体语境来区分。

山西境内的晋语和官话有不少方言点人称代词有声调感染的情况存在。杨增武（1982；1989：176～180）指出晋语山阴方言“我 $uə^{52}$、你 ni^{52}”变为复数要发生语音变化，加“们.məʔ”不加“们.məʔ”都可以。“我”的复数是“佤们 ua^{52} .məʔ、佤 ua^{52}”，“你”的复数是“□们 $niəu^{52}$ .məʔ、□$niəu^{52}$”。山阴方言的“他”有 $t^{h}a^{312}$ 和 $t^{h}əʔ^{4}$ 两个读音，“它”只有 $t^{h}əʔ^{4}$ 一个读音，读 $t^{h}a^{312}$ 的“他”单纯表示单数第三人称，复数在后边加上“们”。读 $t^{h}əʔ^{4}$ 的“他”和“它”既能表示单数，也能表示复数，后面不能再加“们”。读 $t^{h}əʔ^{4}$ 的“他”除了表示单复数第三人称外，还含有不满、轻蔑等感情色彩。史素芬《武乡方言研究》第 99 页指出晋语武乡方言的单数形式“我、俺、你、他”均读作上声调，但是，“你们”的“你”却读作阳平调。张振铎《沁县方言志》第 38 页以及孟庆海《阳曲方言志》第 91 页分别指出晋语沁县、阳曲方言的“我、你、他”均读作阴平上声调；沁县、阳曲方言的阴平和上声为同一调。金梦茵《原平方言志》第 94 页指出晋语原平方言的“我、你、他”均读作上声调；原平方言“他们”的“他”字不读阴平上声调，而读阳平调，是为例外。江荫褆《朔县方言志》第 49 页指出朔县方言的“我、你、他”均读作阴平上声调；朔县方言的阴平和上声为同一调。张延华（1980：426）指出官话临猗方言“我、你、他”单数均读作上声$ŋuo^{53}$、$ȵi^{53}$、$t^{h}a^{53}$，复数加“得. tei”或“的.ti”，通常情况下可以不加“得/的”，只将韵母延长，同时将声调变读曲折调，也可以只延长韵母，声调仍变作阳平。朱耀龙《新绛方言志》第 44 页指出官话新绛方言的“我”字读作上声调，而“你”受“他”的感染读作阴平调。吕枕甲《运城方言志》第 51 页指出官话运城方言的“我、你、他”均读作上声调。乔全生《晋方言语法研究》（2000：115）指出，晋城、沁县方言的“我、你、他”均读作上声调。王临惠《临猗方言研究》（2007：144～145）指出官话临猗方言人称代词单数读作上声，复数一是变读阳平并且后加“底”字，二是变读阳平并且主要元音长化；“我、你、他”用作定格时也变读阳平。史秀菊《河津方言研究》（2004：287～288）指出官话河津方言的“我、你、他”均读作上声调，很有意思的是，河津方言人称代词“我、你、他”的单数形式囊括了阴平、阳平、上声、去声四个单字调，非常罕见；河津方言基本人称代词的语音形式要比普通话丰富得多，主要体现在“我、你、他”及其复数形式的变调与变韵方面。以下的表 22 里，我们按着自己对河津方言人称代词单复数问题的理解，在归纳的时候把史著中的类型进行了一些调整，如第三种类型单复数读音无别；其实，元音长化的“꜁我、꜁你、꜁他”也应该当作不长化的变体形式。本书在即将完成初稿的时候，读到赵变亲《晋南中原官话的人称代词》一文，又使我们看到了以前没有看到或没有注意到的古县、浮山、襄汾、侯马、稷山、绛县、闻喜、乡宁、永济、芮城第三人称受到感染的情况。就一二三人称的单数形式来看，晋南中原官话人称代词的复杂性表现在：一，有的是“我、你、他”同调，如霍州、绛县、闻喜、乡宁、万荣、临猗、运城、永济、平陆、芮城等处；二，有的是“你、他/那”同调，如古县、新绛、侯马、稷山，三，有的是“我、他”同调，如襄汾。复数往往更复杂。表 23 里，万荣第三人称单复数的“人家ȵia^{24}‖人家都ȵia^{24}/ȵiæ̃^{24} .təu”不专门列入。本书付梓前夕，乔全生惠寄来其主编的《山西方言重点研究丛书》20 多本，其中，崔淑惠《代县方言研究》（2005：81～82）指出，晋语代县方言的“我、喃、您、咱、他、尔”等读作阴平上，如：我 uɤ^{213}、我们 uɤ$^{213-54}$ mɤŋ^{40}/喃们 nɛ$^{213-54}$ mɤŋ^{40}，咱 tsɛ^{213}、咱们 tsɛ$^{213-54}$ mɤŋ^{40}。崔容、郭鸿燕《大宁方言研究》（2009：238）指出，晋语大宁方言的“我、你、他”均读作阴平。

甘肃、青海、宁夏等省区不少方言点人称代词存在声调感染情况。张文轩、莫超《兰州方言词典》第 25、87、115 页分别指出兰州方言的“我、你、他”均读作上声调：我 və^{44}、你 li^{44}、他 tʰa^{44}。林涛先生《中卫方言志》163 页指出中卫黄河以南方言的第一人称单数“阿 a^{13}”、复数“vaŋ^{13}”、第二三人称复数分别为 niou^{13}、tʰaŋ^{13}；13 为去声调。张成材等先生的《西宁方言志》第 242 页指出西宁方言的“我、你、他”均读作上声调。

张成材先生《中古音与青海方音字汇》（2006：3）指出青海西宁、湟中、湟源、大通、平安、互助、化隆、门源、贵德、乐都、民和、循化、同仁等处方言的“他”字读作上声，这是受到“我、你”两个上声字声调感染的结果。

从《山西方言调查研究报告》第 270 页可以看出山西晋语及官话方言

不同程度地把“他、咱”读作上声调，下面是山西有关方言点“他”与“我们、咱”的比较，限于读作上声的方言点；山西平顺、沁县、晋城、霍州、闻喜、运城、万荣、永济等处方言“他”字都读作上声调，汾阳、山阴、广灵、晋城、陵川、新绛、大同、天镇等处方言“咱”字都读作上声调。

	岚县	忻州	代县	五寨	朔州
他	tʰA^{324}	tʰɑ^{313}	tʰa^{22}	tʰa^{214}	tʰɑ^{312}
我们	我们əŋ^{324}	俺ŋɑ̃^{313}	uɤ^{22}	vẽ^{214}	vuo^{312}
咱	—	tsɑ̃^{313}	tsɛ^{22}	tsa^{214}	tsɒ^{312}

山东境内不少方言点人称代词有声调感染的情况存在。钱曾怡先生《济南方言词典》第30、84、107、220、227页分别指出济南方言的“我、俺、咱、你、他”均读作上声调。马凤如《金乡方言志》第137～138页指出金乡方言的“我、俺、咱、你、您、他”均读作上声调。孟庆泰、罗福腾《淄川方言志》第210页指出淄川方言的“我、俺、咱、你、他”均读作上声调。张鹤泉《聊城方言志》第131～132页指出聊城方言的“我、俺、咱、你、您、他”均读作上声调。曹延杰《宁津方言志》第187～188页指出宁津方言单数代词声调的互相感染：我 və^{44} 俺ŋã^{44} 你 ni^{44} 他 tʰa^{44}，宁津方言的“我、俺、你、他”均读作上声调。

《河北省志·方言志》“河北方言基本词汇与普通话词语比较表”之“二十七、指代”指出：大名方言人称代词的单数“俺、您、他”均读作上声调：俺ɣan^{55}、您 nən^{55}、他 tʰa^{55}。

笔者于2010年8月在银川参加第四届西北方言与民俗国际学术讨论会时调查到的有关方言声调感染的类型。其一，承蒙渭南师范学院朱成华见告，其母语江西乐安赣语一二三人称代词的单数“我、你、其”均读作阴平调，其复数形式是后加“邻”字，依次为：我[ŋuo^{34}]｜我邻[ŋuo^{34} .lin]｜你[ni^{34}]｜你邻[ni^{34} .lin]｜其[tɕiɛ^{34}]｜其邻[tɕiɛ^{34} .lin]。其二，承蒙宁夏师范学院杨苏平见告，其母语宁夏隆德方言的“我、你、他”均读作上声调，复数形式后加“都”字表示：我[ŋə^{53}]｜我都[ŋə^{53} .təu]｜你[ni^{53}]｜你都[ni^{53} .təu]｜他[tʰa^{53}]｜他都[tʰa^{53} .təu]。其三，承蒙宁夏师范学院高顺斌见告，其母语宁夏固原方言的“我、你、他”均读作上声调，复数形式后加“们”字表示：我[ŋɤ^{51}]｜我们[ŋɤ^{51} .məŋ]｜你[n̥i^{51}]｜你们[n̥i^{51} .məŋ]｜他[tʰa^{51}]｜他们[tʰa^{51} .məŋ]。其四，承蒙延安大学孟万春见告，其母语陕西商南西街中原官话方言的“我、你、他”均读作上声调，复数形式后加“们”字表示：我[ŋuo^{24}]｜我们[ŋuo^{24} .mən]｜你[n̥i^{24}]｜你们[n̥i^{24} .mən]｜他[tʰa^{24}]｜他们[tʰa^{24} .mən]。我们还调查到陕南柞水的湖北通山移民，其人称代词“渠（他）[kʰɛ^{44}]”受到“[我ŋo^{44}]、你[n^{44}]”的声调感染也读作上声调44。

我们还于 2010 年 8 月调查了湖北宜昌方言的人称代词，其特点是“我、你儿、他”均读作上声调，复数形式加“们”字表示：我[uo^{33}]｜我们[uo^{33} .mən]｜你儿[niər^{33}]｜你儿们[niər^{33} .mən]｜他[t^{h}a^{33}]｜他们[t^{h}a^{33} .mən]。另外，宜昌方言把自己叫做“[各人 ko^{21} zə̢n^{21}]”。

关中多数方言点第三人称单数“他”字也读作上声。从理据上看，语音变化导致语法形式也受到感染，这是关中方言独特之处；第三人称单数“他”字仍然读作阴平的方言点主要在中部（西安、蓝田、户县、周至），其次与晋语区毗邻（宜川、黄龙、定边），共 7 处，在 51 处方言里，占不到 14%。第三人称单数词“他”字在渭南、商州、铜川、咸阳、宝鸡等绝大多数方言点读作上声调。由“他”字在具体语境的运用情况来看，高陵、泾阳、临潼、三原、富平等中心地区“他”字的使用频率最低，由此向周围辐射，临潼、渭南、蒲城、耀州、淳化比较低，西安、蓝田、渭南及其以东比较高，户县、咸阳、礼泉及其以西最高。关中方言“我、你、他”的单复数主要是凭借声调变化所形成的内部屈折来表示的，这种声调变化（上声→阴平）形成了关中方言单复数的区别系统。事实上，汉语的有些方言单复数的形式也有变韵、变调等内部屈折格局。关中多数方言点通常情况下通过“我你他”的变调形成内部屈折表示单复数，读作上声为单数，读作阴平为复数，单数形式因为“我你”两字读作上声而“他”字受到感染也读作上声。而西安、户县、蓝田 3 处则是除了第二人称“ᶜ你 ni^{52}→꜀你 ni^{31} 西安/ᶜ你 ni^{51}→꜀你 ni^{31} 户县、蓝田”以外，第一人称是“ᶜ我ŋɤ^{52}→꜀我ŋæ^{31} 西安/ᶜ我ŋɤ^{51}→꜀我ŋæ^{31} 户县、蓝田”，第三人称单数仍然读阴平，而复数形式则加“的”字来表示，“他 t^{h}a^{31}→他的 t^{h}a^{31}. ti”。

据林涛先生《中亚东干语研究》190～191 页，东干语单数形式“我、你、他”均读作上声调，复数形式则无内部屈折；操东干语的陕西人与甘肃人第一人称“我”字读音不同。

东干$_{\text{陕西话}}$　我ŋə^{51}‖我们ŋə^{51} .mu　你 ni^{51}‖你们 ni^{51}.mu　他 t^{h}a^{51}‖他们 t^{h}a^{51}.mu

东干$_{\text{甘肃话}}$　我 və^{51}‖我们 və^{51}.mu　你 ni^{51}‖你们 ni^{51}.mu　他 t^{h}a^{51}‖他们 t^{h}a^{51}.mu

2010 年 7 月 10～16 日，笔者到甘肃东部正宁、宁县调查方言，这两个方言点也是“他”字读作上声调；其复数形式，正宁在读作阴平调的“我、你、他”后边加“几个”的合音形式 tɕiɛ^{31}，宁县在在读作阴平调的“我、你、他”后边加“的（应当是较早的）”或“们（是受共同语影响的）”；表示领属时，这两个县都是读作阴平调的“我、你、他”。

从类型来看，河南、关中、山西、甘肃、山东、青海、河北等地有关方言的人称代词声调感染大致都是“我、你、他”甚至“俺、咱、您”等读作上声调；本来不读上声调的“他、咱、您”受到“我、你”两个上声字的感染也读作上声调，这是处于北方地区的官话和晋语的一致性特点。个别方言点不同程度有些例外情况：如西安、户县、蓝田第三人称单数“他”未受感染，仍阴平；这三处方言以“他的”表示复数，“他”与“他的”不会形成语义理解上的困难。金乡、淄川方言“我、俺、你”感染了“您、咱”读成了上声调，而没有感染到“他”字也读作上声调。大名方言的“他”字表示单数时被“我、你”感染读作上声调，而在表示复数时却读作阴平调。这可能是金乡、淄川、大名离北京较近的缘故，这可以称作“不完全感染”。多数南方方言人称代词的声调感染大致都是“我（吾）、你（尔）”受到阳平字“其、渠（佢）”的感染读作阳平。也有如河南、关中、山西等地那样读作上声调的，还有读作阴平调的（如西河、宁化、长汀等处）。香港粤语的“我、你、渠”均读作阳上调。

湖南方言的第三人称一般用“其”，“其”字受到“我、你”两个上声字的感染也读上声。参照卢小群（2004：238～239；50～51；202）以及伍云姬（2009；吴启主 44～47，董正谊 57，曾常红 70，孙叶林 133，陈晖 179，丁加勇 202～203，毛秉生 218，罗昕如、罗小芹 231，彭兰玉 251，邓永红、吴贤英 277，谢奇勇 310，张学成 323～325）等内容；如伍云姬主编的《湖南方言的代词》（修订本）中罗昕如、罗小芹《新化方言的代词系统》指出新化方言的人称代词单数系统为“我 o^{21}、你 n^{21}、其 tɕi^{21}”，彭兰玉《衡阳方言的代词》指出衡阳方言的人称代词单数系统为“我 ŋo^{33}、你 n^{33}、其 tɕi^{33}”，邓永红、吴贤英《桂阳方言的代词》指出桂阳方言的人称代词单数系统为“我 ŋo^{42}、你 n^{42}、渠 kɤ^{42}”，谢奇勇《新田方言的代词》指出新田方言的人称代词单数系统为“我 ka^{55}、你 ni^{55}、□tso^{55}”，张学成《怀化方言的代词》指出怀化方言的人称代词单数系统为“我 ŋo^{22}、你ȵi^{22}、佢（渠）ki^{22}”，其中新化和衡阳方言的第三人称单数“其”字受到“我、你”调值的感染分别读作 21 和 33，桂阳和怀化方言的第三人称单数“渠”字受到“我、你”调值的感染分别读作 55 和 22，新田方言的第三人称单数受到“我、你”调值的感染读作 55。

丁加勇 2010 年 5 月 26 日就隆回方言人称代词来信。隆回方言的人称代词可分为三类。

A 类，人称代词复数由单数加后缀“哩”或“唧”或“咧”等构成。如县城桃红镇方言（属于湘语娄邵片）。

单数	我ŋo^{31}	你n̩^{31}	其 tɕi^{31}
复数	我哩ŋo^{31} ni^{55}/卬哩ɑ̃^{13} ni^{55}	你哩n̩^{13} ni^{55}	其哩 dʑẽ^{13} ni^{55}

B 类，用声调的不同来区分单数和复数。如高州方言（现属金石桥镇，属于赣语区）；其中单数人称代词读上声，复数人称代词读去声。

单数　我 o^{31}　你ṇ^{31}　其 tɕi^{31}

复数　我 o^{35}　你ṇ^{35}　其 tɕi^{35}

C 类，自称和对称的复数通过屈折变化，即通过改变单数的声调或韵母的形态来表示，他称的复数则用附加后缀来表示，如罗白方言（现属山界乡，属湘语娄邵片）。

单数　我ŋo^{31}　你ṇ^{31}　其 tɕi^{31}

复数　吾ŋɑ^{35}　你ṇ^{35}　其翁 tʂ̣ẽ^{35} ṇ^{55}

由丁加勇给我们提供的隆回三处方言人称代词的单复数来看，一方面是单数形式声调的感染形成一致的 31 调值，另方面如高州、罗白是复数形式读作 35 调值又是内部曲折。这种单复数的格局跟关中方言的单复数格局非常相似。另外，四邑方言的单数形式“我、你、佢”读作 44 调值，复数形式读作 21 调值，单数之间互相感染，复数之间互相感染，这种类型跟关中方言通过声调变化来区别单复数很相似；东安土话也是这种类型。

4.1.8.2　人称代词读作阳平是许多南方方言的重要特征

董同龢先生（1948：81～201）的《华阳凉水井客家话记音》（《历史语言研究所集刊》第十九本）指出华阳凉水井客家话的人称代词单数形式读作阳平调：我ŋai^{13}、你ȵi^{13}、其ȶi^{13}，复数形式分别是，我们ŋai^{13} niən^{55}、你们ȵi^{13} niən^{55}、其们ȶi^{13} ȶiən^{55}，定格读作阴平调，如“我ŋa^{55}”“其ȶi^{55}”。说明：董先生把“其”写作外加括弧的“他”；“其们（他们）”的“们”字不读作 niən^{55}，而读作ȶiən^{55}，这是受前字声母同化的结果。华阳凉水井客家话的“我”读作ŋai^{13}是对先秦古音的存留，读作ŋa^{55}是对汉代至五代读音的存留。

袁家骅先生等（1980：171）讨论了客家话梅县方言人称代词单复数的特点，其中，梅县方言“偓你佢”都读作阳平调，“偓你”受“佢（渠）”字感染而全读作阳平调。

项梦冰《连城（新泉）方言的人称代词》（《方言》1992：172～180）指出新泉方言“我咱尔渠”均读作阳平调，像李荣先生 1965 所讨论的声调感染作用那样，“我、尔”受“咱、渠”的感染也读作阳平调：我ŋuə^{55} 咱a^{55} 尔ŋ^{55} 渠 ʈʅɥə^{55}。

李如龙、张双庆（1999）主编的论文集《代词》，有关学者对南方方言人称代词感染情况有所报道。如曹志耘《严州方言的代词系统》131 页之“严州方言人称代词表”指出：严州寿昌方言“咱、朕、渠”均读作阳平调，“朕”字受到“咱、渠”的感染也读作阳平调；寿昌方言人称代词的形式比较多。林立芳《梅县方言的代词》176 页指出：梅县方言的人称代词“偓你佢”均读作 22 调值。项梦冰《清流方言的代词》202 页指出：清流方言的“我、尔、佢”均读作22调值。陈泽平《福州方言的代词》242～243页指出：客家方言之梅县、平远、香港和武平坪畲、连城新泉等处“我、你”受阳平字“渠”的感染均读作阳平调。

4.1.8.3 读作阳上或阳去也是不少南方方言的一个典型特征

何伟棠先生（1993：148～155）指出广东增城方言“我、你、他”读作阳上表单数，变作51调值时表复数。何文中记阳上字作为两字组变调时，前字阳上者一般变作53调，作为后字才变作51调。增城方言单字调里本无51调值，复数形式“我你他”变作51，实乃内部屈折。很有意思的是，关中方言由上声变作阴平（如凤翔“我ŋau^{52}单数→我ŋau^{31}复数”）是本有其调的内部屈折，增城方言的内部屈折是本无其调的内部屈折。增城方言亦有复数后缀“伲 nɐi^{55}阴平调”，此字时有时无，增城的“伲”与关中表示人称代词复数的“的（如西安、商州、大荔）、几（如澄城）、崖（如大荔）、家（如周至读作 tɕia^{31}，武功读作 tɕiɛ^{31}）”等后缀是一个道理。何文中还列举了江门石冲方言“我你他”通过变韵并且变调所形成的内部屈折。

张双庆（1999：345～347）指出：香港粤语的“我、你、渠”均读作阳上调。

王福堂先生《绍兴话记音》（1959；2010：207～241）一文在讨论到人称代词的单复数的时候给我们提供的材料很有意思，单数“我洛、偌洛、伊洛”中的“我、伊”为阳上调，“伊”受到“我”的感染也读作阳上调，“偌”为阳入调；复数“倸赖、傢赖、伊赖/㑚赖”中的“倸、傢、伊/㑚”互相感染，均为阳上调。

许宝华、汤珍珠二位先生《上海市区方言志》（1988：337）指出：上海市区方言的“我、侬、伊”读作阳去调。谢留文（1995：208～210）《客家方言的一种反复问句》指出于都方言人称代词的单数形式“我ŋæ^{42}、你ȵi^{42}、佢 ku^{42}”都读作阳去调。王功平（2007：348～352）指出属于赣语大通片的湖北阳新三溪方言，其人称代词“我[ŋo^{21}]、你[n^{21}]、渠[k^{h}ɛ^{21}]、很[hən^{21}]”读作上声调，其中“很”为第一人称兼第二人称，“很”字在阳新三溪赣语里是第一人称包括式，相当于官话的“咱、咱们”；三溪赣语单数形式在表示领属时，一是“我、你、渠、很”变作入声45，一是不变调的“我、你、渠、很”后加“个[ko^{33}]”字。变作入声的“我、你、渠、很”有指代“一家（人）”的特殊功用，如“我[ŋo^{21}]还冇开始割谷”是“我还没有开始收割稻谷”的意思，而“我[ŋo^{-45}]还冇开始割谷”则是“我家还没有开始收割稻谷”的意思。万波《安义方言的人称代词》（《方言》1996：119～124）指出江西安义方言人称代词单数形式有两套“我 o^{23}/我俚 o^{23} li | 尔 n^{23}/尔俚 n^{23} li | 渠 tɕi^{23}/渠俚 tɕi^{23} li”，其中，“我尔渠”不读上声调而读作阳去

调，这个也如李荣先生所说的声调感染作用，阳平字“渠”也读作阳去调；单数形式第二套加词尾“俚”，跟许多南方方言复数加“俚”的语义特点不同。安义方言人称代词复数除了第一人称包括式“俺 on^{23}”是以单音节形式出现的以外，其他则以加“侪”字作为复数的词尾：我侪 o^{21} .ts^{h}ai | 尔侪 n^{21} .ts^{h}ai | 渠侪 tɕi^{21} .ts^{h}ai，安义方言“我侪、尔侪、渠侪”里的“我、尔、渠”均读作阳平调，也是互相感染的结果。

孙立新《关中方言代词研究》148～153 页之表 18 中也有若干个方言点有人称代词声调感染的情况，如下的表 23 也予以选录；凡是跟感染无关的，不予罗列。

4.1.8.4　余论

如上我们所讨论的关中方言以及汉语其他方言人称代词声调感染的情况可以归纳如表 22，从中可以比较关中方言与汉语其他方言人称代词声调感染的特点和情况。

表 22　关中方言与汉语其他方言人称代词声调感染情况比较表

	我‖我们	你‖你们	他‖他们
西安	我ŋɤ^{52}‖我ŋæ^{31}/我的ŋæ^{31}.ti	你 ni^{52}‖你 ni^{31}/你的 ni^{31} .ti	他 t^{h}a^{31}‖他的 t^{h}a^{31} .ti
商州	我ŋɤ^{53}‖我ŋɤ^{21}/我的ŋɤ^{21}.tsi	你 ni^{53}‖你 ni^{21}/你的 ni^{21} .tsi	他 t^{h}a^{53}‖他 t^{h}a^{21}/他的 t^{h}a^{21}.tsi
大荔	我ŋo^{52}‖我ŋo^{31}/我的ŋo^{31}.ti/我崖ŋo^{31} .næ	你 ni^{52}‖你 ni^{31}/你的 ni^{31} .ti/你崖 ni^{31} .næ	他 t^{h}a^{52}‖他 t^{h}a^{31}/他的 t^{h}a^{31}.ti/他崖 t^{h}a^{31} .næ
黄陵	我ŋuɤ^{52}‖我ŋuɤ^{31}	你 ni^{52}‖你 ni^{31}	他 t^{h}a^{52}‖他 t^{h}a^{31}
兴平	我ŋɤ^{52}‖我ŋɤ^{31}	你 ni^{52}‖你 ni^{31}	他 t^{h}ɤ^{52}‖他 t^{h}ɤ^{31}
凤翔	我ŋau^{52} ‖我ŋau^{31}	你ȵi^{52}‖你ȵi^{31}	他 t^{h}a^{52}‖他 t^{h}a^{31}
陇县	我ŋuo^{53}‖我ŋuo^{31}	你ȵi^{53}‖你ȵi^{31}	他 t^{h}a^{53}‖他 t^{h}a^{31}
东干陕西话	我ŋɤ^{51}‖我们ŋɤ^{51} .mu	你 ni^{51}‖你们 ni^{51} .mu	他 t^{h}a^{51}‖他们 t^{h}a^{51} .mu
东干甘肃话	我 və^{51}‖我们 və^{51} .mu	你 ni^{51}‖你们 ni^{51} .mu	他 t^{h}a^{51}‖他们 t^{h}a^{51} .mu
正宁	我 uɤ^{52}‖我几个 uɤ^{31} tɕiɛ^{31}	你ȵi^{52}‖你几个ȵi^{31} tɕiɛ^{31}	他 t^{h}a^{52}‖他几个 t^{h}a^{31} tɕiɛ^{31}
宁县	我ŋuɤ^{51}‖我的ŋuɤ^{31} .ti/我们ŋuɤ^{31} .məɣ̃	你ȵi^{51}‖你的ȵi^{31} .ti/你们ȵi^{31} .məɣ̃	他 t^{h}a^{51}‖他的 t^{h}a^{31} .ti/他们 t^{h}a^{31} .məɣ̃
泾川	我 və^{52}‖我呢 və^{31} .ni	你 ni^{52}‖你呢 ni^{31}.ni	他 t^{h}a^{52}‖他呢 t^{h}a^{31}.ni
代县	我 uɤ^{213}‖我们 uɤ$^{213-54}$ mɤŋ^{40}/喃们 nɛ$^{213-54}$ mɤŋ^{40}	你 ni^{213}‖□nie^{213}；□老儿 nie$^{213-24}$lər^{-40} 您老人家	他 t^{h}a^{213}‖他们 t^{h}a^{213} mɤŋ^{40}

续表

<table>
<tr><th></th><th>我||我们</th><th>你||你们</th><th>他||他们</th></tr>
<tr><td>大宁</td><td>我ŋuo^{31}||我些（家）</td><td>你 ni^{31}||你些（家）</td><td>他 t^{h}a^{31}||他些（家）</td></tr>
<tr><td>大名</td><td>俺ɣan^{55}||咱 tan^{42}</td><td>您 nən^{55}||您 nən^{55}</td><td>他 t^{h}a^{55}||他几个 t^{h}a^{34} tɕiɛ^{55}</td></tr>
<tr><td>兰州</td><td>我 və^{44}||我们 və^{44} ·mən</td><td>你 li^{44}||你们 li^{44} ·mən</td><td>他 t^{h}a^{44}||他们 t^{h}a^{44} ·mən</td></tr>
<tr><td>洛阳
开封</td><td>我 uə^{53}/俺 an^{53}||
我们 uə^{53} ·mən/俺 an^{53}/
俺们 an^{53} ·mən</td><td>你 ni^{53}||你们 ni^{53} ·mən</td><td>他 t^{h}a^{53}||他们 t^{h}a^{53}·mən</td></tr>
<tr><td>济源</td><td>我 uə^{53}/俺 an^{53}||
我们儿 uə^{53} .mə̃r/
俺们儿 an^{53} .mə̃r</td><td>你 ni^{53}||你们儿
ni^{53} .mə̃r</td><td>他 t^{h}a^{53}||他们儿 t^{h}a^{53} .mə̃r</td></tr>
<tr><td>获嘉</td><td>我 uɤ^{53}/俺 an^{53}||
俺 an^{53}/俺都 an^{53}.tou</td><td>你 ni^{53}/恁 nei^{53}||恁都
nei^{53}.tou</td><td>他 t^{h}a^{53}/昂 ^{D} ɔ̃^{31}||
昂都 ɔ̃^{31}.tou/昂 ^{D} ɔ̃^{31}</td></tr>
<tr><td>浚县</td><td>我 uə^{55}/俺ɣan^{55}||俺ɣan^{55}</td><td>你 ni^{55}/恁 nən^{55}||恁 nən^{55}</td><td>他 t^{h}a^{55}||iæ^{42} 又作包括式</td></tr>
<tr><td>卢氏</td><td>我 ŋuə^{45}||我 ŋuə^{51}
/我都 ŋuə^{51} tou^{3}</td><td>你ȵi^{45}||你ȵi^{51}
/你都ȵi^{51} tou^{3}</td><td>伢ȵia^{45}/他 t^{h}a^{45}||伢ȵia^{51}/
伢都ȵia^{51} tou^{3}/他 t^{h}a^{51}/
他都 t^{h}a^{51} tou^{3}</td></tr>
<tr><td>灵宝故县镇</td><td>我 ŋuə^{42}||我 ŋuə^{31}</td><td>你ȵi^{42}||你ȵi^{31}</td><td>伢ȵia^{42}/他 t^{h}a^{42}||
伢ȵia^{31}/他 t^{h}a^{31}</td></tr>
<tr><td>孟州</td><td>俺 ɣ^{ɯ}æ̃^{55}/我 uɤ^{55}
||俺 ɣ^{ɯ}æ̃^{55}</td><td>你ȵi^{55}/恁 nei^{55}
||恁 nei^{55}</td><td>他 ta^{55}/人家ȵia^{52}/ʐa^{52}||
人家ȵia^{52}/ʐa^{52}/人家们 ia^{52}/
ʐa^{52} mei^{21}/他们 ta^{55} mei^{21}</td></tr>
<tr><td>武乡</td><td>我 uɤ^{213}/俺ŋæ^{213}||
俺们ŋæ^{213} ·mə/咱们 tsa^{33} .mə</td><td>你 nzɿ^{213}||你们 niɛ^{33} ·mə</td><td>他 t^{h}a^{213}||他们 t^{h}a^{213}·mə</td></tr>
<tr><td>沁县</td><td>我 vo^{213}/ŋə^{213}||
俺们ŋan$^{213-41}$ məŋ^{33}</td><td>你 mɿ^{213}/ n^{213}||
你们 mɿ$^{213-41}$ məŋ^{33}</td><td>他 t^{h}a^{213}||
他们 t^{h}a^{213} məŋ^{33}</td></tr>
<tr><td>阳曲</td><td>我ŋɤ^{213}/ŋə̃^{213}||
我们ŋɤ$^{213-53}$.mə̃/ŋə̃^{213}.mə̃</td><td>你 ni^{213}||你们 niɛ^{213}.mə̃</td><td>他 t^{h}a^{213}||
他们 t^{h}a^{213}.mə̃</td></tr>
<tr><td>原平</td><td>我ŋɤ^{213}||我们ŋɤ^{213} .məŋ</td><td>你 ni^{213}||你们 ni^{213}.məŋ</td><td>他 t^{h}a^{213}||他们 t^{h}a^{33}.məŋ</td></tr>
<tr><td>朔县</td><td>我 vuo^{312}||
我们 vuo^{312}.mə/俺 næ^{312}</td><td>你 ni^{312}||
你们 ni^{312}.mə/扭 niəu^{312}</td><td>他 t^{h}ɑ^{312}||
他们 t^{h}ɑ^{312}/t^{h}ɒ^{312}</td></tr>
<tr><td>新绛</td><td>我 ŋə^{44}||我□ŋə$^{44-31}$ ɕi$^{31-13}$</td><td>你ȵi^{53}||你□ȵi$^{53-55}$ ɕi^{31}</td><td>他 t^{h}a^{53}||他□t^{h}a$^{53-55}$ɕi^{31}</td></tr>
<tr><td>运城</td><td>我ŋuo^{53} ||我的ŋuo$^{53-11}$ .ti</td><td>你ȵi^{53}||你的ȵi$^{53-11}$ .ti</td><td>他 t^{h}a^{53}||他的 t^{h}a$^{53-11}$ .ti</td></tr>
<tr><td>临猗 $_{1}$</td><td>我ŋuo^{53}||我底ŋuo^{13} .ti</td><td>你ȵi^{53}||你底ȵi^{13} .ti</td><td>他 t^{h}a^{53}||他底 t^{h}a^{13}.ti</td></tr>
<tr><td>临猗 $_{2}$</td><td>||我ŋuo:^{13}</td><td>||你ȵi:^{13}</td><td>||他 t^{h}a:^{13}</td></tr>
<tr><td>河津 $_{1}$</td><td>我ŋɤ^{53}||我几ŋɤ^{324}.tɕi</td><td>你ȵi^{53}||你几ȵi^{324}.tɕi</td><td>他 t^{h}a^{53}||他几 t^{h}a^{324}.tɕi</td></tr>
</table>

续表

<table>
<tr><th></th><th>我||我们</th><th>你||你们</th><th>他||他们</th></tr>
<tr><td>河津 $_{2}$</td><td>我ŋɤ^{44}||我ŋɤ^{324}</td><td>你ȵi^{44}||你ȵiː^{324}</td><td>他 t^{h}a^{44}||他 t^{h}aː^{324}</td></tr>
<tr><td>河津 $_{3}$</td><td>我ŋɤ^{324}||我ŋɤ^{324}</td><td>你ȵi^{324}||你ȵi^{324}</td><td>他 t^{h}a^{324}||他 t^{h}a^{324}</td></tr>
<tr><td>河津 $_{4}$</td><td>我ŋɤ^{31}||我ŋɤː^{31}</td><td>你ȵi^{31}||你ȵiː^{31}</td><td>他 t^{h}a^{31}||他 t^{h}aː^{31}</td></tr>
<tr><td>古县</td><td>我ŋɤ^{33}||我家ŋua^{33}</td><td>你ȵi^{31}||你家ȵi^{31} .tɕia/nur^{31}</td><td>那 na^{31}||那家 na^{31} .tɕia</td></tr>
<tr><td>浮山</td><td>我ŋɤ^{33}||我些ŋua^{33}</td><td>你ȵi^{31}||你些ȵia^{24}</td><td>他 t^{h}a^{31}||他些 t^{h}a^{31}.ɕia</td></tr>
<tr><td>襄汾</td><td>我ŋɤ^{33} 按：只列单数形式</td><td>你ȵi^{21}</td><td>他 t^{h}a^{33}</td></tr>
<tr><td>侯马</td><td>我ŋə^{53}||我家ŋə^{53} .tɕia</td><td>你ȵi^{53}||你家ȵi^{53} .tɕia</td><td>他 t^{h}a^{53}||他家 t^{h}a^{53} .tɕia</td></tr>
<tr><td>稷山</td><td>我ŋə^{214}||我都ŋə^{214} .təu</td><td>你ȵi^{53}||你都ȵi^{53} .təu</td><td>他 t^{h}a^{53}||他都 t^{h}a^{53} .təu</td></tr>
<tr><td>绛县</td><td>我ŋə^{53}||我都ŋə^{53} .təu/
我都系ŋə^{53} .təu .ɕi</td><td>你ȵi^{53}||你都ȵi^{53} .təu/
你都系ȵi^{53} .təu .ɕi</td><td>他 t^{h}a^{53}||他都 t^{h}a^{53} .təu/
他都系 t^{h}a^{53} .təu .ɕi</td></tr>
<tr><td>闻喜</td><td>我ŋə^{55}||我都ŋə^{55} .təu</td><td>你ȵi^{55}||你都ȵi^{55} .təu</td><td>他 t^{h}a^{55}||他都 t^{h}a^{55} .təu</td></tr>
<tr><td>乡宁</td><td>我ŋə^{53}||我家ŋə^{53} .tɕiɛ</td><td>你ȵi^{53}||你家ȵi^{53} .tɕiɛ</td><td>他 t^{h}a^{53}||他家 t^{h}a^{53} .tɕiɛ</td></tr>
<tr><td>万荣</td><td>我ŋɤ^{55}||我（的）ŋɤ$^{-51}$ .ti</td><td>你ȵi^{55}||你（的）ȵi^{-51} .ti</td><td>他 t^{h}a^{55}||他（的）t^{h}a^{-51} .ti</td></tr>
<tr><td>永济</td><td>我ŋuo^{42}||我的ŋuo^{-21} .ti</td><td>你ȵi^{42}||你的ȵi^{-21}.ti</td><td>他 t^{h}a^{42}||他的 t^{h}a^{-21} .ti</td></tr>
<tr><td>芮城</td><td>我ŋuo^{53}||我（的）ŋuo^{-11} .ti</td><td>你ȵi^{53}||你（的）ȵi^{-11}.ti</td><td>他 t^{h}a^{53}||他（的）t^{h}a^{-11} .ti</td></tr>
<tr><td>西宁</td><td>我 nɔ^{53}||我们 nɔ$^{53-44}$ mɔ̃.</td><td>你ȵi^{53}||你们ȵi$^{53-44}$ mɔ̃.</td><td>他 t^{h}a^{53}/家 tɕia^{24}||他们 t^{h}a$^{53-44}$
mɔ̃./家们 tɕia$^{24-21}$ mɔ̃.</td></tr>
<tr><td>济南</td><td>我 və^{55}||我们 və$^{55-213}$ .mẽ</td><td>你ȵi^{55}||你们ȵi^{55} .mẽ</td><td>他 t^{h}a^{55}||他们 t^{h}a^{55}.mẽ</td></tr>
<tr><td>金乡</td><td>我 uə^{55}/俺 ɣã^{55}||
俺 ɣã^{55}/咱 ts ã^{55}</td><td>你ȵi^{55}||
您 nei^{55}</td><td>他 t^{h}a^{213}||
他几个 t^{h}a$^{213-21}$ tɕi^{55} kə·</td></tr>
<tr><td>淄川</td><td>我 və^{55}/俺ŋã^{55}/咱 tsã^{55}
||俺ŋã^{55}/咱 tsã^{55}</td><td>您ŋei^{55} 通过上下文来区别
单复数</td><td>他 t^{h}a^{214}||他那一伙子
t^{h}a^{214} nɑ^{31} i^{214} xuə^{55} ə·/
他那一些 t^{h}a^{214} nɑ^{31} i^{214} ɕiə^{214}</td></tr>
<tr><td>聊城</td><td>我 və^{55}/俺ŋã^{55}/咱 tsã^{55}
||俺ŋã^{55}/咱 tsã^{55}</td><td>你ȵi^{55}
||您 nən^{55}</td><td>他 t^{h}a^{55}
||他们 t^{h}a$^{55-35}$ mən·</td></tr>
<tr><td>宁津</td><td>我 və^{44}/俺ŋã^{44}||
我们 və$^{44-324}$ me/咱们 tsã^{55} mẽ</td><td>你 ni^{44}||你们 ni^{44} mẽ</td><td>他 t^{h}a^{44}||他们 t^{h}a^{44} mẽ</td></tr>
<tr><td>赣县</td><td>||我们 ᶜŋæ ꜀mən</td><td>||你们 ᶜni ꜀mən</td><td>||渠们 ᶜtɕi ꜀mən</td></tr>
<tr><td>广州</td><td>我ŋɔ^{13}||我哋ŋɔ^{13} tei^{22}</td><td>你 nei^{13}||你哋 nei^{13} tei^{22}</td><td>佢 k^{h}œy^{13}||佢哋 k^{h}œy^{13} tei^{22}</td></tr>
<tr><td>从化</td><td>我ŋɔi^{13}||我哋ŋɔi^{13} ti^{55}</td><td>尔 ji^{13}||尔哋 ji^{13} ti^{55}</td><td>佢 k^{h}œy^{13}||佢哋 k^{h}œy^{13} ti^{55}</td></tr>
<tr><td>四邑</td><td>我ŋɔi^{44}||我ŋɔi^{21}</td><td>你 ni^{44}||你 niɛk^{21}</td><td>佢 k^{h}ui^{44}||佢 k^{h}iɛk^{21}</td></tr>
</table>

续表

	我‖我们	你‖你们	他‖他们
阳江	我ŋɔ^{21}‖我 ɔk^{21}	你 nei^{21}‖你 niɛk^{21}	佢 kʰui^{443}‖佢 kʰiɛk^{21}
增城	我ŋɔi^{13}‖我ŋɔi$^{13-51}$	你 nei^{13}‖你 nei$^{13-51}$	佢 kʰœ^{13}‖佢 kʰœ^{13}
新兴	我ŋɔ^{22}‖我伲ŋɔ^{22} nɐi^{45}	你 ni^{22}‖你伲 ni^{44} nɐi^{45}	佢 kʰoy^{22}‖佢伲 kʰø^{22} nɐi^{45}
石冲	我ŋai^{23}‖我ŋɔk^{21}	你 lei^{23}‖你 liɛk^{21}	佢 kʰui^{23}‖佢 kʰiɛk^{21}
连县	我ŋɔ^{35}‖我类ŋɔ^{35} lœy^{22}	你 nɐi^{35}‖你类 nɐi^{35} lœy^{22}	佢 kʰœy^{35}‖佢类 kʰœy^{35} lœy^{22}
白江	我ŋɐi^{23}‖我ŋɔ^{21}	你 lei^{23}‖你 liok^{21}	佢 kʰui^{23}‖佢 kʰiok^{21}
斗门	我ŋuɔ^{33}‖我ŋɔk^{33}	你 nei^{33}‖你 niak^{21}	佢 kʰui^{33}‖佢 kʰiak^{21}
今城	我ŋɔ^{23}‖我ŋɔk^{21}	你 nei^{32}‖你 niak^{21}	佢 kʰui^{23}‖佢 kʰiak^{21}
马水	我ŋɔ^{23}‖我ŋuak^{55}	你 nei^{23}‖你ȵiak^{55}	其 kʰei^{23}‖其 kʰia^{55}
阳西	我ŋo^{31}‖我ŋua^{31}	你 nei^{31}‖你ȵia^{31}	其 kʰei^{31}‖其 kʰia^{31}
台城	我ŋɔi^{33}‖我ŋuɔi^{21}	你 ni^{33}‖你 niak^{21}	佢 kʰuei^{33}‖佢 kʰiak^{31}
上海	我 ꜁ŋu‖伲 ꜁ȵi/我伲 ꜁ŋu .ni	侬꜆ noŋ‖挪 ꜁na	伊 ꜁i‖伊拉 ꜁i laʔ
黄桥	我 ꜂ŋo‖我侪 ꜂ŋɔ .tsi	你 ꜂n‖你侪 ꜂n .tsi	其 ꜂tʂʅ‖其侪 ꜂tʂʅ .tsi
梅县	我 ꜁ŋai‖我等 ꜁ŋai ꜂ten/ 我等人 ꜁ŋai ꜀ten ꜁ȵin/ 我等人 ꜁ŋai ꜀ten ꜁ne/ 我兜 ꜁ŋai ꜀təu	你 ꜁ȵi‖你等ȵi ꜀ten/ 你等人 ꜁ȵi ꜀ten ꜁ȵin/ 你等人 ꜁ȵi ꜀ten ꜁ne/ 你兜 ꜁ȵi ꜀təu	佢 ꜁ki‖佢等 ꜁ki ꜀ten/ 佢等人 ꜁ki ꜀ten ꜁ȵin/ 佢等人 ꜁ki ꜀ten ꜁ne/ 你兜 ꜁ki ꜀təu
三都复数	‖我人 ꜁ŋai ꜁lɛn	‖你人 ꜁ni ꜁lɛn	‖渠人 ꜁ki ꜁lɛn
武平坪畲	‖我登$^{=}$人 ꜁ŋai ꜀ten ŋin^{0}	‖你登$^{=}$人 ꜁ŋi ꜀ten ŋin^{0}	‖渠登$^{=}$人 ꜁ki ꜀ten ŋin^{0}
连城新泉	我 ꜁ŋuə‖我侪 ꜁ŋuə ꜁tsʰi	尔 ꜁ŋ‖尔侪 ꜁ŋ ꜁tsʰi	渠 ꜁tʅɥə‖渠侪 ꜁tʅɥə ꜁tsʰi
香港粤语	我 ngɔ^{13}‖我地 ngɔ^{13} tei^{22}	你 nei^{13}‖你地 nei^{13} tei^{22}	渠 kʰœy^{13}‖渠地 kʰœy^{13} tei^{22}
嘉禾塘村	꜂ŋo‖ ꜂ŋo .liɛ	꜂ni‖ ꜂ni .liɛ	꜂kɛ‖ ꜂ kɛ .liɛ
嘉禾石桥	꜃ŋo‖ ꜃ŋo .liɛ	꜃ŋ‖ ꜃ŋ .liɛ	꜃kɛ‖ ꜃kɛ .liɛ
嘉禾城关	꜂sa‖ ꜂sa .li	꜂ɕin‖ ꜂ɕin .li	꜂tsau‖ ꜂tsau .li
临武万水	꜃ŋo‖ ꜃ŋo .lɛ	꜃ni‖ ꜃ni .lɛ	꜃kɛ‖ ꜃kɛ .lɛ
新田茂家	꜂ka‖ ꜂ka .nin	꜂ni‖ ꜂ni .nin	꜂tso‖ ꜂tso .nin
东安土话	我ŋo^{35}‖我们ŋom^{55}	你ȵi^{35}/你老家您 ȵi^{35}lei^{55}ko^{33}‖你们ȵim^{55}	□ŋ^{35}/□老家您ŋ^{35} lei^{55}ko^{33}‖ □们ŋm^{55}
东安花桥	ŋo꜄ ‖ ꜂ŋom	ȵi꜄ ‖ ꜂ȵim	ŋ꜄ ‖ ꜂ŋm
新化	我 o^{21}‖我俚 o^{21}.li	你 n^{21}‖你俚 n^{21}.li	其 tɕi^{21}‖其俚 tɕi^{21}.li
冷水江	我 ꜂ŋo‖ ꜁ŋo	汝 ꜂n‖ ꜁n	其 ꜂tɕi‖ ꜁tɕi

续表

	我‖我们	你‖你们	他‖他们
常宁$_{1}$	我ŋo^{44}‖我人ŋo^{44} zẽ^{11}	你ȵi^{44}‖你人ȵi^{44} zẽ^{11}	佢 ki^{44}‖佢人 ki^{44} zẽ^{11}
常宁$_{2}$	吾ŋ^{45}‖吾ŋ^{45}/吾人ŋ^{45} zẽ^{11}		他 tʰa^{45}‖他人 tʰa^{45} zẽ^{11}
攸县	我ŋo^{51}（白读ŋo^{11}）	你ȵi^{51}（白读ȵi^{11}）	其 tɕi^{51}
遂宁	我ŋo^{33} ‖我ŋo^{24}	你ȵin^{33} ‖你ȵin^{24}	佢 tɕi^{33} ‖佢 tɕi^{24}
邵东火厂坪	‖我哩ŋo^{31} li	‖你哩 n^{31} li	‖其哩 tɕi^{31} li
涟源桥头河	卬ŋ^{42}‖卬阿ŋ^{33} a	你 n‖你阿 n^{33} a	佢 ki‖佢阿 ki^{33} a
隆回桃红镇	我ŋo^{31}‖我哩ŋo^{31} ni^{55}/ 卬哩ɑ̃^{13} ni^{55}	你n̩^{31}‖你哩n̩^{13} ni^{55}	其 tɕi^{31}‖其哩 dʐẽ^{13} ni^{55}
隆回高州	我 o^{31}‖我 o^{35}	你n^{31}‖你n^{35}	其 tɕi^{31}‖其 tɕi^{35}
隆回罗白	我ŋo^{31}‖吾ŋɑ^{35}	你n̩^{31}‖你n^{35}	其 tɕi^{31}‖其翁 tʂẽ^{35} n̩^{55}
衡山前山	我ŋo^{33}‖我人ŋo^{33} ȵiəŋ^{1}	你ȵi /ȵĩ^{33}‖你人ȵĩ^{33} ȵiəŋ^{1}	他 tʰa^{33}‖他人 tʰa^{33} ȵiəŋ^{1}
新化	我 o^{21}‖我俚 o^{21} li	你‖你俚 n^{21} li	其 tɕi^{21}‖其俚 tɕi^{21} li
衡阳	我ŋo^{33}‖我邻ŋo^{33} nin/ni	你 ni^{33}‖你邻 ni^{33} nin/ni	其 tɕi^{33}‖其邻 tɕi^{33}nin/ni
桂阳‖复数1	我ŋo^{42}‖我俚ŋo^{42} liæ^{42}	你 ni^{42}‖你俚 ni^{42} liæ^{42}	渠 kɤ^{42}‖渠俚 kɤ^{42} liæ^{42}
桂阳复数2/3	我俚ŋo^{42} læ^{42}/我俚ŋuæ^{42}	你俚 ni^{42} læ^{42}/你俚 niæ^{42}	渠俚 kɤ^{42} læ^{42}/渠俚 kæ^{42}
钟山	我ŋuø^{33}‖我哋ŋuø^{33} ti^{31}	你 ni^{33}‖你哋 ni^{33} ti^{31}	佢 ky^{33}‖佢哋 ky^{33} ti^{31}
资源 延东直话	仝呃 daŋ^{23} ŋɛ^{44}‖ 哒哋 da^{23} ti^{21}	仁呃ɣɛŋ^{23} ŋɛ^{44}‖ 仁哋ɣɛŋ^{23} ti^{21}	其呃 dzʅ^{23} ŋɛ^{44}‖ 其哋 dzʅ^{23} ti^{21}
贺州九都声	我ŋo^{55}‖我们ŋo^{55} miə^{22}	你ȵiə^{55}‖你们ȵiə^{55} miə^{22}	佢 ki^{55}‖佢们 ki^{33}miə^{22}
灌阳观音阁	我ŋa^{33}‖我们 aŋ^{53}	你 nuo^{33}‖你们 nən^{53}	他 tsuo^{33}‖他们 tsaŋ^{53}
全州文桥	我 wo^{24}‖□ŋã^{24}	你 lei^{24}‖你人 le^{24} ɣɯ̃$^{21-1}$	伊ɣɯ^{24}‖伊人ɣɯ^{24}ɣɯ̃$^{21-1}$
华阳凉水井	我ŋai^{13}‖我们ŋai^{13} niɵn^{55}	你ȵi^{13}‖你们ȵi^{13} niɵn^{55}	其ȶi^{13}‖其们ȶi^{13} ȶiɵn^{55}
寿昌	咱 tsɑ^{52}/我拉ɑ^{534}‖ 我ɑ^{534} lɑ^{112}/咱拉 tsɑ^{52} lɑ^{112}	朕 tsen^{52}/尔 n^{534}‖ 尔奶⁼n^{534} nɑ^{112} 朕拉 tsen^{52} lɑ^{112}	渠 kəɯ^{52}/渠农 kəɯ^{52} nəm$^{52-33}$‖渠拉 kəɯ^{52} lɑ^{112}
梅县	偓ŋai^{22}‖偓等ŋai^{22} ten^{44}	你 n^{22}‖你等 n^{22} ten^{44}	佢 ki^{22}‖佢等 ki^{22} ten^{44}
清流	我 a^{22}‖我连人 a^{22} taiŋ^{21} ȵieŋ^{21}	尔ŋ^{22}‖尔连人ŋ^{22} taiŋ^{21} ȵieŋ^{21}	佢 ku^{22}‖佢连人 ku^{22} taiŋ^{21} ȵieŋ^{21}
平远	‖我登⁼人 ꜁ŋai ꜀tɛn ꜁ŋin	‖你登⁼人 ꜁ŋi ꜀tɛn ꜁ŋin	‖渠登⁼人 ꜁ki ꜀tɛn ꜁ŋin
五华复数	‖我兜（人） ꜁ŋai ꜀teu ꜁ȵin	‖你兜（人） ꜁ȵi ꜀teu ꜁ȵin	‖渠兜（人） ꜁ki ꜀teu ꜁ȵin
香港客家话	‖我兜 ꜁ŋai ꜀tɛu	‖你兜 ꜁gi ꜀tɛu	‖渠兜 ꜁kʰi ꜀tɛu

续表

	我‖我们	你‖你们	他‖他们
西河	‖我家哋 ꜀a ꜀ti	‖你家兜 ꜀nia ꜀tɛu	‖渠家兜 ꜀kia ꜀tɛu
中山南朗	‖我家哋 ꜀ŋa ꜀ti	‖你家哋 ꜁nia ꜀ti	‖渠家哋 ꜀kia ꜀ti
宁化	‖我多人 ꜀ŋa ꜀to ꜁ŋiŋ	‖你多人 ꜀li ꜀to ꜁ŋiŋ	‖渠多人 ꜀kɤ ꜀to ꜁ŋiŋ
长汀	‖我侪们 ꜀ŋai ꜁tsʰI meŋ⁰	‖你侪们 ꜀ni ꜁tsʰI meŋ⁰	‖渠侪们 ꜀ke ꜁tsʰI meŋ⁰
赣县	‖我们 ꜂ŋæ ꜁məŋ	‖你们 ꜂ni ꜁məŋ	‖渠们 ꜂tɕi ꜁məŋ
三都	‖我人 ꜁ŋai ꜁lɛn	‖你人 ꜁ni ꜁lɛn	‖渠人 ꜁ki ꜁lɛn
武平坪畲	‖我登⁼人 ꜁ŋai ꜀ten ŋin⁰	‖你登⁼人 ꜁ŋI ꜀ten ŋin⁰	‖渠登⁼人 ꜁ki ꜀ten ŋin⁰
连城新泉	我 ꜁ŋuə‖我侪 ꜁ŋuə ꜁tsʰi	尔 ꜁ŋ‖尔侪 ꜁ŋ ꜁tsʰi	渠 ꜁tʯʮə‖渠侪 ꜁tʯʮə ꜁tsʰi
香港粤语	我 ŋɔ¹³‖我地 ŋɔ¹³ tei²²	你 nei¹³‖你地 nei¹³ tei²²	渠 kʰœy¹³‖渠地 kʰœy¹³tei²²
绍兴	我洛ŋo¹¹³⁻¹¹ loʔ²³⁻⁵‖ 偓赖ŋa¹¹³⁻¹¹ la⁻⁵⁵	偌洛 noʔ²³⁻¹ loʔ²³⁻⁵‖ 倷赖 na¹¹³⁻¹¹ la⁻⁵⁵	伊洛 ɦi¹¹³⁻¹¹ loʔ²³⁻⁵ ‖伊赖 ɦi¹¹³⁻¹¹ la⁻⁵⁵/ 伽赖 ɦia¹¹³⁻¹¹ la⁻⁵⁵
上海市区	㧟ŋu²³/ŋu⁵³‖ 我伲ŋu²³⁻²² ȵi²³⁻⁴⁴/伲旧ȵi²³	侬 noŋ²³‖倻nᴀ²³	伊ɦi²³‖ 伊拉ɦi²³⁻²² lᴀ⁵³⁻⁴⁴[lᴀʔ¹²⁻⁴⁴]
于都单数	我ŋæ⁴²	你ȵi⁴²	佢 ku⁴²
阳新三溪单数	我ŋo²¹	你 n²¹	渠 kʰɛ²¹
安义	我ŋo²³/我俚ŋo²³ .li‖ 我侪我ŋo²¹ .tsʰai	尔 n²³/尔俚 n²³ .li‖ 尔侪 n²¹ .tsʰai	渠 tɕi²³/渠俚 tɕi²³ .li‖ 渠侪 tɕi²¹.tsʰai

汉语方言“我、你、他”或者类似形式“吾/卬、尔/汝、其/渠（佢）”等声调相互感染形成一致特征，我们还可以从如上未讨论到的其他方言看到类似的感染特征。如刘纶鑫先生《江西客家方言概况》（2001：314）指出，江西客家方言大多数地区人称代词“我、你、渠”同调，这是感染作用的结果。

我国少数民族也有人称代词声调的感染问题。

我们由戴庆厦先生（1999：9～17）《景颇语名词的类称范畴》可以看出景颇语的人称代词单数都是 33 调值：ŋai³³（我）、naŋ³³（你）、ʃi³³（他）。

孙宏开先生（1982：241～264）《尔苏（多续）话简介》一文指出四川尔苏多续话一二三人称代词的单数、双数、复数以及主格、领格、宾格甚至反身代词的单数、双数、复数的声调，基本上都是高平调 55。如下是尔苏多续话人称代词的数和格的有关语料。

	单数	双数	复数	主格	领格	宾格
第一人称	ɑ^{55}	ɑ^{55} dzi^{55}	ɑ^{55} rʅ^{55}	ɑ^{55}	ɛi^{55}/ɑi^{55}	nɑ^{55}（vɑ^{55}）
第二人称	nɛ^{55}	nɛ^{55} dzi^{55}	nɛ^{55} rʅ^{55}	nɛ^{55}	ni^{55}/nɛi^{55}	nɑ^{55}（vɑ^{55}）
第三人称	t^{h}ɛ^{55}	t^{h}ɛ^{55} dzi^{55}	t^{h}ɛ^{55} rʅ^{55}	t^{h}ɛ^{55}	t^{h}i^{55}/t^{h}ɛi^{55}	t^{h}ɑ^{55}（vɑ^{55}）

我们还从李蓝（1999：35～38）所报道的湖南城步“青衣苗话”人称代词的单复数形式看出湖南城步“青衣苗话”大致是一种汉语方言在当地苗族话里的变体。城步“青衣苗话”人称代词的单复数形式可以罗列如下，其中“伊、他”有分工，“伊”的用法与现代闽语的“伊”基本相同，“他”主要用来指代不在说话人跟前的“伊”；很有意思的是“伊”字受“我尔”两个读32调字的感染也读作32调值，而“他”字仍然读作35调。我们认为第一人称复数形式“俺哩”的“俺”即客家话等南方方言的“佢”，其本字是“我”。

	单　数	复　数
第一人称	我 ŋɑ^{32}	俺哩 ŋai^{21} le^{44}
第二人称	尔 ŋ^{32}	尔哩 ŋ^{32} le^{44}
第三人称	伊 i^{32}/他 t^{h}ɑ^{35}	伊哩 i^{32} le^{44}/他哩 t^{h}ɑ^{35} le^{44}

盖兴之（2002：67～81）《堂郎话概况》指出云南堂郎话人称代词双数形式的声调是一致的：第一人称双数 nɑ^{13} ȵi^{55} ʑo^{31}、第二人称双数 næ^{13} ȵi^{55} ʑo^{31}、第三人称双数ʑʌ^{13} ȵi^{55} ʑo^{31}。

另外，我们在研究时感到困惑的是，不少二手语料没有对所牵涉方言声调的描写说明，有的连任何声调说明描写的内容都没有，有的只有调值没有调类的说明，这些都给我们深刻认识其类型造成一定障碍。方言语音研究是最基础的环节，方言词汇、语法的研究不应当缺少语音研究的内容，包括声韵调三者。有的二手语料出版或发表时校对工作做得不够到位，或者对特殊读音缺乏应有说明，致使无法引用。笔者以为该啰嗦时不妨啰嗦几句，往往有好处。

汉语方言人称代词声调的感染是河南、关中等地以至于许多南方方言比较普遍的现象。对这种现象进行研究，可以发现许多类型学的问题。因此有必要在调查基础上发掘未知领域。

4.2　指示代词

4.2.1　指示代词的读音及构词匹配等问题

关中方言的基本指代词有表示近指的“这”，表示远指第一层次的“兀”

和远指第二层次的“那”。“这”字在关中方言里读作车遮韵或支思韵，以去声和上声调为最普遍，西部有读作阳平调的。“兀”字在关中方言里比较普遍地读作去声调而与“误”字同音，西部有读作阳平调的；“兀”字还跟“个”字构成合音，这个合音字关中俗字作“咻”，“咻”字一般读如“卧、外”等音。“那”字在关中方言口语里读作去声调或上声调而与“奈、乃”等字同音。关中方言的基本指代词有时还表示复数。

关中方言的基本代词有表示近指的“这”，表示远指第一层次的“兀”和表示远指第二层次的“那”，主要就是“这、兀、那”3 个，下面分别讨论关中方言“这、兀、那”的读音以及构词匹配等问题。

4.2.1.1 关于“这”字

其一，关于“这”字的读音。

“这”的繁体作“這”，本来是个形声字，从辵言声，与“彦唁”字同音，《广韵》去声线韵鱼变切。《玉篇》对“这”字的解释是“这，迎也。”宋代毛晃认为丁度等编的《礼部韵略》收字太少，编著了《增韵》，搜集典籍里的字按韵部增入，并对原书的音义错误进行订正，后来毛晃之子毛居丕又予以增补。《增韵》注“这”为“止也切”。孙星衍认为“这”是俗用借字。孙氏在玄应《一切经音义》第三卷《摩诃般若波罗蜜经》第十三卷“适生”条下注释“适”字时指出：“三苍古文作‘這’，……今借为‘者’字，不经甚也。”刘淇《助字辨略》第三卷“者”字条指出：“這，音‘彦’，今借作‘者’，读若‘者’去声。”吕叔湘、江蓝生二位先生（1985：185）指出：“‘这’这个语词的‘本字’大概就是‘者’字。……后来又为了避免跟文言通用的‘者’字相混，或是因为这个词语的声调已变，才有‘这’和‘遮’的写法。”关于“這”字的语义及用法，《增韵·马韵》说：“這，凡称‘此个’为‘者个’，俗多改用‘這’。”《增补五方元音·蛇韵》指出：“這，此也。”如唐代卢仝《送好约法师归江南》云：“为报江南三二日，這回应见雪中人。”宋代王安石《拟寒山拾得》云：“人人有這个，這个没量大。”李清照《声声慢·寻寻觅觅》云：“這次第，怎一个‘愁’字了得。”

关于“这”字在汉语方言里的读音等问题，张惠英先生（2001：172～192）指出：北京话及大多数官话都用“这”作近指代词，口语有三类读音：一读车遮韵，声调有平、上、去三种；一读支思韵，声调有上、去两种；一读入声韵，和“则只”同音。今关中方言无入声，“这”字读法无张先生所说的第二类而具有其他两类。袁宾、何小宛《论佛经中的“这”是近指词“这”的字源》（2009：113～123），在前人及时彦（周法高 1963、陈治文 1964：442～444、吕叔湘 1985：244、俞理明 1993：176～177、蒋绍愚、曹广顺 2005：47）研究的基础上，提出“联想—借字”的观点，文章深入考察先唐文献中“这”（多系“适”的异体字，读“之石切”）的词义与具体用法，发现佛经中表述正当某事的“这……时”等结构与近指词指示某时的“是时、此时”等结构在语义功用、句法地位以及“这”与“是、此”的前置特征等方面具有相通类似之处，能让人产生佛经“这”与唐代新兴同音近指词用法近似的联想，这是“这”被借用为近指词标写字的重要心理因素，也是“这”胜于其他标写字的独优性。

关中方言区对于“这”字口语读音的大致情况是：tʂʅᵓ、꜁tʂʅ以及合音形式“这一 tʂeiᵓ / ᶜtʂei，这搭 tʂaᵓ / ᶜtʂa，“这个 tʂæᵓ /tʂaiᵓ ”等；꜁tʂʅ的读音来自“之石切”，而最普遍的读音 tʂʅᵓ 可能是受远指第一层次“吩”和远指第二层次“那（多读如‘奈’）”读作去声调的感染所致。孙立新（2002：246～259）指出：关中方言区相当于共同语的“这里”一般作“这搭”，多数方言点“这搭”的“这”字读如“制”，少数方言点读作꜁tʂʅ[按：孙文未把宝鸡等处方言点“꜁这搭”两字按前字阳平后字阴平的变调规律来标调]，如宝鸡、凤县、麟游、千阳把“这搭”读作꜁tʂʅ ꜀ta（tʂʅ$^{24-31}$ ta$^{31-52}$ 宝鸡音）。

周至东乡终南镇一带方言的“这”字读作平舌音[tsɤ^{55}]，“这一”的合音作[tsei^{55}]，“这个”的合音作[tsæ^{55}]。

西安、户县一带“这”字口语也读作 tʂɤᵓ，“这 tʂɤᵓ ”可以用作主语、宾语定语，如用作主语的例句“这是西瓜”；用作宾语的例句“你把这（指这些东西）拿走”“这娃咋是这呢（这个孩子怎么是这个样子呢？）”；用作定语的例子如：～人｜～事｜～问题｜～书｜～娃｜～地方。“这 tʂɤᵓ ”在多数情况下相当于“这个”，有时也相当于“这些”，例如：～人｜～事情。西安及户县农村的文盲或半文盲中老派妇女，把男性口语里的“这 tʂɤᵓ ”读成了 tʂuɤᵓ，西安、户县方言翘舌音声母不拼合口呼，仅此一音节在中老派妇女口语里读作合口呼。

从孙立新《户县方言研究》第 55～58 页之表 7，大致可以看出户县“这”字读音的规律，特别是声调的规律来。户县“这”字多数情况下是合音形式“这一 tʂei^{55}/tʂei^{51}”，又作支思韵的 tʂʅ^{55}，“这儿”以单音节形式出现时读作阴平调 tʂə^{31}。tʂei^{55}、tʂʅ^{55} 的读音在合成代词里一般处于阴平、去声、轻声音节前边；上声调 tʂei^{51} 一般处在阳平、上声音节前边。tʂei^{51} 有时也出现在阴平等音节的前边，限于表处所的“这洼”，表数量的“这个”，表方式的“这下/这着儿/这张（‘张’是‘这样’的合音）”，表性状的“这号/这种/这一种”，表次数的“这一回/这回/这酘次、番/这一酘”，等等。

如我们对于“这是西瓜”语句的调查所得，其中泾阳“这”字读作上声调，商州“这”字变作上声调，扶风“这”字读作阳平调（扶风例句是毋效智先生提供的，下同）。

西安：这是西瓜。tʂɤ^{55} sʅ$^{55-24}$ ɕi^{31} kua^{31}。

户县：这是西瓜。tʂɤ^{55} sʅ$^{55-35}$ ɕi^{31} kua^{31}。

商州：这是西瓜。tʂɤ$^{55-53}$ sʅ^{55} ɕi^{21} .kua。

潼关：这是西瓜。tʂɤ^{44} sʅ^{44} ɕi^{31} kua^{31}。

泾阳：这是西瓜。tʂɤ^{51}sʅ^{55} si$^{31-51}$ kua^{31}。

武功：这是西瓜。tʂɤ^{44} sʅ^{44} ɕi^{31} kua^{31}。

扶风：这个是西瓜一个 tʂʅ$^{24-31}$ kɤ$^{55-42}$ sʅ^{55} si^{31} kuA^{31} i^{31} kɤ$^{55-31}$。

其二，关于“这”字的用法。

如上的“这是西瓜”一句有对“这”字的用法问题存在，又有一个“这个孩子怎么是这个样子呢?”在关中方言区十多处的说法，其中“这”字既是“这个”的意思，又是“这个样子”的意思；“这”字在关中中东部地区还表示单体数量，又表示性状。如西安方言的“这娃咋是这呢”，“这娃”的“这”字可以视作“这$_1$”“咋是这呢”的“这”字可以视作“这$_2$”；“这娃咋是这呢”在户县等处又简作惊叹句“这娃”。

西安：这娃咋是这呢？tʂɤ^{52} ua^{55} tsa^{52} sʅ$^{55-31}$ tʂɤ^{52}. ni/tʂɤ^{55} ua^{55} tsa^{52} sʅ$^{55-31}$ tʂɤ^{55}. ni?

户县：这娃咋是这呢?tʂɤ^{55} ua^{55} tsa^{51} sʅ^{55} tʂɤ^{55}. ni?/这娃！ tʂɤ^{55} ua^{55}!

商州：这娃咋是这样? tʂɤ^{53} va^{55} tsa^{21} sʅ^{55} tʂɤ^{53}. iaŋ?

潼关：这娃咋是这? tʂɤ^{44} ua^{44} tsa^{52} sʅ^{44} tʂɤ^{44}?

韩城：这娃怎么是这样? tʂɤ^{42} ua^{55} tsʅ^{42}. mo sʅ^{44} tʂɤ^{42}?

大荔：这娃咋是这? tʂɤ^{52} ua^{55} tsa^{52} sʅ^{55} tʂɤ^{52}?

渭南：这娃咋是这? tsɤ^{52} ua^{55} tsa^{52}sʅ$^{55-31}$ tʂɤ^{52}?

三原：<u>人家</u>这娃咋是这呢? nia^{31} tʂɤ^{52} ua^{55} tsa^{52} sʅ$^{55-31}$ tʂɤ^{52}. ni?

泾阳：这娃咋是这呢？ tʂɤ^{51} ua^{55} tsa^{51} sʅ$^{55-31}$tʂɤ^{51}.ni?

泾阳云阳镇：这娃咋是这的? tʂɤ^{51} ua^{55} tsa^{51} sʅ$^{55-31}$ tʂɤ^{51} . ti?

咸阳：这娃咋是这些咸阳等处“些”字相当于其他地方的“呢”? tʂɤ^{52} ua^{44} tsa^{52}sʅ$^{44-31}$ tʂɤ^{52}.ɕiɛ?

礼泉：这娃咋是这些? tʂɤ^{53} ua^{44} tsa^{53} sʅ$^{44-31}$tʂɤ^{53} .ɕiɛ?

礼泉烟霞乡：这娃咋是这（娃）呢? tʂɤ^{44} ua^{44} tsa^{53} sʅ$^{44-31}$ tʂɤ^{44}ua^{44}. ȵi?

彬县：这娃咋是这? tʂə^{51} ua^{55} tsa^{51} sʅ$^{55-31}$tʂə^{51}?/这娃! tʂə^{51}ua^{55}!

乾县：这娃咋是这哩?tʂɤ^{52} ua^{44} tsa^{52} sʅ$^{44-31}$ tʂɤ^{52}.li?

武功：这娃咋是这呢? tʂɤ^{52} ua^{44} tsa^{52} sʅ^{44} tʂɤ^{52}. ni?

扶风：这个娃娃咋么是这么个□? tʂʅ$^{24-31}$ kɤ^{55}uA$^{24-31}$ uA$^{24-31}$ uA$^{24-42}$ tsA^{31} mo^{31} sʅ^{55} tʂʅ^{55} mo^{55} kɤ$^{55-31}$siA^{31}?/个娃咋么是么个□?kɤ^{42} uA^{55} tsA^{31} mo^{31} sʅ^{55} mo^{55}kɤ$^{55-31}$ siA^{31}?

由上述“这娃咋是这呢”等例句来看，关中方言区比较普遍地把“这（这$_{1}$、这$_{2}$）”读作上声调；读作去声的地方大致在中部偏西的户县等处；西部扶风等处有读作阳平的。

“这”字在具体语境中的声调特征似乎受到一定的管控。我们通过对“这个能比过那个”这一语句的调查表明，“这”字或“这一”的合音形式在关中方言区比较普遍地读作上声调，而在关中方言区东部及东北部的渭南、合阳、蒲城、白水、富平、中部的高陵、淳化、礼泉以及西部的眉县、太白、宝鸡、凤翔、扶风等处则读作去声调，在千阳读作阳平调。“这”字在关中方言区的读音呈现出不太均衡的特征。下面对几个方言点“这个能比过那个”语句变体进行罗列比较，其中“那个”的变体牵涉下文要讨论的“兀、那”等字；“一个”在东部、北部地区常常合音如“页”字，而富平合音如“月”字。

西安：这个能磕住兀一个。tʂei^{52} kɤ^{31} nəŋ^{24} k^{h}ɤ^{31} pfu$^{55-31}$ uei^{52} kɤ^{31}。

临潼：这个能吃住兀一个。tʂei^{53} kɤ^{31}nəŋ^{24} tʂ^{h}ʅ^{31} tsɥ$^{44-31}$uei^{53} kɤ^{31}。

丹凤：这个个比那个强。tʂai^{53} kai^{21} pi^{53} nai^{53} kai^{21}tɕ^{h}iaŋ^{35}。

大荔：这能比过兀个。tʂɤ^{52} nəŋ^{35} pi^{52} kuo$^{55-31}$ uæ^{52}。

澄城：这个比兀一个强。tʂei^{42} kɤ^{21} pi^{42} uei^{42} kɤ^{21} tɕ^{h}iaŋ^{24}。

韩城：这个能比过那个。tʂei^{42} kɤ^{31} nəŋ^{24} pi^{42} kuo$^{55-31}$næ^{42} kɤ^{31}。

黄陵：这一个能比上那一个。tʂei^{52} iɛ^{31} nəŋ^{24} pi^{52} ʂaŋ$^{44-31}$ næ^{52} iɛ^{31}。

铜川：这个能比过兀一个。tʂei^{52} kɤ^{21} nəŋ^{24} pi^{52} kuo$^{44-21}$ uei^{52} kɤ^{21}。

白水：这一一个能磕住兀一个。tʂei^{55} iɛ^{21} nəŋ^{24} k^{h}uɤ^{21} ts^{h}u$^{55-21}$ u^{55} iɛ^{21}。

富平：这一个能磕住兀一个。tʂei^{55} yɛ^{31} nəŋ^{35} k^{h}ɤ^{31} tsɥ$^{55-31}$ u^{55} yɛ^{31}。

三原：这个能吃住兀个。tʂei^{52} kɤ^{31} nəŋ^{35} tʂ^{h}ʅ$^{31-52}$ tsɥ$^{55-31}$ u^{52} kɤ^{31}。

旬邑：这一个比那一个强。tʂei^{51} iɛ^{31} pi^{51} læ^{44} iɛ^{31} tɕ^{h}iaŋ^{35}。

户县：这一个能磕住兀一个。tʂei^{51} kɤ^{31} nəŋ^{35} k^{h}ɤ^{31} tsu$^{55-31}$uei^{51} kɤ^{31}。

眉县：这儿比兀个强。tʂʅ^{44} kɤ^{31} pi^{53} u^{44} kɤ^{31} tɕ^{h}iaŋ^{24}。

岐山：这个能比过兀个个。tʂəi^{52} kɤ^{21} ləŋ^{34} pi^{52} kuo$^{44-21}$ uəi^{52} kɤ^{21}。

麟游：这个能比过兀个。tʂʅ^{55} kau^{31} ləŋ^{24} pi^{42} kuo$^{55-31}$ u^{55} kau^{31}。

千阳：这个比箇强。tʂʅ^{24} kuo^{21} pi^{52} kuo^{52} tɕ^{h}iaŋ^{24}。

4.2.1.2　关于“兀”字

其一，关于“兀”字的读音

一是“兀”字在非合音状态下的读音。“兀”字在共同语里读作阴平调，关中方言把“突兀”的“兀”字读作阴平调，把代词读作阴平调，一般读作去声调，这是关中方言近指代词“这”、远指第二层次“那”读去声，而远指第一层次“兀”也受到了感染才变成了去声调。

关中方言非合音的表处所指示代词里，“兀”读作去声调的方言点主要有：蓝田、商州、洛南、华县、华阴、潼关、大荔、渭南、澄城、合阳、韩城、黄龙、洛川、黄陵、宜君、铜川、耀州、蒲城、白水、富平、高陵、三原、泾阳、旬邑、长武、彬县、永寿、淳化、乾县、礼泉、咸阳、兴平、武功、周至、眉县、岐山、扶风、千阳、陇县、富县，共39个方言点，如蓝田读作u^{55}，铜川读作u^{44}，商州读作vu^{55}，黄陵读作vu^{44}。

“兀”在关中7个方言点里有读作阳平调的，现在列举这些方言点表处所的远指第一层次代词“兀”字读作阳平调的情形：宜川 兀搭u$^{24-31}$ ta$^{31-55}$ | 太白 兀搭u$^{24-31}$ ta$^{31-52}$ | 丹凤 兀儿vər^{35} | 凤县 兀搭u$^{24-31}$ ta$^{31-52}$ | 宝鸡 兀搭vu$^{24-31}$ ta$^{31-52}$ | 麟游 兀搭u$^{24-31}$ ta$^{31-42}$ | 凤翔 兀搭u$^{24-31}$ tua$^{31-52}$。

二是“兀”字在合音状态下的读音。关中方言“兀”字在合音状态下的读音比较复杂，先以表处所的指示代词为例来说明。大致看来，“兀”与其后一音节所构成的合音字的声调有上声和去声两种。关中方言合音字里，一般读前字的声调，所以，“兀＋X”读去声合乎理据。由于关中方言“兀”字多读去声，而“兀”字在阴平字前又与该阴平字构成合音时，由于前字是高平或次高平调，后字是中降或次降调，所以，很容易在合音后读作上声调。下面列举表处所指示代词第一层次（“兀搭那里”等）在有关方言点里的合音词语。

	上声	去声
西安	兀搭儿 uɐr^{52}/兀个儿 uər^{52}	兀一搭儿 uei^{55} . tɐr
临潼	兀搭儿 uɐr^{53}	
洛南	兀搭儿 uɐr^{53}	
华县	兀搭儿 uɐr^{53}	兀搭 ua^{55}
韩城	兀搭 ua^{42}	
三原	兀搭儿 ua^{52}. ər	
泾阳		兀搭 ua^{55}
旬邑		兀搭 ua^{44}/兀搭儿 ua^{44} . ər
彬县	兀搭 ua^{51}	
礼泉	兀个 uɤ^{53}	
咸阳	兀个儿 uər^{52}	兀一搭儿 uei^{44} . tər
户县	兀一洼 uei^{51} ua^{31}	兀一搭儿 uei^{55} . tə
户县	兀一陀儿 uei^{51} t^{h}uə^{35}	
兴平	兀个儿 uər^{52}	
武功	兀搭歇儿 ua^{52}. ɕiɐr	
眉县		兀一搭 uei^{44} ta^{31}

岐山　　兀一搭 uəi^{44} ta^{21}
扶风　　兀一搭 uəi^{55} ta^{31}
定边　兀个儿 uər^{52}

其次，“兀”与量词“个”有一个合音俗字作“吙”，是形声造字，从“口”“外”声。

西安方言“兀个”的合音字“吙”，一读上声调 uɤ^{52}，一读去声调 uɤ^{55}，而又以上声调的使用频率为高（尤其是东郊，“吙”字多读作上声调）。读作上声调的“吙”一般指称人或物或事，例如：uɤ^{52} 人｜uɤ^{52} 东西｜uɤ^{52} 车｜uɤ^{52} 马｜uɤ^{52} 事情。读作去声调的“吙”一般是人或事物的集合体，例如：uɤ^{55} 人那些人都不是西安人｜uɤ^{55} 事那些事情不好办。

户县方言“兀个”的合音字“吙”一般读作去声 uɤ^{55}，也有读作上声 uɤ^{51} 的，这可能是受西安方言以上声为主体读音影响的结果。户县东乡“兀个”的合音读作上声 uæ^{51}。户县“兀个”合音的主体读法的理据是“兀个 u^{55} kɤ^{31}→uɤ^{55}”，东乡的理据是“兀个 u^{55} kæ^{31}→uæ^{51}”，东乡“个”在这个合音音节里，有先秦韵母的遗迹，这是先秦“个”字读作 kai 演变到户县东乡读作 kæ的结果。北京 ai uai 两个韵母在关中方言里很普遍地读作æ uæ两个韵母。其实，户县方言“吙”读作上声主要用来指“那个人”，例句如：你给吙uɤ^{51} 说教吙uɤ^{51} 来嘎子一下，我跟吙uɤ^{51} 时间长咧都没见；我见吙uɤ^{51} 有几件事情呢。

扶风方言的“兀个”合音作 uæ^{55}，毋效智先生写作“里外”的“外”字。

蒲城兴镇一带“兀个”的合音作上声调的 uæ^{53}，例如：～人｜～事｜～村子。“兀个”在非合音时，兴镇方言读作 u^{55} kɤ^{31}。其合音形式的主要元音也有先秦韵母的遗留。

关中方言“兀个”的合音形式作俗字“吙”，我们从渭南剧作家李芳桂的剧作里到处可以看到。可见最晚在 200 多年前的清代中期，关中就把这个字写成“吙”了。以下从《古董借妻》里选取两段对话和两个例句，其中对话$_1$语境里的“吙”字具有模糊性，这是关中方言区至今交际过程中仍然常见的“吙”字的模糊用法。

（对话$_1$）张古董：唉，朋友呀，你从哪哒来？
粮　差：我从吙哒来。
张古董：你向哪里去？
粮　差：我向吙哒去。

（对话$_2$）张古董：看你这，大路就大路，小路就小路，可是大小路。
粮　差：你不能晓得。我吙家在巷里住着哩，我巷里不能行车，出了我吙巷就能行车，因此上，我就是从吙大小路上来。

（例句$_1$）我见的是老婆骑牛，就没见咻媳妇骑驴么，你还打得叫我见咻媳妇骑驴呀？

（例句$_2$）老爷你要咻些弄啥哩？

户县方言“兀一”的合音有两读，一读去声调 uei^{55} 而与“喂位”等字同音，一读上声调 uei^{51} 而与“伟”字同音。孙立新《户县方言研究》第 55～58 页表 7 所罗列的户县方言指示代词，大致看来，“兀一”合音作去声调时，用在阴平、轻声、去声的前边；读作上声时，用在阳平、上声以及“一”字的前边。这个规律在西安及其周围地区很普遍。举例如下：

兀一 uei^{55} ～边｜～搭儿｜～半个儿｜～些｜～们那么

兀一 uei^{51} ～回｜～种｜～一回｜～一向｜～年

本节 4.2.1.1 及 4.2.1.2 部分所报道的“这一、兀一”之合音形式有读作上声调和去声调的，表 24 里“那”也有读作上声调和去声调的，这里有对户县方言“这一、兀一、那”的上声调和去声调的规律等作些归纳。

一方面户县方言“这一[tʂei^{51}]、兀一[uei^{51}]、那[næ^{51}]”读作上声调的时候，可以跟单音节阴平调或变作阴平调的名词或量词“天、间、锅、箱、堆、级、家、洼、畛、缸、旅、军、节、截、号[xau$^{55-31}$]、个[kɤ$^{55-31}$]”等，阳平调的“回、年、排、连、营、团、头、集体、（集市）、茬、河、盒、局、盘、壶、门、碟、盆”等，上声调的“种、次/卯、批、匹、亩、片、斗、里、滚、捆、会儿、对儿、份儿”等，去声调的“会、向、带、句、桄、柜、罐、翁、对、队、路”组合；带子尾的名量词如“家子、箱子、堆子、碟子、盆子、门子、片子、句子、柜子、罐子、桄子”等也可以与“这一[tʂei^{51}]、兀一[uei^{51}]、那[næ^{51}]”组合。户县方言“这一[tʂei^{51}]、兀一[uei^{51}]、那[næ^{51}]”读作上声调是主要读法。

二方面户县方言“这一[tʂei^{55}]、兀一[uei^{55}]、那[næ^{55}]”读作去声调的时候，限于指示代词，如“帮、些（阴平、阳平、上声）、处[tsʰu$^{51-31}$]、忽、早晚（噌）、搭儿（轻声、阴平）、半个儿、们”等可以与“这一[tʂei^{55}]、兀一[uei^{55}]、那[næ^{55}]”组合，请详阅表 25。户县方言“这一[tʂei^{55}]、兀一[uei^{55}]、那[næ^{55}]”与“些”字的组合，无论是“些”字读阴平、阳平、上声哪个声调甚至如何重叠，都读作去声调。

三方面户县方言“这一个、兀一个、那个”里，“这一、兀一、那”存在着上声和去声两种读法，有必要予以交待。其实，“这一（个）、兀一（个）、那（个）”读作上声是最常见的读法，去声的读法分别特指“这个人、兀个人、那个人”，假如直接说成“这一人、兀一人、那人”，则“这一、兀一、那”读作上声，因此，户县方言“这一[tʂei^{51}]个人＝这一[tʂei^{55}]个、兀一[uei^{51}]个人＝兀一[uei^{55}]个、那[næ^{51}]个人＝那[næ^{55}]个”。例句如：这一[tʂei^{51}]个人/

这一[tʂei^55]个有钱，兀一[uei^51]个人/兀一[uei^55]个穷得很丨这一[tʂei^51]个人/这一[tʂei^55]个是我姑夫，兀一[uei^51]个人/兀一[uei^55]个是我姨夫，那[næ^51]个人/那[næ^55]个是我舅。

但还有例外，限于上声调的 uei^51，如：～洼那里丨～阵子丨～个丨～这样 tʂaŋ^31 那样。

其二，关于“兀”字的语义和用法。

不少学者认为近代汉语宋元时期的“兀的”“兀那”等的“兀”字是代词的前缀，这种看法最少与关中方言“兀”的实际用法不符。汪化云（2007：15～19）就指出“这种看法不能成立”，并把“兀”与“那”的用法进行比较，认为“兀”应是远指代词，我们认为，汪先生的观点与关中方言的实际相符。汪文讨论“兀的”是复合远指代词时举了近代汉语《火烧介子推》里的例句：“这的是送你身的荣华富贵，兀的是追你魂的高车驷马。”其中近指代词“这的”与远指代词“兀的”对举。关中方言区可以举出大量类似的句子，下列以户县方言近指代词“这一搭儿”和远指代词“兀一搭儿”等为例来说明。

这一搭儿 tʂei^55 .tə这里是张家堡，兀一搭儿 uei^55.tə那里是仝夏堡。

这一陀儿 tʂei^51 tʰuə^35 这里三个人，兀一陀儿 uei^51 tʰuə^35 那里才一个人。

这一洼 tʂei^51 ua^31 这里归长安区管，兀一洼 uei^51 ua^31 那里归咸阳市管。

当然，如上也可以把如下 4.2.1.3 部分所要讨论的“那”字（即远指第二层次）加进去。

这一搭儿 tʂei^55 .tə是张家堡，兀一搭儿 uei^55.tə是仝夏堡，那搭儿 næ^55.tə是柿园。

这一洼 tʂei^51 ua^31 归长安区管，兀一洼 uei^51 ua^31 归咸阳市管，那搭儿 næ^55.tə也归咸阳。

户县以至于整个关中方言区可看到大量“这”“兀”对举的例子，下面还举户县例句。

是这么 tʂẽ^55 长，不是兀么 uẽ^55 那么长。

是这一下 tʂei^51 xa^55-31 这样，不是兀一下 uei^51 xa^55-31 那样。

你兀一嗒儿 uei^55 .tsə刚才咋没来，咋这一嗒儿 tʂei^55. tsə现在才来咧？

4.2.1.3　关于“那”字

其一，关于“那”字的读音

近代汉语“那哪”从字形上本无区别，如我们从《方言调查字表》可知这两个字均在果摄开口一等，“哪（那）”字在上声哿韵，“那”字在去声箇韵，西安等处“哪那”两个字在书面语里读作上声 na^52；再如兴平等处方言两个字也有读上声的，“哪那 la^52”也是书面语读音。

“那”字在关中方言口语里才读作去声调。孙立新（2002：250～254）把关中方言远指第二层次的“那”写成了“奈、乃”是按其实际读音来写的，“奈、乃”的本字都应当是“那”。王力先生《汉语语音史》指出，歌部字在先秦读作 ai 韵母，而关中方言按普通话的 ai uai 两个韵母分别读作 æ uæ两个韵母，从理据上看，今读“那”为 næ/læ有先秦古音的遗迹。

表处所的远指代词很普遍地用到了“那”，西安、商州、洛南、华县、华阴、潼关、大荔、渭南、澄城、合阳、韩城、黄龙、洛川、黄陵、宜君、耀州、蒲城、白水、富平、高陵、三原、泾阳、淳化、户县、周至、富县 26 处读作 næ$^{\supset}$。还有以北方官话的共同规律把“那”读作 a 韵母的，如扶风、岐山、凤翔、宝鸡、凤县、太白、眉县 7 处读作 la$^{\supset}$，兴平又读 la$^{\supset}$。

临潼、蓝田、定边 3 处“那儿”儿化后读作上声，如蓝田读作 nɤr^{51}，这 3 处“这儿”“兀搭儿”也读作上声调。一方面，这符合合音理据：前字去声后字轻声合音为上声；二方面，也是相互之间的感染使然。韩城一处“那”读上声 na^{42} 时也是远指代词第二层次。

铜川一处“那塔”读作 nei^{44} ta^{21}，“那”读 nei^{44} 是“那一”合音后发生音变，理据是 nai→næ→nei。西安城区中新派方言也有（不是全部）把“那里”作“那 nei^{55}”的，不像原生态的西安方言，又未必是受铜川话影响的结果，估计是后起的方言现象。

西安一带表处所指示代词第二层次里还有把“那”字读作上声调 ^{c}næ 的，如西安“那呢 næ^{52}. ni”表极远；户县“那洼 næ^{51} ua^{31}/那洼儿 næ^{51} uə^{35}”跟“那搭儿 næ^{55}. tə”一样，表远指第二层次。

“那”字在宝鸡一带还很普遍地减去声母读如“啊”，如陇县的“那么”读作 a^{53}. mo，凤翔的“那”字读作 a^{31} 或者 a^{44}。

其二，关于“那”字的用法。

一方面，丹凤、千阳、陇县、长武 4 处远指不分一二层次，而只用“兀×”，所以，关中方言区在表处所的远指代词里有 47 处用到了“那”。

二方面，关中方言区中东部地区单音节的“那 næ/læ$^{\supset}$”最广泛地相当于普通话表示让步的连词“那么”，如：“我单位有 100 多个人，那 næ/læ$^{\supset}$ 你单位有多少人?”

三方面，如上文所说，“那”字在陇县、凤翔等处常常音变如“啊”。

陇县“那么”音变作 a^{53}. mo，前字减去声母 l 读作 a^{53}。新编《陇县志》959 页指出：这个词在陇县方言里使用频率较高，根据不同语境，具有不同语义语法特点：其一，表肯定语气，含有勉强之意。如对话语境：（甲）把你的自行车给我借嘎$_{借一下}$?（乙）那么。其二，表示承接语气。如对话语境：（甲）你看电影去呀?（乙）噢。（甲）那么我也去看呀。其三，表转折语气，含有反问语义。如对话语境：（甲）我说你了别这么说话。（乙）那么你说咋么说哩?

凤翔方言有一个“阿煞 a^{31} .sa”，从使用特点看，“阿”应当是“那么”减去“么”后的音变字：la^{44}→a^{44}→a^{52}→a^{31}，其中音变过程先是减去声母后来又从去声变到上声再变到阴平。凤翔的“阿煞”适用于再向听话人提出问题听话人没有回答而进行的第二次提醒，而且一般是长辈对晚辈、上者对幼者，最少用于同辈之间。例如：“我刚问你的事你咋么没给我交代呢?阿煞!”也可以直截了当地只问：“阿煞?”而直接解释为“请你回答呀!”

凤翔方言的“那 a^{44}”有两种用法。一是相当于“那么”，例如：“那你说咋么办哩？｜那他就要去啦｜那你想做啥哩？”二是用在句首表示引起话题，这是在“那么”义的基础上进一步虚化的结果，例如：“那人家个是浪么个[a^{44} nia^{52} kæ^{52} sɿ$^{44-31}$ laŋ .mu .kau]人家那是那样的｜那我给你说个事情。”

四方面，毋效智先生 2006 年 8 月 15 日来信提供的其母语语料里，扶风方言表示方式的指示代词可以罗列如右：这么个这样 tʂɤ^{55} mo^{31} kɤ$^{55-31}$ 兀么个那样 u^{55} mo^{31} kɤ$^{55-31}$｜干这么像这样 kæ̃^{31} tʂɿ^{55} mo^{55}｜干么像那样 kæ̃^{31} mo^{55}/到么 tau^{55} mo^{55}/干兀么 kæ̃^{31} u^{55} mo^{55}。

如就我们所调查的语法例句“我们单位有一百多个人，他们单位才十几个人，那么，你们单位有多少人呢?”毋先生 2006 年 9 月 15 日来信指出，扶风方言的连词“那么”作“么 mo^{55}”。第三个分句作“么你一的单位有多人? mo^{55} ȵi^{31} i^{31} tsi^{31} kæ̃^{31} uei^{55} iou^{42} tuo^{31} ʂaŋ^{31} ʐəŋ^{24}?”也就是说，扶风的“么 mo^{55}”相当于陇县的“那么 a^{53} .mo”或者凤翔的“那 a^{44}”。

去声调的“么”在扶风方言里还当“那样的”来讲。下面的例句，“/”前边是常用的，后边是使用频率不太高的。

情况就是么个/就是么（个）情况。情况就是那样的

他的意思就是么个/他就是么（个）意思。他就是那个意思

兀个单位就是么个/兀个单位就是么（个）样子。那个单位就是那样

这个老师的水平也就么个/这个老师也是么水平。这个老师的水平也就那样

五方面，宝鸡一带的远指代词在口语里一般用“兀”而很少用“那”，但是，凤翔西乡很普遍地用到了“那个 la^{44} kau^{31}”，例句如“我这搭是那个龙门洞的下院｜这个事情不太那个不太是那个样子｜那个人不是咱这搭这里人”。单音节的“那 la^{44}”字凤翔西乡也用，如“那回事｜那些天”。

六方面，西安、户县一带读如“奈”的“那”字，在如下的对话语境里既有承接意味，又兼有表示假设的语法语义特征：

（甲）他咋现在才来?（乙）那你说教他啥时候儿来呢?

（甲）那几个领导我都讨厌!（乙）那你喜欢咋样的领导呢?

（甲）我看着你做活我就难受！（乙）那咋着怎样就不难受咧？

（甲）你咋把饭没吃完呢？（乙）那一吃完把人撑得难受咋办？

（甲）我实在忙得没时间支应你的事！（乙）那啥时间能闲下来？

（甲）给你旅游去呀给的钱你咋没花完呢？（乙）那你说，我去的那些地方卖的那些东东西西咱这儿都有，我又拿的吃的喝的，还有买的啥呢？

4.2.1.4 西安一带“这、吩、那”的特殊用法

其一，西安、户县一带方言的近指代词基本型“这”具有一定指代作用的同时，又兼有语气词“嘛”的语义特征，在句子里有明显的停顿，从实际语义语用特征来看，听说双方的关系可从两方面来看。

一是说话人和听话人是同一类人物。例如：

男人家这，没有不受老婆家嘟囔的。

教师这，把书教不好就在人跟前说不起话。

领导这，要能喝几桶恶水泔水；喝恶水指受窝囊气呢。

人这，跑到（这）世上来，就是受罪受苦受难来咧。

二是说话人所谈及的对象在听说双方面前，而所指一般是人或事物。例如：

庄稼这，不上粪施肥就不打粮食。

娃娃家这，招嘴动辄有个人来疯劲儿呢。

自行车这，你时间长不骑就不太顺手咧。

事情这，你不办就知不道不知道到底办得成能不能办成。

其二，关中方言“这”还具有“现在，当下；马上”的意思，常常连带“就”。例如：

我这就去。

我教他这就过去。

寻个人这就给你捎着去。

我这就把你想要的东西给你。

其三，西安一带的“吩uɤ55”，当说话人所称述的对象不在听说双方当面或不在说话人当面时，常常处在名词或代词后边且有明显停顿，有时候语义上相当于“呀、嘛”。例如：

你吩，脾气咋那们那么瞎坏的！

事情吩，你一办就知道好办吗还是难办咧。

娃娃家吩，不听话咧假如不听话，大人连一点儿办法都没有。

你妈吩，在你的你们跟前一点儿都不得下去指很照顾你们兄弟姐妹或你们一家。

老咧人吩嘿就着老年人来说，你得处处照顾着，尤其是不能教他感到孤独。

当官的吩嘿，对老百姓搞搭稍微好一点儿老百姓都记他的好处呢；中国

的老百姓还不好到哪塌儿哪里去咧？

其四，西安一带的“这、㖞、那[næ55]”还可以表示集合数量，有“许多”的意思。在表示集合数量时，这三个代词可以构成长音，例如：

这[tʂɤ55/tʂɤː55]这些事我办不了。

我知道那[næ55/næː55]那些人都是北京人。

你拿㖞[uɤ55/uɤː55]那些东西是想送给谁呢？

其五，西安一带“㖞[uɤ55]、那[næ55]”都可以当“那么”来讲，通常情况下，“㖞”字的使用频率没有“那”字高。例如：

㖞你要走咧你就走，我不送（你）咧。

㖞他想来就来，不想来咧就嫑来嘢！

那咱一搭儿在北京走咱们一块儿到北京去吧。

那就跟领导把这这些事情商量嘎子一下。

那我实在还想要些子呢，你给我给不给？

其六，西安一带以“㖞[uɤ55]”字煞尾的语义语法特点。西安一带以“㖞[uɤ55]”字煞尾的在80岁以上的老派口语里存在着，估计这个特点十几年以后可能消失；以“㖞[uɤ55]”字煞尾是对前述情况的肯定或强调。下面举若干例句：

我给你讲的这番道理你就得听嘢，㖞。

娃博士刚毕业，工资比他妈还高呢，㖞。

你把他心伤透咧，他跟你计较那是正常的嘢，㖞。

他这个人是个刀子嘴豆腐心，你先嫑急着，等他不着生你的气咧，再去跟他好说，㖞。

这个路走不成，你硬要走，小心把车难⁼[nã55]道路泥泞使得车陷入泥淖着不得出来咧着，㖞。

他旧社会给财东家拉长工，是财东家教书的老二介绍他入咧地下党；“社教”的时候，硬把他说成国民党、打成二地主咧，把他也打匝咧常常痛打，他受不了就寻短见自杀咧，㖞。

你说呢，这几个老汉同岁，属虎的，旧社会在自家堡子村子一个老先生跟前念书来来着，都是王家户王氏家族的；论起，这个小名叫寅虎的辈儿辈分最高，下来是寅寅，然后才是寅娃，那个叫虎娃的是寅虎的末末孙子玄孙辈儿，他的他们后来都称兄道弟咧，儿女咧、孙子咧也都跟着成咧同辈咧；寅虎还比老先生高一辈，也把老先生叫先生伯呢；㖞。

其七，跟上文“其五”所报道的“㖞”字的语法地位相同而语义特征不太像相同，西安一带老派口语里的否定句有以“㖞”字的，表示对所否定情况的强调。例如：

不行嘡，吩。

人家就是不答应嘡，吩。

他早都不卖手机咧，吩。

你给他不给就对咧，吩。

他就一点儿都不觉得疼嘡，吩。

其八，本书 4.1.6 小节报道了西安一带方言人称代词与指示代词“这、吩”之间的特殊语序问题，其实 4.1.6 小节所举的例句，代词的语法地位上也可以出现名词。例如：

西安这是十三朝的古都呢/这西安是十三朝的古都呢。

他作为领导这是给谁要模样呢拿脸色给人看让人害怕？/这他作为领导是给谁要模样呢？

我知道，你老人家这是在北京去去北京呀/我知道，这你老人家是在北京去呀。

老张吩是故意丢你的人呢！/吩老张是故意丢你的人呢！

人事处吩是专门管职称的部门嘡/吩人事处是专门管职称的部门嘡。

其九，关于“这、吩、那”用作复数代词的情况。

西安一带方言表示数量的指示代词有时“些”字不出现，如户县去声调的“这、吩、那”充当主语、宾语或定语时一般表复指，户县上声调的“这、吩、那”[按：“这”字儿化后才读作上声调，“吩、那”分别有读作上声调的]不用作复数代词。“꜂这[tʂɤ^{55}]、꜂吩[uɤ^{55}]、꜂那[næ^{55}]”充当主语的例句如“这这些人都恶得很，你不敢惹｜吩[uɤ^{55}]那些人不是陕西人｜那[næ^{55}]那些事情难办得很”；充当宾语的例句如：“你屋你们家咋还有这这些东西呢？｜你给我把吩那些东西拿过来｜我刚来单位那[næ^{51}]阵儿，单位穷得要这没那[næ^{55}]要这些东西没这些东西，指什么东西都没有的”；充当定语的例句如“这人｜这事｜这牛｜吩东西｜吩书｜吩桌子｜那时候儿｜那学生”。户县方言上声调的“<u>这一</u>[tʂei^{51}]、兀一[uei^{51}]、那[næ^{51}]”加上“个”字表示单数。

我们从《金瓶梅》38 回找到这样的例子：“嗔道他头里不受这银子，教我拿回来休要花了，原来就是这些话了。”其中，“这银子”指这些银子；“这”字的复数用法与关中相同。

4.2.1.5 关中方言“这、兀”及其合音形式在同一语境中声调的一致性

关中方言“这、兀”及合音形式在同一语境中的声调具有一致性，比如西安一带的人要抱怨某个孩子，可以有三种语句形式：“这娃咋是这呢｜兀个娃咋是兀个呢｜那个娃咋是那个样子呢？”以下的语音形式是可以成立的：

西安东郊：这[tʂɤ^{52}]娃咋是这[tʂɤ^{52}]呢？

户县城关：这[tʂɤ^{55}]娃咋是这[tʂɤ^{55}]呢／这[tʂɤ^{51}]娃咋是这[tʂɤ^{51}]呢？

西安东郊：兀个[uɤ^{52}]娃咋是兀个[uɤ^{52}]呢？

户县城关：兀个[uɤ^{55}]娃咋是兀个[uɤ^{55}]呢／兀个[uɤ^{51}]娃咋是兀个[uɤ^{51}]呢？

户县东乡：兀个[uæ^{51}]娃咋是兀个[uæ^{51}]呢？

户县城关：那[næ^{51}]个娃咋是那[næ^{51}]个样子呢？

其中，西安的“这、兀个”均读作上声，户县的“这、兀个”要么均读去声，要么均读上声，“那”读作上声；这种同一语境中声调的一致性是一种定势，是绝对的约定俗成，不一致是坚决不行的。于是，下面的读法是不能成立的：

户县城关：这[tʂɤ^{55}]去声娃咋是这[tʂɤ^{51}]上声呢？

户县城关：兀个[uɤ^{55}]去声娃咋是兀个[uɤ^{51}]上声呢？

下面专门报道户县方言的类似问题。

其一，近指指代词“这”及合音形式在同一语境中声调的一致性。“这”字户县通常读作[tʂɤ^{55}]，白读读作[tʂʅ^{55}]，其合音形式如“这儿[tʂə^{51}]、这一[tʂei^{55}]｜[tʂei^{51}]”。“这儿[tʂə^{51}]”一般表示个体，用例如“～人～事｜～老汉～板凳”。以下举出“这一”合音形式的例句：

这一[tʂei^{55}]家这[tʂɤ^{55}]人身体都好得很。

这一[tʂei^{55}]些单位这[tʂɤ^{55}]材料都好着呢。

这一[tʂei^{55}]几个人这[tʂɤ^{55}]几篇文章没一个儿有水平的。

这一[tʂei^{51}]回这儿[tʂə^{51}]事我没办法给你办咧。

这一[tʂei^{51}]个单位这儿[tʂə^{51}]材料有些问题，给他打回去。

其二，远指第一层次“兀”及合音形式在同一语境中声调的一致性。“兀[u^{55}]”作为指代词在户县人的口语里的使用频率很低，只有“兀些”一词，“兀”主要处于合音状态中：“兀一[uei^{55}]｜[uei^{51}]、兀个[uɤ^{55}]｜[uɤ^{51}]｜[uæ^{51}东乡]、兀么[uẽ^{55}]”。例句如，其中“兀么[uẽ^{55}]”没有与相关的同声调代词处于同一语境的。

兀一[uei^{55}]些单位兀个[uɤ^{55}]事好办着呢。

兀一[uei^{51}]回兀个[uɤ^{51}]事里头就没有我。

兀一[uei^{55}]家家家庭兀个[uɤ^{55}]人都勤谨得很。

兀一[uei^{51}]件事情里头兀个[uɤ^{51}]还有些掏扯复杂因素；深层问题呢。

4.2.1.6　由元代以来文献看关中方言对近代汉语指示代词的传承

其一，关中方言对元代汉语指示代词的传承

孙立新《元杂剧中的陕西方言词汇》（1998：59～61）一文指出《汉宫秋》第四出曰：“不争你打盘旋，这搭里面声相应，可不差讹了四时节令。”

《李逵负荆》第一出曰："直醉的来在这搭里呕。"其中，今关中方言还用到元代的"这搭"，指这里。

《元散曲·般涉调·耍孩儿·庄家不识构阑》云："正打街头过，见吊个花碌碌纸榜，不似那答儿闹穰穰人多……"其中，"那答儿"如西安等处指"那里"；本书写作"那搭儿"。

明代散曲作家陈铎《沉醉东风·闲情》云："若问谁家是俺家，红树里柴门那搭。"其中，"那搭"即关中不少方言点的表处所的第二层次代词，当"那里"讲。

另外，表处所的疑问代词，如西安方言的"哪塌儿 a52 . tʰɐr"在《潇湘夜雨》里作"那塌儿"，如该杂剧第二出云："但不知那塌里把我磨勒死!"

其二，关中方言对明代汉语指代词的传承。先看《金瓶梅》对指示代词的传承特点。

一是"恁"字。"恁"字在《金瓶梅》里几乎是俯拾皆是，如51回"你娘恁觑我一场，莫不我恁不识好歹，敢说这个话？""伙计家自恁与你饯行，也该吃钟儿。"关中方言区中部泾河以东、渭河以北地区有近代汉语表示程度、数量的"恁"，如三原读"恁"为[nẽ55]，大荔读"恁"为[nɛ̃55]；"镇、恁"分别是"这么、那么"的合音字。举例句如下：

三原：是镇[tʂ̩ẽ55]长，不是恁长是这么长，不是那么长。

大荔：嫑说镇[tʂ̩ẽ55]咧恁咧的别说是这样或者那样；不要说长道短。

关中方言的"镇、恁"主要表示程度，其次表示数量（只限于跟"些"字搭配）；表示程度的时候，跟形容词搭配，如"大、碎小、长、短、宽、窄、薄、厚、深、浅"等单音词，再如"严重、厉害、难受、可怜、麻利、简单、穷酸、恓惶"等复合词。

但是，我们从范紫东先生剧作《三滴血》里所找到的例句，多数"恁"字不当"那么"讲，却当"这么"讲。这可能跟其他地方的汉语方言指示代词根据具体语境确定远近指类似。

照你这样说，把恁心疼的两个娃，活活的饿死不成？（第一回；这么）

怪道我长了恁大，我母亲并不与我议亲，用来就是他。（第六回；这么）

为什么见我恁生疏？（第十六回；那么）

啊，我长了恁大，连老虎的面都没见过。（第十六回；这么）

这个法子怎么恁的灵应呢？（第十七回；这么）

二是表示处所的指示代词，从两方面来看：一方面关中方言表示处所的近指代词，我们一般写作"这搭"，《金瓶梅》里写作"这答"，如51回："这答儿里到（倒）且是荫凉。"

二方面关于"兀的、兀那"。汪化云（2007：15～19）指出：宋元以降的“兀的”“兀那”等以及汉语方言至今还在使用的“兀”是远指代词，这个观点符合陕西方言的事实。我们认为，《金瓶梅》如下两个例句，与关中方言的远指代词第一层次“兀搭”等有着共同的源流。

那婆子笑道：“兀的谁家大官人这屋檐下过，打的正好!”（2）

兀那碑上写的，不是江心贼？（54）

邢向东（2001）讨论神木方言指示代词时考证了“这搭”等在元杂剧里的用法，抄录如下：

道姑，敢问这搭儿是何处也？(《张生煮海》二折)

如今在那搭？(《合汗衫》二折；笔者按：此例中的“那搭”即今关中方言里的“哪搭”)

下场处那答儿发付我。(《西厢记》二本二折)

关于关中方言以“搭/答”作为表处所指示代词的源流（又请参阅范慧琴2007：110）。

怎生来这搭儿遇着神仙？（《元曲选·玉壶春》）

小姐，和你那答儿讲话去。(《牡丹亭》10)

这答树木长的似伞一般，在这所在埋葬也好。(《拍案惊奇》第38回)

这答儿倒是荫凉。(《金瓶梅》第52回)

时有两个伴当侍立，见主子与戏子讲话，看出了神，一见指着那搭，一时会意不来。(《快新编》下11回)

4.2.2　表处所的指示代词

关中多数方言点近指代词作“这搭”且“这”字常常读如“制”。关中远指代词分两个层次，第一层次是相对不远或看得见的，一般作“兀搭”，第二层次是相对很远或看不见的，一般作“那搭”[孙立新1997还有写作“奈搭”的，今一律改作“那搭”；郑张尚芳先生《温州话指示代词系统及强式变化并近指变音》一文里指出，“搭”字应为“墶”，集韵入声盍韵德盍切：“墶，地之区处。”“搭”是吴语的俗写；官话区也比较普遍地写作“搭”。钱乃荣（1999：68～84）《北部吴语的代词系统》指出：北部吴语的指示代词词尾以“搭”为最常见，如“这儿”江阴作“讲搭”，苏州作“该搭”，双林作“个搭”，旧上海作“荡搭”]。详见表23。

表23　　关中方言表处所指示代词总表

方言点	近　指	远指第一层次	远指第二层次
西安 $_1$	这搭儿 tʂʅ^{55}.tɐr	兀一搭儿 uei^{55}.tɐr	那搭儿 næ^{55}.tɐr
西安 $_2$	这一搭儿 tʂei^{55}.tɐr	兀搭儿 uɐr^{52}	

续表

方言点	近　指	远指第一层次	远指第二层次
西安$_3$	这儿 tʂɐr^{52}/tʂər^{52}	兀个儿 uər^{52}	那呢 næ^{52} .ȵi 表极远
临潼	这儿 tʂər^{53}	兀搭儿 uɐr^{53}	那儿 nɐr^{53}
蓝田	这儿 tʂər^{51}	兀搭 u^{55}ta^{31}	那儿 nɐr^{51}
商州$_1$	这岸儿 tʂʅ^{55} .ŋaŋr	兀岸儿 vu^{55} .ŋaŋr	那岸儿 næ^{55} .ŋaŋr
商州$_2$	这搭 tʂʅ^{55} .ta	兀搭 vu^{55} .ta	那搭 næ^{55} .ta
丹凤	这儿 tʂər^{35}	兀儿 vər^{35}	兀儿 vər^{35}
洛南	这搭 tʂʅ^{55} ta^{21}	兀搭儿 uar^{53}/兀搭 u^{55} ta^{21}	那搭 nai^{55} ta^{21}
华县$_1$	这搭 tʂʅ^{55} ta^{21}	兀搭 u^{55} ta^{21}	那搭 nai^{55} ta^{21}
华县$_2$	这搭 tʂa^{55}	兀搭 ua^{55}	
华阴	这搭 tʂʅ^{55} ta^{31}	兀搭 u^{55} ta^{31}	那搭 næ^{55} ta^{31}
潼关	这搭 tʂʅ^{44} ta^{31}	兀搭 u^{44} ta^{31}	那搭 næ^{44} ta^{31}
大荔	这搭 tʂʅ^{55} ta^{31}	兀搭 u^{55} ta^{31}	那搭 næ^{55} ta^{31}
大荔确指	这搭这搭 tʂa^{55} .tʂa	兀搭兀搭 ua^{55} .ua	
渭南	这搭 tʂʅ^{55} ta^{31}	兀搭 u^{55} ta^{31}	那搭 næ^{55} ta^{31}
澄城	这搭 tʂʅ^{55} ta^{21}	兀搭 u^{55} ta^{21}	那搭 næ^{55} ta^{21}
合阳	这搭 tʂʅ^{55} ta^{21}	兀搭 u^{55} ta^{21}	那搭 næ^{55} ta^{21}
韩城$_1$	这 tʂʅ^{42}	兀搭 ua^{42}	那 na^{42}
韩城$_2$	这搭 tʂʅ^{55} ta^{31}	兀搭 u^{55} ta^{31}	那搭 næ^{55} ta^{31}
宜川	这搭 tʂʅ^{31} ta^{55}	兀搭 u^{31} ta^{55}	那搭 næ^{31} ta^{55}
黄龙	这搭 tʂʅ^{44} ta^{31}	兀搭 u^{44} ta^{31}	那搭 næ^{44} ta^{31}
洛川	这搭 tʂʅ^{44} ta^{31}	兀搭 vu^{44} ta^{31}	那搭 næ^{44} ta^{31}
黄陵	这搭 tʂʅ^{44} ta^{31}	兀搭 vu^{44} ta^{31}	那搭 næ^{44} ta^{31}
宜君	这搭 tʂʅ^{44} ta^{21}	兀搭 vu^{44} ta^{21}	那搭 næ^{44} ta^{21}
铜川	这搭 tʂʅ^{44} ta^{21}	兀搭 u^{44} ta^{21}	那搭 nei^{44} ta^{21}
耀州	这搭 tʂʅ^{44} ta^{31}	兀搭 u^{44} ta^{31}	那搭 næ^{44} ta^{31}
蒲城	这搭 tʂʅ^{55} ta^{31}	兀搭 u^{55} ta^{31}	那搭 næ^{55} ta^{31}
白水	这搭 tʂʅ^{44} ta^{21}	兀搭 u^{44} ta^{21}	那搭 næ^{44} ta^{21}
富平	这搭 tʂʅ^{55} ta^{31}	兀搭 u^{55} ta^{31}	那搭 næ^{55} ta^{31}
高陵$_1$	这儿 tʂʅ^{51}.ər	兀儿 u^{51}.ər	那儿 næ^{51}.ər
高陵$_2$	这搭 tʂʅ^{55} ta^{31}	兀搭 u^{55} ta^{31}	那搭 næ^{55} ta^{31}
三原$_1$	这搭儿 tʂa^{52}.ər	兀搭儿 ua^{52}.ər	

续表

方言点	近　指	远指第一层次	远指第二层次
三原$_2$	这搭儿 tʂaŋ^{52} .ər		
三原$_3$	这搭 tʂʅ^{55} ta^{31}	兀搭 u^{55} ta^{31}	那搭 næ^{55} ta^{31}
泾阳$_1$	这搭 tʂʅ^{55} ta^{31}	兀搭 u^{55} ta^{31}	那搭 næ^{55} ta^{31}
泾阳$_2$	这搭 tʂa^{55}	兀搭 ua^{55}	
旬邑$_1$	这搭 tʂa^{44}	兀搭 ua^{44}	那儿 læ^{44}.ər
旬邑$_2$	这搭儿 tʂa^{44} .ər	兀搭儿 ua^{44}.ər	
旬邑$_3$	这搭 tʂʅ^{44} ta^{31}	兀搭 u^{44}ta^{31}	那搭 læ^{44} ta^{31}
长武	这搭 tʂʅ^{55} ta^{31}	兀搭 u^{55} ta^{31}	兀搭 u^{55} ta^{31}
彬县$_1$	这搭 tʂʅ^{55} ta^{31}	兀搭 u^{55} ta^{31}	那搭 læ^{55} ta^{31}
彬县$_2$	这搭 tʂa^{55}	兀搭 ua^{55}	
永寿	这搭 tʂʅ^{44} ta^{31}	兀搭 u^{44} ta^{31}	那搭 læ^{44} ta^{31}
淳化	这搭 tʂʅ^{44} ta^{21}	兀搭 u^{44} ta^{21}	那搭 næ^{44} ta^{21}
乾县	这搭 tʂʅ^{44} ta^{31}	兀搭 u^{44} ta^{31}	那搭 læ^{44} ta^{21}
礼泉	这搭 tʂʅ^{44} ta^{31}	兀搭 u^{44} ta^{31}/兀个 uɤ^{53}	那搭 læ^{44} ta^{31}
咸阳$_1$	这搭儿 tʂʅ^{44} .tɐr	兀搭儿 u^{44} .tɐr	那搭儿 læ^{44} .tɐr
咸阳$_2$	这儿 tʂər^{31}	兀个儿 uər^{31}	
咸阳$_3$	这一搭儿 tʂei^{44}.tɐr	兀一搭儿 uei^{44} .tar	
户县$_1$	这搭儿 tʂʅ^{55}.tə	兀搭儿 u^{55} .tə	那搭儿 næ^{55} .tə
户县$_2$	这一搭儿 tʂei^{55} .tə	兀一搭儿 uei^{55} .tə	
户县$_3$	这一洼 tʂei^{51} ua^{31}	兀一洼 uei^{51} ua^{31}	那洼 næ^{51} ua^{31}
户县$_4$	这儿 tʂə^{31}	兀个儿 uə^{31} .uə	
户县$_{确指}$	这儿这儿 tʂə^{31}.tʂə	兀个儿兀个儿 uə^{31} .uə	
兴平$_1$	这儿 tʂər^{31}/这搭儿 tʂʅ^{35} .tɐr	兀个儿 uər^{31}	那搭儿 læ^{55} .tɐr
兴平$_2$	这陀儿 tʂei^{52} tʰuər^{35}		
兴平$_3$	这搭 tʂʅ^{55} ta^{31}	兀搭 u^{55} ta^{31}	那搭 læ^{55} ta^{31}
兴平$_4$		兀里 u^{55}.li	兀里里儿$_{更远指}$ u^{55} li^{55} .liər
武功$_1$	这搭 tʂʅ^{44} ta^{31}	兀搭 u^{44} ta^{31}	那搭 læ^{44} ta^{31}
武功$_2$	这搭歇儿 tʂa^{52} .ɕiɐr	兀搭歇儿 ua^{52} .ɕiɐr	那搭儿 læ^{44} .tɐr
周至	这搭 tʂʅ^{55} ta^{31}	兀搭 u^{55} ta^{31}	那搭 næ^{55} ta^{21}
眉县	这搭 tʂʅ^{44} ta^{31}	兀搭 u^{44} ta^{31}/兀一搭 uei^{44} ta^{31}	那搭 la^{44} ta^{31}
太白	这搭 tʂʅ^{44} ta^{31}/这搭 tʂa^{52}	兀搭 u$^{24-31}$ ta^{52}	那搭 la^{44} ta^{31}

续表

方言点	近　指	远指第一层次	远指第二层次
凤县	这搭 $tʂʅ^{24\text{-}31}$ $ta^{31\text{-}52}$/打⁼ta^{52}	兀搭 $u^{24\text{-}31}$ ta^{52}	那搭 la^{44} ta^{31}
宝鸡	这搭 $tʂʅ^{24\text{-}31}$ $ta^{31\text{-}52}$/打⁼ta^{52}	兀搭 $vu^{24\text{-}31}$ $ta^{31\text{-}52}$	那搭 la^{44} ta^{31}
凤翔	这搭 $tʂʅ^{44}$ tua^{31}/打⁼ta^{52}	兀搭 $u^{24\text{-}31}$ $tua^{31\text{-}52}$	那搭 la^{44} tua^{31}
岐山	这搭 $tʂʅ^{44}$ ta^{21}	兀搭 u^{44} ta^{21}/兀一搭 $uəi^{44}$ ta^{21}	那搭 la^{44} ta^{21}
扶风	这搭 $tʂʅ^{55}$ ta^{31}	兀搭 u^{55} ta^{31}/兀一搭 uei^{55} ta^{31}	那搭 la^{55} ta^{31}
麟游	这搭 $tʂʅ^{44\text{-}31}$ $ta^{31\text{-}42}$	兀搭 u^{31} ta^{42}	那搭 $læ^{44}$ ta^{31}
千阳	这搭 $tʂʅ^{24\text{-}21}$ $ta^{21\text{-}52}$	兀搭 vu^{44} ta^{21}	兀搭 vu^{44} ta^{21}
陇县	这搭 $tʂʅ^{44}$ ta^{31}	兀搭 u^{44} ta^{31}	兀搭 u^{44} ta^{31}
陇县确指	这搭搭 $tʂʅ^{44}$ ta^{31} .ta	兀搭搭 u^{44} ta^{31} .ta	兀搭搭 u^{44} ta^{31} .ta
富县	这搭 $tʂʅ^{44}$ ta^{31}	兀搭 u^{44} ta^{31}	那搭 $næ^{44}$ ta^{21}
定边	这搭 $tʂɐr^{52}$	兀儿 $uər^{52}$	那儿 $nɐr^{52}$

这里有必要说明的有四点：（一）关中多数方言点远指分两个层次，丹凤、长武、千阳、陇县四处远指无两个层次之分；这四处均在关中方言的边缘地区，这可能与这四处受周边方言影响有关。（二）表 23 里华县、韩城、旬邑等处近指代词读[tʂa]的是“这搭”的合音；西安、华县等处远指第一层次读如“瓦、洼”，是“兀搭”的合音；又，关中方言区有一个由“兀个”构成的合音字作“咻”，如西安读作[$uɤ^{55}$]或者[$uɤ^{52}$]，户县方言读三个音[$uɤ^{55}$、$uɤ^{51}$、$uæ^{51}$]。（三）关中方言区多数方言点“这搭丨兀搭”前字为去声调，但有太白、凤县、宝鸡、凤翔、麟游、千阳六处“这搭丨兀搭”中前字有读阳平的；关中多数方言点两字组变调中前字阳平后字阴平者，前字变作阴平后字变作上声。（四）“打⁼ta^{52}”在凤县、宝鸡、凤县用作近指代词，例句如“打⁼ta^{52}个这书多得很丨我打⁼ta^{52}有好几个匠人哩”。

4.2.3　其他指示代词

孙立新《关中方言代词研究》77～90 页讨论了关中方言指示代词常见形式的时候，对于“这搭、兀搭、那搭”以外的其他表示处所的指示代词（表 11）、表示处所的确指代词（表 12）、表示时间的指示代词（表 13）、表示数量的指示代词（表 14）、表示方式的指示代词（表 15）、表示性质的指示代词（表 16）、表示次数的指示代词（表 17）等都有所交代。

4.2.3.1　户县方言的其他指示代词

我们在调查关中方言时，主要调查了表处所的代词，如果要看关中方言指示代词的基本情况，那情况就更加复杂了。表 24 是在《户县方言研究》“表 7”基础上经过复查和重新研究所形成的户县方言指示代词系统；“表很少”之 6、7 里，“拧”字白读音为[nəŋ^{35}]，也可以作文读音[niŋ^{35}]；“这么们 tʂẽ^{55}.mẽ”在户县方言里又当时间名词“往后、以后、从此后”来讲，例句如“这么们你再胡来，我非收拾你不可丨这么们教他就嫑来咧”。

表 24　　户县方言的指示代词系统

	近　指	远指第一层次	远指第二层次
基本型$_1$	这 tʂɤ^{55}/tʂʅ^{55}	兀 u^{55}	那 næ^{55}
基本型$_2$	这一 tʂei^{55}	兀个 uɤ^{55}	
基本型$_3$	这一 tʂei^{51}	兀个 uɤ^{51}/uæ^{51}	那 næ^{51}
表处所$_1$	这搭儿 tʂʅ^{55} .tə	兀搭儿 u^{55} .tə	
表处所$_2$	这一搭儿 tʂei^{55}.tə	兀一搭儿 uei^{55}.tə	那搭儿 næ^{55}.tə
表处所$_3$	这儿 tʂə^{31}	兀儿 uə^{31}	
表处所$_4$	这边 tʂʅ^{55} piã^{31}/tʂʅ^{55} piã^{35}	兀边 u^{55} piã^{31}/u^{55} piã^{35}	那边 næ^{55} piã^{31}/næ^{55} piã^{35}
表处所$_5$	这一边 tʂei^{55} piã^{31}/piã^{35}	兀一边 uei^{55} piã^{31}/piã^{35}	
表处所$_6$	这半个 tʂei^{55} paŋ^{55} kɤ^{31}	兀一半个 uei^{55} paŋ^{55} kɤ^{31}	那半个 næ^{55} paŋ^{55} kɤ^{31}
表处所$_7$	这一 tʂei^{51}	兀一 uei^{51}	那 næ^{51}
表处所$_8$	这么 tʂẽ^{51}	兀么 uẽ^{51}	
表处所$_9$	这半个儿 tʂei^{55} paŋ^{55}.kə	兀一半个儿 uei^{55} paŋ^{55}.kə	那半个儿 næ^{55}paŋ^{55}.kə
表处所$_{10}$	这半个儿 tʂʅ^{55} pə^{51}	兀半个儿 u^{55} pə^{51}	那半个儿 næ^{55} pə^{51}
表处所$_{11}$	这半个儿 tʂei^{55} pə^{51}	兀一半个儿 uei^{55} pə^{51}	
表处所$_{12}$	这洼 tʂei^{51} ua^{31}/tʂʅ^{51} ua^{31}	兀一洼 uei^{51} ua^{31}	那洼 næ^{51} ua^{31}
表处所$_{13}$	这洼儿 tʂei^{51}uə^{35}/tʂʅ^{51} uə^{35}	兀一洼儿 uei^{51}uə^{35}	那洼儿 næ^{51} uə^{35}
表处所$_{14}$	这一陀儿 tʂei^{51} t^{h}uə^{35}	兀一陀儿 uei^{51} t^{h}uə^{35}	那陀儿 næ^{51} t^{h}uə^{35}
表处所$_{15}$	这陀子 tʂei^{51}t^{h}uɤ^{35}.tsɿ	兀一陀子 uei^{51}t^{h}uɤ^{35}.tsɿ	那陀子 næ^{51}t^{h}uɤ^{35}.tsɿ
表处所$_{16}$	这帮 tʂʅ^{55} paŋ^{31}	兀一帮 uei^{55} paŋ^{31}	那帮 næ^{55} paŋ^{31}
表处所$_{17}$	这处 tʂɤ^{55} ts^{h}u$^{51-31}$	兀个处 uɤ^{55} ts^{h}u$^{51-31}$	那处 næ^{55} ts^{h}u$^{51-31}$
处所确指$_1$	这儿这儿 tʂə^{31} .tʂə	兀儿兀儿 uə^{31} .uə	
处所确指$_2$	这一搭儿搭儿 tʂei^{55}tə^{31}.tə	兀一搭儿搭儿 uei^{55} tə^{31}.tə	那搭儿搭儿 næ^{55} tə^{31}.tə
处所确指$_3$	这一陀陀 tʂei^{51} t^{h}uɤ^{35} t^{h}uɤ$^{35-31}$	兀一陀陀 uei^{51} t^{h}uɤ^{35} t^{h}uɤ$^{35-31}$	那陀陀 næ^{51} t^{h}uɤ^{35} t^{h}uɤ$^{35-31}$
处所确指$_4$	这一陀陀儿 tʂei^{51} t^{h}uɤ^{35} t^{h}uə^{35}	兀一陀陀儿 ei^{51} t^{h}uɤ^{35} t^{h}uə^{35}	那陀陀儿 næ^{51} t^{h}uɤ^{35} t^{h}uə^{35}
表时间$_1$	这忽 tʂʅ^{55} xu^{31}	兀忽 u^{55} xu^{31}	
表时间$_2$	这一忽 tʂei^{55} xu^{31}	兀一忽 uei^{55} xu^{31}	那忽 næ^{55} xu^{31}

续表

	近　指	远指第一层次	远指第二层次
表时间$_{3}$	这早晚 tʂʅ^{55} tsã^{31}	兀早晚 u^{55} tsã^{31}	
表时间$_{4}$	这一早晚 tʂei^{55} tsã^{31}	兀一早晚 uei^{55} tsã^{31}	那早晚 næ^{55} tsã^{31}
表时间$_{5}$	这一早晚儿 tʂei^{55} tsə^{35}/.tsə	兀一早晚儿 uei^{55} tsə^{35}/.tsə	那早晚儿 næ^{55} tsə^{35}/.tsə
表时间$_{6}$	这早晚儿 tʂʅ^{55} tsə^{35}/tʂʅ^{55}.tsə	兀早晚儿 u^{55} tsə^{35}/u^{55}.tsə	
表时间$_{7}$	镇早晚儿 tʂẽ^{55} tsə^{35}/.tsə	兀们早晚儿 uẽ^{55}tsə^{35}/.tsə	
表时间$_{8}$	这早晚 tʂei^{55}tsaŋ^{31}	兀一早晚 uei^{55}tsaŋ^{31}	那早晚 næ^{55} tsaŋ^{31}
表时间$_{9}$	这早晚 tʂʅ^{55} tsaŋ^{31}	兀早晚 u^{55} tsaŋ^{31}	
表时间$_{10}$	这阵儿 tʂei^{51} tʂəɯ^{51}	兀一阵儿 uei^{51} tʂəɯ^{51}	那阵儿 næ^{51} tʂəɯ^{51}
表时间$_{11}$	这阵子 tʂei^{51} tʂẽ^{55} .tsɿ	兀一阵子 uei^{51} tʂẽ^{55} .tsɿ	那阵子 næ^{51} tʂẽ^{55} .tsɿ
表时间$_{12}$	这儿时间儿 tʂə^{51} sə^{35}	兀儿时间儿 uə^{51} sə^{35}	
表时间$_{13}$	这向 tʂei^{51} ɕiaŋ^{55}	兀一向 uei^{51} ɕiaŋ^{55}	那向 næ^{51} ɕiaŋ^{55}
表时间$_{14}$	这一一向 tʂei^{51} i^{31}ɕiaŋ^{55}	兀一一向 uei^{51} i^{31} ɕiaŋ^{55}	那一向 næ^{51} i^{31} ɕiaŋ^{55}
表时间$_{15}$	这一向 tʂʅ^{55}i^{31}ɕiaŋ^{55}	兀一向 u^{55} i^{31} ɕiaŋ^{55}	
表时间$_{16}$	这茬子最近 tʂei^{51}tsʰa^{35}.tsɿ	兀一茬子 uei^{51}tsʰa^{35}.tsɿ	那茬子 næ^{51}tsʰa^{35}.tsɿ
表时间$_{17}$	这个当当最近这一段时间 tʂei^{51}/tʂʅ^{55} kɤ^{31} taŋ^{31} .taŋ	兀一个当当不太远的前一段时间 uei^{51} kɤ^{31} taŋ^{31} .taŋ	那个当当很远的前一段时间 næ^{51}kɤ^{31} taŋ^{31} .taŋ
表时间$_{18}$	这个儿时间儿如今，现在 tʂə^{51} kɤ^{31} sə^{35}	兀个儿时间儿过去，原来 uei^{51} sə^{35}	那时间儿过去，原来 næ^{51} sə^{35}
表时间$_{19}$	这一个时间儿如今，现在 tʂei^{51} kɤ^{31} sə^{35}	兀一个时间儿过去，原来 uei^{51} kɤ^{31} sə^{35}	那个时间儿过去，原来 næ^{51} kɤ^{31} sə^{35}
表个体$_{1}$	这个 tʂʅ^{55}kɤ^{31}	兀个 u^{55} kɤ^{31}	那个 næ^{55} kɤ^{31}
表个体$_{2}$	这一个 tʂei^{51}kɤ^{31}	兀一个 uei^{51}kɤ^{31}	那个 næ^{51} kɤ^{31}
表个体$_{3}$	这一个 tʂei^{55}kɤ^{31}	兀一个 uei^{55}kɤ^{31}	那个 næ^{55} kɤ^{31}
表个体$_{4}$	这个儿 tʂə^{51}～人｜～事	兀个儿 uə^{51}～人｜～事	
表个体$_{5}$	这 tʂɤ^{55}	兀个 uɤ^{55}/uɤ^{51}/uæ^{51}	那 næ^{55}/næ^{51}
表少量	这点儿 tʂei^{51} tiə^{51}	兀一点儿 uei^{51} tiə^{51}	那点儿 næ^{51} tiə^{51}
表很少$_{1}$	这点点儿 tʂei^{51}tiã^{51}tiə^{35}	兀一点点儿 uei^{51}tiã^{51}tiə^{35}	那点点儿 næ^{55}tiã^{51}tiə^{35}
表很少$_{2}$	这点点儿 tʂei^{51}tiã^{51}.tiə	兀一点点儿 uei^{51}tiã^{51}.tiə	
表很少$_{3}$	这点点 tʂei^{51}tiã^{51}.tiã	兀一点点儿 uei^{51}tiã^{51}tiã	那点点儿 næ^{55}tiã^{51}tiã
表很少$_{4}$	这渣渣 tʂei^{51}tsa^{31}.tsa	兀一渣渣 uei^{51}tsa^{31}.tsa	那渣渣 næ^{55}tsa^{31}.tsa
表很少$_{5}$	这渣渣儿 tʂei^{51}tsa^{31}tsə^{35}	兀一渣渣儿 uei^{51} tsa^{31} tsə^{35}	那渣渣 næ^{55}tsa^{31}tsə^{35}
表很少$_{6}$	这拧拧 tʂei^{51}nəŋ^{35}nəŋ$^{35-31}$	兀一拧拧 uei^{51}nəŋ^{35}nəŋ$^{35-31}$	那拧拧 næ^{51}nəŋ^{35}nəŋ$^{35-31}$

续表

	近　指	远指第一层次	远指第二层次
表很少$_7$	这拧拧儿 tʂei^{51}nəŋ^{35}nəɯ^{35}	兀一拧拧儿 uei^{51}nəŋ^{35}nəɯ^{35}	那拧拧儿 næ^{51}nəŋ^{35}nəɯ^{35}
表很少$_8$	这捏捏 tʂei^{51}niɛ^{31}.niɛ	兀一捏捏 uei^{51} niɛ^{31}.niɛ	那捏捏 næ^{51}niɛ^{31}.niɛ
表很少$_9$	这捏捏儿 tʂei^{51}niɛ^{31}niə^{35}	兀一捏捏儿 uei^{51} niɛ^{31}niə^{35}	那捏捏 næ^{51}niɛ^{31}niə^{35}
表群体$_1$	这些 tʂʅ^{55}ɕiɛ^{31}	兀些 u^{55}ɕiɛ^{31}	那些 næ^{55}ɕiɛ^{31}
表群体$_2$	这些 tʂei^{51}ɕiɛ^{31}	兀一些 uei^{51}ɕiɛ^{51}	那些 næ^{51}ɕiɛ^{31}
表群体$_3$	这一伙 tʂei^{51} xuɤ^{51} 限于指人	兀一伙 uei^{51} xuɤ^{51}	那伙 næ^{51} xuɤ^{51}
表群体$_4$	这一茬 tʂei^{51}tsʰa^{35} 限于指人	兀一茬 uei^{51}tsʰa^{35}	那茬 næ^{51}tsʰa^{35}
表很多$_1$	这些 tʂei^{51}ɕiɛ^{51}	兀一些 uei^{55}ɕiɛ^{51}	那些 næ^{55}ɕiɛ^{51}
表很多$_2$	这些 tʂei^{55}ɕiɛ^{35}	兀一些 uei^{55}ɕiɛ^{35}	那些 næ^{55}ɕiɛ^{35}
表很多$_3$	这些 tʂʅ^{55} ɕiɛ^{51}	兀些 u^{55} ɕiɛ^{51}	
表很多$_4$	这些 tʂʅ^{55} ɕiɛ^{35}	兀些 u^{55} ɕiɛ^{35}	
表极多$_1$	这一些些 tʂei^{55} ɕiɛ^{51} ɕiɛ^{35}	兀一些些 uei^{55} ɕiɛ^{51} ɕiɛ^{35}	那些些 næ^{55} ɕiɛ^{51} ɕiɛ^{35}
表极多$_2$	这些些 tʂʅ^{55}ɕiɛ^{51}ɕiɛ^{35}	兀些些 u^{55}ɕiɛ^{51}ɕiɛ^{35}	
表最少$_1$	这些儿 tʂei^{55}.ɕiə	兀些儿 u^{55}.ɕiə	
表最少$_2$	这些儿 tʂei^{55}.ɕiə	兀一些儿 uei^{55}.ɕiə	那些儿 næ^{55}.ɕiə
表极少$_1$	这一些儿些儿 tʂei^{55}ɕiə^{31}.ɕiə	兀一些儿些儿 uei^{55}ɕiə^{31}.ɕiə	那些儿些儿 næ^{55}ɕiə^{31}.ɕiə
表极少$_2$	这些儿些儿 tʂʅ^{55}ɕiə^{31}.ɕiə	兀些儿些儿 u^{55}ɕiə^{31}.ɕiə	
表极少$_3$	这一些儿些儿 tʂei^{55}ɕiə^{35}ɕiə^{35}	兀一些儿些儿 uei^{55}ɕiə^{31}ɕiə^{35}	那些儿些儿 næ^{55}ɕiə^{31}ɕiə^{35}
表极少$_4$	这一些儿些儿 tʂei^{55}ɕiə^{35}ɕiə^{35}	兀一些儿些儿 u^{55} ɕiə^{35} ɕiə^{35}	
表程度$_1$	这一们 tʂei^{55}.mẽ	兀一们 uei^{55}.mẽ	那们 næ^{55}.mẽ
表程度$_2$	这们 tʂʅ^{55}.mẽ	兀们 u^{55}.mẽ	
表程度$_3$	这么 tʂei^{55}.mu	兀一么 uei^{55}.mu	那么 næ^{55}.mu
表程度$_4$	这么 tʂʅ^{55}.mu	兀么 u^{55}.mu	那么 næ^{55}.mu
表程度$_5$	这么们 tʂẽ^{55}.mẽ	兀一们 uei^{55}.mẽ	那么们 nã^{55}.mẽ
表程度$_6$	这么 tʂẽ^{55}（＝镇）	兀么 uẽ^{55}	
表方式$_1$	这下 tʂei^{55}xa$^{55-31}$	兀一下 uei^{55} xa$^{55-31}$	那下 næ^{55} xa$^{55-31}$
表方式$_2$	这一着 tʂei^{55}.tʂɤ	兀一着 uei^{51}.tʂɤ	那着 næ^{55}.tʂɤ
表方式$_3$	这一着儿 tʂei^{55}.tʂə	兀一着儿 uei^{51}.tʂə	那着儿 næ^{55}.tʂə
表方式$_4$	这一这样 tʂei^{55} tʂaŋ^{31}	兀一这样 uei^{55} tʂaŋ^{31}	那这样 næ^{55} tʂaŋ^{31}

续表

	近　指	远指第一层次	远指第二层次
表方式$_5$	这一这样 tʂei^{51} tʂaŋ^{31}	兀一这样 uei^{51} tʂaŋ^{31}	那这样 næ^{51} tʂaŋ^{31}
表方式$_6$	这么这样 tʂẽ^{55} tʂaŋ^{31}	兀一这样 uẽ^{51}tʂaŋ^{31}	
表种类$_1$	这一号 tʂei^{51} xau$^{55\text{-}31}$	兀一号 uei^{51} xau$^{55\text{-}31}$	那号 næ^{51} xau$^{55\text{-}31}$
表种类$_2$	这一种 tʂei^{51} tsuəŋ^{51}	兀一种 uei^{51} tsuəŋ^{51}	那种 næ^{51} tsuəŋ^{51}
表种类$_3$	这一一种 tʂei^{51} i^{31} tsuəŋ^{51}	兀一种 uei^{51} i^{31} tsuəŋ^{51}	那一种 næ^{51} i^{31} tsuəŋ^{51}
表次数$_1$	这一一回 tʂei^{51}i^{31}xuei^{35}	兀一一回 uei^{51}i^{31}xuei^{35}	那一回 næ^{51}i^{31}xuei^{35}
表次数$_2$	这一回 tʂei^{51} xuei^{35}	兀一回 uei^{51} xuei^{35}	那回 næ^{51} xuei^{35}
表次数$_3$	这一一酦 tʂei^{51} i^{31} fa^{31}	兀一一酦 uei^{51} i^{31} fa^{31}	那一酦 næ^{51} i^{31} fa^{31}
表次数$_4$	这一酦 tʂei^{51} fa^{31}	兀一酦 uei^{51} fa^{31}	那酦 næ^{51} fa^{31}
表批次	这一拨（子）tʂei^{51} pʰɤ^{31} .tsɿ	兀一拨（子）uei^{51}pʰɤ^{31}.tsɿ	那拨（子）næ^{51} pʰɤ^{31}.tsɿ

“么”字，户县方言通常读作[.mɤ]，在表示程度的“这么、兀么、那么”里读作[.mu]，这是从“么”字早期的读音[mua]减去韵腹[a]的结果。这个特点关中西部也有。

4.2.3.2　关中方言表方式指示代词的特点

其一，表示方式的指示代词在关中方言里很普遍地尾加“个”字，如乾县、泾阳、武功等处方言“这么个、兀么个、那么个”，西安、蓝田、咸阳等处在“这、兀、那”后边加“下”，铜川作“这那样、兀那样、那那样”，“那样”读作“囔 .naŋ”。我们从《扶风方言》一书看到扶风以“干这么”表示方式的例句：

着好，就干这么做！

这个字就干这么写呢。

你看干这么写不行了我就从另外写。

你说干这么就不行，么那么咋么做呢？

其二，宝鸡一带表方式的指示代词还有“这么[tʂʅ^{44} .mu]、浪么[laŋ^{44} .mu]”；“浪”的本字是“那”，应当是“那个”合音的结果。宝鸡一带“这么、浪么”又可表程度。例句如：

表方式：不是浪么一下就对啦。

表方式：不是浪么做，要这么做哩。

表程度：不是这么大，是浪么大。

表程度：他就这么碎的，咋就做这么重的活哩？

4.2.4　关于关中方言远指代词的层次问题

本部分讨论关中方言表示处所的远指代词的层次问题，引入其他方言或语言的相关问题予以同时讨论。我们认为，关中以至汉语其他方言的指示代词应当是分远近指，即“远指—近指”二分，而不是“近指—中指—远指”三分。

4.2.4.1　*表示处所的远指代词的层次问题*

孙立新（1997：106～124；2002：250～251）指出：关中多数方言点远指代词分为两个层次，第一层次是相对不远或看得见的，一般作“兀搭 u˒ ꜀ta/ ꜁u ꜀ta”；第二层次是相对很远或看不见的，一般作“那搭 næ˒ /na˒ ꜀ta”。与陕南东部接壤的丹凤、与陇东接壤的长武、千阳、陇县等 4 处远指不分层次，丹凤远指作“兀儿 vər^{35}”，长武、千阳、陇县远指均作“兀搭”；也就是说，关中方言区边缘地带远指有不分层次的，这跟其所接壤的方言远指不分层次不无关系。关中方言远指通常情况下以所谓第一层次的用法在口语里的使用频率为高。

关中有关方言点远指形式有更远指的概念存在，如西安表极远的“乃呢 næ^{52} . ni”，兴平的“兀里里儿 u^{55} li^{55} .liər”。孙立新（2002：254）指出户县方言表示处所的 ABC 各条，其中“这/枕”等可以重叠为 AA 式，“这这[tʂei^{51} tʂei$^{51\text{-}35}$]/枕枕[tʂẽ^{51} tʂẽ$^{51\text{-}35}$]”是近指代词的确指形式（又作“这儿这儿[tʂə^{31} . tʂə]”）。关中方言虽然在实际语用过程中还有更远指的情况存在，但是，这是根据临时需要所采取的表达方法。如孙立新（2001：58）指出：户县方言表示处所的远指第一层次又作“伟（‘兀一’的合音字）uei^{51}/稳（‘兀么’的合音字）uẽ^{51}”，重叠后为“伟伟 uei^{51} uei$^{51\text{-}35}$/稳稳 uẽ^{51} uẽ$^{51\text{-}35}$”，比“伟/稳”远，比远指第二层次“那 næ^{51}”近，又比表示极远的“那那 næ^{51} næ$^{51\text{-}35}$”近。于是，户县方言指示代词有如下格局。

近指：这 tʂei^{51}/枕 tʂẽ^{51}

远指：伟/稳→伟伟/稳稳→那→那那

但是，有更复杂的，户县方言还有“那”的 AAAA 重叠式表示极远极远的：“那那那那 næ^{51} næ$^{51\text{-}35}$ næ^{51} næ$^{51\text{-}35}$”，更有远到不能再远的远处，“那$_{2}$、那$_{4}$、那$_{6}$”形成长音“那那那那那那 næ^{51} næː$^{51\text{-}35}$ næ^{51} næː$^{51\text{-}35}$ næ^{51} næː$^{51\text{-}35}$”。张成材先生 2006 年 8 月在西宁第二届国际西北方言与民俗学术研讨会的发言里指出的西宁方言极远指，只可以用口头来表达，而无法描写的事实，也足以证明方言里边的远指，不同程度存在着一些复杂的问题。西宁方言在实际语用过程中的极远指，其声调已超越了西宁方言声调本身，无法具体标出。

现在我们来支持孙立新（1997：106～124）指示代词两分、远指代词分两个层次的观点。可从两个方面来看：其一，远指代词的使用具有随意性，如在表达“这里是张村，那里是王村”的句子时，是用“兀”还是用“那（næ^{52}/næ^{55}西安/la^{44}凤翔）”具有一定的随意性；其二，在表达远指过程中，远指分两个层次也是比较特殊的语境，分更多层次如户县的“伟伟、那那、那那那那 næ^{51} næ$^{51-35}$/næː$^{51-35}$ næ^{51} næ$^{51-35}$/næː$^{51-35}$”，都是出于表达的特殊需要，并不能表示远指在通常情况下一定要分多个层次。关中方言也有类似于西宁方言的极远指情况，下面举兴平、户县两处各一个例子：

兴平　兀里里儿兀里里儿兀里里儿 u^{55} li^{55} liər^{55} u^{55} li^{55} liər^{55} u^{55} li^{55} liər^{55}

户县　那那哎那那哎那那哎……næ^{51}næː$^{51-35}$æː^{31}næ^{51}næː$^{51-35}$æː^{31}næ^{51}næː$^{51-35}$æː^{31}……

在一般情况下，如果在实际语用过程中需要表达远指的两个层次，关中方言的近指代词“这搭”就与远指“兀搭、那搭”相配套，例如要表达“这里是张村，那里是王村，那里更远是李村”的语句，关中方言一般是“这搭、兀搭、那搭”三者配套使用。

在实际的语用过程中远指一般不分层次，因此，说话人是用“兀搭”还是“那搭”就有了一定的随意性。例如“这里是张村，那里是王村”，也可以是“这搭是张村，兀搭是王村”，也可以是“这搭是张村，那搭是王村”。不过，据我们调查，以“兀搭”的使用频率为最高。

4.2.4.2　汉语其他方言远指代词的层次问题

远指问题可能是汉语方言以及其他语言里最复杂的问题，无怪乎汉语方言学界指示代词有两分、三分、四分等观点，以至于在一些问题上争论不休。小川环树先生（1981：287～288）在《方言》季刊提出苏州方言指示代词三分以后，不少人就提出其母语或工作地方言有三分的现象。如山西、山东等地就有不少学者非常赞同小川先生指示代词三分的观点，并且在一系列著述里讨论了山西、山东等地方言指示代词的三分问题。

就着吕叔湘先生（1990：401～405）的观点，洪波（1991：192～194）认为其母语安徽庐江方言指示代词三分，例如：近指 这 tsəi^{44}/tsəʔ^{44}，中指 ne^{24}/le^{24}，远指 ne^{44}/le^{44}。

其实，我们看庐江方言指示代词两个远指形式或曰层次，即洪先生所谓的“中指、远指”，是通过声调变化形成的层次，这个声调变化起到了区别功能的目的。“tsəi^{44}/tsəʔ^{44}”和“ne^{44}/le^{44}”应当是庐江方言指示代词的早期形式；“ne^{24}/le^{24}”是在“tsəi^{44}/tsəʔ^{44}”的基础上后起的。这种表达手段在类型学上很值得大家思考。估计汉语其他方言还有不少这样的类型。

郭锡良先生也是承认汉语方言指示代词三分的学者，郭先生录入 1989 年由知识出版社出版的《汉语言文字学术论文集》一书的论文《试论上古汉语指示代词的体系》（又见《汉语史论集》1997：75～96）里指出上海、常州、湖南洞口、江西龙南等处方言的指示代词都是三分的。郭文引用了王力先生《中国语法理论》下册（1954：46）的如下论述来支持自己的观点："另有些语言里，除了近指、远指之外，还有第三种指示代词，就是非远非近，只是指的某一定的人物。"（王先生举越南语）"近指用 nay，远指用 kia，普通非远非近用 ây。"

陈淑梅（2001：31～38）讨论鄂东方言代词时也承认指示代词有中远指，例如陈著 31～32 页之表四里所罗列的有关方言点的指示代词，蕲春方言：近指——这丨这么早儿丨这里/这边丨这多/这些丨箇样；远指——那/畏丨那么早/那里/那边/畏里/畏边丨那多/那些丨那个样儿；中指——瓮丨瓮里/瓮边丨多/箇些丨箇个样。

卢烈红也是承认指示代词三分的学者，其《湖北黄梅话的指示代词》（2002：322～330）一文里所认定的三分系统可选取部分例词罗列如下：

近指：□tæ^{214} 基本型丨大地 ta^{214} tiə表处所丨□些 tæ^{214} ɕiɛk^{43} 指称复数的人或事物

中指：伊 i^{214} 基本型丨伊地 i^{214} 表处所 tiə/嗯地 n^{214}. tiə丨伊些 i^{214} ɕiɛk^{43} 指称复数的人或事物

远指：□ue^{214} 基本型丨□地 ue^{214} tiə表处所/兀地 u^{214} tiə丨□些 ue^{214} ɕiɛk^{43} 指称复数的人或事物

伍巍（2003：58～61）认为黄姑方言的指示代词有所谓的"中指"，如伍巍所列举的黄姑方言指示代词可以罗列如下。

近指：个丨个个这个丨个些这些丨个点这点儿丨个处块这里/个场子

远指：那 la^{55}丨那个丨那些丨那点丨那处块那个/那场子

中指：乃 le^{213}丨乃个不远的那个丨乃些不远的那些丨乃点不远的那点儿丨乃处块不远处/乃场子

汪化云（2004：130～142）讨论了鄂东方言的指示代词类型，鄂东指示代词第一大类 A 类，像黄梅话"嗒"相当于北京的"这"；"意、兀"合起来相当于"那"；"兀"是远指代词；"堵"用于回指和当前指，或可以理解为"这"，或可以理解为"那"。亦如汪文所指出的：孙立新在 1995 年的论文上提出关中方言指示代词三分问题以后，又于 1997 年的论文里放弃了这一观点，把远指分为两个层次。从孙立新（2002：251）可以看出，兴平方言既有远指第二层次的"那搭儿 læ^{55}. tar"和"那搭 læ^{55} ta^{31}"，又有一个表示更远的"兀里里儿 u^{55} li^{55} .liər"。

张维佳属于承认指示代词三分的学者，张维佳（2005：459～467）指出：从山西晋语的材料来看，指示代词有二分和三分两个和"那"对立，有的方言是"这"和"兀"对立。如果是三分系统，近指是"这"，中指是

“那”，远指是“兀”。拿研究山西方言代词的学者的已有成果来看，山西跟陕西（包括关中）东西隔黄河相望，山西方言如张维佳等所谓的三分系统与孙立新 1997 所谓的关中方言近指以外远指分两个层次的对当关系如下：

张维佳　近指“这”　中指“那”　　　　　远指“兀”

孙立新　近指“这”　远指第一层次“兀”　远指第二层次“那/奈”

我们认为，张维佳等认定的山西方言三分里的中指与关中远指第一层次语义相当，山西远指与关中远指第二层次语义相当。下面比较关中方言指示代词与周边（如山西、陕北）方言的异同，限于表数量的指示代词。

西安　这一个 tʂei^{52} kɤ^{31}　兀一个 uei^{52} kɤ^{31}　那个 næ^{52} kɤ^{31}

户县$_1$　这一个 tʂei^{51} kɤ^{31}　兀一个 uei^{51} kɤ^{31}　那个 næ^{51} kɤ^{31}

户县$_2$　这个 tʂʅ^{55} kɤ^{31}　兀个 u^{55} kɤ^{31}　那个 næ^{55} kɤ^{31}

户县$_3$　这个儿 tʂə^{51}　兀个儿 uə^{51}

户县$_4$　这 tʂɤ^{55}　兀个 uɤ^{55}/uæ^{51}　那 næ^{55}

华阴　这一个 tʂʅ^{55} iɛ^{31}　兀一个 u^{55} iɛ^{31}　那一个 næ^{55} iɛ^{31}

富平　这一个 tʂʅ^{55} yɛ^{31}　兀一个 u^{55}yɛ^{31}　那一个 næ^{55} yɛ^{31}

宜川　这 tʂɤ^{55}　兀 u^{55}　那 næ^{55}

韩城　这个 tʂæ^{42}　兀个 uæ^{42}　那 næ^{42}

黄龙　这一个 tʂei^{52} iɛ^{31}　兀一个 uei^{52} iɛ^{31}　那一个 næ^{52} iɛ^{31}

宝鸡　这个个 tʂæ^{44} kuo^{31}　兀个 vu^{44} kuo^{31}　那个 la^{44} kuo^{31}

陇县　这个 tʂʅ$^{24-31}$kuo$^{31-53}$　兀个 u$^{24-31}$ kuo$^{31-53}$　那个 la^{44} kuo^{31}

太原　这 tsəʔ^{4}　那 nəʔ^{4}　兀 vəʔ^{4}

忻州　这个 tʂʅ^{53} kuæ$^{53-31}$　未个 vei^{53} kuæ$^{53-31}$　uæ^{53}

和顺　这个 tʂʅː ɤu^{31}　那个 nɒ^{44}　未个 uiɤu^{44}

寿阳　这 tsɔ^{21}　那 nɔ^{21}　兀 uɔ^{21}

榆社　这儿 tsər^{53}　那儿 nər^{53}　兀儿 uər^{53}

关中方言区也有指示代词远指不分一二层次的，但仅有 3 处，这在山西、陕北、陕南等地比较普遍，下面予以比较，神木的材料来自邢向东《神木方言研究》。

丹凤　这儿 tər^{35}　兀个 vər^{35}

千阳　这搭 tʂʅ$^{24-21}$ta$^{21-52}$　兀搭 vu^{44} ta^{21}

陇县　这搭 tʂʅ^{44} ta^{31}　兀搭 u^{44} ta^{31}

神木$_1$　这搭儿 tʂəʔ^{2} nʌɯ^{24}　那搭儿 nəʔ^{4} nʌɯ^{24}

神木$_2$　这里 tʂəʔ^{2} ləʔ^{4}　那里 nəʔ^{2} ləʔ^{4}

张家川$_1$　这搭 tʂʅ^{44} . ta　兀搭 vu^{44} . ta

张家川$_2$　这搭儿 tʂʅ^{44} .tɐr　兀搭儿 vu^{44} .tɐr

张家川$_3$　这里 tʂʅ^{44} .li　兀里 vu^{44} .li

宁强　这塌 tsɛ^{214} tʰa^{55}　那塌 la^{214} tʰa^{55}

西乡　这儿 tsər^{35}　兀个儿 vər^{35}

关于指示代词远近指到底该怎么理解并进行划分的问题，陈敏燕等（2003：496～509）对江西境内赣方言指示代词划定的类型有五种：近指远指均多分型，近指多分型，远指多分型，近指远指不分型，近指远指二分型。看来，江西境内赣方言指示代词更为复杂，可以想象，近指远指二分型以外的其他四种类型指示代词的区别系统往往相当复杂。从 501～504 页的两块表可以看出，江西赣方言的指示代词在具体语用时可能表达手段更繁杂。

就拿指示代词基本型来说，普通话是“这”表近指、“那”表远指，汉语许多方言近指一般不分层次，许多方言也有与普通话“这、那”相对的词形，有些比较简单，有些就比较复杂。如彭兰玉（2005：123）指出湖南衡阳方言的基本型为近指的“ko^{33}”和远指的“那 na^{213}”一套。再如刘丹青、刘海燕（2005：97～168）指出崇明方言的基本型有近指“吉 tɕiəʔ^{5}/讲 tiã^{324}”远指“港 kã^{324}/埃 ɛ^{43}”两套，还有兼指类型“□ki^{43} $_{这（个）/那（个）}$/葛 kəʔ^{5}”，这可能正是崇明方言指代系统非常复杂的原因所在。还有，盛银花（2007：52～58）指出安陆方言的指示代词系统也比较复杂，指代词基本型通过声调来区别近远指；安陆方言指示代词共有 4 种基本型，而以“乜”的使用频率和构词能力为最高。安陆方言的指示代词系统近指同调 35，远指同调 55，很有类型学的价值。汉语方言同类代词分为若干个形式的问题很值得关注，有关成果在这方面的研究，不乏深刻之作。下面罗列安陆方言这一特点：

近指　乜$_1$ niɛ^{35}　喏$_1$ no^{35}　□$_1$ niA^{35}　恁$_1$ nin^{35}

远指　乜$_2$ niɛ^{55}　喏$_2$ no^{55}　□$_2$ niA^{55}　恁$_2$ nin^{55}

李延梅也是承认指示代词三分的学者，其《晋语子长方言的代词》一文（2005：158～162）认为子长方言表示处所的指示代词分为近指、中指和远指，而表示人物、时间、性状的指示代词只有近指和远指（这—那）之分。下面罗列李文所记写的子长方言表处所的指示代词：

近指　这搭儿 tʂəʔ^{11} ter^{42} | 这儿 tʂər^{42} | 这这儿 tʂə^{11} tʂər^{42} | 这里 tʂə^{11} li^{213}

中指　那搭儿 nəʔ^{11} ter^{42} | 那儿 nar^{42}

远指　那里 nəʔ^{11} li^{213} | 那里价 nəʔ^{11} li^{213} tɕia^{42}

李延梅对于子长方言处所指代词的三分问题描写道：“子长方言处所代词有三分的情况，这在老派中比较明显，或者在中指和远指对举时表现较为明显。但在近指和远指对举时，三分的倾向并不明显，可见该方言处所代词三分有弱化的趋势。”李文并未通过列举例句来说明自己的解释。我们从其所提供的语料（例词）分析，所谓中指、远指也应当是远指两个层次，如均以“那”作为指代标志就很明显地透出远指因读音的分化而可能分为一二层次的信息。

陈彧（2005：93～102）也承认汉语方言指示代词三分，陈彧指出河南新县方言的近指代词为“勒$_1$ le/te”，中指为“勒$_2$ le”，远指为“那 la/*来”。我们从陈文提供的“勒”字分一二又分属阴去、阳去来推断，“勒”字通过变调表示了近指的两个层次，陈文所认定的中指应当是近指第二层次。

唐爱华（2005：92）把赣语宿松方言的远指代词分为“较远指”和“更远指”两个层次，如宿松方言表示处所的指示代词为：近指——这里/这搭/这得/帝里/帝搭/帝得；远指——较远指→那里/那搭/那得/尼里/尼搭/尼得｜更远指→畏里/畏搭/畏得。

范慧琴（2007）对山西定襄方言指示代词讨论分析相当深入透彻，其中许多问题可以跟关中方言进行比较。范文把定襄方言指示代词的基本型分别写成“直/治｜兀/未/外”其中“治｜未/外”是合音形式，定襄的“直”与关中西部岐山等地相对应，“治”与西安、商州、户县等处相对应，“未”与孙立新（2002）所写的“卫”相对应，“外”与毋效智《扶风方言》里的写法相对应。由此足以知秦晋方言关系之近了。定襄还有“温”表远指的，可与西安、蓝田、户县一带“兀么”的合音音节[uẽ^{55}]相印证。

远指分一二两个层次的还有聂国春《丰城方言代词概要》（《新余高专学报》2004 年第 1 期）和范慧琴（2007：107）等的著述。

2004 年 12 月在武汉华中师范大学召开的第二届国际汉语方言语法学术研讨会上，张振兴先生有一个题为《汉语方言指示代词二分与三分》的大会专题报告，如今已印入汪国胜主编的《汉语方言语法研究》一书。现在通读已经公开发表的张先生的报告，张先生在第 473 页引言部分明确指出：汉语方言的指示代词是二分的，所谓一分说，四分说，特别是三分说，实质上还是二分的。张先生（报告于 2004，刊于 2007）的论文对此前学界关于指示代词二分说以外的一分说、三分说和四分说尽量罗列的同时进行了严密的论证，雄辩地申明了二分说的观点。下面是我们在张先生观点的基础上对张先生报告里有关四分说等材料的分析。

就着刘纶鑫先生《客赣方言比较研究》（1999 年中国社会科学出版社）的四分说，我们认为，刘先生所谓的“最近”跟关中方言的近指确指是一回事，刘先生分别认定的远指和最远指对等于关中方言的远指第一层次和第二层次，比较如下：

刘纶鑫	近	最近	远	最远
孙立新	近	近指确指	远指第一层次	远指第二层次
东　乡	个 ko^{33}	个 ko^{24}	ε^{33}	ε^{24}
户　县	这 tʂɤ^{55}	这儿这儿 tʂə^{31}.tʂə	兀一搭儿 uei^{55}.tə	那搭儿 næ^{55}.tə

由刘著中看，临川、东乡、定南是通过声调的变化（形成内部屈折）在远近指里形成一二两个层次的，我们还可以将其与北京话比较如下：

北京　　　　这　　　　　　　　那

　　　　　／　＼　　　　　　／　＼

东乡　近指一　近指二　近指一　远指二

　　　个 ko^{24}　个 ko^{33}　ε^{33}　ε^{24}

我们认为刘先生所谓的“个 ko^{24}”（最近）和“ko^{33}”（近）与北京话“这”相对，“ε^{33}”（远我们认为是远指第一层次）和“ε^{24}”（最远我们认为是远指第二层次）与北京话“那”等相对。

从张振兴先生所罗列的汉藏语系及周边语言远指的实际特点来看，远指问题似乎很复杂多样。如马学良先生主编的《汉藏语概要》（2003 年民族出版社第二版）一书里所论述的土家语和黔东苗语王分、西双版纳傣语指地点时自近而远的八分，依我们观点看，都是实际语用过程里的使用问题；把远指分为多个层次，很可能跟听说双方视野所及的目标有一定关系。

指示代词不分远近的情况说明了汉语方言代词用法在地域分布上的不平衡性，可想而知，这种不分远近现象的存在对语义的表达可能要求更高。如陈小燕（2007：281～284）指出贺州本地话表方式、程度的指示代词无远近之别，当面指示人物、处所或现象时，若数量是“一”，这个量词就带有指示作用，也没有远近之别。例句如：头狗不见了这/那头狗不见了｜根本儿高咯这/那棵树真高！｜□u^{55} 头整□la^{132} 卷书了谁弄丢了这/那本书？

我们从王辅世先生 1985《苗语简志》第 49～51 页（又见李蓝 1999：37）对指示代词对远近的表示方法可以看出，近指以外都应当是远指。请看王著中的例词和解释：

noŋ^{35} 这：近指，所指事物在说话人附近。

nen^{35} 那：远指，所指事物在听话人附近。

moŋ^{35} 那：远指，所指事物距离说话人和听话人都比较远。

e^{33} 那：更远指，所指事物比 moŋ^{35} 所指的更远，但在视线之内。

i^{35} 那：最远指，所指事物不在视线以内。

史秀菊《河津方言研究》304 页的指示代词表是近指、中指、远指三分的。

史秀菊《晋语盂县方言指示代词四分现象的考察》（2010：553～560）

一文在讨论盂县方言指示代词的时候对汉语方言的指示代词类型问题进行了一定的研究。史秀菊指出：盂县方言的指示代词除了近指以外，远指中又有“较远、更远、最远”的区别，比较接近孙立新（2002）的分类。“近指与普通话相同，表示离说话人很近；较远指一般在说话人的视野范围内；更远指是在和较远指相比更远的地方，常常超出说话人的视野范围；最远指是指最遥远的方位/处所、人/物、时间等。需要强调的是，我们的分类依据是对立原则。即在同一句子中，各类指示代词必须有区别意义的作用。”“盂县方言指示代词最初应该是二分的，与外来的另一个二分系统叠置形成了三分系统，后来在三分系统的基础上又产生了四分系统。”

我们认为盂县方言指示代词近指以外的三种形式都是远指，盂县远指分三个层次，比远指分为两个层次的关中方言多出一个层次。就着史文的语料，我们还认为：一，第四指“最远指”的缺如状态应当提请大家注意，其中肯定存在着第三指“更远指”兼有第四指的情形。二，从构词学角度看，盂县方言三四指里，基本代词“兀、那”都是一样的，这是早期远指分一二两个层次的见证。三，儿化本身是语义弱化的一种形式，如“兀个”的弱化（儿化）形式就不是最远的了，而非弱化就指最远的。四，基本代词“兀”字的合音（比如“兀一”[vei$^{53/412}$]、“兀儿”[vər^{412}]）、促化（[vəʔ^{22}]）都对表达起着一定的作用。五，同形词声调包括变调形式的不同，对于语法手段的实现也很重要，我们看到了一例很有意思的现象：“（第三指）那块会儿[nɑε^{55} xuər^{55}]≠（第四指）那块会儿[nɑε^{412} xuər^{55}]”。

当然，我们不能要求史秀菊在一篇文章里把所有的问题都说清；不过，面对盂县方言指示代词纷纭复杂的一系列现象，使我们更加感到，要把一个地域甚或一个地点方言的代词问题研究透，的确不是一件很容易的事情；复杂的语法系统更是如此。

林天运《福建晋江话的指示词》（2012：32～39）一文 33 页的表格中，近指跟远指声调很为一致。如基本型“即、讫”均为阴入，表名物“种其、向其”的“种、向”、表处所“只仔、许仔”的“只、许”均为上声，表程度的“障、奂”均为去声。其感染关系非常明显。

本书即将完成初稿时，读到张薇、尉万传《海盐话的指示代词系统》（2012：95～99）一文。张薇、尉万传指出：海盐话的指示代词系统为特殊的“双层二分体系”，即在近指、远指的基础上可进一步分为零距离近指、有距离近指、远指、更远指。也就是说，从大的方面来看，张薇、尉万传认为海盐话的指示代词系统首先是二分的（远和近），然后在远和近内部再分为两个层次。如海盐话的方位处所指示代词：（1）零距离近指“*搿[gəʔ^{2}]塔/搿头”，所指对象就在说话人身边，紧挨说话人；（2）有距离近指“*搿浪”，所指对象处于说话人所在的区域；（3）远指“*个[kəʔ^{5}]塔/个头”，所指对象处于说话人目力所及范围之内；（4）更远指“*个浪/个里”，所指对象处于说话人目力所及范围之外。又如海盐话指人或物的指示代词，近指不再具体分层次，为“*搿＋数词＋量词＋名词”；远指为“*个＋数词＋量词＋名词”，更远指为“*挨＋*个＋数词＋量词＋名词”。

看来，汉语方言代词的一些突出实例有待发掘。

我们对于汉语方言代词的研究有一个非常重要的问题值得注意，那就是：进入 20 世纪以来，尤其是五四运动以来。建国以来、改革开放以来，由于国民文化水平的普遍提高，国家大力推广普通话，致使普通话代词系统对汉语方言一定冲击，这个冲击虽然远远不及普通话亲属称谓词语系统那样强烈，但是，仍然不能忽视；有鉴于此，我们应当注意对于方言本有代词的发掘，特别注意方言低层里代词的使用情况，同时对普通话代词进入方言的事实也要研究。在这方面，王求是《孝南话的人称代词和指示代词》（1999：31～34）一文就做得比较好：王文指出孝南话的“这｜那”是书面语词，“乜$_{1}$｜乜$_{2}$”才是一对地道的口语词。

其三，关中方言表示处所指示代词的语法例句。

下面比较关中方言的 3 个语法例句。其中，第（2）（3）两个例句里有对远指一二层次进行比较的用意；商州方言的例句由张成材先生提供，扶风方言的例句由毋效智先生提供。

（1）在这里，不在那里。

西安：在这儿，不在兀个儿。tsæ^{55} tʂər^{52}，pu^{31} tsæ^{55} uər^{52}。

户县：在这搭儿，不在兀一搭。tsæ^{55} tʂei^{55} . tə，pu^{31} tsæ^{55} uei^{55} tə/在这儿，不在兀个儿。tsæ^{55}. tʂə，pu^{31} tsæ^{55}. uə。/在这陀儿，不在兀一陀儿。tsæ^{55} tʂei^{51} tʰuə^{35}，pu^{31} tsæ^{55} uei^{51} tʰuə^{35}。/在这儿这儿这个具体地方，不在兀个儿兀个儿那个具体地方。tsæ^{55} tʂə^{31}. tʂə，pu^{31} tsæ^{55} uə^{31}. uə。

商州：在这搭哩，不在兀搭。tsai^{55} tʂʅ^{55} .ta .li，pu^{21} tsai^{55} vu^{55} .ta。

潼关：在这搭，不在兀搭。tsʰæ^{44} tʂʅ^{44} ta^{31}，pu^{31} tsʰæ^{44} u^{44} ta^{31}。

韩城：在这搭哩，不在兀搭。tsʰæ^{55} tʂʅ^{55} ta^{31}，pu^{31} tsʰæ^{55} u^{55} ta^{31}。/在这搭，不在兀搭。tsʰæ^{55} tʂa^{42} pu^{31} tsʰæ^{55} ua^{42}。

大荔：在这搭，不在兀搭。tsʰæ^{55} tʂʅ^{55} ta^{31}，pu^{31} tsʰæ^{55} u^{55} ta^{31}。

渭南：在这搭，不在兀搭。tsʰæ^{55} tʂʅ^{55} ta^{31}，pu^{31} tsʰæ^{55} u^{55} ta^{31}。/在这儿呢，不在兀个儿。tsʰæ^{55} tʂər^{52}. ni，pu^{31} tsʰæ^{55} uor^{52}。

三原：在这搭，不在兀搭。tsæ^{55} tʂʅ^{55} ta^{31}，pu^{31} tsæ^{55} u^{55} ta^{31}。/在这儿，不在兀儿。tsæ^{55} tʂər^{52}，pu^{31} tsæ^{55} uɐr^{52}。

泾阳：在这搭，不在兀搭。tsæ^{55} tʂʅ^{55} ta^{31}，pu^{31} tsæ^{55} u^{55} ta^{31}。/在这，不

在兀个。tsæ^{55} tʂɤ^{51}，pu^{31} tsæ^{55} uæ^{51}。

彬县：在这搭，不在兀搭。tsʰæ^{55} tʂʅ^{55} ta^{31}，pu^{31} tsʰæ^{55} u^{55} ta^{31}。/在这搭，不在兀搭。tsʰæ^{55} tʂa^{55}，pu^{31} tsʰæ^{55}ua^{55}。/在这，不在兀个。tsʰæ^{55} tʂɤ^{51}，pu^{31} tsʰæ^{55} uɤ^{51}/在这，不在那。tsʰæ^{55} tʂɤ^{51}，pu^{31} tsʰæ^{55} la^{51}。

武功：到这儿，不到兀搭儿。tau^{44} tʂər^{52}，pu^{31} tau^{44} uɐr^{52}。

周至：到这搭，不到兀搭。tau^{55} tʂʅ^{55} ta^{31}，pu^{31} tau^{55} u^{55} ta^{31}。

扶风：到这搭呢，没到兀搭。tau^{55} tʂʅ$^{24-31}$ tA^{31} ȵi^{31}，mo^{31} tau^{55} u$^{24-31}$ tA$^{31-42}$。

（2）这是西瓜，那是甜瓜，那更远是桃子。

西安：这是西瓜，兀个是梨瓜，那是桃。tʂɤ^{55} sʅ$^{55-31}$ ɕi^{31} kua^{31}，uɤ^{52} sʅ$^{55-31}$ li^{24} kua^{31}，næ^{55}(/uæ^{52}） sʅ$^{55-31}$ tʰau^{24}。

户县：这是西瓜，兀个是梨瓜，那是桃。tʂɤ^{55} sʅ$^{55-31}$ ɕi^{31} kua^{31}，uɤ^{51}sʅ$^{55-31}$ li^{35} kua^{31}，næ^{51} sʅ$^{55-31}$ tʰau^{35}。

商州：这是西瓜，那是脆瓜子，那是桃。tʂɤ$^{55-53}$ sʅ$^{55-21}$ ɕi^{21}.kua，nai^{55} sʅ^{55} tsʰuei^{55} kua^{21}.tsʅ，naːi^{53} sʅ^{55} tʰao^{35}。

韩城：这是西瓜，兀个是小瓜子，那是桃。tʂɤ^{55} sʅ^{55} ɕi^{31} kua^{31}，uo^{55} sʅ^{55} ɕiau^{42} kua^{31}.tsʅ，næ^{55} sʅ$^{55-31}$ tʰau^{24}。

潼关：这是西瓜，那是梨儿瓜，那是桃。tʂɤ^{44}sʅ^{44} ɕi^{31}kua^{31}，næ^{44}sʅ^{44}liər^{24}kua^{31}，næ^{44}sʅ^{44}tʰau^{24}。

泾阳：这是西瓜，兀个是梨瓜，那是桃。tʂɤ^{51} sʅ$^{55-31}$ si$^{31-52}$ kua^{31}，uɤ^{51}sʅ$^{55-53}$ li^{35} kua^{31}，næ^{51} sʅ$^{55-53}$ tʰau^{35}。

泾阳云阳镇：这是西瓜，兀个是梨瓜，那一块子是桃。tʂɤ^{51} sʅ$^{55-53}$ si$^{31-51}$ kua^{31}，uɤ^{51}sʅ$^{55-53}$ li^{35} kua^{31}，næ^{51} i^{31} kʰuæ^{51}.tsʅ sʅ$^{55-53}$ tʰau^{35}。

乾县：这是西瓜嚜，那搭是桃嚜。tʂɤ^{44} sʅ$^{44-31}$ ɕi$^{31-52}$ kua^{31}.mɤ，uɤ^{44} sʅ$^{44-31}$ li^{35} kua^{31}.mɤ，læ^{44} ta^{31} sʅ$^{44-31}$ tʰau^{35}.mɤ。

扶风：这个是西瓜一个，兀个是梨瓜一个，位□个是桃一个。tʂɤ$^{24-31}$ kɤ$^{55-42}$sʅ^{55} si^{31} kuA^{31} i^{31} kɤ$^{55-31}$，u$^{24-31}$ kɤ$^{55-31}$ sʅ^{55} li$^{24-31}$ kuA$^{31-42}$ i^{31} kɤ$^{55-31}$，uei^{55} ei^{31} kɤ$^{55-31}$ sʅ^{55} tau$^{24-31}$i$^{31-42}$ kɤ$^{55-31}$。

（3）这里是张村，那里是王村，那里更远是李村，那里很远是赵村。

西安：这是张村，兀个是王村，兀个是李村，那是赵村。tʂɤ^{52} sʅ$^{55-24}$ tʂaŋ^{31} tsʰuẽ^{31}，uɤ^{52} sʅ$^{-31}$ uaŋ^{24} tsʰuẽ^{31}，uɤ^{52} sʅ$^{-31}$li^{52} tsʰuẽ^{31}，næ^{52} sʅ$^{-31}$ tʂau^{55} tsʰuẽ^{31}。/这是张村，兀个是王村，那是李村，那是赵村。tʂɤ^{52} sʅ$^{-31}$ tʂaŋ^{31} tsʰuẽ^{31}，uɤ^{52} sʅ$^{-31}$ uaŋ^{24} tsʰuẽ^{31}，næ^{52} sʅ$^{-31}$ li^{52} tsʰuẽ^{31}，næ^{52} sʅ$^{55-31}$ tʂau^{55} tsʰuẽ^{31}。

户县：这是张村，兀个是王村，那个是李村，那那是赵村。tʂɤ^{51}sʅ$^{55-31}$ tʂaŋ^{31} tsʰuẽ^{31} uɤ^{51}sʅ$^{55-31}$ uaŋ^{35} tsʰuẽ^{31}，uei^{51} kɤ^{31}sʅ$^{55-31}$ li^{51}tsʰuẽ^{31}，næ^{51}næ$^{51-35}$ sʅ$^{55-31}$ tʂau^{55} tsʰuẽ^{31}。/这个儿是张村，兀个儿是王村，那个是李村，兀一兀一是赵

村。tʂə^{51} sɿ$^{55-31}$ tʂaŋ^{31} ts^{h}uẽ^{31} uæ^{51} sɿ$^{55-31}$uaŋ^{35} ts^{h}uẽ^{31}，næ^{51} kɤ^{31} sɿ$_{3}$$^{55-31}$li^{51}ts^{h}uẽ^{31}，uei^{51} uei$^{51-35}$（/uẽ^{51}uẽ$^{51-35}$） sɿ$^{55-31}$ tʂau^{55} ts^{h}uẽ^{31}。

商州：这搭是张村，兀搭是王村，那——搭是李村。（按：没有更远的）tʂʅ^{55}. ta sɿ^{55}tʂaŋ^{21}tɕ^{h}yẽ^{21}，vu^{53}.ta sɿ^{55} uaŋ^{35} tɕ^{h}yẽ^{21}，naːi^{55}.ta sɿ^{55} li^{53} tɕ^{h}yẽ^{21}。

韩城：这是张村，兀个是王村，兀个是李村，（再）兀个是赵村/再那搭是赵村。tʂɤ^{42}sɿ$^{55-31}$ tʂaŋ^{31} tɕ^{h}yɛ̃^{31}, uo^{42}sɿ$^{55-31}$ uaŋ$^{24-31}$tɕ^{h}yɛ̃$^{31-42}$tsæ^{55} uo^{42} sɿ$^{55-31}$ lei^{42} tɕ^{h}yɛ̃^{31} tsæ^{55} uo^{42} sɿ$^{55-31}$ tʂ^{h}au^{55} tɕ^{h}yɛ̃^{31}/tsæ^{55} næ^{55} ta^{31}sɿ$^{55-31}$ tʂ^{h}au^{55} tɕ^{h}yɛ̃^{31}。

三原：这是张村，兀个是王村，那是李村，兀头头是赵村。tʂɤ^{52} sɿ$^{55-31}$ tʂaŋ$^{31-52}$ ts^{h}uẽ^{31}，uɤ^{52} sɿ$^{55-31}$ uaŋ^{35} ts^{h}uẽ^{31}，næ^{52} sɿ$^{55-31}$ li^{52} ts^{h}uẽ^{31}，u^{55} t^{h}ɤu$^{35-31}$ t^{h}ɤu^{35} sɿ$^{55-31}$ tʂau^{55} ts^{h}uẽ^{31}。

武功：这是张村，兀个是王村，兀一个是李村（没有更远的）。tʂɤ^{52} sɿ$^{44-31}$ tʂaŋ$^{31-52}$ ts^{h}uɛ̃^{31}，uɤ^{44} sɿ$^{55-31}$ li^{52} ts^{h}uɛ̃^{31}，uː^{44} i^{31} kɤ^{31} sɿ$^{55-31}$ li^{52} ts^{h}uɛ̃^{31}。

扶风：这搭是张村，兀搭是王村。tʂʅ$^{24-31}$ tA$^{31-42}$ sɿ^{55} tʂaŋ^{31} ts^{h}uŋ^{31}，u$^{24-31}$ tA$^{31-42}$ sɿ^{55} uaŋ$^{24-31}$ ts^{h}uŋ$^{31-42}$。

4.2.5 “个、块”的特殊用法

“个、块”在关中方言里可以充当指示代词，还可以用作领属助词。“个、块”在关中方言里充当指示代词的特点可以从古代文献里找到根据，许多汉语方言都有类似用法。

4.2.5.1　“个”字充当指示代词的情形

“个”字在关中方言里充当指示代词时，一般不读去声调，而是读作阴平调或上声调。不读本调（去声）是为了与“个”字的通常读法和用法（如凤翔方言“个”字通常读作[kauᵓ]，用作个体量词）相区别的变读，具有一定的语音学、语义学、语法学等方面的类型学意义。

其一，读作阴平调的“个”字，常常处在表单数的人称代词“你、他”的后边，因为听话人“你”在说话人当面，所以，用在“你”字后边时是“这”的意思；用在“他”字后边时是“那”的意思，一般是所称述的对象“他”不在听说双方当面。例如：

他个没良心的小人！

你个吃里爬外的家伙！

你个没脸倒耻很不要脸的东西！

他个不说人话、不做人事的瞎种大坏蛋！

其二，读作阴平调的“个”字用在指人的名词后边，当“这，那”讲，跟上列“他个没良心的小人”等例句的语义特征相似，都是对人的痛斥。例句如。

老李个二杆子！

小张个没教养的家伙！

老王个不要嘴脸不要脸的东西！

我们从贾平凹《古炉》537 页看到的例句如“开石说：我念你是兄弟我才劝你，你个不知好歹！”其中省略了“的东西、的家伙”之类的成分。

其三，关中方言区西部及中部长安一带读作上声调的“个”字充当代词的情形。“ᶜ个”字充当指示代词在关中西部主要在宝鸡、凤翔、扶风、千阳等处及中部西安市长安区，至今我们还没有调查到其他方言点有类似的用法。估计关中中西部其他方言点也有类似的用法。

宝鸡、凤翔方言“这个”作“个[ᶜkæ]”，与“改”字同音。例句如：“（詈语）个我儿嫖客脔下的。”其中“我儿”指某个坏东西，与关中中部“我儿”指“我儿子”不同。

扶风方言一般情况下“那个”又作“个[ᶜkuo老中派/ᶜkɤ中新派]”；其中，老中派口语“个”与“果”字同音。例句如：这个大还是～大？| 这个比～大可没有～好。

扶风方言又用“ᶜ个”表示“这个、那个”，以所指人或事物的实际远近来区别远近指。例句如：ᶜ个这个是老张，ᶜ个那个是老王 | ᶜ个这个是砖，ᶜ个那个是瓦。

千阳方言又用“ᶜ个[kuo^{52}]”表示远指，相当于“那个”。例句如：这个比ᶜ个强。

西安市长安区一带的“ᶜ个[kuɤ^{52}]（=果）”是“那个”的意思，可以指代人或事物，例句如：你给ᶜ个那个人说叫ᶜ个来一 | ᶜ个事不好办 | 你给我把ᶜ个那个东西送过来。

4.2.5.2 关于“个”字充当指示代词的佐证

一方面“个”字充当指示代词的特点可以从古代文献里找到根据，另一方面如今的许多汉语方言都有类似的用法。有的方言充当代词的“个”字亦如关中方言那样读作上声调，如鄂州方言。下文所见的时彦著述中的材料，有的把用作代词的“个”字写作繁体“箇”。

其一，吕叔湘先生 1985 指出：“个”字充当指示词是六朝时期开始出现于南方的口语词，唐以前仅有 2 例。吕先生在下面两个例句的后面举了大量唐宋以降“个”字作指代词的例子：

真成个镜特相宜。（庾子山集 27）

个人讳底？（北齐书 33 徐之才）

王健（2007：60～65）所讨论的睢宁方言如下例句里的“个”也有明显的指代作用。

个熊孩子，怎么恁么不听话喃？

个骚女人，到处勾别的男的。

个学校也是，国庆节不放假，还不给钱。

王健同时考据出唐宋时期的例子，摘录如下。

个时无数并妖妍，个里无穷总可怜。（骆宾王《代女道士王灵妃赠道士李荣》）

寄言曹子建，个是洛川神。（骆宾王《咏美人在天津桥》）

香车宝马共喧阗，个里多情侠少年。（王维《同比部杨员外十五夜游有怀静者季》）

吕叔湘先生及王健所讨论“个”字在六朝以来及睢宁方言的用法，与宝鸡等处是一致的。

其二，“个”字在其他汉语方言里用作近指代词的情形

我们从 20 世纪 80 年代以来许多时彦的著述中可以看到“个”字用作近指代词的情形。“个”字用作近指代词在西南官话、吴语以及广西等地的方言里似乎比较普遍，而处于北方的广大官话方言以及晋方言，至今似乎只能看到关中的个别方言点具有这个特点。估计，学术界至今对于“个”字用作指代词的调查尚缺乏深刻性和全面性。

唐志东（1986：98～108）指出信宜方言的“个”字用如“这”，例句如：个阵这一会儿｜重日个阵昨天的这会儿｜个高这上面。

陈淑梅（1999：56～63）讨论鄂东方言“箇”字的时候指出：“箇”字在鄂东罗田等处方言里既有指代作用，又有替代作用。“箇”字一般当“那”讲。罗田方言例句如下：箇那个人是我的老师｜箇那个东西是他的东西｜箇那个话是么事什么话？

万幼斌（2000：214～218）指出鄂州方言的单体量词是阴去调“个[ko^{35}]”，用作近指代词等的“箇 ko^{42}”读作上声调（这与扶风等处方言正好一致）：箇个伢这个孩子｜箇多很多｜我箇书我的书｜渠是卖糖箇。其中，“箇多”的“箇”字，应当是由“这么”义引申为程度副词的；当领属助词讲的“箇”与宝鸡的“块[.væ]”和凤翔的“块[.uæ]”用法一致。

覃远雄《桂南平话研究》（2000：68）指出：桂南的亭子、心圩、邕宁、宾阳、横县、贵港等处方言用“箇”字表示近指。

刘丹青（2002：411～422）指出吴语苏州方言“个”字可作代词，下面 4 个句子里的“个”字用在句首有引起话题的作用，与上文所讨论的宝鸡、凤翔、扶风等处的“个”字的用法相似（又请参阅刘丹青 2003：14～24，见戴昭铭 2003）。

a 个长沙，现在变仔样子哉。～这长沙，现在变了样子了。

b 个蛇是蛮怕人葛。～这蛇是挺让人怕的。

c 个计算机我也勿大懂。～这计算机我也不太懂。

d 个人侪欢喜往高处走。～这人都爱往高处走。

张惠英先生（2005：120～124）在讨论湖北方言词语的时候，专门讨论了“指示词‘个’的留存”问题。如其中特别指出《通山方言志》64 页的“□[kø^{45}]（这里，和“里”同音），实际上就是“个”字的变读，是在用声调的不同来区别词性、用法的不同。

宋恩泉（2005：342～343）讨论山东汶上方言“个”字的一些特殊用法时指出，汶上方言的“不个”是“要不然”的意思。我们认为，“不然”从古汉语角度看，“然”是近指代词“这样”，汶上方言的“个”字在“不个”这个语境里保留了古汉语近指代词的用法。

陈小燕（2007：280～284；289～290）指出贺州本地话以及钟山、玉林、怀集等处以“箇”表示近指，而以“阿”等表示远指；粤西的肇庆、德庆、郁南等处也都用“箇”字表示近指。

4.2.5.3 “块”字在凤翔方言里用作远指代词的情形

我们目前只在凤翔方言点发现“那个”作“块[ᶜkuæ]”而与“拐”同音的特点。例如：

这个大吗还是～大?

这个比～大可没有～好。

你给～说，叫～过来看戏来。

通常情况下“块”字在关中方言区不读去声调而读上声调[ᶜkʰuæ]，凤翔方言“块”字与“拐”字同音是音变的结果：声母由送气变作不送气。

4.2.6 远指代词的模糊语义特征

汉语的远指代词具有模糊语义特征。吴亚欣《含糊的语用学研究》（2006：16～19）列举了一段对话，这段对话大家一听都可以明白，罗列如下：

甲：那个事你那个了没有?

乙：那个事不容易那个。

甲：不管好那个不好那个，你无论如何要那个。

乙：我尽量那个，不过现在办事少不了那个。

甲：你要多少那个我给你多少，不舍得那个还能那个?

关中方言的远指代词“兀个、那个”在交际过程中也具有模糊语义特征。多数方言点常用“那个”来表示模糊语义。其表达特征主要表现在以下四点，以下西安方言“那个”读作[næ^{55} kɤ^{31}]的时候具有模糊语义特征，读作[næ52 kɤ31]的时候是代词。

一是回答问题时不愿让问者知道具体的人或事物。如西安方言例句：

（问）你做啥来来着？——（答）我那个来。

（问）还有谁知道这个事情？——（答）还有那个呢。

（问）你那天拿咧些啥东西？——（答）拿咧些那个。

"那个[næ55 kɤ31]"的这种用法也可以直接跟听话人说出。

那个有你要的这本书呢；我哪天见咧给你借。

那个就不想来，你嫑硬教他来；来咧还难受。

我出去那个如指办某件事一下就回来，你等一阵儿。

你一个人去那个，我就不去咧；我要是去咧，说不定还不好那个呢！

二是当听说双方不愿意让第三者听出话中之意时往往用"那个"。举西安方言例句如下：

那个[næ55 kɤ31]那天给你说的那个[næ52 kɤ31]事，你操心给办了。

前一向咱俩不是还见那个[næ55 kɤ31]来，他不是答应给咱办事呢，你咋忘咧？

你明儿给我把你准备给我的那个[næ52 kɤ31]那个[næ55 kɤ31]拿来给我，我用呀。

你给那个[næ55 kɤ31]办的那个[næ52 kɤ31]那个[næ55 kɤ31]那个事情都那个[næ55 kɤ31]有结果咧。

你不去那个[næ55 kɤ31]谁也不得那个[næ55 kɤ31]，你得先一那个[næ55 kɤ31]再去那个[næ55 kɤ31]你若不去一起干（如打麻将）谁也不得干，你得先把别的事情忙完再去干。

三是"很不好意思"的意思。例句如。

谁不嫌那个谁去，反正我不去。

教我去白要人家东西，那个得很。

拿咧你的钱，我本来就觉得那个，你咋还给呢？

他想再吹出盆沿，却觉得可惜，要趴下去自己吸吮，又觉得那个。（贾平凹《古炉》585）

四是不便说出的事情，尤其如"那个"特指交合。

你不跟你老婆[næ55 kɤ31]，你在外头跟人家老婆[næ55 kɤ31]，像啥话吗？

你俩孤男寡女的在一搭，你说你俩没那个[næ55 kɤ31]，谁信你的话谁是瓜子傻子。

贾平凹《古炉》596页的如下内容，引者加了浪线的"那个"指的就是交合。

牛铃曾经说过，雄蜘蛛都瘦小而雌蜘蛛却肥胖，雄蜘蛛一生都在谋算着把它的那个东西插到雌蜘蛛的身体去，但一旦它把那个东西插进了雌蜘蛛的身体里，它很快就死了。狗尿苔看着死在地上的蜘蛛，蜘蛛是瘦小的，想着是不是它刚才和那个胖蜘蛛那个了？

狗尿苔说：叔，老顺叔，雄蜘蛛和雌蜘蛛一那个，雄蜘蛛就死了，真是吗？

近指代词“这个”一般不具有模糊特征，但是，我们从清代渭南剧作家李芳桂的《清素庵》里看到“这个”具有模糊特征的例子。为了使您能够看出前后关系，特抄录一段如下：

颜如素：君子站此为何？

薛清乾：你自前去，我不去了。

颜如素：怎么不去了？

薛清乾：小姐你想，我乃少男，你乃少女，非亲非故，黑夜行走，倘若有人盘问，如何是好？

颜如素：有人盘问，就说兄妹二人，料也无妨。

薛清乾：不妥不妥，你我像貌不同，作不得兄妹。兼之小生平素，最不爱与人作兄妹的。

颜如素：你爱的什么？

薛清乾：（笑）哈哈哈，我也不知我爱的什么。

颜如素：哎咦。（唱）半夜随他来到此，忽然间说出这言辞。说什么兄妹不同像，分明单另有心思。要与奴家配雄雌，我自己寻思。假若还胡推辞道个不字，他便要布政司、按察司，各人去干各人事。这才是秃女子戴提髻，前不是来后不是。把奴活活勒掯死。

薛清乾：你说我爱的什么？

颜如素：你的心事，奴家如何得知？

薛清乾：你不知我便去也。

颜如素：君子留步，奴家晓得。

薛清乾：晓得什么？

颜如素：兄妹既不情愿，还依君子之见。

薛清乾：我没有甚见，还是小姐之见。

颜如素：他只是那样的问法，好不羞杀人也。如不然，你我暂且**这个**。

薛清乾：**这个**什么？

颜如素：（背立）哎咦，你明白了就是，教奴还说什么？

薛清乾：哈哈哈，这就是了，如今随上些。（唱）他那里未出词，我这里先窥视。是这般碍口话说难启齿，只见她粉脸儿点胭脂。将个暂字就说了个多半时，女儿家大概都如此。

颜如素：因为我家遭横事，半夜里随他来到此。只是奴家娇滴滴貌比西施，惹动他火炎动欲情上炽。说甚门生，论甚老师？如今不论那些事。圪里圪塄都走尽，找寻不见我主人。

颜如素的父亲得罪了奸臣，受到诬告，株连全家。颜如素闻讯夜晚出逃，与薛清乾相遇，于是，两位青年男女之间有了如上一段对话。其对话中的“这个”指的就是以夫妻关系来论。

4.2.7　关中等地指示代词的声调感染

李荣先生《语音演变规律的例外》（1965：116～126）一文讨论了河南等地方言第三人称单数“他”字受“我你”两个上声字的感染作用也读作上声，这是人称代词声调的感染类型；这个问题，孙立新《关中方代词研究》第一、二、六章都有讨论，本章之 4.1.1 和 4.1.6 小节讨论了关中以及汉语许多方言人称代词的声调感染问题。

其实，汉语方言的指示代词也普遍地存在着声调感染问题。

4.2.7.1　关中方言指示代词的声调感染

其一，估计“这”字读作去声调是受了“那”字读作去声调感染的结果。《增韵》注“这”字的音是“止也切”，依照反切应当读作 zhě。刘淇《助字辨略》第三卷“者”字条指出：“这，音‘彦’，今借作‘者’，读若‘者’去声。”吕叔湘、江蓝生二位先生（1985：185）指出：“‘这’这个语词的‘本字’大概就是‘者’字……后来又为了避免跟文言通用的‘者’字相混，或是因为这个词语的声调已变，才有‘这’和‘遮’的写法。”刘氏所言“读若‘者’去声”以及吕、江二位先生所言“声调已变”，应当指的就是“这”字由上声变作去声。我们估计，“这”字由上声变作去声是受了“那”字读作去声调感染的结果；官话以及汉语其他方言“这”字读作去声调的亦然。

其二，关中方言基本指代词“兀”，受到“这、那”两去声字的声调感染也多读去声调。

“兀”字《广韵》在疑母入声没韵“五忽切”，关中方言在“突兀、兀子（即‘杌子’的早期写法）”等语境里读作阴平调，跟“乌污屋”等字同音。

而“兀”字作为指示代词的时候，在关中方言读作去声调的方言点有：西安、临潼、蓝田、商州、洛南、华县、华阴、潼关、大荔、渭南、澄城、合阳、韩城、黄龙、洛川、黄陵、宜君、铜川、耀州、蒲城、白水、富平、高陵、三原、泾阳、旬邑、长武、彬县、永寿、淳化、乾县、礼泉、咸阳、户县、兴平、武功、周至、眉县、岐山、扶风、千阳、陇县、富县共 44 处，如“兀搭”的“兀”字，这 44 处读如“误悟”，跟“这、那”同调。加之丹凤、太白、麟游、定边“兀”字又读去声，关中方言区有 47 处“兀”字读作去声调。

宜川 1 处在关中方言区“兀”字读作阴平调，跟“这、那”同为阴平调，亦属互相感染。

丹凤方言“这、兀”通常跟其他字直接构成合音，丹凤远指不分层次，“兀个”合音的结果读作上声和去声两个声调[væ^{53}/væ^{55}]。因此，丹凤方言的“兀”也是读作去声的，“这”字在非合音状态下就读作去声。而丹凤“这儿、兀儿”合音的结果读作阳平，跟“这、兀”在关中西部宝鸡等处读作阳平是一致的。因此看来，丹凤方言“这、兀”是去声、阳平两读。

关中方言区西部太白、凤县、宝鸡、凤翔、麟游 5 处“兀搭”的“兀”读作阳平，凤县、宝鸡、麟游、千阳“这搭”的“这”也读作阳平；这 5 处“那搭”的“那”读作去声；东部华县“这搭”合音为阳平 tʂa^{35}，“兀搭”合音为去声 ua^{55}；北部定边方言“这儿、兀儿、那儿”合音的结果为上声，符合去声儿化后变读上声的规律。

下面比较关中方言区丹凤等 9 处表处所指代词近指和远指第一层次的读法：

	近指	远指$_1$
丹凤	这儿 tʂər^{35}	兀儿 vər^{35}
太白、凤翔	这꜄ ꜀搭	꜁兀 ꜀搭
凤县、宝鸡、麟游	꜁这 ꜀搭	꜁兀 ꜀搭
千阳	这搭 tʂʅ$^{24\text{-}21}$ ta^{52}	兀搭 vu^{44} ta^{21}
华县	这搭 tʂa^{35}	兀搭 ua^{55}
定边	这儿 tʂər^{52}	兀儿 uər^{52}

由孙立新《关中方言代词研究》17 页之表 8 可以看出关中方言区附近的甘肃西和、礼县、张家川以及陕南洋县、西乡方言的“兀”和“这、那”同调，这也是感染的结果。

4.2.7.2 *汉语不少方言也都有指示代词的声调感染现象*

读《山西方言调查研究报告》（1993：119～120）表 9—7 可知，忻州、阳曲、太原、原平、寿阳、石楼、榆社、昔阳指示代词“这、那、兀”或者其合音形式同调。如阳曲“这、那、兀”均读作阴平上 213，太原“这、那、兀”均读作阴入ʔ^{2}。

山西汾县（张振铎 1990：38～39）“这、兀”均读作去声 55，“兀”又读阴入ʔ^{4}。运城（吕枕甲 1991：51）“这、兀”均读作上声 53。新绛（朱耀龙 1990：45）“这、兀”均读作去声 31；“寨、外”读作阳平，“寨、外”应当分别是“这个、兀个”的合音字。洪洞（乔全生 1999：101）“这$_1$、这$_2$、兀$_1$、兀$_2$”均读作上声 42；“这$_3$、这$_4$、兀$_3$、兀$_4$”均读作阳平 24。武乡（史素芬 2002：100）“这、兀”均读作阴入ʔ^{3}。

史秀菊《河津方言研究》（2004：304）指出：河津方言的“这、兀、奈”均读作上声；一些指示代词在指代过程中有兼指特点，如“这下拉、兀下拉、奈下拉”既可指代人或物又可指代程度，再如“这么、兀么、奈么”既可指代处所方位又可指代方式，还可指代程度。

山西盂县的指示代词系统比较复杂。史秀菊（2010：553～560）指出：“这、那、兀”均读作去声55调值或入声ʔ53调值，“这、那、兀”的儿化均读作阴平412调值，“这一、那一、兀一”的合音或读作阴平，或读作上声53调值，或读作去声。山西盂县的指示代词系统又见史秀菊、刘晓玲、李华《盂县方言研究》（2004：312～333）。

蒋文华《应县方言研究》（2007：173～175）指出，应县方言指示代词可以分为近指和远指两种，其基本型分别有五种，这五种类型的声调分别为，“这$_1$、那$_1$”读作入声，“这$_{2、5}$、那$_{2、5}$”读作上声，“这$_{3、4}$、那$_{3、4}$”读作去声；由174页表9—1可知，这五种类型以“这$_1$、那$_1$”的构词功能为最强，其次是“这$_3$、那$_3$”，“这$_4$、那$_4$”只可以单说，在其他语境里没有构词功能。余跃龙、郝素伟《浮山方言研究》（2009：276）指出，浮山方言的“这、兀”读作阳去或阳平。王文卿《晋源方言研究》（2007：183～184）指出，晋源方言的“这、兀”读作阴入或者平声。

张邱林（2009：18）指出河南陕县方言近指“这$_1$”、远指之面指“兀$_1$”以及远指之背指“奈”均读作去声24，近指“这$_2$”和远指之面指“兀$_2$”均读作上声55。

卢烈红《湖北黄梅话的指示代词》（2002：322～330）一文所列举的湖北黄梅话指示代词基本型都是214调值，我们不认同卢先生所谓的“中指”说法，但其语料从感染的角度看应当能够成立。现在选取卢文的部分例词罗列如下，叫法依照卢文。

	基本型	表处所	指称复数的人或事物
近指	□ $tæ^{214}$	大地 $ta^{214}tiə$	□些 $tæ^{214}ɕiɛk^{43}$
中指	伊 i^{214}	伊地 $i^{214}tiə$/嗯地 $n^{214}.tiə$	伊些 $i^{214}ɕiɛk^{43}$
远指	□ ue^{214}	□地 $ue^{214}tiə$/兀地 $u^{214}tiə$	□些 $ue^{214}ɕiɛk^{43}$

汪化云《鄂东方言研究》130页指出鄂东武穴方言的“嗒、勒、兀”均读作去声调，黄梅方言的“嗒、意、兀/畏”均读作上声调。

由伍云姬先生（2009）《湖南方言的代词》可知：湖南湘阴方言的指示代词“箇、咯、那”均读作55调值（邹卉110）；韶山方言的指示代词“咯、那、姆”均读作24调值（曾毓美148）；新化方言的指示代词“咯、以、那”均读作21调值（罗昕如、罗小芹236）；黔阳方言的三个基本指示代词均读作24调值（$tɛ^{24}$、o^{24}、la^{24}，邓永红、吴贤英289）。

由卢小群《湘南土话代词研究》第三章（2004：107～157）可以看出湘南土话指示代词声调感染的如：嘉禾普满“箇、其”21 调值，资兴兴宁“箇 kei^{44}、挥 fei^{44}”，道县祥霖铺“箇、彼”35 调值，道县仙子脚“箇 kɛ^{33}、□ɛ^{33}”，蓝山祠市“□ue^{33}、其 ke^{33}”，蓝山塔峰“伊 ai^{55}、彼 pi^{55}”。如我们可以从“箇、其”本来不同调看出感染的机制来。

张振兴先生《漳平方言研究》（1992：166）指出：漳平方言的指示代词基本型“许 hi^{21}、□hm^{21}”读作阴去；有关词语如“许个 hi^{21} kai^{21}、□个 hm^{21} kai^{21}”分别为“这个、那个”；另外，漳平方言“这里、在这里”分别作“安□an$^{24-55}$ hio^{21}、待□ti$^{53-21}$ hio^{21}”，其指“这里”的“□hio^{21}”跟“许 hi^{21}、□hm^{21}”同调。

李如龙、张双庆先生 1999 主编的《代词》一书有许多南方方言指示代词声调感染的信息值得关注。曹志耘（137～138）指出：淳安方言“哩哩$_{\text{这里}}$、拎$^{=}$拎$^{=}$$_{\text{那里}}$”均读作 224 调值；遂安方言的指示代词基本型“牙$^{=}$、伊”以及“牙$^{=}$、伊”的音变形式“昂$^{=}$、寅$^{=}$/严$^{=}$”均读作 33 调值，遂安方言的“昂$^{=}$样[ɑ̃$^{33-55}$ .iɑ̃]$_{\text{这么}}$、严$^{=}$样[iɛ̃$^{33-55}$ .iɑ̃]$_{\text{那么}}$”又有变体形式“样[iɑ̃^{52}]”，曹文 139 页指出“在这一组里，缺乏跟远指‘伊样’相对应的旁指形式‘耶样’”；建德方言的指示代词基本型“仡、未”均读作ʔ212 调值；寿昌方言“仡、未”均读作ʔ31 调值，寿昌方言的“港$^{=}$[kɑ̃^{24}]$_{\text{这么}}$、□[mɑ̃^{24}]$_{\text{那么}}$”同调。万波（154）指出安义方言的指示代词基本型“个、许”有三种读法，一是 213 调值，一是ʔ2 调值，三是 23 调值。安义方言“个、许”的三种读法规律性很强：表示人或事物的单数（个）、表示处所的面均读作 213 调值；表示人或事物的复数（个）、表示处所的点一般读作ʔ2 调值，“个些$_{\text{这些}}$、许些$_{\text{那些}}$”的“个、许”又读 213 调值；表示方式的时候，“个、许”（个样、许样）读作 23 或 213 调值。安义方言的ʔ2 调值应当是后起的，是在 213 舒声调的基础上促化（变作入声）的结果。项梦冰（207～208）指出清流方言的指示代词基本型“这*、扁$^{=}$、解$^{=}$”均读作 24 调值。李如龙先生（270～271）指出：泉州、漳州、厦门、汕头、海康“只/即、许”同调；厦门方言表示数量个体、群体以及表示种类的指示代词与漳州方言是一致的。泉州方言表示方式的代词是通过“安呢”的变调来表达的，漳州、厦门方言亦然。泉州方言指示代词罗列如下：

近指　只个$_{\text{这个}}$tsik^{7} ge^{2} | 只夥个$_{\text{这些}}$tsuai^{2} e | 只种个$_{\text{这种}}$tsiɔng^{3} ge^{2} | 即久$_{\text{这时}}$tsik^{7} ku^{3}

远指　许个$_{\text{那个}}$hik^{7} ge^{2} | 许夥个$_{\text{那些}}$haui^{2} e^{2} | 许种个$_{\text{那种}}$hiɔng^{3} ge^{2} | 许久$_{\text{那时}}$hik^{7} ku^{3}

近指　即搭$_{\text{这里}}$tsik^{7} taʔ^{7} | 只款$_{\text{这么（大）}}$tsuan^{5}/tsuaʔ^{7} | 安呢$_{\text{这样（做）}}$an^{1} ni^{1}

远指　许搭$_{\text{那里}}$hik^{7} taʔ^{7} | 许款$_{\text{那么（大）}}$huan^{5}/huaʔ^{7} | 安呢$_{\text{那样（做）}}$an^{3} ni^{0}

由《代词》一书可知遂安、安义、泉州、漳州、厦门、汕头、海康指示代词系统很复杂。

施其生（1999：304）指出汕头方言的“只、许”均读作阳上 53 调值。

钱奠香（1999：325）指出屯昌方言的“这、曷”均读作 35 调值。

秋谷裕幸《吴语江山广丰方言研究》（2001：115）指出江山方言指示代词基本型“乙⁼、喝⁼”以及广丰方言的基本型“乙⁼、□”均读作ʔ^{5} 调值。

郑作广、林亦、刘村汉先生（2005）主编的《桂北平话与推广普通话》中：张桂权（202）指出资源延东直话“这、兀”均读作阴平 44 调值。林亦（194）指出兴安高尚软土话“个 kou^{22}、□mo^{22}”均为阴去调。白云（148）指出灌阳观音阁土话“个、那”均为阴去调 24。唐昌曼（219）指出全州文桥土话“这、那”或均读去声 33 调值，或均读入声ʔ^{5} 调值。

由陈敏燕、孙宜志、陈昌仪（2003：496～509）的论述可以看出，江西南昌方言指示代词的基本型读作上声调、波阳方言指示代词的基本型读作去声调。罗列如下：

南昌　近指 A ᶜko .li　近指 B ᶜhe .li　远指 A ᶜko .ko　远指 B ᶜhe .ko

波阳　近指 A koᵓ .li　近指 B ȵiᵓ .li　远指 A koᵓ .ko　远指 B ȵiᵓ .ko

江西赣方言远近指各分两个 AB 层次的类型很有意思，估计汉语其他方言也有这个类型，有待大家发掘研究。

4.2.7.3　余论

汉语方言人称代词和指示代词的声调感染是显而易见的不争事实，应当引起学界的高度重视；尤其是指示代词的声调感染问题，估计要调查研究的空间还很大，值得努力为之。

下面将关中方言与汉语其他方言指示代词声调感染类型进行比较，见表 25。

表 25　关中方言与汉语其他方言指示代词声调感染类型比较表

	近　指	远指第一层次‖第二层次‖第三层次
西安 表处所	这搭儿 tʂʅ^{55}.tɐr 这儿 tʂɐr^{52}/tʂər^{52}	兀一搭儿 uei^{55}.tɐr/兀搭儿 uɐr^{52}/兀个儿 uər^{52} ‖那搭儿 næ^{55}.tɐr/那呢 næ^{52}.ȵi 表极远
泾阳 表处所	这搭 tʂʅ^{55} ta^{31} /这搭 tʂa^{55}	兀搭 u^{55} ta^{31}/兀搭 ua^{55} ‖那搭 næ^{55}ta^{31}
宜川	这搭 tʂʅ^{31} ta^{55}	兀搭 u^{31} ta^{55}‖那搭 næ^{31} ta^{55}
丹凤表处所	这儿 tʂər^{35}	兀儿 vər^{35}
凤县表处所	这搭 tʂʅ$^{24-31}$ ta$^{31-52}$/打⁼ta^{52}	兀搭 u$^{24-31}$ ta^{52}‖那搭 la^{44} ta^{31}

续表

	近　指	远指第一层次‖第二层次‖第三层次
凤翔表处所	这搭 tʂʅ^{44}tua^{31}/打⁼ta^{52}	兀搭 u$^{24-31}$ tua$^{31-52}$‖那搭 la^{44} tua^{31}
定边表处所	这儿 tʂər^{52}	兀儿 uər^{52}
西和表处所	这搭儿 tsa^{51} ər^{21}	兀搭儿 va^{51} ər^{21}
礼县表处所 1	这搭儿 tsʅ^{55} taə^{35}	兀搭儿 vu^{55} taə^{35}‖那搭儿 niɛ^{55} taə^{35}
礼县表处所 2	这个搭儿 tsɛ^{55} taə^{35}	那个搭儿 vɛ^{55} taə^{35}
张家川处所 1	这搭 tʂʅ^{44} .ta	兀搭 vu^{44} .ta
张家川处所 2	这搭儿 tʂʅ^{44} .tɐr	兀搭儿 vu^{44} .tɐr
张家川处所 3	这里 tʂʅ^{44} .li	兀里 vu^{44} .li
洋县	这儿 tʂə^{24}	兀儿里 uə^{24} .li
西乡	这儿 tsər^{35}	兀儿 vər^{35}
忻州	这个 tʂʅ^{53} kuæ$^{53-31}$	未个 vei^{53} kuæ$^{53-31}$‖[口外] uæ^{53}
阳曲	这儿 tsʅ^{213} .ɛ	那儿 nɔ^{213}.ɛ‖兀儿 u^{213}.ɛ
太原	这 tsəʔ^{4}	那 nəʔ^{4}‖兀 vəʔ^{4}
原平	这 tʂai^{53}	那 nʌ^{53}‖兀 uai^{53}
寿阳 1	这 tsɔ^{21}	那 nɔ^{21}‖兀 uɔ^{21}
寿阳 2	这 tsə̃^{21}	那 nə̃^{21}‖兀 uə̃^{21}
寿阳 3	这 tsəʔ^{22}	那 nəʔ^{22}‖兀 uəʔ^{22}
寿阳 4	这 tsei^{21} æ^{21}	那 nei^{45} æ^{21}‖兀 uei^{45} æ^{21}
石楼	这个 tʂəi^{35} ku^{31}	那个 nəi^{35} ku^{31}‖兀个 uəi^{35} ku^{31}
榆社	这儿 tsər^{53}	那儿 nər^{53}‖兀儿 uər^{53}
昔阳	这 tʂə^{53}	那 nɒ^{53}‖兀 vɤ^{53}
汾县表个体	这个 tɕiɛ^{55} kəʔ^{4}/ 在也 tsɛ^{55} iɛ$^{213-41}$	外也那个 vɛ^{55} iɛ$^{213-41}$
汾县表不多 1	这些些 tɕiɛ^{55} ɕiɛ$^{213-22}$ɕiɛ^{213}	兀些些 vəʔ^{4} ɕiɛ$^{213-22}$ɕiɛ^{213}
汾县表不多 2	在些些 tsɛ^{55} ɕiɛ$^{213-22}$ ɕiɛ^{213}	外 vɛ^{55} ɕiɛ$^{213-22}$ɕiɛ^{213}
汾县表许多	这□□tɕiɛ^{55} ɕiʌʔ^{4} ɕiʌʔ^{4}	兀□□vəʔ^{4} ɕiʌʔ^{4} ɕiʌʔ^{4}
汾县表处所	这界这里 tɕiɛ^{55} tɕiɛ^{55}	兀界那里 vəʔ^{4} tɕiɛ^{55}
汾县表时间	这霎霎这会儿 tɕiɛ^{55} sʌʔ^{4} sʌʔ^{4}	兀霎霎那会儿 vəʔ^{4} sʌʔ^{4} sʌʔ^{4}/外 vɛ^{55} sʌʔ^{4} sʌʔ^{4}

续表

	近　指	远指第一层次‖第二层次‖第三层次
汾县表方式	这样样 tɕiɛ^{55} iɔ̃^{55} iɔ̃^{55}	外样样 vɛ^{55} iɔ̃^{55} iɔ̃^{55}
运城基本型	这 tʂɤ^{53}/tʂuo^{53}	兀 uo^{53}‖那 lai^{33}/la^{33}
运城表个体	这个 tʂʅ^{53} .kɤ	兀个 u^{53} .kɤ‖那个 lai^{33} .kɤ
运城表群体	这些 tʂʅ^{53} .ɕia/tʂɤ^{53}.ɕia	兀些 u^{53} .ɕia‖那些 lai^{33} .ɕia
运城表处所	这搭 tʂʅ^{53} .ta/这搭 tʂa^{53}	兀搭 u^{53} .ta/兀搭 ua^{53}
运城表时间	这会儿 tʂʅ^{53}/tʂɤ^{53} xuər^{33}	兀会儿 u^{53} xuər^{33}‖那会儿 lai^{33} xuər^{33}
运城表方式	这样 tʂʅ^{53} .iaŋ	兀样 u^{53} .iaŋ
新绛表个体	寨块 tʂai$^{325-35}$ uai$^{21-11}$	外块 uai$^{325-35}$ uai$^{21-11}$
新绛表群体	寨些个 tʂai$^{325-35}$ ɕia$^{53-11}$kə^{31}	外些个 uai$^{325-35}$ ɕia$^{53-11}$kə^{31}
新绛表处所	这的 tʂʅ$^{31-51}$ tə$^{-31}$	兀的 u$^{31-51}$ tə$^{-31}$
新绛表方式1	这么这样 tʂʅ$^{31-51}$ mə^{31}	兀么那样 u$^{31-51}$ mə^{31}
新绛表方式2	寨号子 tʂai$^{325-35}$xao$^{31-11}$ tsɿ^{31}	外号子 uai$^{325-35}$ xao$^{31-11}$ tsɿ^{31}
新绛表方式3	这些个 tʂʅ$^{31-51}$ɕia$^{53-11}$kə^{31}	兀些个 u$^{31-51}$ ɕia$^{53-11}$ kə^{31}（按：以上两行带有指责义）
新绛表方式4	这个儿 tʂʅ$^{31-51}$ kə$^{31-11}$ ər^{31}	兀个儿 u$^{31-51}$ kə$^{31-11}$ ər^{31}
洪洞基本型以及合音形式	这$_1$ tʂe^{42}/这$_2$ tʂɑ^{42}/ 这$_3$ tʂɑn^{24}/这$_4$ tʂɑŋ^{24}	兀$_1$ uo^{42}/兀$_2$ uɑ^{42}/ 兀$_3$ uɑn^{24}/兀$_4$ uɑŋ^{24}
洪洞表个体1	这个儿 tʂɑŋ$^{24-22}$ .kor	兀个儿 uɑŋ$^{24-22}$ .kor
洪洞表个体2	这个 tʂɑ^{42} .ko	兀个 uɑ^{42} .ko
洪洞表处所	这哳 tʂe$^{42-33}$ .tɑ	兀哳 uo$^{42-33}$ .tɑ
洪洞表方式	这着 tʂɑn$^{24-22}$ .tʂo	兀着 uɑn$^{24-22}$ .tʂo
武乡表个体	这个 tsəʔ^{3} .kə/宰 tsɛ^{55}	兀个 vəʔ^{3} .kə/vɛ^{55}
武乡表群体	这些 tsəʔ^{3} .ɕiɛ	兀些 vəʔ^{3} .ɕiɛ
武乡表处所	这儿 tsəʔ^{3} .ɭ	兀儿 vəʔ^{3} .ɭ
武乡表时间	这霎霎 tsəʔ^{3} sʌʔ^{3} .sʌ	兀霎霎 vəʔ^{3} sʌʔ^{3} .sʌ
武乡表方式	这底个 tsəʔ^{3} tei^{113} .kə	兀底个 vəʔ^{3} tei^{113} .kə
河津基本型	这 tʂɤ^{53}	兀 uai^{53}‖奈 nai^{53}
河津指人物1	这页 tʂei^{53} iɛ^{324}	兀页 uei^{53} iɛ^{324}‖奈页 nai^{53} iɛ^{324}
河津指人物2	这号 tʂei^{53} .xau	兀号 uei^{53} .xau‖奈号 nai^{53} .xau
河津指人物3	这下拉 tʂʅ^{44} xa^{44} .la	兀下拉 u^{44} xa^{44} .la‖奈下拉 nai^{44} xa^{44} .la
河津指人物4	这个 tʂʅ^{53} .kɤ	兀个 u^{53} .kɤ‖奈个 nai^{53} .kɤ
河津表处所1	这哒 tʂʅ^{44} .ta	兀哒 u^{44} .ta‖奈哒 nai^{44} .ta

续表

	近　指	远指第一层次‖第二层次‖第三层次
河津表处所2	这岸 tʂʅ^{53} .ŋæ̃	兀岸 u^{53} .ŋæ̃‖奈岸 nai^{53} .ŋæ̃
河津表处所3	这头 tʂʅ^{53} .tʰəu	兀头 u^{53} .tʰəu‖奈头 nai^{53} .tʰəu
河津表处所4	这么 tʂʅ^{53} .mɤ	兀么 u^{53} .mɤ‖奈么 nai^{53} .mɤ
河津表方式	这么 tʂʅ^{53} .mɤ	兀么 u^{53} .mɤ‖奈么 nai^{53} .mɤ
河津表时间1	这会 tʂʅ^{53} xuei^{44}	兀会 u^{53} xuei^{44}‖奈会 nai^{53} xuei^{44}
河津表时间2	这会 tʂeːi^{53} xuei^{44}	兀会 ueːi^{53} xuei^{44}‖奈会 naːi^{53} xuei^{44}
河津表时间3	这回 tʂeːi^{53} xuei^{324}	兀回 ueːi^{53} xuei^{324}‖奈回 naːi^{53} xuei^{324}
河津表程度1	这会 tʂʅ^{53} .xuei	兀会 u^{53} .xuei‖奈会 nai^{53} .xuei
河津表程度2	这么 tʂʅ^{53} .mɤ	兀么 u^{53} .mɤ‖奈么 nai^{53} .mɤ
河津表程度3	这下拉 tʂʅ^{44} xa^{44} .la	兀下拉 u^{44} xa^{44} .la‖奈下拉 nai^{44} xa^{44} .la
河津指代量1	这些 tʂʅ^{44} .ɕia	兀些 u^{44} .ɕia‖奈些 nai^{44} .ɕia
河津指代量2	这点 tʂeːi^{53} tiæ̃^{53}	兀点 ueːi^{53} .tiæ̃^{53}‖奈点 naːi^{53} .tiæ̃^{53}
河津指代量3	这结 tʂʅ^{44} tɕiɛ^{31}	兀结 u^{44} tɕiɛ^{31}‖奈结 nai^{44} tɕiɛ^{31}
盂县基本型1	这 tsɤo^{55}	那 nɤo^{55}‖兀 vu^{55}
盂县基本型2	这 tsəʔ^{53}	那 nəʔ^{53}‖兀 vəʔ^{53}
盂县表处所1	这儿个 tsʅər^{412} kɤo^{53}	那儿个 nər^{412} kɤo^{53}‖兀儿个 vər^{412} kɤo^{53}‖兀个儿 vu^{55} kər^{22}
盂县表处所2	这儿里 tsʅər^{412} lei^{53}	那儿里 nər^{412} lei^{53}‖兀儿里 vər^{412} lei^{53}‖兀里 vu^{55} lei^{53}
盂县表处所3	这里 tsɤo^{55} lei^{53}	那里 nɤo^{55} lei^{53}‖兀里 vu^{55} lei^{53}
盂县表处所4	这一个儿个 tsei^{53} kər^{412} kɤo^{53}	那一个儿个 nei^{53} kər^{412} kɤo^{53}‖ 兀一个儿个 vei^{53} kər^{412} kɤo^{53}
盂县表个体1	这块 tsɑɛ^{55}	那块 nɑɛ^{412}‖兀块 vɑɛ^{55}
盂县表个体2	这一块 tsei^{412} kuɑɛ^{55}	那一块 nei^{412} kuɑɛ^{55}/那块 nɤo^{412} kuɑɛ^{55}/那块块 nɑɛ^{412} kuɑɛ^{55}‖兀一块 v ei^{412} kuɑɛ^{55}‖兀块 vəʔ^{22} kuɑɛ^{55}
盂县表个体3	这一样儿 tsei^{412} iæ̃r^{55}	那一样儿 n ei^{412} iæ̃r^{55}‖兀一样儿 v ei^{412} iæ̃r^{55}
盂县表个体4	这一种 tsei^{55} tsuə̃^{22}	那一种 nei^{55} tsuə̃^{22}/那块种 nɑɛ^{412} tsuə̃^{22}‖ 兀一种 vei^{412} tsuə̃^{22}‖兀种 vəʔ^{22} tsuə̃^{22}
盂县表时间1	这一会儿 tsei^{55} xuər^{55}	兀一会儿 vei^{55} xuər^{55}‖那一会儿 nei^{55} xuər^{55}/那块会儿 nɑɛ^{55} xuər^{55}‖那会儿 nɤo^{412} xuər^{55}/那块会儿 nɑɛ^{412} xuər^{55}/兀会儿 vɤo^{412} xuər^{55}
盂县表时间2	这一阵儿 tsei^{412} tsər^{55}	兀一阵儿 vei^{412} tsər^{55}‖那一阵儿 nei^{412} tsər^{55}‖ 那阵儿 nɤo^{412} tsər^{55}/那块阵儿 nɑɛ^{412}tsər^{55}
盂县表方式	这个儿 tsəʔ^{53} kər^{22}	那个儿 nəʔ^{53} kər^{22}‖兀个儿 vəʔ^{53} kər^{22}

续表

	近指	远指第一层次‖第二层次‖第三层次
盂县性状A1	这们 tsəʔ^{53} mə̃^{0}	那们 nəʔ^{53} mə̃^{0}‖兀们 vəʔ^{53} mə̃^{0}
盂县性状A2	这儿们 tsɿər^{412} mə̃^{0}	那儿们 nər^{412} mə̃^{0}‖兀儿们 vər^{412} mə̃^{0}
盂县性状A3	这们们 tsəʔ^{53} mə̃^{0} mə̃^{0}	那们们 nəʔ^{53} mə̃^{0} mə̃^{0}‖兀们们 vəʔ^{53} mə̃^{0} mə̃^{0}
盂县性状B1	这来 tsəʔ^{53} lɑɛ^{0}	那来 nəʔ^{53} lɑɛ^{0}‖兀来 vəʔ^{53} lɑɛ^{0}
盂县性状B2	这儿来 tsɿər^{412} lɑɛ^{0}	那儿来 nər^{412} lɑɛ^{0}‖兀儿来 vər^{412} lɑɛ^{0}
盂县性状B3	这来来 tsəʔ^{53} lɑɛ^{0} lɑɛ^{0}	那来来 nəʔ^{53} lɑɛ^{0} lɑɛ^{0}‖兀来来 vəʔ^{53} lɑɛ^{0} lɑɛ^{0}
应县	这$_{1}$ tsəʔ^{43}|这$_{2}$ tsəu^{54}|这$_{3}$ tsɿ^{24}| 这$_{4}$ tsəu^{24}|这$_{5}$ tsaŋ^{54}	那$_{1}$ nəʔ^{43}|那$_{2}$ nəu^{54}|那$_{3}$ nei^{24}|那$_{4}$ nəu^{24}|那$_{5}$ naŋ^{54}
浮山	这$_{1}$ tʂɤ^{53}|这$_{2}$ tʂei^{13}|这$_{3}$ tʂẽĩ^{53}| 这$_{4}$ tʂa^{13}	兀$_{1}$ uo^{53}|兀$_{2}$ uei^{53}|兀$_{3}$ uẽĩ^{53}|兀$_{4}$ ua^{13}
晋源单音节	宰$^{=}$tsai^{42}	[口外] vai^{42}
晋源表个体	这个 tsəʔ^{2} kuai^{35}	兀个 vəʔ$^{2-21}$ kuai^{35}
晋源表数量1	这些 tsəʔ^{2} ɕiəʔ^{2}	兀些 vəʔ^{2} ɕiəʔ^{2}
晋源表数量2	这底些 tsəʔ^{2} ti^{42} ɕiəʔ^{2}	兀底些 vəʔ^{2} ti^{42} ɕiəʔ^{2}
晋源表数量3	这些些 tsəʔ^{2} ɕiəʔ$^{2-21}$ ɕiəʔ^{2}	兀些些 vəʔ^{2} ɕiəʔ$^{2-21}$ ɕiəʔ^{2}
晋源表数量4	这捻捻 tsəʔ^{2} ȵiæ$^{42-33}$ȵiæ^{42}	兀捻捻 vəʔ^{2} ȵiæ$^{42-33}$ȵiæ^{42}
晋源表处所1	这勒 tsəʔ$^{2-21}$ ləʔ^{2}	兀勒 vəʔ$^{2-21}$ ləʔ^{2}
晋源表处所2	这头 tsəʔ^{2} tɤu^{11}	兀头 vəʔ^{2} tɤu^{11}
晋源表方式	这底 tsəʔ^{2} ti^{42}	兀底 vəʔ^{2} ti^{42}
晋源表时间1	这阵阵 tsəʔ^{2} tsəŋ$^{35-53}$ tsəŋ^{35}	兀阵阵 vəʔ^{2} tsəŋ$^{35-53}$ tsəŋ^{35}
晋源表时间2	这霎霎 tsəʔ^{2} sa^{11} sa$^{11-21}$	兀霎霎 vəʔ^{2} sa^{11} sa$^{11-21}$
陕县	这$_{1}$ tʂʅ^{24}/tʂei^{24} /这$_{2}$ tʂuo^{55}	兀$_{1}$ u^{24}/vei^{24}/兀$_{2}$ uo^{55} /奈背指 nai^{24}
武穴	嗒 ta$^{\supset}$	勒 ne$^{\supset}$ ‖兀 u$^{\supset}$
黄梅	嗒 ta$^{\supset}$	意 i$^{\supset}$ ‖兀 u$^{\supset}$ /畏 uei$^{\supset}$
湘阴基本型	箇 kei^{55}/咯 ko^{55}	那 lai^{55}
湘阴表处所1	箇里 kei^{55} li/咯里 ko^{55} li	那里 lai^{55} li
湘阴表处所2	箇块 kei^{55} kʰuai^{53}	那块 lai^{55} kʰuai^{53}
湘阴表处所3	箇路 kei^{55} ləu^{31}	那路 lai^{55} ləu^{31}
湘阴表时间1	箇下 kei^{55} xa^{31}	那下 lai^{55} xa^{31}
湘阴表时间2	箇阵 kei^{55} tʂen^{31}	那阵 lai^{55} tʂen^{31}
湘阴表时间3	箇向 kei^{55} ɕiɔŋ^{55}	那向 lai^{55} ɕiɔŋ^{55}

续表

	近　指	远指第一层次‖第二层次‖第三层次
湘阴表性状等	杠 kɔŋ^{55}/杠里 kɔŋ^{55} li	烂 lan^{55}/烂里 lan^{55} li
韶山基本型	咯 ko^{24}	那‖姆 m^{24}
韶山表处所1	咯里 ko^{24} li^{33}	那里 la^{24} li^{33}‖姆里 m^{24} li^{33}
韶山表处所2	咯边 ko^{24} piẽ^{33}	那边 la^{24} piẽ^{33}‖姆边 m^{24} piẽ^{33}
韶山表数量1	咯隻 ko^{24} tɕya^{24}	那隻 la^{24} tɕya^{24}‖姆隻 m^{24} tɕya^{24}
韶山表数量2	咯家唧 ko^{24} ka^{33} dzi̥^{31}	那家唧 la^{24} ka^{33} dzi̥^{31}‖姆家唧 m^{24} ka^{33} dzi̥^{31}
韶山表数量3	咯些 ko^{24} sia^{33}	那些 la^{24} sia^{33}‖姆些 m^{24} sia^{33}
韶山表时间	咯时节 ko^{24} ʂʅ^{13} tsie^{24}	那时节 la^{24} ʂʅ^{13} tsie^{24}‖姆时节 m^{24} ʂʅ^{13} tsie^{24}
新化基本型	咯 ko^{21}/以 i^{21}	那 $_1$ n^{21}‖那 $_2$ n^{33}
黔阳基本型	tɛ^{24}	o^{24}‖la^{24}
普满基本型	箇这 kə^{21}（kʰə^{21}）	其那 ka^{21}（kʰa^{21}）
普满表个体	箇粒 kə^{21} la^{35}	其粒 ka^{21} la^{35}
普满表群体	箇□kə^{21} li^{45}	其□ka^{21} li^{45}
普满表性状	箇子 kʰə^{21} tsɿ^{0}	其子 kʰa^{21} tsɿ^{0}
资兴兴宁	箇这 kei^{44}	挥那 fei^{44}
兴宁表个体	箇个 kei^{44} kʉ^{215}	挥个 fei^{44} kʉ^{215}
兴宁表群体	箇□kei^{44} xo^{215}	挥□fei^{44} xo^{215}
兴宁表处所	箇啷 kei^{44} laŋ^{0}	挥啷 fei^{44} laŋ^{0}
兴宁表性状	箇样 kei^{44} liaŋ^{44}	挥样 fei^{44} liaŋ^{44}（按：此行可兼表程度、方式）
道县祥霖铺	箇这 kɤ^{35}	彼那 pɤ^{35}
祥霖铺表个体	箇粒 kɤ^{35} la^{0}	彼粒 pɤ^{35} la^{0}
祥霖铺表处所	箇□kɤ^{35} ta^{24}	彼□pɤ^{35} ta^{24}
祥霖铺表方式	箇样 kɤ^{35} iaŋ^{51}	彼样 pɤ^{35} iaŋ^{51}（按：此行可兼表性状、群体等）
道县仙子脚	箇这 kɛ^{33}	□那 ɛ^{33}
仙子脚表个体	箇只 kɛ^{33} tse^{55}	□只ɛ^{33} tse^{55}
仙子脚表群体	箇些 kɛ^{33} se^{42}	□些ɛ^{33} se^{42}
仙子脚表处所	箇□这里 kɛ^{33} la^{35}	□□那里 ɛ^{33} la^{35}
蓝山祠市	□ue^{33}	其 ke^{33}
祠市表个体	□只 ue^{33} tsai^{55}	其只 ke^{33} tsai^{55}
祠市表群体	□些 ue^{33} ɕie^{0}	其些 ke^{33} ɕie^{0}
祠市表处所	□拉 ue^{33} la^{0}	其拉 ke^{33} la^{0}

续表

	近　指	远指第一层次‖第二层次‖第三层次
祠市表时间	□一下 ue^{33} i^{0} xa^{35}	其一下 ke^{33} i^{0} xa^{35}
蓝山塔峰	伊这；这里 ai^{55}	彼那；那里 pi^{55}
塔峰表个体	伊只 ai^{55} tso^{55}	彼只 pi^{55} tso^{55}
塔峰表群体	伊□ai^{55} lia^{0}	彼□pi^{55} lia^{0}
塔峰表性状	□呢 xa^{55}ni/伊（呢）ai^{55}ni	彼呢 pi^{55} ni^{0}
塔峰表方式1	伊□ai^{55} ni^{0}	彼□pi^{55} ni^{0}（按：此行及下行兼表程度）
塔峰表方式2	伊样子 ai^{55} iaŋ^{31} tsɿ^{0}	彼样子 pi^{55} iaŋ^{31} tsɿ^{0}
塔峰表时间	伊时候 ai^{55} sɿ^{212} xau^{31}	彼时候 pi^{55} sɿ^{212} xau^{31}
漳平	许 hi^{21}	□hm^{21}
漳平表个体	许个 hi^{21} kai^{21}	□个 hm^{21} kai^{21}
漳平表群体	许□hi^{21} tai^{24}	□□hm^{21} tai^{24}
淳安	哩哩这里 li$^{224-24}$ li$^{224-55}$	拎⁼拎⁼那里 len$^{224-24}$ len$^{224-55}$
遂安表个体	牙⁼个ɑ^{33} kɛ^{422}	伊个 i^{33} kɛ^{422}（耶个旁指 iɛ^{33} kɛ^{422}）
遂安表处所1	牙⁼里ɑ^{33} li$^{422-33}$	伊里 i^{33} li$^{422-33}$（耶里旁指 iɛ^{33} li$^{422-33}$）
遂安表处所2	牙⁼搭ɑ^{33} ta$^{24-33}$	伊搭 i^{33} ta$^{24-33}$（耶搭旁指 iɛ^{33} ta$^{24-33}$）
遂安表时间	俄⁼劳⁼ ɔ$^{33-55}$ .lɔ	伊劳⁼ i$^{33-55}$ .lɔ/耶劳⁼ iɛ$^{33-55}$ .lɔ
遂安表方式1	牙⁼样ɑ^{33} iɑ̃^{52}	伊样 i^{33} iɑ̃^{52}
遂安表方式234	昂⁼样ɑ̃$^{33-55}$ .iɑ̃/样 iɑ̃^{52}	/寅⁼样 n$^{33-55}$ .iɑ̃/严⁼样 iɛ̃$^{33-55}$ .iɑ̃/样 iɑ̃^{52}
建德表个体	仡个 kəʔ$^{12-2}$ kəʔ^{5}	末个 məʔ$^{12-2}$ kəʔ^{5}
建德表处所	仡里 kəʔ$^{12-2}$ li$^{213-55}$	末里 məʔ$^{12-2}$ li$^{213-55}$
建德表时间	仡下 kəʔ$^{12-2}$ ho$^{213-55}$	末下 məʔ$^{12-2}$ ho$^{213-55}$
建德表方式1	仡□多用 kəʔ$^{12-2}$ tɕiã^{55}	末□多用 məʔ$^{12-2}$ tɕiã^{55}
建德表方式2	仡样 kəʔ$^{12-2}$ iã^{55}	末样 məʔ$^{12-2}$ iã^{55}
寿昌表个体	仡个 kəʔ^{31} kəʔ$^{3-13}$/kəʔ^{31} kɑ$^{33-24}$/ki^{24} kəʔ^{3}/ki^{24} kɑ^{33}	末个 məʔ$^{31-13}$ kəʔ$^{3-13}$/məʔ^{31} kɑ$^{33-24}$ /mi^{24} kəʔ^{3}/mi^{24} kɑ^{33}
寿昌表处所	仡里 kəʔ$^{31-3}$ li^{534}	末里 məʔ$^{31-3}$ li^{534}
寿昌表时间	仡子 kəʔ^{31} tɕiəʔ^{3}	末子 məʔ^{31} tɕiəʔ^{3}
寿昌表方式	港⁼kɑ̃^{24}	□mɑ̃^{24}
安义表个体	个 ko^{213}/koʔ^{2}	许 hɛ^{213}/hɛʔ^{2}
安义表群体	个些（得）koʔ^{2} ɕiɛt^{5} tɛ	许些（得）hɛʔ^{2} ɕiɛt^{5} tɛ
安义表处所	个里 ko^{213} li 面/ 个得 koʔ^{2} tɛʔ点	许里 hɛ^{213} li 面/ 许得 hɛʔ^{2} tɛʔ点

续表

	近　指	远指第一层次‖第二层次‖第三层次
安义表时间	个阵得 koʔ^{2} t^{h}ɤn tɛʔ	许阵得 hɛʔ^{2} t^{h}ɤn tɛʔ
安义表方式	个样 kon^{23}/kon^{213} nioŋ	许样 hɛn^{23} nioŋ/hɛn^{213} nioŋ
清流指别	这*ti^{24}	扁$^{=}$paiŋ^{24}‖解$^{=}$ka^{24}
清流表处所1	这*（块）里 ti^{24} kuə^{22} li^{24}	扁$^{=}$（块）里 paiŋ^{24} kuə^{22} li^{24}‖解$^{=}$（块）里 ka^{24} kuə^{22} li^{24}
清流表处所2	这*迹 ti^{24} tsiaʔ^{5}	扁$^{=}$迹 paiŋ^{24} tsiaʔ^{5}‖解$^{=}$迹 ka^{24} tsiaʔ^{5}
清流表方位1	这*片 ti^{24} p^{h}aiŋ^{24}	扁$^{=}$片 paiŋ^{24} p^{h}aiŋ^{24}‖解$^{=}$片 ka^{24} p^{h}aiŋ^{24}
清流表方位2	这*（片）向 ti^{24} p^{h}aiŋ^{24}ʂɔŋ^{55}	扁$^{=}$（片）向 paiŋ^{24} p^{h}aiŋ^{24}ʂɔŋ^{55}‖ 解$^{=}$（片）向 ka^{24} p^{h}aiŋ^{24}ʂɔŋ^{55}
清流表时间	这刻子子*ti^{24}k^{h}eʔ^{5}tsə^{24}li^{24}	扁$^{=}$刻子子*paiŋ^{24} k^{h}eʔ^{5}tsə^{24}li^{24}‖ 解$^{=}$刻子子*ka^{24}k^{h}eʔ^{5}tsə^{24}li^{24}
泉州表个体	只个这个 tsik^{7} ge^{2}	许个那个 hik^{7} ge^{2}
泉州表群体	只夥个这些 tsuai^{2} e	许夥个那些 haui^{2} e^{2}
泉州表种类	只种个这种 tsiɔng^{3} ge^{2}	许种个那种 hiɔng^{3} ge^{2}
泉州表时间	即久这时 tsik^{7} ku^{3}	许久那时 hik^{7} ku^{3}
泉州表处所	即搭这里 tsik^{7} taʔ^{7}	许搭那里 hik^{7} taʔ^{7}
泉州表状态	只款这么（大） tsuan^{5}/tsuaʔ^{7}	许款那么（大） huan^{5}/h uaʔ^{7}
漳州表个体	只个这个 tsik^{7} le^{2}	许个那个 hik^{7} le^{2}
漳州表群体	tsia^{3} e^{2} 这些	hia^{3} e^{2} 那些
漳州表种类	即号 tsik^{7} lo^{6}/即号 tsio^{6}	许号 hik^{7} lo^{6}/许号 hio^{6}
漳州表时间	即站时 tsik^{7} tsam^{6} si^{2}	许站时 hik^{7} tsam^{6} si^{2}
漳州表处所	即搭 tsia^{1}	许搭 hia^{1}
漳州表状态	者呢 tsia^{1} ni^{0}	许呢 hia^{1} ni^{0}
厦门表时间	即阵 tsik^{7} tsun^{6}/tsun^{6}	许阵 hik^{8} tsun^{6}
厦门表处所	即搭 tsia^{2}	许搭 hia^{2}
汕头表个体	只个 tsi^{3} kai^{0}	许个 hɯ^{3} kai^{0}
汕头表群体	只撮 tsi^{3} ts^{h}oʔ^{7}	许撮 hɯ^{3} ts^{h}oʔ^{7}
汕头表种类	者个 tsia^{3} k^{h}i^{3}	许个 hia^{3} k^{h}i^{3}
汕头表时间	只㾀 tsi^{3} tsung^{2}	许㾀 hɯ^{3} tsung^{2}
汕头表处所	只过 tsi^{3} ko^{5}	许过 hɯ^{3} ko^{5}
汕头表状态	只 tsi^{5}	许 hi^{5}
汕头表方式	只样生 tsiõ^{5} sẽ^{1}	许样生 hõ^{5} sẽ^{1}
海康表个体	只个 zia^{6} kai^{0}	许个 ha^{6} kai^{0}

续表

	近　指	远指第一层次‖第二层次‖第三层次
海康表群体	者呢 zia^{6} ni^{6}	许呢 ha^{6} ni^{0}（按：此行兼表种类）
海康表时间	者候 zia^{6} hau^{0}	许候 ha^{6} hau^{0}
海康表处所	者迹 zia^{6} tsia^{6}	许迹 ha^{6} tsia^{6}
海康表状态	只样 zio^{6}	许样 ho^{6}
海康表方式	只体 zio^{6} tʰoi^{3}	许体 ho^{6} tʰoi^{3}
南昌	ᶜko .li/ ᶜhe .li	ᶜko .ko/ ᶜhe . ko
波阳	koᵓ .li/ȵiᵓ .li	koᵓ .ko/ȵiᵓ .ko
江山表个体1	乙$^{=}$个□iEʔ^{5} kəʔ^{4} lE^{44}	喝$^{=}$个□xaʔ^{5} kəʔ^{4}lE^{44}
江山表个体2	乙$^{=}$个 iEʔ^{5} kæ^{0}	喝$^{=}$个 xaʔ^{5} kæ^{0}
江山表群体	乙$^{=}$信 iEʔ^{5} ɕiŋ^{55}	喝$^{=}$信 xaʔ^{5} ɕiŋ^{55}
江山表处所	乙$^{=}$里 iEʔ^{5} ləʔ^{3}	喝$^{=}$里 xaʔ^{5} ləʔ^{3}
广丰表个体1	乙$^{=}$个□ieʔ^{5} kɤʔ^{5} lɐi^{445}	□个□xɤʔ^{5} kɤʔ^{5} lɐi^{445}
广丰表个体2	乙$^{=}$个 ieʔ^{5} kɤʔ^{0}	□个 xɤʔ^{5} kɤʔ^{0}
广丰表个体3	乙$^{=}$号 ieʔ^{5} xɑɔ^{0}	□号 xɤʔ^{5} xɑɔ^{0}
广丰表群体	乙$^{=}$多 ieʔ^{5} tɐi^{33}	□多 xɤʔ^{5} tɐi^{33}
广丰表处所1	乙$^{=}$里 ieʔ^{5} lie^{0}/ieʔ^{5} li^{0}	□里 xɤʔ^{5} lɐi^{445}/xɤʔ^{5} lie^{0}/xɤʔ^{5} li^{0}
广丰表处所2	乙$^{=}$块 ieʔ^{5} kʰua^{0}	□块 xɤʔ^{5} kʰua^{0}
广丰表处所3	乙$^{=}$□ieʔ^{5} tɐʔ^{0}/ieʔ^{5} tuɐʔ^{0}	□□xɤʔ^{5} tɐʔ^{0}/xɤʔ^{5} tuɐʔ^{0}
广丰表状态	喊$^{=}$xã^{52}	□ã^{52}
资源延东	箇只这个ko^{44} tsa^{21}	兀只那个ŋ^{44} tsa^{21}
延东表群体	箇哋这些ko^{44} ti^{44}	兀哋那些ŋ^{44} ti^{44}
延东表处所	箇假这里ko^{44} tɕia^{21}	兀假那里ŋ^{44} tɕia^{21}
延东表状态	箇么这么ko^{44} mən^{21}	兀么那么ŋ^{44} mən^{21}
延东表方式	箇么这么ko^{44} mən^{21}	兀么那么ŋ^{44} mən^{21}
兴安高尚软	个只这个kou^{22} tʃiɛ^{55}	□只那个mo^{22} tʃiɛ^{55}
高尚软表群体	个哟这些kou^{22} ti^{22}	□哟那些mo^{22} ti^{22}
高尚软表处所	只地方这里tʃiɛ^{55} ti^{22} haŋ^{33}	□只地方那里mo^{22} tʃiɛ^{55} ti^{22} haŋ^{33}
高尚软表状态	□（高）这么（高）ʃiɛ^{22} kou^{35}	□（高）那么（高）ʃiɛ^{22} kou^{35}
高尚软表方式	□□这么（做）ʃiɛ^{13} ʃiɛ^{13}	□□那么（做）niɛ^{13} ʃiɛ^{13}
灌阳观音阁	个个这个kuo^{24} kuo^{24}	那个那个uo^{24} kuo^{24}
观音阁表群体	个底这些kuo^{24} ti^{33}	那底那些uo^{24} ti^{33}

续表

	近　指	远指第一层次‖第二层次‖第三层次
观音阁表处所	□这里 tei^{33}	□那里 nei^{33}
观音阁表状态	□这么（高）kai^{35}	□那么（高）mai^{35}
观音阁表方式	□这么（做）kai^{53} ka	□那么（做）mai^{53} ka
全州文桥	这个 ke^{33} ko$^{33\text{-}3}$	那个 ni^{33} ko$^{33\text{-}3}$
文桥表群体	这的这些 ke^{33} te$^{33\text{-}3}$	那的那些 ni^{33} te$^{33\text{-}3}$
文桥表处所	这的这些 kaʔ^{5} te$^{33\text{-}3}$	那的那些 niɯʔ^{5} te$^{33\text{-}3}$
文桥表方式	这这么 keʔ^{5}	那那么 niʔ^{5}
晋江基本型	即 tsit^{5}	迄 hit^{5}
晋江表名物1	即种 tsit^{5} tsiɔŋ^{55}/ 即号 tsit^{5}hə^{41}/即款 tsit^{5}k^{h}uan^{55}	迄种 hit^{5} tsiɔŋ^{55}/迄号 hit^{5} hə^{41}/迄款 hit^{5} k^{h}uan^{55}
晋江表名物2	种其 tsiɔŋ$^{55\text{-}24}$ e^{24}	向其 hiɔŋ$^{55\text{-}24}$ e^{24}
晋江表名物3	撮$^{=}$其 tsuai$^{55\text{-}24}$ e^{24}/ 撮$^{=}$其 tsuai^{24}	怀其 huai$^{55\text{-}24}$ e^{24}/huai^{24}
晋江表时间1	即站（时）tsit^{5} tsam^{33} （/tsam$^{33\text{-}24}$）si^{24}	迄站（时）hit^{5} tsam^{33}（/tsam$^{33\text{-}24}$）si^{24}
晋江表时间2	即气 tsit^{5} k^{h}ui^{41}	迄气 hit^{5} hit^{5}
晋江表时间3	即摆 tsit^{5} pai^{55}	迄摆 hit^{5} hit^{5}
晋江表时间4	即过 tsit^{5} ke^{41}	迄过 hit^{5} hit^{5}
晋江表时间5	即方 tsit^{5} paŋ^{33}	迄方 hit^{5} hit^{5}
晋江表时间6	即阵 tsit^{5} tsun^{41}	迄阵 hit^{5} hit^{5}
晋江表时间7	这$^{=}$（仔）tse^{55} (a^{55})	岁仔 he^{55} a^{55}
晋江表处所1	即畔 tsit^{5} puĩ^{24}/piŋ^{24}	迄畔 hit^{5} puĩ^{24}/piŋ^{24}
晋江表处所2	即头 tsit^{5} t^{h}au^{24}	迄头 hit^{5} t^{h}au^{24}
晋江表处所3	即位 tsit^{5} ui^{41}	迄位 hit^{5} ui^{41}
晋江表处所4	即搭 tsit^{5} t(i)aʔ^{5}	迄搭 hit^{5} t(i)aʔ^{5}
晋江表处所5	只仔 tsi^{55} a^{55}	许仔 hi^{55} a^{55}
晋江表程度1	障（□）tsuan$^{41\text{-}22}$ (lin^{55})	奂 huan$^{41\text{-}22}$/奂□huan$^{41\text{-}22}$ lin^{55}
晋江表程度2	拙（□）tsuaʔ^{5} (lin^{55})	喝 huaʔ^{5}/喝□huaʔ^{5} lin^{55}

4.2.8　关中方言“等等”义的“不悉”和“不及”

莫超（2004：46）讨论了白龙江流域方言的“不稀（不啥、不刺）”等问题。指出：表“人”的名词有类化形尾“家”、“客”，表“物”的名词也有类化形尾，即“不稀”（不啥、不刺），相当于书面语的“之类”。流域中除了迭部电尕、洛大话没有这种类称（迭部话是一个个分开说的）外，其余13个方言点都有。舟曲峰叠、城关、宕昌哈达铺、宕昌镇、化马、武都两水、城关、汉王都用“不稀”，武都洛塘、文县临江、城关、碧口、中庙各点“不稀、不啥、不刺”通用，随意性很大，如：

舟曲城关：园子里多栽些桃儿树、梨儿树不稀的。

文县城关：冬天菜少，只有些洋芋、白菜不啥的。

武都汉王：谷子、糜子不稀的种上，杂粮比细粮好卖。

武都洛塘：载这个学校的老师就上个函授、自费不刺的，学历都不高。

既是类举，这种“不稀、不啥、不刺”前面出现的名词不能多，一般只有一两个。

我们从《汉语大词典》找到“不悉”词条，解释为“旧时书信结尾处的套话，犹言不尽”。引例如孔融《论盛孝章书》：“欲公崇骂斯义，因表，不悉。”刘良注：“言因孝章以表见志，不盡所怀也。”曹植《与吴季重书》：“適对佳宾，口授不悉。”“不悉”应是莫超所写“不稀”的本词，“悉”有“获取信息”的意思，“不悉”即未能全知或不及全部告知。

陕甘等地的“不悉”相当于有的方言的“伍的”。西安一带的“不悉”又作“不及”，“及”即“及时”的“及”字，口语读作阴平[①]。例如：

他一直种菜呢，黄瓜、茄子咧不悉/不及的，都有。

公园里头嚜，花咧草咧、亭台楼阁不悉/不及的，多的是。

他的书多得很，小说、科幻不悉/不及的，有十几书架子。

案上搁的麺、菜、点心咧不悉/不及的；你肚子饥咧先吃些点心，我就做饭。

陕甘方言表达罗列物品常见的方法是在有关词语后加“呀”。如贾平凹《古炉》的例句：

我还真能行么，那以后就多听听鸟呀树呀石头呀猪呀牛呀狗呀猫呀的话，有什么事了，也就给鸟呀树呀石头呀，猪牛狗猫，甚至院墙，墙上的茅草，锨，磨棍，灶台，瓮和桶去说话么。（520）

她拿眼睛来照，照这个世上，照这个世上的各种人和猪呀牛呀狗呀的，甚至就坐在那一块石头上看着天上的云，看着谁家雨淋过的山墙……（594）

还可以加“了$_2$”，如西安“了$_2$”作“咧”，三原“了$_2$”作“啦”。比较如下：

西安　他屋家鸡咧猫咧狗咧都有

三原　他屋鸡啦猫啦狗啦都有

西安　老汉儿咧女子咧侄儿咧侄女咧一伙伙呢
三原　老汉儿啦女子啦侄娃子啦侄女啦一伙伙哩

注释

西安一带口语“及”字通常读作阳平[tɕi^{24}]，“不及”当“等等”讲时，“及”字读作阴平[tɕi^{31}]；“来不及”的“及”字也读作阴平；我们偶尔听到一些老派口语把“及时”的“及”字读作阴平。有一个可以印证的字是“急”字，“急”字通常也读作阳平[tɕi^{24}]，在“急眼（‘贪婪’的意思）、急忙（‘连忙、马上’的意思）”两个词语里读作阴平[tɕi^{31}]。“急及”两个字切韵音系都在开口三等入声缉韵。除了“急及”两个字以外，西安方言把《方言调查字表》39页的缉韵字基本上都读作阴平，如“立笠[li^{31}]缉辑[tɕi^{31}]涩[sei^{31}]执汁[tʂʅ^{31}]湿[ʂʅ^{31}]级[tɕi^{31}]泣[tɕʰi^{31}]吸[ɕi^{31}]揖[i^{31}]”，读作阳平的很少，如“习[ɕi^{24}]蛰[tʂɤ^{24}]十什拾[ʂʅ^{24}]”。其他情况如：“粒”字通常读作阴平[li^{31}]，老派口语又读阳平[li^{24}]；“集”字指集市的时候读作阳平[tɕi^{24}]，其他语境读作阴平[tɕi^{31}]；“给”字文读阴平[tɕi^{31}]，白读上声[kei^{52}]，很明显，白读音是受普通话影响的结果；“袭”字例外地读作上声[ɕi^{52}]。

4.3　疑问代词

本书1.1.5.2小节专门讨论了关中方言疑问代词的重叠问题，本节不再讨论。孙立新《关中方言代词研究》已经讨论过的，本节一般也不再讨论。关中方言疑问代词需要讨论或者补充讨论的问题主要有以下几个方面。

4.3.1　三个常用的疑问代词

4.3.1.1　对普通话三个常用“什么、怎么、哪里”的叫法

表26列举关中方言对普通话“什么”“怎么”“哪里”的叫法。

表26　　关中方言三个主要疑问代词对照表

方言点	什　么	怎　么	哪　里
西安	啥 sa^{55}	咋 tsa^{52}	哪塌儿 a^{52} .tʰɐr
临潼	啥 sa^{44}	咋 tsa^{53}/tsa^{31} 东乡	哪搭儿 a^{44} .tɐr
蓝田	啥 sa^{55}	咋 tsa^{51}	哈搭 xa^{51} ta^{31}
商州	啥 sa^{55}	咋 tsa^{53}	哪岸儿 a^{53}.ŋaŋr/哪搭 a^{53} .ta
丹凤	啥 sa^{55}	咋 tsa^{53}	哪 na^{53}
洛南	啥 sa^{55}	咋 tsa^{53}	哪搭 na^{53} ta^{21}
华县	啥 sa^{55}	咋 tsa^{44}	哪搭 a^{21} ta^{21}

续表

方言点	什　么	怎　么	哪　里
华阴	啥 suo^{55}/sa^{55}	咋 tsuo^{42}/tsa^{42}	哪搭 na^{42} ta^{31}
潼关	啥 sa^{44}	咋 tsa^{31}	哪搭 ia^{52} ta^{31}
大荔	啥 so^{55}/sa^{55}	咋 tso^{52}/tsa^{52}	哪搭 a^{52} ta^{31}/ia^{52}ta^{31}
渭南	啥 sa^{55}	咋 tsa^{52}	哪搭 a^{52} ta^{31}
澄城	啥 suo^{55}	咋 tsuo^{21}	哪搭 ia^{21} ta^{21}
合阳	啥 so^{55}	咋 tso^{42}	哪搭 la^{42} ta^{21}/ia^{42} ta^{21}/a^{42} ta^{21}
韩城	什么 sɿ^{55}.mo	仔么 tsɿ^{42} .mo	哪搭 la^{24} ta^{31}/la$^{24-31}$ ta$^{31-42}$
宜川	什么 sɿ^{55}.mo	仔么 tsɿ^{55} .mo/咋 tsa^{55}	哪搭 a$^{24-31}$ ta$^{31-55}$
黄龙	啥 sa^{44}/什么ʂʅ^{44}.mo	咋 tsa^{52}	哪搭 na^{52} ta^{31}
洛川	啥（家）sə^{44} tɕiɛ^{31}	咋 tsa^{52}	哪搭 na^{24} ta^{31}/a^{44} ta^{31}
黄陵	啥 sa^{44}/sɥɤ^{44}	咋 tsa^{52}/tsɥɤ^{52}	哪搭 ia^{52} ta^{31}/哪搭 na^{31} ta^{31}
宜君	啥 sɥo^{44}	咋 tsuo^{52}	哪搭 a^{21} ta^{21}
铜川	啥 sa^{44}/sɥo^{44}	咋 tsa^{52}/tsuo^{52}	哪搭 a^{44} ta^{21}
耀州	啥 sa^{44}	咋 tsa^{52}	哪搭 a^{44} ta^{31}/a^{24} ta^{31}
蒲城	啥 suo^{55}	咋 tsuo^{53}	哪搭 a^{53} ta^{31}/ia^{53} ta^{31}
白水	啥 suɤ^{55}/sɥɤ^{55}	咋 tsuɤ^{42}/tsɥɤ^{42}	哪搭 a^{24} ta^{21}
富平	啥 sa^{55}	咋 tsa^{53}	哪搭 a^{53} ta^{31}/a^{31} ta^{31}
高陵	啥 sa^{55}	咋 tsa^{51}	哪搭 a^{53} ta^{31}/哪搭 na^{51} ta^{31}
三原	啥 sa^{55}	咋 tsa^{52}	哪搭 a^{35} ta^{31}
泾阳	啥 sa^{55}	咋 tsa^{51}	哪搭 a^{51} ta^{31}
旬邑	啥 sɥɤ^{44}/sɥa^{44}	仔么 tsɿ^{51} .mɤ	哪搭 a^{44} ta^{31}/ 达搭 ta^{35} ta^{31}/达儿 ta^{35}.ər
长武	啥 sɥɤ^{55}	仔么 tsɿ^{51} .mɤ	阿搭 a^{55} ta^{31}
彬县	啥（家子）sɥɤ^{55} ia^{31} .tsɿ	仔么 tsɿ^{51}.mɤ	打$^{=}$搭 ta^{51} ta^{31}
永寿	啥 sa^{44}	咋 tsa^{52}	达搭 ta^{52} ta^{31}
淳化	啥 sa^{44}	咋 tsa^{52}	哪搭 a^{44} ta^{21}
乾县	啥 sɥɤ^{44}	咋么 tsa^{31}.mɤ/怎么 tsɿ^{52}.mɤ	达搭 ta^{52} ta^{31}
礼泉	啥 sa^{44}	咋 tsa^{53}	达搭 ta^{44} ta^{31}
咸阳	啥 sa^{44}	咋 tsa^{52}	哪搭儿 a^{24}.tɐr

续表

方言点	什　么	怎　么	哪　里
户县	啥（家）sa^{55} $tɕia^{31}$/ 啥块 $sa^{55}k^{h}uæ^{31}$	咋 tsa^{51}	哪 a^{35}/哪搭儿 a^{35} .tə /达搭儿 ta^{35}.tə
兴平	啥 sa^{55}	咋 tsa^{52}	哪搭儿 a^{35} .tɐr/达搭儿 ta^{35}.tɐr/ 哪搭 a^{35} ta^{31}
武功	啥 sa^{44}	咋 tsa^{52}	达 ta^{35}/达达些儿 ta^{35} ta^{-31} .ɕiɛr
周至	啥 sa^{55}	咋 tsa^{51}	达 ta^{35}/哪搭 a^{31} ta^{31}/$a^{51}ta^{31}$
眉县	啥$ʂa^{44}$	咋么 tsa^{31}.mo	哪搭 a^{24-31} ta^{31-53}/达 ta^{24}
太白	啥$ʂa^{44}$	咋么 tsa^{31}.mo	哪搭 a^{24-31} ta^{31-52}
凤县	啥 sa^{44}	咋么 tsa^{31}.mo	哪搭 a^{44} ta^{31}
宝鸡	啥$ʂa^{44}$/sa^{44}	咋么 $tʂa^{31}$.mo/tsa^{31}.mo	哪搭 la^{24} ta^{31}/哪 ta^{24}
凤翔	啥 $sɥa^{44}$	咋么 $tsɥa^{31}$.mo	哪搭 la^{24} ta^{31}/哪 la^{24}/哪哈 la^{24} xa^{31}
岐山	啥$ʂa^{44}$	咋么 $tʂa^{21}$.mo	哪搭 a^{34} ta^{21}/哪 la^{34}
扶风	啥 $sɥa^{55}$	咋么 tsa^{31}.mo	达 ta^{24}
麟游	啥 $sɥa^{55}$	咋 tsa^{42}/咋么 $tsɥa^{31}$ .mo/tsa^{31}.mo	哪搭 a^{42} ta^{31}
千阳	啥 $sɥa^{44}$	咋么 tsa^{21}.mo	哪搭 a^{24} ta^{21}
陇县	啥$ʂua^{44}$	咋么 $tʂua^{31}$.mo/咋 tsa^{53}	哪搭 a^{53} ta^{31}
富县	啥 sa^{44}	咋 tsa^{52}	哪搭 a^{52} ta^{31}
定边	啥 sa^{44}	咋咧 tsa^{31}.liɛ	哪搭子 na^{31} ta^{44}.tsɿ

由表 26 可知，华阴、大荔、白水、黄陵、铜川、旬邑、宝鸡 7 处“啥”字有又读现象。

韩城、宜川、旬邑、长武、彬县把怎么作“仔 ᶜtsɿ么”。读马思周先生的论文集《俗言俗谈》250～253 页《<西厢>一曲话“子”、“怎”》，马先生对“子、怎”之间的关系讨论得很为透彻，我们在此摘引马先生文章中的几个用到“仔么/子末/子么”的例句如下：

《醒世姻缘传》55 回：仔么不依？

《醉醒石》第四回：仔么这样贱卖了？

《红楼梦》79 回：不知仔么到替你耽心虑后呢。（脂本，庚辰本）

《拜月亭》14[白]：你便信我子末那。

《薛仁贵》（30 种）1：你不谢恩子么？

如西安方言的“哪塌儿 a^{52} .t^{h}ɐr”在《潇湘夜雨》里作“那塌儿”，如该杂剧第二出云："但不知那塌里把我磨勒死！"

4.3.1.2　三个常用疑问代词相关问题的讨论

普通话的"什么"在关中方言里一般作合音字"啥"，"怎么"一般作合音字"咋"。"啥"和"咋"的主要元音多数方言点作[a]，其次为[o]或[ɤ]。韩城、宜川、黄龙等接近陕北晋语或晋南官话的方言点有作"什么"或"怎么"。宝鸡一带把普通话的"怎么"作"咋么"。

普通话的"哪里，什么地方"在关中多数方言点作"哪搭"，并且"哪"字读如"阿"，这是"哪"字减去声母音变的结果；大荔等东部方言点"哪"字读如（或又读）"雅"[ᶜia]。宝鸡一带及黄陵等处作"哪搭"，西安方言把"哪里"作"阿塌儿"不作"阿搭儿"。有些地方"哪里"作"达搭"，"达"（中西部也有读作上声的）也是"哪"的音变。

其一，关中方言"啥"字的用法。

一是普通话的"什么"在户县、彬县、黄龙、洛川，除了"啥"以外，口语里还有其他变体。洛川的"啥家 $sə^{44}$ $tɕiɛ^{31}$"跟户县的"啥家 sa^{55} $tɕia^{31}$"、彬县的"啥家子 $sʮɤ^{55}$ ia^{31} .tsɿ"虽然读音相异，肯定是一个源流；户县的"啥块 sa^{55} $k^huæ^{31}$"实质上就是"啥个"。

二是"啥"字西安一带一般情况下读作本调去声[sa^{55}]，用法如："你说啥？｜我啥都没拿｜我啥都不想｜啥事有这个事要紧？｜你还有啥要说的没？｜他是啥地方人？｜怕啥呢？｜你咋就连个啥都不懂呢？｜啥货就要搁到啥价板上呢。"

三是关中方言读作本调去声的"啥"字还当"等等"讲，西安一带常常在"啥"字前边出现"咧（了$_2$）"字。例如：

这个商店里头都摆的兀个[$uɤ^{55}$]$_{那}$彩灯咧啥的。

孙子念书呢，还得给娃$_{指孙子}$买些本子咧啥的。

你出门回来，就给我捎些当地特产咧啥的；嫑买得太多了。

他今儿回农村去咧，给俩大人[$tuɤ^{55}$ $z̧ẽ^{24-31}$]$_{指父母}$拿咧些肉咧菜咧啥的。

我想把老先人留下来的字画咧的、线装书咧啥的给图书馆捐了；就想问手续咋办呢？

四是关中方言读作本调去声[sa^{55}]的"啥"字还有"任何的，所有的"的意思。例如：

他成天连啥都不做。

你是主要领导，咋能啥都不管呢？

我一辈子连啥热闹都不看，就爱看书。

这个男人是个肉头，啥心都要老婆操呢。

他有气管炎呢，天一冷，就啥都做不成咧。

五是“啥”字在西安一带变作阴平调[sa$^{55-31}$]后其语法语义就比较特殊一些了。一方面跟“有、没”的结合。如“有啥[sa$^{55-31}$]咧”指“怀孕了”。再如“没啥[sa$^{55-31}$]”特指两个男女之间没有越轨行为，例句如“你看着他跟兀个女的好得很，其实他俩没啥，纯洁着呢”；也指“没有什么大不了的”，例句如“其实，你把这个事说开也没啥｜没啥没啥，你看开些看开些，真个的”。二方面“啥”字在答句里变作阴平调[sa$^{55-31}$]，是说话人（回答者）对某种情况的否定或弱化。

（问）你拿的啥[sa^{55}]？（答）我没拿啥[sa$^{55-31}$]。

（问）你买啥[sa^{55}]来？（答）我没买啥[sa$^{55-31}$]。

（问）你在北京做咧一回啥[sa^{55}]？（答）我在北京没做啥[sa$^{55-31}$]。

（问）你给他给咧些啥[sa^{55}]？（答）我给他没给啥[sa$^{55-31}$]。

（问）你有啥[sa^{55}]条件镇这么骄傲的？（答）我就没啥[sa$^{55-31}$]骄傲的。

西安一带方言的“啥[sa^{55}]百年/几[tɕi^{52}]百年”都指“哪个遥远的时候；什么时候”。例句如。

他啥[sa^{55}]百年/几[tɕi^{52}]百年才能把借我的钱还给我？

这个案子拖得时间长咧，啥[sa^{55}]百年/几[tɕi^{52}]百年才能结呢？

我啥[sa^{55}]百年/几[tɕi^{52}]百年给你说过这话，我咋记不得咧？

你啥[sa^{55}]百年/几[tɕi^{52}]百年当过模范呢，我咋一点儿都没有印象？

都啥[sa^{55}]百年/几[tɕi^{52}]百年咧，你还提兀个陈芝麻烂套子的事情呢？

西安一带的“啥百年/几百年”只局限于用在疑问句里，不可以用于陈述句。如“我原先把油膏糖糕吃伤咧因为吃得太多，不爱吃了，啥百年/几百年都不想吃咧”就不能成立。

六是关中方言的“V＋代词＋的啥（呢）”疑问句式，是对所指称的对象“不值得 V”的意思。例如：理他/人家的啥呢｜理兀那些人的啥呢｜要这（｜兀个）的啥呢｜看这（｜兀个）的啥呢｜买这（｜兀个）的啥呢｜卖这（｜兀个）的啥呢｜卖这一[tʂei^{55}]些（｜兀一[uei^{55}]些）的啥呢｜种这（｜兀个）的啥呢｜打这（｜兀个）的啥呢｜吃这（｜兀个）的啥呢｜尝这（｜兀个）的啥呢｜寻这（｜兀个）的啥呢｜写这（｜兀个）的啥呢｜参观这（｜兀个）的啥呢｜研究这（｜兀个）的啥呢？

这种句式里，第三人称代词可以有所扩展，主要是“他/人家”可以有同位语出现。例如：理他/人家老张的啥呢｜理他小李的啥呢｜着理睬他/人家小李兀个二流子的啥呢？

指示代词中远指第二层次“那”不能出现在这种句式里；有的也可以有同位语出现。例如：买这（｜兀个）菜的啥呢｜种这一[tʂei^{52}]块（｜兀一[uei^{52}]块）地的啥呢？

其二，关中方言“咋”字的用法。

孙立新《关中方言代词研究》119 页讨论了“咋”和“咋着”，如关中方言的“咋”字除了当“怎么”讲以外，还有“怎么样；像”等意思。

与普通话的“怎么”（吕叔湘先生主编的《现代汉语八百词》2002：651～652）进行比较，关中方言“咋”字的用法可以从以下几个方面来看。

一是普通话的“怎么”可以处于主语之前，关中方言的“咋”字等则不能。比较如下：

北京　怎么他还不出来？　　怎么今天这么冷？

西安　他咋还不出来呢？　　今儿咋镇冷的？

宝鸡　他咋么还不出来哩？　今个咋么这么冷哩？

二是比照《现代汉语八百词》652 页表惊异的“怎么”，即“[代]2”，关中方言以三种形式来表达：第一种是“咋”字用于句首后有停顿，第二种是“咋”字处于句末。比较如下：

北京　怎么，我离开这里才两年，就建了这么多高楼！

西安$_1$　咋，我离开这儿才两年，就建咧这们多/镇多高楼！

北京　怎么，你不认识我了？　　怎么，他又改变主意了？

西安$_1$　咋，你认不得[tei^{24}]我咧？　咋，他却[k^{h}ɤ^{31}]把主意改变咧？

西安$_2$　你认不得我咧，咋？　　他却把主意改变咧，咋？

三是普通话的“你怎么不高兴了”在关中方言里也有两种表达方式：第一种是“咋”字处于主语之后，第二种是“咋”字处于句末。比较如下：

北京　你怎么不高兴了？　他怎么又不来了？

西安$_1$　你咋不高兴咧？　他咋却[k^{h}ɤ^{31}]不来咧？

西安$_2$　你不高兴咧咋？　他却[k^{h}ɤ^{31}]不来咧咋？

北京　老汉的身体怎么还没有好起来？

西安$_1$　老汉的身体咋还没好？

西安$_2$　老汉的身体还没好，咋？

四是普通话用于虚指的“怎么”，关中方言以“咋+动词或动词性词组”的重叠形式来表达，“咋”字在这种结构里是“如何”的意思，表示强调；具体可以分为三种情况。一种是“咋＋单音节动词”，如：咋办咋办、咋记咋记、咋写咋写、咋说咋说、咋寻咋寻、咋看咋看、咋吃咋吃、咋拉咋拉、咋挪咋挪、咋开咋开、咋打咋打、咋哄咋哄；一种是“咋＋双音节动词”，如：咋研究咋研究、咋讨论咋讨论、咋概括咋概括、咋介绍咋介绍、咋叮咛咋叮咛、咋进行咋进行；一种是“咋＋动词性词组”，如：咋吃饭咋吃饭、咋睡觉咋睡觉、咋跟他说咋跟他说、咋开锁子咋开锁子、咋拉关系咋拉关系、咋做生意咋做生意，这种形式还可以变作“饭咋吃饭咋吃、觉咋睡觉咋睡、跟他咋说跟他咋说、锁子咋开锁子咋开、关系咋拉关系咋拉、生意咋做生意咋做”。例如：

娃要出门呢，他妈老要叮咛咋吃饭咋吃饭、咋睡觉咋睡觉。

老汉千叮咛万嘱咐的，教我去咧咋办咋办，叮咛得扎实很。

他妈就给他说咋寻咋寻，他按着他妈说的寻法就寻来找到咧。

我也知道把他咋哄咋哄，老汉就是咋哄都哄不过哄不了，哄不过。

你老给我说应该咋研究咋研究，那你就研究去去吧，覅教我研究咧。

我给他说咧，教他去给学生咋叮咛咋叮咛，他就忘咧给学生叮咛。

我给他说把新来的给大家咋介绍咋介绍，他就按着我的办法介绍咧。

他是个舔尻子善巴结逢迎货，给娃从小教的就是咋拉关系咋拉关系/关系咋拉关系咋拉。

他的房子房间锁子难开得很，娃在他房子取东西，他还得教娃咋开锁子咋开锁子/锁子咋开锁子咋开。

五是比照《现代汉语八百词》[指]“3、6”的特点，普通话“怎么[＋一]＋量＋名”和“不＋怎么＋动/词”两种格式里的“怎么”，西安作“咋样”，宝鸡作“咋么”。比较如下：

北京　大家都想看看新来的老杨是怎么一个人

西安　大家伙都想把新来的老杨看嘎子，看是咋样一个人

宝鸡　大家伙都想把新来块[.væ]老杨看嘎，看是咋么一个人

北京　你给我说说，那儿是怎么[一]个情况？

西安　你给我说嘎子，兀搭儿是咋么个情况？

宝鸡　你给我说嘎，兀搭是咋样个情况？

北京　这是怎么[一]回事？　　　　他刚学，还不怎么会唱

西安　这是咋回事/咋样一回事？　　他刚学，还不咋样会唱

宝鸡　这是咋么回事/这是咋么个？　他刚学，还不咋么会唱

北京　今天不怎么舒服　学会一门技术也并不怎么难

西安　今儿不咋样舒服　学会一门技术也并不咋样难

宝鸡　今个不咋么舒服　学会一门技术也并不咋么难

六是“咋”字常用于紧缩复句里，这些紧缩复句一般表假设兼承接；如“你咋教，他咋学”常紧缩为“咋教咋学”。关中方言有大量的带有“咋”字的四字格紧缩复句。例如：咋交代咋办、咋安排咋执行、咋决定咋发文、这个人咋看咋归（按：关中方言“归”用如形容词後，最初意思是“穷，贫穷，穷困，穷酸”；这个例句中的“归”也可能指“邋遢、窝囊”，也可能指“穷困，穷酸，寒酸”，也可能指“奴颜婢膝，一副奴才相”，具体须看上下文）。

七是关中多数方言点把“不要紧，不打紧”作“不咋”，西安、户县、蓝田作“不咋地[ti^{55}]”，三原等处作“不咋/百不咋”。例句如：嫑害怕，不咋/百不咋。西安一带的“不咋地”应当是“不咋的”，如当地把“没有的”的“的”字读如“地”；而当地的“不咋的[.ti]”则是“不怎么样”的意思，例句如：你说他名气大得很，我看他的水平也不咋的/不咋样。

八是在具体问答过程中，“咋”字的语义未必就是“怎么”的意思。

例一：（问）你咋？——（答）[我]不咋。你怎么了（是不是不舒服）？——我好着呢。

例二：（问）他能咋？——（答）他不得咋。他能怎么样？——他不能（不会）怎么样。

例三：（问）你想咋？——（答）我不想咋。你想怎么样（想干什么过分事情）？——我不想怎么样。

其中的例二若扩充成为把字句则为：（问）他能把你咋？——（答）他把我不得咋。西安一带若在上列一二例“咋”字后边加上“样”字，则成为另外一个情景。

例一$_2$：（问）你咋样？——（答）[我]不咋样。你怎么样？——我不怎么样（我水平不高，人品不好）。

例二$_2$：（问）他能咋样？——（答）他不得咋样。他能怎么样？——他不会（不可能）怎么样。

九是“咋”用如动词“像”，西安等处有一组以“就咋”为标志的固定句式，列举如下：

就咋耳刮子没捱灵醒！～极言脑子很不清醒

就咋屎巴牛儿蜣螂教牛（却给）踏咧！～极言浑身都是病

就咋八辈子没吃过好的！～极言见到好吃的就没死没活地吃

就咋你给谁生咧亲孙子咧/胬咧亲孙子咧！～极言立下汗马功劳了

就咋谁把她个卖屄的却胬得重咧！～这是背地里痛骂做作妇女的话

就咋谁把你娃却[꜀kʰɤ]摔[꜀fei]（[꜀sɥei]三原、千阳等处读音）死咧！～字面意思为“就像谁把你的孩子给摔死了”，极言“你”无端地给人给脸色或发脾气，这是没有根据的

就咋谁把你二爸挖咧两镢头！～极言“你”无端地给人给脸色或发脾气，是没有根据的

就咋谁把你的黑馍边子却吃咧！～“黑馍边子”指肝脏的边沿，当地方言把熟了的动物肝脏也叫做“黑馍”；极言“你”无端地给人给脸色或发脾气，是没有根据的

就咋老天爷给你多安咧个嘴/屄！～极言话太多，不该说的都敢说；嘴在当地方言里通常叫做“嘴”，叫做“屄”或“屄嘴”属于詈语

九是西安一带有“V 个 N 就咋 V 势呢”的感叹句式，这种句式是对

VN 过程的复杂、啰嗦、费时等情况的抱怨；V 限于单音节动词，“咋”是“像”的意思。例如：开个会就咋开势呢｜买个菜就咋买势呢｜卖个花咋卖势呢｜拍个电报就咋拍势呢｜走个亲亲亲戚就咋走势呢｜开个车就咋开势呢｜寻个人就咋寻势呢｜办个事就咋办势呢｜种个地就咋种势呢｜吃个饭就咋吃势呢｜盖个房就咋盖势呢｜拉个土就咋拉势呢｜写个条子就咋写势呢｜碾个场就咋碾势呢｜调个饭就咋调势呢！

其三，关于关中方言“哪”字读作阳平调的讨论。

“哪”或其音变形式在韩城、宜川、洛川、白水、三原、旬邑、咸阳、户县、兴平、武功、周至、眉县、太白、宝鸡、凤翔、岐山、扶风、千阳18 处读作阳平调；其中旬邑读作阳平属又读，旬邑“哪里”的变体有三“哪搭 a^{44} ta^{31}/达搭 ta^{35} ta^{31}/达儿 ta^{35}.ər”，第一叫法“哪”读作去声，第二三叫法“达搭 ta^{35} ta^{31}/达儿 ta^{35}.ər”中的“达”读作阳平调。

大家知道，普通话的“咋”字是由“甚么”合音而成的，按照一般规律，“啥”字应当读作去声调。如我们所调查过的关中、陕南方言就把“啥”字读作去声调；关中方言区 51 处就全读作去声调 55 或 44 调值。

普通话的“啥”字在早期应当是去声调，读作阳平调是一种音变；上述韩城等处的“哪”字，其早期读音应当是上声调，读作阳平调也是音变。

关中方言区“咋”字读作上声调是主流读法，还有读作阴平调的，如定边、华县、澄城、宜君；富平一读上声调，又读阴平调。“咋”字读作阴平调的，牵涉 5 个方言点。

其四，关中方言“啥、哪”的其他用法，以下以户县方言为例来说明。具体从四点来看。

一是问处所的，还有单音节的“哪”，更有成批的“啥地方/啥处/哪边/哪半个/哪半个儿/哪洼/哪洼儿/哪陀儿”；户县方言通常以“哪搭儿/达搭儿”来问处所，也以“哪”来问处所，“啥地方”等没有“哪搭儿”等的使用频率高，也比较常用。例如：

你屋在哪呢你家在哪儿？

这个老汉是啥地方人？

你说，这生姜是啥处产的？

你从哪边/哪半个/哪半个儿过来？

哪洼/哪洼儿/哪陀儿有我想要的荞麦皮呢？

二是问时间或表述时间的还有“啥时间/啥时间儿[.sə]什么时候/啥时候/啥时候儿/啥百年哪个遥远的时候/多噌儿/几时”；周至的等处还有问时间的“多会”。例如：

你准备啥时间/啥时间儿走呀？

我啥时候/啥时候儿给你说这些话来，我咋忘咧？

这个地方啥百年出过大官来，谁能说清呢？

你多噜儿/几时想走就多噜儿/几时走，没人挡你。

宝鸡一带还常用“啥会”问时间，周至等处用“多会”问时间。

三是“哪搭儿”还可以问时间。“哪搭儿[a^{35} .tə]”本来是问处所的，但是，在有的语境里也可以问时间，如“你哪搭儿给我借钱来”是“你什么时候给我借过钱”之义。在这类语句里，“哪搭儿”经常跟表示时态的“来来着”字照应。再举几个例句如下：

我哪搭儿给你说这些话来？

国家哪搭儿出过这个政策来？

你说清楚，我娃哪搭儿欺负你娃来？

你经常说给我帮忙来，你说一句实话，你哪搭儿给我帮过忙？

老张哪搭儿拿过老王的书/老张哪搭儿拿过老王的书来？

四是户县方言单音节词“哪[a^{35}]”在老派口语里也指“哪里”，其用法很单一，只用于如下一个句子里；这种用法在20世纪80年代前还常常能够听到，如今似乎已经绝迹了。

꜀你在哪[a^{35}]呢你们是哪里人？

꜀你屋在哪[a^{35}]呢你家在哪里呢？

哪[a^{35}]有这事情呢？你肯定是胡说呢。

4.3.2　关于关中方言其他几个疑问代词的讨论

4.3.2.1　关于表人称疑问代词“谁”的讨论

其一，“谁”字的通常用法

关中方言表人称的疑问代词“谁”，绝大多数方言点作“谁[꜁sei]”，关中中西部主要是宝鸡一带“谁”字后边有连带其他字词的。如户县“谁”又作“谁块[k^{h}uæ^{31}]”，部分人又作“谁一块”，“谁/谁块/谁一块”相当于北京“（有人敲门）谁呀?”蒲城方言相对作“兀谁[u^{55}sei^{24}]”。现在列举关中西部地区对“谁”的叫法：眉县、扶风：谁一个[i^{31}.kɤ]；太白、宝鸡、凤翔、千阳、陇县：谁哩开[.li .k^{h}æ]；陇县固关镇：谁哩个[.li .kɤ]。

《汉语大字典》264页举到“兀谁”的两个例句，罗列如下：

金·董解元《西厢记诸宫调》卷二：“搊搜好汉每兀谁敢？”

《古今小说·新桥市韩五卖春情》：“你七老八十，怕兀谁？”

我们在《醒世恒言》前20卷最少找到4处用到“兀谁”的例句，罗列如下：

况且二更时分，雪又下得大，兀谁出来？（14卷）

哥哥，你是兀谁？（14 卷）

喻氏从不曾见过朱恩，听见叫他是贤弟，又称他是孩子丈人，心中惑突，正不知是兀谁，忙忙点出两杯茶，引出小厮来。施复接过茶，递与朱恩。（18 卷）

却说赵昂眼巴巴等丈人去世，要寻捕人陷害张权，却没有个熟脚，问兀谁好？（20 卷）

《警世通言》14 卷有这样的例句：却教孩儿嫁兀谁？

《初刻拍案惊奇》卷十二的例子如：自家屋里求着兀谁的是？

其二，关于“也没在谁跟前”。关中方言的“也没在谁跟前”大致意思是“因为彼此关系很近并且很好，在处理利害关系的时候，谁占便宜谁吃亏都无所谓”。例如：

也没在谁跟前，你亲亲儿的弟兄俩还算啥账呢。

都在亲亲窝窝里亲戚聚集的地方呢，也没在谁跟前，谁不用谁呢？

你俩镇这么好的，花你的咋呀花他的咋？吃亏占便宜谁也没在谁跟前。

一衡儿全是的好乡党嘤，低头不见抬头见的，也没在谁跟前，吃点儿亏算啥呢？

今儿这一[tʂei^{52}]顿饭我结账，你却不准硬要结账啊！也没在谁跟前，我比你收入高。

这一[tʂei^{55}]俩娃一个是你姑的孙子，一个是你老婆的侄孙，这个指标给谁都可以，也没在谁跟前。

4.3.2.2 关中方言的“几”

其一，关于“几”字的读音问题。

“几个”的“几”《广韵》在见母上声尾韵，关中方言通常读作上声[tɕi^{52}]，又读阴平[tɕi^{31}]。“几”读上声调时表疑问，例如“几个、几万、几岁、几天、几年、几时、几回”。例如：

吃饭的一共有几[tɕi^{52}]个人？

这些活得几[tɕi^{52}]天才能做完？

这个娃几[tɕi^{52}]岁咧；咋这么灵聪明的？

“好几”连用的时候，“几”字也读作上声[tɕi^{52}]。例如“好几天、好几年、好几个”。

陈述句里，“几”字用在人称代词和指示代词后边时，读作阴平[tɕi^{31}]。例如“꜀我几个、꜀你几个、꜀他几个、咱几个、这几天、兀几年、那几万、那几回”。例如：

咱几[tɕi^{31}]个都覅理他。

꜀你几[tɕi^{31}]个先去，꜀他几个一会儿就去。

这几[tɕi^{31}]天他有了钱就把兀几年欠你那几万块钱给你还咧。

同形词“几天、几回、几岁、几个、几万”等在下列语句里，因为“几[tɕi^{52}]”读作上声表疑问，读作阴平“[tɕi^{31}]”表陈说。

还得几[tɕi^{52}]回？≠还得几[tɕi^{31}]回还需要次。

还得几[tɕi^{52}]天？≠还得几[tɕi^{31}]天还需要几天时间。

再有几[tɕi^{52}]万元就够咧？≠再有几[tɕi^{31}]万元就够咧。

꜀你你们几[tɕi^{52}]个人去？≠꜀你几[tɕi^{31}]个人去你们几个人去吧。

我娃再有几[tɕi^{52}]年就能娶媳妇儿咧？≠我娃再有几[tɕi^{31}]年就能娶媳妇儿咧。

其二，关中方言陈述句中的“有几[tɕi^{52}]≠有几[tɕi$^{52-31}$]”，“有几[tɕi^{52}]”言其多，“有几[tɕi$^{52-31}$]”言其少。例如：

还有几[tɕi^{52}]个呢，给你俩≠还有几[tɕi$^{52-31}$]个呢，给你俩。

还得需要个几[tɕi^{52}]天时间呢≠还得个几[tɕi$^{52-31}$]天时间呢。

他教我再有几[tɕi^{52}]天再去呢，我明儿就想去呢。

他教我再有几[tɕi$^{52-31}$]天再去呢，再有几[tɕi$^{52-31}$]天就再有几[tɕi$^{52-31}$]天（吧）。

他说再有几[tɕi^{52}]个月时间才商量这个事情呢，我都等不及咧。

他说再有几[tɕi^{52}]个月时间才商量这个事情呢，等就等嘍，不着急。

其三，关中方言的“几时[tɕi^{52} sɿ$^{24-31}$]”指什么时候。例句如。

我几时给你说这个话来来着？

你准备几时走提前打个招呼。

你给他说，教他几时闲咧过来给我帮几天忙。

穷的时候经常想：“几时有咧钱咧，在馆子里头把红烧肉拿老碗咥一顿！”

谭耀炬（2005：30～31）指出：“几时”一词最早见于《庄子·杂篇·则阳》：“圣人达绸缪，周尽一体矣，而不知其然，性也。复命摇作而以天为师，人则从而命之也。忧乎知，而所行恒无几时，其有止也，若之何！”这里“几时”，谓多少时间。

“几时”用于表示“什么时候”的第二个义项唐代已经出现。宋明之际，“几时”又出现了表示一段时间的新用法。在编刊于明嘉靖年间收刻宋元明初话本的《清平山堂话本》以及《新编五代史平话》中找到数例。

一日，添瑞向哥哥说道：“看这田禾不收，如何过日？不若我们搬去路州高平县下马村，投奔我姨夫张学究处趁熟，将勤补拙过几时。你意下如何？”（《清平山堂话本·合同文字记》）

（长老曰）：“官人若要见孺人，可在我寺中住几时，等申阳公来时，

我劝化他回心，放还你妻，如何？”（《清平山堂话本·陈巡检梅岭失妻记》）

郭科道：“您虽是杀了那人，却是州县隔远，那里有讨您处？你且在此闲要几时，却讨个生活归您做。”（《新编五代史平话·周史平话》卷上）

如下例句是我们从近代汉语作品里选录的。

我今日做替身，担了虚名，不知实受还在几时？（《醒世恒言》第 7 卷）

陆氏又叫住蒯三问道：“你这绦几时拾的？”（《醒世恒言》第 15 卷）

恁地零星卖时，再几时还不得动身。（《喻世明言》第 2 卷）

他那里请问，你老人家几时过去相看，好预备。（《金瓶梅》第 37 回）

你家小姐，几时得下这病？（李芳桂《清素庵》）

其四，关中方言的“三几”和“几三”。

虽然关中方言的“三几”和“几三”互为逆序词，但是，用法不同。

“三几[tɕi^{52}]”是概数词，相当于“三五”，例如：三几天、三几个月、三几年、三几个人、三几百元、三几千元、三几万元、三几本书、三几架飞机、三几箱葡萄、三几瓣蒜。

“几[tɕi^{52}]三”只能跟表示动量的“下[xa^{55}]”字结合；“几[tɕi^{52}]三下”字面意思是“三五下”，实际意思是“很快（完成）”。例如：

这点儿事教他几三下就办咧，他就是懒得不办。

几[tɕi$^{52-31}$]个小伙子几[tɕi^{52}]三下就把二亩地的麦割完咧。

你来几三下把这些衣裳给我一洗，我等几天出门要穿呢。

不着急，我几三下就把这些活做完咧，等一下一阵子去也不迟。

“几三下”还可以用作疑问代词，是“几下”的意思。例如：

这点儿活教你能做几三下呢？

一篇文章教你这个作家能写几三下吗？

这个活出咧把式手咧，能做几三下吗？

其五，关于表示年代的“数+几年”。关中方言在表示年代的时候经常用“数+几[tɕi^{52}]年”的形式。如一个世纪从初到 90 年代依次可以表示为：一几年世纪初的十年｜二几年 20 年代｜三几年 30 年代｜四几年 40 年代｜五几年 50 年代｜六几年 60 年代｜七几年 70 年代｜八几年 80 年代｜九几年 90 年代。例如：

这老汉是三几年生的，五几年参加的工作。

他的儿是八几年的，如今把兀一[uei^{52}]那伙叫“八零后”呢。

其六，西安一带的“老几”。

一方面，西安一带“老几[lau$^{52-31}$ tɕi^{52}]”最通常的用法亦如普通话那样，例如“你在你弟兄四个里头为排行几”也可以问成“你在你弟兄四个里头为老几”；再如“他是张家老几？｜你算个姓啥为老几的你是干什么的；你算什么东西（竟敢在此乱讲，在此胡作非为），我就看不起你/你算姓啥为老儿？！”不过，因为“你算个姓啥为老儿的/你算姓啥为老儿”的特殊语义，所以，“老儿”这个词在西安一带的使用频率并不高，以“他是张（或其他姓氏）家老儿”为最常见；当然，一个长辈可问“你在你弟兄四个里头为老儿”，一个晚辈要是这样问长辈，那就是大不敬了。

另一方面，西安一带“老儿[lau$^{52-31}$ tɕi^{52}]”还是对人的背称，即“某某”，这种背称是不敬之词。例如：

这个老儿真不是个东西！

我刚工作那阵儿，同事里头有个老儿就太爱打麻将咧。

我问你，那天咱俩在韦曲去，见的那个大个子老儿叫啥名字？

4.3.2.3　关于“多”字的讨论

本书 1.4.1.2 部分讨论了关中方言“多”字又读阳平调的情况，本部分就“多”字读作阴平并且用来表示疑问等问题予以讨论。

其一，关中方言“多”字表示疑问的常见用法如“多大、多长、多高、多胖、多低、多臭、多想、多热、多香、多难看、多难听、多可怜、多热闹”。例如：

你说他说话有多难听的？

你买的洋柿子西红柿有多大？

这个小伙子今年多大咧，有 20 岁没？

你有多高的/你多高/你有多高？

这个地方能有多臭的？看你捂着个鼻子难受的！

有多热闹？看把你扑的！得是是不是要活龙呢？！

支书赶紧说：我没想到有人么，你从巷角过来脚步轻轻的。马勺说：我走路哩是打胡基呀，要多大声？！（贾平凹《古炉》390 页）

哎哟，这里有一颗牙，多长的门牙，你要不？（贾平凹《古炉》514 页）

其二，关中方言亦如普通话那样，问钱数时用“多”，问其他数时用“多少”。例如：

你准备拿多钱办这个事情呢？

谚语：有多大的钱办多大的事。

多少包谷换一斤米/一斤米换多少包谷？

你这苹果多钱一斤，梨多钱一斤/苹果一斤多钱，梨一斤多钱？

其三，关中方言“多”字可以与表示时间的词语相结合。如周至用“多会”问时间，户县用“多早晚（＝多噆）儿/啥时间（＝啥山）儿”问时间。比较如下：

周至　　你多会走呢？　　多会有钱咧也买个小卧车开上！

户县$_1$　你多噌儿走呢？　多噌儿有钱咧也买个小卧车开上！

户县$_2$　你啥山儿走呢？　啥山儿有钱咧也买个小卧车开上！

周至　你多会想来就多会来！

户县$_1$　你多噌儿想来就多噌儿来！

户县$_2$　你啥山儿想来就啥山儿来！

其四，普通话的“多么”西安一带口语作“多们[tuɤ^{31} .mẽ]”。例如：

这个小伙子多们有本事！

你看老汉都 90 岁咧，身体多们好！

出去咧三年，多们想回来，就是不得回来！

其五，“多”字也可以用于感叹句里。例句如：

她的花扎$_{\text{绣}}$得多好！

这茶煎活，喝着多好！

这风刮得多好，凉飕飕（儿）的！

第五章　关中方言副词研究

5.0　引言

从语义来看，副词是相对比较实的一类词，因此，有的语法著作就把副词归于实词，如黄伯荣、廖序东先生主编的《现代汉语》23～27页。

研究关中方言的专著，以孙立新《户县方言研究》第八章第二十六节“副词等”（431～436）以及毋效智《扶风方言》第二章“词汇”之“二十五　副词”（277～283）为较详细。本书第一章1.1.8.2及1.1.10.1部分讨论了关中方言副词的重叠等问题，1.2.1.2 部分讨论了副词的儿化问题，2.2.2小节还讨论了副词“多、且、都、真”在口语里读作阳平调的特殊语义语法问题。本章讨论关中方言的副词，对于有的副词性词组也一并讨论。

鉴于“却”字、“一下”以及“吗、么”在关中方言里用如副词，因此，本章有三个附录，分别是附录二《关中方言“一下”的语义语法特点》，附录三《关于关中方言“却”字的讨论》和附录四《关于关中方言“吗”和“么”的讨论》，这三个附录是三篇独立的文章。

关中方言副词的主要特点有：也用到了普通话的“最、顶、太、越、尤其、过于、越发”等，关中方言的程度副词“最、顶”还常处于代词或名词前；关中方言的“很”字常常修饰动词或动词性词组，例句如“他的确是很拿咧单位些旧报纸，把那么多的旧报纸卖咧废品咧”；关中方言的“愈外、把外”都是“特别”的意思，如澄城方言“把外好｜把外想”；普通话的“略、略微、稍、稍微”在西安相应的是“搞搭/些微”等，户县作“搞着/搞着儿/星微/微门儿”，富平、蓝田等处作“搞的”。西安等地以“衕”表示“都、全”的意思，如“他的几个娃衕是大学生”，西安一带的“⊆衕”字还可以直接修饰名词，如“⊆衕你的事”，宝鸡一带则以“浑”字来表示“都、全”的意思；关中方言的“一划、一下”都有“全部”的意思；关中方言的“幸”具有“凡，大凡”的意思；关中方言的“成/正”相当于普通话的“整”，多数情况下是关于时间范围的副词；关中方言读如“渴”的“却”字是“又；还”的意思，例句如“他却走咧”。普通话的“正、在、正在”在西安方言里不用“在”字，一般直接作“正”字；普通话“他正在吃着饭呢”，在西安方言里相应地作“他正吃呢/他正吃着呢/他吃饭着呢/他正吃饭着呢”等。西安一带“一直”的变体主要有“一直、老、老老、一老、一老老”，其次还有“只忙、即忙、只管”等；普通话“趁”在关中方言里常常作“闻”，如“闻早｜闻凉｜闻热”；“很迅速地”在关中方言里很普遍地作“壳里抹擦”。关中方言也用“爱”字来作副词，如“这个娃爱哭”，但是，“肯”字在关中方言的使用频率比“爱”字要高得多，使用范围也比“爱”字大得多。普通话的“一个劲儿地、不停地、狠劲地、胡乱地”等语义形式，关中方言用“浪、冷、蛮”表示；“招嘴”在西安一带用如副词的时候是“动辄，动不动”的意思；西安一带的“辄”也有“经常，总是”的意思；关中方言的“一搭/一搭儿/一担/一搭里”和“斷干、相干”等；“一搭/一搭儿/一担”和“斷跟、相跟”相当于普通话的“一起，一同，一块儿”。普通话的“千万/无论如何”在关中里作“长短、贵贱”，“不管怎样，无论如何”作“横顺、瞎好”，“坚决”作“高低、死活”；关中方言处于句中的“吗”字还用如副词，是“还是”的意思，例句如“你去吗不去？”

5.1 程度副词

5.1.1 “最、顶、太”等

其一，关中方言也用到了普通话的“最、顶、太、越、尤其、过于、越发、过分”等；“越发”的“发”字，在西安、户县等处方言里读如“巴”或者“罢”，符合清代学者钱大昕提出的“古无轻唇音”的科学论断；读如“巴”的“发”字是中古入声的今读，读如“罢”的“发”字是上古长入的今读。“很”字在西安方言里不用作状语，只用作补语。本书 2.2.2 小节还讨论了阳平调的“꜁多”表示“很”的语义，如“꜁多长｜꜁多大｜꜁多高”，以及读作阳平调的“꜁真”当“太、实在、非常”讲的，敬请参阅。例如：

今儿看的这个戏太有意思咧！

你越欺负我，我就越不想跟你来回来往！

你几个人，谁的年龄最大/最谁的年龄大？

尤其是你，关键处给我帮咧大忙咧！

你也过于谦虚咧，我认为就没这一[꜂tʂei]个必要。

我本来就不想吃她做的饭，一听说她的锅灶不净，就越发不想咧。

普通话的程度副词“挺、极、极其、分外”等，关中方言口语里不用。西安、咸阳、宝鸡等大中城市一些读书人口语里有用到“挺”的，这不是土著居民口语本来所具有的。

“过分”在关中方言里用作程度副词，一方面如普通话那样来用，例句如：过分谦虚，就显得虚伪咧。二方面，与“不、没、覅”分别组合成为“不过分、没过分、覅过分”，分别是“不太、没太、别太”的意思，例如：不过分计较｜不过分爱吃｜不过分听话｜不过分好｜没过分计较｜没过分在意｜没过分听他的｜没过分理他｜覅过分计较｜覅过分看重他｜把他的话覅过分记到心里｜覅过分在意他咋说。

其二，关中方言的“耩=[ᶜtɕiaŋ]”字是“过于”的意思；通常用例如：耩=大｜耩=碎小｜耩=高｜耩=低｜耩=长｜耩=短｜耩=辣｜耩=酸。许多单音节形容词都可以跟“耩=”字组合。“耩=”字也可以跟“太”字组成复合式“太耩=”（但不能组成“耩=太”），“太耩=”是“特别，太过于”的意思，既可以跟单音节词搭配，又可以跟双音节词搭配，例如：太耩=高｜太耩=低｜太耩=长｜太耩=短｜太耩=难受｜太耩=恓惶｜太耩=严重｜太耩=穷酸｜太耩=恶心。

西安方言“咧”字（了$_2$）对“耩=、太耩=”的句管控条件比较复杂，有以下几种格局。

一种是在两个反义的单音节形容词对举的并列复句里，通常不出现“咧”字。例如：

这个耩=长，那个耩=短。

这些耩=大，那些耩=碎。

这个人耩=高，兀个人耩=低。

二种是上述第一种复句的第二分句以“咧”字煞尾。例如：

这个耩=长，那个耩=短咧。

这些耩=大，那些耩=碎咧。

这个人耩=高，兀个人却[k^{h}ɤ^{31}]耩=低咧。

三种是第二分句出现让转连词“却[k^{h}ɤ^{31}西安白读]”时，“咧”在后一分句末出现，也可以在两个分句末都出现。例如：

这个耩=长，那个却耩=短咧/这个耩=长咧，那个却耩=短咧。

她的大女子大女儿耩=胖，碎女子小女儿却耩=瘦咧/她的大女子耩=胖咧，碎女子却耩=瘦咧。

四种是“耩=、太耩=”所在的句子是单句或是无对举的句子，“咧”字可以出现在句末。

他这个人太耩=穷酸咧。

这个耩=长咧，那个耩=短咧。

我看你也太耩=恶心咧，你把领导尻子当蜂糖蜂蜜罐罐着舔（按，舔尻子：巴结逢迎），领导并没给你好处；你何必来？

其三，关于程度副词的语法地位，曹志耘（1988）指出金华方言程度副词可置于代词之前，如“顶这个大＝这个顶大”。事实上关中方言的“最、顶”还常处于代词或名词前，例如：

哪个顶大/顶哪个大?——这个顶大/顶这个大。

这个单位他的工资顶高/这个单位顶他（的）工资高。

哪个最好/最哪个好?——这个最好/最这个好。

这个单位他的工资最高/这个单位最他（的）工资高。

他的几个娃顶老大忠厚咧/他的几个娃老大顶忠厚咧。

这个篮球队顶 3 号个子高/这个篮球队 3 号个子顶高。

你当这几个人最你肯经常来，其实最他肯来，我却没有你俩肯来。

几个研究生最小张爱提问题，最小王爱看书，最小李思考得多。

这窝猪娃小猪顶这个大的欢实，顶那个垫窝子一胎小猪个头最小的苶不欢实咧。

这几个学生最那个不爱说话的学得好/这几个学生那个不爱说话的学得最好。

几个我妗子顶我大妗子爱我咧，原因可能是我表哥跟我同岁，一搭儿长大，感情最好。

其四，与普通话的程度副词“好”相比，关中方言一般是以“꜀多”和“好”两个词语来表达的；“꜀多”和“好”呈互补状态。参照《现代汉语八百词》257～258 页的内容，“[副]1”以及“[副]2”b 条的，关中方言也作“好”字。“[副]2”的范围，情况就比较复杂了：a 条的，形容词为单音节的以“꜀多”来修饰，是复合型或词组的以“꜀多”或“好”来修饰；c 条的，“好”字有时跟普通话的地位相同，有时处在动词后边。比较如下：

北京　外头来了好几个人　你怎么才来，让我等了好一阵子?

西安　外头来咧好几个人　你咋才来，教我候咧好一阵子?

北京　好多事情我都不知道　过了好久，他才醒来

西安　好多事情我都知不道　过咧꜀多长时间，他才醒来咧

北京　好深的一口井　黑的头发　眼睛好大好大的

西安　꜀多深的一个井　꜀多黑的头发　眼窝꜀多大꜀多大的

北京　今天街上好热闹　你这个人好糊涂!

西安　今儿街上꜀多热闹　你这个人꜀多/好糊涂!

北京　他昨天晚上好晚才回来　市场上好不热闹

西安　他夜黑꜀多/好迟才回来　市场上好不热闹

北京　原来你在这儿，让我们好找

西安　半会你在这儿，教我的寻得/寻咧个糊涂

北京　我们几个好找了一通　前些时候好忙了一阵　捱了好一通骂

西安　我们几个寻咧好一整　前些时候忙咧好一阵子　捱咧一顿好诀

另外，跟普通话表效果好的“好”相比，关中口语不说“好吃、好看、好听、好闻、好使、好用”，却可以说“好受”，普通话的“好吃、好看、好听、好闻、好使、好用”关中方言相应地作“V着好/V起好”；普通话的“难V”，关中方言也作“难V”。比较如下：

北京	好吃	好看	好听	好闻	好使	好用	好受
西安 1	吃着好	看着好	听着好	闻着好	用着好	用着好	好受
西安 2	吃起好	看起好	听起好	闻起好	用起好	用起好	好受

普通话的“难V”又作“不好V”，关中方言不作“不好V”；关中方言口语里的“（给某）难看”是“（给某）难堪”的意思；“不好看”也是“难堪”的意思。例如：

你去把握好，记好嫑给他难看。

你要是太过分咧，我就给你不好看呀！

你给我不好看我不在乎，给他不好看他就太在乎咧；说不定还骂你呢。

5.1.2 “很”字的特殊用法

关中方言副词“很”字的用法有很特殊之处，报道如下：

其一，关中方言的“很”字不像普通话那样可以直接修饰形容词或形容词性词组，而是以补语的形式出现，“得很”也可以直接说成“很”，如“好得很/好很/美得很/美很/嫽得很/嫽很/善[꜂tʂʰã]得很/善[꜂tʂʰã]很 | 大得很/大很 | 高兴得很 | 高兴很”。关中方言可以说“太大、太好、太没意思、太不讲理、太想你了”等，不说“很大、很好、很值、很直耿直、很没意思、很不讲理、很想你了”等。

其二，关中方言的“很”字常常修饰动词或动词性词组，例如：

他的确是很拿咧单位些旧报纸，把那么多的旧报纸卖咧废品咧。

我有钱那几年，很给他给咧些钱给了他不少钱呢；他如今啥都好咧。

老张是很研究咧几十年学问下功夫研究了几十年学问，早都是名教授咧。

我肯定很把他当一回事儿很重视他呢，我是希望他把事情弄成干好，干大。

我估计事情一来肯定太忙咧，就干脆很请了几个月假下决心请了几个月假。

我看꜂你是很驳了领导的面子让领导当面很难看，其实꜀你领导瓜傻着呢，他应当听꜂你的。

其三，西安一带富有特色的“很有”。

首先，西安一带可以如普通话那样说“很有钱 | 很有地位 | 很有水平 | 很有价值 | 很有说服力 | 他对这个问题很有研究 | 这个问题很有研究的必要”等。但是，西安一带口语不说“很有粮 | 很有书 | 很有东西”（普通话亦然），西安一带假如“很有”要跟“粮、书、东西”等组合，必须加“些”

字成为“很有些粮丨很有些书丨很有些东西”。

其次，西安一带的“很有”可以跟数量词组等相结合表示程度，“很有”一般相当于普通话的“有好”。例如：

这个东西很有几十斤好几十斤重呢。

你当ᵓ以为他穷，其实他很有上百万元资产呢。

这个老师很有一肚子墨水很有学问呢，他勤奋得很。

他很有些富亲戚富朋友啥咧等等的，都爱帮他，他福气大得很。

我知道你那天很有些不高兴呢很不高兴，我今儿来把你劝嘎子劝劝。

他是很有不少社会关系社会关系不少呢，就是不爱用，凭本事吃饭呢。

很有一段时间，我都没见他，那天见他才知道，他在外国去咧几年。

这个事情都很有些年辰咧好多年了，你今儿要是不提，我早都忘得死死儿彻底遗忘（的）咧。

很有几个月时间好几个月咧，他基本上吃住都在单位呢，一直忙这件事呢，成绩大得很！

他屋他们家很有金子银子尕大马细[1]等等的，他还不显摆，吃穿都简单得很，他太朴素咧！

很有几个月时间好几个月咧，他基本上吃住都在单位呢，一直忙这件事呢，成绩大得很！

他屋他们家很有金子银子尕大马细等等的，他还不显摆，吃穿都简单得很，他太朴素咧！

再次，本书 1.1.8.1 部分还讨论了“很、太”的重叠问题。例如临潼、商州、合阳等处“僚得太太好极了”，三原“好得太太好得很、好得很很[xẽ^{55} .xẽ]好极了”。“好得很[xau^{52} .ti xẽ^{52}]”在西安一带妇女口语里常常作“好很[xau^{52} xẽ^{52}]”，“好很[xau^{52} xẽ^{52}]”也读作“好很[xau^{52} xəŋ^{52}]（很 xẽ^{52}＞xəŋ^{52}）”。户县妇女口语的“好得很[xau^{51} .ti xẽ^{51}]”也作“好很[xau^{52} xẽ^{52}]”，也作“好得很[xau^{51} tiẽ^{51}]→[xau^{51} liẽ^{51}]→[xau^{51} niẽ^{51}]→[xau^{51} nẽ^{51}]”。

本书在修改期间，读到陈燕发表在《语文研究》2012 年第 3 期 59～61 页的《四川西昌方言的程度表达形式》一文，陈燕指出：西昌方言的“很”字可以处在“很＋有点儿＋A/V”的句式里表示程度，例句如“你一去就几个小时，他们很有点儿担心”；西昌方言的“很”字还可以处在“很＋要点儿＋N”的句式里表示程度，例句如“很要点儿时间需要很长时间才把这块表修得好”。西昌方言“很”字的这些用法跟关中方言“很”字用作状语修饰动词基本上属于同一类型。估计汉语其他方言的“很”字或其他副词也有类似用法，需要调查和研究。

5.1.3 “更、特别”等

其一，普通话的“极、挺、非常、更、更加、格外”等词语，关中方言不用；“特别、比较”在关中方言口语里的使用频率不太高；关中方言口语用到了普通话的“稍微[sau^{52} vei^{24}]、几乎、十分”，“十分”通常受到“不、没、嫑”3个字的修饰（如：不十分计较｜不十分爱看戏｜肚子不十分饥｜没十分在意｜没十分上心｜嫑十分理他那一套）。例如：

这个领导特别有水平。

这们这样弄就比较麻烦咧。

你稍微等一下，我就来咧。

你稍微给我再让一点儿，我就买咧。

他爱占人便宜，一个单位几乎没人说他的好话。

他乡行在乡间的威信好，他给娃娶媳妇儿呢，差不多所有乡党都来咧。

嫑看他的名气大，其实他的水平并不高；你最好寻其他老师指导你。

其二，普通话的“更、更加”西安一带方言口语作“还、还要、越、越发”，比较如下：

北京　他比你来得更早　更干得起劲了

西安　他比你来得还早　越做越起劲咧

北京　你的主意更加高明　更加不容易了

西安　你的主意还要高明　越发不容易咧

其三，普通话的“十分好、格外好”在关中方言的变体是“好得很/好叵咧/嫽得太”等。关中方言可以说“太大、太好、太没意思、太不讲理、太想你咧”等，不说“很大、很好、很想你咧”等。

5.1.4 其他程度副词

其一，户县的“愈外[y^{55} uæ^{55}]”，相对于澄城的“发外[pa^{55} uæ^{55}]”，关中方言的“愈外、把外”都是“特别”的意思，如澄城“把外好｜把外想”。富平的“越外”是“特别的，过分的，悖理的”的意思。

户县方言的“愈外”只用作单音节形容词或能愿动词的状语，不用作双音节形容词或形容词性词组的状语；不能受否定词“不、没”的修饰，也不能连带“不、没”，却可以跟阻断词“嫑”组合。例如：愈外瞎｜愈外大｜愈外高｜愈外低｜愈外胖｜愈外薄｜愈外想吃｜愈外能做重活｜愈外能吃苦｜愈外爱念书｜愈外爱这个工作｜愈外会说话｜愈外有钱｜愈外有水平｜愈外有地位｜愈外能干｜愈外听话｜愈外比人别人嘴馋｜愈外敢说实话｜愈外教人生气/教人愈外生气｜*愈外不好｜*愈外不像话｜*愈外没水平｜*愈外没能力｜*愈外没意思｜*愈外没眼色｜*不愈外想｜*不愈外会开车｜*不愈外能吃苦｜*不愈外爱念书｜覅愈外想/愈外覅想｜覅愈外多说话/愈外覅多说话。

户县方言否定词“不、没”不能跟“愈外”组合，却可以跟“太、很、特别、十分、非常”等组合，例如：太不像话咧｜特别不好｜非常没水平｜特别不爱开车｜不十分爱吃葱｜不十分想这个事｜不太能吃苦｜不十分爱念书｜很没水平｜太没能力咧｜非常没意思。

户县方言的“愈外”跟“特别、十分、非常”之间呈互补状态。

户县方言的“愈外”还可以当“另外”来讲，常常跟“多、再、还”等字搭配。例如：愈外给你多给些｜愈外给你再给些｜愈外给他还给咧些｜你愈外多拿几个｜教他愈外再拿几个｜我还想愈外给你多给几个呢，得等每个人都拿咧，肯定有剩的呢。

其二，西安方言的“实在”读作本调[ʂʅ^{24} tsæ^{55}]时既可以用作副词，又可以用作形容词，后字变作阴平时（[ʂʅ^{24} tsæ$^{55-31}$]）只用作形容词。例如：

实在[ʂʅ^{24} tsæ^{55}]不行就算咧。

实在[ʂʅ^{24} tsæ^{55}]不想去就覅去咧。

这个人实在[ʂʅ^{24} tsæ^{55}]/[ʂʅ^{24} tsæ$^{55-31}$]得很。

“到来[tau^{55} læ$^{24-31}$]”，关中方言通常当语气副词“到底”讲，也用作程度副词，如“我实在没有这本书嘹”句中“实在”的变体又有“到来[tau^{55} læ$^{24-31}$]、的确、确实”。“到来”作程度副词的其他例句如：

到来不行嘹。

他到来穷得很。

到来有意思得很。

我到来不想去嘹。

其三，普通话的“略、略微、稍、稍微”在西安方言里相应的是“搞搭/些微”等，户县方言作“搞着/搞着儿/星微/微门儿”（户县方言“微”字白读如“如儒[zu^{35}]”），富平、蓝田等处作“搞的”；富平方言把普通话的动态助词“着”作“的/着”，“的”和“着”在富平方言里呈互补状态。“稍微”关中方言区读书人口语也用，但是“稍”字读作上声，如西安读书人“稍微”读作[sau^{52} vei^{24} 文读/vi^{24} 白读]，户县读书人读作[sau^{51} vei^{35}]。比较如下：

北京　我想稍微休息一下　他比你稍微高点儿

西安　我想搞搭歇嘎子　　他比你些微高一点儿

富平　我想搞的歇嘎子　　他比你些微高些

户县　我想搞着歇嘎子　　他比你星微高一点儿

北京　你稍稍往西边挪点儿

西安　你些微望西边挪一点儿/你些微望西边趱一点儿

户县　你微门儿望西边趱一点儿/你搞着望西挪腾些

其四，普通话的“几乎”在西安方言里又作“差不多”，普通话的“比较好”在西安方言里作“帮肩/帮肩儿/差不多/差不ᶜ离”，也作“可以”；关中方言“差不多”也可以用如副词，例如“差不多所有同事都来参加婚礼咧”。“几乎”在关中方言口语里读作[tɕi^{31} xu^{31}]（=机乎）；副词“比较[pi^{52} tɕiau^{55}]”在关中读书人口语里也用（如“比较好丨比较高兴丨比较有意思丨比较爱显摆丨比较会摆谱丨他在领导跟前吃得比较开令领导赏识”），文盲不用。

其五，本书 1.3.4.2 部分讨论了关中方言“甚不、甚没、甚嫑”等复合逆序形式。普通话“不太/不甚”在关中有三种形式：西安周围以至东部作“甚不”，宝鸡一带作“很不”，北部洛川一带作“太不”。1.3.4.2 部分对“甚不、甚没、甚嫑”等讨论得比较多，敬请参阅。

与“甚不/很不/太不”的逆序形式相似，西安方言还有“甚没、甚嫑”，“甚没”是“不常、没太”的意思，“甚嫑”是“别太”的意思。例如：

你望后就甚嫑来咧。

他甚没来过，我也甚没想去。

咱都甚嫑想这些难受事情咧。

我，还有老张，甚没见过这个人。

其六，关中方言“老”字也用作程度副词。关中方言“老[lau^{52}]”字通常用作形容词以及时间副词，用作时间副词的情况见本章 5.3.3 小节“关中方言‘一直’的变体”。

一方面，关中方言“老”字处在方位名词的前边，是“最”的意思。西安一带例词如：老东头儿丨老西头儿丨老南头儿丨老北头儿。西安方言还有一个“老后捎”指巷道的最里边，其中“捎”字就是普通话的“捎$_2$”，即 1980 年版《现代汉语词典》999 页的“捎 shào”字。喝令牲口往后退的时候，关中方言读作上声调平舌音声母[sau^{52}]，“捎色”的“捎”字却读作去声调翘舌音声母[ʂau^{55}]（=“少少年”）。张成材先生《商州方言词汇研究》237 页“老（没）远里”即“很远的地方”，238 页“老东岸子”即“东边极远的地方”，239 页“老西岸子”即“西边极远的地方”；可资佐证。西安一带还有一个“大老远”指“极远的地方”。

另一方面，关中方言的“老早、老远”的“老”字也是“很”的意思。

还有，西安一带的“老硬、老撑、老闷”的“老”字是“很”的意思；这三个词语本来应当是形容词，后来多用作人品名词：“老硬”指刚愎自用、毫不变通的男子；“老撑”指脾气倔强的男子；“老闷”用作人品名词的时候指脑子很笨者，“老闷声”指瓮声瓮气的声音。“老撑”的“撑”字和“老闷”的“闷”字读作去声调，分别为[tsʰəŋ⁵⁵]和[mẽ⁵⁵]。另外，户县方言把渭北高原叫做“河即渭河北老原”，其中的“老”字也是“很”的意思，“河北老原”即渭河以北很高的原。《商州方言词汇研究》239 页“老高老高”解释为“很高很高”，举例如“太阳出的老高老高的啦”，亦可资佐证。

其七，西安一带的“明情”。“明情”的字面意思是，“明”是“明明白白”的意思，“情”就是“情况”的“情”；“明情”的本义应当是“情况明明白白”。“明情”用作程度副词，是“很明显，很明白；的确，确实（如此）；本来（就是）”的意思。例如：

他明情不是陕西人/明情他不是陕西人。

我明情见他偷人来来着/明情我见他偷人来。

他明情比你大两岁/明情他比你大两岁，你反倒说你比他大两岁。

咱几个人明情都爱吃鱼/明情咱几个人都爱吃鱼，你不点鱼，为啥来？

国家政策明情都好着呢/明情国家政策都好着呢，就是有的歪嘴和尚把经念歪咧。

注释

① 笔者曾经认为陕甘方言的“尕大马细”是少数民族借词。《陕西方言漫话》153 页有这么一段话：有人认为关中方言的“嘎搭马希”“克里抹擦”都是从少数民族语言里借来的。我们顺着这个思路进行过考证，但从典籍中还真不好找。承蒙全国汉语方言学会秘书长周磊博士见告，维吾尔语有“嘎搭马希[ɡadirmaʃ]”的说法，即指各种各样的东西。而“克里抹擦”是不是从少数民族语言里借来的，有待考证。最近，甘肃定西市离休老教师马友骕先生跟笔者说：陕甘方言各种各样东西的那个词语应当写成“尕大马细”，“尕大马细”是汉语；是汉语的词语成了少数民族的借词。“尕、细”训“小”，“马”字训“大”。《辞源》修订本下册 3443 页“马”字条第三义项“大，《尔雅·解虫》‘蛗，马蜩。’注：‘蜩中最大者为马蜩。’《本草纲目》四六介二马刀：‘俗称大为马，其形象刀，故名。’”西安方言“尕大马细”读作[ka⁵² ta⁵⁵⁻³¹ ma⁵² ɕi³¹]。

5.2 范围副词

5.2.1 “都、全、衡、浑、一划”等

关中方言表总括全部义的“都、全、衡、浑、一划、一满、一下”等的特点，讨论如下。

其一，关于“都”字的讨论

关中方言“都”在表总括全部意义时常常读作阳平，也读作阴平；读

作阳平的“都”所适用语境不包括吕叔湘先生（1980：153）ac 两条和“甚至”义的句子。上文 2.2.2 小节已讨论了“都”字的这些用法，请参阅。西安方言相当于普通话的“统统”是读作阳平的“都”。

其二，关于“全”字的讨论

“全”字在关中方言口语里作为范围副词的使用频率不太高，常常跟读作阴平的“都”相关联，例如“全都有、全都是、全都要、全都会、全都不高兴”；假如“全都”的“都”读作阳平，则在关中方言口语里不能成立，因为“都”读作阳平时本身就是“全都”的意思。扶风方言“满兼、整整、一歇、一览三伙”等都具有“全，都”的意思，例如：

亲亲亲戚满兼来了。

整整吃菜没吃别的。

整整是柿子。

房子的家具一满都是新的。

把个这个；那个一歇做完算了。

你把个一歇拿上。

你把这些东西一览三伙拿走。

“全”字在关中的读音，西安及渭南、大荔、商州一带读作撮口韵、其他方言点读作合口韵，如西安读作[tɕ^{h}yã^{24}]，渭南读作[tɕ^{h}yã^{35}]，三原读作[ts^{h}uã^{35}]，宝鸡读作[ts^{h}uæ̃^{24}]。

这里有必要对关中方言的“全凭”予以交待。如上一段所言，“全凭”在口语里也作“全都凭”，不过口语里“全凭”要用得多些。户县方言“全凭”文读作[ts^{h}uã^{35} p^{h}iŋ^{35}]，白读作[ts^{h}uã^{51} p^{h}iŋ^{35}/ts^{h}uã^{35} miŋ^{35}]；两种白读音里，一是“全”字读作上声，二是“凭”字读作 m 声母。汉语在语流过程中一个字的声母向着其同一发音部位的辅音转化似乎不太少，普通话“蹒跚”的“蹒”字读作[p^{h}ã^{35}]不读作[mã^{35}]就是一例。户县口语把“猪八戒”的“八[pa^{31}]”还读作[ma^{31}]（＝抹）；甘肃宁县、定西、漳县等处把介词“把”读作[ma^{31}]（＝抹）。还有，北京话“波”又读送气声母[p^{h}]，汉中以至于四川方言“概溉”字读作送气声母[k^{h}]。贺巍先生《洛阳方言词典》正文第 1 页“支架[tsï^{33} tɕ^{h}ia^{412}]”，240 页“仿”字读作[vaŋ^{53}]。关中多数方言点甚至西北许多地方相当于普通话的介词“往”作“望”（如西安读作[vaŋ^{55}]），商州、丹凤、洛南把介词“望”读作[faŋ^{55}]。户县把长工叫做“伙计[xuɤ^{51} tɕ^{h}i$^{55\text{-}31}$]”“计”字送气，当面把说话人所认为的感情深笃的伙伴叫做“伙儿[xuə^{51}]/伙计[xuɤ^{51} tɕi$^{55\text{-}31}$]”“计”字不送气。

“一十一五”在关中方言里一般指“全部实情”，也用如“全部”的意思。例如：

你把你知道的一十一五给他说，嫑含糊！

他一到派出所，就一十一五把自己偷人的实情招咧。

我们从近代小说里找到如下两个关于“一十一五”的例证。

原差跌跌脚道：“我只道真是盗情，元来又是甚么《金刚经》！”盖只为先前借此为题诈过了好几家，衙门人多是晓得的了，走去一十一五对辨悟说了。（《二刻拍案惊奇》卷之一）

一十一五说来，就像是亲见的一般，又像这只猛虎是他打的一般。（《金瓶梅》第1回）

其三，关于“衠”字的讨论

“衠”字始见于《篇海类编》，注音为“朱伦切”。这个字上文2.2.2小节也已有所讨论。“衠”字在西安一带读作阴平指“品种真、正、纯粹”，是形容词，读作阳平时才用作副词；关中北部彬县一带读作阴平的“衠”字是形容词兼副词。比较如下：

西安　他的几个娃꜁衠都是大学生　꜁衠是你的事

彬县　他的几个娃꜀衠都是大学生　꜀衠是你的事

本书1.1.8.2“副词的重叠”还讨论了“衠”字的重叠问题，请详阅。《汉语大字典》848页“衠”字第二义项为“全，尽”。徐嘉瑞《金元戏曲方言考》：“衠，完全。”元关汉卿《救风尘》第四折：“这厮家富豪，衠一味虚肚肠，不干着些实活路。”明贾仲名《金安寿》第三折：“翠娉婷，衠不俗，美婵娟，娇艳姝。”西安一带“纯、纯粹”也可用如副词，例如：

纯是这个样子/纯粹是这个样子。

你这纯是胡来呢/你这纯粹是胡来呢。

“꜁衠”字还可直接修饰名词。如下例句一般不能变作判断句；“꜁衠”可变作“尽是”。

他一天整天；经常꜁衠事。（按：还可以说成“他一天尽是事。”）

咋就꜁衠你的事呢？（按：还可以说成“咋就尽是你的事呢？”）

他的房子房间里；办公室꜁衠书。（按：还可以说成“他的房子尽是书。”）

你听，꜁衠他的声指喊声或说话的声音！（按：还可以说成“你听，尽是他的声！”）

一片地里头咋能꜁衠草呢？（按：还可以说成“一片地里头咋能尽是草呢？”）

这个单位（就）꜁衠大学毕业生。[按：还可以说成“这个单位（就）尽是大学毕业生。”]

其四，关于宝鸡一带的“浑”字

宝鸡一带以至于陇东的“浑[xuŋ^{24}]（=红）”相当于关中中东部及北部的“衠”。例如：

把活浑教我一个人做啦。

地里头浑是草哩开地里全是草。

你几个浑是好娃哩开都是好孩子。

咱[ia^{24}]咱们浑不去咋么办哩？

《辞源》修订本下册“浑”字条（P1837～1838）第三义项为“全，满。见‘浑舍’。”“浑舍”词条解释为“全家。多指妻儿。”近代汉语时期的“浑家”本来指全家，后来专指妻，是词义的缩小。《汉语大字典》1687～1688页第五义项“副词”之一“表示范围，相当于‘皆、都’。”唐王建《晚秋病中》：“霜下野花浑著地，寒来溪鸟不成群。”宋王安石《若耶溪归兴》：“汀草岸花浑不见，青山无数逐人来。”宋袁去华《点绛唇·登郢州城楼》：“楼槛凌风，四边浑是青山绕。”

其五，关中方言“一刬[i^{31} $ts^{h}ã^{52}$]/一满[$mã^{52}$]”的用法直接举例句如：

剩下的一刬/一满毛毛钱。

（歇后语）狗看星星——一刬明。

一刬/一满 ꜀都是黑的/一刬黑的/一满黑的。

这一[$tʂei^{52}$]伙老汉老婆一刬 ꜀都八十多岁咧/一满 ꜀都八十多岁咧。

几个研究生一刬 ꜀都是党员/一刬是党员/一刬党员/一刬的党员。

其六，商州方言的“一且”。张成材先生《商州方言词汇研究》64页指出，商州方言的“一且[i^{21} $tɕ^{h}iɛ^{53}$]”是“全部，包括无遗”的意思。张先生所举例句如：

今儿乡上开会，要求男女老少一且去！

你去把你乃书一且拿来，叫我看，都有些啥？

其七，关中方言的范围副词“尽”。“尽”字，西安、户县读作[$tɕiẽ^{55}$]，三原、富平读作[$tsiẽ^{55}$]，兴平、高陵读作[$tiẽ^{55}$]，岐山读作[$tsiŋ^{44}$]，宝鸡、凤翔读作[$tiŋ^{44}$]。“尽”常跟“꜀都”用在一起，实质上“尽都”是一种叠加关系。例如：

你这是尽给我寻麻烦呢！

成天咋尽都是你的事情呢？

他一天每天，经常尽都干啥呢？

这些老汉、老婆，尽都是离休干部。

其八，关中方言的“一下”。鉴于关中方言的“一下”还常常用作范围副词，当“全部”来讲；关中方言的“一下”还用作其他意义的副词，还用作数量词。因此本部分附录一篇专门讨论“一下”的文章《关中方言“一下”的语义语法特点》（见如下附录二）。

［附录二］ 关中方言“一下”的语义语法特点

提 要 关中方言的“一下”也用作副词，表示动作完成、发生得极快；关中方言无普通话的“V 一 V/VV”重叠形式，相应于普通话的“V 一 V/VV/V 一下”，西安一带是“V 嘎子/V 一下”，并且往往是把字句。关中方言的“一下”在动量关系中是“一阵子”的意思；“一下”亦如普通话那样作“一会儿/一阵子/一阵儿”，而以“一下”在老派口语里的使用频率为最高；关中方言的“一下”在动量关系中还是“一次、一回”的意思；关中方言“一下”在名量关系中最常见的是用于容量，如“再装一下”指再装一容器。关中方言的“一下”也用作副词，有“全部；充分；突然；一直，径直”等意义。关中方言“一下”的意义之间基本上都有某种逻辑联系。

关键词 关中方言 “一下” 语义语法特点

关中方言“一下”的语义语法特点比较突出，有必要进行尽可能深入的讨论。

一 关中方言“一下”与普通话的一致性

关中方言毕竟是官话的一个部分，因此，“一下”的用法有与普通话的一致之处。

其一，关中方言的“一下”也用作副词，表示动作完成、发生得极快。例如：

（1）我一下就把他寻来咧找到了。

（2）他手一进水，一下就抓咧抓住两条鱼。

（3）这个女人勤谨得很，成天织布纺线织布纺线特殊重叠式，把日子一下过上去咧。

（4）门上来了一窝蜂，蜂螫我，我遮蜂，一下螫得乱噔噔。（关中歌谣《刮大风》）

（5）红鞋鞋，绿袜袜，我在河河里，吆赶鸭鸭。鸭鸭还没吆上岸，我妈叫我去吃饭。“啥饭？”“干饭。”一下吃咧八大碗。吃罢饭，没事干，跑到院里胡捣蛋。我大父亲叫我喂马呢，我跟孙猴儿胡耍呢。我妈叫我喂猫呢，我在院里胡跑呢。（户县儿歌《红鞋鞋，绿袜袜》[1]）

其二，关中方言的“一下”也可表示尝试态，但最常见的是以“嘎子/嘎”等形式来表达。关中方言无普通话的“V 一 V/VV”重叠形式，相应于普通话的“V 一 V/VV/V 一下”，西安一带是“V 嘎子/V 一下”；并且往往是把字句。例如：

（6）你要是不服气，你就跟他比嘎子（/一下）。

（7）把这个看嘎子（/一下），把那个看嘎子（/一下）。

（8）你去给他把这个忙帮嘎子（/一下）去，他的忙你不帮谁帮呢？

（9）这件事我的我们还得商量嘎子（/一下）/我的还得把这件事商量嘎子（/一下）。

（10）你把饭尝嘎子（/一下），看啥调货调料，调味恬淡，不行咧就重调嘎子（/一下）。

我们曾经系统调查过“看看/看一看、尝尝/尝一尝、研究一下/研究研究、商量一下/商量商量”在关中方言里的说法，大致看来，作“V 嘎子”的方言点有西安、蓝田、商州、丹凤、华阴、潼关、澄城、耀州、富平、高陵、三原、泾阳、旬邑、彬县、永寿、淳化、礼泉、咸阳、户县、麟游 19 处，洛南作“V 嘎子/V 嘎/V 嘎儿”，咸阳作“V 嘎子/V 子儿”；作“V 嘎”的方言点有长武、眉县、太白、凤县、宝鸡、岐山、凤翔、千阳、陇县 9 处；武功作“V 嘎儿”；作“V 干子”的方言点有临潼、渭南、扶风 3 处，华县作“V 干子/V 干”，蒲城作“V 干/V 圪下”；铜川、乾县、兴平、周至 4 处作“V 葛子”；大荔、黄龙、白水 3 处作“V 给下”；韩城作“V 给一下”，宜川作“V 给一下/V 一下”，宜君作“V 给可”；合阳作“V 谷下”；洛川、黄陵、富县作“V 一下”，西安、户县等处又作“V 一下”，“V 一下”肯定是晚起的用法；定边作“VV”。在这种语境里，户县主要说“嘎子”，也说“嘎”；假如要让别人让开（地方、道路），也有“让嘎儿”的说法。这个问题本书 1.1.2.10 部分专门进行了讨论，并且有一个表 2，请详阅；下面对重复的内容，不予罗列。

西安等处的“嘎子”，武功的“嘎儿”，陇县等处的“嘎”是“给下”的合音，“给下”应是“给一下”省去“一”字的结果。“给下”的“给”字在“下”字前变作阴平调（这个变调属于非常式的），“给下”的合音理据为 kei^{31} xa^{31}→ka^{31}；“嘎子”是“给下子”的合音。

关中方言“嘎子/嘎”等跟“一下”呈互补状态，但未必普通话所有的“VV/V 一 V/V 一下”式都要以“V 嘎子”的形式来表达，最典型的是 V 为单纯趋向动词“去”时。特别提请注意：相对于普通话的“去去”，西安方言只作“去嘎”不作“去嘎子”；相对于普通话的“去一去”，西安方言“去嘎”和“去嘎子”两可。例如：

（11）你先在这儿候等着，我去嘎就来。

（12）我去嘎/去嘎子，把事办好再回来。

关中方言相对于普通话“V 了 $_1$ 一 V/V 了 V”不作“V 了 $_1$ 嘎子”等，而以“V 了 $_1$ 一下”的形式来表达，如“小黄对我笑了笑”关中相应地作“小黄朝我笑咧一下”。例如：

（13）我就是想弄个明白，就自己过去看咧一下。

（14）（朱大柜）低了头哼哼地笑了一下……（贾平凹《古炉》367 页）

扶风方言相应地把北京的“一下/一下子”和西安等处的“一下”作“一码”。例如：

（15）我一码就估猜着了。

（16）我一码就把你寻着了。

其三，关中方言单音节拟声词连带“一下”的情况

关中方言口语里单音节拟声词后边常常有轻声音节“哧”字出现，“哧”字前边的拟声词是突然的音响，后边常常连带“一下”两字，“哧”字相当于普通话的“的”字。例如：

（17）嗵哧一下，狗熊从树上跌下来咧。

（18）咚哧一下，雷子炮声音很响的大炮仗响咧。

（19）叭哧一下，一个长虫一条蛇从脊檩上掉下来咧。

（20）这个西瓜熟透咧，刀子刚一搭，就嘭哧一下成咧四乍子。

二 关中方言“一下”的数量词特征

关中方言“一下”具有很明显的数量词特征，这是普通话所不具备的；从以下几点来看。

其一，关中方言的“一下”在动量关系中是“一阵子”的意思；“一下”亦如普通话那样作“一会儿/一阵子/一阵儿”，而以“一下”在老派口语里的使用频率为最高。例如：

（21）你把我等一下/一会儿/一阵子/一阵儿。

（22）你再看一下书，我办毕事回来，咱俩一搭一起，一块儿回去。

（23）你过去寻一下，能寻来找见咧“咧”字表假设就寻，寻不来咧算咧。

更有意思的是，同一个句子里，若要表达两个“一阵子”语义的时候，关中方言“一下/一阵子/一阵儿”等同时出现，这种互补格局是语法上避免重复语病的有效表达。例如：

（24）我再去看一下，你再把我候一阵子。

（25）我出去那个如指办某事；“那个”具有隐语的性质，是听说双方所理会的一下就回来，你等一阵儿。

普通话的“打一记（耳光）”关中方言作“打一下”，这可从《金瓶梅》第 14 回得到印证：“于是把花子虚一下儿也没打。”只是西安等处这个语境里“一下”不儿化。而商州方言的“一下”却可以儿化，如“他闲的没事，一下儿圪拧来回走动过来啦，一下儿圪拧过去啦”。

关中方言有一条跟“一下”在动量关系上有关的惯用语为“有一下（的）没一下”，意思是“随心所欲；该抓的重点往往不去抓；指人有时候对人很热情，有时候对人很冷淡”。

关中方言的“一下”在动量关系中又常常以重叠式“一下下”的形式出现，西安一带则以儿化形式“一下下儿”来表达；汉语方言包括关中方言的重叠式，其语义有强化或弱化的倾向，关中方言的“一下下/一下下儿”指比“一阵子”更短的时间。张成材先生（2003：83～86）《商州方言里的“形＋人＋哩”结构》[2]一文所举的例句如“你进城呀，要是不吃饱一下下就饿人哩。”下面再举西安一带的例如：

（26）你在这儿先坐一下下/一下下儿。

（27）我再去看一下下/一下下儿就回来咧。

（28）我出去一下下/一下下儿就回来，你等一阵儿。

《汉语大词典》[3]第 2 页“一下”第三个义项为“用于动词之后，表示略微之意”。例句如巴金《秋》一的：“觉民停了一下，忽然切齿地说：‘又是他们。”我们认为，例中的“一下”应当解释为“一阵子，一会儿”。

其二，关中方言的“一下”在动量关系中还是“一次、一回”的意思。例如：

（29）他拿个杀猪刀，一下就把猪杀死咧。

（30）他把文章寄到编辑部去咧，一下就发发表咧；编辑就没叫他改。

（31）你这回认认真真把材料整好递上去，领导看你的材料整得好，一下就批批准咧。

《汉语大词典》[3]第 2 页“一下”第一个义项为“犹言一次，一回”。举例如“《北齐书·陆法和传》：‘又有人以牛试刀，一下而头断。’《朱子语类》卷九四：‘这物事，这机关，一下拨转後，卒乍拦他不住。’《儿女英雄传》第一回：‘地方大吏飞章入奏请帑，并请拣发知县十二员到工差遣委用。这一下子又把这老爷打在候补候选的里头挑上了。’……”

上文所举扶风方言（15）（16）两条例句，其中的“一码”在眉县方言里是“一次，一回”的意思；（15）（16）两条例句中的“一码”也应当兼有“一次，一回”的意思。

其三，关中方言“一下”在名量关系中最常见的是用于容量，如“再装一下”指再装一容器。大凡锅、碗、瓢、盆、碟、升子、斗、篮子、筐子等，均可以纳入“一下”的话题范围；甚至“一筷子”也可以说成“一下”。例如：

（32）给往笼子篮子装一下馍。

（33）你拿食品袋给你奶装一下菜送去。

（34）你再给他捞一下面，他的饭量大。

（35）我渴极咧，他拿咧个大碗给我倒咧满满儿一下凉开水，我一气儿一口气就喝完咧。

当然，关中方言的名量词“下”也可以处在其他数量关系的语境之中，例如：拿筐子给他装咧半下苹果、我给你再给三下、给老汉给咧五下还不得够还不够。

三 关中方言“一下”的副词特征

上文第一部分“其一”论及关中方言的“一下”表示动作完成、发生得极快，这里不再赘述；关中方言“一下”用作副词的特殊性见以下四个方面。

其一，关中方言的“一下”也用作范围副词，是“全部”的意思；“一下”只能跟事务类名词搭配，不能跟人物类名词搭配。例如：

（36）你把这些东西一下拿走。

（37）这几个报告我给你一下打了。

（38）这几件事你一下办了得多长时间?

（39）你把钱一下给他，就不怕把他惯瞎坏了。

我们从易俗社创始人、蒲城李桐轩先生剧作《一字狱》看到郑全真的台词如：“百姓就都没长嘴的？总督若降下罪来，我们把委员过恶一下说出，他还想活吗？”从乾县范紫东先生的剧作《三滴血》看到周仁祥的台词如：“大老爷，你既把我的儿子断与贾家，我要下这个烂婆娘做甚用？你一下断给贾家，岂不干净！”其中的“一下”就是“全部”的意思。

其二，关中方言的“一下”还用作程度副词，是“充分”的意思；常常跟“起来”义的“起”字搭配。例如：

（40）等屋里头一下凉起再进去。

（41）他的一番话，把几个小伙子一下激激发起咧。

（42）你得想办法把大家伙儿的积极性一下调动起来。

（43）他把俩蛐蛐儿一下逗挑逗；撩拨起咧，俩蛐蛐儿咬得争勇猛；厉害得很!

（44）他原先就害过神精病精神病，最近就有点儿张狂，疯狂；生咧些气，一下张起咧。

其三，关中方言“一下”还用作情态副词，是“突然”的意思。例如：

（45）那个事情一下把我吓美吓得够呛咧。

（46）风一下刮过来，把蜡蜡烛刮灭咧。

（47）他一来，一下给我拿咧一河滩许多，很多的东西。

（48）没觑顾没注意，不经意间，一下来咧几十人，吃饭咋办呀，睡觉咋办呀?

其四，关中方言的“一下”还用作情态副词，是“一直，径直”的意思；这类句子很少，因为“端、直、一直、端直”在关中方言里的使用频率很高。例如：

（49）他一下/一直/端直撵咧10里路才撵上。

（50）秃子秃秃子，曳碌碡，一下一下子；一直曳到庙后头。（户县歌谣《秃子秃》）

其五，在有的时候，“一下”兼有“一下子”和“全部”共同具有的意义。例如：

（51）我教你拿上两三个走，你咋就一下拿完咧？！

（52）咋就一下把一个班的学生叫来咧？！要这些学生弄啥呢？

四　关于关中方言“一下”其他问题的讨论

其一，关中方言的“一下”也有文白异读问题，主要是“下”的文白异读：如西安一带“一下”文读[i^{31} ɕia^{55}]，白读[i^{31} xa^{55}]；读书人有把“一下”文读[i^{31} ɕia^{55}]的。

其二，关中方言不像普通话那样还有“一下子”的说法，只有“一下”一种说法。

其三，上文三个部分所讨论的“一下”，除了第一部分之“其二”所讨论的，其意义之间基本上都有某种逻辑联系。第一部分之“其二”所讨论的“一下”很可能是受共同语影响、较晚进入关中方言的。这些逻辑联系最典型的是“一下”用作副词。

一是第二部分表示名量关系的“其三”，跟第三部分“其一”所讨论的“一下”具有的“全部”意义，其关系最为密切。假如“端咧一下”指“端了一筐”，那么，“把这筐一下拿走”的“一下”指的就是筐子里的全部。

二是，关中方言“一下”的“充分”义是由“全部”义引申来的，“充分”义“突然”义是由“一下子”义即表示迅速、很快的意义引申来的，“一直，径直”义也是由“一下子”的意义引申来的。关中方言有的语句中的“一下”，假如要简单地解释为一种意义可能欠科学，如“他一下就睡了十几个钟头儿”里的“一下”应当解释为“一下子，一直”。关中方言“一下”的“一次、一回”义也是由“一下子”的意义引申来的。

参考文献

[1] 孙立新　2001　《户县方言研究》，东方出版社；见该书228～229页。

[2] 张成材　2003　《商州方言的“形+人+哩”结构》，《语言科学》第1期。

[3] 罗竹风主编　2007　《汉语大词典（缩印本）》，上海辞书出版社。

5.2.2 范围副词“就”等

其一，西安方言不太用“仅、仅仅”两个词语，而是用“就”表示。“就”文读齐齿呼时是动词或介词，如“就饭｜就菜｜就要论事｜就近入学”，白读舌尖前音拼开口韵[tsɤu^{55}]时是副词、连词等。“就”的白读音在西安方言里用作副词时除了与普通话副词、连词等的“就”语义及用法相同外，还有三个意义：一是“仅、仅仅”的意思，例句如“就你这点儿本事，能把这件事办成?｜我就这点儿钱，你想拿咧‘咧’字表假设拿走，不想拿咧给我留下留下来”；二是“偏，偏偏”的意思，例句如“我就要去｜就你有水平！｜咱就都嫑害怕他”；三是与指示代词“这”组合成为“就这”以后，不但有“就这样”的意思，还当“尽管”讲，例如：“他把好几个人的都拿去咧，就这还想多拿呢｜就这领导还给他回话呢。”

户县方言的“就要偏要”又合音如“早[tsau^{51}]”，一是“就”[tsɤu^{55}]”的韵腹受“要[iau^{55}]”的韵腹同化成了[a]而读作[tsau^{51}]，二是“就”与同为去声调的“要”字连读异化成了上声。例如：“他<u>就要</u>[tsau^{51}]要去呢，我也没办法｜我<u>就要</u>[tsau^{51}]要吃呢，你就得给我做。”

户县方言的“咔嚓[k^{h}a^{31} ts^{h}a^{31}]”本来是拟声词，后字读作去声后（[k^{h}a^{31} ts^{h}a^{55}]）成为副词，是“仅仅，也就”的意思；副词“咔嚓”常常还跟“才｜就｜也就”搭配。例如：

他咔嚓[k^{h}a^{31} ts^{h}a^{55}]拿咧一个馍，还给人家让呢。

我爸咔嚓[k^{h}a^{31} ts^{h}a^{55}]就我姑一个亲姊妹，我咋能不爱我姑呢？

咔嚓[k^{h}a^{31} ts^{h}a^{55}]也就一个指标，就有十几个人争呢，何苦来？

你咔嚓[k^{h}a^{31} ts^{h}a^{55}]给我借咧 100 块钱，就不停地要呢，你咋是这人呢？

超市的鸡蛋比外头的鸡蛋咔嚓[k^{h}a^{31} ts^{h}a^{55}]才便宜咧 5 分钱，就有好多老人排队买呢。

其二，关于关中方言的“老扪儿”等。

户县方言的“老扪儿[lau$^{51\text{-}31}$ mɘɯ^{51}]”又作“老焖[lau$^{51\text{-}31}$ mẽ^{31}]/早焖[lau$^{51\text{-}31}$ mẽ^{31}]”，其中的“扪、焖”都是同音替代字；户县大王镇作“劳焖[lau^{35} mẽ^{31}]/早焖[lau$^{51\text{-}31}$ mẽ^{31}]”；周至方言作“老扪儿[lau$^{51\text{-}31}$ mẽr^{51}]”。

张成材先生《商州方言词汇研究》237 页有“老模[lao^{53} .mu]”一词，张先生解释为“充其量；最多；刚刚”，举例句如“到西安开会老模三四天，还带换洗衣裳干啥呢？”商州的“老模”跟户县的“劳焖”语源应当是相同的。

就着户县“老扪儿”等的语法语义问题，笔者于 2012 年 2 月 6 日通过电子邮箱给张先生写信，张先生当天回信说：商州“老模”的“仅仅（也就）”的意思差不多，但是没有户县“老扪儿”等的“正因为；本来就”的意思。下面是张先生来信补充的例句：

乃东西老模五块钱，你还买不起吗？

屋里老模弟兄俩人，还嚷啥仗哩吗？

离过年老模只有三四天啦，你还等不得吗？

张先生2月7日又追加一信，告诉笔者：“商州话的‘老模’，意思跟普通话‘不过’或‘只不过相当。”

户县方言的“老扪儿”等也是“充其量；最多；刚刚；仅仅（也就）；不过，只不过”之意，再举几个例句：

老扪儿/老焖/旱焖/劳焖只有弟兄俩，还闹矛盾呢。

老扪儿/老焖/旱焖/劳焖才一个劳模名额，都耍争咧，就给老孙去。

老扪儿/老焖/旱焖/劳焖剩咧5块钱，还进馆子呢，回去搭车的钱从哪搭哪里来呢？

如上的“老扪儿”等都是处在复句里的，其实在实际表达过程中，也可以省去后续分句，例如：他老扪儿/老焖/旱焖/劳焖只有弟兄俩丨老扪儿/老焖/旱焖/劳焖剩咧5块钱。

西安方言相对于户县方言的“老扪儿”等以及商州方言的“老模”作“满共”；西安的“满共”也没有“正因为；本来就”的意思。例如：

满共才5块钱，你还进馆子呢！

一个初小满共就三个人，还谁不理谁。

宝鸡一带则以“蛮”字来表达户县“老扪儿”等以及商州“老模”的语义，例如：

蛮才5块钱，你还进馆子哩！

一个初小蛮就三个教师，还谁不理谁。

你蛮一个娃，把钱给他不花，给谁花哩？

户县的“老扪儿/老焖/旱焖/劳焖”还有“正因为；本来就”的意思；如下例句，“老扪儿”等也可以处在主语后边。

他老扪儿/老焖/旱焖/劳焖不想吃，你还说反胃口的话呢！

老扪儿/老焖/旱焖/劳焖我都饿得不行咧，你还教我做活呢。

老扪儿/老焖/旱焖/劳焖屋家里穷的啥一样的，还把钱不当钱花呢。

你妈老扪儿/老焖/旱焖/劳焖都有病呢，你还气你妈呢；像话吗？

为了搞清楚户县等处“老扪儿/老焖/旱焖/劳焖”等的来源，我们给青海民族学院教授贾晞儒先生写信，询问是不是哪个少数民族的词语，贾先生2月21日来信说：关于“老扪儿”一词是否是少数民族语言？我还没有很大的把握，需要查一查有关资料后，我们再来讨论。不过，我的家乡蓝田有

“落寞着”或“落谋着”（大概、估计之意）的说法，不知他们之间有没有联系，或许干脆就是近音同义词。在阿尔泰诸语言里，特别是在蒙古语里，边音[l]一般不做词首辅音，由此推测，可能与阿尔泰语系诸语言关系不大，至于同藏缅诸语言有无关系，需要查一查有关资料，才能确定。

5.2.3 “成”和“正”

关中方言的“成/正”相当于普通话的“整”，多数情况下是关于时间范围的副词。《汉语大字典》1399页“成”字条第十三义项为“达到一个完整数量单位”。举例如：南朝·宋·鲍照《拟古八首》之七“秋蛩扶户吟，寒妇成夜织。”宋·陆游《何君墓表》“不以字害其成句，不以句累其全篇。”《儿女英雄传》第三回“多少大家集个成数出来。”普通话“成”字以魏晋以来的用例如“成千上万、成年累月（/长年累月）”。关中方言“成”字的使用频率高，“正”字较高。例如：成天/正天、成晌/正晌、成半天/*正半天、成夜/正夜/整夜/成晚夕/正晚夕、成一星期/*正一星期、成月天气整月时间/正月天气、成几个月/*正几个月、成几天/*正几天、成几十天/*正几十天、成年/正年、成几十年/*正几十年、成辈子/正辈子、成一个世纪/正一个世纪、成个世纪/*正几个世纪。

5.2.4 其他范围副词

其一，西安方言“总”的变体有“共、总、一共、总共、共总、满共、共满、通满、通满共、一满共、一满利”等，其中“总共/共总丨满共/共满”分别互为逆序构词。扶风方言“总”的变体有“满兼、满共、一览三伙”等，例句如“满兼是十块钱丨一年级三个班满共 150 人丨买这些东西一览三伙花了 20 块钱”。蒲城的“蛮杆[mã^{24} kã^{53}]”是“总共”的意思，例句如“蛮杆 50 个人”；宝鸡一带的“蛮”是“仅仅”的意思。

其二，普通话的“单单”在西安方言作“单单儿/偏偏儿”，西部宝鸡一带无儿尾作“单单/偏偏”或单音节的去声字“偏[p^{h}iæ̃꜄]”（《广韵》去声线韵，偏，匹战切）。普通话的“只吃米，不吃面”在关中方言里又作“≤光吃米，不吃面”，其中“光”字读作阳平调；“光”字读作阳平调时，在诸如“我≤光不想去丨我≤光不吃丨你就≤光嫑买丨你叫他≤光嫑回来”等连带否定词的语境里又含有坚决的意味。户县方言的“单单儿”，读作[tã$^{31-35}$ .tə]的时候是“偏偏”的意思，读作[tã^{31} tə$^{-35}$]的时候有“唯独”的意思（按：“单单儿[tã^{31} tə$^{-35}$]”也指“纸条”；也用作形容词比较级，是“比较单薄”的意思），举例句如下。

单单儿[tã$^{31-35}$tə]：咋就～没你呢？丨不是一人一个吗，咋～到轮到我跟前就没有咧？

单单儿[tã^{31} tə$^{-35}$]：大家都发言来，～他没发丨～就你事情多；你赶快把事办完回单位来！

其三，西安一带读作本调阴平的“光”字也用如范围副词，例如“给你捐钱那回，光他就捐咧 1 万丨光你一个人不同意也拗不过来”；西安的“光光儿[kuaŋ^{31} kuə̃r$^{31\text{-}24}$]”除用作形容词（“比较光”）外还用作副词，还当“唯独，仅仅，只有”讲。例如：

这一[tʂei^{55}]些事情，光光儿这一[tʂei^{55}]件难办。

这个单位的几个领导，光光儿他一个人不是党员。

其他人都同意，咋就光光儿你不同意呢，为啥来？

其四，关中方言“另外”的变体有“另外、单另、提另”，澄城相应地有“别另[p^{h}iɛ^{24} liɛ^{55}]”，关中多数地方“单另”的使用频率很高，“提另”的使用频率较低；例如：

除咧按份儿给你的，单另/提另给你再给些。

怪不得人家做夫人哩，单另是一种打算。（李芳桂《玉燕钗》）

说什么兄妹不同像，分明单另有心思。（李芳桂《清素庵》）

我想还要单另调个方子。（李芳桂《清素庵》）

你去炖鸡吧，如果鸡肚子里有软蛋，一定给张书记单另炒一盘。（贾平凹《古炉》P41）

李芳桂的剧作《玉燕钗》里的“单另”还有“特别”的意思：“你没见江边上的月光，还单另是个明亮。”这个意思如今关中方言已经没有了。

“另外”在关中方言里一般与事情相关涉，例如：

另外，你去把他借我的书捎回来。

另外，还有几个事我给你交待嘎子交代一下。

其五，关于关中方言的“幸”字。

关中方言范围副词“幸”的本字很可能就是从“幸”所具有的“遇到”意义引申来的，如柳宗元《答韦中立论师道书》：“二年冬，幸大雪愉岭被南越数州。”关中方言的“幸”具有“凡，大凡”的意思，例如：

他屋他家幸啥都有。

幸是来的人都要急走着。

幸你单位的同事都坐这个车。

幸他拿来的东西都给我留下。

幸你要的东西都在这儿呢，你拿走。

屋里兀个[uɤ^{55}]那些东西，幸啥我都不要咧。

其六，关于关中方言的“也”字。

关中方言的“也”字一般读作 a 或者 ia，ia 是中古读法，a 是 ia 的减音。我们曾经系统地调查过“你姓王，我也姓王，咱们两个都姓王”在关中 51 处的说法，调查表明，“也”字的读法有：（1）西安、临潼、蓝田、华县、潼关、白水、咸阳、户县、武功、周至、凤县、定边读作 ᶜiɛ；（2）商州、丹凤、洛南、华阴、大荔、渭南、澄城、合阳、韩城、黄龙、洛川、宜君、铜川、耀州、蒲城、富平、高陵、泾阳、三原、长武、淳化、乾县、礼泉、兴平、岐山、扶风、富县读作 ᶜia（＝雅）；（3）旬邑、彬县、永寿、眉县、读作 ᶜa；（4）宝鸡、凤翔、麟游、太白读作 ꜀a（＝阿）；（5）宜川读作 ᶜiã（＝演）。

富平方言的“也”也有读作 a^{31} 的时候，如“你 a^{31} 是｜我 a^{31} 是富平人”，读作 ia^{53} 的“也”在“也好”语境里，是“不太好”的意思。

其七，普通话的“一概”西安方言仍作“一概”。普通话的“一齐”关中方言作“齐”，如卖东西的给买东西的说：“都好着呢，你齐拾，没拣头。”关中方言的惯用语“扳住尻子齐数”，其本义可能指数牲口的时候，从后头（尻子）来数有多少。关中方言“齐”字用作副词状语的例子又如：齐拿｜齐装｜齐搬｜齐揹｜齐上｜齐下｜齐挖｜齐拉｜齐打。例如：

那些麦都是好的，你就齐装。

你几个进咧库里头，见咧书齐搬。

建筑垃圾都拿袋子装着呢，你几个过去就齐揹。

他疯咧，疯得太劲大厉害咧，走到街道上，见咧人齐打。

今儿教育局开大会呢，进校教师进修学校的教师齐上全部参加。

其八，关于关中方言的“只”字。“只”字切韵音系在章母上声纸韵，普通话读作[tʂʅ214]，关中方言读作阴平[꜀tsʅ]（＝支之资滋），其古同音字“纸”字，关中方言读作上声[ᶜtsʅ]。止摄开口三等上声字今西安一带方言读作阴平的不只是“只”字，还有“婢舐玺徙氏企雉矢几茶几梓滓趾脚趾头齿牙齿以”；还有读作阳平的，如“靡豕”。“只”字可以用在“只得、只管、只有、只要/只晏、只能”等复合词里，还可以以单音副词的形式出现。例如：

只一后晌下午时间就够咧。

这个只给你，不给他；那个只给他，却不给你。

只吃好的不动弹；只一个月功夫，他就长咧十斤。

单位其他人都出去开会去咧，只我独个儿在这儿值班呢。

我的我们一伙人跑去赶去抓奖去咧，只老张一个人把奖抓上咧；还是个二等奖呢。

5.3　时间副词

5.3.1　“正、刚”和“业个儿”等

其一，普通话的“正、在、正在”在西安方言里不用“在”字，一般直接作“正”字；普通话“他正在吃着饭呢”在西安方言里相应地作“他正吃呢/他正吃着呢/他吃饭着呢/他正吃饭着呢”等。再举其他用到“正”字或“呢/着呢”的例句如下，前加“（？）”的是比较别扭的句子：

这个事情领导正开会研究着呢/这个事情领导开会正研究着呢。

刘老师正上课着呢/刘老师正上课呢/刘老师上课着呢/刘老师上课呢。

他正望这儿走着呢/他望这儿正走着呢/他望这儿走着呢/（？）他正望这儿走呢。

我正在这儿看书呢/我在这儿正看书呢/我在这儿看书着呢/（？）我正在这儿看书着呢。

其二，普通话的“刚/才（纔）/刚刚/刚才”在西安方言里作“刚/才/刚才/刚刚儿/才刚/才刚儿[tsʰæ^{24} kẽr^{24}]”。西安方言“才刚儿”的“刚”字只读开口韵；单音词“刚”字以及复合词“才刚”的“刚”字读作阳平调，有文白异读：文读[꜁kaŋ]，白读[꜁tɕiaŋ]。西安方言又有副词“业个、业个儿、才业个儿”，西安方言的“刚、刚合适”等可以与普通话一并比较如下；其中“刚合适”的“刚”是“正好；恰恰”的意思，是语气副词；西安方言单音词“刚”字的文白异读受具体语境的制约。

北京	他刚走	刚好
西安$_1$	他业个儿走	刚[꜁kaŋ]好
西安$_2$	他刚[꜁tɕiaŋ]业个儿走	业个儿好
西安$_3$	他才走/他才刚儿走/他业个儿走	正好

北京　刚合适

西安$_1$　刚合适[tʂ̰ʰʅ^{31}]/业个儿[niɛ^{31} kər^{24}]合适

西安$_2$　刚[꜁kaŋ]业个儿[niɛ$^{31\text{-}24}$.kər]/刚[꜁kaŋ]꜁囊/刚[꜁kaŋ]善[tʂ̰ʰã^{52}]

“业个儿”的声调特点，在如上“业个儿合适副词‘业个儿’＋形容词‘合适’、刚[꜁kaŋ]业个儿”里也是不同的；“刚业个儿”通常还是用作时间副词，如“刚业个儿走｜刚业个儿把饭吃咧”，还用如形容词性词组，当“刚合适”讲。这个当“刚合适”讲的“刚业个儿”的“业”字变作阳平调。西安一带“业个儿”用作时间副词的时候可以两读[niɛ^{31} kər^{24}/niɛ$^{31\text{-}24}$ .kər]。“很合适”西安一带作“刚刚儿囊/业业个个儿”，“业业个个儿”读作[niɛ^{31} niɛ$^{31\text{-}24}$ .kɤ kər^{24}]。

上文说过，西安一带“刚/才/才刚/刚才”在口语里都用，但是，复音词“才刚/刚才”只能跟趋向动词还有“走”字搭配。例如：“才刚/刚才上去｜才刚/刚才回来｜才刚/刚才过去｜才刚/刚才进去｜才刚/刚才起来｜才刚/刚才走到西安｜才刚/刚才回到北京”。这些例子中的“才刚/刚才”也可以用“业个儿”来置换，例如：业个儿走｜业个儿出去｜业个儿回来｜业个儿回到北京。

西安一带的“刚/才/正”可以跟“准备”搭配，例如“刚/才/正准备去呀“呀”字表将然｜刚/才/正准备过去接你呀｜刚/才/正准备饭着呢”。而“才刚/刚才准备”却不能成立。但是可以说“业个儿准备停当/业个儿准备好”。

西安一带的“才刚儿”还可以用作时间名词，“才刚/刚才”则不能，例句如：“你才刚儿给我说咧个啥事情来来着？｜我才刚儿给你叮咛的那个事情，你却可一定要记着办好，啊！”

其三，西安一带“才说/刚说”的本义是“刚才说，刚才提说”，引申为“正准备”的意思。其中，口语里“才说”使用频率高，“刚说”使用频率低。“才说/刚说”处于轻转复句的前一分句，往往跟后一分句的“却”字相呼应；如下例句括号里的“却”字时有时无。

我才说/刚说给你打电话呀，你（却）把电话打过来咧。

我才说/刚说下班回去吃饭呀，在单位门口碰见个朋友，他硬把我请咧一顿。

我老师才说/刚说在北京出差呀，他的导师突然去世咧，我老师就没出差去。

我才说/刚说给你帮几天忙去呢，有个事情把我缠进去咧，就却没给你帮忙去。

人家才说/刚说为你的事情替你说两句呀，你却先提出来咧，反倒把事情弄得被动咧。

西安一带“才说/刚说”所关涉的行为主体是“我”或“他”，一般不能是“你”，特殊语境里“你”也可以与“才说/刚说”相关涉。例如：

我才说/刚说过去呀，登儿突然来咧个人，就没得未能过去。

你那天才说/刚说给我取钱呀，领导把你叫去说事，银行下班咧，没取成；你忘咧？

5.3.2 “一偶而、暗猛”等

其一，西安“偶而”的变体有“偶而、偶尔”，户县相应的常用词是“一偶而[i$^{31-35}$.ŋəɯ]”，“一偶而”还指一瞬间；“有时候，偶尔”又相应地作“暗猛”，西安把“暗猛”读作[ŋã^{55} məŋ^{52}]，户县把“暗猛”读作[ŋã^{55} mẽ^{51}]，西安的“暗猛”又作“暗猛子”；富平作“暗猛子”。扶风把西安的“暗猛/暗猛子”作“按目住”，很明显，扶风的“暗目”是西安一带“暗猛”的音变，“暗目住”兼有“万一”的意思。例如：

你光到这搭等他，暗目住他不来了呢？

他暗猛/暗猛子就来咧，不像你来得这么勤的。

我看你面熟熟儿很熟的，这阵儿一偶而却想不来你的名字咧。

其二，关中方言有“行来行不来｜行去行不去｜行吃行不吃｜行做行不做”等语法形式（亦即“行V行不V”式），“行”字读作[꜁xaŋ]，是“有时候”的意思；例如：

他行在单位去行不在单位去的。

娃在外头太忙咧，行回来行不回来。

你行来行不来的，谁知道你那天在不在呢？

这些活他行做不行做的，做咧十几天都没做完。

5.3.3 “一直”的变体

其一，西安一带“一直”的变体主要有“一直、老、老老[lau^{52} lau$^{52\text{-}24}$]、一老、一老老”；其次还有“只忙、即忙、只管”等，西安把“只管”读作[tsɿ^{31} kuã^{52}/kuã$^{52\text{-}31}$]，户县口语把“只管”读作[tsɿ^{31} kuã^{35}/tsɿ^{31} kuẽ^{35}]，户县又作“只久[tsɿ^{31} tɕiɤu^{35}]/一气儿[i^{31} tɕ^{h}iɯ$^{55\text{-}51}$]/一□[nəŋ^{31}]气儿/只□气儿[tsɿ^{31} nəŋ^{31} tɕ^{h}iɯ$^{55\text{-}51}$]”。例如：

你老爱占人便宜，其实谁都不是瓜子傻子。

你老/老老/一老/一老老不来，把你见一回真不容易。

他老/老老/一老/一老老不爱多说话，受咧委屈都窝到心里头。

我叫他呢，他只忙/急忙/只管不言传不答应，他可能忙事情着呢。

你咋只久/一□气儿/只□气儿不过来呢，你在兀搭儿那里忙啥呢？

西安、户县的“一气儿”，在西安、临潼等处又作“一劲儿”。例如：

你咋一气儿/一劲儿都不来呢？把我等得！

我把他支支使咧好几遍咧，他一气儿/一劲儿都不走。

易俗社剧作家、临潼孙仁玉先生的《镇台念书》里用到“一劲儿”的例如：

（张曜）我把你个蠢材，今天怎么一劲儿咳嗽哩？

（白线）我昨天晚上受了凉了，今天一劲儿咳嗽哩。

（差役）禀大人，抚台差人，一劲儿催呢。

我们从《醒世恒言》里找到用到“只管”和“即忙”的例句若干，括号里是卷次。

恰正是汪知县乡试房师，怎敢怠慢？即忙起身梳洗，出衙上轿，往河下迎接……（29）

看了文书，只管摇头：“恐没这事！”（29）

此奴随我多年，并无十分过失，如何只管将他这样毒打？（35）

暗暗感谢天地，即忙收拾起身。（35）

今日与我成了夫妇，万分好了，还有甚苦情，只管悲恸！（36）

朱源即忙还礼，用目仔细一觑，端的娇艳非常，暗暗喝采道：“真好个美貌女子！”（36）

我们从《初刻拍案惊奇》里找到用到“只管”和“即忙”的例句若干，括号里是卷次。

如此价钱也好卖了，如何只管在我家门首喧嚷？好不晓事！（8）

即忙叫家人到家中拿了两个元宝，跪着讨饶。（15）

既无凭据，知你是真是假？就是真的，费发已过，如何只管在此缠扰？（19）

又是你这老厌物，只管缠我做甚么？（23）

罗仁卿是个自身富翁，见县官具帖相请，敢不急赴？即忙换了小帽，穿了大摆褶子，来到公厅。（26）

我们还从李芳桂的剧作里找到“只管”当“一直”讲的例句：

我只管给你使眼色呢，你不省得么。（《香莲佩》）

咳，吓坏了，吓坏了。看这腿，你只管软地做啥哩？（《十王庙》）

吴年兄，哭一声也就够了，只管哭得我连话都问不成了。（《紫霞宫》）

关中方言“只管”还具有其早期“只顾”的意思。下面是我们从《二拍》里找到的例句：

富翁心里想道：“难道当日这家的妾毕竟卖了？”又疑道：“敢是面庞相像的？”不离船边，走来走去只管看。（《初刻拍案惊奇》15）

只管把酒相劝，吃得酩酊，扶去另在一间内书房睡着。（《初刻拍案惊奇》15）

既有了娶娼之意，归家见了旧妻时，一发觉得厌憎，只管寻是寻非，要赶逐妻子出去。（《二刻拍案惊奇》6）

你只管自家的来世，再不管我的终身！（《二刻拍案惊奇》9）

况又是实实是骨血，脚踏硬地，这家私到底是稳取的了，只管依着我们做去！（《二刻拍案惊奇》10）

心里妄想道：“如此美人，得以相叙一宵，也不枉了我的面庞风流。却怎生能勾？”只管仰面直看。（《二刻拍案惊奇》29）

李芳桂的剧作里有大量“只管”当“只顾”讲的例了，如：

只管说我的是同一辈，着是那样称呼。(《香莲佩》)

乳娘，你我回去了罢。只管抢白他是怎的？(《十王庙》)

老爷只管走，小人不分昼夜，只消五六日就赶上了。(《玉燕钗》)

老爷只管出去。(《玉燕钗》)

兄要去，只管去。(《白玉钿》)

兄要去只管去，你莫要管我。(《白玉钿》)

明日官人要字要画，只管来取。(《蝴蝶媒》)

其二，关中方言“常常”的变体有“常、经常（按：西安一带口语读作[tɕiŋ^{31} tʂʰaŋ$^{24\text{-}31}$]，文读则“常”字不变调；另外，“时常、事常、泛常”的“常”字，口语也不变调）、时常、事常、泛常”；“始终”的变体有“始终、总、总是”。例如：

他时常/事常/泛常爱在书店去，招嘴动辄就把书买回来咧。

他时常/事常/泛常来呢；你先坐着，说不定他一会儿就来咧。

把你等咧一天，始终/总/总是不见你在单位去，我就回来咧。

其三，普通话“终于”西安作“最终、还是、最后、到底”，例如：

问题到底解决咧。

反复试验，最终成功咧。

等咧⊆多长时间好久，他还是来咧。

“最终、最后、到底”常常还连带“还是”。例如：

问题最终还是解决咧/问题最后还是解决咧/问题到底还是解决咧。

其四，“永远”西安方言也用，商州方言把“永远”作“永永”。富平方言的“永总、永古、永共”都有“永远，从来”的意思，其中“永共”还有“一共”的意思。例如：

你永总/永古/永共都是我的好朋友。

这号人，我永总/永古/永共都看不起。

嫂嫂不言喘言语，恐怕你永总不得言喘了。(李芳桂《紫霞宫》)

其五，户县方言的“定定儿/定固儿”是“经常性地”的意思，其中“定固儿”是“固定”逆序形式的儿化。例如：

他定定儿/定固儿欺负我呢。

他定定儿/定固儿在我这儿来呢，我也定定儿/定固儿在他兀搭儿去呢。

其六，扶风方言把“经常”作“打常、彻满”等，凤翔相应地作“一经”。例如：

扶风：他彻满迟到。

扶风：他打常到哇啊那里去呢。

凤翔：你一经欺负我哩。

凤翔：这个学生一经迟到哩。

凤翔：他一经到我屋来哩。

5.3.4 “本来”的变体

其一，西安方言“本来”的变体有“本来、原先、原本、在早、本该、早先、老早”（“老”字户县又读去声）；宝鸡一带作“老里、头里”，“头里”本来是时间名词，指以前，也用如“先”，如“你先走”，宝鸡一带作“你头里走”；蓝田又作“底个了儿[tɕi⁵¹ kɤ³¹ liɔr⁵¹]”，户县又作“底个老儿[ti⁵¹ kɤ³¹ lə⁵¹]”，岐山又作“上往年”，“底个了儿/底个老儿”等是20世纪60年代以前老派口语的常用词，今已很少用了。其中，“本该”是“本来该”省去了“来”字。“本来”意义的“原来”，关中老派口语基本不用；普通话的“原来（这样）”西安一带口语作“半会/半十年半十会”。关中老派口语还有“头꜀场”和“后꜀场”两个相反的概念，分别指本来和后来；“头场、后场”的本义分别指农事活动的首次碾场和后来碾场。例如：

他原先/原本/在早/底个了儿就不是这个地方人，是后来搬来的。

这事情的责任本该是你的，咋能推给我呢？不会弄虚作假的人就这们可怜的！

我一直当你是北京人，你半会/半十年半十会也是西安人，你普通话咋说得镇这么好的！

其二，关中方言还有一个“世来”，有“向来；本来就，按理还，按理应当”等意思。其中“世”字在关中方言里有“教养（子女）”的意思，例句如“世咧好娃咧，大人不操啥心；世下不肖子孙咧，简直把人能气死了”。“世来”的用法，请看如下例句：

狗家犬类世来是吃屎的噻，如今的狗咋就连屎都不吃咧呢？

女人家世来结咧婚就得要娃生孩子呢，现如今还有不少女人不要娃呢。

世来教师把课上好，谁还会有啥意见呢；你一堂课就把几个字念错咧，教啥语文呢？

凤翔把西安等处的“世来”作“世下”，例如：

吩那个人脑子聪明的很，世下当老板的。

狗世下是看门块[.uæ]的，黑了晚上一听到生人脚步声就叫唤哩。

女人家世下就是做饭的，但是你看这庚如今还有几个女娃娃学做饭哩？

其三，西安的“旋就”相当于“本来就”，其中“旋＝算”（按：《广韵》去声线韵，旋，随恋切）。西安把“边走边说”作“旋走旋说”；户县渭丰等地“旋就”作“现竟”。例如：

旋就/现竟的本来就是这样或那样的！

他旋就/现竟是西安人，你咋能说他是河南人呢？

我旋就/现竟加班儿来来着，你咋能给我没记加班儿呢？

你旋就/现竟是个有钱人嘍，我就是想在你这儿借些钱呢！

旋就你就给我没还钱，你还硬要说还咧；你狗肏的讹人不得好死！

"旋就/现竟"还由"本来就"的意思引申为"本来已经"等意思。例如：

领导旋就/现竟都答应咧，你还纠缠啥呢？

他旋就/现竟都结咧婚咧，你还给他说媒呢！

麻烦事情旋就/现竟都摆在你跟前咧，你还不当一回事！

你这娃嘍，旋就/现竟都把你妈气得快死咧，咋还气你妈呢？

"现竟"的早期用法可能如清末民国初蒲城李桐轩先生的剧作《一字狱》里赵天泽的台词"我们这些颟顸官吏，现竟活着，是不可不救的。"应当是"现在竟然"的意思。

其四，关中方言"实料想"是"本来估计"的意思，其中"实"当"本来"讲。例如：

实料想你一下车就过来咧，你却却，又跑到书店去咧。

实料想领导要发脾气呢，没料想不但没发脾气，还高兴得不得了。

你实料想人别人；人人都跟你一样的老实厚道不哄人；你对谁都忠诚，看上当咧没？

前几年，我实料想辛辛苦苦一年下来能攒下 10000 块钱呢，没想到连 5000 元都攒不下。

5.3.5 "闻"和"藉"

其一，普通话"趁"在关中方言里常常作"闻"，如"闻早｜闻凉｜闻热"。例如：

闻凉走，半上午就到咧，省得晌午的日头晒得人难受。

他也不想着闻年轻着给自己攒些养老的钱，光知道胡花。

闻你没退休呢，你把你管的事情给几个年轻人先交待好。

我想请他吃饭呢，闻他没下班儿就坐到他办公室候他咧。

《汉语大字典》4295 页"闻"字条第⑨义项为"趁；乘。张相《诗词曲语辞汇释》卷五：'闻，犹趁也，乘也。'唐杜甫《示獠奴阿段》：'郡人入夜争余沥，稚子寻源独不闻。'唐韦应物《早春对雪寄前殿中元侍御》：'闻閒且共赏，莫待绣衣新。'宋辛弃疾《柳梢青》：'去时曾劝，闻早归来。'"《汉语大词典》7160 页"闻"字条第⑧义项为"趁。表示及时。《敦煌变文·搜神记》：'比来梦恶，定知不活，闻我精好之时，汝等即报内外诸亲，在近者唤取，将与分别。'宋吴潜《满江红·上巳後日即事》：'舴艋也闻钲鼓闹，秋千半当笙歌乐。'”白维国先生主编的《白话小说语言词典》1624页有“闻早”词条，例如，“齐王闻早献纳降书，今孙子遭围，厮勾死也。”（七国春秋·下）”

其二，普通话“趁”在关中方言里又作“藉”。这个“藉”字跟上述“闻”字的搭配对象不太一致，“闻”字可以跟“早、热、凉”等形容词搭配，“藉”字则不能。例如：

藉你没退休呢，你把你管的事情给几个年轻人先交待好。

我想请他吃饭呢，藉他没下班儿就坐到他办公室候他咧。

藉给娃娶媳妇儿这个机会，给你把家具也买了；省得可怜吧唧的。

藉你姐夫过年给你爸拜年得咧的时候，你把这个事情给你姐夫说嘎说说。

西安一带的副词“藉”读作送气声母[tɕ^{h}iɛ^{55}]，“藉”字用作动词“凭借”意义的时候读作不送气声母[tɕiɛ^{55}]。切韵音系“藉”字在从母去声祃韵，与“褯”字同音。“褯”字在西安读作不送气声母[tɕiɛ^{55}]，户县方言是送气和不送气两读[tɕ^{h}iɛ^{55}/tɕiɛ^{55}]。

关中方言的“闻”字不连带时态助词“着”字，“藉”字可以连带“着”字，例如：

藉着你没退休呢，你把你管的事情给几个年轻人先交待好。

我想请他吃饭呢，藉着他没下班儿就坐到他办公室候他咧。

5.3.6 副词“旋”

“旋”字中古在山摄合口三等邪母，一在平声仙韵，一在去声線韵；在共同语和关中方言里是阳平和去声两个声调，关中方言“旋风”的“旋”字也读作阳平。

中古山摄合口三等仙韵、臻摄合口三等谆韵逢精组字的大致特点为：关中中西部口语读作合口，东部读作撮口；西安的读音特点基本上跟东部一致，但是副词“旋”读作去声[suã^{55}]。如三原“全痊泉[ts^{h}uã^{35}]，宣＝酸[suã^{31}]，选[suã^{52}]，镟＝算[suã^{55}]；俊竣浚[tsuẽ^{55}]，旬询荀巡循[suẽ^{35}]”，宝鸡“全痊泉[ts^{h}uæ̃^{24}]，宣＝酸[suæ̃^{31}]，选[suæ̃^{52}]，镟＝算[suæ̃^{44}]；俊竣浚[tsuŋ^{44}]，旬询荀巡循[ɕyŋ^{24}]”，渭南“全痊泉＝权，宣＝轩，镟＝楦；旬询荀巡循[ɕyɛ̃^{35}]”。

关中方言副词“旋”也读去声，有三个义项：一个亦如普通话的“暂时（做）”，例如：

你给我把这个包旋提一下一阵子。

你旋在这儿等一会儿，他马上就来咧。

你替我领的工资旋搁到你兀搭那里，等一向我来取。

一个如《方言调查字表》52页的“旋吃旋做”指“边吃边做”，例如：

你俩旋做旋吃。

咱俩旋走旋说。

你把车望头往前旋开旋问。

关中人把黄鹂鸟也叫“旋黄旋割”呢，“旋黄旋割”就是哪一片子先黄就割哪一片子。

我们从宗鸣安注的《陕西近代歌谣辑注》210 页看到长安柏子俊先生的《拟禽言》云：“旋黄旋获，谨防五月西风恶……”

“旋”字在西安一带跟“就”组合成“旋就”，是“本来就”的意思，例如：

旋就的的确如此；千真万确！

我旋就是 1948 年入党来！

你旋就那天就没去，咋能说去来来着？

他旋就都不得活咧，是我把他救活的！

西安一带的“就”字在“旋就”这个语境里读作齐齿呼[tɕiɤu^{55}]，作为副词、连词的时候，口语读作开口呼[tsɤu^{55}]。

关中方言的副词“旋”在西安等处部分居民的口语里还作“现[ɕiã^{55}]”，西安一带的“旋就”在户县渭丰、涝店一带相应地作“现竟[ɕiã^{55} tɕiŋ^{55}]”。

关中方言区许多人不知道副词“旋”字该怎么写，都写成了“算”字，笔者最少有一篇文章在西安某个报纸发表的时候，编辑把原稿里的“旋”字改成了“算”字。

5.3.7　读作阳平调的副词“且”

关于读作阳平调的副词“且”（即本书 2.2.2 小节所讨论的“且”）有必要予以交待。

其一，读作阳平的“且”字可以跟否定词“不、覅”组合，但是，不可以跟否定词“没”字组合；而“没”字却可以跟“暂时，暂且[tɕʰiɛ^{52}]”组合。也就是说，“且[꜁tɕʰiɛ]”跟“暂时，暂且”是呈互补状态的。下面举“꜁且不、꜁且覅、暂时/暂且”出现的例句：

我꜁且不去着呢，得忙完这个事才能去。

这本书我꜁且不买着呢，因为太贵咧；最近买书又花得钱多咧。

教他꜁且覅急着，肯定给他批，得等几个领导都在的时候开个会着。

你꜁且覅急着去，你急着去咧，他还没上班呢，不是得等一阵子吗？

我暂时/暂且没那们那么多钱借给你，就给我发脾气，你咋不讲理？

我暂时没有这些闲工夫，等有闲工夫咧，静下心，把这个事情的根根稍稍好好儿写出来。

其二，关中方言“旋꜄”字跟“且”字在“暂且，暂时”意义上也有互补关系。假如就“旋꜄”字与否定词的搭配关系来看，“旋꜄不、旋꜄没”不能成立，“旋꜄嫑”却可以成立；“旋꜄嫑”跟“꜁且嫑”是等义的，例如：

你旋꜄嫑急着 = 你꜁且嫑急着。

那那么咱就旋꜄嫑急去着 = 那咱就꜁且嫑急去着。

其三，关中方言上声字“且”跟“旋꜄”字所具有的互补关系，可以由如下的例子来看。

꜂且战꜂且走 = 旋꜄战旋꜄走。

꜂且打꜂且退 = 旋꜄打旋꜄退。

5.3.8 “壳里抹擦”等

其一，“很迅速地”，关中方言很普遍地作“壳里抹擦[kʰɯ^{31} li^{31} ma^{31} tsʰa^{31}]”，户县作“壳梯[tʰi^{31}]抹擦”。“壳里抹擦/壳梯抹擦”本来可能是拟声词，如迅速割麦子的声音；有的外行的所谓“方言学者”认为这是蒙古语借词，我们询问过研究蒙古语的专家，蒙古语里没有这个词语。例如：

你壳里抹擦把饭吃毕赶快上班去。

咱咱们先走，他壳里抹擦就撵上来咧。

教他壳里抹擦把手头的事办完赶快回来。

一伙武警战士壳里抹擦就上到山顶去咧。

几个小伙子壳里抹擦就把一车货下完咧。

其二，“很迅速地”西安一带又作“登[təŋ^{24}]/登儿[tə̃r^{24}]”。例如：

他咋꜁登/登儿不见咧？

我把他说批评咧两句，他꜁登/登儿就走咧。

我꜁登/登儿就把这些活做完咧，我把活一做再给你辅导作业。

刚来，咋就登/登儿就却又要走呀？有多忙的，镇这么着急的？

“很迅速地”在宝鸡一带作“麻俐”，“麻俐”又用于祈使句里如“你麻俐走”，即“你放快走”；蒲城等处作“□干[zəŋ^{31} kã^{31}]”。蒲城的例句如：你□干过去｜教他□干走。

其三，“很迅速地”在关中方言里常常以拟声词的形式来表达，如西安一带作“叮咚[tiŋ^{24} tuəŋ^{24}]/□啦[zʅ^{31} la^{55}]”，“叮咚”在用作拟声词的时候读作[tiŋ^{31} tuəŋ^{31}]；户县方言除了“叮咚[tiŋ^{35} tuəŋ^{35}]/□啦[zʅ^{31} la^{55}]”以外，还作“出儿[tsʰuəɯ$^{31\text{-}35}$]/出愣儿[tsʰu^{31} ləɯ^{55}]”；宝鸡一带作“仓[tsʰaŋ^{31}]”；蒲城等处作“□干[zəŋ^{31} kã^{31}]”。例如：

西安：他叮咚[tiŋ^{24} tuəŋ^{24}]/□啦[zʅ^{31} la^{55}]不见找不到咧。

西安：他叮咚[tiŋ^{24} tuəŋ^{24}]两下就把三个小偷儿打倒咧。

西安：你教他叮咚[tiŋ^{24} tuəŋ^{24}]/□啦[zʅ^{31} la^{55}]给我把事一半再走。

户县：他咋出儿[tsʰuəɯ$^{31\text{-}35}$]/出愣儿[tsʰu^{31} ləɯ^{55}]就不见找不到咧？

户县：你咋出儿[tsʰuəɯ$^{31\text{-}35}$]/出愣儿[tsʰu^{31} ləɯ^{55}]就过来咧？肯定不是走着来的。

宝鸡：你仓[tsʰaŋ^{31}]过去给他把活做完再走。

宝鸡：他仓[tsʰaŋ^{31}]就来啦，你把他候嘎等一下。

蒲城：你□干[zəŋ^{31} kã^{31}]过来，有些事情商量干商量一下。

另外，西安一带的“□啦[zʅ^{31} la^{55}]”又引申为“突然”的意思。例如：

赶快办，事情□啦[zʅ^{31} la^{55}]一变就麻烦咧。

我跟他好说呢，他□啦[zʅ^{31} la^{55}]就给我把脸变咧。

他一听我忙着呢，□啦[zʅ^{31} la^{55}]给我叫咧几个人帮忙来咧，其实用不了镇这么多的人。

5.3.9 “终究”的变体

其一，关中方言“终究”的变体主要有“最终、终久、终须”，例如：

你最终/终久/终须没把娃教育好，就教他在社会上碰去。

社会财富最终/终久/终须还不是社会上的？谁也带不到坟墓里头去。

他最终/终久/终须还是没答应你提出的条件，看来你是提得太高咧。

我们从近代作品里找到用到“终久”或“终须”的例子如下：

口里虽如此说，心下因是两梦不约而同，终久有些疑惑。(《初刻拍案惊奇》20)

我妹子性格极好，终久也是良家的货。(《初刻拍案惊奇》22)

我与你欢乐，只是暂时，他日终须让别人受用。(《初刻拍案惊奇》26)

哎贼呀！我与你终须要算账。(李芳桂《香莲佩》)

(华柔玉)羞答答，怎么那样称呼？(柳碧烟)终须要叫，何羞之有？(《蝴蝶媒》)

其二，关中方言“终究”的变体还有“还是[xæ^{24} sʅ^{55}/xæ^{24} sʅ$^{55\text{-}31}$]”；这是“还是”语法化的结果，其中，口语里常见读音是“是”字变作阴平调。“还是”之所以当“终究”讲，可能跟其当初常常与时间副词“最终，最后”等搭配有关，以下例句可以看出语法化过程来。

他说马上就去呀，一忙，最终还是没去(/一忙，还是没去)。

娃说准备出门开会呢，来咧个朋友，最后还是迟去咧一天(/还是迟去咧一天)。

刚知道把钥匙丢咧，就马上寻，还是没寻来找到。

把合同一订，马上加紧干，还是没按时把工交了。

他在咱单位找你来咧，刚到，就有个急事回去咧，还是没见你。

另外，关中方言的“还是[xæ^{24} sɿ$^{55-31}$]”又有“仍然，仍然是；最好”等意思。例如：

这个问题，我看还是你来回答。

你上一回就没去，他这回再叫，你还是要去。

他在这个单位还是副职，工作情况也还是老样子。

5.3.10 “一天、一回”用作时间副词的情形

“一天”和“一回”都是数量关系的词组，在关中方言里也可以用作时间副词。

其一，“一天”在关中方言里有“一天到晚，整天”的意思，由此引申出“经常，经常性地”的意思。如扶风方言例句“他一天转来转去的，啥都不想做”；再如户县方言例句：

他一天都想些啥，我咋知道呢？

他一天有事没事都爱在这儿来。

我一天就不爱看这些东西，有时间咧假如有闲暇就看些书。

他一天连啥都不做，真真儿是个闲人儿实在是个游手好闲之徒！

我一天老不见他，他最近这段时间忙得没个缝缝儿指极为繁忙。

其二，关中方言的“一回”也有“经常，经常性地”的意思。例如：

他一回最爱吃臭豆腐咧。

我一回就想多睡些懒觉呢。

你爸一回给你给的钱你都弄咧啥咧？

这个领导耿直得很，一回最讨厌谁拿着礼礼物寻他办事咧。

5.3.11 其他时间副词

其一，关中方言也用到了“乍”，“乍”西安等处读作[tsʰa^{55}]。例如：

这个事他乍一提说，我就坚决反对。

他乍来咱单位，咱的咱们还得多帮助他。

你乍在北京去，可能也还没浪玩儿几个地方呢。

我乍调到西安来，这个单位才二百多个人，如今都三百多个人咧。

其二，西安一带方言跟普通话的“当初”意义相近的有“这么[tʂẽ^{52}]西安、蕊[zuei^{51}]户县城关等处/这么[tʂẽ^{51}]户县大王/这一[tʂei^{51}]户县渭丰”，比较如下：

北京	他刚来就下地去了	我乍来那时候他还没当校长呢
西安	他这么来就在地呢去咧	我这么来那阵儿他还没当校长呢
大王	他这么来就在地[ti$^{55-51}$]去咧	我这么来那阵儿他还没当校长呢

渭丰　他这一来就在地[ti$^{55-51}$]去咧　我这一来那阵儿他还没当校长呢

其三，关中方言“已经”的变体有“已经、业已、早已、早都”，相对来说，“早已、早都”要比“已经、业已”离说话时要远些。“业已”一词户县、西安、咸阳及其以东有在口语里用到的，关中西部不用。例如：

我第二回见他，他已经把媳妇儿娶咧。

他早已的咧孙子咧，他孙子都 8 岁咧。

这个政策业已出台，马上就执行呀。

他早都回来咧，你没见，我见来来着。

有必要特别指出的是：“已经”在西安一带通常读作[i^{52} tɕiŋ^{31}]，“经”字还常常变作上声调[tɕiŋ^{52}]（＝景），这可能是“经”字被“已”字同化成了上声调。“已经[i^{52} tɕiŋ^{52}]”既可用作副词，又可用如动词，一般含有“不得已”的语义。因为“已经[i^{52} tɕiŋ^{52}]”用作副词又用如动词的特点，下边例句的中心词常常省略。

已经[i^{52} tɕiŋ^{52}]不行咧 = 已经[i^{52} tɕiŋ^{52}]咧。

已经[i^{52} tɕiŋ^{52}]丢咧，就再覅说啥咧 = 已经[i^{52} tɕiŋ^{52}]咧，就再覅说啥咧。

已经[i^{52} tɕiŋ^{52}]不小心弄烂咧，覅拾掇修理咧，重买 = 已经[i^{52} tɕiŋ^{52}]咧，覅拾掇咧，重买。

“已经[i^{52} tɕiŋ^{52}]”也可以重叠为“已经已经[i^{52} tɕiŋ^{52} i^{52} tɕiŋ^{52}]”，但是，“已经[i^{52} tɕiŋ^{31}]”不能这样重叠。“已经已经[i^{52} tɕiŋ^{52} i^{52} tɕiŋ^{52}]”只具有了动词的性质，意即“不该错而已经错了（也就只好将错就错了）”。例如：

你没叫你爸杀猪，你没在，你爸把猪杀咧，已经已经咧，就覅威[uæ^{31}]训斥你爸咧。

给老张的书给咧老王，已经已经咧，就不能要回来，重给老张给一本就对咧。

其四，“往往”在西安方言里又作“老是”，但西安人感到“往往”文气些，“老是”用起来很顺口，但“往往”和“老是”的语法地位不同；比较如下，“这搭”指这里。

小刘往往学习到深夜≠小刘学习老是到深夜/小刘老是学到深夜。

这搭是原始森林，往往四五十里不见人烟≠这搭是原始森林，四五十里老是不见人烟。

其五，“后来”在关中方言里普遍地也作“后（後）来、以后、望后”等，西安一带口语又作“后次”，宝鸡一带口语又作“后嗣”；“后嗣”是“嗣后”的逆序形式。比较如下：

西安　他给领导提过意见，后次领导就经常寻他的抹搭找他的麻烦呢。

宝鸡　他给领导提过意见，后嗣领导就经常寻他的抹搭哩。

其六，关中方言“顿时”的变体主要是“꜁登/登儿中部地区”，例如“咋就꜁登/登儿不见咧找不到了？｜꜁登/登儿走咧”；户县又作“嗤儿[tsʰuəɯ^{35}]”。

关中方言“꜁登/登儿/嗤儿”还可以构成“꜁登/登儿/嗤儿 V_1 ꜁登/登儿/嗤儿 V_2”式，其中“V_1”和“V_2”往往是语义相反的词语。例如：

你咋꜁登/登儿/嗤儿来咧꜁登/登儿/嗤儿走咧？

你不敢给咱꜁登/登儿/嗤儿去咧꜁登/登儿/嗤儿回来咧！

他꜁登/登儿/嗤儿就出来咧，꜁登/登儿/嗤儿就却又不见咧。

其七，“一向”在西安方言的变体主要是“向来、从来”。“一向”在西安一带是“好久”的意思，礼泉一带相应地作“一老程”（按：表示时间的指示代词，西安一带有“这一[꜂tʂei]一向最近、兀一[꜂uei]一向前不久/那[꜂næ]一向”，“一向”又作“向/茬子”，礼泉一带分别为“这一[꜂tʂei]一程子、兀一[꜂uei]一程子/那[꜂læ]一程子”）。例如：

他办事向来/从来不塞黑拐行贿。

他一向没来咧西安/他一老程没来咧礼泉。

我一向没见你咧，你这一向（/一向/茬子）忙啥呢？

其八，关中方言不用“渐渐”，而用“逐渐”（西安读作[tsɤu^{24} tɕiã^{55}]，周至读作[tsɤu^{35} tsã^{55}]）；户县等处常用“慢儿慢儿[mə$^{31\text{-}35}$ .mə]”表示“渐渐”的语义，“慢儿慢儿”也指动作迟缓，如“老汉慢儿慢儿过来咧｜老汉走得慢儿慢儿的”。例如：

这日子逐渐就好咧＝这日子慢儿慢儿就好咧。

其九，扶风的“到了儿”是“到终了，到底”的意思，指经过种种变化或曲折最后实现的情况：例句如“说了么那么多好话，到了儿人还是没来｜她娘她爸不情愿，到了儿人还是和个那个小伙子结了婚了”。“头里”在关中方言里既指前头，又用如副词“先”，如兴平方言例句“他到在头里呢｜你头里走，我就来咧”。

其十，富平的“一故脑儿[i^{31} ku^{55} nau^{53} .ər]/一道故[i^{31} tau^{55} ku^{53}]/应分故[iŋ^{31} fɛ^{55} ku^{53}]”都是“从来，始终”的意思，其中“故”字去声、上声两读，例句如“一故脑儿没有啥事”。

其十一，富平的“翌立[i^{55} li^{31}]”是“刚，马上，立即”的意思，例句如“一回去，翌立就洗脸喝水｜才下工，翌立吃饭”。蒲城的“连上”是“马上”的意思。西安方言“马上[ma^{52} ʂaŋ^{55}]”一词的变体主要有“马上、立马、立地、当下”，户县又作“立能能/马上办”。例句如“他脾气一来，马上/立马/立地/当下/立能能/马上办就给你伤脸翻脸呢”。户县把“马上”读作[ma^{51} ʂaŋ$^{55\text{-}31}$]。“就”字在关中方言里也常常当“马上”讲，例句如：你就来，啊！｜我这就去｜他就走呀他马上就要走了｜我就给你把钱打过去。

其十二，关中方言的副词“紧[tɕiẽ⁵²]（凤翔读作[tɕiŋ⁵²]）”常常跟“得咧”构成“紧＋V＋得咧”式。“紧”是“（应该）马上”的意思；“得咧”的本义是“的时候”，在这种结构里的意义有所虚化，“紧＋V＋得咧”的整体意思是“（应该）马上就V”。例如：

约定的稿子，紧交得咧；马上还要排版呢。

娃的媳妇儿，紧娶得咧；娃都快三十岁咧。

明儿就出差呀，行李也紧拾掇收拾，整理得咧。

你今儿要走亲戚呢，都快晌午咧，紧去得咧。

你的你们给他说的事，都说咧好几个月咧，紧办得咧。

马上就过年呀，给农民工的工资，紧发得咧；不敢再耽搁咧！

几个入党积极分子的申请申请书都递上来快半年咧，紧研究得咧。

你妈把饭早都做熟了，咱的咱们紧吃得咧；吃罢饭还有事呢。

上列句式是口语里最常见的；事实上，这种结构里受事也可以处在其他位置。例如：

饭紧做得咧/紧做得饭咧。

饭紧吃得咧/紧吃得饭咧。

稿子紧交得咧/紧交得稿子咧。

媳妇儿紧娶得咧/紧娶得媳妇儿咧。

工资紧发得咧/紧发得工资咧，马上过年呀。

但是，趋向动词以及复合动词等只可以构成如上“/”前的句式，却不可以构成“/”后的句式。例如：

行李紧拾掇得咧/*紧拾掇得行李咧。

申请紧研究得咧/*紧研究得申请咧。

事紧办得咧/*紧办得事咧｜这个事紧办得咧/*紧办得这个事咧。

亲戚紧走得咧/*紧走得亲戚咧｜在亲戚家紧去得咧/*紧在亲戚家去得咧。

西安一带“紧该”也可以连用；常跟句末的“咧”字呼应，不与“得咧”呼应。例如：

事情紧该办咧。

紧该给娃娶媳妇儿咧。

紧该在北京去一回咧，不去不行嘼！

紧该研究你的问题咧，拖得时间太长咧。

马上就过年呀，紧该把扶贫款发下去咧。

其十三，关于户县方言的“好闷个儿/杏木个儿”

“好闷个儿”在户县读作[xau⁵⁵ mẽ³¹ kə⁵⁵⁻⁵¹]，“杏木个儿”在北部渭丰等乡镇读作[xəŋ^{55} mu^{31} .kə]。户县方言的“好闷个儿/杏木个儿”是“偶尔，有时候”的意思。例句如。

他好闷个儿/杏木个儿就来咧。

我好闷个儿/杏木个儿还要出远门去呢。

天旱的时间长咧，好闷个儿/杏木个儿丢几星雨，顶啥事？

你好闷个儿/杏木个儿给我给过些东西，我忘不了你的恩情！

“好闷个儿/杏木个儿”还可以引申为“平白无故”的意思。例如：

我也没说你啥，你好闷个儿/杏木个儿欺负我，是咋咧？

你好闷个儿/杏木个儿就把我打咧一下，我把你咋咧吗？

其十四，关中方言的“就[tsɤu^{55}]（＝揍；西安音）”还有“马上”的意思，例如：我就去｜我就走（呀）｜你这现在，当下就来｜他就过来（咧）｜回信我就写｜你说就走，咋还没走呢？｜他就来还不行吗？

其十五，周至方言的“如今[vu^{35} tɕiẽ^{31}城关及西乡｜zu^{35} tɕiẽ^{31}东乡]”常常用作“现在”的意思，凤翔方言的“如今庚[zəŋ$^{24\text{-}31}$ kəŋ$^{31\text{-}52}$]”常常用作“刚才”的意思。例如：

周至：你如今就过去。

凤翔：（问）你啥会来的？（答）我如今庚来。

5.4　频率副词

关中方言表示频率的副词主要有“重、别[p^{h}iɛ^{24}]、从、再、还、爱、肯、辄、却”等。

5.4.1 “重、另、别”等

其一，“重”字西安读作[≤pf^{h}əŋ]，富平读作[≤ts^{h}ɥəŋ]，宝鸡读作[≤tʂ^{h}əŋ]，陇县、定边、凤县读作[≤tʂ^{h}uŋ]。“重”字的用例如：重来、重做、重申请、重打鼓另升堂。西安、富平、扶风等处还以“从[≤ts^{h}uəŋ]”字表示频率副词“重”的语义的。如：从做、从申请。扶风的“从”或“别[p^{h}iɛ^{24}]”有三个义项：一是“重复，再”，例句如“我没记下，你从/别说一遍”；二是“从头另行开始（变更形式或内容）”，例句如“你看干这么写不行了我就从/别写”；三是“另，另外”，例句如“这一个不行，你给我从/别取一个”。

其二，“另”字作为副词关中方言也用，一般是读书人用，从口语角度看远无其他同义词使用频率高，例如：我另给你给几个。宝鸡一带以“另”字表达“分家”的意义，当地把分家叫做“另家”，关中中东部把分家还叫做“分家”。西安一带口语也用“另/单另”表示“分家”的意义；不过，这里的

“另/单另”指未履行正式分家手续（如写“分书分家契约”），只是分灶吃饭，对财产及以后职责（如对父母的养老、葬埋等）未具体化，例如：我给老大把媳妇儿娶咧，老二刚问订婚上，老三还没问呢；我把老大先另/单另出去咧。

其三，关中方言“别[pʰiɛ^{24}]V”是“重新V”的意思。从口语角度看，频率副词“别”的使用频率相当高。“别V”的“别”在关中方言里很普遍地读作送气声母；“别V”的例子如：别来｜别做｜别写｜别寻｜别挖｜别改｜别蒸｜别研究｜别讨论｜别申请｜给你舅家拜年的包子没蒸好，别蒸｜听说给你那个东西烂咧，我给你别给一个。按：“别”字《集韵》薛韵两读：一在帮母，一在並母；关中方言“别”字读作送气声母，是按並母读的。关中方言“区别、离别”的“别[piɛ^{24}]”字声母均不送气。《汉语大字典》“别”字第⑧义项为“另，另外。”《史记·高祖本纪》：“使沛公、项羽别攻城阳。”五代李煜《相见欢》：“别是一番滋味在心头。”清谭嗣同《仁学》：“破有国有家者之私，而纠合同志以别立天国。”

5.4.2 “再”字

其一，关中方言也用“再”字表示频率，例如：再给一个｜再来一个｜你再有钱你有去，我也不借你的。“一再、再三”西安方言也是常用的。例如：我一再求迫求他，他才答应咧｜他不答应就没办法咧，你就是再三求迫也不行。

其二，户县等处“再一”读作上声[tsæ^{51}]，如“再一天以后的某一天｜再一回以后的某一回｜再一向以后的某一段时间｜再一月下一月｜再一星期一星期。”

其三，普通话的“不再、没再、别再”，西安一带分别逆序为“再不、再没、再覅”。例如：

我把他说批评咧一顿，他就再不来咧。

哎，你再覅胡说八道咧，天底下哪搭哪里有这号这样的事情呢？

我都好长时间再没在北京去过咧，知不道不知道北京变化有多大。

其四，关中方言的“再”也用如连词表示假设；表示假设的“再”是表示频率的副词“再”进一步语法化的结果，这个问题本书第八章还要专门讨论。“再”表假设的例句如：

你再想去咧你就去。（本句“再”字是表示频率的副词兼假设连词）

你再缺钱就来拿，我没有个多也有个少呢。（本句及以下两句“再”字是表假设的连词）

你再闲咧给我来帮几天忙，我最近简直忙得没缝缝没有一点闲暇。

（老师训学生）你这阵儿不好好儿念书，将来再把事干大咧，你把驴骑到我门上诀骂来！

其五，关中方言“再说”的通常意义也是“再说”，例句如“这个事情等我出差回来咧再说”，“再说”也用如“再方面”的意思。例如：

再说，她个女人家，能有多大力气呢？

再说，都是凭工资吃饭呢，谁能有多少闲钱呢？

再说，你跟他恁好的，你有时间的话，就给他帮忙去。

5.4.3 “爱”和“肯”

其一，关中方言也用“爱”字来作副词，如“这个娃爱哭｜那个老汉爱说笑开玩笑｜刀子不磨爱生涅生锈｜塑料盆子爱烂得很”；但是，“肯”字在关中方言的使用频率比“爱”字要高得多，使用范围也比“爱”字大得多。

其二，我们至今看不到“肯”字在关中方言当作能愿动词使用的任何例证，就跟从如今的北京话里看不到“肯”字当频率副词使用的任何例证是同样道理。“肯”字在关中方言口语里是“经常，经常性；容易”的意思。其中“经常，经常性”的意义，只有“肯＋V＋P”的句式才能成立，否定式不能成立。例如：

我这几年最肯出差咧。

这个教授就肯念白字。

这个地方肯出毛病，咱得操心注意着。

他肯来得很他经常来呢——*他不肯来得很。

他最近有些毛病，肯在医院去；可能在医院去咧。

他最肯在北京去咧他常到北京去——*他最不肯到北京去咧。

这类书他肯买，他就是研究这个的；我甚不不太研究这个也就甚不买。

读《费孝通人物随笔》（2000：55）有“肯”字用作频率副词的：“提到50年前德宗皇帝要求改革的热忱，他肯看书，也知道要力避腐败的积习。”费先生是苏州人，苏州方言也有这种用法。

其三，关中方言的“爱”和“肯”呈互补状态，“爱”字容易引起歧义（如容易被理解为“喜欢”）的时候就用“肯”。比较如下：

肯：ᶜ我肯在꜀我舅家去｜他肯在北京去得很｜他肯吃西瓜得很｜我看你肯上集赶集。

爱：ᶜ我爱在꜀我舅家去｜他爱在北京去得很｜他爱吃西瓜得很｜我看你爱上集。

其四，“肯”当“容易”讲，常修饰“吃、喝、长”三个单音动词，“肯吃”指牲畜食量大，“肯喝”指牲畜饮水量大，“肯长[$k^hẽ^{52\text{-}31}$ $tʂaŋ^{52}$]”指孩子个子长得快或幼小的禽畜长得快；“肯吃、肯喝、肯长”可以受否定副词“不”的修饰。例如：

这个猪肯吃、肯喝得很，一顿就吃一桶呢。

这个牛肯吃，啥都吃呢，那个牛不肯吃，光能吃好的。

这个娃饭量大，肯长得很；兀个娃饭量不大，不肯长。

柯理思（2009：39～43）《西北方言的惯常性行为标记“呢”》一文有这样一段话牵涉到了“肯”字的副词用法：太田辰夫（1987：192）讨论“爱”用来表示“常、频”的用法时指出这种多义模式在汉语里是反复出现的，并强调“爱”和“肯”的语义扩张的平行性。根据太田辰夫的考察，“肯”当然是古代汉语中就有的，在清初的北京话中有用作“容易……”之意，和意志全然无关的用法。太田辰夫所举的例句是《红楼梦》（第 57 回）的一句“春天凡有残疾的人肯犯病。”“肯”的这个意义在普通话中似乎已经被淘汰了，但是在北方方言中还可以看到：据《兰州方言志》438 页，“肯”在兰州话里能表示习惯，如“王师傅肯出汗”、“白杨盖房子肯生虫子”。我们这次调查没有确认“会、爱、要”以及兰州方言的“肯”在岐山话中是否也能标注惯常性行为。如果可以标注的话，那么西北方言就和闽语一样，可以用属于现实情态和非现实情态两种情态范畴的形式来标注惯常性行为。这两种方言虽然地理位置完全不同，也不会经过语言接触而互相影响，但却正好都是汉语诸方言中情态范畴的范畴化特别突出的方言。

我们从白维国先生主编的《白话小说语言词典》820 页看到了“肯”字第六义项及其举例：“时常，易于。[例]你又拿我作情，到说我小性儿，行动肯恼。（红楼・二二）家父有个胃脘疼痛之症，行常肯犯。（歧路・二三）天气很热，绍兴酒肯出汗，换过汾酒，却凉快些。（蜃楼・一五）”看来，“肯”字在近代汉语时期由能愿动词虚化成副词的用法较有普遍性。

我们从李芳桂剧作《香莲佩》里看到一例：“他肯跑些，得如不来？”意思是“他假如愿意跑的话，怎么会来呢？”其中的“肯”字还没有虚化，也许李芳桂所在的 200 多年前的那个时代，关中方言的“肯”字还用作能愿动词。

其五，关中方言“爱 V 不 V”的意思是（说话人以外的第二者或第三者）爱怎么样就怎么样。例如：

他爱来不来呢！

那些人爱去不去的！

他老张爱写不写去去吧！

你爱吃不吃的，关我啥事呢？

你几个领导爱研究不研究的去！

5.4.4 “还”字

其一，关中方言的副词“还”在句子里的用法跟普通话差不多，例如：

谁还没有个事情？

还得几个月才过年呢。

你还去不去？——还去呢||不去咧。

你这个书店还有卖的减价书没？——还有呢||没有咧/没咧。

其二，关中方言“还”字文读[꜁xæ]（＝孩），多数地方白读[꜁xa]。具体为：读作[꜁xa]的有商州、丹凤、洛南、华县、潼关、大荔、渭南、澄城、铜川、蒲城、白水、富平、高陵、旬邑、长武、彬县、永寿、淳化、三原、泾阳、礼泉、武功、眉县、凤县、宝鸡、凤翔、岐山、麟游、千阳、陇县；读如“孩[꜁xæ]”的有西安、蓝田、华阴、乾县、咸阳、户县、兴平、周至；读如“韩”的有合阳、宜川、黄龙、洛川、黄陵、耀州（以上读作[꜁xã]），宜君、定边读作[꜁xæ̃]；临潼读作[꜁xuã]（＝环），富县读作[꜁xuæ̃]（＝环）；韩城读如“哈[꜀xa]”。

其三，关中方言“还”字还可以用如程度副词，有“更，更加”的意思。例如：

老张的钱比老王还多。

娃肯定比他达父亲还厉害指能干。

我的水平就不行，其实，他的水平还高。

你嫑说你有多难受的，其实，他可能比你还难受呢。

其四，关中方言还可以用“还”字煞尾，处于句末的“还”字或是对某种理由的申说强调，或是因果复句中隐含了后面的结果分句，具有一定的语义虚化特征；跟邢向东《移位和隐含：论晋语句中虚词的语气词化》一文（2007：1025～1041）2.2 部分所讨论的神木方言“还”字（通常读作阳平[xɛ^{44}]，语气词化以后读作[xɛ^{21}]）有类似之处；关中方言句末的“还”字读作本调阳平，不变调（亦如内蒙丰镇）。下面将西安方言的例句与神木方言进行比较。

西安：（甲）不走咧，就在我屋吃。（乙）你没做饭呢，还！假装教人吃呢！

神木：（甲）不用走了，就在我们家吃吧。（乙）你连饭也没做上还！假装让人家吃嘞！

西安：（甲）要不然咱的商量嘎子咋像？（乙）你把东西都买下咧还！有啥商量的呢？

神木：（甲）要不咱们商量给下儿商量商量？（乙）你东西也买下了还！有甚商量的嘞？

西安：（甲）早知道他身体不好工作上把他多照顾嘎子。（乙）人都死咧还！落啥空头人情？

神木：（甲）早知道那个身体不好时价敢在工作上照顾给下儿。（乙）人也死嘞还！

跟陕北神木、内蒙丰镇类似，关中煞尾的“还”，本属于后一分句的状语，表示轻微的反问语气，跟在单句中作用相同。说话人为了表达特殊语气，没有在复句的分界处即“还”字前面停顿，而是隐含后面的反问内容，借此表达对事情或对方的不满、无奈等。比较如下：

西安：你也不去咧还！（我去做啥呢？＜你也不去咧，我还去做啥呢？）

神木：你也不去了还！（我去做甚去嘞？＜你也不去了么，我还去做甚去嘞？）

西安：把胃都喝失塌咧还！（＜把胃都喝失塌咧，你还没喝够？）

神木：把胃也喝坏了还！（＜把胃也喝坏了么，你还没喝够？）

西安：反正把人惹下咧还！（＜反正把人惹下咧，你这阵儿说啥好的还顶啥用呢？）

神木：反正人也惹下了还！（＜反正人也惹了么，你这阵儿说啥甚还顶甚嘞？）

西安：十个人喝二斤酒还！（＜十个人喝二斤酒，还能把人喝醉？）

神木：十个人喝二斤酒还！（＜十个人喝二斤酒么，还能喝醉个人嘞？）

西安：都那们老咧还！（看不看无所谓咧，死咧就死咧。）

丰镇：□[nəu^{53}]那么老了还！（看不看也无所谓了。）

西安：那们有钱的还！（①还成天捞钱呢贪财；②还分分厘厘地计较呢小气，吝啬。）

丰镇：□[nəu^{53}]那么有钱了还！（一天就捞钱嘞。）

西安：耍都不会耍还！不会玩儿就别玩儿　　考试都不及格还！

丰镇：耍也不会耍还！　　考试也不及格还！

5.4.5 “浪、冷、蛮”

其一，普通话的“一个劲儿地、不停地、狠劲地、胡乱地”等语义形式，关中方言用“浪、冷、蛮”表示，其中“浪、冷”以构成“浪V单浪V单、冷V单冷V单”式为最常见，“蛮”字不能构成“蛮V单蛮V单”式。例如：

浪：他就把水浪划｜他把水浪划浪划的｜他回到屋浪写浪写的｜我就把他浪撵，一下撵到他单位咧｜把他浪撵浪撵的｜他把娃浪打浪打的。

冷：他把水冷划冷划的｜老汉把我冷骂｜他回到屋冷写冷写的｜把他冷撵冷撵的｜他把娃冷打冷打的｜你就冷喝，看喝不急咧着！

蛮：他把娃蛮诀骂｜他一见老张，就把老张蛮让[꜁ʐaŋ]取笑｜把娃吓地蛮哭｜他蛮说话呢｜*他把水蛮划蛮划的｜*他回到屋蛮写蛮写的｜*他把娃蛮诀蛮诀的｜*娃蛮哭蛮哭。

其二，关中方言“冷”的本字就是“冷不丁”的“冷”，关中有的人把这个上声字写作去声字“愣”是不对的。“浪”的本字应是“良”，“蛮”的本字应当是“漫”；下面分别讨论。

首先看“良”字。《辞源》修订本下册 2607 页“良”字条第五个义项为“古代妇女称其夫。《仪礼·士昏礼》：‘媵衽良席在东。’注：‘妇人称夫曰良。’”第六义项为副词，之一为“甚，很。《史记一零二·冯唐传》：‘上即闻冯唐、李牧为人，良说。’”词条“良人”的第三义项为“夫妻互称……后多用于妻称夫。唐白居易《长庆集·七·对酒示行简》诗：‘复有双幼妹，笄年未结褵。昨日婚嫁毕，良人皆可依。’”“良”字可以与“郎”字通假，关中方言很可能把“郎”字读如“浪”，古汉语的“良久”指很久，“浪 V”的“浪”本身就有长久的意蕴。还有一个连绵词“踉跄”，户县方言口语不读齐齿呼而读作开口呼[laŋ^{55} tsʰaŋ^{55}]，这些都可以印证出“浪”的本字应当是“良”来。

其次看“漫”字。《汉语大词典》3417 页“漫”字条第十一义项为“放纵；散漫；不受约束。《新唐书·元结传》：‘公漫久矣，可以漫为叟。’宋王安石《再用前韵寄蔡天启》：‘或嗤元郎漫，或詆白翁嗫。’”“漫”的“放纵；不受约束”义跟“蛮”的“狠劲、胡乱”相近。

西安一带的“蛮”字还有“经常，经常性地”的意思，跟跟上文“肯”等相当；跟“肯”的不同点在于，“肯”字后可以带程度补语，如“得很”，“蛮”字则不能。例如：

他蛮/冷/浪哄人呢。

你蛮/*冷/*浪胡说呢！

那个死狗无赖之人蛮/*冷/浪寻我的事呢！（按：“浪寻”可以成立）

你嫑跟他要，他见咧你蛮/*冷/*浪欺负你呢。

那个老汉见咧⊆娃子娃⊃男孩子蛮*冷/*浪揣摸（娃⊃）屎呢。

这个领导蛮/冷/浪教我给他写东西呢，写的都是些没意思的兀个[uɤ^{55}/uɤ^{52}]那东西。

“蛮”字处于疑问句的时候，其变体可以是“冷/浪”，西安方言也可以是“冷个儿”。

你咋蛮/冷/浪给我派活呢？

你咋给他蛮/冷/浪给东西呢？

他咋蛮/冷/浪欺负你个老实人呢？

领导咋就蛮/冷/浪把你当牛着使唤呢？

你咋蛮/冷/浪望卫生间跑呢，得是是不是前列腺有抹搭问题，症结呢？

西安及其以东的“冷个儿”是“无限制地”的意思，扶风相应地作“浪个儿”。以下所举西安的例句里的“冷个儿”，户县、咸阳、礼泉及其以西作“冷”。

把个瞎账不要钱的苹果，冷个儿/蛮/浪吃。

天下指下雨或下雪呢，地里没活，冷个儿/*蛮/*浪睡。

兀一[uei52]一伙那些人在兀一[uei55]搭儿那里冷个儿/浪谝呢。

人家把娃这骨头冷个儿打呢！（孙仁玉《镇台念书》）

关中方言区爱说脏话的居民口语里，带有禁忌字的“冷㞞”一般用作人品名词指莽夫，如“他是个冷㞞丨你跟兀个冷㞞就嫑说不要说什么；连什么都别说”；“冷㞞”也可以用作形容词当“莽撞；无限制”讲，如“你也太冷㞞咧丨做活不敢太冷㞞了，看挣着[pfʰuɤ24-31]累坏咧着丨这娃咋镇这么冷㞞的？”；“冷㞞”还可以用作副词，是“无限制地”的意思。例如：

他就把个肉冷㞞（地）吃。

他把娃冷㞞（地）打，把娃尻子都打青咧。

你咋冷㞞撇呢？不敢冷㞞撇，悠着撇就对咧。

咱咱们就把它个狗肏的冷㞞诀骂，看他把咱的㞞咬得了能怎么样？

老汉给他冷㞞帮忙呢/*老汉冷㞞给他帮忙呢。

领导教他把工作冷㞞干呢/*领导冷㞞教他把工作干呢。

如上两行西安一带若以“冷个儿”来替换“冷㞞”都可以成立（老汉给他冷个儿帮忙呢/老汉冷个儿给他帮忙呢丨领导教他把工作冷个儿干呢/领导冷个儿教他把工作干呢），这是因为“老汉冷㞞丨领导冷㞞”在理解上容易被分别当作同位关系的“老汉莽夫丨领导莽夫”。

其三，在关中老派口语里，“冷”字也可以与“不、没、嫑”分别构成“不冷、没冷、嫑冷”式，“冷”字在这三种形式里兼有频率副词和程度副词的特征。关中方言的“不冷、没冷、嫑冷”分别跟普通话的“不太、没太、别太”语义相同；跟关中方言的“甚不、甚没、甚嫑”语义相同。“不冷”的使用频率基本上跟“甚不”的使用频率一样高，基本上可以跟所有的单音节形容词组合，但是，不跟其他形式的词语组合。如关中方言可以说“甚不说话、甚不爱吃桃、甚不在单位去、甚知不道”，却不可以说“不冷说话、不冷爱吃桃、不冷在单位去、不冷知道”。这是因为，“冷”字作为副词的最通常的用法是表示频率副词和程度副词的。比如，果真有人说“不冷说话”，就可以理解为“不经常性地说话，不狠劲地说话”。关中方言“没冷、嫑冷”的使用频率远没有“甚没、甚嫑”高。分别举例如下：

不冷：不冷热丨不冷早丨不冷多。

没冷：没冷巴结领导丨没冷欺负他丨他的一伙没冷照顾我。

嫑冷：咱就嫑冷批评他丨你记着嫑冷寻他的事如找他的麻烦等。

5.4.6 “招嘴”等

其一，西安一带的“招嘴”等。“招嘴”在西安一带方言里是“动辄，动不动”的意思，“招嘴”的本义是互相说话，例如“他俩原先好得很，为屁大很小一点儿事，有咧矛盾，就不招嘴咧丨只要你招他的嘴，他肯定要跟你说这个话呢。”西安一带“招嘴”用作频率副词，当“动辄，动不动”讲是语法化的结果，例如：

你咋招嘴就把娃打一顿，为啥来？

他招嘴就给我发脾气呢，我也说不清是啥原因。

他招嘴就来咧，你等一下，说不定他一会儿就来咧。

你招嘴把我训一顿，招嘴把我训一顿；我把你咋咧？你训我呢！

西安一带的“招嘴”也可以以“招嘴……招嘴……”构成并列复句；还可以“招嘴……招嘴就不……”等构成并列复句，是“有时候……有时候就不……”的意思。例如：

你咋就招嘴把他诀骂一顿，招嘴把他打一顿？

他招嘴来，招嘴不来/他招嘴来呢，招嘴就不来咧。

我招嘴在北京去，招嘴不去丨我招嘴就在北京去咧，招嘴好长时间就不去。

我看他招嘴高兴得不得了，招嘴就很不高兴的样子；他真有点儿反复无常！

其二，富平的“常不常”是“经常，动辄”的意思，宝鸡的“常不常”是“时不时；偶尔”的意思；凤翔表“动辄”意思的词语为“行动弹”，例句如“他行动弹就把驴脸一拉丨领导行动弹就开会去啦丨他行动弹就把门一关死活不出来”。富平、临潼的“决[tɕyɛ^{31}]当总以为、决说[tɕyɛ^{31}]经常这么说、决想总想，一直想”的“决”的本字很可能也是“辄”。例如：

他决说你是个好人。

我决当你能把这事办了，你才弄得最马眼糟糕！

哼，歪厉害，蛮横极了，歪极了，你看歪的怕怕死人非常蛮横了。女人家，决想比男人高一头大一膀哩。(孙仁玉《镇台念书》)

其三，蒲城的“作说”是“总以为”的意思，其中“作”的本字可能也是“辄”。

其四，户县“□□[nəŋ^{31} .nəŋ]”有“动辄”义，常构成并列复句“□□……□□……”。例如：

他□□就来咧，□□就来咧。

老汉□□出去咧，□□出去咧，不爱在屋呆。

你□□叫我来，□□叫他来，你到底想叫谁呢？

“□□”也可以通过肯定否定形式形成反义对举的格局，当“有时，偶尔”讲。例如：

他□□来，□□不来的，没个准头。

我□□去，□□不去；有事咧就去，没事咧就不去。

我看参加这个会的，□□有你，□□没你，这是咋回事呢？

其四，扶风方言相对于户县方言的“□□”作“动动”，例句如：“你动动来看干子看看，动动来看干子，不信人。”扶风方言的“动动”应当是由“动不动”来的；我们认为这是对“不”字在语流过程中的省略。承蒙王建弢同志见告，其母语甘肃礼县方言的问句“你吃吃”是问“你吃不吃”，“衣裳洗洗”是问“衣裳洗不洗”，“载几天复习复习”是问“这几天复习不复习”，“这个人老实老实”是问“这个人老实不老实”。王福堂先生《绍兴话记音》（1959；2010：207～241）一文所讨论的问句也具有这个特征，如：偓一道生去好好咱们一起去好不好｜偌欢欢喜你喜欢不喜欢｜偌要要去你要不要去｜伊有有话啥西他有没有说什么？

其五，澄城方言的“行动”是“动辄”的意思。例句如：他行动就来咧｜领导行动就开会去咧。《金瓶梅》第39回有这样的例句可以作为例证：“道士家，掩上个帽子，那里不去了！似俺这僧家，行动就认出来了。”

5.4.7　西安一带的“辄”等

其一，西安一带的“辄”字，文读如“辙[tʂɤ^{24}]（户县文读[tʂʅɛ^{35}]）”，白读如“洁[tɕiɛ^{24}]（户县白读[tɕiɛ^{35}]）”，“辄”也有“经常，总是”的意思，例如：

他辄来呢。

咋辄不见你来？

他辄借我的钱呢。

他辄说你的瞎话坏话呢。

我辄见你在电视上露面呢。

你辄爱说这句话，这句话就不负责任。

他辄在北京去呢/*他在北京辄去呢。

他꜀看养的奶牛，辄给我送牛奶呢/*给我辄送牛奶呢。

我们从《警世通言》13卷看到这样一个例句，“辄”字的用法跟今西安一带是一致的：“你既瞽目，不能观古圣之书，辄敢轻五行而自高!”

西安易俗社剧作家高培支先生的《夺金楼》第二回有一段台词是角色钱小江说的，其中“辄”字的用法跟今西安一带也是一致的：“在家从父，出嫁从夫。”若论在家的女儿，也应该我作父亲的为政。若论出嫁的女儿，也应该我作丈夫的为政。你凭甚么道理辄敢胡行？

其二，西安一带的“辄说”除了“经常说，总是说”（如上文的例句“他辄说你的瞎话呢｜你辄爱说这句话”）的意义以外，还有一个进一步虚化的过程。讨论如下。

因为有某种意向，所以，动辄把这个意向挂在嘴上；于是“辄说”具有了“经常准备”的意义。例如：

我辄说把借你的东西给你送呀，你来咧就捎回去。

你辄说就走呀，咋这们这么长时间咧还不见走还不走呢？

他辄说要看看望病人或有急难者你去呢，你来咧，好好儿的，他一见肯定就放心咧。

以上例句包括“其一”所报道的内容，“辄”字在关中方言里还可以作“老”。例如：咋老不见你来？｜他老借我的钱呢｜我老说把借你的东西给你送呀，你来咧就捎回去。

其三，“辄说”用在因果复句里表示结果，说明“为什么”的问题；常常处于句首，这种以“辄说”开头的句式都是果在前因在后；当然，这种句子也可以因前果后。例如：

辄说我[ŋɤ^{52}]爱我[ŋæ^{31}]娃呢，我娃就是乖嘿！

辄说我[ŋɤ^{52}]对你有意见呢，你的毛病就是多。

辄说把饭要给小伙子吃呢，做活凭的就是小伙子嘿！

辄说他的日行日子好呢，他一家都上班着呢，工资还不低。

辄说他有钱呢，你看他多勤谨的；谁比他勤谨谁肯定比他还更加有钱。

辄说孙子爱他爷呢；孙子从小到大，他爷在孙子跟前一点儿都不得下去指无微不至地关怀。

其四，西安一带还有“却辄”连用的，“却辄[k^{h}ɤ^{31} tɕiɛ^{24}]”是“这么快就……”的意思。例句如“他却辄走咧｜没料想，这个娃却辄12岁咧｜你咋却辄来咧？｜他咋却辄把饭吃咧？”详见本节5.4.6小节的附录三《关于关中方言“却”字的讨论》。

5.4.8 “不住地”等

其一，普通话“不停地”在关中方言里最常见的是“不住地”，也作“不停地”。例如：

他不住地/不停地给我点头儿呢，同意我的意见。

娃不住地/不停地势翻动弹呢，怕恐怕，可能是哪塌儿哪里不舒服。

不住地/不停地有人来，不住地/不停地有人来，把我能烦死了！

你咋不住地/不停地过来，不住地/不停地过去，你安定一点儿多好！

我知道他要过来呢，就不住地/不停地望过朝他来的方向看，他还是终于过来咧。

其二，西安一带把“不住地”又作“不住点儿[tiɐ̃r^{52}]/不住下儿[xɐr$^{55-52}$]”。例如：

他不住点儿/不住下儿给我点头儿呢，同意我的意见。

你咋不住点儿/不住下儿给我夹菜呢，你吃不吃？你吃你的，覅管我。

几件事情不住点儿/不住下儿瞀[꜀mu]乱使心烦意乱我呢，我得把这几件事情处理了再说。

其三，普通话“不停地”在户县方言里又作“一□气儿[i³¹ nəŋ³¹ tɕʰiɯ⁵⁵⁻⁵¹]/只□气儿[tsɿ³¹ nəŋ³¹ tɕʰiɯ⁵⁵⁻⁵¹]”（按：“一□气儿/只□气儿”还当“一直”来讲）等。例句如。

他一□气儿/只□气儿在兀一[uei⁵⁵]搭儿那里寻呢，还是没寻来找到。

你咋一□气儿/只□气儿给我夹菜呢，你吃不吃？你吃你的，覅管我。

5.4.9　频率副词“却”

这个问题请详阅如下的附录三《关于关中方言“却”字的讨论》。

［附录三］　关于关中方言“却”字的讨论

提　要　本文通过有关字音的印证，认为关中方言“却”字白读如“渴”。白读如“渴”的“却”字在关中方言里常常用作副词或助词：如可以用如副词“又、可、就”，用如动态助词“给”，用在“不……却”的结构里，是“那么”的意思；也可以理解为“又，又能，还，还能”等意思，用在假设复句的后续分句里是“这就、就、还”等意思。

关键词　关中方言；“却”；读音；用法

一　问题的提出

北京话“可”字可以用于这样的语句“我可没说过这话｜他跑得可不快｜咱们可要说话算数的”（吕叔湘先生 2002：333～334[1]）。这几个语句里的“可”字关中方言读如“渴”。

关中方言区很普遍地把表示频率的副词“又”作读如“渴”的音节，北京话“你怎么又来了”在西安一带就有人写成了“你咋可来咧”；不少人甚至包括一些学界同仁都把这个应当写作“却”的字写作“可”，并且认为“可”的阴平读法是白读音。①孙立新《西安方言研究》之“同音字汇”部分（2007：79[2]）以“却”字白读音为[kʰɤ³¹]，意思为“又”，并且举例句为“你咋却来咧”。也就是说，西安一带的“你咋可来咧”应当写作“你咋却来咧”。笔者《关中方言代词研究》131～133 页就把关中 50 处的“却”字写成了“可”。

那么，关中方言“却”字的音义以及用法如何呢？下文拟作尽可能深入的研究。

二　关中方言“却”字的读音

关中方言“却”字的通常读音或曰文读音与“壳”字的文读音是一致的，

如西安、户县、咸阳、三原、乾县等处文读[tɕ^{h}yɤ^{31}]，宝鸡、凤翔、渭南、蒲城、韩城等处文读[tɕ^{h}yo^{31}]，合阳文读[tɕ^{h}io^{21}]，这个文读音适用于“退却、冷却”等词语和用作连词的时候。那么，关中方言“却”字何以白读如“渴”呢？

“却”字切韵音系在溪母入声药韵。切韵音系入声药韵、觉韵北京话文白异读的规律性很强：逢端系、见系文读[ye]韵母，白读[iau]韵母或[ɤ]韵母；逢知系文读[uo]韵母，白读[au]韵母。从我们目前所知道的大致情况来看，进入普通话的药韵、觉韵字有的只有文读，白读可能至今还保留在老派北京人的口语里。下面是北京话部分药韵、觉韵字的文白异读比较内容；缺如的白读音在北京老派的口语里可能是有的，如“鹊却”都可能白读[iau]韵母。“觉”在北京和关中均为两读，“觉悟、警觉”的“觉”北京读作[tɕye^{35}]，西安读作[tɕyɤ^{31}]，宝鸡读作[tɕyo^{31}]；“睡觉”的“觉”北京、关中等官话区读作去声，如北京、西安等处都读作[tɕiauᵓ]。王力先生《汉语语音史》（1980：74～77[3]）指出，上古汉语入声字分长入和短入，后来长入变作去声；“睡觉”的“觉”字在北京、关中等处读去声，就是由长入变来的。

例字	雀	鹊	削	着	脚	却	瘧
文读	tɕ^{h}ye^{51}	tɕ^{h}ye^{51}	ɕye^{55}	tʂuo^{35}	tɕye^{35}	tɕ^{h}ye^{51}	nye^{51}
白读	tɕ^{h}iau^{51}		ɕiau^{55}	tʂau^{35}	tɕiau^{214}		iau^{51}
例字	钥跃	觉	壳	学			
文读	ye^{51}	tɕye^{35}	tɕ^{h}iau^{51}	ɕye^{35}			
白读	iau^{51}		k^{h}ɤ^{35}	ɕiau^{35}			

如上“壳”字的文读韵母不是[ye]而是[iau]，从理据来看，“壳”字的文读音在早期应当是[tɕ^{h}ye^{51}]，[tɕ^{h}iau]应当是[tɕ^{h}ye^{51}]同时的白读。而后来[tɕ^{h}ye^{51}]淡出文读层，是因为白读第二层次[k^{h}ɤ^{35}]强势进入了当地居民的口语。与之类似的是“旮旯”一词，“旮旯”是“角落”音变的结果。“角落”二字入声韵尾消失后，有早期的[tɕye luo]文读，随后可能有[kɤ lɤ、tɕiau luo、tɕiau lau、kau lau]等读法，北京如今的[ka la]是从[kau lau]减去韵尾来的。“壳”字的白读韵母是[ɤ]，“着”字在“看着、吃着、好着呢”等语境里的韵母也是[ɤ]，虽然例证不多，但完全可以作为表一各字白读韵母为[ɤ]的理由。表一各字在西安等处文读[yɤ]韵母，在宝鸡等处文读[yo]韵母，在合阳文读[io]韵母，而与北京的[ye]韵母相对应；白读一般是[iau]韵母，如西安一带“雀[tɕ^{h}iau^{52}]”，宝鸡一带“削[siau^{31}]”，西安、宝鸡“跃[iauᵓ]”。那么，“却”字在西安等处读作[k^{h}ɤ^{31}]就不言而喻了；“却”字关中方言里读作阴平，符合古汉语次清入声关中读阴平的规律。很有意思的是，“却”字关中方言里的文白异读正好是一致的，如西安等处文读[tɕ^{h}yɤ^{31}]，白读[k^{h}ɤ^{31}]。还有普通话的“恪”字，在人名“陈寅恪先生”里读作 tɕ^{h}ye^{51}，在“恪守”一词

里读作 k^{h}ɤ^{51}，也给“却”字在关中方言里的文白异读以有力佐证。

下列例句中的“却”字，如西安等处白读[k^{h}ɤ^{31}]，凤翔白读[k^{h}au^{31}]，宝鸡等处白读[k^{h}uo^{31}]，黄陵等处白读[k^{h}uɤ^{31}]；这些例句，以西安方言的习惯为准，如西安方言“了$_{2}$”作“咧”。

你咋却又不想去咧？

我却可没这么大的精神。

詈语：把他妈教驴却给肏死咧！（按：此詈语比国骂“他妈的”有过之而无不及）

这个附录完稿已经一年多了，2012 年 4 月 27 日早晨起床前突然想起“却”字在西安一带口语里又读作阳平[k^{h}ɤ^{24}]西安、临潼、咸阳音/[k^{h}ɤ^{35}]户县、周至音。“却”字的这个又读音限于下文三（一）部分用如表示重复的“又”，但是，含有“很快、竟然、很特别”等语义。

三　关中方言“却”字的用法

本部分讨论西安等处白读[k^{h}ɤ^{31}]、凤翔白读[k^{h}au^{31}]、陇县等处白读[k^{h}uo^{31}]、黄陵等处白读[k^{h}uɤ^{31}]的时候“却”字的用法。

（一）用如表示重复的副词“又”。举例句如下；下面所举例句，一般是西安方言例句。

他吗难道却有病呢？

那个人却来咧，你招呼他去。

你咋却把他诀骂咧一顿，你诀他做啥呢隐含语义“划不着骂他”？

这个娃把进监狱就咋吃米汤麵家常便饭呢，刚出来却进去咧。

他年时个去年2 月份挣了 1 万元，今年 2 月份却挣了 1 万元。

闹弄不好今年却是天旱雨涝不均匀，这不咋地不要紧，有的是办法。

眼睁睁眼巴巴看着他却来咧，他来肯定要耍死狗无理取闹呢，能有啥办法？

以上语境里“却”字读作阴平，其实都可以又读阳平。现在我们直接把上列例句复制下来，在“却”字又读音的语境下予以解释。

他吗却有病呢？他难道就这么快地又有病了？

那个人却来咧，你招呼他去。那个人很快地又来咧，你去招呼他吧。

他年时个 2 月份挣了 1 万元，今年 2 月份却竟然就又挣了 1 万元。

眼睁睁看着他却竟然就又来咧，他来肯定要耍死狗呢，能有啥办法？

你咋却把他诀咧一顿你怎么竟然按捺不住愤怒又骂了他一顿，你诀他做啥呢？

这个娃把进监狱就咋吃米汤麵呢，刚出来却很快、极其快地又进去咧。

闹弄不好今年却竟然就又是天旱雨涝不均匀，这不咋地，有的是办法。

（二）用如副词“可”。比照《现代汉语词典》（2002：712～713[4]）普通话副词“可”的四种用法，关中方言的“却”字用如普通话的“可”；“可”字在西安方言里读作[k^hɤ^{52}]。

其一，表示转折，意思跟“可是”相同。例如：

这个比那个大却没（有$^{\supset}$）那个好。

嫑看他没岁数年龄小，志气却大着呢。

张家娃张家的孩子比李家娃汉$^{=}$子个子高，却没有李家娃胖。

但夜姓人家人丁不旺，朱家人却越来越多……（《古炉》16）

你这蔷薇咋养的，人都面黄肌瘦的，花却开得这么繁？（《古炉》333）

其二，表示强调。例如，其中“大家的干劲却足咧”一句在西安农村人口语里不能成立，而在城区一些人的口语里可以成立，前加问号表示。

这个老汉就是脾气瞎坏，其实心肠却好着呢。

记住，却不敢忘了。

那那么你却不准再反悔！

（？）大家的干劲却足咧。

你却来咧，教我候的让我好等啊！

其三，用于反问句里，加强反问语气。例如：

都这下这样说，谁却见过呢可谁见过呢？

你这着儿这样胡来漫胡作非为，谁却有啥办法呢？

我却咋知道你心里咋想着呢？

其四，用于疑问句里加强疑问语气。例如：

这件事他却愿意？

那些事情你妈却知得道知道吗？

那你却跟他说过这个事情没没有？

（三）用在“没……却”的结构里，用如副词“反倒，反而”。例如：

他叫我去领工资呢，没给我工资不说，却还跟向我要钱呢。

他名义上是搭礼亲友过红白喜事时去送礼去咧，没搭礼却拿咧拿走人家不少的钱。

他的老同学当官着呢，他去寻老同学办事拿咧些东西，老同学没收他的东西，却给他给咧不少东西。

（四）用如普通话的动态助词“给”字，分三种情况。

其一，与普通话进行比较，可以用于处置式把字句里；也可以不用于把字句里，如下例句，“/”符号前的句子在关中方言里的使用频率没有“/”后的高。

他把衣裳却晒干咧/他把衣裳晒干咧。

教让我把一个杯子却打打破咧/教我把一个杯子却打咧。

他的他们把房子房间却都都给拾掇好咧/他的把房子都拾掇好咧。

其二，普通话非把字句处置式在关中方言里未必可以用相对于“给”

的“却”字。如下例句，“——”后是普通话的相应语句。

杯子教我打咧一个——杯子教我给打碎了一个。

水龙头烂咧，我的[ŋæ31 .ti]修——水龙头坏了，我们给修。

明儿的事情，你却记住有强调意味——明天的事儿，你给记着点儿。

其三，关中方言的把字句詈语里用如“给”字的“却”可以出现，也可以不出现。

把他先人却羞咧！（通常作“羞咧他先人咧/把他先人羞咧！”）

把他妈教驴㑚咧/把他妈教驴却㑚咧！

把他妈教卖炮的㑚咧/把他妈教卖炮的却㑚咧！

把他妈㑚得朝后尿呢/把他妈㑚得却朝后尿呢！

（五）用在表示假设的句子里，具体分两种情况。

其一，用在“不……却”的结构里，是“那么”的意思；也可以理解为“又，又能；还，还能”等意思。例如：

歌谣：十个外甥九个贼，不偷他舅家却偷谁？

我在这个单位就认得个你，我来你单位办事，不寻你却寻谁呀？

人家是在你这个超市买的东西，有问题不找你超市却找哪个超市呢？

其二，用在假设复句的后续分句里，是“这就、就、还”等意思。例如：

（假如这样，）那[næ55]那么你却说咋办呀呢？

（假如这样，）那他老张就却不缴这个钱咧。

（假如这样，）再那么单位就却给他不再补助咧。

（六）疑问句里“咋却”连用，其中“却”字是“就”的意思；这种连用形式目前中新派口语已经很少用了。例如：

咋却你不想去咧～你怎么就不想去了？

咋却他还没来呢～他怎么就还没来呢？

咋却你还逼着我做这些瞎事呢～你怎么逼我做这些坏事呢？

咋却老张刚出院就却住院咧～老张怎么刚出院就又住院了？

咋却你单位把那么好个司机换咧～你们单位怎么就把那么好一个司机换掉了？

如上四个语句里，关中老派居民口语，主语在“咋却”后边，可以比照本文的例句“你咋却把他诀咧一顿”里的“却”字是“又”的意思，而“咋却你把他诀咧一顿”常常嵌入“就”字以“咋却你就把他诀咧一顿”的形式出现，意思是“你怎么就把他骂了一顿”；这四个语句，一些有文化的老派居民口语里，主语也可以处于“咋却”之前。

（七）“却辄”连用，其中“却”字也是“就”的意思，“却辄”是“这么快就……”的意思；多数情况下，疑问句里“咋却辄”连用。“辄”字在西安等关中方言区中心地区文读如“辙”[tʂɤ^{24}]，白读如“洁”[tɕiɛ^{24}]；“却辄”读作[kʰɤ^{31} tɕiɛ^{24}]。例如：

他却辄走咧。

你咋却辄来咧？

他咋却辄把饭吃咧？

没料想，这个娃却辄12岁咧。

这个老汉的身体咋就却辄垮咧？

这这么大一窖子地一大片地你却辄锄完咧/你却辄就锄完咧。

（八）“却”字与“又、再”的互补格局

其一，“却”字与“又”字的互补格局。

关中方言“却”字与“又”字呈互补格局，体现在以下几个方面。

一是“又”字分别与“不、没”构成“又不、又没”的时候才可以成句，如下的例句，“又”字又作“却”字。

他又/却不是没见过。

我又/却不想当官，巴结他着做啥呀？

你又/却不是我外甥，我为啥要给你呢？

那么多东西人家又/却不愿意给你，你劳啥神呢？

你又/却没见过他长得咋个样子，凭啥说三道四呢？

我又/却没在美国去过，咋像你，在美国去就跟串门子一样呢！

二是比照吕叔湘先生主编的《现代汉语八百词》[2]633～635页的内容，关中方言把“又”字条“1”的abde四个分条的“又”作“却”，把c分条的“又”仍然作“又”；把“又”字条“2、4、5”仍然作“又”；把“又”字条“3”的a分条作“却”，b分条作“又”，c分条作“又/却”。举关中方言若干例句如下：

他年时个去年犯过这个病，今年却犯咧。

今年却是个大丰收，你看麦长得多好的！

我的我们取得咧一个有一个的胜利。

把《西游记》上册看完咧，却借下册去咧。

装咧却拆，拆咧却装，直到自己觉起觉得满意为止。

他跑一阵子却走一阵子，他走一阵子却跑一阵子，提前撵到工地咧。

他是个灵聪明人，又肯努力，所以不到半个月就都学会咧。

山又高，路又滑，困难是不少丨他的话又恳切，又说得在理。

美观又大方丨方便而又安全。

又快又好丨又胖又高丨又大又甜丨又软又香丨又会说会，又会办事。

他对儿女真是严而又严丨小皮球，圆又圆。

既有远期目标又有近期目标丨既干净又轻便丨既经济又实惠。

心里头有千言万语，可是，嘴却说不出来。

事情是明摆着呢，人家又不是没长眼窝，难道看不出来？

下雪又/却有啥关系呢？咱的咱们照常锻炼。

其二，“却”字与“再”字的互补格局。

比照吕叔湘先生主编的《现代汉语八百词》[2]644 页“再：又；再：才”比较的内容，关中方言把相关的“再”字或“又”字作“却”。比较如下：

北京　再唱一个　又唱了一个　再躺一会儿　你明天再来吧

西安　再唱一个　却唱了一个　再躺一会儿　你明儿却来（吧）

北京　看完了电影再走吧，好不好？

西安　把电影儿看完（咧）再走，好不好/多好/得行/得成？

其三，关中方言“却又/又却”和“却再/再却”的叠加格局。如上文所言，关中方言“却”字是“又，再”的意思；在实际交际过程中，中老派口语里，“却”字与“又，再”也可以分别叠加为“却又/又却”和“却再/再却”。这类例子很多，下面举出部分例句来。

却又/又却：他～回去呀丨你～上班呀丨领导～开会呢丨老汉～锻炼去咧。

却再/再却：你就～去一回丨教他～覅来咧丨干脆我～唱一个丨给你～帮一回忙。

本文初稿写于 2011 年 4 月（宝鸡），最近（2011 年 12 月，西安）在修改过程中查阅了手头的《汉语大字典》[5]和《汉语大词典》[6]两部工具书，从而找到了如上观点的印证材料。

《汉语大字典》317～318 页“却”字条第⑧义项“副词”之 2 解释道：表示继续或重复，相当于“再、还”。《三国志 • 魏志 • 武帝纪》：“公谓运者曰：‘却十五日为汝破绍，不复劳汝矣。’”唐李商隐《夜雨寄北》：“何当共剪西窗烛，一老曾无缺少时。”

《汉语大词典》957 页“却”字条第 11 义项“副词”（1）还，再。第一个例子举的还是唐李商隐《夜雨寄北》诗句，其他例子如：宋辛弃疾《鹧鸪天 • 徐衡仲抚幹惠琴不受》：“不如却付骚人手，留和《南风》解愠诗。”清俞樾《茶香室三钞 • 关将军》：“有夷人逢一人如猴，著故青衣，云关将军差来採木，今被北州接去，要须明年却来取。”（2）犹才。……（3）就；便。唐李肇《唐国史补》卷中：“泣涕而诀，出门如风，俄顷却至，断所生二子喉而去。”明朱有燉《义勇辞金》第一折：“叔叔既是知得刘皇叔实信时，我却放心也。”《儒林外史》第十二回：“三公子见他没有衣服，却又取出一件浅蓝紬直裰送他。”……第 12 义项“连词”之（3）可是；可。《水浒传》第三十回：“一连数日，施恩来了大牢里三次，却不提防被张团练家心腹人见了，回去报知。”巴金《家》四：“虽然声音很低，却是无所不在，连屋角里也似乎有极其低微的哭泣。”赵树理《小二黑结婚》一：“初六倒是黄道吉日，可惜地干了，虽然勉强把他的四亩谷子种上了，却没有出够一半。”

这两部大型工具书，尤其是《汉语大词典》为我们解释关中方言“却”字用作频率副词和用如连词“可”提供了一定依据。关于“却”字用如连词“可”，1904 年出生于西南官话区成都的巴金先生和 1906 年出生于晋南官话区的赵树理先生的小说里都自然流露出了“却”字用如连词“可”，很有意思。官话方言包括北京话，“可却”两个字声调不同，用法是有异的，如成都方言，古入声字“却”读作阳平，舒声字“可”读作上声。

五　余论

（一）其他相关问题。有必要交代的是，“怯”字在关中方言里的白读音很普遍地为[꜀kʰɤ]，已知澄城方言白读为[꜁tʂʰa]；户县方言“非 V 不可”的“可”字文读为[kʰɤ^{51}]，白读一为声母送气的[tɕʰiɛ^{51}]，一为声母不送气的[tɕiɛ^{51}]；我们从《山西方言调查研究报告》[7]144 页看到山西晋语区的太谷和平遥把“可”字读作齐齿呼的情况，太谷 kʰie^{323}、平遥 kʰiᴇ^{53}（系白读音，文读为 kʰɔ^{53}）。这两个问题也可以为“却”字读如“渴”以一定的佐证，尤其是“可”字的文白异读。很有意思的是，“却、怯、可”三字的文白异读形成互逆的格局。

（二）“这个比那个大可没有那个好”在关中 50 个方言点的说法；关中 51 方言点里，定边例外地为“这个大，这个不如那个”。“比”字，关中方言又作“赶”，户县又作“扁⁼”。

西安：这一个比那个大却没有那个好　tʂei^{52}kɤ^{31}pi^{52}næ^{52}kɤ^{31}ta^{55}kʰɤ^{31}mɤ^{31}iɤu^{52}næ^{52}kɤ^{31}xau^{52}。

临潼：这一个比那个大却没有那个好　tʂei^{53}kɤ^{31}pi^{53}næ^{53}kɤ^{31}ta^{44}kʰɤ^{31}mɤ^{31}iɤu^{53}næ^{53}kɤ^{31}xau^{53}。

蓝田：这一个赶兀一个大却没兀一个好　tʂei^{51}kɤ^{31}kã^{51}uei^{51}kɤ^{31}ta^{55}kʰɤ^{31}mɤ^{31}uei^{51}kɤ^{31}xau^{51}。

商州：这个比兀个大却没（有）兀个好　tʂʅ^{55}kai^{21}pi^{53}vu^{55}kai^{21}ta^{55}kʰɤ^{21}muo^{21}iou^{53} vu^{55}kai^{21} xao^{53}。

丹凤：这个个比兀个个大却没有兀个个好 tʂai^{55} kuo^{21} pi^{53} vai^{53} kuo^{21} ta^{55} kʰuo^{21} muo^{21} iou^{53} vai^{53} kuo^{21} xao^{53}。

洛南：这个比兀个大却没有兀个好　tʂʅ^{55}kai^{21}pi^{53}u^{55}kai^{21}tʰuo^{55}kʰuo^{21}muo^{21}iou^{53} u^{55}kai^{21} xao^{53}。

华县：这个比兀个大却没有兀个好　tʂɤ^{42}pi^{42}uæ^{42} tʰuo^{55} kʰɤ^{21}mo^{21}iou^{42}

uæ^{42} xau^{42}。

华阴：这一个比兀一个大却没有兀一个好 tʂʅ^{55}iɛ^{31}pi^{42} u^{55}iɛ^{31}t^{h}uo^{55}k^{h}uo^{31}mo^{31}iou^{42}u^{55}iɛ^{31}xau^{42}。

潼关：这个比兀个大却没有兀个好 tʂʅ^{44} kɤ^{31} pi^{52} u^{44} kɤ^{31} t^{h}uo^{44} k^{h}ɤ^{31} mo^{31} iou^{52} u^{44} kɤ^{31} xau^{52}。

大荔：这一个比兀一个大却没有兀一个好 tʂʅ^{55}iɛ^{31}pi^{52}u^{55}iɛ^{31} t^{h}o^{55}k^{h}ɤ^{31}mo^{31}iou^{52}u^{55}iɛ^{31}xau^{52}。

渭南：这一个比兀一个大却没有兀一个好 tʂʅ^{55}iɛ^{31}pi^{52}u^{55}iɛ^{31} t^{h}uo^{55}k^{h}ɤ^{31}mo^{31}iou^{52}u^{55}iɛ^{31}xau^{52}。

澄城：这一个比兀一个大却没有兀一个好 tʂʅ^{55}iɛ^{21}pi^{42}u^{55}iɛ^{21} t^{h}uo^{55} k^{h}ɤ^{21}mo^{21}iou^{42}u^{55}iɛ^{21}xɔ^{42}。

合阳：这个比兀个大却没兀个好 tʂʅ^{55} ko^{21} pi^{42} u^{42} ko^{21} t^{h}uo^{55} k^{h}ɤ^{21} mo^{21} u^{42} ko^{21} xau^{42}。

韩城：这个比那大却没那好 tʂæ^{55} pi^{42} næ^{55} t^{h}ɤ^{55} k^{h}ɤ^{31} mo^{31} næ^{55} xau^{42}。

宜川：这个比那大却没那好 tʂæ^{55} pi^{55} næ^{55} t^{h}ɤ^{55} k^{h}ɤ^{31} mo^{31} næ^{55} xau^{55}。

黄龙：这一个比兀一一个大却没兀一一个好 tʂei^{52}iɛ^{31}pi^{52}uei^{52}iɛ^{31}ta^{44}k^{h}ɤ^{31}mo^{31}uei^{52}iɛ^{31}xau^{52}。

洛川：这一个比兀一个大却没兀一个好 tʂei^{52} kə^{31} pi^{52}vei^{52} kə^{31}ta^{44} k^{h}ə^{31} mə^{31} uei^{52} kə^{31} xau^{52}。

黄陵：这个一个比那一个大却没有那一个好 tʂʅ^{44}iɛ^{31}pi^{52} næ^{52} iɛ^{31} ta^{44} k^{h}ɤ^{31} mo^{31} iou^{52} næ^{52} iɛ^{31} xau^{52}。

宜君：这个一个比那一个大却没有那一个好 tʂæ^{52}iɛ^{21}pi^{52}næ^{52} iɛ^{21}t^{h}uo^{44}k^{h}ɤ^{21}mo^{21}iou^{52}næ^{52}iɛ^{21}xau^{52}。

铜川：这一一个比兀一个大却没有兀一个好 tʂei^{52}iɛ^{21}pi^{52}u^{52} iɛ^{21}ta^{44}k^{h}ɤ^{21}mo^{21}iou^{52}u^{52}iɛ^{21}xau^{52}。

耀州：这一个比兀一个大却没人家兀一个好 tʂʅ^{52}iɛ^{31}pi^{52}u^{52}iɛ^{31} tuo^{44}k^{h}ɤ^{31}mo^{31}nia^{44}u^{52}iɛ^{31}xau^{52}。

蒲城：这一个比兀一个大却没兀一个好 tʂʅ^{53} iɛ^{31} pi^{53} u^{52} iɛ^{31} t^{h}uo^{44} k^{h}ɤ^{31} mo^{31} u^{53} iɛ^{31} xau^{53}。

白水：这一个比兀一个大却没有兀一个好 tʂʅ^{42}iɛ^{21}pi^{42}u^{42}iɛ^{21} t^{h}uɤ^{55}k^{h}ɤ^{21} mɤ^{21}iɤu^{42}u^{42}iɛ^{21}xau^{42}。

富平：这一个比兀一个大却没有兀一个好 tʂʅ^{55}yɛ^{31}pi^{53}u^{55}yɛ^{31} ta^{55}k^{h}ɤ^{31} mo^{31} iou^{53}u^{55}iɛ^{31}xau^{53}。

高陵：这一个比那个大却没（有）那个好 tʂei^{51}kɤ^{31}pi^{51}næ^{51}kɤ^{31} ta^{55}k^{h}ɤ^{31}mɤ^{31}iɤu^{51}næ^{51}kɤ^{31}xau^{51}。

三原：这个比兀个大却没兀个好 tʂʅ^{55} kɤ^{31}pi^{52}u^{55} kɤ^{31}ta^{55}kʰɤ^{31}mɤ^{31} u^{55} kɤ^{31} xau^{52}。

泾阳：这一个比兀一个大却没得兀一个好 tʂei^{51}kɤ^{31}pi^{51}uei^{51}kɤ^{31} ta^{55}kʰɤ^{31}mɤ^{31}tei^{35}uei^{51}kɤ^{31}xau^{51}。

旬邑：这一个比那一个大却没那一个好 tʂʅ^{51} iɛ^{31} pi^{51} læ^{44} iɛ^{31} tʰuɤ^{44} kʰɤ^{31} mɤ^{31} læ^{44} iɛ^{31} xau^{51}。

长武：这个比那个大却没那个好 tʂæ^{51} kæ^{31} pi^{51} læ^{51} kæ^{31} ta^{55} kʰɤ^{31} mɤ^{31} læ^{51} kæ^{31} xau^{51}。

彬县：这一个比那个大却没那一个好 tʂei^{51} kɤ^{31} pi^{51} læ^{51} kɤ^{31} ta^{55} kʰɤ^{31} mɤ^{31} læ^{51} iɛ^{31} xau^{51}。

永寿：这一个比兀一一个大却没有兀一一个好 tʂei^{52} i^{31} kɤ^{31} pi^{52} uei^{52} i^{31} kɤ^{31} ta^{44} kʰɤ^{31}mɤ^{31} iɤu^{52} uei^{52} i^{31} kɤ^{31} xau^{52}。

淳化：这一个比兀一个大却没兀一个好 tʂei^{52} kɤ^{21} pi^{52} uei^{52} kɤ^{21} ta^{44} kʰɤ^{21}mɤ^{21}uei^{52} kɤ^{21}xau^{52}。

乾县：这一个比兀一个大却没兀一个好 tʂei^{52} kɤ^{31} pi^{52} uei^{52} kɤ^{31} ta^{44} kʰɤ^{31} mɤ^{31} uei^{52} kɤ^{31} xau^{52}。

礼泉：这个比兀个大却没兀个好 tʂʅ^{44} kɤ^{31} pi^{53} u^{31} kɤ^{31} ta^{44} kʰɤ^{31} mɤ^{31} u^{31} kɤ^{31} xau^{53}。

咸阳：这一个比兀一个大却没兀一个好 tʂei^{52} kɤ^{31} pi^{52} uei^{52} kɤ^{31} ta^{44} kʰɤ^{31} mɤ^{31} uei^{52} kɤ^{31} xau^{52}。

户县：这一个比兀一个大却没兀一个好 tʂei^{51} kɤ^{31} pi^{51} uei^{51} kɤ^{31} ta^{55} kʰɤ^{31} mɤ^{31} uei^{51} kɤ^{31} xau^{51}。

兴平：这个儿比兀个儿大却没兀个儿好 tʂər^{52} pi^{52} uər^{52} ta^{55} kʰɤ^{31} mɤ^{31} uər^{52} xau^{52}。

武功：这个儿比兀个儿大却没兀个儿好 tʂər^{52} pi^{52} uər^{52} ta^{44} kʰɤ^{31} mɤ^{31} uər^{52} xau^{52}。

周至：这一个比那个大却没那个好 tʂei^{51} kɤ^{31} pi^{51} næ^{51} kɤ^{31} ta^{55} kʰɤ^{31} mɤ^{31} næ^{51} kɤ^{31} xau^{51}。

眉县：这一个比那个大却没那个好 tʂei^{53} kɤ^{31} pi^{53} la^{44} kɤ^{31} ta^{44} kʰɤ^{31} mo^{31} la^{44} kɤ^{31} xau^{53}。

太白：这个比兀个大却没有兀个好 tʂʅ^{44} kɤ^{31} pi^{52} u^{44} kɤ^{31} ta^{44} kʰɤ^{31} mo^{31} iou^{52} u^{44} kɤ^{31} xau^{52}。

凤县：这个比兀一个大却没有兀一个好 tʂʅ$^{24-31}$ kæ$^{31-52}$ pi^{52} uei^{52} kæ^{31} ta^{44} kʰuo^{31} mo^{31} iou^{52} uei^{52} kæ^{31}xau^{52}。

宝鸡：这个个比那个却没有那个好 tʂæ^{44} kuo^{31} pi^{52} la^{44} kɤ^{31}ta^{44}kʰuo^{31}mo^{31}

iou^{52} la^{44} kɤ^{31} xau^{52}。

凤翔：这个个比块却没有块好 tʂæ^{44} kau^{31} pi^{52} kuæ^{52} ta^{44} k^{h}au^{31} mo^{31} iou^{52} kuæ^{52} xau^{52}。

岐山：这一个比兀一个大却没兀一个好 tʂəi^{52} kɤ^{21} pi^{52} uəi^{52} kɤ^{21} ta^{44} k^{h}ɤ^{21} mɤ^{21} uəi^{52} kɤ^{21} xɔ^{52}。

扶风：这一个比兀一个大却没有兀一个好 tʂəi^{42}kɤ^{31}pi^{42}uəi^{42}kɤ^{31} ta^{55}k^{h}ɤ^{31}mɤ^{31}iou^{42} uəi^{42} kɤ^{31} xau^{42}。

麟游：这个个比兀个大却没兀个好 tʂæ^{55} kau^{31} pi^{53} u^{55} kau^{31} ta^{55} k^{h}uo^{31} mo^{31} u^{55} kau^{31} xau^{53}。

千阳：这个比兀个大却没兀个好 tʂʅ^{24}kuo^{21}pi^{52}vu$^{24\text{-}21}$kuo$^{21\text{-}52}$ta^{44} k^{h}uo^{21}mo^{21}vu$^{24\text{-}21}$kuo$^{21\text{-}52}$xau^{52}。

陇县：这个比兀个大却没兀个好 tʂʅ$^{24\text{-}31}$ kuo$^{31\text{-}53}$ pi^{53} u$^{24\text{-}31}$kuo$^{31\text{-}53}$ta^{44}k^{h}uo^{31}mo^{31}u$^{24\text{-}31}$kuo$^{31\text{-}53}$xau^{53}。

富县：这个比那个大却没那个好。tʂɤ^{52} kɤ^{31} pi^{52} na^{44} kɤ^{31} ta^{44} k^{h}ɤ^{31} mo^{31} na^{44} kɤ^{31} xau^{52}。

注释

① 把本文所讨论的"却"字写作"可"，最晚可以从200多年前的渭南剧作家李芳桂的剧作里看到。例如：

姑娘我可要怪加。(《香莲佩》)

一定可寻那相好的去了。(《十王庙》)

你不用赔罪，恐怕可有岔哩！(《十王庙》)

你心里想是教我出去，你可装病呀？(《清素庵》)

哎，那不由我可。(《古董借妻》)

民国期间范紫东先生所编著的《三滴血》也把"却"字写作"可"，如第十七回："我老爷可拿这个血点点要把戏家，待我取针连盆子去。"按：此例句里的"家"和上列李芳桂《香莲佩》里的"加"都表将然。

参考文献

[1] 吕叔湘主编　2002　现代汉语八百词（增订本），商务印书馆

[2] 孙立新　2007　西安方言研究，西安出版社

[3] 王　力　1980　汉语语音史，中国社会科学出版社

[4] 中国社会科学院语言研究所词典编辑室　2002　现代汉语词典，商务印书馆

[5] 徐中舒主编　1986　汉语大字典，武汉：湖北辞书出版社；成都：四川辞书出版社

[6] 罗竹风主编　2007　汉语大词典（缩印本），上海辞书出版社

5.5 然否副词

5.5.1 肯定性副词

其一，关中方言也用到了“必、必须、必定、准、的确、肯定”等，跟普通话差不多。

其二，关中方言口语里有一个“指住”是“肯定”的意思，其中“住”字读作本调去声，例句如“你指住没去丨他指住不想去丨他都把饭吃咧，指住不吃咧丨时间长咧没见他，他来咧，我指住要见呢”；假如“住”字读作变调阴平，则是“指望住”的意思，与副词用法无关，例句如“你还把我却给指住咧丨你是我的儿，我把你不指住，能把谁指住呢”。

其实，“肯定”一词在关中方言里跟“指住”呈互补状态，例如问句“你敢肯定他不来丨这件事肯定不肯定丨谁能肯定他没说这话”里，“肯定”不能被“指住”替换。

其三，“呆”字在关中方言里读作[꜀tæ]的时候，适应语境如“发呆丨呆呆的丨呆到单位不出来”；读作[꜁ŋæ]的时候，适应语境如“呆板丨呆劄子固定不变的模式/呆拓[꜀t^{h}a]拓丨这个人呆得很”。读作[꜁ŋæ]的“呆”字在关中方言里还可以当“固定不变”讲，例如“这是个呆[꜁ŋæ]的”；也引申为“肯定”的意思，常常跟“是”字搭配，例如：

呆是单位有事呢，要不然早都回来咧。

老汉呆是老病旧病犯咧，却又住院咧；我在医院把老汉看嘎子看看去。

呆是你把老师气得没办法咧，你老师才打你呢；打咧就打咧，打你也是教育你呢。

“肯定”在西安一带居民口语里又作“呆[꜁ŋæ]定”，“呆[꜁ŋæ]定”一般不能修饰说话人，而只能修饰“你、他”等。例句如。

你呆[꜁ŋæ]定拿咧人家钱咧，要不然咋能一心给他办事呢？

你的这个事情，你爸要是知道咧，呆[꜁ŋæ]定要诀骂你呢！

那天来寻你的那个老汉呆[꜁ŋæ]定是你舅，我看你像那个老汉得很。

救济款呆[꜁ŋæ]定下来咧，咋这们这么长时间都没发呢，得是是不是谁贪污咧？

其四，西安等处口语的“靠呆[꜁ŋæ]/靠实”，其本义是“说定”，例如：

我跟他早都靠呆[꜁ŋæ]/靠实咧。

你去给咱把这个事情靠呆[꜁ŋæ]/靠实。

你去把他寻一回，把他靠呆[꜁ŋæ]/靠实，教他在咱过事的时候给咱做席指当厨师做宴席。

于是，“靠呆[꜀ŋæ]”及其逆序形式“呆[꜀ŋæ]靠”也引申为“肯定”的意思。例如：

你靠呆/呆靠拿咧人家钱咧，要不然咋能一心给他办事呢？

你的这个事情，你爸要是知道咧，靠呆/呆靠要诀骂你呢！

那天来寻你的那个老汉靠呆/呆靠是你舅，我看你像那个老汉得很。

救济款靠呆/呆靠下来咧，咋这们这么长时间都没发呢，得是是不是谁贪污咧？

5.5.2　西安一带的否定式

朱德熙先生《语法讲义》200 页讨论否定副词的时候指出：“口语里常用的否定词里，只有一个‘不’是真正的副词。其他如‘没、没有、别、甭’等等都是动词。”为了比较，我们把关中方言的“没、嫑”跟“不”字一并讨论。

否定性的副词关中方言跟普通话存在着一定的差异。下边报道西安一带的否定式。

大致看来，西安一带的否定式在通常情况下与北京话基本相当，这是西安一带方言作为官话的基础。但是，西安一带的否定式往往有其特殊用法，比如，在把字句和给字句的否定式里，介词“把”和“给”分别处在否定词的后边，这是关中以至于西北方言的共同特征之一；户县否定式的变调定势及变调越势一般都是由阴平调变作阳平调，其中的变调越势是在并不形成阳平调基础的情况下产生的，其变调定势在关中方言区具有普遍性，而变调越势却是户县以及周边的特殊形式。如下在讨论西安一带方言否定式的过程中，对于跟否定式相关的问题如肯定式问题，也一并讨论。

5.5.2.1　西安一带否定式的通常用法

其一，关于“不”字。西安一带方言“不”字的通常用法与北京话基本相当，例如：“不去｜好不好？｜来不来？｜你下棋不下？｜这个人见咧人不说不笑｜不软不硬｜我拿不动，他能拿动拿得动”。但是，北京话的“VO 不 V/V 不 VO”反复问句形式，西安一带方言只有“VO 不 V”可以成立。如下形式，西安一带方言 A 组句子能够成立，B 组句子不能成立。

A　你下棋不下？｜你去医院看病人不看？｜他来县上买东西不买？

B　*你下不下棋?｜*你去医院看不看病人?｜*他来县上买不买东西?

其二，关于“没”字。与《现代汉语八百词》里所讨论的“没”和“没有”相比，西安一带“没”字使用范围广，“没有”使用范围窄。“没有”虽然也是对“有”的否定，但动词“没有”只涉及人或事物，例如：我没有多余的录音带丨电影儿票早都没有咧丨我没有书看，你给我寻一本些“些”字表恳求、敦促语气丨我来你这儿，也没有啥东西送你丨今儿今天没有风丨外头没有人丨柜里头啥也没有丨屋里头连个椅子都没有丨这个房子房间没有十平方米。

西安方言可以用到动词“没有”的语句均可作“没”；西安方言相当于北京“没有”的其他语境均作“没”。例如：没书丨没事丨没人丨没啥东西送你丨没十平方米丨我兄弟没他聪明丨没跑几步就停下咧停住了丨他去咧，我没去丨衣裳没干丨去咧没？丨这本书你有没？

西安方言的“A着没”相当于北京话的“A不A”式反复问句。“着”字用在疑问句“V（O）着没”式里，“V（O）着没”式一般相当于“V着（O）没有”。比较如下：

户县	好着没？	对着没？	红着没？	锅盖严着没？	看着没？	念书着没？	躺着没？
北京	好不好？	对不对？	红不红？	锅盖得严不严？	看着没有？	念着书没有？	躺着没有？

这里所讨论的“A/V（O）着没”式中，“A/V”隐含着“应该A/V”的语义。如“好着没”是问“好不好”，但隐含着应该好的语义；再如“他看书着没”其隐含语义是“他应该很认真地看着书”。西安一带方言有的“V（O）”加“着没”的语义形式与上述动词谓语句表示的规律并不相当。例如：

他望来走着没他是不是往这里走着呢？

你去看他在屋着没你去看看，他在家不在？

你这几年写小说着没近几年你是不是还在写小说呢？

他把西瓜买着没他（当下）是不是正在买着（许多）西瓜；他买了西瓜没有？

他这几年当校长着没他近几年是不是还当着校长呢（隐含语义：他可能因年龄过大已不当校长了）？

其三，与北京话“决不、绝不”的比较。赵元任先生《汉语口语语法》吕叔湘先生译本95页指出“决”（不决，决不）和“绝”（不绝，绝不）这两个语素是同音并且差不多同义。有些说普通话的人写“决不”和“绝不”几乎随便写。然而这两个字不是在所有大方言里都同音。事实上关中方言不但“决”和“绝”不同音，而且在用法上跟普通话又有一些差异。

一如读音方面，西安“决”字读作上声调[tɕyɛ^{52}]，“绝”字读作阳平调[tɕyɛ^{35}]。因此，单音节的“决”和“绝”关中人一般不会用错甚至写错。

二是北京话的“决不”在关中方言里只作“坚决不”。例如：

他坚决不答应。

我的意见是：坚决不行！

好几个领导都坚决不愿意把他推荐上去。

三是“绝不”在关中方言里也作“绝不”，口语化程度最高的还有“绝对不”。例如：

推荐他，我绝不/绝对不同意。

他绝不/绝对不可能答应你这下这么做。

我绝不/绝对不想教你再去受这一[ᶜtṣei]个罪咧！

这个东西我就是绝对（的）不想给给他，就怕他不惜爱。

那个领导犟得很，他要是绝对不愿意，谁把他都没办法。

这件事情我绝对不同意，你一定要这下做，就自家负责到底去吧！

假若都领导绝对不答应，我也没办法；我认为领导绝对都应该答应。

其四，关于“不要、不可”的合音问题。关中多数方言点阻断词“不要[pu^{31} iau^{55}]”的合音字作“嫑[①][pau^{31}]”；商州、大荔、华阴的阻断词“不可”合音如“拨”；凤翔合音作[po^{44}]。比较如下：

西安　你嫑管。　　你给他说，教他嫑来。

大荔　你不可管。　你给他说，叫他不可来。

西安　这个问题不解决，任务就嫑想完成。

大荔　这个问题不解决，任务就不可想完成。

其五，关中方言“少”字也用如阻断词，例如“你少胡说丨教他少张狂丨你往后就少欺负我娃丨少胡缠纠缠丨你就少做丢人事情”；从这种用法的来源看，有一个由“不多”义的虚化过程，如“少拿些子丨往后就少来”的“少”指“不多”。江蓝生（1991）《禁止词“别”考源》讨论“别”字的同时，指出“少”字也用如阻断词。举出《西游记》里的三个例句：

你这伙道人都少打。（36回；江先生指出：“少打”犹言“休打”。）

师父休怪，少要言语。（27回）

你莫要心焦，少得烦恼。（21回）

其六，蓝田以及长安“不”字也用如阻断词，如“你不去咧丨教他不来咧丨咱都不喊叫咧丨长安歌谣《咪咪猫》：咪咪猫，上高窑窑洞上方的一个小窑洞，旧时防备土匪的；若土匪来袭，则沿梯子上到高窑，再把梯子拉进高窑去，里面储备有吃的。金蹄蹄，银爪爪，妹妹起来拜嫂嫂。嫂嫂拉的花花狗，咬咧妹妹小小手。妹妹哭的不吃饭，嫂嫂背上满院转。‘妹妹妹妹你不哭，咱妈咱爸回来给你割肉煎豆腐。你的多，我的少，咱俩在圪捞窝角落里却[k^{h}ɤ^{31}]从再重舀，舀出核桃舀出枣。’”

其七，千阳、扶风等处的阻断词又作“不了”，如扶风“不了”读作[pu^{31} .liau]。宝鸡市中房房地产开发公司、宝鸡市诗词学会编著的《宝鸡老歌谣集锦》（中国文化出版社2012年出版）第1页《哄猴娃》云：“猴娃猴娃你不了哭，娘给你娶个花媳妇。”

其八，关中方言的“漫说”是“别说，休说”的意思。扶风方言例句如：“～你一个人，就是再来两个我也不怕。”下面举西安一带的例句：

漫说他不想去，我本来就不想教他去。

漫说你对我有意见呢，我还对你有意见呢！

漫说给我给个县长，就是给个省长我都看不上；我就爱做学个问。

漫说他给我 20 万元，他就是即使给我一河滩极其多的钱，我也不要。

漫说你的你们不想把你女子给嫁给我的我们家，就是倒找指不要彩礼反倒给男家钱财我的也不要。

关中方言的“漫说”可以从唐宋诗词以及近代作品里找到来源。唐代王昌龄《九日登高》诗云：“漫说陶潜篱下醉，何曾得见此风流？”宋代周邦彦《宴清都》词云：“宾鸿漫说传书，算过尽，千俦万侣。”《水浒传》第76回：“休誇八阵成功，漫说《六韬》取胜。”《醒世恒言》32卷：“漫说洞房花烛夜，且喜他乡遇故知。”

“漫说”又作“慢说”。白维国先生主编的《白话小说语言词典》999页举例如：慢说拉手，他的东西我们略动一动也不依。（红楼·56）慢说我没有这样家当，便有，我也不肯这样作法。（儿女·2）那时慢说他是包公的门生，就是包公也就难以回护了。（三侠·100）

我们还从清代渭南剧作家李芳桂剧作里找到了“漫说/慢说”的用例。

漫说杀了两个，就是杀上十个八个，都是不要你偿命的。(《香莲佩》)

慢说银子不能到手，连性命也未必保住。(《香莲佩》)

漫说老爷，就是妾这七品夫人，也由邹老爷而得，大恩如何可忘？(《玉燕钗》)

大人，漫说骂他，若是遇着，定要打他。(《紫霞宫》)

漫说你们，就是那和尚，我这一进京，也不知将他腰断几节。(《白玉钿》)

母亲，漫说打，就是将儿粉身碎骨，也不卖字画了。(《蝴蝶媒》)

（胡干）容不过便怎么，还敢打我不成？（张崇简）慢说打你，杀你何妨？(《蝴蝶媒》)

倘若违抗，慢说花门遭祸，就是我这脑袋，亦在可有可无之中。(《蝴蝶媒》)

我们从西安易俗社剧作家封至模先生《山河破碎》第五回看到如下用到“慢说”的例句：

慢说是客人愿掷缠头锦，自己的孩儿也觉可亲。

慢说你家，就是大金国的银安殿，我也要去提他两个脑袋回来！

其九，关于西安一带方言的“N 不 N”式，从两点来看。

一是普通话的“人不人，鬼不鬼”西安一带口语也用。例如：

唉，你屋你们家成分好，根本就体会不来体会不到成分不好那人不人，鬼不鬼的日子！

就给他造谣[꜀tsʰau]咧这一[꜂tʂei]下，把他害得人不人，鬼不鬼的，几十年都抬不起头。

二是西安一带口语里的“时不时节不节｜年不年节不节｜时不时晌不晌”，意思分别为“没到传统节日送礼物时间｜没到过年时间｜没到吃饭时间”。例如：

时不时节不节的，你给亲戚家拿那些东西做啥呀？

年不年节不节的，你给我买衣裳做啥呢？我年时个去年的还新新儿很新的着呢。

他时不时晌不晌都喊叫着要吃饭呢，这是老咧糊涂咧。

5.5.2.2　关中方言否定式的特殊用法

其一，西安一带方言有些双音节动词或形容词在实际交际中只能以否定式出现，或处在“V/A 不 V/A”等形式里，或出现在疑问句里。例如：“言传”是说话的意思，它的前边通常冠以“不、没、覅”三个否定词，其他否定词或否定式与“言传”不能搭配，肯定式更不能搭配，例如“*你言传毕咧由我来言传｜*你胡言传啥呢?”不能成立。但是，诸如“你覅胡言传｜我不敢言传｜他也没太言传”的说法能够成立。

其二，孙立新（2001）指出户县方言（包括西安一带方言）有关交际、动作的词语以及形容词有“不、没＋V/A”式，其中 V/A 是双音节词，这些词语一般还可以构成“覅 V/A”式。但不是全都可以构成“不、没、覅＋V/A”式，其中有的 V/A 前不能冠以“不、没、覅”中的某一两个副词。下面分析这些否定式词组的特点。

可以与“不、没、覅”组合成否定式词组的动词主要有：吭声/言传/吱声｜招嘴答话/日牙｜气忿/忿气｜理识理睬/耳识/偢睬｜信思信服｜觑顾注意看。

可以构成“不/没＋V/A”否定式词组的词语主要有：见起见得｜克化消化（食物）｜顶事。

可构成“不＋V/A”式词组的词语主要有：值估值得｜ ꜀降钆不～：本义是不值钱，引申为成色不好；多指人的能力差｜起性儿不～：性子缓慢｜佮[˨kɤ]曳和睦｜佮因合适｜合群/佮伙｜善[꜂tʂʰã]活不～：有病｜囊꜄在不～：小孩有病、 ꜀囊将不～：中老年有病。

其三，普通话“不再、没再、别再”西安一带分别作“再不、再没、再覅”，比较如下：

北京　唱了一个，不再唱了　他走了之后就没再来过
西安　唱咧一个，再不唱咧　他走咧以后就再没来过
北京　你往后就别再理他了
西安　你望后就再覅理他咧

但是，假如要在否定句里加“也”字，西安一带方言的“再”就不置于否定词前边，而跟普通话一致。如《现代汉语八百词》（2002：643“再”之 4b）“他再也不来了”等句子，西安一带分别作“他再也不来咧｜他再也没说啥，转身就走咧｜你再也嫑说客气话咧”。

西安一带方言在詈骂、训诫等语境里“再嫑”往往处于把字句里，起强调作用；有的句子里，“再嫑”的“别再”语义尚在。例如：

把你妈再嫑㑚咧！（通常作“㑚你妈/把你妈㑚咧！”）

把他再嫑谝咧多义句（1）他太善于自吹了；（2）你别吹嘘他了！

你爸给你当老师呢，你不好好儿学，把你爸的人再嫑丢咧！

把他先儿先人再嫑羞咧！（通常作“羞他先儿/把他先儿羞咧/羞咧他的先儿咧！”）

你先儿把人再嫑亏得多咧！（通常作“你先儿亏人亏得多咧！”）

把他先人再嫑亏得重咧！

把你妈再嫑教驴㑚咧！/再嫑教驴把你妈㑚咧去！

把你妈再嫑教驴㑚得重咧！

把你爸的脸再嫑拿脚踢去！（按：踢脸，丢脸丢得很严重）

其四，与北京话可能补语、反复问句相比，西安一带方言没有北京话的“V_1/A 得 V_2+V_1/A 不得 V_2”式，相应的是“V_1/A 得 V_2”式；北京话“V 能不 V 能”相应地作“得行/得成”式而置于句末。比较如下：

北京	西安
你看得见看不见？	你看得着/你看得来？
这朵花儿红得了红不了？	这个花红得了？
这门课你学得会学不会？	这门课你学得会？
他的病你治得好治不好？	他的病你看得好？
你能不能借我 3000 块钱？	你借我 3000 块钱得行/得成？
你来我们单位行不行？	你来我单位得行/你来我单位得成？

北京话的“是不是”在西安一带方言里作“得是”，例如：他得是陕西人/他是陕西人，得是/他是陕西人，得是的？

西安一带方言反复问句“V/A 不 V/A”式里，还可以在“不”字前边嵌入表示“究竟、到底”意味的“吗[.ma]”字，例如：“他来吗不来？｜对吗不对？”甚至可以在反复问句前边加上“到底/到来”表示对动作行为主体或所品评事物极大的不满，例如：

他到底来吗不来？

这个东西到来到底贵吗不贵呢？

其五，介宾词组与“不、没、嫑”的位置关系。

一是北京话把字句里的否定词不能放在“把”字后边，而关中方言的否定词通常放在“把”字后边，例如：

把他不当回事不把他当回事。

他把你就看不起他就看不起你。

咱干脆把他嫑寻咱干脆别找他。

我就把你没看来我就没有看见你。

你得是把他没撵上你是不是没有赶上他？

你把他嫑当一回事儿你就不要把他当回事儿。

我的[ŋæ31 ·ti]我们几个人把他没寻来没找见他。

如邢福义先生（2000）比较北京话与乌鲁木齐方言给字句否定式时分析了“不给你”在乌鲁木齐方言的变体是“给你不给”。事实上，关中方言既有“给你不给”，又有“给他没给”“给他嫑给”等否定式。如果在否定式中“给 2给 3”连用，只能是“不给给你丨没给给他丨给给老王”，而不能是“给你不给给丨给他没给给丨给老王给给”。下面列举两组例句。

甲组：这本书不光给老王没给/这本书不光没给给老王，我连谁都没给过。

乙组：这笔钱你长短千万，无论如何给你那个二流子女婿嫑给/这笔钱你长短嫑给给你那个二流子女婿，给咧就知不道塞咧哪个瞎马眼咧不知道用于何处了（肯定会被挥霍了）。

北京话的“不还给他丨没（有）送给老王丨别（/甭）传给后人”在西安一带老中派的口语实际里分别是“给他不还丨给老王没送/没送给老王丨给后人嫑传”，其中以“没”字为否定词的句子里有两个变体共存。在西安一带方言里并不出现诸如“不还给他丨嫑传给后人”等句式。西安一带还有“给你不送给丨给他没还给丨给老王嫑借给”型否定式。例如：

钱给他不送给。

他的钱给他不还[꜀xuã]咧。

争欠你的粮食给你没还[꜀xuã]给。

信给老王没送/信没送给老王。

这个单方儿偏方咋就能给后人嫑传呢？

想准备，将要借借给老王的钱给老王嫑借给。

在“把 N1 给 1N2 给 2 给 3”句式相应的否定式里，西安一带方言否定词要么放在“把”字词组紧后边，要么放在“给给”紧后边，例如：

老师把书没给他给给/老师把书给他没给给。

谁都把东西不愿意给你给给/谁都把东西给你不愿意给给。

我把钱不想给这个二流子给给/我把钱给这个二流子不想给给。

老王，他不争气，你把钱嫑给他给给/老王，他不争气，你把钱给他嫑给给。

二是“跟/连、问、在”等介词出现的句子，普通话的“不、没、别、甭”在介词的前边，关中方言的“不、没、嫑”在介词的后边；趋向动词为中心词的句子两可。比较如下：

北京	不跟我说	不向他要	不到北京去
西安	跟我不说	问他不要	在北京不去/不在北京去
北京	没跟我说	没向他要	没到北京去
西安	跟我没说	问他不要	在北京没去/没在北京去
北京	别跟我说	别向他要	别到北京去
西安	跟我别说	问他嫑要	在北京嫑去/嫑在北京去

其六，如果V是表感官行为的动词，西安方言没有北京话所具有的否定式“V不见”，相应的是“V不着[pfʰuɤ^{24}]/V不来[læ^{24}]”，其肯定式是“能V着[pfʰuɤ$^{24-31}$]/能V来[læ$^{24-31}$]”，与北京话“V得着V不着”式相对的反复问句是“V 得着/V 得来”。例如：你看得来?/你看得着? | 我看不来/我看不着 | 我能看着/我能看来 | 闻不来 | 能听来 | 听得来?/听得着? | 你感觉得来？/你试得来？/你试得着？

另外，西安相对于北京的“找不着 | 找得着 | 找得着找不着?”分别作“寻不着[pfʰuɤ^{24}]/寻不来[læ^{24}] | 能寻着[pfʰuɤ$^{24-31}$]/能寻来[læ$^{24-31}$] | 寻得着[pfʰuɤ^{24}]?/寻得来[læ^{24}]?”相对于北京的“找不到 | 找得到 | 找得到找不到?”分别作“寻不下 | 能寻下 | 寻得下?”

其七，西安一带还有一些逆序构词或逆序构句也与否定式有关。

西安一带方言把“不知道”叫做“知不道”，又把“知道吗/知道不知道?”叫做“知得道?”把“不认得”叫做“认不得”，又把“认得不认得?”叫做“认得得?”例如：我知不道这个事 | 这个事你知得道? | 这个人我认不得 | 那个人你认得得?

关于逆序形式复合式程度副词“甚”＋否定词“不、没、嫑”在西安一带的“甚不、甚没、甚嫑”，可以从以下四点来看。

一是西安一带方言的“甚不”与北京话的“不太”相当，例如：

你的饭做得甚不好。

他就甚不敢出重力。

我就甚不爱吃西瓜。

他就甚不来不常来，我也甚不去。

我这几天肠胃有点儿毛病，甚不想吃（饭）。

二是西安一带方言的“甚没”可释义为“没太，没全，不常”，在动词谓语句里必须和时态助词“过”字相呼应。例如：

他甚没来过。

我甚没见过他。

我长这么大甚没在北京去过。

园里的果子还甚没熟呢，熟好咧你再来拿指多拿；今儿先给你拿些。

三是西安一带方言的“甚嫑”可释义为“别太，不要经常”，例如：

你甚嫑来你不要经常来。

你甚嫑理识他你别太理他。

教他甚嫑劳咧让他不要经常过于劳累了。

四是西安一带方言的“甚不、甚没、甚嫑”之间还可以嵌入其他词语或者词组，例如：

我甚在北京没去过我没太到过北京。

他跑得快得很，我甚撵不上不太能赶上。

我甚把他寻不来我不太有可能找到他/我把他甚寻不来。

我上大学那阵儿甚在屋没拿过钱我上大学时不常在家里拿钱。

你甚把他叮咛你的事嫑放到心上你别太把他叮咛给你的事放在心上。

5.5.2.3　*户县方言否定式的变调定势及变调越势*

户县方言否定词“不、没、嫑”都是阴平调，两阴平字连读前字31变作阳平调35，如“不说、没加、嫑掐”里，“不、没、嫑”3字分别在阴平字“说、加、掐”前变作阳平调。

其一，户县方言有阴平调3个否定词“不、没、嫑”的变调定势。究其根源，当一种行为被否定且在语流中“不、没、嫑”后边连带的紧邻音节是阴平时，“不、没、嫑”变作阳平调，如上文的“不说｜没加｜嫑掐”。但在实际交际过程中，否定词后边紧邻的音节还可以省略，因此就出现了下边的情况。

你叫我拉，我不拉[pu$^{31-35}$ la^{31}]/你叫我拉，我不[pu$^{31-35}$]。

你说不说?——我不说/你说不说?——我不[pu$^{31-35}$] = 你说不说?——不[pu$^{31-35}$]。

我没偷[mɤ$^{31-35}$ t^{h}ɤu^{31}]/我没[mɤ$^{31-35}$]。

你嫑拉[pau$^{31-35}$ la^{31}]/你嫑[pau$^{31-35}$]。

我不拆咧[pu$^{31-35}$ ts^{h}ei^{31} .liɛ]/我不咧[pu$^{31-35}$ .liɛ]。

我打死也不这一下这样做咧[tʂei^{51} xa$^{55-31}$ tsɤu^{55}.liɛ]/我打死也不咧[pu$^{31-35}$ .liɛ]。

贾平凹《古炉》61页有这样一个例句“当下霸槽就让开合搬出一座豆腐，没用刀切，伸手掰下一块吃起来，说：美！美！腮帮子鼓多高，仰脖子咽了，嘴巴吧唧吧唧响，还说：没！”其中的“没”字按照户县方言的习惯变作阳平，按照华县、丹凤等处的习惯变作上声。

其二，若否定词“不、没、覅”后边紧邻音节是阴平调且该音节省略、否定词“不、没、覅”定势变作阳平调则罢，那么，“不、没、覅”后边紧邻着非阴平字且其紧邻音节省略时否定词是否存在变调定势呢?其实同样存在变调定势，我们把这种本来不变作阳平而实际上变成阳平的变调形式叫做“变调越势”。户县方言的变调越势只出现在否定式里，例如：

你覅看[pau^{31} k^{h}ã^{55}] = 你覅[pau$^{31-35}$]。

（他来咧没?）还没来呢 = 还没[mɤ$^{31-35}$]呢/还没[mɤ$^{31-35}$]。

（你看不看?）我不看[pu^{31} k^{h}ã^{55}] = 我不[pu$^{31-35}$]。

（你来不来?）我不来[pu^{31} læ^{35}] = 我不[pu$^{31-35}$]。

（他砍柴来没他是不是砍柴了?）没砍[mɤ^{31} k^{h}ã^{51}] = 没[mɤ$^{31-35}$]。

其三，户县方言含有假设意味的句式“不V咧覅V”，其中语气词“咧”字兼表假设；如“他不来咧覅来他如果不想来就别来｜你不看咧覅看你如果不愿意看就别看｜他老张不吃咧覅吃他老张不想吃了就别吃”均可以省作“不[pu$^{31-35}$]咧覅[pau$^{31-35}$]”，其中“覅”字越势变为阳平调。这类语句含有说话人对行为主体不满的意蕴。

跟“不V咧V→不[pu$^{31-35}$]咧覅[pau$^{31-35}$]”类似，户县方言在对话语境里，凡说话人甲说出某东西没有了时，说话人乙要表达“没有了就没有了，无所谓”的语义时，一般说成“没[mɤ$^{31-35}$]咧没[mɤ$^{31-35}$]”。例如：

（甲）给咱的咱们没有饭咧。（乙）没[mɤ$^{31-35}$]咧没[mɤ$^{31-35}$]。

（甲）没有你想买的那本书咧。（乙）没[mɤ$^{31-35}$]咧没[mɤ$^{31-35}$]。

其四，与“没”字读本调阴平情形不同，与否定词变调越势相当，变作阳平调的“没”字用在疑问句末，其隐含语义是所陈述的情况肯定会发生，是不以听话人的意志为转移的，这种以“没[mɤ$^{31-35}$]”字煞尾的疑问句都有对听话人抱怨、不满的意味。例如：

我叫你把碗端好，你说不要紧，你看你看，把碗打咧没?

你说你能背动一麻包麻袋麦，我说你背不动，背不动没?

纪检书记给你敲咧多回警钟，你只当耳边风，这回出事咧没?

你看人家都种冬瓜呢，我说冬瓜种得多咧怕卖不上价，你看赔咧没?

面鱼儿说：他钉鞋补胎哩，我说过他没?别的泥水匠木匠出外挣了钱交提成哩，他从不交我说过他没?没么，都没?他还咬我哩?（《古炉》18）

（狗尿苔）给马勺他妈说：婶，我口渴，桶里有水没?（《古炉》20）

霸槽说：就三个?再抬一个！迷糊你尾巴骨好了没?（《古炉》515）

5.5.2.4　与否定式相对的肯定式的几个问题

其一，孙立新 1997 讨论了户县方言的“得”字，2004 讨论了户县方言

“得”字用在疑问句且嵌在动词谓语与结果补语之间是“能不能”的意思；当谓语是趋向动词时，疑问句式可变作“得 V”式。这种以“得”字构成的疑问句，肯定式回答均为“能 V”；V 是一般动词时，否定式是“V_1 不 V_2”；V 是趋向动词时，否定式是“V_1 不 V_2/不得 V（V_1V_2）”。疑问式有“V 得行”，否定式回答无“V 不行”。比较如表 27。

表 27　　户县方言“得”字在疑问式以及答句中的用法比较表

疑问式	疑问式释义	肯定式回答	否定式回答
学得会?	能不能学会?	能学会。	学不会。
看得懂?	能不能看懂?	能看懂。	看不懂。
舀得完?	能不能舀完?	能舀完。	舀不完。
拿得起?	能不能拿起来?	能拿起。	拿不起。
下得去/得下去?	下得去下不去?	能下去。	不得下去/下不去。
起得来/得起来?	能不能起来?	能起来。	起不来/不得起来。
来得成/来得了/得来?	来得了来不了?	能来。	来不成/来不了/不得来。
去得了/去得成/得去?	去得成去不成?	能去。	去不成/去不了/不得去。
出去得成/出去得了/得出去/出得去?	能不能出去?	能出去。	出去不成/出不去/不得出去。

其二，北京的“V 得 V 不得”式西安一带作“V 得 $_1$ 得 $_2$[tei^{31} tei^{24}]”，其肯定式作“能 V/V 得”。“能 V”适用于任何语境，“V 得 $_1$”只适用于与“V 不得”共用的语境。例如：

这本书娃娃家孩子们看得 $_1$ 得 $_2$? ——能看|这本书大人看得 $_1$，娃娃家看不得 $_2$。

（问）这个果子吃得 $_1$ 得 $_2$?——（答）这个果子能吃，那个果子吃不成/这个果子吃得 $_1$，那个果子吃不得 $_2$。

其三，户县方言“得、来”等单音节词在疑问式及其否定式答句中一般读本调，在肯定式中一律变作阴平调。这 9 个单音词除判断词“是”以外，实际上是以补语的形式出现的，其变调的规律性比较强，即均变作阴平调。但是，上文所讨论的疑问句“学得会能不能学会”及其答句的变调形式就更复杂了：（1）单音节词“会、懂、完”均读本调，单音节趋向动词“起”在肯定式答句中既读本调上声又读变调阴平；（2）疑问式“V_1 得 V_2”及其否定式答句中“V_2”均读本调，肯定式答句中“V_2”读变调；（3）疑问式“得 V_1V_2”及肯定式答句“能 V_1V_2”中，V_2 均读变调；（4）“得 V 单”“能 V 单”“不得 V 单”中，“V 单”均读本调。

近年来，与汉语方言否定式有关的一些问题已经受到学术界的重视，如覃远雄发表在《方言》季刊 2003 年第 2 期上的《汉语方言否定词的读音》以及尹世超 2007 发表在《语言问题论丛》第一辑上的《东北官话的否定词》等文章，都是此类研究的重要成果。

5.5.2.5 “不｜没｜嫑＋X＋不｜没｜嫑＋乱”式词组

关中方言的“不、没、嫑”常常构成“不｜没｜嫑＋X＋不｜没｜嫑＋乱”式词组。这类词组的共同特点有：一方面，这类词组一般都处在谓语的语法地位上；二方面“乱”含有代词“干什么、怎么样”等的语义，如“不说不乱”指“不说也不怎么样”，“没看没乱”指“没有看也没怎么样”，“嫑提说嫑乱”指“别提说也别怎么样”；三方面，西安一带这类词组“乱”字后边一般很少连带“的”字；四方面，“不｜没｜嫑＋乱”在实际表达过程中语义很虚，但是，至今还没有虚到如衬字一样的程度。

这类词组以及下文 5.5.2.6 部分要报道的“不｜没｜嫑＋V＋不｜没｜嫑＋咋”式词组的来源以及“乱”是不是本字等问题，有待研究。

其一，关中方言的“不 X 不乱”式词组。

（一）“不 V（N/P）不乱”式

这个格式里的中心词可以由动词或动词性词组、形容词或形容词性词组充当。

1.“不 V 不乱”式。如西安方言常用的单音节动词许多都可以用在这种形式里边，如“打、拧、掀、挤、说、看、寻、拉、写、盯、碾、订、钉、磨”等；双音节或多音节动词甚至词组除表心理活动的以外，其余一般可以用在这种形式里边，如“研究、提高、降低、消失、要求、情愿、上来、回去”等。例如：

娃跑不见咧，我教他寻去，他也不寻不乱。

他把娃拉住咧孩子干坏事被抓住了，不打不乱就放咧。

论起你是个作家，一年到头不写不乱，都忙咧些啥事吗？

我把申请递上去都一年咧，你的你们不研究不乱，像啥话吗？

我在领导办公室坐了一上午，领导桌子上放了那么多文件，我都不看不乱。

他给我当领导，我在三楼住着呢，他在二楼住着呢，只有一层楼，他正年年也不上来不乱的。

但是“不”字后边的动词不能受副词的修饰，动词前也不带表心理活动的动词。

2.“不 VN 不乱”式 V 后可连带名词宾语。例如：

工厂也不停工不乱。

他成天不出门不乱的，啥事都不做。

叫你拆房，你就竟然懒得不上房不乱的！

你一天在屋不看书不乱，太不像话咧！

你进厂也不提高技术不乱的，有啥出息？

这么大的事，你个大男人家，不出主意不乱，咋了呀怎么得了呢?!

3.“不VP不乱”“V”后可连带代词宾语。例如：

我也不惹你不乱，你想咋？

我就不理你不乱，你把我咋呀？！

他也不打我不乱，你有怕的啥呢？

他也不看这些不乱，凭啥要寻他的事呢？

（二）“不A不乱”式

1. 多数情况下A限于单音节形容词，许多都可以构成“不A不乱”式词组。例如：

他成年不忙不乱，没多少事。

这包行李不沉不乱，好拿着呢。

柿子不瞎不乱，能搁好长时间。

这个台台不高不乱，好上得很。

天气也不热不乱，出门方便得很。

这个娃平常不狂不乱的，谁都爱。

他成天操手不拾毛什么都不干，把娃掉到井也不急不乱。

2. 双音节形容词只有表性质的可以构成“不A不乱”式。例如：

我吃咧一斤饺子，也不难受不乱。

这个娃也不唠叨个性强不乱，好哄得很。

过年不热闹不乱，不像个过年的样子。

他的日子也不可怜不乱，你嫁过去受不了可怜。

他一百岁的人咧，不糊涂不乱，心清白脑子清楚得很。

其二，关中方言的“没X没乱”式词组。这个格式里的中心词以及如下的“要X要乱”式词组，只能由动词或动词性词组充当。

1. X为单音节动词的，例如：

娃给他要钱呢，他没给没乱。

学校操场演电影儿呢，我也没看没乱。

有一本正用的书一时儿没寻来，我干脆没寻没乱。

我给我舅拜年去咧，到了吃饭时间，也没吃没乱（/也没吃饭没乱）。

2. X为双音节动词的，例如：

领导把你的申请至今都没研究没乱。

这件事情，我跟副局长也还没商量没乱。
他把我给其他人就没介绍没乱，只顾说自己的事情呢。
3. X为动词性词组的，例如：
我逛集去到集市上闲逛，也没买东西没乱。
他今儿一天都在车站呢，也没坐车没乱。
我在阅览室来来着，没看报刊没乱，闲坐咧一会儿才出来。
你给娃娶媳妇儿呢，我也给你没搭伙端盘没乱；至今都过意不去。
其三，关中方言的“嫑X嫑乱”式词组
1. X为单音节动词的，例如：
你见咧他，记住，嫑惹嫑乱。
你到咧他屋，坐着就对咧，嫑说嫑乱。
丢咧就丢咧，你也嫑寻嫑乱；说不定啥时候就寻来咧。
你见咧他，先嫑问嫑乱；等一段时间我直接问他就对咧。
2. X为双音节动词的，例如：
你几个先嫑研究嫑乱，先忙其他事情去。
你就嫑动弹嫑乱，静静儿躺着，认真听，看是啥声？
我的申请你几个领导至今就嫑研究嫑乱嘿！得是是不是嫌我没送礼？
3. X为动词性词组的，例如：
你就嫑理他嫑乱。
你等着，先嫑问他嫑乱。
咱就嫑搭车嫑乱，直接走过去。
5.5.2.6　“不｜没｜嫑+V+不｜没｜嫑+咋”式词组
这种格式实质上是上文5.5.2.4部分那种格式的翻版，语法语义以及中心词的情况跟上文一模一样，如“乱”与“咋”也正好是互训。这里就不太多地讨论了。以下举例句若干：
咱就嫑搭车嫑咋，直接走过去。
领导把你的申请至今都没研究没咋。
他今儿一天都在车站呢，也没坐车没咋。
娃跑不见咧，我教他寻去，他也不寻不咋。
他成天不出门不咋，啥事都不做；就镇这么懒！
他的日子也不可怜不乱，你嫁过去受不了可怜。
他一百岁的人咧，不糊涂不咋，心清白得很。
你就嫑动弹嫑咋，静静儿躺着，认真听，看是啥声？
我在阅览室来来着，没看报刊没咋，闲坐咧一会儿才出来。

注释

① 朱德熙先生《语法讲义》65页指出："别"和"甭"都用在祈使句里表示劝阻或禁止。"别"是"不要"的合音。不过这是从来源上说的，实际上"甭"和"不用"是有区别的。陕西作家自柳青先生的《创业史》里把关中方言的阻断词"覅"写成普通话的"甭"以后产生了极坏的影响。柳青先生作为陕北人把关中方言的"覅"写成了"甭"还有情可原，关中方言区的作家把"覅"写成了"甭"实在不应该。"覅"字是关中方言区民间最认可的俗字之一。

5.6　情态副词

5.6.1　"一搭"等等

其一，关中方言的"一搭/一搭儿/一担/一搭里"和"断干、相干"等；"一搭/一搭儿/一担"和"断跟、相跟"相当于普通话的"一起，一同，一块儿"。讨论如下。

关中方言多作"一搭[i$^{31-24}$ ta^{31}]"；宝鸡一带多作"一搭里[i^{31} ta$^{31-24}$ .li]"；户县作"一搭儿[i$^{31-35}$ .tə]/一担[i$^{31-35}$ tã^{31}]"。"一担"是"一搭"的音变，"搭"字鼻化后读"担"。例如：

我跟他一搭去，你覅操心。

你俩一搭去，一搭回来；路上也有个照应。

户县詈语：一搭儿来，一搭儿去[tɕʰi^{55}]，谁不侯我㑳他姨[i^{55}]。

我们从王贵元、叶桂刚主编的《诗词曲小说语辞大典》正文第10页看到"一搭"（第②义项当"一起，一同，一块儿"讲）的许多例子。元·李寿卿《伍员吹萧》四折："一发借那把白金剑与我，也勒死了，好与我家老子做一搭儿埋葬。"元·孟汉卿《魔合罗》一折："这里有避雨的，都来一搭儿说话咱。"也作"一搭里"。元·李文蔚《燕青博鱼》一折："俺一搭里也难住，则今日辞别了哥哥。"也作"一答里"。元·王实甫《西厢记》五本三折："拣一个吉日，了了这件事，好和小姐一答里下葬去。"

我们还从其他元杂剧里找到这样两个例子：《梧桐雨·2》"沉香亭畔晚凉多，把一搭儿亲自拣拣。"《潇湘夜雨·2》"倒不如你也去一搭里当天。"

我们还从《金瓶梅》找到这样几个例子：20回"我已是赌下誓，就是一百年也不和他在一答儿。"25回"就算另替那奴才娶一个，着你要了他老婆，往后傥忽你两个坐在一答里……"27回"咱两个一答儿里去，奴也要看姐姐穿珠花哩。"29回"我才描了一只鞋，教李大姐替我描着，径来约你同去，咱三个一搭儿里好做。"

其二，旬邑、铜川、商州等处“相跟”是众人“一起（来、去）”的意思，“厮赶”是俩人“一起（来、去）”的意思。《商州方言词汇研究》385页“相赶上”解释道：“【相赶上】çiɑŋ^{21} .kã .ʂɑŋ也说‘厮赶上’sɿ^{21} .kã .ʂɑŋ相随作伴”。贾平凹《古炉》第10页把“厮赶”写作“厮跟”：“狗尿苔从此爱去找霸槽，但霸槽的脾气他摸不透，有时见了他，揪着他的耳朵夸他的耳朵软得像棉花，又说又笑，有时却燥了，不让他厮跟。”例如：

咱的一伙相赶着去。

你俩厮赶着去，也有个照应。

关于“厮赶”，我们从《警世通言》第十四卷找到如下两个例句：

王婆厮赶着入来，与吴教授相揖罢。

不多时，墓上土开，跳出一个人来，狱子厮赶着了自去。

富平方言相应地把旬邑、铜川、商州等处的“厮赶”作“厮跟”。

5.6.2 其他情态副词

其一，“特意”在西安方言里作“专门、专意”。“故意”西安方言作“当故”；凤翔一带作“厉故呀/厉故儿”；扶风方言作“厉过/厉常”例句如“厉过/厉常干么那样呢”；户县方言又作儿化形式“当故儿/单故儿”，谑称形式作“敌故儿”；陇县方言作“厉故儿价”。白水方言的“单务儿[ᶜvur]/单应儿[ᶜiŋr]”是“故意，专门”的意思。

其二，普通话的“猛然”在西安一带作“猛个匝”，户县方言相应地作“猛匝个[˷tsaŋ]/猛个儿[məŋ^{51} kə$^{-35}$]”。《商州方言词汇研究》398页有一个词目“猛子统子”，作者释义为“事先未打招呼，突如其来地”，例如：“事先不打招呼，～去，人家不在咋办？”商州方言还有“一猛然”是“突然”的意思，例如：“一猛然我咋没认识你？”

其三，普通话“赶紧”在西安的变体有“赶紧、赶快、放快、꜀抢忙”，户县又作“꜀老快、亭⁼唐、亭⁼忙、□[kʰəŋ^{35}]忙”。扶风则以“赶紧”的逆序形式“紧赶”表“赶紧，快”的语义，例句如“车快开了，紧赶走”。富平的拟声词“哗啦[xua^{31} .la]”有“赶快；赶快走”的意思，例句如“哗啦走/快哗啦！”商洛一带“连忙”的变体作“紧忙”如贾平凹《古炉》68页的例句：“狗尿苔有些害怕，紧忙离开了照壁，雾便把他裹起来，一块儿在巷道里滚。”

其四，普通话的“突然”关中方言一般也作“突然”；“突然”的“突”字，户县方言文读[tʰɤu^{51}]，白读[tɤu^{51}]，上声调。扶风方言有“隔硬”是“很快，突然”的意思，例句如“他才还情愿，隔硬给下可变了”；户县的相应叫法为“□啦[zɿ^{31} la^{55}]”。扶风方言的“乍喇喇”有两个义项：① 突然：这两天乍喇喇热开了；② 初次：乍喇喇看个那个人长的怪怪的。

其五，关中方言也用到普通话的“自然”，但是西安一带口语化程度最高并且当“很自然”讲的有“自不然儿/自不其然儿”。例如：

老咧，瞌睡少咧，赶早早晨四点半自不然儿/自不其然儿就睡不着咧。

当官的只要给老百姓办实事，老百姓自不然儿/自不其然儿就拥护他。

只要你跟他说起他的好爱爱好，自不然儿/自不其然儿他的话就多得很。

其六，关中方言的“硬[niŋ^{55}]”字还有“坚决”的意思。例如：

他硬要去呢，我能有啥办法呢？

这个东西他原先硬不给我，这阵儿给我，我又不缺咧。

人家不想给你你就硬拿呢，天底下哪搭哪里有这号道理呢？

你过去，硬给他塞；你给他说，我的意思，他要也得要，不要也得要。反正非给他不可！

其七，扶风方言有一个“孤蹑蹑”，是“独自一个人静静地（坐着或站着）”的意思，例句如“个那个人的坐到兀搭那里不说话”。跟扶风的“孤蹑蹑”意义相近，户县方言的“悄言孤独儿[tɕ^{h}iau^{31} niã$^{35-31}$ ku^{31} .təɯ]/不言不传[pu^{31} niã^{35} pu^{31} ts^{h}uã$^{35-31}$]/不言不传儿[pu^{31} niã$^{35-31}$ pu^{31} .ts^{h}uə]”（按：这三个词语里的“言”字白读 n 声母，跟“不言传不开腔、没言传没说话、覅言传别吱声”的“言”字一样，白读 n 声母，其他语境里读作零声母；《户县方言研究》没有把“悄言孤独儿”收进去，这是调查的失误），是“默无声息”的意思。例如：

你悄言孤独儿地坐到兀个儿[.uə]那里做啥呢？

他成天悄言孤独儿的，就知道个做活；꜀真实在勤谨。

其八，关于关中方言的“紧 V 慢 V”式词组。这个词组相当于复词偏义，其语义偏在“紧 V”上；其语义是“赶紧就 V，连忙就 V”，V 的结果往往是未能成功的。例如：

这个活，我紧做慢做，到过年也没做好。

我刚知道把东西丢咧，就紧寻慢寻没寻来。

我这几天把他寻咧几回都没见；今儿眼看着他走咧，紧撵慢撵都没撵上。

他职务的事情，几个领导紧商量慢商量，正商量着呢，他登儿死咧，升咧也没用咧。

老汉有病咧，几个儿和女望医院今紧送慢送/紧望医院送慢望医院送，半路上老汉死咧。

关中方言“紧 V 慢 V”也是“很紧张地；一直（都）”的意思。例如：

就这个活，我紧做慢做，做咧三天。

他的一篇文章，紧写慢写，写咧毛一年天气时间。

你的事情，几个领导紧商量慢商量，把半天功夫都商量出去咧实指商量了半天。

上列“紧V慢V”式也可以构成重叠；V为复合词的，后续重叠成分有停顿。例如：

这个活，我紧做慢做紧做慢做，到过年也没做好。

我把他紧撵慢撵紧撵慢撵，都没撵上；他走得快得很。

他的一篇文章，紧写慢写紧写慢写，写咧毛一年天气时间。

他的事情，几个领导紧商量慢商量，紧商量慢商量，正商量着呢，他登儿死咧。

其九，关中方言的“ᶜ尽/ᶜ尽着”还有“很认真地，很用功地”的意思。例如：

我给他尽/ᶜ尽着说，他就是偏偏不听，我有啥办法呢？

他跟牛一样，犟得很，这些道理给他尽/ᶜ尽着讲，都听不进去。

你的忙我给你尽/ᶜ尽着帮，我的事情，你看向着根据你的具体情况看，能帮多少帮多少。

其十，普通话的“同样”在西安土著居民口语里作“一样样儿[i^{31} iaŋ^{55} .iẽr]”。例如：

只要是我的学生，我都一样样儿看待呢一视同仁。

一样样儿的话从能行人嘴里说出来，就是听着好好听。

一样样儿个事情，教你办是个样子；教我办就是另外个样子。

你跟你哥一样样儿都是你爸你妈的娃，性格咋错[tsʰuɤ^{55}]差得远呢？

咱跟人家一样样儿都是人，人家能做得镇这么好的，咱也应该努力嘤！

其十一，户县方言“齐茬儿[tɕʰi^{35} tsʰə^{35}]”也常用作情态副词或时间副词。从字面看，“齐茬儿”的非儿化形式“齐茬”读作[tɕʰi^{35} tsʰa^{35}]，指“整齐的茬口”，如“割咧个齐茬丨刀口是个齐茬”。而“齐茬”读作[tɕʰi^{35} tsʰa$^{35-31}$]（后字变作阴平）常常引申为“整齐；整齐划一”的意思，如“一片地的庄稼长得齐茬得很丨这些事情办得还不齐茬丨几家的进度太不齐茬咧”。“齐茬儿”用作副词有“很齐地；直截了当地，立即”等意思。例如：

风把树齐茬儿刮断咧。

太阳把娃齐茬儿晒黑咧。

大水把河岸齐茬儿吹断咧。

学校一放假，齐茬儿就把大门锁咧。

他一退休，就齐茬儿不在单位去咧。

我把他说批评咧一回，他齐茬儿不理我咧。

谁料想，新领导一来，好好儿好端端的个事情就齐茬儿办不成咧！

那个我表哥是我老姑婆曾姑祖母的重孙子，因为我爸救过他一命，我爸在健在的时候，每年都来拜年呢，我爸不在咧，他齐茬儿不拜年来咧。

其十二，关中方言的俗成语“爱心爱意”是“很重视地，（因为很看重，所以）很专门地”的意思，常常用作副词。例如：

人家爱心爱意给你做咧那顿饭，你咋就没吃呢？

他这是爱心爱意给你帮忙呢，你咋不领他的情呢？

我知道你爱吃包子，就爱心爱意给你蒸咧些包子提来咧。

其十三，凤翔方言的“蛮$^{=}$[mæ̃^{24}]/蛮$^{=}$抹[mæ̃$^{24-31}$ ma$^{31-52}$]/兰$^{=}$抹[læ̃$^{24-31}$ ma$^{31-52}$]”都是“一味地”的意思。例如：

都靠你哩，蛮$^{=}$/蛮$^{=}$抹/兰$^{=}$抹就靠完啦[.lia]。

你要是蛮$^{=}$/蛮$^{=}$抹/兰$^{=}$抹想这个事情，你就是瓜子哩开你就是傻子。

其十四，关中方言的“美美[mei^{52} mei$^{52-24}$]”常常用作情态副词，具体因与动词谓语的搭配情形不同而语义有别；如下例句中的“美美”有的可处在定语位置上，有的却不能；如下语境中，户县的“美美”可以儿化，户县大王镇以及西安市长安区马王镇一带的“美美”又读作[mẽ^{51} mẽ$^{51-35}$]，“美美[mẽ^{51} mẽ$^{51-35}$]”不能儿化。

美美狠狠打咧一顿／*打咧美美一顿。

美美狠狠诀骂咧一顿／*诀咧美美一顿。

美美放开肚皮吃咧一顿／*吃咧美美一顿。

美美很用力地撇咧一下／*撇咧美美一下。

美美很满地装咧三大车／装咧美美三大车。

美美很痛快地睡咧一天一晚夕／睡咧美美一天一晚夕。

5.7　方式副词

其一，关中方言相对于普通话的“共同”或北京方言的“搭伙”也作“搭伙”，例如：

这件事咱俩搭伙办。

咱几个搭伙给他帮几天忙，他的活就做完咧。

这些钱是你弟兄几个搭伙的，一个人拿上不行。

扶风的“刚□[kaŋ^{31} .aŋ]”是“共同”的语义，例句如“咱俩刚□[kaŋ^{31} .aŋ]买个架子车”。

其二，普通话的“独个儿”西安一带也作“独个儿”，户县方言又作“独一个儿[tei^{35} kə^{51}]”。户县例句如：这个活我独个儿/独一个儿做｜你就独个儿/独一个儿去，覅教我送咧。“独个儿（不包括户县的‘独一个儿’）”本来是形容词“孤独”的意思，例如：

他就怕独个儿。

有几个孙子在你跟前，你也不觉起觉得独个儿。

其三，关中方言也说“一个一个”，扶风的“扎齐齐”是“逐一，挨个儿”的意思，户县等处以“挨门齐茬[ŋæ^{31} mẽ$^{35-31}$ tɕʰi^{35} tsʰa$^{35-31}$]”表示“逐一，挨个儿”的意思。比较如下：

扶风　他啊的他们把车上的人扎齐齐检查了一遍

户县　他的把车上的人挨门齐茬检查咧一遍

扶风　老师把题扎齐齐讲了一遍

户县　老师把题挨门齐茬讲咧一遍

其四，普通话的“胡”字关中方言也说，例如：胡说丨胡来丨胡整丨胡搞/胡叠丨胡黏强词夺理丨胡来漫指惯常胡作非为者丨胡作非为/胡肏流来丨胡搅蛮缠丨胡言乱语丨胡说八道丨胡吹冒撂胡乱吹嘘/胡吹八打丨胡黏八黏过分地强词夺理/胡黏麵罐子丨胡叫冒答应胡乱搭话。

关中方言还有一个副词性俗成语“胡扅抹搭[xu^{24} tɕʰiɤu$^{24-31}$ ma^{31} ta^{31}]”是“很随便地”的意思，例句如“你胡扅抹搭给他一点儿就对咧丨咱胡扅抹搭往过走，说不定就碰见他咧”。

户县方言的“黑搭糊涂”跟“胡扅抹搭”意思相同，例如：

你黑搭糊涂/胡扅抹搭给的那些东西，没有几个能用的。

他黑搭糊涂/胡扅抹搭讲的那些东西都比你有水平，我看你就是比他会舔尻子会巴结。

但是，“胡扅 [xu^{24} tɕʰiɤu$^{24-31}$]”却是“胡”的意思，只不过比“胡”多了一个禁忌字“扅”，缺少了语言的严肃性。例如：胡扅说丨胡扅来丨胡扅整丨胡扅搞丨胡扅处理丨胡扅研究。

我们可以通过官话的“胡作非为”等成语看出“胡”字的变体还有“非、蛮、乱、八”等，“胡”字在关中方言里的变体还有“瞎、冒”等；我们可以通过以下词语看到这个特点。

胡诀瞎骂：胡乱地骂听话人或者胡乱地骂人；“诀”也是“骂”的意思。

胡吹八打/胡吹冒撂/胡吹浪谝/胡煽浪谝：胡说一气；胡乱吹嘘。

胡对[꜀tuei]冒撂：指很不科学地处理事情。

胡叫冒答应：人家并没有叫，却胡乱地回应；所问非所答。

胡黏[꜀ʐã]八黏：胡乱地把不相干的说在一起；胡搅蛮缠；胡言乱语，胡说八道。

胡拉被子乱扯毡/胡拉被儿乱扯毡/胡拉被儿乱扽毡：把不相干的胡乱地拉扯在一起。

其五，关中方言“冒”字也有“随便，随便地”的意思，如上文所举的跟“胡”字呼应的“胡吹冒摆”等以外，还可以再举几个例句如下：

你冒寻，说不定就寻来咧。

你冒拿，都好着呢，没拣头。

你去冒捏一点儿菜就够咱俩吃咧。

他这是冒说呢，我咋就敢不讲原则呢？

其六，关中方言也说“随便、顺便”等，“冒打冒/瞎[xa^{31}]搞/瞎好”也是“随便”的意思。例如“你冒打冒/瞎搞/瞎好给我几个，我都用好多天呢｜你冒打冒/瞎搞/瞎好取，没烂的”。其中的“瞎”是“坏”的意思，“搞”是“随便”的意思；“稍微”在西安方言作“搞搭”，户县作“搞着”。周至的“黑红”跟上文的“瞎好”等语义和用法相当。户县的“随便儿”具有“顺便”的语义，户县例如“你过来得咧的时候，随便儿把借我的东西捎上｜你上灯笼集去，回来得咧随便儿给我捎 5 个大灯笼”，扶风方言则以“带过儿”表示“顺便”的语义，例如“你带过儿把个这个捎上”。

其七，“明打明”和单音节词“明”。一方面“明打明”在关中方言里是“公开的，光明正大的”的意思，用如方式副词，例如：

他这是明打明给你难堪呢！

你想跟我比，咱俩就明打明比！

你就明打明寻他去，有啥见不得人的？

富平方言的“明打明”又有“很明显”的意思，例句如“他明打明就是兀号那种人”。

二方面“明”字在关中方言里用作方式副词的时候是“公开，公然”的意思，最常见的是跟“说、拿”字的组合。例如：

你就明说，覅害怕！

明拿单位的东西比偷要听起好些好听一些。

我给你明说呢/我明给你说呢，我讨厌你得很！

他竟然把单位的东西明望回往家里拿呢，一点儿都不觉起觉得怪！

其八，“专门”在关中方言口语里也作“专意”，例句如“我是专门在西安来办事的，把事办完就回去咧｜这是我专意给你留下的，你拿走”；“专门，专心致志地”在西安方言里作“打整端[ta$^{52\text{-}31}$ tʂəŋ^{52} tuã^{31}]”，例句如“我把这件事办完，就打整端给你帮忙来咧｜你打整端把这篇文章写了再去”，户县方言相应地作“打整趸[ta$^{51\text{-}31}$ tʂəŋ^{51} tuẽ^{31}]”。西安的“整端”和户县的“整趸”，其本义都与商业活动中的趸货有关；“整端”和“整趸”都可以用如形容词，例句如“他的工作整端得很｜我的事情多，心里头老是不整端”；富平方言的“趸搭子”是“一下子；整批地”的意思，用如副词，“趸搭子”的本义也与商业活动中的趸货有关。

其九，关中方言“白”字用如副词“白白地”，这跟《现代汉语词典》“白”字第五义项（1980：19）有着直接的关联，例词或词组如：白吃｜白拿｜白要｜白给｜白送白送；白给｜白跑｜白跟｜白看｜白研究｜白开会｜白讨论。例如：

看来这神是白劳咧。

歌谣：五等公民工商税，白吃白拿还嫌贵。

你把这些东西送给他兀个[uɤ⁵⁵]那个没良心那是白送呢。

给你给的钱教你上学呢，你不好好儿学，我的这些辛苦钱不是白掏咧么？

覅说把你兀个[uɤ⁵²]没教养的女子女儿白给我儿当媳妇儿，就是倒找指找钱我也不要。

他就是兀个[uɤ⁵²]那样，经常白吃人家东西还嫌不好；你覅请他吃饭，请咧还要生气呢！

他死活坚决；无论如何都要调走呢，最后领导同意咧，他却[kʰɤ³¹]不走咧，害得领导为他白开咧几回会。

其十，关中方言的“干（乾）[kã³¹]”字也用如副词“白白地”。例如：

惯用语：干哭没眼泪。

惯用语：干着急没办法。

惯用语：干收礼不待客。

惯用语：干吃枣儿还嫌核儿大。

我看你受苦受累呢，给你帮不上忙，真是干看出不上力。

其十一，关中方言的“硬[niŋ⁵⁵]”字也常常用作情态副词，是“坚决地；很强硬地；很有毅力地”的意思。跟“硬”字构成状中结构的词组如：硬吃、硬拆、硬搊/硬扶、硬来、硬拿、硬要、硬给、硬塞、硬下、硬上、硬写、硬卸、硬砍、硬刁、硬抢、硬掀、硬ᶜ箍纠缠/硬缠、硬挪、硬装、硬开、硬起、硬碰/硬ₛ对、硬拉、硬套、硬撑、硬犟、硬扛很坚决地扛着或顶着、硬掮、硬驮、硬挤、硬钻、硬推、硬搞、硬发、硬散ᵓ、硬坐、硬掺和、硬望过走、硬爬上去、硬望下跳、硬要拿走、硬都给他不给，等等。例如：

你说他硬给你不给，你咋不硬要呢？

我给他硬给呢，他硬不要，我也没办法。

我一生气就硬把他望出掀呢，他硬都不出去。

这个事情，我就在他屋家里跟他硬缠，都没缠成。

他假如不要，你就硬望他口袋衣袋里头塞；看他要不要？

你要是给我不让路，我就硬碰呀，碰处问题不准怪我，啊！

你凭啥不给我挪这个地方呢？你要是还不挪，我就硬挪呀！

你就不懂还要硬掺和呢，你难道就不怕掺和出抹搭问题来吗？

他不准我开他的车，我就下手硬开，他看我比他开得好，就准我开咧。

路又不是你屋你们家的，你硬不准我走，我今儿就给你硬望过走，你把我看个两眼半你能把我怎么样/你把我提起轮嘎子/你把我揹起转嘎子！

关中方言的"硬"字还常常跟判断词"是"字组合成"硬是[niŋ^{55} sɿ$^{55-31}$]"，"硬是"是"就是；实在是"的意思，含有"坚决地；很强硬地；很有毅力地"的意思。如下例句，"是"字常常还可以省略。

他硬是不准我去/他硬不准我去。

这件事硬是教你弄瞎咧坏了/这件事硬教你弄瞎咧。

我硬是不要，他硬是要给呢嘿/我硬不要，他硬要给呢嘿。

硬是教他爷他奶他爷爷奶奶把娃惯瞎咧坏了/硬是教他爷他奶把娃惯瞎咧。

其十二，如户县方言的"瞎好[xa^{31} xau^{51}]/瞎搞[xa^{31} kau^{51}]"可以当"随便"讲。其中，"瞎好"的本义是"好歹"；"瞎搞"的"搞"字的本义是"应付"，也作"搞着"（西安作"搞搭"）。"瞎好"当"随便"讲，是从"瞎也罢，好也罢"的意思引申来的；"搞"字的"应付"义本身就含有"随便"的意思，于是，在如下语境里"瞎好"跟"瞎搞"义同。

瞎好/瞎搞给他给些就对咧。

你教我得瞎好/瞎搞吃饱才能做活嘿。

你几个都嫑拣咧，瞎好/瞎搞拿都好着呢。

我瞎好/瞎搞都能成可以，他可能瞎好/瞎搞都不行。

我估计没啥拣头，就瞎好/瞎搞揽咧一堆子拿回来咧。

其十三，关中方言"黑"字也有用如副词"胡，瞎"的，例词只有两个，而且还是同义词"黑整/黑搞"。例如：

干工作却[kʰɤ^{31}]可不敢黑整啊！

这个领导真是黑整/黑搞呢，大家还把他没办法！

其十四，户县方言的"一岸儿[i$^{31-35}$.ŋə]"是"一次性，一次性地"的意思。例如：

你一岸儿弄好多好？

一岸儿把要买的都买了就用不上专门再买咧。

5.8　语气副词

其一，普通话的"千万/无论如何"在关中里作"长短、贵贱"，"不管怎样，无论如何"作"横[çyɛ^{24}]顺、瞎好"，"坚决；不管怎样，无论如何"作"高低、死活"。"长短、瞎好、高低、死活"这类词语都是意义相反的单音词素构成的联合式，关中方言的“横顺”是“横竖”的意思。这类词语之所以当作“千万；坚决”等来讲，其早期的用法肯定跟语义取舍选择过程中的“或长或短、或贵或贱、或横或顺、或瞎或好；或高或低、或死或活”等有关。

西安一带的“长短/贵贱”一般是对听话人的，例如：

你长短/贵贱嫑说。

你给他说，教他长短/贵贱都不敢去，去咧就有麻烦呢。

西安一带“长短”使用的范围比“贵贱”要宽泛些，常常跟阻断词“嫑”搭配，例如：

咱咱们长短嫑理他的茬。

记住，长短嫑上他的当！

你给他说，教他长短嫑来。

这个事你长短嫑答应，一答应就把麻烦惹下了。

扶风的“贵贱”也可以表达“他”的坚决态度，例如：他贵贱不去。

关中方言的“横顺、瞎好”一般不用于劝勉、告诫等语境，往往是说话人表明自己怎么样，扶风方言例句如“你去也罢，不去也罢，横顺都一样丨不管你咋么说，横顺他不情愿丨你一的你们瞎好嫑去了”。“高低、死活”在关中方言里通常当“坚决”讲，例句如“老王高低/死活不答应嘿丨他高低/死活不来嘿丨他高低/死活都不给，你去要去，看他给不给”；“高低、死活、贵贱”还有“不管怎样，无论如何”的意思，例句如“活高低/死活做不完丨事情高低/死活不好办嘿”。户县方言的“打死辙/㑳死禁忌语”是“无论如何，坚决（不答应）”的意思，例句如：他打死辙都不吃请丨他打死辙/㑳死都不来丨你咋打死辙/㑳死都不去呢？丨我就打死辙/㑳死也不想理他。

我们从《汉语大词典》7512 页看到“高低”的第⑧义项为“不管怎样，无论如何”。举例如，明汤显祖《紫萧记·捧盒》：“今日到十郎书院，见他家青儿，到也眉目干净爱人子，不如明日十郎到我府中，高低把青儿捨与我吧！”高玉宝《高玉宝》第七章：“玉宝见刘叔叔没有衣服换，高低不穿。”5984 页“贵贱”的第③义项为“无论如何，不管怎样”。所举例句正好是关中方言区韩城籍作家杜鹏程先生《保卫延安》第二章的例句：“他一口气跑了二十来里，歇了脚，就爬到小河边，咕咕喝了一肚子水，坐下来，贵贱也走不动了。”

我们从李芳桂剧作《古董借妻》里找到这样的例句：虽然是淡话，我高低放心不下么！

“咋说”在关中方言里也有“无论如何”的意思。“咋说”的本义是“怎么说”，如问句“你咋说来？”再如陈述句“对这个事，我也没咋说。”因为“说”字在关中方言里还有“批评、规劝”等意思，所以，“咋说”在如下例句的基础上就渐次变作“无论如何”的意思了。在这个演变过程中，范围副词“꜀都”或“也”对“咋说”具有明显的管控作用，其语义发展过程中有一个中间环节是“不管怎么样”的意思，以下例句中加粗了的就是这个中间环节。

我不论/无论咋说怎样规劝，他都/也不听。

我咋说他都（/*也）不听。

他这个人，咋说都/也不听。

他咋说都/也不听。

咋说我都/也不想去。

咋说他都/也是你亲戚，你得照顾着。

咋说我也是个党员，得有些觉悟吧。

咋说你也得给我帮些忙。

我咋说都/也不想去。

你的这事情咋说都/也好办，我给你办就对咧。

往后，我咋说都（/*也）把你的事不放到心上咧。

其二，西安方言“的确”的变体有“的确、确实、实在”，还有“定在”是“一定，实在”的意思。扶风把“一定，肯定”作“满保”，例句如“这个事满保能成｜他满保能考上”。蒲城的“靠准”是“一定”的意思。

普通话“到底、毕竟”等关中也用。“到来”在西安一带具有“到底”等语义：一是用于疑问句，例句如“他到来在不在？｜你到来想做啥呢？｜这些东西你到来有没？有咧假如有就给我些｜你到来今年多大咧？”二是说话人表明自己或相关人物怎么样，常常跟否定词以及句末语气词“嚜”搭配，当“的确，确实”讲：我到来没见过他嚜｜我到来不想吃嚜｜他到来穷得连锅都揭不开咧｜老张到来不会糟怪说谎嚜｜那几年到来把人饿匝咧饥饿到来极点！

户县方言“一定”的“一”字按照中古汉语与今方言的对应规律读作阴平的时候，往往用于叮咛的语境，例句如：“你一定要来，噢！”而“一”字按照上古长入今读去声的时候，是“坚决”的意思，例句如：“你一定要走就走，我看是挡不住你咧。”

其三，猜度副词“也许”在西安的变体有“许、也许、兴许、或许”，“也许、兴许、或许”可以处在主语的前边，单音词“许”却不能，例如：

也许/兴许/或许他就没有那么多钱。

老张也许/兴许/或许忙得很，来不了。

他许（/也许/兴许/或许）不来咧/也许（/兴许/或许）他不来咧。

“许是”是“可能是”的意思，例句如：他许是北京人｜她娘家许是财东家呢。

“大概”在西安的变体有“大摸[ta^{55} mu^{52}]、大摸儿”，户县又作“大猛[ta^{55} mẽ^{51}]”，例句如“他大摸/大摸儿不爱吃肉｜你大摸/大摸儿会唱戏｜我大摸/大摸儿明儿不得上班明天不能上班”；扶风作“大码花”，例句如“他大码花看给下看了一下就走了”。

户县的“大猛”又有“使劲，用力”的意思，例如“大猛掀｜大猛望过跷｜大猛拧｜大猛掰”；但是不说“大猛拍手鼓掌”。户县的“使劲，用力”义又作“撑住/吃住”，其中的“住”字读本调去声，例如“你大猛/撑住/吃住给娃掀就上去咧”。另外，本书 2.3.2 小节对“撑住、吃住”的后字是否变调所导致的语义变化有专门报道，敬请参阅。

“恐怕”在西安的变体有“怕、恐怕、曾想（＝枪[tɕʰiaŋ^{31}]）不住、不曾想”等，复合词“恐怕、曾想不住、不曾想”可以处在主语的前边，单音词“怕”却不能。例如：

他的身体怕/恐怕/曾想不住/不曾想支持不下来咧。

恐怕/曾想不住/不曾想他支持不下来，你把他替下来去。

你恐怕/曾想不住/不曾想把他见一下，他还能给你给些实惠呢＝恐怕/曾想不住/不曾想你把他见一下，他还能给你给些实惠呢。

“曾想不住、不曾想”还有“说不定”的意思。例如：

他曾想不住/不曾想早都来咧＝曾想不住/不曾想他早都来咧。

曾想不住/不曾想国家一个政策下来，这号事一回就解决完咧。

（覅看他走南闯北的）他曾想不住/不曾想连上海都没去过＝曾想不住/不曾想他连上海都没去过；你要是不信咧，他一会儿来咧，你问他。

“可能”在西安一带的变体主要是“解吧[xæ^{55} .pa]”，韩城把“解吧”读作[xa^{55} .pa]，蒲城读作[xa^{44} .pa]，是“估计，可能，说不定”的意思。扶风还有一个“觉摸”也是“大概”的意思，例句如：这个觉摸有五十来斤。

其四，“难怪”在西安方言里的变体有“难怪、怪不得、怪道、怪啥”等，户县又作“嗔他、嗔坤”，例句如“怪道呢，你是他姐夫，你把他向得住住儿的｜嗔他来，你俩是两口子，得是是不是想哄我一个人呢?”扶风作“怪当”，例句如“他心有事呢，怪当不高兴”。

下面是我们从《醒世恒言》、“二拍”以及李芳桂剧作里找到的用到“怪道”的例子。

怪道勤郎无信回来，原来三年前便死于战阵了。（《醒》5）

怪道长官把袖遮着眼儿。（《醒》6）

怪道他恁般娇弱，语音纤丽，夜间睡卧，不脱内衣，连袜子也不肯去，酷暑中还穿着两层衣服。原来他却学木兰所为。（《醒》10）

怪道这东西欺我消受他不起，要望旺处去。原来他家恁般兴头!（《醒》18）

怪道他如此富贵受用!（《初刻》15）

此人果是能事，怪道大哥出外，放得家里下，元来有这样得力人在这里。（《初刻》16）

怪道姊妹临死，口口说去会赵郎，他两个而今必定做一处了。（《初刻》22）

怪道贼秃关门得紧，元来有此缘故。（《初刻》23）

怪道他连日有些失张失智，果然做出来。（《初刻》26）

辨悟道："这是我上世之物，怪道日前有好几起常州人来寺中求买，说是府里要，我们不卖与他。直到今日，却生下这个计较，陷我师父，强来索取，如今怎么处？"（《二刻》1）

怪道穿着淡素!（《二刻》3）

怪道我儿赤身露体。你平日贤孝，为何自缢而死？（《紫霞宫》）

怪道来，我说总有些邪烈之味。（《香莲佩》）

怪道了不要我审，原来是个剥皮子审法。（《十王庙》）

好怪物，怪道来杀老乜哩，原来谋住他的儿媳了。（《玉燕钗》）

孙仁玉先生折子戏《柜中缘》里小丑淘气的台词云：怪道我说这孩子怎么发了痴了，为一个白面书生，在心里上来下去作怪哩。

范紫东先生剧作《三滴血》里的例句如。

怪道天爷给人生下两个奶，就防顾抓两个娃呢!（第一回）

怪道我长了恁大，我母亲并不曾与我议亲，原来就是他。（第五回）

怪道从前在中途以上见了我，大睁两眼，硬装认不得……（第十六回）

怪道周老说二位大人是一胎所生，当真不假，当真不错。（第十八回）

其五，关中方言对"幸亏"的说法。我们曾经调查过"幸亏"在关中方言里的叫法，调查时是拿"幸亏你帮忙"这个语句进行的，调查表明，"幸亏"在关中方言里的叫法有"紧亏、多亏、亏搭、亏当"等。现在予以罗列：西安　紧亏 tɕiẽ^{52} k^{h}uei^{31}/多亏 tuɤ$^{31-24}$ k^{h}uei^{31}，蓝田　亏搭 k^{h}uei^{31} ta^{31}/多亏 tuɤ$^{31-35}$ k^{h}uei^{31}，商州　多亏　tuo$^{21-35}$ k^{h}uei^{21}/紧亏 tɕiẽ^{53} k^{h}uei^{21}，丹凤　紧亏 tɕiei^{53} k^{h}uei^{21}，洛南　紧亏　tɕiei^{53} k^{h}uei^{21}/多亏　tuo$^{21-35}$ k^{h}uei^{21}，华县　多亏　tuo$^{21-35}$ k^{h}uei^{21}，华阴　亏搭 k^{h}uei^{31} ta^{31}，潼关　多亏 tuo$^{31-24}$ k^{h}uei^{31}/亏搭 k^{h}uei^{31} ta^{31}，大荔　多亏 to$^{31-35}$ k^{h}uei^{31}/亏搭 k^{h}uei^{31} ta^{31}，渭南　亏了 k^{h}uei^{31} .liau，澄城　多亏 tuo$^{21-24}$ k^{h}uei^{21}，合阳　多亏 to$^{21-24}$ k^{h}uei^{21}，韩城　多亏 tuo$^{31-24}$ k^{h}uei^{31}，宜川　多亏 tuo$^{31-24}$ k^{h}uei^{31}，亏当 k^{h}uei^{31} taŋ^{31}，黄龙　多亏 tuo$^{31-24}$ k^{h}uei^{31}/亏搭 k^{h}uei^{31} ta^{31}，洛川　亏当 k^{h}uəi^{31} taŋ^{31}，黄陵　多亏 tuɤ$^{31-24}$ k^{h}uei^{31}，宜君　多亏 tuo$^{21-24}$

k^{h}uei^{21}/亏当 k^{h}uei^{21} taŋ^{21}，铜川 亏搭 k^{h}uei^{21} ta^{21}，耀州 亏唠 k^{h}uei^{31} .lau，蒲城 亏搭 k^{h}uei^{31} ta^{31}，白水 多亏 tuɤ$^{21-24}$ k^{h}uəi^{21}/亏搭 k^{h}uəi^{21} ta^{21}，富平 多亏 tuo$^{31-35}$ k^{h}uei^{31}/亏搭 k^{h}uei^{31} ta^{31}，高陵 多亏 tuɤ$^{31-35}$ k^{h}uei^{31}/亏得 k^{h}uei^{31} tei^{31}，三原 亏搭 k^{h}uei^{31} ta^{31}，泾阳 紧亏 tɕiẽ^{51} k^{h}uei^{31}/多亏 tuɤ$^{31-35}$ k^{h}uei^{31}，旬邑 亏搭 k^{h}uei^{31} ta^{31}，长武 多亏 tuɤ$^{31-35}$ k^{h}uəi^{31}，彬县 多亏 tuɤ$^{31-35}$ k^{h}uəi^{31}/亏搭 k^{h}uəi$^{31-51}$ ta^{31}，永寿 多亏 tuɤ^{31} k^{h}uei^{31}/亏搭 k^{h}uei^{31} ta^{31}，淳化 多亏 tuɤ$^{21-24}$ k^{h}uei^{21}/亏搭 k^{h}uei^{21} ta^{21}，乾县 多亏 tuɤ$^{31-35}$ k^{h}uei^{31}，礼泉 亏搭 k^{h}uei^{31} ta^{31}/紧亏 tɕiɛ̃^{53} k^{h}uei^{31}，咸阳 紧亏 tɕiɛ̃^{52} k^{h}uei^{31}/多亏 tuɤ$^{31-24}$ k^{h}uei^{31}，户县 紧亏 tɕiẽ^{51} k^{h}uei^{31}/多亏 tuɤ$^{31-35}$ k^{h}uei^{31}，兴平 多亏 tuɤ$^{31-35}$ k^{h}uei^{31}/亏搭 k^{h}uei^{31} ta^{31}，武功 紧亏 tɕiɛ̃^{52} k^{h}uei^{31}，周至 紧亏 tɕiẽ^{51} k^{h}uei^{31}，眉县 多亏 tuo$^{31-24}$ k^{h}uei^{31}，紧亏 tɕiŋ$^{53-44}$ k^{h}uei^{31}，太白 紧亏 tɕiŋ^{52} k^{h}uei^{31}/亏得 k^{h}uei$^{31-52}$ tei^{31}/亏搭 k^{h}uei$^{31-52}$ ta^{31}，凤县 亏搭 k^{h}uei$^{31-52}$ ta^{31}，宝鸡 多亏 tuo$^{31-24}$ k^{h}uei^{31}，凤翔 亏当 k^{h}uei$^{31-52}$ taŋ^{31}/亏戴 k^{h}uei^{31} tæ^{44}/亏得了 k^{h}uei$^{31-52}$ tei^{31} .liau，岐山 紧亏 tɕiŋ^{52} k^{h}uəi^{21}，扶风 多亏 tuo^{31} k^{h}uəi^{31}，亏当 k^{h}uəi^{31} taŋ^{31}，麟游 亏搭 k^{h}uəi$^{31-42}$ ta^{31}，千阳 多亏 tuo$^{21-24}$ k^{h}uei^{21}/tuo$^{21-52}$ k^{h}uei^{21}，陇县 多亏 tuo$^{31-24}$ k^{h}uei^{31}，富县 亏当 k^{h}uei^{31} taŋ^{31}，定边 多亏 tuə^{31} k^{h}uəi^{31}/幸亏 ɕiŋ^{44} k^{h}uəi^{31}。

我们从“二拍”里找到“亏得”的例子，列举如下，括号里是卷次。

还亏得后来成了正果。（《初刻》9）

又有数个伴当住在吾家坐守，亏得众人解劝了去，明早一定又来。（《初刻》12）

亏得两个丫头拦住……（《初刻》15）

还亏得郑夫人在时，与清真观女道往来，只得借他一间房子与兰孙住下了。（《初刻》17）

七郎亏得州牧周全，幸喜葬事已毕，却是丁了母忧，去到任不得了。（《初刻》19）

亏得县里大人好意，原有周全婚姻之意，只碍着亲家不肯。（《初刻》26）

可怜金生、翠翠二人生前不能成双，亏得诡认兄妹，死后倒得做一处了！（《二刻》6）

薛倩心里且悲且喜。喜的是亏得遇着亲眷，又得太守做主，脱了贱地，嫁个丈夫，立了妇名！悲的是心上书生从此再不能勾相会了。（《二刻》7）

亏得还好，若是那一夜有些长短了，而今又许了一家，却怎么处？（《二刻》9）

亏得原是姻缘，到底配合了；不然这一场搅散，岂是小可的？（《二刻》9）

若不亏得一个人有主意，处置得风恬浪静，不知炒到几年上才是了结。(《二刻》10)

亏得莫大郎是个老成有见识的人，早已瞧科了八九分……(《二刻》10)

其六，关中方言“亏”字有“竟然”的意思，“竟然”和“亏”字呈互补状态。“竟然”在句子里的语法地位跟普通话是一致的，但是，“亏”字常常处于代词主语前边。例如：

你做的瞎事坏事竟然不承认！

他竟然拿地沟油做饭害吃饭的呢！

亏他把这样的话都能说出口，还是领导呢！

亏你都能把吃食昧食的事情都敢做，啥瞎事坏事还做不出来呢？

亏他老王还敢在你这个恩人跟前面前说重字话带有辱骂性质的话语，把良心都喂咧狗咧！

我们从《初刻拍案惊奇》卷十七里找到一例“亏”字用如“竟然”的例子：“爹爹，恁样淡水，亏爹爹怎生吃下诺多！‘还从《二刻拍案惊奇》卷之三里找到一例：“桂娘道：‘有甚好处？料没有五花宜浩夫人之分！’翰林笑道：‘别件或者烦恼，着只要五花官浩，包管箱笼里就取得出。’桂娘啐了一啐道：‘亏你不羞！’”李桐轩先生剧作《一字狱·第六回》赵天泽有一段台词的“亏”字也用如“竟然”：哼哼，残杀一方百姓，算是小题；奏参一个制台，就叫大做？这百姓无数性命不如制台一个官？亏你说得出。

其七，西安方言也用到了普通话的“当然、简直、索性、果然、其实、反倒/反而/颠倒/反倒是/倒是、难道/岂、莫非、反正、何必、只好、不妨、未免”等。其中“反正”的“反”字读作阴平调，按：《集韵》平声元韵，反，孚袁切。

蒲城的“照准”是“果然”的意思，户县的“照准”是“最好”的意思，如户县例句“你照准在他临下班儿时间去请他吃饭丨教他照准耍来”。

“难道/岂（岂有此理）”的变体，一是西安一带“吗”或华县等处的“么”有“难道”的意思，请详阅本书附录四；二是西安一带的“像吗”是“难道，是不是”的意思。例如：

你夜黑昨晚像吗加班来/像吗你夜黑加班来？

他像吗不爱吃米，光爱吃麺/像吗他不爱吃米，光爱吃麺？

咱三个像吗就连这点儿事情都办不了/像吗咱三个就连这点儿事情都办不了？

“反倒”在西安一带的变体有“反而、颠倒、反倒是、倒是”，其中“倒是”是“反倒是”省去“反”的结果。“倒是”作为副词的用法，一方面是“反倒，竟然”的意思，例句如“你想给他给钱，他倒是对钱不感兴趣丨我还当他爱吃西瓜，他倒是见咧西瓜连一口都不吃｜咱倒是理他做啥呀！？”二方面是“还是，最好”，常常跟“给”字搭配，且多以表示恳求、敦促的“些”字煞尾，例句如“你倒是最好嫑理他｜你倒是给我去些｜你倒是走些！”

其八，普通话的“恰巧，正好”，关中方言一般作“业个、业个儿”；扶风方言作“端端”，例句如“我刚想去寻他，端端他来了”。例如普通话的“正好合适”，关中方言作“业个/业个儿合适（按：‘合适’的‘适’字口语读如‘吃尺[꜀tʂʰʅ]’）”，西安一带又作“业个儿꜁囊”。

其九，西安一带的“劳⁼焖⁼”和扶风的“老⁼满⁼/老⁼码⁼”应当是来源相同的词语。西安一带的“劳⁼焖⁼”具有两个义项：一是“正因为如此，还怎么样”的意思，例句如：“劳⁼焖⁼他不想去，你还不安排他去（隐含语义：说话人希望“他”去）｜他对劳⁼焖⁼你有意见呢，你这回再整他一下，看他不把你告到哪搭哪里去咧。”二是“本来就”的意思，兼有范围副词的性质，扶风的“老满/老码”就具有这个特征，扶风例句如“老满/老码三个人，他还把一个叫走了｜他老满/老码有病呢，你还气他呢”。

其十，西安一带的“七成儿、八成儿、七八成儿”指多数情况，可以当“很可能”来讲；“大半儿”的本义很可能就是“很可能”的意思，目前是“可能；恐怕”的意思。例如：

他七成儿不来咧，嫑候咧。

他大半儿把老婆没接上，你看他一个人回来咧。

你八成儿有啥高兴事呢，要不然咋镇这么高兴的！

我估计你七八成儿出差去咧，我在你单位去咧，就没寻你。

其十一，关中方言的“就”字也常常可以当“竟然”讲。例如：

想不到大学教授就是这臭水平！

叫你拆房呢，你就懒得连房都不上！

꜁啊？他咋就胡说呢？/你咋就胡说呢？꜁啊？

我教你拿上两三个走，你咋就一下一下子；全部拿完咧！

写咧个申请书，就把一天时间都写到里头咧/写到里头去咧。

我老早给你帮咧恁多的忙，我就这一件事，你就一点儿忙都不帮！

其十二，关中方言的副词“吗”。关中方言的句末语气词“吗”字及其变体“么、曼≈”还用如副词、连词，请详阅如下的附录四《关于关中方言“吗”和“么”的讨论》。

［附录四］关于关中方言“吗”和“么”的讨论

提　要　本文主要讨论西安一带的“吗、么”以及有关方言“吗、么”的变体。西安一带的“吗”常常处在反复问、是非问的中间，当副词“还是”或连词“或者”来讲，例句如“来吗不来｜对吗不对”；西安一带的“吗”字也可以处于句末，通常相当于“呢”，例句如“你做啥吗？”这类语句里“吗”字前头还可以加上“呢”字，成为“来呢吗不来｜对呢吗不对｜你做啥呢吗？”关中方言的句末语气词“么”一般相当于普通话的“嘛”，例如“你过来么！”关中西部等处的“么”字还用作指示代词，当“那样、那么”来讲。

关键词 关中方言 “吗” “么”

请先看普通话“吗”和“么”的用法。1980年版《现代汉语词典》750页轻声音节助词“.mɑ”统摄了两个字条：一个是“嘛（么）”，一个是“吗（么）”。其解释分别为：“嘛”，表示道理显而易见；“吗”，① 用在句末表示疑问；② 用在句中停顿处，点出话题。762页轻声音节“.me”也统摄了两个字条：一个是“嚜”，一个是“么”。其解释分别为：“嚜”，“助词，跟‘嘛’的用法相同”；“么”，① 后缀；② 歌词中的衬字。吕叔湘先生主编的《现代汉语八百词》374～376页讨论了“吗、嘛（嚜）”。指出：“吗”字表示疑问语气，一是用在是非问句的末尾，二是用于反问；“嘛（嚜）”字表示某种语气，一是表示事情本应如此或理由显而易见，二是表示期望、劝阻，三是用在句中停顿处唤起听话人对于下文的注意。

但是，关中方言“吗”和“么”的用法与普通话相比就显得复杂得多，讨论如下。

一 关中方言的“吗”字等用于选择问句或是非问句中的情况

（一）当“还是”讲的“吗”字等

1. 我们这里所要讨论的“吗”字在汉语发展历史上跟“无、麽、么”等有很重要的渊源，请参阅孙锡信先生《近代汉语语气词》3.1.2和4.2.1小节（1999：102～107；158～163）。

下面比较西安和华县的一组问句，西安的“吗”字和华县的“么”字均当“还是”讲。西安“吗”字读作[ma^{31}]，华县“么”字读作[mo^{21}]。

西安 不去吗去呢／去呢吗不去 吃吗不吃／不吃吗吃呢

华县 不去么去哩 不吃么吃哩

西安 对吗不对 好吗不好

华县 不对么对哩 不好么好哩

上面所比较的例句，其谓语有以动词为中心语的，也有以形容词为中心语的。西安等处方言的类似例句还可以再举一些。如以动词为谓语中心语的“来吗不来｜回吗不回/回去吗不回/回去吗不回去/*回去吗不回｜上来吗不上来/*上来吗不上｜过去吗不过去/*过去吗不过｜尝吗不尝｜买吗不买｜卖吗不卖｜看吗不看｜打吗不打｜寻吗不寻｜开吗不开｜歇吗不歇｜写吗不写｜研究吗不研究｜研究学问吗不研究/研究学问吗不研究学问｜讨论吗不讨论｜讨论问题吗不讨论/讨论问题吗不讨论问题｜开会吗不开/会开吗不开（按："会开吗不开"在其他语境可能指"会不会开门或车或锁子"）｜办事吗不办/办事吗不办事/事办吗不办｜睡觉吗不睡/睡觉吗不睡觉/觉睡吗不睡｜吃饭吗不吃/*吃饭吗不吃饭/饭吃吗不吃｜看戏吗不看/*看戏吗不看戏/戏看吗不看｜老实交代吗不老实交代/老实交代吗不交代｜吃你妈做的饭吗不吃/吃你妈做的饭吗不吃你妈做的饭｜上集赶集买东西吗不买/*上集买东西吗不买东西｜爱吃米饭吗不爱/*爱吃米饭吗不爱吃米饭？"如以形容词为谓语中心语的"香吗不香｜大吗不大｜高吗不高｜长吗不长｜长得很吗不长｜长得很吗甚不不太长｜困吗不困｜红吗不红｜贵吗不贵｜怪吗不怪｜难受吗不难受｜难受吗甚不难受｜老练吗不老练｜严重吗不严重｜瞌睡吗不瞌睡｜太瞌睡吗甚不不太瞌睡｜劳神吗不劳神？"

这些例句的末尾都可以有疑问语气词"呢[.ni]"出现，例如："来吗不来呢｜买吗不买呢｜卖吗不卖呢｜看吗不看呢｜打吗不打呢｜开会吗不开呢/会开吗不开呢｜研究学问吗不研究呢/研究学问吗不研究学问呢；高吗不高呢｜长吗不长呢｜劳神吗不劳神呢？"西安等处方言以"呢"字煞尾的这类例句还可以省去"不"字后边的中心语，形成"V/A 吗不呢[pu$^{31-24}$ .ni]"的格局："来吗不呢｜买吗不呢｜卖吗不呢｜看吗不呢｜打吗不呢｜开会吗不呢/会开吗不呢｜研究学问吗不呢；高吗不呢｜长吗不呢｜劳神吗不呢？"其中，"呢"在西安等处口语里还读作[.niɛ]，户县口语还读作[.i]（=咦）。

邢向东、蔡文婷《合阳方言调查研究》（2010：326）把合阳读作[.mɑ]的"吗"写成了"么"。合阳方言"么"字与"还是"也呈互补状态，但是，用到"还是"的句子要受到"哩"字的管控，两个选择项末尾都可以带"哩"字；其格局比西安一带要复杂些。比较如下：

合阳　你是吃面.mɑ吃米饭/你是吃面哩还是吃米饭哩？

西安　你是吃面.mɑ吃米饭呢/你是吃面还是吃米饭呢？

我们从清代渭南剧作家李芳桂的《香莲佩》看到"吗"字的上述用法，这是 200 多年前关中方言语料的有力见证：相公，你在石桥寨东头哩吗西头哩，嗐，怎么不言喘｜老大哥，你这酒做的不得法，不知是曲大吗还是走了气了，味不甚佳。

2. 如上例句，动词谓语句中的否定词是"不"，我们还可以举出否定词"没"和阻断词"嫑"出现的例句："有能力吗没能力｜有钱吗没钱｜有媳妇儿吗没媳妇儿｜有事吗没事｜寻着咧吗没寻着/寻来咧吗没寻来｜去吗嫑去｜来吗覅来｜走吗覅走｜吃吗覅吃｜吃饭吗覅吃｜睡觉吗覅睡｜研究吗覅研究｜给吗覅给｜你说这教人着气生气吗覅着气？”

这些例句末尾也都可以出现疑问语气词“呢[.ni]”，例如：“有能力吗没能力呢｜有钱吗没钱呢｜有媳妇儿吗没媳妇儿呢｜有事吗没事呢｜去吗覅去呢｜来吗覅来呢｜走吗覅走呢｜吃吗覅吃呢｜睡觉吗覅睡呢/睡吗覅睡呢｜研究吗覅研究呢｜给吗覅给呢｜你说这教人着气吗覅着气呢？”西安等处以“呢”字煞尾的句子还可以省去“没、覅”后边的中心语，形成“V/A吗没呢[mɤ$^{31-24}$ .ni]；V/A 吗覅呢[pau$^{31-24}$ .ni]”的格局：“有能力吗没呢｜有钱吗没呢｜有媳妇儿吗没呢｜有事吗没呢｜去吗覅呢｜来吗覅呢｜走吗覅呢｜给吗覅呢｜吃吗覅呢｜*睡觉吗覅睡呢/*睡觉吗覅睡觉呢｜*研究吗覅呢｜*你说这教人着气吗覅呢？”

3. 如上两个部分所讨论的以动词为谓语中心词的句型，西安等处方言通常还在“吗”字前加“呢”字，例句如：来呢吗不来｜打呢吗不打｜寻呢吗不寻｜开呢吗不开｜写呢吗不写｜研究呢吗不研究｜研究学问呢吗不研究学问/*研究学问呢吗不研究｜讨论呢吗不讨论｜讨论问题呢吗不讨论问题/*讨论问题呢吗不讨论｜开会呢吗不开/会开呢吗不开｜有钱呢吗没钱｜有媳妇儿呢吗没媳妇儿｜有事呢吗没事｜*寻着咧呢吗没寻着/*寻来咧呢吗没寻来｜去呢吗覅去｜来呢吗覅来｜回呢吗不回｜走呢吗覅走｜吃呢吗覅吃｜睡觉呢吗覅睡｜研究呢吗覅研究｜给呢吗覅给｜这教人着气生气呢吗覅着气/这教人着气呢吗覅着气呢？

但是，V 是复合趋向动词时“V 不 V”句式里只能嵌入“吗/还是”，不能嵌入“呢吗”，例如：上去吗不上去/*上去呢吗不上去｜回来吗不回来/*回来呢吗不回来。

选择问句中“呢吗”的前后成分可以是不同的，例如：

你到底是想吃肉呢吗想吃豆腐呢？

你说，把这个给你舅好呢吗给你姑父好呢？

咱这回买房，是借老张钱呢吗借老王钱呀？

得有两个人出差去，你打算在北京去呢吗在上海去呢？

（夫妻之间商量）明儿就星期六咧，咱旅游去呢吗回农村去呢？

兀一[uei^{55}]家那家俩女子女儿都跟你年龄差不多，就看你看上看中大的呢吗看上碎小的？

扶风方言的“呢吗”又作“呀吗”，例句如：你去呢吗/呀吗｜他后日走呢吗/呀吗｜你去呢吗/呀吗不去｜你去呢吗/呀吗我去？

西安等处的“呢吗”或“呢么”还用在陈述句末表肯定语气，兼有夸张意味，例如：

他有事呢吗/呢么。

过年得咧的时候，他肯定要回去呢吗/呢么。

这两家人老几辈好多代关系都好得很呢吗/呢么。

你问老汉为啥爱在北京去，老汉的娃在北京工作呢吗/呢么。

娃叫人家混的去了，可托侄儿的福呢么，那可怕甚么！（范紫东《三滴血》第十七回）

4. 如上三个部分所举的例句是最常见的，我们还可以举出次常见的例句如："今儿是开会吗下乡呢丨你说，我把这个应当给老张吗给老王呢/你说，我把这个应当给老张吗老王丨上地理吗上语文呢丨王老师上课吗张老师上课丨你今儿晌午吃你妈做的饭吗在单位灶上吃呢丨单位元旦要联欢呢，你是唱歌儿吗跳舞呢丨望左拐吗望右拐丨偷你的钱吗偷谁别人的钱丨高吗低丨长吗短丨红吗黑丨高的吗胖的丨高兴吗生气呢丨瞌睡吗不想睡？"

5. 西安方言"吗"字当"还是"讲是关中许多方言点的共同特征，用于句中表选择问的"吗"字含有"究竟，到底"的意蕴。于是，"去不去≠不去吗去呢/去呢吗不去"，并且这类句子里，"到底"以及具有"究竟，到底"意义的"到来[tau55 læ24-31]"也可在前边出现，形成"到底/到来＋V/A＋吗＋不＋V/A"的格局；"到底/到来"与"吗"的照应，进一步加强了疑问的语气。例如：

你到底/到来吃吗不吃？

我肯定说不清他到底/到来困吗不困。

你嫑问我到底/到来安心买吗不（安心）买，我还想问你，到底/到来安心卖吗不（安心）卖？

6. 普通话选择问句"这个大还是那个大？"里的"还是"关中多数方言点作"吗"。如西安作"这个大吗那个大？"再举几个方言点的例句如下：

洛南　这个大吗兀个大？

兴平　这儿大吗兀儿大？

凤翔　这个大吗块[kuæ52]大？

岐山　这个大吗兀一[uəi52]个大？

韩城　这一个[iɛ31]大吗兀一个[iɛ31]大？

富平　这一个[yɛ31]大吗兀一个[yɛ31]大？

泾阳　这个大还是那个大/这个大吗那个大？

耀州、铜川、白水 3 处与普通话选择问句的标志"还是"相应相应地作"曼[mã31]耀州读音"；华县、黄龙、洛川两处相应地作"么"；华阴一处是西安、铜川、黄龙等处的兼收并蓄，作"曼/吗/么"。耀州、铜川、白水、华阴的"曼"是"吗[ma]"主要元音的鼻化。

7. 西安等关中多数方言点处于疑问句中的“吗”字还有“是不是；怎么；难道”等意思，例句如：“你吗走呀要走了｜你吗给他没给｜你给他，他吗不要｜你吗出差呀｜他吗回单位呀｜她吗没在屋家｜他吗给你不给｜老汉吗不答应｜我吗没钱买，教你给我买呢；你长短千万嫑给我买，我知道你负担重着呢｜婚吗没结成｜事吗没办好｜房吗没盖｜你吗有功夫闲时间耍｜你吗不会把真东西拿出来教人看嘎子看看？”这类句子也可以直接省去主语而将“吗”字放在单句或后续分句之首：“吗走呀｜吗没在屋｜吗给你不给｜吗不答应｜吗没结成｜吗没办好｜吗没盖｜我知道你忙得没缝缝指很忙，吗有功夫耍｜我前一向还见他来，好好儿的呢指身体很好，吗一得病就死咧，得的啥病？｜咱自家也有水平呢，吗不会把真东西拿出来教人看嘎子｜孙子在北京上大学去咧，都几个月咧，吗就不想｜前一向才给你给咧一沓稿纸，吗登儿（这么）很快就用完咧，你得是是不是；难道是吃纸呢？”

我们从贾平凹的长篇小说《古炉》（2011 年作家出版社出版）里找到如下的例句：

猪活啦吗死啦？（P411）

耕牛和土地是连在一起的，虽然古炉村的土地自古都是古炉村自己的，可共产党靠的是土地，它是把土地从地主富农手里分了才闹的革命，又是从各家各户把地收了搞社会主义，现在土地是国家属有，你卖耕牛，那怎么种地，在土地上犯事那还是共产党领导吗，还是社会主义吗，是背着鼓寻槌吗还是不想活啦？（P426）

这两个例句里的“吗”字都是“还是，或者”的意思，P426 未加粗的两个“吗”字在关中方言里的用法跟普通话是一致的；“背着鼓寻槌”是“找打”的意思。

（二）西安等处“或者”等意义的“吗”字

1. 西安等处方言动词谓语句中的“吗”字也用如“或者”充当连词，如右例句，“吗”字又作“或者”，体现了“吗”字与“或者”的互补关系：“我有一本老年保健手册，你把这个送给你姑父吗/或者你舅｜单位元旦要联欢呢，你给咱唱个歌儿吗/或者跳个舞｜你出一回差去，就是在北京吗/或者上海跑一趟｜今儿不考试，今儿上课，上语文吗/或者数学｜枣儿，只要是红的吗/或者带点儿红颜色的，都能吃｜你去吗/或者他去都能成可以｜我想在你这儿借些钱呢，一万吗/或者两三万都行｜走着去吗/或者坐车去都用不了多长时间”。

2.“不论/无论/不管”出现的语句，“吗/或者/还是”可以同时出现：“不论/无论/不管给你吗/或者/还是给他都行｜不论/无论/不管把老张吗/或者/还是老王评上劳模，我都举双手赞成｜不论/无论/不管大的吗/或者/还是碎的，有一个就对咧。”

3. 假如有第三种情况出现，如上例句里就必须以“或者，还是”来论及第三种情况，而不能再有“吗”字出现，第二种“吗/或者”可以同时出现；这充分体现了互补特征，也可能跟语音修辞的原则是先为单音节后为多音节有关。用到“或者”的例句如：“你把这个老年保健手册给你姑父吗/或者你舅，或者你姨父｜瞎坏的吗/或者好的，或者不太瞎不太好的，你给我，我都要呢｜你去给你老师买些烟吗/或者酒，或者点心拿上，嫑空手｜他闷指脑子笨得很，数学吗/或者语文学不好，或者历史也学不好｜你把这些苹果吗/或者梨给你拿些子，或者把苹果梨都拿些子，拿回去吃去｜这几天得有几个人在附近几个县出差去，你可以在周至吗户县去，或者在蓝田去。”用到“还是”的时候，第三种情况以“或者”论及，例句如：“我只知道你是咱堡子娃，具体知不道不知道你是张家娃吗/还是李家娃，或者是王家娃｜你到底给我借咧 20 块钱吗/还是 50 块钱，或者更多的钱？我都记不清咧，反正只记得借过你的钱｜咱就坐汽车吗/还是火车去，或者图块就坐飞机去。”

4. 再有第四种及其以上情况出现也以“或者/还是”来论及，例如：

你去给你老师买些烟吗/或者酒，或者点心，或者瓜果。

你说，把这个给给给小张吗小李，还是小王，还是小刘？

你把这个老年保健手册给你姑父吗/或者你舅，或者你姨父，或者干脆给你爸。

衣裳的颜色，不论黑的吗蓝的，或者香色紫色，或者咖啡色，我都爱，就是不爱红颜色。

我只知道你是咱堡子娃，具体知不道你是张家娃吗/还是李家娃，或者是王家娃，或者是刘家娃。

其中，“你说……”一句中的“还是小刘”也可以作“或者小刘/或者给小刘/或者给给小刘”，谓语中心语“给给”或“给”有时候也要出现。

5. 关中方言“吗”字处于其他问句中的情形，以西安方言的三个问句为例来说明：

一是“他得是是不是陕西人/他是陕西人，得是？”可以变作有“吗”字句中的句子而成为“他是陕西人吗不是？”

二是西安方言可以把“你认得得这个字认识这个字吗？”变换成“这个字你认得吗认不得？”

三是西安方言可以把“你知道这回事吗？”变换成“这回事你知道吗知不道（呢）？”

二　西安等处方言句末语气词“吗”的语法语义特征

从渊源关系来看，西安等处方言处于句中甚至句首的副词或连词“吗”字，本来就是句末语气助词，其处于句中甚至句首很可能是位移的结果，其结果是导致了语义和语法特征的变化，我们至今还看不到这个现象的任何旁证资料；或者，关中方言就像否定词“不、没”和阻断词“嫑”处于介词“把、给、教”的后边是受到了阿尔泰语系影响的结果，“吗”字的上述特殊位置会不会也是受到了阿尔泰语系影响的结果，很值得研究。

本文第一部分所讨论的“吗”，西安等处读作阴平；本部分要讨论的是“吗”作为语气词处于句末的语法语义特征，句末的“吗”读作轻声。

（一）上文“一（一）1”部分所讨论的“来吗不来｜香吗不香”类型，西安等处居民口语也作“来不来吗｜香不香吗？”但是，“来不来吗｜香不香吗”的使用频率远没有“来吗不来｜香吗不香”高。西安等处口语里最常见的以“吗”字煞尾的句子，往往有“到底/到来”对“吗”字进行管控。如“来不来吗｜香不香吗”的最常见形式为“到底（/到来）来不来吗＝到底（/到来）来吗不来｜到底（/到来）香不香吗＝到底（/到来）香吗不香”。

（二）与普通话相比，西安等处方言用于是非问句末尾的“吗”字只用于以否定形式发问，例句如“这件事你知道吗｜那个东西你拿得动吗”；用肯定形式的发问，则常常以“么”字来表达。比较如下：

北京　明天走吗？　　你到过杭州吗？　　找我有事吗？
西安　明儿走不走？　你在杭州去过么？　寻我有事么？
北京　你听明白了吗？　他不吃辣椒吗？
西安　你听明白咧么？　他不吃辣子吗？
北京　你们不上俱乐部去吗？　五婶，你不喜欢看京剧吗？
西安　你的不在俱乐部去吗？　五婶，你不爱看京剧吗？

西安等处方言把普通话反问句末尾的“吗”字也作“吗”字，例如：

这像话吗？
你难道还有啥话说吗？
这些道理不是很明白吗？
老张不是给你把钱还咧吗？
难道知不道不知道我忙得很吗？
你的你们愿意这下这样稀里糊涂地生活下去吗？

我们从清代剧作家渭南李芳桂（1748～1810）的剧作《玉燕钗》里看到这样的例句：“好好好，如今是官亲哩！还开店加吗？”按：“开店加”的“加”字表将然。

以下是我们从西安易俗社剧作家乾县范紫东（1878～1954）的《三滴血》里选取的例句：

这是异姓乱宗么，你不敢告他去吗？（第四回）

那以后还能长班辈吗？（第八回）

贾平凹《古炉》里的如下例句，其中的“吗”字跟普通话句末语气词的用法是一致的。

呀，昨夜里你知道狼进村了吗？（38）

我家的狗是一般的狗吗？它是古炉村的狗王，这还让它活呀不活？！（48）

咦，你还质问哩？这是你问的吗？开石训道：这是文化大革命了知道不？！（218）

六升的媳妇说：你能杀黄鼠狼子吗？（272）

是吗，你们榔头队多少人？（332）

苍蝇还嫌什么地方不卫生吗……（336）

你没看见我穿了新衣服吗？（344）

你没看他穿了两排扣子的衣服吗，两排扣子像不像猪奶？（344）

你咋到我这儿来了，是让我再去窑场吗？（442）

叔，老顺叔，雄蜘蛛和雌蜘蛛一那个，雄蜘蛛就死了，真是吗？（596）

（三）西安等处的“吗”字还相当于“呢”字，例句如：“咋能吗/咋可能吗｜你做啥吗｜他咋时间长咧好久都不在到我这儿来吗｜学生在哪塌儿哪里吗｜这到底是咋回事吗｜你想做啥吗｜不害怕他，看他能把你咋的话吗怎么样呢｜他这么没良心的，望后谁还愿意帮他吗｜咋是你吗，黑漆半夜的做啥哩？（贾平凹《古炉》P390）”

关中方言“吗”字当“呢”字用的源流最晚可推到200多年前的渭南剧作家李芳桂。

二嫂子，你捡柴倒是个外行，把头发捡到笼里，臭的怎么烧吗？（《香莲佩》）

你看这啥事吗！（《香莲佩》）

咳！怎么做下这事吗？（《玉燕钗》）

他上堂来一阵乱骂，把我先骂遏腔了，哪里还顾得问来吗？（《玉燕钗》）

范紫东先生《三滴血》里的例句如：相公一去，老虎又来了，我到底是该死呀吗该活呀！（第八回）｜我可认得你是谁吗？（第十六回）｜我几时朝过五台山来吗？（第十六回）

《现代汉语八百词》（2002：412）“呢”字条之“1a”所罗列的“你问谁呢”一组例句末尾的“呢”字，西安等处均作“吗”：你问谁吗｜我咋一点儿也知不道吗｜老魏究竟说了些啥吗｜你在哪塌儿去咧吗？“我的帽子呢”等句子，西安等处仍作“呢”。

为了加强语气，西安等处的“呢吗”还可以连用，但“吗呢”不可以连用；“呢吗”连用以后，含有说话人对有关情况极端否定的意味。例句如：“咋可能呢吗｜你想做啥呢吗，你到底想做啥呢吗｜你问谁呢吗｜老张这阵儿在哪塌儿哪里呢吗｜你在兀搭那里做啥呢吗｜这件事我咋一点儿也知不道不知道呢吗｜老魏究竟说了些啥呢吗｜他咋还不来呢吗？

西安等处的“呢吗”，兴平方言相应地作“呢么”，例句如：“你吃烟呢么喝茶呢/你吃烟呢么还是喝茶呢/你是吃烟呢，还是喝茶呢？”陇县作“哩吗”或“哩么”，例句如：“是学生哩吗不是｜你来哩吗不来｜他在哩吗不在/他在哩么？”千阳作“哩吗”，例句如：“你来哩吗不来？”白水作“哩曼”，例句如“三个曼五个？”下文“（三）二”之“其二”专门还要讨论白水的“曼”。

我们还从李芳桂以来的秦腔剧作家的剧作里看到用到“哩吗”或“哩么”的例句：

你也想哩吗，我能读半车书些，何苦一路与你管盘缠哩？（李芳桂《白玉钿》）

在席下哩么，都走得了？（李芳桂《香莲佩》）

果然有接下的茬哩么！（李芳桂《十王庙》）

挣回东西咱俩停半分哩么。（李芳桂《古董借妻》）

好大哥，你慢慢商量么！（《古董借妻》）

发财哩么，咋使不得？（《古董借妻》）

（张古董）浪哩么，你再不浪了！——（粮差）你浪哩么，是我浪哩！（《古董借妻》）

（张曜）我当你真个真个请注意此处“真个”重叠了要打哩么。（孙仁玉折子戏《镇台念书》）

陇县方言“哩”处于句中时，是选择问或是非问标志，例如：走哩不｜吃哩不｜在哩么？

我们曾经调查过关中方言“我到底该来不该来”的问法，西安一带作“我该来吗不该来（吗）”，蒲城、陇县亦然，蒲城、陇县又作“我该来呀不”。

西安等处若有“到底/到来/究竟”在前边出现，句末必须用“吗”，例句如：“这到底是咋回事吗｜咋会呢吗/咋可能呢吗｜你到底想做啥吗｜你到来能给我借多少钱吗｜他究竟体重有多少吗？”其中，“你到底想做啥吗”最深切的问法是以“呢吗”煞尾，作“你到底想做啥呢吗”，但是，其他则不能以“呢吗”煞尾，如“*这到底是咋回事呢吗｜*你到来能给我借多少钱呢吗｜*

他究竟体重有多少呢吗？”以下是我们从《三滴血》里找到的例句。

人家谁跟着你不是寻着跳沟呢吗？（第四回）

见了官，官一看就明白，还用问呢吗？（第四回）

这倒羞的叫人怎好见面呢吗？（第五回）

难道人家老陕，谁把女子往沟里撇呢吗？（第六回）

这你两个是一个色泽，到底从哪里辨认呢吗？（第十六回）

如上所讨论的“咋可能呢吗”，西安等处也可以相应地作“咋可能呢些｜你想做啥呢些，你到底想做啥呢些｜你问谁呢些｜老张这阵儿在哪塌儿呢些｜你在兀搭做啥呢些｜这件事我咋一点儿也知不道呢些｜老魏究竟说了些啥呢些｜他咋还不来呢些？”

（四）西安等处的“吗”字还可以表示恳求、敦促语气，这个句末语气词“吗”相当于普通话的“啊”，西安等处又作轻声调的“些”；句末语气词“些”字，凤翔等处读作[.sia]，又读作[.sa]，泾阳、旬邑等处作轻声调的“先[.siã]”。西安等处的例句如：

你过来吗/些！

教他走吗/教他走些！

妈，你再给我两块钱吗/些！

你望过指向说话人处走几步吗/些！

你搁上吗/些！你搁上吗/些！长短千万不敢拿走！

我泸州三十六村百姓，有甚得罪你，你违令剿灭，是何居心？你说吗！（李桐轩《一字狱》第九回）

一说提成，霸槽起身就走了，满盆要骂一句：啥货吗？！（贾平凹《古炉》P12）

以上例句，西安等处老派口语也有以“么”字煞尾的，中新派没有这个用法。估计在表示恳求、敦促语气的句子里，西安等处长期以“吗/么/些”煞尾，后来“么”字逐渐淡出。

（五）关于西安一带的“咋吗”，可以从以下三点来看。

1.“咋吗”可以处于句首，是“怎么，难道”的意思；宝鸡一带相应地作“咋么”。西安方言例句如“咋吗你也不想去咧｜咋吗他对你一点儿也不好｜咋吗老张没在屋？”宝鸡方言相应的例句如“咋么你也不想去啦唦｜咋么他对你一点也不好｜咋么老张没在屋里？”其中“咋吗/咋么”也可以置于名词主语或代词主语的后边，西安方言例句如“你咋吗也不想去咧/咋吗你也不想去咧？”宝鸡方言相应的例句如“你咋么也不想去啦唦[.lia .sa]/你咋么也不想去啦/咋么你也不想去啦唦/咋么你也不想去啦？”

2. 西安一带的“咋吗”可以处于疑问句中并且以“咋”字煞尾，请先看如下例句：

你的咋吗我的咋/你的着咋吗我的着咋？

出去咋吗不出去咋/出去着咋吗不出去着咋？

上去能咋吗下去能咋/上去着能咋吗下去着能咋？

这个东西买咋吗不买咋/这个东西买着咋吗不买着咋？

这些钱给你咋吗给我咋/这些钱给你着咋吗给我着咋？

这回开会你去咋吗我去咋/这回开会你去着咋吗我去着咋？

咱俩要见，你过来咋吗我过去咋/你过来着咋吗我过去着咋？

把这些东西给他咋吗不给他咋/把这些东西给他着咋吗不给他着咋？

以上例句有这样三个共同点：（1）“咋吗”是中间环节，句中及句末的“咋”是“怎么样”的意思，“吗”是“或者，还是”的意思。（2）所论及的两个方面（如“你的咋吗我的咋/你的着咋吗我的着咋”句中下加横线的成分）后边可以加进衬字“着”。（3）语义特征是所论及的两个方面均可，彼此都无所谓。以上例句论及两个方面，其实还有第三个方面的。例如：

这个优秀指标给我（着）咋吗给你（着）咋吗给他（着）咋？给咱三个谁都行。

下乡去（着）咋吗出差去（着）咋吗呆到单位上班（着）咋吗？我咋着都可以。

这些钱买东西（着）咋吗不买东西（着）咋吗存到银行生利息（着）咋吗？反正都是你的，肯定是由你支配呢。

（六）西安等处的句末语气词“吗”还相当于普通话的“吧”。例如：

你该不会再讹我一回吗？

总得给劳改释放的给条活路吗！

你这样做不是有些太过分咧吗？

（七）关于西安等处方言的“吗”字与疑问代词组合特征

这个问题跟上文所讨论的一些问题有重复之处，下面具体予以讨论。

1. 关于“谁吗”的组合。一方面“谁吗”是“谁；谁呀”的意思；二方面在“谁吗”加上主语，则意思为“到底是谁”。“谁吗”又作“谁呢些/谁些/谁呀”等。例如：

（有人敲门）谁/谁呀？

（有人敲门）谁吗你到底是谁/谁呢些/谁些/谁呢吗？

他是谁/谁呀/谁个？

这是谁/谁呀/谁个？

他是谁吗他到底是谁/谁呢些/谁些/谁呢吗？

兀一[uei52]个人是谁吗那个人到底是谁/谁呢些/谁些/谁呀/谁呢吗？

2. 关于“啥吗”的组合。“啥吗[saː^{55} maː^{31}]”是“什么道理呀”的意思，用于句末，通常是讲完一通道理以后所特意追加的诘难。例如：

稍微讲道理的人也都不可能把事情这一[tʂei^{52}]下这样做！啥吗？！

你的当领导呢嚜，平时多吃多占就不说咧，年终奖比大家就多咧几十倍！啥吗？！

人家那么老的人，见你抱的娃，给你让咧座，你连个“谢”字都没有；人家老人本身也是大家应该照顾的！啥吗？！

3. 关于“咋吗”的组合。一方面，“咋吗”用于句首或者主语的后边，是“难道；是不是”的意思；也可以把主语置于“咋吗”的后边。例如：

咋吗不想吃咧/你咋吗不想吃咧/咋吗你不想吃咧？

咋吗他不愿意/他咋吗不愿意？

咋吗没办成/咋吗事情没办成/事情咋吗没办成？

咋吗老汉有咧病咧/老汉咋吗有咧病咧？

二方面，“咋吗”用于句末，是“怎么了”的意思，西安等处又作“咋咧吗”。例如：

你不高兴是咋吗/咋咧吗？

他一直都不来，那是咋吗/咋咧吗？

三方面，“咋吗”用于句末，是“怎么样呢”的意思。例如：

老汉他坚决不答应能咋吗？

你说这些话的意思是要咋吗？

你估计给他不给最后会咋吗？

三　关于关中方言“么、曼”的讨论

（一）关中方言的句末语气词“么”

关中方言句末语气词“么”字的用法主要有四种。

一是相当于“嘛”字，其在关中方言里的源流，如清代渭南剧作家李芳桂《香莲佩》里的例句“我只管给你使眼色呢，你不省得么。”这个特点，可从贾平凹的《古炉》里找到大量例证；以下括号里是《古炉》所在的页码。

你数数，村里对我好的还只有霸槽么。（12）

马勺说：你当么，谁都可以么，谁只要会打算盘就来当么！（13）

霸槽说：这世事不公平么……（28）

狗尿苔说：猪拱萝卜哩，我得管么。（29）

（三婶）说：这鬼哟，也不敲敲门，进来么，进来么！（34）

面鱼儿说：他们有他们的事么。三婶说：唉，看把你劳成啥了，一把

干筋了么！(36)

狗尿苔说：你没用么，我拿着辫火绳呀。(42)

不就是剪了个狗毛么，谁是把你家狗杀的吃了？(48)

狗尿苔说：这里没水么，等到有水的地方，吃馍就不噎人。(164)

天布说：正是快到忙天啦，得把阶级敌人镇镇，别让破坏么！(180)

扬不成麦可以先把碾过的麦草堆集子么，怎么就硬坐着等风呢？(186)

霸槽肯定是学着洛镇上的样哩，你让他闹腾么。(211)

马勺气得说：蜂是四类分子么！(252)

狗尿苔说：那有啥呀，放进花椒好吃么。(256)

面鱼儿老婆说：都去满盆家了么，你没去？(272)

迷糊看着霸槽，说：你能行的很么，霸槽！霸槽说：能行还在……(308)

戴花说：霸槽是老大，你不是老二就是老三么！(332)

婆说：辈分高算啥，我和人不一样么。面鱼儿说：一样的，一样都是人么。(340)

支书赶紧说：我没想到有人么，你从巷角过来脚步轻轻的。(390)

我们还可以从人物对话的特殊语境，即上下文看出“么”字用如“嘛”来。

跟后说：霸槽不是村干部，不是村里的老者，也不是积极分子，就是搞运动也轮不到他出头呀！支书说：文化大革命了么。跟后说：霸槽有多少文化，他肚里墨水还没水皮多，他文化革命？支书说：让闹么，让闹么。(221)

狗尿苔就插了话，说：麻雀在说吹吹吹，胡吹么！大家都笑了，开石说：以前我听说过玄话，说的是竹竿上边顶老碗，老碗里边盖牛圈，牛圈里两个犍牛正牴战。狗尿苔以为开石在嘲笑他，说：真的麻雀在说吹么吹么。(241)

狗尿苔说：你是说我身份不好么。面鱼儿说：那倒不是。狗尿苔说：那就是我个子不长么。面鱼儿说：那也不是。(328)

水皮受到了侮辱，在霸槽面前开始嚼武干，霸槽说：这事情有些严重了。脸立即阴下来说：你咋啥都给人家说了！水皮说：我想让他支持咱么。(334)

婆说：干净啥呀，你可是成半年的时间没来我家了，喝水呀不，窝的浆水味儿正顺哩。天布说：一天尽是忙么。(414)

《古炉》451页狗尿苔跟霸槽的如下对话，用如“嘛”的三个“么”字均出于霸槽之口。

狗尿苔说：我不是榔头队的呀。

霸槽说：虽然不是榔头队的，可你是榔头队的特务么。

狗尿苔说：特务？！

霸槽说：特务有啥不好的，特务就是特殊任务，你是革命的特务么！将来革命成功了，把你的出身变一变么。

二是相当于普通话的“啊（呀）”字。如西安易俗社剧作家临潼孙仁玉折子戏《镇台念书》里的例句“人家娃是个姑娘娃么，都是你碰的？｜天爷爷，这话回不下去么！”富平高培支《夺锦楼》第四回里的例句：“说么，说么，怎么倒不言语呢？”

以下是贾平凹《古炉》里的例句：

面鱼儿说：他钉鞋补胎哩，我说过他没？别的泥水匠木匠出外挣了钱交提成哩，他从不交我说过他没？没么，都没？他还咬我哩？（18）

去调查么，看我大（父亲）是不是四清下台干部，调查么，河水把我冲了的，我是从河里爬出来的鱼鳖水怪？（25）

面鱼儿说：吃得不少呀，就是瘦，把猪吆赶进肚里也胖不了么。（36）

狗尿苔说你为啥不吭声？霸槽说：我刚才给你说话，你也不吭声么！（164）

关中方言“么”字这种用法的源流最晚可从李芳桂剧作里看到一些。

再骂么，把新女婿都骂扑塌子了！（《玉燕钗》）

好，你们费心借了一场，罢么，胡求麻嗒很随便地验一验。（《香莲佩》）

蒲城方言相当于关中方言句末表示恳求的“么”字的句子，又以“呀/嘛”煞尾，例句如：你来呀/你来么/你来嘛！

三是相当于普通话的“吗”字，如陇县的“在哩么在不在；在吗”。西安一带的“么”字常常处在以形容词或形容词性词组为谓语中心词的句末，并且“么”字前有“着[.tʂɤ]”字出现，“A 着么”是问“A 不 A；A 吗”的，例句如：对着么｜好着么｜闲着么｜大着么｜安宁着么｜有意思着么｜看起好着么好看吗？

李芳桂剧作里有大量“么”字相当于“吗”字的例句，这是 200 多年前关中方言的事实。

你没见我大叔么？（《香莲佩》）

令尊令堂，都康健么？《春秋配》

解元，你听见了么？（《十王庙》）

别个言语，且莫要说起，只问爹爹，昨晚难道没有梦见孩儿来么？（《十王庙》）

难道将头割了，你还不得死么？（《十王庙》）

你看我老汉还是害人的人么！（《玉燕钗》）

若能建功立业，却不胜作渔公么？（《玉燕钗》）

你真个不识字么？你看那刀上有字，是铁篙李汉蛟，自然凶犯是他。（《玉燕钗》）

现在你的刀，刀上有你的名字，叫做铁篙李汉蛟，还敢强辩么？（《玉燕钗》）

彦贵儿呀！你还认得娘么？（《火焰驹》）

你我花园见过一面，你还认得我么？（《火焰驹》）

以下是我们从西安易俗社早期剧作家的作品里找到的部分例句：

大人岂不知瞒上而不瞒下么？（蒲城李桐轩 1860—1932《一字狱》第六回）

我正在为此操心，特来问你，制台与你的札文可在么？（《一字狱》第八回）

大家先看这婆娘还了得么！（富平高培支 1881—1960《夺锦楼》第二回）

她不走，你快跟我走。怎么，你也不愿意么？（《夺锦楼》第二回）

只恐二位今天所择之婿，不上一年半载，比拙夫官高几等也未可知，那时节你们岂不成了上司太太么？（《夺锦楼》第四回）

四是相当于“吧”。如李芳桂《玉燕钗》里的例句：“我见你在江中，轻轻飘在水面。想是会水么？”可作为其源头之一。下面再举几个例句；可与上文“二 5”比较。

咱总得讲些道理么！/咱总得讲些道理吗！

你该许应该，也许不会吃食昧食么！/你该许应该，也许不会吃食昧食吗！

他得给我一点儿时间教我考虑一下么！/他得给我一点儿时间教我考虑一下吗！

（二）白水等处方言的“曼”字

我们从新编《白水县志·方言志》里看到白水句末语气词“曼”的特点如下：

其一，用在句中，是“还是”的意思，《白水县志》里的例句：“三个曼五个？”我们还可以再举调查到的例句如：你去曼我去｜给我曼给他｜买曼不买｜回曼不回？

其二，用在句末，相当于普通话的“呢”，例句：“你是谁曼｜你做啥价曼你准备干什么呢？”有的“曼”的前头还可加“哩”，“哩曼”的语法语义特点跟上文西安一带的“呢吗”是一致的，例句：“你看啥哩曼｜我的水笔哩曼？”

其三，用在句末，相当于普通话的“吧”，例句：“你先走曼。”

其四，相当于普通话的“嘛”，例句如“不要逗娃曼，哭了你哄兼呀？”

其五，用在句末，相当于普通话的“呀”，表示恳求、敦促语气，例如：

“叫人家[nia24]走过曼让他走开呀！”铜川方言相应地作“叫他走过曼！”

白水方言的这些特点，在富平北乡以至于耀州一带也是具备的。

（三）关中方言“么”字用如代词等的情况

“么”字在汉语方言里当代词来用，应当跟减去音节有关，例如山东威海方言阳平调的“么”字指“甚么”，是“甚么”减去“甚”字的结果；天津方言“吗”字指“甚么”，“吗”字“甚么”减去“甚”字以后的后起字，“干吗[ma35]呢”的“吗”字亦然。

其一，“么”字用作代词，当“那样；那么”来讲。

关中西部以及北部方言的“么”字用作代词，当“那样；那么”来讲。如扶风方言例句：

咋么干么[mo42]住呢怎么那样住呢？

人么[mo42]那么多，把人臊不好意思；难堪的。

说了么[mo42]多好话，到了儿到终了，到底人还是没来。

再如凤翔方言例句：兀个事是[mo52]个那个事情是那个样子。

孙立新《关中方言代词研究》第五章第 10 例句（P142～144）比较了“那样干什么”，西部以及北部不少方言点以上声调的“么”字表“那样”，当时旬邑待考的那个去声字的本字应当是“们”字，“们”字在近代汉语时期以及现代西安一带方言里有用如“么”字的，下面罗列这些方言点“那样干什么”的说法。

旬邑：干们哩咋哩？kã31 mɛ̃44 .li tsuɤ51 .li?

长武：兀么做啥？u55.mɤ tsu55sʯɤ55/叨么做啥哩？tau31 mɤ51 tsu55sʯɤ55 . li?

彬县：干么弄啥？kã31 mɤ51 luŋ55 sa55?

永寿：嘎么弄啥呀些？ka31 mɤ52 luŋ44 sa44 .ia. ɕia?

乾县：嘎么弄啥？ka31 mɤ52 luŋ44 sa44?/嘎么做啥?ka31 mɤ52 tsu44 sʯɤ44?

武功：干么弄啥呢些？kã31 mɤ52 luəŋ44 sa44 . n̩i .ɕiɛ?

眉县：兀么个做啥?u44 .mo kɤ31 tsu44 ʂa44?/么喀弄啥?mo53 khɤ31 luŋ44 ʂa44?

宝鸡：叨么里咋么开？tau31 mo52.li tʂa31.mo .khæ?

凤翔：叨么里咋么开？tau31 mo52 .li tsʯa31 . mo khæ?

岐山：到么算做啥哩？tɔ44 mo52 suã44 tsu44 ʂa44 .li?（“算”又作“叫 tɕiɔ44”）

扶风：么喀怎么哩？mo42 .khɤ tsʯa31.mo .li?/么喀弄啥哩?mo42 .khɤ luŋ55 sʯa55 .li?

千阳：叨么做啥？tau21 mo52 tsu44 sʯa44?/叨么咋哩?tau21 mo52 tsʯa52 .li?

如《关中方言代词研究》85～87 页讨论西安一带表示程度的指示代词

跟表示“很 A”意义的扩张式单音节形容词“高、大”等以及收敛式“薄”的儿化形式组合的时候，把普通话的“这么、那么”分别说成了“这们、那们”；近代汉语的例子如“我可没那们大胆子上开封府。”103 页第 8 行韩城的例句“这么、兀么”的“么”应当是“们”。给旬邑“们”字读去声调以支持的可以拿西安方言对指头的叫法来证明，如大拇指西安叫做“大闷ᵓ指头”，而户县叫做“大 ⊆门指头”，分别见孙立新《西安方言研究》139 页和《户县方言研究》323 页。西安的“闷ᵓ”跟旬邑“那么”义的“们”都读作去声，西安的“闷ᵓ”和户县的“门”肯定同出一源；共同语的“们”字本来就是从“门”字来的，“门们”是古今字的关系。

其二，扶风方言的“么[mo42]”字还用如连词表示承接，是“那么”的意思，例如：

都说不好，么[mo42]就不买了。

你说干这么就不行，么[mo42]咋么做呢？

四　余论

（一）附近方言的印证

以下是两个跟关中方言同属于中原官话而又离关中方言区比较近的方言印证材料。

一是张邱林《“方-普”语法现象与句法机制的管控》（2009：131～140）专门讨论了河南陕县方言的“曼”，其语法语义特征跟关中白水等处相当。

二是莫超（2004）《白龙江流域汉语方言语法研究》一书讨论当地方言语气词的时候，指出：“嘛”字可以表疑问、祈使和确认，也相当于北京话的“呀”（P132～133）；“吗”字用于句尾或句中表疑问，这个现象只在武都洛塘、文县境内使用（P135）。由莫超所举的例句“你今天去吗不去丨他高兴吗不高兴”看，用于句中的“吗”字完全可以当“还是”讲。

（二）关于“吗”字等的来源问题

从历史比较语言学的角度看“吗”字的源流以及本文所讨论的问题，“吗、么”等字有其渊源关系，关中方言的如上句式往往有其根源。

王力先生《汉语史稿》（1980：450）、吕叔湘先生《中国文法要略》（1990：286）、孙锡信先生《近代汉语语气词》（1999：50～61）等专著以及吴福祥《从“VP-neg”式反复问句的分化谈语气词“麽”的产生》（1997：44～54）等文章都讨论过这个问题。关于“吗”字的来源，学术界基本相当的看法是：“吗”来自“么（末）”，“么（末）”来自“无”；以下是孙锡信先生所举的例句：

幕下郎官安稳无？秋来不寄一行书。（杜甫诗）

丘迟肯去么？（杨万里诗）

急风吹雁还家末，新雨生涛到海无？（文天祥诗）

莫是贝多之教摩？（《祖堂集》卷 10）

兀那来将，莫非是费无忌麽？（《楚昭公》第二折）

“无”字的音由中古的[mu]发展到了[mua]，正如孙锡信先生所说：这后一读音便用音近的“摩、麽（么）”记录了下来。我们认为，“吗[ma]”的来源是从[mua]省去了[u]形成的。

给“吗/曼”由“末/么”演变而来以有力支持的，还可以拿上述“二（五）”部分所论及的西安一带的“咋吗”和宝鸡方言的“咋么”；宝鸡一带的“咋么”的“么”字是较早历史层次的存留，西安一带的“咋吗”应当是晚近才产生的。

参考文献

白水县地方志编纂委员会主编：《白水县志》，西安地图出版社 1989 年版.

吕叔湘主编　2002　现代汉语八百词，商务印书馆

吕叔湘　1990　吕叔湘文集·第一卷　中国文法要略，商务印书馆

莫　超　2004　白龙江流域汉语方言语法研究，中国社会科学出版社

王　力　1980　汉语史稿，中华书局

吴福祥　1997　从“VP-neg”式反复问句的分化谈语气词“麽”的产生，《中国语文》第 1 期

孙锡信　1999　近代汉语语气词，语文出版社

孙立新　2007　西安方言研究，西安出版社

孙立新　2001　户县方言研究，东方出版社

孙立新　2010　关中方言代词研究，三秦出版社

邢向东　蔡文婷　2010　合阳方言调查研究，中华书局

张邱林　2009　“方-普”语法现象与句法机制的管控，中国社会科学出版社

中国社会科学院语言研究所词典编辑室　1980　现代汉语词典，商务印书馆

第六章　关中方言的介词及相关句式

6.0　引言

作为官话方言区一个较大区域的关中方言，其介词以及相关句式的特点中表现为与普通话语法对等性并不强即不少平面存在着参差不齐的状况。对关中方言介词的关注可以从杜永道（1989）、王军虎（1996）、孙立新（1997、2001、2002、2003、2007）、任永辉（2009、2010）等学者的著述里看到一些。

本章拟从一般介词、比较句、把字句、给字句、教字句、套合句式 6 个方面来讨论。关中方言一般介词以及把字句等的特点请阅每一节前边的引言部分。

介词是一个相对封闭的系统，方言区的介词往往并不像语音、词汇及其他语法现象那样容易受到普通话的冲击，关中方言最少是土著居民、农村居民里的中老派口语至今对于普通话的介词如“往、向、同、被、打”还是不用的。虽然我们在西安、咸阳等大中城市还可以听到这些城市里的中新派用到“往”字等的。如最常见的是公共汽车上的售票员用到“往”，把这个字不读作上声，而读作阴平[vaŋ^{31}/uaŋ^{31}]；西安、咸阳等地把“往”作“望[vaŋ^{55}]”。再如“被”字，西安、咸阳等大中城市甚至县城的中新派用到了“被”，并且把这个字读作[pei^{55}]（＝辈），并不像当地口语那样读作[pi^{55}]（＝弊）；关中方言把“被”作“教[tɕiau^{31}]”等。再如，建国初期国家就加大了西安、咸阳等大中城市的发展进程，许多国营大中型企业入驻，于是，普通话的介词“打”进入如今西安等城市的中新派口语之中，但是，关中方言还是以“从”等介词来表达的。

现代汉语包括关中方言介词的虚化过程可从近年来一系列有关研究成果来看，如江蓝生（2000）《近代汉语探源》以及俞光中、植田均（2000）《近代汉语语法研究》等。

6.1 一般介词

我们这里所谓的“一般介词”是指“把、给、教”以外的介词。鉴于关中方言的把字句、给字句、教字句比较特殊，因此，本节只讨论“把、给、教”以外的问题。本节主要参照系是吕叔湘先生主编的《现代汉语八百词》（1980；2002）和朱德熙先生的《语法讲义》（1982），有关古籍的考证参考了张赪《汉语介词词组词序的历史演变》（2002）等。

就动词谓语句来看，关中方言介词的使用频率比普通话要高。如本书3.1.2.1 部分讨论介词对单纯趋向动词的管控时指出：关中中西部不说“去北京、去食堂、去上班、去工作”，也不说或不太说“来办事、来工作、来拉关系、来求你帮忙”；在单纯趋向动词出现的句子里，介词“在、到”之类一般必须出现。如普通话的“去北京、来求你帮忙”等，关中方言一般分别说成了“在/到北京去、在你这儿求你帮忙来咧”等。

关中方言的“朝、望、面、迈、问”都具有引介动作行为指向说话人或指向说话人所论及的去往地点、方位等的意蕴；普通话的介词“向”在关中方言里，一是用作“朝”字等，二是用作“问”，三是用作“到”，四是用作“对”；关中方言“给”也常用作介词，一是相当于普通话的“往、朝”等；“给”的这种用法主要跟方位词搭配。

6.1.1 “朝、望、面、迈、问”等

大致看来，关中方言的“朝、望、面、迈、问”都具有引介动作行为指向说话人或指向说话人所论及的去往地点、方位等的意蕴，讨论如下。

其一，“朝”字在关中是一个使用频率较高的介词，汉语包括关中方言的“朝”字用作介词，是从动词“朝拜、朝见”义虚化来的；“望”字在关中中部文读 vaŋ^{55}，白读 maŋ^{55}，“曼”是户县方言“望 maŋ^{55}”的音变字；“迈”字主要在关中方言区中东部地区使用；“放”字的使用区域在华县、商州（张成材先生 1990）等处。关中口语不用普通话的“往”来充当介词，“往 vaŋ^{52}”只用作动词等的语素，如“来往、往来、往往、一如既往”。关中多数方言点的“望”字的用作介词，是从“看望”等动词虚化来的；华县、商州等处的“放”字实质上也是“望”，是“望”字声母清化的结果，即 vaŋ→faŋ（或 vaŋ＜faŋ）。关中方言“向”字用作介词，主要见于读书人的口语；“向”在关中方言里用作动词，如“座南向北｜向人理不端”。“面”的“朝、向”义见于《广韵》去声线韵弥箭切：“面，向也。”例如：

你朝东走，我朝西走/你望东走，我望西走。

你望南走，我望北走/你朝南走，我朝北走。

教他曼上走，你曼下走（户县）/教他朝上走，你朝下走。

他从北京正望来走着呢/他从北京正朝来走着呢。

你放北京走，我放上海走（商州）。

教你迈西走呢，你咋迈东走呢/教你望西走呢，你咋望东走呢？

㘭这儿望西走就到咧（西安）/从这搭放西走就到啦（商州）。

你到底教我面南吗还是面北呢/你到底教我望南吗望北呢？

꜀你你们都面这边来/꜀你的都望这边来/꜀你的都朝这边来。

以下是《醒世恒言》《喻世明言》以及《初刻拍案惊奇》里“望”字的介词用法。

秦重打扮得齐齐整整，取银两藏于袖中，把房门锁了，一径望王九妈家而来，那一时好不高兴。(《醒》3 卷)

王臣同家人急望东而赶。(《醒》6 卷)

张荩袖中摸出一条红绫汗巾，结个同心方胜，团做一块，望上掷来。(《醒》16 卷)

薄老儿看看如此热闹，心下嗟叹道：“怪道这东西欺我消受他不起，要望旺处去。原来他家恁般兴头！咦，这银子却也势力得很哩！”(《醒》18 卷)

道罢，径望里边而去。(《醒》19 卷)

杨洪分开众人，托地跳进店里，将链子望张权颈上便套。(《醒》20 卷)

……吕先生径望黄龙山上来，寻那慧南长老。(《醒》22 卷)

一头说，一头笑，望房里走，只道没人听见。(《醒》23 卷)

独自个收拾行李登岸，却也会算计，自己买了一头生口，望东都进发。(《醒》25 卷)

看看日落西山，黑影里只见一个后生，身上穿得齐齐整整，脚儿走得慌慌张张，望着园门欲进不进的。(《喻》2 卷)

遂收拾些小路费粮米，弃其茅屋，二人同望南方而进。(《喻》8 卷)

韩子文便望学中，会着两个朋友，乃是张四维、李俊卿，说了缘故，写着拜帖，一同望典铺中来。(《初刻》卷之七)

随后一个老妈，背了一只大竹箱，跟着望外就走。(《初刻》卷之九)

蒋震卿恐怕有人开门来追寻，急负在背上，望前便走。(《初刻》卷之九)

相公只望门内观看，却是为何？(《初刻》卷十三)

那日外厢正在疑惑上际，庆娘托地在床上走将起来，竟望堂前奔出。(《初刻》卷二十)

关中方言的“朝前看”有许多地方变体：朝头看/望头看西安等处/望头里看/曼前头看户县/放前岸儿看商州。其中“前”又作“头/头里/前头/前岸儿”。

其二，普通话的介词“向”在关中方言里，一是用作“朝”字等，二是用作“问”，三是用作“到”，四是用作“对”，下面予以比较：

北京　向前看　向他要东西　流向大海　向群众负责

西安　朝前看　问他要东西　流到大海　对群众负责

关于关中方言介词“问”的源流问题，如张赪（2002：208）所举的“问＋对象”例子，其中“问”是“向”的意思。

行老，我问你借一条扁担。（宋代卷464）

公公知道，应是问婆婆借了。（宋代卷553）

只问人借将来读，也得。（朱子语类2943）

还有近代汉语代表著作《金瓶梅》里“朝、望”的用法今关中方言仍有：“飞也似朝月娘道个万福。（1547）｜望六娘房里便走。（1538）”再如白维国先生（2010：1626）“问”字条第四义项“介词。a）向。[例]前来体探，问我索取贿赂。（三国·一）你想必问他起发些东西了。（金瓶·三四）你老放心，我不问你要钱。（老残·四）”

再举“问”和“对”用作介词的例句如下。

这个东西每个人都有，你问谁借都给你借呢。

我就没有你要的东西，也知不道不知道谁有，你问我硬要，我问谁要呢？

你作为这么大一个单位的领导，工作的方方面面，得对每一个职工负责，肯定忙得很。

其三，关中方言的“给”字也常用作介词，一是相当于普通话的“往、朝”等；“给”字的这种用法主要跟方位词以及代词搭配。例如：

ᶜ你给上头走，我给下头走。

꜀你你们都给里头走，覅㨃拥挤到门口。

你给（/望/曼/面）左边再挪一点儿。

我给你说，你给出外边走，我就能给进里边走咧。

你给（/望/曼/面）南走，我给（/望/曼/面）北走。

你教他给这岸这边来。

你马上给我这儿走，我候你着呢。

我们从老派口语里可以听到如下的用法。

你给房上沿得咧的时候注意安全着，“安全第一”，啊！

他给（/望/曼/面）西安去咧，都去咧半年咧。

你给单位去得咧的时候，给我打个招呼，我想在你单位去呢。

二是相当于“为”或“替”，或引进动作的对象。例如：

我不想给他帮这个忙。

我给你倒些水喝嘎子喝一下。

我想解手，你给我把娃抱一阵儿。

老汉教我给他写封信，我把信一写就回来咧。

三是引出施事，相当于“教、让”。户县方言“给”的这一用法又作“教[tɕiau^{31}]/着[tʂau^{31}]”。如下例句因为要突出“给”，所以，把“教、着”放在圆括弧里且在前边加单斜线。

天冷咧，亭忙赶紧打个件毛衣给（/教/着）娃穿上。

都晌午拧过咧太阳偏西了，老快[lau^{31} k^{h}uæ^{55}]放快回去做饭给（/ ⊂教/着）一家人吃。

再方面表示容许对方做某种事情。举例句如下：

他拿着娃娃儿书小人书不给（/ ⊂教/着）残的人别人看。

你把苹果先洗干净，候等他来咧给（/ ⊂教/着）他尝嘎子尝一下。

四是关中方言用“给”表示“向、朝”等意义，与普通话比较如下：

北京　他向你都说了些什么呀？　　　　先向介绍人三鞠躬。

西安　他都给你说咧些啥些？　　　　　先给媒人三鞠躬。

北京　他正在朝我们这里走呢。　　　　你往南走，我往北走。

西安　他给我[ŋæ^{31}]这搭儿正走着呢。　你给南走，我给北走。

其四，与普通话的介词“对”相比，关中方言的主要变体是“朝/望”；表示对待的“对/对于”，关中方言作“对”，关中方言不用“对于”表对待。比较如下：

北京　小黄对我笑了笑　　我们对你完全负责

关中　小黄朝我笑咧一下　我的完全对你负责（西安）/我家完全对你负责（周至）

另外，普通话的疑问句“对谁好？”和否定式“对老张不好｜对他不利。”在关中多数方言点作“与谁好？｜与老张不好｜与他不利｜这个政策与老百姓好得很。”关中东部“与”字有“于……何干”等意思，如下3个例句选自贾平凹的《古炉》，关中中部的类似说法如“与我屎不相干”。

土根说：锁子你去不？锁子说：与我屁事，我烧火哩。（286）

狗尿苔说：别人入榔头队，牛铃说，咱们也入吧，我说你入，我身份不好入不成，他就入了，与我屁事？！（337）

狗尿苔说：老顺也入了份子？！婆一指头戳在他额颅上，低声发恨，说：入份子没入份子与咱啥事！（456）

其五，关中方言的“迈”字也是由动词的“迈步、迈向”义虚化来的。“迈”字跟“望、朝”的用法相似，“迈”字常常与“走”字呼应；从西安一带的实际看，“迈”字主要在老派和中派女性半文盲中使用，有迅速淡出的趋势。例如：

你迈过走。

教他迈我单位走。

你迈上再走些子。

你迈出稍微走一点儿就能看见咧。

赶快迈回走！你老婆叫你吃饭呢，饭早都熟咧。

他害怕老婆得很，老婆教他迈东走，他不敢迈西走。

关中方言的“迈过[mæ^{55} kuɤ^{55}]”还有“除了；除非”的意思。例如：

迈过这些，还剩多少？

迈过咱俩，教他几个都去。

迈过你不去，或者迈过他不来。

迈过他才那下那样想呢。

迈过他老张一直都不来。

迈过这些钱你一点儿都不花。

6.1.2 “从、由、自、自从、持、骑”等

“从”是关中方言使用频率较高的一个介词。“自/自从”在关中方言用法跟普通话差不多，“由”是西安一带读书人用得较多的介词，“持/骑”是西安、咸阳一带老派文盲用得较多的介词。“竌”在关中中东部读作[nou^{31}]，本义是“立，站，待”，西安方言用作与“从”义同的介词。孙立新（1998）指出：“竌yòu 关中东府读作阴平调。立，站，待：你～着丨她在娘家一～就是一个月。又，西安方言还相当于介词‘从’：你～这儿往西走就到咧。《玉篇·立部》又六切：竌，‘等也。’按：此字在关中方言反切结果可与‘忧’字音同，而户县等处‘忧愁’的‘忧’口语又读[nɤu^{31}]，可作为此字读[nou^{31}]音的佐证。”关中方言不用北京口语性很强的介词“打”。现在先举关中方言“从”等介词用法的例子如右：从这搭走丨从上望下丨他自小儿就胆小丨自他调到这个单位，这个单位就没安宁过丨他自从上咧大学，就甚没不常回来过丨他持东边过来咧丨你骑这个门出去丨咱的咱们竌这儿望兀儿那儿走。

关中方言“从”字与普通话其他介词的比较。

其一，与“自”字的比较：普通话介词“自”表处所的起点时，凡“N_1 自 N_2V”及“V 自 N”式，关中方言相应地是“N_1 从 N_2V”及“从 NV”；普通话的“自……而……”式在关中方言里是“自……而……/由……而……/ 从……到……”式；普通话表示时间起点的“自”在关中方言里为“自/从、由”等。例如：

这个快车从北京开到乌鲁木齐。

信是从上海寄来的/信是从上海寄着来的。

钱是从银行汇来的/钱是从银行汇着来的。

从乡下来/由乡呢来西安/竌乡呢来西安。

自上而下/由上而下/从上到下/上上下下。

自你走了以后/自从你走了以后。

自你来，这个单位就没安宁过。

自前年个开始/从前年个开始/由前年个开始。

其二，普通话当“从”讲的“由”，关中方言用“从”不用“由”，举例句如下：

从会场出来。

从这个路走近得多。

从不懂到懂，从不会到会。

从试验结果看，效果嫽得太好极了。

我打划打算从明年开始多种些茄子。

从 15 岁参军算起，整整儿 18 年咧。

其三，西安一带有两个“从”字的变体是 2012 年问路时笔者不经意间发现的：一个是“带[tæ꜄]”，一个是“拿[꜁na]”。有一天，笔者在咸阳办完事想回到农村家里去看父母，在咸阳钓台镇沙河桥下车后想步行回去，在和堡子（当地人口语音变为“黄堡子”）问一位 80 岁左右的老汉：“老汉叔，从这一[꜂tʂei]条土路得能不能到宋村去？”老人回答道：“带土路不得过去，你还得带桥上走。”笔者说：“我是宋村人，当以为从黄堡子穿过去路近呢。”老人说：“带堡子出去，路就没有咧，那边是个深沟。”钓台镇和堡子离笔者的老家七八里路，过去笔者在农村，经常跟这一带人来往，这是第一次听到“带”用如“从”。还有一天，笔者要到陕西电视塔去开会，不知道如何进入，问一位 60 多岁的老汉：“同志，我想在电视台里头去，从这一[꜂tʂei]个地铁口下去，从哪个地铁口出来才能进去？”老汉回答道：“你拿南边那个地铁口出来就对咧。”笔者说：“我看你是这一[꜂tʂei]陀儿人才问你呢。”老汉说：“对着呢，好些人都知不道咋进去，你就拿这儿下去。”我还说：“你覅介意，我是搞方言的，想知道你是哪搭儿人？”老汉说：“我就是此地的。”西安人把“当地，这里”叫做“此地”，不像户县人叫做“这一[꜂tʂei]陀儿 / 当地”，笔者注意到，这位老汉把“地”字读成了[tɕi꜄]（＝既），这是西安长延堡及其以南的语音特点，这位老汉就是长延堡一带人。这两个变体虽然不是当地方言常用的介词，抑或是部分人这样说，但是，最少应当立此存照。语法现象的复杂性有时候是无法想象的。

6.1.3 “在”和“到”

其一，关中方言的动词兼介词“在”在关中老派文盲口语里又读如去声调的“待”①。本部分主要讨论“在”和“到”。先看普通话“在”字句的有关例句：

疑　问　句　他在家不在/他在不在家？

肯定式回答　他在呢/在呢/他在家呢。

否定式回答　不在/他不在/他不在家/他没在/他没在家。

再比较西安等处与眉县、武功、周至、乾县、永寿、兴平等处方言有关上列例句的地方变体。

西安疑问句　他在不在/他在屋不在/他在吗不在？

眉县疑问句　他到不到/他到吗不到/他到屋不到？

西安肯定式回答　他在呢/在呢/他在屋呢。

眉县肯定式回答　他到哩/到哩/他到屋哩。

西安否定式回答$_1$　不在/他不在/他不在屋。

眉县否定式回答$_1$　他不到/不到/他不到屋。

西安否定式回答$_2$　没在/他没在/他没在屋。

眉县否定式回答$_2$　他没到/没到/他没到屋。

再比较普通话、西安方言、眉县方言的两个句子：

北京　他在家干什么呢？　他在家看书呢。

西安　他在屋做啥呢？　他在屋看书呢。

眉县　他到屋做啥哩？　他到屋看书哩。

由以上比较内容看，眉县等处“到”的用法相当于普通话及西安方言常用的动词兼介词“在”，这是关中方言区词语地方变体的例证。但是，普通话的“到”在西安、咸阳、户县、渭南等地的地方变体都是“在”，下面比较普通话和西安方言的例句：

北京　你到哪儿去？　我到上海去。

西安　你在哪塌儿呀？　我在上海去呀。

北京　我到西安把去兰州的火车票买了。

西安　我在西安把在兰州去的火车票买好咧。

其二，“到”字在关中方言里由去声调变作阴平调后是普通话介词“在”的地方变体，但并不是普通话介词“在”的每一种用法都可以作阴平调的“到”，西安等处方言有时也用到介词“在”。下面以吕叔湘先生《现代汉语八百词》（1980：572～574）的内容为蓝本，列出西安等处的相关例句：

“到”字句：① 专车到后晌下午3点才能到到达。② 处到紧急关头。③ 参观改到星期四。④ 运动会安排到四月份儿。⑤ 住到东城。⑥ 吃到西安，耍到西安。⑦ 跳到水里。⑧ 跳到地上。⑨ 参军年龄控制到 22 岁以下。⑩ 随身行李限制到 20 公斤以内。

“在”字句：① 在当时，问题还甚不不太严重。② 这个事是在以前发生的。③ 在黑板上写字。④ 在东城住。⑤ 看在眼里，记在心上。⑥ 在地上跳。⑦ 在屋呢家里坐着呢。⑧ 在这方面，你要多帮他。⑨ 在大伙儿的帮助下，他进步快得很。⑩ 这号种生活在他早都习惯咧。

其三，普通话的“V 向 N”式里，当 V 是单音节动词“走、奔、冲、飞、流、飘、滚、转、倒、通、划、指、射、杀、刺、投、摆、引、推、掀、偏”等时，关中方言与普通话“向”相应的词是变作阴平调的“到[$tau^{55\text{-}31}$]”。例如：

飞到东南方向去咧。

这小路儿就通到果园。

一下杀到敌人阵地上咧。

把自行车推到房子房间里头。

你指到哪搭儿哪里，我就打到哪搭儿。

6.1.4 “和”类虚词

池爱平在《内江师范学院学报》2011 年第 5 期 58～61 页发表《“跟”的语法化》一文，指出：“和、共、跟、与、同”等虚词，既可以作伴随介词，又可以作并列连词，二者之间的界限模糊，它们都出现在“N_1＋虚词＋N_2＋V”的结构之中，而且都是从实词虚化而来的，语义上又相近，因而这类虚词可以称之为“和”类虚词。

普通话的介词兼连词有“和、跟、与、同”等，关中方言相应的介词兼连词有“跟、干、连、带、和”。下面予以尽可能深入的讨论。

其一，关中方言“跟、干、连、带、和”的分布很复杂，先跟普通话有关例句比较如下：

北京　你跟他一块儿来。　他跟老张到上海去了。
西安 $_1$　你跟他一搭儿来。　他跟老张在上海去咧。
西安 $_2$　你连他一搭儿来。　他连老张在上海去咧。
商州　你跟他一搭里来。　他跟老张到上海去啦。
高陵 $_1$　你干他一搭来。　他干老张在上海去啦。
高陵 $_2$　你连他一搭来。　他连老张在上海去啦。
兴平　你带他一搭儿来。　他带老张到上海去咧。
岐山 $_1$　你和他一搭来。　他和老张到上海去啦。
岐山 $_2$　你跟他一搭来。　他跟老张到上海去啦。

符合西安特点作“跟[꜀kẽ]、连[꜁liã]”的方言点还有蓝田、临潼、户县、咸阳、礼泉、乾县、泾阳、淳化、旬邑、耀州、铜川及其以北，符合商州特点作“跟[꜀kẽ]”的方言点还有洛南、丹凤[꜀kei]、华县、华阴、潼关，符合高陵特点作“干[꜀kã]、连”的方言点还有三原、富平、耀州、渭南、华县及其以北、以东，符合兴平特点作“带[tæ55]”的方言点还有周至、武功，符合岐山作“和[꜀xuo]、跟[꜀kəŋ]”的方言点还有扶风、眉县及其以西；凤翔如岐山一样作“和[꜀xuo]、跟[꜀kəŋ]、连”以外，还作“带[tei44]”，例句如“汾酒块香型带[tei44]西凤酒很像”。承蒙青年方言学者徐朋彪见告，其母语富平北乡方言的此类词语一作“干[꜀kã]”，二作“连”，富平北乡把这个语境里的“连”字读如“年[꜀niã]”②。

如下是任永辉来信提供的凤翔方言“连、带”互补的例句：

我连/带他一搭来。

我带/连这个人不见面。

我带/连他没在一搭一起。

“连”字当“跟”字讲的，可以从清代渭南剧作家李芳桂的剧作里看到一些。

这就奇了，人连鬼才相遇起来了。(《十王庙》)

这该咋处哩？连谁做梦哩?连谁成亲哩？（《白玉钿》)

不用问，书连玉钿都是一个圈套。(《白玉钿》)

我跛子叔说来，娃子，你饥了，把你娘杀地吃了。姚婆子肉，连驴肉一样。(《香莲佩》)

有福些，放的按院不坐，寻的连贼娃子造反哩！这才怪了。(《万福莲》)

下面是剧作家孙仁玉先生（1872～1934）折子戏《柜中缘》里“连”当“跟”讲的例句：

不知道将来连谁在一块儿过活呀。

我心里亮的连镜子一样。给我使手段呀！

明日个长大了，就连你那先人是一个样子！

哎呀咖咖哎呀，真歪恶；厉害真歪！歪的连蝎子一样。

下面是剧作家范紫东先生（1878～1954)《三滴血》里“连”当“跟”讲的例句。

你家姐弟想成亲，连我家公子要退婚。(第七回)

你们连吾老爷有什么冤、有什么仇？（第十七回)

我老爷可拿这个血点点要把戏家，待我取针连盆子去。(第十七回)

我家隔壁子有个贾连成，从前连小女子有些……(第十七回)

莲香，你连我娃是怎样结亲，谁是媒人？也可讲来！(第十八回)

以下是剧作家李约祉先生（1878～1969)《庚娘传》第六回里角色王十九的两个段台词。

妈呀，妈呀！这老乞婆，把我哄睡下，她连我嫂子鬼混去了，我不免赶上前去。

我新嫂子把我哥哥连我妈杀了。

作为介词的“跟”字和“连”字，关中方言亦很普遍地如普通话那样用的。举例句如下：

跟：你跟老王研究嘎子一下去丨我跟你一搭儿一起去丨小丽跟她同学游泳去咧。

连：他连这点儿常识都没有丨这个骗子手连他外甥都哄呢丨你咋连老同学都不理呢？

其二，比照吕叔湘先生主编的《现代汉语八百词》增订本 230 页之“[介]1a”，普通话否定词“不”用在“跟”前边表示主观意愿，用在“跟”后边表示客观事实。一般情况下，关中方言表主观意愿及客观事实时“不”都用在“跟”的前边；如果只表示客观事实，也用否定词“没”；在这个用法上，西安等处方言不用“连”。比较如下：

北京　我不跟这个人见面。　我跟这个人不见面。
西安　我跟这个人不见面。　我跟这个人没见面。
商州　我跟这个人不见面。　我跟这个人没见面。
高陵　我干这个人不见面。　我干这个人没见面。
兴平　我带这个人不见面。　我带这个人没见面。
岐山 1　我和这个人不见面。　我和这个人没见面。
岐山 2　我跟这个人不见面。　我跟这个人没见面。
北京　我跟他没在一起。　你别跟他说了。
西安　我跟他没在一搭儿。　你跟他嫑说咧。
商州　我跟他没在一搭里。　你跟他不可[puo21]说啦。
高陵　我干他没在一搭儿。　你干他嫑说啦。
兴平　我带他没在一搭儿。　你带他嫑说咧。
岐山 1　我和他没在一搭。　你和他嫑说啦[.lia]。
岐山 2　我跟他没在一搭。　你跟他嫑说啦[.lia]。

同理，西安一带否定词“嫑”很普遍地可以与“跟”字搭配；但是，与“连”字搭配，有的发音人认为可以成立，多数发音人认为不能成立，下面在句首加“（？）”表示。例如：

你跟他嫑去/你嫑跟他去/（？）你连他嫑去/（？）你嫑连他去。

下一回来得咧来的时候，我妈教我跟你嫑一搭儿来/嫑跟你一搭儿来/（？）连你嫑一搭儿来/（？）嫑连你一搭儿来。

其三，比照《现代汉语八百词》增订本 230 页之“[介]1b”，普通话的否定词“没”字在“跟”字的前后，意思相同，西安一带口语“跟”字只能在后。比较如下：

北京　我没跟他在一起/我跟他没在一起
西安　我跟他没在一搭儿

北京　我没跟这个人见面/我跟这个人没见面

西安　我跟这个人没见面

其四，“和”字在西安一带用作连词仅见于这样的语境：“我也知不道不知道你有几个儿和女｜他的姐和妹都来咧｜你把你的名和姓给他一说多方便的！”西安一带“和”字的这种用法目前仅限于老派，中新派口语已无这种用法。此语境里西安一带“和”字读作阴平[xuɤ31]。

其五，用作动词兼介词、连词的“跟”在通常情况下也作“连”，下面西安一带例句：

你去跟老王研究一下/你去连老王研究一下。

小李跟我都是陕西人/小李连我都是陕西人。

你走慢点儿，走得快咧老人就跟不上咧/你走慢点儿，走得快咧老人就连不上咧。

其六，西安一带方言的动词“跟”和“连”的互补和不对等格局可以由这两个词与表示时态的“着、住、上”的搭配关系等情况看出来。

西安一带可以说“你跟他去｜你跟他来”，老派也可以说“你连他去｜你连他来”；老派可以说“教他跟你去｜教他跟你来”，但是不说“教他连你去｜教他连你来”。这类语句假如要有时态助词“着、住、上”出现的时候，必须有介词“把”字来引介，如“你把他跟着/你把他跟住/你把他跟上｜你把他跟着来/*你把他跟住来/*你把他跟上来｜你把他跟着去/*你把他跟住去/*你把他跟上去”，但是西安一带口语不说“你跟着他去｜你跟着他来”。

其七，人称代词单数可以很普遍地作为动词“跟”的行为主体，但是不能很普遍地作为动词“连”的行为主体，如“你把他连着/你把他连住/你把他连上｜你跟谁来/你连谁来？——我跟我爸来/我连我爸来”；复数可以不太普遍地作为动词“连”的行为主体，如“你的你们连上｜你去给他的他们说，教他的把大部队连上｜赶快望头前头撵，连不上咋办呀？”

西安一带方言可以问“你跟谁学的”，不可以问“你连谁学的”；岐山谚语“跟啥人学啥人，跟上师婆跳假神”也可以作为佐证，岐山谚语不说“连啥人学啥人，连上师婆跳假神”。

其八，关于普通话的连词兼介词“与、同”在关中方言里的运用情况。“同”字至今在关中居民口语里还没有虚化为介词或连词，而“与”字在关中方言里的使用频率远没有上文“跟”字等高。普通话的疑问句“对谁好？”和否定式“对老张不好｜对他不利。”在关中多数方言点作“与谁好？｜与老张不好｜与他不利｜这个政策与老百姓好得很。”关中东部“与”字有“于……何干”等意思，如下 3 个例句选自贾平凹的长篇小说《古炉》，关中中部的类似说法如“与我尿不相干”。

土根说：锁子你去不？锁子说：与我屁事，我烧火哩。（286）

狗尿苔说：别人入榔头队，牛铃说，咱们也入吧，我说你入，我身份不好入不成，他就入了，与我屁事？！（337）

狗尿苔说：老顺也入了份子？！婆一指头戳在他额颅上，低声发恨，说：入份子没入份子与咱啥事！（456）

其九，另外，关中方言“把”也用如“跟”的，“把、跟”所牵涉话题是谁跟谁相像的问题。如西安一带“跟”字连带“得很”，“把、跟”均可连带表极致的“匝咧”等。例如：

他的几个外甥都像他得很！

女子啊，我看你跟你妈像得很！

小伙子，你把/跟你舅就像匝咧极了！

（户县例句）那个女子，把她妈就像作咧极了，真真儿他妈年轻时候儿那个样子！

其十，关中方言“连”和“把”的互补格局中以与人称代词“你、他”等的组合为标志。如西安具体特点是：“连”可以构成“连你、连他”等，“把”只能构成“把你这种/把你这号[$\mathrm{xau}^{55\text{-}31}$]、把他这种/把他这号丨把他兀一[$\mathrm{uei}^{52}$]种/把他兀一号丨把他那[$\mathrm{næ}^{52}$]种/把他那号”；其中代词“这种/这号、兀一种/兀一号丨那种/那号”蕴含着对“你、他”极为轻蔑的意蕴。于是，如下的把字句比连字句语义重；把字句必须连带指示代词。

连字句：连你都欺负我呢！丨连他都在我跟前说重字话呢对我恶语相加！丨就连你都是教授你居然都是教授！丨连他兀一种东西也在人前头说话呢！丨连你这这种货都自称是我老师呢！

把字句：把你这种/这号货东西都欺负我呢！丨把他兀一号货都在我跟前说重字话呢！丨把你这种/这号人都是教授！丨把他兀一种东西也在人前头说话呢！丨把你这种/这号货都自称是我老师呢！

如上的把字句还可以用“凭/拿”来引介，例如：把你这号人都成咧教授咧＝凭你这号人都成咧教授咧＝拿你这号人都成咧教授咧！

其十一，关中方言的“连……带……”式词组。普通话也有“连……带……”式词组，如《现代汉语八百词》增订本363～364页之“[介]3”。关中方言的“连……带……”式里还可嵌入其他成分，“连”与“带”后边词语之间往往具有相关性。“连甲带乙”就是指的甲和乙。这种词组形式我们从《金瓶梅》41回看到一例：“不打紧，叫赵裁缝来，连大姐带你，四个每人都裁三件。”关中方言的“连……带……”式词组主要从以下三点来看。

一是“连……带……”式里嵌入的是名词或名词性成分，或者是代词。例如：连人带牛、连书带纸、连笔带墨、连你带我、连老张带老王、连老汉带老婆、连镢头带锨、连鞋带袜子、连碌碡带桲架碌碡架、连他达带他妈、连自家大人[tuɤ^{55} ʐẽ$^{24\text{-}31}$]指父母亲带丈儿家大人指岳父母、连吃的带喝的此条以及以下各条为的字词组的相加、连大的带碎的、连熟咧的带生着的、连拾下的带偷下的、连你的带我的、连碌碡碾的带打麦机的、连老人留下的带自己一辈子挣的。

二是“连……带……”式里嵌入的是动词或动词性成分。例如：连哄带吓、连掀带打、连说批评带诀骂、连骗带偷、连踢带咬、连捣乱带破坏、连明拿带暗偷、连贪污带受贿、连明里欺负带暗里使绊子。

三是有的“连……带……”式是常用的俗成语。如：连吃带喝指说话没有停顿和抑扬顿挫、连槌带洗本义指洗衣服的时候，槌和洗都是一个人干、连东带掌一般指经商者既是东家又是掌柜的；也指领导者因为单位人手少，既当领导，又干实际工作、连毛带杆指所有的相关东西、连滚带爬指用不正当的手段取得成绩或职位。

举关中方言的“连……带……”式例句如下：

没小心，连人带牛都翻到沟咧。

我干脆连鞋带袜子一下全部给你！

他屋连他达带他妈还有他的婆娘娃也才五口人。

他出门逛去，连自家大人带丈儿家大人都带着呢。

他就把娃连哄带吓的，娃只好乖乖儿跟他回去咧。

连你的带我的再加上他的，咱三个人也凑不下这么多。

这个腐败分子连贪污带受贿，有好几百万元说不清来路。

他那时候儿跟我在一个单位呢，连明里欺负带暗里使绊子，把我整匝咧整得好苦！

他搬家呢，连毛带杆，浑破烂绽指浑的、烂的，瞎坏的好的，就整整儿装咧五卡车呢！

有一个“到”字当“连”字讲的孤例，户县方言把“连核桃带枣儿”又作“连核桃到枣儿”，或简作“核桃到枣儿”。我们至今尚找不到第二个类似的例子。

6.1.5 关中方言的“拿、对、迈过”等

其一，关中方言的“拿”字也可用作介词等。一是“请允许我干某事”的意思，例如：

拿我给你说。

拿我给你把稿子誊了。

你拉不动（如架子车），拿我给你掀。

拿妈给你做饭请允许妈（听话人的妈）给你做饭。

拿我给你把娃揹上，看你揹个娃多不方便的？还拿咧恁多行李。

我们从蒲城李同轩先生（1860～1932）所编秦腔《夺锦楼》看到用到“拿”的用例如。

（边氏）拿妈给我娃说去。

（钱瑶英）爹，你去开门去。——（钱小江）拿爹开门去，拿爹开门去。

二是相当于“依”，如插入语“拿我看｜拿你说”。例如：

拿我看，你最好覅去。

拿你说，他要是给娃娶媳妇儿，咱去不去？

普通话处置式“拿他没办法”，关中方言相应地作“把他没办法”。

其二，关中方言的“拿”字还当“凭着”讲。例如：

拿你这号货这样的坏东西还在人前头说话呢！

拿他都想评教授呢；就不看有多少水水水平呢？

拿你老汉这大的年龄还想跟人家小伙子家比呢？

拿你兀一[uei^{52}]那，那么点儿劲张劲，力量还想搬动这个？

拿我这个水平都能开车，你肯定能开；去，学驾照去。

其三，耀州等处读作阴平的“拿”字还用如使令动词“让；请允许我干某事”。孙立新《关中方言代词研究》128 页把读作阴平的“拿”写成了“纳”是不对的。耀州方言例句如：

拿[na^{31}]我给你说。

拿[na^{31}]人家走让他走开呀！

拿[na^{31}]我给你把稿子誊了。

其四，“对”在关中方言里与普通话基本上差不多，如“你对他好，他就对你好｜他对谁都是这个样子”；但是，个别语境里用法有别，比较如下：

北京	小黄对我笑了笑。	他对你说了些什么？	决不对困难低头。
西安	小黄朝我笑咧一下。	他给你说咧些啥？	决不给困难低头。

普通话的“对于”在关中方言里作单音词“对”，例如：

对这件事，谁也没办法处理。

对他这个人，最好的办法是覅理！

其五，关中方言的“迈过”相当于普通话的介词“除了”，例如：

迈过张三跟李四，没有人有啥意见。

这些人迈过你，谁能把这么缺德的事做出来呢？

这个单位迈过他是个胡来漫胡作非为者，残的别的人都好得很。

其六，普通话的“关于”在关中方言里相应地作“就”，例如：

就这件事，当领导的肯定要想办法解决呢。

就这些拖得时间长咧的案子，好几个领导都批示咧，至今还没结呢。

注释

① 江蓝生先生《“动词＋X＋地点词”句型中介词“的”探源》（见《近代汉语探源》

95～109）一文指出："由于[ts]与[t]发音部位相同，促使其发音方式互转的可能性，'在''到'都可能弱化为'的'。"也就是说，"在"字很可能音变作[t]声母。我们曾经对陕南地区的方言进行过调查，陕南方言口语很普遍地把"就"字读如"战斗"的"斗"字；这可以与关中中部口语把"就"字读如"揍"字来印证，陕南的"就=斗"，其音变的轨迹，很可能是在"就"字读如"揍"字的基础上形成的：就dzi̯u→tsi̯ou→tsiou→tou。陕南的"就＝斗"可以印证关中方言的"在＝待"。曹延杰《德州方言实录与研究》447～449页对比讨论了德州方言的"在"和"逮"。德州方言的"逮"具有"在"的许多意义。很明显，德州方言的"逮"也是由"在"音变而来的；其语义则比"在"字要虚些，比如不用作动词。

② 关中方言对中古"泥来"两母字的读法，周至、户县、西安、泾阳、三原、耀州及其以东与普通话基本上一致，即"泥"母字读作n声母，"来"母字读作l声母。但是，也有一些例外；"泥来"混读了。如西安方言"泥"母读如"来"母（l声母）的字，糯luɤ^{55} 内luei^{55} 农luəŋ^{24}；"来"母读如"泥"母（n声母）的字，聋nuəŋ^{24}。韩城"南北"连读，文读nã^{24} pei^{31}，白读laŋ^{24} pu^{31}；把"泥"母字"南"文读n声母拼前鼻韵，白读l声母后鼻韵，其"北"字白读u韵母。富平北乡把"来"母字"连"读作n声母属于白读，目前局限于老派读法。"（味道）苦；毒死"义的"痨"字，《广韵》去声号韵朗到切，周至、户县、西安及其以东把这个"来"母字读作n声母nau^{55}（=闹）。户县方言把脑袋叫做"㲞顸囊"，其中的"泥"母字"囊"读作l声母laŋ^{31}；户县方言"囊"字在其他语境里读作n声母naŋ^{31}。"嫩"字《广韵》在去声慁韵，关中中东部方言除了西安、周至、户县三处读作nuẽ^{55}以外，其余多数方言均读如"来"母的"论"，临潼、洛南、华县、华阴、潼关、大荔、渭南读如"论"的上声调，如：商州luẽ^{55} 洛南 luei^{53} 大荔 yɛ̃^{52} 白水lyẼ^{44}。

6.2 比较句

对于关中方言比较句的研究，研究关中方言的中老年学者以往很少顾及，而以青年学者任永辉在《咸阳师范学院学报》2009年第5期48～50页发表《关中方言的比较句》一文为标志。任永辉指出：关中方言的比较句分为平比句、差比句、渐进比句和极比句四种，每种比较句都有不同的格式。下面以任文为蓝本，讨论关中方言的比较句，随文的符号也袭用任文的，如W表示比较值，Z表示数量值，N_P表示名词或名词短语。任文所用的参考文献有三，罗列于此：[1]黄伯荣：《汉语方言语法类编》，青岛：青岛出版社1996年，第678～682页；[2]吴建生：《万荣方言的比较句》，《忻州师范学院学报》2003年第3期，第31～34页；[3]何洪峰：《黄冈方言的比较句》，《语言研究》2001年第4期，第28～38页。

6.2.1　平比句

平比句比较两个比较对象的性状、程度等方面是否相等，关中方言的表达形式有以下 7 种。

其一，为“比较项 $_1$＋连＋比较项 $_2$＋一样＋W”格式。这是平比句中最常用的格式，W 有时也可以省略。格式中前后两个比较项一般为体词性的，比较词是“和”类的“连/跟/干”，其中“连”在如下例句里的使用频率最高，西安等处又作“跟”，高陵等处又作“干”，可以跟上文 6.1.4 小节进行比较；“一样”表示比较的结果。例如：

我娃连/跟/干你娃一样大。

我连/跟/干我老婆的工资一样。

这个娃连/跟/干小着小时候一样调皮。

他写的字连/跟/干你写下的一样看起好好看。

这堂考试连/跟/干兀一[uei52]那堂考试一样。

他连/跟/干他爸一样不爱说话（/一样的不爱说话），本分得很。

如上例句中的“一样”，在西安等处老派口语里又作“一般/一般般”。但是，“一般/一般般”必须连带 W，W 只限于单音词，其所适用的范围非常狭窄。例如：

我娃连/跟/干你娃一般/一般般大。

这条绳连/跟/干那条绳一般/一般般长。

你的水平连/跟/干他的水平一般/一般般高。

其二，为“Z+比较项+一样+W”格式。这种格式多用来比较可以定量的人或事物，W 一般不能省略；这种格式的否定形式是“Z+比较项+W+不一样”例如：

兀那几个班一样差。

两样货价钱一样。（否定式：两样货价钱不一样。）

这几件衣裳一样的料子。（否定式：这几件衣裳料子不一样。）

城里的电视都是一样的价。（否定式：城里的电视价都不一样。）

其中，“一样”所处的语法地位可以用“差不多”来替换。当然，“差不多”的语义是跟“一样”有差别的，其语值中含有并非等量齐观旗鼓相当的因素。用“差不多”替换时要补充比较值的内容，并把比较值从句尾提到句中。如下例句可以跟上文的进行比较。

兀几个班水平差不多/兀几个班的水平差不多。

这几件衣裳料子差不多/这几件衣裳的料子差不多。①

其三，为“比较项 $_1$＋有＋比较项 $_2$＋W”格式。这种格式以比较项 $_2$

作为基准来进行比较，表明比较项$_1$达到了比较项$_2$的标准，W 前常常出现“这么/这们”等指代词。例如：

大锅的水有桶里的水这么多。

我爸的年龄有咱老师这么大。

我小着念书也有你这么用功。

你娃现在有我娃恁/那们高。

用于疑问句时是询问比较项$_1$是否达到了比较项$_2$的标准，这种问句比较常见。例如：

（西安）你娃有我娃高没没有？

（西安）老婆有老汉年龄大没？

（宝鸡）湘潭有咱搭这里热也不吗？

（宝鸡）你搭那里有我搭热闹也[a^{31}]不？

其四，为“比较项$_1$＋咋＋比较项$_2$＋W”格式。这种格式跟上述的“其三”语义相当，其中的“咋”是“像”的意思，读书人也有把“咋”作“像”的。例如：

我娃就咋你这们这么/镇大。

那个老汉就咋你老汉那么胖的。

他写的那本书也咋你这本书这们/镇厚。

我年轻的时候儿也咋你这们/镇能干过。

我女子女儿也就咋你女子这个年龄、这个高低胖瘦。

其五，为“比较项$_1$＋跟＋比较项$_2$＋有一拚[p^{h}iẽ^{31}]/有一磕[k^{h}ɤ^{31}]”格式。这种格式的实际语义为“两者相侔，旗鼓相当”，属于一种类比形式。西安一带的例句如：

他的水平跟博导有一拚/有一磕呢。

她的模样长得跟兀个女主角有一拚/有一磕呢。

如今谁家的日子都跟旧社会的财东家有一拚/有一磕呢。

这个卡车装的东西跟兀那个载重车装的有一拚/有一磕呢。

他当伴客司仪的兀个[uɤ^{52}]两下那个高水平跟搞专业的有一拚/有一磕呢。

我看你娃的学习跟他娃有一拚/有一磕呢，你两家的娃都学得好得很！

当然，这种格式里的两个比较项有的也可以合在一起，于是上列有的例句成为如下形式：

你两家娃的学习有一拚/有一磕呢。

这俩车装的东西有一拚/有一磕呢。

他俩的实际水平跟为人都有一拚/有一磕呢。

这两个县的经济发展水平有一拚/有一磕呢。

其六，本节的附录五罗列了关中方言区“这个能比过那个”的说法，其中的“能比过”在西安等处作“能吃住/能磕住”。看来，官话的“能比过/能吃住/能磕住”都具有“超过，超出”的意蕴。但西安等处“吃住/磕住”可用于平比句，有旗鼓相当的意蕴。例如：

这个吃住/磕住那个。

下围棋，老张吃住/磕住老王的水平。

老婆的身体吃住/磕住老汉（的身体）。

你的写作能力吃住/磕住他的（写作能力）。

假如以“磕住”煞尾，必须有后续分句，“磕住”多含“差不多”义。例如：

我看你跟他的水平磕住，就是没他会巴结。

俩娃的个子高低磕住，就是这个太瘦咧，那个却太胖咧。

论各方面的表现，这俩学生磕住，把市级三好学生给谁都行。

这座楼跟那座楼高起磕住差不多一样高，比那座楼看起好好看得多。

其七，如关中谚语云：“人比人，活不成，马比骡子驮不成。”其中的“比”字具有相互比较的意思。

一方面，类似于“人比人”格式的，我们把它叫做“N_1比N_1”式，即两个比较项形式相同，其实质上不是一回事。类似的例句可能仅有一个：谁比谁能强多少呢？

另一方面类似于“马比骡子”格式的，我们把它叫做“N_1比N_2”式，这种格式的能产性很强。随便举几个例子如下：

老张比老王有水平。

这架座山比那架山高。

狼狗比柴狗普通家养犬威[$uæ^{31}$]恶。

打鸡斗鸡比柴鸡普通家养鸡能鸽善于鸽斗。

还有的“比较项$_1$＋跟＋比较项$_2$”的否定式也可以分为两种：“N_1跟N_1”格式和“N_1跟N_2”格式。

“N_1跟N_1”格式的完整结构为“N_1跟N_1＋不一样/不同”格式，其意思实质上是彼此的N_1是不能互相比较的；常常以分句的形式出现。例如：

娃跟娃不一样；你娃多好的，我娃多不听话的？

书跟书不一样，你写的是通俗的畅销书，他写的是高深的滞销书。

谚语：人跟人不一样，事跟事不一样/人跟人不同，事跟事不同。

工作跟工作不一样/不同，你的工作要多轻省有多轻省的，谁能跟你比呢？

“N_1跟N_2”格式跟上述“N_1跟N_1”格式有不少共同点，其中的“跟”字，西安一带又作“连”，高陵等处又作“干”。例如：

老张跟老王不一样；老张不巴结，老王会巴结。

你跟我不一样，你条件优越，我条件简直太差咧！

写文章跟写书不一样，写文章用的时间短，写书用的时间长。

这个事跟那个事不一样，这个事实在好办得很，那个事简直难办得很！

其八，陕西师范大学博士生张永哲就其母语凤翔虢王镇方言来信指出：虢王方言肯定性差比句，一般用读作阴平调的“和[xuo³¹]”字。例如：

小张和小刘大。

小张和小刘大三岁。

a. 我跑的和他快。／b. 我和他跑的快。

a. 今年个庄稼和年时好。／b. 今年个庄稼和年时长的好。

在老派口语中，这里的“和”只是个表示比较的介词，后跟比较项，不是动词，动词是“比”，但“比”后一般不接比较项，一般单独使用或连带补语。例如：

你两个比嘎比一比，看谁劲大。

我□ [læ̃²⁴]／带你不比我和你不比。

关于虢王方言的否定性差比句，张永哲指出：常用的否定性比较词有“没、不如、不及”。例如：

小张没小刘大。

a. 我跑的没他快。／b. 我没他跑的快。

a. 今年个庄稼没年时好。／b. 今年个庄稼没年时长好。

a. 我媳妇做饭没我做的好。／b. 我媳妇做饭不如／不及我。

“不如、不及”后面一般只跟比较项，比较项之后无被比较的内容，如普通话可以说“我媳妇做饭不如我做饭做的好”，虢王方言这样说出来比较别扭，而且十分繁琐，不合口语性。

平比句的肯定性格式为“比较项$_1$＋□[læ̃²⁴]／带+比较项$_2$＋一样＋比较的内容谓词性成分”，否定式为“比较项$_1$＋□[læ̃²⁴]／带＋比较项$_2$＋比较的内容此处肯定式中的谓词性应转成名词性成分＋不＋一样”。例如：

肯定式：小张□[læ̃²⁴]／带小刘一样大。

否定式：小张□[læ̃²⁴]／带小刘年龄不一样。

肯定式：我□[læ̃²⁴]／带他跑的一样快。

否定式：我□[læ̃²⁴]／带他速度不一样。

肯定式：出去打工□[læ̃²⁴]／带屋里一样哩。这句话比较的内容“打工”提前了，出现了空缺

否定式：a. 出去打工□[læ̃²⁴]／带屋里不一样。

b. 出去打工和[xuo³¹]屋里不一样。

肯定、否定句中，都可以用“□[læ̃^{24}] / 带”。不过，否定句的语序和内容与普通话相比还是有差异，“没”字可以用于否定句，但用法受限。

虢王方言中“□[læ̃^{24}] / 带”是“和”的意思，属于连词，与普通话相同。它们的用法与读作阴平的“和”不一样，“□[læ̃^{24}] / 带”只能用于平比句，不能用于差比句，“和”是个介词，主要用于肯定性差比句，一定情况下还可以用于平比句，如“出去打工和[xuo^{31}]屋里不一样”。

6.2.2　差比句

差比句比较两个比较项在程度、形状等方面的差别，关中方言的表达形式分为胜过式和不及式两种。

其一，胜过式。胜过式表示前比较项优于、胜于或超过后比较项。

首先，关中方言最常见的格式是“比较项$_1$＋赶/比＋比较项$_2$＋W”。比较词“赶/比”前后的两个比较项，可以是体词性的，也可以是谓词性的。“赶[kã^{52}]”②字是口语化程度较高的词语；“比[pi^{52}]”字可能是受共同语影响进入关中方言的，目前的使用频率已经超过了“赶”字。户县方言也有用“扁$^{=}$[piã^{51}]”来表达“比”字的语义，应当是“比赶”叠加后的合音形式（比赶 pi^{51} kã^{51}→比赶 piã^{51}）；基于这个因素，“比”字进入关中人口语，很有可能比“赶”字早。李蓝在《方言》季刊 2003 年第 3 期发表的《现代汉语方言差比句的语序类型》注意过户县方言的[piã^{51}]”字。户县方言胜过式里比较词历史层次的先后次序为“比”字最早，“赶”字较早，“扁$^{=}$”字最晚。下面把任永辉文中的例句直接转化为户县方言例句：

我赶/比/比赶你大。

他做活赶/比/比赶你快。

今年天气赶/比/比赶往年冷。

娃的工资赶/比/比赶他爸还高。

老婆的身体赶/比/比赶老汉越发好。

你的文章赶/比/比赶我的文章写得好。

你的问题赶/比/比赶他的问题还严重。

老张的水平赶/比/比赶老王的水平更厉害。

他唱戏赶/比/比赶兀个儿[uə^{51}]$_{\text{那个}}$名演$_{\text{演员}}$还好。

任永辉在其文章的“余论”部分论及“赶”字作比较词时指出：山西南部的万荣、闻喜、临漪、永济，西南官话成都片、兰银官话银川片等的差比句比较词也使用“赶”。例如：

山西万荣：我赶你高的多。

山西闻喜：坐下吃赶立下吃好。

成都方言：今年子雨赶去年子少。

银川方言：你赶他高半截。

固原方言：电灯赶油灯亮。

任永辉 2012 年 9 月 17 日来信又指出，陕西平利、绥德、子洲、山西芮城、河津、宁夏银川、固原、同心、山东微山、平度、高密、安丘、临沂、四川成都、西充、河南宜阳以及新疆乌鲁木齐等处也以“赶”字作比较词。

假如在 W 后面加上“些/点儿/一点儿”等，则只能用“比”，不能用“赶/比赶”。

他比我高些/点儿/一点儿。

他能力比我强些/点儿/一点儿。

他做活比你快些/点儿/一点儿。

小明成绩比小丽好些/点儿/一点儿。

老汉的年龄比老婆（的年龄）大些/点儿/一点儿。

他也就是比你厉害这一[tʂei^{52}]点儿，就这因为这个，啥名头就比你多。

其次，大致也是在上述格式的基础上形成“比较项$_1$＋赶＋比较项$_2$＋W＋Z”的格式。这种格式比较“赶”字前后两个比较项的数量或程度，两个比较项中，比较项$_1$以比较项 Z 为基准；“赶”字前后两个比较项，可以是体词性的，也可以是谓词性的；Z 可以是具体的确数，也可以是约数，还可以是表示不确定数量或程度的“的”字结构。例如：

我比他大 1 岁。

这个绳赶/比/比赶那个长 1 米。

坐飞机赶/比/比赶坐汽车快得多。

收秋赶/比/比赶种麦要早上个十来天呢。

你的水平要赶/比/比赶他的水平高得多得多高出更多。

再次，我们曾经调查过“这个能比过那个”在关中方言的变体，调查表明，“能比过”西安等处以“能吃住/能磕住”来表达；相应地，“比不过”则以吃不住/磕不住”来表达。多数方言点则以“这个比那个强”等差比式来表达。详见附录五《关于“这个能比过那个||这个比不过那个”的比较》。附录五里的材料是笔者 1996 年及其以前调查的，这个调查存在许多问题，跟笔者对方言语法的感悟不到位甚至先入为主不无关系；不过，这个材料也基本上自然流露出一些基本信息，是这类句子大致特点的反映。

任永辉文章中所论及的三四两种差比句大致是宝鸡一带的用法。下面先予以抄录。

“比较项$_1$＋A＋过＋比较项$_2$＋Z”（三）。这种格式主要强调的是比较项$_1$远远优于比较项$_2$，“A＋过”前后两个比较项可以是体词性的，也可以是谓词性的。比较的量多是夸张的数量，并不表明精确数，常用于感叹句。例如：

我去西安早过你几年！

老大好过老四几千倍！

书念成了强过当农民一辈子。

“比较项$_1$＋A＋比较项$_2$＋Z”（四）。这种格式中，Z 表示比较项$_1$与比较项$_2$相差的距离。A 由“大、小、多、少、早、晚、快、慢、迟、差”等充当，人称代词或指人的名词作形容词的宾语，Z 出现在人称代词或指人的名词后作补语。例如：

他大我三岁。（试比较通常说法“他比我大三岁”）

他快咧我五分钟。（试比较通常说法“他比我快咧五分钟”）

我上学迟他半年。（试比较通常说法“他上学比他迟半年”）

他早你两天（到的西安）。（试比较通常说法“他比你到西安早两天”）

现在请看中部关中方言区中部户县、兴平和东部白水用到“强如”等的谚语。

没咧给一口，胜过有咧给一斗。（户县）

深耕一寸，强如上粪。（兴平）

肚子饥咧给一口，强如有咧给一斗。（兴平）

梳头洗脚，强似吃药。（白水）

伏天打破皮，强如秋后犁几犁。（白水）

春天杀一卵，强住秋后杀一碗。（白水）

埝指禾苗根部壅的土高一寸，强如上粪。（白水）

我们从李芳桂的剧作《玉燕钗》里看到这样的例句：“我今南漳去入伙，强如做你这生活。”这是 200 多年前关中方言的语料，再看建国后新编的近人范紫东先生《三滴血》里的例句：“你若救我出水火，胜似焚香念弥陀。”

其二，不及式。不及式表示前一比较项不及或劣于后一比较项。任永辉概括为 5 种格式。

一是最常见的以“不如/不胜（勝）/不敌”作为比较词。其中，“如”字在关中方言区 51 处除了西安、周至、户县读作阳平调外，其余 48 处读作阴平调；“敌”字口语与“叠”同音[③]。“不如（/不胜/不敌）”前后的两个比较项可以是体词性的、谓词性的，还可以是小句，口语里谓词性成分常常可以省略。下面袭用任永辉文章中的 4 个例句后再举几个例句：

老三学习不如/不胜/不敌老二好。

骑自行车不如/不胜/不敌搭车去快。

坐火车还不如/不胜/不敌坐飞机方便。

咱两个去不如/不胜/不敌叫上一伙人去。

谚语：三句好话不敌一马棒对于不懂道理者好言相劝不如棍棒相加解决问题。

做官的还不如你那嘴脸吗？（李芳桂《万福莲》）

若能建功立业，却不胜作渔公么？（李芳桂《玉燕钗》）

哎呀，黑地里走路，就不胜白天。（李芳桂《香莲佩》）

虽然不胜诸葛亮，也算得苏秦说六邦。（李芳桂《香莲佩》）

在此地何一日才把天见，倒不如去京师找寻解元。（李芳桂《紫霞宫》）

哈哈哈，这才奇了。做了半世官，断事才不胜个婆娘了。（李芳桂《十王庙》）

谁料一年不胜一年，所以家信疏阔，大老爷还要体谅。（范紫东《三滴血》）

白维国先生《白话小说语言词典》87 页“不胜”的“不如”义所举例句皆见于《歧路灯》：狗大粗腿，还不胜咱家那条黑狗。（17）｜赢钱还弄出不好的事，不胜不赢他。（55）

二是以“有、没/没有”作为比较词的，任永辉将其归结为“比较项$_1$＋没有＋比较项$_2$＋W”，并且指出这是上文平比式“其三”的否定式，一般用来答复问句。例如：

西安一带：（问）你娃有我娃大没？——（答）没有/我娃没（有）你娃大｜我娃跟/连你娃一样大｜我娃就咋你娃这们/镇大。

西安一带：（问）这个超市的东西有那个超市贵没？——（答）没有/没[mɤ$^{31-24}$]/这个超市没那个超市（东西）贵｜有/这个超市跟那个超市（东西）一样贵/这个超市（的）东西有那个超市（的东西）贵｜这个超市东西比那个超市（东西）贵。

宝鸡一带：（问）湘潭有咱搭（这里）热阿不？——（答）湘潭没有咱搭热。

宝鸡一带：（问）你兀搭那里有我搭这里热闹阿不？——（答）我搭没有你搭热闹。

这种格式也可以构成非答问的不及差比句。例如：

老师还没有学生有修养！

今儿个没有夜来个昨天冷。

大媳妇没有碎小媳妇孝顺。

他还没有你说话有水平/他说话还没你有水平。

三是“比较项$_1$＋比不过＋比较项$_2$”格式。这种格式一般要在句首或句中点明比较点，其构成的句子带有较强的较量意味。这种格式西安等处口语把“比不过”作“磕不住/吃不住”，详见本节的附录（附录五）。以下是任永辉所举的宝鸡一带例句：

做生意你比不过他。

种庄稼他比不过他爸。

论人缘老王比不过老张。

四是“比较项$_1$＋比不得＋比较项$_2$＋W”格式，“比不得”是“不能比，无法比；不可同日而语”的意思。例如：

我比不得他兀个[uɤ^{52}]那身体。

我娃比不得你娃的学习成绩。

我现在的精力比不得老早过去咧。

咱比不得人家[nia^{31}]兀个[uɤ^{52}]条件。

五是“比较项$_1$＋不比＋比较项$_2$”格式。这种格式里的“不比”在西安等处又作“不像/不咋”。例如：

现在不比过去咧，条件好得很。

他不比我，屋里没人连跟他作对。

上大学不比上中学，自己要自觉学习呢。

其实，咱咱们并不比（/*不像/*不咋）他的他们恁差。

在地呢不比在屋呢西安/在地里[ti^{51}/tiẽ^{51}]不比在屋里[uei^{31}]户县，水要省着喝呢。

他单位不比你单位那们那么待遇好，他还不比你镇这么细详节俭的；他受穷我都不同情。

我不比你，啥情况都差；比如你爸是离休干部，我爸是农民；你爸的离休工资花不完，我的工资还得贴补农村家庭。

6.2.3　渐进比句

渐进比句表示程度逐渐加深或减弱。渐进比句虽然实质上也是一种差比，但不是两种事物的比较，而是多个事物的逐次比较。渐进比句的前后两个比较项都是数词“一＋量词”，两个比较项的量词应为同一个量词。渐进比句可以分为胜过式和不及式两种。

其一，胜过式表示程度逐渐加深，表达格式是“N_P＋一＋量词＋赶/比＋一＋量词＋W”。下面袭用任永辉文章中的例句：

人一拨赶一拨多。

天一天赶一天暖和。

白雨暴雨一阵比一阵大。

菜蔬蔬菜一年比一年贵。

其二，不及式表示程度逐渐减弱，表达格式为“一＋量词＋不如/不敌/不胜＋一＋量词”。下面仍然袭用任永辉文章中的例句：

他身体一天不如一天。

商店生意一年不如一年。

我这一向这段时间饭量小得很，一顿不如一顿。

6.2.4 极比句

极比句表示在与同类事物的比较中胜出或不及，比较的是一种事物与同类所有事物的差别，所比对象的范围比较宽泛，往往是遍指或者是任指的，同样可分为胜过式和不及式两种。

其一，胜过式，表达形式有四种。

一是“比较项$_2$＋比较项$_1$＋最/顶＋W”格式，这种格式的比较项$_2$是隐性的，表示的是比较的范围，而不是特指的对象；程度副词“最/顶”也常处在比较项$_1$的前边。例如：

全国只有上海房价最/顶高＝全国最/顶上海房价高。

全校只有王花花学习最/顶好＝全校最/顶王花花学习好。

几个儿儿子当中只有老二最/顶孝顺＝几个儿当中最/顶老二孝顺。

二是“比较项$_2$＋数/就＋比较项$_1$＋W”格式，这种格式所表示的胜过程度比上列格式要稍低一些。例如：

满世界数/就你能干！

撒麦种全村数/就你撒的好。

今年考大学咱这儿数/就他娃考得好。

三是“比较项$_1$＋都＋赶/比＋比较项$_2$＋W”格式。这种格式比较项$_1$是任指的，前面常常出现“不管/回管宝鸡一带”等与“都”照应的关系词。例如：

回管在哪搭哪里都赶这儿好。

城里东西都赶乡里要贵些子。

随随便你做啥生意都比闲着强。

四是“比较项$_1$＋赶/比＋比较项$_2$＋都＋W”格式，其中的比较项$_2$是任指的。例如：

他赶/比谁都能干。

这娃赶/比哪个娃都乖。

这个地方比啥处都要还得多呢。

这个馆子的羊肉泡赶/比哪搭任何地方的都吃着好好吃。

其二，不及式，表达形式有4种。

一是“比较项$_1$＋都＋没/没有＋比较项$_2$＋W”，这种格式与上述的基本相同，只不过比较词为“没有”。例如：

西安一带：啥事都没/没有这事要紧。

西安一带：谁都不没/没有你镇这么高的水平。

宝鸡一带：走哪搭任何地方都没有在咱自己屋里茜活舒服。

宝鸡一带：哪搭块[.væ]的地都没有在ˉ[tsæ^{44}]搭这里在这一块好。

二是“比较项$_1$＋都＋不如/不敌/不胜＋比较项$_2$＋W”，这种格式的比较项$_1$是任指的，W 多为褒义词或中性词，一般不用贬义词；这跟上述类型很为接近。例如：

西安一带：啥事都不如/不敌/不胜这事要紧。

西安一带：谁都不如/不敌/不胜你镇这么高的水平。

周至方言：谁家的日子都不如/不敌/不胜你家的日子好。

宝鸡一带：走哪搭任何地方都不如在咱自己屋里茜活舒服。

宝鸡一带：哪搭块[.væ]的地都不如这⁼[tsæ^{44}]搭这里在这一块好。

三是“比较项$_1$＋都＋不比/比不过＋比较项$_2$”格式，这种格式比较项$_1$是任指的，构成的句子多为陈述句，句首一般出现比较点。例如：

论扎花绣花谁都不比/比不过她。

要说条件，哪个学校都不比/比不过这个学校。

要论爬山的话，谁都不比/比不过那们那么利索。

要说爱睡懒觉，满天底下的人都不比/比不过你（镇这么）爱睡懒觉。

四是“X 得比 X 还 X”格式，最常见的 X 是形容词，其次是名词。这种格式具有诙谐幽默的效果，从语义上看，是“特别 X”的意思。

先看 X 是形容词的例句：

他瞎坏得比瞎还瞎！

这个人好得比好还好。

实在忙得比忙还忙，没办法！

简直就难受得比难受还难受。

没料想他害怕得比害怕还害怕。

你来看他穿的，艳诈刺眼得比艳诈还艳诈。

谁都没有他暮囊动作迟缓，简直就暮囊得比暮囊还暮囊。

他一辈子都烂葬邋遢；不好，差劲得很，烂葬得比烂葬还烂葬。

没见过你这么窝囊/肉的，窝囊/肉得比窝囊/肉还窝囊/肉！

再看 X 是名词的例句：

那个女人比妖精还妖精。

他的确比造反派还造反派。

这些人水平肯定都没你高，你比权威还权威。

我看你能能干；有水平得很，比诸葛亮还诸葛亮。

你比名演演员还名演，你会演戏得很！把谁都能哄过欺骗过去。

站岗的背着枪，脸又扁又平，只说古炉村的人脸是柿饼脸，站岗的脸比柿饼还要柿饼脸。（贾平凹《古炉》386 页）

注释

① “差不多”在西安一带又作“差不离”，其中的“离”字读作上声调[li^{52}]（=里）。但是，西安一带的“差不离”不用于比较句。例如：我看你的水平还差不离｜你攒的这些钱要买个一百平方的房差不离，要买百五还差得远｜把房盖起有三个月时间差不离。“差不离”不用于这样的语境：*差不离有三个月时间就把房盖起来咧｜*他差不离年年都给这个老师拜年呢｜*他俩的年龄差不离。

② 站在词汇学的角度看关中方言的“赶”字，的确有一定的特色。关中方言区中东部把普通话“追赶”义的“赶”作“撵[niã^{52}]”例句如“我把他没撵上｜撵天热把房盖起”；宝鸡一带作“断[tuæ̃^{44}]”，也作“撵”。户县方言有一个复合式“撵断[niã^{51} tuã$^{55-31}$]”，意思是“把个人或小家庭赶出家园”。但是，“断”字单独用的时候不太当“追赶”讲。这里之所以说不太当“追赶”讲，是因为，“断[tuã^{55}]”字在民间儿童的“打尜”游戏过程中，把“打尜”挣分数的“挣”叫做“断”。这个“断”实际上就是往上赶的意思。户县儿童游戏《点猫儿眼》的口歌（歌谣）有这样的句子：“有钱喝酒，没钱赶走。”这可能是笔者母语里唯一用到“追赶”义的“赶”字的例子。关中方言把“赶车、赶鸡”等的“赶”字作“吆[iau^{31}]”。“赶集”在关中方言里基本上不作“赶集”，孙立新《关中方言代词研究》139～140页所报道的例句“我赶集买小猪来着”表明，作“上集”的方言点有西安、潼关、泾阳、三原、户县、周至5处，作“上会”的方言点有蓝田、商州、洛南、大荔、渭南、合阳、韩城、耀州、蒲城、白水、富平、高陵12处，作“赶会”的方言点有临潼、铜川2处，华县作“上街”，淳化作“跟会”，其余方言点作“跟集”；凤县1处作“跟集/赶场”。

③ 关中方言的白读音，把北京[i]韵母部分字读作[iɛ]韵母。如：砌[꜀tɕ^{h}iɛ]、起[꜂tɕ^{h}iɛ]、滴[꜀tiɛ]、离（离开，离远）[liɛ꜄]、西[꜀siɛ]（宝鸡一带把物品“东西”的“西”字读作[꜀siɛ]，但把“东西方向”的“西”字读作[꜀si]）、屉[꜀t^{h}iɛ]（宝鸡一带）、击[꜀tɕiɛ]（例句如“在脸上击咧一下”）；“敌”字口语读作[꜁tiɛ]只在“不敌”一词里，其他语境读作[꜁ti]。另外，户县等处的语气词“呢”一般读作[.ni]，口语又读[.niɛ]。

［附录五］ 关于“这个能比过那个‖这个比不过那个”的比较

西安：这一个能磕住兀一个。tʂei^{52} kɤ^{31} nəŋ^{24} k^{h}ɤ^{31} pfu$^{55-31}$ uei^{52} kɤ^{31}。‖这一个磕不住兀一个。tʂei^{52} kɤ^{31} k^{h}ɤ^{31} pu^{31} pfu^{55} uei^{52} kɤ^{31}。

临潼：这一个能吃住兀一个。tʂei^{53} kɤ^{31} nəŋ^{24} tʂ^{h}ʅ^{31} tsʮ$^{44-31}$ uei^{53} kɤ^{31}。‖这一个吃不住兀一个。tʂei^{53} kɤ^{31} tʂ^{h}ʅ^{31} pu^{31} ts^{h}ʮ^{44} uei^{53} kɤ^{31}。

蓝田：这一个能吃住兀一个。tʂei^{51} kɤ^{31} nəŋ^{35} tʂ^{h}ʅ^{31} tsu$^{55-31}$ uei^{51} kɤ^{31}。/这一个能磕住兀一个。tʂei^{51} kɤ^{31} nəŋ^{35} k^{h}ɤ^{31} tsu$^{55-31}$ uei^{52} kɤ^{31}。/这一个能撑

住兀一个。tʂei^{51} kɤ^{31} nəŋ^{35} tsʰəŋ^{31} tsu$^{55\text{-}31}$ uei^{52} kɤ^{31}。‖这个吃不住兀一个。tʂei^{51} kɤ^{31} tʂʰʅ^{31} pu^{31} tsu^{55} uei^{51} kɤ^{31}。

商州：这一个比兀个强。tʂʅ^{53} i^{21} kai^{21} pi^{53} vu^{55} kai^{21} tɕʰiaŋ^{35}。‖这一个不胜人家兀一个。tʂʅ^{53} i^{21} kai^{21} pu^{21} ʂəŋ^{55} nia^{21} vu^{55} i^{21} kai^{21}。

丹凤：这个个比那个强。tʂai^{53} kai^{21} pi^{53} nai^{53} kai^{21} tɕʰiaŋ^{35}。‖这个不如那个。tʂai^{53} kai^{21} pu^{21} zu^{35} nai^{53} kai^{21}。

洛南：这一个比那个强。tʂei^{53} kai^{21} pi^{53} nai^{53} kai^{21} tɕʰiaŋ^{35}。‖这个不如那个。tʂei^{53}kai^{21}pu^{21}zu^{21}nai^{53}kai^{21}。

华县：这个比兀个强。tʂæ^{42}pi^{42}uæ^{42}tɕʰiaŋ^{35}‖这个不胜兀个。tʂæ^{42}pu^{21} ʂəŋ^{55}uæ^{42}。

华阴：这个能比上兀个。tʂʅ^{55} kuo^{31} nəŋ^{35} pi^{42} ʂaŋ^{55} u^{55} kuo^{31}。‖这个比不上兀个。tʂʅ^{55} kuo^{31} pi^{42} pu^{31} ʂaŋ^{55} u^{55} kuo^{31}。

潼关：这比兀个强。tʂɤ^{52} pi^{52} vu^{24} uo^{52} tɕʰiaŋ^{24}。‖这不如兀个。tʂɤ^{52} pu^{31} vu^{24} uo^{52}。/这不胜兀个。tʂɤ^{52} pu^{31} ʂəŋ^{44} uo^{52}。

大荔：这能比过兀个。tʂɤ^{52} nəŋ^{35} pi^{52} kuo$^{55\text{-}31}$ uæ^{52}。‖这比不过兀个。tʂɤ^{52}pi^{52}pu^{31}kuo^{55}uæ^{52}。

渭南：这一个能吃住那一个。tʂʅ^{55} iɛ^{31} nəŋ^{35} tʂʰʅ^{31} tsʰu$^{55\text{-}31}$ næ^{55} iɛ^{31}。/这一个能磕住那一个。tʂʅ^{55} iɛ^{31} nəŋ^{35} kʰɤ^{31} tsʰu$^{55\text{-}31}$ næ^{55} iɛ^{31}。‖这一个吃不住那一个。tʂʅ^{55} iɛ^{31} tʂʰʅ^{31} pu^{31} tsʰu^{55} næ^{55} iɛ^{31}。/这一个磕不住那一个。tʂʅ^{55} iɛ^{31} kʰɤ^{31} pu^{31} tsʰu^{55} næ^{55} iɛ^{31}。

澄城：这个比兀一个强。tʂei^{42} kɤ^{21} pi^{42} uei^{42} kɤ^{21} tɕʰiaŋ^{24}。‖这一个不胜兀一个。tʂei^{42} kɤ^{21} pu^{21} ʂəŋ^{55} uei^{42} kɤ^{21}。

合阳：这个比兀一个强。tʂʅ^{55} kuo^{21} pi^{42} u^{55} kuo^{21} tɕʰiaŋ^{24}。‖这个不胜兀个。tʂʅ^{55} kuo^{21} pu^{21} ʂəŋ^{55} u^{55} kuo^{21}。/这个不胜那个。tʂʅ^{55} kuo^{21} pu^{21} ʂəŋ^{55} næ^{55} kuo^{21}。

韩城：这一个能比过那个。tʂei^{42} kɤ^{31} nəŋ^{24} pi^{42} kuo$^{55\text{-}31}$ næ^{42} kɤ^{31}。‖这一个比不过那个。tʂei^{42} kɤ^{31} pi^{42} pu^{31} kuo^{55} næ^{42} kɤ^{31}。/这一个比不过那一个。tʂʅ^{55} iɛ^{31} pi^{42} pu^{31} kuo^{55} næ^{55} iɛ^{31}。

宜川：这一个能弄过那一个。tʂʅ^{55}iɛ^{31}nəŋ^{24}nuəŋ^{55} kuo^{55}næ^{55}iɛ^{31}。‖这一个弄不过那一个。tʂʅ^{55}iɛ^{31}nuəŋ^{55}pu^{31}kuo^{55}næ^{55}iɛ^{31}。

黄龙：这一个能比过那一个。tʂei^{52}iɛ^{31}nəŋ^{24}pi^{52}kuo^{44}næ^{55}iɛ^{31}。‖这一一个比不过兀一一个。tʂei^{52}iɛ^{31}pi^{52}pu^{31}kuo^{44}uei^{52}iɛ^{31}。

洛川：这一个能比过兀一一个。tʂei^{52}iɛ^{31}nəŋ^{24}pi^{52}kuə^{44}vei^{52}iɛ^{31}。‖这一个比不过兀一一个。tʂei^{52}iɛ^{31}pi^{52}pu^{31}kuə^{44}vei^{52}iɛ^{31}。

黄陵：这一一个能比上那一个。tʂei^{52} iɛ^{31} nəŋ^{24} pi^{52} ʂaŋ$^{44\text{-}31}$ næ^{52} iɛ^{31}。‖这一一个能比上那一个。tʂei^{52}iɛ^{31}pi^{52}pu^{31}ʂaŋ^{44}næ^{52}iɛ^{31}。

宜君：这个一个比那一个强。tʂæ^{52}iɛ^{31}pi^{52}næ^{52}iɛ^{31}tɕʰiaŋ^{24}。||这个一个不胜那一个。tʂæ^{52}iɛ^{31}pu^{21}ʂəŋ^{44}næ^{52}iɛ^{31}。

铜川：这一个能比过兀一个。tʂei^{52} kɤ^{21} nəŋ^{24} pi^{52} kuo$^{44-21}$ uei^{52} kɤ^{21}。||这个比不过兀一个。tʂei^{52}kɤ^{21}pi^{52}pu^{21}kuo^{44}uei^{52}kɤ^{21}。

耀州：这一个能磕住兀一个。tʂei^{52} kɤ^{31} nəŋ^{24} kʰuo^{31} tsʰu$^{44-31}$ uei^{52} kɤ^{31}。||这个吃不住兀一个。tʂei^{52} kɤ^{31} tʂʰʅ^{31} pu^{31} tsʰu^{44} uei^{52} kɤ^{31}。

蒲城：这一个能磕过兀一个。tʂʅ^{55} iɛ^{31} nəŋ^{24} kʰɤ^{31} kuo$^{55-31}$ u^{55} iɛ^{31}。||这一个磕不过兀一个。tʂʅ^{55} iɛ^{31} kʰɤ^{31} pu^{31} kuo^{55} u^{55} iɛ^{31}。

白水：这一一个能磕住兀一个。tʂei^{55} iɛ^{21} nəŋ^{24} kʰuɤ^{21} tsʰu$^{55-21}$ u^{55} iɛ^{21}。||这一个磕不住兀一个。tʂʅ^{55} iɛ^{21} kʰuɤ^{21} pu^{21} tsʰu^{55} u^{55} iɛ^{21}。

富平：这一一个能磕住兀一个。tʂei^{55} yɛ^{31} nəŋ^{35} kʰɤ^{31} tsʮ$^{55-31}$ u^{55} yɛ^{31}。||这一个磕不住兀一个。tʂʅ^{55} yɛ^{31} kʰɤ^{31} pu^{31} tsʮ^{55} u^{55} yɛ^{31}。

高陵：这个能磕住兀个。tʂʅ^{55} kɤ^{31} nəŋ^{35} kʰɤ^{31} tsʮ$^{55-31}$ u^{55} kɤ^{31}。/这一个能磕住兀一个。tʂʅ^{51} iɛ^{31} nəŋ^{35} kʰɤ^{31} tsʮ$^{55-31}$ u^{51} iɛ^{31}。||这个磕不住兀个。tʂʅ^{55} kɤ^{31} kʰɤ^{31} pu^{31}tsʮ^{55} u^{55} kɤ^{31}。/这一个磕不住兀一个。tʂʅ^{51} iɛ^{31} kʰɤ^{31} pu^{31} tsʮ^{55} u^{51} iɛ^{31}。

三原：这一个能吃住兀个。tʂei^{52} kɤ^{31} nəŋ^{35} tʂʰʅ$^{31-52}$ tsʮ$^{55-31}$ u^{52} kɤ^{31}。||这个吃不住兀个。tʂʅ^{52} kɤ^{31} tʂʰʅ$^{31-52}$ pu^{31} tsʮ^{55} u^{52} kɤ^{31}。

泾阳：这一个能吃住兀一个。tʂei^{51} kɤ^{31} nəŋ^{35} tʂʰʅ^{31} tsʮ$^{55-31}$ uei^{51}kɤ^{31}。||这个吃不住兀一个。tʂei^{51} kɤ^{31} tʂʰʅ^{31} pu^{31}tsʮ^{55}uei^{51}kɤ^{31}。

旬邑：这一一个比那一个强。tʂei^{51} iɛ^{31} pi^{51} læ^{44} iɛ^{31} tɕʰiaŋ^{35}。||这一个不胜那一个。tʂʅ^{51}iɛ^{31}pu^{31}ʂəŋ^{44}læ^{44}iɛ^{31}。

长武：这个个比那个强。tʂæ^{51} kæ^{31} pi^{51} læ^{51} kæ^{31} tɕʰiaŋ^{35}。||这个不胜那个。tʂæ^{51}kæ^{31}pu^{31}ʂəŋ^{55}læ^{51}kæ^{31}。

彬县：这一个比兀个好。tʂei^{51} kɤ^{31} pi^{51} u^{51} kɤ^{31} xau^{51}。||这个不如兀个。tʂei^{51} kɤ^{31} pu$^{31-35}$ zʮ^{31} u^{51} kɤ^{31}。

永寿：这一个比那个好。tʂei^{52}kɤ^{31}pi^{52}læ^{52}xau^{52}。||这一个不如那个。tʂei^{52}kɤ^{31}pu$^{31-35}$zʮ^{31}læ^{52}。

淳化：这个比那个强。tʂʅ^{44} kɤ^{21} pi^{52} næ^{52} kɤ^{21} tɕʰiaŋ^{24}。||这个不如那个。tʂʅ^{44} kɤ^{21} pu$^{21-24}$ zʮ^{21} næ^{52} kɤ^{21}。

乾县：这一个比那个好。tʂei^{52} kɤ^{31} pi^{52} læ^{52} kɤ^{31} xau^{52}。||这一个没有那个好。tʂei^{52} kɤ^{31} mɤ^{31} iɤu^{52} læ^{52} kɤ^{31} xau^{52}。

礼泉：这个能吃住兀个。tʂʅ^{44} kɤ^{31} nəŋ^{35} tʂʰʅ^{31} tsʮ^{44} u^{31} kɤ^{31}。||这个吃不住兀个。tʂʅ^{44} kɤ^{31} tʂʰʅ^{31} pu^{31} tsʮ^{44} u^{31} kɤ^{31}。/这个磕不住兀个。tʂʅ^{44} kɤ^{31} kʰɤ^{31} pu^{31} tsʮ^{44} u^{31} kɤ^{31}。

咸阳：这一个能吃住兀一个。tʂei^{52} kɤ^{31} nəŋ^{24} tʂʰʅ^{31} tsʮ$^{44-31}$ uei^{52} kɤ^{31}。||

这一个吃不住兀一个。tʂei^{52} kɤ^{31} ts^{h}ʅ^{31} pu^{31} tsʮ^{44} uei^{52} kɤ^{31}/这个磕不住兀一个。tʂei^{52} kɤ^{31} k^{h}ɤ^{31} pu^{31} tsʮ^{55} uei^{52} kɤ^{31}。

户县：这一个能磕住兀一个。tʂei^{51} kɤ^{31} nəŋ^{35} k^{h}ɤ^{31} tsʮ$^{55\text{-}31}$uei^{51} kɤ^{31}。/这个能吃住兀一个。tʂei^{51} kɤ^{31} nəŋ^{35} ts^{h}ʅ^{31} tsu$^{55\text{-}31}$ uei^{51} kɤ^{31}。‖这个磕不住兀一个。tʂei^{51} kɤ^{31} k^{h}ɤ^{31} pu^{31} tsu^{55} uei^{51} kɤ^{31}。/这个吃不住伟个。tʂei^{51} kɤ^{31} ts^{h}ʅ^{31} pu^{31} tsu^{55} uei^{51} kɤ^{31}。/这儿磕不住兀个儿。tʂə^{51} k^{h}ɤ^{31} pu^{31} tsu^{55} uə^{51}。/这儿磕不住兀个。tʂə^{51} k^{h}ɤ^{31} pu^{31} tsu^{55} uæ^{51}。

兴平：这儿能吃住兀个儿。tʂər^{52} nəŋ^{35} tʂ^{h}ʅ^{31} tsʮ$^{55\text{-}31}$ uər^{52}。/这能着住兀个儿。tʂei^{52} kɤ^{31} tʂau^{35} tsʮ$^{55\text{-}31}$ uər^{52}。‖这儿吃不住兀个儿。tʂər^{52} nəŋ^{35} tʂ^{h}ʅ^{31} pu^{31} tsʮ$^{55\text{-}31}$ uər^{52}。/这能着不住兀个儿。tʂei^{52} kɤ^{31} tʂau^{35} pu^{31} tsʮ$^{55\text{-}31}$ uər^{52}。

武功：这能磕住兀个。tʂɤ^{52} ləŋ^{24} k^{h}ɤ^{31} tsʮ$^{44\text{-}31}$ uɤ^{52}。/这吃住兀个。tʂɤ^{52} tʂ^{h}ʅ^{31} tsʮ^{44} uɤ^{52}。‖这磕不住兀个儿。tʂɤ^{52} k^{h}ɤ^{31} pu^{31} tsʮ^{44} uɤ^{52} uɤ^{52}。/这吃不住兀个。tʂɤ^{52} tʂ^{h}ʅ^{31} pu^{31} tsʮ^{44} uɤ^{52}。

周至：这一个能磕住兀个。tʂei^{51} kɤ^{31} nəŋ^{35} k^{h}ɤ^{31} pfu^{55} uɤ^{51}。‖这个磕不住。tʂei^{51} kɤ^{31} k^{h}ɤ^{31} pu^{31} pfu^{55} uɤ^{51}。

眉县：这儿比兀个强。tʂʅ^{44} kɤ^{31} pi^{53} u^{44} kɤ^{31} tɕ^{h}iaŋ^{24}。‖这个不如兀个。tʂʅ^{44} kɤ^{31} pu$^{31\text{-}24}$ zʅ^{31} u^{44} kɤ^{31}。

太白：这个比兀个强。tʂʅ^{44} kɤ^{31} pi^{52} u^{44} kɤ^{31} tɕ^{h}iaŋ^{24}。‖这个抵不上兀个。tʂʅ^{44} kɤ^{31} ti^{52} pu^{31} ʂaŋ^{44} u^{44} kɤ^{31}。

凤县：这比兀个好。tʂɤ^{52} pi^{52} væ^{52} xau^{52}。‖这个不胜兀个。tʂɤ^{52} kɤ^{31} pu^{31} ʂaŋ^{44} kɤ^{31} væ^{52}。

宝鸡：这个个比兀个强。tʂæ^{44} kuo^{31} pi^{52} vu$^{24\text{-}31}$ kuo$^{31\text{-}52}$ tɕ^{h}iaŋ^{24}。‖这个不如兀个。tʂæ^{44} kuo^{31} pu$^{31\text{-}24}$ zʅ^{31} vu$^{24\text{-}31}$ kuo$^{31\text{-}52}$。

凤翔：这个比兀个强。tʂʅɛ^{44} kau^{31} pi^{52} u$^{24\text{-}31}$ kau$^{31\text{-}52}$ tɕ^{h}iaŋ^{24}。‖这个不如兀个。tʂʅɛ^{44} kau^{31} pu$^{31\text{-}24}$ zʮ^{31} u$^{24\text{-}31}$ kau$^{31\text{-}52}$。

岐山：这个能比过兀一个。tʂəi^{52} kɤ^{21} ləŋ^{34} pi^{52}kuo$^{44\text{-}21}$ uəi^{52} kɤ^{21}。‖这个比不过兀一个。tʂəi^{52}kɤ^{21}pi^{52} pu^{21}kuo^{44}uəi^{52}kɤ^{21}。

扶风：这个能比过兀个。tʂɤ^{42}kɤ^{21}ləŋ^{24}pi$^{44\text{-}21}$kuo^{42}u^{44}kɤ^{21}。‖这个不及个。tʂɤ^{42}pu^{31}tɕi^{24}kuo^{42}。/这不如个。tʂɤ^{42}pu$^{31\text{-}24}$zʮ^{31}kuo^{42}。

麟游：这个能比过兀个。tʂʅ^{55} kau^{31} ləŋ^{24} pi^{42} kuo$^{55\text{-}31}$ u^{55} kau^{31}。‖这个比不过兀个。tʂæ^{55}kau^{31}pi^{42}pu^{31}kuo^{55}u^{55}kau^{31}。

千阳：这个比箇强。tʂʅ^{24} kuo^{21} pi^{52} kuo^{52} tɕ^{h}iaŋ^{24}。‖这个不如兀个个。tʂʅ^{24} kuo^{21} pu$^{21\text{-}24}$ zʮ^{21} vo$^{24\text{-}21}$ kuo$^{21\text{-}52}$。

陇县：这个比兀个个好。tsæ^{53} kau^{31} pi^{53} væ^{53} kau^{31} xau^{53}。‖这个不如兀个个。tsæ^{53} kau^{31} pu$^{31\text{-}24}$ zʮ^{31} væ^{53} kau^{31}。

富县：这个比那个好。tʂɤ^{52} kɤ^{31} pi^{52} na^{44} kɤ^{31} xau^{52}。||这个不如那个。tʂɤ^{52} kɤ^{31} pu$^{31\text{-}24}$ ʐu^{31} na^{44} kɤ^{31}。

定边：这一个比那个强。tʂəi^{52} kɤ^{31} pi^{52} nəi^{52} kɤ^{31} tɕʰiaŋ^{24}。||这一个不如那个。tʂəi^{52} kɤ^{31} pu^{31} ʐu^{24} nəi^{52} kɤ^{31}。

6.3 把字句

把字是汉语语法学界最为关注的一个介词，关于把字句的研究，一方面可以说是成果丰硕，二方面可以说是众说纷纭。自从王力先生（1943）提出把字句可以称为处置式以来，不断有学者（吕叔湘 1948、1980，朱德熙 1982，梅祖麟 1990，范晓 2001，刘丹青 2001，沈家煊 2002，宋玉柱 1981，王还 1985，张伯江 1999、傅雨贤、周小兵 1997）就王先生的观点提出自己的看法。如王力先生指出：介词“把、将”都是由动词虚化而成的。再如傅雨贤、周小兵等在讨论把字句与动词的关系的时候，将把字句的动词分为 7 类，傅先生等指出：表示具体动作的及物动词以及表示一般行为活动的等及物动词可以构成把字句。

对关中方言把字句的研究可以从杜永道（1989）、王军虎（1996）、孙立新（1997、2001、2002、2003、2007）等学者的著述里看到一些，但并不全面，并不系统。本节尽可能深入地讨论西安方言的把字句，旨在通过研究一个地点方言的把字句，窥一斑而见全豹，从而发现关中方言把字句的特点。主要从三个方面讨论西安方言的把字句：1. 处置式把字句及非处置式把字句；2. 把字句的否定式；3. 把字句的其他问题。

上文 1.4.1.2 部分“多字格惯用语”之“其一”为“把”字词组式惯用语；2.2.1 小节“非阴平字变作阴平调的构词机制”讨论“把”字的时候，指出“把”字用作介词时读作阴平[pa^{31}]，西安一带的介词“把”还白读作[pau^{31}]；但是，白读[pau^{31}]的“把”字使用范围较窄，如不用于詈词和训斥等语境，例句如“你给我把[pa^{31}/pau^{31}]你写的书送着来丨把[pa^{31}]他家的/把[pa^{31}]他妈的他妈的真糟糕”；6.1.4 小节之“其八”指出，“把”字在表示人与人之间相像的时候，“把”字用如“跟”字。以上内容敬请详阅，本节不再重复。

6.3.1 处置式把字句及非处置式把字句

6.3.1.1 处置式把字句

其一，与北京话把字句类型相当，介词“把”的宾语是受动者或后边的动词变为动结式等。举例如下，其中下加横线的表示在西安方言里有合音现象，下同。

把信交了祈使/把信交咧陈述。

把房子房间收拾一下。

把落实政策当成大事来抓。

把礼堂挤得水泄不通。

把个北京城走咧多一半儿。

他能把你咋去呀怎么样?

把书放到桌子上。

把这件事再压上几天。祈使

把时间定好。

把这件事给他说了告诉给他。祈使

其二，孙立新《户县方言研究》43 页讨论衬字“呱”时指出：户县方言处置式把字句中作动结式第二成分的“住”字处在单音节及物动词后且“V 住”只处在句末时，“住”字前头或后头可以加一个衬字“呱”。“V 呱住”或“V 住呱”或“V 住”三种形式语义相同且同时并存，例如以下 ABCD 四组句子本组语义完全相同。

A：你把这个小偷儿꜀看住 | 你把这个小偷儿看呱住 | 你把这个小偷儿看住呱。

B：你把他拉抓住 | 你把他拉呱住 | 你把他拉住呱。

C：给娃把被儿被子盖住 | 给娃把被儿盖呱住 | 给娃把被儿盖住呱。

D：我给咱咱们把他先拖住 | 我给咱把他先拖呱住 | 我给咱把他先拖住呱

可以用在“呱住”或“住呱”前的单音节及物动词主要有：꜀看、盯、记、管、咬、□[꜁tsã]用力咬/黰[꜁tsæ]、顶、꜀抗顶、靠、夹、拉、拽、曳、提、拎、拧、挤、掀、捏、攥、抓、截、堵、挡、叉[꜁tsʰa]、围、□[꜁kʰæ]用力拦截、敦竖放、套、꜀圈把这片土～呱住/～住呱、圈꜃把猪～住呱、抬你俩把桌子先抬呱住/抬住呱、捺压，按、压、按、踏、踩、搂、抱、盖、拥、壅、绑、系、縻、囚[꜁ɕiɤu]縻、拴、络[lau^{55}]把将倒或易倒的树木等拴上长绳子拉住、绾、缝、绽缝、订、钉、擦、缏[꜁pʰiã]缝、缏[꜂piã]绑后把绳头插起来、扣、扳，共 34 个。虽然户县方言可以说“这件事我把它记住咧”，但是不说“这件事我把它记呱住（或‘住呱’）咧”；户县方言可以说“我把小偷儿没看住”，但此句“住”字前后不能有“呱”字出现。这是因为衬字“呱”不用于三种语境：一是当“住”字后带有其他字词时，“住”字前后都不能带“呱”字；二是“呱”字作衬字不出现在有否定词的句子里；三是“呱”字作衬字不出现在疑问句中。

其三，《户县方言研究》478～479 页专门讨论了户县方言把字句表处置意味的一些特点。一是西安方言表处置意味的把字句里，介词“把”字可以省略。例如：

（把）饭做熟咧饭做熟了。

你（把）饭吃咧没你吃了饭没有？

你（把）课上咧没你上完课了没有？

我（把）饭吃咧我把饭吃了，我吃过饭了。

我（把）课上咧我把课上了，我上了课了。

二是西安方言"把NV"式句子有些不连带补语，形成"把NV得"式句子，如"把我气得"是西安方言常用句式，意即"把我气得受不了/实在令我生气"。"把NV得"式句子实际上是省略了"得"字后边的补语，是V到极点的意思。例如：

把娃打得。

把你恶得。

把我饿得。

把老汉病得。

把美国炸得。

把他吹得。

把他妈辱[꜀fẽ]羞得。

把小伙子吓得。

把老张谝得把老张吹捧得上了天。

把你威[꜀uæ]得①把你训斥的；②看你自己多么恶。

把个要紧事办得①很漂亮。②糟得到了极点了。

三是有意省略动词，只剩下"把N"。吕叔湘先生认为北京话"我把你这个小淘气鬼"是表示责怪或无可奈何的语义，俞光中、植田均认为这是元明时期多见的詈语句，"把"字仍属处置，詈语动词或为周知或为不便说出而隐去。如《金瓶梅》里随处可见的"我把你个贼囚根子"就是这种类型。如俞先生等举了元曲《降桑椹》里的例子："我把你个老糊涂！|我把你这个馋嘴的老婆子!"山西晋南方言如运城方言（王雪樵 1986）也有与西安方言相同的句子"把他家的真他妈糟糕，真令人生气!"；关中东部又作"把他的"或"把他妈的"。如高培支《夺锦楼》第三回："这，这，这，把他的，不看咱们，去看老爷去了！"第九回："把他的，我只说人老了，没彩意想不到的能力或胆量了。没看出，我老婆子彩大的很！"吕南仲《殷桃娘》第三回："把他妈的，我从前在殷府里喂马，今日在这里又是个喂马！"再如贾平凹《古炉》："他突然眼睛盯住了前方，用木棍一戳，雪窝里露出一只鞋来，是皮鞋，鞋后跟磨得一边低一边高，但鞋面还没破一个洞。他把鞋弹了弹雪，扔进了背篓，说：<u>把他的</u>，手表没有，也不见一个一分五分的刚鏰儿?!狗尿苔叫道：啊你早早起来要拾东西呀！"（514）"灶火说：<u>把他的</u>，小的给老的踏蛋哩!"

（573）下面再举西安方言若干例句：

我把你个狗日的！

我把你个碎崽娃子小家伙！

我就真想把他个没脸的！

把这号这种没良心的！

把这些不懂王话的娃娃！

把那伙吃屎喝尿的东西！

把这个没长人心的教师！

把这么一大片板结咧的地！

近代汉语跟上列例句类似的把字句，王文晖（2001：364～367）专门进行了讨论。王文晖所列举的近代汉语时期的例句如：

陶侃，你有钱好请客，无钱便罢，如何逼併的你娘剪头发卖钱请人？我把你个生忿忤逆弟子孩儿！（元杂剧《剪发待宾》三折）

西门庆大怒，骂道："我把你起光棍，他既是小叔，王氏也是有服之亲，莫不许他上门行走！"（《金瓶梅》34回）

我把你这个害馋劳、偷嘴的秃贼！你偷吃了我的仙果，已该一个擅食回园瓜果之罪，却又把我的仙树推倒，坏了我五扎庄观里仙根，你还要说嘴哩！（《西游记》25回）

八戒闻言大怒，举钯骂道："我把你这遭血皮张的瘟牛！你怎敢变你祖宗的模样，骗我师兄，使我兄弟不睦！"（《西游记》61回）

黛玉听了，翻身爬起来，接着宝玉笑道："我把你这个烂了嘴的！我就知道你是编排我呢。"（《红楼梦》19回）

有的类似句子在近代汉语时期也是以单句形式出现的。例如：

我把你两个小弟子孩儿！（元杂剧《酷寒亭》二折）

我把你这个馋嘴的老婆子！（元杂剧《降桑椹》四折）

我把你这嚼舌根的小蹄子！（《红楼梦》38回）

王麦巧2011年11月于宝鸡"中国关陇方言民俗高层论坛"提供的论文《渭南方言中的半截把字句》也专门讨论了这个问题。王文把这类句式归纳为四种形式：我把你（个）NP、我倒把你、（这/你看）把NP的、看把NPVP的。下面抄录王文的若干例句，其中，第二种"我倒把你"在如今关中方言口语里已经不用了，不予抄录。

黄桂英，我把你狠毒的贼人！（《火焰驹》）

啊！老虎，把你个小挨刀的……（《曲江歌女》）以上"把你（个）NP"式

把他家的，竟然辞弹脱了。（《白玉钿》）

把他的，打渔的老婆子这么不讲理。（《夺锦楼》）

老子非去不可！把人管死咧？把他的！(《涝池岸边》) 以上“把你 NP 的”式

爹，看把你高兴的。(《枣园沟》)

看把他打的。以上“看把 NPVP 的”式

四是如秦腔《三滴血》里李晚春唱词里“兄弟窗前把书念，姐姐一旁把线穿”里“把 NV”式的句型，西安方言还有类似的几个固定句式，如“把旦唱事情办砸了 | 把事办大事办成了”。

类似的例子还可以再举一些，如下例句都是疑问句，硬括号里的字是可以隐去不用的：

你把我的书[搁到哪搭儿去咧]呢？

他把借我的钱[啥时候儿还]呢？

把你单位给你发的奖金来？

朱德熙先生《语法讲义》187 页指出：普通话“把”字的宾语在意念上总是有定的。如把“请来了一位大夫 | 请来大夫了”变作把字句后，普通话“把一位大夫请来了”不能成立，而关中方言的类似句子却可以成立。下面予以比较；关中方言没有普通话所具有的“请来大夫了”的格式，只能是把字句：

北京	请来了一位大夫	请来大夫了	
西安	请来咧（一）个大夫	把大夫请（着）来咧	
北京	把那位大夫请来了	把大夫请来了	*把一位大夫请来了
西安	把那个大夫请来咧	把大夫请来咧	把一个大夫请（着）来咧

其三，关于关中方言的“把 N 一 V”式

兰宾汉（2004：251～254）《西安方言的“把 N 一 V”结构》一文比较详尽地讨论了西安一带的“把 N 一 V”式。兰文指出：“把 N 一 V”结构在西安方言中使用频率很高，有两种形式，一种是“把 N 一 V”单独成句，一种是“把 N 一 V”有后续成分，不能单独成句。

本部分主要以兰文作为蓝本对这类句式进行讨论；对兰文讨论不到的进行了一些补充。

兰文指出：例如乘公交车时，经常可以听到售票员对乘客说“把票一买。”在商场买东西时，售货员会说“把款一交。”这种表达方式是普通话中所没有的。“把 N 一 V”的结构特点是介词“把”与名词性成分构成介宾结构，连同“一”修饰后面的动词 V，可以与“把”的介引对象 N 构成语义上的动宾关系。非动作动词不能进入“把 N 一 V”结构。

兰文指出：西安一带的“把 N 一 V”式单独成句时只能出现于祈使句中，要求或命令对方做某事。兰文的例句如：“把水一喝 | 把作业一写 | 你把中午饭一做 | 大家把石头一抬。”

一是“把N一V”式祈使句。

兰文指出：西安一带的“把N一V”式构成祈使句时，“把N一V”比一般的祈使句语气要委婉些，如“把票一买”。与“把票买了丨买票吧丨快买票”相比，前者表示要求的语义较弱，这种语用效果主要是“一”的修饰作用引起的，“一V”表示动作行为的时间短暂，带有“试试，做一下”的意思，减弱了命令的口气，所以更容易为对方所接受。在这一点上，“把N一V”与“把NV一下”有相似之处，“把票一买”可以说“把票买一下”，“把地一扫”可以说“把地扫一下”。但这两种表达方式也有不同之处，即“把N一V”强调动作行为的结果，重在要求完成；“把NV一下”注重过程，只要把某事做做就行，二者比较之下，“把NV一下”祈使的语气更弱一些。所以这两种句式有的可以互换，有的不能互换。例如“把房间一打扫”，可以换成“把房间打扫一下”，“把衣裳一洗”可以换成“把衣裳洗一下”；但“把饭一吃”不能换成“把饭吃一下”，因为“把饭一吃”更强调结果，强调动作的完成，“把苹果尝一下”不能换成“把苹果一尝”，因为“尝一下”强调的是动作的过程，表示动作的轻微。同样，“把体操练一下”“把衣服试一下”也不能换成相应的“把N一V”格式。“把N一V”在祈使句中语气比较缓和，如果要表示强烈的命令的口气，一般是通过提高语调和加大音量来实现的，如“把石头一搬”，声音不大，且语气舒缓时，是一般的要求对方做某事；如果音量大，且语调短促，则态度显得严厉，命令的口气很强。

兰文指出：西安一带“把N一V”单独成句时，一般不出现于陈述句、疑问句和感叹句中。例如，“把票一买”要转换成疑问句，可以说“为啥要买票？”不能说“为啥要把票一买？”“把饭一做”可以转换为“为啥要做饭？”但不能转换为“为啥要把饭一做？”由于“把N一V”只出现于祈使句中，所以，“把”字前面的主语多由第二人称代词或听话人的名字充当，第一人称和第三人称代词一般不作“把N一V”式祈使句的主语。若要由第一人称或第三人称作主语，也只出现于分头做某事或分配任务的情况下，如“你把地一扫，我把玻璃一擦。”

还有，假如“我”充当主语，必须在句中加入其他成分，例如“我去把事一办丨我来（给你）把文章一改丨我给你把饭一做丨我先给你把饭一舀丨我在教室去把学生一放丨我回去把书一拿丨我回来给你把事情一交待”，其中下加横线的词语即所谓的“其他成分”。

西安一带“把N一V”中的V多为单音节动词，有时也可以是双音节动词，如“把房间一收拾丨把账目一清理”。“一”在“把N一V”中具有非常重要的作用。没有“一”时，“把NV”不能成立，只有V带上状语或补语，或重叠以后才能成立，但是带上“一”以后，“把N一V”中什么修饰成分也不能有，V前不能带“把N”和“一”以外的状语，后面不能有补语，V也不能重叠使用；如果要带状语，也只能放在“把”的前面，如“赶紧把活一干丨明儿把地一浇”。这说明“把N一V”在结构上有很强的凝固性。这一特点使单独成句的“把N一V”显得很简洁，口语色彩浓厚。“把”的介引成分一般不受音节多少的限制，可以是单音节或双音节的N，也可以是多音节的NP，如“把地一浇丨把两个班一合并丨把棉袄一穿”。但是，N前的修饰语不能太长，否则与祈使句的句式特点不协调。

二是“把N一V”有后续成分、不能单独成句的。

兰宾汉指出：如果后续成分前没有语音停顿，则“把N一V”与后续成分构成紧缩复句，如“把饭一吃再走丨把作业一做再出去耍丨把身份证一丢就麻烦大咧”。如果后续成分前有语音停顿，则前后两部分构成复句的两个分句，如“把活一干，我们就上街”。有后续成分时，“把N一V”与后续成分的主语可以相同，也可以不同。主语相同的如“我把你一见，我就放心咧”，主语不同的如“我把小狗一叫，它就跑过来咧”。有后续成分时，主语不受人称的限制，主语可以是第一人称，也可以是第三人称，如“我把活一干就上街丨她把娃一拉就出咧门”。这与“把N一V”单独成句时不同。因为，此时句子的表义重心在于表示前后两部分之间的某种逻辑关系，“把N一V”已不能单独表示祈使。

西安一带“把N一V”与后续成分之间有种种逻辑关系，例如可以是先后出现的动作行为，如“把门一关就走”；可以是条件关系，如“把车子一修才能骑”；可以是因果关系，如“把娃一见，我就放心咧”；可以是假设关系，如“把药一吃病就好咧”。

兰宾汉指出：单独成句的“把N一V”是带有后续成分的形式省略了后续成分以后形成的。单独成句的“把N一V”只出现于祈使句中，所以可以认为它是由表示条件关系的形式省略而成的，因为单独说“把N一V”时，我们可以隐约感到后续成分的存在。例如“把票一买”，隐含着“把票一买才能乘车”的意思，“把门一锁”隐含着“锁了门才能离开”的意思。但是，省略了后续成分后，“把N一V”单独成句，与带有后续成分时的语用功能有很大的不同。有后续成分时，语义的重心在后续部分，这是信息的焦点，省略以后，语义重心前移，并且集中在V，表示要求完成某一动作行为的意思，后面隐含的部分则变得可又可无，有时甚至很难感觉到。例如“把票一买”，重点表达了要求乘客买票的意思，隐含的“（买了票）才能乘车”已经成为交际中的冗余部分，交际者并不关心它。省略以后，就使语言显得简洁洗练，表义重心突出，这正好与祈使句的简洁明确的基本要求相适应，同时，语义又比一般的祈使句委婉。由于有这种突出的语用功能，人们才乐于使用这种句式，从而使“把N一V”作为一种常见的表达方式，独立地、普遍地使用于口语之中。

还有，“把N一V”式祈使句也往往有后续成分，最典型的例句如：“你把饭一吃再走｜咱咱们把会一开再去｜你把表一填直接给我｜你把作业一做再耍｜你把电影儿一看给我写篇读后感教我看嘎子看看。”这类句子里，“把N一V”常受频率副词“再”的管控。

西安一带的“把N一V”式与否定词以及疑问句之间的关系可以从以下三段看出来；目前，“不”字可以很广泛地与“把N一V”式搭配，“没”字则逐渐淡出。

“把N一V”式也可处在这样的疑问句中：你没说为什么不把饭一吃再走？｜咱咱们为啥不给他把忙一帮再回去？｜你为啥把表一填不给我呢？｜你咋不把作业一做再耍呢？

在老派口语里至今还可以用在有“没”字的疑问句中，这种疑问句中派已经不太用了，例句如：他住院呢，你在医院去咧，就没去把他一看？｜我知道你是在北京上大学来来着，你在北京去咧，就没过去把你老师一寻？｜你的朋友办事来咧，你咋就没给他把饭一管呢？

上述西安一带的“一看”等常常作“V嘎子”，例如：“他住院呢，你在医院去咧，就没去把他看嘎子？｜我知道你是在北京上大学来，你在北京去咧，就没过去把你老师寻嘎子？”但是，“你的朋友办事来咧，你咋就没给他把饭一管呢？”里的“一管”不作“管嘎子”，甚至新派也可以这样说，类似的例句还可以再举几个：咱为啥没给他把问题一解决再教他走呢？｜你咋就没给他把钱直接一给教他拿走，打那么多的转转周折何苦来呢？｜他那个时候刚工作，年青气盛的，我给他当领导呢，看着他毛病不少，他提出要入党呢，我就没同意；谁知道事久见人心，后来他调走咧，还跟我打咧几回交道，我才回想着他当年的年青气盛是一种有实际水平、不随波逐流的做派；哎，我如今想来，为啥那时候没给他把党一入呢？

事实上，西安一带表将然的句子往往以“把N一V”式出现，这类句子的前边可以出现“候/等”，也可以不出现“候/等”，后边常常有后续的表将然的“着”字煞尾。例如：

（候/等）我把事一办着。

（候/等）他把话一讲着。

（候/等）咱老师把课一上着。

（候/等）你把试一考着。

（候/等）我（给你）把文章一改着。

西安一带的“把 N 一 V”式还可以嵌入具有衬字性质的“给咧[kei$^{52-31}$ .liɛ]”，从而形成“把 N 给咧一 V”式；孙立新《西安方言研究》241页讨论了这个问题；下文给字句还要专门讨论。例句如：我在北京去把事给咧一办就回来咧｜我给学生把作业给咧一号就过来咧｜他来把东西给咧一拿就走咧；没停｜老汉来把娃给咧一看就难过咧｜几个领导把你的事情给咧一研究，就都下乡去咧｜校长把工作给咧一布置，大家就都忙开咧。

这类“把 N 给咧一 V”式的主语不能是“你”，都是已然的情况，时间副词“就”字紧随动词之后。若 V 为单音词，则“就”字前无停顿；若 V 为复合词，则“就”字前有停顿。看来，汉语句子中的停顿问题，往往既关乎语法问题，又关乎修辞问题（具体如语音修辞）。

6.3.1.2 非处置式把字句

西安以至于整个方言有些把字句无处置意味，或者有关“死亡、丢失”等意义的句子里出现介词“把”，或者是被破坏，损伤等意义的句子里出现介词“把”，举例句如下：

他 3 岁那阵儿就把他妈死咧 他 3 岁时就死了母亲。

꜀我堡子把个老汉死咧 我们村死了个老汉。

꜀我屋把个老母鸡没咧 我们家丢了一只老母鸡。

我把一个日记本儿不见咧/我把个日记本儿寻不来咧 我丢了一本日记本。

这个厂把一台机器日塌咧 这家工厂坏了一台机器。

这片地把一料庄稼烂到地[ti$^{55-51}$]地里咧 这片地坏了一料庄稼。

娃把碗打咧 孩子不小心摔破了碗。

把他教贼偷咧 他被盗了。

把这陀儿一片房都倒咧 这里的一片房子都倒塌了。

把前门烂咧 前门烂了。

这类例句，我们还可以从近代汉语文献里找到渊源，如《金瓶梅》第 22 回：“看见金莲，把脸通红了。”第 62 回：“谁知至今二十七岁先把冤家死了。”

非处置式把字句并非关中方言独有。胡附、文炼先生可能是最早注意到非处置式把字句的学者，其《把字句问题》（1956）里举到这样的例句“怎么把特务跑了！”朱德熙先生《语法讲义》（1984：186～187）13.7.2 小节指出：普通话把字的宾语指施事的例子也有，例句如“别把犯人跑了｜去年又把老伴儿死了”。这一类格式里的动词往往是表示消极意义的不及物动词。朱先生认为普通话“偏偏又把个老王病倒了”这个例句“好像是例外”。就着普通话来看，这个例句的确是个例外，或者是个孤证；朱先生对这个问题自有一通解释，请详阅《语法讲义》187 页。我们后来还看到薛凤生先生（1987）的用例如“你可把我想死了！”

关中方言可以举出大量的"偏偏又把个老王病倒了"式的例句如：

偏偏儿又把个老王病倒咧。

知不道时间儿不知什么时候，堡子里头村里把个老汉死咧。

好几个语文教师都请假咧，偏不凑巧却又把个语文教师借调到县上去咧；好几个班没人上语文课咧，把校长急得。

6.3.1.3　与普通话双宾语句的比较

西安方言双宾语句类型少于普通话，许多在普通话里是双宾语句而在西安方言里必须是把字句。表 28 跟马庆株先生（1993）所讨论的双宾语句进行比较，其中在 14 类中有 4 类西安方言与普通话类型相当，我们只比较有差异的 10 类。

表 28　　西安方言与普通话给予等类双宾语句比较表

	北　京	西　安
给予类	送你一支笔。	把一个笔送给你咧/送你一个笔。
取得类	买小王一只鸡。	把小王一个鸡买下咧/买小王一个鸡。
表称类	人家称他呆霸王。	人家/人家[nia31]把他叫呆霸王。
结果类	开水烫了他好几个泡。	开水把他烫咧好几个泡。
时机类	考你个没准备。	把你考个没准备。
使动类	急了我一身汗。	把我急咧一身水/急咧我一身水。
处所类	挂墙上一幅画。	把一幅画挂到墙上。
度量类	他们抬了伤员好几里路。	他的把伤员抬咧好几里路。
动量类	给他一巴掌。	给他一耳刮/把他打上一耳刮。
时量类	吃饭半天了。	把饭吃咧半天咧。

6.3.2　把字句的否定式

其一，北京话把字句否定式里否定词必须放在"把"字前边，而西安方言把字句里否定词都放在"把"字后边。西安方言的否定词主要有"不、没、嫑别，莫"。例如：

他就把你不当人看。

我把你不打一顿我心里不受活不舒服！

你见咧你老师咋把你老师不叫一声呢？

我就把你没看来。

你得是是不是把他没撵上？

有个学生把学费没给学校交。

他睡着咧，你把他嫑望起叫不要叫醒他。

你把这件事嫑望心上去别记在心上。

我把你非打一顿不可!

他把这件事非要办了吗?

西安方言这种否定词放在“把”字后边的现象也可以从近代汉语文献里找到依据，还以《金瓶梅》为例：第14回“于是把花子虚一下儿也没打丨央及大官人，把他不要捉起罢”，第47回“把原与王六儿的不动，又另加上五十两银子”。

但是，上文所讨论的非处置式里，表死亡义的把字句不可以将否定词放在后边，表其他消极意义的则可以，例如：

*他把他妈还没死呢。

*他堡子把那个害咧十年半身不来遂的老汉还没见死呢。

娃把碗没打。

把她教贼没偷丨把她教贼还没偷呢。

比照《金瓶梅》第67回“那日把绵花不见了两包”，事实上，这类句子在西安方言里至今还用，再举西安方言几个例句如下：

这个工厂把一个儿任何一台机器都没烂。

这片地我种咧几十年咧，把一料庄稼都没瞎坏过。

我屋就把个老母鸡没丢，你咋说丢咧?

其二，关于“把……给给”的否定式问题。西安方言既有两个“给”字连用的，又具有“把 N_1 给给 N_2”等句式。西安方言“把”字可置于否定词前边，如“把钱没给他给给”。其实，西安方言将“给给”置于一般否定式里，情形要比“把……给给”复杂些。还以“把钱没给他给给”为例来讨论，这个句子可以转换成“把钱没给给他（老中派）/不把钱给〔给〕他（中新派）/没给他给钱（老中派）/把钱没给给他（老中新派）/没把钱给给他（老中派）/没把钱给他（中新派）”。其句型的老中新派口语习惯里，老中派的特点在西安方言里是较传统、保守的，中新派因受普通话的影响，向普通话靠拢的趋势很明显。下面再举三组例句：

把书不给你给给老派/把书不给给你老派。

没给你给书老中派/把书没给给你老中新三派/没把书给你给给老中派/没把书给给你老中派/没把书给你中新派/*没把书给你给（按：“没把书给你给过老中派”可以成立）。

把胶水儿嫑给给老王老派/把胶水儿给老王嫑给老派/嫑给老王给胶水儿老中派/把胶水儿嫑给老王老中新三派/嫑把胶水儿给给老王老中派/嫑把胶水儿给老王给给老中派/嫑把胶水儿给老王中新派。

6.3.3　把字句的其他问题

6.3.3.1　把字句与给字句的连带关系

给字句也是西安方言一个很特殊的语法现象，下文专门讨论。西安方言把字句与给字句之间有许多连带关系，下面分别讨论。

其一，西安方言把字句里的“给”字可作衬字，西安方言把字句“把N一V”式中可以嵌入“给咧”成为“把N给咧一V”式，“给咧”有代词的意味，“把N给咧一V”相当于把这（或那）件事情这（那）么一处置，这种句式只能以分句的形式出现在复句里边，且只能是连贯关系动作行为的先导，不能以单句形式出现。例如：

我上教育局把事给咧一办，在商店买咧些东西就回来咧。

他把大学给咧一考，到咧暑假，他妈叫他在屋给她做咧一暑假活。

张老师给学生把课给咧一上，就在医院给他看病到医院给他自己看病去咧。

我把麦给咧一割，亭忙很快就把包谷种下咧；包谷这庄稼种得越早越好。

其二，西安方言“把……给……”表示使对方得到；西安方言的这类句式作为“给予”义使用时，可带时态助词“咧、过”。西安方言具有北京话的“给我一本书（给 N_2N_1）”的双宾语句，但双宾语句在西安方言里可以转化为如下四种形式：

A　给 N_2 给（咧、过）N_1

B　给 N_2 咧 N_1

C　把 N_1 给（咧、过）N_2

D　把 N_1 给给（咧、过）N_2

下面参照周磊（2002：17）的例句，比较西安方言与北京话有关句型的异同，亦可作为与乌鲁木齐方言给字句的比较内容。本文在行文时，硬括号里的字是时有时无的。为了节省篇幅，把北京话的相应说法放在后边，用六号字表示。

那忽老李给我一本[子]书/那忽老李给我咧一本[子]书/那忽老李把一本[子]书给我咧/那忽老李把一本[子]书给给我咧刚才老李给我一本书。

陈述：给我给咧一壶开水泼咧个茶/把一壶开水给我泼咧[个]茶/拿开水给我泼[咧个]茶/祈使：给我一壶开水泼个茶/命令：给我一壶开水把茶泼上给我一壶开水沏茶。

把一块儿空地给给学校做操场。陈述：已然、将然；祈使/把一块儿空地给学校做操场。陈述：已然或将然；祈使/把一块儿空地给给学校做操场咧。陈述：已然/给学校给上一块儿空地做操场。命令/给学校给上一块儿空地做操场去。祈使；给学校一块空地作操场。

给我给咧一碗水喝陈述｜给我给上一碗水喝祈使、命令。给我一碗水喝。

给他给咧一点儿尝咧一下/给他给咧一点儿尝咧嘎子陈述丨给他给上些尝一下/给他给上些尝嘎子祈使、命令丨给他给上些尝一下去/给他给上些尝嘎子祈使。给他一点儿尝尝。

他送过我一个笔/他给我送过一个笔（后来不一定要回去）丨他把一个笔送给我过/他把一个笔给我送过（后来要回去了）。他送过我一支笔。

西安方言与给字句有关的祈使句里，说话人祈使听话人时于句末加上“去”字即表命令语气。“V 一下/V 嘎子”式里不用“V 给一下”，西安方言“V 给一下”的动作主体一般是听说双方而不能是第三者（他、他们），例如：“走，在我屋把我老婆包的饺子去尝给一下走。”动作主体也可以只是听话人，例如：“老师，你给我把这篇文章看给一下，看发表得成能不能发表?”另外一个原因，“V 给一下”只适用于将然，不适用于正在进行或者已然。

北京话的“给过敌人打击”在西安方言里相应地作“给敌人给过打击/把打击给敌人过/把打击给过敌人/把打击给过敌人过。”西安方言类似“把打击给敌人过”句式的，我们还可以再举几个：

把难受给我过。

把困难（留）给自己过。

把难办事给调解主任过。

其三，西安方言把字句与北京给字句的比较。如果要比照沈明（2002：108）所讨论的北京话“给”字用作介词时可以引出受事而相当于“把”字，那么西安方言只能用把字句引出受事，太原方言是“把……（给）”式，“给”字可有可无，西安方言这类句子一律不用“给”字，常常用“把”字。例如：

你出来进去[的]把门关严给门儿关严了/你出出进进[的]把门关严祈使.

小王不小心把花瓶打咧陈述。小王不小心给花瓶儿打了.

娃不囊在，亭忙把先生叫着儿来祈使。孩子不舒服，赶紧给大夫请来了.

钱不得够用，把地卖了，把羊也卖了命令丨钱不得够用，把地卖咧，把羊也卖咧陈述。钱不够用，给地卖了，给羊也卖了.

操心点儿，把娃拚[pã^{55}]咧着/小心些儿，把娃拚咧着/小心些，把娃覅拚了。小心点儿，别给孩子摔了.

说明：上“你出来进去……”一句里“的”字时有时无，真正用到“的”字的，主要是中老派，“的”字的嵌入，表示对听说人“出来进去”行为的不满，这两个句子还可以变成“你出来进去的，[你]把门关严。”类似的句子还可以再举两个：“你的你们上来下去[的]把声放小些丨你喊喊叫叫[的]把娃聒起来咧着不要给（正在睡觉的）孩子吵醒了。”

其四，西安方言给字句前都可以冠以介词“把”，当然也可以扩展成如下句式：

把书给给你丨我把书给给你（咧）。

老师教（꜀教/教꜄）我把书给给你。

把大女子给嫁给张家，（把）碎女子给给王家（祈使）。

把大女子给张家给给，（把）碎女子给王家给给（祈使）丨把大女子给张家给给咧，（把）碎女子给王家给给咧（陈述，已然）。

事实上，西安方言具有大量的“把 N_1 给 $_1N_2$ 给 $_2$ 给 $_3$”的句式，下面再举几例：

把一年的工钱提前都给你给给咧。

民政局把扶贫款给贫困户给给咧。

她妈把自己攒的私房钱毛近三千元给她都给给咧。

我把十几本稿纸都给好爱爱好写作的朋友给给咧。

张老师把 200 块钱给几个贫困学生给给咧，是教贫困学生买文具呢。

6.3.3.2　“把”字相当于“像”字等情形

西安一带的“把”字还相当于“像；凭着”等，如下的例句，都蕴含着对所言及的对象、情况等极其蔑视的语义。

把他都欺负我呢！像他那样的人都欺负我呢（若优秀分子欺负我，我还认呢；蕴含语义：我很看不起他）

把你也在人前头说话呢！像他那样的社会渣滓也在人前说话呢（在人前说话应当是优秀分子的职分）

把老张那号人都会开车咧！像老张那样的笨人居然也会开车（那么，谁车都可以开）

把这臭水平还在大庭广众之下显摆呢，搁我都辱羞[fẽ²⁴]（三原方言读作[sʮẽ³⁵]）死咧！

把他兀个[uɤ⁵⁵]那样的能力都当校长呢，兀个[uɤ⁵⁵]那个人都能当校长，我就能当局长！

把她兀一[uei⁵²]号那种卖屄货卖淫的也把干部当咧，能领得全堡子全村女人都卖屄！

把你都看人指别人的景指别人有难时去看热闹呢，去回去看你婆娘跳井、女子卖害卖淫去！

把连高中都考不上的也在老教授跟前耍他的五马长枪呢，他就不看自家懂咧个啥！

这类句子里，“把”字还可以用“拿”字来替换。例如：

拿他都欺负我呢！

拿老张那号人都会开车咧！

拿这臭水平还在大庭广众之下显摆呢，搁我都辱死咧！

拿你都看人的景呢，去回去看你婆娘跳井、女子卖害去！

其二，本书 3.5.1.5 部分讨论了西安一带的“有 V 的啥呢”式诘问句，请详阅。其中“其一”的语句里，往往都可以在所言及对象的前边加上“把/拿”。

你本来就没理，把/拿你有说的啥呢？

他犯咧这么大的错误，把/拿他有狡辩的啥呢？

我就是不想给他说，把/拿他有问的啥呢？

你成天横横[çyɛ^{24} çyɛ$^{24-31}$]不唧横行霸道的，把/拿你有胡诀瞎骂胡乱骂人的啥呢？

6.3.3.3 “把N屎当出来”式词组

这种结构中的N指具有强势或优秀特征的人物，这种结构一般用来批评那种并不具有强势或优秀特征的人物。如通常充当N的词语有：男人、小伙子、学生、教师、教授、科学家、作家、工程师、干部、劳模、党员、团员、领导，等等。例如：

你真个把领导屎都当出来咧，就这水平！

你把男人屎当出来咧，连这点东西都拿不动！

他把小伙子屎都当出来咧，没有一点朝气！

你把党员屎都当出来咧，这点儿觉悟都没有！

你简直把媳妇儿屎都当出来咧，连你阿家婆婆都打呢！

我看这个人把教授屎当出来咧，一场报告就念咧10个白字！

你把工程师屎都当出来咧，连这点儿技术问题都解决不了！

他简直也是把年青人屎当出来咧，这点儿病都把他拿倒咧！

你的你们几个真把专家屎都当出来咧，当评委呢，谁给你送礼就给谁投票呢，把那么优秀的都没评上；把那个烂葬货下三滥评上咧；꜀你几个吃屎喝尿的东西，羞你的先人去！

6.3.3.4 关中方言的“再把”

其一，“再把”是副词“再”与介词“把”的组合。例如：

老师，你再把这个问题给我讲一下。

你再把领导寻嘎子找一下，看把你的问题解决得了能不能解决？

其二，对话语境里，听话人反唇相讥时常用到“再把”，“再把”相当于“才”。例如：

[甲]你个瞎种坏东西！[乙]你再把是个瞎种！

[甲]你真不是个好东西！[乙]你再把不是个好东西！

[甲]看把你屋你们家失火咧着！[乙]你屋再把失火了去/再把把你屋失火了去！

[甲]你狗肏的操心小心把你妈死咧着！[乙]你妈再把死了呢/再把把你妈死了呢！

[甲]你就不害怕把你的狗命要咧！[乙]再把把你的狗命要咧着/把你的狗命再把要咧！

以上例句中，副词性的“把”与介词“把”连用的时候，其读音格局为“pa^{31} paː^{31}/pau^{31} paː^{31}/pau^{31} pauː^{31}”，即介词“把”长化；pa^{31}为“把”字的文读，pau^{31}为白读。

其三，基于上列例句，关中方言的詈骂语句可以直接用到“再把”。以下句子，用不用“再把”，语义不变；也就是说，以下例句中的“再把”已经基本上虚化了。

再把㑚你妈去去/㑚你妈去去/㑚你妈去/㑚你妈！＝把你妈再把㑚咧/把你妈再把㑚咧去去/把你妈再把㑚咧去/把你妈再把㑚咧！

再把羞你先人去去/羞你先人去去/羞你先人去/羞你先人！＝把你先人再把羞咧去去/把你先人再把羞咧去/把你先人再把羞咧呢！

你先人再把亏咧人咧/你先人亏咧人咧！（按：此句詈骂做了坏事的听话人；关中俗信认为祖先“亏人损人利己”，会在后代得到不好的报应的）

在听说双方互相詈骂或者反唇相讥而又所用字词相同的时候，有关字的变调或长音格局是不同的；以户县方言的语句为例来说明，以下例句中的“你”字，用作单数的时候读作上声 51，用作定格的时候读作阴平 31。

[甲]再把㑚你妈去！tsæ^{55} pa^{31} zʅ^{31} ni$^{31-35}$ ma^{31} tɕ^{h}i$^{55-31}$[乙]再把㑚你妈去！tsæ^{55} pa^{31} zʅ$^{31-35}$ ni^{31} ma^{31} tɕ^{h}i$^{55-31}$（按：此句中甲是“你”字变作阳平，乙是“㑚”字变作阳平）

[甲]再把羞你先人去！tsæ^{55} pa^{31} ɕiɤu^{31} ni$^{31-35}$ ɕiã^{31} zẽ$^{35-31}$ tɕ^{h}i$^{55-31}$[乙]再把㑚羞你先人去！tsæ^{55} pa^{31} ɕiɤu$^{31-35}$ ni^{31} ɕiã^{31} zẽ$^{35-31}$ tɕ^{h}i$^{55-31}$（按：此句中甲是“你”字变作阳平，乙是“羞”字变作阳平）

[甲]你先儿先人再把亏人来来着！ni$^{31-35}$.ɕiə tsæ^{55} pa^{31} k^{h}uei^{31} zẽ^{35} læ^{31}[乙]你先儿再把亏人来！niː^{31} .ɕiə tsæ^{55} pa^{31} k^{h}uei^{31} zẽ^{35} læ^{31}（按：此句中甲是“你”字变作阳平，乙是“你”字韵母长化）

[甲]你再把丢景去你别这么丢人现眼的！ni^{51} tsæ^{55} pa^{31} tiɤu^{31} tɕiŋ^{51} tɕ^{h}i$^{55-31}$[乙]你再把丢景去你才丢人现眼呢！niː^{51} tsæ^{55} pa^{31} tiɤu^{31} tɕiŋ^{51} tɕ^{h}i$^{55-31}$

6.3.4　余论

王森先生（2001）指出：西北方言的整体句子格局是，宾语（特别是短语充当的宾语）或者说受事成份，往往直接放在谓语动词前面，或被介词“把”或“给”或“把”、“给”共用，提到动词谓语前面。这是受西北诸如藏、蒙、东乡、保安、撒拉、土等众多少数民族语言“SOV”语序总格局的长期制约所致。作为西北方言的东干话也是如此。据有关专家统计，东干话“把”字和“给”字的使用，分别约是普通话的 5 倍和两三倍。由此看来，西安方言以至西北方言给字句以及把字句与西北少数民族的语言特点是有一定关系的。西安方言给字句因为有给予等意义，所以与表处置意味的介词“把”往往有着千丝万缕的联系，如王森先生（2001）第 227 页第（62）例②所举的东干话“为啥把这个事情给我早些儿不说嘞为什么不早点儿给我把这个事情提出来呀！”的句式在西安方言里也照样被广泛使用。

6.4 给字句

普通话以及汉语方言的给字句，已有许多学者（朱德熙 1979、1983，施关淦 1981，邢福义 1984，公望 1986，徐丹 1992，林涛 1995、2003，沈家煊 1999、2002，张伯江 1999，刘丹青 2001，周磊 2002，沈明 2002 等）都进行了一定的研究。

孙立新（2001）《户县方言研究》有对户县方言“给”字的记写内容，如 436 页“给”字有“向；帮，替；望，朝”等意义，348 页“给”字有“许配；嫁到”的意义；230 和 238 页有“给给”连用的，例如：

她就背过身从嘴吐出个宝珠给给刘海。（《刘海戏金蟾》）

一咕嘟头蒜，两咕嘟蒜，我大父亲我妈爱吃蒜，把我给给嫁到泾阳县。（《一咕嘟蒜》）

对于关中方言给字句研究比较深入的论文，目前可以看到的如孙立新 2007 年发表在《南开语言学刊》第 1 期 79～87 页的《户县方言的“给”字句》以及任永辉 2010 年在《咸阳师院学报》第 3 期 49～51 页发表的《宝鸡方言的“给”字句》。

另外，韩城方言把“给”字作“馈赠”的“馈”字，并且把这个《广韵》群母去声至韵的“馈”字读如“贵[kuei᷾]”而声母不读作送气，这是在这个把绝大多数全浊仄声字都读送气声母的方言点里很特殊的语音现象。就像关中方言很普遍地把“活泼”的“泼”字读不送气、中西部地区把“饨”字读不送气一样。韩城方言的“馈”字句相当于关中多数方言点的给字句。韩城方言的“馈”字句如：这是他馈的东西｜他馈我不馈｜你把这个馈我，把那个馈他。韩城方言的“馈馈”相当于关中多数方言点的“给给”，例句如：你把这个馈馈我，把那个馈馈他。韩城方言的“馈”字句有待深入地予以调查，然后再予以研究。

我们经过调查并且研究关中方言的给字句，特别是比照北京、太原、兰州、乌鲁木齐等处的给字句，发现关中方言的给字句有许多语法现象值得关注。

6.4.1 “给”字的音义

6.4.1.1 “给”字的读音

“给”字切韵音系在见母入声缉韵，如西安一带方言文读为[tɕi^{31}]，与“机基鸡级即鲫集集体吉”等字同音，文读音的构词如“供给、给水、给养”；白读为[kei^{52}]。西安一带“给”字的文读音声调为阴平，符合中古清声母入声字今关中方言读作阴平的规律；“给”字在切韵音系里的同音字“急级”，西安、户县等处方言口语也读作阴平，“急”字在今西安、户县等处方言口语里主要读作阳平，这很可能是受了北京话影响的结果。按：切韵音系入声缉韵字，西安一带方言依关中方言今读规律读作阴平的字还有“立笠粒来母缉清母涩生母执汁章母湿书母入日母泣溪母吸晓母揖影母”，读作阳平的字有“集集市；从母习邪母蛰澄母十什拾禅母及群母”。依例从母字“辑”关中方言应当读作阳平，却读作阴平，这是例外；“辑”的切韵音系同音字“集”多为例外，又有“例内”，“集”字只在指集市的时候读作阳平，其余语境均读作阴平。

西安一带方言“给[kei^{52}]”字用在单音节动词之后（如“还给、送给、分给、划给、留给、交给、递给、传给、借给、给给”等）变作阴平调[kei$^{52\text{-}31}$]；用在双音节动词之后（如“介绍给、分配给、划拨给”等），也可以不变调，也可以变作阴平调。

任永辉 2010 文章中 3.5.2 和 3.5.3 部分中所举的例句，“给”字也变作阴平调。如：打给了一巴掌丨切给几片搅团丨骂给了一顿（3.5.2）丨我刚睡给了一阵阵丨我歇给了一会丨咱坐给上一阵阵丨该书你看给上几回就爱看啦丨你睡给上一阵阵了再来。

6.4.1.2　“给”字的语义

如作为官话区地点方言之一的西安方言，其“给”字的大致用法与北京话相当，西安一带方言的“给”字可以用作动词、介词、衬字等并且具有一系列个性特点。

其一，动词“给”，具体有 5 种用法：

一是使对方得到某些东西。例如：

你见咧他，他有东西给你，你就拿上。

我看你可怜贫穷，我想多给你几十块钱呢。

他这个人硬气得很丝毫不占人便宜，你给他给啥他都不要。

我那天在你屋到你家给你还钱去咧，你没在，我把钱给你老婆咧。

二是使对方得到某种遭遇，这种遭遇常常是难堪的。例如：

他就给咧那个二流子两槌两拳。

你再胡来，我非给你两下不可！

我知道他是给那个瞎种坏东西当说客来咧，就给咧他一头子给了他当面难堪。

他是个死狗无赖之徒，你要是把他惹下咧，他就会给你个牛笼嘴尿不满即让你纠缠不休。

三是父母或兄长等将女儿或妹妹许配，嫁给。例如：

谚语：给嫁出去的女，泼出去的水。

我女子女儿肯定不给你这号这种二流子货！

你得把女子给到过日子的家家勤快本分人家去。

他的大女子女儿都快30岁咧，还没给出去呢。

他的两个女子都给到一个堡子村子咧，大女子给到东头儿咧，碎女子给到西头儿咧。

四是把年幼的孩子过继给人。例如：

她一辈子要生咧8个娃，把俩娃子儿子一个女子都给出去咧。

他身底下[tia51]他母亲生了他以后有个妹子妹妹自小小儿很小时就给人咧。

你把娃给他，娃在他屋肯定要享一辈子的福呢，他两口子爱娃得很，人又勤谨能行。

五是"整、整治、刁难"的意思，与"极了"义的"匝"字连用，"给匝咧[kei51-55 tsa31.liɛ]""给得匝[kei51-55 ti-35 tsa31]"都是整或刁难得很苦的意思。例如：

"文化大革命"那几年，他꜀教造反派就给匝咧。

刘镇华，尕他妈，他把咱陕人给得匝！1926年西安歌谣

你再把我给得匝/你把我给得再匝，我也不害怕你！

再瞎坏的领导也是人，能把你给得多匝的？你把工作干好咧，还不是给他脸上贴金呢？

其二，介词"给"，具体也有5种用法。

一是用在动词后，表示交与。例如：

我早都把你的书还给你咧。

先把准备送老张的东西送给老张去。

这封信寄给老张，那封信寄给老王。

你把我那天给你给的那1万块钱借给谁咧？

二是表示"为"或"替"，或引进动作的对象。例如：

我给你倒些水喝嘎子一下。

小伙子啊，你给我写封信。

娃，你给爷爷爷把兀那个东西递过来。

我不想给他帮这个忙，我自己本身就忙得不得开交。

三是引出施事，相当于"꜀教、让"。户县方言"给"字的这一用法又作"꜀教[tɕiau31]"或"꜀着[tʂau31]"。下面的例子因为要突出"给"，所以把"꜀教、着"放在圆括弧里且在前边加单斜线，表示三个词可以互用，下文同。一方面表示使对方做某件事。例如：

天冷咧，亭忙赶紧打个件毛衣给（/꜀教/着）娃穿上。

都晌午拧锅咧太阳偏西了，你老快[lau31 kʰuæ55]放快回去做饭给（/꜀教/着）一家人吃去。

再方面表示容许对方做某种事情。例如：

他拿着娃娃儿书小人书不给（/꜀教/着）残的别人看。

你把苹果先洗干净，候等他来咧给（/꜀教/着）他尝嘎子尝一下。

四是相当于“向”。例如：

先给媒人三鞠躬。

我给你说，你听着。

他给咱这处这里正走着呢。

谚语：牛吃豌豆不长劲，给驴说，驴不信。

五是相当于“往”，这是很特殊的；又作“望[vaŋ^{55}/maŋ^{55}]/面[miã^{55}]”，户县又作“曼[mã^{55}]”。其中“给”字的使用频率比“望、面、曼”要高得多。我们从清代渭南剧作家李芳桂的《香莲佩》里看到“给”字用如“往”的一个例句，这是这种用法较早的见证：“给上边盖些柴柴。”下面再举目前使用的若干例句。

你给（/望/曼/面）上再走些子。

他给（/望/曼/面）西安去咧，都去咧半年咧。

你给（/望/曼/面）南走，我给（/望/曼/面）北走。

他害怕老婆得很，老婆教他给（/望/曼/面）东走，他不敢给（/望/曼/面）西走。

其三，衬字“给”。关中方言的“给”字可以作衬字，有三种情况，下面分别讨论。

一是北京话表示尝试语义的“V 一 V”，在户县方言里多作“V 嘎子[ka^{31} .tsɿ]”“V 一下[i^{31} xa^{55}]”“V 嘎儿[.kə]”，也作“V 给[kei$^{51-31}$ i^{31} xa^{55}]一下”，其中“V 嘎子”是“给一下”省去“一”后“给下”的合音，“嘎”字的声调是以“给”字的变调阴平为基础的；“子”是为了措足音节才加上去的。举例句如下；请您注意，这类例句里的动词谓语限于单音词。

你把这个椅子再望西挪嘎子/挪一下/挪嘎儿/挪给一下。

你来，把我包的饺子尝嘎子/尝一下/尝嘎儿/尝给一下。

我的这个忙，还得你来给我帮嘎子/帮一下/帮嘎儿/帮给一下呢。

（在稠人广众的街道上行走时说）麻烦让嘎子/让一下/让嘎儿/让给一下。

他的事情感人得很，我想教你把他的事情写嘎子/写一下/写嘎儿/写给一下。

以上的“V 给[kei$^{51-31}$]一下”式中的“一”字在关中中东部老派的口语里也可以省略，从而成为“V 下[.xa]”式。任永辉指出：宝鸡一带方言，当动词是单向动词时，“给”表动作行为已经完成，并传达说话人对动作行为完成的确认；用在祈使句中还可以加“上”，如：“咱坐给上一阵阵｜该书你看给上几回就爱看啦｜你睡给上一阵阵了再来。”其中，“V 给上”式里的“上”字也读作轻声调。

本书 1.1.2.6 部分讨论“N＋VV＋上/下”式的时候指出，关中方言“上、下”在表示时态、动态等特征时常常是同义的，而“N＋VV＋上/下”式在西安一带多用“上”字，少用“下”字；渭南一带多用“下”字，少用“下”字。从上述宝鸡一带的“V 给上”式来看，宝鸡一带多用“上”字来表示时态、动态等。关中方言区由西到东，在表示时态、动态等特征时，越往东去，“下”字的使用频率越高，越往西走，“上”字的使用频率越高。

二是西安一带“把 N 一 V”式中可嵌入“给咧[kei$^{51-31}$.liɛ]”而成为“把 N 给咧一 V”式，“给咧”有代词意味，“把 N 给咧一 V”相当于把这（那）件事情这（那）么一处置，这种句式只能以分句形式出现，且只能是连贯关系动作行为的先导，不以单句形式出现。例如：

他把会给咧一开，没停就回来咧。

几个领导把这些事情给咧一研究，好几个都下乡去咧。

他把文章给咧一写，马上就投出去咧，估计最近就发咧。

我上教育局把事给咧一办，在商店买咧些东西就回来咧。

他把大学给咧一考，到咧暑假，他妈叫他在屋给她做咧一暑假活。

这个类型的句子有的不出现把字词组或介词“把”，应当视作省略。例如：

他会给咧一开，没停就回来咧。

他老汉给老婆事情给咧一就上集赶集去咧。

几个领导给咧一研究，好几个都下乡去咧。

他大病咧一场，给咧一动弹，却[k^{h}ɣ^{31}]又重咧。

三是关中方言的“给咧＋个[.kɣ]”是“居然有这么（厉害）”的意思，用到反诘句里表示对某种情况的反感、不以为然等语气；有些语句有后续的表进一步反感等语义的句子。

你给咧个能写！

他还给咧个难说话！

小伙子给咧个爱吃好的！

这个副校长还给咧个霸道！

我看你还给咧个能占公家便宜，你有劲把西安城揹回去没？

（詈语）你给咧个能吃！一顿吃咧斤半饺子，你得是是不是喂猪呢？

6.4.2 动词“给”的特殊用法

关中方言的动词“给”具有以下两个特殊用法。

6.4.2.1 表示“使对方得到”

西安一带的动词“给”字作为“给予”义使用时可带时态助词“咧、

过”。如户县方言具有北京话“给我一本书（给 N_2N_1）”的双宾语句，但双宾语句在户县可转化为以下形式。

a.“给 N_2 给（咧、过）N_1”

b.“给 N_2 咧 N_1”

c.“把 N_1 给（咧、过）N_2”

d.“把 N_1 给给（咧、过）N_2”

下面参照周磊（2002）的例句讨论户县方言的特点，“～”之后是北京话的相应说法。

那忽老李给我一本[子]书/那忽老李给我咧一本[子]书/那忽老李把一本[子]书给我咧/那忽老李把一本[子]书给给我咧。～刚才老李给我一本书。

给我给咧一碗水喝陈述丨给我给上一碗水喝祈使、命令～给我一碗水喝。

给他给咧一点儿尝咧嘎子陈述丨给他给上些尝嘎子祈使、命令丨给他给上些尝嘎子祈使～给他一点儿尝尝。

他送过我一个笔/他给我送过一个笔（后来不一定要回去）丨他把一个笔送给我过/他把一个笔给我送过（后来要回去了）～他送过我一支笔。

说明：“V 一下/V 嘎子”不能转化成“V 给一下”，户县方言“V 给一下”的动作主体一般是听说双方而不能是第三者。例如“走，在到我屋[ŋæ31-35uei31]我们家把我老婆包的饺子尝给一下走。”动作主体也可以是听话方，例如“老师，你给我把这篇文章看给一下，看发表得成能不能发表？”另外一个原因，“V 给一下”只适用于将然，不适用于正在进行或者已然。

6.4.2.2　表示“使遭受”

西安一带的动词“给”字表示使遭受，可带“咧、过”，下面例句中，祈使句和未然态是一个模式，陈述句和已然态是一个模式。

给他给[上]两脚祈使，未然丨给他给咧两脚陈述，已然～给了他两脚。

给他给[上]一耳刮祈使，未然丨给他给咧一耳刮/给他咧一耳刮/给咧他一耳刮陈述，已然～给他一个耳光。

给敌人给过打击/把打击给过敌人/把打击给敌人过。～给过敌人打击。

北京话双宾语给字句出现“了、过”的句式一般是“给（了、过）N_2N_1”，相应的户县方言“咧、过”可以处在远宾语后边；户县方言类似于“给他咧一耳刮”“把打击给敌人过”还可以再举两组例句。

a 组：给张老师咧一年假丨他给他妈咧二百块钱丨给单位咧一套书。

b 组：把难受给我过丨把难办事给调解主任过丨把困难给自己过。

西安一带方言还有些常见的惯用语里的“给”字也是表示“使遭受”的，或者惯用语所连带的“给”字也是表示“使遭受”的；如下例句中的“给”字可带“个、咧”等字如下例句中的惯用语下加横线。

我这回非给你给个牛笼嘴尿不满使你在没完没了的麻烦事情面前处处无所措手足不可！

他把那个死狗无赖之徒惹下咧，那个死狗给他就给咧个牛笼嘴尿不满，把他整匝整修咧。

他本来就不该管这些事情，他那天还要管呢，我就给他给咧个搅不起使得一旦染指则没完没了地陷入繁杂的事务之中/给咧抹实偺/给他给咧抹实偺！

我见那个瓜种詈语，傻家伙不给我帮忙，还过来替人家说话，就给咧他一头子给他当面难堪，给他迎头痛击/给他给咧一头子/给咧个照上/给他咧个照上/给他给咧个照上/给咧个端顶儿/给他给咧个端顶儿。

6.4.3 与北京等处介词及助词“给”的比较

由上文6.4.1.2部分之“其二”所讨论的介词“给”来看，关中方言的介词“给”有其许多特点。下面从三点来讨论，以户县方言为例。

6.4.3.1 把字句与北京给字句的比较

假如要比照沈明（2002：108）所讨论的北京“给”字用作介词时可以引出受事而相当于“把”字，那么户县方言只能用把字句引出受事，太原是“把……（给）”式，“给”字可有可无，户县这类句子一律不用“给”字。

北京 小王不小心给花瓶儿打了 孩子不舒服，赶紧给大夫请来了

户县 小王不小心把花瓶打咧陈述 娃不囊在，亭忙把先生叫着儿来祈使

北京 别给孩子摔了

户县 把娃覅拚[pã⁵⁵]了警告/不敢把娃覅拚了警告/把娃拚咧着提示

北京 钱不够用，给地卖了，给羊也卖了

户县 钱不得够用，把地卖了，把羊也卖了命令，未然

户县 钱不得够用，把地卖咧，把羊也卖咧陈述，已然

6.4.3.2 与处置式给字句的比较

北京表示被动的“给”字户县方言相应地作“教[tɕiau³¹]/着[tʂau³¹]”或以处置式表示，见表29。

表29 北京给字句与户县“教/着”字句及处置式比较表

北京给字句	户县“教/着”字句	户县处置式
门给风吹开了。	门教/着风吹开咧。	（教/着）风把门吹开咧。
衣服给雨淋湿了。	衣裳教/着雨淋湿咧。	（教/着）雨把衣裳淋湿咧。
铅笔给你弄丢了。	铅笔教/着你闹没咧。	（教/着）你把铅笔闹没咧。

6.4.3.3 与北京“把……给”式的比较

其一，北京助词“给”用在把字句时有“把……给”之间的呼应，户县方言不用“给”字呼应；与北京“给”用在被字句的形式相比，户县相应

地是“教/着”而不用“给”。《西安方言研究》247 页指出：“户县与西安近在咫尺，但西安有与北京相相当的‘把……给’式。不过并不是西安方言的每一个‘把……给’式都与北京话相对应。”现在看来，这是调查的失误，这是西安中老派读书人口语中具有的现象，不是土著文盲居民所操方言的特点。

北京　他把衣服给晾干了。　　　　　让我把杯子给打碎了一个。
户县　他把衣裳晒干咧。　　　　　　我把杯子打咧一个。
北京　衣裳让他给晾干了。　　　　　房间都给收拾好了。
户县　衣裳教（/着）他晒干咧。　　房子都收拾好咧。

其二，上文 5.4.9 小节专门讨论了频率副词“却”，是以附录的形式出现的，其中第三部分之（四）的其一（如“他把衣裳却晒干咧/他把衣裳晒干咧”）和其三（如“把他妈㑚得朝后尿呢/把他妈㑚得却朝后尿呢！”），户县方言以“却[k^{h}ɤ^{31}]”字表达北京“给”字的助词用法，尤其以其三的詈语形式为最常见。也就是说，北京助词“给”所处的语法地位，关中方言是由相应的词语可以表达的，只不过不是“给”字罢了；还有，并不是北京助词“给”所处的语法地位在关中方言里都可以用“却”字来表达，“却[k^{h}ɤ^{31}]”字的用如“给”主要用于詈语。而且关中方言的“却”字远没有北京“给”字那样使用频率高。

6.4.4　关中方言的“V 给”式

北京动词后也有带“给”的，但为数有限。周磊指出乌鲁木齐方言有大量单音节动词后可带“给”的。沈明指出太原方言“给”可构成复合式和介宾式且两种格式意义相当；太原介宾式里“给”表示“为”，这种常见的动词有“寄、邮、分、配”等 99 个。要考察户县方言的“V 给”式，比照北京话“V 给”式，由上文可以看出，“V 给”里的“给”在户县方言是介词，处于动词后边的“给”是引进交付、传递的接受者，具体情形可分别讨论如下。

6.4.4.1　“V 给”式里的动词

这里只罗列单音节动词，这些动词有：指、志称秤、剔、跐[ts^{h}ɿ^{51}]从手上点出钞票、撕、拾、世养育（不肖子孙）、滗、批、辟开辟、递、踢、提、劙、分、挤、移、挪、攒挪、付、输、捋、搁、锯、拔、抹[ma^{31}]、拿、拉、劈[p^{h}ia^{51}]、夹、嫁新用、下、抓、刮、划、画、挖、搲[ua^{51}]抓、拨、割、剁、驮、裹、꜀称、过用大秤或磅秤称、折[tʂɿɛ^{51}]、说介绍（对象）、射、憋白送或廉价送出、囊同“憋”、撇扔、劈[p^{h}iɛ^{51}]折树枝等；扯纸张等、叠、帖、掮、派、卖、逮捉、台贮藏、奶、揣、甩、背、赔、配、塞、推、汇、喂、包、刨[pau^{35}]、报、剖、抛、倒[tau^{55}]、搁、捞、抄、捎、招招赘、熬、号、飘说风凉话、钓、调[tiau^{55}｜t^{h}iau^{35}]、挑[t^{h}iau^{31}｜t^{h}iau^{51}]、撩、撂、教、交、缴、铰剪、绞、搂[lɤu^{35}]、赎、数、丢、揪、搙、邮、寄、搬、判、返、还、回、꜀担、摊、揽、绽、散、发、缠、编、偏、掮、点、添、念、拣、掀、演、端、断、ᶜ转、穿、传、拴、灌、贯[k^{h}uã^{31}]$_{\text{穿（针等）}}$、换、剜、丸、捐、卷、꜀圈、选、喷、认$_{\text{认干亲}}$、拼ᵓ、赁、借、租、进、引、扽、存、匀[ye）^{35}]$_{\text{平分}}$、绑、烫、伤$_{\text{用恶语伤人}}$、唱、让、꜁量、奖、炝、装、框、抨[pəŋ^{31}]$_{\text{弹}}$、腾[t^{h}əŋ^{35}]、生、并$_{\text{合并}}$、评、定、订、拧、推、送、娶、舀、开、补、掰、裁、缝、上、剩、捆、翻、卸、劐、粘、罚。

至于双音节动词，多数是读书人口语里用的，如：介绍、布置、扩充、安排、推荐、举荐、翻译，等。它们所构成的“V 给”式，有着明显的共同语特征，因此，这里不专门讨论。

6.4.4.2 关于由“V给”构成的句式

参照沈明（2002：112）所讨论的太原方言复合式“V 给”与其他结构形式分析户县方言相应句式，可以发现户县方言“V给”式与北京、太原的异同。

其一，可以构成复合式，也可以构成连动式和介宾式，还可以构成“把……V给”式，其中连动式和介宾式意义相当，这类动词极少。先比较复合、连动、介宾三种形式：

	复合式	连动式	介宾式
借：	小张借给我一本书	≠小张借咧一本书给我	=小张给我借咧一本书
租：	老王租给老张一间房	≠老王租咧一间房给老张	=老王给老张租咧一间房
换：	小王换给我一间好房	≠小王换咧一间好房给我	=小王给我换咧一间好房
找：	我找给他三块钱零钱	≠我找咧三块钱零钱给他	=我给他找咧三块钱零钱
偷：	他偷给小王一份儿答案	=他偷咧份儿答案给小王	=他给小王偷咧份儿答案
抢：	他抢给他妈一个位子	=他抢咧一个位子给他妈咧	=他给他妈抢咧一个位子

户县方言与上列例句意义相同的把字句，“借、租、换、找”四行的复合式以及“偷、抢”两行可以有与之同义的把字句。举例句如下：

那个老汉把一本书借给我咧。

他把一份儿答案偷给他同学咧。

我当时就把钱找给你咧，你吗$_{\text{难道}}$忘咧？

要不是他把一个位子抢给他妈（咧），他妈上咧车就没位子咧。

其二，比照沈明（2002：112～115）之 2.2 小节太原的方言（一）（二）两种情况，太原方言复合式、介宾式均能成立，连动式不能成立，户县方言三种形式都能成立。比较如下：

	复合式	介宾式	连动式
发：	老王发给我一份儿文件	≠老王给我发咧份儿文件	=老王发咧[一]份儿文件给我
退：	他退给你十块钱	≠他给你退咧十块钱	=他退咧十块钱给你
寄：	老林寄给老王一封信	=老林给老王寄咧一封信	=老林寄咧一封信给老王
倒：	小李倒给我一杯水	=小李给我倒咧一杯水	=小李倒咧一杯水给我

递：老师递给我一本书　=老师给我递咧一本书　=老师递咧一本书给我

其三，双音节动词与“给”构成“V给”式，户县方言必须是把字句。举例句如下：

我把这些钱划拨给你单位，可以买些办公用品咧啥的。

我把这个博士推荐给你这个民营企业，希望把“三金”给他买上。

县上今年准备把两万块钱奖励给今年考上北大吗或者清华的学生呢。

老师，我把一瓶好酒孝敬给你，我一辈子都忘不了你对我的教育之恩。

6.4.5　关中方言的“给给”

朱德熙先生指出北京动词“给”和介词组连起来说时“给”字合并成一个。邢福义先生指出有些方言两个“给”字可以都出现。公望、李树俨、林涛、张安生、邢向东等指出兰州、中宁、中卫、同心、东干语、内蒙古西部方言都有“给给”。如公望指出兰州“给$_1$”相当于北京话介词，“给$_2$”相当于动词，“给$_3$”的用法北京没有；兰州有“把＋N_1＋给$_1$＋N_2＋给$_2$＋给$_3$”（如“把书给$_1$他给$_2$给$_3$”）式。中宁、内蒙古西部的例子抄自刘丹青（2001：389），其中a句是官话例子，d、e两句东干语例句是从王森（2001：225）抄录来的；f句见张安生（2000：271）。“给给”最少是西北方言通行的一种语法现象。

a. 老师送给学生一本书。

b. 中宁：给给我一碗水。

c. 内蒙晋语：我给给二娃家一箩头山药。

d. 他倒哩一盅子酒，给我给给哩。

e. 给我们把衣裳给给哩。

f. 给他给给了五本书。

6.4.5.1　“给给N_2”式

公望先生认为邢福义先生举出的“给给小郎”的说法口语里并不多见，远不如“给小郎给给”流行，这可能是兰州特点，其实户县“给给N_2”句式很多。例如：

是你的东西就给给你。

我把他的钱早都给给他咧。

这个给给你，那个给给他。

这些西瓜一下全部给给他，我一个儿也不要。

你把我的工资先给给我。

你老师要的那几本书先给给你老师。

你把这些东西给给谁我都没意见。

你的书给给你，他的东西给给他。

铅笔给给学生娃，胶水儿给给老王。

大女子给给嫁给张家，碎小女子给给王家。

你是我儿，我把我的这些东西不给给你，能给给谁呢？

给予类双宾语在户县方言里也可以以“给给”式出现，但限于给他人（第三人称）而不给说话人和听话人，只出现在陈述句及祈使句里，“给给 N_2N_1”式可在 N_2 后加时态助词“咧”，但“咧”字出现的句子必须有数量词。下列例句里，凡祈使句末尾都可加趋向动词“去”。

给给他书丨给给他咧一本书陈述/把一本书给给他咧丨给给他一本书[去]祈使。

给给老汉十块钱丨给给老汉咧十块钱陈述丨给给老汉十块钱[去]祈使。

给给学生娃铅笔丨给给学生娃咧一捆铅笔陈述丨给给学生娃一捆铅笔[去]祈使。

6.4.5.2 “给 N_2 给给”式

户县中老派方言里有“给 N_2 给给”的句式，例如：

100 块钱给穷人给给咧。

一箱子苹果给老张给给咧。

一碗辣麵子给学校灶上给给咧。

我把好几万块钱都给他这个二流子给给咧。

大女子给张家给给咧，碎女子给王家给给咧。

6.4.5.3 “给给”句的扩展

上述 6.4.5.1 及 6.4.5.2 两个部分所讨论的给字句前都可以冠以介词“把”字，当然也可以扩展成如“把书给给你丨我把书给给你（咧）丨老师教让我把书给给你丨把大女子给给张家，（把）碎女子给给王家（祈使）丨把大女子给张家给给，（把）碎女子给王家给给（祈使）丨把大女子给张家给给咧，（把）碎女子给王家给给咧（陈述，已然）”。事实上，户县方言具有大量的“把 N_1 给 $_1N_2$ 给 $_2$ 给 $_3$”的句式，下面再举几例：

把一年的工钱提前都给你给给咧。

那几年前多年，我把几十本稿纸都给好爱爱好写作的朋友给给咧。

民政局把扶贫款给贫困户早都给给咧/早都把扶贫款给贫困户给给咧。

6.4.6 关中方言给字句的其他问题

6.4.6.1 与北京“卖给”类句式的比较

沈家煊（1999：95）罗列的“我给你买房子”等三种句式，第二三种句式北京话不能成立，这三种句式在户县方言里都能成立。沈文比较北京“卖、寄、写、炒”类给字句能否成立的特点，可与户县方言比较如表 30，其中炒类北京、户县相同，不再对比。

表 30 户县方言"卖、寄、写"类给字句与北京话比较表

		A B C	例 句
卖类	北京	+ + +	卖一所房子给他/卖给他一所房子/卖他一所房子
卖类	户县	− + −	*卖一套房给他/卖给他一套房/*卖他一套房
寄类	北京	+ + ±	寄封信给他/寄给他一封信/*寄给他一封信，汇帐上 10 万块钱
寄类	户县	+ + +	寄封信给他/寄给他一封信/*寄给他一封信，汇款单上 10 万元
写类	北京	+ ± −	写封信给他/写给他一封信，*写给他一副春联/*写他一封信
写类	户县	+ + −	写封信给他/写给他一封信，写给他一副春联/*写他一封信

同样，沈文 99 页所讨论的北京话里不能成立的给字句在户县方言里都能成立，例如：

他写给我一封信，教让我转（交）给你。

我原先送给她一件毛衣，她没要。

6.4.6.2 关于"N_1给N_2VN_3"式

张伯江 1999 把北京"给予方式的隐喻"罗列为：现场给予 A、瞬时抛物 B、远程给予 C、传达信息 D、允许指派 E、命名类 F 共 6 类。其中，ABC 户县与北京相当，DE 北京话不能成立，户县"N_1给N_2VN_3"能够成立而"N_1VN_3给N_2"不能成立；F 类北京、户县均不能成立。例如：

老师给我解答（一个）问题。

老王答应我两张电影儿票。

*老师回答（一个）问题给我。

*老王答应两张电影儿票给我。

6.4.6.3 "V 给"式中"给"字的音义

关中方言"V 给"式中"给"字的变调有否牵涉到语法语义的表达问题。公望先生指出：兰州方言"把N_1给$_1N_2$给$_2$给$_3$"句式中的"给$_3$"，可以推论是由"给$_2$"演化来的，虽词义逐渐虚化，但仍保留有"给予""施加于"的附加义且明显地起一定的语法作用，所以"给$_3$"在使用上需考虑语义和形态两个因素，它大致相当于北京话的时态助词，但运用上又不及后者普遍；"给$_3$"正逐渐虚化，只是这个由实词到虚词的演化过程迄今尚未完结。在这一点上户县方言（包括户县方言"给$_1$"不出现的句式）与兰州方言的确有着共同之处。假若我们要深入研究"V 给"，如上文讨论的户县方言"给给、送给、委托给"等等句式中的"给"，就会发现"给$_3$/V 给"的语义等问题很复杂。先比较下面的句子：

这个东西送给[kei^{51}]他≠这个东西送给[$kei^{51\text{-}31}$]他。

把这件事委托给[kei^{51}]他≠把这件事委托给[kei$^{51-31}$]他。

他下一回来咧“咧”字含有假设的意味，我一定要把他介绍给[kei^{51}]你≠他下一回来咧，我一定要把他介绍给[kei$^{51-31}$]你。

上面句子中的“给”字读本调时意义较实，强调了“一定要V给”；而读变调时却有随便、不一定认真的意味，但“给”字语义并未彻底虚化。张安生把公望先生的“给$_1$给$_2$给$_3$”依次称作“给$_2$给$_1$给$_3$”，特别把同心的“给$_3$”分为语义实的“给$_3$a”和虚的“给$_3$b”。户县无同心的“给$_3$b”，而有“给$_3$a”。诚如张安生分析“V给$_3$a”特点时指出的：“给$_3$a”所依附的动词类别比北京话宽，既可以是表给予义的动词，也可以是给予义不确定或非给予义动词；一经附加“给$_3$a”后，这个动补结构就有了明确的交与、付出、传递等意义。

6.4.6.4 给字句的否定式

其一，西安一带给字句的否定式。

邢福义先生（2000）比较北京与乌鲁木齐给字句否定式时分析了“不给你”在乌鲁木齐的变体是“给你不给”。户县方言既有“给你不给”，又有“给他没给”“给他嫑给”等给字句否定式。如果在否定式中“给$_2$给$_3$”连用，只能是“不给给你｜没给给他｜嫑给给老王”，而不能是“给你不给｜给他没给给｜给老王嫑给给”。例如：

他那几年前些年没啥吃，你也没给给过他粮食老派/你也没把粮食给给过他。

这本书我不光没给给老王过老派/这本书我不光给老王没给过，我连谁都没给过。

他挣的钱都给咧媳妇儿指妻子咧，一老老一直都给他妈不给/一老老都不给给他妈。

ᶜ你把ᶜ你一辈子的积攒给꜀你后人不给给老派/不给给你后人，那ᶜ你准备咋处理呀？

从老中派习惯看，户县方言没有“不给他｜没给老王｜嫑给二流子女婿”的句式，新派有这种句式是受共同语影响的结果。北京“不还给他｜没（有）送给老王｜别（｜甭）传给后人”，户县老中派口语分别是“给他不还｜给老王没送/没送给老王｜给后人嫑传”，其中只有以“没”字为否定词的句子有两个变体即“给老王没送/没送给老王”；户县方言并不出现诸如“不还给他｜嫑给后人传”等。户县方言有“给你不送给｜给他没还给｜给老王嫑借给”类否定式。否定词在“给给”出现的语境里其位置与“给”字单独出现相当。例如：

信给老王没送/信没给老王送/信给老王没送给。

这些字画给后人嫑传/这些字画嫑给后人传/这些字画给后人嫑传给。

争欠你的粮食给你没还给/争你的粮食没给你还给/争你的粮食给你没还。

她妈把私房钱没给她给给/她妈把私房钱给她没给给。

他不争气，你把钱嫑给他给给老派/你把钱给他嫑给给。

我把钱不想给这个二流子给给/我把钱给这个二流子不想给给。

其二，宝鸡一带给字句的否定式。

任永辉指出：宝鸡方言中部分否定词（如“不敢”、“不是”、“不能”、“没”、“没有”等）都可以与“给给”出现在否定陈述句中。例如：

我爷祖父说族谱不敢随便给给人看。

要我说，给谁也不能给给兀个那败家子。

你借我的东西确实没有给给我。

这些衣服不是我给给的，是你二姑给给的。

你捎的东西不是他给给我的，是另一个人给给我的。

宝鸡一带反诘问句中也有“不给给”的形式出现，宝鸡一带没有西安一带所具有的“没给给丨嫑给给”的形式（任永辉 2010）。例如：

你说我的东西该不该给给他？

你爸去世了，你说家产不给给你给给谁？

咱借下的钱，你不给给人家能行也[a^{31}]不？

他学习最好，表现也好，三好学生不给给她给给谁？

宝鸡一带正反问句中也有“不给给”的形式（任永辉 2010），可以与户县方言予以比较：

宝鸡　你说这块地给不给给我？　这些东西给不给给他们？

户县　你说这块地给我不给？　这些东西给他的不给？

户县　你说这块地给我不给给？　这些东西给他的给不给？

宝鸡　我这家产给不给给我儿子？

户县　我这家产给我儿不给？

户县　我这家产给我儿给不给？

6.4.6.5　余论

西北方言的给字句很复杂，许多现象都有待深入的调查和研究。如周磊（2002）指出：乌鲁木齐方言“我给他给咧五十块钱”等句式和属于阿尔泰语系的新疆少数民族语言的语法十分相似，是否受阿尔泰语言的影响而成还有待研究。从历史语法的角度看，“我给了他五十块钱”很可能是“我给他给了五十块钱”的紧缩句式。与乌鲁木齐汉语方言同属官话的户县方言也有“我给他给咧五十块钱”的句式。

6.5　教（/着）字句

因为“教、着”在关中方言口语里的用法差不多，所以，本节把“教、着”一并讨论；也就是说，教字句就是着字句。“教、着”在关中方言里用作使令动词，或者表示被动等。

6.5.1 “教、着”的读音

其一，“教”字的读音。“教”字在官话里一读阴平，二读去声。孙立新《户县方言研究》479页写成了“꜀叫”，例句如：他叫蝎子蛰咧｜美国叫人家[nia^{55}]把世贸大厦炸咧｜他叫疯子诀~骂~咧一顿｜一斗麺叫十个人吃完咧｜衣裳叫雨淋[luẽ^{35}]（＝轮）湿咧｜本本儿叫娃扯烂咧。另外，“叫”字读作去声时是“呼唤”的意思，相当于四川方言的“喊”，例句如：你叫他过来｜我把他叫叔呢。孙立新《关中方言代词研究》128～129页在比较普通话“让他走开呀”在关中方言区的变体时，把读作阴平或去声的“教”字也写成了“叫”；当时调查这个例句的时候，发音人把这个字读作去声的不少。事实上，“教他走过些~让他走开呀~”的“教”字一般都可以读作阴平[tɕiau^{31}]。西安市长安区东南部引驾回镇一带，把本节所要讨论的“教”字全读作去声[tɕiau^{55}]；这个现象告诉我们，语言现象的复杂性往往是无法想象的。

关中方言区的作家把“教/叫”混写的似乎不至一人，我们可以看到李芳桂主要写作“教”，也写作“叫”。以下是李芳桂写作“叫”的例子。

（龙象九）莫要乱说，恐是贼人细作。着他一人三堂相见。——（役）是，叫他一人进来，三堂相见。（《万福莲》）按：这个对话里，“着/叫”互补对举，很有意思。

听敲门全不像寻常举动，倒叫我梦儿里大吃一惊。（《火焰驹》）

叫人难将宽心放。（《火焰驹》）

呵，敢是你把老婆死了，叫为兄给你定个计。（《古董借妻》）

难道说你叫弟丢人价。（《古董借妻》）

我见的是老婆骑牛，就没见㖞媳妇骑驴么，你还打得叫我见㖞媳妇骑驴呀？（《古董借妻》）

那叫他给捎封信么。（《四岔捎书》）

易俗社剧作家高培支先生（1881～1960）也是“教/叫”混写。以下是高先生《夺锦楼》里的例子。

小江哥你在这儿哩，真真叫人好找！

（钱瑶英）爹爹，你对柳郎讲说，教他功成名就，速速来迎孩儿。——

（钱小江）你教你妈说去。

易俗社剧作家、薄城李约祉先生（1879～1969）也是“教/叫”混写。以下是李先生《庚娘传》里的例子。

不提他们，叫人少着些气。（第一回）

假若还一霎时山陵崩坏，倒叫我女孩儿怎样安排？（第二回）

又谁知中途上遭逢祸患，这时候倒叫我左右为难。（第二回）

王十八若还变了卦，死在腊月教蛆杀！（第四回）

你教我穿甚么，戴甚么呢？（第六回）

其二，“着”字的读音。这个“着”字就是切韵音系里的澄母入声药韵字，也就是“着急”的“着”字，普通话及关中多数方言点跟“招[tʂau^{31}]”字同音；周至方言把本节要讨论的“着”字读如“叨[tau^{31}]”，符合钱大昕“古无舌上音”的科学论断。《关中方言代词研究》142～144 页罗列了“那样干什么”在关中方言区的说法，其中用到“着”字的方言点有西安、临潼、蓝田、宜川、户县、宝鸡、凤翔、岐山、千阳等处；这个问题的调查肯定有局限性，尽管如此，从中还可以看出一些信息的。这个语境中的“着”字用如“像”字，读如“招”字的如西安、临潼、蓝田，读如“叨”字的如宝鸡、凤翔、千阳；读如“到”字的有岐山 1 处，岐山的读如“到”字是按照上古长入来读的。

6.5.2 “教、着”的语法语义特征

其一，关中方言不用普通话所具有的使令词“让”，普通话的“让”在关中方言里相应地作“教/着”，例如：

教他拿走/着他拿走。

你教他来/你着他来。

我回去给他说，教他/着他把钱还给你。

教你走过走开呢你咋还不走呢/着你走过你咋还不走呢？

以下是我们从“三言二拍”里找到的“教”字用如“让”的例句：

张尚书闻得李老许多神奇灵验，便叫人接他过来，把女儿八字与婚姻，教他合一合看，怕有什么冲犯不宜。（《初刻》4）

便教媒人回复裴家，约定明年三月初三，到定州成亲。（《初刻》4）

好教贤婿得知，今日之事，旧年间，李知微已断定了，说成亲毕竟要今日。（《初刻》4）

何不等儿子送饭时，教他去与邹老人商量？（《初刻》8）

天教贤婿说出这话，有此凑巧。（《初刻》9）

谈间，言及本处卓王孙，巨富，有亭台池馆，华美可玩。县令着人去

说，教他接待。(《初刻》6）按：请注意，此例句里“着、教”互补。

另将一匹空马，也教孙婆骑坐，一直望北赶去。(《初刻》6）

只是我娃子家，教我怎的去讨才是？（《二刻》10）

小生与令爱恩深义重，已设誓过了，若有负心之事，教满某不得好死！(《二刻》11）

你可另收拾一间香房，教他两个住下，好茶好饭供待他，不可怠慢。(《醒世恒言》1）

贾昌那里肯要他拜，别转了头，忙教老婆扶起。(《醒世恒言》1）

养娘，我只教你伏侍小姐，谁要你汲水？（《醒世恒言》1）

又过几日，那婆娘唤月香出房，却教丫头把他的房门锁了。(《醒世恒言》1）

许武教两个兄弟次第把盏，各敬一杯。(《醒世恒言》2）

只怕他记恨在心，教邻舍好生劝他回家，但记好，莫记恶。(《醒世恒言》3）

美娘躲身不迭，被公子看见，不由分说，教两个家人左右牵手，从房内直拖出房外来，口中兀自乱嚷乱骂。(《醒世恒言》3）

又有小厮们要折花卖钱的，他便将钱与之，不教折损。(《醒世恒言》4）

养娘，你也不回家走遭，教我日夜担愁。(《醒世恒言》8）

小娘子，我教你嫁范二郎，你要也不要？（《醒世恒言》14）

知县教跪在月台东首。(《醒世恒言》15）

你随我来，我教你见一个人。(《醒世恒言》17）

老翁，不打紧，我家有船，教人送你回去。(《醒世恒言》18）

况且小人父母已死，亲戚又无……还教小人逃到那里去？（《醒世恒言》19）

如何见三官人死了，就撇开这孤儿寡妇，教他如何过活？（《醒世恒言》35）

羊肉馒头没得吃，空教惹得一身膻。(《醒世恒言》27）

以下是我们从李芳桂剧作里找到的“教”字用如“让”的例句：

老老，路上总要小心贼，看把你教贼杀了。(《春秋配》)

这才是谁杀人就该教谁偿命了！(《十王庙》)

谁教你献好心将我头换，害得我夫妻们负屈含冤。(《十王庙》)

前日那和尚好不厉害，教你七擒七纵，把那秃斯一阵儿问成没嘴胡芦了。(《白玉钿》)

今日上京，船上无事，将那些话儿教导与我，教我在人前也卖个蛋蛋笼儿。(《白玉钿》)

再一梦梦到做了主考，我还要考你，还教你替我做文章加“加”字表将然？（《白玉钿》）

媒婆，你对他去说，礼物一概免了，只教他来拜堂就是。（《白玉钿》）

儿今上京，家中无人照应，教他们在此经营如何？（《紫霞宫》）

这其间必定有什么诡计，倒教我心儿里十分跷蹊。（《万福莲》）

还只怕私定婚得罪皇上，倒教我欢喜中又加愁肠。（《万福莲》）

汉光武废郭后贻祸不浅，谁教你引将来反做例案？（《清素庵》）

我贤妹送那人投入庵院，临行时曾教我相等此间。（《清素庵》）

哎咦，你明白了就是，教奴还说什么？（《清素庵》）

既要前去，须要问过箱主，看教大叔出去不教出去？（《清素庵》）

敢说不来，猫教谁装呀？（《清素庵》）

囊斋，是你不知，把相公适才教贼盗去了。（《清素庵》）

当真把我大叔教贼背地去了。（《清素庵》）

猛然把奴吃一惊，因何箱内有书生。衣冠楚楚庞儿整，不由教奴喝彩声。（《清素庵》）

你莫挡，教她来，看把她急得，莫要把人的兴头子打回去了。（《香莲佩》）

我们是曹公子手下的兵丁，善缚马翅，恐怕教你飞不起去。（《香莲佩》）

以下是我们从“三言二拍”里找到的“着”字用如“让”的例句：

娘子在家安否？谁着你来寄信？（《初刻》13）

王公幼女越长成了，王公思念亡女，要与行修续亲，屡次着人来说。（《初刻》20）

那孺人陪翰林吃了饭，着落他姓李在书房中，是件安顿停当了方才进去。（《二刻》3）

谈间，言及本处卓王孙，巨富，有亭台池馆，华美可玩。县令着人去说，教他接待。（《警世通言》6）

海陵是渔色的人，又着别个主儿去弄，有好一程不到定哥这里。（《醒世恒言》23）

以下是我们从李芳桂剧作里找到的“着”字用如“让”的例句：

牛二在县，将这头着他一见，活活要吓死他，以雪不平之气也。（《香莲佩》）

（役）禀老爷，吕庚娘探望她兄来了。——（曹也参）着她进来。（《香莲佩》）

你孩儿着乳娘问下了。（《春秋配》）

今晚犬声乱吠，着人胆颤心焦。（《春秋配》）

只说你掌生死大权，着我常作光棍不成？（《十王庙》）

阳间的文章，着阴司里的先生看哩。（《十王庙》）

你说的虽是有理，着人终是难信。（《十王庙》）

姐姐将衣服解开，着太太细看。（《十王庙》）

将此事报与吴翰林、花老儿得知。着他衙中相会。（《十王庙》）

今日我家女儿着我向晚时候，在店门外等候，言说有个上任官儿，名叫岳俊，必然要到店中来。（《玉燕钗》）

哼，打到熟题上了。这官司好审，着他进来。（《玉燕钗》）

你看那刀上有字，是铁篙李汉蛟，自然凶犯是他，快着人去拿。（《玉燕钗》）

若得见他，着他在官场中寻个才郎，庶为门楣生辉。（《白玉钿》）

看那相公，真是可意之人，莫若着爹爹将奴面许与他，以报大恩才好。（《紫霞宫》）

这才是谁杀人着谁偿命，小女子将凶犯诉说分明。（《紫霞宫》）

分明人家不知，着我一问，还要粘牙哩，这岂不是寻的挨挫哩。（《清素庵》）

以下是我们从西安易俗社剧作家的剧作里找到的例句，数码字是回数。

教这个孩子吃个接奶，将来长大成人，为你送终，你看如何？（范紫东《三滴血》2）

这是谁的娃，教人家的娃回去……（《三滴血》4）

这姐弟俩还是割舍不开，快教人家领着去。（《三滴血》9）

哎哎哎，你不是我兄弟，谁着你把我叫姐姐呢？（《三滴血》16）

你快给我们说个明白，再不要教我胡叫冒答应了。（《三滴血》16）

娃叫人家混的去了，可托侄儿的福呢么，那可怕甚么！（《三滴血》17）

若教制台生上气来，参你一折，永不叙用。那倒图了个什么？（李桐轩《一字狱》1）

姊妹们同游戏何等欢好，没了你教我们也觉无聊。（李仪祉《李奇斩蛇记》1）

来人，将门口牌子摘了，不要教人看咱是门户人家。（封至模《山河破碎》5）

这有雕翎箭三根，送与你家姑娘，教她出来见我。（同上）

其二，关中方言不用普通话所具有的被动介词“被”，普通话的“被”在关中方言里相应地作“教/着”，例如：

教他拿走咧/着他拿走咧。

教水把地淹咧/着水把地淹咧。

他屋他们家教贼偷咧/他屋着贼偷咧。

教他把我欺负匝咧欺负得好久并且很厉害/着他把我欺负匝咧。

教长虫把你吃了，连骨殖都不得见哩。（李仪祉《李奇斩蛇记》第一回）

如张赪（2002：225）“着”字有“被”的意思：“上头着披毡盖着。（老乞大 286）｜便着钩子钩出来。（朴事通 319）｜着几句话破了这门亲。（诈妮子调风月 117）”我们还从李芳桂剧作《春秋配》看到这样的例句：小妇人男子不在家中，养娘出外买米，因而着人杀死。

关中方言充当被动标记的“着[tʂau31]”还可以跟西南方言写作“遭”的“着”字进行对比。屈哨兵（2007：244～267）指出，西南、西北、华北、华中好多地方（主要在官话区），“着”字都充当被动标记。这里抄录屈文的例句如下：

成都：窗子着耗子咬了一个洞。（张一舟等 2001：316）

荣成：家里找（着）你作损得还有个弄儿吗？（钱曾怡等 2001：305）

湘潭：手指着玻璃划破哒。（曾毓美 2001：83）

其三，关中方言相当于普通话介词“依”的是“着/教”，比较如下：

北京　依我看，你最好不要当官。　　依你说，我没本事管这件事情。

关中　着/教我看，你最好覅当官。　　着你说，我没本事管这个事情。

其四，“着”字在关中中部地区当“像”讲，例如：

你着这下弄啥呢你像这样干什么呢？

这几件事情就着老张说的办法办。

这件事要着这下这样办呢，不敢着那下像那样办。

啥事情要是都着你这下办，还都不好得很咧！

其五，关中方言的“着[tʂau31]”字还用如“在、到”字。例如：

把饭碗搁着[tʂau31]桌子上。

他今年考着[tʂau31]北京大学咧。

这个老婆的一个女子，从小小儿就给抱养给着[tʂau31]城里头咧。

她把针线活都拿着[tʂau31]单位做去咧，寻着教（/着）领导反感呢。

歌谣：麻野鹊，尾巴长，娶下媳妇忘了娘。将娘背着山顶上，将媳妇背着热炕上。

6.5.3 “教、着”的其他问题

其一，关中方言的“教/着”还可以与“居然、竟然”义的“还”字构成“教/着 NP 还”式。这种格式是惊叹句或疑问句，有的还是与把字句的套合。例如：

教人还都覅说话咧怎么不允许人说话呢？

教谁还要提个意见咧应当允许别人提意见？

难道说教人还不过年咧应当让人把年过了？！

我教你几个还叱喝住咧你们几个竟然叱骂得我无法反驳！

咱咱们教他还ᶜ籓胁迫住咧！ =教他还把咱ᶜ籓住咧！

教一点儿小毛病还撂倒咧一点儿小毛病居然整得躺下了！

教一点儿小毛病还把你撂倒咧一点儿小毛病居然整得你躺下了！

其二，笔者老家农村（户县大王镇宋村东堡）有一户人家口语里于动词“在”字后边常常连带“着[tʂau^{31}]”字，例如：“他屋家在着[tʂau^{31}]西安呢｜他这忽这会儿在着[tʂau^{31}]单位呢｜这个地方就在着[tʂau^{31}]东边呢｜*你这一[tʂei^{51}]会在着[tʂau^{31}]哪搭哪里呢？”这虽然是个案，有必要予以罗列，以期作为相关研究的参考。

这里顺便交待一下户县方言“叫[tɕiau^{55}]”字的一个特殊用法。如下例句中的“叫”字有“接近；相当于”等意思，这种用法在目前一些老派文盲的口语里还用，估计二三十年以后会消失的。

老汉今年叫 80 岁呢。

我也叫一米七高呢，其实最多一米六八。

娃都叫 20 岁的人咧，得给他驮些事情咧。

你也叫局领导呢，你肯定能对我的事情有帮助呢。

他也叫老师呢，竟然就连这一[tʂei^{11}]点儿水平都没有！

这个语境里的“叫”字也可以被“准”字所取代，但是，目前“准”字的使用频率要比“叫”字高得多。

6.6 套合句式

关中方言的套合句式有两套式，如把字句与给字句的套合、把字句与教字句的套合；还有三套式，如“把、教、给”三种句式的套合。

6.6.1 把字句与给字句的套合

其一，是“把”与相当于普通话助词“给”的“却（口语读如‘渴’）”的套合，如上文 5.4.9 小节专门讨论频率副词“却”时举的例句：“他把衣裳却晒干咧/他把衣裳晒干咧｜把他妈肏得朝后尿呢/把他妈肏得却朝后尿呢！”这种套合多数用于詈骂语境。

其二，“把”字和“给”字都是介词，这种套合句式分为“把”字在前和“给”字在前两种，孰前孰后语义无别，从逻辑关系来看，只是强调的对象不同罢了，例如：

“把”字在前的	“给”字在前的
把你的事情给大家伙说清楚	给大家伙把你的事情说清楚
把这些苹果给你外婆送着去	给你外婆把这些苹果送着去
把这个月的奖金给大家分了	给大家把这个月的奖金分了
把出差的情况给领导作个汇报	给领导把出差的情况作个汇报
你把老张的电话号码给老王写好	你给老王把老张的电话号码写好
咱得把前几年借他的钱给他还了	咱得给他把前几年借他的钱还了
我把借你那 30 块钱给你拿来咧	我给你把借你那 30 块钱拿来咧
我就应该把东西给你送着来	我就应该给你把东西送着来
你把你的经验给大家介绍一下	你给大家把你的经验介绍一下

其三，在否定词“不、没、覅”出现的句子里，只能是“把”字在前而不能转化成“给”字在前的句式。例如：

你肯定把你做的缺德事不给娃们说。

你把你买的东西给老婆不给，得是是不是给给二奶咧？

我就把自己挣的这些钱给老婆没说过，我老婆也没问过。

你就试火试一试把挣的这些钱给老婆覅给，看得安宁能不能安生？

他把收回来的账给单位出纳没交，老板把他告上咧；你说他划得来吗？

咱咱们就把你今儿晌午做的饭给他覅吃，教他也饿一回肚子，把饿肚子的味道尝一下！

其三，当“给”字当“向、往”讲的时候，只能是“把”字在前。以下例句“给”字又作“望、朝”等：

赶紧把娃抱上给/望/朝回走！

你把东西给/望/朝大包里头多装些。

你就把画张给/望/朝西边墙上贴去。

你把你的行李给/望/朝里头挪一点儿。

赶快把书包背上给/望/朝教室里头走。

教他把车给/望/朝东边再去挪，移动些子。

你把头给/望/朝下在低些，覅教人看来看见。

你看，把老汉拚[pã^{55}]摔倒咧，赶紧把老汉给/望/朝起搊扶。

6.6.2　把字句与教字句的套合

这个问题孙立新在《户县方言研究》479 页注意过，但是不够深入。邢向东《陕北晋语沿河方言“把”字句与“教”字句的套合》（戴昭铭主编 394～401）对这类句子的讨论很深入。其实，关中方言也大量地存在着如陕北晋语沿河方言的套合句式。鉴于邢向东这篇文章讨论得很深入，所以，本节予以简单交代。

其一，跟邢向东所讨论的套合句式相同，关中方言这类句式的共同点也在于，单独表述或者对话中都没有主语，属于一种特殊的非主谓句。邢向东把这类句式分为两类，一类是“把 NP＋教 NP＋VP”，可以称作“把”字在前的套合句；一类是“教 NP＋把 NP＋VP”可以称作“教”字在前的套合句。徐朋彪《〈李十三十大本〉语法现象札记》（2012：29～32）一文指出：《李十三十大本》中的这两类句式各 3 例，如：老总，总要小心，看把你教贼杀了丨囊斋，是你不知，把相公适才教贼盗去了丨当真把我大叔教贼背的了丨那贼与我蒙汗药一包，教我把老爷麻住，仍旧丢到江中丨教我何处把你揣丨教你一付把阎王见。再如著名水利专家、教育家、剧作家蒲城李仪祉先生（1882～1936）《李奇斩蛇记》第一回里的台词“教长虫把你吃了，连骨殖都不得见哩”。应当指出：这类句式在关中方言里多数是“把”字在前也可、“教”字在前也罢，其表义特征相当；从逻辑关系来看，只是强调的对象不同罢了。例如：

“把”字在前的	“教”字在前的
把娃教你吓得蛮哭直哭	教你把娃吓得蛮哭
*把꜂你教我再帮几天	教꜂我把你再帮几天
*把꜂我教他气匝气到极点咧	教他把꜂我气匝咧
*把꜀你一家子教我就操心匝到极点咧	教我就把꜀你一家子操心匝咧
*把꜀我娃教꜀我师母就爱匝到极点咧	教꜀我师母把꜀我娃就爱匝咧
得是是不是把他（丨你）教贼偷咧？	得是教贼把他（丨你）偷咧？
把他一家子教他搬走	教他把他一家子搬走
把水教老汉一喝	教老汉把水一喝
把老婆教老汉打咧一顿	教老汉把老婆打咧一顿
把书教他拿上	教他把书拿上
把菜教老汉拿回去	教老汉把菜拿回去
把你媳妇儿教你妈引上	教你妈把你媳妇儿引上
把（他）孙子教他爷爷爷抱上	教他爷把（他）孙子抱上
把娃教他妈叫起来上学去	教他妈把娃叫起来上学去
把这件事教他办了去	教他把这件事办了去
把这些钱教他一个人拿去	教他一个人把这些钱拿去
把争欠我的钱教他还了	教他把争我的钱还了
詈语：把他妈教驴㑚死咧	教驴把他妈㑚死咧
詈语：把他妈教卖炮的㑚咧	教卖炮的把他妈㑚咧
把个鸡教鼠狼黄鼠狼咬死咧	教鼠狼把个鸡咬死咧
把门教娃都踢烂咧	教娃把门都踢烂咧

把日子教他个二流子过成啥咧？　　教他个二流子把日子过成啥咧？
把我教你这个死狗无赖还ᶜ箍整住咧　　教你这个死狗还把我ᶜ箍住咧
把老师教个捣蛋学生都气哭咧　　教个捣蛋学生把老师都气哭咧
把我教你吓侌塌坏到极点咧　　教你把我吓侌塌咧
把镇这么好的一个事情教你搅黄咧　　教你把镇好的一个事情搅黄咧
把这点儿活教我一晌就做完咧　　教我把这点儿活一晌就做完咧
把那些东西教你拿走呢　　教你把那些东西拿走呢
操心把娃教蜂蛰咧着！　　操心教蜂把娃蛰咧着！
不准把我写的文章教他抄了！　　不准教他把我写的文章抄了！
不敢把娃教狗吓了！　　教狗不敢把娃吓了！
把娃不敢教狗吓了！　　教狗把娃不敢吓了！

请您注意，上列“把”字在与“你、我”搭配的时候，若“把”字在前则不能成立。这是因为，“教”字在这种语境里具有“请允许做某事”等意思。这类例句还可以再举几个：

教我给你把表填了。
老师，教学生给你把包提上。
教谁把我的碗连和筷子拿去咧？
教他给我把书捎来，我要看呢。
教他把自己贪污受贿的事情说清楚。
教我老婆把她烙的油饼拿来咱几个吃。
老汉叔，教我给你把座位让了，我马上下车呀。

其二，关中方言的这类套合句式并不是绝对都是非主谓句，假如出现主语，则必须是“教”字在前，如“我教你把争欠我的钱还了，你咋还不还呢？”可以成立，而“我把争我的钱教你还了，你咋还不还呢？”则不能成立。下面再举若干例句：

你教他把借我的钱还了。
她泛常经常要教男人把饭做了呢。
我教我老婆把她烙的油饼拿来咱几个吃。
你妈教你在学校去得咧的时候把钱多拿些。
咱就教他把这笔账到底咋用来给咱说清楚。
领导教咱俩把表今儿就填好交给他呢，明儿就上会研究呀。

还有，在具有或隐含着遭受意义的句子里，一般是“教”字在前。例如：

教几个孙子把她缠绾得出不了门。
教那个死狗无赖指人把他ᶜ箍整，纠缠住咧。
教事情把人经伤咧指麻烦事情或伤心事情致使不愿在经受了。

教“文化大革命”把他整得一听广播喊叫浑身都打战呢。

其三，在以提示语“操心、小心”等开头的句子里有的只能是“把”字在前。例如：

操心把娃教狗吓咧着！

操心把你狗甸的教人家打一顿着！

小心老师把你拉干坏事被抓住教你扫地着！

小心把东西偷不到手教主儿家拉住咧着！

操心把你掉到水里头教水长虫水蛇咬咧着！

小心把公家的便宜占得多咧教纪检委叫去不得回来咧着！

其四，把字句与着字句的套合；其中“教”字是“像”的意思，“教”字的宾语是表示方式的指示代词。具体分为“把”字在前和“教”字在前的句式。例如：

你咋能把事着这一[ᶜtʂei]下这样（着[.tʂɤ]）做呢？

他要把问题着兀一[ᶜuei]下那样理解，我也没办法。

难道说，娃把你着这一[ᶜtʂei]着儿这样伺候都没把你的心打动？

我只能把事着这一[ᶜtʂei]下做，不可能把事着兀一[ᶜuei]下做。

你都把问题着这样处理呢，我还能咋处理呀？以上为“把”字在前句式

着这一[ᶜtʂei]下这样把我就气死咧。

你就着这样把地锄完再回去吃饭。

你再着兀一[ᶜuei]下那样我也不害怕！

他要是着这样下去不是就把他的人丢完咧吗？以上为“着”字在前的句式

应当特别指出，上文6.5节指出，关中方言“教”字在表使令、被动等时与“着（＝招）”相通，但是，本节所讨论的套合句式，最少在西安一带口语里只能用“教”不能用“着”。

6.6.3 “把、教、给”三种句式的套合

其一，最常见的是“教”字在最前，然后是“把”字，最后是“给”字。例如：

教他把娃给你妈送去哄去。

老师教你把作业给同学一说。

老汉教老婆给他把椅子搬来。

你教他把借我的钱给我还了。

教我把这些表给你一下全部填了。

教他把这个故事给咱再讲嘎子一下。

教他把他的学生给其他老师交待了。

教专家把咋着防治给大家做个报告。

教老汉把那笔钱钱给老婆也捎着领上。

教他同事把他的这个月工资给他捎回去。

她泛常经常要教男人把饭给一家子都做了呢。

教那个贪官把他受贿的事情给纪检委说清楚去。

谁教你把这个事情给他说咧，你咋镇这么嘴长的？

我教你把这些东西给你舅送去呢，你咋还没送呢？

我马上就打电话教他把他写的书给你拿着来，他马上就来咧。

其二，次常见的是“教”字在最前，然后是“给”字，最后是“把”字。例如：

教他给咱把这个故事讲嘎子。

教老汉给老婆把钱也领上去。

教我给你把这些表一下全部填了。

教专家给大家把咋着如何防治做个报告。

教他同事给他把他的这个月工资捎回去。

教那个贪官给纪检委把他受贿的事情说清楚去。

我教你给你舅把这些东西送去呢，你咋还没送呢？

你教他给我把他写的书送着来，我还知不道不知道他写得咋样呢？

其三，也可以是“把”字在最前，然后是“教”字，最后是“给”字的三套合。例如：

把娃教他舅给他奶送去。

把这个故事教他给咱再讲一遍。

把那些东西教他给他的孙子捎回去。

简直把镇这么好的事情教他给咱办砸咧！

把他的这个月工资教他的同事给他捎回去。

把这一[tʂei^{52}]节语文课教张老师给学生上了。

其四，因为关中方言的“给”字也用如“向、往”，所以，口语里也有教字在最前、然后是把字、最后是“向、往”义的“给”字的语句：

教他把娃给高再抱一点儿。

教他把他拿的行李给里头再挪些子。

你过去教小伙子把椽给左首再放些去。

教他把床给高再支些，太低咧容易潮。

你回去教你妈给这儿走，在这儿打麻将来。

谁教你把你的这些东西给桌子上头搁来来着？

教你把画张给西边墙上贴呢，你咋贴到东边去咧？

这类“给”字用如“向、往”义的句子，“给”字所组成的介宾词组不能前置，如“教他把娃给高再抱一点儿”不作“教他给高把娃再抱一点儿/给高教他把娃再抱一点儿”。

其五，因为“却（[$k^h\gamma^{31}$ 西安音]＝渴）”字在关中方言里也具有助词“给”的意思，所以，如下教字在最前、然后是把字、最后是却字的句子在关中方言的詈骂等语境里常常出现；跟上列例句不同的是，上列的“给”字是介词，如下的“却”字是助词：

把他却教贼偷咧。

把他妈教驴却㑚咧！

把她教人家却㑚得重咧！

把他妈教驴却㑚得朝后尿呢！

把他的八辈祖宗却（教他）羞咧！

把你的门风教你这个卖屄的却倒咧！

把好端端的个事情教你却给我搅黄咧！

这是把我娃教谁个狗贼王八蛋大坏蛋却惹哭咧，咹？

以上句式是“把”字在前，以下句式是“教”字在前：

教驴把他妈却㑚咧！

教人家把他却㑚得重咧！

教驴把他妈㑚得却朝后尿呢！

教他把他的八辈祖宗却羞咧！

教你这个卖屄的把你的门风却倒咧！

这是教谁个狗贼王八蛋把我娃却惹哭咧，咹？

还有些其他句子里的“却”字也是助词，相当于“给”，举例如下：

就咋教谁把她却㑚得重咧。

教人家把他的八辈祖宗却都诀骂咧。

咋就教黄鼠黄鼠狼把鸡都却咬死咧呢？

咋能教狗把娃却吓得蛮哭呢，你是咋哄娃着呢？

就咋像教谁把他的黑馍边子指肝脏却吃咧指“他”给别人发无名火。

就咋像教谁把你二爸二叔父却挖咧两镢头！“你”凭什么给我或大家涎着脸！

第七章　关中方言其他词类研究

7.0　引言

本章讨论关中方言的其他词类，包括数量词、助词、语气词和叹词。

关中方言常见的概数标志为“多、来、上下、左右”，可以说“一百多、八千多、一百多万、五千多万”；可以说“十来个”，不说“十多个”；西安一带可以说“一里来路、三个来月、半年来些时间”。关中方言“两”字通常读作上声调，又读阴平调。西安一带“这两天；那两天”的“两”字读作上声是实指两天，读作阴平分别指“这几天，最近；那几天”。关中方言的个体量词“个”与北京话相比，具有“个、只、枝、管、根头、匹、副、本、幅、张、页、床、条、把、台、架、座、家、块、片、件”等意思。

关中方言表示领属等的结构助词及补语的标志“的”字，多数方言点读作[.ti]，商州读作[.tsi]，蓝田、凤县、黄陵读作[.tɕi]；旬邑方言的“哩”字相当于普通话以及关中多数方言点的“的”字。“块”字通常情况下在宝鸡一带读作上声调的[ᶜk^huæ]，宝鸡、千阳、凤翔、岐山、麟游方言“块”字的音变形式分别作[.væ]或[.uæ]表示领属，相当于普通话的助词“的”。

关中方言的“着”字用作时态助词，既可表正在进行时态，又可表将要进行时态；还可以表示目的、假设等。蓝田、临潼以及泾河以东，体貌助词“的”的使用频率很高，“的”字具有表正在进行时态等的特征；关中方言的“住”字还具有表示持续的特征。西安等处“了$_1$”和“了$_2$”一般无法通过读音来区分，多数情况下都读作轻声调的“咧”，只在把字句等语境表示未然等的时候，“了$_1$”才读作[.liau]；泾河以东的泾阳、三原、淳化、高陵、耀州、铜川、大荔东部以及商州、丹凤等处“了$_1$”读作[.lau]，“了$_2$”读作[.la]；富平、华县、韩城、宜川、黄龙“了$_1$”读作[.liau]，“了$_2$”读作[.la]；渭南、蒲城、白水、旬邑、彬县、眉县、扶风、凤县、宝鸡、凤翔、千阳等11处的“了$_1$”读作[.liau]，“了$_2$”读作[.lia]。关中方言的把字句可以带动态助词“过”。关中方言的“来”字相当于普通话的“来着”。

西安、户县、蓝田、周至、咸阳、礼泉、兴平、武功、眉县等处把普通话的语气词“呢”仍然作“呢”，其余方言点除了丹凤作“咿[.i]”以外，基本上作“哩”。富平、渭南及其以东，“的”字常常用如普通话和西安方言的“呢”，“的”字的这种用法跟西南官话“的”字用在“到/倒”的后边很相似。关中中东部方言句末的语气词“嗑[.kʰɤ]”相当于普通话的“啊、呀”。西安一带“些”字既可表示恳求、敦促语气，又可表示假设等。

关中方言叹词的特点主要有：多数叹词也是零声母音节；一种声韵组合往往有几个声调类型，这些声调类型各自负载着其具体的语法、语义、修辞等特征；有的叹词基于特殊感情色彩的需要，往往要以重叠、长化等特殊形式来表达；有的处于句首，有的处于句末。

7.1 数量词研究

本书第一章在讨论重叠词的时候，1.1.4 小节讨论过关中方言数量词的重叠问题；1.4.3.1 之“其三”部分讨论过关中方言数量词的合音问题；1.2.1.1 部分之“其八”讨论过“子”尾向量词延伸等问题。关中方言数量词的其他问题，讨论如下。

7.1.1 关中方言的数词

7.1.1.1 数词的一般用法

其一，多数基数词跟普通话的用法是一致的，例如：一、二、三、四、二十三、八十九、一百八十、五万三千零七十三、两双半、八分之一、九分之七、百分之三十五。

其二，关中多数方言点的序数词也跟普通话的用法是一致的，例如：第一、初三、老三。

其三，关中方言常见的概数标志为“多、来、上下、左右”，例如：一百多万、十来个、三千上下、五万左右。相邻的两个基数连用也表示概数，例如：三四（个）、七八（天）；也有“三五”连用的，例如：三五（天）、三五（年）、三五（万元）、三五（个人）。普通话的概数标志“把”关中中西部方言不用；商州一带“把”字可以表示概数：百把嘅一百多、千把嘅一千多、万把块钱一万多块钱。关中方言可以说“一百多、三百多、一千多、八千多、一百多万、五千多万”；可以说“十来个”，不说“十多个”；西安一带可以说“一里来路、一个来月、三个来月、半年来些时间、一年来些时间”。

7.1.1.2 数词的特殊用法

其一，如 130 在关中方言口语里通常叫做“百三”，25000 通常叫做“两万五”；即百以上大的整数加上零头为整数而无更小数目的数。例如：百一（110）、百五（150）、百八（180）、五百三（530）、七百八（780）、九百九（990）、千二（1200）、千七（1700）、三千六（3600）、八千九（8900）、五千七百九（5790）、六千六百六（6660）、一万一千九百三（11930）、一万七千八（17800）、三万零四千三（30430）、十一万五千四（115400）、三十七万六（376000）、九百八十万六千三（9863000）。但是，11000 不叫做“万一”。

其二，关中方言“二”和“两”的特殊性主要表现在以下几个方面：

一是 200 叫做“二百”，不叫做“两百”，2000、20000 分别叫做“两千、两万”。

二是关中方言有许多以“二”开头的词语。因为“二”在关中方言里有“莽撞得令人讨厌”的意思，例句如“这个小伙子～得很”，因此，以下词语都跟“二”的“莽撞”义有关：

二蛋[ər^{55} tã^{55}]①儿马、儿骡子的通称。②莽夫，二杆子。又作“二蛋货”。

二蛋货[ər^{55} tã^{55} xuɤ^{55}] 详见上一词条。

二道毛[ər^{55} tau$^{55\text{-}31}$ mau^{24}]二十岁左右缺乏教养的小伙子：几个～连 80 岁老汉都敢诀骂。

二货[ər^{55} xuɤ^{55}]①莽夫，二杆子。②背称某个家庭里的第二个孩子；相应地其他孩子还可以背称为“大货”“三货”等。

二凉儿[ər^{55} liẽr^{24}]莽夫，二杆子：你跟这个～有说的啥呢为什么要跟这个二杆子讲道理呢？

二愣子[ər^{55} ləŋ^{55} .tsɿ]莽夫，二杆子：你真是个～！

二母狗子[ər^{55} mu$^{52\text{-}31}$ kɤu^{52} .tsɿ]傻瓜；不明白事理的人：（谚语）宁挨好汉一刀，不跟～照量一般见识｜（歇后语）两个母狗并排儿走——～。

二母三狗[ər^{55} mu$^{52\text{-}31}$ sã^{31} kɤu^{52}]很不懂道理的样子：看你～的，你这是咋咧？

二扭儿[ər^{55} niər^{52}]优柔寡断的人：咱跟这个～不商量。

二气[ər^{55} tɕ^{h}i^{55}]傻瓜：你真是个～！又作“白气”。

二木沟子：高陵方言指外行，技术不精通者。按：跟西安一带“二母狗子”音近义异。

二愣：高陵方言指带点憨气的人。

二家梁：高陵方言指大笨汉。

二㞞[ər^{55} tɕ^{h}iɤu^{24}]/二㞞货[ər^{55} tɕ^{h}iɤu^{24} xuɤ^{55}]傻并且莽撞者（詈语）：跟个～讲道理没用。

“二”还有其他意义，表现在以下词语中：

二把刀[ər^{55} pa^{52} tau^{31}]对业务不精通的人：我是～，我怕修不好。

二尺五[ər^{55} tʂʰʅ^{31} u^{52}]指吹捧人的话，高帽子：你少给我戴～！|（谚语）～是个假的，人人都爱戴。按：有一个民间故事，说有一个小孩跟猛张飞说："张爷，我看你这个人耿直得很，你不爱戴二尺五！"张飞听罢笑得嘿嘿嘿的，其实猛张飞照样爱戴二尺五。

二夹扭儿[ər^{55} tɕia^{31} niər^{52}]够与不够之间：他给我给钱给了个～，我得节约着花。

二净[ər^{55} tɕiŋ^{55}]戏曲角色中的副净。又作"毛净"等。

二骡子[ər^{55} luɤ^{24} .tsɿ]儿骡子，公骡子。

二马子[ər^{55} ma$^{52\text{-}31}$ .tsɿ]公马，儿马。

二门指头[ər^{55} mẽ^{24} tsɿ^{31} .tʰɤu]食指；西安方言叫做"二闷指头[ər^{55} mẽ^{55} tsɿ^{31} .tʰɤu]"。

二央盆[ər^{55} iaŋ^{31} pʰẽ^{24}]不大不小的盆子。

二尾子[ər^{55} i$^{52\text{-}31}$ .tsɿ]中性的牲畜或者人。

我们从《商州方言词汇研究》33～34 页看到商州的类似词语或其他词语如：二不楞登子不大不小，不好不坏、二半子中等、二反儿秦腔曲调中的一个回环、二冷也说"二冷锤子"，詈词，傻子、二转子混血儿、二性子不大不小叫～，如"她是～脚"、二箍楼①戏称眼镜儿②纸牌中的"二饼"、二杆也说"二杆没气"，傻子、二糊儿 xur^{551}头脑不清醒的人、二花脸也叫"毛净"扮演鲁莽、丑陋，不够稳重的男性。

三是"两"字。关中方言"两"字通常读作上声调，又读阴平调，其读作阴平调的理据待考。西安一带"这两天、几两天、那两天"的"两"字读作上声是实指两天，读作阴平是指"这几天，最近；那几天"。西安方言"两"字多读上声，周至方言"两"字多读阴平。我们调查过"你姓王，我也姓王，咱两个都姓王"在关中方言区的说法，结果如下：

A. "两个"合音为 ꜀lia 的有西安、户县、商州、合阳、黄龙、铜川、富平、高陵、旬邑、彬县、礼泉、咸阳、临潼、蓝田共 14 处。

B. "两个"作"两个块 ꜀lia ꜀uæ"有周至、耀州 2 处。

C. "两"字读作上声调。长武、永寿、眉县、三原、武功、岐山"两个"读作 ꜂liaŋ ꜀kɤ，宝鸡、凤县、千阳、陇县、丹凤、华阴"两个"读作 ꜂liaŋ ꜀kuo，凤翔"两个"读作 ꜂liaŋ ꜀kau。

D. "两个"直接作阴平调的"两 ꜀liaŋ"，如渭南、韩城、洛川、黄陵、宜君、蒲城、白水、泾阳、淳化、乾县、宜川共 11 处。渭南等 11 处、扶风及周至终南"两"读做阴平调。

E. 扶风及周至终南方言读作"两个 ꜀liaŋ ꜀kɤ"。

F. 洛南方言"两个"作合音词"两个儿.liar"。

看来，关中多数方言点都把"两"字又读阴平调。

其三，关于关中方言“半”字的特殊用法。

一是“半”字的读音。“半”字通常读作[pã^{55}]（宝鸡读作[pæ̃^{44}]），“半”字读作[pã^{55}]/[pæ̃^{44}]的用法如“半会半会；原来、半晌、半天、半年、一半儿、半中腰、半个月、半人高、半百岁、一双半、半拉子、半吊子、寸半一寸半、多半都是、牛打到半坡、年怕中秋月怕半”。“半”字在“个、碗”前分别音变如“棒、暴”，“半个（东西）”的“半”字音变如“棒”，“半碗饭”音变如“暴碗饭”：半个[pã^{55} kɤ^{31}＜paŋ^{55}]，这个音变类型跟北京话“亲家[tɕʰin^{51} ka^{55}＜tɕʰiŋ^{51} ka^{55}＜tɕʰiŋ^{51} tɕia^{55}]”读如“庆家”类似；半碗饭[pã^{55} uã$^{52\text{-}31}$ fã^{55}＜pau^{55} uã$^{52\text{-}31}$ fã^{55}]。

二是“半”字充当余数的时候一读本调去声，二读变调阴平，举例比较如下：

半[pã^{55}]：一双半、两寸半、二亩半地、两块半（如2元5角）、两对半、三间半。

半[pã$^{55\text{-}31}$]：吨半（3000公斤）、亩半地、间半房（1丈5尺宽）、寸半（1.5寸）长、多半天、多半年、多半辈子。

关中方言的约数词“一半[i^{31} pã^{55}]”具有特殊的意义，多数情况下是指整数“一”或分数“半”，如“一半年”即“一年半载”，“一半月”指最多一个月，“一半天”指最多一天，“一半晌”指最多一晌，“一半个”一般指一个，“一半回”指一次。

关中方言的“一半儿[i^{31} pẽr$^{55\text{-}52}$]”指一半子，例如：剩咧一半儿｜还有一半儿。

其四，关中方言序数词的特殊性主要表现在以下几个方面：

一是西安、蓝田的序数标志“第”读作阴平调[ti^{31}]（=低；蓝田读作[tɕi^{31}]）。

二是如三伏的次序，一般的表述为头伏、二伏、三伏/末伏。与之类似，丧俗中的七七如头七、二七、三七、五七、七七；忌日纪念分别称作头周年、二周年、三周年/三年。

三是三九的次序，一般的表述为头九、二九、九九等等。如西安一带的《九九歌》云：“头九暖，二九冻破脸，三九三，冻破砖，四九四，把地冻得格吱吱。六九半，冰消散。七九八九，沿河看柳。九九八十一，老汉顺墙立。就是不冷咧，只害肚子饥。”其中，“六九”的“九”字和“九九”的前字变作阴平[tɕiɤu$^{52\text{-}31}$]，其余“九”字不变调。

四是排行中的十一在西安一带简称“一”。户县城关和北乡排行十一的叫法可比较如下：

户县	一哥	一嫂	一爸十一叔父	一娘十一叔母	一爷十一叔伯祖父
户北	十一哥	十一嫂	十一爸	十一娘	十一爷

五是游戏活动中，序数词等往往有特殊叫法。最典型的是户县北乡把抓蛋儿叫“抓陀螺儿[$t^hə^{35}$]（<[$t^huə^{35}$]）”，其口歌中，“摩”指一，“两”指二，“大”指七；“陀螺儿”一共 7 个不足一厘米内径的蛋儿。户县北乡的女孩子在玩这个游戏时，边抓边念三字格口歌道：“咱叫摩，引娃婆，引娃姐，倒银河。咱叫两，鸡叫广，广围城，鸡叫明。咱叫三，来搬砖，搬不过，把手剁。咱叫四，拉咯吱，咯吱响，咱出场。咱叫五，敲金鼓，金鼓金，叫银银。咱叫六，一把抠，抠渠渠，种豌豆。咱叫大，卖俩娃，没卖过，要个馍。”

六是“二”在关中方言一些词语里是第二的意思，列举如下：

二担子[$ər^{55}$ $tã^{55}$ .tsɿ]/二柁[$ər^{55}$ $t^huɤ^{24}$]大房的二梁。

二番[$ər^{55}$ $fã^{31}$]第二次：头番（第一次）你去，～我去。

二番手[$ər^{55}$ $fã^{31}$ $ʂɤu^{52}$]第二次：头番手（第一次）拾掇（平整）地，～种地。

二房[$ər^{55}$ $faŋ^{24}$]男续弦，女再嫁，都称“～”。

二帘子[$ər^{55}$ $liã^{24-31}$ .tsɿ]戏曲舞台上的第二道帐幕：你咋这么长时间了还出不了～你的动作怎么这么迟缓？

二门子[$ər^{55}$ $mẽ^{24}$ .tsɿ]二道门，区别于头门。

二一个[$ər^{55}$ i^{31} $kɤ^{55-31}$]第二个：头一个（第一个）是你，～才是我。

二当：高陵一带旧时指排行老二者。

我们从《商州方言词汇研究》33～34 页看到商州的类似词语如：二皮子指果实的肉皮儿，如花生的内红皮、二水新衣服洗第二次，例如“这衣服是洗～哩”、二茬子庄稼收割后又长出的，例如“～韭菜”、二翻身出门又折回来、二犯旧病复发。

其五，关中方言概数词还有如下表示方法：

一是“百十”指一百多，“千十”指一千多。我们从《金瓶梅》第 10 回：“好似一对儿粉头也，值百十两银子。”还从《醒世恒言》第四、第五卷找到两个“百十”的例句。

须臾间，又见里老乡民，共有百十人，连名具呈前事，诉说秋公平日惜花行善……（4）

那单氏到有八九分颜色，本地大户，情愿出百十贯钱讨他做偏房，单裁缝不肯。（5）

二是“三几”指“三五”，例如：三几天、三几年、三几个月、三几个人、三几块钱。

其六，“五”和“八”的特殊用法。

一是“五个”的“五”字周至方言读作阴平调[u^{31}]；户县方言把正月初五叫做“破五[$p^hɤ^{55}$ $uɤ^{31}$]”，“五”字读作阴平调，“破五[$p^hɤ^{55}$ $uɤ^{31}$]（<[$p^hɤ^{55}$ u^{31}]）=

破窝”。

二是“五”字充当余数的时候，跟“半”字互相补充，比照上文“其三”之“吨半”等，五”字的用法如“尺五（1尺5寸；西安一带方言不作‘尺半’，‘寸半’不作‘寸五’）、分五（1分5厘）、丈二五（1丈2尺5寸）、百五（1500）、千五（15000）”。

三是“八”字的特殊用法。例如“一个萝卜教你（或教他，或叫咱）把八头儿都切咧”指贪心极其不足；一个萝卜本来只有两个头，根本就没有八个头，“八头儿”极言许多方面。还有品评人的智能时常常说“八头儿都没向”，极言有的人“什么都干不了，怎么干都使人感到别扭、难看”。西安一带“八百年”常用来指好长时间，户县方言又作“半十年半十会”，例句如：“事情都过去八百年咧，还提兀个做啥？｜都八百年/半十年半十会咧，你咋才来？”还有一个“八辈子”既指好多代；还是宗教轮回说中所认为的“前世”加上“今世”，或者指“今世”及其以后，例句如：“你一家子就咋像八辈子没见过钱｜你是八辈子没吃饭？｜我八辈子都不想见你，我见咧你就不吃都饱咧感到很恶心！”

其七，“一”字的省略。

一是如上文所讨论的数词“百一（110）、百五（150）”也可以作“一百一、一百五”，这可以视作是对“一”的省略。数词中“一”的省略又如“百八、百三四、千二、千六七”。

二是“一＋量词＋余数”的“一”常常省略，如上文的“寸半、吨半”，还可以再举若干例子如“斤半、斤二两、尺三、丈二五（1丈2尺5寸）、吨六七、寸三四、亩半”等。

其八，数量增加的表示方法。

关中方言在表示数量增加（包括加法和乘法）的语境里常常以“的”字作为增加的标志。如下甲乙两组例句，甲组是加法，乙组是乘法；从这些例子看，其规律性是：甲组里“的”字前后的数量不等而乙组里“的”字前后的数量相等并且限于单音节数词。

甲组：三个的五个一共八个｜十万的八万是十八万｜一百五的三百五共总是五百

乙组：三的三三三得九｜五的五五五二十五｜八的八八八六十四｜九的九九九八十一

其九，关中方言的“一二三四五六七八九十”以及“百千万”等数词在词语中具有一定的特殊性，上文对以“二”开头的词语已经有所交代，第一章“特殊词组”一节的惯用语和俗成语里也有好多，下面交代其他有关词语，以商州方言为例，以“八、九、万、千”开头的词语较少，以下不具体罗列。

（一）以“一”开头的词语，《商州方言词汇研究》58～59：一班一辈同辈（《醒世姻缘》七十二回“咱别要扳大头子，还是～的人家，咱好展爪。”）、一般儿大一样大：这两嘅东西～、一扳手高手一举越过肩的高度：～的大丫头啦，说这话也不嫌羞、一半天字面为一天和半天，实际是形容所剩时间不多、一胞人同一代；同一辈：他的都是～、一跑子一帮：路兀岸儿走咾～人、一木拉子①时间非常的短暂：我睡咾～就起来啦②非常薄，少：早晨起来一看夜里下咾一～雪、一亩麻儿胡乱搅和，理不出头绪：线头乱成～啦、一母尽知对事情的前因后果全部了解、一抹子一带，一片：兀～的人都姓王、一门门偏一的，单一的；只，光：你复习要全面哩，咋～复习数学哩？|你咋～吃面条儿，不吃蒸饭？、一猛然猛乍，突然：～我咋没认识你？、一窝一瞪很貌，形容嘴一窝眼一瞪的样子、一物一什各种杂物：娃把抽屉打开～都给翻出来啦。

（二）以“三”开头的词语，《商州方言词汇研究》300～301：三不齐儿参差不齐、三对照面三人在一起对质、三茶六饭、三长不割短比喻吃的饥不饥饱不饱的、三家四靠大家的事情，你靠我干，我靠你弄△～，倒咾锅灶、三下锅子三样菜烩在一起。

（三）以“四”开头的词语，《商州方言词汇研究》12 页：四零五散活散乱不堪：柴草叫娃一下蹬咾嘅～、四四方方完整的正方形：致一块木头～的△～一座城，鸡娃不叫它先明。

（四）以“五”开头的词语《商州方言词汇研究》83 页：五麻六道杂乱不堪的颜色和道道儿、五七八糟杂乱不堪，很糟糕的：今儿过事啥～的人都来啦、五星不照看某人不像正经人：我看乃人～，你要提防些。

（五）以“六”开头的词语，《商州方言词汇研究》280 页：六头儿各方面：这丫头～都好、六六去去从各方面（来看）：这事～都怪他、六指子指手或脚长有六个指头的人。

（六）以“七”开头的词语，《商州方言词汇研究》49～50 页：七五席指长七尺宽五尺的大席、七道七摆方（占方）时划横七竖八的线打格、七碟子八碗形容菜肴之丰盛、七长八短也说“七高八低儿”参差不齐：麦不壮，长的～的（按：户县方言把“七长八短”又作“七长八不短”）、七七斋斋人死后百日之内，每逢七日举行一次祭祀活动，统称～。

（七）以“十”开头的词语，《商州方言词汇研究》21～22 页：十不全儿指有多种缺陷的人：老人只有一嘅娃还是嘅～、十八扯丑角演员的一种演唱形式，看起来东拉西扯，实际上往往演唱水平很高，风趣、幽默，很受群众欢迎、十满堂划拳时表示“十”，也说“满十满载”、十哩九哩偶尔：我位家（外婆家），我～才去一回、十年八辈子比喻时间很长，遥遥无期：你在外头～，我都等你、十年九不遇很难碰到过一次：阵样的事也是嘅～的事。

（八）以“百”开头的词语，《商州方言词汇研究》207 页：百把嘅一百多、百五六场（治病）运用了各种各样的方法、百两六斤四原实行十六两为一斤秤，一百两正好是六斤四两、百锁子百家锁，上雕“长命百岁”，为吉祥物、百（㞞）不咋没关系；一点事都没有、百儿八十一百或比一百略少。

其九，公元纪年相临的两个年份在口语里以“年代＋相临的两个年份数”的形式来表达。例如：四八九年 48～49 年、五二三年 52～53 年、六一二年 61～62 年、七三四年 73～74 年、一九八五六年 1985～1986 年、二零零六七年 2006～2007 年。

其十，关于“一个能顶俩”的用法。关中方言有个跟数量有关的惯用语“一个能顶俩”常用在表对比的句子里，其对比成分中一般有禁忌语“尻、㞞/垂子”或“屁”字之类的詈骂字眼；“一个能顶俩”是“加倍”的意思。例句如。

你用我的时候一个能顶俩，给我办事的时候尻忙都不帮！

他教我给他操心得咧的时候一个能顶俩，为我的事情，他尻心都不操！

人家给你帮忙出力一个能顶俩，你给人家帮忙出力连个㞞/垂子都不顶！

我给你做活一个能顶俩，有一份力出两份力；你给我做活，淡得屁疼一点儿都不好好干！

你给娃娶媳妇儿我当执事一个能顶俩，我给娃娶媳妇儿你当执事尻大点儿力你都不出！

7.1.2　个体量词——“个”

“个”在关中方言里的读音及用法比较复杂，比较特殊。以下从四点来讨论关中方言的“个”及其相关问题：一、由动态语料看关中方言量词“个”的读音；二、由户县方言量词“个”看关中方言“个”的搭配问题；三、关中方言“个”的其他用法；四、对关中方言“个”的讨论。由于“个”的地方变体又作“块”，所以“块”亦视作“个”一并讨论。

7.1.2.1　由动态语料看关中方言量词“个”的读音

我们把关中方言的个体量词“个”放在动态语料里来看，我们调查了五组语法例句，这五组语法例句依次是：① 这个大还是那个大？| 这个比那个大可没有那个好。② 这个能比过那个。| 这个比不过那个。③ 我们村死了一个老汉。④ 你认得这个字吗？ ⑤ 咱们两个都姓王。

调查的大致结果是：“个”字或单念，基本上都读作阴平调，或与数词“一”字构成合音词，或与基本指代词“这、兀”等构成合音词。

其一，第一组语法例句“这个大还是那个大？| 这个比那个大可没有那个好。”调查结果表明，“个”字基本上不与代词构成合音词，而是以单音词的形式出现的，主要类型有。

A 型读作 ꜀kɤ，属于这个类型的有西安、临潼、蓝田、潼关、高陵、三原、泾阳、彬县、永寿、淳化、乾县、礼泉、咸阳、户县、周至、眉县、太白、岐山、扶风、富县、定边共 21 处。其中永寿“这个、兀那个”又分别合音作 ꜂tʂɤ、꜂uɤ，扶风“这个”又合音作 ꜂tʂɤ。

B 型即“一个”的合音作 ꜀iɛ，属于这个类型的有大荔、渭南、澄城、黄陵、宜君、铜川、旬邑、韩城、洛川共 9 处。其中韩城“这个、那个”又合音作 ꜂tʂæ、꜂næ；洛川的读音有三种形式：一是合音作 ꜂tʂæ、꜂næ，二是“这一一个、兀一一个”合音读作 ꜂tʂei ꜀iɛ、꜂vei ꜀iɛ，三是“这一个、兀一个”合音读作 ꜂tʂei ꜀kɤ、꜂vei ꜀kɤ。

C 型读作 ꜀kuo，属于这个类型的有丹凤、洛南、华阴、黄龙、宝鸡、千阳、陇县 7 处。其中华阴、黄龙“一个”的合音又作 ꜁iɛ。北京 ɤ 韵母拼舌根音字，丹凤等处读作 uo 韵母。

D 型读作 ꜀kæ，属于这个类型的有商州、长武 2 处。

E 型读作 ꜀kau/ ꜀kɔ，属于这个类型的方言点有凤翔、麟游（꜀kau）2 处及岐山县蔡家坡镇（꜀kɔ）。其中凤翔“那个”又作 ꜂kuæ，即“块”。

F 型有耀州、蒲城、白水 3 处：一是“这个、兀个”合音作 ꜂tʂɤ、꜂uæ，二是“这一个、兀一个”合音分别作 ꜂tʂʅ ꜁iɛ、꜂u ꜁iɛ。

G 型是凤县方言，读作上声调 ꜂kæ。

H 型是富平方言，即“一个”合音读作 ꜀yɛ。

I 型是兴平、武功方言，作合音词“这个儿 ꜂tʂər、兀个儿 ꜂uər”。

J 型是合阳方言，读作 ꜂ko。

K 型是宜川方言，“这个、那个”分别合音作 ꜂tʂæ、꜂næ。

其二，第二组语法例句“这个能比过那个丨这个比不过那个”里“个”字的读法比第一组要复杂得多。为了比较，我们特意把关中 51 个方言点“这个、兀个（远指第一层次）、那个（远指第二层次）”在关中方言里的类型及分布特征罗列如下，又作为对孙立新（2002：246～259）文章的补充。我们在调查过程中，发音合作人在用到远指代词时，用远指第一层次还是第二层次，是依其交际习惯而定的。其中，临潼、蓝田、澄城、铜川、泾阳、咸阳 6 处与西安相当，宜川与渭南相当，永寿与乾县相当，眉县与太白相当，以下近指与远指之间用“||”隔开。

西安　这一个 ꜂tʂei ꜀kɤ ||兀一个 ꜂uei ꜀kɤ

商州　这一个 tʂʅ꜄ ꜁i ꜀kæ ||兀一个 vu꜄ ꜁i ꜀kæ

丹凤　这个个 ꜂tʂæ ꜀kæ||那个 ꜂næ ꜀kæ

洛南　这一个 ꜂tʂei ꜀kæ||那个 ꜂næ ꜀kæ

华县　这个 ꜂tʂæ||兀个 ꜂uæ

大荔　这个 ꜂tʂɤ||兀个 ꜂uɤ

渭南　这一个　tʂʅ꜄ ꜁iɛ||那一个 næ꜄ ꜁iɛ

合阳　这个 tʂʅ꜄ ꜀ko||兀个 u꜄ ꜀ko丨兀个 ꜂o丨那个 næ꜄ ꜀ko

韩城　这一个 ꜂tʂei ꜀kɤ||那个 ꜂næ ꜀kɤ丨næ꜄ ꜀kɤ

黄龙　这一一个 ꜂tʂei ꜁iɛ ||兀一一个 ꜂uei ꜁iɛ

洛川　这一一个 ꜂tʂei ꜁iɛ||兀一一个 ꜂vei ꜁iɛ

黄陵　这一一个 ꜂tʂei ꜁iɛ||那一个 ꜂næ ꜁iɛ

宜君　这一一个 ꜂tʂæ ꜁iɛ||那一个 ꜂næ ꜁iɛ

耀州 这一个 ᶜtʂei ˧kɤ｜这一个 ᶜtʂei ˧iɛ‖兀一个 ᶜuei ˧kɤ｜兀一一个 ᶜuei ˧iɛ

白水 这一个 tʂʅᵓ ˧iɛ‖兀一个 uᵓ ˧iɛ

富平 这一个 tʂʅᵓ ˬyɛ‖兀一个 uᵓ ˬyɛ

旬邑 这一个 tʂʅᵓ ˧iɛ‖那一个 ᶜlæ ˧iɛ

高陵 这个 tʂʅᵓ ˧kɤ｜这一个 tʂʅᵓ ˧iɛ‖兀个 uᵓ ˧kɤ｜兀一个 ᶜu ˧iɛ

三原 这个 tʂʅᵓ ˧kɤ‖兀个 ᶜu ˧kɤ｜兀个 ᶜuɤ

长武 这个个 ᶜtʂæ ˧kɤ｜这个块 ᶜtʂæ ˬuæ‖那个 ᶜlæ ˧kɤ｜那块 ᶜlæ ˬuæ

彬县 这一个 ᶜtʂei ˧kɤ‖兀个 ᶜu ˧kɤ

乾县 这一个 ᶜtʂei ˧kɤ‖那个 ᶜlæ ˧kɤ

淳化 这个 tʂʅᵓ ˧kɤ｜这一个 ᶜtʂei ˧kɤ‖那个 ᶜnæ ˧kɤ｜næᵓ ˧kɤ

礼泉 这个 tʂʅᵓ ˧kɤ‖兀个 uᵓ ˧kɤ｜这个 ˬu ˧kɤ

咸阳 这个 tʂʅᵓ ˧kɤ‖兀个 uᵓ ˧kɤ

户县 这一个 ᶜtʂei ˧kɤ｜这个儿 ᶜtʂə‖兀一个 ᶜuei ˧kɤ｜兀个儿 ᶜuə｜兀个 ᶜuæ

兴平 这个儿 ᶜtʂər｜这一个 ᶜtʂei ˧kɤ‖兀个儿 ᶜuər

武功 这个 ᶜtʂɤ‖兀个 ᶜuɤ

周至 这一个 ᶜtʂei ˧kɤ‖兀个 ᶜuɤ

眉县 这个 tʂʅᵓ ˧kɤ‖兀个 uᵓ ˧kɤ

凤县 这个 ᶜtʂɤ‖兀个 ᶜvæ

宝鸡 这个个 tʂæᵓ ˧kuo｜个 ᶜkæ‖兀个 vu$^{24-31}$ kuo$^{31-52}$｜兀个 ᶜvæ

凤翔 这个 tʂʅɛᵓ ˧kau‖兀个 u$^{24-31}$ kau$^{31-52}$｜u^{55} kau$^{31-52}$

岐山 这一个 tʂəiᵓ ˧kɤ‖兀一个 uəiᵓ ˧kɤ

扶风 这个 tʂɤᵓ‖兀个 uᵓ ˧kɤ｜个 ᶜkuo 老派、ᶜkɤ 新派

麟游 这个个 tʂæᵓ ˧kau‖兀个 uᵓ ˧kau

陇县 这个 ᶜtsæ ˧kau‖兀个个 ᶜvæ ˧kau

富县 这个个 ᶜtʂɤ ˧kɤ｜这个 ᶜtʂɤ‖那个 naᵓ kɤ

定边 这一个 ᶜtʂei ˧kɤ‖那一个 ᶜnei ˧kɤ

其三，第三组例句是“我们村里死了个老汉”，关中方言口语习惯相应地作把字句为“我村把个老汉死（/殁）了”。调查结果是，“个”字的读音共有以下几个类型。

A 型读作 ˧kɤ，有西安、临潼、蓝田、高陵、泾阳、三原、永寿、淳化、乾县、礼泉、咸阳、户县、周至、武功、眉县、岐山、扶风、富县、定边，共 19 个方言点。

B 型即“一个”的合音词读作 ˧iɛ，有洛南、渭南、旬邑、宜川、洛川、

黄陵、宜君、铜川、耀州、蒲城，共 10 个方言点。

C 型读作 ꜀kuo，有潼关、宝鸡、千阳、陇县，共 4 个方言点。

D 型读作 ꜀kau/ ꜀kɔ，有凤县、凤翔、麟游 ꜀kau、岐山县蔡家坡镇 ꜀kɔ。

E 型读作 ꜀uæ，有华县、彬县，即“块”的音变。

F 型读作 ꜀kæ，有华阴、长武、商州。其中商州方言习惯上作“一个 ꜀i ꜀kæ”。

G 型读作 ꜀kuæ，即“块”的音变，有白水方言。

H 型即“一个”的合音读作 ꜀yɛ，有富平方言；富平北乡“一个”的合音读作 ꜀iɛ。

其四，第四组例句“你认得这个字吗?”里“个”字的读音类型有以下几个：

A 型读作 ꜀kɤ，有西安、临潼、蓝田、黄龙、潼关、铜川、泾阳、三原、彬县、永寿、淳化、乾县、礼泉、咸阳、户县、兴平、武功、周至、岐山、富县、定边，共 21 个方言点。

B 型是“一个”的合音词，读作 ꜀iɛ，有大荔、渭南、澄城、合阳、韩城、宜川、洛川、耀州、蒲城、高陵、旬邑，共 11 个方言点。

C 型读作 ꜀kæ，有商州、洛南、长武、凤县，共 4 个方言点。

D 型读作 ꜀kuo，有丹凤、华阴、宝鸡、麟游、千阳、陇县，共 6 个方言点。

E 型读作 ꜀kuɤ，有黄陵、宜君 2 处。北京[ɤ]韵母拼舌根音字，黄陵等处读作[uɤ]韵母。

F 型读作 ꜀kuæ ，有白水方言。

G 型即“一个”的合音读作 ꜀yɛ，有富平方言。

H 型读作 ꜀kuo 老中派/ ꜀kɤ 中新派，有扶风方言。

I 型是华县方言，“这个”合音读作 ꜂tʂɤ。

其五，第五组例句“咱们两个都姓王”里“个”字的读音问题，可以从“两个”两字的合音来看，其情形比较复杂。

一是“两个”合音为 ꜀lia 的有西安、户县、商州、合阳、黄龙、铜川、富平、高陵、旬邑、彬县、礼泉、咸阳、临潼、蓝田共 14 处。

二是“两个”作“两个块 ꜀lia ꜀uæ”有周至、耀州 2 处。

三是“两”字读作上声调，“个”字如其方言的通常读法。其中长武、永寿、眉县、三原、武功、岐山 6 处“两个”读作 ꜂liaŋ ꜀kɤ，宝鸡、凤县、千阳、陇县、丹凤、华阴 6 处“两个”读作 ꜂liaŋ ꜀kuo，凤翔方言“两个”读作 ꜂liaŋ ꜀kau。

四是“两个”直接作阴平调的“两 ꜀liaŋ”，如渭南、韩城、洛川、黄陵、宜君、蒲城、白水、泾阳、淳化、乾县、宜川共 11 处。渭南等 11 处、扶风及周至终南“两”读做阴平调。

五是扶风及周至终南方言读作“两个 ꜀liaŋ ꜀kɤ”。

六是洛南方言“两个”作合音词“两个儿.liar”。

另外，我们在调查时，麟游、定边两处发言人直接把“咱们两个都姓王”说成“咱都姓王”而未用“两个”。“咱”在关中方言里一般是当作复数代词用的。

其六，关于“个”字读作本调去声与读作阴平在陈述句里的不同语法语义指向。如本书 4.3.2.2 部分之“其二”指出：关中方言陈述句中的“有几[$tɕi^{52}$]≠有几[$tɕi^{52-31}$]”，“有几[$tɕi^{52}$]”言其多，“有几[$tɕi^{52-31}$]”言其少。跟“有几”的“几”字是否变调类似，西安一带“个”字读作本调去声与读作阴平在陈述句里并且在与约数（如：两三、三四、七八、十几、几十）构成数量词组的时候具有的不同语法语义指向：读作本调时言其多，多数情况下要与句末语气词“呢”字呼应。读作阴平时言其少，一般不受“呢”字的管控，要受范围副词“就、也就、才”等的管控；以上对“个”字读作阴平没有以变调来看，这是因为“个”字读作阴平为时已久了，这个为时已久的变调实质上早已成为白读了。举例比较如下：

“个”字读作本调去声言其多	“个”字读作变调阴平言其少
她要三四个娃呢。	她就三四个娃。
都给他给咧七八个咧。	给他也就给咧七八个嘠！
他给他娃就给咧五六个！	他给他娃就给咧五六个。
还有三五个呢，够你用。	还有三五个，你先拿走。
一家伙就来咧十几个人呢！	才来咧十几个人，根本就不得够。
你都有几十个咧，咋还不得够？	你只有几十个咧，也不算最多的。
他的学生有几十个都是名人呢！	他的学生有几十个是名人吗呢？
他的学生有几十个都是名人吧！	他的学生也就几十个是名人。

7.1.2.2　由户县方言量词“个”看关中方言“个”的搭配问题

孙立新《户县方言研究》（2001：437～438）记写户县方言个体量词“个”时记音为 $kɤ^{31}$，与“个 $kɤ^{31}$”相搭配的情形主要有：一～椅子｜两～刀｜三个笤子笤帚｜三～马｜四～牛｜一～猪｜一～鸡｜五～鱼｜三～手｜三～花｜这～题｜那～帽子｜六～板凳｜一～车｜两～客人｜一～碗｜一～布土布土尺三丈。

户县在关中中部，户县方言可以作为关中方言的代表，如上户县方言“个”字的用法可以作为关中方言较为相当的特点来看。关中方言的个体量词“个”与北京话相比大致是：（1）个；（2）只：一～鞋；（3）枝、管：一～笔；（4）根：一～椽｜三～筷子；（5）（牲口的）头、匹：一～猪｜三～

马；（6）副：一～眼镜；（7）本：一～书｜三～本本儿本子；（8）幅：一～画画儿；（9）张、页：一～报纸｜三～席；（10）床：一～被儿被子；（11）条：三～鱼｜几～担子扁担；（12）把：三～椅子｜五～铲子；（13）台：一～机器；（14）架：一～飞机；（15）座：一～山；（16）家：一～报社；（17）（砖、瓦的）块、片：一～砖｜一～瓦；（18）件：几～家具｜两～事……

也就是说，凡个体事物，基本上都可以用“个”来称其量，这是关中方言较为相当的特点。比照吕叔湘先生（1980：630～636），凡北京可以用“个”的，关中方言都可以用“个”。下面列举北京不用“个”而户县用“个”的名词，如果户县又用到了北京所不用的量词，一并列入；如果北京用到的某个量词户县不用，则不予罗列；北京与户县均用的其它个体量词，一并列入；行文时，有些词语直接列出户县方言叫法，如“骨都骨头”。

白菜：剥｜板：页｜办法｜报社｜报纸：张｜碑子｜被单｜被儿：床｜笔｜ᶜ鞭鞭炮｜鞭子｜标语｜表｜冷子冰雹｜饼干｜病：场｜玻璃：块儿｜布：截｜布告：张页｜布景｜菜酒席上的：道｜虫儿蚕｜蝇子苍蝇｜草｜铲子｜唱片儿｜车：挂（子）[一挂（子）车一辆马车]｜车床｜车厢：节｜车站｜城：座｜城市：座｜秤：杆｜尺子｜膀子翅膀｜虫长形的：条｜虫非长形的｜锄｜船：条｜窗子｜窗帘子｜床｜词词语｜葱：根｜锉｜撣子｜刀子｜岛｜稻草：根｜稻子｜灯｜斗｜电棒日光灯｜板凳｜笛｜地雷｜地图：张/幅子｜点心｜电池：节｜电影儿：场｜钉子｜东西：件｜豆儿豆子/粒｜队伍｜耳朵｜耳环｜耳坠儿｜饭店｜房子单间｜房：座/进｜飞机：架｜洋枧肥皂：块儿｜坟｜风景｜裁缝机子缝纫机｜斧头｜甘蔗｜缸｜膏药：张｜镐｜胳膊｜歌儿：首｜工厂｜工具：件｜工人｜工序：道｜工作｜弓｜宫宫殿：座｜沟：道/条｜狗｜骨都骨头｜鼓｜故事｜瓜｜瓜子儿｜关口：道｜枋棺材｜管子：根｜锅｜河：条｜虹｜狐子狐狸｜蝴蝶儿｜花｜花生儿｜画：张｜黄瓜｜洋火火柴：根｜火车｜火箭｜货：件子｜机器｜机枪：挺｜鸡｜计划｜技术｜家具：件｜胛骨｜剪子｜剑｜箭｜江｜生姜｜教室｜角角角落｜抓角抵角｜脚｜轿｜街：条｜筋：根｜劲儿：股｜井｜镜｜橘子｜剧院｜军队｜军舰｜炕｜客人｜课头儿｜口袋｜口号｜裤儿裤子：条｜筷子｜筐子｜喇叭｜蜡｜꜀笼｜ᶜ笼子篮子｜狼｜老虎｜老鼠｜雷｜犁｜梨｜笆篱笆｜礼堂｜礼礼物：꜀重｜礼兴礼物：꜀重/样｜理理由｜帘帘帘子｜铃：颗｜楼房：座/栋｜路：条｜驴｜旅店｜轮子｜锣｜骡子｜骆驼｜麻：披｜麻包｜麻袋｜马｜马达｜码头｜馍｜猫｜矛盾｜帽子｜门：扇；道；合副｜蜜蜂｜命：条｜命令：道｜磨子｜墨：锭｜木头｜碾子｜鸟鸟鸟儿｜牛｜螃蟹｜皮：张｜琵琶｜票：张｜牌：张/页｜葡萄｜棋子儿｜旗｜企业｜枪：杆/把｜墙：堵｜锨｜桥｜亲戚：家｜琴｜青蛙｜麻螂蜻蜓｜蛆蚜蛆｜裙子：件/条｜人｜伞｜嗓子：副｜扫子扫帚｜森林｜砂子：粒、颗｜山：架｜山口子｜扇子｜

商店丨袄儿上衣：件/件子丨烧饼丨勺丨舌头丨长虫蛇丨头口[t^{h}ɤu^{35} ku^{31}]牲口丨伞：ᶜ把丨绳：条丨尸首尸体丨石头丨收音机丨手巾丨手榴弹丨手套儿：只丨镯子丨书：本丨书店丨木梳梳子丨树丨树股树枝丨刷子丨水泵丨水车丨桶丨爷像神像丨蒜：菁荚丨盘子算盘丨隧道丨唢呐丨锁子：把丨塔丨台台台阶丨坦克丨毯子丨糖丨梯子丨题：道丨蹄子丨头巾丨章子印章、图章丨兔兔子丨腿：条丨拖拉机丨瓦：片丨碗丨围脖：条丨围巾丨文件丨文章：篇丨帐丨蚊子丨西瓜丨席：页丨戏：台丨虾米丨弦：根丨香：支、支儿丨香蕉丨纸烟香烟丨箱子丨相片儿丨象丨消息丨箫丨鞋：只丨心丨心意：片丨苦心：番丨心思：门丨信：封丨信箱丨信封丨星星丨行李：件丨学校丨鸭子丨牙丨牙膏丨牙刷丨眼窝眼睛丨砚台丨雁丨燕儿燕子丨羊丨腰带：条丨钥匙丨叶叶丨衣裳：件丨医院：家丨仪器丨椅子：ᶜ把丨意见丨影影影子丨银行：家丨邮票：张丨鱼：条丨鱼网：副丨鸳鸯：只丨原则丨月饼丨杂志：本丨闸：道丨炸弹丨针：苗丨枕头丨政策、制度丨钟表丨珠子：颗丨猪丨竹子：根丨砖：块丨锥子丨桌子丨子弹丨字丨钻子：ᶜ把丨钻石：颗丨嘴。

7.1.2.3　“个”的其他用法

其一，与北京话（吕叔湘 1980：193～194）“个”字跟动作有关的用法相比，关中方言与之是基本相似的，但并不全同，比较如下，其中还可以看出关中方言词汇、语法的其他特点来；括号里的字是时有时无的。

北京　一个箭步窜了上去　一个跟头栽了下来

西安　一个箭步窜上去咧　一个跟头栽下来咧

北京　一个不小心，把手指划破了　每星期来个一两趟

西安　一不小心，把手指头划破咧　每星期来上（个）一两趟

北京　哥儿俩才差个三两岁　这本书我得看个四遍五遍的

西安　弟兄俩才错ᵓ个三两岁　这本书我得看个四遍五遍呢

西安　弟兄俩才错ᵓ上个三两岁　这本书我得看上（个）四五遍呢

西安　哥儿俩才差下三两岁　这本书我得看下（个）四遍五遍呢

北京　他就爱画个画儿、写个字什么的　洗个澡，睡个觉，休息休息

西安　他就爱画个画、写个字尕大马细的　洗个澡，睡个觉，歇嘎子

北京　看个仔细　笑个不停　玩了个痛快　看得个仔细

西安　看个仔细　笑得不停　耍咧个痛快　看咧个仔细

北京　玩得个痛快　他一说就没个完　这是什么/这是啥？

西安　耍咧个痛快　他一说就没个完这是（个）啥？

北京　你叫什么（名字）/你叫啥（名字）？

西安　你叫个啥/你叫（个）啥名字？

北京　有个差错怎么办？

西安　有个差错咋办呀/咋办<u>去呀</u>[.tɕʰia]?

北京话给字句如“给我十块钱就行了”在西安最少有以下五个变体。

a. 给我十块钱就对咧。

b. 给我给十块钱就对咧。

c. 给我给上十块钱就对咧。

d. 给我给个十块钱就对咧。

e. 给我给上个十块钱就对咧。

若比较 cde3 个例句，能看出 e 句“个”可有可无。可见“个”在此语境里是作助词的。

关中方言与北京话“画个画儿（动＋个＋宾）”相当的结构形式很普遍，几乎所有的单音节及物动词都可以构成“动＋个＋宾”式，再举西安方言若干个例句如下：

（1）我在北京去办个事就回来咧。

（2）他在单位跟领导见个面、问个事、拿个报纸才能闲下闲下来。

（3）你在上海上大学，正年年成年也不给我写个信、打个电话。

（4）你当农民，也不种个庄稼、꜀看养个猪、看个鸡，成天游手好闲的，像个啥样子吗呢?

（5）你年年来给我拜年，也不吃个饭，连个水都不喝，我心里老是过意不去。

（6）他当咧个副职，也最多是占个小便宜，吃个瞎帐吃不掏钱的饭，多领个奖金，没啥实权。

其二，孙立新（2003）指出户县方言有如近代汉语把字句里“我把你个贼囚根子”（《金瓶梅》）式的句子，其中，“个”字相当于“这个、那个”。这类句子有隐含语义，如“我就把你个碎崽娃子我就想把你这个小坏蛋（揍一顿）”。类似的句子还可以再举几个：

（7）我真想把他个不讲理的。

（8）他本来就要把老张个没胎骨的过于不计较得失，不记仇者。

（9）我把你个没脸到耻[mɤ^{31} liã$^{51\text{-}31}$ tau^{55} tʂʰʅ$^{51\text{-}31}$]死不要脸的。

关中方言的把字句还有“他个不讲理的把个讲理的给鼓整住咧”的句式，其中，“个”字是“这个、那个、一个”等意思，再举西安方言几个例句如下：

（10）他把个要着吃的乞丐肏诀臭骂咧一顿。

（11）你咋把个事情只忙一直交代不清呢些呢?

（12）他把个副局长一当就是十五年，一直没升成正的。

（13）这个作家把个短篇小说写咧三个月也没写出来。

（14）老张把个房房子盖咧一年才盖起起来。

其三，关中方言的“个”字还可以用在时间名词、代词等的后边，充当名词等的后缀。

一是西安、高陵、泾阳、户县方言把去年叫做“年时个”，把前年叫做“前年个”。咸阳、周至、太白方言把去年既叫做“年时”，又叫做“年时个”；把前年既叫做“前年”，又叫做“前年个”。陇县方言把去年叫做“年时个儿”，把前年叫做“前年个儿”。

二是西安、宜川、铜川、耀州、武功方言把昨天叫做“夜日个”，西安方言把前天叫做“前儿个”；西安、户县把昨天叫做“夜日个儿”，临潼、户县方言把前天叫做“前儿个”；太白、凤县方言把昨天叫做“夜来个”，太白方言又把昨天叫做“夜儿个”，陇县方言把昨天叫做“夜来个儿”。可参阅下文（31）近代汉语例句。

三是泾阳把今天叫做“今个”；武功把如今叫做“如今个[꜁ʐẽ ꜀kɤ]”。

四是西安、临潼等处“谁”又作“谁个 ꜀kɤ”；据孙立新（2001：416），户县方言“谁”又作“谁个[꜀kɤ]/谁个儿[.kə]/谁块[꜀kʰuæ]”，“啥”又作“啥块”。其中“个/块”用在疑问代词的后边。这个特点在关中方言区较普遍。

其四，“个”字充当代词，但不读去声，也不读阴平，主要在关中方言区西部。

宝鸡方言以读如“改”的“个[kæ^{52}]”字表示远指，假如指人，则所指者不在听说双方当面，从“个[kæ^{52}]”所在的语句看，一般是说话人对“那个人或事物”的詈骂、否定等，例句如：个学生不是好学生｜个老汉是个瞎人哩开那个老汉是个坏人；而宝鸡方言以“这个[tʂʅ$^{24\text{-}31}$ kæ$^{31\text{-}52}$]”来作为对人或事物的近指，例如：这个是我女子的老师哩开｜这个事难办得很。

凤翔方言“这个”作“个 ꜂kæ”，与“改”同音。例句如：“（詈语）～我儿嫖客肏下的。”其中“我儿”指某个坏东西，与关中中部“我儿”指“我儿子”不同。凤翔方言“那个”作“块 ꜂kuæ”，与“拐”同音。例句如：这个大吗还是～大?｜这个比～大可没有～好。

扶风方言“这个、那个”作“个 ꜂kuo 老中派/ ꜂kɤ 新派”。例句如：这个大还是～大?｜这个比～大可没有～好。

张惠英先生（1990）指出客家话的“个个”意为“那个”，第一个“个”为指示代词。

石毓智（2002：117～126）指出“个”在近代汉语和南方方言里可以引申为指示代词，并且在探究其源流时引用到：个侬无赖是横波（隋炀帝・嘲罗罗）；个里多情侠少年（王维・同比部杨员外夜游）。还举汕头话例句：个人肥肥那个人很胖。

刘丹青（2002：411～422）指出吴语苏州方言“个”字可作代词，下面 4 个句子里的“个”字虽然用在句首有引起话题的作用，但是，与本小节所讨论的宝鸡、凤翔、扶风等处的“个/块”用法相似（又请参阅刘丹青 2003：14～24，见戴昭铭 2003）。

a. **个**长沙，现在变仔样子哉。～**这**长沙，现在变了样子了。

b. **个**蛇是蛮怕人葛。～**这**蛇是挺让人怕的。

c. **个**计算机我也勿大懂。～**这**计算机我也不太懂。

d. **个**人侪欢喜往高处走。～**这**人都爱往高处走。

其五，本书 1.1.1.2 之“其五”BB 为派生的里所讨论的如“三月个畔畔、30 岁个畔畔”里的“个”字，以及关中方言詈骂语境里“他妈个屄丨他娘个脚丨他达父亲个腿”里的“个”字都用如结构助词“的”。

其六，凤翔方言领属助词作“块[.uæ]”，宝鸡方言作“块[.væ]”，相当于吴语崇明话的“个”（王培光、张惠英 2003：195～206）及客家话梅县话的“个”（黄雪贞 1995：64）。凤翔等处可以说“这是我块的书丨那是红块”；“我、你、他”连带“块”字时，不论单数或复数均读作阴平调，如“我块[ŋau31 .uæ 凤翔音]”既指“我的”，又指“我们的”，例如：

（15）这是我块书哩开～这是我的书/这是我们的书。

（16）这些钱是你块哩开～这些钱是你的/这些钱是你们的。

下面比较崇明、梅县、宝鸡、凤翔等处的领属助词：

崇明	梅县	宝鸡	凤翔
我个物事	𠊎个东西	我块[.væ]东西	我块[.uæ]东西
红个（衣裳）	红个衫裤	（衣裳是）红块哩开	（衣裳是）红块哩开

7.1.2.4　关于个体量词“个”的讨论

其一，关中方言的个体量词“个”是汉语许多方言所共有的。

关中方言个体量词“个”的使用特点在整个汉语方言里并不是孤立存在的，从时彦的相关成果看，汉语方言主要是官话方言不同程度地存在着个体量词“个”使用频率高于北京话的现象。据我们手头的有限数据看，青、甘、宁、陕、豫、鄂、鲁、晋南方言都存在着个体量词“个”使用频率过高的问题，其中又以关中、山东、湖北为最高。

王军虎（1996：110）指出西安方言的“个”：1. 用于没有专用量词的名词“三个苹果丨两个办法丨四个地方”；2. 用于带宾语的名词后边，有表示动量的作用“见个面丨说个话”；3. 用于动词和补语的中间，使补语略带宾语的性质“吃～够丨学咧～八九不离十”。

张成材先生（1987：213）指出西宁方言“个 kɔ213”的第一义项是量词，用于没有专用量词的名词（有些名词除了用专用量词外也能用“个”），例如：一个板凳（大饼、人、胖娃娃、黑汉、好办法、话）。

张成材先生（1990：67～68，115～118，121）指出商州方言可以说“一个客｜一个车｜一个猪｜天上一个棚，地下一个盆｜拿个馍馍哄出来｜你一个，我一个｜我村里有一个鼓”。其中，张先生把读 kə^{55}/kə$^{55-21}$ 的“个”写作“个”，把读 kæ^{55}/kæ$^{55-21}$ 的“个”写作“嘅”。商州处于关中方言区边沿，可能受陕南等处方言影响，“个”作个体量词的使用频率不太高。

承蒙方言学者张德新见告，陕南地区的西南官话汉阴方言“个”适用于“一～碗｜一～人客｜一～鸡｜一～鸭子｜一～茶碗｜三～盘子｜一～碟子｜一～电话”等语境。

据我们调查，陕南地区的中原官话城固、洋县等处个体量词作“块”，这个特点在户县南乡余下镇一带也有：你有几～娃?｜我有三～娃｜五～头口$_{\text{牲口}}$｜八～桌子｜六～柿子。

张安生（2000：183）指出宁夏同心方言“一个 i$^{13-11}$ kə^{13}”可以搭配的名词有：沟、帽子、轿子、手巾、胳膊、脚、腿、桌子、缸、锅、井、镜子、桥、山、牛、事，等等。

李树俨（1989：143）指出宁夏中宁方言“一个 i$^{13-11}$ .kɯ”通用：～人，～连，～材，～庄子，～笔，～缸子，～碗，～猪……”。

林涛先生（1995：155～156，201～203）指出宁夏中卫方言：两个 liaŋ$^{53-13}$ kə$^{13-53}$/lia^{53} 三个 sãi^{44} .kə/sa^{44}，个 kə^{13} 一个苹果；从前有个铁拐李｜老汉拿了个葫芦｜在墙底下挖了个洞｜铁李拐疑谋着这是个丢人的事｜有一条秧上只结了一根头上是个双杈杈的瓜。

林涛先生（2003：210；225）指出中亚东干语最常用的量词是“个”，而且“个”在量词的发展中有取代其它原有量词的趋势，现在在东干语中常说“一个手｜一个树｜一个羊｜一个衣服｜一个屋子｜一个风船$_{\text{飞机}}$”等。

温端政、沈明《太原话音档》（1999：26）指出太原方言可以说“一块客人/一个客人｜一块被子｜一块牛/一头牛｜一块猪/一头猪｜这个 tsai^{53}｜那个 vai^{53}｜哪一个 哪块 na^{53} kuai^{45}/哪个 na^{53} kɤ^{45}”。

乔全生（2000：135）指出山西方言：除北区的大同、天镇等地用“个”外，山西多数方言计量人或物可以用一个通用量词“块”。“块”在各地读音不同，写法各异，有“槐、乖、外、骨”等，其实同出一源，意思相当于北京话“个”。文水方言可以说“一块人”，也可以说“一块（张）桌子、一块（把）椅子、一块（条）板凳、一块（只）鸡、一块（口）猪、一块（盏）灯”。交城可以说“一块大炮、一块墙、一块鱼、一块灯”，等等。

侯精一先生（1985：99）指出山西长治方言：个 kə/^{54}　一～客人，一～砖。

田希诚先生（1990：78）指出山西和顺方言：一个 iːɤu[22]　～人｜个 kɤ[44]　一～被。

潘家懿先生（1990：96）指出晋南临汾方言：个 kɔ[55]　一～马。

贺巍先生（1996：85）指出河南洛阳方言“个.kə 量词：一～人｜一～碗｜一～桃儿｜一～锅｜一～茶杯”。

钱曾怡先生（1997：35）指出济南方言：“一个 i[213-23] kə[21] 数量词，用于个体事物：～人｜～头｜～鼻孔出气｜～手指头｜只生～（孩子）好！｜～虫子｜～猴子｜～西瓜｜～萝贝萝卜｜～茶碗｜～坛子｜～事儿｜～地处地方｜～村子｜～瓶子｜～字｜～笑话｜～月｜～星期｜～酒酒席上称一杯酒。”

钱曾怡、太田斋、陈洪昕、杨秋泽（2001：13～138）详尽讨论了山东掖县方言的个体量词，指出掖县个体量词也是很丰富的，习惯上多用“个”或“块”，如“唱个歌儿｜买个车子（自行车）｜找你办个事儿”里的“个”均可作“块”；掖县方言里，像线、绳子之类长条形的东西，可以用“块”来称说：“买几块檩条子｜手里拿着块棍子｜弄块铁丝｜买块绳子捆行李。”掖县方言量词“块”还可以称说“饼干、玻璃、布、肠子、词诗～、点心、电池、甘蔗、木头、劈柴、肉、头巾、砖”等；“个”还可以称说“被单、鞭子、扁担、铲子、车床、尺、锄头、灯管、飞机、缝纫机、弓、宫殿、沟、狗、老虎、马、炮、票、亲戚、扫帚、山、手套、坦克、尾巴、席子、腰带、职业、柱子”等；“块”和“个”均可称说的名词主要有“碑、表手表、窗帘、歌、故事、镜子、烧饼、香蕉、砚台、影片、月饼、钟”等。

曹延杰（2003：193）指出宁津方言“个.kə例：一～人｜一～客｜一～狗｜一～碗｜一～事儿｜一～头牯牲口｜一～锅｜一～井｜一～心眼儿”。

王淑霞（1995：191；242～243）指出荣成方言“个 kɔ[44] 如：一～人｜一～羊（鸡、猪、牛）｜一～扣儿｜一～褂子”；“从前有个洞，洞里有个锅，锅里有个盆儿，盆儿里有个碗儿，碗里有个勺儿，勺儿里有个豆儿”。

孟庆泰、罗福腾（1994：214）指出山东淄川方言“个 kuə[31] 量词。① 只：一～鸡。② 条：一～鱼。③ 辆：一～车。④ 顶：一～帽子。⑤ 把：一～椅子。⑥ 碗：一～稀饭。⑦ 眼：一～井。⑧ 张：一～饼。⑨ 枚：一～扣子。⑩ 头：一～猪。”

张鹤泉（1995：134）指出山东聊城方言“个 kə[313] 用法比较普遍，在特定的语境中，许多事物都可以用～：一～人｜一～牛｜一～褂子｜一～学校｜一～鸡｜一～桌子”。

赵日新、沈明、扈长举等（1991：119）指出山东即墨方言“个 kə[42] 一～客｜一～牛（羊、鸡、猪）｜一～褂子｜一～豆粒儿”。

汪国胜（1994：134～146）指出湖北大冶方言“个”可以充当许多名词的量词，如：案子、巴掌、板头小木块、包袱、包子、碑石、本子、棕床、鼻孔、饼子、钵子、蚕子、仓库、场子、车皮、车箱、城市、池子、橱、窗孔、袋子、担子、蛋、灯、灯笼、灯泡、凳（子）、地洞、电报、斗笠、鹅、耳朵、渣子、坟、盖（子）、歌、工厂、工分、公园、鼓、瓜、柜子、锅、盒子、狐狸、火闪、记号、茧、饺子、镜子、栏杆、雷、炉子、萝卜、苕、舌头、狮子、石头、台子、兔子、碗、星、鸭子、椅子、月亮、柱子、嘴，等等。

其二，关于“个”字的读音问题。

“个（个、箇、個）”《广韵·去声箇韵》古贺切，属歌部字。王力先生（1985：504）指出“歌”部开口一等字先秦读作[ai]韵母，如“多拖他驼驮舵大挪哪那罗左佐搓歌哥个可蛾俄我饿河何贺阿（～胶，～哥）”等即属于古歌部字。如（1986）《王力文集 6·诗经韵读》124～158 页表之 134～135 页，如：他 tʰai 哥 kai 我 ŋai；315 页《小旻》第五章前两行歌韵押韵字：“不敢暴虎，不敢冯河 hai。不知其一，莫知其它 tʰai。”

我们还可以从关中方言对果开一等歌韵其它几个字的读音印证出“个”字在关中方言读音的特点来。孙立新（1997：107）指出相应于北京的[ai]韵母在关中的变体是[æ]。如“摆派卖在才晒待台赖改凯爱亥”等字，关中方言读作[æ]韵母。

他：透母平声歌韵字。蓝田、西安城内回民、西安白鹿原以及长安区西南乡等处，“他”字作代词用作主格、宾格时读作 t^ha^{31}，用作定格时读作 $t^hæ^{31}$，例如：t^ha^{31} 没来｜我认不得不认得 t^ha^{31}｜$t^hæ^{31}$ 妈｜$t^hæ^{31}$ 姐｜$t^hæ^{31}$ 女子女儿｜$t^hæ^{31}$ 单位。

那：泥母去声个韵字。孙立新（2002）讨论关中方言表处所的指示代词时认为关中多数方言点远指第二层次“奈搭”等词语里的“奈”是“那一”的合音字，看来是有问题的。其实，“那”先秦韵母作[ai]，关中方言“那”读如“奈”（[æ]韵母）是有先秦音因素的。

哥：见母平声歌韵字。凤翔方言读 kau^{31}，白读 kau^{24}；岐山蔡家坡镇一带文读 $kɔ^{21}$，白读 $kɔ^{34}$。凤翔方言的 au 韵母有明显的单元音化特征，凤翔方言的 au 韵母与岐山方言的 ɔ 韵母（与北京话 au 韵母相对应）是相对应的。凤翔及蔡家坡方言“哥”字韵母的特征具有宋元明清声韵的特征。另外，溪母上声贺韵字“可”，凤翔方言读作 k^hau^{52}，蔡家坡方言读 $k^hɔ^{52}$，也可以看出宋元明清语音的因素来。

我：疑母上声哿韵字。西安、蓝田、户县三处第一人称单数读作，复数及定格读作[ŋæ31]，例如：“$ŋæ^{31}$ 不害怕你｜你不着[꜀tʂau]理睬 $ŋæ^{31}$，$ŋæ^{31}$ 也不着你｜ŋæ31 走呀我们要走了｜ŋæ31 爸｜ŋæ31 妈｜ŋæ31 学校｜ŋæ31 单位｜ŋæ31 陕西人｜ŋæ31 这个地方。”其中，“我”读韵母 æ 符合古音到现代语音的演变规律，读 æ 韵母有先秦韵母[ai]的遗存因素。

长武、韩城、洛川、宜川“这个”合音作 ᶜtʂæ；“这个”在丹凤、宜君、宝鸡、麟游、陇县方言里合音作 tʂæᵓ，其中，tʂ是“这”字的声母，æ 是“个”字的韵母。由此可以推断，“个”在丹凤等处曾经是读作 kæ 的。“兀个”在华县、大荔、户县方言里合音作 ᶜuæ，在凤县、宝鸡方言里合音作 ᶜvæ，由此也可以推断，“个”字在华县等处曾经是读作 kæ 的。依乔全生（2000）的观点，华县、彬县、周至、耀州“个”作 ꜀uæ，白水“个”作 kuæ，户县南乡余下镇一带老派“个”作“块 ꜀kʰuæ”；“kʰuæ/kuæ/uæ/væ”都是“块”。

由上文可知，关中方言区商州、长武、凤翔、洛南、丹凤、凤县、宝鸡方言不同程度地保留了“个”字上古音的痕迹，其中以商州、长武两处为最典型；白水的 kuæ、周至、华县、彬县、耀州的 uæ、黄龙、宝鸡的 væ、凤翔的 uæ，也可以看出“个”字 kai→kæ 以及“块”字 kuæ→uæ（/væ）的演变痕迹来。而形成合音以[æ]为韵母的情形，完全可以看出关中方言对上古歌部[ai]保留的特点来。

关中方言区 51 处方言中，商州、长武、韩城、洛川、凤县、宜川、丹凤、白水、华县、宜君、户县、宝鸡、麟游、陇县、华阴、洛南共 16 处方言“个”字都具有先秦韵母的痕迹，占整个关中方言区的 30%强。关中方言区用“块”表示个体量词的方言点有凤翔的 ᶜkuæ、周至、耀州、华县、彬县的 ꜀uæ、白水的 ꜀kuæ，共 6 处，占 12%弱。

其三，关于“个”字的用法。

吕叔湘先生（1945）指出：个是近代汉语里应用最广的一个单位词（或称量词，类别词）。这个字有个、箇、個三种写法。通俗编（卷九）说：大学，“若有一个臣”；左传，“又弱一个焉”；吴语，“一个负矢，百群皆奔”；考工记，“庙门容大扃七个，闱门容小扃参個”。通作个：扬子方言，“箇，枚也”；荀子·议兵篇，“负矢五十箇”。亦作個：仪礼·士虞及特牲、馈食俱云，“俎释三個”，郑注云，“今或名枚曰個者，音相近也，俗言物数有云若干個者。”按個属古字，经典皆用之；箇起六国时，個则用于汉末，郑康成犹谓俗言。唐人习用箇字，如杜诗“两箇黄鹂鸣翠柳”，“樵音箇箇同”。今或反疑个为省笔，非也。

吕先生指出：可是就近代的文献来说，唐宋时多作箇，元以后個更普通，个的确已被认为简笔字，虽然宋元以来的俗文学印本里还是常见。吕先生指出“个”在近代汉语里可以称人、称物、与非名词、动量、数量、有定无定等相搭配。例如：

（17）谁言洛浦一个河神｜铺里一个老儿，引着一个女儿。P69

（18）一斗面做三个蒸饼｜只得怀里取出一个纸裹儿。P71

（19）待装个老实｜行个好罢｜某甲有个借问，居士莫惜言句｜打拍不知个高低。P74

（20）太太无事也好带上个眼镜儿，刁个袋烟儿，看个牌儿，充个老太太儿，偿一偿这许多年的操持辛苦｜做了两个和尚了!P77

（21）每到五更必醒个几次｜那不用个几尺粗布喂?P79

（22）一年待个中秋月｜前任老爷取过他个头名｜好在今儿是个十三，月亮出得早。P81

刘世儒先生（1965：82～85）指出“箇”的本义是“竹干”（《说文》：“箇，竹枚也”；《史记·货殖传》：“竹竿万箇”，《汉书》同，孟康注：“箇者，一箇、两箇”……），但“箇”作为量词，早已不以“数竹”为限。刘先生举了《九章算术》里的例子：“今有出钱一万三千五百买竹二千三百五十箇。”又进一步指出“箇（个）”发展到南北朝，可以适用的方面就更广，不但物，连人也可以适用了。下面摘录刘先生（1965）所举的例句：

（23）近日复案行曹公器物，取其剔齿织一个。（陆云《与兄平原书》）

（24）但愿樽中九酝满，莫惜床头百个钱。（鲍照《拟行路难》）

（25）忽见大顷满中蝼蛄，将近斗许，而有数头极壮，一个弥大。（《幽明录》）

（26）唯善法寺所见光内有两个华树，形色分明，久而方灭。（王劭《舍利感应记别录》）

（27）天生男女共一处，愿得两个成翁妪。（梁《横吹曲辞·捉搦歌》）

俞光中、植田均（2000：242～246）指出“个”是个结合面广的量词，也可用作词缀。“个”作为万能量词，不仅无适当量词时常用，有适当量词可用时也常用。这种性质在古白话作品里十分多见，唐宋多见用于人，以后人和物都多见。下面转引俞先生等所举例句：

（28）十年后要个人下茶也无在。（《景德传灯录》卷八）

（29）行了个月期程，到得松江府了。（元曲《东墙记·楔子》）

（30）叫庄客杀一个羊。（《水浒全传·二回》）

（31）俺姐姐夜来个闻得琴中挑斗。（《董解元西厢记·卷四》）

（32）真个好法儿。（《朴事通谚解》）

张向群先生（1995：221～231）在讨论“个”字的词性时指出，“个”有时是词，兼类：量词，助词，有时不是词，而是语素。数量词组“一个”中的“个”有时约略相当于“次”“下”。例如：我去洗一个脸，换件衣服再来。（茅盾《林家铺子》）｜吃了晚饭，打一会百分，看两节《水浒》洗一个脚，睡觉。（汪曾祺《看书》）。

张谊生先生（2003：193～205）结合古代文献及现代作品，深入讨论了“V个VP”式从量词到助词的语法化过程。下面引用古代文献里有关“V个VP”式的例句，多数是从张文里转引来的，可以看出“个”的虚化过程；（46）～（48）是关中方言例句。

（33）一片芳心千万绪，人间没个安排处。（《全唐诗·李煜词》）

（34）旋成醉倚蓬莱树，有个仙人拍我肩。（《全唐诗·李商隐诗》）

（35）……将知尔行脚，驴年得个休歇么！（《景德传灯录》）

（36）人不辨个大小轻重无鉴识。（陆九渊《象山先生集》）

（37）学诗学剑，两般都没个成功。（白玉蟾《玉蟾诗余》续一）

（38）你看我寻个自尽，觅个自刎。（《元曲选·曲江池》）

（39）似斗草儿童，赢个他家偏有。（辛弃疾《稼轩词》）

（40）话说潘金莲在家恃宠生骄，颠寒作热，镇日夜不得个宁静。（《金瓶梅》第11回）

（41）[黛玉]说着，便撕了个粉碎，递与丫头们说：“快烧了罢。”（《红楼梦》第22回）

（42）这事才得落台，才得个耳根清静。（《儒林外史》第5回）

（43）刘唐道：“他不还我银子，直和他拼个你死我活便罢！”（《水浒传》第11回）

（44）她的身子骨那么坏，我要偷偷的走了，她还不哭个死去活来的？（老舍《四世同堂》）

（45）阿福这粗货，没理会味道，一口气吞了两碗饭，连饭带菜吐个干净，“隔夜吃的饭都吐出来了！”鸿渐满腹疑团，真想问个详细。（钱钟书《围城》）

（46）你简直知不道不知道个天高地厚！

（47）这件事领导也没个安排，我没法无法办。

（48）把你的手机给我，教我打个电话。

但是，关中方言最常用的“V个VP”式并不是像例（46）（47）（48），而是另外两种。一种是“V个VP”式的连用，每一个“V个VP”式之间是并列或承接关系，由（49）至（51）可以看出，西安方言“V个VP”式里的“个”是助词；其中（50）（51）中的“V个”相当于“VV”，如“跳个舞跳跳舞”“搭个方占占方”“逛个超市逛逛超市”。

（49）她退休咧，就是跳个舞，看个电视；给老汉做个饭；孙子上学，送个孙子，接个孙子，也不得闲闲不住。

（50）两个老汉成天就是搭占个方，下个棋，谝个闲传聊聊天；也不逛个超市，花个闲钱。

（51）农民嘤，正年年成年累月的，就是种个庄稼，务个菜，看[$k^h\tilde{a}^{31}$]养个猪，看个鸡，吃的不愁，就愁没钱花。

另一种是“V 个 VP”式里“个”前有完成体助词，如西安方言作“V 咧个 VP”式。

（52）你把娃诀[꜀tɕyɛ]骂咧个难听～你居然把孩子骂得这么难听的！

（53）他的官还真真儿真的升咧个快～他的官还真的升得很快呢。

（54）几个小伙把一锅饭吃咧个底朝天～几个小伙子把一锅饭吃得底朝天了。

跟（52）至（54）例的结构特点有些相似，西安方言还有一种“V 咧个胡涂”式的句子。西安方言的“胡涂”一词在动词谓语后边并且在时态助词“咧”字和衬字“个”字后边时意义有变化，只能充当句子的程度补语。请看下列例句：

（55）我这个房这座房子盖咧个胡涂，我自己没住，教你住去住上咧。

（56）这本书老张一个人写咧个胡涂，咋能把你名字挂上呢？

（57）这些胡墼土坯他弟兄俩打咧个胡涂，一场透雨淋得连一个块好的也没有咧。

（58）他 8 岁就没爸没妈咧，他舅家把他养活到 20 岁，给他买咧地盖咧房娶咧媳妇儿，他舅家把他操心照顾咧个胡涂。文化大革命来咧，他说他是他舅家的长工，把他舅家由中农升成地主咧。

（59）为办你这个事，我把神劳咧个胡涂，不记我好处没啥，你该不能恩将仇报嘛吧！

（60）她一辈子抓咧 8 个娃，老汉又死得早，她给 4 个儿娶咧媳妇儿，把 4 个女子女儿都起发嫁咧。一辈子可怜受咧个胡涂，老咧老咧到老来，儿女都不管她。你说，她命苦不苦？

（61）这半年老王忙咧个胡涂，也没忙出个所以然来指没有忙出成绩来。

如上西安方言语法例句中，动词或动词性词组后边连带了“咧个胡涂”，“胡涂”在句子中充当补语，表示程度的极限。“V 咧个胡涂”表示相应动作行为持续的时间很长、所付出的人力物力心力很大，其后续语句一般含有劳而无功、力气白费、吃力不讨好等意味。在以上（55）至（61）例句里，西安方言的“胡涂”一词并不是通常意义上所指的头脑不清；“胡涂”必须置于“咧个”之后才能表示程度。如果去掉“咧个”，那么就不表示动作行为的程度了，如第（61）例句，假使去掉“咧个”，“胡涂”就只能充当结果补语了，“忙胡涂”即通常意义上的“忙得头脑不清了”。因此，如下例句中的“胡涂”是结果补语。

（62）几个捣蛋学生把老师气胡涂咧。

但是，关中方言没有张谊生先生文章第二部分所列举的“争个不清”“哭个不止”“笑个不了”“笑个不住”等句式，这可能跟汉语“V个VP”式在发展变化过程中的不平衡有关。

7.1.2.5　余论

其一，关中方言的个体量词“个”也读作去声调，主要限于约数词充当定语的语境，例如西安方言，“一两个｜三五个｜七八个｜几十个｜十来个”，其中“个”字读作去声调 kɤ⁵⁵。其次，西安方言在答句中，“一个”的“个”字读作去声调，例句如“你有几个 kɤ³¹ 娃?‖一个 i³¹ kɤ⁵⁵｜来咧几个 kɤ³¹ 人?‖一个 i³¹ kɤ⁵⁵｜你屋家有几个 kɤ³¹ 汽车?‖一个 i³¹ kɤ⁵⁵”。其中，“个”字读作去声调；如果“一个”的后边连带名词中心语，那么，“个”字读作阴平调 kɤ³¹，像“一个娃｜一个人｜一个汽车”中的“个”读作阴平调。

另外，“个子”老派叫做“汉子 xã⁵⁵ .tsɿ”，中新派叫做“个子 kɤ⁵⁵.tsɿ西安/kau⁴⁴.tsɿ凤翔”。

其二，“个”是古今汉语使用频率较高的一个词，也是学术界较为关注的一个词。由以上所讨论的情况看，“个”在关中方言里主要用作个体量词，其次用作助词或词缀，再次在个别方言点里用作代词。我们可以从古代典籍尤其是近代汉语作品里找到“个”充当个体量词的充分证据，如《朴事通》里可以见到不少“个”充当个体量词的例子：“唐僧经西天取经去时节，到一个城子，唤做车迟国｜又叫两个宫娥，抬过一个红漆柜子来，前面放下，着两个猜里面有甚么｜三藏说：‘是一个桃核。’”

看来，“个”在关中方言以至于汉语不少方言里主要是用作个体量词的。

7.1.3　其他量词

下面列举关中方言“个”以外的其他量词，包括个体量词和集合量词，以西安一带为主。

本：一～书、30～书、两～小说、三～故事书、一～阅读手册；一～帐。但是，日记本、记录本的量词用“个”字。

把[pa⁵²]：搲[ua⁵²]抓咧一～泥、一～挂面大约一斤重、一～拉住、一～屎一～尿把你拉扯大。

笔：一～账、一～财富、两～买卖、一～好写写得一手好字或好文章。

封：三～信、一～书请帖、一～点心、三～挂面（每封两把）。

服[fu⁵⁵]：三～药。

道：一～题、两～算式、一～梁、三～门、四～菜、五～小吃。

锭：一～墨、一～白墨粉笔/一～粉锭儿。

锭子：一～白墨粉笔/一～粉锭儿。另外，集合量词：一～砖（/一摞子砖）。

墩子：一～炮炮仗。按：户县方言的“四寸墩子”指一种棺材板，这种棺材板是四块，体积为“四寸”（0.4 立方米）。

朵：一～花、两～莲花。

顿：三～饭、吃一～、打一～、日诀臭骂一～、请一～/请一～馆子。

条：两～退、三～手巾、四～板凳、一～路、一～人命、五～绳、三～鱼、五～檩、八～河、两～儿女、一～硬汉子、五～船、三～裤儿裤子。

根/根儿：一～绳、一～蜡蜡烛、三～草、两～头发（/两丝儿头发）、七根檩、一根葱。

丝/丝儿：两～头发（/两根头发）、一～麻、三～线、一～粉条儿、一～韭菜、两～挂面、两～芹菜苗儿、一～气气息。

挂/挂子：一～拉拉车马车/一～大车。

支/支儿：一～香、家屋本家，宗族里头搬出去的那一～。

杆/杆子：一～枪、一～秤。

竿：一竿旗、一竿子插到底。集合量词：一竿子人一伙人。

只[tʂʅ31]：一～手、三～鞋、一～袜子、三～脚。

张：一～纸、两～皮儿、三～画、三～作文、五～卷子。

页（叶）：一～席、两～书、三～作文、五～卷子。

场：一～大病、五～透雨、三～大戏。

折/折子：一～大戏、一～小戏儿。

件/件子：一～事（/事情/事儿）、两～衣裳、三～包裹。

床：两～被儿被子、一～褥子。集合量词：一～铺盖。

身：一～病、一～懒毛病。集合量词：一～衣裳。

页：一～席、两～瓦、四～瓦（按：“两～瓦、四～瓦”分别又指说快板的两个竹板和陕西快书的四个竹板）。

窝：一～白菜、一～猪/一窝子猪、老鼠一年要下好几～呢。

颗：一～米、一～铃、一～粮食；颗儿：两～米、几～粮食、几～沙子。

块：一～钱、三～肉；块儿：一～豆腐、一～肉小肉块、一～地。

眼：一～井、一～看来看见、看一～、看两～；你把我看个两～半你能把我怎么样（我就不怕你）！

架：一～飞机、一～山/一架子山/一～弹花柜弹棉花机。

间：一～房、两～厦子、三～办公室。

座：一～房/一栋房；一栋：～楼大楼、高楼。

进：一～房、三～房，前头一～是门房，中间一～住人，后头一～楼房住老人。

行[$xaŋ^{55}$]/行子：～字、～树。《类篇・行部》："行……又，下浪切。"

篇[꜁p^{h}iã]：一～文章、两～稿子。

节/堂：一～课。

一截/一截儿：一～文章、一～路、一～故事故事的一段。

一段/一段儿：～文章、～历史、～经历、～时间、～路。

一层：～纸、～布、～楼、～关系、～人一定社会一个时期的人。

一股/一股子：～气、～臭气、～烟、～绳。

一盘：～棋、～电线。集合量词：～菜用盘子端的若干碟菜、～馍、～豆腐。

一门：～亲戚、～人如同一家族的一个支系、～心思。按："一门门"指一门心思，专心致志；例句如"他是个一门门，做啥专做啥；其他事不管"。

一刀：～纸 100 页。

一缸：～水、～米、～油。

一碗：～饭、～米、～酒。

一盆/盆盆：～面、～水、～菜。

一瓮：～米、～包谷。

一碟子：～菜、～苹果、～洋柿子西红柿、～肉。

一壶：～酒、～水、～茶、～黄酒。

一片：～好心、～雪、～地/一片子地。

一片儿肉；一蛋儿肉/一蛋子肉；一块儿肉；一吊子肉；一扇子肉由猪的脊梁骨分为两个部分，其中一部分为～（按：一扇门、一扇窗子）。

一片/一片子：～地（口语常常作"一窖地/一窖子地"）；一畛[$tʂẽ^{31}$]不宽而比较长的地/一畛子地（《广韵》，畛，章忍切，上轸章。又，侧邻切，平真庄。"畛"字可以重叠为"畛畛"，如可以说"这片地畛畛长，那片地畛畛不太长。"）

一杯[$p^{h}ei^{31}$]：～茶、～水、～啤酒。一盅：～酒。

一把：～米、～土、～芹菜、拉～、抓～、攥～。

一包：～药、～麻饼、～膏子染料。

꜂卷：一～纸、一～布、一～铁皮；卷꜄：一～书、读书破万～。

一捆：～柴、～草、～书、～行李、～铺盖。

一担/一担子：～水、～柴、～米；一捆棉花十斤棉花。

一排新用/一摆子：～桌子、～座位。

一匣：～鞭一挂鞭炮、～洋火火柴、～金银首饰。

一套：～家具、～衣服、老～；一套儿：～办法、～手续。

一伙人/一杆子人/一杆子人马。

一事：他俩是～；一事两用办一件事等于办了两件事/一事儿两用儿。

一个鼻窟窿儿出气（贬）；哭咧一鼻子。

一嘟噜：～葡萄、～行李、～吃货零食，例句如“他来给你提咧一嘟噜吃货”。

一爪：～葡萄、～香蕉、～包谷十几个拧起来的。

一拃长；一指宽/一指儿；一四指儿[sər^24]大拇指以外其他四个指头并拢后的总宽度，如“～宽”、一虎口[xuɤ^52-31 kʰɤu^52-31]长；一庹长/一抱长。

一成儿/一成子/一停儿。

一脸：～土、～泥、～不高兴。

一肚子：～屈冤冤屈、～老虎儿子儿满腔怒火、～墨水、～瞎囊坏主意、～气、～花蝴蝶儿飞不出来指某些人有内才，但不善于表达。

一肚肚：① 满肚子的，例句如“他～花花肠子阴谋诡计”；② 全都是，例句如“他～娃子儿子，没一个儿女子女儿”。

一堂堂：一堂堂主意一整套主意、一堂堂人许多人，例如“经咧一堂堂人，也没见过你这个东西”。

一拉ᵓ拉事/事情：一系列事/事情。

一ᶜ趟/一回：去～、来～、走～、出去～、上山～、下乡～、出差～。

跑一港子跑一气；跑一趟。

一气儿/一气子/一口气：～做完、～跑咧五里；气得一口气，错差一点儿气死咧。

一下：打～、看～、敲～。

一口：吃～、尝～、喝～、抹嘛～、吸～、抽～、咬～、啃～。

一口儿：吃～、尝～、喝～、抹嘛～、吸～、抽～。

一会儿/一下（下）/一下下儿/一阵子/一阵儿：坐～、歇～、谝聊～、看～。

一ᶜ场：闹火闹～、～电影儿、～戏、～病、～空。

一꜀场：～麦、碾～。

一面：见上～、～墙、～鼓、～旗。

一桄子一截：～莲菜、～甘蔗。

一轱辘：～线。

一咕嘟：～蒜。

一合门一副门。按：“一合门”一般指两扇门，旧时富裕人家的四扇门叫做“一套四扇门”；旧时的贫穷家庭还有开单扇门的，单扇门在 20 世纪 70 年代以前也可以见到，一副单扇门一般叫做“一副门/一副单扇门”。“一个门”则指“一扇门”。

一个来回一次往返/一个来儿回：跑～、走～、拉～。

一绺儿/一绺子：～地、～布。

一扑儿一阵子，坚持不久长：他做重活～。

一卯一回，一次：头～、最后～、这～。按：眉县作“码”。

一轮/一轮子/一轮儿：转～、下～。按：“一轮子”特指 12 地支中 12 年一个轮回，例如：“他刚好比老婆大一轮子，他 60 岁，老婆才 48。”

一圈/一圈子/一圈儿：转～、走～、跑～、寻～、爬～。

一尻子屁股：～烂帐、坐咧～、敦咧～。

一拨[p^{h}ɤ^{31}]/一拨子/一轰子：～人、～学生娃、～女人娃娃、～老汉老婆。

副：一～眼镜、一～牌、一～对子、一～枋棺材、一～麻将、一～下分一套猪下水、一～肝花零零子一套心肝肺、一～摆如碰和过程中的 A23。

套/套儿：一～办法、一～卷子、一～工具、一～家具；套：一套人马两个牌子。

对儿：一～棒槌、一～夫妻、一～鸡（公鸡、母鸡各一只）、一～燕儿、一～鹁鸽儿鸽子、一～鸳鸯、一～虾、一～石门墩儿、一～镯子、一～椅子。

一双[i$^{31\text{-}24}$ faŋ^{31}]：～鞋、～袜子、～筷子、～手套儿。按：西安一带“双”字通常读作阴平[faŋ^{31}]（临潼、高陵读作[sɥaŋ^{31}]），在以“双”为单位数数时，“双”字读作上声[faŋ^{52}]，例如：一双[faŋ^{52}]、两双[faŋ^{52}]、三双[faŋ^{52}]、七双[faŋ^{52}]零一个一共是十五个。

撮：一～毛（/毛儿）、一～韭菜、一～粉条儿。

遍/绽[ts^{h}ã^{55}]：说咧一遍，还说咧一遍、有的人把中药熬两绽[ts^{h}ã^{55}]，有的人把中药熬三绽[ts^{h}ã^{55}]。按：“绽”字《广韵》在澄母去声裥韵丈苋切，关中方言在“绽开、绽线、破绽”等语境里以及用作动量词时读作送气声母，当“缝补”讲的时候读作不送气声母[tsã^{55}]。

二尺五：“二尺五”的通常意义指二尺五寸，狭义指高帽子，帽子的高度达到二尺五寸，就可见其高了。如说某些个人爱戴二尺五，指的就是喜欢听好话，喜欢听赞扬性质的假话。关中谚语云：“二尺五是个假的，人都爱戴。”

步、跷、棍：作为量词，在宝鸡一带保留了古汉语的意义，即两只脚均向前跷一下为一步，也叫做“两跷”。关中中东部地区的“步”则与普通话的意义和用法相一致，即“一跷”为一步，也就是古汉语的“跬步”。关中中东部地区“棍”的概念等同于古汉语和宝鸡一带的“步”，即两只脚均向前跷一下为一棍；“一棍”为 5 尺，1 亩地为 240 平方棍。宝鸡一带还把用步子丈量土地叫做“步”，关中中东部地区则相应地作“叉[ᶜts^{h}a]/跷”。

斗、升、合：关中中东部地区以盛 30 斤小麦或玉米为一斗，宝鸡一带以 50 斤为一斗；相应地，关中中东部地区以 3 斤为一升，宝鸡一带以 5 斤为一升。我们至今虽然没有调查到关中方言对升的下位量词“合”（普通话读作[ᶜkɤ]，关中读作[꜀kɤ]）的说法，但是，有一个词语“加合子”是广泛用于兑换过程中，像好地换孬地、用一般粮食换优良品种都要“加合子”，所加的“合子”可能是一成或几成，“成”又叫做“ ꜀停”。

斤、两、钱、分：这是我国千百年“衡”的单位名称，比后来的“公斤/千克、克”等在关中50岁以上居民口语是常用的。其中，西安、户县、武功等处“钱”儿化成为“钱儿”。

关于过去的一斤十六两问题，有几个方言问题交待如下。

关中人至今经常说的“一推六二五”，其实是从“一退六二五”来的。“一推六二五”是“一退六二五”的谐音，指把应办的事情推而不办或滞后办理。网上署名“一蓑烟雨”的先生著文《一斤十六两溯源》称：传说秦代李斯制定度量衡标准的时候，因为“天下公平”四个字是十六画，所以，以十六两为一斤；十六两秤叫作“十六金星秤”，是由北斗七星、南斗六星加福禄寿三星组成十六两的秤星，告诫做买卖的人要诚实信用，不欺不瞒，否则，短一两无福，少二两少禄，缺三两折寿。南宋杨辉有首“两价化斤价”的歌诀：“一求隔位六二五，二求退位一二五，三求一八七五……”意思就是一两等于0.0625斤，二两等于0.125斤，三两等于0.1875斤……1959年6月25日国务院发布《关于统一计量制度的命令》，其中规定道：“市制原定十六两为一斤，因为折算麻烦，应当一律改为十两为一斤。”由此，结束了千百年来以十六两为一市斤的历史。

关中人还说：“我把你在一斤十六两上搁着呢。”“一斤十六两”也可以直接说成“十六两”意思是，我很看重你，“一斤十六两/十六两”即“足斤”，“足斤”谐音“足金”，“足金”指的就是无杂质的金子；人常说“金无足赤，人无完人”，“足金”是极言没有缺点。

7.2 助词研究

7.2.1 结构助词

7.2.1.1 结构助词“的”字

为了方便起见，本部分把普通话分别写成“的、地、得”而近代汉语时期至民国期间的结构助词“的、底”均写成“的”来讨论。

其一，关中方言表示领属等的结构助词及补语的标志“的”字，多数方言点读作[.ti]，商州读作[.tsi]，蓝田、凤县、黄陵读作[.tɕi]。如：我的｜黑的｜教书的｜好的很｜难受的很。

其二，关中方言没有与普通话状语标志“的”字相对应的用法，从口语实际看，“的”字在关中方言里不用。如关中多数方言点以形容词的重叠形式“AA 儿”等充当状语时不用“的”字，宝鸡一带以“AA”等形式出现也不用“的”字。比较如下：

北京　天渐渐的冷了　　　　认认真真的对待这件事情

西安　天慢慢儿冷咧　　　　认认真真对待这个事情

宝鸡　天慢慢冷啦[.lia]　　　认认真真对待这个事情

北京　实事求是的处理问题　老老实实（地）做人

西安　实事求是处理问题　　老老实实做人

宝鸡　实事求是处理问题　　老老实实做人

其三，关中方言区唯有旬邑 1 处的“哩[.li]”字相当于普通话表示领属等的结构助词以及补语的标志“的”字。例如：我哩｜黑哩｜教书哩｜好哩很｜难受哩很。

旬邑方言的“哩”字相当于普通话以及关中多数方言点的“的”字，可以从山西晋语和顺方言里找到佐证。侯精一、温端政先生（1993：296）指出：和顺方言与普通话“重得连我都拿不动了”里的“得”字相应的是“哩[.lei]”字；又举和顺民间故事《半头砖》语句如“大媳妇做下哩[lei^{31}]饭是些儿窝窝，咬不动哩[lei^{31}]硬饭”“给老汉儿散哩[.lei]是些儿汤儿”“第三天到唠三哩[lei^{31}]啊家里，给老汉儿煮哩[lei^{31}]是一锅菜”“得做些儿好吃哩[lei^{31}]”等，其中，“哩”字相当于“的”字（侯、温 1993：199）。

旬邑的“哩”相当于“的”还可以从河南方言找到佐证。郭熙（2005：44～49）指出河南境内中原官话的“哩”常常作为结构助词，例如：

我哩书叫人家收走了。

这本书哩出版解决了他哩大问题。

我非常喜欢吃酸哩。

他慢慢腾腾哩走来。

这一仗打哩可真漂亮。

他跑哩可真快。

辛永芬（2006：201～206）指出河南浚县方言的“嘞”字相当于“的”字，例如“老了老了，脾气倒变嘞古里古怪嘞｜好好儿嘞｜瞧你嘞字写嘞”。其实河南浚县的“嘞”字也可以写成“哩”字，关中韩城方言把北京的[li]读成[lei]可资佐证。

孙立新 2004 在讨论户县方言“得”字时指出户县方言的“得很”一般情况下合音为[tiẽ^{51}]，还可以合音为[liẽ^{51}]。户县方言的“得很”合音为[liẽ^{51}]，从理据上看，实际上是“哩很”的合音；可以断定，户县方言甚至关中其他方言在近代汉语的某一个时期里，“哩”字的用法亦如旬邑、和顺方言那样，相当于“的”字，或者有一个“的/哩”通用的阶段。

其四，关中方言在表示量的增加（包括加法和乘法）的语境里常常用到“的”字。如下甲乙两组例句，甲组是加法，乙组是乘法；从这些例句看，其规律性是：甲组里“的”字前后的数量不等而乙组里“的”字前后的数量相等并且限于单音节数词。

甲组：三个的五个一共八个｜十万的八万是十八万｜一百五的三百五共总是五百

乙组：三的三三三得九｜五的五五五二十五｜八的八八八六十四

其五，西安、户县、咸阳一带妇女口语里很普遍地省去程度补语的标志“的”字，而当地男性口语里“的”字的使用频率一直比较高。下面予以比较，其中“瞎”是“坏”的意思。

妇女　好很　严重很　肚子饥很　把事情看的认真很

男性　好的很　严重的很　肚子饥的很　把事情看的认真的很

这种形补式省去程度补语标志“的”字的例子还可以举出很多，如：冷很｜热很｜辣很｜恶很｜大很｜长很｜怪很｜难受很｜瞌睡很｜安宁很｜麻利很｜紧张很｜恶心很｜水平高很｜厉害很｜龌龊很｜厚实很｜精神很。

省去补语标志“的”在关中其他方言里也有，最典型的是相当于普通话“好得很”的句式，如富县、洛川作“好太太/嫽太太”，丹凤作“好太太”，宜川作“好太/好太太儿”。

动补式里的程度补语标志“的”字也可以省去，这类例子也可以举出很多，如：想吃很｜爱看戏很｜没意思很｜给他面子很｜肯经常性地来很｜爱欺负你很｜想在北京去很｜懂道理很｜顾成成很很注意人格修养；在于外界接触过程中很注意本单位的现象。

贾平凹《古炉》61 页有“鼓多高”的说法：“当下霸槽就让开合搬出一座豆腐，没用刀切，伸手掰下一块吃起来，说：美！美！腮帮子鼓多高，仰脖子咽了，嘴巴吧唧吧唧响，还说：没！”其中的“多”字在关中方言里很普遍地读作阳平调，用如副词，表示程度的扩展，类似的例子还可以再举几个：车开多快｜把娃举多高｜把价压多低｜把脸拉多长。

7.2.1.2　关于“的”字词组及与之相关的问题

其一，关中方言亦如普通话那样，多数情况下以动宾式合成词或词组加上“的[.ti]”字构成“的”字词组，关中方言的“的”字词组也相当于人品名词。例如：做活的｜拉长工的｜打短工的｜务农的/打牛后半截的｜经商的｜当官的｜唱戏的｜领头的｜当兵的｜剃头的｜理发的｜拾掇修理推子的｜经营牲口的饲养员｜喂猪的｜种菜的｜买菜的｜卖菜的｜择菜的｜烧锅的｜帮厨的｜端盘的｜递烟的｜倒水的｜吃饭的｜住店的｜看病的｜打篮球的｜骗牛的｜耍钱赌博的｜输打赢要指有些不讲理的赌徒，自己输了钱就打赢方，自己赢了钱就强行索要的｜开饭店的｜写字的｜画画的｜教书的｜教大学的｜搞研究的｜吃里扒外的｜胡搅蛮缠的｜害相思病的｜喜好体育锻炼的｜在前头走着的｜白拿人家东西不还的｜背操手儿胡转的。

其实，有的单音节谓词加上“的”字也可以构成“的”字词组。例如：吃的（你来得咧的时候给我捎些吃的）｜喝的（给他倒些喝的）｜用的｜卖的（这是卖的卖品，商品，你覅拿）｜黑的｜白的（我要白的，不要黑的）｜大的｜碎小的（他的俩娃，大的碎的都有本事得很）。

其二，关中方言的“的”字词组可以连带结构助词“的”字，从而形成“的的”连用的格局。例如：教书的的娃｜住店的的行李｜当官的的老婆｜买菜的的衣裳｜开饭店的的书。不过，这种格局在口语里比较少；关中方言“的的”连用的语音特点是，前“的”由轻声变作阴平，后“的”仍然读作轻声[ti^{-31} .ti]。

其三，关于两个詈骂性“的”字词组中“的”字的省略问题。

一方面，西安一带有五个詈骂性的“的”字词组都用到了禁忌字：捱㞗本义指女性受到性侵害的[næ^{24} tɕ^{h}iɤu^{24} .ti]｜卖屄的[mæ^{55} p^{h}i^{31} .ti]｜狗㑳的｜驴㑳的｜难㑳的。其中，“捱㞗的”为含有昵爱意味地詈骂男子，一般是长辈詈骂晚辈、长者詈骂幼者的用词，而“卖屄的”指卖淫的，詈骂淫妇的时候用，妇女未必卖淫也被骂作“卖屄的”；“难㑳的”指古板、机械的男性中老年。“㑳”字在西安一带一般读作[zʅ^{31}]，相对比较讳饰的读法为[ʂʅ^{31}]。例如：

把这捱㞗的！

你个捱㞗的崽娃子小家伙！

这个捱㞗的劳神得很，就不爱念书嘿！

你个卖屄的！

他妈兀个[uɤ^{52}]那个卖屄的！

他个驴㑳的！

狗㑳的/驴㑳的不是个好东西！

咱几个跟这难㑳的就打不成交道！

我就把这卖屄的婆娘！（按：隐含语义“想打一顿”）

这个卖屄的女人当校长，把全学校的教师都整得雾嘲嘲的很惨！

另一方面，“捱㞗的、卖屄的、狗㑳的、驴㑳的”常常可以省略“的”字，如上列有关例句可以这样表达：

你个捱㞗崽娃子！

我就把这卖屄婆娘！

这个卖屄女人当校长，把全学校的教师都整得雾嘲嘲的！

于是，西安一带口语里常常以“捱㞗、卖屄、狗㑇、驴㑇、难㑇”作为定语。

一是“捱㞗”既可以是对晚辈或幼者之男子的昵爱性的詈骂，也可以是对自己不满意、不理想、所讨厌的人（限于詈骂男子）或事物的埋怨。例如：捱㞗娃｜捱㞗小伙｜捱㞗人｜捱㞗老汉｜捱㞗领导｜捱㞗厂长｜捱㞗单位｜捱㞗学校｜捱㞗事情｜捱㞗地方｜捱㞗房子房间｜捱㞗桌子｜捱㞗环境｜捱㞗病（按：有这么个民间故事，某女子的母亲死了，该女子痛哭不已。其父母年纪相当的一位老汉劝女子节哀：“嫑哭咧，你妈得的就是兀个[uɤ^52]那捱㞗病嘿！”但是，听者就有理解为“捱㞗”的本义、而死者是受到性侵害而死的，把说者“捱㞗”的“令人讨厌”义给歪曲了。）｜捱㞗身体｜瓜傻捱㞗（的）｜老捱㞗（的）｜碎小捱㞗（的）｜胖捱㞗（的）｜瞎坏捱㞗（的）。

二是“卖屄”只用来詈骂女性，例如：卖屄女子姑娘｜卖屄媳妇儿｜卖屄老婆｜卖屄（女）校长｜卖屄（女）老师｜卖屄（女）售货员｜卖屄（女）副局长｜卖屄（女）大夫｜卖屄护士｜卖屄（女）要饭的｜（女性的）卖屄模样｜（女性的）卖屄嘴脸｜（女性的）卖屄样子/式子｜（女性的）卖屄走首走路的习惯性毛病｜瓜傻卖屄（的）｜老卖屄（的）｜碎小卖屄（的）｜胖卖屄。

三是“狗㑇”可以用来詈骂那些说话人认为不好的人或事物：狗㑇领导｜狗㑇售货员｜狗㑇副局长｜狗㑇要饭的｜狗㑇人｜狗㑇大夫｜狗㑇贪污犯｜狗㑇冤家｜狗㑇事情。

四是“驴㑇”也可以用来詈骂那些说话人认为不好的人或事物，通过如右的组合，可以看出“驴㑇”与“狗㑇”要宽泛得多：驴㑇娃｜驴㑇人｜驴㑇小伙子｜驴㑇老汉｜驴㑇局长｜驴㑇领导｜驴㑇学生｜驴㑇地方｜驴㑇房子｜驴㑇墙｜驴㑇狗｜驴㑇事情｜驴㑇模样｜驴㑇样子/式子｜驴㑇习惯｜驴㑇单位｜驴㑇学校｜驴㑇医院｜瓜傻驴㑇（的）｜老驴㑇（的）｜碎小驴㑇（的）｜胖驴㑇（的）｜瞎坏驴㑇（的）。

五是“难㑇”可以用来挖苦那些说话人认为古板、机械的男性中老年：难㑇人｜难㑇老汉｜难㑇领导｜难㑇局长｜难㑇校长｜难㑇县长｜难㑇主任｜难㑇司机｜难㑇老师｜瓜傻难㑇（的）｜老难㑇（的）｜碎小难㑇（的）｜胖难㑇（的）｜瞎坏难㑇（的）。

7.2.1.3　与普通话表示领属的“的”字的比较

其一，关于宝鸡一带的“块”字。“块”字的读音以及音变特点，本部分依照乔全生（2000：135）的观点，如凤翔等处“块”字又音变如“拐”字的读音，相当于普通话的远指代词“那”。

“块”字通常情况下在宝鸡一带读作上声调的[ᶜkʰuæ]。宝鸡、千阳、凤翔、岐山、麟游方言“块”字的音变形式分别作[.væ]（宝鸡、千阳读音）和[.uæ]（凤翔、岐山、麟游读音）表示领属，相当于普通话的助词“的”字（五四运动时期常写成“底”），相当于吴语崇明方言的（王培光、张惠英 2003：195～206）及客家话梅县方言的“个”字（黄雪贞 1995：64）。曹广顺（1996：143～146）讨论了助词“个”字，如举南戏《张协状元》里的例句：“莫怪说，你个骨是乞骨（4）｜山高处个人，好似奴家张解元（41）。”宝鸡一带可以说“这是我块的书｜那是红块”；“我、你、他”连带“块”字时，不论单数或复数均读作阴平调，如“我块[ŋau31 .uæ 凤翔音]”既指“我的”，又指“我们的”，例如：

这是我块书哩开～这是我的书/这是我们的书。

这些钱是你块哩开～这些钱是你的/这些钱是你们的。

新编《千阳县志》“社会志·方言”第 361 页举例为：黑块 xei21.væ 黑的｜白块 pei24 .væ 白的｜碎块 suei44.væ 小的。

新编《凤翔县志》第二十五卷之第八章第 911 页指出：轻声调的“块[.uæ]”表示领属关系，相当于普通话的“的”，例如：谁～｜你～｜大～｜碎～｜黄～｜白～｜好～｜瞎～坏的。第 935 页举例句如：这是谁块书？｜是我块书｜是老王块书｜花是红块，叶叶是绿块，杆杆也是绿块｜个[kæ52]这个女块是个教书块｜块[kuæ52]那个大块称了五斤，碎块称了三斤。

新编《麟游县志·社会志·方言》第 585 页所举“块[.uæ]”的例子为：白～｜黑～｜大～｜胖～｜碎～｜你～｜我～｜国家～｜单位～。

其二，其实，西安一带可以以阴平调的“个”字来充当结构助词，相当于崇明、梅县方言的“个”字以及宝鸡一带的“块”字，只不过，西安一带的“个”字用于詈骂语境，比如其所在的结构为“꜀你｜꜀他＋亲属称谓词＋个＋身体部件（如性器官等）”；这是“个”字用于詈骂语境次于“的”字的用法，以“的”字为最常用，“个”字为次常用。例如：

你妈的屄/你妈屄/你妈个屄！

你妈的屄豆豆阴蒂/你妈屄豆豆/你妈个屄豆豆！

你妈的屄眼眼/你妈屄眼眼/你妈个屄眼眼！

他达的垂子他父亲的阴茎/他达个垂子！

你先儿先人的牙/你先儿个牙！

你娘的脚/你娘个脚！

他达的腿/他达个腿！

他达的头/他达个头！

他达的㞗毛/他达个㞗毛！

其三，关于西安、户县等处的“家”字。西安、户县等处的“家”字也可以表示领属。如“拴牢家娃拴牢的孩子”“芬芬家女婿芬芬的女婿”“德旺家媳妇儿德旺的媳妇”等。这种格式一般是“领属者＋家＋被领属者”。例如：

（问）这是谁家娃?——（答）这是拴牢家娃。

（问）<u>兀个</u>[uɤ꜆]那是谁家媳妇儿?——（答）<u>兀个</u>[uɤ꜆]是二毛家媳妇儿。

“家”字表示领属的用法，从来源上看，可能是近代汉语“我家、你家、他家”之“家”字语法化的结果。今周至方言的“꜀我家、꜀你家、꜀他家”分别是一二三人称代词的复数和定格，其定格的用法实质上就是把“家”字当“的”字用的。例如：我家娃｜我家老婆｜你家女子女儿｜你家单位｜你家学校｜你家老汉｜他家媳妇儿｜她家女婿｜他家孙子。

7.2.1.4　单音节拟声词后边的“哧”字

西安、周至、户县、咸阳、兴平、泾阳、富平、渭南、宝鸡等处口语单音节拟声词后边常常有“哧[.tʂ^{h}ʅ]”字出现，“哧”字前边的拟声词是突然的音响，后边常常连带“一下”两字，“哧”字相当于普通话的“的”字。举西安方言例句如下，其中“咧”字表示已然。

嗵[t^{h}uəŋ^{31}]哧一下，狗熊从树上跌下来咧。

咚[tuəŋ^{31}]哧一下，雷子炮声音很响的大炮仗响咧。

叭[pia^{31}]哧一下，一个长虫一条蛇从脊檩上掉下来咧。

不小心，嗤[ts^{h}ɿ^{24}]哧一下，把袄儿上衣挂咧个三角口子。

娃没小心，啪[p^{h}ia^{31}]哧一下，就把个碟子打咧无意摔破了。

这个西瓜熟透咧，刀子刚一搭，就嘭[p^{h}əŋ^{31}]哧一下成咧四乍子。

没觑顾没留神，呼哧[xu$^{31-24}$ .tʂ^{h}ʅ]一下，一个狗扑出来咧，把娃吓美咧吓得够呛。

户县中新派“哧”字常被“的”字所取代，这是受普通话影响的结果。另外，户县以[ə、ɯ]为主要元音的单音节拟声词不能连带“哧[.tʂ^{h}ʅ]”字。

在安康参加1997第四届官话方言国际学术讨论会期间，莫超、雒鹏、张建军等告诉笔者，甘肃方言也有“哧”字用如“的”字的现象。估计具备该特点的区域不限于陕甘方言。

7.2.1.5　其他相关问题

其一，关中方言对“的”字的其他用法，与吕叔湘先生（2002：162～163）所论述的普通话a、b、d、e、f相当，例如：

a.“文化大革命”那阵子，排《白毛女》，小谢的喜儿，我的大春。

d. 耍生我的气｜大白天的，还怕寻不来找不到路?

e. 老汉见咧我[ŋæ^{31}]我们，泼沏茶倒水的，煎活热情得很。

f. 125块的82块，一共207块｜三的三，三三得九。

关中方言与吕先生论述的普通话c相比，一方面相当，一方面以分句末用到“来[.læ]”字而取代“的”字；其中“老马发的言，我没发言”等，是受共同语影响的结果。比较如下：

北京　老马发的言，我没发言。

西安　老马发的言，我没发言/老马发言来，我没发言。

北京　你在哪儿念的高中？

西安　你在哪塌儿念的高中/你在哪塌儿念高中来？

其二，关中方言的“来[.læ]”用在判断句末且与“是”相呼应时相当于“的”。例如：

这字是谁写来？——是我写来丨不是我写来，是他写来。

这花是他老婆绣来，你看，绣得好不好？

这些活是你做来还是他做来？——是我俩搭伙做来。

关中方言这个特点也可以从元杂剧里找到根据。

（张千云）我开开这门，看是谁拽动铃索来？（正旦云）是我拽来。(《蝴蝶梦》)

是我问你要来，不干你事。(《渔樵记》)

其三，“的”字作为人称代词复数的标志是关中方言一个很突出的特点。孙立新（2002：246～248）指出：西安、商州等处读作阴平调的“我、你、他”以及“咱”字的后边常常连带“的”字表示复数。具有这个特点的地点方言，在关中方言区有西安、商州、洛南、华县、潼关、大荔、渭南、合阳、韩城、宜川、洛川、铜川、耀州、蒲城、三原、长武、彬县、咸阳、户县、武功、岐山、麟游、富县共23处。举例说明，见表31。

表31　　关中方言以“的”字表示人称代词复数标志举例比较表

<table>
<tr><th></th><th>我们</th><th>你们</th><th>他们</th><th>咱们</th></tr>
<tr><td>西安</td><td>我 ŋæ^{31}/我的 ŋæ^{31} .ti</td><td>你 ni^{31}/你的 ni^{31} .ti</td><td>他的 tʰa^{31} .ti</td><td>咱 tsæ^{24}/咱的 tsæ^{24}.ti</td></tr>
<tr><td>商州</td><td>我 ŋɤ^{21}|我的 ŋɤ^{21}.tsi</td><td>你 ni^{21}|你的 ni^{21} .tsi</td><td>他 tʰa^{21}|他的 tʰa^{21}.tsi</td><td>咱的 tsʰa^{55}.tsi</td></tr>
<tr><td>大荔</td><td>我 ŋo^{31}/我的 ŋo^{31}.ti/我崖 ŋo^{31} .næ</td><td>你 ni^{31}/你的 ni^{31} .ti/你崖 ni^{31}.næ</td><td>他 tʰa^{31}/他的 tʰa^{31} .ti/他崖 tʰa^{31}.næ</td><td>咱 tsʰa^{35}/咱的 tsʰa^{35}.ti/咱崖 tsʰa^{35}.næ</td></tr>
<tr><td>宜川</td><td>我 ŋɤ^{31}/我的 ŋɤ^{31} .ti</td><td>你 ni^{31}/你的 ni^{31} .ti</td><td>他的 tʰa^{31} .ti</td><td>咱的 tsʰa$^{24-31}$ ti^{-55}</td></tr>
<tr><td>三原</td><td>我 ŋɤ^{31}|我的 ŋɤ^{31} .ti</td><td>你 ni^{31}|你的 ni^{31} .ti</td><td>他 tʰa^{31} |他的 tʰa^{31} .ti</td><td>咱的 tsʰa ^{55}.ti</td></tr>
<tr><td>户县</td><td>我 ŋæ^{31}|我的 ŋæ^{31} .ti</td><td>你 ni^{31}|你的 ni^{31} .ti</td><td>他的 tʰa^{31} .ti</td><td>咱 tsæ^{35}|咱的 tsæ^{35}.ti</td></tr>
<tr><td>岐山</td><td>我 ŋɤ^{21}|我的 ŋɤ^{21}.ti</td><td>你 ni^{21}|你的 ni^{21} .ti</td><td>他 tʰa^{21}|他的 tʰa^{21} .ti</td><td>咱 tʰa^{34}|咱的 tʰa^{34} .ti</td></tr>
</table>

其中，西安等处“꜀我、꜀你、꜀他”与“꜀我的、꜀你的、꜀他的”意义和用法分别相同，而“꜀我的、꜀你的、꜀他的”今老派方言常用，“꜀我、꜀你、꜀他”中新派方言常用。基于西安等处今老派方言“꜀我的、

꜀你的、꜀他的”常用，从历史层次看，“꜀我的、꜀你的、꜀他的”比“꜀我、꜀你、꜀他”使用时间要早些。

7.2.2　体貌助词

本书 3.2 节讨论关中方言体貌系统时讨论的问题比较多，本小节主要讨论几个重要问题。

7.2.2.1　表示正在进行等的“着、的、住”

关于“着”字的历史演变，龚千炎先生《汉语的时相时制时态》（2012：53）一书指出：“着”在先秦即用作动词，有“著衣”“附着”等义，助词“着”是从附着的“着”演变来的；从南北朝到唐代，“着”开始跟在动词（动＋宾）之后充任表结果的补语，含有“在、到”的意思；唐代以后，“着”的意义逐步虚化，紧附于动词之后，开始用为表示抽象语法意义的助词；至于表示进行态的“着”，则始于北宋时期，盛行于宋元时代。

其一，关于西安、临潼、旬邑、淳化以及泾河以西的“着”，可以把孙立新《陕西户县方言的助词“着”》（戴昭铭主编 2003）、孙立新、阎济华（2007）《与户县方言表示时态的“着”字有关的几个问题》、孙立新（2011）《关于户县方言“着”字的补充讨论》等文章作为蓝本来展开讨论。

（一）关于户县方言“着”字的读音

户县方言的“着”字有 6 种读音。1. [.tʂɤ]。2. [tʂɤ^{35}]：～紧～忙很忙乱的样子｜～重｜～气生气｜～意｜～色上色｜附～｜执～｜衣～。3. [tʂau^{31}]：① ～急｜～忙；② 相当于介词“被、教”：～狗咬咧｜～他打咧一顿｜地～水淹咧；③ 经得起：他不～打｜你不～吓｜这片地～不住锄。④ 相当于动词后附的“在、到”：把碗搁～桌子上｜他今年考～北京大学咧｜这些活拿～单位去做。4. [tʂau^{35}]：① 用在及物动词后边充当补语，表示被 V 得很苦：吓～咧｜气～咧｜疼～咧｜钱花～咧；② ～祸[xuɤ^{35}]：招致祸殃；③ 被狠劲打击：～咧一砖｜～咧一闷棍；④ 被整得很苦：他这回～上咧｜老王～得下下儿的咧老王被整得苦到极点了；⑤ 理睬，双音节词作“～识”：你嫑～他｜我就没～识他。5. [tɕʰyɤ^{35}]，相当于普通话的“着 zháo”：火～咧｜睡～咧｜睡不～。6. [tɕyɤ^{35}]：～气：生气。其中“着”（～气）”字一读[tɕyɤ^{35}]又读[tʂɤ^{35}]。

户县方言的“着$_1$”还可以儿化，“着儿”读作[.tʂə]。户县方言无普通话及关中多数地点方言所具有的卷舌韵母，户县方言的儿化韵母请参阅孙立新（2001）《户县方言研究》76～77 页。在户县方言里，“着$_1$”“着$_1$儿”可以随便用，其语义和感情色彩毫无二致，为行文方便起见，下面一律记“着$_1$”“着$_1$儿”为“着”。

《现代汉语八百词》（1980：594～596）分析了“着.zhe”“着呢.zhe .ne”

两个助词，指出“着”表示动态，紧接动词、形容词之后；动词、形容词和“着”的中间不能加入任何成分。指出“着呢”多用于口语；用在形容词或类似形容词的短语后，表示肯定某种性质或状态，略有夸张意味。《户县方言研究》谈到户县方言语法特点时，主要从两个方面分析了“着”字的用法：一是64～67页分析户县方言动作持续态的五种表示法时，其中“V着V着”式用到了“着”，其实，“V着V着”式中的“着”又作“着儿”。二是在讨论动词时态及其内部屈折时，把“着/着儿”的用法从3点进行了分析并在第三点与内部屈折联系起来分析。

（二）关于户县方言“着”字的用法

户县方言的“着”字主要用作时态助词：既可表正在进行时态，又可表将要进行时态。户县方言的“着”字还可以表示目的、假设等。

1. 表正在进行时态

A. 户县方言没有普通话所具有的“他正在跟个朋友说着话呢”（V着O呢）句式，户县方言相对的是“V（O）着呢”句式。在通常情况下，户县方言也可以省略“着”字，但有一个条件，省略“着”字的句子必须有表示正在进行时态的“正”字。比较如下：

北京　他正在跟一个朋友说着话呢。

户县　他正跟个朋友说话着呢/他跟个朋友说话着呢。

北京　他正在吃着饭呢。

户县　他正吃饭着呢/他吃饭着呢/他正吃呢。

北京　老张最近正在写着长篇小说呢。

户县　老张最近正写长篇小说着呢/老张正写长篇小说呢。

北京　他们正开着会呢。

户县　他的正开会着呢/他的开会着呢/他的正开会呢。

B. 户县方言也具有普通话所具有的“A着呢”句式，例如：好着呢｜对着呢｜路还长着呢｜这事情好办着呢｜他这两天正难受着呢。

户县方言表示正在进行的疑问式常用“V着没”，其中“没”相当于“没有”。“V着没”的隐含语义是曾经“V着”，在交际过程中是询问是否仍然在进行这个动作行为，例如：

你把承包的地还种着没?——（还）种着呢。｜不种咧｜早都不种咧。

乡下在县上听课的老师来着没?——来着呢｜暗猛来（着）呢｜不来咧。

他这几天在西安去着没?——去着呢。｜没去。｜暗猛偶尔去呢。｜甚没去不常去。

请注意，上列例句里外加括号的字是可有可无的，而“暗猛去呢”里“去”字后边不可以加“着”字“暗猛来（着）呢”却可以成立：户县方言表偶尔去往义一律不用“着”，表偶尔前来、归来义时可以在“来”字后边加“着”字。

C. 户县方言“着呢”在动词谓语句末的特殊用法。

普通话的“着呢[.tʂɤ .nɤ]”通常用在形容词或形容词性词语后边，有对某种性质或状态的强调作用，略有夸张意味。户县既可以如普通话那样说“他俩好着呢”“这条路难走着呢”，户县的“着呢[.tʂɤ .ni/.tʂɤ .niɛ]”也可以用在动词谓语句末：肯定式动词谓语句末的“着呢”表示已然，否定式动词谓语句末的“着呢”表示未然。户县没有普通话所具有的“他正在跟个朋友说着话呢”（V 着 O 呢）句式，户县相对的是“V（O）着呢”句式。

一方面户县方言肯定式动词谓语句末“着呢”表示已然。户县方言“着呢”处在肯定式动词谓语句末表示已然，这种已然是常态的。例如：

他在到单位一直去着呢。

我这些天在这儿来着呢。

张老师这茬子把课上着呢张老师最近一直上着课呢。

老汉有病，天天儿天每天都去医院打吊针着呢。

他的一本书正写着呢，再有一个月就写完咧。

二方面户县方言否定式动词谓语句末“着呢”表示未然。户县方言的“着呢”处在否定式动词谓语句末，表示某种情况尚未彻底形成。例如：

他当局长还没有一年着呢。

娃大学毕业上班还不满半年着呢。

老汉给儿儿子娶下娶了，娶到媳妇儿还不到三个月着呢。

你给他给的这一[tʂei^{55}]些还达不到他要求的一半儿着呢。

不过，这类句子，最常见的还是以“呢”字煞尾，“着”字不直接出现。“着呢”或“着哩”在近代汉语时期就可以用在动词谓语句末。我们从孙锡信先生《近代汉语语气词》（1999：190～192）一书里看到“着呢、着哩”用在动词谓语句末的例句如：

盛老爷还在胡同口站着哩。（《歧路灯》第 104 回）

外头送铺盖的车还在这里等着呢。（《儿女英雄传》第 20 回）

D. 表持续态。户县方言用“V 着 V 着”表示动作的持续，用“V_1 着 V_2 着”表示相关联的两个动作的持续。例如：

拉着拉着手松开咧。

他俩吃着喝着，说着笑着。

咱俩走着谝着一边走路一边聊天儿。

刷着刷着把墙皮子刷下来咧。

歌谣：跑得快，叫老太。老太拿个半截砖，撵着撵着打瘪三。

“V着V着”式除了上述表达习惯外，还有两种表达方式：一是第一个单音节动词主要元音拉长省掉其连带的“着”字，二是第一个单音节动词形成拖音（户县方言的拖音是该音节省去声母及介音读轻声）且省掉其连带的“着”字。例如：

想着想着——想[ɕiaːŋ^{51}]想着——想[ɕiaŋ^{51} .aŋ]想着

走着走着——走[tsɤːu^{51}]走着——走[tsɤu^{51} .ɤu]走着

E. 普通话表持续态的“V着O”在户县方言里是“NVV上”，例如“眼窝睁睁上｜嘴张张上｜尻子撅撅上｜纸烟咂叼咂上｜槌头拳头握握上｜二郎腿担担上｜肚子腆腆上”。但是，不说“娃怀怀上｜题算算上”。

户县方言还有一种AAB式合成名词，AA与B构成定中关系，AAB指“A着的B”，AA本身也表示时态。例如：拉拉腿——拉着的腿｜拱拱腰——拱着的腰｜蜷蜷腿——蜷着的腿｜盘盘脚——盘着的脚｜呲呲牙——呲着的牙｜咧咧嘴——咧着的嘴｜趴趴腰——腰不直者｜塌塌鼻儿——塌着的鼻子｜吊吊裤儿——吊着的裤子。

这种AAB式名词一般用作宾语，也有用作谓语的。举例句如下：

他是个拉拉腿。

这个学生是个吊吊裤儿。

他的腰受过潮，成咧趴趴腰咧。

他泛常经常盘盘脚坐着，悠闲得很。

F. 如果是让听话人某个动作的持续，即表示祈使（或命令），“着”字一般放在句末构成“V着”式；如果不放在句末，就要在“着”字前加形容词状语；如果持续的动作行为是说话人或听话人同时发出的也用“着”字煞尾。例如：你悄着｜你歇着｜你在炕上挺着｜你的在着，我的走呀你们留步，我们要走了（请勿远送）｜你消停着吃，耍急｜咱的先走着咱们先走吧，他的他们一会儿再撵上来｜咱的先吃着，不等咧。

G. 普通话表方式的“V着”在户县方言里是“V的”。例如：拿的书｜提的担笼｜背的背笼｜吃的扯面｜端的花生儿｜写的长篇小说。

H. 在存在句里，既有“V着O”式，又有V的拖音等形式，“着”字又可被“咧”字所取代，例如：

门口围着一伙人/门口围[uei^{35}.ei]一伙人/门口围[uei^{353}]一伙人/门口围咧一伙人。

门槛上坐着个老汉/门槛上坐[tsuɤ$^{55\text{-}51}$]个老汉/门槛上坐咧个老汉。

手上拿着一本书/手上拿[na³⁵.a]一本书/手上拿咧一本书。

与普通话的"A着+数量"式相比，户县方言不用"着"，一是A的拖音，二是"着"字被"咧"字所取代。例如：穿到身上短一大截子/穿到身上短咧一大截子。

I. 在普通话的"V_1着V_2"连动式里，（吕叔湘先生主编1980：594）a型句及b型句（595页）户县方言"着"字的用法与普通话有相当的地方，但又形成拖音等语音形式。

抿着嘴笑/抿[miẽ³⁵ .ẽ]嘴笑/抿[miẽ³⁵³]嘴笑。

急着上班/急[tɕi³⁵ .i]上班/急[tɕi³⁵³]上班。

引着娃朝东走/引[iẽ⁵¹ .ẽ]娃朝东走。

在祈使句中，"$V_1V_{2(趋)}$"式的两个动词之间常嵌有"着"字。例如：

我给你把娃揹（着）来/我给你把娃揹[pei³¹ .ei]来。

你把钱拿（着）去/你把钱拿[na³⁵³]去/你把钱拿[na³⁵ .a]去。

你就把你媳妇儿引（着）去/你就把你媳妇儿引[iẽ⁵¹ .ẽ]去。

书你给我寄（着）来/书你给我寄[tɕi⁵⁵⁻⁵¹]来/书你给我寄[tɕi⁵⁵ .i]来。

粮食给咱送（着）来/粮食给咱送[suəŋ⁵⁵⁻⁵¹]来/粮食给咱送[suəŋ⁵⁵ .əŋ]来。

J. 户县方言的"着"字用在疑问句"A着没"式里，"A着没"相当于普通话的"A不A"式反复问句。"着"字用在疑问句"V（O）着没"式里，"V（O）着没"式一般相当于"V着（O）没有"。比较如下：

户县　好着没？　对着没？　红着没？　看着没？

北京　好不好？　对不对？　红不红？　看着没有？

户县　学生念书着没？　他躺着没？

北京　学生念着书没有？　他躺着没有？

有的"V（O）"加"着没"的语义形式与上述动词谓语句所表示的规律并不相当。比较如下：

他往来走着没——他是不是往这里走着呢？

他把菜卖着没——他是不是正在卖着菜呢？

他把西瓜买着没——他是不是正在买着（许多）西瓜？

你去看他在屋着没——你去看看，他在家不在？

你这几年写小说着没——近几年你是不是还在写小说呢？

他这几年当校长着没——他近几年是不是还当校长着呢（隐含语义：他可能因年龄过大已不当校长了）？

户县方言"A/V（O）着没"式中，"A/V"隐含着"应该A/V"的语义。如"好着没"是问"好不好"，但隐含着应该好的语义；再如"他看书着没"

其隐含语义是“他应该很认真地看着书”。例如：你考试成绩好着没——你的考试成绩好不好（你应该考出好成绩）？

2. 表将要进行时态

A. 普通话的助词“着”字没有表将然的，户县方言的“着”字可表将然。户县方言表将然的“着”字用在句末，表示先完成某个动作行为，然后考虑下一步怎么做或由此引申出威胁、警告等语义。例如：

你俩商量着办。

你看着给娃把鸡蛋卖了。

先睡觉，明儿着。

你先去，等我回来着。

你不听话，等我闲咧着。

人都饿得不得动弹咧，先压个饥着。

肚子再饥也覅急着吃饭，到城里咧着。

你想翻天，太阳从西边出来咧着。

咱先覅跟他争，等上一两个月着。

你成天胡浪费粮食呢，有个年馑着。

你这阵儿把我欺负咧，等我爸回来咧着。

看你这阵儿当官受贿呢，要是碰个包青天着。

你妈人品太好，就守你这一个女子，你作风不好，把你妈气死咧着。

你小心着/你操心着/你招呼着！

孙立新 2011 补充讨论户县表将要进行时态的“着”字时所举的例句如：

这个男人看不会坐月咧着/咧。

看一年挣不下 100 万（元）咧着/咧。

房管所的老张（看）把楼房设计不出来咧着/咧。

他一顿饭（看）吃不下 1 斤饺子咧着/咧。

这么大的库房（看）放不下 100 石粮食咧着/咧。

这类句子具有一系列共同特征，即“看/（看）……不……咧着/咧”结构：一是前边动辄出现“看”字，“看”字是个助词，在这些语句里起强调、肯定等作用；二是都有否定副词“不”字，这类语句的实际语义正好是对某种情况的极端肯定，如例句（1）极言“这个男人”很能干；三是以“咧着/咧”煞尾，而以“咧着”煞尾为最常见，“咧着”和“咧”字表示将然时态；四是从句式特点来看，“着”字可能是在以“咧”字煞尾语句的基础上以羡余形式出现的，而后又固定下来，并且以“咧着”煞尾成为主流句式。五是均含有假设意味；户县方言的“咧”和“着”均可以表示假设，有的假设句“咧”字时有时无。

等他三天，他不来咧着。（假如等他三天他仍然不来，咱们再考虑怎么办）

给她先看病，看不好（咧）着。（假如治愈不了，那也没办法）

先想尽一切办法救人，救不活（咧）着。（假如救不活，死了就死了）

你想欺负我，教让你妈把你重要再生一回着。（按：这是詈语）

他要假如变好咧，日头爷太阳从西边出来（咧）着。（极言他变不好）

户县方言将然、已然时态的“V+着+V趋”式和“V+的+V趋”式。其中V是一般动词，有时候也是趋向动词，“着/的”字表示动作行为V的方式。具体分为两种句式。

一是“V+着+V趋”式。“V+着”实际上表示此动作行为区别于彼动作行为，如“（把娃）揹着来”区别于“引着来｜叫着来｜（拿自行车）带着来｜（拿汽车）捎着来”等等。这种句式，老派常用，中派偶尔用，新派不用，老派语言习惯可从《金瓶梅》里找到根据。

众人都在炕上坐着吃茶。（40回）

都打扮着走来，在围屏后扒着望外瞧。（46回）

若从语义和语法两方面来比较“V+着+V趋”与“V+V趋”式，那么，其情形如下。

语义方面：V+着+V趋=V+V趋，如：揹着来｜拿着去｜引着走。

语法方面：V+着+V趋≠V+V，如：揹来｜拿来｜引走。

二是“V+的+V趋”式。这种句式部分老派用，先看户县方言部分老派口语例句。

正二三月忙的盖房呢。～老派通常说法：正二三月忙着盖房呢。

刚才那俩两辆车得是是不是挨的走着呢/刚才那俩车得是挨着走（着）呢？

他在西安租的房住着呢/他在西安租房住着呢/*他在西安租着房住着呢。

我把货给你送的去，你把钱给我送的来。～我把东西给你送着去，你把钱给我送着来。

猴娃儿娘，猴娃儿娘，你给猴娃儿吃一口，我把猴娃儿揹着走。（民间故事《猴娃儿娘》）

现在让我们来看看《金瓶梅》里边的句子。

正吃着，忽见几个做公的进来，不由分说，把花二哥拿的去了。（14回）

你老人家要甚颜色，销甚花样，早说与我，明日都替你一齐带的来了。（51回）

你娘的头面箱儿，你大娘都拿的后边去了。（74回）

来家又是大姐死了，被俺丈母那淫妇告了一状，麻帐妆奁，都搬的去

了。(97回)

“的”字的这种用法，在关中方言区也是限于部分老派口语，如耀州老派谚语有“借的吃，打的还，跟着碌碡过个年”，其中时态助词“的、着”前后呼应。另外，时态助词“的”字所出现的其他语境，或与“着”字呼应，或者不能与“着”字置换，举户县方言例句如下：

你拿的啥/*你拿着啥？

你当的啥官/*你当着啥官？

你屋你们家今儿今天晌午吃的啥饭/*你屋今儿晌午吃着啥饭？

吃的碗里的，看着锅里的/吃着碗里的，看着锅里的/*吃的碗里的，看的锅里的。

歇后语：柏木做锅盖呢——放的人不装，光寻着受气呢/*柏木做锅盖呢——放着人不装，光寻着受气呢/*柏木做锅盖呢——放的人不装，光寻的受气呢。

户县方言表将然的“着”字用在句末，表示先完成某个动作行为，然后考虑下一步怎么做或由此引申出威胁、警告等语义。我们可以从萧国政《武汉方言助词“左”》一文里找到类似的句子，作为对户县方言表将然的“着”字的佐证。

把桌子擦了左先把桌子擦一下。

用洗涤剂擦了左，桌子等一下再擦。

买两斤鱼左。[=你莫先买肉什么的]

还可以从《成都方言语法研究》一书里找到类似的“先行体”句子：

你要先写完了信哆。

你是不是要等客人走了哆？

你不要着急，你听我先说完了哆。

(二娃，好好做作业！)——你先给我讲个故事哆。

如上武汉的“左”和成都的“哆”相应地在户县方言里作“着”。

B. 户县方言表动作趋向方式时有“V着+V趋”式，其中“V着”表将然。这个特点主要是老派口语里用，如下例句，新派不用“着”字。

你把这斗麦种子给你二爸二叔父提着去。

你回咱单位得咧，记着把我忘咧拿回来那些文件捎着回来！

你再如果上县咧，长短无论如何把你那个央无儿娃个性强而令人喜爱的孩子引着上来。

你来得咧来的时候耍搭车，你走着来就对咧行了，路近近儿很近的，一点儿也不远。

但是，正在进行时态也有“V着+V趋”式的，限于陈述句，也是老派语言习惯，下列例句新派也不用“着”字。例如：

他把他妈拿架子车拉着来咧。

他妈来听课，娃也跟着来咧。

他望回走呢，小王跟着他一搭儿一块儿回去咧。

C. 西安、户县、富平等处处于句末的"着"字也有表示将然又兼有假设意味的；表示假设的特点见下文（三）。例如：

要批准你的申请，就得几个领导都在的时候开个会着。

你要见他，也得等到过年着（他过年肯定要回来呢）。

你把门䙓锁，我没拿钥匙，我一会儿回去不得无法进门着。

弟兄俩当下有些矛盾肯定也是暂时的，要是碰见个大事着。

3."着"字及其变体用在祈使句中的情形

邢向东（2004：311～323）页讨论现代汉语方言祈使语气词"着"字时举到孙立新（2003a）文章中的例句以及孙立新提供的例句如"你候他着你等着他（着 $_1$）｜你想翻天，太阳从西边出来咧着（着 $_2$）"。也就是说"着"字在户县方言里凡表示祈使时一般置于句末。孙立新（2003a）还指出户县方言在表示动作持续时态时，常用"NVV 上"式，例句如"眼窝睁睁上睁着眼睛"。事实上，户县方言以"着"字煞尾的祈使句里的"着"字，常常可以用".上"字来替换；从老派口语实际看，还可以用".下"字来替换。但是".上、.下"局限于出现在把字句里，与邢向东所说的"着 $_1$"意义相同。"着 $_1$、着 $_2$、.上、.下"表将然。

你候他着/你把他候着/你把他候上/你把他候下/*你候着他。

你先喝茶着/你先把茶喝着/你先把茶喝上/*你先把茶喝下/*你先喝着茶。

咱的咱们先看电视着/咱的先把电视看着/咱的先把电视看上/咱的先把电视看下。

你俩旋⁼谝闲传着暂时聊着天/你俩把闲传旋谝着/*你俩把闲传旋谝上/*你俩把闲传旋谝下/*你俩旋谝着闲传。

由以上例句可以看得出来，老派口语里的".下"字虽然可以与".上"字处于同一语法地位，但是多数情况下不能成立。照例，像共同语的"V着O"式在户县方言里不能成立。

户县方言"着"字在祈使句里的用法可以从《金瓶梅》里找到根据。

且叫他孝顺众尊亲两套词儿着。（31 回）

你且替我吃了这钟酒着。（51 回）

教他前边站着，我每就起身。（45 回）

且连盒放在明间内着。（74 回）

好东西儿，他不知那里剜的送来，我且尝个着。（52 回）

户县方言与（45 回）（74 回）两个例句相对的例句如。

教他在前头立着/立上/立下，我的就起去呀。

旋ᵓ把兀儿连盒盒搁到开间里头着。

《金瓶梅》里还有祈使句里“着”字连带趋向动词“去”的，如21回：“你亦发吃了出去，教他外头等着去。”其中“教他外头等着去”在户县的变体有“教他在外头等着去/教他在外头等上去/教他在外头等下去”。

户县方言祈使句里还有以“着”字表示将然时态的句子，如孙立新2003a所举的例句“看你这阵儿当官受贿呢，要是碰个包青天着”同样可以从《金瓶梅》里边找到根据。

也等吃了早饭着。（第1回）

主子奴才，常远是这等硬气！有时道着！（11回）

等我出去安排他，再安排些酒肉点心茶水，哄他吃着。（57回）

户县方言祈使句里“先”字出现时“着”字还可省略。例如：

你的你们先谝聊（天儿）着—你的先谝。

教他几个先打麻将着/教他几个先打麻将，我就来。

你先望单位走着/你先望单位走，我把事一办开车去。

我给你把饭做熟你先吃着/我给你把饭做熟你先吃。

咱就先要急去着/咱就先要急去，等他来咧一搭儿一起去。

安排评委先开会着/安排评委先开会，等一阵子领导再过来看评委。

但是，介词“把”或“给”单独出现的祈使句里“着”字一般不能省略。例如：

你把车先装着/你先把车装着。

你给我先拿着/你先给我拿着。

教他给咱把娃先揹着/教他先给咱把娃揹着。

给你布置的任务你先执行着，当下先要问啥原因。

（三）“着”字的其他用法

1. 与趋向补语“起来”义同

户县方言的“V着A”又作“V起A”，“V着（/起）A”是“AV”的意思。比较如下：

北京	好看	好听	好吃
户县	看着好/看起好	听着好/听起好	吃着好/吃起好

当然，户县方言还有“吃着香/吃起香”“听着难听/听起难听”“寻着好寻/寻起好寻”“老牛的肉煮着难煮/老牛的肉煮起难煮”等句式，其中如“老牛……”句表示假设关系。

2. 相当于普通话的可能补语“见”“起，起来”“得”。例如：

看着你就着气！

听着你说话就恶心！

想着你受的那些苦我就难受。

我老觉着你太有本事咧，却没人重用你。

3. 表目的。“着”字用在表目的的反问句、感叹句或陈述句里，意味着不应有这样的目的，同时也隐含着假设意味。例如：

你欺负我着能咋！

他不上班着能挣多钱？

我惹你娃着做啥呀！

我巴结领导着肏他妈呀！

咱看他脸色着有啥意思？

他望人家寡妇家跑着是想占便宜呢。

老王一老一直都不好好儿工作，这两天积极着入党呀。

4. 表假设。“着”字用在假设复句的后边，也是时有时无的。例如：

你给猴娃儿吃一口，我把猴娃儿背（着）走。

你给我把货送（着）来，我给你把钱汇（着）去。

如果“着”字用在紧缩式的假设复句里，那么“着”字也可不用，也可被“咧”字取代：

你不去着能咋/你不去能咋/你不去咧能咋？

没事着寻事呢/没事寻事呢/没事咧寻事呢。

有钱着吃香的/有钱吃香的/有钱咧吃香的。

他着气我生我气着能咋/他着气我能咋/他着气我咧能咋？

你不爱我娃着我娃照样长呢/你不爱我娃我娃照样长呢/你不爱我娃咧我娃照样长呢。

5. 还有一种“着”字用在小句中间的疑问句，格式为“X_1着咋吗X_2着咋”，X_1和X_2分别指两种不同的情况，一般表示在两者之间有一个取舍，后续语句是取舍的理由；“着”字的这种用法，兼有上述表目的和表假设的共同特征。例如：

你来着咋吗不来着咋？/你过来着咋吗不过来着咋？都无所谓。

就一顿饭，你掏钱着咋吗我掏钱着咋？我工资高，就教我把钱掏了。

坐车嚜，坐到前头着咋吗坐到后头着咋？这一[tʂei^{51}]截路登儿就到咧。

这一[tʂei^{55}]些东西给你着咋吗给他着咋？其实给给你俩谁都一样，你俩都需要。

你来着咋吗我去着咋/你过来着咋吗我过去着咋？你太忙咧，干脆我去（/过去）。

教你在北京出差去着咋吗在上海出差去着咋？反正你不在北京去，就得在上海去呢。

文章在权威期刊发着咋吗在核心期刊甚至一般期刊发着咋，这还不都是奔着评价体系吗？其实，最重要的是看你的文章写得咋样呢！

把这一[tʂei⁵¹]回出席市一级三好学生的名额给第一名着咋吗给第二名着咋，反正一二名之间的总分也就差上个三几三五分；其实，第一名那个学生都当咧两回市三好学生咧，我看这一[tʂei⁵¹]回就给第二名去。

假如有 X_3 或者更多的情况（选项）出现，则往往以如下的形式来表达。

就这一[tʂei⁵²]截路，走去着咋吗坐公交车去着咋，或者打的去着咋？干脆走过去算咧！

这一[tʂei⁵²]个东西给给你舅着咋吗给给你姑父着咋，或者给给你姨夫着咋？反正也就一个，给谁都一样。

也就仅仅只有 50 块钱，俩人吃饭呢，吃面面条着咋吗吃米饭着咋，或者吃牛肉泡馍着咋？着不住花不经花，很容易就花完了。

6.“V（O）/A 着没”式询问的是“V（O）A”的情况。例如：

她的身体好着没？

他最近盖房着没？

题算对着没对不对？

你的车子新着没？

你最近写（东西）着没？

7. 户县方言的“着”和“着儿”可以充当表方式的指示代词的标志。孙立新《户县方言研究》（2001：55～58）之表 7 列举了户县方言的指示代词系统，其中未列以“着”为标志的表方式的指示代词“这一着[tʂei⁵¹ .tʂɤ]”“兀一着[uei⁵¹ .tʂɤ]”“那着[næ⁵¹ .tʂɤ]”。例如：

这一[tʂei⁵¹]着/这一[tʂei⁵¹]着儿（这样）写字就能把字写好。

兀一[uei⁵¹]着/兀一[uei⁵¹]着儿（那样）做活就把活作失塌（坏）咧。

那[næ⁵¹]着/着儿（那样，那样干）肯定不行。

另外，我们从李芳桂《清素庵》里还看到“着”相当于“呢”字的两个例句，罗列如下：

你听着，哭的做什么，现放着好事儿不寻等啥**着**？

送上门的买卖不做等啥**着**，那里再撞这不要钱的货？

8. 关于关中方言“着[tʂau³⁵]”字用作程度补语等情形，以户县方言为例来说明：

“着[tʂau³⁵]”字在户县方言里常常用作程度补语，而用作程度补语的“着[tʂau³⁵]”字有一个语法化的过程。从实际语义来看，应当从以下两点来讨论。

A.“着”字的动词用法在户县方言里有“被狠狠打击”“被整得很苦”等意义，例如：

他着[tʂau^{35}]咧一砖他被狠狠地打了一砖。

贼把他屋他们家揽包指偷了很多东西，几乎偷走了所有家当，着[tʂau^{35}]得下下儿的咧被整得苦到了极点了。

因为贪污受贿的事情露包露馅咧，他这回着[tʂau^{35}]上咧他这次将要被整得很苦；他狗肏的活该！

“着[tʂau^{35}]”字由“被狠狠打击”“被整得很苦，将要被整得很苦”的意思，经过语法化，常常处于及物动词的后边充当程度补语，如“V着[tʂau^{35}]咧”是“V得相当厉害”的意思。

娃那几年不好好儿念书，把他爸他妈气着[tʂau^{35}]咧。

教这个冷娃褒称莽夫把那个舔尻子货善于拍马溜须者打着[tʂau^{35}]咧。

你就是的确了解他，你算是把他说着[tʂau^{35}]咧，他是一个典型的二流子。

我没觑顾没注意看（按：“觑顾[ɕy$^{31-35}$ ku^{31}]”的声调特殊），他把我吓着[tʂau^{35}]咧。

这个败家子把俩大人[tuɤ^{55} ʐẽ$^{35-31}$]双亲细细详详很节俭挣的钱花着[tʂau^{35}]咧，真不像话！

如上例句里的“着[tʂau^{35}]”字，在户县方言里常常可以用“匝”字或“美”字来替代。请注意，户县方言程度补语“着[tʂau^{35}]”字前边的动词必须是单音节的，而程度补语“匝”字或“美”字前边的动词可以是多音节的；“匝”字或“美”字可以充当形容词或形容词性词语的程度补语，“着[tʂau^{35}]”字却不可以。例如：

前几年教他把你欺负匝/美/*着[tʂau^{35}]咧。

他这几天害肠胃炎呢，上吐下泻的，把他难受匝/美/*着[tʂau^{35}]咧。

B.“着[tʂau^{35}]”字有“到了点子上”的意思，含有“非常正确”的意味。例如：

你这番话算是说着[tʂau^{35}]咧说到了点子上。

他把你看着[tʂau^{35}]咧他对你的看法很正确，他认为你就是干大事的。

你上县去办事，寻他是寻着[tʂau^{35}]咧找得非常正确，他就是办这号事的。

C. 户县方言的“着[tʂau^{35}]咧”还有“居然有”的意思。例如：

镇碎这么小的一个单位就着[tʂau^{35}]咧100多个人！

他屋他们家有钱得很，就着[tʂau^{35}]咧五个小卧车呢！

狗肏的当咧个科长，就着[tʂau^{35}]咧三个二奶，肯定有贪污嫌疑呢！

另外，“着祸”（西安读作[tʂau^{24} xuɤ^{24}]，三原读作[tʂau^{35} xuɤ^{35}]，岐山读作[tʂɔ^{34} xuo^{34}]）在关中中东部地区的语法化问题，下文还要专门讨论。

“着”字在官话区是一个使用频率很高的助词，研究官话（共同语普通话以及官话方言）以及晋语等汉语方言的学者，不同程度都关注过“着”字；研究近代汉语的学者也都不同程度都关注过“着”字。看来，围绕“着”字，需要深入讨论的问题可能还很多。

（四）关于“着”字的讨论

1. 我们首先可以比较“坐着吃比站着吃好”在户县等处方言里的异同。

户县　坐着（儿）吃比立着（儿）吃好（些）/坐上吃比立上吃强（些）

户县　坐下吃比立下吃好（点儿）

怀安　坐的吃比站的吃好些儿（袁家骅先生等 1960）

江阴　坐得吃比站得吃好些儿（袁家骅先生等 1960）

临汾　坐下吃比立着吃强（潘家懿先生 1988）

长治　坐的吃比站的吃好些儿（侯精一先生 1985）

阳曲　坐下吃比站的吃好（孟庆海先生 1991）

张成材先生等（1987）《西宁方言志》里有“坐着吃嘛好，还是站着嘛好?”的句子。

由以上例句看，在户县等处方言里，相当于普通话“着”的还有“上、下、的、得”等。

2. 如果我们要考察普通话的助词“着”在各地方言特别是官话区及晋语区的特点，可知“着”字作助词的分布地域主要在北方。具体语言事实，列举若干代表点如下。

贺巍先生（1993）《洛阳方言研究》洛阳方言是否用“着”字可与北京话比较如下：

洛阳　桌上放了一碗水　门口儿站了一群人　不应抢着说

北京$_1$　桌上放了一碗水　门口站了一群人　不应抢着说

北京$_2$　桌上放着一碗水　门口站着一群人　不应抢着说

洛阳　他说着说着，笑起来了　可利害　可好看

北京　他说着说着，笑起来了　利害着呢　好看着呢

王燕（2001）《乌鲁木齐话里“底”的一种用法》里几个例句与户县方言比较如下：

乌市　你先搁这等底，我去一下就来　这号烂家具要底它没用

户县　你先在这儿候着，我去嘎就来　这号烂家具要它着没（啥）用

乌市　欺负别人干啥呢?

户县　欺负残的人着（儿）做啥呀?

赵日新、沈明、扈长举等（1991）《即墨方言志》124 页“朝着、顺着、走着”的“着”字读[.tʂʅ]，145～146 页“抱着、叫着”的“着”读[.tʂɤ]，

这几例“着”字均用作助词。

张成材先生等（1987）指出西宁方言助词“着”读作 tʂɔ[53] 用于否定句里，助词“者”读作 tʂɛ[53] 用于肯定句里。例句如：干者唱者｜七点差着十分哪。

《临夏方言》187 页举“着”字作助词的例子如：树上的果子还绿着呢｜年时买下的兀个汗褟还净着呢，嫑洗了（去年买的那件衬衣还挺干净，不要洗了）。

张安生（2000）从现实及历史的角度对同心方言的助词“着”进行了深入讨论。与同心方言相比，同心“V 着＋处所宾语”式中“着[.tʂɤ]”字与户县“着[tʂau[35]]”的第④义项相当；同心的“着哩”与户县的“着呢”用法相当；与户县方言动趋式之间加“着”的用法相当，同心方言的例句如“你把这个碗拿着去拿去｜把娃使着回去叫写作业”；与户县方言表目的的“着”字用法相当，同心方言有“你说下那么多话着干啥哩”等句子。

李树俨（1989）、李倩（1997）指出中宁方言“着”字读作[.tʂʅ]与即墨“朝着”的“着”字同音，由李倩《中宁方言的虚词“着”》所举语言事实看，中宁方言与户县方言“着”字的用法很接近，如，可用作介词表处所，中宁方言也无“V 着 O 呢”的句式而有诸如“我写作业着呢｜台上演戏着呢”等句式。

乔全生对洪洞以至山西方言“着”字的深入研究主要可见 1999《洪洞方言研究》和 2000《晋方言语法研究》两书。我们可以看出洪洞方言与户县方言在“着”字用法上相相当的特点：等我着｜正开会着哩｜慢慢吃，吃饱了着（表将然）。

马凤如（2000）《金乡方言志》说：“表示动作行为的持续态，普通话用‘着’，金乡方言基本上用‘子’，很少用‘着’。”举例有：坐子说｜说子说子不说啦｜多子哩（多着呢）。其实，金乡的“子”与即墨的“之”是一回事，因为金乡方言把北京翘舌音读成了平舌音。

周元琳（2000）指出安徽庐江方言“之”字相当于普通话的“着”，举例句如下：

桌子高头顿之一把锯镰刀桌子上面放着一把镰刀｜驮之（你兄弟）背着（你弟弟）！

再如陕北晋语的例子。邢向东（1997）《陕北神木话的助词“着”》一文里的“着嘞”相当于普通话及户县的“着呢”：老张在大学当老师着嘞｜我们家这阵儿还没钱修房子着嘞。

西南官话多数方言点与普通话助词“着”相对应的是“到（倒）/起”。

我们曾经调查过四川广安方言，广安的“起哩”相当于北京和户县的“着呢”，例如：我现在正在旅馆住起哩｜我正向北京走起哩。

喻遂生（1990）、李蓝（1998）、张一舟等（2001）分别讨论了重庆、大方、成都方言的特点。

重庆方言例句：我们开倒会等他｜抢倒抢倒说｜前头塌方，好多人都在车站耽搁起｜靸起一双拖拖鞋儿。

大方例句：眼睛还是红倒的｜他们一直是坐起的｜坐起看电视｜吃起饭说话。

成都例句：他写倒字的他写着字呢｜他在屋头坐起得他在屋里坐着呢｜斜起眼睛看人斜着眼睛看人。

由汪国胜（1994）《大冶方言语法研究》88页看，大冶方言的“倒$_2$[.ta]”相当于普通话的助词“着”，例如：她洗倒衣裳，来不了｜沙发上趴倒一只猫子｜房门一直敞倒在开着呢｜他开倒车去接人。

孙立新（1998）曾经讨论过“到”在陕南几个西南官话点的特点。如：吃到｜喝到｜看到｜走到去｜好到哩；再如汉中方言的“到的”相当于“着呢”：吃到的正在吃饭｜搁到的放着呢｜好到的好着呢。最近又获取到这样的例句“送到去｜拿到来”，西安分别作“送着去｜拿着来”。

刘祥柏（2000）讨论过属于江淮官话的六安丁集话的助词“倒”，例句如：坐倒！｜绑倒勒｜把它绑倒勒。其中讨论了丁集话“倒”相当于“下、上、住”等，与孙立新（1998）讨论宁陕方言“到”的特点相当。

徐慧（2001）指出湘语益阳方言也用到如重庆、大方、成都等处方言表持续的“起”，例句如：穿起咯皮鞋子穿着皮鞋｜抿起嘴巴笑｜打起手电找打着手电筒找。

3. 多年来，尤其是近一二十年来，对于汉语特别是汉语方言助词“着”及与“着”字相当的助词的研究成果不少。

陆俭明先生（1999）指出，学术界对北京话里“着（zhe）”所表示的语法意义有代表性观点达10种之多，指出“着”是一个助词。

朱德熙先生（1982）以及木村英树先生（1983）等曾指出在“开着窗户睡觉～开了窗户睡觉”的句子里“着”“了”意义上没有区别，上文所讨论的户县方言的“手上拿咧着一本书”现象与普通话是相当的；还有，附录一里4.1部分的“他手上拿咧个茶杯（子）”，5.1部分的“墙上挂咧一幅画”都是这个类型。

研究汉语特别是现代汉语方言的助词“着”，许多学者着眼于从古汉语以来的文献特别是近代汉语文献甚至少数民族语言中找到依据，太田辰夫（1947、1995）、王力（1958）、赵金铭（1979）、吕叔湘（1984）、曹广顺（1986、1995）、梅祖麟（1988）、乔全生（1989）、宋金兰（1991）、孙朝奋（1997）、李倩（1996）、江蓝生（2000）、钱曾怡（2001）等都进行了一系列比较深入的研究，其中不乏富于真知灼见之作。如曹广顺（1995）设专门章节深入讨论了汉语“着”字由上古到中古再到近代汉语的虚化过程。

4. 我们可以将户县方言“着”字用法与近代汉语相相当的语料予以比较分析。

先看刘坚先生（1985）《近代汉语读本》里对“着（/者）”字分析的几个例子。

《孝经直解》：身体、头发、皮肤，从父母生的，好生爱惜着，体教伤损者，么道。（刘先生释“者”曰：表示命令的语气助词）

休道不寻思你祖上，依着你祖上行好勾当着。（刘先生释“着$_2$”曰：表示命令的语气助词）。

《西游记》第46回：这都是那和尚弄术法坐害我等。等我与师兄报仇者。（刘先生释“者”曰：句末语气助词）

再看元杂剧里的例子：

（1）《倩女离魂·2》：今日呵，便担着孛篮拽着衣服，不害羞当街里叫将过去。

（2）《陈州粜米·1》：你要量满了，把斛趄放着，打些鸡窝儿与他。

（3）关汉卿《单刀会》第四折：a 鲁子敬听者：你心内休乔怯，畅好是随邪，吾当酒醉也。| b 却怎生闹炒炒军兵列，休把我拦当（挡）者。| c 好生的送我到船上者，我和你慢慢的相别。| d 唤梢公慢者，缆解开岸边龙，舡分开波中浪，棹搅碎江心月。

（4）马致远《汉宫秋》第三折：a 左右慢慢唱者，我与明妃饯一杯酒。| b 妾这一去，再何时得见陛下？把我汉家衣服都留下者。

（5）王实甫《西厢记》第四本第三折：a 想着俺前暮私情，昨夜成亲，今日别离。| b 见安排着车儿、马儿，不由人熬熬煎煎的气……准备着被儿、枕儿，则索昏昏沉沉的睡。| c 将来的酒共食，尝着似土和泥。

（6）睢景臣《高祖还乡》：a 王乡老执定瓦台盘，赵忙郎抱着酒胡芦。| b 一面旗白胡阑套住个迎霜兔，一面旗红曲连打着个毕月乌。| c 有甚胡突处？明标着册历，见放着文书。

（7）李玉《清忠谱》第六出：遥望着灯儿和炬儿，闪的人辉辉煌煌的耀。猛望着身儿和首儿，活现出狰狰狞狞的貌。

（8）董解元《西厢记诸宫调》：莺莺君瑞，彼此不胜愁，厮觑者，总无言，未饮心先醉。

如上各例的“着/者”，（1）（6）（7）（8）及第（5）b 表正在进行时态；（2）（3）（4）表祈使（或命令）；第（5）例 ac 两句相当于“起，起来”，与上文2.1小节所讨论的“着”字用法相当。

然后看李芳桂剧作的例子，生活在 200 多年前的渭南剧作家李芳桂用得最多的是“着”。

你静静立着，咱的已经㞗下了指闯了烂子，还㞗啥加？（《香莲佩》）

我和你甚伤悲还讲那话，婚姻事尽由着二老爹妈。（《春秋配》）

这是一瓶酒，一盆水，喝酒加你喝，喝水加少喝些，看喝得木头胀了着，门里咋得出去哩？（《十王庙》）

枉为着翰林妻人前立站，真个是败门楣辱玷祖先。（《十王庙》）

我怎么糟到这地步，寻着寻着惹是非。（《十王庙》）

妇女掳掠数十个，捡着捡着做老婆。（《玉燕钗》）

老爷，二月十九日铺乐庵中观音大会，小人当着会首……（《万福莲》）

怪道仗着官势，买良家为奴，破人婚姻，该当何罪？（《万福莲》）

如此弟在都城候饯着。（《火焰驹》）

哥哥我说你停住着，妹妹有话对你说。（《清素庵》）

媒人家不肯乔装着，两边话儿要说妥。（《清素庵》）

不务买卖不务农，日每钻入赌场中。一时输的没了路，黑夜寻着挖窟窿。（《清素庵》）

你还想活什么，阎王爷阴司等你着。（《清素庵》）

哥哥，你的好幸怀儿也，常撞着不要钱的买卖寻你么！（《清素庵》）

拿钥匙才是这一个，不敢说，今日才撞着正庄货。（《清素庵》）

连这箱子也捎带着。（《清素庵》）

贤弟，没有钱听话着！（《古董借妻》）

大哥你在着，为弟我走呀。（《四岔捎书》）

5. 关于“着”字读音的讨论

“着”字在户县方言里的几种读法都是互有联系的，也都可以从普通话里找到根据的。

“着”字《切韵》音系在宕摄开口三等入声药韵，“衣着”的“着（著）”字在知母，“附着、睡着”的“着（著）”字在澄母；汉语共同语以及方言“着（著）”字的所有读音都应当是以此为源头的。如户县方言“着”字的读音跟普通话大致都是对应着的。孙立新 2011 年文章一二三部分所讨论的“着[.tʂɤ]”字的读音跟普通话是一致的；第三部分所讨论的“着[tʂau^{31}]”字与“招昭”等字同音，跟普通话的“着[tʂau^{55}]”是相互对应着的；第五部分所讨论的“着[tʂau^{35}]”字跟普通话“睡着了、火着了”的“着[tʂau^{35}]”字也是一致的。而孙立新（2003：221～230）讨论“着”字时指出：“着”字除了有本文论及的三种读音[.tʂɤ]、[tʂau^{31}]、[tʂau^{35}]以外，还有[tʂɤ^{35}]（衣着、着重、“着紧着忙”是“很忙乱”的意思）、[tɕʰyɤ^{35}]（火着咧、睡不着、划不着）、[tɕyɤ^{35}]（“着气”指“生气”，如“着闲气”指“因干预了别人的闲事情而生气”）三种读音；户县方言“着”字总共有 6 种读音。古入声字今北京读作[uo]韵母拼翘舌音声母的字，户县方言一般读作[ɤ]、[ʅɛ]、[ʮɤ]、[yɤ]等韵母。举例如下：

山合三薛：拙章[tsʮɤ^{31}]（户县西北乡渭丰、涝店[tsʮɛ^{31}]）、说（书，说话）[ʂʅɛ^{31}]（渭丰、涝店[sʮɛ^{31}]）；宕开三药（“着”字读音已见上，此处略）：酌章[tʂɤ^{35}]、绰昌[ts^{h}ʮɤ^{31}]（文读）[ts^{h}au^{31}]（白读）、勺芍禅[ɕyɤ^{35}]、若弱日[ʐʅɛ^{31}]（“弱”字白读[ʐʅɛ^{35}]）；江开二觉：桌知捉庄[tsʮɤ^{31}]、卓琢啄涿知镯崇[tsʮɤ^{35}]、戳彻[ts^{h}ʮɤ^{31}]、朔生[sʮɤ^{31}]。

孙立新 2011 年文章第三部分所讨论的“着[tʂau^{31}]”字在户县西南乡相应地读如“叨[tau^{31}]”。孙立新《关中方言代词研究》（2010：142～144）对关中方言区 51 个方言点的“那样干什么”进行了报道，其中，西安、临潼作“着兀个弄啥”，蓝田作“着兀个做啥”，西安、临潼、蓝田的“着”字读作[tʂau^{31}]；宜川作“叨儿号弄啥哩”，宝鸡、凤翔作“叨莫里咋么开”，千阳作“叨莫做啥”或“叨莫咋哩”，“叨”字宜川、宝鸡、凤翔读作[tau^{31}]，千阳读作[tau^{21}]。

实际上如上语境宜川、宝鸡等处及户县西南乡“叨”的本字就是“着[꜀tʂau]”，西南官话很普遍地把助词“着”作“到/倒”，“到/倒”也是“着”；用清代钱大昕“古无舌上音”的论断来解释再恰当不过了。而户县方言“到”字读作[tʂau^{31}]，则是[t→tʂ]的逆向音变。

孙立新《关中方言的“的”字以及与之有关的几个问题》（2008：1～7）在讨论耀州等处相当于普通话时态助词“着”相应地作“的”的时候，拿河北方言作参照。吴继章、唐健雄、陈淑静主编的《河北省志·方言志》第 601 页所讨论的河北方言的助词“着”应当引起大家注意：曲周读[tei]，魏县等处读[tɛ]，南和等处读[tə]，巨鹿读[lɛ]，宁晋读[ə]，广平的“着”字表存在义时读[lei]（如“手里拿着[lei]一本书”），表正在进行时读[tə]（如“正开着[tə]会嘞”）。河北方言“的”字读[li/lei/lɛ]，与关中旬邑、山西晋语和顺等处相一致；“着”字读[ti]，与耀州等处“的”字用如“着”字相一致。

江蓝生先生《近代汉语探源》（2000：105～106；126～127）讨论了山西等处方言“着”到“的/得”的音变轨迹，给我们以深刻的启示：“着”字由[.tʂə/]分化成为[.tʂə]和[.tʂɤ]，再由[.tʂə]和[.tʂɤ]到[.tsə]，由[.tsə]再到[.tiə]，目前读作[.tə]或[.ti]。由此印证出，关中耀州等地以及许多汉语方言读作[.ti]、用如“着”的“的”是“着”字历史音变的结果。很有意思的是，“着”和“的”互换在北京人口语里甚至把“说什么来着（zhe）”说成了“说什么来的（de）”。看来，“着”作“的”最少在多数官话和晋语里不是个别现象。

我们由萧国政《武汉方言助词“左”》（1996：67～85）一文看，武汉方言的助词“左”也应当是“着”（[tʂuo→tsuo]）；由张一舟等《成都方言语法研究》（2001：60～64）一书看，成都方言先行体的助词（张先生等称作“语气词”）“哆”也应当是“着”（[tʂuo→tuo]）。看来，任何一种方言读法未必都是空穴来风，普通话“着”字读作[tʂuo]可以分别从武汉方言读如“左”以及成都方言读如“哆”看出端倪。

关中方言体貌助词“着”字的读音特点顺便予以罗列：西安、临潼、蓝田、华县、渭南、韩城、黄陵、宜川、铜川、耀州、周至、户县读作[.tʂɤ]，商州、丹凤、洛南、澄城、富县、蒲城、富平、黄龙、宜君读作[.tʂuo]，眉县、太白、凤县、宝鸡、凤翔、麟游、陇县读作[.tʂau]，洛川、定边读作[.tʂuə]，华阴、潼关读作[.pfo]，千阳读作[.tsuo]，扶风读作[.iau]，岐山读作[.iɔ]，耀州又读[.tsɥo]，凤翔又读[.au]（凤翔又读是主要读音，这是音变的结果[.tʂau→.au]）。富平北乡把“着”字读作[.tʂʰuo]，符合澄母字在关中方言里读作送气声母的特点。

其二，关于关中方言区东部和北部的“的”

关中方言区蓝田、临潼以及泾河以东，体貌助词“的”的使用频率很高。“的”字在这一带具有表正在进行时态等特征。

1. 普通话表示正在进行等时态的助词以“着”字为最常用，其次还有“的”字。孙立新（2003：221～223）指出户县方言的“的”字也用如“着”字，例句如“你拿的啥？——我拿的书。”孙立新、阎济华（2007：18～20）指出户县老派方言有“正二三月忙的盖房呢”的句子。户县、咸阳、兴平及其以西地区“的”字用如“着”字的频率不太高。关中中部偏北的三原、临潼（北乡，包括西安市阎良区）、富平、蒲城、耀州、铜川一带的“的”字用作表示正在进行时态等的助词的频率比“着”字要高得多，而且这个特点在新派方言里都有具体反映，三原等处的这个特点类似于怀安（袁家骅 1960）以及长治方言“坐的吃比站的吃好些儿”（侯精一 1985）的特点。也就是说，官话以及晋语里“着”和“的”是呈互补状态的，只不过，北京、西安等处以“着”字为最常用罢了。

普通话及西安一带相当于“着”的“的”字，其前边的动词一般具有承担、负载、跟随等意义。例如：“我娃当的班长｜他手上拿的书｜老汉揹的他孙子｜你跟的谁？”西安方言这个语境不能用“着”（*我娃当着班长｜*他手上拿着书｜*老汉揹着他孙子｜*你跟着谁？）西安一带在如下语境里“的”字与“咧个”可以互换。

拿的啥/拿咧个啥？——拿的书/拿咧个（/本）书。

掮的啥/掮咧个啥？——掮的麦桩子口袋/掮咧个麦桩子。

驮的啥/驮咧个啥？——驮的被子/驮咧个（/床）被子。

揹的啥/揹咧个啥？——揹的背笼/揹咧个背笼丨揹咧一背笼草。

拉的啥/拉咧个啥？——拉的牛/拉咧个牛丨拉的架子车/拉咧个架子车。

关中方言区东部和北部"的"字用作表示正在进行时态等的助词的频率也比较高。下面先举耀州方言"的"字表示正在进行时态的例句：

耀州：哭的哭的笑啦/哭着哭着笑啦。

耀州：说的说的不说啦/说着说着不说啦。

耀州：你看的给娃把衣裳买唠（了）/你看着给娃把衣裳买唠。

铜川（下棋时有铜川人说）：急的走兀个[uo⁵²]~那个~弄啥哩~干什么呢~？

富平方言也是这么说的（相应于耀州的"唠~了1~""啦~了2~"，富平分别作"了[.liau]""啦[.lia]"）；如下例句（a）徐朋彪等新派口语不用，例句（b）徐朋彪等新派口语用到。

（a）指屁的吹灯哩。

（b）把锅当罄的敲哩。

关中方言区西部宝鸡一带，目前口语里听不到"的"字用如"着"的例子了，也就是说，当地以"着"字表正在进行时态在口语里是最常见的。"的"字在当地亦如西安一带那样用如"着"（限于"承担"等意义），一方面像"骑的、抱的"等的，如《宝鸡老歌谣集锦》21页《耍耍歌（二）》云："荞麦花，嘣嘣开，我和我姐打赌来。我姐骑的银鬃马，我才骑的树柯杈。我姐踩的是银镫，我才踩的是墙缝。我姐枕的金枕头，我才枕的猪奶头。我姐抱的银娃娃，我才抱的黑老鸹。"但是，我们25页的《送嫂嫂》里的"你爹吆的车来了"一句里的"的"跟东部富平等处的"的"字用如"着"却是如出一辙。可以想象，宝鸡一带早期也在一定程度上"的"字用如"着"，只不过如今"的"字用如"着"基本上已经全部淡出而已。

2. 关于"的"字表正在进行时态等特征的讨论

a. 关于关中方言区东部和北部"着"字与"的"字表正在进行时态的特征，我们从清代渭南剧作家李芳桂剧作里可以看到。"的"字是李芳桂那个时代关中东部使用频率较低的助词，李芳桂有时写作"地"；远没有"着"字的使用频率高；拿现代渭南方言的实际看，"的、着"在竞争过程中压倒了曾经处于强势的"着"字。

姑娘，不但不从，他还骂哩。你晓得他骂的意思，他想的想的骂咱哩。(《香莲佩》)

忙地咋~干什么~哩？（《十王庙》）

我一梦梦到朝廷，三官六院，我拣的成亲哩。(《白玉钿》)

你哭地做啥呢？（《万福莲》）

说什么生离死别，他若一死，奴还活的怎的？《火焰驹》

你听着，哭的做什么，现放着好事儿不寻等啥着？（《清素庵》；按：此例“着的”互补）

分明人家不知，着我一问，还要粘牙哩，这岂不是寻的挨挫哩？（《清素庵》）

有福些，放的按院不坐，寻的连贼娃子造反哩！这才怪了。(《万福莲》)

徐朋彪《〈李十三十大本〉语法现象札记》（2012：29～32）一文列举的例句还有：

小娘子随的我来。

姑娘说话好怪，为何寻的我坐监？

下边等的领赏走。

我们从宗鸣安（2007）《陕西近代歌谣辑注》看到最晚在 80 多年前就在关中流行的歌谣中“的”字用作体貌助词的例子，而如下长安歌谣《洗衣裳》里的“的”字，如今已经不用了。

渭南歌谣《耍恼哩》：两个娃娃铡草哩，铡的铡的耍恼哩。三个老汉说哩，说的说的胡骂哩。三个马吃草哩。吃的吃的胡咬哩。前门哩，狗咬哩，后门哩，狗咬哩，一刹时都咬哩。

关中一带歌谣《饮普鸽》：普鸽不喝叫马喝，两个速子争的喝。(按：“普鸽”应为“鹁鸽”；“速子”指麻雀。)

长安歌谣《洗衣裳》：大月亮，小月亮，我在河里洗衣裳。洗的洗的风来咧，洗的洗的雨来咧。

华县《祭灶祝语》：穷爷走，富爷来，金银财帛带的来。初一十五早些来，背的黑娃子吃枣馍来。

富平歌谣《妖狼》：妖狼下了山，戴的白项圈。妖狼咬的恶，专意赶的吃老婆。吃鼻子，啃眼窝，两岸转的咬耳朵。狼吃老婆不搭锅，噙住脖项把血喝。小伙合集把狼赶，捉住妖狼把皮剥。妖狼一听事不好，一股股青风不见了。

我们从易俗社编剧乾县范紫东先生（1878～1954）的《三滴血》里看到“的”字用如“着”字的例句，可以推断，民国时期西安、乾县等地“的”字用如“着”字的使用频率比现在高。

嫂嫂，你就将我两个孩子抱的去，无论哪个，卖上一个。(第一回)

我猜疑人家另有亲事呢，果然老岳丈给人家送的亲来了。(第十六回)

娃叫人家混的去了，可托侄儿的福么，那可怕甚么？（第十六回)

b. 关于“的”字用如“着”字的印证

先看其他方言的印证。

林涛先生（2003：238～139）指出东干语“的”字用如“着”字。下面摘录林著的例句。

猛猛地狗把猫看见，放开跑的，撵脱哩（狗猛然看见猫，放开跑着，撵开了）。

给他们工钱出的呢（给他们出工钱着呢）。

红石头纪念像站的呢，乡庄中间（红石头纪念像在乡庄中间站着呢）。

杂样儿的雀雀儿唱的呢，在蓝天上（各种各样的鸟儿在蓝天上歌唱呢）。

东干族是清同治元年（1862）陕甘回民起义失败后被清军追赶到中亚后，前苏联在民族识别时所定的民族名称。由现代东干语可以看得出 150 年前陕甘方言的一系列特点。上列例句里“的”字用法可以印证今耀州一带“的”字相当于“着”字的特点。

陕北晋语也有“的/得”字用如“着”字的特点存在。

张崇（1990）《延川县方言》106 页：他坐得车来｜学生正写作文的咧着呢。

黑维强《陕北绥德话“的”的用法》：“炕上铺的栽绒毯｜桌子上摆的钟，瓶里插的花。

新编《延安市志》（陕西人民出版社 1994 年出版）第 724 页有谚语云：“会说的想的说，不会说的抢的说。”其中，“想的说、抢的说”的“的”字相当于“着”字。

新编《清涧县志·方言》（张崇编著，陕西人民出版社 2001 年出版）第 954 页有谚语云：“男人怕的买的吃，女人怕的偷的吃。”其中“买的吃、偷的吃”的“的”相当于“着”字。

邢向东（2002：587～589）《神木方言研究》指出神木方言的“得”字相当于“着”字，例句如：他听得听得睡着了｜戏台上唱得《兰花花》｜你这是骑得毛驴寻毛驴嘞|场里围得一群人。从《神木方言研究》第 226 页同音字表内容可知，神木“的得”两个字同音，因此，上列神木方言例句里的“得”字相当于“着”字，实质上就是本文所讨论的“的”字。

邢向东（2006：97～98）《陕北晋语语法比较研究》描写府谷、清涧、延川等处方言时也沿用“得”字表示持续体等，其中一些地点方言有“得/着”互换的情形。如神木方言例句“那个听得（/着）听得（/着）睡着了”，清涧方言例句“戏台上唱得（/着）《兰花花》”。

然后再看山西晋语以及汉语其他方言的例证。

孟庆海先生（1991：127～128）指出山西阳曲方言的“的”字用如“着”字，例句如：书里夹的一张纸条｜帽子他戴的嘞｜他在路上走的嘞｜老师开会的嘞｜他正吃饭的嘞。

史素芬（2001）《山西武乡方言的虚词“的”》指出武乡方言“的”字

相当于普通话的“着”字：门上贴的一副对的对子｜墙上挂的一张地图｜床上躺的一个病人。

史素芬（2002：129～130）指出山西武乡方言的“的”字用如“着”字，例句如：墙上挂的一幅地图｜门口立的一个人｜牵的毛驴走｜地图在墙上挂的嘞｜她在沙发上坐的嘞。

史素芬（2001）《山西武乡方言的虚词“的”》指出武乡方言“的”字相当于普通话的“着”字：门上贴的一副对的对子｜墙上挂的一张地图｜床上躺的一个病人。

罗自群（2004：270～271）在调查并且参考时彦相关成果的基础上指出山西太原（田希诚、吴建生 1995）、汾阳、五台、汾西（乔全生 1990）、平遥（侯精一先生 1999）、内蒙古西部（邢向东、张永胜 1997）、呼和浩特、河南获嘉（贺巍先生 2002）等处方言“的”字用如“着”字，如太原方言“他正吃饭的嘞”。

王红梅（2005：50～53）指出牟平、哈尔滨、乌鲁木齐、山西洪洞等处方言“的”字用如“着”字，如哈尔滨方言表示持续的句子就有“走的走的就不想走了”。

乌鲁木齐方言用如“着”字的“底”字也是“的”字。如周磊（1995）所举的例句：几个人正打牌底呢｜学生娃娃在学堂念书底呢。

大致看来，最少在新疆、陕西、山西、河北、河南、新疆、黑龙江等地的方言里，保留了下列《金瓶梅》里“的”字用如“着”字的特点，而以关中北部偏北的耀州一带和山西武乡、阳曲等地的使用频率为最高，甚至最少在耀州一带的方言里连新派都不例外。耀州、神木、阳曲、武乡等处“的”字用如“着”字的使用频率以及适用语境远比北京、西安等处高。

再看近代文献的印证。

关中等处方言“的”字用如“着”字的情况可以从近代汉语文献里找到根据。下面看《金瓶梅》里的例句，其中“的”字相当于“着”字，必要时与耀州方言进行对比。

正吃着，忽见几个做公的进来，不由分说，把花二哥拿的去了。（第 14 回）按：耀州方言相应于“拿的去了”作“绑的走啦/绑着走啦/绑下走啦”。

月娘道：“头里进门，到（倒）是我叫他抱的房里去了。恐怕晚了。”（第 41 回）

好东西儿，他不知那里剜的送来，我且尝个儿着。（第 52 回）

况且寻的房子住着，也是哥的体面。（第 56 回）

那妇人听说，笑的往井边打水去了。（第 65 回）

曹广顺（1996：79）指出元代“得/的”常处“动$_1$+得/的（动$_2$）”句

式里边。如下是从曹著里抄录来的。

若有拘收不尽呵，管民官好生提调的收者。（元典章，卷二九，礼二）

这言语听呵，别个城子里将的卖去有。（同上，卷五七，刑一九）

但只是等我回去，把露水鞋换了，同马大叔把鹌鹑炒的吃了。（歧路灯，六四）

从读音理据看，汉语方言的“的”用如“着”字，符合清代学者钱大昕提出的“古无舌上音”的科学论断，耀州方言用如“着”字的“的”字，其语音演变轨迹中肯定有这样一个过程：tʂɤ→tɤ→ti。而西南官话的“到/倒”则与“着”字在普通话里读 tʂau 有渊源关系。如吴继章等指出河北有的方言里“着”字读作 tə可资证明。

有必要提请学界同仁注意的是，从我们手头的一二手材料来看，“的”字用如“着”字的问题最少给我们如下启示：1.“的”字用如“着”字在长江以北的广大地区即北方地区呈不太均匀的复杂状态分布；晋语区及河南、关中中部偏北以至于陕北晋语如神木等处可能是“的”字用如“着”字使用频率最高的区域。笔者 20 世纪八九十年代调查关中方言的过程中没有注意过耀州等处的这一语法特点，我们从 20 世纪八九十年代出版的有关晋语研究的著述里也比较少的发现这一特点。果真如耀州、神木、阳曲、武乡等处“的”字用如“着”字的使用频率很高呢，还是这些方言点所临近方言的使用频率不高或者很低呢？值得我们深思。2.基于我们对上述文献《金瓶梅》里有关例句的印证，汉语方言“的”字用如“着”字应是近代汉语时期共同语口语的存留；而如今北方地区呈不太均匀状态分布正是“着”字与“的”字相互竞争的结果，普通话“着”和“的”竞争的结果是“着”字占了上风，而西安、户县等处表现出“的”字向“着”字让位并且行将与普通话形成相当的明显趋势；耀州、武乡等处“着”字的使用频率很低，北京、西安、户县等处“着”“的”有互补作用，耀州、武乡等处则没有互补趋势。3.北方地区“的”字用如时态助词“着”字以及在句子中的地位或曰对句子的管控作用等问题，需要深入的综合研究方能看到问题的本质。

3. 关于耀州等处方言用于动趋式之间的“的”字

耀州一带的“走的去/走着去/走.下去”相当于西安等处的“走着去”，这是在动词与趋向动词之间用一个虚补语成分“的/着/下”连接，常常出现在把字句里。例如：

把娃引的去/把娃引着去/把娃引下去。

把娃抱的去/把娃抱着去/把娃抱下去。

我急的想到北京去哩。

阎良：你嫑急的去。

近现代的印证材料如李芳桂《万福莲》："只因普乐庵中有个铜爷爷，不知谁偷的去了。"还有最晚在1926年以前就产生的富平歌谣《槐子槐》："槐子槐，搭戏台，他舅叫娃看戏来。又没袜子又没鞋，精片片脚$_{\text{赤脚}}$跑的来。"

徐朋彪又于2007年9月8日发来电子邮件补充例句，其中，富平方言的"咋的去"西安方言相应地作"咋着去"，富平方言"走的去"的"的"字用如"着"。

（问）你咋的去来？（答）我走的去的。

上列富平方言答句煞尾的"的"字西安、户县及其以西的土著居民口语里根本不说，而富平方言的使用频率很高。我们在修改此文时问徐朋彪富平中老派说不说，徐朋彪说："我外婆、我爸都说。"徐朋彪他外婆70多岁属于老派，他爸50多岁属于中派。

邢向东（2004：110～141）在讨论陕北沿河晋语的体貌范畴时指出：陕北沿河晋语的"得[tə/^{0}/tiə/^{0}]"字可以表示完成体，其中可以用于动趋式之间。如下列例子中神木方言的"得"在户县方言里相应地作"着"字或者"着儿"（详见孙立新2003）富平为"的"。

神木	走得来	跑得来	拿得去	捉得去	叫得去
户县$_1$	走着来	跑着来	拿着去	逮着去	叫着去
户县$_2$	走着儿来	跑着儿来	拿着儿去	逮着儿去	叫着儿去
富平	走的来	跑的来	拿的去	捉的去	叫的去

白维国先生（1992）、刘坚先生等（1992）以及曹广顺（1996）指出近代汉语时期如旧白话小说里常用"得/的"字连接趋向成分。我们还可以从《金瓶梅》里找到动趋式里边"的"字用如"着"字的例句：

这西门庆笑的往前边来，走到仪门首，只见来保和陈敬济拿着揭贴走来。（49回）

你娘的头面箱儿，你大娘都拿的后面去了。（94回）

来家又是大姐死了，被俺丈母那淫妇告了一状，床帐妆奁都搬的去了。（97回）按："搬的去了"，耀州相应地作"搬的去啦/搬着去啦/搬下去啦"。

乾县范紫东先生的剧作《三滴血》里有一些"着"字用于动趋式之间的例句。

但是娶着来三两天的那新媳妇儿，进了厨房，这两个手非洗净不可！（第五回）

只因陕西韩城县有一件黏牙官司问不清，因此把我从陕西调着来。（第九回）

况且他母亲把她许给我的时候，连四柱八字都给我开着来了……（第

九回）

这姐弟俩还是割舍不开，快教人家领着去。（第九回）

我给你把娃送着来了，你也给我祈使个情儿吗！（第十八回）

柯理思（2002：26～43）在讨论汉语方言连接趋向成分的形式时列举了晋语以及吴语、湘语等用到“得/的”字的方言，可以给耀州、富平一带的“V＋的＋Dd”以佐证。如潘家懿1981所举交城方言的例句“小王一听就跑的来啦”，宋秀令1988所举汾阳方言的例句“俺给他送的衣裳的啦（后一个‘的’字相当于‘去’）”，刘丹青1997所举苏州方言的例句“汤先端得来（命令句：汤先端来）”，钱乃荣1997所举上海方言的例句“我拿小王寻得来（我把小王找来）”。张大旗1985指出长沙方言的趋向动词可用“得”字连接，也可用“起”字连接，也可以不用任何形式，例句如“我是走得来的/我是走起来的/我是走来的”；长沙方言的“我是走得来的”是近代汉语句式的传承，“我是走起来的”符合南方方言以及西南官话的特点，“我是走来的”可能是受普通话影响的结果。

孙立新在讨论户县方言的“着”字或者“着儿”用在动趋式之间时指出，“着/着儿”表正在进行时态的同时，它前边的动词（一般是单音节的）本身又区别于其他有关动词，如“把娃引着来”区别于“把娃抱着来｜把娃揹着来｜把娃拿自行车带着来”等等，“着/着儿”前边的动词具有明显的表方式意味。我们认为神木方言处于动趋式之间的“得”字，其语法、语义特征与户县方言的“着/着儿”是相同的。邢向东还特别指出：“得”字不能用“了”字替换，户县方言的“着/着儿”也不能用“咧$_{已然}$/了$_{将然}$”字替换。

我们认为，近代汉语以及汉语方言处于动趋式之间的“得/的”字应当具有一定的时态助词的性质，这可以拿汉语不少方言的“了$_1$”字常常处于动趋式之间来印证，如柯理思2002的论证。下面是我们直接从柯理思2002的文章里抄录来的例句，其中黑体字“**了**$_1$”字在西安方言里常常用作“着”字，在耀州一带常常用作“的”字。

今日甄家送**了**来的东西，我已收；咱们送他的，趁着他家有年下送鲜的船，交给他带**了**去了。（《红楼梦》第7回）

已经从运河水路运**了**去了。（《儿女英雄传》第38回）

打算要汇到北京去，托您给想个法子汇**了**去。（《官话指南》）

普通话和汉语方言里“的”字的语义、语法特征牵涉一系列复杂问题，近年来受到学术界普遍重视。像张振兴在《〈方言〉与方言语法研究》（见戴昭铭2003）一文里引用朱德熙在中国语言学会第六届年会的书面发言（载《中国语文》1993年第4期）里的两段话就很发人深思。如朱先生指出：“1961

年写《说“的”》，花了很大的力气说明“的”字应该三分。要是当时讨论的不是北京话而是某种方言，比如说是广州话，那末不费吹灰之力就可以得到同样的结论。因为广州话三个“的”字不同音，一眼就可以看清楚。可是我是在《说“的”》发表之后二十年才去观察广州话的。不但如此，当时批评《说“的”》的文章也只是批评它不提历史，不批评它不提方言。”改革开放以来，关于“的”字研究的文章如朱先生发表在《方言》1980 年第 3 期的《北京话、广州话、文水话和福州话里的“的”字》以及彭小川《关于“的”字的一些思考》（见戴昭铭 2003）、王培光、张惠英《说“个、的”可以表示完成、持续》（见戴昭铭 2003）等，都是很重要的成果。

汉语共同语以及方言的“着”或者跟“着”相当的“的”字等是一个语法语义最为复杂的构句成分，其研究难度的确是很大的。如不少学者在研究这个问题的时候，后续成果时有追加。由此看来，加强对普通话以及汉语方言“着、的”字的研究，很有必要。

其三，关中方言的“住”字具有表示持续的特征

胡明扬先生主编的《汉语方言体貌论文集》205～225 页彭小川的《广州话的动态助词“住”》一文指出：广州话的“住”字还可以用作动态助词，例句如“张老师指住着黑板上便嘅的字要学生读”。杨敬宇 1999 在讨论广州方言动态助词“住”字的历史渊源时以睢景臣《高祖还乡》里的“一面旗白胡兰套住个迎霜兔，一面旗红曲连打着个毕月乌”来说明“住、着”两个字的语义相同，语法地位也相同。罗自群 2005 指出“住”字在汉语方言里可以表示持续意义，还从语源上讨论了“住”字如何发展演变成为表示持续意义，特别还讨论了它的语法化过程。给了我们很多启示。就户县方言对“住”字的使用情况看，也有用作表持续义助词的，如杨敬宇所举《高祖还乡》里的“住”字，户县方言也用。

1.“V＋住＋O”以及“把 O＋V＋住”式，举例句如下：

拉抓.住贼娃盗贼连夜审。

你把他跟 ᶜ住表强调/.住一般语义 = 你跟住他。

这个外甥连住几年都在舅家过年呢。（“连住”两读：1，꜁连.住；2，ᶜ连 ᶜ住。）

你把这个贼给咱咱们 ꜀看.住。（还可以说：你把这个贼给咱 ꜀看.着/꜀看.上。）

你靠.住他就安全咧/你把他靠.住就安全咧。（还可以说：你把他靠.上就安全咧。）

2.“P＋.住”式，其中“住”字只读轻声调，举例句如下：

他跟住尻子就进来咧接踵而来。

他靠住墙埋植咧一行子树。

你就随住他一搭一块儿进去。

男人家咋能对住女人尿尿撒尿呢？

她镶靠住他的脸离他很近把他诀骂咧一顿。

你顺住这条路端直径直走，过 3 个十字就到咧。

其四，关中方言的“动宾短语＋开/起”及其变体

莫超就王森先生 2001 年《中国语文》第 3 期上《东干语的语序》里“动宾短语＋开/起”的语序进行补例进而指出这种语序在北方其他方言也有；张成材先生 2006 指出商州方言的始动态用“宾＋动＋开”式，终动态用“宾＋动＋毕”式，其中商州方言的始动态“宾＋动＋开”式在关中方言里很普遍。其实“开”字用作时（动）态助词广州方言里也有，如彭小川 2002 年《方言》第 2 期上的《广州方言的动态助词“开”》一文。如户县方言的类似语序形式，其中“动宾词组＋开咧”使用频率不高，相应的“动宾词组＋行[꜁xəŋ]白读咧”（如：做活行[꜁xəŋ]咧｜吃饭行[꜁xəŋ]咧｜唱戏行[꜁xəŋ]咧。户县方言的“动宾词组＋行[꜁xəŋ]白读咧”式里的动宾词组还可以是主谓词组，如：活做行[꜁xəŋ]咧｜饭吃行[꜁xəŋ]咧｜戏唱行[꜁xəŋ]咧。）及“（N）＋V＋开咧”使用频率很高（相应地较高频率是“主谓词组＋开咧”，如：烟发开咧｜唱戏开咧｜水流开咧｜房盖开咧｜课上开咧），“动宾词组＋起”使用频率较高。下面列举户县方言此类起始时态的例句：

天却[꜀kʰɤ]又下雨开咧/天却下雨行咧。

他发潮想呕吐开咧/*他发潮行咧。

事办开咧能办几下/事办行咧能办几下？

烟发开咧/发烟开咧/烟发行咧/*发烟行咧。

唱戏行咧开始演戏了/戏唱行咧。

叫小白脸儿白面书生做重活起肯定不行。

这个人谝（大话）起一个能顶俩很能说大话，办事起连屁大个极小的；丝毫的本事也没有。

这娃做活起不行，念书起能行。

她唱歌起能行，跳舞起也行/她唱歌起、跳舞起都行。

7.2.2.2　关中方言的“了”

关于“了”字的历史演变，龚千炎先生《汉语的时相时制时态》52～53 页有详尽的论述，请详阅。关于“了$_{1}$”和“了$_{2}$”的概念可以举例说明：如普通话“他吃了$_{1}$饭了$_{2}$”“我来了$_{1}$三天了$_{2}$”，其中右下角标示“1”的“了”是“了$_{1}$”，标示“2”的“了”是“了$_{2}$”。从语义及语法关系看，“了$_{1}$”较实，我们认为“了$_{1}$”是补语；“了$_{2}$”很虚。

孙立新《户县方言的把字句》（2003：97～104）曾经讨论过“了”字在户县方言把字句里的用法。孙立新指出：户县方言“把信交了（了$_1$）｜把这件事给他说了（了$_1$）”表示祈使，“把信交咧（了$_2$）”表示陈述。上文3.2.1.2 部分讨论完成体的时候，报道了西安、商州等处方言完成体的内部屈折，这里就不再重复了。

其一，“了$_1$”和“了$_2$”在关中方言区的分布特征。

我们大致可以从泾阳、富平、渭南等处对“了$_1$”和“了$_2$”读音的区别看出“了”字在句子中的特点来；而西安等处“了$_1$”和“了$_2$”一般无法通过读音来区分，多数情况下“了$_1$”和“了$_2$”都读作[.liɛ]，只在把字句等语境表示未然等的时候，“了$_1$”才读作[.liau]。“了$_1$”和“了$_2$”在关中方言区的大致分布情况以及读音理据可以讨论如下。

一、西安等处“了$_1$”和“了$_2$”的用法

西安等 18 处“了$_2$”可直接写作“咧[.liɛ]”，这 18 处是西安、蓝田、临潼、周至、户县、咸阳、兴平、武功、礼泉、乾县、永寿、大荔、澄城、合阳、洛川、黄龙、宜君、定边。这 18 处大致在关中方言区中部、东部和北部，其特点是“了$_1$”和“了$_2$”的读音在多数情况下没有区分，都读作[.liɛ]，即可以视作合流为“了$_2$”。“了$_1$”和“了$_2$”读音合流的例句我们可以举出很多，如“他吃了$_1$[.liɛ]饭走了$_2$[.liɛ]｜我都来了$_1$[.liɛ]8 年了$_2$[.liɛ]｜老母鸡丢了$_1$[.liɛ]半年了$_2$[.liɛ]”。西安等处“了$_1$”读作[.liau]的句管控条件，一是用在处置式把字句或祈使句里兼表未然；二是用在阻断句里。例如：

（1）简直把人能吓死了！

（2）教他把这碗饭吃了再走。

（3）你去给咱咱们在到地里头把粪漾撒开了去。

（4）我想把这个鸡杀了给你吃呢。

（5）你把借我的钱昧了就好过发财咧！

（6）你去给咱咱们把奖金领了。

（7）覅[pau^{31}]拿得太多了。

（8）覅[pau^{31}]⊂看得太紧了。

（9）覅[pau^{31}]诀骂得太难听了。

在实际语用中，只要是表示处置并且兼表未然的句子，不论“把”字是否出现，“了$_2$”都读作[.liau]。如：（把鸡）杀了｜（把事情）办了｜（把合同）签了｜赶快（把饭）吃了。

多数情况下，西安等处“了$_1$”和“了$_2$”的读音在“你把这碗饭/这顿饭吃了再走”一句里的“了（即‘了$_1$’）”也可以用“咧（即‘了$_2$’）”字来取代。

有的正在进行时态的语境也有“了$_1$[.liau]”出现，一般出现在对话语境中。

（10）甲：你咋拆墙呢？——乙：领导叫拆了[.liau]重垒，嫌垒得太薄咧。

（11）甲：你锯兀个[uɤ^{52}]那个弄啥呢？乙：锯了[.liau]做板凳呀（按：“呀”字表将然）。

西安一带有的具有假设意味的把字句里“了$_1$”和“了$_2$”可换用而语义无别。

（12）猪蛮一直拱墙根呢，你把它杀了[.liau]/咧[.liɛ]也不顶啥无济于事。

有的表示已然的语句也可用“了$_1$”煞尾，“了$_1$”直接表示行为主体的能力，是可能补语。例句（13）之A（以“了$_1$”煞尾）B（以“了$_2$”煞尾）语义特征不同：B句只是一般表已然，未评判行为主体的能力。A句含对行为主体不满的语义，B句则不含。

（13）A咋（就）能把车票弄不见丢了[.liau]？≠B咋（就）能把车票弄不见咧[.liɛ]？

比照吕叔湘主编的《现代汉语八百词》（1980：314～321），西安等处“了$_1$”在其他语境里作“咧”字而与“了$_2$”合流；这个特征表明，像普通话“了$_1$”和“了$_2$”的读音不分那样，西安等处完成体“了”的读音有趋于相同的因素；“了$_1$”读作[.liau]，应是声调弱化（变作轻声）的早期残留。下面举例句比较西安等处方言跟普通话“了$_1$”用法的异同。

（14）我买咧三张票。

（15）才换咧衣裳，你却[k^{h}ɤ^{31}]又弄脏咧。

（16）他一共才念咧两年书。

（17）他在图书馆去借咧两本书。

（18）你走咧十分钟他就来咧。

（19）下午请咧个老红军来作咧个报告。

（20）我都已经念咧三遍咧，还教我念呢！

二、泾阳等处“了$_1$”和“了$_2$”的用法

与西安等处相比较，泾河以东的泾阳、三原、淳化、高陵、耀州、铜川、大荔东部（按：即1958年并入大荔县的朝邑县）、西安市阎良区一带，以及商州、丹凤等处“了$_1$”读作[.lau]，可以写作“唠”；“了$_2$”读作[.la]，可以写作“啦”。以上（18）（19）（20）例句中的第一个“咧”字（即“了$_1$”），泾阳等处读作[.lau]，第二个“咧”字（即“了$_2$”），泾阳等处读作[.la]。下面再举我们所调查到的三原、淳化、阎良方言的有关例句。

（21）三原：他在北京去唠三年啦。

（22）淳化：勤快唠，多写些东西。

（23）淳化：把方案背唠一遍。

（24）阎良：遇唠贵人啦。

（25）阎良：走唠西安啦。

（26）阎良：他在幼儿园吃唠，吃唠才放学哩。

（27）阎良：地只能种一料麦，到秋秋天唠就种不成啦，靠天吃饭哩。

以下4个例句来自张成材先生《商州方言同形异调异义词例释》（2010：63～66）一文。

（28）把鸡关住关牢，不要叫它跑出来把粮食吃咾。

（29）把娃管住，不要叫栽跌倒咾。

（30）今黑咾晚上吃咾些汤饭剩饭。

（31）娃要的东西，你一打闹故意打岔，就忘啦。

另外，泾阳泾河以西与礼泉毗邻的地方有把礼泉的“了$_2$（咧）”和泾阳的“了$_2$（啦）”合糅的情况，如“吃咧啦没（没有）？｜看咧啦没（没有）？｜好咧啦没（没有）？”具有一定的类型学意义。（30）例句里，商州把晚上叫做“黑唠”，西安一带叫做“黑咧”；商州的“唠”是“了$_1$”，西安一带的“咧”却是“了$_2$”。

三、富平等处“了$_1$”和“了$_2$”的用法

富平、华县、韩城、宜川、黄龙“了$_1$”读作[.liau]，“了$_2$”读作[.la]。举例句如下。

（32）韩城：你把这碗饭吃了再走。

（33）韩城：我把鸡杀了给你吃。

（34）韩城：老啦/不在啦（指死了老人）。

（35）华县：老了人啦（指死了老人了）。

以上（21）～（35）例句里的“了$_1$”和“了$_2$”，西安等18处均作“咧[.liɛ]”。

四、渭南等处“了$_1$”和“了$_2$”的用法

渭南、蒲城、白水、旬邑、彬县、眉县、扶风、凤县、宝鸡、凤翔、千阳等11处的“了$_1$”读作[.liau]，“了$_2$”读作[.lia]。毋效智先生《扶风方言》78～81页指出：扶风“了$_1$”读阴平调的[liɑu^{31}]，“了$_2$”读阴平调的[liA^{31}]；下面选取有关例句来说明扶风“了”的特点。

（36）黑娃买了[liɑu^{31}]个新草帽。

（37）天下开雨了[liA^{31}]。

（38）人家娃娃都大了[liA^{31}]。

（39）天阴了$_1$[liɑu^{31}]几天了$_2$[liA^{31}]，就是不下雨。

五、其他 4 处"了 $_1$"和"了 $_2$"的用法

如下 4 个方言点大致都在关中方言区边缘地带，有受到周边方言影响的一定因素。

一是华阴和潼关"了 $_1$"读作[.liau]，"了 $_2$"读作[.liã]。如这两处都把死了老人叫做"老了 $_2$[.liã]"；华阴又把死了老人叫做"不在了 $_2$[.liã]"。

二是长武"了 $_1$"和"了 $_2$"都读作[.liau]。

三是陇县"了 $_1$"和"了 $_2$"都读作[.lau]。

四是富县"了 $_1$"和"了 $_2$"都读作[.læ]。

其二，"了"字在关中方言区的读音理据。

"了"字中古切韵系统在效摄开口四等篠韵来母，依照王力先生《汉语语音史》第 500 页的观点，"了"字先秦到东汉的韵母为[io]，南北朝时期为[iou]，隋唐到宋代为[iæu]，元代至今之普通话为[i̯au]。王先生所记[i̯au]中的[i̯]，我们通常记作[i]。也就是说，"了结"的"了"字在近代汉语以来的读音就是[liau]。

"了"字从动词到具有不太虚意义的"了 $_1$"和比较虚的"了 $_2$"的语法化过程，学术界已经讨论得比较多了；对于"了 $_1$"和"了 $_2$"在普通话里的读音，学术界也有所讨论或争论。只要读一下刘勋宁《现代汉语研究》一书前边的三篇文章（1～20 页《现代汉语词尾"了"的语法意义》，21～34 页《现代汉语句尾"了"的来源》，35～48 页《现代汉语句尾"了"的语法意义及其与词尾"了"的联系》）就可以大致看出来。

我们认为，关中方言"了 $_1$"和"了 $_2$"的读音理据是：西安等处"了 $_2$"，[liau→lia→liɛ]；其中先有一个减去韵尾 u 的过程，由[lia]到[liɛ]是主要元音高化。而渭南等处的"了 $_2$"读作 lia 是比西安等处"了 $_2$"读作 liɛ 早的读音。泾阳等处的"了 $_1$"[liau→lau]，是减去介音[i]的音变形式；"了 $_2$"[liau→lau→la]，是在[lau]的基础上减去韵尾[u]的结果。华阴和潼关的"了 $_2$"读作[.liã]，其音变轨迹是[liau→lia→liã]，其中最后形成了主要元音 a 的鼻化。而普通话的"了 $_1$"和"了 $_2$"均读作[lə]（le），是在[la]的基础上元音高化的结果。富县一处把"了 $_1$"和"了 $_2$"都读作[.læ]，这是受陕北晋语影响的结果，如邢向东《陕北晋语语法比较研究》117 页指出：陈述句肯定式在陕北晋语绥德话的"了"有两读，一为[læ^0]，一为[lai^0]。西安等处方言把普通话的[ai]读作[æ]。

其三，关中方言"了"字的其他特殊用法。

一，关中方言"V 了 $_1$N 了 $_2$"等形式的宽泛性

一方面，关中方言亦如普通话那样，在动宾或动补词组中的动词（限于单音节）后边连带"了 $_1$"，在宾语或补语后边连带"了 $_2$"。例如：买了 $_1$

书了 $_2$ | 打了 $_1$ 人了 $_2$ | 花了 $_1$ 钱了 $_2$ | 说了 $_1$ 媒了 $_2$ | 出了 $_1$ 差了 $_2$ | 亏了 $_1$ 人了 $_2$ | 当了 $_1$ 官了 $_2$ | 发了 $_1$ 财了 $_2$ | 出了 $_1$ 门了 $_2$ | 开了 $_1$ 会了 $_2$ | 看了 $_1$ 病人了 $_2$ | 看了 $_1$ 三遍了 $_2$ | 寻了 $_1$ 三回了 $_2$ | 丢了 $_1$ 三年了 $_2$。

二方面，普通话可以说"吃了 $_1$ 饭了 $_2$ | 嫁了 $_1$ 人了 $_2$"，西安、蓝田、咸阳、礼泉、乾县以西不这么说，临潼以及泾河以东可以这么说。下面比较"吃了 $_1$ 饭了 $_2$"的差异：

北京　他已经吃了饭了，你吃了没有？

西安　他都把饭吃咧，你吃了没？

三原　他都吃唠饭啦，你唠啦没？

华阴　他都吃了饭连，你吃了没？

陇县　他都把饭吃唠，你吃唠没？

富县　他都吃唻饭唻，你吃唻没？

凤翔　他都把饭吃啦[.lia]，你吃啦[.lia]没？

三方面，关中方言的"V 了 $_1$N 了 $_2$"等形式具有宽泛性，如双音节词语"伤心、翻脸、担惊、要饭、着气生气、舀饭以上动宾式、学习、锻炼、活动、劳动、运动以上联合式动词、难受、害怕、难过、奇怪以上形容词"的前字后可连带"了 $_1$"，后字后可连带"了 $_2$"。西安例句如：

（40）他这回真的是伤咧心咧。

（41）你这一[tʂei⁵²]会都给残的别人舀咧饭咧，你赶快吃。

（42）我单位最近把好些时间都开咧会咧、学咧习咧。

（43）得是是不是嫌我教你却劳咧动咧，对我有咧意见咧？

（44）因为这个事情，他还真的难咧受咧。

（45）遇这点儿小事情你就害咧怕咧，你咋镇这么胆小的？

（46）是你叫我发言呢，我把讲话稿还教你看咧，我一字不漏地念咧，发言一毕，你说有问题呢；这就奇咧怪咧！

二，与《现代汉语八百词》（2002）351 页"了"字条"动＋了 $_1$＋宾"之 a）和之 b）的多数例句相比，西安一带以把字句或"了 $_1$、了 $_2$"均出现等句式来表达。比较如下：

北京　我已经问了老汪　　他早就看出了问题

西安　我已经把老汪问咧　他早就把问题看出来咧

西安　我已经问咧老汪咧　他早就看出问题咧

北京　当时立即通知了小王

西安　当时立地就把情况给小王通知咧/当时立地就给小王通知咧

北京　我买了三张票　会议通过了关于加强精神文明建设的决定

西安　我买咧三张票　会上把关于加强精神文明建设的决定通过咧

北京　老陈来了一封信

西安　老陈把一封信寄或“邮”或“捎”（着）来咧/老陈来咧一封信

北京　看了电影我就回家了

西安　把电影儿看毕我就回来咧在家里时这么说

西安　把电影儿看毕我就回去咧在外边时这么说

北京　才换了衣服，你又弄脏了！

西安　才把衣裳换咧，你却弄脏咧！

西安　才换咧衣裳，你却弄脏咧！

北京　你做完功课，我才让你去办这件事儿

西安　你把作业做毕（咧），我才教你办这个事去呢

西安　你做毕作业（咧），我才教你办这个事去呢

与《现代汉语八百词》（2002）352 页之 i）相比，西安一带一般只是以把字句来表达。

北京　卖了旧的买新的

西安　把旧的卖了买新的祈使；将然

西安　把旧的卖咧买新的陈述；已然

西安　把旧的卖咧买成新的咧陈述；已然

北京　扔了一个又一个

西安　把一个[i^{31} $kɤ^{55}$/$kɤ^{55\text{-}31}$]撂咧，却把一个撂咧

西安　把个[$kɤ^{55\text{-}31}$]撂咧，却把个撂咧

西安　撂咧一个[i^{31} $kɤ^{55}$/$kɤ^{55\text{-}31}$]又一个

北京　这一页我涂了两行　　你饶了他吧！

西安　我把这一页涂咧两行　你就把他饶了（去）!

西安　这一页我涂咧两行　　你饶了他去！

北京　你应该忘了这件事

西安　你应该把这件事忘了

三，关中方言的“了 $_1$”有时候也相当于普通话的“着”，表示存在或者持续。例句如：

存在：墙上挂咧一幅画。

持续：他手上拿咧个茶杯（子）。

持续：麻子黑举了棍就向他打来，他说：我没派，啥派都不是。（507）

四，关中方言“了”表假设的情形

如西安方言口语，通常情况下以“再……（就）……”的语句形式表示假设。孙立新《西安方言研究》264 页还指出：西安方言的“咧（了 $_2$）”字可以表示假设。例如：

（47）他再假如不想去咧就不去咧。

（48）你不爱看咧覅看。

（49）你再还想要咧我就给你再给几个。

而凤翔、富平却以“了 $_1$”表假设。例如：“吃好了再走丨我说完了你再说丨电影开了叫我丨不能用了给我拿回来。”

五，“了 $_2$”相等于“啊”“等、等等”

一是“了 $_2$”在关中用如普通话表罗列意味的“啊”。如西安方言例句。

（50）万一碰见个狼咧、虎咧，咋办呀？

（51）年轻人都出去打工咧，如今农村都剩下老汉咧、老婆咧、娃娃咧。

（52）他是个做学问的，书咧、杂志咧、报纸咧，在房子房间里头堆得跟山一样。

二是关中方言口语不用“等、等等”来充当助词，普通话的“等、等等”在关中方言里有以“嘎搭马希”来表示的，还有以“了 $_2$”表示的；“了 $_2$”用如“等、等等”，如上“其一”部分所讨论的“了 $_2$”用如“啊”在句末的浓缩形式。如西安方言例句（53）、（54）：

（53）有不少书咧、杂志咧、报纸咧尕大马细等等，都有价值得很呢=有不少书、杂志、报纸咧，都有价值得很呢。

（54）秋收时节儿，你到农村去，包谷、红苕、辣子尕大马细，多的是=秋收时节儿，你到农村去，包谷、红苕、辣子咧，多的是。

六，“了”字在叫卖声中的特殊读法

这个问题，我们没有对整个关中方言区“了”字在叫卖声中的特殊读法进行深入调查。就西安、户县一带叫卖声中“了”字的特殊读音来看，处在句末的“了”字常常读作去声调或上声调。如孙立新《户县方言研究》450～451页的“了（了、咧）”字有[liæː^{55}/niæː^{55}/liauː^{55}/niauː^{55}]等读法。其中“了（了、咧）”字的声母有变作[n]的。

（55）割肉咧[liæː^{55}]！

（56）卖苹果了[niæː^{55}/liauː^{55}]！

（57）卖菜咧[liæː^{55}]！韭菜便宜卖呢，掀捆咧[liɛ^{31}]！

七，西安一带读作阳平调的“了”字

一是西安一带的“了”字读作[liau^{24}]，表示说话人认为某事将成事实（将然），对听话人所具有的失落感的庆幸；这也可以看作“了 $_1$”的特殊读法。例如：

（58）（分东西者说）你来得太迟了，完了[liau^{24}]！

（59）他把他妈气死了[liau^{24}]！

（60）他把1000块钱丢了[liau^{24}]！

二是西安一带的“了”字读作[liɛ^{24}]，表示说话人对某事将既成事实（将然），往往是第三者对听话人将构成威胁；这也可以看作“了$_2$”的特殊读法。例如：

（61）（对偷盗者说）主儿家指主人来了[liɛ^{24}]，你还不跑！

（62）打开了打起来了[liɛ^{24}]，小心捱误伤着，赶快走过走开！

（63）这些东西你敢放三天，就瞎坏了[liɛ^{24}]；到时候把你整得干哭没眼泪苦不堪言！

其四，“了$_1$”和“了$_2$”在关中方言区周边地区的特点。

“了”字在关中周边地区的读音和用法可以对关中方言以一定的印证。

一是张邱林《“方—普”语法现象与句法机制的管控》所讨论的河南陕县方言“了$_1$”作“唠”，“了$_2$”作“啦”，跟泾阳、商州等处特点相当。下面列举从张著里选取的例句。

（64）我忘唠炉上烧的水啦，壶都熬干干儿啦。（p59）

（65）说唠一遍，又说一遍。（p278）

（66）下雨啦，赶快拿把，将衣裳收唠。（p283）

二是乔全生《洪洞方言研究》157页讨论了洪洞方言的“了$_1$”和“了$_2$”的读音和用法。乔著指出：洪洞方言的“了$_1$”读作[.lio]或[.no]，“了$_2$”读作[.liɑ]。其中，洪洞方言“了$_2$”跟渭南等处是相当的（[a]和[ɑ]在关中、晋南等处是一个音位）。下面选取乔著中的例句：

（67）兀那堆粪就拉了$_1$[.lio]十几车。

（68）与我吃了$_1$[.lio]这碗饭，把院子扫了$_1$[.lio]再走。

（69）佛他去兀那里去了$_2$[.liɑ]。

三是王琳《安阳方言中表达实现体貌的虚词——“唠”“啦”及其与“了”的对应关系》（2010：64～72）一文指出：河南北部晋语安阳方言与普通话相对应的“唠”“啦”，很为复杂，最典型的是“唠”“啦”不但有1、2两种类型，而且还有套用形式即1+2的类型。王文对我们认识汉语共同语和方言的“了”字很有裨益。下面选取安阳方言例句：

（70）我叫他去买啦$_1$一盆儿花儿。

（71）我叫他去买啦$_1$花儿啦$_2$。

（72）狗急唠$_1$就跳墙。

（73）我扫唠$_1$半个钟头啦$_2$。

（74）我走啦$_2$。

（75）五斤啦$_2$，够不够？

（76）我都吃啦$_{1+2}$，别管我啦$_2$。

（77）要是到那儿唠$_2$，记得来个电话。

（78）诺唠$_2$那样的话，我没啥说嘞。

（79）你一个人吃唠$_1$恁大嘞西瓜唠$_2$?

其中，安阳及山西、河南等地方言的“了啦、唠等”也有表示假设的，如以上的例句（72）～（77）。估计“了”字具有表示假设语义的地域在整个汉语方言中是很大的。

四是由孙立新《陕西方言的语言避讳》（2004：133～148页）一文可以看出对陕南方言“死了（老人）”的避讳说法里“了$_1$”和“了$_2$”的读音特点来，宁强、留坝、汉中、城固、白河均作“唠”，紫阳、安康、旬阳均作“了[.liau]”，例如：宁强“走唠路唠”，留坝“不在唠”，汉中“百年唠”，城固“老百子年唠/不在唠”，白河“老唠/走唠”，紫阳“走了/不在了”，安康“归天了/不在了/过世了”，旬阳“老百年了”。陕南方言“了$_1$”和“了$_2$”的读音不分，这给普通话“了$_1$”和“了$_2$”读音不分提供了类型学上的支持。

五是甘肃泾川的“了$_1$”读作[.liɔ]，“了$_2$”读作[.lia]。举例如下：

（80）你走开了$_1$[.liɔ]走的时候，离开的时候把我叫个叫一下。

（81）你看着看见了$_2$[.lia]没有？

（82）子么怎么了$_2$[.lia]？

泾川方言以“再不”作为阻断词，其“再不”等同于普通话的“别”和关中方言的“覅”。泾川方言阻断句末尾的“了”以“了$_1$”的语音形式出现；“了$_1$”泾川方言读作[.liɔ]，跟关中多数方言的[.liau]是相对应的读音。举例如下：

（83）慢慢吃，再不急了[.liɔ]！

（84）好好走，再不跑了[.liɔ]！

（85）你再不去了[.liɔ]！

如上三个阻断例句，跟上文西安方言的（7）（8）（9）三个阻断例句是同一类型。

2010年7月10～16日，笔者和徐朋彪去陇东正宁、宁县调查方言。宁县方言的“了$_1$”和“了$_2$”跟泾川方言是相当的；正宁方言的“了$_1$”和“了$_2$”分别作[.liɔ]和[.lia]。

读高晓虹（2010）讨论“了”字在山东方言里用法的文章，从中得到很多启示。山东方言“了”字用法的大致特点跟北京、河北、关中等地差不多。山东的合一型有[lə]或[la]一种读法，跟普通话相同或相近；二分型有如济南、章丘的“了$_1$[lɔ]”和“了$_2$[lia]”。与山东方言比较，关中的“了”基本上都是二分型的，西安、户县等中心地区的方言有趋于合一型的特征；山东的二分型跟关中多数方言具有相同的类型学特征。

汉语的时态或体貌在语法系统里是非常复杂的。改革开放以来，无论是普通话和汉语方言的时态或者体貌系统方面，语言学界在对汉语时态或者体貌系统的研究上，的确出了一些重要的、可喜的成果，这些成果都有力地推进了对汉语语法系统的研究。如由胡明扬先生主编的《汉语方言体貌论文集》就是一部重要的成果，这部论文集里的文章，主要讨论了我国南方地区汉语方言体貌系统中的一些问题，对于官话方言体貌系统的研究，限于西南官话的一些地点方言。一些地点方言或方言片研究的专著尤其是方言语法研究的专著，对所研究的方言的体貌系统也都予以特别关注，其中不乏真知灼见。如伍云姬先生的专著《湘方言动态助词的系统及其演变》（2006 年湖南师范大学出版社）就讨论了湘方言动态助词的线性系统、完成态助词的重合等现象。我们此前对“着”字以及有关方言相当于“着”字的助词（如四川等地的“到/倒”）讨论得比较多；《语言科学》2009 年第 1 期发表了王琳讨论安阳方言“唠”“啦”及其与“了”的对应关系的文章，2010 年第 2 期又发表了高晓虹的同类文章《助词“了”在山东方言中的对应形式及相关问题》，其中应当有对“了”关注的因素。我们有必要关注“了”字在汉语方言里的用法，关注有关方言相当于普通话“了”的用法等问题。

7.2.2.3 “过”字的特殊用法

本书 3.1.1.2 部分在讨论趋向动词的过程中曾经讨论过“过”字的用法，以下不再重复。本部分主要讨论关中方言“过[.kuɤ]西安音”字的特殊用法，主要从两点来看。

其一，关中方言的把字句可以带动态助词“过”。

朱德熙先生《语法讲义》（1982：186）指出：“其实跟‘把’字句关系最密切的不是‘主—动—宾’句式，而是受事主语句。”而陆俭明、马真先生《现代汉语虚词散论》之《“把”字句补议》（2001：204～213）一文的第“五”部分讨论了现代汉语把字句与动态助词“着、了、过”之间的关系；二位先生指出：“过去许多语法论著都认为‘把’字句的作用在于把动词的宾语提到动词前面，因而将‘把’字句看作是‘主—动—宾’句的变式”。把字句里的动词可以带上动态助词“着、了”，但不能带动态助词“过”。而关中方言的把字句却可以带动态助词“过”，这个特点在老派口语里随时都可以听到。比较如下：

北京　这菜我吃过/*我把这菜吃过。

西安　这菜我吃过/我把这菜吃过。

北京　我给过他钱/*我把钱给过他。

西安　我给过他钱/我把钱给过他/我把钱给他过。

北京　这些东西我给过你/我给过你这些东西。

西安　这些东西我给过你/我给过你这些东西/我把这些东西给过你。

北京　酒戒过，烟（也）戒过，都没戒成。　*同志们都把他批评过。

西安　戒过酒，戒过烟，都没戒成。　同志们都把他批评过。

北京　*把酒戒过，把烟也戒过，都没戒成。

西安　把酒也戒过，把烟也戒过，都没戒成。

北京　*我原先把这本书给你借过。

西安　我原先把这本书给你借过/我原先把这本书借给过你。

北京　他曾经气昏过他妈/*他曾经把他妈气昏过。

西安　他还把他妈气昏过/他还气昏过他妈（呢）。

北京　他还打过他妈呢。

西安　他还把他妈打过呢/他还打过他妈呢。

北京　我刚调来北京那阵子就找过你，没找到。

西安　我刚调来北京那阵儿就把你寻过，没寻来。

北京　我跟他关系好，也还用过他的孩子。

西安　我跟他关系好，把他的娃也都用过。

北京　我经常来你们家，没吃过你家的饭。

西安　我在꜀你屋肯来得很，把꜀你的饭就压根儿就没吃过。

西安　我在꜀你屋肯来得很，把꜀你的饭都竟然没吃过。

西安　我在꜀你屋肯来得很，就没吃过你屋的饭。

西安　我在꜀你屋肯来得很，（也）都没吃过꜀你的饭。

户县　我辄[tɕiɛ^{35}]在꜀你屋来呢，把꜀你的饭就（丨都）没吃过。

其二，关中方言可以说诸如“坐车在这儿没下过”等。

如西安一带中老派方言当“过”字处于句末的时候，并且表示以前未曾经历的某种情况的，形成“V＋N＋在＋N＋没＋V＋过”式或类似的句式。如下例句，多数动词谓语有拷贝现象存在：

坐车在这儿没下过出门搭公共车从这儿没下过。

出差在上海没去过没到上海去出过差。

买东西在北京没来过没来北京买过东西（可能到北京开过会、出过差）。

拉沙子在沣河没拉过没到沣河拉过沙子。

看戏在这个剧院没看过没到这个剧院看过戏。

吃饭在那个饭店没吃过没到那个饭店吃过饭。

买书在西边兀一[uei^{52}]个书店没去过没到西边那个书店买过书。

投稿给这家报纸一直都没投过一直都没给这家报纸投过稿。

吃罢黑咧饭出去转从这一[tʂei^{52}]条路没转过吃过晚饭出门去转悠，没从这条路上转悠过。

我在你屋你家都来咧三回咧，三回都在你屋把你爸没见过三次在你家里都没见到过你爸。

这类句式除了“没＋V＋过”字的语法地位很特殊以外，还有把话题标记“V＋N”置于句首的特征。以上例句的第二个V都可以是相应的趋向动词，假如要用“来”还是用“去”须要根据具体语境来看，比如“拉沙子在沣河没来过”也可能指这是第一次到沣河来拉沙子，也可能指一直都没到沣河来拉沙子，要拉沙子就到别处去拉，说话的时候就置身于沣河当地；“拉沙子在沣河没去过”也可能指到沣河干过其他事情，要拉沙子就到别处去拉，说话的时候不置身于沣河当地。事实上，西安一带的这类句子也可以说成如下形式：

没在这儿下过车/在这儿没下过车。

没在北京买过东西/在北京没买过东西。

吃罢黑咧饭出去转没从这一[tʂei52]条路转过。

没在这个剧院看过戏/在这个剧院没看过戏。

一直都没给这家报纸投过稿/给这家报纸一直都没投过稿。

7.2.3　时制助词

关中方言的时制助词主要有“来、呀、得了₂、出”，下面分别讨论。

7.2.3.1　关中方言的“来”

关中方言的“来”除了用作趋向动词外还有其他用法。下面以西安方言为例来讨论“来”字的其他用法，其中有对其源流的考据，主要根据是近代汉语时期元杂剧的有关文献。

其一，西安方言的“来”字读作阴平调[læ31]时，相当于普通话的“干的”。例如：

（问）这是谁来？——（答）这是我来。

写这篇文章是老张来，写那篇文章是老李来。

窗子纸烂成索索条块状的咧，不是娃们来难道是大人来？

这个没颜色的事情如背着众人干的坏事肯定是兀一[uei52]那个瞎种大坏蛋来！

（问）那个冷娃莽撞事情得是是不是你来？——（答）不是我来，是他来。

关汉卿《窦娥冤》：“（窦天章云）……这药死公公是你不是？（魂旦云）是你孩儿来。”《蝴蝶梦》：“委实是妾身来。”又“就是我来，我不怕你！”

孟汉卿《魔合罗》：“都是俺父亲来。”

其二，西安方言“来”字相当于“（由于……）结果”，用在判断句中充当宾语。例如：

他疯咧，是气的来。

这是压的来，那是削的来。

那不是砍的来，是刷的来。

路上有个长虫蛇都成咧扁[pia52]扁子扁的咧，那是汽车轧的来。

其三，西安方言的“来”字在“V+来”式和“能V+来”式中读作阴平调，在“V+不来”和“V+得来”中读作阳平调，具体有以下几个意思：

一是相当于“见”。例如：

你听来咧没没有？

老张耳朵不好使，听得来能听见吗？

你眼窝眼睛好，能看来；我眼窝不好，看不来。

二是相当于“定”。例如：

说不来他早都走了。

这事情，你说得来吗能说定吗？

三是相当于“着”。例如：

你亘够得来吗？

我摸不来，你来给咱摸。

四是相当于“（回想）起来；（想）到”。近代汉语时期的例证如：马致远《汉宫秋》“我想来，他死了，枉与汉朝结下这般仇隙，都是毛延寿那厮搬弄出来的。”西安方言的例句如：

我想来咧，你吗难道想不来？

我想来，你可能不回来咧。

真想不来你会干这样的事情！

其四，西安方言的“来”字读作阴平时相当于普通话的时制助词“来着”。例如：

他在西安来。

老王打猎来。

（问）他做啥去来？——（答）他回单位去来。

纪君祥《赵氏孤儿》：“（正末云）你在那里去来？（程婴云）我在公主府内煎汤下药来。”孟汉卿《魔合罗》：“谁主情造意来？”

白朴《墙头马上》：“谁是媒人，下了多少钱财，谁主婚来？”

我们曾经调查过“（问）你干什么来着？——（答）我赶集买小猪来着。”一问一答在关中方言区47处的说法（51处除了澄城、黄龙、富县和定边），大致看来，多数方言点把普通话的“来着”作“来”，其次还有作“该”或者“开、咳[꜀xæ]”的（“该”和“开”应当是同源的，其本字不一定就是这两个）。下面罗列47处的说法。

（问）你干什么来着？——（答）我赶集买小猪来着。

西安：（问）你做啥来？——（答）我上集逮猪娃儿来。

临潼：（问）你做啥来？——（答）我赶会买猪娃来。

蓝田、商州：（问）你做啥来？——（答）我上会逮猪娃儿来。

丹凤：（问）你做啥来？——（答）我赶集逮猪娃儿来。

洛南：（问）你弄啥去来？——（答）我上会逮猪娃儿来。

华县：（问）你做啥该？——（答）我上街逮猪娃该。

华阴：（问）你做啥来？——（答）我上会逮猪娃儿来。

潼关：（问）你干啥开？——（答）我上集逮猪娃儿开。

大荔：（问）你干啥开/你弄啥开？——（答）我上会逮猪娃儿开。

渭南：（问）你做啥来？——（答）我上会逮猪娃儿来/我上会捉猪娃儿来。

合阳：（问）你做啥开/你做啥[tso42]开？——（答）我上会捉猪娃开。

韩城：（问）你弄什么去啦？——（答）我上会逮猪娃子去啦。

宜川：（问）你闹什么来？——（答）我跟集逮猪娃儿来。

洛川：（问）你做啥来？——（答）我跟会逮猪娃儿来。

黄陵：（问）你做啥咳？——（答）我跟会逮猪娃儿咳/我跟会捉猪娃儿咳。

宜君：（问）你做啥去咳？——（答）我跟会逮猪娃去咳。

铜川：（问）你干啥来？——（答）我赶会逮猪娃儿来。

耀州：（问）你做啥来？——（答）我上会逮猪娃来。

蒲城：（问）你去做啥该？——（答）我上会逮猪娃该/我跟会捉猪娃该。

白水：（问）你弄啥格[kei21]？——（答）我上会逮猪娃格。

富平：（问）你做啥来？——（答）我上会逮猪娃来。

高陵：（问）你做啥去来？——（答）我上会逮猪娃来。

三原、泾阳：（问）你做啥来？——（答）我上集逮猪娃来。

旬邑、长武：（问）你做啥来？——（答）我跟集逮猪娃来。

彬县：（问）你弄啥去来？——（答）我跟集捉猪娃去来。

永寿、乾县：（问）你做啥来？——（答）我跟集捉猪娃来。

淳化：（问）你做啥来/你干啥来？——（答）我跟会逮猪娃儿来。

礼泉：（问）你弄啥来？——（答）我跟集逮猪娃来。

咸阳：（问）你做啥来？——（答）我逛会逮猪娃儿来。

户县：（问）你做啥（去）来/你纳[na55]啥（去）来/你闹啥（去）来？——（答）我上集逮猪娃儿（去）来。

兴平：（问）你弄啥来？——（答）我上会逮猪娃儿来。

武功：（问）你做啥来/你弄啥来？——（答）我上会逮猪娃儿来。

周至：（问）你弄啥来？——（答）我上集逮猪娃儿来。

眉县：（问）你做啥来？——（答）我跟集买猪娃来。

太白、凤县：（问）你做啥来？——（答）我跟集拉猪娃来。

宝鸡、凤翔、扶风、麟游、千阳、陇县：（问）你做啥来？——（答）

我跟集捉猪娃来。

岐山：（问）你做啥来呀？——（答）我在集上买猪娃来呀。

关于西安一带以“没”字煞尾的疑问句对时制助词“来”的管控问题，其中“V 来没”中，V 的类型有。一是普通动词，如：吃、尝、睡、划、割、看、寻、见、逛、撵、戴、逮、认、领、分、加；商量、研究、讨论、参观、旅游、劳动。例如：

给你送的猕猴桃，你尝来没？

听说你夜黑没睡觉，到来睡来没？

你屋把那个大花猫不见咧，你寻来没？

我给领导班子说的事情，你的商量来没？

你单位最近在博物馆参观呢，你参观来没？

夜日个儿[iɛ$^{55-52}$ .kər]昨天你舅来来来着，你见来没？

二是趋向动词，如：来、去、上、下；上去、下来、回去、回来、进来，等。例如：

你刚才在我的房子里头来来没？

教你的你们一伙都上山呢，你上来没？

夜日个儿[iɛ$^{55-52}$ .kər]你在你舅家去来没？

参观古代墓道的时候还要下到墓道去呢，你下去来没？

你今儿出去来没？——出去来，出去也没做啥，闲转来。

国庆放长假呢，你回去指回到老家去来没？——回去来，俩大人都精神着呢。

后晌大王有社火呢，你看来没/看去来没/*去看来没？——看来/看去来/*去看来。

请您注意：“看去来没”可以成立，“去看来没”不能成立；“分家去来没”可以成立，“去分家来没”不能成立；“开会去来没”可以成立，“去开会来没”不能成立；“见去来没”可以成立，“去见来没”不能成立。

三是动宾词组。例如：

你吃肉来没？

她做饭来没？

领导下乡来没？

你在会上参加讨论来没？

你姐家分家呢，你给你外甥分家来没？

（问）夜日个儿[iɛ$^{55-51}$ .kə]昨天你姐给你外甥娶媳妇儿呢，你去来没？（答）我是他舅，我肯定去来；我再忙也得去，我不去害怕我姐心不受活不舒服；我老婆也去咧。（问）你见你外甥媳妇儿来没？（答）问的兀个[uɤ^{55}]那瓜傻话。我就跟我姐、我姐夫、我外甥、外甥媳妇儿，还有媳妇儿她爸、她妈、两个媒人，一满 10 个人坐咧一桌子，是正中间前头那一席。（问）你跟你外甥娶媳妇儿她妈说话来没？（答）说来。她说她娘家在大王镇呢，我说我有个同学，也是知心朋友叫个茂盛就是大王镇的，她一笑说：“怪道我看你面熟熟儿的……”正说着呢，有个朋友来给我看酒……（问）你说你瓜不瓜？你就不看我跟你外甥娶媳妇儿她妈像不像？（答）欸[ᶜei]！你看你看！咱俩是同学朋友，如今还成咧亲亲亲戚咧！我咋忘昏忘性镇这么大的？兀个是咱二姐，我这一[tʂei^{51}]阵儿记来咧，那阵儿咱俩才上高一呢，我在你屋去，把她二姐长二姐短地叫呢，她这一个时间儿[sə^{35}]如今，现在话还不多嘹！（按：本段是户县人的对话）

其五，西安的“来”读作轻声调时相当于“呢”，用在疑问句尾。例如：

你的书来？

我那天给你的东西来？

他在西安去有啥事情来？

我给你的钱来，得是是不是花完咧？

……咱们倒分家为什么来？（高培支《夺金楼》第二回）

杨显之《潇湘夜雨》：“你怎么跌倒了来？”

李好古《张生煮海》：“谁这般说来？”

关汉卿《救风尘》：“你告谁来？”

可资印证的如关汉卿《窦娥冤》：“你这楚州一郡，三年不雨，是为着何来？｜端云孩儿，你在那里来？”

其六，西安方言的“来”字读作轻声调时相当于“吗”，用在疑问句尾。例如：

难道你妈教你做这号这种，这样的事情来？

可资印证的如关汉卿《窦娥冤》：“都不是，敢是我下的毒药来？”又“可有这件事来？”

其七，西安方言“来”读作轻声时相当于“的”，用在判断句末与“是”呼应。例句：

这是谁写来？

这活是他干来。

这花是他老婆绣来，你看好不好？

关汉卿《蝴蝶梦》：“（张千云）我开开门，看是谁拽动铃索来？（正旦云）是我拽来。”无名氏《渔樵记》：“是我问你要来，不干你事。”

孙立新（2008：1～7）指出：普通话表已然的“的”字，西安方言相应的是“来[.læ]”字。比较如下，其中“我[ŋæ^{31}]从二环路进城来”老派口语又作“我[ŋæ^{31}]的从二环路进城来”，在知识分子口语里又作“我[ŋæ^{31}]从二环路进的城”；“进的城”是受普通话影响的结果。

北京　我骑车去的　他什么时候走的？

西安　我骑车去来　他几时走来？

北京　我们由二环路进城的　　你是哪一年到的北京？

西安　我[ŋæ^{31}]从二环路进城来　你哪[a^{52}]年到北京来？

其八，西安方言的“来”字还表示起始兼将然。例如：

你三个过来，咱四个打麻将来。

咱俩下棋来；我要把你赢了呢。

咱不做活咧，咱几个谝闲传聊天来。

咱俩诀来假如你认为我胡说，那么，咱俩就骂那个胡说的吧！

7.2.3.2　关中方言的“呀”

本书 3.1.2.1 部分在讨论关中方言介词对单纯趋向动词的管控的时候，“其一”讨论了“呀”字及“去呀”的合音等问题；3.1.2.2 部分还讨论了“呀”字对趋向动词的管控，敬请参阅。

其一，关中方言“呀”字用作时制助词时表将然；有的是直接说出将然的意向，有的是承接有关话题引发出将然意向。“呀”字多数用于问答句并且问句和答句都用。例如：

（问）你做啥呀？（答）我在北京呀。

（问）你在北京做啥呀？（答）在北京开会呀。

（问）你在哪搭去呀？（答）我在火车站去呀。

（问）你在火车站做啥呀？（答）我在火车站接朋友呀。

这种问答式也可能含有正在（开始）进行的意味，上面一组对话就含有正在（开始）进行的意味。这类句式也可以不以问答的形式出现，而是直接表达将然的意向。例如：

我下楼呀。

娃要屉大便，拉屎呀。

他舅这是回他单位去呀。

我准备国庆节给娃娶媳妇儿呀。

我看你简直要把你妈活活儿气死呀！

我们还从贾平凹的《古炉》里找到许多例句。

婆说铁栓和土根去山根砍树去呀，来通知她去马勺家帮忙哩。（46）

狗尿苔说：他才养了猪，分了二十斤稻子顶饲料粮的。牛铃说：我开春后也养猪呀。（53）

霸槽说：我去下河湾看皮影呀！（67）

婆说：大冷的天哭着吸凉气得病呀，咱得去劝劝。（69）

狗尿苔心里像猫抓，他说他去厕所里尿呀……（71）

真是你，你走，你走！你要走了，老顺上你坟上烧一刀纸，你要不走，我就砍呀！（83）

狗尿苔……说：你再打牛，我就撕书呀！（114）

牛铃就对善人说：你可是说了话的，要给窑上每个人煮一个的，这我拿去煮呀！（122）

脚下一滑竟把老诚撞到在地上，而迷糊从斜坡上往下跑，跑过来收不住脚，就踩到老诚的身上过去，气得老诚骂：急得死呀？！（143）

牛铃在人窝里悄悄给狗尿苔说：你想吃肉呀不？狗尿苔说：吃你呀！（145）

婆说：哎，到忙天了，甭说生产队的活，就是他家自留地的庄稼又咋收得回来呀？（175）

欢喜说：兄弟，我回去吃饭呀，娃们把面条都煮上了……（192）

我要告诉你个重要事听不？霸槽他们要去镇上开会呀，你去不去？（205）

狗尿苔说：你才在厕所吃了，还吃呀？！以为迷糊说诳话。（230）

他只说出来的是秃子金，秃子金一定是喝了酒要回去呀，可出来的却是天布。（258）

他只说天布要来上厕所尿呀或者呕吐呀，才要咳嗽一下提醒着厕所里有人哩……（258）

200 多年前的渭南剧作家李芳桂的剧作里就有大量“呀”字表将然的例子，这是目前所能够看到的最晚的文献例证；“呀”字的这种用法和以下两种用法，是关中方言特殊语法特点中比较保守的现象，不但文盲用，而且读书人也用，估计最少还可以保留一个世纪。

你把咱娘叫出来，引回来，我把笼子拿回去呀。（《香莲佩》）

你想，看再问啥呀？（《春秋配》）

你心里想是教我出去，你可装病呀？（《清素庵》）

敢说不来，猫教谁装呀？（《清素庵》）

丫环姐儿慢走，我与你说话呀。（《清素庵》）

我见的是老婆骑牛，就没见吩那媳妇骑驴么，你还打得叫我见吩媳妇骑驴呀？（《古董借妻》）

其二，关中方言“呀”也可以当“呢、吗”用，表示反诘。例如：

你不下地狱教谁下地狱呀？

庄稼汉都不做庄稼咧，你的你们这一[tʂei^{55}]些当官的都吃啥呀？

面鱼儿老婆让婆把猪退还给半香，婆没同意，说既然买了咋退呀……（《古炉》29）

不拌稻皮子你又炒面？没炒面二三月青黄不接的你吃瓦片厄砖头呀？（《古炉》35）

文献印证，最典型的如李芳桂剧作《古董借妻》里的例句：

来不来你给我说啥呀？

不过夜这可怕咋呀？

强盗你说这使得呀？

其三，关中许多方言点在表示将然的“呀”字前边常常有“去”字出现，如上文的 3.1.2.2 部分就报道了这个特点。这里以西安一带为例再具体说明一下“去呀”等问题。

西安一带的“呀、去呀”在“去”字可能出现的语句里是同义的，其中的“去呀”也可以构成合音[.tɕ^{h}ia]，也可以不构成合音[tɕ^{h}i^{55} .ia/tɕ^{h}i$^{55-31}$ .ia]；“去呀”的“去”字也可以读作本调去声，也可以变作阴平。于是，如下的各组句子分别是等义的：

你做啥呀？＝你做啥去呀[.tɕ^{h}ia/tɕ^{h}i^{55} .ia/tɕ^{h}i$^{55-31}$ .ia]？

我回农村呀。＝我回农村去呀[.tɕ^{h}ia/tɕ^{h}i^{55} .ia/tɕ^{h}i$^{55-31}$ .ia]。

啥时间开这一[tʂei^{52}]个会呀？＝啥时间开这一个会去呀[.tɕ^{h}ia/tɕ^{h}i^{55} .ia/tɕ^{h}i$^{55-31}$ .ia]？

这一[tʂei^{52}]个会明儿就开呀。＝这一个会明儿就开去呀[.tɕ^{h}ia/tɕ^{h}i^{55} .ia/tɕ^{h}i$^{55-31}$ .ia]。

甚至在句末还有“去去呀[/tɕ^{h}i^{55} .tɕ^{h}ia/tɕ^{h}i$^{55-31}$ .tɕ^{h}ia]”出现，于是就有了如下等义句：

你做啥呀？＝你做啥去呀？＝你做啥去去呀？

我回农村呀。＝我回农村去呀。＝我回农村去去呀。

我在到北京办事呀。＝我在北京办事去呀。＝我在北京办事去去呀。

其四，在表示对某种历史情况的追忆的语境里，西安一带方言的“呀/去呀/去去呀”也常常处于句中；较常见的是“呀/去呀/去去呀”跟副词“才、就”相呼应。例如：

歌谣：去呀骑的白大马大白马，回来坐的花花轿花轿。

他自小小儿很小的时候就把可怜受匝咧受尽了苦难，他爸死呀/去呀/去去呀他才 6 岁。

我当兵呀/去呀/去去呀你才镇这么高儿指很低，十几年没回来，你都把媳妇儿娶咧。

我今儿出门呀/去呀/去去呀就知道他两口子摆嘴吵架呢，一回来才知道他把老婆打咧。

其五，关中方言“呀”字处于反复问句中间的情形。

我们曾经调查过“他来不来”在关中方言里的变体，调查表明，不少方言点在“来$_1$”的后边连带“呀”字，这是近代汉语“V也V”选择问句在关中方言里的存留。如张美兰《近代汉语语言研究》166页在讨论《元曲选》里的选择问句的时候所举的例句“你可要也不要？（页1573）｜问俺那少年儿是在也不在？（页133）｜不知也是来不来？（页1525）”“也”字古音读作.ia，今关中方言较普遍低把副词或表示选择问的“也”字读作ia，西部还有省去介音i读作.a的。下面是“他来不来”在有关方言点里用到“呀、啊”的具体说法。

临潼：他来呀不（来）？

大荔：他来不来？/他来呀不？

渭南、澄城、富平、彬县、咸阳、太白、凤翔、岐山、扶风、麟游、千阳：他来呀不？

宜川：他来（呀）不来？

耀州、泾阳、永寿：他来（呀）不？

旬邑：他来不？/他来呀不？/他来咧不？/他来哩不？

乾县：他来呀不？/他来呢不？

礼泉：他来么不来？/他来呀不来？/他来价不来？

武功：他来伢.nia不？

眉县：他来呀不（来）？/他来啊不（来）？

凤县：他来啊不？

宝鸡：他来呀不？/他来啊不？

陇县：他来哩（吗）不（来）？/他来去呀[.tɕia]不？

其六，西安一带的“呀”字在语流过程中也有变读“啊”的（.ia→.a；.ia>.a）。例如：

你做啥呀＝你做啥啊？

我回单位呀＝我回单位啊。

你得是是不是（要）走呀＝你得是走啊？

其七，西安一带在哭丧的时候，哭丧者喊着对死者称谓的同时，直接连带“呀”字。如：爷祖父呀、奶呀、妈呀、爸呀、达叔父呀、姑呀、姐呀、哥呀、舅呀、妗子呀、姨夫呀。

7.2.3.3　关中方言的“得了$_2$”

关中方言的“得了$_2$”一般用于陈述句，表将然且具有假设意味。西安一带“得了$_2$”作“得咧[tei^{31} .liɛ]”，富平等处作“得啦[ti^{31} .la]”。关中方言的“得了$_2$”可从以下三点来看。

其一，V是不及物动词时“V得咧/快V得咧”式中“得咧”不能拆开来。例如：

他走得咧他将要走了。

老王调走得咧老王将要调走了。

他正上楼呢，快上去得咧即将上去。

我最近学开车呢，学会得咧即将学会。

老张的一本长篇小说这两天写起得咧即将写完。

你走得咧把我叫嘎子你走的时候把我叫一下（隐含语义：“我想跟你一块儿去”或“我想送你离开”或“我想知道你离开的具体时间”）。

其二，“VO得咧”式又作“V得O咧”式。例如：

吃饭得咧/吃得饭咧。

上课得咧/上得课咧。

小刘结婚得咧/小刘结得婚咧。

你讨论问题得咧要认真/你讨论得问题咧要认真。

一般的施受关系中，凡施事（动词）和受事（名词）均为单音词且均可以与“得咧”构成如下如右四种形式：VN得咧；NV得咧；把NV得咧；V得N咧。例如：

吃饭得咧/饭吃得咧/把饭吃得咧/吃得饭咧。

开会得咧/会开得咧/把会开得咧/开得会咧。

割麦得咧/麦割得咧/把麦割得咧/割得麦咧。

评职称得咧/职称评得咧/把职称评得咧/评得职称咧。

其中“NV得咧；把NV得咧”只能独立成句，不能连带其他成分，其他形式可以连带其他成分。例如：

吃饭得咧再说/吃得饭咧再说。

睡觉得咧再洗脸/睡得觉咧再洗脸。

办事得咧再过去取钱/办得事咧再过去取钱。

娶媳妇儿得咧再打招呼/娶得媳妇儿咧再打招呼。

我跟他上班得咧才能见/我跟他上得班咧才能见。

开会得咧看谁还有啥意见没?/开得会咧看谁还有啥意见没?

若在单音节动词前加上“（应该）马上”义的“紧”，则有如下的句式在口语里大量出现。

紧去得咧应该马上就去/紧得去咧。

紧来得咧应该马上就来/紧得来咧。

紧上得咧应该马上就上/紧得上咧。

紧下得咧应该马上就下/紧得下咧。

紧回去得咧应该马上就回去/紧得回去咧。

紧回来得咧应该马上就回来/紧得回来咧。

紧上得班咧马上就要上班了/班紧得上咧。

紧过年得咧马上就要过年了/年紧过得咧。

紧回得咧应该马上就回（家或单位）/紧得回咧。

紧给包谷上得化肥咧应该马上就往玉米地里施化肥了。

紧把房盖起得咧房子马上就要盖起来了/（把）房紧盖起得咧。

给他紧娶媳妇儿得咧应该马上给他娶媳妇儿/媳妇儿给他紧娶得咧。

紧把二亩地的麦割完得咧马上就要割完二亩地的麦子了/（把）二亩地的麦紧割完得咧。

7.2.3.4　关中方言的“出”

关中方言的“出”字通常用作趋向动词，“出”字的时制助词用法是由趋向动词来的。用作时制助词的“出”字表示将然，含有“未完成、可能进行”等语义，“出”字常常处在动宾式之间，构成“动＋出＋宾”式；这种格式的前边一般有副词“还、都”等，后边有“来[læ$^{24\text{-}31}$]”。例如：

为这个事，教我还打出槌来咧。（打槌：打架）

他要买东西呢，没拿钱，我还得掏出钱来呢。

看来，他两口子这回还真的要离出婚来咧。

为买这套房，还得卖出那套房来咧，不卖不行嚜。

为咧原则，连最好的朋友也都可能得罪，闹出矛盾来咧。

7.3　语气词研究

鉴于上文附录四已讨论了关中方言的“吗、么、曼”等，本节就不再重复了。

7.3.1　“呢”和“哩”

汉语“呢、哩”同源。吕叔湘先生《释景德传灯录中“在”“着”二助词》（见《汉语语法论文集》，科学出版社 1955：1～11 页）一文指出：“呢”即“哩”之变形，而“哩”又源于“在裹”……此一语助词，当以“在裹”为最完具之形式，唐人多单言“在”，以在概“裹”；宋代多单言“裹”，以“裹”概“在”，“裹”字俗出多简作“里”。本义即湮，遂更着“口”。传世宋代话本，率已作“哩”，或宋世已然，或后人改写，殆未易定。

孙锡信先生（1999：62）归结道：按照吕先生的意见，普通话“呢”的来源大体如下：

在裹→裹→里→哩→呢

对于这个问题，江蓝生先生（1986）《疑问语气词“呢”的来源》又有深入的讨论。

我们认为，北京话“哩→呢”语音的变化有一个 li→ni→ne 的过程，同时也有受到唐宋以来的语气词“聻、尔、你”等影响的因素；“你”是“尔”的后起字，“尔、你”是古今字的关系，“尔”的早期读音即为“你”。

7.3.1.1　“呢”和“哩”的分布特征

其一，关中方言区西安、户县、蓝田、周至、咸阳、礼泉、兴平、武功、眉县等处把普通话的语气词“呢”仍作“呢”，一般读作[.ni/.ȵi]，其余方言点除了丹凤作“咿[.i]”以外，基本上作“哩”；户县东南乡作“哩”。柯理思《西北方言的惯常性行为标记“呢”》一文（2009：39～43）指出岐山蒲村镇亦作“呢[.ȵi]”。关中作“哩”的方言点，“哩”字均读作[.li]。

其二，西安一带的“呢”字除了读作[.ni]以外，又读作[.niɛ]，也有读作“咿[.i]”的。[i]韵母在关中方言里的白读有读作[iɛ]韵母的。例如“起、滴、砌、击（如：在脸上击咧一下）”等字白读[iɛ]韵母，西部凤翔、宝鸡“东西（物品）”的“西”字和“晚夕晚上”的“夕”字读作[siɛ^{31}]。“呢”字读作[.niɛ]也可以视作口语化程度很高的读法。“咿[.i]”字是户县“呢”字减音（减去声母）的结果。

这里需要就着“呢”字的三种读音在具体用法上的差异作些交待。[.ni]和[.i]只是读法的差异，在用法上没有区别；也就是说，[.niɛ]的读法在用法上与[.ni]/[.i]存在着一定差异。

与普通话进行比较，《现代汉语词典》1980 年版 814 页“呢”字条第一义项中的特指问以及第三义项，西安一带的“呢”字又读作[.niɛ]。例如：

你做啥呢[.ni]/[.niɛ]？——我看书呢[.ni]/[.niɛ]。

你在哪塌儿哪里[.ni]/呢[.niɛ]？——我在单位呢[.ni]/[.niɛ]。

你咋还不回来呢[.ni]/[.niɛ]？——我正忙着呢[.ni]/[.niɛ]。

嫑走咧，外头下雨呢[.ni]/[.niɛ]。

老张，外头有个人寻你呢[.ni]/[.niɛ]。

其三，蒲城的“哩.li”又作“乃.næ”，“乃.næ”可能是从“呢”音变来的。例如：

（问）他来不来？——（答）来乃/来哩。｜不来。

（问）你去不去？——（答）去乃/去哩。｜不去。

7.3.1.2　“呢”和“哩”的用法

其一，我们可以先比较西安的“呢”和凤翔的“哩”用在句末时表达语气的一致性特点。

西安　你做啥呢？　我看书呢。

凤翔　你做啥哩？　我看书哩。

西安　你准备给我送的书呢。　我还没准备好呢。

凤翔　你准备给我送的书哩。　我还没准备好哩。

其二，由关中方言区作家作品里也可以看出关中方言区“呢”和“哩”的一些特点来。

首先，我们从 200 多年前的渭南剧作家李芳桂的剧作里可以看出，多用“哩”少用“呢”。

以下是用到“哩”字的部分例句：

母亲，我姐姐哭哩！(《香莲佩》)

好娃哩，你饥了吃去，你乏了睡去，莫再要淘气我。(《香莲佩》)

姑娘，不但不从，他还骂哩。你晓得他骂的意思，他想的想的骂咱哩。(《香莲佩》)

看咋着哩，我说这婆娘难说话。(《香莲佩》)

那妮子没良心……把咱的红白萝卜偷地吃了没多少，还要告咱哩。(《香莲佩》)

你看你怕怕不怕怕，怪不得姚婆子打你哩。(《春秋配》)

咳，吓坏了，吓坏了。看这腿，你只管软地做啥哩？(《十王庙》)

阳间的文章，着阴司里的先生看哩。主意死了，在阴司科举加。(《十王庙》)

……看喝得木头胀了着，门里咋得出去哩？(《十王庙》)

你不用赔罪，恐怕可有岔哩！(《十王庙》)

果然有接下的茬哩么！(《十王庙》)

有福些，放的按院不坐，寻的连贼娃子造反哩！这才怪了。(《万福莲》)

以下是我们着力搜寻到的李芳桂剧作里用到“呢”字的例句。

怎么不见娘的尿水子呢？(《香莲佩》)

……杀呢杀不死，剐呢剐不死，烧呢还烧不死，奇就奇到命牢上了。(《十王庙》)

怎么不是？好怪呀！姓名、县分都对对儿的，怎么人不是呢？(《玉燕钗》)

(萧九三)把他死了呢？——(萧慧娘)他若死了，我便终身不嫁。(《万福莲》)

你哭地做啥呢？(《万福莲》)

李芳桂对“呢、哩”的用法可以证明这两个字在官话里竞争过程中的历史特征，具体在渭南一带，200 多年前“哩”字就表现出跟当时共同语一样的强势，而“呢”字则处于劣势。无怪乎今渭南一带只用“哩”而不用“呢”。①

其次，让我们看看作家贾平凹小说《古炉》（2011 年人民文学出版社出版）对“哩、呢”的用法，其中大致可以看出其母语丹凤方言（贾平凹出生于棣花村）的特点来。

一是句末用“哩”的例子。

开石说：那是生娃哩，我不让生娃就不出来啦？你生过娃没有？（91）

牛铃说：你给狗说话哩。狗尿苔说：狗给我说话哩。（93）

狗尿苔没有说他老闻到一种气味，他说：鼻子痒哩。（167）

三婶说：你听，你听，喊着说没醉，酒喝醉了才说没醉哩！（301）

婆说：人家是榔头队，他去跑啥哩？（301）

霸槽在问：啥响哩？迷糊木着，没言喘。霸槽从地上起来，又问：啥响哩？（368）

他说灶火是在勒毛主席哩，要毛主席上吊哩。（407）

二是句末用“呢”的例子。

牛铃说：钱呢？磨子说：让开合先赊下，事过后再付钱。（288）

怎么能突然就没有了呢？（380）

想起往日的快乐，他有些难受，隐隐地怨恨着这一切都不一样了呢？（431）

明明是谁敲钟，你出去看看，谁敲的？秃子金呢？（368）

其三，西安一带“呢”字的特殊用法。

一是“呢”字可以处于句中表示假设，如上列李芳桂剧作《十王庙》里的例句：“……杀呢杀不死，剐呢剐不死，烧呢还烧不死，奇就奇到命牢上了。”类似的例子还可以再举若干个。现代关中方言“呢”字表示假设的句子，一般是正反对举。

给他**呢**我不愿意，不给他**呢**他硬要呢。

放了呢逮咧个糊涂捉得很不容易，不放呢还害怕死了。

开这个会不叫他呢他是领导，叫他呢他一开会就爱多说。

想走呢走不离，不想走呢闲得难受，又没个啥看的如书、电视。

不打招呼走了呢害怕你心不受活舒服，不走呢忙得不得开交。

二是西安、蓝田方言的“呢”还用在处所名词或时间词的后边，相当于“里”。例词如：城呢、乡呢、屋呢、地呢、瓦渣滩呢、荫凉坡呢、太阳地呢；春呢、夏呢、秋呢、冬呢、忙口呢、忙罢呢、数九呢、头九呢、二九呢、三九呢、伏天呢、头伏呢、二伏呢、末伏呢。

其四，关中方言区东部“的”字用如“呢”的特点。

关中方言区富平、渭南及其以东，“的”字常常用如普通话和西安方言的“呢”。关中东部“的”字的这种用法跟西南官话“的”字用在“到/倒”

的后边很相似。如富平“好着的”与成都“好到的”意思相同。下面贾平凹罗列《古炉》里“的”字用如“呢”字的部分例句。

（一）以下例句“的”字处于陈述句末

霸槽说，木板门面房当店铺用的，咱那儿开店铺鬼去呀？狗尿苔觉得也是。（165）

狗尿苔是故意要晾牛铃的，便一路小跑去了长宽家屋后，那里有一片竹子。（185）

天布说：你说的对着的，但现在急着要风，你给咱乞风。（186）

天布说：知道知道，你们走吧，我们正开会的。（340）

灶火说：那你媳妇呢？答应说：来了，在后边站着的。灶火说：往前头站！（394）

狗尿苔说：水在夜里不黑？婆说：它越黑越亮的。狗尿苔从此记着了这句话……（409）

看星说：你讲究给猪治病的，你认不得病？！说完就跑走了。（411）

婆却训道：你喊啥哩，你到猪圈里看看猪是死是活就是了！狗尿苔就在猪圈看了，那头猪在圈里屁股撅起用黄瓜嘴犁地，说：没死也没病，好着的。（421）

开石说：这要还的，一定要还的。（432）

看塄畔里谁家种的南瓜蔓子还没拔，说不定蔓子上还结着个小南瓜的。（518）

老顺原本要出来训斥的……（521）

狗尿苔说：我能孝顺我婆的。（565）

（二）以下例句“的”字处于疑问句末

麻子黑说：满盆不在，招呼人的应该是你，他磨子在那招呼啥的？（135）

婆就不说了，问欢喜：牛都好着的？欢喜说：都好，就是那花点子牛立不起了筒子。（174）

麻子黑见了，说：要收麦呀又不训练，你背枪扎啥势的？（180）

突然听见有破碎声。媳妇说：啥响的，谁把碗打啦？（193）

你辈分高，天布磨子他们都是狗尿苔这一辈的，有事让狗尿苔来，你跑啥的？（340）

狗尿苔就看着霸槽。霸槽说：看啥的，认不得我啦？狗尿苔说：你说的话我解不开。（192）

面鱼儿老婆过来就捂锁子嘴，捂不住……说：你给我胡说！你胡说啥的！（538）

面鱼儿老婆说：爷呀，这遭啥孽了，还要让人这么死的！（581）

（三）以下对话“的”字黑体字分别处于疑问句和陈述句末

天布在院子里说：你这蔷薇咋养**的**，人都面黄肌瘦的，花却开得这么繁？戴花说：要经管的，你每天去看它，给它说话，它就开得繁。（333）

另外，以下例句中的“的”字兼有“呢”和“是……的”中的“的”的性质。

狗尿苔是故意要晾牛铃的，便一路小跑去了长宽家屋后，那里有一片竹子。（185）

支书说：我能站的，我拄个棍能站的，再说，他那么矮，我也没办法让他扶。（393）

我要给你说个事的，咱古炉村啥事都成双成对的，水皮犯了事……（404）

狗尿苔说：水在夜里不黑？婆说：它越黑越亮的。狗尿苔从此记着了这句话……（409）

开石说：这要还的，一定要还的。（432）

老顺原本要出来训斥的……（521）

西南官话“的”字用如“呢”一般限于“好到的、对到的”等语境，而关中东部“的”字用如“呢”要比西南官话宽泛得多。

7.3.2 “啊、呀”和“嗑、呵”的用法

这三个字处于句末的时候均读作轻声调。

7.3.2.1 “啊、呀”的用法

其一，关中方言句末的“啊”字一般读作[.a]，语流音变形式只有在[ŋ]声母字后边音变为[.ŋa]一种，其实在[ŋ]声母字后边的时候照样常常读作[.a]。例如：对啊[.a]｜好啊[.a]｜你过来啊[.a]｜你说啊[.a]｜教他赶快走啊｜不行啊[.ŋa/.a]！

其二，本书 6.3.3.2 部分报道了“呀”字常常音变（减音）作“啊”的情况；其实，在对相关事物进行列举的过程中，关中方言形成“呀、啊”互补的格局。例如：

如今的人，钱呀/啊、粮呀/啊，都不咋样少咧。

他的办公室书呀/啊、报呀/啊、纸呀/啊，都不缺。

他退休咧，就是看个报呀/啊、练个书法呀/啊，清闲得很。

灶房里头锅呀/啊、盆呀/啊、碗呀/啊、麺呀/啊、米呀/啊、菜呀/啊，有的是。

这些钱给你，买个零碎呀/啊、瓜呀/啊、果呀/啊的，出门打个车呀/啊的，够用咧。

如上例句中的“呀、啊”也可以用“了$_2$”来替换，如西安一带例句。

灶房里头锅咧、盆咧、碗咧、麵咧、米咧、菜咧（的），有的是。

如今的人，钱咧、粮咧都不咋样少咧/如今的人，钱咧、粮咧的，都不咋样少咧。

他的办公室书咧、报咧、纸咧，都不缺/他的办公室书咧、报咧、纸咧的，都不缺。

其三，西安一带方言口语里轻声音节“子[.tsɿ]”常常跟“啊”字构成合音[.tsa]。例如：

咱还得借几个桌子啊[.tsa]！

小伙子啊[.tsa]，覅学得太瞎了啊！

你真是个二槌子啊[.tsa]二杆子，莽夫！

给娃娶媳妇儿还要给媳妇儿给金戒子啊[.tsa]！

稳子啊[.tsa]，你处事真个算是稳啊！（按：“稳子”是人名。）

女子啊[.tsa]，出咧门就成了婆家人咧，要好好儿孝顺阿公公公跟婆婆呢！

你却真是你爷祖父的亲孙子啊[.tsa]！你把你爷跟得上上儿的指言行性格酷似！

以下是我们从贾平凹的《古炉》找到的例句。

狗尿苔，你出身不好，你别散布谣言啊，乖乖的，别给我惹事。（8）

牛铃一天到黑鼻孔里都流着鼻涕……这到底是怎样个鼻子啊！（8）

天布媳妇说：我下锅给你捞啊？！随便盛了一碗，往锅台上一放，说：吃去！（48）

瞎事变好事，能拔这么好的野菜啊！（177）

守灯说：哎，我问一句，现在咋就收缴这些东西啊？（218）

瞧现在，他果然闹起事，风头压过了磨子，也压过了支书，狗日的有志气啊！（305）

其四，西安一带哭丧过程中男女孝子哭喊死者时，其结构为“亲属称谓词＋呀”，例如：爷祖父呀｜奶呀/婆呀｜达呀｜爸呀｜妈呀｜娘叔母呀｜姑呀｜姨呀｜叔呀｜哥呀｜姐呀。

另外“爷呀、妈呀、婆呀”还常常用作叹词，下文还要专门讨论。

7.3.2.2　“嗑、呵、咯”的用法

关中中东部方言句末的语气词“嗑[.kʰɤ]”相当于普通话的“啊、呀”，乾县等地相对于西安、富平、蒲城、合阳等处的“嗑[.kʰɤ]”作“呵[.xɤ]”，岐山一带相应地作“咯[.kɤ]”。

作家柳青先生的《创业史》用的是“喀[.kʰa]”字。我们从《创业史》找到若干例句。柳青对“喀[.kʰɤ]”字的运用符合关中方言实际。大致看来，句末语气词“嗑[.kʰɤ]”具有强调某种情况的作用。关中中东部方言的“嗑

$[.k^h\gamma]$”字有如下三种用法；例句后括号里标示《创业史》所在页码。我们从《创业史》里选取的例句仍然用柳青先生所写的“咯”字。

其一，用在否定句的末尾，常常与“不、没”呼应，但不与“嫑”字呼应。

嘿嘿，也没啥咯。（第一部 66）

（介绍的）女婿都有文化，都不在家里咯，那个女团员肯嫁给那号人家？（第一部 109）

永茂是个非团员哎！咱五村的团小组，暑假寒假，组织中小学生宣传，写黑板报，传话筒广播，他都不积极咯。（第一部 110）

我也困难，所以上，昨黑间活跃借贷的会，我就没去咯！（第一部 175）

说的对着哩！红军走雪山，过草地的那功夫，也不知道啥时光全国解放咯。（第一部 206）

散了会，俺就没回去咯。（第二部 40）

其二，用在判断句的末尾，与“是”字呼应，起强调作用：

就得这么说。事实也就是这样咯！（第一部 295）

好歹是自家的骨肉咯！（第一部 308）

我是说：亲戚是亲戚，两家不来往，就是淡亲戚咯！（第一部 310）

对着哩！人家梁生宝就是有福之人咯。（第二部 120）

其三，用在其他语句的末尾，有的与“有”字呼应，有的与“都”字等副词呼应。

（牲口槽的）两种盘法各有长短咯。（第一部 66）

也难怪干部咯。（第一部 180）

唉，都难场艰难咯。各人有各人的难场咯……（第一部 181）

嘿嘿。就是说有条件咯。（第二部 102）

这个我知道咯！（第一部 310）

好嘛！互助也好，单干也好，能多打粮食，都好咯。（第一部 313）

庄稼人一听，都能明白他的意思咯。（第一部 313）

我知道咯！（第一部 393）

其四，用在比较句或者具有比较意味的句子末尾。

记得清清楚楚！和昨天的事情一样咯。（第二部 45）

上列“我是说：亲戚是亲戚，两家不来往，就是淡亲戚咯！（第一部 310）”亦然。我们还可以再举几个调查得来的例句如下：

那个没有这个好嗑。

没人比他会办事嗑。

这个吃不住比不过兀一[ᶜuei]那个嗑。

你这是没走过这个路，老当这个路远嗑。

他跟你头一回见，也就觉起觉得生生疏嗑。

其五，宜君方言相当于普通话的“看看，看一看”作“看给喀 $k^h\tilde{a}^{44}$ kei^{21} $.k^h\gamma$”，相当于普通话的“尝尝，尝一尝”作“尝给嗑$\c{s}a\eta^{24}$ kei^{21} $.k^h\gamma$”。宜君的尝试体以“给嗑”为标志。

我们这里所讨论的“嗑”在晋南汾河片被广泛地使用着。乔全生（2000）《晋方言语法研究》写作“可”，该书第九章（141～147）专门讨论了“可”字，乔先生把“可”字叫做“独立词”。乔先生指出：独立词一是用于句末，例句如“没走哩？——没哩可。（句尾，表示肯定、确信的语气）”一是用在句首，例句如“你怎么现在才来？——可，将出门呀，车子坏了，修了半天才修好。（句首，表示对所解释的原因不容置疑）”

我们还从《青海省志·方言志》之“第一章　汉语”（张成材先生编纂）120 页看到青海汉语方言以“可”充当句末语气词的例子：“昨晚夕我你家去了，你没在啊可（昨天晚上我到你家去了，你不在）。”与关中中东部方言相比，青海汉语方言句末表示强调的“可（嗑）”字前多了“啊”字；这个句子翻译成西安话就是“我夜黑在你屋去咧，你没在嗑”，翻译成兴平方言就是“我夜黑到你屋去咧，你没在嗑。”

7.3.3 “些”字及其变体

我们曾经调查过“对了呀”在关中 51 个方言点的说法，结果表明，多数方言点用到了近代汉语的句末语气词“些”字。调查的时候，我们给“对了呀”设置了一个语境，即一个人因为别人做事太过分而恼怒，一怒之下可能再臭骂对方甚至殴打对方，第三者出面规劝；我们在以往的著述里把这个语境里的“些”字叫做表示恳求的语气词。

其一，关于“些”字的读音。

“些”字中古切韵音系在假摄开口三等心母平声麻韵。关中方言“些”字的读音以团音的.ɕiɛ 和尖音的.siɛ 为主；如尖团不分的西安等处读作.ɕiɛ，保留尖音的临潼等处读作.siɛ。然后还有读如“先”的轻声调的，如商州读作.ɕiã，泾阳读作.siã；还有读如“呷”的轻声调的，如乾县读作.ɕia，千阳读作.sia；宝鸡一带读作“唦.sa”。主要就是这 7 种读音。还有“些”字的其他音变形式，如岐山的.siaŋ，富县的.sæ。另外还有直接把“对了呀”说成“对了 $_2$”而句末没有语气词的，还有用到“吗、曼、吧”的。

“些”字在千阳等处读作 sia 是中古声韵特点的保留，在其他方言里的音变往往是依照一定的规律产生的，如西安等处读作 ɕiɛ 符合心母开口三等字读 ɕ 声母和主要元音高化的规律，商州、泾阳等处读作“先”是在些”

字中古读音 sia 的基础上主要元音鼻化的结果，宝鸡一带读作 sa 是在 sia 的基础上减去介音的结果，岐山读作 siaŋ 是增音的结果，富县的 sæ 也是在 sia 的基础上先减音再主要元音高化的结果。

其二，关于“对了呀”在关中方言区的说法。

下面罗列“对了呀”在关中方言区的说法，特把“凤县”等处的“些”字写作“吵”字。

西安：对咧些！tuei^{55} .liɛ .ɕiɛ!/对咧（吗）！tuei^{55} .liɛ（.ma）！

临潼：对咧些！tuei^{44} .liɛ .siɛ!

蓝田：对咧些！tuei^{55} .liɛ .ɕiɛ!

商州：对啦先！tuei^{55} .la .ɕiã!

丹凤、韩城：对啦！tuei^{55} .la!

洛南：算了些！ɕyã^{55} .liao .ɕiɛ!

华县：对啦！tuei^{55} .lia!

华阴：对啦咹！tuei^{55} .lia .ŋã!

潼关：对连！tuei^{44} .liã!

渭南：对啦！tuei^{55} .lia!

澄城、合阳、黄龙：对咧！tuei^{55} .liɛ!

宜川：对啦吗！tuei^{44} .la .ma!

大荔：对咧些！tuei^{55} .liɛ .siɛ!

洛川：对咧些！tuəi^{44} .liɛ .siɛ!

黄陵：对咧吧！tuei^{44} .liɛ .pa!

宜君：对咧！tuei^{44} .liɛ!

铜川：对啦曼！tuei^{44} .la .mã!

耀州：对啦！tuei^{44} .la!

蒲城：对啦吗！tuei^{44} .lia .ma!

白水：对啦曼！tuei^{44} .lia .mæ̃!

富平：对啦些！tuei^{55} .lia .siɛ!

高陵、三原：对啦些！tuei^{55} .la .siɛ!

泾阳：对啦先！tuei^{55} .la .siã!

旬邑：对啦先！tuei^{44} .la .siã!

长武：对啦些！tuəi^{55} .lia .sia!

彬县：对啦先！tuei^{55} .lia .siã!

永寿：对咧些！tuei^{44} .liɛ .ɕia!

淳化：对啦先！tuei^{44} .la .siã!

乾县：对咧些！tuei^{44} .liɛ .ɕia!

礼泉、咸阳：对咧些！tuei^{44} .liɛ .ɕiɛ!

户县：对咧吗！tuei^{55} .liɛ .ma!/对咧些！tuei^{55} .liɛ .ɕiɛ!

兴平、周至：对咧些！tuei^{55} .liɛ .ɕiɛ!

武功：对咧些！tuei^{44} .liɛ .ɕiɛ!

眉县：对啦些！tuei^{44} .lia .ɕia!

太白：对啦些！tuei^{44} .lia .sia!

凤县、宝鸡、凤翔、麟游、陇县：对啦吵！tuei^{44} .lia .sa!

岐山：对啦相！tuei^{44} .lia .siaŋ!

扶风：对啦些！tuəi^{44} .lia .sia!

千阳：对啦些！tuei^{44} .lia .sia!

富县：对咧□！tuei^{44} .liɛ .sæ!

定边：对啦！tuəi^{44} .la！/算啦！suæ̃^{44} .la！

其三，再举西安一带“些”字表示恳求、敦促语气的例句如下。

放快吃些！

你教他赶快过来些！

你干脆就要走咧些！

教他先要急（着）走着些！

爸呀，你给我再给些钱些！

爷，你再给我讲个故事些！

你跟我一搭儿一块儿回去些！

你这一阵子回去给我取钱去些！

你几个领导赶快把我的申请批准了些！

如上例句末尾的“些”字，西安一带也可以由其互补词语“.吗”字来取代，例如：放快吃吗！｜爷，你再给我讲个故事吗！｜你这一阵子回去给我取钱去吗！

表示恳求、敦促语气的“些”也可以用在问句末，这种问句可在“些”字前边加上“呢”。

他咋还没来（呢）些？

你咋还不走（呢）些？

你到底在兀搭做啥（呢）些？

你咋给咱咱们还不做饭（呢）些？

我咋就想尝你燶的兀个臊子（呢）些？

爷，你咋给我几个还不讲故事（呢）些？

其四，西安一带“些”字可以表示假设。具体分为两种情况：一是“些”字处于假设复句第一分句之末，或者紧缩复句之中，清代李芳桂剧作中的例句，今关中人口语还大量用到。

他肯跑些，得如不来？（《香莲佩》）

挑上一张告示些才好。（《十王庙》）

（零干）该死些，把我也烧死了。（《十王庙》）

你也想哩吗，我能读半车书些，何苦一路与你管盘缠哩？（《白玉钿》）

（崔双林）该病，该病，不论是谁些，都要病哩。（《白玉钿》）

（尚飞琼）不是他来些，我也未必来。如今他来了，我也来了。（《白玉钿》）

有福些，放的按院不坐，寻的连贼娃子造反哩！这才怪了。（《万福莲》）

二是西安一带的假设复句，表示假设的关联词亦如普通话那样处在分句之首，而“些”字表示假设却处在分句之末，并且常常形成肯定形式与否定形式的对举，也往往是两难情况下的考虑或推论。例如：

答应了些，害怕你胡整；不答应些，你把我缠得不得安宁。

把车借给他些，他开车冒失得很；不借给他些，他当下就有急事呢。

去些，忙得不得开交，真不想去；不去些，镇这么大的事情，咋能不去呢？也就去咧。

这些钱给他些，我就要受紧呢，不给他些，他却硬要呢；干脆给给他去＝假如这些钱给他（的话），我就要受紧呢，假如不给他（的话），他却硬要呢；干脆给给他去。

说你有良心些，你经常来看我呢；说你没良心些，你来咧多回都给我没拿过啥啥儿任何一丁点儿东西＝假如说你有良心（的话），你经常来看我呢；假如说你没良心（的话），你来咧多回都给我没拿过啥啥儿东西。

西安一带这类句子分句末的“些”字也可以换作“去[.tɕʰi]”字或“呢[.ni]”字。“去[.tɕʰi]”字的这种用法是在相当于“吧”的基础上形成的，“呢[.ni]”字的这种用法是在疑问语气词的基础上形成的。于是，上列句子可以以如下的形式来表达：

答应了去/呢，害怕你胡整；不答应去/呢，你把我缠得不得安宁。

把车借给他去/呢，他开车冒失得很；不借给他去/呢，他当下就有急事呢。

这些钱给他去/呢，我就要受紧呢，不给他去/呢，他却硬要呢；干脆给给他去。

去去/呢，忙得不得开交，真不想去；不去去/呢，镇这么大的事情，咋能不去呢？

其五，西安一带的“那[næ⁵⁵]……些”，其中的“那”字是“那么”的意思。

一是“些”字在惊叹句里具有对听话人或动作行为的主体即相关人的威胁等语气；这类句子里的“些”字仍然表示假设。例如：

那你就走些！～①假如你当下走了，那么后果自负！②你走走看，我非揍你一顿！

那你试火嫑来些！～你假如不来，因为不来所导致的追究责任或收入损失你自己承担！

那你把这些钱贪污了些！～你就把这些钱贪污了吧，那么，回头受到处分可与我无关！

那他就嫑跟我来些！～假如他刚才或当初不跟着我一起来，那不知给他造成多少麻烦！

那他老王就把贪污的公款嫑退些！～假如他老王当初不退掉贪污的公款，如今说不定就在监狱蹲着呢，或者最少受到党纪政纪的处分了！

你教他就把这个死狗烂娃打一顿些！～假如他把这个无赖之徒打一顿，那么，由此产生的许多意想不到的麻烦，将会使得他经常处于尴尬的境地！

二是“些”字在疑问句里表示追寻等语气，如下例句里的“些”字也可以换作“呢”字，只不过，“些”字具有追问究竟如何的意思，“呢”字却没有这个意思；还可以是“呢些”连用，连用后表示更重的追问语气。于是，这类疑问句具有如下三个层级。

基本层级	较高层级	最高层级
那他咋还不走呢？	那他咋还不走些？	那他咋还不走呢些？
那你咋还不过来呢？	那你咋还不过来些？	那你咋还不过来呢些？
那他到底有啥事呢？	那他到底有啥事些？	那他到底有啥事呢些？
那你给我还给不给呢？	那你给我还给不给些？	那你给我还给不给呢些？
那你妈还有钱用没呢？	那你妈还有钱用没些？	那你妈还有钱用没呢些？
那这事教我到底咋办呢？	那这事教我到底咋办些？	那这事教我到底咋办呢些？

如“那他咋还不走呢”只是对他没有走的一般性追问，从情感上看，他走不走无所谓；“那他咋还不走些”则具有对他的不走抱有比较反感的语气；而“那他咋还不走呢些”就具有了极度反感的语气，意即“他应当马上就走，离得远远的”。

其六，凤翔一带的“吵、啊[a^{31}/a^{52}]……吵”和“啊[a^{31}/a^{52}]吵”，其中“吵”的本字是“些”，“啊”字是“那”字的音变字，实质上本字就是“那”。

“吵”字在凤翔一带表示恳求、敦促语气，用法跟上述西安的“些”是一致的。例如：

放快吃吵！

你教他赶快过来吵！

你干脆就嫑走啦吵！

你咋么还不走（哩）吵？

你到底在兀搭做啥（哩）吵？

凤翔感叹句句末的语气词“吵”还当“呢”或“啊”讲。例如：

现在个这个路也很好吵！

个老汉有钱得很吵！

你看如今[꜀zə̩ŋ]庚如今这个村有多富吵！

凤翔一带的“啊[a³¹/a⁵²]……吵”跟西安一带的“那[næ⁵⁵]……些”肯定具有同源关系，只不过，如上文“其五”西安一带的“那……些”所具有的威胁、反感等语气，凤翔一带的“啊……吵”是不具备的。从语义上看，凤翔一带“啊……吵”的“啊”比西安一带“那……些”的“那”要虚得多；凤翔一带的“啊……吵”实质上等于“吵”。如上的例句均可以在前边冠以“啊”字：“啊放快吃吵！｜啊你教他赶快过来吵！｜啊你咋么还不走（哩）吵？”

凤翔一带的“啊[a³¹/a⁵²]吵”是在向听话人提出某个请求或问题以后，听话人未及允许或回答，或者不屑回答的情况下，要求听话人明确表态的追加语。例如：

（甲）放快吃吵/啊放快吃吵！（乙）……（甲）啊吵！

（甲）（啊）给我把那个书递过来吵！（乙）……（甲）啊吵！

（甲）你咋么不说话吵/啊你咋么不说话吵？（乙）……（甲）啊吵！

（甲）你咋么还不过来吵/啊你咋么还不过来吵？（乙）……（甲）啊吵！

（甲）（啊）我都给你要啦几遍啦，你咋么还不给我给吵？（乙）……（甲）啊吵！

这类句子的核心内容还是请求、敦促、提问者（甲；说话人）所谓的“放快吃｜给我把那个书递过来｜你咋么不说话｜你咋么还不过来”等，句首的“啊”和句末的“吵”正好就是核心内容以外的东西；实质上，“啊吵”就是减去核心内容的剩余成分，这个剩余成分以感叹句的形式单独出现，可以特别表达说话人的前述语义。

其六，关于“些”字用作语气词的考据基本上可从时彦著述或工具书中获取。

“些”字用作语气词由来已久，有两个音韵来源：一是《广韵》“苏箇切”，一是《广韵》“写邪切”。“苏箇切”是《楚辞》里的读法，我们认为很可能是先秦楚地对“些”字的方言读法，假如把《楚辞·招魂》里的“何为四方些？舍君之乐处，而离彼不祥些”的两个“些”不读作suò，而读作xiē未尝不可？

《汉语大字典》“些”字条（二）xiē第三义项“语气词”举例如：董解元《西厢记诸宫调》卷八“恰才那里相见些。”元代曾瑞《骂玉郎过感皇恩采茶歌·惜花春起早》“宿酒禁持人困也，东风寒似夜来些。”（p1441）

我们认为“些”字的语气词化跟“些”字早期的表示数量有关。如元代关汉卿杂剧《窦娥冤》第三折（刽子手云）：“行动些，行动些，监斩官去法场上多时了。”由西安一带的如下例句可以看出“些”字的渐次语气词化过程来，“些”字的读音也有一个由阴平到轻声的虚化过程 ɕiɛ³¹→.ɕiɛ。

（甲组）你再望过走一些/你再过来一些。

你再望过走些/你再过来些。

你过来些 ɕiɛ³¹。

你过来些.ɕiɛ！

（乙组）你离远一些。

你离远些 ɕiɛ³¹。

你离远些.ɕiɛ！

孙锡信先生《近代汉语语气词》154～157 页讨论了“休、些”。孙先生指出：“些”字是宋代开始用于语气词的，后渐被“煞、唦”代替。下面摘录孙著里跟关中方言用法一致的例句；表示认可某种事实的“些”，今关中方言不用；“歧”指《歧路灯》，数字为回数。

有这等灵符！快行动些。(《牡丹亭·道观》)

（盛公子）说道：“这是啥话些？”绍文道：“啥话？就是这话。”（歧 17）

滑玉道：“姐，你说的啥话些。咱两个一奶吊大，我就白替姐营运。”（歧 40）

什么话些，教儿子念书，却是胡乱引着。这就不成一个话头。（歧 86）

你劝我不要骂，你怎知我的恨处嗄！(《吟风阁杂剧·穷阮籍醉骂财神》)

就是他死，也该叫我见见，说个明白，他死了也不抱怨我嗄！(《红楼梦》104 回）

就凭这个嗳，乡下老儿到京里就能进官里去么？（《官话指南·官商吐属 39》）

7.3.4 “吧”字及其变体

就口语实际来看，关中方言基本上不用普通话所具有的句末语气词“吧”。这个问题可以从以下几点来看。

其一，我们可以在西安、咸阳、户县等大中城市或者县城听到读书人口语里用到“吧”字的例句，但是，这并不是关中民间口语里的第一种表达手段，应当是受官话影响的结果。例如：“算咧吧｜行咧吧｜把这个给他吧｜你总得讲些理吧｜这样未免就有些过分吧！｜这下心收回来了吧，吃了早早上炕！（贾平凹《古炉》P71）”这类句子里“吧”在口语里也可以直接不出现，例如“算咧｜行咧｜把这个给他｜你总得讲些理｜这样未免就有些过分！”西安等大中城市“吧”字在读书人口语里似乎在“不、没”两个字出现的句子里要用得要多些，例如：“不行吧｜不会吧/不可能吧｜不对吧｜没咧吧｜没这个意思吧！”

笔者1956年出生于户县大王镇宋村东堡，1978年10月离开家乡上大学以前一直生活在家乡。现在回想起来自己从小口语里似乎是在幼年时期所吟诵的一个歌谣里用到了“吧”字：“金巴巴，银巴巴，打一下，飞了吧！tɕiẽ^{31} pa^{31} pa^{-35} iẽ^{35} pa^{31} pa^{-35} ta^{51} i^{31} xa^{55} fei^{31} .liau pa^{55}！”其中的“金巴巴，银巴巴”分别是金黄色的金龟子和银白色的金龟子，小时候把金龟子捉来，用祖母或母亲纺的棉线把金龟子一条腿绑着，用大拇指轻轻在其背部按几下，并且吟诵着这只有12个字的（玩儿金龟子）歌谣，然后突然把大拇指张开，金龟子就飞了起来；不想玩儿了，就解掉棉线放掉。请您注意：“吧”字因为前边“下”字读作去声，也变作去声。

其二，关中方言的单音节趋向动词“去、走”变作阴平调并且处于句末的时候，当“吧”字讲，这是趋向动词“去、走”语法化的结果。这个问题本书3.1.3.6以及3.1.3.7部分已经有所讨论，如3.1.3.6部分之“上꜀走＝上去吧｜下꜀走＝下去吧｜进꜀走＝进去吧｜出꜀走＝出去吧｜回꜀走＝回去吧｜过꜀走＝过去吧｜起꜀走＝起去吧｜开꜀走＝去开吧”；再如3.1.3.7部分指出：西安一带方言不太用北京话所具有的助词“吧（罢）.pa”，与北京话“吧”字相比，西安等处方言一般用变作阴平调的“去[tɕʰi$^{55-31}$]”表示命令、请求、敦促、建议等意味的，“去”字在这样的语境里是趋向动词兼语气词。如3.1.3.7部分的“其六”。如北京话“快告诉我他上哪儿去了吧｜他大概已经走了吧?｜好吧，就这么办｜就算你正确吧，也该谦虚点儿”等，西安方言分别作“放快给我说他在哪塌儿去咧｜他大摸儿都走咧?｜好，就这下办｜就算你正确，也该谦虚点儿”。

从关中方言实际看以“去[tɕʰi$^{55-31}$]”煞尾且当“吧”字讲是最常见用法。再举若干例句：

把这些撂了去。

咱俩给他多给些东西去。

他都求过几回咧，我看还是答应了去。

最好还是把他前几天来用的那个牙刷教他用去。

我把这个给他去，我就没有咧；不给去，他硬要呢。

把这些东西撂了去，觉起觉得，感到可惜；不撂去，太占地方咧。

其三，关中方言的“吗”字处于句末的时候也当“吧”字讲，把这个特点看做“吧”字的音变未尝不可；关中方言有一个佐证，如户县把“猪八戒”的“八”字，一般文读为[pa^{31}]，白读为[ma^{31}]，甘肃宁县方言介词“把”读作[ma^{31}]也是一个佐证。例如：

你该不会再讹我一回吗！

总得给劳改回来的人给一碗饭吃吗！

你就走吗，这儿的事情你就覅操心咧。

我把这个给他吗，我就没有咧；不给吗，他硬要呢。

把这些东西撂了吗，觉起觉得，感到可惜；不撂吗，太占地方咧。

其四，关中方言的“些（如西安方言读作[.ɕiɛ]）”字用如“吧”字，一般是用于假设复句第一分句的末尾，这种复句往往又有反义对举的两种形式形成大的并列关系。例如：

把这些给他些，我就没有咧。

教你拿走些，你又拿不动；干脆我给你送着去。

我把这个给他些，我就没有咧；不给些，他硬要呢。

教他来一回些，怕他太忙；不教他来一回些，事情就难办。

把这些东西撂了些，觉起觉得，感到可惜；不撂些，太占地方咧。

7.3.5　与北京话语气词“的”字等的比较

普通话的“的”字可以用作语气词，而关中中西部方言的“的”字却不太用作语气词。比照吕叔湘主编的《现代汉语八百词（增订本）》（2002：162）有关内容，以下从两点来看。

7.3.5.1　与北京语气词“的”字的比较

其一，比照《现代汉语八百词》162 页之 6a，关中东部的“的”字可以用作语气词，关中中西部相应于普通话表示肯定语气的“的”字，在群众口语里，对最后一个音节语气加重的同时，主要元音长化。比较如下：

北京	他要走的	我问过老吴的
西安	他要走[tsɤːu^{52}]	我问过老吴[uː^{24}]
渭南	他要走的	我问过老吴的

其二，比照《现代汉语八百词》162 页之 6b，关中方言也可以以“的”字煞尾；普通话“VN 的”也可以作“V 的 N”，关中方言亦然；也可以以“来”字煞尾。比较如下：

北京	我骑车去的	他什么时候走的？
西安	我是骑车子去的/我是骑车子去来	他啥时候儿走的？
北京	你是哪一年来的北京？	
西安	你是哪年来北京的/你是哪年在北京来（的）？	

北京　我们由二环进城的

西安　我[ŋæ^{31}]（的）从二环进城来/我（的）从二环进的城/我的是从二环进的城

7.3.5.2　与北京话“是……的”结构的比较

普通话与“是”字相呼应的“的”字，在西安方言里不用“是”和“的”的同时，最后一个音节语气可以加重并且主要元音长化，主要元音也可以不加重、不长化；这种句子一般限于否定式。比较如下：

北京　我是不会同意的　　　　他是不可能理你的

西安　我不可能同意[i^{55}/iː^{55}]　他不可能理你[ni^{52}/niː^{52}]

北京　你这么干是不行的

西安　你这一[tʂei^{52}]下做不行

西安　你这一下做不行[ɕiŋ/ɕiːŋ^{24}]

北京　作为领导这么胡作非为老百姓是不会答应的

西安　作为领导这们胡来漫老百姓不答应

西安　作为领导这们胡来漫老百姓不答应[iŋ/iːŋ$^{55\text{-}31}$]

注释

① 很有意思的是，在同一个语境里，“哩、呢”居然同时出现，虽然只有《香莲佩》中魏呆迷与其继母张氏对话过程中用到，但是，足以说明“哩、呢”是如何竞争的：（魏呆迷）母亲，我姐姐哭哩！眼中哪里的水来？——（张氏）尿水子。——（魏呆迷）怎么不见娘的尿水子呢？

7.4　叹词研究

关中方言与普通话的叹词相比，有与之一致的，也有不一致的。关中方言叹词的特点主要有：一，多数叹词也是零声母音节；二，一种声韵组合往往有几个声调类型，这些声调类型各自负载着其具体的语法、语义、修辞等特征；三，有的叹词基于特殊感情色彩的需要，往往要以重叠、长化等特殊形式来表达；四，有的处于句首，有的处于句末。

7.4.1　“啊、哎”等字及其扩展形式

本书 1.1.10.1 部分“其六”之四报道了“哎、噢”的重叠问题以及语义、感情色彩等问题，特别是与重叠有关的层级问题；本书 2.11.1.2 部分报道关中方言重度吐气音的特点时报道了“啊、哎”等及其扩展形式在重度吐气音的背景下的特征，本部分就不再重复了。

本小节报道关中方言“啊、哎、噢”等字及其扩展形式的语法语义，具体内容如下。

7.4.1.1　“啊”字及其扩展形式

普通话的“啊”字有阴平、上声、去声三种读法，关中方言的“啊”字有阴平、阳平、去声三种读法；普通话的“啊”字与关中方言的“啊”字之间未必互相全部对应。

其一，“꜀啊”字。一是“꜀啊”字用于句首，表示惊异或赞许，普通话以及关中方言区中西部此字与中心句之间有停顿，如西安一带例句。

꜀啊，出虹[tɕiaŋ^{55}]咧！

꜀啊，这确实是个好地方！

꜀啊，他的本事꜁真很，实在大！

꜀啊，你这也太耩=过于谦虚咧！

꜀啊，你这简直也太错差得远咧！

꜀啊，꜁真的没见过镇这么高的水平！

关中东部则往往没有停顿，如我们从贾平凹《古炉》里看到此字处于一文句首的例子。

古炉村敢让我拿事，啊古炉村还能穷成这样？信不？（28）

啊狗尿苔，吃凉粉呀不？（230）

二如西安一带“꜀啊”字在驱赶成群的麻雀时后加“遏儿逝”，如户县方言“啊遏儿逝”读作[a^{31} uə^{51} ʂʅ^{31}]；笔者十三四岁在农村，谷子即将成熟时，每天下午都去谷地为生产队驱赶成群的麻雀，老人就教导，轮动绑着长绳子的竹竿的同时，反复喊[a^{31} uə^{51}…… ʂʅ^{31}]。

其二，“꜁啊”字。此字在普通话里表示追问，而关中方言除了表示追问以外，还表示疑问，相当于“꜁嗯”。此字普通话一般用于句首，关中方言也可以用于句末。例如：

꜁啊？你说啥？/你说啥？꜁啊？

꜁啊？这是啥字？/这是啥字？꜁啊？

꜁啊？你咋不听话呢？/你咋不听话呢？꜁啊？

꜁啊？他咋就竟然胡说呢？/你咋就胡说呢？꜁啊？

꜁啊？你身上的钱还有没？/你身上的钱还有没？꜁啊？

꜁啊？你明儿到底去不去？/你明儿到底去不去？꜁啊？

꜁啊？我那天给你给的钱呢？/我那天给你给的钱呢？꜁啊？

꜁啊？你才刚儿刚才出去做啥来来着？/你才刚儿出去做啥来？꜁啊？

꜁啊？你准备啥时间在北京去呢？/你准备啥时间在北京去呢？꜁啊？

其三，“啊꜄”字。关中方言的“啊꜄”字有以下三种用法。

一是用于句首，表示对某人或某事物的不以为然。例如：

啊ᵓ!他都会写小说?

啊ᵓ!他有啥水平呢?

啊ᵓ!你还批评人呢?

啊ᵓ!他拿这都跟高水平比呢?

啊ᵓ!那个人就会巴结有钱有势的?

啊ᵓ!你这臭棋也敢上这坛场？简直太狂妄咧!

啊ᵓ!啥事吗？有个啥办头呢？划来划得着办吗?

啊ᵓ!天底下就再都没有镇这么烂葬破烂的地方咧!

啊ᵓ!这场戏都算唱得好呢？那名演员兀个[uɤ^{55}]那戏算个啥呢?

二是用于句末，表示对前边所叮咛、所讲道理的强调；也可以表示敦促。例如：

你赶快过来！啊ᵓ!

我还有事要跟你说呢，啊ᵓ!

这一点儿小事不必计较，啊ᵓ!

你俩回去再嫑打槌打架咧，啊ᵓ!

以后跟人打交道一定要和气꜀啊，啊ᵓ!

老师给你讲的东西，你还要操心复习呢，啊ᵓ!

你回去给他说，教他忙他的，再嫑来咧，啊ᵓ!

你记着给我把我想要的东西拿着来，我急着用呢，啊ᵓ!

你要是往后还耍钱赌博的话，我就跟你不来往咧，记住ᵓ꜀啊，啊ᵓ!

你这一回去，你妈正生气着呢，你一回去就直接钻到房子睡觉去，啥话都嫑说，啊ᵓ!

三是本书 1.1.10.1 部分其六之三报道了户县方言“啊ᵓ꜁哟꜁哟”重叠为“啊哟哟，꜀哟哟……”的问题，这里不再赘述。下面再举用于句首表示耻笑的“啊哟哟”的若干例句。

啊哟哟[a^{55} iau^{35} iau^{35}]，你连这都不会!

啊哟哟[a^{55} iau^{35} iau^{35}]，你咋是个精尻子呢?

啊哟哟[a^{55} iau^{35} iau^{35}]，当老师的都把字念错咧!

啊哟哟[a^{55} iau^{35} iau^{35}]，鼻鼻涕都掉到饭里头咧!

啊哟哟[a^{55} iau^{35} iau^{35}]，你的臭棋也敢上这坛场?

啊哟哟[a^{55} iau^{35} iau^{35}]，却给领导梢轻呀又要去巴结领导了!

啊哟哟[a^{55} iau^{35} iau^{35}]，他放屁去咧的时候把稀屎拉出来咧。

啊哟哟[a^{55} iau^{35} iau^{35}]，狗肏的酒喝醉咧说的都是男女之间的事情!

啊哟哟[a^{55} iau^{35} iau^{35}]，他都想当村长呢！连个话都说不到一担指表达能力很差。

7.4.1.2　“哎”字及其扩展形式

如西安一带的“哎”字有读作开口呼的，还有读作齐齿呼的；开口呼的“哎”字有阴平、阳平、去声三种读法，齐齿呼的“哎”字有上声和去声两种读法。下面具体报道相关特点。

其一，“꜀哎[æ^{31}]”字。如单音词“꜀哎[æ^{31}]”可以处于句首，也可以处于句末。

先看处于句首的。一是亦如普通话那样，表示惊讶或不满，表示提醒。例如：

꜀哎[æ^{31}]！他这是咋咧吗？！

꜀哎[æ^{31}]！真是想不到的事情！

꜀哎[æ^{31}]！这就有些太不像话咧！

꜀哎[æ^{31}]！狗肏（的）就不是个东西！

꜀哎[æ^{31}]！你咋能这一[tṣei^{52}]下这样说呢？

꜀哎[æ^{31}]！这一[tṣei^{52}]个娃咋就这一[tṣei^{55}]们瞎这么坏的？

꜀哎[æ^{31}]！你回去得咧的时候记着把这一[tṣei^{55}]些东西拿上。

꜀哎[æ^{31}]！我这儿倒（是）有个办法，大家伙儿看行不行？

西安一带“꜀哎[æ^{31}]”字在表示不满时，常常以两叠式或三叠式来表达；这里就有一个感情色彩的层级问题：单音节“꜀哎[æ^{31}]”是基本层级，“哎哎[æ$^{31-24}$ æ^{31}]”是较高层级，“哎哎哎[æ^{31} æ$^{31-24}$ æ^{31}]”是最高层级。例如：哎哎（｜哎哎哎）！这就太不像话咧！｜哎哎（｜哎哎哎）！狗肏（的）就不是个东西！｜哎哎（｜哎哎哎）！你覅提咧，瞎坏透咧！

二是关中方言用于句首的“꜀哎[æ^{31}]”字还可以表示敦促、告诉、询问等。例如：

꜀哎[æ^{31}]！你赶快走！

꜀哎[æ^{31}]！你覅急着！

꜀哎[æ^{31}]！你过来些呀！

꜀哎[æ^{31}]！我给你说个事情。

꜀哎[æ^{31}]！老张说他不来咧。

꜀哎[æ^{31}]！老王早都走咧。

꜀哎[æ^{31}]！你还去不去？

꜀哎[æ^{31}]！他还有他原先那些事情没？

꜀哎[æ^{31}]！我想问你，这些东西你给我还给不给？

三是关中方言用于句首的“꜀哎[æ^{31}]”字还可以表示不理想、不如意，或是对所受委屈的无法排遣等；如下例句，说话人有时候出于表达的需要，常常构成长音等以加强感叹。

꜀哎[æ^{31}]！他考试没考好！

꜀哎[æ^{31}]！没办法咧只好打自己的伤心主意！

꜀哎[æ^{31}]！有一线之路都不寻你这个大领导！

꜀哎[æ^{31}]！能有啥办法呢？——꜀哎[æː^{31}]！能有啥办法呢？

꜀哎[æ^{31}]！可怜穷得连锅都揭不开咧！——꜀哎[æː^{31}]！可怜得连锅都揭不开咧！

꜀哎[æ^{31}]！娃不听话简直把人能气死了！——꜀哎[æː^{31}]！娃不听话简直把人能气死了！

再看处于句末的。大致看来，上列处于句首的“꜀哎”字，关中方言都可以处于句末。如：真是想不到的事情！꜀哎[æ^{31}]！｜这就有些太不像话咧！꜀哎[æ^{31}]！｜你赶快走！꜀哎[æ^{31}]！｜老王早都走咧，꜀哎[æ^{31}]！｜你还去不去？꜀哎[æ^{31}]！｜他考试没考好！꜀哎[æ^{31}]！｜有一线之路都不寻你这个大领导！꜀哎[æ^{31}]！｜能有啥办法呢？꜀哎[æ^{31}]！（——꜀哎[æː^{31}]！）

“꜀哎”字处于句末还常常表示抱怨、谩骂，有时出于需要以长音形式来表达。例如：

咋能恁差劲儿的，他꜀哎[æ^{31}]（——꜀哎[æː^{31}]！）！

你个吃里扒外的家伙！꜀哎[æ^{31}]（——꜀哎[æː^{31}]！）！

你<u>这一</u>[tʂei^{52}]个丧尽天良的东西！꜀哎[æ^{31}]（——꜀哎[æː^{31}]！）！

一辈子都没见过镇这么混账的东西！꜀哎[æ^{31}]（——꜀哎[æː^{31}]！）！

你这把良心教狗吃咧的瞎种大坏蛋！꜀哎[æ^{31}]（——꜀哎[æː^{31}]！）！

这事情你都能做出来，啥事情还做不出来呢？你꜀哎[æ^{31}]（——꜀哎[æː^{31}]！）！

说得说不得的话他老王都敢说，<u>这一</u>[tʂei^{52}]个老王，꜀哎[æ^{31}]（——꜀哎[æː^{31}]！）！

<u>这一</u>[tʂei^{52}]个婆娘简直是个麻迷儿不懂事理！这麻迷儿婆娘，꜀哎[æ^{31}]（——꜀哎[æː^{31}]！）！

四是“꜀哎”字常常还以独词句的形式出现，有时出于表达的需要，有长音等特殊形式。如：哎[æ^{31}]！｜哎[æː^{31}]｜哎[æː^{31}]……｜哎[æː^{31}>]……

五是“哎呀”，从5个方面来看。

a.“哎呀”西安一带的读书人读作[æ^{31} ia^{31}]，老派文盲口语读作[æ^{24} ia^{31}]，用法跟普通话差不多，也是表示惊讶，表示埋怨、不耐烦；西安一带的“哎呀”还表示对所品评的人或事物的奚落、挖苦等。例如：

哎呀！这瓜长得镇大！

哎呀！多宽的水泥路！

哎呀！这多好的手艺！

哎呀！你就不嫌丢人？！

哎呀！你咋来得镇迟的？

哎呀！有啥大惊小怪的？

哎呀！你教我清闲些得成行不行？

哎呀！官当大咧，成咧人（的）物咧！

哎呀！有钱有势咧，꜀张狂妄得不得了咧！

哎呀！人家给你个麦秸秆儿，你就当拐拐拐杖着拄呢！

b. 关中方言的“哎呀”还有“ABB”重叠式“哎呀呀[æ^{31}/æ^{24} ia^{31} .ia]”，表示对“哎呀”语义及感情色彩的加强；如上例句都可以把“哎呀”扩展为“哎呀呀”以加强语义及感情色彩。如：哎呀呀！这多好的手艺！｜哎呀呀！有啥大惊小怪的？｜哎呀呀！有多难的？

c.“哎呀”读作[æ^{55} ia^{31}]，具体的用法跟下文的“哎哟[æ^{55} iau^{31}]”相同，请参阅。

d.“哎呀”也可以重叠为“ABAB”式，其语义特点跟下文 e 是一致的。例如：

哎呀哎呀[æ^{24} ia^{31}æ^{24} ia^{31}]，脾气还大得不行！

哎呀哎呀[æ^{24} ia^{31}æ^{24} ia^{31}]，没钱没势的把有钱有势的惹下咧，咋得了呀！

e. 西安一带还有三个“哎呀”的扩展形式“哎呀呀[æ^{24} ia^{31} ia^{31}]/哎呀家家[æ^{24} ia^{31} tɕia^{31} .tɕia/tɕia$^{31-24}$ tɕia^{31}]/哎呀，我的咣当[æ^{24} ia^{31} ŋɤ^{52} .ti kuaŋ$^{31-24}$ taŋ^{31}]”，是对“哎呀”语义的进一步深化，常用来挖苦、取笑听话人等；可以用于句首，也可以用于句末。例如：

哎呀家家/哎呀，我的咣当！当咧大官咧，不可一世咧！

哎呀家家/哎呀，我的咣当！没钱没势的把有钱有势的惹下咧，咋得了呀！

哎呀家家/哎呀，我的咣当！趴到老虎脊背指有一个很大的靠山咧，没人敢惹咧！

在县报上发表小说咧，真个成咧名人咧，꜀张狂开咧！哎呀家家/哎呀，我的咣当！

尻子舔成巴结人得到很满意的效果咧，升成科长咧，撇开腔咧！哎呀家家/哎呀，我的咣当！

六是“哎哟”。“哎哟”在西安一带有三种读法并且各自承担着三种语法语义特点。

a. 读作[æ^{31} iau^{31}]，跟普通话的用法相当，表示惊讶、痛苦等。例句如。

哎哟！我肚子疼！

哎哟！都十二点咧！

哎哟！多宽的水泥路！

b. 读作[æ^{24} iau^{31}]，除了跟普通话的“哎哟”用法相当、表示惊讶、痛苦等以外，还表示不以为然的意味，跟下文“其二”的“꜀哎[æ^{24}]”字用法一致，例略；详见下文。

c. 读作[æ^{55} iau^{31}]，这是西安一带妇女哭丧的专用读法。西安一带妇女哭丧的时候，若死者是哭者的父母、祖父母、公婆以外的亲属，哭喊的时候，其结构为“哎哟[æ^{55} iau^{31}]/哎呀[æ^{55} ia^{31}]＋我的[ŋɤ^{52} .ti]＋对死者的称谓＋呀”。例如：

哎哟[æ^{55} iau^{31}]/哎呀[æ^{55} ia^{31}]我的妗子呀！

哎哟[æ^{55} iau^{31}]/哎呀[æ^{55} ia^{31}]我的姨呀，你娃咋能见你呀？嗯嗯嗯嗯嗯嗯……[əŋ^{24} əŋ^{55} əŋ^{31} əŋ^{31} əŋ^{31} əŋ^{31}……]！

七是“哎吁”。本书 2.11.1.2 部分在讨论重度吐气音时，对“哎吁”进行了报道，已见于上文的，这里就不再重复了。这里报道“哎吁[æ^{31} ɕy^{31}]”的其他用法。

a.“哎吁”的重叠问题，“哎吁”常常有两叠式，例如：

把他气得哎吁哎吁的。

你为咧这一点儿事就气得哎吁哎吁的，划不着！

b.“哎吁”可以用如动词，指“生气”，例如：

你再还哎吁哎吁，我就打你呀！

你再覅哎吁咧，生兀那个闲气弄啥呢？

你有哎吁的啥呢？你没有理由生气（隐含语义：你本来就没吃亏，甚至你是占了便宜的）

其二，“꜀哎[æ^{24}]”字及其扩展式“哎嗨嗨嗨嗨嗨”。

一是关中方言的“꜀哎[æ^{24}]”字表示对听话人看法的否定。例如：

꜀哎[æ^{24}]！你这是胡说呢！

꜀哎[æ^{24}]！不是这一[tʂei^{52}]回事。

꜀哎[æ^{24}]！他兀个[uɤ^{55}]那样是胡来呢！

꜀哎[æ^{24}]！你说的不对，情况是这样……

꜀哎[æ^{24}]！根本没有这个文件。你这是听谁说的？

꜀哎[æ^{24}]！不是这一[tʂei^{52}]个好，而是兀一[uei^{52}]个好。

特殊情况下关中方言的“꜀哎[æ^{24}]”字还可以长化，以表达强烈的感情色彩。例如：

꜀哎[æ^{24}]！不是这一回事！

꜀哎[æ^{24}]！不是这一个好，而是兀一个好。

二是“哎嗨嗨嗨嗨嗨[æ^{24} xæ^{31} xæ^{31} xæ^{31} xæ^{31} xæ^{31}]”是男子的哭声。

其三，“哎”字读作[æ^{52}]和[æ^{55}]的情况。

一是“哎”读作[æ^{52}]和[æ^{55}]时，是呼喊听话人注意，可以是长辈对晚辈、长者对幼者；也可以是同龄人之间呼喊对方注意；[æ^{52}]和[æ^{55}]有分工，[æ^{52}]离得较近，[æ^{55}]离得较远。特殊情况下，若听话人离得很远，[æ^{55}]还可以长化，甚至无限延长。以下的三个例句，从前至后的特征依次是：听话人离得较近、听话人离得较远、听话人离得很远、听话人离得极远。

哎[æ^{52}]！你过来。——哎[æ^{55}]！你过来。——哎[æː^{55}]！你过来。——哎[æː^{55}]……！你过来。

哎[æ^{52}]！你回去。——哎[æ^{55}]！你回去。——哎[æː^{55}]！你回去。——哎[æː^{55}]……！你回去。

哎[æ^{52}]！你覅去。——哎[æ^{55}]！你覅去。——哎[æː^{55}]！你覅去。——哎[æː^{55}]……！你覅去。

二是“哎[æ^{55}]”字用于句首表不以为然，表达对所品评的人极为否定的态度。例句如。

哎[æ^{55}]！把娃惯成啥咧？！

哎[æ^{55}]！他都想当局长？！

哎[æ^{55}]！他还有恁大的本事？！

哎[æ^{55}]！把舔尻子巴结人当真本事呢！

哎[æ^{55}]！有多热闹的？饭馍不吃得行呢？！意即热闹看不看无所谓

哎[æ^{55}]！我当是多大的事情呢？半会原来这一点儿小事情！

哎[æ^{55}]！拿你这一点儿臭水平还当教授呢！天底下得是是不是把有知识的人死完咧？

（甲）这一个娃瞎坏得不像样子！（乙）哎[æ^{55}]！迟早都要꜀着꜀祸招致祸殃，受到惩罚呢！

（甲）她的俩女子女儿都是卖货客淫妇！（乙）哎[æ^{55}]！那你就没看她妈是个啥东西吗！

三是“哎[æ^{55}]”字为应答之词，西安一带的应答之词“哎[æ^{55}]”还作“哎咦[æ^{55} i^{31}]”。

（甲）老三！——（乙）哎[æ^{55}]/哎咦[æ^{55} i^{31}]！

（甲）老王！——（乙）哎[æ^{55}]/哎咦[æ^{55} i^{31}]！有啥事呢？

（甲）小刘啊！——（乙）哎[æ^{55}]/哎咦[æ^{55} i^{31}]！叫我做啥呢？

（儿子）妈哎[iæ^{52}]！——（母亲）哎[æ^{55}]/哎咦[æ^{55} i^{31}]！咋咧？

（甲）这是你大叔，你把你叔叫一下。——（乙）大叔哎[iæ^{52}]！——（丙）哎[æ^{55}]/哎咦[æ^{55} i^{31}]！

其四，“哎”字读作[iæ^{52}]和[iæ^{55}]的情况。

“哎”字读作[iæ^{52}]和[iæ^{55}]跟上述“哎”字读作[æ^{52}]和[æ^{55}]在听说双方的远近方面是一致的，即[iæ^{52}]离得较近，[iæ^{55}]离得较远。特殊情况下，假如听话人离得很远，[iæ^{55}]还可以长化，甚至无限延长。但是，所不同的是，“哎”字读作[iæ^{52}]和[iæ^{55}]没有辈分和长幼的限制；假使晚辈对长辈、幼者对长着用[æ^{52}]和[æ^{55}]，那就是很不礼貌的。例如：

妈哎[iæ^{52}]（｜[iæ^{55}]）！我达教你回去呢！

小刘哎[iæ^{52}]（｜[iæ^{55}]）！你过来，我给你说个话！

老三哎[iæ^{52}]（｜[iæ^{55}]）！你老婆教你回去吃饭呢！

王老师哎[iæ^{52}]（｜[iæ^{55}]）！我师母来咧，在你房子房间呢。

人哎[iæ^{52}]（｜[iæ^{55}]）！有个娃偷꜀你东西呢！（按：此句中的“人”指主人）

7.4.1.3 “欸”字及其扩展形式

“欸”字在普通话里有以下读法和用法。

	阴平	阳平	上声	去声
e	表示招呼	表示诧异	表示不以为然	表示答应或同意
ei		表示诧异	表示不以为然	表示答应或同意
ai	同“唉”		用于“欸乃”一词	

“欸”在西安一带有阳平、上声、去声三种读法：[ei^{24}｜ei^{52}｜ei^{55}]，下面分别说明。

其一，“꜁欸”字及其扩展形式“꜁欸咦[ei^{24} i^{31}]”表示对说话人看法的否定。例如：

꜁欸/꜁欸咦！你说得不对！

꜁欸/꜁欸咦！不是这一回事。

꜁欸/꜁欸咦！你这是胡说呢！

꜁欸/꜁欸咦！你说的不对，情况是这样……

꜁欸/꜁欸咦！不是这一[tʂei^{52}]个好，而是兀一[uei^{52}]那个好。

其二，“꜂欸”字及其扩展形式“欸咦[ei^{52} i^{31}]”表示诧异、赞叹、肯定等。例如：

꜂欸/꜂欸咦！咋就恁大？

꜂欸/꜂欸咦！你咋胡说呢？

꜂欸/꜂欸咦！这娃争莽撞的！

꜂欸/꜂欸咦！长短千万不敢胡闹！

꜂欸/꜂欸咦！那小伙子争精干；有勇力得很！

꜂欸/꜂欸咦！这才是好东西呢！在啥地方买的？

꜂欸/꜂欸咦！你没见那个女子姑娘长得！（隐含语义：多么漂亮）

꜂欸/꜂欸咦！（你说得）对着呢！

꜂欸/꜂欸咦！就是这一[꜂tʂei]个道理！

其三，单音词“欸⁼”字表示不以为然，跟上文的“哎[$æ^{55}$]”字相当。例如：

欸⁼！把娃惯成啥咧？！

欸⁼！他都想当局长？！

欸⁼！他还有恁大的本事？！

欸⁼！你就没见过他的那个狂劲儿！

欸⁼！有多热闹的？饭馍不吃得行呢？！意即热闹看不看无所谓

欸⁼！我当是多大的事情呢？半会原来就是这一[⊂tʂei]点儿小事情！

其四，“⊆欸呀/⊂欸呀”表示诧异，或者不是对所品评的人或事物的挖苦等。例如：

⊆欸呀/⊂欸呀！真厉害！

⊆欸呀/⊂欸呀！美得很呢噻实在美！

⊆欸呀/⊂欸呀！没见过恁大的西瓜！

⊆欸呀/⊂欸呀！官当大咧，不认朋友咧！

⊆欸呀/⊂欸呀！猪娃立到人市贫贱者进入上流社会咧！

⊆欸呀/⊂欸呀！难伺候得很，比我爷祖父还难伺候！

⊆欸呀/⊂欸呀！没钱没势的把有钱有势的惹下咧，咋得了呀！

⊆欸呀/⊂欸呀！趴到老虎脊背指有一个很大的靠山咧，没人敢惹咧！

其五，“⊆欸呀”与上文的“⊆哎呀”用法相同，例略；“⊆欸哟哟[ei^{24} iau^{31} iau^{31}]”与上文的“⊆哎呀呀”用法相同，例略。

其六，“⊆欸嘿嘿嘿嘿嘿[ei^{24} xei^{31} xei^{31} xei^{31} xei^{31} xei^{31}]”是笑声。例句如。

欸嘿嘿嘿嘿嘿！我高兴得很！/我高兴得很！欸嘿嘿嘿嘿嘿！

欸嘿嘿嘿嘿嘿！今儿热闹得很！/今儿热闹得很！欸嘿嘿嘿嘿嘿！

7.4.1.4 “噢”字及其扩展形式

普通话的“噢”字读作ō，西安一带的“噢”字有阴平[au^{31}]、阳平[au^{24}]、上声[au^{52}]三种读法。具体特点如下：

其一，西安一带的“⊂噢”字表示应答，或者表示对对方所安排事务的首肯等。例如：

（甲）你现在就回去。——（乙）⊂噢。

（甲）你过去把他叫来。——（乙）⊂噢。

（甲）明白咧没？——（乙）⊂噢，明白咧。

（甲）那是我舅。——（乙）⊂噢，我认得你舅。

（甲）领导把你的申请批咧。——（乙）⊂噢，谢谢领导！

（甲）其实他一直都不愿意。——（乙）⊂噢，那我就知道咧。

本部分所报道的“⊂噢”字，渭南一带作“呕[ou^{52}]”字；例略。

其二，西安一带“꜀噢”字表示恍然大悟等；有时为了加强语义，此字长化。例如：

꜀噢[au^{24}]（｜[ɔː^{24}]）！原来是这样！

꜀噢[au^{24}]（｜[ɔː^{24}]）！这个道理我明白咧！

꜀噢[au^{24}]（｜[ɔː^{24}]）！怪不得你一直护着他！

꜀噢[au^{24}]（｜[ɔː^{24}]）！他就是你说的那个专家！

꜀噢[au^{24}]（｜[ɔː^{24}]）！原先我实在是想不到啊！

其三，“꜂噢”字及其扩展形式“꜂噢呀[au^{52} ia^{31}]”。

一是“꜂噢”字是在突然受疼以后发出的喊声。例如：

꜂噢！你咋把我的脚踏咧？

꜂噢！你把我打得疼得很！

꜂噢！我把自己胳膊碰疼咧！

꜂噢！钉子把我手戳烂咧，镇这么疼的？

꜂噢！没觑顾注意看；注意你朝后头把我打咧一槌一拳！

若手部突然收到灼烧或夹击，西安一带居民一般是一边甩着手，一边喊“□□□[fæ^{52} fæ^{52} fæ^{52}]”；在表示疼痛到了极点的时候则是“□[fæ^{52}]”的五叠式。例如：

□□□[fæ^{52} fæ^{52} fæ^{52}]，啥把我的手戳咧一下！

□□□[fæ^{52} fæ^{52} fæ^{52}]，火镇这么厉害的，把我烧得镇疼的！

□□□[fæ^{52} fæ^{52} fæ^{52}]，这一[tʂei^{52}]下把我的手夹美夹得够呛咧！

□□□□□[fæ^{52} fæ^{52} fæ^{52} fæ^{52} fæ^{52}]，咋就疼到这个程度咧？简直把人能疼死了！

□□□□□[fæ^{52} fæ^{52} fæ^{52} fæ^{52} fæ^{52}]，这一[tʂei^{52}]回把我的手夹侖塌坏到极点咧；说不定是粉碎性骨折！

二是西安一带的“꜂噢꜂噢”是中老年妇女哄孩子睡觉或劝孩子变乖的时候用的，或者是在孩子有病、有伤、受疼、受惊等情况下劝慰孩子的时候用的。根据需要，“꜂噢꜂噢”的语音形式有四个层级：一般层级“꜂噢꜂噢”是对三四岁的孩子的，大致是哄孩子睡觉或劝孩子变乖的时候用的；较高层级“꜂噢꜂噢”长化[ɔː^{52} ɔː^{52}]，是对两岁左右的孩子的，或者是孩子伤病、受疼、受惊不太严重的情况下用的；最高层级“꜂噢꜂噢”前字无限延长[ɔː^{52}…… ɔː^{52}]，是对周岁左右的孩子的，或者是孩子伤病、受疼、受惊很严重的情况下用的；极高层级“꜂噢꜂噢”均无限延长[ɔː^{52}…… ɔː^{52}……]，是在周岁左右的孩子伤病、受疼、受惊特别严重的情况下用的。通常情况下，“꜂噢꜂噢”要反复使用。以下只举一般层级的例子；说明：“꜂噢꜂噢”之间可停顿，可不停顿。

口歌：ᶜ噢ᶜ噢/ᶜ噢，ᶜ噢，娃娃乖，娃娃不乖猫咬来！

ᶜ噢ᶜ噢！ᶜ噢ᶜ噢！ᶜ噢ᶜ噢！ᶜ噢ᶜ噢！ᶜ噢ᶜ噢！ᶜ噢ᶜ噢！……

ᶜ噢ᶜ噢！ᶜ噢ᶜ噢！我娃睡觉觉！ᶜ噢ᶜ噢！ᶜ噢ᶜ噢！我娃睡觉觉！

三是“ᶜ噢呀”，其使用语境一般是对别人闯了祸以后的告诫或庆幸；根据表达的需要，“ᶜ噢呀”一般也可以分为四个层级：一般层级“ᶜ噢呀”读作[au^{52} ia^{31}]，是一般的、通常的告诫或庆幸；最高层级“ᶜ噢呀”前字长化[ɔː^{52} ia^{31}]，是比较认真的告诫或比较严重的庆幸；最高层级“ᶜ噢呀”前字无限延长[ɔː^{52}…… ia^{31}]，是很认真的告诫或严重的庆幸；极高层级“ᶜ噢呀”前字无限延长，后字长化[ɔː^{52}…… iaː^{31}]，是极其认真的告诫或极其严重的庆幸。以下例句只举一般层级的；“ᶜ噢呀”也常常反复使用，并且多与“呀[ia^{31}]”字呼应；反复使用的时候可以用在句子后边，后置的反复形式前边一般不出现“呀[ia^{31}]”字，不过，无限延长的“ᶜ噢呀”前边可以出现“呀[ia^{31}]”字。语言事实的复杂性往往几句话说不清。

ᶜ噢呀！你把人家娃惹哭咧呀！

ᶜ噢呀！你把冷活叠下咧！（叠冷活：干下莽撞事情）

ᶜ噢呀！ᶜ噢呀！他把文件掉丢咧呀！/他把文件掉咧！ᶜ噢呀！ᶜ噢呀！

ᶜ噢呀！ᶜ噢呀！他把领导诀骂咧（呀）！/他把领导诀骂咧！ᶜ噢呀！ᶜ噢呀！

ᶜ噢呀！ᶜ噢呀！ᶜ噢呀！警察抓你来咧呀！/警察抓你来咧！ᶜ噢呀！ᶜ噢呀！ᶜ噢呀！

ᶜ噢呀！ᶜ噢呀！ᶜ噢呀！ᶜ噢呀！你把乱子董ᶜ闹（祸）大咧呀！/你把乱子董大咧！ᶜ噢呀！ᶜ噢呀！ᶜ噢呀！ᶜ噢呀！

ᶜ噢呀！ᶜ噢呀！ᶜ噢呀！ᶜ噢呀！人家寻你的事来咧呀！/人家寻你的事来咧！ᶜ噢呀！ᶜ噢呀！ᶜ噢呀！ᶜ噢呀！

他把有钱有势的婆娘惹下咧呀！ᶜ噢呀！……

人家要给他给个牛笼嘴尿不满呢呀！ᶜ噢呀！……

他狗肏的贪污受贿的事情烂包败露咧，不捱枪也得受法坐牢呀！ᶜ噢呀！……

7.4.1.5 “哟”字及其重叠式

北京话的“哟”字有叹词用法读作 yō 的，有助词读作.yo 的。西安一带的“哟”字有[iau]的阴平、阳平、上声、去声四种读法，即[iau^{31}][iau^{24}][iau^{52}][iau^{55}]；其中，去声读法见于下文 7.4.2.3 部分的“其二 c”，这是“嗨哟”在喊打井号子过程中，阴平调的“哟”字变来的，不是通常用法，因此，以下只谈阴平、阳平、上声三种读法。

其一，“哟”字。一是读作阴平、上声的“哟”表惊异，不像普通话那样，读作阴平的“哟”表轻微的惊异。在实际表达过程中，[iau^{31}]表比较惊异，[iau^{52}]表很惊异。例如：

哟！你咋来咧？

哟！多大的一堆麦！

哟！她会说话得很！

哟！我娃太能行咧！

哟！你咋不早说呢？！

哟！你啥时间会开车咧？！

二是读作阳平的“哟”字表庆幸或无奈等，常与变作阳平的“了$_1$”呼应；“了$_1$”的这个特殊用法见上文 7.2.2.2 部分；有时也表惊异。例如：

꜁哟！不见了[liau^{24}]！

꜁哟！把他狗肏的法办了[liau^{24}]！

꜁哟！驴肏的麻烦事来了[liau^{24}]！

꜁哟！把最好的机会错过了[liau^{24}]！

꜁哟！瞎种着祸坏东西招致了祸殃了[liau^{24}]！

꜁哟！把刚领的工资准备买东西呀丢了[liau^{24}]！

꜁哟！他屋的两个奶牛死咧就不得活了[liau^{24}]！

꜁哟！你咋来咧，谁教你来来来的？

꜁哟！没见你学嘬，你也会开车咧？！

其二，西安一带读作阳平的“哟”字有 AA 式重叠，“哟哟[iau^{24} iau$^{24\text{-}31}$]”可以表示挖苦、奚落等等，有时候与其他叹词搭配或直接连带其他叹词，其他叹词如“好家伙、好天神、我的爷呀、我的咣当、我的垂子阴茎”等，“好天神、我的爷呀”见下文 7.4.3 小节。

哟哟，看把你恶的！

哟哟，你还能把我吃了！

哟哟，打不过吗还还是躲不过吗？！

哟哟，尼屎跌咧个坐墩——吸住咧！谑称发了横财了

哟哟，官当大咧，猪娃立到人市咧！成咧人物咧！

哟哟，我的垂子！把有钱有势的惹下咧，不得安宁咧！

哟哟，我的咣当！穷娃把公子少爷惹下咧，不得了咧！

哟哟，成咧威[꜀uæ]人家恶人咧，没人敢惹咧，不可一世咧！

哟哟，好天神！几天个鼻嘴娃都成咧财东咧，能在人跟前要欺头欺负人咧！

哟哟，胆大得不得了咧，连皇上买马的钱都敢花咧，啥过头事还做不出来呢？！

7.4.2 “咹”类语气词

本小节我们把“咹、嗯、欸、呣”等叹词放在一起进行讨论。

7.4.2.1　“咹”字

如西安、户县一带方言“咹”字有阴平[꜀ã]、阳平[꜁ã]、去声[ã꜄]4种读法，其中“꜁咹”字又读作[꜁aŋ]，分别报道如下。

其一，“咹[꜀ã]”字的用法分为用在句首和句末两种情况。

一是“咹[꜀ã]”字用在句首，表示说话人将要发表看法，或者将要告诉听话人某个事情或某种情况；也可以是承接对方的话题以发表看法、说明实情、告诉事情或情况；也可能是一种恍然大悟，或者是在知道实情、获得准许以后对说话人的追询等。例如：

咹[꜀ã]，我说你最好覅回去。

咹[꜀ã]，你想走就走，不想走就覅走。

咹[꜀ã]，你这一[tʂei52]会回去也就对咧。

咹[꜀ã]，教我说，人家整他是整对着呢。

咹[꜀ã]，你给他再给（上个）10万元都不多。

咹[꜀ã]，我给你说，你爸在你单位寻你去咧。

咹[꜀ã]，我给你说，公家给你的补助款下来咧。

咹[꜀ã]，你的事领导不同意，主要是前一向给你批过一回咧。

（甲）我不想教你去。——（乙）咹[꜀ã]，我还是想去，你覅挡我。

（甲）你刚才回去有啥事情呢？——（乙）咹[꜀ã]，来咧个亲亲亲戚，我得招呼一下。

（甲）你最好给他覅给。——（乙）咹[꜀ã]，我原先还想给他多给些呢；对，听你的！

咹[꜀ã]，半会原来是你！

咹[꜀ã]，想来[læ24-31]回想起来咧！

咹[꜀ã]，我这一[tʂei52]回才算彻彻底底明白咧！

咹[꜀ã]，听懂咧[.liɛ]，一下全部听懂咧[liɛː31……]！

咹[꜀ã]，你咋不早说呢？

咹[꜀ã]，你刚才咋硬不答应呢？

咹[꜀ã]，你那阵儿咋就糊涂咧呢？

咹[꜀ã]，你当时就情况给我说清楚嘤！

咹[꜀ã]，我知道错咧，你覅说批评咧，你覅说咧！

咹[꜀ã]，他离婚得咧的时候咋就不要一个儿娃，娃大咧还要俩娃养活他呢？

二是“咹[꜀ã]”字用在句末，也可以用在句首，表示对某种情况不满或者无奈的语气，假如特别不满或者无奈，则“咹[꜀ã]”字变作长音[꜀ãː]。如下的例句，只举一般读法[꜀ã]。

你咹[꜀ã]！/咹[꜀ã]！你！

这个人咹[꜀ã]！/咹[꜀ã]！这个人！/咹[꜀ã]！这人！

太不像话咧，咹[꜀ã]！/咹[꜀ã]！太不像话咧！

有啥办法呢？咹[꜀ã]！/咹[꜀ã]！有啥办法呢？

他也是实在没啥办法嘠，咹[꜀ã]！

你就是有肏天极大的本事能把他咋怎么样？咹[꜀ã]！

一伙赃官咹[꜀ã]，救灾款都敢贪污呢！

这见不得人的事他都能做出来，简直咹[꜀ã]！

狗肏的为人太差劲儿咧，实在咹[꜀ã]！

真个是肏咧他娘咧，咹[꜀ã]！真他妈糟糕透了！

我就把你这吃里扒外的东西咹[꜀ã]！（隐含语义：想打或骂一顿）

把这一[tʂei^{52}]伙吃人饭不做人事的家伙咹[꜀ã]！面对这些坏事干绝的家伙，有什么办法呢？

其二，“꜁咹”可表疑问语气，也可表回应；常常处于句末，也可处于句首。例如：

你咋能胡说呢，꜁咹？

你咋还不去呢，꜁咹？

你咋还不过来呢，꜁咹？

你几个这是操的啥心，꜁咹？

谁给你镇这么大的权力来来着，꜁咹？

你咋咧，꜁咹？/꜁咹，你咋咧？

你叫谁呢，꜁咹？/꜁咹，你叫谁呢？

他刚说啥，꜁咹？/꜁咹，他刚说啥来？

你在兀搭做啥呢，꜁咹？/꜁咹，你在兀搭做啥呢？

（甲喊）老张！（乙应）꜁咹，你叫我做啥呢？

（甲喊）老王！（乙应）꜁咹，你得是是不是叫我跟你回去呢？

其三，“咹[ã꜄]”字在西安一带方言里用于句首表示不以为然的语气，多数是乙在对话语境里接续甲的话题表示不但同意甲的看法，而且往往还有对甲的看法引申等意味；少数是说话人直接发表对某人、某事所表示的不以为然的看法。例如：

（甲）这一[tʂei^{52}]个小伙子꜁张狂妄得很。（乙）咹꜄，稍微有点儿钱就꜁张的！

（甲）他就不会过日子。（乙）咹꜄，又懒又馋，挣一个还想花两个呢，能把日子过好？

（甲）那个穿戴齐整的得是是不是有学问得很？（乙）咹꜄，其实是个地地道道的大草包！

（甲）他是个骗子。（乙）咹꜄，连谁都骗呢，把门打圆街坊邻里亲亲亲戚、朋友都骗遍咧！

（甲）我看这一[tʂei^{52}]个灵聪明得很。（乙）咹ᵓ，灵着能咋去呀？就是不好好儿念书嘿！

（甲）这个娃教他爷他奶一下惯成咧！指被其祖父母娇惯得极坏（乙）咹ᵓ，见咧一堂堂许多惯娃的，也没见过兀一[uei^{52}]下那样惯娃（的）！指其祖父母娇惯孙子是及其放任的

（甲）他成天都忙啥呢？（乙）咹ᵓ，我给你说，狗肏的尽都忙的兀个[uɤ^{55}]那些贯[˨kʰuã]不上串儿的事情！[指瞎忙，干无聊的事情；"贯不上串儿"指"无聊的（事情）"]

（甲）他一直不好好儿工作还想当先进呢。（乙）咹ᵓ，看把卵捩咧着！（按："捩卵"的本义是套着的卵因为晃动等缘故而扭断、开裂，引申指想达到目的根本不可能。）

（甲）你的兀一[uei^{52}]那个同事巴结领导真是痴诚掰眼指不怕丢人现眼的！（乙）咹ᵓ，看把大肠头头舔出来咧，教人家[nia^{31}]踢一脚着！（按：关中方言把巴结人叫做"舔尻子"）

（甲）我听说，兀一[uei^{52}]家人爱偷爱逮经常偷偷摸摸，爱嫉妒[tɕi^{55} kɤu^{55}]嫉妒人……（乙）咹ᵓ，一家子全家大人娃娃没一个儿好东西；你还没见兀一家人见咧有钱有势的那副奴才相！

咹ᵓ，他有兀一[uei^{55}]那么大的水平？

咹ᵓ，你还有兀个[uɤ^{55}]那样的水平？

咹ᵓ，却[˨kʰɤ]舔领导尻子呀！意即又要去巴结领导了

咹ᵓ，他把进监狱就咋吃米汤麺就像吃家常便饭一样呢！

咹ᵓ，也不是饭馍不吃不行的事情嘿！意即大不了不看那热闹

咹ᵓ，这一[tʂei^{52}]个人，人前头一套儿，人背后一套儿，两面三刀，表里不一！

咹ᵓ，有给领导塞黑拐行贿的钱，没有养活大人[tuɤ^{55} ʐẽ$^{24\text{-}31}$]双亲的钱；啥东西吗！

另外，华阴方言的"咹"字还读作[.ŋã]，用在句末表示恳求的语气，是语气词，如"对啦咹！tuei^{55} .lia .ŋã!"与本部分所报道的"咹"字不是一回事。

7.4.2.2 "嗯呣"两字

"嗯"字普通话读作自成音节的[n/ŋ]，有阳平、上声、去声三种读法，西安一带"嗯"字读作[ẽ]韵母的时候有阴平、阳平、上声、去声四种声调类型，读作[əŋ]韵母的时候有阴平、阳平、去声三种声调类型；西安一带自成音节的"嗯"字[n/ŋ]以及"呣[m]"字有阴平、阳平、去声三种声调类型。这里有必要特别告诉大家，西安一带以"嗯"字读作[ẽ]韵母以及[əŋ]韵母的

使用频率最高，其次是“呣[m]”字。“嗯呣”两字在西安一带的读法类型可比较如表 32，表中的加号表示能够成立，减号表示不能成立。

表 32　　西安一带“嗯呣”两字读法类型比较表

	阴平	阳平	上声	去声
n	+	+	−	+
m	+	+	−	+
ŋ	+	+	−	+
ẽ	+	+	+	+
əŋ	+	+	−	+

其一，“꜀嗯/꜀呣”两字表示应答或肯定，也可以表示告诉等。例如：

（甲）你回去。——（乙）꜀嗯/꜀呣。

（甲）教他䆀走咧。——（乙）꜀嗯/꜀呣。

（甲）你给他说去。——（乙）꜀嗯/꜀呣，对！

（甲）你先走。——（乙）꜀嗯/꜀呣，那我就走呀。

（甲）你说对不对？——（乙）꜀嗯/꜀呣，对着呢。

（甲）我给你说的这番道理你明白咧没？——（乙）꜀嗯/꜀呣，明白咧！

꜀嗯/꜀呣，我给你说，他忙着呢，今儿不吃咱的饭咧。

꜀嗯/꜀呣，你先䆀着急，在等上几天着；等他回来着。

其二，“꜁嗯/꜁呣”两字表示疑问或对对方呼喊的回应。一是“꜁嗯/꜁呣”两字的非音变读法，回应的语义一般是问“喊我干什么，有什么事情”等等。例如：

他咋还不来呢？꜁嗯（/꜁呣）？

你才刚儿做啥去咧？꜁嗯（/꜁呣）？

꜁嗯（/꜁呣）？你说啥？/你说啥？꜁嗯（/꜁呣）？

꜁嗯（/꜁呣）？你想弄啥呢？/你想弄啥呢？꜁嗯（/꜁呣）？

꜁嗯（/꜁呣）？这个人得是是不是你舅？/这个人得是你舅？꜁嗯（/꜁呣）？

（甲）老张！——（乙）꜁嗯（/꜁呣）？

（甲）老三！——（乙）꜁嗯（/꜁呣）？你叫我做啥呢？

（甲）王老师！——（乙）꜁嗯（/꜁呣）？你有啥问题？

（甲）卖菜的哎！——（乙）꜁嗯（/꜁呣）？你想买啥菜（呢）？

（甲）小伙子啊！——（乙）꜁嗯（/꜁呣）？老儿家有啥事要我帮忙吗？

二是西安一带少年儿童或部分青年女性对“꜁嗯[꜁ẽ/꜁əŋ]”字的音变读法，一方面是拖音[꜁ẽ .ẽ/꜁əŋ .əŋ]，二方面是“꜁嗯[꜁ẽ]”的长化[꜁ẽː]。说话人所回应的语义是对听话人有关情况的不同意或否定，这种回应多数只是以单音词的形式出现，当然，假如说话人认为有必要申述不同意或否定的理由，还可以予以申述。例如：

（甲）把你的糖教我吃了。——（乙）꜁嗯[꜁ẽ .ẽ/꜁əŋ .əŋ /꜁ẽː]!

（甲）我在你屋你们家提你馍笼子呀。——（乙）꜁嗯!

（甲）把你的耍货玩具教我娃耍嘎子玩玩！——（乙）꜁嗯!

（甲）都来欺负毛蛋他奶来！——（乙毛蛋）꜁嗯！不准欺负我奶!

（甲）你把你给你爷讲的故事给我讲一遍！——（乙）꜁嗯！我不想给你讲。

其三，“꜂嗯”表示惊讶、赞誉等。例如：

꜂嗯！咋就恁大?

꜂嗯！你咋胡说呢?

꜂嗯！这娃争莽撞的!

꜂嗯！长短千万不敢胡闹!

꜂嗯！那小伙子争精干；有勇力得很!

꜂嗯！这才是好东西呢！在啥地方买的?

其四，“嗯꜄/呣꜄”两字表示不以为然。例如：

嗯꜄/呣꜄！凭他都看不起我!

嗯꜄/呣꜄！他有那们大的本事!

嗯꜄/呣꜄！少把你先人的脸丢些子!

嗯꜄/呣꜄！你这水平都成咧人物咧？!

嗯꜄/呣꜄！他老王都想当县上领导呢!

嗯꜄/呣꜄！你连猪都喂不了，你能做饭!

嗯꜄/呣꜄！他都参加所谓的“学术会议”呢!

嗯꜄/呣꜄！日头从西边出来咧，你再跟他比!

嗯꜄/呣꜄！教你妈把你从重生一回，你再来跟我较量!

孙立新《户县方言研究》143 页于自成音节去声调的[n/m/ŋ]之后有“表疑问”是笔误；孙立新《西安方言研究》104 页于自成音节的[n/m/ŋ]应当有去声调表示不以为然的类型，是为遗漏。谨志检讨!

7.4.2.3 “哈嗨嘿哼”四字

本部分报道关中方言以 x 为声母的四个字及其扩展式的用法。

其一，“哈”字在西安一带有三种声调类型：阴平[xa^{31}]、上声[xa^{52}]、去声[xa^{55}]，只能以重叠式来用，有的并不当叹词来用。“哈”字的重叠式主要是男性居民口语用。

一是“哈哈[xa^{31} xa^{31}]”表高兴，一般是男子用；可用于句首，也可用于句末。例如：

哈哈！试验成功咧！/试验成功咧！哈哈！

哈哈！我就是高兴嚜！/我就是高兴嚜！哈哈！

哈哈！我娃能行得很！/我娃能行得很！哈哈！

哈哈！教警察把他狗肏的逮走咧！/教警察把他狗肏的逮走咧！哈哈！

“哈哈[xa^{31} xa^{31}]”还用如动词，指笑；也用作结果补语。例如：

你哈哈啥呢？

这有啥哈哈的呢？没有笑的必要

他一见重孙子，就高兴得哈哈呢。

一说如今的好日子，他高兴得哈哈呢。

西安一带“哈哈哈[xa^{31} xa$^{31-24}$ xa^{31}]”指不断的笑声，其叠加形式有“嘻嘻哈哈[ɕi^{31} ɕi$^{31-24}$ xa^{31} xa^{31}]｜嘻嘻嘻哈哈哈[ɕi^{31} ɕi$^{31-24}$ ɕi^{31} xa^{31} xa$^{31-24}$ xa^{31}]”，分别指很高兴或特别高兴；“嘻嘻嘻哈哈哈”多指群体行为，具体可以分为四个层级：“嘻嘻嘻哈哈哈[ɕi^{31} ɕi$^{31-24}$ ɕi^{31} xa^{31} xa$^{31-24}$ xa^{31}]”的读法是一般层级，“嘻嘻嘻哈哈哈[ɕi^{31} ɕi$^{31-24}$ ɕiː^{31} xa^{31} xa$^{31-24}$ xaː^{31}]”的读法是较高层级，“嘻嘻嘻哈哈哈[ɕi^{31} ɕi$^{31-24}$ ɕiː^{55} xa^{31} xa$^{31-24}$ xaː^{55}]”的读法是最高层级，“嘻嘻嘻哈哈哈[ɕi^{31} ɕi$^{31-24}$ ɕiː^{55}……xa^{31} xa$^{31-24}$ xaː^{55}……]”的读法是极高层级。例如：

他就不是嘻嘻哈哈兀个[uɤ^{55}]人他是不苟言笑那种人！

他几个成天都是嘻嘻哈哈｜嘻嘻嘻哈哈哈的，把他几个高兴的！

你几个嘻嘻哈哈｜嘻嘻嘻哈哈哈的，有啥高兴事镇这么高兴的呢？！

二是“哈哈[xa^{52} xa^{52}/xa^{55} xa^{55}]”表耻笑、庆幸；可处于句首，也可处于句末。例如：

哈[xa^{52}/xa^{55}]哈！这臭水平！

哈[xa^{52}/xa^{55}]哈！醜得咋像个猪！

哈[xa^{52}/xa^{55}]哈！活该！/活该！哈哈！

哈[xa^{52}/xa^{55}]哈！知不道不知道丢人！/知不道丢人！哈[xa^{52}/xa^{55}]哈！

哈[xa^{52}/xa^{55}]哈！你把裤儿烂咧，把你的兀一[uei^{52}]那个宝贝都露出来咧！

他贪污受贿的事情这一[tʂei^{52}]回彻彻底底教纪检委查出来咧，最少也得坐牢！哈哈！

三是秦腔中生角、净角笑的时候，都是五叠式上声调的“哈”字，即“哈哈哈哈哈[xa^{52} xa^{52} xa^{52} xa^{52} xa^{52}]”。

其二，“嗨”字在西安一带有三种声调类型：阴平[xæ^{31}]、上声[xæ^{52}]、去声[xæ^{55}]。

一是“꜀嗨”字，相当于“꜀哎”字，表示惊讶、不满、提醒或不理想等。例如：

嗨！他这是咋咧吗？！

嗨！真是想不到的事情！

嗨！这就有些太不像话咧！

嗨！你几个能有啥办法呢？

嗨！狗肏（的）就不是个东西！

嗨！꜀你你们一伙都不想去就算咧！

嗨！你咋能这一[tʂei^{52}]下这样说呢？

嗨！你肯定没见过那表演水平，实在高得很！

嗨！这一[tʂei^{52}]个娃咋就这一[tʂei^{55}]们瞎这么坏的？

二是西安一带的“꜂嗨”字，除了以单音节形式使用以外，还有重叠式“꜂嗨꜂嗨”和扩展式“嗨呀[xæ^{52} ia^{31}]/嗨哟[xæ^{52} iau^{55}]”。

a.“꜂嗨”字是呼喊听话人注意，可以是长辈对晚辈、长者对幼者；也可以是同龄人之间呼喊对方注意。例如：

꜂嗨！你过来！

꜂嗨！你做啥呀？

꜂嗨！你嫑来咧！

꜂嗨！你教他赶快回去。

꜂嗨！你给我把东西捎上。

꜂嗨！小伙子，王家庄咋走呢？

b.“꜂嗨꜂嗨/嗨꜄嗨꜄”表耻笑、庆幸；可处于句首，也可处于句末，跟上文“哈[xa^{52}/xa^{55}]哈”用法相同；例略。

c.“嗨呀/嗨哟”是过去打夯、打井号子中众人对领喊者的回应；领喊者所喊的句子交替以“呀、哟”煞尾，众人则以“嗨呀”回应“呀”、“嗨哟”回应“哟”。例如：（领）有人不出力呀[ia^{31}]！（众）嗨呀！（领）大家加把劲哟[iau^{55}]！（众）嗨哟！（领）最后一锅泥呀！（众）嗨呀！（领）把井打好了哟！（众）嗨哟！（领）抗旱保丰收呀！（众）嗨呀！（领）有米又有麺哟！（众）嗨哟！（领）幸福万万年呀！（众）嗨呀！……

三是单音节“嗨꜄”字与上文单音节“哎꜄[æ^{55}]”字用法相同，例略。

其三，“嘿”字。西安一带方言“嘿”字的声调类型有阴平[xei^{31}]、上声[xei^{52}]、去声[xei^{55}]。“嘿”字基本上亦如“哈”字那样，常常以重叠式的形式出现；“嘿”字的用法以及重叠式跟“哈”字的用法以及重叠式差不多。所不同的是：1.“嘿嘿、嘿嘿嘿”男女口语都用；2.秦腔中没有“嘿嘿嘿嘿嘿”的五叠式；请您参照上文“哈”字部分来看如下例句。

嘿嘿！试验成功咧！/试验成功咧！嘿嘿！

嘿嘿！我就是高兴嚜！/我就是高兴嚜！嘿嘿！

嘿嘿！我娃能行得很！/我娃能行得很！嘿嘿！以上“嘿”字读作阴平

嘿[xei^{52}/xei^{55}]嘿！醜得咋像个猪！

嘿[xei^{52}/xei^{55}]嘿！活该！/活该！哈哈！

嘿[xei^{52}/xei^{55}]嘿！知不道不知道丢人！/知不道丢人！嘿[xei^{52}/xei^{55}]嘿！

你个瓜子傻子！嘿嘿啥呢？

你几个有嘿[xei^{31}]嘿的啥呢？

他三个在一搭儿一起说笑开玩笑呢，成晌嘿嘿嘿、嘿嘿嘿、哈哈哈、哈哈哈的。

其四，“哼”字。一是西安一带“哼”字具有普通话“哼啷”的语法语义特征，单音词“哼”一般读作上声调的[xəŋ^{52}]或者[xẽ^{52}]（按：“亨”字当地旧读[xẽ^{31}]，如今一般读作[xəŋ^{31}]，可资印证），也有读作阴平调的[xəŋ^{31}]或者[xẽ^{31}]的，声调的改变与语法语义无关。例如：

哼！你老有理！

哼！太过分咧！

哼！你哄不了我！

哼！你就不是个东西！

哼！狗肏的把公家的便宜占匝咧占了许多！

哼！只要是个人，绝对做不出这一[tʂei^{52}]号这样的事情！

二是本书第一章讨论重叠构词时，对于关中方言“哼”字的重叠问题有所报道，请参阅；这里就着“哼”字的重叠问题作些说明，以户县方言为例：1.“哼”字读作[xəŋ^{31}]时，可重叠为“哼哼、哼哼哼、哼哼唧唧、哼哼哼唧唧唧”；其中，“哼哼哼”因语音长化而存在层级问题，基本层级读作[xəŋ^{31} xəŋ$^{31-35}$ xəŋ^{31}]，较高层级读作[xəŋ^{31} xəŋ$^{31-35}$ xəːŋ^{31}]，最高层级读作[xəŋ^{31} xəŋ$^{31-35}$ xəːŋ$^{31-55}$]，极高层级读作[xəŋ^{31} xəŋ$^{31-35}$ xəːŋ$^{31-55}$……]，“哼哼哼唧唧唧”也存在层级问题，基本层级读作[xəŋ^{31} xəŋ$^{31-35}$ xəŋ^{31} tɕi^{31} tɕi$^{31-35}$ tɕi^{31}]，较高层级读作[xəŋ^{31} xəŋ$^{31-35}$ xəːŋ^{31} tɕi^{31} tɕi$^{31-35}$ tɕiː^{31}]，最高层级读作[xəŋ^{31} xəŋ$^{31-35}$ xəːŋ$^{31-55}$ tɕi^{31} tɕi$^{31-35}$ tɕiː$^{31-55}$]，极高层级读作[xəŋ^{31} xəŋ$^{31-35}$ xəːŋ$^{31-55}$…… tɕi^{31} tɕi$^{31-35}$ tɕiː$^{31-55}$……]。2.“哼”字读作[xẽ^{31}]时，可以重叠为“哼哼敦敦（哼敦：训斥）、哼哼搡搡（哼搡：训斥并且推搡）”。例如：

你要是难受咧，就哼哼两声。

他把人家打咧，人家给他要死狗呢，睡到他的炕上哼哼哼呢。

他就故意哼哼哼、哼哼哼的，装病害牙疼呢。

你在兀一[uei^{55}]搭儿有哼哼唧唧的啥呢你为什么在那里呻吟呢？

你哼哼哼唧唧唧，是想做啥呢？不哼哼唧唧得行行不行？

他早起早晨一起来就把娃哼哼敦敦的，刚刚刚才不哼敦咧。

7.4.3 “爷呀”之类及其扩展式

父母与子女是最为亲近的血亲，因此，人在痛苦等情况下往往会不由自主地哭爹喊娘。从关中方言“爷呀”与“妈呀”常常对举以及“爷儿俩/爷父两个”的使用来看，“爷”字具有汉语早期指父亲的特点；如今，关中方言“爷”字指祖父。

7.4.3.1　“爷呀”之类

关中方言的“爷呀”之类叹词一般用于句首，有的是痛苦时的大声呼喊或是分别对祖父等的呼喊，多数表惊讶、赞叹等。以下一般分别直接举出例句若干，限于表惊讶、赞叹等的。说明：1.“爷呀”之类叹词前边有时候还冠以人名，如“拴牢爷呀、芬芬妈呀”，多数情况下说话人把听话人中的男性喊成“爷呀”，如“拴牢”，把女性喊成“妈呀”，如“芬芬”；2.宝鸡一带居民口语一般只用“娘娘”，宝鸡的“娘娘”相当于西安的“爷呀、妈呀、爷爷”。

其一，“爷呀”的例句如：

爷呀！害怕可怕得很！

爷呀！把我没吓死了！

爷呀！你咋把我打得镇疼的？

爷呀！他咋兀一威[uei^{55} uæ^{31}]那么恶、厉害的？

爷呀！我都活咧镇大年纪咧，没见过镇多的钱！

拴牢爷呀！你买这一[tʂei^{55}]些肉准备过多大的事呀？！

老张爷呀！你的水平咋镇这么高的？！简直高得没法说！

其二，“妈呀”的例如：

妈呀！把我没吓死了！

妈呀！你咋把我打得镇疼的？

妈呀！他这一[tʂei^{52}]回把事干大咧！

妈呀！我一辈子都没见过镇多的钱！

妈呀！你这是把话屎往出说呢！极言口无遮拦

芬芬妈呀！你把你男人饶了得成行不行？！

其三，关中方言“爷呀妈呀”也可连用，表示极度的惊讶等。例如：

爷呀妈呀！把我没吓死了！

爷呀妈呀！我八辈子都没见过镇多的钱！

把他疼得爷呀妈呀地喊叫呢，简直把他疼匝咧疼到极点了！

其四，宝鸡一带“娘娘[nia$^{24-31}$ nia^{-52}]”的例句如：

娘娘！他太不讲理啦！

娘娘！东西咋么这么多！

娘娘！那个稿子难打的！

娘娘！你就没见，他把老师气得！

娘娘！他把祸闯下啦，这一[tṣei^{52}]回不得了啦！

其五，西安一带的“爷爷”和渭南一带的“由由”往往表示抱怨等，西安一带例句如：

爷爷！看把你恶的！/看把你恶的！爷爷！

爷爷！你还能把我吃了？！/你还能把我吃了？！爷爷！

爷爷！把有钱有势的惹下咧！/把有钱有势的惹下咧！爷爷！

爷爷！打不过吗还还是躲不过？！/打不过吗还还是躲不过？！爷爷！

爷爷！跟你打咧一回交道就害怕你咧！/跟你打咧一回交道就害怕你咧！爷爷！

7.4.3.2 “我的爷呀”等等

表惊讶、赞叹等的“我的爷呀/我的妈呀”是“爷呀/妈呀”的扩展式，也作“我的爷/我的妈/我的哓当/我的꜀拐拐/我的꜀夹/我的꜀夹夹/我的꜀夹꜀咣꜀咣”等。例如：

我的爷呀/我的妈呀！把我没吓死了！

我的爷呀/我的妈呀！他咋恁不讲理的！

我的爷！我都活咧镇大年纪咧，没见过镇多的钱！

我的哓当/我的꜀夹！一辈子都没见过镇多的粮食！

我的꜀夹夹！他把祸闯下咧，这一[tṣei^{52}]回不得了啦！

我的꜀拐拐/我的꜀夹/我的꜀夹꜀咣꜀咣！你还能把我吃了吗？看把你恶的！

7.4.3.3 其他叹词

其一，关于“好天神”等等。

关中方言表惊讶、赞叹等的“好天神”又作“我的神呀/神呀/好家伙/家伙山/家伙七”等。例如：

好天神/我的神呀！没见过镇多的钱！

好天神/我的神呀！你咋镇不讲理的?!

好家伙/家伙山/家伙七！他的水平简直太高咧！

好家伙/家伙山/家伙七！他一顿把五六斤重一个鸡吃完咧！

其二，关于“我的垂子”等等。

关中方言区语言粗俗者口语还常以禁忌字眼来作为叹词表惊讶、赞叹、不以为然等，最多的是表不以为然；这类叹词主要有：垂子（啊）本义指阴茎/我的垂子/垂子葫芦子（啊）/㞞啊/我的㞞（啊）/我的㞞婶（啊）。例如：

垂子（啊)！谁害怕谁呢？！

垂子（啊）！给你再给些钱，你拿走！

垂子（啊）！豁出来咧，跟他闹对着干！

我的垂子！你狗肏的哪来镇多的钱呢？！

我的垂子！把有钱有势的惹下咧，不得安宁咧！

垂子葫芦子（啊）！你把我揹起转嘎子！你能把我怎么样？

垂子葫芦子（啊）！头割咧也才是碗大个疤疤！杀头都不怕

㞞啊/我的㞞（啊）！这些钱花咧就花咧，再挣回来就是咧！

㞞啊/我的㞞（啊）！你把我㞗咬了我给你不要肉钱！我就看不起你，更不怕你

我的㞞婶（啊）！他给娃娶媳妇儿，事过得大得很；光执事就请咧几百！

其三，"呸"字。此字的语义跟普通话是一致的，但关中方言读作上声调[pʰei52]。通常的用发为：一是用作单音词，这是最常见的用法，即第一场级；二是重叠为"呸呸"，这是加强语义的用法、即第二层级；三是重叠为"呸呸呸"，这是最高层级；四是重叠为"呸呸呸呸呸"，这是极高层级。凡是重叠式均可以在前边加上"啊"字。

呸！不嫌丢人！

呸！咋镇臭的！

呸！谁要他的臭钱呢？！

呸呸[pʰei52 pʰei52]！你都给我提意见呢！

呸呸[pʰei52 pʰei52]！你咋就知不道不知道怪呢？！

连你这样的东西都想欺负我呢！呸呸[pʰei52 pʰei52]！

呸呸呸！把你这丢底卖害的东西一般指荡妇！

呸呸呸！他真是凤凰落架不如鸡！连你都会教训他咧！

呸呸呸呸呸！你当你有钱，就能把个丑女子嫁个好小伙么？

第八章　关中方言的语法化等问题

8.0　引言

关中方言的“再”字也用如连词表假设，这是表示频率的副词“再”字语法化的结果；读作阳平的“着祸”由“招致祸殃”义语法化为因果连词“正因为”等，也当“压根儿”讲。

西安一带“A_1A_2说话呢”式的话题焦点为是否A_1或A_2；语义特征是要么A_1，要么A_2，也就是说，是一个A_1或A_2的问题；A是形容词或形容词性词组。“V_1 V_2说话呢”的话题焦点为是否V_1或V_2；语义特征是要么V_1，要么V_2，也就是说，是一个V_1或V_2的问题；V是动词或动词性词组。“X的个事嘤”式里的X一般包括名词、动词、形容词或者相应的词组，词组中以“V不V”为较常见；其语义特征是“大不了就是一个X的问题”。“N咧个啥呢”式反问句，大致意思是“为什么是N呢？”N一般是关于亲属、人品的名词或词组。“A咧个啥呢”式反问句，大致意思是“有多A的？”A一般是形容词。

普通话“他来不来”在渭南、澄城、富平、彬县、咸阳、太白、凤翔、岐山、扶风、千阳10处的变体是“他来呀不？”关中方言区多数地点方言否定式答句也是“不来”，三原、高陵、彬县、旬邑、澄城、白水以及洛川南乡否定式答句作“不有”。

关中方言的“匝了$_2$、茬大、劲大、没眉眼、没相框”等常常充当程度补语或结果补语。

关中方言区虽然在官话之中，但是其复句系统未必全跟普通话一致或近似，如关中方言的“些、着、了$_2$、投”分别可以表示假设，其语义相当于“……的话”。

关中方言在表示对某些人或事物贬抑性的品评以及不得已的处置等意味时，语言粗俗者往往要用到禁忌字；关中方言的禁忌字往往具有特殊的语法地位和作用。

8.1　语法化

长期以来，汉语的语法化现象伴随着汉语的发展而发展，各地方言的语法化又因各地居民对语言感知程度的不同而表现出异彩纷呈的语法化现象。

本书在讨论许多问题的时候，不同程度地对关中方言的语法化问题有所讨论，如 5.4.4 小节在讨论关中方言“还”字的过程中，讨论了“还”字的语气词化问题。本节初步讨论“再”字和“着祸”的语法化问题，只是很粗浅的探索。

8.1.1 “再”字的语法化

关中方言的“再”字也用如连词表示假设；表示假设的“再”字是表示频率的副词“再”进一步虚化（语法化）的结果。一般来说，副词是比较实的一类，汉语的副词“就”字就有虚化成为介词的情况。关中方言“再”字的语法化过程可以从如下例句看出来。

我再给你给一个，假如还要，你再要来来要。

我看他就是即使再厉害，跟你比其实错差得远着呢！

这个东西往后再有咧此处“咧”字表假设，我肯定给你还给呢。

我知道你在兀一[uei⁵⁵]搭儿那里去过一回咧，你再不想去就算咧。

你先把剩的这一[tʂei⁵²]个拿走，如果还想再要，等有咧给你却再给。

你假如再胡来（/再胡来的话）我就收拾你呀“呀”字表示将然！（以上“再”字是表示频率的副词）

有的例句跟上一例类似，假设连词“假如”等与“再”字搭配使用，这给频率副词“再”的进一步虚化提供了便利条件。例如：

你假如再想去，等我闲下咧把你引着去。

他若果还想再进去看一下，就教他进去看去。

他明年就退休呀，假如今年再给他不评职称的话，以后就没机会咧。

他再还不来我就不候咧。（此句“再”字偏重于表示频率，已经有表示假设的意蕴）

你再胡来（的话）我就收拾你呀！

我再有办法咧也不寻你；你给我不帮忙，也甭说难听话得行行不行？

你再想去咧你就去。（以上“再”字是表示频率的副词兼假设连词）

我再有本事咧也不求你！（此句及以下四句“再”字是表假设的连词）

你再缺钱就过来拿来，我没有个多也有个少呢。

我这一[tʂei^{52}]阵儿年轻着呢不要你管，我再老咧也不要你管。

你再闲咧给我来帮几天忙，我最近简直忙得没缝缝没有一点闲暇。

你妈老咧你把你妈好好儿服侍（着），你妈再死咧，瞎好随便埋了就对咧。

（老师训学生）你这阵儿不好好儿念书，将来再把事干大咧，你把驴骑到我门上诀骂来！

我们从钱曾怡先生主编的《山东方言研究》421页看到该书讨论蒲松龄《聊斋俚曲集》的语法特点的时候，所引用的《慈悲曲》里的句子，"再"字即表示假设："我看你待会子再死了，你上那里逃生的罢？"

8.1.2 "着祸"的语法化

关中方言读作阳平调的"着祸"（如西安读作[tʂau^{24} xuɤ^{24}]，三原读作[tʂau^{35} xuɤ^{35}]，岐山读作[tʂɔ^{34} xuo^{34}]）二字的本义是"招致祸殃"，如关中方言例句：

我看你是不着祸心不受活不舒服！

他狗肏的这一回是着咧大祸咧，活该！

民谚：银活银器倒银活，你不着祸他着祸。

你说话嘴不安卯指说话随便，你不着祸谁着祸呀？

以下例句，"着祸"有着明显的虚化为因果连词的趋势。

这个事情没办成，都是着咧他的祸咧。

他今儿起来得太迟咧，着祸夜黑昨晚睡得太迟咧。

他把好好儿的日子过烂包咧，那是着祸他爱耍钱赌博。

他这一回（职务）没升上去，是着祸把一个主要领导得罪咧。

关中多数方言点"着祸"可以由"招致祸殃"义语法化为因果连词"因为，正因为，是因为"。这个用如因果连词的语法化特点可以从下面所举的西安方言例句看出来。

他开车出咧车祸咧，着祸开得太快咧。

他教人家双规咧，着祸贪污受贿的事情烂包败露咧。

我这几年日子一直紧张，着祸那几年前几年买房花的钱太多咧。

你要问大家伙为啥都讨厌他，着祸他太没有礼貌咧；有礼貌的年轻人谁都爱。

"着祸"当"正因为"讲，也可以处于结果句并且结果句为第一分句。例如：

着祸他把车开得太快咧，咋能不出事呢？

着祸贪污受贿的事情烂包咧，他教人家双规咧。

着祸那几年买房花的钱太多咧，我这几年日子一直紧张。

关中中东部的“着祸”大致可以跟北京的“本来，压根儿”对译。“着祸”用如因果连词后，下列例句里单斜线“/”后边的句子形式本来常用，后来，单斜线“/”前边的句子形式上升为常用句式；单斜线“/”后边的句子形式一般是在上列例句的基础上形成的。

我着祸就看不起你/着祸我就看不起你，我肯定跟你不合作！

他着祸就给谁都不塞黑拐行贿嘿/着祸他就给谁都不塞黑拐嘿！

我着祸就没见过他/着祸我就没见过他，咋能说我原先就认得他呢？

这些事情着祸就不好办/着祸这些事情就不好办，所以，我不可能给你办。

那天人家老张着祸就没在到单位去/着祸那天人家老张就没在单位去，所以，你在他单位去找他也是白找。

“着祸”当“本来，压根儿”讲，也可以处于结果句首，并且结果句为第二分句。

你嫑说不准我去，着祸我就不想去。

他也嫑说不给我吃，着祸我就不爱吃这个饭。

你教我跟他这种人合作呢，着祸我就看不起他。

他给我硬要这一本书呢，着祸我就没有这一本书。

你着祸跟他就不是一心/着祸你跟他就不是一心。

就是要活龙他都不看，着祸人家他心纯的就只知道个念书。

他也嫑说他看不起人家老张，着祸他人家老张就看不起他的茬大极其看不起他。

8.2　话题焦点

8.2.1　“X_1X_2说话呢”

西安一带方言的这种格式里的“X_1X_2”是两种相反的情况，X 限于谓词。

其一，“A_1A_2 说话呢”的话题焦点为是否 A_1 或 A_2；语义特征是要么 A_1，要么 A_2，也就是说，是一个 A_1 或 A_2 的问题；A 是形容词或形容词性词组。这种格式在 A 为单音词的情况下也可以以“A_1 不 A_1/A_2 不 A_2”的格式来表达。常见的如：瞎好好坏说话呢/好不好说话呢｜厚薄说话呢/厚不厚说话呢/薄不薄说话呢｜贵贱说话呢/贵不贵说话呢/便宜不便宜说话呢/便宜贵贱说话呢｜多少说话呢/多不多说话呢｜香不香说话呢｜稀稠说话呢/稠不稠说话呢｜穷富说话呢/穷不穷说话呢/富不富说话呢｜大碎大小说话呢/大不大说话呢｜可怜不可怜说话呢｜严重不严重说话呢｜厉害不厉害说话呢｜高兴不高兴说话呢｜热闹不热闹说话呢｜身体好身体不好说话呢｜觉悟高不高说话呢。例如：

就是这些东西，瞎好说话呢/好不好说话呢。

这些东西就是贵贱说话呢/贵不贵说话呢/便宜不便宜说话呢/便宜贵贱说话呢。

他眼下的日子穷富说话呢/穷不穷说话呢/富不富说话呢，反正他最少勤谨着呢。

饭香不香说话呢，反正她天天都给我做呢/反正她天天都给我做呢，饭香不香说话呢。

他的罪行严重不严重说话呢，反正这阵儿就教纪检委“双规”咧，就看都有些啥问题呢？

其二，“V_1 V_2说话呢”的话题焦点为是否V_1或V_2；语义特征是要么V_1，要么V_2，也就是说，是一个V_1或V_2的问题；V是动词或动词性词组。这种格式在V为单音词的情况下也可以以“V_1不V_1/V_2不V_2”的格式来表达。常见的如：来不来说话呢｜去不去说话呢｜研究不研究说话呢｜有没有说话呢｜看不看说话呢｜写不写说话呢｜上不上说话呢｜上山不上山说话呢｜念（书）不念（书）说话呢｜愿意不愿意说话呢｜申报成申报不成说话呢｜要得来能不能要来说话呢｜有实际水平没实际水平说话呢｜给你给我说话呢｜上来还是下去说话呢｜在单位上班或者在上海出差去说话呢｜今儿去明儿去说话呢。例如：

最近，我在单位上班或者在上海出差去说话呢。

这些东西给你给我说话呢，反正就咱俩有资格拿。

今年给单位分来咧几十个大学生，有实际水平没实际水平说话呢。

这些材料给领导送去，领导收到材料看不看说话呢；看咧就好办，不看肯定麻烦。

当下就看他来不来说话呢；他来咧，咱是一个一种安排；他不来，咱是单另另外的安排。

8.2.2 “X的个事嘾”

这个格式里的X一般包括名词、动词、形容词或者相应的词组，词组中以“V不V”为较常见；其语义特征是“大不了就是一个X的问题”。常见的如：钱的个事嘾｜工作的个事嘾｜粮食的个事嘾｜功夫的个事嘾｜招聘的个事嘾｜娶媳妇儿的个事嘾｜研究不研究的个事嘾｜给不给的个事嘾｜去不去的个事嘾｜来不来的个事嘾｜写不写的个事嘾｜买不买的个事嘾｜应聘不应聘的个事嘾｜做活不做活的个事嘾｜上班不上班的个事嘾｜

看上看不上看中的个事嘿。例如：

无非就是钱的个事嘿，他要多少就给他多少。

也就是娶媳妇儿的个事嘿，急啥呢？有儿肯定就有媳妇儿呢！

就是个给不给的个事嘿，你给我，我就要；你不给我，我绝对不硬要！

只不过是应聘不应聘的个事嘿，应聘咧就上班，不应聘咧就跟上我爸做生意呀！

我给你介绍个对象你先谈去，也就是个看上看不上的个事嘿，看上咧，就结婚；看不上咧，你俩也覅伤了和气。

8.2.3 “X 咧个啥呢”式

其一，西安一带的“N 咧个啥呢”式反问句，大致意思是“为什么是 N 呢？”N 一般是关于亲属、人品的名词或词组。例如：

同学咧个啥呢？这些钱我掏，你覅掏。

先后咧个啥呢为什么是妯娌呢，谁还不用谁咧？

亲爷们咧个啥呢，你跟你二爸二叔父还计较啥呢？

你哥正要用钱呢，给你哥送些钱去，亲弟兄咧个啥呢？

你姐没你姐夫咧，日子肯定紧张，你得帮着，亲姊热妹咧个啥？

老师跟学生咧个啥呢？你老师给你给钱你就拿上，你把书念好就是对老师最好的报答。

咱俩朋友咧个啥呢咱俩为什么是朋友呢（隐含语义：你占我一点便宜无所谓，我给你一点东西或帮些忙是应当的）？

其二，西安一带的“A 咧个啥呢”式反问句，大致意思是“有多 A 的？”A 是形容词，例如：美咧个啥呢｜穷咧个啥呢｜大咧个啥呢｜碎咧个啥呢｜醜咧个啥呢｜好咧个啥呢｜对咧个啥呢｜难受咧个啥呢｜严重咧个啥呢｜困难咧个啥呢｜难看咧个啥呢。例如：

这个东西算是好咧个啥呢？其实，比这个好的多的是。

女婿比你女子大咧 4 岁大咧个啥呢？其实还有大五六岁、七八岁的呢！

他的日子穷咧个啥呢？你只要跟他好好儿过日子，肯定有你享的福呢！

他的问题严重咧个啥呢？其实就不严重，是有的人借着一点儿事情故意整他呢！

困难咧个啥呢，这都算困难吗？其实算不得困难，比起我年青时候经过的，算个啥呢？

那个小伙子醜咧个啥呢？就是有些黑，你应该知道人常说的“黑是黑，是本色就是黑了些，但这是自然的，不是修饰的”这个道理嘛！

8.3　反复问句

孙立新《关中方言略说》(《方言》1997 年第 2 期) 一文曾经分析了关中方言反复问句的一些特点，但限于篇幅，没有进行深入的讨论。本节拟对关中方言的反复问句予以讨论。

8.3.1　反复问句的基本类型

如我们通过与普通话“他来不来？”及其答句的比较，发现了关中方言区 51 个方言点反复问句的基本特征。本小节从三点举例说明关中方言反复问句的基本类型。

8.3.1.1　与普通话“他来不来？”以及答句的比较

其一，关中方言与普通话句形相同的地点方言不多，据我们调查所知，西安、周至、户县、蓝田、丹凤、洛南、华阴、潼关、大荔、韩城、黄龙、洛川、黄陵、宜君、定边 15 处方言与普通话句形相同。如西安等 14 处也是“他来不来？”定边一处是“别结（他）来不来？”从分布特点看，这些地点方言多数在关中方言区中部、东部、北部。

其二，渭南、澄城、富平、彬县、咸阳、太白、凤翔、岐山、扶风、千阳 10 处的变体是“他来呀不？”从分布特点看，这些地点方言多数在渭河北部，其中太白等 5 处在关中方言区西部。

其三，以上 25 个方言点的两个特点牵涉的地域较大，以下一般是一个方言点一个特点。从以下 26 个方言点“他来不来？”的变体可以看出关中方言的复杂性。其中括号里的字时有时无，例如商州方言的“他来（哩）不来？”表示“他来不来？”在商州又作“他来哩不来？”其中，礼泉等处的“价”和长武的“哞”读作轻声调；旬邑的“咧”表示将然，西安的“咧”表示已然。

其四，普通话“他来不来？”关中方言区西安、周至、户县、兴平、武功、眉县、临潼、蓝田、华阴、潼关、乾县、礼泉共 12 处肯定式答句作“来呢”，其中“呢”字一般读做“ni”；丹风作“来噫”；其余方言点作“来哩”。

其五，关中方言区多数地点方言否定式答句也是“不来”，据我们初步调查，三原、高陵、彬县、旬邑、澄城、白水以及洛川南乡否定式答句作“不有”。三原等处“V 不 V”式（这种句式不包括形容词性反复问句）反复问句所有的否定式回答都是“不有”。例如旬邑方言：“你看不？—不有。｜你吃呀不？—不有。｜娃跑不见啦，你寻哩不？—不有。”

其六，关中 51 个方言点“他来不来？||来呢。||不来。”的比较，详见如下各方言点的说法。

西安：他来不来？t^{h}a^{31} læ^{24} pu^{31} læ^{24}?||来呢。læ^{24} .ȵi。||不来 pu^{31} læ^{24}。

临潼：他来呀不（来）？t^{h}a^{31} læ^{24} .ia pu^{31}（læ^{24}）?||来呢。læ^{24} .ȵi。||不来 pu^{31} læ^{24}。

蓝田：他来不来？t^{h}a^{31} læ^{35}pu^{31} læ^{35}?||来呢。læ^{35} .ȵi。||不来 pu^{31} læ^{35}。

商州：他来（哩）不来？t^{h}a^{53}lai^{35}（.li）pu^{31}lai^{35}?||来哩。lai^{35}.li。||不来 pu^{31}lai^{35}。

丹凤：他来不来？t^{h}a^{53}lai^{35}pu^{21}lai^{35}?||来咿。lai^{35}.i。||不来 pu^{21}lai^{35}。

洛南：他来不来？ t^{h}a^{53}lai^{35}pu^{21}lai^{35}?||来哩。lai^{35}.li。||不来 pu^{21}lai^{35}。

华县：他来不来？ t^{h}a^{42}læ^{35}pu^{21}læ^{35}?/他不来么来哩？t^{h}a^{42}pu^{21}læ^{35}.mo læ^{35}.li？/他来哩么不来？ t^{h}a^{42} læ^{35}.li . mo pu^{21}læ^{35}||来哩。læ^{35}.li。||不来。pu^{31}læ^{35}

华阴：他来不来？t^{h}a^{42}læ^{35}pu^{31}læ^{35}? /他来（呢）不？t^{h}a^{42}læ^{35}（.ȵi）pu^{31}? ||来呢。læ^{35}.ȵi。||不来。pu^{31}læ^{35}。

潼关：他来不来？t^{h}a^{52}læ^{24}pu^{31}læ^{24}?|| 来呢。læ^{24}.ȵi。||不来。pu^{31}læ^{24}。

大荔：他来不来？t^{h}a^{52}læ^{35}pu^{31}læ^{35}? /他来呀不？t^{h}a^{52}læ^{35} pu^{31}? ||来哩。læ^{35}.li。||不来。pu^{31}læ^{35}。

渭南：他来呀不？t^{h}a^{52}læ^{35}.ia pu^{31}?|| 来哩。læ^{35}.li。||不来。pu^{31}læ^{35}。

澄城：他来呀不？t^{h}a^{42}læ^{24}.ia pu^{21}?||来哩。læ^{24}.li。||不来。pu^{21}læ^{24}/不有。pu^{21}iou^{42}。

合阳：他来哩吗不来？t^{h}a^{42}læ^{24}.li .ma pu^{21} læ^{24}?|| 来哩。læ^{24}.li 。||不来。pu^{21}læ^{24}。

韩城：他来不来？ t^{h}a^{42}læ^{24}pu^{31}læ^{24}? /t^{h}a^{42}la^{24}pu^{31}la^{24}||来哩。læ^{24}.li / la^{24}.li 。||不来。pu^{24}læ^{24}/pu^{31}la^{24}。

宜川：他来（呀）不来？ t^{h}a^{31}læ^{24}（.ia） pu^{31} læ^{24}?||来哩。læ^{24}.li。||不来。pu^{31} læ^{24}。

黄龙：他来不来？ t^{h}a^{31}læ^{24}pu^{31}læ^{24}?||来哩。læ^{24}.li 。||不来。pu^{31}læ^{24}。

洛川：他来不来？t^{h}a^{42}læ^{24}pu^{31}læ^{24}?||来哩。læ^{24}.li 。||不来。pu^{31}læ^{24}。

黄陵：他来不来？t^{h}a^{31}læ^{24}pu^{31}læ^{24}?||来哩。læ^{24}.li 。||不来。pu^{31}læ^{24}。

宜君：他来不来？t^{h}a^{52}læ^{24}pu^{21}læ^{24}?||来哩。læ^{24}.li 。||不来。pu^{21}læ^{24}。

铜川：他来不？t^{h}a^{52}læ^{24}pu^{21}?|| 来哩。læ^{24}.li 。||不来。pu^{21}læ^{24}。

耀州：他来（呀）不？t^{h}a^{52}læ$^{24-31}$（ia^{-52}）pu^{31}?|| 来哩。læ$^{24-31}$.li^{-52} 。||不来。pu^{31}læ^{24}.

蒲城：他来不来？t^{h}a^{53}læ^{24}pu^{31}læ^{24}? /他来呀不？t^{h}a^{53}læ^{24}ia pu^{31}?||来乃。

læ^{24} .næ/来哩。læ^{24}.li。‖不来。pu^{31}læ^{24}。

白水：他来不来？ t^{h}a^{42}læ^{24}pu^{21}læ^{24}? /他来呀不来？ t^{h}a^{42}læ^{24}.ia pu^{31}.læ^{24}?‖来哩。læ^{24}.li 。‖不来。pu^{21}læ^{24}。/不有。pu^{21}iou^{42}。

富平：他来呀不？t^{h}a^{53}læ$^{24-31}$.ia pu^{31}?‖来哩。læ^{35}.li。‖不来。pu^{31}læ^{24}。

高陵：他来不来？ t^{h}a^{51}læ^{35}pu^{31} læ^{35}?‖来哩。læ^{35}.li 。‖不来。pu^{31}læ^{35}。/不有。pu^{31}iɤu^{51}。

三原：他来不？ t^{h}a^{52}læ^{35}pu^{31}?‖来哩。læ^{35}.li。‖不有。pu^{31}iɤu^{52}。

泾阳：他来（呀）不？t^{h}a^{51}læ^{35}（.ia）pu^{31}?‖来哩。læ^{35}.li。‖不来。pu^{31}læ^{35}。

旬邑：他来不？t^{h}a^{51}læ^{35}pu^{31}? /他来呀不？t^{h}a^{51}læ^{35}.ia pu^{31}? /他来咧不？t^{h}a^{51}læ^{35}.liɛ pu^{31}? /他来哩不？t^{h}a^{51}læ^{35}.li pu^{31}? ‖来哩。læ^{35}.li 。‖不来。pu^{31}læ^{35}。/不有。pu^{31}iɤu^{51}。

长武：他来不（来）？t^{h}a^{51} læ^{35} pu^{31}（læ^{35}）？/他来价呣？t^{h}a^{51} læ^{35} .tɕia .mu?‖ 来哩。læ^{35} .li。‖不来。pu^{31} læ^{35}。

彬县：他来呀不？ t^{h}a^{51} læ^{35} .ia pu^{31}?‖ 来哩。læ^{35} .li。‖不有。pu^{31} iɤu^{51}。

永寿：他来（呀）不？t^{h}a^{52} læ^{35}（.ia）pu^{31}?‖ 来哩。læ^{35} .li。‖不来。pu^{31} læ^{35}。

淳化：他来不（来）？t^{h}a^{52}læ^{24}pu^{21}（læ^{24}）？/他来不？t^{h}a^{52}læ^{24}pu^{21}? ‖来哩。læ^{24}.li。‖不来。pu^{21}læ^{24}。

乾县：他来呀不？t^{h}a^{52}læ^{35}.ia pu^{31}? /他来呢不？t^{h}a^{52}læ^{35}pu^{21}.ȵi pu^{31}?‖来呢。læ^{35}. ȵi。‖不来。pu^{31}læ^{35}。

礼泉：他来么不来？ t^{h}a^{53} læ^{35}.mɤ pu^{31} læ^{35}?/他来呀不来？t^{h}a^{53} læ^{35} .ia pu^{31} læ^{35}? /他来价不来？ t^{h}a^{53} læ^{35}.tɕia pu^{31} læ^{35}?‖ 来呢。læ^{35}.ȵi。‖不来。pu^{31} læ^{35}。

咸阳：他来呀不？t^{h}a^{52}læ^{24}.ia pu^{31}?‖来呢。læ^{24}. ȵi。‖不来。pu^{31}læ^{24}。

户县：他来不来？t^{h}a^{31}læ^{35} pu^{31} læ^{35}?‖ 来呢。læ^{35}. ȵi/læ^{35}. ȵiɛ。‖不来。pu^{31}læ^{35}。

兴平：他来不（来）？t^{h}ɤ^{52}læ^{35}pu^{31}（læ^{35}）?‖ 来呢。læ^{35}. ȵi。‖不来。pu^{31}læ^{35}。

武功：他来呀不？t^{h}a^{52}læ^{24}.ȵia pu^{31}?‖ 来呢。læ^{24}. ȵi。‖不来。pu^{31}læ^{24}。

周至：他来不来？t^{h}a^{31}læ^{35}pu^{31} læ^{35}?‖ 来呢。læ^{35}. ȵi。‖不来。pu^{31}læ^{35}。

眉县：他来呀不（来）？t^{h}a^{53}læ$^{24-31}$.ia^{-44} pu^{31}（læ^{24}）? /他来啊不（来）？t^{h}a^{53}læ$^{24-31}$.a^{-44} pu^{21}（læ^{24}）? ‖来呢。læ^{24}. ȵi。‖不来。pu^{31}læ^{24}

太白：他来呀不？t^{h}a^{52}læ$^{24-31}$.ia^{-44} pu^{31}? ‖来哩。læ^{24}. li。‖来呢。læ^{24}. ȵi。‖不来。pu^{31}læ^{24}。

凤县：他来啊不？t^{h}a^{52}læ$^{24-31}$.a^{-44} pu^{31}? ‖来哩。læ^{24}. li。‖不来。pu^{31}læ^{24}。

宝鸡：他来呀不？t^{h}a^{52}læ$^{24-31}$.ia^{-44} pu^{31}/他来啊不？t^{h}a^{52}læ$^{24-31}$.a^{-44} pu^{31}? ‖

来哩。læ$^{24-31}$. li^{-52}。‖不来。pu^{31}læ^{24}

凤翔：他来呀不？t^{h}a^{52}læ$^{24:31}$.ia$^{02:44}$ pu^{31}? ‖来哩。læ$^{24:31}$. li$^{02:52}$。‖不来。pu^{31}læ^{24}。

岐山：他来呀不？t^{h}a^{52} læ$^{34-21}$ ia^{-52} pu^{21}? ‖来哩。læ$^{34:21}$ li^{-52}。‖不来。pu^{21}læ^{34}。

扶风：他来呀不？t^{h}a^{42} læ^{24} .ia pu^{31}? ‖来哩。læ^{24} .li。‖不来。pu^{31}læ^{24}。

麟游：他来呀不？t^{h}a^{42}læ$^{24-31}$.ia$^{02-42}$ pu^{31}? /他来哩么？t^{h}a^{42}læ$^{24-31}$.li^{-42} .mo?‖来哩。læ$^{24-31}$ li$^{02-42}$。‖不来。pu^{31}læ^{24}。

千阳：他来呀不？t^{h}a^{52} læ^{24}.ia pu^{21}? ‖来哩。læ^{24} .li。‖不来。pu^{21} læ^{24}。

陇县：他来哩（吗）不（来）？t^{h}a^{53}læ^{24}.li（ma） pu^{31}（læ^{24}）？/他来价不？t^{h}a^{53}læ^{24}.tɕia pu^{31}?‖来哩。læ$^{24-31}$. li^{53}。‖不来。pu^{31}læ^{24}。

富县：他来哩不？t^{h}a^{52}læ^{24}.li^{02} pu^{31}? ‖来哩。læ^{24}. li。‖不来。pu^{31}læ^{24}。

定边：别结来不来？piɛ$^{24-31}$tɕiɛ$^{31-44}$læ^{24} pu^{31} læ^{24}? ‖来呀。læ^{24}. ia。‖不来。pu^{31}læ^{24}。‖奈不顶事来$_{不一定来}$。næ^{44} pu^{31}tiŋ^{52}sɿ^{44} læ^{24}。

8.3.1.2　咸阳一带的“在家不在？”等反复问句

跟上述“他来不来”的句式类似，咸阳一带方言“V 不 V｜A 不 A”式反复问句可省去“不”字后的中心词。表 33 比较咸阳一带方言 5 个反复问句“在家不在？｜去不去？｜该来不该来？｜吃不吃？｜好不好？”的异同。我们选取了市区、三原、彬县、长武、永寿、武功 6 个方言点进行比较，其中，武功“呀”字读作“[.ȵia]”。

表 33　　　　咸阳一带方言 5 个反复问句比较表

	在家不在？	去不去？	该来不该来？	吃不吃？	好不好？
咸阳	在屋不在/在不（在）？	去不/去不去？	该来不该来？	吃不吃/吃不？	好着没/好不？
三原	在（屋）不？	去不？	该来不？	吃不？	好不？
彬县	在（屋）不？	去不？	该来不？	吃呀不？	好不？
永寿	在（呀）不？	去（呀）不？	该来（呀）不？	吃（呀）不？	好不好？
武功	到呢不？	去呀不？	该来呀不？	吃呀不？	好呀不？

8.3.1.3　关于西安城区的“手机卖不？”之类

长期以来，西安城区及其附近的周至、户县、蓝田的反复问句，亦如普通话那样的“V 不 V｜A 不 A”式，关中方言区三原等处则相应地为“V 不｜A 不”式，有的方言点或者在“V 不｜A 不”式的基础上嵌入“呀”字，或者“V_2｜A_2”时有时无。也就是说，三原等处是以“V 不｜A 不”

式为主要问法的。

诚然，中心城市的方言对周围方言的影响是主流倾向，但周围方言对中心城市的方言以一定的影响也是有可能的。如今西安城区的“手机卖不？”之类应当是受到三原等处影响的结果。最近七八年来，西安有一个难以取谛的旧手机收购市场，收购旧手机的，无论是西安城区人，还是周围县区人，这个多数年龄在 50 岁以下的群体问路人的，都是“手机卖不？”当然，早期的外县区人进入西安城区工作带入其母语应当是一种先决因素。

改革开放以来，大批外县人、外省人涌入西安，尤其是附近关中各县区的人涌入西安，自然而然地把非西安方言的因素带入西安。类似的以“不”字煞尾的反复问句还有“看不丨吃不丨来不丨说不丨尝不丨寻不丨去不丨研究不丨商量不丨考试不丨开会不丨对不丨好不丨合适不丨严重不丨过分不丨厉害不丨有意思不丨能看上不？”这虽然具有社会语言学的性质，不过，我们有必要立此存照，假如几十年以后以“不”字煞尾的反复问句成为西安城区的主流特点，请大家不要以为我们目前的记录描写有误。

8.3.2 反复问句与陕北晋语的比较

对于陕西方言反复问句比较系统的研究，最早的可能是刘勋宁《秦晋方言的反复问句》（1998），随后有孙立新的《关中方言的五种疑问句的特征及其分布》（2004）、邵敬敏、王鹏翔的《陕北方言的正反是非问句——一个类型学的过渡格式研究》（2003）等。

这里，我们以邢向东《陕北晋语沿河方言的反复问句》（邢向东主编 2006）一文为蓝本来比较。其实，关中方言反复问句类型与陕北晋语以及河南、山西、甘肃等处有许多一致性。这里提请大家注意，邢向东把读作[ia^{21}]的“也”字直接写作本字，笔者上文直接写作“呀”。

8.3.2.1 否定词为“不”的反复问句

神木：你走不？/你走嘞不？/你走也不？

延川 你走（也）不走？

西安：你走不走？/临潼：你走呀不（走）？/华阴：你走（呢）不？/华县：你走哩么不走？/渭南：你走呀不？/合阳：你走哩吗不走？/三原：你走不？/富县：你走哩不？

神木：天冷不？/天冷嘞不？/天冷也不？

西安：天冷不冷？/天冷着没？/三原：天冷不？/华阴：天冷（呢）不？/渭南：天冷呀不？/富县：天冷哩不？

吴堡：你每你们庄稼收嘞不？/你每家庄稼收也不？较少/你每家庄稼收不？

西安：꜀你（屋）的庄稼收不收？/华阴：꜀你（屋）的庄稼收（呢）不？/

渭南：꜀你（屋）的庄稼收呀不？/富县：꜀你（屋）的庄稼收哩不？

吴堡：天烧（热）嘞不？/天烧（热）也不？/天烧（热）不？

西安：天热不热？/天热着没？/三原：天热不？/华阴：天热（呢）不？/渭南：天热呀不？/富县：天热哩不？

延川：你则（你们）工资发得不/咧也（不）？

西安：꜀你的工资发咧没？/凤翔：꜀你块工资发啦[.lia]没？

延川：你回也/咧也不？/绥德：你是回也（嘞）不？

西安：你回去不回去？/临潼：你回去呀不？/华阴：你回去（呢）不？/华县：你回去哩么不回去？/渭南：你回去呀不？/合阳：你回去哩吗不回去？/三原：你回去不？/富县：你回去哩不？

延川：你这阵儿睡（也）不睡？

西安：你这一[tʂei^{52}]阵儿睡不睡？

吴堡：今儿下雨嘞，你是学校去嘞也是不去了？

西安：今儿下雨呢，你在学校去不去？/武功：今儿下雨呢，你到学校去呀[.ȵia]不？/宝鸡：今个下雨哩，你在学校去呀不？

8.3.2.2 动宾结构及动补结构

神木：你听妈妈的话不？

西安：你听妈的话不听？说话人是听话人的母亲 | ꜂你听꜀你妈的话不听？

神木：那些真个下榆林不他们今天去不去榆林？

西安：他的今儿在榆林去不去？/三原：꜀他今个在榆林去不？

神木：瑶镇的电话能打通不？

西安：瑶镇的电话打得通？

佳县：这窑还不大干，宬成宬不成能不能住？

西安：这窑还不太干，住得成（人）？/凤翔：这窑还不太干，能住（人）呀不？

佳县：一顿吃完吃不完？

西安：一顿吃得完？/凤翔：一顿能吃完呀（/啊）不？

清涧：你弭单位而个工资发上发不上？/工资发开发不开？

西安：你单位这阵儿能把工资发得下来？/泾阳：你单位如今个能把工资发下来呀不？

清涧：那袋子粮食你背起也背不起？

西安：那袋子粮食你背得起？/那袋子粮食你背得动？

延川：你把他叫来叫不来？/你把他叫得来也叫不得来？

西安：你把他叫得来？/凤翔：你能把他叫来呀（/啊）不？

延川：（那些东西）你拿得来也拿不来？/你拿得来也拿不得来？

8.3.3 相关问题的讨论

其一，我们认为，汉语的反复问句如“他来不来？”里否定词后边的音节（如“他来不来？”一句的第二个“来”字）应当是汉语历史演变过程中为了措足音节才加上去的。关中方言反复问句里也具有北京话反复问句的一些特点，这当然与关中方言处于跟北京话共同的官话地位有关。但是，与普通话相比较，关中方言的反复问句毕竟存在着若干变体。我们大致可以推断，关中方言可以嵌入“吗/曼/么”的句式，首先有一个与共同语句式相当的时期，然后在近代汉语共同语“V吗（摩/末）？｜A吗（摩/末）？”式的基础上加上否定词“不”的中心词而形成的。另外，省略反复问句“不”字后的中心词，从语用的角度看，也符合语言经济的原则。

其二，关中方言保留了古汉语以“不”字煞尾的句式。其中由古代汉语到近代汉语的依据可从以下例子看出来；举例时，顺便把关中方言与古今汉语进行比较：

《殷契粹编》425：丁未卜扶，虫咸戊，㞢戊乎？丁未卜扶，虫咸戊牛不？

以上是“不”处于句末的最早见证。“不”在古代兼有上声有韵的“否”和入声没韵的“不”。关中方言“不”处于句末在古代汉语及近代汉语的见证资料可从孙锡信先生《近代汉语语气词》第50～52页看到，如孙先生讨论了“不”字在汉语各个时期处于句末的特点。

雨不？（《殷墟书契前编》3.19.4）——普通话：下雨不下？/三原：下雨不？

方其至不？（《殷墟文字乙编》142）

正乃讯厉曰：汝贾田不？（陈梦家《殷墟卜辞综述》128）

秦王以十五城易寡人之璧，可予不？（《史记·廉颇蔺相如列传》）——三原：给他不？

子去寡人之楚，亦思寡人不？（《史记·张仪列传》）

公卿有可以防其未然救其然者不？（《汉书·于定国传》）

冀罪止于身，二儿可得全不？（《世说新语·言语》）

客问元方，尊君在不？（《世说新语·方正》）——三原：你达在不？

陛下就佛寺中求福不？（唐·僧佑《高僧传》卷1）

禅师唤此以为庄严不？（《神会语录》）

君言不能诗，此语人信不？（苏轼诗）

你看我到家说了，奶奶打你不？（《醒世姻缘传》59回）——宝鸡：你婆打你啊不？

教授却是要也不？（《警世通言》14 卷）

我却有个好亲在这里，未知干娘与小娘子肯也不？（《警世通言》14 卷）

其三，我们从贾平凹的《古炉》里找到了大量的以“不”字煞尾的反复问句。以下是我们选取的少数例句，从三个方面看：

（一）“V（O）呀不”句式，这种句式传承了近代汉语时期如《警世通言》14 卷的“教授却是要也不”；关中方言保留了古汉语“也”读如“呀”（按：宝鸡一带在“呀”的基础上又减音如“啊”，《醒世姻缘传》的“奶奶打你不”，宝鸡方言作“你婆打你啊不”）。《古炉》中有很多这种句式，我们所看到的“A 呀不”句式只有 38 页的“那头猪到你家后乖呀不？”。

1.“V 呀不”句式

……（支书）掏出旱烟袋，说：吃呀不？买瓷货的说：不会。（19）

来回说：你吃呀不？（24）

古炉村敢让我拿事，啊古炉村还能穷成这样？信不？（28）

他娘在院子里说：水皮，开石媳妇生娃了，你去呀不？水皮隔着帘子说：不去。（104）

他喝得很猛，也不说狗尿苔你喝呀不……（139）

戴花说：留下你吃么。我妹子和她娃在屋里哩，你进屋坐呀不？（212）

善人就起身用碗去浆水瓮里舀浆水，说：你喝呀不？（442）

老顺说：你吃呀不？吃屎！（596）

2.“VO 呀不”句式

却又问：开合还赊账不？（27）

婆说：你吃柿子呀不？（29）

你吃面呀不，让水皮妈给你擀碗面？（512）

牛铃在人窝里悄悄给狗尿苔说：你想吃肉呀不？狗尿苔说：吃你呀！（145）

霸槽说：你吃饭呀不？狗尿苔说：这里没水么，等到有水的地方，吃馍就不噎人。（164）

迷糊一出厕所就端起了锣，说：啊狗尿苔，吃凉粉呀不？（230）

干净啥呀，你可是成半年的时间没来我家了，喝水呀不，窝的浆水味儿正顺哩。（414）

（二）“V | A 呀不”句式

1.“V 呀不”句式

霸槽到小木屋里喝冷水，喝得喉咙咕嘟咕嘟响，狗尿苔说：冷水不敢喝，你吃烟不？（44）

老顺说：我来寻狗尿苔，在不？狗尿苔正气着，说：寻我干啥？！（48）

牛铃不知道啥是隐身衣，这狗尿苔就高兴了，说：想知道不？（158）

来声手里拿着一个蓖麻叶包的东西，提出来竟是骟出的猪蛋。来声说：你还要不？（212）

开石训道：这是文化大革命了知道不？！（218）

哎，那铜脸盆是啥四旧，脸盆洗脸哩，你都交出去，你还洗不，还要脸不？（228）

支书说：这狗日的，手扶拖拉机在不？旁人说：在的。（193）

土根说：锁子你去不？锁子说：与我屁事，我烧火哩。（286）

牛铃说：我摘了核桃，你吃不？（343）

喝酒图醉，娶老婆图睡，由了你了，看我踏了门不？！（438）

哎哟，这里有一颗牙,多长的门牙,你要不？（514）

迷糊说：榔头队游行呀，声讨红大刀呀，血债要用血来还你知道这话不？（514）

不许胡说！知道不，人家是洛镇的女教师，现在是洛镇联指的部长……（516）

白天干什么去了偏要在晚上推碾，响声那么大还让人睡觉不？（521）

灶火说：不说啦，生个孽障那是她的事，她同意去不？（575）

婆说：这得救呀，这得救呀，你说还去求杏开不？（582）

……榔头队要赢了发现你不在，你还想活不？（588）

2.“A 呀不”句式

开石又醒了，醒了再没喊。天布说：还疼不？开石说：不疼了。（150）

支书说：狗尿苔，爷好不？狗尿苔说：爷好。（154）

狗尿苔说：今黑来把货停在这儿安全不？霸槽说：没事。（162）

狗尿苔说：干大好不？瞎女说：干大好。（229）

婆是看着狗尿苔吃，说：香不？狗尿苔说：香。（256）

支书放下担子，过去拉他，说：还疼不，疼不？（390）

杏开问：暖和不？狗尿苔说：暖和。（479）

（守灯）说：疼不？疼了咬根筷子。麻子黑说：我死过一回了，这算啥？！（490）

天布说：让麻子黑戳了？麻子黑也回来了？要紧不？锁子说：不知道死活么。（500）

狗尿苔就歪了头问她：你说马卓好不？（535）

（三）《古炉》里也有“不”后的中心词出现的例句，但是很少。

老顺说：我家的狗是一般的吗？它是古炉村的狗王，这还让它活呀不活？！（48）

牛铃牛铃，要花椒籽呀不要？（256）

让我看看狗日的在家没，看他现在还说要钱呀不要！（496）

8.4　补语类型

本节就着关中方言的补语类型，举其有地域特色者予以报道，因此，只分两个小节。

8.4.1　程度补语和结果补语

本书 1.1.8.1 部分报道了关中方言“太、很”等以单音词形式或重叠形式充当程度补语的现象，本小节就不再重复了。鉴于关中方言的程度补语和结果补语往往在词形上是一致的，所以，本小节把这两种补语放在一起来讨论。

8.4.1.1　“匝”字

其一，陕甘宁三省区很普遍地存在着“匝”表程度的现象，有人把“匝”写作“扎”或“咂”，其实应写作“匝”，其理由见下。李树俨（1989：156）记写宁夏中宁方言“形容词＋咂了”如：热咂了、香咂了、热闹咂了、高兴咂了；“咂了”也可以放在动词之后构成补充词组，如：气咂了、骂咂了、欺负咂了。张崇（1990：113）记写陕北延川方言例句如“他后来退步扎了。”林涛先生（1995：180）记写宁夏中卫方言时指出“咂”用在形容词后作补语表程度的加深，有时还有一定的夸张色彩，“咂”后有时加词缀“活”：美咂了/美咂活了｜热咂了/热咂活了。王军虎（1996：67）记写陕西西安方言“咂”具有过分的意义：事不能做得太～咧｜娃把菜择得太～咧，能吃的都撂咧；“咂咧”用在形容词之后表程度很深，相当于北京话的“……极了”：忙～｜气～｜冷～｜阵（这么）冷的叫我到河里捞沙子呢，把我给冻～。孙立新（1998：141）指出陕南汉中、洋县、岚皋用“匝了”表示动作行为的结果（按：应为程度），相当于北京话的“极了”，例如：把人累匝了｜把我饿匝了｜把娃娃打匝了经常性地打｜你当兵这几年冒回家，把人想匝了｜这场病把人害匝了。张安生（2000：270）记写宁夏同心方言时指出“咂”具有极的意义：甜～了｜苦～了｜香～了｜美～了。

如从陕甘两省新编地方志书中的《方言志》也可以看到相应的语料：《华阴县志》，乏扎了累极了｜《凤翔县志》，热扎啦热极了｜《兴平县志》，僚扎了好极了｜《宝鸡市志》，好扎啦好极了；我把可怜受扎啦我受尽了磨难；你把我日弄扎啦你把我骗得好苦）（以上志书中的《方言志》是孙立新编著）｜《张家川回族自治县志》，把我跑扎了我跑得很累；他紧张扎了他紧张极了｜《清水县志》，把他撵扎了他撵得很吃力。

通过以上材料可以看出这样两个问题：一是西北方言存在着用“匝了$_2$”表程度的现象，其中关中和陕北“匝咂扎”三字同音，因此，学者按着读音来写是不无道理的。我们写作“匝”的理由是，陕南方言也用到这个字，读作平舌声母，因为陕南有不少方言点把普通话的翘舌音仍然读作翘舌音。二是“匝了$_2$”处在动词或形容词之后，是典型的程度补语，相当于北京话的“极了”。

其二，陕西省全境方言的“匝”字都有表示到达极限的意义，都在动词或者形容词之后用“匝了$_2$”作补语。

首先，我们从“匝”字所具有的“到达极限”义谈起。王军虎解释西安方言的“匝（咂）”字是“过分”的意思，这是比较正确的。我们通过调查发现，西安方言“匝”字的第一义项应当是到了极点的意思，例如“你把红苕干儿晒干匝咧再收”，其中“干匝咧”指干到极限了；再如“他是个好劳力，他这几天来给你帮忙，你把他用匝再教他回去，不要落个名义上他给你帮的忙少”，其中“用匝”是用到极限的意思。因此，西安方言的下列语句中的“匝”字是“到达极限”的意思，用作结果不语。

把这些麦碾匝，也碾不下碾不了10石。

把这片地的西瓜下匝，也拉不下装不了一车。

你把你爸的油榨得干匝，还能榨出多少油呢？

他当校长，不会巴结上司，就是把心劳匝，也还是吃不开。

“匝”的“过分，厉害”义是在“到达极限”义的基础上引申来的，再举几个例句：

你把他这个老实人欺负得匝咧，小心大伙儿起咧公愤咧着。

你把我给整治，约束得也太匝咧。

我把你不说批评匝你不记性不吸取教训。

老王把你还真个亏咧个匝指老王占了你很多便宜，占得太过分了。

其次，让我们来看看“匝了$_2$”的语法语义问题。其实，“匝了$_2$”的意义并不限于“极了”。请先看下面几个例句：

那二年前几年我在酒厂工作呢，就把酒喝匝咧。

你爷爷爷在世那阵儿，我跟你爷好，在你屋就去匝咧

我上大学以前在农村当农民那阵儿，把重活就做匝咧。

以上例句“匝咧”充当及物动词的补语，指经常性的行为，指频率很

高、次数很多。

几个不懂王话不懂道理的学生实在把老师气匝咧。

那天我亲眼看见一个人教汽车砸轧死咧，简直把我吓匝咧。

年时个去年天旱匝咧，今年雨涝匝咧。

以上例句中的“匝咧”充当不及物动词的补语，表示受动者对某种情况不愿意接受的心理，“V 匝咧”可以根据上下文依次翻译成：气匝咧—气得要死｜吓匝咧—吓得够呛｜天旱匝咧—天旱得太厉害了｜雨下匝咧—雨下得太多了。

其三，西安一带的“匝咧”还常常与形容词构成形补关系，例如：

你说的这个办法美匝咧。

老张那个人真个是有本事匝咧。

我自己开上自己的汽车出门，比老早方便匝咧。

我们还可以再举出西安一带“匝咧”充当程度补语的常见形式。如：好匝咧｜美匝咧｜热匝咧｜困累匝咧｜高兴匝咧｜难受匝咧｜难看匝咧｜有水平匝咧｜没意思匝咧。

西安一带的“匝咧”最少有三个义项：1. 充当及物动词的补语，指某种动作或行为的频率很高；2. 充当不及物动词的补语，表示受动者对某种情况不愿意接受的心理；3. 充当形容词的补语，相当于普通话的“极了”。

8.4.1.2 “茬大”等

其一，“茬大”。从字面意思看，可能当初指“茬口很大”，后来语法化为表示程度。如西安一带的“可怜得茬大”指很穷，“爱看戏得茬大/爱看戏咧个茬大”指很爱看戏。

一是“V/A 的茬大”式。一方面与形容词构成形补结构表示程度，例如：瓜傻得茬大｜瞎坏得茬大｜闷脑子笨得茬大｜横[꜀çyɛ]蛮横得茬大｜可怜得茬大｜劳神得茬大｜难受得茬大｜暮囊耽搁时间得茬大｜没脸不要脸得茬大｜二百五莽撞得茬大｜二流子得茬大。

二方面与动词或动词性词组构成动补结构表示程度，例如：能吃得茬大｜能掮得茬大｜能熬熬夜/熬眼得茬大｜有措头有毅力得茬大｜爱吃西瓜得茬大｜爱看戏得茬大｜受拉扯别人请他帮忙就认真去帮得茬大｜会开汽车得茬大｜会下围棋得茬大。

二是“V 了 $_2$ 个茬大”式，如西安一带的“能吃得茬大”又作“能吃咧个茬大”，也就是说，“V 了 $_2$ 个茬大”跟“V 的茬大”的用法是一致的。例如：能熬眼咧个茬大｜有措头咧个茬大｜爱吃西瓜咧个茬大｜爱看戏咧个茬大｜受拉扯咧个茬大任何人叫帮忙都会很认真地去帮。

这两种形式在构句方面有着明显的不同，“V/A 的茬大”式可以不受副词的管控，“V 了 $_2$个茬大”式必须跟副词“还、倒、反倒、竟然”等搭配才可以成立。例如：

我看你没脸得茬大！

你还能熬眼咧个茬大！

他倒是有揹头咧个茬大！

这个小伙子二流子的茬大！

他一家子都爱吃西瓜得茬大。

我这个老师会下围棋得茬大。

没想到，你竟然爱吃西瓜咧个茬大！

他真的还就爱看戏咧个茬大，易俗社前一向汇演呢，他天天都看呢。

其二，“过火”，从字面意思看是“过了火候”，“V/A 得过火”指“过于 V/A”。

一是与形容词构成形补结构表示程度，例如：大得过火丨长得过火丨厚得过火丨胖得过火丨黑得过火咧丨胀得过火丨热闹得过火咧丨瞎得过火丨闷得过火丨横得过火丨臭得过火丨烂得过火丨难受得过火丨快得过火丨慢得过火。

二是与动词构成动补结构表示结果，例如：起得过火咧丨报负得过火咧丨撵得过火咧丨拉得过火咧丨打得过火咧丨炒得过火咧丨超得过火咧。

其三，“劲大”，例如：瓜得劲大丨严重得劲大丨好得劲大丨热闹得劲大丨有意思的劲大丨没意思的劲大丨乏味得劲大丨能行得劲大丨难看得劲大丨好闻得劲大。

其四，“没眉眼”，个别表示人心眼等方面的单音节形容词可以构成“A 得没眉眼”表示程度，例如：瓜得没眉眼丨瞎得没眉眼丨黏指人思维黏糊得没眉眼丨不懂道理得没眉眼。

宝鸡、岐山等处又作“A 得没眉没眼”。

其五，“没相框”一般与具有扩张特征的单音节形容词构成“A 得没相框”，例如：大得没相框丨长得没相框丨高得没相框丨瞎得没相框丨搗捣蛋得没相框丨瓜得没相框丨闷得没相框丨 ꜀张狂，狂妄，猖狂得没相框。

其六，“息息儿[ɕi^{24} .ɕiər]咧”可以与“困累、乏、累、饥、饿、难受”构成形补结构表示程度，例如：困得息息儿咧丨乏得息息儿咧丨累得息息儿咧。其中“息”字在此语境里读作阳平调。

另外，关于“息息儿”有三点值得注意：一是“息息儿”前边的形容词中心词也可以省略，例句如“他都息息儿的咧，教他歇一会儿。”二是“息息儿”又语法化如程度副词，是“实在，的确”的意思，一般要与“不、没”搭配，常见的组合如：息息儿不想吃咧丨息息儿撵不上咧丨息息儿不得动弹咧｜息息儿没劲咧｜息息儿上不到山上头咧｜息息儿跟不上大部队咧｜眼窝息息儿都睁不开咧。三是与“病、活”二字构成动补关系表示结果，如“病得息息儿咧”指病得到了极限了，随时都有生命危险；“活得息息儿咧”指老人到了风烛残年，随时会离开人世。

其七，“尽了$_2$”，如西安一带作“尽咧”，是“到了极点”的意思。

一是与形容词或形容词性词组构成形补结构表示程度，例如：瞎尽咧｜好尽咧｜恶尽咧｜难受尽咧｜狂尽咧｜难看尽咧｜可怜尽咧｜厉害尽咧｜难说话尽咧｜难缠难于对付尽咧｜争莽撞尽咧。

二是与动词或动词性词组构成动补结构表示结果，例如：最近单位把他就用尽咧｜他妈一辈子为一家子过日子确实是劳尽咧｜为办你的事情，我把办法都想尽咧。

三是西安一带的“尽咧”还有“（对人）好到极点”的意思。例句如：我年时个害咧一冬的病，媳妇儿在我跟前的确是尽咧，比个女子女儿都好！

其八，“美”字，多处在把字句里，充当动词或形容词的补语，“V｜A咧”是“V｜A得够呛”的意思。例如：

我把他气美咧。

那天把我饿美咧。

今儿把人热美咧。

牙疼把他疼美咧。

你这一回把我糊弄哄；捉弄美咧。

把这个二流子教那个半吊子打美咧。

登儿扑出来个狗，把我几个吓美咧。

鞋掌的钉子出来咧，把我的脚戳美咧。

其九，“多得多”，多数是“比N＋A＋多得多”式。例如：

他的钱比你的钱多得多得多。

这个娃比那个娃瞎得多得多。

这件事实在是难办得多得多。

如今的日子真是好得多得多咧。

我本来就棋臭，可你下棋的水平比我的水平还臭得多得多。

其十，关中方言有一种能产性很强的“A得比A还A”式形补结构，具有“A到极点”的意思很普遍地含有诙谐意味。例如：牢得比牢还牢｜瓜得比瓜还瓜｜闷脑子笨得比闷还闷｜灵得比灵还灵｜长得比长还长｜新得比新还新｜高得比高还高｜白得比白还白｜光得比光还光｜亮得比亮还亮｜严重得比严重还严重｜厉害得比厉害还厉害｜马虎得比马虎还马虎｜恶心得比恶心还恶心｜能干得比能干还能干。

其十一，关中方言还有一种能产性很强的表示程度的“V丨A＋得跟啥一样的”式。

一是“V＋得跟啥一样的”式。

一方面V是“爱、会、能、想、肯经常性地”5个能愿动词或副词（如“肯”）加上一般动词。如“爱吃肉得跟啥一样的”指很爱吃肉，“会开车得跟啥一样的”指很会开车，“能熬（眼）得跟啥一样的”指很能熬夜，“想去得跟啥一样的”指很想去，“肯来得跟啥一样的”指经常来。只要是“爱”等5个字可以组合的动词都可以进入这种格式之中表示程度。

二方面V是“有”字与名词构成动宾式，这些名词一般有“钱、粮食、东西、意思、条件、地位”等以及“吃头、喝头、看头、逛头”等“头”尾词。如“有钱得跟啥一样的”指很有钱，“有意思得跟啥一样的”指很有意思，“有看头得跟啥一样的”指很有看头儿。

这类句式中的“跟”字在口语里也可以省略，如：爱吃肉得啥一样的丨想去得啥一样的丨有意思得啥一样的丨有看头得啥一样的。这类句式不能受“不、没”的修饰，如“不会开车得（跟）啥一样的丨没（有）看头（跟）得啥一样的”不能成立。

二是“A＋得跟啥一样的”式。例如：热得跟啥一样的丨红得跟啥一样的丨穷得跟啥一样的丨热闹得跟啥一样的丨可怜穷；令人同情得跟啥一样的丨难受得跟啥一样的。

其十二，语言粗俗者用“㞞疼/㞞一样的/跟㞞一样/咋像㞞一样/垂子讳指男根一样/争的㞞”表程度的极限，例如：瓜得㞞疼丨笨得㞞疼丨香得㞞疼溢美之辞丨难受的㞞疼丨困累，乏得㞞疼丨黏形容词得跟㞞一样/黏得咋㞞一样/黏得跟狗㞞一样丨瞎得跟㞞一样的丨好得跟㞞一样的溢美之辞丨瓜傻得㞞一样的丨闷得㞞一样的丨香得㞞一样的溢美之辞丨难受得㞞一样的丨瞎得争的㞞丨好得争的㞞溢美之辞丨难闻得争的㞞丨可恶得争的㞞丨慢得争的㞞。

另外，还有比较式程度补语，常见的如：臭得跟狗屎一样臭极了丨红得跟灯笼一样/红得咋灯笼红极了丨淹性子坦，动作慢得跟长虫一样动作迟缓极了丨懒得跟猪一样懒极了丨闷得跟猪一样脑子笨极了丨脏得跟猪一样肮脏极了丨暮得跟牛一样暮气极了，指有的人一点委屈也受不了。

8.4.1.3　几个地域性很强的程度补语和结果补语

其一，西安一带的结果补语“马”。

20世纪六七十年代以前，西安方言有“A成马咧”式形补结构，“马”是程度补语，表示极限。如2004年春节期间，西安电视台推出用陕西方言演播的电视连续剧《西安虎家》里虎老大的二儿子的台词里有大量“A成马咧”的句式，例如：

饿成马咧——饿到极点了。

瘦成马咧——瘦到极点了。

困成马咧——累到极点了。

瞎成马咧——坏到极点了。

烂成马咧——烂到极点了。

《西安虎家》上演以来，关中方言区广大青少年对“A 成马咧”式形补结构予以纷纷效仿，如今，几十年听不到的方言现象，不但在西安广为流传，而且在关中方言区广为流传。

其二，西安一带“糊涂”充当程度补语兼结果补语的情形。

《西安虎家》其中有一句台词“我把你寻咧个糊涂”，意思是“我找你找得好辛苦”。事实上，西安方言的“糊涂[xu²⁴ tu²⁴⁻³¹]西安读音/[xu³⁵ tɤu³⁵⁻³¹]周至、户县读音”一词在动词谓语后边并且在时态助词“咧”字和衬字“个”的后边时意义有变化，充当句子的程度补语兼结果补语；“糊涂”充当程度补语兼结果补语的特点，据我们调查所知，只有周至、户县、西安方言里用到。再看下列例句：

我给你帮忙帮咧个糊涂，我看都是帮的倒忙。

我到处寻你，把你寻咧个糊涂，没寻见却碰见咧。

这半年老王忙咧个糊涂，也没忙出个所以然来指忙出成绩来。

这本书老张一个人写咧个糊涂，咋能把你名字挂上呢？

我这个房这座房子盖咧个糊涂，我自己没住，教你住去住上咧。

这些胡墼土坯他弟兄俩打咧个糊涂，一场透雨淋得连一个好的也没有咧。

为办你这个事，我把神劳咧个糊涂，你不记我好处没啥，你该不能恩将仇报嘛吧！

她一辈子抓咧 8 个娃，老汉又死得早，她给 4 个儿娶咧媳妇儿，把 4 个女子都起发嫁出去咧，可怜受咧个糊涂，老咧老咧到老来，儿女都不管她。你说她一辈子命苦不苦？

他 8 岁就没爸没妈咧，他舅家把他养活到 20 岁，给他买咧地、盖咧房、娶咧媳妇儿，他舅家把他操心照顾咧个糊涂，文化大革命来咧，他说他是他舅家的长工，把他舅家由中农升成富农咧。

如上例句中，动词或动词性词组后边连带“咧个糊涂”，“咧个糊涂”在句子中充当程度补语兼结果补语，既表示程度的极限，又是对结果的说明。“V 咧个糊涂”表示相应动作行为持续的时间很长、所付出的人力、物力、心力很大，其后续语句一般含有劳而无功、力气白费、吃力不讨好等意味。在西安方言的以上例句里，“糊涂”一词并不是通常意义上所指的头脑不清；“糊涂”必须置于“咧个”之后才能表示程度兼结果。如果去掉“咧个”两字，那么就不表示动作行为的程度和结果了。因此如下两个例句中的“糊涂”只充当结果补语：

几个捣蛋学生把老师气糊涂咧。

我看你这一觉睡得时间太耩=[ᶜtɕiaŋ]过于长咧，简直是睡糊涂咧。

关于西安一带“糊涂”充当程度补语兼结果补语的特点，2010 年 7 月在银川北方民族大学举行的第四届西北方言与民俗国际学术讨论会上。贾晞儒先生问笔者，元代今户县重阳宫一带有大量的蒙古人居住，现代周至、户县一带的“糊涂”有无表程度的？笔者把上述“糊涂”充当程度补语兼结果补语的特点告诉了贾先生，后来，贾先生把他写的一篇《语言接触有影响与青海汉话》的文章从网上发给了笔者。下面抄录贾先生关于“糊涂”的一段论述。

值得一提的是，青海汉话中的“糊涂”一词，大家都认为是借自土族语的[xudu]（特别、非常、很），作程度副词用。土族语是属于阿尔泰语系蒙古语族的语言，与蒙古语有着十分密切的亲属关系，其基本词汇中的60%～80%是跟蒙古语相一致的，这个词很可能就是现代蒙古语[tuŋ]（甚、极、很、非常、特别、绝对）的古读音，换句话说，就是舌面后清擦辅音[x]的脱落而形成了今天的单音节词。这种情况可以用现代蒙古语里与土族语相对应的一系列词为证。

土族语	现代蒙古语	词　义
hughur	oqor*	短的、短促的
hugon	oŋqor	深的、凹的、洼的
hugu	ükü	死
hujidal	uguta	包裹、包袱/口袋
humbaa-	umba-	游、游泳、淌、涉
huni-	unu-	骑

其三，西安一带的程度补语“没模系[mɤ^{31} mu^{52} ɕi$^{55-31}$]”，其中，“模”字是“模子”的“模”，西安一带通常读作阴平，在这个语境里读作上声。“没模系”从字面看，跟上文的“没相框”有点类似，都含有“超过模子”的意思，语法化的结果为表示程度。但是，“没相框”往往与人们所厌恶的形容词组合，“没模系”却不限于此，“A 得没模系”是“很 A，非常 A 的意思。A 限于单音节形容词。例如：

那条山路长得没模系！

他把娃惯得瞎坏得没模系！

海里头的鲸鱼大得没模系！

珠穆朗玛峰高大得没模系！

这个树比残的别的树奘粗得多得多，简直奘得没模系！

其四，临潼、渭南、富平以东的“A 得怕怕”表程度，A 通常是人们主观上不愿意接受的形容词或形容词性词组，如“恶、威[꜀uæ]、热、冷、臭、难受、不想吃”等。例如：

这个狗恶得怕怕！

这几天热得怕怕！

我这阵子难受得怕怕！

那个地方咋就臭得怕怕哩？！

我们从李芳桂剧作里找不到“怕怕”的如上用法，但是，可以看出“怕怕”在 200 多年前的李芳桂时代所具有的“可怕”义，很明显，关中东部“怕怕”目前的这种用法是从当初的“可怕”义来的。如下是李芳桂剧作里“怕怕”的用例：

席下是什么东西？呀，哪里这个死人来？好怕怕！（《香莲佩》）

你看你怕怕不怕怕？怪不得姚婆子打你哩！（《春秋配》）

人说十王庙中怕怕，果然如此！（《十王庙》）

其五，户县方言的“V＋过程儿咧[kuɤ^{55} .tʂʰəɯ .liɛ]”是“V 得过了限度了”等意思，V 是单音节动词。例如：睡过程儿咧睡过头了丨走过程儿咧丨拉过程儿咧丨超过程儿咧丨缘过程儿咧丨压过程儿咧丨炒过程儿咧炒得过火或者以至于都焦了。

另外，“死了”在关中方言里也常常充当程度补语，例如西安一带：忙死咧丨简直把人能急死了丨实在把人能热死了丨臭死咧丨慢死咧丨难受死咧丨可怜死咧丨吓死咧丨丢人死咧丨乏死咧/困死咧丨把他狗肏的就恨死咧。

8.4.2　其他补语

以下所报道的关中方言其他类型只限于状态补语和处所补语，主要参考了曹延杰（2007：1～12）《德州方言补语表示法》一文（见汪国胜主编 2007）。

8.4.2.1　状态补语

其一，常见的状态补语，上文 1.4.1.2 部分在报道多字格惯用语的时候，罗列了单音节动词或形容词连带补语式惯用语的情况，如“扳得硬得很指很难说话丨吃得料大咧指人的闲精神太多了丨臭得跟狗屎一样指很臭；指人在单位、邻里的威信很差丨瓜得要馍吃傻到极点了丨瞎得围呢坏到极点了丨横[꜁ɕyɛ]得井都跌不下去过于蛮横丨喜得没眼儿咧/笑得没眼儿咧高兴极了”，请详阅。以下罗列若干例句：

你当你富得咋像个王十万？
他的脸瘦得就咋个猴脸，腰细得咋个麻杆。
他的脸红得像个关公，你的脸咋就黑得咋个包公呢？
我咋看你咋横得像个黑社会老大呢？！
你的脾气咋暴得就咋吃了炸药咧？！
他一伙模拟东北赵本山那帮子演小品呢，演得真真儿就咋赵本山那帮子！
他有病呢，腿细得就咋一般人的胳膊，肚子咋个鼓。
其二，关中方言也有“VOV得C”式状态补语，例如：
下雨下得路上滑溜溜的。
熬眼熬夜熬得眼窝都成咧红的黏的咧。
打牌打得一晚夕连觉都没睡。
看书看得都成咧近视眼咧，还爱看。
洗衣裳洗得胳膊腕子都损酸疼咧。
喝凉水喝得肚子疼咧一晚夕。
写文章写得手都起咧圪丁子老茧咧。
做活做得腰都成咧趴趴子长久趴着腰咧。

8.4.2.2 处所补语

其一，关中方言的处所补语常常以“到”为标志，如户县歌谣《寒家燕儿》云：“寒家燕儿白头翁，白脖项脖子。顿顿吃饭骂婆娘，婆娘跳到井，拿个蒸馍馒头望上哄。哄到鸡窝，拿个棍棍儿胡戳。”西安一带通常可以见到的以“到”为标志的处所补语罗列如下：

把媳妇儿娶到新房里头。
把娃送到北京上学去。
你过去把马拴到木桩上去。
事情办到这个份儿上的确不容易。
把碗搁到案上/把碗搁到案[ŋã$^{55-52}$]。
把信捎到县上去/把信捎到县[ɕiã$^{55-52}$]去。
把书放到柜盖上/把书放到柜盖[kæ$^{55-52}$]。

普通话这类语句里一般还可以以“在”为标志；据我们对整个关中方言的调查了解，关中多数方言点则不以“在”为标志。

其二，上列例句中的“到”也常常在语流中因为极度轻化而丢失，使得处所词语直接加在动词后边，构成“V＋处所词语”的格式。其中，V为阴平、阳平调的，往往形成拖音；V为上声调的，变作阳平或不变调的同时形成拖音，也有主要元音发生变化的；V为去声调的变作上声调，或变作“零音节”（跟德州的“零音节”特点相似），或形成拖音。例如：

猪不乖有病，他把猪拉到/拉 la^{31} .a 兽医站看去咧。

四个人把麻将桌子支到/支 tsɿ^{31} .zɿ阳台上要呢。

他把钱拿到/拿 na^{24}.a 单位交房款去咧。

老张早都回到/回 xuei^{24} .ei 北京咧。

把媳妇儿娶到/娶 tɕʰy$^{52-24}$ y^{24}/娶 tɕʰy$^{52-24}$ .y 新房里头。

不小心把杀打到/打 ta^{52} .a 人身上咧。

你去给咱把娃引[iẽ^{52}]到/引[iã^{52}] /引[iã^{52} .ã]北京去。

你去把这些文件放到/放 faŋ$^{55-52}$ 我的办公桌上去。

把包谷架到/架 tɕia$^{55-52}$ 椽上。

8.5 复句研究

这里提请大家注意的是，关中方言的复句有与普通话一致的，也有与普通话不一致的，我们在写作过程中，将把不一致的作为重点来报道。本节在写作过程中，参照了邢向东（2002：683～693）《神木方言研究》和兰宾汉（2011：315～329）《西安方言语法调查研究》第十一章“复句”的有关内容。根据分句间的语义关系，关中方言的复句可以分为并列、因果和转折三个大类。

8.5.1 并列类复句

此类复句的分句之间存在着列举性，可以分为并列、承接、递进、选择四种形式。

8.5.1.1 并列复句

关中方言的并列复句可以不用关联词，也可以用关联词。

其一，先举不用关联词的例句如下。

你望上走，我望下走。

我住东边，娃娃住西边。

你在北京出差去，他在上海出差去。

他舅家在大王呢，他姑家在马王呢。

老汉今年 81 岁咧，老婆今年 79 岁咧。

语文老师是个男的，数学老师是个女的。

兰宾汉《西安方言语法调查研究》316 页指出：西安方言还常用动词儿化连用的方式表示并列关系，其基本形式是“AA 儿，BB 儿”，意思相当于“一会儿 A，一会儿 B”（笔者按：实质上是一种短时体）。兰著在此举了两个例句，抄录如下：

俩人说说儿，笑笑儿，没试着觉着一后晌功夫就完咧。

几个老太太走走儿，歇歇儿，有一顿饭功夫就到镇上咧。

其二，关中方言的并列复句用到关联词的，可能最多占并列复句的40%，但是，有必要条分缕析地对用到关联词的复句形式予以报道，因为这里有许多与普通话不一致的。

一是“旋……旋……”式，这种形式最常见的是紧缩复句，如“旋走旋看｜旋吃旋写｜旋说旋寻｜旋㞞旋耍｜旋做活旋商量”；其次是中间有停顿的，例如：

小刚旋写作业，旋迈眼儿偷空看别处。

他这一阵子旋做饭，旋看报纸，饭也做咧，报也看咧。

二是“一会儿……一会儿……/一时儿……一时儿……/一阵子……一阵子……/一阵儿……一阵儿……/行[xaŋ^{24}]……行……/□□[nəŋ^{31} .nəŋ]……□□……”式，这几种形式所连带的成分一般是意义相反的，如“一会儿来咧，一会儿走咧/一时儿来咧，一时儿走咧｜一阵子上去咧，一阵子下去咧｜一阵儿高兴咧，一阵儿着气生气咧｜行来行不来｜行去行不去｜行回来行不回来｜□□来咧，□□走咧｜□□上去咧，□□下来咧”。

三是“又……又……、还……还……”式，或者以“又……、还……”的形式与上一分句构成并列关系。例如：

她一个人又要哄娃，又要做饭，还忙得不行。

这个老师每天都有课，又要搞他的研究，多年都没闲过。

你（还）想贩苹果，还想贩甘蔗，还想贩橘子，你到底想贩啥？

把手头这些事情忙完咧，还得忙其他事情；反正一天到晚都不得闲。

四是与普通话的“一边……一边……/一面……一面……”相当，西安一带作“一头儿……一头儿……”，如“一头儿要哄娃，一头儿要做饭｜一头儿得把课上了，一头儿还要搞研究｜一头儿想贩苹果，一头儿还想贩甘蔗｜一头儿要听局长的，一头儿还得听书记的”。

8.5.1.2　承接复句

关中方言的承接复句有一部分没有关联标志，例如：

他把饭吃咧，在县上去咧。

老师把课上完，回房子房间；办公室去咧。

老婆把房子打摭清白打扫完毕，在地里挑菜去咧。

但是，关中方言的承接复句多数有关联词出现。

一是“刚……就……”式，这种形式较常见的是紧缩复句，如“刚来就走｜刚去就想回来｜刚上去就要下来｜刚张口开口就给我要呢”；也可以在中间有所停顿，例如：

你刚走，他就来咧。

他刚回到屋，就在地里做活去咧。

他刚回到单位，就在省上开会去咧。

“刚……就……”式里的“刚”字，户县方言又作“蕊$^{=}$”，户县大王又作“这们（＝枕）”，渭丰、涝店又作“这一[tʂei^{51}]”。

二是“先……下来/完咧$_{\text{西安一带}}$……”式，“下来/完咧”也可以不直接出现，例如：

你先说，下来/完咧由我说。

你先把这二亩地承包了，下来再说栽果树的事。

教他先等着，下来/完咧我跟他把道理好好儿讲嘎子$_{\text{一下}}$。

三是“先……就/马上……”式，例如：

你先走，我就/马上过来。

教他先回去，我办完事就/马上回去。

你先吃饭，吃罢饭马上过去也就对咧。

四是“等/候/投……就/都/已经……”式，例如：

等钱到手，事情早都过去咧。

等他回来，咱就一搭儿去$_{\text{咱们就一块儿去}}$。

候你来，他早都回去咧；你咋不早来呢？

投文件发下来，他早已经把手头的事情办完咧。

五是以“却$_{\text{又，再}}$、再、后来/后嗣$_{\text{户县}}$/嗣后$_{\text{宝鸡}}$”等与上一分句相承接，例如：

你刚吃罢饭，咋却吃呢？

事情都过去几年咧，再提有啥意思呢？

这个事情我爷$_{\text{祖父}}$原本知不道$_{\text{不知道}}$，后来/后嗣是我姑给我爷说的。

六是“一……就……”式，这种形式最常见的是紧缩复句，如“一看就懂｜一听就明白｜一学就会｜一吃就走｜一尝就买｜一拿就走”；也可以在中间有停顿，例如：

妈一来，我就放心咧。

小红一走，我的心里还空空儿$_{\text{空落落}}$的。

医生把诊断结果一说，一家人心里都轻省得多咧。

8.5.1.3　递进复句

其一，关中方言也用到普通话所具有的“不但（/不仅/不仅仅/不光）……而且……/不只是……而且还……”等形式，西安一带与“不但……而且……”相当的还有“不单单儿……而且还……”，“不但/不只是/不单单儿”等也可以不直接出现。例如：

不光你想去，（而且）我也想去。

他不但想在你跟前借钱呢，而且还想多借些呢。

这个老人家不单单儿是你的忘年交，而且还是我好几个人的忘年交呢。

他经常给那个老人给钱给东西呢，还招嘴动辄就把老人接到他屋住呢。

其二，“越……越……”式，多数情况下以紧缩复句的形式出现，如“越看越高兴｜越说越起劲儿｜越走越糊涂｜越活越年轻｜越吃越爱吃”；也可以在在中间有停顿，例如：

你越给我胡来，我就越不想理你！

他越走得远，咱肯定就越看不见咧！

越是他最困难那个当当的时候，就越要帮他。

其三，以“……越发[fa^{31}文读｜pa^{55}白读]”承接上一分句构成递进关系的，实质上是上述“越……越……”式省去前边的“越”字的结果；也可以以“越……越发……”式来表达。因此，上述例句又分别作：你越给我胡来，我就越发不想理你！｜他越走得远，咱肯定就越发看不见咧！｜越是他最困难的时候，就越发要帮他。

其四，“不光……连……｜不但……反而……”式，以下例句抄录自兰著319页。

咱爷的病不但没治好，反而加重咧。

小波经商不光没挣下钱，连本儿都赔完咧。

你看我，不但没劝成架，反而叫人把手抠烂咧。

兰宾汉指出：“连”字前往往可加副词“就”，对“连”字后面的受事加以强调。例如：

不光我说话不顶用，就连我爷的话他也不听！

不光媒人不清楚，就连他妈也搞不明白他俩的事情。

其五，西安一带的“嫑说……连……”式，即兰著318页之第一种，例如：

嫑说他不想给我给这一点儿东西，我连他的啥都不想要。

嫑说你惹不下兀一[uei^{52}]那个瞎种极坏的东西，就连好几任领导都让他三分呢！

你买的衣裳这们这么花哨的，嫑说我穿不出去，连十几岁的姑娘娃穿上（/下）也嫌怪！

8.5.1.4　选择复句

其一，任选式。关中方言常见的任选式关联词如“要么……要么……/要不……要不……/要不然……要不然……｜或者……或者……/或是……或是……”。例如：

要么种粮食，要么种菜，反正不能教地闲着。

要不然你去，要不然他去，不管咋着得去一个人。

就这一点儿钱，要么/要不买化肥，要么/要不先把账还了。

娃大学毕业咧，或者/或是参加工作，或者/或是考研；咋着都行。

其二，必选式。关中常见的必选式为“不是……就是……｜是……还是……”。例如：

不是张三，就是李四。(民间故事《梦先生》)

不是东风，就是西风。(民间故事《梦先生》)

今儿不是在镇上买化肥去，就是在地里浇水去。

他俩是五一订的婚，还是年底订的婚？

今儿是你在二姨家去，还是他在二姨家去？

其三，取舍式。一类是先舍后取，常见的关联词有“不如/不胜/不敌……｜与其……不如/不胜/不敌……｜早知道……还不如/不胜/不敌……”，例如：

教他给我做活酒肉招待，不胜我在街道上雇农民工划算。

与其花钱打针吃药，还不如/不胜/不敌平常多锻炼呢！

早知道托人办事这们这么难的，还不如/不胜/不敌要寻人。

关中方言还有以“有……”与“还不如/不胜/不敌……”构成取舍式的。例如：

有谝闲传聊天的闲精神，还不胜做些活去。

有给富汉帮忙的功夫，还不胜把自家地里庄稼务好！

有巴结领导的钱，还不如给你妈把病好好儿看嘎子看看。

有时候，前一分句好像是在说明一件事情，与后一分句似乎没有明显的取舍关系。如下两个复句，前一分句所表明的事情，隐含着对后一分句行为的否定，这正是后一分句做出取的理由。(兰宾汉 2011：320)

我爷的腿不方便，不胜叫我去算咧。

早知道张三这个人不地道，咱还不胜不跟他做生意呢！

另一类是先取后舍，常见的关联词有“宁（教）/宁愿……也不……”，例如：

宁吃一口菜，不吃一口肉。

谚语：宁走十里光，不走五里荒。

谚语：宁挨好汉一刀，不跟二母狗子不懂事理者相交。

这个人宁教/宁愿自己吃亏，也不想教残的别人为难。

这个领导宁教关心他的人骂他，也不爱那些溜须拍马的捧他；耿直得很。

8.5.2 因果类复句

8.5.2.1 因果复句

其一，关中方言区老派口语也用到“因为……所以……丨之所以……是因为……”等；户县老派口语把“因为”的“为”字读作去声调，户县把“所以”读作[suɤ$^{31-35}$ i^{31}]，但是，许多人把“因为”的“为”字读作阳平调，是为错读。例如：

因为他不会舔尻子巴结人，所以，官升得慢得很。

因为你跟我没一点儿关系，所以，我管你是个人情自愿的。

因为他的一句话没说好，加上我跟他好，所以，替我把人也得罪下咧。

他就因为这一点儿事情跟人动刀子呢，所以，你不能跟他这种人来往。

大家之所以愿意帮你的忙，是因为你经常给大家帮忙呢；这都是好心换好心呢。

这几个关联词有时候也可以省略。例句如：他不会舔尻子，所以，官升得慢得很/因为他不会舔尻子，官升得慢得很丨你跟我没一点儿关系，所以，我管你是个人情丨大家愿意帮你的忙，是因为，你经常给大家帮忙呢；这是好心换好心呢。

其二，关中方言以“既然……那……丨既然……就……丨既是……就……”等形式表示以既成事实或道理为依据，由此推断出可能产生的结果。例如：

既然娃都认错咧，那你就把娃原谅了。

既然她不愿意跟人家结婚，为啥还要拿人家东西呢？

既是你镇这么有威信的老人来替他说话，我就不追究他咧。

其三，兰宾汉（2011：321）指出：一般性的因果说明，多倾向于用意合法；为了强调原因对结果所造成的影响，多用“都怪我、都是、还不是”等词语突出原因分句。例如：

赶早饭早饭没吃饱，还没到晌午就把人饿的。

你看，这个锄把不光，把我的手都磨烂咧。

这个人一点儿力都不想出，他要能做好庄稼才怪呢！

这个娃太任性咧，都是他爷他奶惯得来其祖父母娇惯的结果！

刚买的新水壶就烧烂咧，都怪我只顾说话把烧水忘咧。

你这几年把日子过得镇这么好的，还不是你老婆有本事？

其四，兰宾汉（2011：321～322）对西安方言其他因果复句的讨论很仔细，敬请参阅。这里有必要提请大家注意的是，西安一带的“没咧/要不/要没”都是“要不然”的意思，常常处于因果复句的后一分句，说明前边之所以如此或那样的原因。下面抄录兰著几个例句：

小燕大概是有病咧，没咧/要没她早都来咧。

小王一定是生气咧，没咧/要没他咋连招呼都不打就走咧？

肯定是食堂的饭菜不干净，没咧/要不咋几个人都闹肚子呢？

其五，兰宾汉（2011: 323）指出，西安方言还以“我就说……原来是……”的形式来表示因果关系。事实上，关中方言还以“原来”的变体“半会/半十年半十会”来表达因果关系；其中，“半十年半十会”比“半会”的语义重。例如：

我就说他咋没上班，原来/半会是有病咧。

我就说咋饿得发昏呢，半十年半十会是赶早没吃饭。

在对话过程中，“原来”及其变体也可以省略。例如：

（甲）小军上周到工地上去咧。（乙）我就说这几天咋没见他？

（甲）天气预报说这两天有寒流呢。（乙）我就说今儿赶早咋镇这么冷的？！

其六，本书 5.4.7 小节所讨论的“辄说”也具有因果了关联词的性质。“辄说”用在因果复句里表示结果，说明“为什么”的问题；“辄说”常常处于句首，这种以“辄说”开头的句式都是果在前因在后；当然，这种句子也可以因前果后，以“辄说……”为后句。

辄说我[ŋɤ^{52}]爱我娃[ŋæ^{31}]呢，我娃就是乖嘤/我娃就是乖嘤，辄说我爱我娃呢！

辄说我[ŋɤ^{52}]对你有意见呢，你的毛病就是多/你的毛病就是多，辄说我对你有意见呢。

辄说他有钱呢，你看他多勤谨的/你看他多勤谨的，辄说他有钱呢；谁比他勤谨谁肯定比他还更加有钱。

辄说把饭要给小伙子吃呢，做活凭的就是小伙子嘤/做活凭的就是小伙子嘤，辄说把饭要给小伙子吃呢！

辄说他的日行日子好呢，他一家都上班着呢，工资还都不低。/他一家都上班着呢，工资还都不低，辄说他的日行好呢。

8.5.2.2　假设复句

其一，关中方言提出假设的前句以“如果/若果/假若/假使”为关联词，结果后句一般以“就”为关联词。例如：

如果/若果/假若/假使你去，我就不去咧。

如果/若果/假若/假使他答应我的条件，我就跟他合作。

如果/若果/假若/假使教我把这个局长在当半年，我一定把这件事处理完。

如果/若果/假若/假使再给你单位下拨 200 万元，有能力把这个任务落实了没？

其二，兰宾汉（2011：323～324）指出，西安方言除了以上形式以外，还有三种假设复句：第一种用表示时间假设的“投……都……”引出结果分句；第二种用“要是……｜要是……的话，就……｜要不是……，早就……”连接分句；第三种用连词“再”提出假设的情况，另一分句表示假设所引出的结果，“再”相对于“要是”，还常常与表示假设的语气词“些”配合使用，使假设关系更为显豁。以下主要抄录了兰著的有关例句。

你要是胡说八道，看我不撕烂你的嘴！

投你明儿去报名，黄花菜都凉咧来不及了！

投你把饭做对做好，我几个早都饿死咧！

要不是看你哥的面子，看我不好好儿收拾你！

要是咱年时个去年栽葱的话，今年也能多赚些钱。

我再知道你会打字，我就不请人帮忙咧。

我再知道你把饭吃咧些，我就给你不做（饭）咧。

过两年再有钱咧，咱也买个小车美美儿开一下！

我再知道这衣裳质量镇差的，给我找钱我也不买！

其三，关中方言的语气词“些、着、了$_2$”分别可以表示假设，其语义相当于“的话”。诚如兰著所说，“些”字与“再”字配合使用，使假设关系更为显豁；其实，“了$_2$”也具有同样的特征，如西安一带的“咧”字与“再”字配合使用，也使假设关系更为显豁。例如：

你再不去咧就算咧。

你欺负我着想咋呢？

谁再还有啥意见，就随便提。

你再不吃饭咧，过去看书去。

你再不跟我谝聊天咧，我就走呀。

他今儿不给我帮忙着想弄啥呢？

老汉再不想参加会咧，教他回去歇着去。

他再不表态些，我不可能把这些钱给你。

你嫌你妈做的饭不好咧，就在饭店买着吃去。

我再不理你些，还害怕你不高兴；理你些，怕人家知道你我的关系。

以上例句中的“再”字均可以省略。

关中方言其他表示假设的连词基本上都可以跟“些、了$_2$”配合使用，使假设关系更为显豁。例如：如果你去些，我就不去咧｜投你把饭做对咧，我几个早都饿死咧！｜要不是看你哥的面子些，看我不好好儿收拾你！abcd

其四，关中方言表示假设的“了$_2$”与能愿动词组合时可构成紧缩复句，具体为四种：a是“$V_{能}$＋V＋了$_2$＋就＋V”；b是在“$V_{能}$＋V＋了$_2$＋就＋

V”式的基础上省去“就”字；c 是在“$V_{能}$+V+了$_2$+V”式的基础上 V_1 长化，实质上“了$_2$”没有缺位；d 是“了$_2$”直接缺位。其中的 V 限于单音动词，凡能与能愿动词组合的单音动词都适用此语境。例如：

a	b	c	d
想去咧就去	想去咧去	想去[tɕʰiː55]去	想去去
想来咧就来	想来咧来	想来[læː24]来	想来来
该吃咧就吃	该吃咧吃	该吃[tʂʰʅː31]吃	该吃吃
愿意看咧就看	愿意看咧看	愿意看[kʰãː55]看	愿意看看

其五，比如假设复句“假如他要吃的话，那就教他吃去（吧）”在西安一带常常以如下形式来表达。随着字数的递减，一般以紧缩复句的形式来体现。其中，“呀[.ia]”字和“去[tɕʰi55-31]”字在这样的语境里都表示假设，“去”字常常可以不出现。假如“他吃（他）吃去”里“他”字不出现，“吃吃”的语音格局亦如上文“其四”的“吃[tʂʰʅː31]吃”。这里提请大家注意，这类包括上文“其四”的复句中，谓语中心词不能受“不、没、嫑”的修饰。

他要吃，就教他吃去。

他吃呀（他）吃去。

他吃（他）吃去。

类似“他吃呀（他）吃去/他吃（他）吃去”的例子如：你去[tɕʰi55]呀（你）去[tɕʰi55]/你去（你）去｜他来呀来/他来来｜他走呀走去/他走走去｜你回去呀回去/你回去回去｜他过来呀过来/他过来过来｜你给呀给/你给给｜领导研究呀研究去/领导研究研究去｜那些事情，你（想）解决呀解决去/那些事情，你解决解决去｜你上县呀上（县）去/你上县上县去｜你上班呀上（班）去/你上班上（班）去｜你妈要回农村呀回（农村）去/你妈要回农村回（农村）去｜你想洗衣裳呀洗衣裳去/你想洗衣裳洗衣裳去以上中心词为动词或动词性词组｜以下中心词为形容词他糊涂呀糊涂去/他糊涂糊涂去｜你恶心呀你恶心去/你恶心你恶心去｜老汉高兴呀高兴去/老汉高兴高兴去。

如上例子中的复合词或动词性词组连用的时候，如“研究研究、解决解决、上班上班、回农村回农村、洗衣裳洗衣裳”没有长化等特殊的语音格局。

其六，凤翔方言以“只[tsʅ31]、了$_1$、脱⁼话”等表假设，在同一语句里“只、了$_1$、脱⁼话”等也可以形成叠床架屋的格局。例如：

你想去脱⁼话就去。

你（*只）不想拔草就写字去。

你只把高中考上，我就给你买自行车。

你只把三好学生拿上了，我就给你奖 100 块钱。

你只望[uo^{44}]街去脱⁼话，给我捎（上）二斤辣子。

你（只）不吃了就做活去／你（只）不吃脱⁼话就做活去。

8.5.2.3 条件复句

其一，充足条件复句。关中方言充足条件复句常用的关联词为“只要……就……”，户县方言又作“只嫑……就……”；这类复句里，“就”字可以不出现。以下例句，抄录自兰著（2011：325）：

只要按时把麦种到地里，后头的事情就好办咧。

只要一想到刘铁滑稽的表演，就叫人由不得发笑。

只要你不说出去，谁能知道是咱俩把桌子抬走咧？

其二，必要条件复句。关中方言必要条件复句常用的关联词为“只有……才……｜除非……才……”。例如：

只有你出面，这事情才会有个好结局。

只有早一点去，葡萄才能卖个好价钱。

只有把浇水的问题解决了，种菜才能有保障。

除非警察出面，才能把兀个灰那个坏家伙镇住。

除非咱老师坚决不准我参加，我才善罢甘休。

其三，排除条件复句。关中方言排除条件复句常用的关联词为“不拘①……都……｜无论……都……”例如：

不拘做啥事情，都要讲诚信。

无论你说得多好听，都嫑想教我出一分钱！

不拘/不论你来，还是我去都可以；我这会不忙。

不拘回来得多迟，他都要到他奶屋里坐一会儿呢。

8.5.2.4 目的复句

其一，达到目的复句。关中方言达到目的复句常用的关联词为“为……｜为了$_1$……｜为的是……”，一般不用“以便”。西安一带这个语境的“了$_1$”作“咧”。例如：

我这样苦口婆心地劝你，到底为的是啥？

为把借人的钱赶紧还了，李钢两口子起早贪黑地做活。

为咧娃能上一个好学校，吴英一家子却没少费神花钱。

他婆为孙子，咋着无论如何都愿意；就是把他婆的黑馍指肝脏边子吃了都愿意！

其二，避免结果复句。关中方言避免结果复句常用的关联词为“省得/省减……｜免得/以免……｜就怕/单怕/只怕……｜防止/防顾/防备……”等。例如：

谚语：不怕一万，单怕万一。

谚语：不怕不识货，单怕货比货。

你上街顺便买两个草帽子，省得/省减改天专门去买。

你锄地得咧的时候把裤腿绾高，免得/以免露水把裤腿弄湿。

这么重要的会，不怕残的别人不来参加，就怕他老人家那个大专家不来参加。

人家那么有钱的，根本就不怕你去吃上三顿五顿的，只怕八抬大轿都把你请不去呢！

你出门时把门咧窗子咧都关得牢牢儿的，要防止/防顾刮大风把土咧啥的刮进来呢。

8.5.3 转折类复句

8.5.3.1 转折复句

其一，重转复句。

一方面，关中方言亦如普通话那样，常用的重转关联词如"虽然……但（是）[②]/可（是）……｜尽管……还是……"。例如：

今年虽然没挣下几个钱，可（是）咱把养兔的技术学会咧。

虽然雨是下得多咧些，但是/可是，能看出这几年生态越来越平衡咧。

大嫂虽然在人面上乐观得很，但是/可（是）她心里的苦有几个人知道呢？

尽管妈的身体不好，她还是整天操劳不停。（兰宾汉 2011:327）

尽管小荷嘴上没说啥，心里还是觉得不好受。（兰宾汉 2011:327）

在实际的表达过程中，"虽然、尽管"也可以不出现。例如：雨是下得多咧些，但是/可是，能看出这几年生态越来越平衡咧｜他妈的身体不好，她还是整天操劳不停｜他给他妈打咧几回电话，还是放心不下｜天气热得教人难受，他还是连草帽子都没戴就锄地去咧。

二方面，关中方言读如"渴"的"却"具有重转关联词的性质。兰宾汉（2011：326）把此字写作"可"且记作阴平调；兰先生指出：西安方言运用最广泛的表转折的关联词是副词"可"，可能符合其家乡灞桥区的特点，西安城区及长安区多数地方并非如此。以下例句抄录自兰著，我们直接把兰著的"可"改作"却"，这些"却"兼有"再，又"的语义。

这是王二狗惹的祸，跟我却没关系。

你说星期五去大姐家呢，咋却不去咧？

赶早还晴的好好儿的，过咧一会儿却下雨咧。

三方面，关中方言还以"就这……还"表示重转，"就这"当"尽管如此"讲。例如：

恁大的好处他都得咧，就这他还不愿意。

他把好几个人的都拿去咧，就这还想多拿呢。

他把违犯纪律的事情做下咧，就这领导还给他回话呢。

你都肥得流油呢，就这还哭穷！你说，教穷人活不活？

他把单位的便宜占匝咧指经常性地占便宜，就这还有意见呢。

其二，轻转复句。关中方言的轻转关联词亦如普通话的“只是、不过、只不过”。以下例句参照了兰著。

浇地的事谁都难说，只是村干部都不想管就是咧。

二牛他爸对娃其实够关心呢，不过就是嘴上不说。

胡老汉教自行车撞倒咧，只不过跐蹭烂咧一点儿皮。

其三，让步复句。

一方面，兰宾汉所报道的西安方言让步复句的特点，符合关中方言的实际，其关联词语为“就是……也……/即就是……也……”。例如：

就是砸锅卖铁，也要供娃把大学上了呢。

就是乡长来咧，也不可能逼咱把刚出苗的麦犁了吧！

你就是有三头六臂，遇见这个事情也还是没一点儿办法嘿！

即就是娃考试不及格，你也千不该万不该把娃打成这个样子啊！

即就是你个狼心狗肺的东西给我不给一分钱，我也要想方设法把事情办得漂漂亮亮的！

二方面，关中方言表示让步关系的关联词也有用到“就算……也（还）不该/也（还）不能/也应该……丨就算（是）……也（还）不如/也（还）不胜……丨就算（是）……也比……丨就算（是）……还不是”等的。例如：

就算你有真本事，也不该骄傲吧。

就算他有天大的能耐，也应该谦虚些呢。

就算是种菜收入少，也比把地空上/下强得多。

就算他狗肏的是神仙，也嫑想知道我这阵子在啥地方！

就算是他失鬼倒棒槌发财咧，也不胜咱过穷日子心里踏实。

就算他成咧亿万富翁，他黑咧晚上睡觉还不是只占三尺宽的地方。

8.5.3.2 假转复句

其一，关中方言的假转复句中用“不了$_2$……丨不然（的话）/要不然（的话）……”引出后一分句。西安一带例句如：

你还不赶紧给青菜打药，不咧就教虫把菜叶叶吃光咧。

这几天商店的衣裳打折卖呢，赶紧买去，不咧就卖完咧。

他叫你在他单位拿书去呢，你就放快拿去，不然的话就没咧。

你得抓紧时间复习，（要）不然考不上个好学校，却咋办呀？！

你却长短千万嫑骑你爸的摩托车，不然的话，你爸回来非打你不可！

事情并不是你说的这个样子，要不然的话你就问那几个参与过的人去。

其二，如兰宾汉指出：西安方言用“多亏……要不（不然）｜要不（不然）的话”引出后一分句。例如：

咱多亏带伞着呢，不然就淋惨咧！

咱得赶紧走，要不（的话）就迟到咧。

多亏拿得钱多，要不（的话）就把人的手打住咧。

那天多亏老汉叔你给我帮咧恁大的忙，要不然把我就整惨咧！

多亏我今儿没捅那个马蜂窝，要不非教马蜂蛰失塌蛰得很惨不可！

注释

① 户县方言的“拘”字在“拘泥、拘留、不拘小节”等语境里读作阴平调，“不拘”用作关联词的时候，“拘”字读作上声调（＝举）。

② 关中地区有一个关于“但是”的民间故事。说的是一个算卦先生给一个有钱有势的人算卦，说他这也好，那也好。而每当算卦先生说到“但是”二字的时候，这位有钱有势的人就大把大把地给算卦先生塞钱，于是，算卦先生后来每每用到“但是”二字的时候，就故意拉长声音，于是，得到有钱有势者的许多钱。

8.6　词类活用

关中方言也有词的兼类和词类活用现象，本节只报道词类活用现象。

8.6.1　名词的活用

世。此字通常用作名词或以名词性词素出现，如“在世、下世、世来通常情况下看来、世上”；活用作动词时一般是“养育（肖贤子孙）”的意思，例句如“你看人家，把好娃世上咧，啥心都不操；咱把冤家世上咧，生不完的气”，也可以指“娶（肖贤媳妇）”，例句如“给你世个好媳妇儿，你是烧咧高香咧；世个麻迷儿不懂道理的媳妇儿，有啥办法呢？”

匪。此字通常以名词性词素出现，如“土匪、匪军、匪徒”，活用作形容词时指“（孩子）劳神，不听话，爱捣乱”，例句如“他的孙子太匪咧，难管得很！”

水。此字通常用作名词或以名词性词素出现，如“浇水、流水、水路”，活用作形容词时是“湿，湿润”的意思，例句如“他把毛巾没握干，毛巾还水得很｜你手上咋水得很？”

硙。此字指磨子，户县把磨面叫做“套磨子”，泾阳叫做“打硙”，富平及其以东许多方言点叫做“硙麵”。户县地名中有一些以“硙”为标志的，这是以前曾经有过磨子、磨坊的缘故，如“孙家硙、谷子硙、真花硙（著名抗日英雄关麟征先生就是真花硙人，抗日战争期间，关将军采用谐音双关的方法把家乡的村名改为‘振华威’，其创办的中小学分别叫做‘振华中学、振华小学’；笔者1973年2月至1975年元月在振华中学读完高中)”。户县有一首不知流传了多少年的儿歌云：“打箩箩，硙麺麺，杀公鸡，擀臊面。我娃吃咧八大碗。”其中的“硙”字活用作动词“磨”，但是，如今的户县方言不把磨麺叫做“硙麺”。这首儿歌还作“箩箩，麺麺，他舅来咧吃啥饭？杀公鸡，擀臊面。一下一家伙，一下子吃咧八大碗。”

步。宝鸡一带把跨着步子量长短叫做“步[pʰu꜄]”，西安一带相应的直接用动词“叉[꜀tsʰa]”来表达。

桥。此字通常用作名词，如“修桥、架桥、一道桥”，活用作动词时是“（事情）处于搁浅的状态，像一座桥那样，担在那里”的意思，例句如“那件事情要是桥上咧就麻烦咧”；其动词用法又作阳平调的“担[tã²⁴]”。

肉。此字通常用作名词或以名词性词素出现，如“吃肉、肉菜、大肉、牛肉”，活用作形容词指人呆板，处事不果断，例句如“男子汉没见过他镇这么肉的！”

线。此字通常用作名词或以名词性词素出现，如“一条线、电线、丝线、线索、线路”，活用作形容词时指植物的幼苗很纤细，例句如“包谷苗刚出来，还线得很”。

冰。此字通常用作名词或以名词性词素出现，如“滑冰、冻冰、冰霜、冰碴子、冰溜子”；此字可以活用如使动词，其使动词用法西安、户县等处读作阴平，关中多数方言点读作去声，如“把从锅里头刚捞出来的麺在凉水里头冰一下”；此字还可以活用为形容词，是“凉，冰凉”的意思，例句如“这水冰得很”。

绒。此字通常以名词性词素出现，如“绒衣、平绒、灯草绒灯芯绒”，活用作动词时是“把眼睛眯成一条缝”的意思，例句如“你把眼窝睁大看就对咧，绒着弄啥呢？”活用作形容词时是“细，不粗”的意思，又作“毧”，例句如“刚出来的苗还绒/毧得很着呢”。

抹搭。此词名词的意义为“问题，症结”，如“有抹搭，没抹搭”。“抹搭”的本义指奸情，元杂剧《倩女离魂·2》：“你若是似贾谊困在长沙，我敢似孟光般显贤达，休想我半星儿意差，一分儿抹搭。”活用作动词时指有奸情，例句如“他跟个寡妇在一搭儿一起抹搭着呢”。

浆水。浆水或浆水菜是我国中西部地区许多地方饮食民俗中的家庭食品，名词“浆水”指浆水的酸汁，活用作形容词指人话多而乏味，例句如“你这个人太浆水咧！”

另外，禁忌字“㞗、屄、垂子”等也有活用作形容词或语气词等的，请详阅 8. 7 节。

8.6.2　动词的活用

有。此字通常用作动词或以动词性词素出现，如“有人，没有”，活用作形容词时是“富有，富裕”的意思，例句如“他屋家有得很”。

离。本书 2.1.1 部分报道的破读字“离”，通常用作动词，活用作形容词时指感情疏远。请详阅该部分“离”字条。

僟。此字通常用作动词，如“僟热窝往热点处去、僟到一搭儿一起”，活用作形容词时是“拥挤”的意思，例句如“把这几个放到一搭儿僟得很丨这些东西放得太僟咧”。

辱。如户县方言，此字文读ʐɤu^{51}，有三个白读音ʐɤu^{31}/zu^{31}/suẽ^{35}。此字用作动词如文读语境“侮辱、欺辱、荣辱、耻辱”，白读之一的语境只有“辱没ʐɤu^{31} mɤ^{31}”，白读之二的语境如“辱 zu^{31} 欺、辱 zu^{31} 践欺辱，作践”。白读之三的意思是“羞；羞辱”，用如使动词，如《史记·廉颇蔺相如列传》里的“辱其群臣”，例句如“不嫌辱 suẽ^{35}丨辱 suẽ^{35} 人来丨把人能辱 suẽ^{35} 死了丨你这是辱 suẽ^{35} 谁呢？”

归。此字通常以动词性语素出现，如“归公、归功于、牧归”，活用作形容词是“贫穷”的意思，例句如“不勤谨就把日子过归咧丨世养育下个败家子不得归就由不得了”。

烂。此字通常用作动词兼形容词或以词素的形式出现，如“烂咧、浑的烂的、烂葬、烂耽马大哈的样子”，此字还可以用作使动词，是“使事情烂，使想办的事情不能成功”的意思，例句如“你这是故意烂他的好事呢”。

8.6.3　形容词的活用

大。此字通常用作形容词或以形容词性词素的形式出现，如“大得很、伟大、大方”，活用作动词时是“大过、胜过”的意思，如玩牌的时候说“把他大了丨我大不了他”。

野。此字通常用作形容词或以形容词性词素的形式出现，如“野野蛮，刁野；路程长得很、野外、田野”，活用作动词时指漫无目的地到外边去游玩，“几个娃娃野到河滩去咧丨我前半日上午寻你几个呢，没寻来，你几个野到啥地方去咧？”

威。此字通常用作形容词或以形容词性词素的形式出现，如文读 uei^{31} 时适用语境“发威、威风、威势、威严”，白读 uæ^{31} 时意思为“恶（得有道理），厉害（得很明白）；（庄稼）长势好”，语境如“撒威丨（歇后语）老虎不吃人——威名在外丨就看谁能威过谁呢？丨那个老汉威得很丨他的庄稼长得威得很”。此字活用作动词时限于白读，是“训斥”的意思，例句如

"娃不听话，他把娃威咧一顿丨你嫑威他咧，他按你的意思办就对咧"。

瞎[xa^{31} 白读]。此字通常用作形容词或以形容词性词素的形式出现，如"瞎坏得很、瞎人坏人、心瞎心底不善良；利己，偏爱某些个儿女（含褒义）"，活用作动词时为使动用法，贾平凹《古炉》12 页的对话"狗尿苔说：她给你和杏开瞎名声哩！霸槽说：那瞎啥名声？"是这种用法，还有一段话也是这种用法："这怎么不是瞎名声呢？狗尿苔觉得霸槽默认半香的话是故意要张扬哩，他霸槽不顾了脸面，杏开还要名声哩。"

慢。此字通常用作形容词或以形容词性词素的形式出现，如"慢得很、怠慢、慢待"，还常常活用作使动词，例词如"慢食指猪等家畜因肠胃不适等原因食量减少、慢事对该办的事情不及时办"。

黏。此字关中方言白读如"然"，通常用作形容词，如"黏得很、黏麺、黏核儿"。此字活用作动词主要的意思有：1.纠缠，据理力争，例句如"他一直为这件事黏我呢，我没办法丨你再去把你领导黏一下，看咋样"；2.使人限于是非圈子，例句如"这些事情把他就黏到里头咧"；3.接触，联络，来往，例句如"这个人你不敢黏，一黏就把你缠住咧"；4.有牵连，有瓜葛，例句如"你的事情跟我一点儿都不黏"；5.牵连，牵涉，例句如"只要那个麻烦事情把你没黏进去就好"。

润。此字通常用作形容词或以形容词性词素的形式出现，如"是个润的、温润"，活用作动词时是"把财物等加（进）"的意思，例句如"为过我这个穷日子，我二爸二叔父把不少钱都润进去咧丨把我的东西再往里头润些"。

꜀张。关中方言读作阳平调的"张"字用作形容词的时候是"狂，疯狂"的意思，例句如"看把你꜀张的丨你꜀张你的啥呢？"活用作动词的时候是指疯狂地到外边去玩耍，跟上文的"野"字用法差不多，例句如"放咧几天假，他的一伙从西安꜀张到北京，从北京꜀张到哈尔滨去咧；教我看真的就꜀张够咧，他的一伙还说没逛够"。"꜀张"字的动词用法又作"疯"。

犟。此字通常用作形容词，如"他犟得很"；活用作动词时指很倔强地争辩，例句如"你跟他嫑犟咧丨谁能犟过他，那才叫能行呢！"

央。此字即"央无儿"的"央"字，"央无儿"是人品名词，扬子《方言・卷十》写作"央亡"（央亡，猾也。……凡小儿多诈而猾谓之"央亡"），今西安一带把个性强、故意捣乱、耍滑头而品质并不坏的晚辈或幼者叫做"央无儿"，其中"无"字读作[mu^{24}]。西安一带的"央"字通常用作形容词，指晚辈或幼者个性强、故意捣乱、耍滑头而品质并不坏，引申义还有"滑稽；令人讨厌"等，如"那个老汉央滑稽得很丨他是个央神滑稽之人丨他是个央央人很令人讨厌者"。此字活用作动词时，意思有三：1. 玩耍，例句如"他出去一央就是半天"；2. 呆在某个单位或地方非正式地工作或生活，例句如"他在我单位央到 70 岁才回去"；3. 胡作非为，不干正经事情，常见词语如"胡央、闲央”，例句如“有人说，研究方言是胡央呢”。

光。此字通常用作形容词或以形容词性词素的形式出现，如“光得很、光明、阳光、反光”，活用作动词时表示使动，如“光场”指把不太光的麦场光一下，使得更光，例句如“下咧多日子雨，蛐蟮都把有的地方拱起咧，得把场光嘎子$_{\text{一下}}$｜几个人正光场着呢”。

暮囊。此词用作形容词时是“慢”的意思，例句如“他就是太暮囊咧｜惯用语：把暮囊当细详$_{\text{认真，仔细}}$呢”，活用作动词指“耽搁（时间）”，例句如“你看你，把多少时间都暮囊到里头咧｜不敢再暮囊咧，赶快走”。

龌龊。形容词“龌龊”西安方言文读[uɤ^{31} pf^{h}ɤ^{31}]，白读[u$^{31\text{-}24}$ su^{31}]（户县文读[uɤ^{31} ts^{h}uɤ^{31}]，白读[u$^{31\text{-}35}$ sɤu^{31}]），文读用作形容词，如“我拿你的黑钱还嫌龌龊”，重叠形式如“你的心里龌龌龊龊的，还装得正人君子一样的”；白读用作使动词时常常说“龌龊[u$^{31\text{-}35}$ sɤu^{31}]人”。

瞀乱。“瞀[⊆mu]乱”的本义是“心烦意乱”，用作使动词时可以说“瞀乱人”，“瞀乱”也可以重叠为 AABB 式，例句如“几个外甥成天把他舅瞀瞀乱乱的”。

唠叨。此词西安一带用作形容词指晚辈或幼者个性强，宝鸡一带亦如普通话的用法并且可以重叠为“唠唠叨叨”，西安一带还可以活用作名词，指麻烦，如“受唠叨”指受麻烦。

8.6.4　象声词的活用

嗝儿。其本来的语法义是指打嗝儿的声音，活用作动词以后是对说话人所反感者死亡的庆幸的说法，例句如“把他狗㑚的嗝儿咧”。

□[piaŋ^{24}]。其本来的语法义是指人摔倒的声音，例句如“没小心，□[piaŋ^{24}]把他拚[pã^{55}]$_{\text{摔}}$咧一跤”；活用作动词以后跟上文“嗝儿”的用法是一样的，例句亦如“把他狗㑚的□[piaŋ^{24}]咧”。

啪啪[p^{h}a^{31} .p^{h}a/p^{h}ia^{31} .p^{h}ia]。[p^{h}a^{31} .p^{h}a]。用作象声词的时候指打战的声音，活用作动词的时候指打战，例句如“把他吓得浑身都啪啪[p^{h}a^{31} .p^{h}a]呢｜你啪啪[p^{h}a^{31} .p^{h}a]啥呢？” [p^{h}ia^{31} .p^{h}ia]用作象声词的时候指纸张等落地的声音（按：“啪[p^{h}ia^{31}]”以及“啪啪啪”亦然，但是，“啪[p^{h}ia^{31}]”和“啪啪啪”不用作动词），活用作动词的时候指挥霍（钱物），例句如“几个贼娃子$_{\text{贼}}$把偷来的钱没有三天就啪啪[p^{h}ia^{31} .p^{h}ia]完咧”。

咵咵｜咵咵咵。其 AA 式以及 AAA 式的主要区别在于三叠式比两叠式的语义要重些；用作象声词时指敲击木器等的声音，也指夸夸其谈的声音，活用作动词时指夸夸其谈，例句如“你咵咵啥呢？｜你少咵咵咵的！”

呼呼｜呼呼呼。用作象声词的时候指风声等。两叠式“呼呼”活用为动词的时候有两种用法：一是“呼呼”指“（职务）迅速地上升”，例句如“博士到咧组织部，没几年就呼呼上去咧”；二是“干（乾）呼呼”指风声大雨点小，指宣言大于实际行动，例句如“你覅听他干呼呼”。“呼呼｜呼呼呼”还活用作副词，是“迅速｜很迅速”的意思，例句如“几个小伙子呼呼｜呼呼呼就上到山上头去咧”。

出出。用作象声词的时候指哧溜哧溜的声音，活用为动词的时候指一伙狗苟蝇营者频繁接触合谋干坏事，例句如“一伙贼的型出出咧多日子咧，不知把谁都偷咧？”

出溜。用作象声词的时候指从上往下溜的声音，活用为动词的时候指（往下）溜，例句如“没小心就出溜下来咧”。

不登。用作象声词的时候指东西入水等声音，动宾式“打不登”指在水里玩儿。

窟出。用作象声词的时候指人动弹的声音，活用作动词的时候指动弹，频繁地动弹作 ABB 式“窟出出”，更加频繁地动弹作“窟出出窟出出”，又用如上文“出出”的动词用法，例句如“娃肚子疼，不停地窟出呢｜老汉腿疼，正晚夕晚上窟出出窟出出的｜一伙贼的型窟出咧多日子咧，不知把谁都偷咧？”

呜楞[vu^{31} ləŋ^{31}｜vu^{31} ləŋ^{55}]。“呜楞[vu^{31} ləŋ^{31}]”用作象声词的时候指小风车转动等声音，活用作动词指给别人示威性动作，例句如：“你给是呜楞呢？”活用作形容词的时候常常重叠成为 ABAB 式，例句如：“她在我跟前还呜楞呜楞的！”以上的动词和形容词用法一般是用于女性的。“呜楞[vu^{31} ləŋ^{55}]”的用法限于副词，是“突然，突然地；迅速，迅速地”的意思，例句如：“呜楞[vu^{31} ləŋ^{55}]不见咧｜她呜楞[vu^{31} ləŋ^{55}]就走咧。”

□□[zəŋ^{31} .zəŋ]。用作象声词的时候指急促的不太大的脚步声以及迅速而不太大的风声等，活用作名词指做作的女性，例句如“她是个□□”。

8.7 禁忌字的特殊语法地位

李荣先生（1994）指出：对于禁忌字，“说话的时候要回避这类字眼，研究的时候是不必排斥的，并且是不能排斥的。就学问本身说，这类禁忌字常常引起字音的更改与语汇的变化。……就学问的应用说，要理解又要回避这类禁忌字。”禁忌字是语言垃圾，是粗俗者语言行为的标志。对陕西方言禁忌字的用法及相关问题予以关注的可以从黑维强（1996）、孙立新（2001；2004）、邢向东（2002）等学者的成果看到一些。本节拟对这些问题进行较为深入系统的研究。在讨论相关问题时，有些问题（如词汇问题等）一并讨论。

大致看来，关中方言在表示对某些人或事物贬抑性的品评以及不得已的处置等意味时，语言粗俗者往往要用到禁忌字。

8.7.1　男根的禁忌字用法

8.7.1.1　“㞗”字的用法

其一，“㞗”字读作本调阳平调[tɕʰiɤu²⁴]时的用法

一是“㞗”字用作定语等的情形。

1.“㞗”字在有些词语中作为第一音节，是能力不强、品质不佳的意思。例词如：㞗式子熊样子/㞗样子/㞗势样子｜㞗毛病｜㞗单位｜㞗人品｜㞗文章｜㞗桌子。“㞗”字的这种用法跟下文8.6.4小节所讨论的“㞞”字用作定语相像，但是，没有“㞞”字的能产性强。

2.“㞗+A儿”是“很不A”的意思，我们认为是由“像㞗一样A”引申来的，举户县方言仅有的三个例词：㞗长儿很短；很不长：㞗长儿一截路｜㞗大儿很小；很不大：㞗大儿一点儿事｜㞗奘儿很细；很不粗：他就给我给咧㞗奘儿一点儿韭菜。

3. 以“㞗”字为第一音节的词语意义特殊，如户县方言例词：㞗扽筋该办不办，办事太慢｜㞗咬腿无赖之徒｜㞗匌脸不要脸/㞗敦脸｜㞗下咧被整垮了，被击败了｜㞗吊不收什么都不干。

二是关中方言“啥”字在使用上与性字眼有直接关系。

1.“啥”字被“㞗/垂子｜㞞”所取代，“㞞”字在如下语境里与“㞗/垂子”语义无别。例如：

你懂个啥懂什么？——你懂个㞗/你懂个㞗/你懂个垂子？

啥也/都不顶。——㞗/都不顶/㞗也/都不顶/垂子也/都不顶。

这个人（连个）啥都不懂！——这个人（连个）㞗都不懂！/这个人（连个）㞞都不懂！/这个人（连个）垂子都不懂！

你到底把我准咧个啥吗当成了什么呢；尊重我了没有？——你到底把我准咧个㞗吗/你到底把我准咧个㞞（吗）/你到底把我准咧个垂子（吗）？

在有教养者口语里“啥/㞗/垂子”等还可以被“辣子辣椒”所取代，“辣子”在如下语境里出现的历史应当在辣椒传入我国以后。例如：

你懂个辣子？

你算个辣子！

他到底知道个辣子吗！

咱俩能寻来找到个辣子！

你能认得个辣子，这就不是生地！

咱几个在他的心目中算个辣子（吗）！？

你说他会电脑，他会个辣子，他连电脑咋开都知不道_{不知道}。

但是，“辣子”不适用于第一人称代词单数出现的语境，因此“你到底把我准咧个辣子吗！？”

因为户县方言的“啥”字可以重叠成为“啥啥/啥啥儿”，所以“㞞”字也可以重叠成为“㞞㞞/㞞㞞儿”；“啥啥/啥啥儿/㞞㞞/㞞㞞儿”指所有东西、任何东西。例句如：“那个时间儿过去他屋他们家穷得连个啥啥儿都没有/那个时间儿他屋穷得连个㞞㞞儿都没有。”更有甚者，还有三叠式“㞞㞞㞞”指所有东西、任何东西，但是，比“㞞㞞/㞞㞞儿”语义要重，例如：“他连个㞞㞞㞞都不懂，还当教师呢！”

2. 训斥人时一般用到了“啥东西”，如果把对方训斥得很难听，就在“啥”字后边加上“㞞”或者“㞗”字，“啥东西”就扩展成了“啥㞞东西/啥㞗东西”，其中“啥㞗”的“㞗”字可以读作本调阳平，多数情况下变作阴平调。例如：

这是个啥㞞娃孩子/啥㞗娃吗呢？

你这写的啥㞞文章/啥㞗文章些呢？

你单位这个领导到底是个啥㞞人/啥㞗人吗？

这件事算个啥㞗事/啥㞞事吗？没必要认得那么真。

这个懒驴㒵的懒东西把庄稼种成啥㞗样子/啥㞞样子咧？

三是西安一带“捱[꜀næ]㞗”的用法有两种。一方面“捱㞗”的字面意思是“受到男子的性骚扰”，但是，西安一带不用来詈骂女性，而用来昵骂男性。最常见的是昵骂晚辈或幼者中的男性。例句如：这捱㞗的！｜把这捱㞗小伙！｜你个捱㞗的做啥来来着？

二方面“捱㞗”用作定语，表示对中心语的不满、不如意等。例如：捱㞗事、捱㞗人、捱㞗娃、捱㞗地方、捱㞗单位、捱㞗领导、捱㞗机会、捱㞗报纸、捱㞗教书的、捱㞗钉锅的。

四是“㞗”字用如形容词，是指在对方的强势门前软下来，含有贬义，常常跟“下[xa$^{55-31}$]”字连用。例句如：“他狗㒵的一见警察就㞗下咧｜你肯定有㞗下的时候！”但是，“㞗下”不与“不、没、覅”3字搭配，如不能说“他一点儿都不㞗”。

其二，“㞗”字变作阴平调[tɕʰiɤu$^{24-31}$]的用法。

1. 用在单音节动词和表示完成的时态助词之间，表对所处置事物或动词涉及对象的鄙夷等意味。许多单音节动词都可以构成“V+㞗咧[.liɛ]表已然/V+㞗了[.liau]表祈使，表未然”式，这些单音节动词主要有：算、撂、完、瞎、下、死、撕、撤、扯、走、卖、离、杀、绑、黄、放、烂、摔、烧、倒上声；去声、埋、打、推、退、落、病、坏折断、砍、剁、伐、发、吃、分、跑、湿、瘟、割、垮、塌、断、亏、涅生锈、瓜傻、聋等。如西安方言例句：

他把婚离㞞咧。

桥早都垮㞞咧。

你给咱把这个树砍㞞了。

他把碗打㞞咧不经意时摔破了碗。

有的“V＋㞞了（/咧）”式表示不得已而为之的心情，例如：

把这窝猪娃小猪卖㞞了算咧。

我把这个电影儿看㞞咧三四回。

你就干脆给大的指大儿子把房盖㞞了。

她在城呢城里给儿连和媳妇儿做㞞咧半年饭。

2005 年 5 月，笔者从重庆到宜昌去的轮船上和几位四川宜宾一带的同路人下象棋，他们在商量是否“吃掉”某个棋子时往往说：“把这个吃㞞了[.liau]｜把这个换㞞了。”陕西方言也很普遍地这样说。看来，“V+㞞了（咧）”式句法结构在汉语方言里的面积是比较大的。

上文 8.7.1.1 部分之“其一”所讨论的问题，关中方言一般不用“㞗”字代替“㞞”字或者“㞗㞞”两字连用。但是，我们在调查西安方言时发现，处置意味的把字句个别人语言习惯里有“V+㞗㞞了（了；咧）”式，即“㞗㞞”两字连用同时充当补语，例如：

放㞗㞞咧已然｜放㞗㞞了未然。

夯他妈，我把 200 块钱掉丢㞗㞞咧。

把他这个卒吃㞗㞞了通常作“把他这个卒吃㞞了”。

我把 ≤多很大一捆报纸卖㞗㞞咧通常作“我把多大一捆报纸卖㞞咧”。

2. 变作阴平调的“㞞”字，在否定句里的用法，都含有对所关涉的对象鄙夷、不以为然的意味。从三个方面看。

一方面，用在“不”字的前后，有四种情况：

一是用在动词谓语句里，例如：

他就不㞞会算帐。

我就不㞞想参观。

这个事不㞞容易办。

这窖子片地不㞞好种。

这个人不㞞好打交道。

不㞞能跟上（按：不说“不能跟上”）。

我几十年都不㞞爱在你那个地方去。

二是补充式否定式“寻不着｜说不成｜看不见”等词组“不”字前可嵌入“㞞”字。例如：寻㞞不着｜撵㞞不上｜想㞞不来回想不起来｜瞎㞞不了｜

上㞞不去｜好㞞不了｜砍㞞不倒｜杀㞞不死｜扯㞞不烂｜说㞞不成｜埋㞞不深｜睡㞞不实｜绑㞞不牢｜死㞞不下活㞞不旺。

三是用在形容词或者形容词性的谓语句里，例如：

这个人不㞞好。

这些灯不㞞亮。

这个桌子就不㞞结实。

我就不㞞想那些事情。

他本来不㞞爱吃葡萄。

这篇文章写得不㞞有水平。

这个新房这座新房子盖得不㞞高。

四是关中方言的逆序句“知不道不知道｜认不得不认得”里“不”字前边也可以嵌入“㞞”字：这个事我知㞞不道｜那个老汉咱的咱们认㞞不得。

二方面，用在“没”字后边，有两种情形。

一是形成“没㞞V”等形式，例如：没㞞撵｜没㞞理他｜没㞞动弹｜没㞞去过｜没㞞看这些书｜没㞞当一回事｜没㞞计较他那些人｜没㞞见过｜没㞞拉过煤｜没㞞上过｜没㞞寻来找到｜没㞞寻他｜没㞞想你｜没㞞办事｜没㞞种地｜没㞞出力｜没㞞写文章｜没㞞谈生意。

二是“没”字属否定动词时，“没㞞N”中间常嵌入阴平调的“个”字或者去声调本调的“啥”字，例如：没㞞本事/没㞞个本事/没㞞啥本事｜没㞞水平/没㞞个水平/没㞞啥水平｜没㞞攒劲毅力/没㞞个攒劲/没㞞啥攒劲。

三方面，用在阻断语“覅[pau31]西安音/不可[po31]大荔音”字后边形成“㞞毬V”等形式，如西安方言的例子：覅㞞理他｜覅㞞寻他｜把这些钱覅㞞借给他｜覅㞞动弹｜覅㞞要他｜你就覅㞞来咧｜你干脆覅㞞去咧。

但是，可以说“覅想这些事｜把他覅当人｜咱的咱们覅害怕怕他”，不能说成“覅㞞想这些事｜把他覅㞞当人｜咱的覅㞞害怕他”。

3. 我们曾经对关中方言相应于北京疑问句“我怎么知道呢”进行了调查，发现关中多数方言点用到了禁忌字“㞞[tɕʰiɤu24-31]、㞗”，但用其中的哪一个字或者两个字随便用，一般依发音人语言习惯而定。李荣先生曾经来信问到有关陕西方言禁忌字的用法问题，我们在给他老人家回信时说过：在具体的交际中，男性往往多用“㞞”字，女性往往多用“㞗”字；如户县方言：“我怎么知道呢？——男性：得道/得㞞道。｜女性：得道/得㞗道。”

相应于北京疑问句“我怎么知道呢”在关中方言用到禁忌字的方言点如：西安、蓝田、咸阳、兴平、千阳作“得㞞[tɕʰiɤu24-31]道”，临潼作“得㞗道”，户县作“得（㞞）道/得㞗道”，华阴作“得㞞”，华县作“得㞞（咋样儿）”，耀州作“得㞞哩”，泾阳作“得（㞞）道”，三原、彬县、淳化作“跌㞞道”，永寿作“跌（㞞）道得是呀”，陇县作“呆㞞道”，富平、定边作

“谁尿知道”，渭南作“得撇[$p^hiɛ^{31}$]”（估计“撇[$p^hiɛ^{31}$]”是“屄[p^hi^{31}]”的避讳读法）。

4.“胡”字可以跟“尿[$tɕ^hiɤu^{24-31}$]、屄”两字构成“胡尿/胡屄”式充当单音节动词谓语的状语，“胡尿/胡屄”是很随便、很不认真的意思。例如西安方言：胡尿说/胡屄说｜胡尿弄/胡屄弄｜胡尿写/胡屄写｜胡尿分/胡屄分｜把垃圾胡尿倒呢/把垃圾胡屄倒呢｜把娃胡尿诀骂呢/把娃胡屄诀呢。

5. 关中方言的“愿尿[$tɕ^hiɤu^{24-31}$]他/愿屄他”是“他爱干什么就干什么”的意思；“去[$tɕ^hy^{55}$]尿[$tɕ^hiɤu^{24}$]/去屄蛋/去㞞蛋”是“滚开，滚蛋”的意思；户县方言的“滚蛋/避蛋”一词中间也可以嵌入“尿”字而成为“滚尿蛋/避尿蛋”，“避尿蛋”又作“避斯蛋”。

8.7.1.2　“垂子”等用如语气词的情形

其一，“垂子/垂子葫芦子”可用如语气词，一般表不怕、无所谓等意味。西安例句如：

垂子/垂子葫芦子，咱不害怕不怕他！

垂子/垂子葫芦子，钱花超咧就花超咧！

垂子/垂子葫芦子，给你多给些钱就多给些钱！

掉丢咧就掉咧，垂子/垂子葫芦子，重买一个！

垂子/垂子葫芦子，他把我看个两眼半我压根就不怕他！

其二，用作语气词的“垂子/垂子葫芦子”在关中方言区还可以用“㞞”字来替代，在关中一些老派口语里也可以用变作阴平调的“尿”字来替代，但是，“㞞”字的语义与“垂子”相同，而变作阴平调的“尿”字语义较轻。先举“㞞”字用如语气词的例句如请您注意，西安老派方言“尿”字后边常常连带“呢”字或者“哎”字。

给他，㞞哎/垂子啊/垂子葫芦子！

㞞呢/垂子/垂子葫芦子，先给他些甜头！

㞞哎/垂子/垂子葫芦子，给你再帮两天忙！

㞞呢/垂子/垂子葫芦子，先打发他走了再说！

㞞呢/垂子/垂子葫芦子！贵就贵，买咧就买咧！

㞞哎/垂子葫芦子，你想要咧拿去假如你想要就拿去吧！

咱有几个人呢，害怕他个啥？㞞呢/垂子/垂子葫芦子！

其三，变作阴平调的“尿[$tɕ^hiɤu^{24-31}$]”字用如语气词的例句如：

害怕他个啥？尿！

错咧就错咧，尿，重来！

尿，我给你再帮两天忙！

尿，这些东西你要咧你就拿去拿去吧！

给他，尿[$tɕ^hiɤu^{24-31}$]！/尿[$tɕ^hiɤu^{24-31}$]，给他！

屎，多借你些钱就多借你些钱，反正这些钱搁到我跟前也不急着用不急用！

其四，关中方言“匌欛[ʐʅ31 pa55-31]”用如副词的情形。关中方言的“匌欛”本义指男根，通常用如副词，是“根本就不”的意思，如西安方言例句：

我匌欛去呢！

你匌欛会算帐呢！

人家匌欛看上你呢！

老张匌欛想这些事呢！

我匌欛把你当回事呢！

这本书匌欛有意思呢！

8.7.2 “屄”字的用法

其一，“屄”字在关中方言里常常引申贬指人的嘴，如户县方言以“屄[pʰi31]”为字头的词语有：屄嘴嘴｜屄脸嘴脸（没屄脸不要脸；按：户县方言把不要脸叫做“没脸”｜没屄揣脸的真不要脸）屄干话多得令人讨厌；引申指口才好；又引申指说话，如“胡屄干”｜屄能会说话｜屄快口才好，说话快｜屄硬犯了错误还不回话；说话不饶人/屄塄塄硬｜屄馋爱吃好的｜屄臭嘴臭，爱骂人｜屄鑱（活）说话不饶人｜屄咬.人嘴发痒，想说是非话；贬指女性性欲冲动。

其二，户县方言“屄”字含有令人讨厌的意味，例词如：屄话｜屄种坏东西｜屄手｜屄事情｜屄单位｜屄文章｜屄桌子｜屄领导｜屄女子姑娘｜屄模样。

户县方言“屄”字的前边还可以冠以“烂”字，“烂”的本义是破，引申义是令人讨厌。“烂屄N”是指非常令人讨厌的N，例词如：烂屄单位｜烂屄文章｜烂屄桌子｜烂屄家具｜烂屄领导。“烂屄”相应避讳的说法是“烂葬”，如：烂葬单位｜烂葬文章｜烂葬桌子｜烂葬家具｜烂葬领导。

其三，户县方言“屄”字在一定语境里是能力不行、品质不佳的意思，仅有的几个例词如：屄眼窝视力太差的眼睛｜瞎屄两眼一双视力太差的眼睛｜屄耳朵听力太差的耳朵/聋屄耳朵。

其四，户县方言用作人品名词的后缀，仅有三个词语：瓜屄詈骂傻子｜假屄爱打小报告、机械地理解政策者｜碎屄小东西，限于老年妇女骂年轻妇女。

其五，户县方言的“屄”字还可以用作衬字，有两种情况：

一是在“做作/拧舞、唠叨孩子个性强、愆翻女性个性强、颇烦心烦意乱/愗[mu35]乱、麻烦”等双音节形容词中间往往插入“屄”，其中“唠叨、颇烦、麻烦”的中间还以插入“屎[tɕʰiɤu35-31]”。这些形容词插入禁忌字后，表示对造成这种感觉的不满意味。例如：

这个媳妇儿还做屄作/拧屄舞的！

他的娃子儿子唠屎叨的，女子愆屄翻，没一个儿好娃！

这个事情简直难办得很，办得人颇屎屎烦的；下回再不办这一[tʂei51]号这种事情咧！

二是后加式“A 哇哇”中 A 的后边可以嵌入“屄”字。孙立新（2001：44～45）讨论了户县方言大量的单音节形容词词干可以与后缀“哇哇”构成“A 哇哇”式，“A 哇哇”是“过于 A”的意思。孙立新（2001：472）讨论了“A 哇哇”式里单音节形容词词干后边还可以嵌入“屄”字，从结构上看，“屄”字用作衬字；从语义上看，“A 屄哇哇”是“极其 A”的意思。例词如：薄屄哇哇｜黄屄哇哇｜碎小屄哇哇｜冷屄哇哇｜脏屄哇哇｜恬味道淡屄哇哇｜软屄哇哇｜老屄哇哇｜胀屄哇哇｜烧烫屄哇哇｜闲[kã˒]闲得乏味屄哇哇。

其六，“屄”字用作语气词的情形

户县等处“把他家的/他妈的屄去/他妈的屄去去/日他妈去/日他妈去去/日他妈的屄去/日他妈的屄去去”等詈语，相当于国骂“他妈的”。户县女性方言中凡表示不高兴、不满意等感情色彩时，最多的用“屄”字作句首语气词，例如：

屄，你光会给我寻麻烦！

屄，我一个月才挣 300 块钱！

屄，你这个人实在讨厌死咧！

屄，你欺负我着能咋呀你欺负我能怎么样？

在这个语境里，单音节“屄”字也可以扩展为“屄呢/屄去/屄去去”，其中“屄去/屄去去”应当是“他妈的屄去/他妈的屄去去/日他妈去/日他妈去去/日他妈的屄去去”等的简略形式；在这个语境里，单音节“屄”字是最简捷并且使用频率最高的禁忌字。

8.7.3 “日”字的用法

“日”字在关中方言里读作[˓ʐʅ]，常常还讳读[˓ʂʅ]。

黑维强（1996：146～147）指出陕北绥德的方言“日（即‘日’）”是由禁忌语虚化而来的一个类似前缀的语素。多为贬义词语，含有不满意、看不起、讨厌憎恶等感情色彩，在句中有加重语气的作用。“日”字构成的词语主要是动词、形容词，一般不能重叠使用。邢向东（2002：531）指出陕北神木方言“日”字是动词、形容词前缀。

8.7.3.1　以“日”为第一音节的词语

其一，陕北晋语有关中方言普遍也用到的“日”头词语有“日鬼日鬼、日天形容本领极高、日弄耍弄，捉弄，哄骗”，陕北晋语有关中方言多数地区也用到的有“日诀臭骂、日脏肮脏、日能逞能，耍小聪明；有本事、日塌坏，完蛋”。

其二，陕北晋语与关中方言词形相同或相近但意义不同的主要有以下几个：

	肏把 tʂ^{h}ua	肏倒	肏瞎三	肏眼
绥德	不成其物；扯淡	倒弄，倒腾	无能，怯懦	刺眼；中看
关中	差劲，勇力差的	戕害；糟糕	好挑拨离间者	贪婪；令人讨厌

但是关中方言大量“肏”头词语在陕北晋语是没有的。从具体语料看，关中方言置于合成词或词组第一音节的“肏”字不一定全是前缀而是动词，如户县方言的“肏白嘴说谎、肏大咧贬称干大了，升成大官了、肏人害人戕害别人”；户县方言的这类词语既有动词、形容词，又有名词，还有兼类词，有的语义还比较宽泛，如“肏ᶜ倒”既有“害得好苦、害得很惨动补”的意思，又有“不得了”的意思，又用作形容词是“糟糕”的意思。

现在举孙立新（2001：466～467）所举户县方言词语如下：

肏包哄骗、肏白嘴说谎/肏白撂谎/肏处/肏处掏炭、肏牙答话、肏闲牙聊天、肏闲牙撂棒槌不干实事、肏囊吵架：他俩日囊咧、肏鬼/肏鬼捣棒槌、肏倒罐不得了/肏倒壶|肏合合几个人合谋捉弄或坑害一两个人：我跟他俩耍钱（赌博）呢，他俩肏合合呢，我能赢吗？、肏死无论如何：肏死都不去，肏死都不愿意、肏挖子成色不好的：办下这肏挖子事；一伙肏挖子人、肏搞嘎很不认真，很随便地干、肏蹬咧/肏咧蹬咧事情等坏了，失败了；死了、肏拉拉干乏味的事情/肏闲拉拉/肏流来、肏得灵生就的聪明、肏雀儿屄的指不大方、不大气者、肏杏生的白吃饭的，等闲之辈、肏犟牛儿故意赌气、肏大不管对大事情常抱着无所谓的态度；又指马大哈：他是个肏大不管、肏慌母鸡指经常慌慌张张者、肏鸡连蛋慌慌张张、肏娘到老指骂得很难听：他跟你说个笑（开个玩笑），你就把他地诀（骂）呢、肏事闯祸闯很多祸：这个娃成天肏事闯祸的/肏事充祸、肏娃不管娃指男子生了孩子却不去教养孩子、肏得趴上咧被整得太惨了，害得惨到极点了/肏得咳[xæ^{35}]咳歹歹的咧/肏到辽东挖花生儿、肏咧一地的黄梢儿造成很大麻烦或很大损失、肏得要找头超过了很多：他把你肏得要找头呢、肏得没屄咧真他妈的糟糕、肏得没味调音“条”浆水闲得乏味时去干那些无聊地事情：你这简直是肏得没味调浆水呢，你闲咧给我帮些忙多好？|我是肏得没味调浆水咧，凭啥要理你呢？、肏烂咧就当拚音“半”，摔也散ᵓ咧将错就错、肏咧亲孙子咧立下大功了、肏不动杆子什么事都干不了、肏尻子鸡奸、肏换尻子互相鸡奸、肏尻湾绝境：把他引到肏尻湾咧、肏你尻子也没空儿（我）压根就不想理睬你、肏谁尻子到谁尻子大家分东西或者分配艰巨任务时谁碰到了坏运气就不能有任何意见，等。

其三，上列户县方言个别动词可以重叠成为 AABB 式，重叠后其语义得到进一步强调，例如：肏肏囊囊经常性地吵架：他俩成天肏肏囊囊的、肏肏弄弄想尽一切办法哄骗人：他肏肏弄弄就要把娃手上的馍要到手呢/肏肏包包、肏肏鬼鬼想尽一切办法日鬼：这个人混咧个文凭，一辈子干咧不少肏肏鬼鬼的事情。另外，关中方言区还有一个“肏肏戳戳”，是指男女双方频繁的不正当性关系，例如：这俩人成辈子肏肏戳戳的，肏眼匝咧贪婪极了。

其四，孙立新（2001：430）记写户县方言形容词时指出令人讨厌义的“钻眼”又作否定式“不钻眼”，同时又有带性字眼的“肏猫/不肏猫/肏样/不肏样”，例如：这个人太肏猫得很呢|看你不肏猫的|这个人肏样得很|真个没想到他那么不肏样的。

另外还有：胡脔尻子乱刮风乱搞男女关系、黑糊脔眯糊糊里糊涂处理纠纷，等。

8.7.3.2 “难脔”的用法

关中方言“难脔”的用法有两种。

其一，“难脔”在关中方言区是指中老年男性脾气古怪、刻板，如西安方言例句。

这个老汉太难脔咧！

看你难脔的，你把政策看得也太真咧！

就他难脔，谁跟他也处不到一搭儿一起。

其二，跟上文的“捱孱”语义相当，“难脔”也可以用作定语，但没有“捱孱”的能产性强，例如：难脔人、难脔事、难脔老汉、难脔领导、难脔地方、难脔文章。

8.7.3.3 衬字性质的“脔”

户县方言个别后加式形容词可以嵌入衬字性质的“脔”字，例如：瓜瓜脔呆傻到了极点/瓜闷脔呆|急急脔呆急匆匆的样子，慌慌张张的样子/慌慌脔呆。

户县方言还有“乱麻脔搅乱七八糟 | 没脸脔叨死不要脸，不顾廉耻”，其中“脔”字也用如衬字。

8.7.3.4 “啥+脔他妈+指示代词+N”结构

关中方言“啥＋脔他妈＋N”结构的语义特征是对这些个或那些个N的极其不满意和反感，其中远指代词一般用第一层次（如西安方言一般用“兀个[uɤ^{55}/uɤ^{52}]”，户县方言一般用“兀个[uɤ^{55}]”，户县东乡一般用“兀个[uɛ^{51}]”），例如：啥脔他妈这（|兀个）地方 | 啥脔他妈这（|兀个）人 | 啥脔他妈这（|兀个）单位 | 啥脔他妈这（|兀个）学校 | 啥脔他妈这（|兀个）领导 | 啥脔他妈这（|兀个）事情 | 啥脔他妈这（|兀个）桌子 | 啥脔他妈这（|兀个）饭 | 啥脔他妈这（|兀个）天气 | 啥脔他妈这（|兀个）环境。

8.7.4 “㞞”字的用法

8.7.4.1 人品名词后缀“㞞”字

关中方言亦如乔全生（2000：111）所指出的晋南中原官话那样，“㞞”字以单音节出现时用作人品词，指坏东西，如“这㞞这个坏东西、不是㞞不是好东西”；亦如晋南方言“㞞”字可以用作人品名词后缀。关中方言“㞞”字用作人品名词的后缀其能产性往往很强。

这里我们以户县方言为例来讨论这个问题。

“㞞”，这个字本义指精液，用作人品名词，是对坏人的品评。户县方言许多单音节形容词甚或个别其他体词词干都可以与“屄”字构成“A屄”式。可以构成“A屄”式的单音节形容词有：瞎坏、好、瓜傻、能指奸诈、灵聪明、淹行动迟缓、怪怪诞，怪异、逛滑稽、啬吝啬、张[tʂaŋ^{35}]狂，狂妄/□[tsã^{55}]、央怪诞，滑稽、懒/困、暮暮气、闷脑子笨、笨手脚笨、假、黏[zã^{35}]黏；头脑糊涂，不明事理、瓷做事不机灵，干活没眼色、脏肮脏、烂不讲究卫生、臭不讲究卫生；水平太差、拐爱说脏话，在异性面前行为放肆，但不一定过分、撑^{ɔ}脾气倔/倔、犟固执、冷莽撞、憋勇力不行、野、呆/死、痴、黑面色黑、胖、秃“秃屄”是贬称秃子、麻、聋、碎“碎屄”是贬称小孩子、老“老屄”是贬称老而缺德者。

个别双音节词干也可以构成“A屄”式：争的屄莽夫；又用如形容词，“莽撞”的意思，例句如：这个娃（孩子）争的屄得很、瓜闷屄又傻又笨者、龟子屄坏蛋、闲[k ã^{55}]脸屄无所事事者。

户县方言的“好屄”相当于“好东西”，跟“瞎屄”的意思一样，仍然是贬义词；在通常情况下没有其他“A屄”式使用频率高，主要跟“瞎屄”对举，适用于听话人对说话人的反驳语境。例句如：（甲）你是个瞎屄。——（乙）你说我是瞎屄，你是个好屄嘿！

“A屄”式还可以后加“货”字，“A屄货”没有“A屄”的詈骂和贬义色彩浓烈；但又有一个“A 种”式，其詈骂和贬义色彩最为浓烈。例如，“瓜屄”贬指傻瓜，“瓜货”则往往是一种“昵骂”，适用于对晚辈或幼者，“瓜种”则不但骂了听话人而且骂了其祖祖辈辈。“种”字在户县方言里往往贬指老祖宗。

户县方言还有一个“人的屄”又作“人的屄/人垂子”等，贬指实权人物或恶人；还有用到禁忌字的“像屄不像屄/是屄不是屄”与不用禁忌字的“是人不是人”语义相同，字面意思指成色好的和成色差的人，实际上指成色相当差的人，例句如：像屄不像屄都在我跟前要欺头都欺负我呢｜是屄不是屄的都成咧国家干部咧。

8.7.4.2　“屄”字的其他用法

其一，用作定语的“屄”字。关中方言“屄”字也经常用作定语，“屄N”指成色不好、令人讨厌的人或事物。例如：屄人、屄马、屄车、屄单位、屄事情、屄样子/屄式子、屄水平、屄质量、屄文章、屄老汉、屄日子、屄决定、屄判决、屄见识、屄思想境界、屄理论修养、屄教材结构、屄管理能力、屄心不操、屄事没有。

其二，“屄”字用如代词的情形。关中方言“屄”字用如代词还可以充当主语，相当于“什么，任何东西”。例句如：“屄都没有｜屄都知不道不知道｜屄净捻子干什么东西都没有｜屄也不会｜屄都给他要给。”还有用作小主语的情形，例句如：他屄都知不道!｜这个人屄都不会!｜你咋成天屄都不做呢?｜他一天屄心都不操。

8.7.5　关于 chuǎ

陕西方言有一个单音节动词，本字尚待考证，这个字相对于北京音可翻译成 chuǎ，如西安读作[pfʰa⁵²]，户县读作[tsʰua⁵¹]，宝鸡读作[tʂʰa⁵²]，三原读作[tsʰʮa⁵²]。该字本义指浑剥皮，如：chuǎ兔皮、chuǎ鼠狼黄鼠狼皮。其他词语如：chuǎ说训斥、chuǎ皮抹帽子指抢夺式地脱别人的衣服，抹掉别人的帽子。通常用作禁忌字，指把阴茎的包皮往上抹，单音节动词 chuǎ是“chuǎ屌/chuǎ垂子”的简约式；chuǎ字引申指干乏味无聊之事，户县方言又用“挠屌”表达 chuǎ字的意义。在 chuǎ字或者“挠屌”前边常有表示假设的“着”字（孙立新 2003）。例句如（其中，户县方言里的感叹句，翻译成普通话就多数成了疑问句，chuǎ字相当于“干什么”的意思）。

我理他着 chuǎ呀！我理睬他干什么呀？/我理他着挠屌呀！

我在他屋家去着 chuǎ呀！我去他家干什么呀？/我在他屋去着挠屌呀！

我给你做活着 chuǎ呀！我为什么要给你干活呢？/我给你做活着挠屌呀！

跟你这二流子打交道着 chuǎ呀！为什么要跟你这种二流子打交道呢？

我几个忙人给你个懒种帮忙着 chuǎ呀！我们几个忙人根本就不想给你这个懒东西帮忙！

咱凭本事吃饭，舔领导尻子着 chuǎ呀！为什么要巴结领导呢？/舔领导尻子着挠屌呀！

参 考 文 献

白　云：《灌阳观音阁土话研究》，广西民族出版社 2005 年版。

白维国：《近代汉语中表示动态的助词“得”（的）》，见胡竹安等编《近代汉语研究》，商务印书馆 1992 年版。

白维国主编：《白话小说语言词典》，商务印书馆 2010 年版。

鲍厚星：《东安土话研究》，湖南教育出版社 1999 年版。

鲍厚星：《方言语法研究与田野调查》，见戴昭铭主编《汉语方言语法研究和探索》，黑龙江人民出版社 2003 年版。

鲍厚星、崔振华、沈若云、伍云姬：《长沙方言研究》，湖南教育出版社 1999 年版。

北京大学中国传统文化研究中心：《北京大学百年国学文粹・语言文献卷》，北京大学出版社 1998 年版。

北京大学中国语言文学系语言学教研室：《汉语方音字汇》，语文出版社 2003 年版。

曹广顺：《〈祖堂集〉中的“底（地）”“却（了）”“著”》，《中国语文》1986 年第 3 期。

曹广顺：《近代汉语助词》，语文出版社 1996 年版。

曹延杰：《宁津方言志》，中国文史出版社 2003 年版。

曹延杰：《德州方言实录与研究》，线装书局 2010 年版。

曹志耘：《严州方言的代词系统》，见李如龙、张双庆主编的《代词》，1999 年版。

陈　晖：《涟源桥头河方言的代词》，见伍云姬主编的《湖南方言的代词》，2009 年版。

陈　彧：《新县方言的指示代词》，《南开语言学刊》2005 年第 1 期。

陈敏燕、孙宜志、陈昌仪：《江西境内赣方言指示代词的近指和远指》，《中国语文》2003 年第 6 期。

陈淑梅：《湖北英山方言志》，华中师范大学出版社 1989 年版。

陈淑梅：《鄂东方言中“箇”字的用法》，《方言》1999 年第 1 期。

陈淑梅：《鄂东方言语法研究》，江苏教育出版社 2001 年版。

陈淑梅：《语法问题探究》，湖北人民出版社 2007 年版。

陈小燕：《多族群语言的接触与交融——贺州本地话研究》，民族出版社 2007 年版。

陈泽平：《福州方言的代词》，见李如龙、张双庆主编的《代词》，1999 年版。

陈治文：《近指指示词“这”的来源》，《中国语文》1964 年第 6 期。

池爱平：《“跟”的语法化》，《内江师范学院学报》2011 年第 5 期。

崔振华：《益阳方言研究》，湖南教育出版社 1998 年版。

戴庆厦：《景颇语名词的类称范畴》，《民族语文》1999 年第 6 期。

戴庆厦主编：《中国民族语言文学研究论集（语言专集）》，民族出版社 2002 年版。

戴庆厦：《汉语方言研究与少数民族语言结合的一些理论方法问题》，见戴昭铭，2003 年版。

戴庆厦、傅爱兰：《藏缅语的述宾结构——兼与汉语比较》，《方言》2001 年第 4 期。

戴耀晶：《现代汉语表示持续体的“着”的语义分析》，《语言教学与研究》1991 年第 2 期。

戴昭铭主编：《汉语方言语法研究和探索》，黑龙江人民出版社 2003 年版。

邓永红、吴贤英：《桂阳方言的代词》，见伍云姬主编的《湖南方言的代词》，2009 年版。

邓玉荣：《富川秀水九都话研究》，广西民族出版社 2005 年版。

丁邦新主编：《历史层次与方言研究》，上海教育出版社 2007 年版。

丁加勇：《湘方言动词句式的配价研究——以隆回方言为例》，湖南师范大学出版社 2006 年版。

丁加勇：《隆回方言的代词系统》，见伍云姬主编，2009 年版。

丁声树：《方言调查词汇手册》，《方言》1989 年第 4 期。

丁声树：《河南省遂平方言记略》，《方言》1989 年第 2 期。

董同龢：《华阳凉水井客家话记音》，《历史语言研究所集刊》第十九本，1948 年版。

董正谊：《攸县方言的代词》，见伍云姬主编的《湖南方言的代词》，2009 年版。

杜永道：《渭南话“把”字句的几种特殊现象》，《中国语文》1989 年第 2 期。

范慧琴：《定襄方言语法研究》，语文出版社 2007 年版。

范继淹：《重庆方言名词的重叠和儿化》，《中国语文》1958 年第 3 期。

范继淹：《重庆方言表动量的“下儿”和表时量的“下儿”》，《中国语文》1965 年第 6 期。

方平权：《岳阳方言研究》，湖南师大出版社 1999 年版。

冯荣昌：《潍坊方言的代词》，《语言研究》1992 年第 2 期。

费孝通：《费孝通人物随笔》，群言出版社 2000 年版。

凤翔县地方志编纂委员会：《凤翔县志》，陕西人民出版社 1991 年版。

傅雨贤、周小兵：《现代汉语介词研究》，中山大学出版社 1997 年版。

盖兴之：《堂郎话概况》，《民族语文》2002 年第 3 期。

甘于恩：《广东粤方言人称代词的单复数形式》，《中国语文》1997 年第 5 期。

高葆泰、林　涛：《银川方言志》，语文出版社 1993 年版。

高晓虹：《助词“了”在山东方言中的对应形式及相关问题》，《语言科学》2010 年第 2 期。

公　望：《兰州方言里的“给给”》，《中国语文》1986 年第 3 期。

龚千炎：《汉语的时相时制时态》，商务印书馆 2012 年版。

郭　熙：《河南境内中原官话中的“哩”》，《语言研究》2005 年第 3 期。

郭芹纳：《“这搭、那搭、哪搭、兀搭”疏证》，《陕西师范大学学报》2001 年第 4 期。

郭锡良：《汉语第三人称代词的起源和发展》，《语言学论丛》1980 年第六辑。

郭锡良：孙玉文《汉语变调构词研究》序，北京大学出版社 2000 年版。

郭子直：《岐山县志・方言志》，陕西人民出版社 1992 年版。

韩城市地方志编委会：《韩城市志》，三秦出版社 1991 年版。

韩宽厚：《府谷方言研究》（即将出版）。

何茂活：《山丹方言志》，甘肃人民出版社 2007 年版。

何伟棠：《增城方言的语法特点》，《方言》1993 年第 2 期。

河北省昌黎县县志编纂委员会、中国科学院语言研究所：《昌黎方言志》，科学出版社 1960 年版；上海教育出版社 1984 年版。

贺　巍：《济源方言记略》，《方言》1981 年第 1 期。

贺　巍：《获嘉方言的代词》，《中国语文》1988 年第 1 期。

贺　巍：《汉语方言语法研究的几个问题》，《方言》1992 年第 3 期。

贺　巍：《洛阳方言研究》，社会科学文献出版社 1993 年版。

贺　巍：《洛阳方言词典》，江苏教育出版社 1996 年版。

贺　巍：《官话方言研究》，方志出版社 2002 年版。

贺凯林：《溆浦方言研究》，湖南教育出版社 1999 年版。

黑维强：《陕北绥德话带“日”字头词语》，《方言》1996 年第 2 期。

黑维强：《陕西绥德话“的”的用法》，全国汉语方言学会第 11 届年会论文（西安），2001 年。

洪　波：《不同系统结构的指代词在功能上没有可比性》，《中国语文》1991 年第 3 期。

侯精一：《长治方言志》，语文出版社 1985 年版。

侯精一：《现代晋语的研究》，商务印书馆 1999 年版。

侯精一、温端政主编：《山西方言研究》，山西人民出版社 1989 年版。

侯精一、温端政主编：《山西方言调查研究报告》，山西高校联合出版社 1993 年版。

胡　附、文　炼：《把字句问题・现代汉语语法探索》，新知识出版社 1956 年版。

胡劲涛、孙立新、史鹏飞：《都市方言辞典（陕西卷）》，太白文艺出版社 2008 年版。

胡竹安、林耐思、蒋绍愚编：《近代汉语研究》，商务印书馆 1992 年版。

黄伯荣主编：《汉语方言语法资料汇编》，青岛出版社 1996 年版。

黄伯荣、廖序东主编：《现代汉语（高等学校文科教材）》，高等教育出版社 1991 年版。

黄仁瑄：《慧琳添修之〈妙法莲华经音义〉脱字校正》，《汉语学报》2012 年第 2 期。

黄雪贞：《梅县方言词典》，江苏教育出版社 1995 年版。

江蓝生：《疑问语气词“呢”的来源》，《语文研究》1986 年第 2 期。

江蓝生：《禁止词“别”考源》，《语文研究》1991 年第 1 期。

江蓝生：《疑问副词“颇、可、还”》，《近代汉语虚词研究》，语文出版社 1992 年版。

江蓝生：《“动词＋X＋地点词”句型中介词“的”探源》，《古汉语研究》1994 年第 4 期。

江蓝生：《说“麽”与“们”同源》，《中国语文》1995 年第 3 期。

江蓝生：《汉语使役与被动兼用探源》巴黎《祝贺梅祖麟先生：汉语历史句法及构词法论文集（In Honor of Mei Tsu Lin：Studies on Chinese Historical Syntax and Morphology）》，1999 年版。

江蓝生：《近代汉语探源》，商务印书馆 2000 年版。

江荫褆：《朔县方言志》，山西高校联合出版社 1991 年版。

蒋绍愚、曹广顺：《近代汉语语法史研究综述》，商务印书馆 2005 年版。

金梦茵：《原平方言志》，语文出版社 1989 年版。

康骥臻：《武功方言单字调的实验分析》，将刊。

柯理思：《汉语方言连接趋向成分的形式》，［日本］《中国语文研究》2002 年第 1 期。

柯理思：《西北方言的惯常性行为标记“呢”》，《咸阳师范学院学报》2009 年第 3 期。

柯西钢：《白河方言调查研究》，中华书局 2012 年版。

兰宾汉：《西安方言中的“把 N 一 V”结构》，邢向东主编，2004 年版。

兰宾汉：《西安方言语气词“些”的古今用法及来源》，邢向东主编，2006 年版。

兰宾汉：《西安方言语法调查研究》，中华书局 2011 年版。

兰州大学中文系临夏方言调查研究组：《临夏方言》，兰州大学出版社 1996 年版。

雷冬平、胡丽珍：《江西安福方言复数的“物”》，《中国语文》2007 年第 3 期。

李　蓝：《贵州大方话中的“到”和“起”》，《中国语文》1998 年第 2 期。

李　蓝：《湖南城步“青衣苗话”的人称代词和指代词》，《民族语文》1999 年第 6 期。

李　蓝：《现代汉语方言差比句的语序类型》，《方言》2003 年第 3 期。

李　倩：《中宁方言的虚词“着”》，《语文研究》1997 年第 4 期。

李　荣：《怎样记词汇和语法例句》，《中国语文》1957 年第 1 期。

李　荣：《方言里的文白异读》，《中国语文》1957 年第 4 期。

李　荣：《语音演变规律的例外》，《中国语文》1965 年第 2 期。

李　荣：《方言研究中的若干问题》，《方言》1983 年第 2 期。

李　荣：《关于汉语方言分区的几个问题（上）》，《方言》1985 年第 2 期。

李　荣：《关于汉语方言分区的几个问题（下）》，《方言》1985 年第 3 期。

李　荣：《官话方言的分区》，《方言》1985年第1期。

李　荣：《禁忌字举例》，《方言》1994年第3期。

李　荣主编：《现代汉语方言大词典》，江苏教育出版社 1994～2002年版。

李　荣：《汉语方言里当“你”讲的“尔”》，《方言》1997年第1、2期。

李　炜：《兰州方言名词、量词的重叠》，《汉语学报》2000年下卷。

李临定：《现代汉语动词》，中国社会科学出版社1990年版。

李如龙：《论汉语方言异读》，《语言教学与研究》1999年第1期。

李如龙：《闽南方言的代词》，见李如龙、张双庆主编的《代词》，1999年版。

李如龙：《汉语方言学》，高等教育出版社2001年版。

李如龙：《汉语方言的比较研究》，商务印书馆2001年版。

李如龙：《从闽语的“汝”和“你”说开去》，《方言》2004年第1期。

李如龙：《闽南方言语法研究》，福建人民出版社2007年版。

李如龙、张双庆主编：《代词》，暨南大学出版社1999年版。

李树俨：《中宁县方言志》，宁夏人民出版社1989年版。

李树俨、李　倩：《宁夏方言研究论集》，当代中国出版社2001年版。

李小凡：《当前方言语法研究需要什么样的理论框架》，戴昭铭主编，2003年版。

李小平：《山西临县方言亲属领格代词“弭”的复数性》，《中国语文》1999年第4期。

李延梅：《晋语子长方言的代词》，《西北大学学报》2005年第2期。

刘育林：《陕西省志·方言志（陕北部分）》，陕西人民出版社1990年版。

刘育林：《晋语词汇双音化的一种方式：加“圪”》，《中国语文》2001年第1期。

李云兵：《布干语人称代词的格范畴》，《民族语文》1999年第3期。

梁福根：《阳朔葡萄平声话研究》，广西民族出版社2005年版。

梁金荣：《临桂两江平话研究》，广西民族出版社2005年版。

廖序东：《城固“重言”记》，《国语周刊》1941年第18期第2页。

林涛主编：《中卫方言志》，宁夏人民出版社1995年版。

林涛主编：《中亚东干语研究》，香港教育出版社2003年版。

林　涛：《中亚回族陕西话研究》，宁夏人民出版社2008年版。

林　亦：《新安高尚软土话研究》，广西民族出版社2005年版。

林宝卿：《莆仙方言第一人称代词的本字应是“我”》，《中国语文》1991年第2期。

林立芳：《梅县方言的代词》，见李如龙、张双庆主编的《代词》，1999年版。

麟游县地方志编纂委员会：《麟游县志》，陕西人民出版社1993年版。

刘　坚：《近代汉语读本》，上海教育出版社1985年版。

刘　坚、江蓝生、白维国、曹广顺：《近代汉语虚词研究》，语文出版社1992年版。

刘丹青：《苏州方言的动词谓语句》，见李如龙等编《动词谓语句》，1997年版。

刘丹青：《汉语给予类双及物结构的类型学考察》，《中国语文》2001年第5期。

刘丹青：《汉语类指成分的语义属性与句法属性》，《中国语文》2002年第5期。

刘丹青：《试谈汉语方言语法调查框架的现代化》，见戴昭铭主编，2003年版。

刘丹青：《原生重叠和次生重叠：重叠式历时来源的多样性》，《方言》2012年第1期。

刘纶鑫：《客赣方言比较研究》，中国社会科学出版社1999年版。

刘纶鑫：《江西客家方言概况》，江西人民出版社2001年版。

刘若云：《惠州方言志》，广东科技出版社1991年版。

刘若云：《惠州话词内屈折变化形式刍议》，《语言研究》2003年第2期。

刘若云、赵　新：《汉语方言声调屈折的功能》，《方言》2007年第3期。

刘世儒：《魏晋南北朝量词研究》，中华书局1965年版。

刘祥柏：《六安丁集话体貌动词“倒”》，《方言》2000年第2期。

刘勋宁：《陕北清涧方言的文白异读》，《中国语文》1983年第1期。

刘勋宁：《陕北清涧话人称代词和指人名词词尾[.mi]探源》，《中国境内语言暨语言学（二）：历史语言学》，1994年版。

刘勋宁：《秦晋方言的反复问句》，见刘勋宁《现代汉语研究》，1998年版。

刘勋宁：《现代汉语研究》，北京语言文化大学出版社1998年版。

刘勋宁：《文白异读与语音层次》，《语言教学与研究》2003年第4期。

刘勋宁：《一个中原官话中曾经存在过的语音层次》，见邢向东主编，

2006 年版。

刘育林：《陕西省志·方言志（陕北部分）》，陕西人民出版社 1990 年版。

卢今元：《吕四方言记略》，《方言》1986 年第 1 期。

卢烈红：《湖北黄梅话的指示代词》，《方言》2002 年第 4 期。

卢小群：《湘南方言代词研究》，中国社会科学出版社 2004 年版。

陆俭明：《“着（zhe）”字补议》，《中国语文》1999 年第 5 期。

陆俭明、马真：《现代汉语虚词散论》，语文出版社 2001 年版。

陆俭明：戴昭铭主编《汉语方言语法研究和探索》序，黑龙江人民出版社 2003 年版。

陆俭明：《关于汉语方言语法调查研究之管见》，《语言科学》2004 年第 2 期。

吕叔湘：《释景德传灯录中“在”“着”二助词》，见《汉语语法论集》，1955 年版。

吕叔湘：《个字的应用范围，附论单位词前一的脱落》，见吕叔湘，1955 年版。

吕叔湘：《汉语语法论集》，科学出版社 1955 年版。

吕叔湘：《中国文法要略》，商务印书馆 1982 年版。

吕叔湘：《汉语语法论文集》，商务印书馆 1984 年版。

吕叔湘：《〈朴事通〉里的指代词》，《中国语文》1985 年第 6 期。

吕叔湘：《指示代词的二分法和三分法》，《中国语文》1990 年第 6 期。

吕叔湘主编：《现代汉语八百词》，商务印书馆 1980/2002 年版。

吕叔湘：《把字用法研究》，见《吕叔湘文集》，商务印书馆 1990 年版。

吕叔湘著　江蓝生补：《近代汉语指代词》，学林出版社 1985 年版。

吕枕甲：《运城方言志》，山西高校联合出版社 1991 年版。

罗常培：《语言与文化》，北京出版社 1950 年版。

罗昕如：《新化方言研究》，湖南教育出版社 1998 年版。

罗昕如、罗小芹：《新化方言的代词》，见伍云姬主编，2009 年版。

罗竹风主编：《汉语大词典》，上海辞书出版社 2009 年版。

罗自群：《西北方言持续标记浅谈》，邢向东主编，2004 年版。

罗自群：《现代汉语方言表示持续意义的“住”》，《中国语文》2005 年第 2 期。

马凤如：《金乡方言志》，齐鲁书社 2000 年版。

马庆株：《现代汉语的双宾语构造》，《著名中年语言学家自选集·马庆株卷》，安徽教育出版社 1993 年版。

马庆株：邢向东《陕北晋语语法比较研究》序，商务印书馆 2006 年版。

马思周：《俗言俗谈》，商务印书馆 2011 年版。

马希文：《北京方言里的“着”》，《方言》1987 年第 1 期。

马学良主编：《汉藏语概要》，民族出版社（第二版）2003 年版。

毛秉生：《衡山方言的代词》，见伍云姬主编，2009 年版。

梅祖麟：《四声别义中的时间层次》，《中国语文》1980 年第 6 期。

梅祖麟：《北方方言中第一人称代词复数包括式和排除式对立的来源》，1988 年《语言学论丛》第十五辑。

梅祖麟：《汉语方言里虚词“着”字三种用法的来源》，《中国语言学报》1988 年第 3 卷。

梅祖麟：《唐宋处置式的来源》，《中国语文》1990 年第 3 期。

梅祖麟：《梅祖麟语言学论文选》，商务印书馆 2007 年版。

孟　琮、郑怀德、孟庆海、蔡文兰：《汉语动词用法词典》，商务印书馆 1999 年版。

孟庆海：《阳曲方言志》，社会科学文献出版社 1991 年版。

孟庆海：《山西方言里的“的”字》，《方言》1996 年第 2 期。

孟庆泰、罗福腾：《淄川方言志》，语文出版社 1994 年版。

莫　超：《白龙江流域汉语方言语法研究》，中国社会科学出版社 2004 年版。

莫　超：《“动宾短语＋开/起”西北方言补例》，《中国语文》2005 年第 2 期。

莫　超：《近代西北方志方言文献中的代词》，第四届西北方言与民俗国际学术讨论会交流论文，2010 年。

木村英树：《关于补语性词尾“着/zhe”和“了/le”》，《语文研究》1983 年第 2 期。

聂国春：《丰城方言代词概要》，《新余高专学报》2004 年第 1 期。

聂建民、李　琦：《汉语方言研究文献目录》，江苏教育出版社 1993 年版。

潘家懿：《交城方言的语法特点》，《语文研究》1981 年第 1 期。

潘家懿：《临汾方言志》，语文出版社 1990 年版。

彭兰玉：《衡阳方言语法研究》，中国社会科学出版社 2005 年版。

彭兰玉：《衡阳方言的代词》，见伍云姬主编，2009 年版。

彭小川：《广州话的动态助词“住”》，见胡明扬主编，1995 年版。

平山久雄：《论“我”字例外音变的原因》，《中国语文》1987 年第 6 期。

千阳县地方志编纂委员会：《千阳县志》，陕西人民教育出版社 1991 年版。

钱奠香：《屯昌方言的代词》，见李如龙、张双庆主编，1999 年版。

钱惠英：《屯溪方言以“着”代“了”用法探源》，见钱曾怡、李行杰主编，2000 年版。

钱奠香：《屯昌方言的代词》，见李如龙、张双庆主编，1999 年版。

钱惠英：《屯溪方言以“着”代“了”用法探源》，见钱曾怡、李行杰主编，2000 年版。

钱乃荣：《上海话语法》，上海人民出版社 1997 年版。

钱曾怡：《济南方言词典》，江苏教育出版社 1997 年版。

钱曾怡：《汉语方言研究的理论与实践》，商务印书馆 2002 年版。

钱曾怡、李行杰主编：《首届官话方言国际学术讨论会论文集》，青岛出版社 2000 年版。

钱曾怡、刘祥柏、邢军：《莒南方言简志》，全国汉语方言学会第七届年会论文（青岛），1993 年版。

钱曾怡、罗福腾、曹志耘：《山东诸城方言的语法特点》，《中国语文》1992 年第 1 期。

钱曾怡、太田斋、陈洪昕、杨秋泽：《掖县词汇与语法》，《アジア言语論叢》总 4 期，2001 年版。

钱曾怡主编：《山东方言研究》，齐鲁书社 2001 年版。

钱曾怡主编：《汉语官话方言研究》，齐鲁书社 2010 年版。

桥本万太郎：《现代吴语的类型学》，《中国语文》1979 年第 3 期。

桥本万太郎：《汉语被动式的历史·区域发展》，《中国语文》1987 年第 1 期。

乔全生：《洪洞话的“VX 着”结构》，《语文研究》1989 年第 2 期。

乔全生：《汾西方言志》，山西高校联合出版社 1990 年版。

乔全生：《洪洞方言研究》，中央文献出版社 1999 年版。

乔全生：《晋方言语法研究》，商务印书馆 2000 年版。

乔全生：《晋语重叠式研究》，《汉语学报》（上卷），2001 年版。

乔全生：《山西方言的几个詈词后缀》，《方言》1996 年第 2 期。

乔全生：《晋方言语法研究》，商务印书馆 2000 年版。

乔全生主编：《山西方言重点研究丛书》，山西人民出版社 2002 年版。

覃远雄：《桂南平话研究》，暨南大学博士学位论文，2000 年版。

覃远雄：《汉语方言否定词的读音》，《方言》2003 年第 2 期。

青海省地方志编纂委员会：《青海省志·方言志》合肥，黄山书社 2001 年版。

屈哨兵：《被动标记“着”的共时/历时分布及衍推路径》，见汪国胜主编，2007 年版。

清涧县地方志编纂委员会：《清涧县志》，陕西人民出版社 2001 年版。

秋谷裕幸：《吴语江山广丰方言研究》，［日本］爱媛大学法文学部综合政策学科，2001 年版。

饶长溶：《长汀方言的代词》，《中国语文》1989 年第 3 期。

任永辉：《咸阳方言的语法特点》，《咸阳师范学院学报》2005 年第 1 期。

任永辉：《关中方言的比较句》，《咸阳师范学院学报》2009 年第 5 期。

任永辉：《宝鸡方言的“给”字句》，《咸阳师范学院学报》2010 年第 3 期。

邵敬敏、王鹏翔：《陕北方言的正反是非问句——一个类型学的过渡格式研究》，《方言》2003 年第 1 期。

邵敬敏、周　娟、彭小川、邵宜、甘于恩、曾毅平：《汉语疑问范畴比较研究》，暨南大学出版社 2010 年版。

沈　明：《太原话的“给”字句》，《方言》2002 年第 2 期。

沈家煊：《“在”字句和“给”字句》，《中国语文》1999 年第 2 期。

沈家煊：《如何处置“处置式”》，《中国语文》2002 年第 5 期。

施关淦：《“给”的词性及与此相关的语法现象》，《语文研究》1981 年第 2 期。

施其生：《汕头方言的代词》，见李如龙、张双庆主编，1999 年版。

石毓智：《论现代汉语的“体”范畴》，《中国社会科学》1992 年第 6 期。

石毓智：《量词、指示代词和结构助词的关系》，《方言》2002 年第 2 期。

史素芬：《山西武乡方言的虚词“的”》，西安，全国汉语方言学会 11 届年会论文，2001 年版。

史素芬：《武乡方言研究》太原：山西人民出版社 2002 年版。

史秀菊：《山西临猗方言人称代词的音变》，《方言》2003 年第 4 期。

史秀菊：《河津方言研究》太原：山西人民出版社；乔全生主编，2004 年版。

史秀菊、刘晓玲、李　华：《盂县方言研究》，九州出版社 2004 年版。

史秀菊：《晋语盂县方言指示代词四分现象的考察》，《语言科学》2010 年第 5 期。

宋恩泉：《山东汶上方言“个”的一些特殊用法》，《方言》2005 年第 4 期。

宋金兰：《汉语助词“了”、“着”与阿尔泰诸语言的关系》，《民族语文》1991 年第 6 期。

宋秀令：《汾阳方言的“的”》，《语文研究》1988 年第 2 期。

孙　易：《山西高平话的人称代词》，《南开语言学刊》2005 年第 1 期。

孙朝奋：《再论助词“着”的用法及其来源》，《中国语文》1997 年第 2 期。

孙达光：《方言调查及方言志的编写》，《中国地方志》1989 年第 2 期。

孙宏开：《尔苏（多续）话简介》，《语言研究》1982 年第 2 期。

孙立新：《户县方言的连读变调》，《教学与科研（宝鸡师范学院学报）》1983 年第 2 期。

孙立新：《普通话的文白异读》，《唐都学刊》1989 年第 3 期。

孙立新：《陕西澄城方言心逢洪音读作[t]声母》，《中国语文》1994 年第 5 期。

孙立新：《陕南方言亲属称谓词的异读别称》，《中国语文》1996 年第 3 期。

孙立新：《关中方言略说》，《方言》1997 年第 2 期。

孙立新：《关中方言本字考》，《陕西日报》1998 年 5 月 12 日。

孙立新：《陕南方言略说》，《方言》1998 年第 2 期。

孙立新：《元杂剧中的陕西方言词汇》，《当代戏剧》1998 年第 6 期。

孙立新：《户县方言研究》，东方出版社 2001 年版。

孙立新：《关中方言代词概要》，《方言》2002 年第 2 期。

孙立新：《户县方言的把字句》，《语言科学》2003 年第 6 期。

孙立新：《陕西户县方言的助词“着”》，见戴昭铭主编，2003 年版。

孙立新：《关中方言的五种疑问句的特征及其分布》，《西京论坛》2004 年第 1 期。

孙立新：《户县方言的“得”字》见邢向东主编，2004 年版。

孙立新：《陕西方言的语言避讳》，《アジア言语論叢》总第 5 期，2004 年版。

孙立新：《陕西方言漫话》，中国社会出版社 2004 年版。

孙立新：《户县方言的“给”字句》，《南开语言学刊》2007 年第 1 期。

孙立新：《西安方言研究》，西安出版社 2007 年版。

孙立新：《关中方言的“个”》，见汪国胜主编，2007年版。

孙立新：《户县话重叠构词的几个问题》，《汉语学报》2008年第1期。

孙立新：《关中方言的“的”字以及与之有关的几个问题》，《安康学院学报》2008年第2期。

孙立新：《关于户县方言重叠构词的几个问题》，《アジア言語論叢》7，2008年版。

孙立新：《关于关中方言“咱们”和“自己”变体的讨论》，《民办教育研究》2009年第8期。

孙立新：《关中西部方言判断句末的语气词》，《宝鸡文理学院学报》2009年第2期。

孙立新：《关于第三人称指称形式在关中方言里的类型等问题》，《人文杂志》2009年第6期。

孙立新：《关中方言区中东部地区一个千百年来的母题〈咪咪猫〉——从歌谣和方言等多角度考察〈咪咪猫〉的变体》，《陕西历史博物馆馆刊16》，三秦出版社2009年版。

孙立新：《关中方言代词研究》，三秦出版社2010年版。

孙立新：《关中方言“人家”的合音及其用法》，《咸阳师范学院学报》2010年第1期。

孙立新：《关于汉藏语系第一人称代词两个问题的讨论》，《燕赵学术》2010年秋之号。

孙立新：《关于户县方言“着”字的补充讨论》，《宝鸡文理学院学报》2011年第4期。

孙立新：《户县方言“了”字初探》，《唐都学刊》2011年第4期。

孙立新、阎济华：《与户县方言表示时态的“着”字有关的几个问题》，《甘肃高师学报》2007年第1期。

孙立新等：《关中民俗》，陕西人民教育出版社2011年版。

孙锡信：《近代汉语语气词》，语文出版社1999年版。

孙叶林：《邵东（火场坪）方言的代词》见伍云姬主编，2009年版。

孙玉文：《汉语变调构词研究》，商务印书馆2007年版。

太田辰夫：《中国语文论集（语学·元杂剧篇）》日本东京汲古书院，1995年版。

谭耀炬：《三言二拍语言研究》，成都巴蜀出版社2005年版。

唐爱华：《宿松方言研究》，文化艺术出版社2005年版。

唐昌曼：《全州文桥土话研究》，广西民族出版社 2005 年版。

唐正大：《关中方言第三人称指称形式的类型学研究》，《方言》2005 年第 2 期。

唐正大、柯理思：《关中方言和普通话位移事件表达的对比研究》，《中国语言学集刊》第二卷第一期，中华书局 2007 年版。

唐志东：《信宜方言的指代词》，《语言研究》1986 年第 2 期。

唐作藩：《第三人称代词“他”的起源时代》，《语言学论丛》1980 年第六辑。

田希诚、吕枕甲：《临猗方言的文白异读》，《中国语文》1983 年第 5 期。

田希诚：《和顺方言志》，语文出版社 1990 年版。

田希诚、吴建生：《山西晋语区的助词“的”》，《山西师范大学学报》1995 年第 3 期。

田晓荣、卜晓梅：《〈李十三十大本〉中的助词“加”》，《咸阳师范学院学报》2011 年第 5 期。

万　波：《安义方言的人称代词》，《方言》1996 年第 2 期。

万　波：《赣语安义方言的人称代词和指示代词》，见李如龙、张双庆主编，1999 年版。

万幼斌：《鄂州方言志》，天地出版社 2000 年版。

汪　平：《贵阳方言词典》，江苏教育出版社 1994 年版。

汪国胜：《大冶方言语法研究》，湖北教育出版社 1994 年版。

汪国胜主编：《汉语方言语法研究》，华中师范大学出版社 2007 年版。

汪化云：《鄂东方言研究》，巴蜀书社 2004 年版。

汪化云：《也说“兀”》，《语文研究》2007 年第 1 期。

汪化云：《汉语方言代词论略》，巴蜀书社 2008 年版。

王春玲：《西充方言语法研究》，中华书局 2011 年版。

王贵元、叶桂刚主编：《诗词曲小说语辞大典》，群言出版社 1993 年版。

王福堂：《绍兴话记音》，《语言学论丛》第 3 辑，上海教育出版社 1959 年版。

王福堂：《汉语方言语音演变的历史层次》，语文出版社 1999 年版。

王福堂：《北京话儿化的产生过程》，《语言学论丛》第 26 辑，商务印书馆 2002 年版。

王福堂：《汉语方言论集》，商务印书馆 2010 年版。

王　健：《睢宁话中“个”的读音和用法》，《方言》2007 年第 1 期。

王　力：《中国语法理论》，商务印书馆1954年版。

王　力：《汉语史稿》，中华书局1980年版。

王　力：《汉语语音史》，中国社会科学出版社1985年版。

王　力：《王力文集6·诗经韵读》，山东教育出版社1986年版。

王　琳：《安阳方言中表达实现体貌的虚词——“唠”“啦”及其与“了”的对应关系》，《语言科学》2010年第1期。

王辅世：《苗语简志》，民族出版社1985年版。

王功平：《湖北阳新三溪赣语人称代词的音变》，《方言》2007年第4期。

王红梅：《汉语方言表持续的动词重叠》，《语言研究》2005年第3期。

王军虎：《西安方言词典》，江苏教育出版社1996年版。

王军虎：《晋陕甘方言的“支微入鱼”现象和唐代西北方音》，《中国语文》2004年第3期。

王军虎：《陕西凤翔方言的子变韵和D变韵》，《咸阳师范学院学报》2012年第3期。

王临惠：《山西方言“圪”头词的结构类型》，《中国语文》2001年第1期。

王临惠：《临猗方言研究》，天津社会科学院出版社2007年版。

王麦巧：《渭南方言中的半截把字句》，中国关陇方言民俗高层论坛论文（宝鸡），2011年。

王培光、张惠英：《说“个、的”可以表示完成、持续》，见戴昭铭主编，2003年版。

王求是：《孝南话的人称代词和指示代词》，《孝感学院学报》1999年第2期。

王　森：《甘肃话中的吸气音》，《中国语文》2001年第2期。

王　森：《东干话的语序》，《中国语文》2001年第3期。

王淑霞：《荣成方言志》，语文出版社1995年版。

王文晖：《近代汉语中的一种特殊把字句》，《中国语文》2001年第4期。

王晓君：《汉语方言拟声词调查研究》，中国社会科学院研究生院博士学位论文，2007年版。

王　毅、王晓煜、王　森：《甘宁青方言“着”字新探》，见邢向东主编，2004年版。

温端政、沈　明：《太原话音档》，上海教育出版社1999年版。

温端政主编：《山西省方言志丛书》，《语文研究》增刊，1985～1990年版。

毋效智：《扶风方言》，新疆大学出版社 2005 年版。

吴福祥：《从“VP-neg”式反复问句的分化谈语气词“麽”的产生》，《中国语文》1997 年第 1 期。

吴继章、唐健雄、陈淑静主编：《河北省志・方言志》，方志出版社 2005 年版。

吴建生：《万荣方言志》，山西省方言志丛刊，《语文研究》增刊，1984 年版。

吴启主主编：《湖南方言研究丛书》，湖南教育出版社 1998～1999 年版。

吴启主：《常宁方言研究》，湖南教育出版社 1998 年版。

吴启主：《常宁方言的代词》见伍云姬主编，2009 年版。

吴亚欣：《含糊的语用学研究》，《外国语言文学》2006 年第 1 期。

吴镇烽：《陕西省志・行政建置志》，陕西人民出版社 1992 年版。

伍　巍：《泾县方言代词》，见李如龙、张双庆 1999 主编的《代词》，1999 年版。

伍　巍：《黄姑方言中指代词“乃”的研究》，《语文研究》2003 年第 2 期。

伍云姬：《湘方言动态助词的系统及其演变》，湖南师范大学出版社 2006 年版。

伍云姬：《湖南方言中代词与代词之间的音韵关系》，见伍云姬主编，2009 年版。

伍云姬主编：《汉语方言共时与历时语法研讨论文集》，暨南大学出版社 1999 年版。

伍云姬主编：《湖南方言的代词》，湖南师范大学出版社 2009 年版。

伍云姬主编：《湖南方言的动态助词》，湖南师范大学出版社 2009 年版。

伍云姬主编：《湖南方言的副词》，湖南师范大学出版社 2009 年版。

伍云姬主编：《湖南方言的介词》，湖南师范大学出版社 2009 年版。

伍云姬主编：《湖南方言的语气词》，湖南师范大学出版社 2009 年版。

夏锡俊：《方言调查不应忽视词汇语法》，《中国语文》1958 年第 3 期。

项梦冰：《连城（新泉）方言的人称代词》，《方言》1992 年第 3 期。

项梦冰：《连城客家话语法研究》，语文出版社 1997 年版。

项梦冰：《清流方言的代词》，见李如龙、张双庆主编的《代词》，1999 年版。

小川环树：《苏州方言的指示代词》，《方言》1981 年第 4 期。

肖万萍：《永福塘平话研究》，广西民族出版社 2005 年版。

萧国政：《武汉方言助词“左”》，见胡明扬主编，1996年版。

萧国政、柯　航、彭淑莉：《汉语合音词的构成类型及语义语法解释》，见戴昭铭主编，2003年版。

谢留文：《客家方言的一种反复问句》，《方言》1995年第3期。

谢留文：《南昌县（蒋巷）方言的两个虚词“是”与“着”》，《中国语文》1998年第2期。

谢奇勇：《新田方言的代词》，见伍云姬主编，2009年版。

辛永芬：《浚县方言语法研究》，中华书局2006年版。

邢福义：《关于“给给”》，《中国语文》1984年第5期。

邢福义：《汉语语法学》，东北师范大学出版社1997年版。

邢福义：《小句中枢说的方言实证》，《方言》2000年第4期。

邢福义：《汉语复句研究》，商务印书馆2001年版。

邢福义、陈淑梅：《语法问题探究》序，湖北人民出版社2007年版。

邢福义：《形容词动态化的趋向态模式》，《湖北大学学报》1994年第5期。

邢福义：《“起去”的普方古检视》，《方言》2002年第2期。

邢福义：《“起去”的语法化与相关问题》，见戴昭铭，2003年版。

邢向东：《陕北神木话的助词“着”》，《中国语文》1997年第4期。

邢向东：《神木方言的代词》，《方言》2001年第4期。

邢向东：《提高方言语法和近代汉语语法研究水平的重要途径》，全国汉语方言学会第11届年会论文，2001年。

邢向东：《神木方言研究》，中华书局2002年版。

邢向东：《论现代汉语方言祈使语气词“着”的形成》，《方言》2004年第4期。

邢向东：《陕北晋语沿河方言体貌范畴的比较研究》，见邢向东主编，2004年版。

邢向东主编：《西北方言与民俗研究论丛》，中国社会科学出版社2004年版。

邢向东：《陕北晋语语法比较研究》，商务印书馆2006年版。

邢向东主编：《西北方言与民俗研究论丛（二）》，中国社会科学出版社2006年版。

邢向东：《陕北晋语沿河方言的反复问句》，见邢向东主编，2006年版。

邢向东：《移位和隐含：论晋语句中虚词的语气词化》，（台北）中研院语言研究所《语言暨语言学》2007年第4期。

邢向东、张永胜：《内蒙古西部方言语法研究》，内蒙古人民出版社1997年版。

邢向东、蔡文婷：《合阳方言调查研究》，中华书局2010年版。

熊正辉：《跟丁声树先生到昌黎调查方言》，《方言》1989年第2期。

徐　丹：《北京话的语法标记“给”》，《方言》1992年第1期。

徐　丹：《汉语方言里的“在”与“着（著）”》，《中国语文》1992年第6期。

徐　丹：《从北京话“V着”与西北方言“V的”的平行现象看“的”字的来源》，《方言》1995年第4期。

徐　慧：《益阳方言语法研究》，湖南教育出版社2001年版。

徐烈炯、邵敬敏：《上海方言语法研究》，华东师范大学出版社1998年版。

徐朋彪：《富平方言的文白异读》，《咸阳师范学院学报》2008年第3期。

徐朋彪：《〈李十三十大本〉中的逆序词》，《西安文理学院学报》2011年第5期。

徐朋彪：《〈李十三十大本〉语法现象札记》，《西安文理学院学报》2012年第3期。

徐中舒主编：《汉语大字典》，湖北辞书出版社、四川辞书出版社1986年版。

许宝华、游汝杰：《方志所见上海方言初探》，《吴语论丛》，上海教育出版社1988年版。

薛凤生：《试论“把”字句的语义特征》，《语言教学与研究》1987年第1期。

延安市（今宝塔区）地方志编纂委员会：《延安市志》，陕西人民出版社1994年版。

杨春霖：《陕西方言内部分区概说》，《西北大学学报》1986年第4期。

杨敬宇：《广州方言动态助词“住”的历史渊源》，《学术研究》1999年第4期。

杨生博、李　健：《库淑兰剪纸研究》，陕西人民美术出版社2010年版。

杨天戈：《说“兀”》，《中国语文》1980年第5期。

杨增武：《山阴方言的人称代词和指示代词》，《语文研究》1986年第2期。

尹世超：《汉语ABA/BAB式构词格探析》，《汉语学报》（下卷），2000

年版。

尹世超：《东北官话的否定词》，《语言问题论丛》2007年第一辑。

应雨田：《湖南安乡方言记略》，《方言》1988年第2期。

游汝杰：《吴语里的人称代词》，《吴语和闽语的比较研究》，上海教育出版社1995年版。

游汝杰：《吴语与粤语人称代词的比较研究》，见《第三届国际吴方言学术研讨会论文集》，上海教育出版社2005年版。

游汝杰：《汉语方言学教程》，上海教育出版社2004年版。

于根元：《关于动词后附“着”的使用》，见《语法研究和探索（一）》，北京大学出版社1983年版。

于克仁：《平度方言志》，语文出版社1992年版。

余霭芹：《广东开平方言的中性问句》，《中国语文》1992年第4期。

俞光中、植田均：《近代汉语语法研究》，学林出版社2000年版。

俞理明：《佛经文献语言》，巴蜀书社1993年版。

喻遂生：《重庆方言的“倒”和“起”》，《方言》1990年第3期。

袁　宾、何小宛：《论佛经中的“这”是近指词“这”的字源》，《语言科学》2009年第2期。

袁家骅等：《汉语方言概要》，文字改革出版社1980年第二版。

曾常红：《遂宁方言的代词》，见伍云姬主编，2009年版。

曾毓美：《湘潭方言语法研究》，湖南大学出版社2001年版。

曾毓美：《韶山方言的代词》，见伍云姬主编，2009年版。

张　赪：《汉语介词词组词序的历史演变》，北京语言文化大学出版社2002年版。

张　崇：《延川县方言志》语文出版社1990年版。

张　崇：《延川方言的逆序词》，《方言》1992年第4期。

张安生：《同心方言研究》，宁夏人民出版社2000年版。

张伯江：《现代汉语的双及物结构式》，《中国语文》1999年第3期。

张成材：《商县方言的人称代词》，《中国语文》1958年第1期。

张成材：《商县方言动词完成体的内部屈折》，《中国语文》1958年第6期。

张成材：《商县方言志》，语文出版社1990年版。

张成材：《西宁方言词典》，江苏教育出版社1994年版。

张成材：《商州方言的“形＋人＋哩”结构》，《语言科学》2003年第

1 期。

张成材:《商州方言的“圪”类字、合音词和分音词》,邢向东主编 2004,2004 年版。

张成材:《商州方言里的“宾+动+开/毕”》,《汉语学报》2006 年第 2 期。

张成材:《中古音与青海方音字汇》,青海人民出版社 2006 年版。

张成材:《商州方言词汇研究》,青海人民出版社 2009 年版。

张成材:《商州方言同形异调异义词例释》,《咸阳师范学院学报》2010 年第 1 期。

张成材、朱世奎:《西宁方言志》,青海人民出版社 1987 年版。

张大旗:《长沙话“得”字研究》,《方言》1985 年第 1 期。

张桂权:《资源延东直话研究》,广西民族出版社 2005 年版。

张鹤泉:《聊城方言志》,语文出版社 1995 年版。

张惠强:《天水方言指示代词略述》,《甘肃高师学报》2007 年第 1 期。

张惠英:《广州方言词考释(2)》,《方言》1990 年第 4 期。

张惠英:《第二人称“贤、仁、恁、您”语源试探》,《中国语文》1991 年第 3 期。

张惠英:《“兀底、兀那”考》,《方言》1993 年第 3 期。

张惠英:《汉语方言代词研究》,语文出版社 2005 年版。

张惠英:《语言现象的观察与思考》,民族出版社 2005 年版。

张锦玉、石 锋:《西安话单字音声调的统计分析》,《咸阳师范学院学报》2009 年第 5 期。

张均如:《记南宁心圩平话》,《方言》1987 年第 2 期。

张美兰:《近代汉语语言研究》,天津教育出版社 2001 年版。

张邱林:《与面指背指有关的句法语义语用问题》,见戴昭铭主编,2003 年版。

张邱林:《“方–普”语法现象与句法机制的管控》,中国社会科学出版社 2009 年版。

张邱林:《陕县方言形容词 Aa 重叠式的语义语法功用》,《语言研究》2012 年第 1 期。

张盛裕:《潮阳方言的文白异读》,《方言》1979 年第 4 期。

张淑敏:《兰州话中的吸气音》,《中国语文》1999 年第 4 期。

张双庆:《香港粤语的代词》,见李如龙、张双庆 1999 主编的《代词》,1999 年版。

张　薇、尉万传：《海盐话的指示代词系统》，《语言研究》2012 年第 3 期。

张维佳：《关中方言果摄读音的分化及历史层次》，《方言》2002 年第 3 期。

张维佳：《山西方言指示代词三分系统的来源》，《中国语文》2005 年第 5 期。

张文轩、莫　超：《兰州方言词典》，中国社会科学出版社 2009 年版。

张向群：《量词修辞审美论》，陕西人民出版社 1995 年版。

张秀珍：《贺州九都声研究》，广西民族出版社 2005 年版。

张学成：《怀化方言的代词》，见伍云姬主编，2009 年版。

张延华：《山西临猗方言的人称代词》，《中国语文》1980 年第 6 期。

张一舟、张清源、邓英树：《成都方言语法研究》，巴蜀书社 2001 年版。

张谊生：《从量词到助词——量词“个”语法化过程的个案分析》，《当代语言学》2003 年第 3 期。

张永哲：《凤翔方言的“个”和“拐”》，第四届西北方言与民俗国际学术讨论会交流论文，2010 年 8 月于银川。

张玉金：《西周汉语第一人称代词称数问题研究》，《华南师范大学学报》2005 年第 6 期。

张玉金：《春秋时代第一人称代词研究》，《语言研究》2008 年第 2 期。

张振铎：《沁县方言志》，山西高校联合出版社 1990 年版。

张振兴：《漳平永福方言的文白异读（一）》，《方言》1989 年第 3 期。

张振兴：《漳平永福方言的文白异读（二）》，《方言》1989 年第 4 期。

张振兴：《漳平永福方言的文白异读（三）》，《方言》1990 年第 1 期。

张振兴：《漳平方言研究》，中国社会科学出版社 1992 年版。

张振兴：《汉语方言持续态举例》，戴庆厦主编，2002 年版。

张振兴：《方言与方言语法研究》，戴昭铭主编，2003 年版。

张振兴：卢小群《湘南土语代词研究》序，中国社会科学出版社 2004 年版。

张振兴：《汉语方言指示代词二分与三分》，汪国胜主编，2007 年版。

张振兴：孙立新《关中方言代词研究》序，三秦出版社 2010 年版。

张振兴：《说摆事实讲道理》，《汉语学报》2012 年第 3 期。

赵变亲：《晋南中原官话的人称代词》，《方言》2012 年第 2 期。

赵金铭：《敦煌变文中所见的“了”和“着”》，《中国语文》1979 年第

1 期。

赵日新、沈　明、扈长举等：《即墨方言志》，语文出版社 1991 年版。

赵元任：《北京、苏州、常州语助词研究》，《清华学报》第三卷第二期，1926 年版。

赵元任：《现代吴语研究》，清华学校研究院丛书第四种，1926 年版。

赵元任：《方言性变态语音三例》，《中研院历史语言所集刊》5 本 2 分，1935 年版。

赵元任：《钟祥方言记》，科学出版社 1956 年版。

赵元任著　吕叔湘译：《汉语口语语法》，商务印书馆 1979 年版。

郑献芹：《浚县方言的人称代词》，《河南大学学报》2007 年第 3 期。

郑张尚芳：《温州话指代词系统强式变化并近指变音》，见戴昭铭主编，2003 年版。

郑作广、林亦、刘村汉主编：《桂北平话与推广普通话研究》，广西民族出版社 2005 年版。

中国社会科学院语言研究所：《方言调查字表》，商务印书馆 1988 年版。

中国社会科学院语言研究所词典编辑室：《现代汉语词典》，商务印书馆 1980/2000 年版。

中国社会科学院语言研究所方言室：《方言调查词汇表》，《方言》1981 年第 3 期。

中国社会科学院语言研究所古代汉语研究室：《古代汉语虚词词典》，商务印书馆 1999 年版。

周　磊：《乌鲁木齐方言词典》，李荣主编 1993～1998，江苏教育出版社 1995 年版。

周　磊：《乌鲁木齐话“给”字句研究》，《方言》2002 年第 1 期。

周本良：《临桂义宁话研究》，郑作广等主编，广西民族出版社 2005 年版。

周长楫：《厦门话文白异读的类型（上）》，《中国语文》1983 第 5 期。

周长楫：《厦门话文白异读的类型（下）》，《中国语文》1983 年第 6 期。

周法高：《中国语文论丛》，台北正中书局 1963 年版。

周法高：《中国古代语法·称代编》（上册），中华书局 1990 年版。

周利芳：《内蒙古丰镇方言的人称代词[nia^{54}/nie^{53}]》，《语文研究》2004 年第 3 期。

周日健：《广东新丰客家方言记略》，《方言》1992 年第 1 期。

周元琳：《安徽庐江方言的虚词“之”》，《方言》2000 年第 2 期。

周祖谟：《四声别义例释》，《辅仁学志》13.1～2，1945 年版。
周祖谟：《问学集》，中华书局 1966 年版。
周祖谟：《周祖谟语言文史论集》，学苑出版社 2004 年版。
朱德熙：《与动词“给”相关的句法问题》，《方言》1979 年第 2 期。
朱德熙：《现代汉语语法研究》，商务印书馆 1980 年版。
朱德熙：《语法讲义》，商务印书馆 1982 年版。
朱德熙：《包含动词“给”的相关句式》，《中国语文》1983 年第 3 期。
朱建颂：《武汉方言研究》，武汉出版社 1992 年版。
朱耀龙：《新绛方言志》，山西高校联合出版社 1990 年版。
宗鸣安：《陕西近代歌谣辑注》，陕西人民教育出版社 2007 年版。
左福光：《四川宜宾（王场）方言记略》，《方言》1995 年第 1 期。
左福光：《宜宾方言研究》，大众文艺出版社 2008 年版。

后　记

2011 年 3 月，宝鸡文理学院聘请我为兼职教授，为了很好地履行兼职教授的职责，同时考虑到我个人的条件能力和学校的需要等因素，我决定写作一部学术专著，于是便有了这部《关中方言语法研究》。

《关中方言语法研究》是我二十多年对关中方言田野调查和学术研究的一个重要部分。篇目大纲拟就之后，先后向几位好友征求意见。陕西师大邢向东先生就全书的系统性原则提出了许多很好的意见；陇东学院徐治堂先生两次就着好几个细节问题提出了很好的意见。最后将初步确定的大纲向张振兴先生做了汇报，征得张先生同意后，着手全书的写作。在写作的过程中，马友骕、乔全生、张成材、贾晞儒、毋效智、张邱林、史秀菊、柯西钢、徐朋彪、任永辉、史艳峰、张永哲、康骥臻等老少师友都给予了不同程度的帮助。

说心里话，原先估计，最晚可以在去年 10 月或者年底拿出一部七八十万字的专著的，孰料并不是估计的那个样子。虽然此前就着一些问题做过研究，但是，那些研究有的不够深入，有的还存在一定的缺漏。这一年半的时间里，我基本上都住在办公室里，力争每天都投入写作。在写作的过程中，时不时地想起一个问题，于是，即使准备休息，也一定把这个问题写下去。外出的时候，把纸和笔带上，随时把想起的问题记下来，回来后及时加进去。

李荣先生生前一贯强调要“摆事实，讲道理”，可是真正做起来并不容易。要把事实摆好，摆得合理，摆得合乎规律，并不容易；要把道理讲深讲透，讲得令人信服，那就更难。因此，在写作此书的过程中，我时时都想着尊敬的李荣先生，想着他老人家严谨的学风，特别是他老人家对我无微不至的关怀和殷切的厚望。对于材料，对于语言事实，我是非常重视的；想起李荣先生深邃而执着的眼神，我是不希望自己的著述在材料上有一丁点儿错漏的。至于讲道理，我也试着尽力而为，希望能对所说的语言事实作些力所能及的解释。是否解释得合理，我也心存惶恐，请读者朋友多多指正。

在此书即将付梓的时候，对以上提及的各位老少师友表示诚挚的谢意；

特别对给我这个项目，在许多方面给予极大支持的宝鸡文理学院校长王志刚教授、副校长赵荣侠教授表示感谢！宝鸡文理学院在学科建设上的谋划与追求令人敬佩，我很高兴作为学校的一员，参加了这些具有历史意义的工程项目！我还要对学校原纪检书记赵博先生、人事处长陈来应先生、学科建设与研究生教育管理处处长吴毅教授、文学与新闻传播学院院长赵德利教授、以及兰拉成、王渭清、王应龙、白志勇等先生表示诚挚的谢意；对中国社会科学出版社任明先生等表示诚挚的谢意！

孙立新

2012 年 11 月 1 日